DIX-HUITIÈME SIECLE

revue annuelle

publiée par

la Société française d'étude du 18ᵉ siècle
avec le concours du C.N.R.S.
et du Centre National des Lettres

37

2005

Diffusion Presses Universitaires de France

Les prochains « numéros spéciaux »
de *DIX-HUITIÈME SIÈCLE*

N° 38 (2006) : **Les dictionnaires en Europe.**
Responsable : Marie LECA-TSIOMIS.
N° 39 (2007) : **Le Témoignage.**
Responsable : Carole DORNIER.
N° 40 (2008) : **La République des Sciences.**
Responsable : Irène PASSERON.
N° 41 (2009) : **Individu et communauté.**
Responsable : Yves CITTON.

ÉDITORIAL

Le présent numéro de notre revue marque une étape importante dans son histoire déjà longue. En effet, ce numéro est le premier qui n'a pas été dirigé par Roland Desné, directeur historique de la revue depuis sa création en 1969. Après trente-quatre années de direction et deux années de co-direction, Roland Desné a cessé ses fonctions et une nouvelle équipe a pris la relève à part entière depuis le renouvellement statutaire qui a eu lieu le 5 février 2005.

Tous les lecteurs de *Dix-huitième siècle*, et plus largement tous les passionnés de cette période si dense et si riche, savent combien ils doivent à celui qui a forgé cet instrument incomparable de diffusion des connaissances qu'est devenu cette revue. Au moment où Roland Desné passe le relais à une nouvelle génération, son successeur à la direction de la revue tient à saluer le travail accompli et à remercier vivement et chaleureusement celui qui en fut l'âme ardente pendant plus de trois décennies.

La nouvelle équipe, tout en s'inscrivant délibérément dans la continuité d'une œuvre qui fait autorité tant en France qu'auprès des spécialistes étrangers du 18e siècle, a introduit de nouvelles méthodes de travail. Ainsi, la répartition des tâches au sein du comité de rédaction s'est-elle précisée. Dans cette perspective deux rédacteurs en chefs ont été désignés, chacun prenant en charge une partie de la revue : Martine Groult assure l'intégralité de la réception, du classement et de la composition des notes de lecture et Jacques Berchtold prend en charge la mise en forme de la seconde partie, traditionnellement dévolue aux articles de *varia*. Florence Lotterie et Jean-Christophe Abramovici, outre les tâches communes à tous les membres du comité de rédaction, assurent les relations avec les éditeurs afin de permettre la collecte des ouvrages pour comptes rendus. Quant à la partie thématique, qui ouvre chacun de nos volumes et s'affiche sur leurs couvertures, elle restera sous l'autorité du ou des initiateurs du projet, explicitement désignés par le conseil d'administration au terme d'une procédure peut-être un peu longue et lourde mais qui assure au mieux la transparence des choix. Responsable de l'économie d'ensemble de la revue, notamment envers les auteurs, le directeur est son représentant auprès de l'imprimeur et du diffuseur ainsi que des instances du CNRS et du CNL qui apportent une aide financière importante.

L'informatisation du travail de collecte des textes auprès des auteurs, de préparation des manuscrits et de leur transmission à l'imprimeur est désormais complètement achevée et plus aucun article, ou note de lecture, ne parvient à la revue sous la forme exclusive de tirage sur papier. Cette mutation technologique, aboutissement du long cheminement nécessaire afin de ne pas heurter des habitudes respectables, permet de gagner du temps et surtout de réduire le coût de fabrication global de la revue.

Nous espérons que nos lecteurs conserveront leur confiance à la nouvelle équipe de direction de *Dix huitième siècle* faisant ainsi de cette revue l'une des toutes premières revues francophones de sciences humaines.

Le directeur de *Dix huitième siècle*,
Marcel DORIGNY

POLITIQUES ET CULTURES
DES LUMIÈRES

Numéro spécial

sous la direction de
MICHEL PORRET

DE L'HISTOIRE DES LUMIÈRES À CELLE DE *DIX-HUITIÈME SIÈCLE :*

PRÉSENTATION

Coordonné à Genève, le dossier 2005 de *Dix-huitième siècle* accueille les historiens du temps des Lumières et de la Révolution. Ils y évoquent l'État, la politique, le droit, les pratiques sociales, les modèles culturels, les idées et les imprimés. La thématique des *Politiques et cultures des Lumières* fait écho aux thématiques précédentes marquées par Clio, dont : *Lumières et Révolution,* 1974 ; *La Franc-maçonnerie,* 1987 ; *Physiologie et médecine,* 1991 ; *Économie et politique,* 1994 ; *L'Atlantique,* 2001. États-Unis, France, Italie, Suisse romande : ce numéro miniaturise le cosmopolitisme des Lumières. Entre histoire intellectuelle, politique, juridique et culturelle, il réunit en outre trois générations d'historiens pour assurer la continuité et l'avenir des études sur le 18ᵉ siècle.

La France avec Paris occupe une place centrale dans ce volume. D'autres espaces géopolitiques illustrent la dimension européenne des Lumières dans leur particularisme régional — République de Genève, Suisse francophone et réformée, Lombardie, Russie, Angleterre. Maintes figures sociales incarnent les Lumières contrastées et la Révolution naissante : diplomates, magistrats de justice et de police, avocats, soldats déserteurs, frères maçons de France et d'Angleterre, noblesse russe et élites suisses, jurisconsultes, savants, philosophes et intellectuels, auteurs et lecteurs d'ouvrages équestres, Constituants de 1789-1791, foule révolutionnaire où, par tradition avec l'Ancien régime, les femmes conduisent l'insurrection frumentaire.

Si en 1973 et en 1998, *Dix-huitième siècle* examine les « Problèmes actuels de la recherche », aujourd'hui notre revue n'a pas la prétention d'offrir un improbable « bilan » de l'historiographie contemporaine sur le siècle de l'*Encyclopédie*. Multiplicité des objets, variété des méthodes, des publications, des récits et des manières de faire l'histoire notamment « culturelle » : maintenant, la recherche s'éloigne des grands paradigmes de l'histoire sociale, intellectuelle et politique des années 1960-1980. Dans ce contexte de fragmentation épistémologique qu'atténuent deux dictionnaires thématiques et critiques (*Dictionnaire européen des Lumières* publié en 1997 sous la direction de Michel Delon ; *Le Monde des Lumières*, publié par Vicenzo Ferrone et Daniel Roche), ainsi qu'en 2000 le manuel universitaire de Dominique Poulot sur *Les Lumières*, une synthèse est-elle ici possible ?

Après *La France des Lumières* (Paris, 1993) de Daniel Roche sur l'emboîtement de la tradition et de l'innovation dans les usages et les idées au 18e siècle, après la *Monarchie des Lumières 1715-1786* (Paris, 2002) d'André Zysberg sur l'impact du réformisme institutionnel et « philosophique » dans la modernisation de l'État royal, d'autres synthèses s'imposent. Avec *Radical Enlightenment. Philosophy and the Making of Modernity 1650-1750* (Oxford, 2001), Jonhatan I. Israel étudie la genèse, l'affirmation et la réception du spinozisme dans la culture philosophique, politique et littéraire des Lumières. D. K. Van Kley, quant à lui, examine le 18e siècle où s'enracinent les *Origines religieuses de la Révolution française* (Paris, 2002). Dans la grande tradition de l'histoire intellectuelle qu'incarne Franco Venturi — dont *Le Pagine repubblicane* sont publiées en 2004 à Turin avec une introduction lumineuse de Bronislaw Baczko — Carlo Capra exemplifie magistralement dans *I progressi della ragione. Vita di Pietro Verri* (Milan, 2002) le travail des Lumières à Milan, siège de l'*Accademia dei pugni*, patrie de Cesare Beccaria.

À Milan comme à Paris ou à Genève, affirmée dans les institutions étatiques, académiques, maçonniques ou mondaines, la biographie des individus s'insère dans l'horizon d'attente du siècle des Lumières. Leur expérience sociale condense l'espoir réformiste mis dans l'État « éclairé », dans la perfectibilité, dans la sécularisation, dans le libéralisme institutionnel, dans la raison et dans la loi comme culture juridique des libertés individuelles. Les dix-huit contributions de ce numéro illustrent ces problèmes. Se modernisant lentement après 1750, l'État et sa culture politique focalisent l'attention des chercheurs. Autour des pratiques et des acteurs de la diplomatie, laquelle — après les traités de Westphalie (1648) — oppose la force régulatrice du droit des gens au « mal » de la guerre, émerge l'histoire politique et cosmopolite des « relations internationales ». Un renouveau historiographique modifie aujourd'hui cette histoire factuelle et « nationaliste » dès le 19e siècle, par l'approche sociale et culturelle du « métier d'ambassadeur », de l'étiquette, de la biographie et de l'outillage mental des « négociateurs », des consuls et des résidents en Europe, dans la France absolutiste et dans la République « aristo-démocratique » de Genève (Marc Bélissa, Fabrice Brandli).

Monopolisant la violence pour pacifier la société, la souverai-neté de l'État culmine dans le « droit de punir ». Le glaive du roi (Benoît Garnot) et celui de la République de Genève (Françoise Briegel-Michel Porret) visent la « prévention générale » du crime par la publicité du châtiment corporel. Si la justice royale déléguée aux parlements tolère l'accommodement « infrajudiciaire » pour modérer les peines, la justice genevoise repose sur l'équilibre répressif entre l'accusation (parquet) et la défense (avocats), au bénéfice des droits naissants du prévenu qui n'est plus torturé depuis 1738.

La modernisation de l'État renforce les institutions du contrôle social. Plus fortement qu'à la fin du 17e siècle, la police parisienne s'affirme alors comme la science du « gouvernement des hom-mes ». Attachée à l'ordre et à l'hygiène de la ville, elle préservera le corps social en assurant le « bonheur public » (Vincent Milliot). Dans la Suisse d'alors et à Genève, la répression militaire de la désertion qui viole le droit régalien de la guerre (Marco Cicchini) exemplifie les enjeux du contrôle social qu'applique l'État où s'exerce sa souveraineté. Édifié sur le droit régalien du fisc, l'« État-finances » illustre la centralisation bureaucratique et la rationalisation administrative de la monarchie française. Après 1760, elle oscille entre le libéralisme du laisser-faire à la Turgot et l'interventionnisme à la Necker. L'autorité royale en pâtirait (Marie-Laure Legay). Le fonctionnement politique de l'État res-sort de l'enracinement légaliste de sa souveraineté dans une culture constitutionnelle basée sur le droit naturel selon Burlama-qui (Éric Gojosso).

Dès les années 1980, le concept de « culture politique » montre les ruptures et les continuités (institutions, pratiques, idées, imagi-naire social) entre le temps des Lumières de celui de la Révolu-tion. Ces thématiques en suscitent maintenant l'approche discur-sive. L'étude du « discours en tant qu'action » construit des objets originaux ou revisités : culture corporelle, « régime émotionnel », rire, théâtre révolutionnaire, « révolution sentimentale » comme matrice d'une révolution politique, théâtre révolutionnaire, socia-bilité (Keith Baker). Depuis 1770 environ, l'abbé Sieyès lit les « philosophes » des Lumières. Il construit sa propre culture politi-que en suivant les théoriciens du « gouvernement représentatif »

(Christine Fauré). Pareillement, la Révolution revendique ou critique les Lumières radicales ou modérées. Elle y cherche la matrice intellectuelle du contrat social, de la souveraineté indivisible de l'État ou de la culture démocratique basée sur celle des droits naturels de l'homme. À l'aube de la Révolution, une « fausse rumeur » affirme d'ailleurs que les Parisiennes montées à Versailles pour réclamer du pain (5 octobre 1789) contraignent Louis XVI à signer la *Déclaration des droits de l'homme*. La pression populaire sur le pouvoir caractérise les journées d'octobre 1789. Or, la foule des émeutières n'illustre pas l'« entrée en politique » des femmes. La revendication égalitaire déclenche pourtant la dynamique politique et sociale qui obligera bientôt le pouvoir à « reconnaître que les droits de l'homme et du citoyen sont autant des droits des femmes et des citoyennes » (Bronislaw Baczko). Au nom des droits « naturels » indispensables à l'« apprentissage démocratique », la Révolution forge l'égalité politique devant la loi comme valeur universelle selon les Lumières. À partir de 1789, détruisant l'« arbitraire » de l'Ancien Régime en faveur de la « légalité », le débat pénal constitue un enjeu fondamental dans la genèse de la démocratie des modernes et de ses instruments politiques, notamment le Code pénal et la Constitution (Roberto Martucci). Née des Lumières, l'autorité judiciaire de l'État de droit se renforce sous la Révolution.

Si le temps des Lumières voit la sociabilité franc-maçonne, domestique ou mondaine, éprouver la « plasticité » et la « résistance » des sociétés de l'Ancien Régime en aménageant des espaces de liberté hors des académies ou des confréries pieuses sans les rejeter (Pierre-Yves Beaurepaire), il reste celui de la mobilité culturelle, soit le moment où circulent plus fortement les individus, les idées et les modèles cognitifs. Dans l'Angleterre de Burke, opposé à la maçonnerie d'origine « fidèle à Dieu et au roi », le modèle maçonnique à la française sert de repoussoir au jacobinisme que dénoncent John Robinson et l'abbé Barruel (Cécile Revauger). Dès 1760, pour instruire et éclairer son élite, la Russie impériale envoie à l'étranger de jeunes nobles libéraux qu'accompagne un gouverneur. Via l'enseignement universitaire sécularisé (Leyde, Strasbourg), les Lumières d'Europe occidentale acculturent la sociabilité aristocratique, les modèles éducatifs et les institutions russes (Wladimir Berelowitch). Dans la Suisse d'alors, l'émiettement politique, confessionnel et linguistique favorise l'échange cosmopolite. Dès les années 1760, venues de Milan — correspondances, voyageurs, imprimés — les Lumières lombardes touchent les élites et les institutions étatiques, économiques et savantes des territoires helvétiques où la vie culturelle, les foyers d'imprimerie et l'école du droit naturel se concentrent dans les villes protestantes. Avec l'Autriche, la Suisse reste le lieu d'Europe où culmine la réception constructive de Beccaria (Elisabeth Salvi).

La culture intellectuelle et matérielle comme valeur du progrès moral et politique emplit l'histoire des Lumières. Celle qui ressort de la littérature équestre fascine les philosophes. Figure « anthropomorphique » de l'histoire universelle selon Buffon, le cheval incarne les fonctions essentielles dans la société traditionnelle. Il donne sens à la nécessité économique du travail et du transport, au plaisir mondain du manège, au pouvoir surplombant de l'État absolutiste et à l'autorité militaire. Associé à la représentation de la souveraineté du « roi de guerre », le cheval détermine l'ordre vertical du monde sur le plan symbolique, social, économique et politico-militaire (Daniel Roche). Est-ce un hasard si dans la République de Genève, où la souveraineté émane du Conseil général des 1200 Citoyens-piétons, la culture équestre forge rarement la distinction sociale ? Après 1750, la culture corporelle marque aussi la sensibilité urbaine des Lumières. L'intimité du corps, la conscience de la santé, de la maladie et de la guérison, deviennent cruciaux pour l'expérience subjective des individus dans leur rapport sensoriel à l'univers social. Dans le monde protestant, en témoignent les journaux intimes et les correspondances privées de l'élite urbaine (Philip Rieder, Vincent Barras).

Du corps social et politique au corps individuel : ces deux objets illustrent ainsi l'étendue problématique de ce numéro. Il n'épuise pas la thématique des *Cultures et politiques des Lumières*. Communauté, sociabilité urbaine et rurale, noblesse, trois ordres, citoyenneté républicaine, bureaucratie étatique et « gouvernementalité », armée, guerre et marine, commerce, monde du travail et du crime, médecine, salons et clubs politiques, production et consommation des biens matériels, voyageurs : d'autres objets mériteraient l'attention des historiens du 18e siècle. Si l'histoire sociale reste ici secondaire, elle pourrait nourrir le dossier thématique d'un prochain numéro de *Dix-huitième siècle*, consacré aux mutations sociales et politiques qui dès 1750 opposent les droits naturels de la personne aux coutumes communautaires.

Depuis 1969, *Dix-huitième siècle* illustre la vitalité des Lumières comme champ problématique pour penser les racines et l'avenir de notre modernité. La revue fédère la recherche débutante et confirmée pour en assurer la continuité. Si notre publication illustre l'essor des études francophones et internationales sur les Lumières, elle fait écho à l'éphémère et oubliée *Revue du dix-huitième siècle*. Consacrée aux Lumières alors que le concept avec la majuscule n'existe pas, cette publication est fondée en 1913 par la *Société du XVIIIe siècle* [1]. Format in-quarto, couverture bleue avec filet et fleuron central, papier vergé, iconographie hors-texte : la revue en impose. Trimestrielle dès l'origine (numéro I : janvier-mars 1913) jusqu'à sa fin en 1918, publiée par Hachette, elle édite annuellement (400-500 pages) des études littéraires, historiques, philosophiques, musicologiques, ainsi que des notices bibliographiques. Vendue en librairie 4 francs 50 le numéro, la revue revient à seize francs pour un abonnement annuel en France métropolitaine et coloniale (prix d'un kilo de pain en 1914 : 0.44 francs). Avec la cotisation annuelle de douze francs, les sociétaires la reçoivent gracieusement.

Sous l'autorité d'un président (Henri Roujon, Secrétaire perpétuel de l'Académie des Beaux-Arts) et de cinq vice-présidents plus le secrétaire général Daniel Mornet, le *Bureau de la Société du dix-huitième siècle* chapeaute le *Conseil d'administration* (dix-sept membres). Parmi des conservateurs (bibliothèque, musée), des professeurs (lycée, université, Collège de France), y siègent l'historien de la Révolution Alphonse Aulard, l'inspecteur général des Bibliothèques et des Archives Camille Bloch, le critique littéraire du *Temps* G. Deschamps, l'écrivain Rémy de Gourmont et Gustave Lanson — alors professeur à l'Université de Paris. S'y ajoutent les quatorze membres du *Comité de publication* et les deux membres du *Comité des fonds*. Pour assurer sa notoriété et sa trésorerie, la *Revue du dix-huitième siècle* s'appuie sur des *Membres d'honneur* — dont le Président de la République Raymond Poincaré, le Président du Sénat, cinq députés, un ancien Ministre et un sénateur, les écrivains Anatole France et Edmond Rostand, l'Académicien Jules Clarette (alors Administrateur de la Comédie française), l'historien républicain et directeur de l'École normale Ernest Lavisse, le Vice-Recteur et le Doyen de la Faculté des Lettres de l'Université de Paris, un professeur au Collège de France, treize membres de l'Académie française et de l'Institut.

Dans la France bourgeoise de la IIIe République où triomphe l'école gratuite, obligatoire et laïque selon Jules Ferry, la *Revue*

---

1. Cf. *Revue du dix-huitième siècle*, Genève, Slatkine Reprints, 1970, 5 t. en 3 vol., « Réimpression de l'édition de Paris, 1913-1918 ».

du dix-huitième siècle valorise la « grande littérature » comme symptôme de la culture des Lumières. Ainsi, les quatre numéros de 1913, outre des lettres alors inédites de Voltaire, publient des articles sur *Candide*, sur le système de Law, sur Casanova et la musique, sur le sculpteur Pigalle, sur les peintres et la vie politique en France, sur Madame de Warens (« Espionne de la maison de Savoie »), sur le désastre de Lisbonne, sur Diderot (« *Lettre sur les aveugles* »), sur la « bonté naturelle » chez Rousseau. Ce classicisme nourrit les cinq tomes publiés jusqu'en 1918.

Républicaine et élitiste, assez littéraire dans le choix des objets qui vont jusqu'à la peinture ou l'art plastique, *La Revue du dix-huitième siècle* se consacre donc à la « civilisation » du siècle de Voltaire. Credo affirmé alors que l'Europe issue du 18ᵉ siècle bascule dans la Grande Guerre : « La Société du XVIIIᵉ siècle était en plein développement lorsque la guerre est venu interrompre son essor ». Grâce à ses membres, elle traversera « sans encombre la terrible crise de la guerre et préserver[a] un avenir qui nous tient à cœur » : le billet du Conseil d'administration encarté dans le premier numéro de 1916 (avril) illustre la fragilité et la force des sciences humaines. Fragilité en raison du contexte et des circonstances de l'Histoire, qui en 1914-1918 balayent l'humanisme des Lumières au nom du nationalisme et de l'impérialisme. Mais force aussi grâce aux intellectuels pour qui l'existence d'une revue illustre la vitalité inventive des sciences humaines contre la barbarie, le désenchantement moral et les effets de mode.

La modernité des Lumières réside encore dans cette leçon du travail intellectuel forgeant l'autonomie morale. Le patrimoine culturel qui en résulte montre l'enjeu social du savoir pour penser le monde d'hier et d'aujourd'hui. En témoignent les trente-six numéros de la revue *Dix-huitième siècle*. Présente dans les librairies, les centres de recherche, les bibliothèques universitaires et publiques, la revue a forgé en Europe l'histoire intellectuelle des Lumières. Elle a mené des générations de chercheurs, d'enseignants et d'étudiants à penser le 18ᵉ siècle dans le prisme du monde contemporain. Elle répond en outre à la curiosité intellectuelle du public lettré. À l'heure où maintes publications en sciences humaines subissent — malgré leur excellence — les méfaits d'une politique bureaucratique qui, au nom de la « modernité » informatique, les fragilisent en diminuant les subventions publiques, *Dix-huitième siècle* persiste dans sa mission scientifique en assurant ainsi l'avenir des études sur les Lumières.

Grâce à sa culture de l'imprimé, *Dix-huitième siècle* continuera de réunir les chercheurs confirmés et la relève scientifique pour renouveller la connaissance interdisciplinaire du siècle de Voltaire. Notre revue reste celle d'une République des Lettres dont les membres considèrent — sans désenchantement et au-delà de l'érudition — que le temps des Lumières constitue un enjeu intellectuel contemporain pour penser la manière dont les individus subissent ou font l'Histoire. Autour de l'historicité des Lumières, ce numéro suscitera peut-être quelques réflexions sur ce sujet d'actualité.

MICHEL PORRET [2]
Université de Genève, Faculté des Lettres,
Département d'histoire générale ;
Groupe d'études du XVIIIe siècle.

2. Que soient remerciés ici les collègues et amis du Bureau et du Conseil d'Administration de la *Société française d'étude du dix-huitième siècle* dont la confiance m'a permis de concrétiser ce numéro. Ma gratitude vise aussi Bronislaw Baczko, Fabrice Brandli, Françoise Briegel, Marco Cicchini et Daniel Roche, dont les remarques judicieuses ont aidé à l'élaboration de ce numéro. Celui-ci a été rendu possible grâce à l'enthousiasme des auteurs que je remercie à l'instar de Céline Mangeat (licenciée en histoire moderne) qui a harmonisé le manuscrit.

LA FRANC-MAÇONNERIE
OBSERVATOIRE DES TRAJECTOIRES ET DES DYNAMIQUES SOCIALES AU 18ᵉ SIECLE

Longtemps, les études maçonniques ont pâti des effets pervers de la mono-exploitation paresseuse d'une source facile d'accès, les listes de membres dressées par les loges et adressées par elles à leur obédience et à leurs correspondantes. Le simple relevé des noms « de ceux qui en sont », au mieux une sociographie descriptive, ont tenu lieu d'étude approfondie. L'absence de prosopographie des élites maçonniques — soit une fraction non négligeable de la *major et sanior pars* d'Ancien Régime — se fait encore cruellement sentir en France et tranche sur la qualité des travaux menés en Allemagne ou en Autriche notamment. Plus grave encore, en privilégiant une source administrative dont le contenu est orienté par les comptes rendus d'une loge à son obédience, nombre d'auteurs se sont interdit d'appréhender la sociabilité maçonnique pour elle-même, c'est-à-dire non pas comme une structure, comme une société formalisée, instituée, mais comme un espace de rencontres, de transactions, d'échanges — matériels, symboliques, d'informations, etc. — entre « des hommes qui sans cela seraient restés à perpétuelle distance » selon les termes des *Constitutions* de 1723. La sociographie descriptive qui classe les membres des loges en groupes socio-professionnels — sur la base de leurs seules déclarations ! — néglige l'importance de la trajectoire individuelle au sein de *L'Espace des francs-maçons* [1], le choix de tel atelier, la pratique volontaire de tel grade — d'essence chevaleresque et chrétienne notamment — au profit de la détermination par l'appartenance sociale. La sociabilité devient alors une structure déterminée par un lien social contraignant pour les individus parce qu'extérieur à eux, selon la définition d'Émile Durkheim. Les individus s'effacent derrière les groupes sociaux qui sont les véritables acteurs. On aura donc une loge aristocratique ou bourgeoise.

---

1. P.-Y. Beaurepaire, *L'Espace des francs-maçons. Une sociabilité européenne au 18ᵉ siècle* (Rennes, Presses Universitaires de Rennes, 2003).

Ces remarques critiques peuvent paraître dures, voire injustes. Et Georg Simmel ? Jürgen Habermas ? Maurice Agulhon ? Daniel Roche ? Comment oublier à ce point que la loge maçonnique d'Ancien Régime est étroitement liée à l'étude de la « ville sociable » (Dominique Poulot) des Lumières ? qu'elle constitue le laboratoire pionnier d'observation et d'élaboration des structures et des pratiques de la sociabilité urbaine, le miroir des élites, de leurs réseaux, de leurs stratégies et trajectoires sociales, culturelles et politiques ? que la loge est au cœur des travaux qui ont jalonné l'étude de la sociabilité aux 18e-19e siècles : *Pénitents et francs-maçons* de Maurice Agulhon [2], puis *Le Cercle dans la France bourgeoise* du même auteur [3] ; *Le Siècle des Lumières en province* de Daniel Roche [4], *L'Espace public* de Jürgen Habermas [5], le colloque de Bad Homburg sur *Sociabilité et société bourgeoise* [6] ? En fait, il n'y a pas selon moi de contradiction, mais un paradoxe dont je voudrais étudier et démonter les ressorts : l'histoire de la Franc-maçonnerie aux 18e-19e siècles n'a pas profité de l'intérêt des chercheurs pour ce laboratoire d'une sociabilité en transition qu'est la loge maçonnique des années 1740-1830.

Ces travaux pionniers sont pour la plupart l'œuvre de chercheurs extérieurs au milieu de la recherche maçonnique : la Franc-maçonnerie n'occupait pas une position centrale dans leur champ d'investigation. Il en va de même des thèses de doctorat et de doctorat d'État sur les élites urbaines, parlementaires, négociantes au 18e siècle, qui consacrent un chapitre aux foyers de sociabilité des Lumières et notamment aux loges maçonniques [7].

---

2. M. Agulhon, *Pénitents et Francs-Maçons de l'ancienne Provence. Essai sur la sociabilité méridionale* (Paris, Fayard, 3e édition, 1984).

3. M. Agulhon, « Le cercle dans la France bourgeoise 1810-1848, étude d'une mutation de sociabilité », *Cahiers des Annales* (1977), n° 36.

4. D. Roche, *Le Siècle des Lumières en province. Académies et académiciens provinciaux, 1680-1789* (Paris-La Haye, Mouton-École des hautes études en sciences sociales, 1973, 2e édition, 1984, 2 vol.).

5. J. Habermas, *L'Espace public. Archéologie de la publicité comme dimension constitutive de la société bourgeoise*, avec une préface inédite de l'auteur à la 17e édition allemande, trad. fr. par Marc B. de Launay (Paris, Payot 1993).

6. E. François dir., *Sociabilité et société bourgeoise en France, en Allemagne et en Suisse, 1750-1850*, (Göttingen-Paris, Recherche sur les civilisations, 1986).

7. Citons sans rechercher l'exhaustivité : G. Chaussinand-Nogaret, *Les Financiers de Languedoc au 18e siècle*, (Paris, 1970), p. 281-304 ; M. Cubells, *La Provence des Lumières, Les parlementaires d'Aix au 18e siècle* (Paris, Maloine, 1984), p. 351-355 ; M. Gresset dont la thèse sur « Le monde judiciaire à Besançon » a permis de réunir la matière d'un riche article sur « Le recrutement social des loges bisontines et son évolution dans la seconde moitié du 18e siècle », dans *Studia Latomorum & Historica. Mélanges offerts à Daniel Ligou*, colligés

Ces chercheurs ont ouvert, exploité puis refermé les archives des loges avec leurs propres objets et programmes d'enquête. C'est pourquoi ils ne se sont pas enlisés dans l'histoire administrative de l'ordre maçonnique, pas plus qu'ils ne se sont enfermés dans l'impasse « maçonnologique ». Ils ont su au contraire replacer de manière convaincante le lien maçonnique, ses protagonistes, leurs stratégies, leurs discours et représentations dans leur environnement social, culturel, familial, confessionnel et politique. Mais en retour, leurs travaux n'ont eu qu'un impact très limité sur la recherche maçonnique proprement dite. Ils n'ont pas modifié sensiblement la perception de la sociabilité maçonnique et de ses enjeux au sein de la communauté des « maçonnologues ». Au lieu de profiter de cette ouverture pour s'intégrer de plein droit à la recherche en histoire sociale et culturelle et faire valoir ses compétences, la recherche maçonnique s'est isolée, alors que le fait maçonnique ne prend tout son sens que restitué et articulé dans son contexte profane. On reconnaîtra que l'appel de Paul Leuilliot lancé dans les *Annales Économies, Sociétés, Civilisations* en 1953 à étudier la Franc-maçonnerie comme un « fait social »[8], n'est toujours pas entendu par la plupart des acteurs de la recherche maçonnique française. On peut alors facilement imaginer ce qu'il en est de l'espace public ou des réseaux sociaux. Si l'usage du terme de « sociabilité » ou de « réseau maçonnique » commence à se diffuser, il reste le plus souvent métaphorique. Dans ces conditions, il n'est pas difficile de comprendre que les travaux de Pierre Chevallier et d'Alain Le Bihan demeurent quarante ans après leur rédaction les piliers d'une histoire scientifique de la Franc-maçonnerie française. Leur réédition régulière, comme celle des ouvrages de René Le Forestier, dont les éditions originales remontent aux années 1910-1920[9], sont les symptômes d'une recherche qui peine à trouver un second souffle[10]. Car

par Charles Porset (Paris, Champion, 1998), p. 139-153 ; R. Favier, *Les Villes du Dauphiné aux 17ᵉ et 18ᵉ siècles, La pierre et l'écrit* (Grenoble, Presses Universitaires de Grenoble, 1993), p. 459-461 ; F.-J. Ruggiu, *Les Élites et les villes moyennes en France et en Angleterre (17ᵉ-18ᵉ siècles)* (Paris, 1997), 356 p. ainsi que M. Figeac, *Destins de la noblesse bordelaise (1770-1830)* (Bordeaux, Fédération historique du Sud-Ouest, 1996), tome I, p. 254-291.

8. P. Leuilliot, « La Franc-maçonnerie, fait social », dans *Annales Economies, Sociétés, Civilisations* (avril-juin 1953), p. 240-259.

9. Voir notamment en 2001, la « reproduction fidèle de l'édition de Paris, 1915 » de R. Le Forestier, *Les Illuminés de Bavière et la Franc-maçonnerie allemande* (Milan, Arche, 2001).

10. Seule la réédition de l'ouvrage de Louis Amiable sur *La loge des Neuf Sœurs* par Charles Porset comporte une mise à jour scientifique et universitaire d'un travail essentiel, mais vieux d'un siècle : L. Amiable, *Une Loge maçonnique*

ces ouvrages ont été écrits à l'écart du grand chantier de l'histoire sociale et culturelle. La rencontre entre cette histoire érudite de la Franc-maçonnerie, aux méthodes héritées de l'école positiviste et les grandes enquêtes d'histoire sociale et culturelle menées dans l'orbite de l'école des *Annales* n'a pas eu lieu. Les mérites de Pierre Chevallier sont incontestables, mais force est d'admettre que son travail privilégie l'histoire administrative et parisienne des obédiences françaises plutôt que l'histoire de la sociabilité et des sensibilités maçonniques [11]. Fidèle à l'école positiviste à une époque — les années 1960 et 1970 — où l'histoire sociale et culturelle s'affirme et renouvelle notre approche des sociétés d'Ancien Régime, Pierre Chevallier rédige une chronique précise et documentée du premier siècle de l'ordre maçonnique en France. Ce décalage chronologique et épistémologique d'un demi-siècle au moins a empêché toute fécondation mutuelle.

Mais la démarche universitaire ordinaire — que l'on distinguera des travaux pionniers mentionnés plus haut — a également sa part de responsabilité. Elle pénalise la recherche en histoire maçonnique. Le chercheur pressé est avant tout en quête de noms. Des listes de membres, le relevé « de ceux qui en sont », au mieux une sociographie descriptive ne constituent pas une étude approfondie de la sociabilité maçonnique [12]. Trop de chercheurs concluent sur la base de la date de fondation officielle de l'atelier, de la lecture de quelques correspondances administratives avec la Chambre des provinces, du nombre de loges et des effectifs maçonniques, à la précocité ou au contraire au retard de la diffusion des Lumières dans la ville considérée. Comme si l'iden-

---

d'avant 1789, la loge des Neuf Sœurs [Paris, Alcan, 1897], *augmenté d'un commentaire et de notes critiques de Charles Porset* (Paris, Edimat, 1989).

11. P. Chevallier, *Les Ducs sous l'Acacia ou Les premiers pas de la Franc-Maçonnerie française 1725-1743* (Paris, Vrin, 1964), réédité trente ans plus tard augmenté de *Nouvelles recherches sur les francs-maçons parisiens et lorrains 1709-1785. Les idées religieuses de Davy de La Fautrière*, présentation et postface par P. Chevallier (Paris-Genève, Slatkine, 1995). Du même auteur : *La Première profanation du temple maçonnique ou Louis XV et la fraternité 1737-1755* (Paris, Vrin, 1968). Son *Histoire de la Franc-maçonnerie française* en trois volumes rédigée à l'invitation de Pierre Gaxotte et publiée chez Fayard en 1974 a également été rééditée en l'état.

12. On est loin de l'investissement de fond de chercheurs allemands comme Richard Van Dülmen, auteur de *Die Gesellschaft der Aufklärer. Zur bürgerlichen Emanzipation und aufklärerischen Kultur in Deutschland* (Francfort sur le Main, Fisher, 1986), Manfred Agethen, auteur de *Geheimbund und Utopie. Illuminaten, Freimaurer und deutsche Spätaufklärung* (Munich, Oldenbourg, 1984), Otto Dann ou Rudolf Vierhaus.

tité entre Franc-maçonnerie et Lumières — elles-mêmes uniformément lumineuses — était évidente... Pourtant, la conjoncture semble aujourd'hui s'inverser et permettre un renouveau historiographique. « Au lieu de réifier les groupes (ordres, classes cités, tribus, etc.) et de prendre pour donnée, sur la base de critères essentiels (une position lignagère, une position économique, etc.), l'appartenance des individus à ces groupes qui les enferment et les définissent, les sciences sociales inversent maintenant la perspective. En considérant les identifications et les assignations identitaires comme les produits, d'une durée variable, de l'interaction sociale, elle confère aux identités sociales l'utilité et la malléabilité des catégories de la pratique » [13]. L'essor des recherches sur les réseaux sociaux [14] et plus largement le renouvellement de l'histoire sociale [15] permettent d'envisager une autre approche de la sociabilité maçonnique, des trajectoires et dispositifs individuels qui s'inscrivent dans son champ. On appréhende à présent des relations interpersonnelles qui ne doivent pas être prises isolément mais comme partie intégrante d'un tissu de relations dont on peut étudier le maillage, la trame, pour dévoiler l'étendue des comportements possibles. De même, la micro-histoire telle qu'elle est définie par Jacques Revel dans *L'Histoire au ras du sol* (« étudier le social non pas comme un objet doté de propriétés, mais comme un ensemble d'interrelations mouvantes à l'intérieur de configurations en constante adaptation » [16]) offre l'occasion de replacer l'individu au cœur de la sociabilité. Il revient alors à l'historien de la Franc-maçonnerie de montrer qu'il existe d'autres sources que les tableaux de membres, aussi prometteuses qu'inexploitées, qu'elles sont non seulement capables de restituer les trajectoires maçonniques individuelles, mais d'éclairer l'environnement profane des ouvriers du temple, l'espace social où ils se meuvent et tissent leur réseau relationnel.

La remise en cause des paradigmes marxistes et structuralistes ouvre la voie à un retour en grâce du sujet, de la biographie

---

13. B. Lepetit, « Histoire des pratiques, pratique de l'histoire », dans B. Lepetit (éd.), *Les Formes de l'expérience. Une autre histoire sociale* (Paris, Albin Michel, 1995), p. 17.

14. Citons notamment J.-L. Castellano et J.-P. Dedieu (dir.), *Réseaux, familles et pouvoirs dans le monde ibérique à la fin de l'Ancien Régime* (Paris, CNRS, 1998) ; M. Gribaudi (dir.), *Espaces, temporalités, stratifications. Exercices sur les réseaux sociaux* (Paris, École des hautes études en sciences sociales, 1998).

15. B. Lepetit (éd.), ouvr. cité.

16. J. Revel, *L'Histoire au ras du sol*, préface à Giovanni Levi, *Le Pouvoir au village. Histoire d'un exorciste dans le Piémont du 17ᵉ siècle*, traduction française, (Paris, Gallimard, 1989), p. XII.

individuelle, de l'étude fine des trajectoires et des relations inter-personnelles. Il ne faut pourtant pas céder à l'illusion documen-taire, qui grise le chercheur en lui donnant l'impression d'avoir mis au jour la « source absolue », celle à qui rien n'échappe, véritable prison d'une société à l'image de la prison de la longue durée de Fernand Braudel. Les sources d'histoire sérielle, notam-ment fiscales, n'épuisent pas la richesse d'une société. Si elles gomment et « lissent » les aléas des trajectoires individuelles, en proposant des profils collectifs, elles perdent la richesse que représente précisément cet écart. De la même manière, le chercheur qui exhume un journal, une correspondance particulière peut céder à l'ivresse d'avoir mis au jour une « vraie » source, comme si les écrits personnels étaient les dépositaires fidèles, éternels et authentiques d'un passé vécu : authentiques « boîtes noires » de nos avions modernes. Or, les écrits personnels ne sont pas des sources neutres. Ils ont été produits, composés, façonnés par leur auteur, pour lui-même, pour son entourage ou indifféremment, voire contre lui, sa descendance, ses contempo-rains. Toute source est donc orientée, voire désorientée. Elle ne se réduit jamais à un enregistrement neutre et intégral. Il faudra d'ailleurs se demander si l'un des intérêts majeurs des écrits personnels, ce n'est pas précisément qu'ils mettent en cause les limites de la sphère privée et de l'espace public. Ces évidences méritent d'être rappelées, car l'ivresse de la source authentique, pure, fait encore des ravages. Surtout, elle conduit souvent son « inventeur » à nouer avec elle une relation passionnelle exclu-sive, qui les isole l'un et l'autre de leur environnement. Le risque est clairement celui du corpus clos sur lui-même, d'une recherche progressivement asphyxiée par son incapacité à sortir de son objet pour mieux le mettre en relief, en perspective. Sans céder aux illusions documentaires, en se méfiant des options méthodolo-giques qui cachent souvent des choix idéologiques, il convient sans doute de mettre à profit la conjoncture favorable aux écrits personnels, à leur inventaire, et à leur exploitation, pour renouve-ler l'historiographie maçonnique. Les écrits personnels éclairent aussi bien la trajectoire individuelle que l'environnement où elle s'inscrit. Ils ne sont ni des « illustrations » du parcours obligé d'un groupe, décalque triste et inanimé d'un itinéraire collectif « impersonnel », ni des témoignages exceptionnels arrachés à la gangue sociale. Ils éclairent à la fois la norme et l'écart à la norme (sans lequel celle-ci ne serait pas), la trajectoire probable et les inflexions réelles. Comme le dit Jacques Revel, « ce à quoi nous assistons me semble d'une autre nature [que le simple "retour du sujet" ou de "l'acteur"] : il s'agit plutôt d'une tentative pour reformuler ces questions à partir des conduites, c'est-à-dire des actions, des choix, des négociations, mais aussi des contraintes de l'espace social à des conditions de possibilité définies hors de lui [17] ».

Pour toutes ces raisons, les écrits personnels intéressent au premier chef l'historien de la Franc-maçonnerie, de la sociabilité et des pratiques culturelles. Ils interrogent en effet les rapports entre l'individu et son environnement, sondent l'espace de négociation, de transaction où se noue le « commerce de société », sans quoi la sociabilité n'est qu'une aptitude virtuelle à l'être en société, que l'absence de concrétisation oblitère. À trop évoquer l'espace public, on en oublie qu'il est d'abord un espace social aux contours mouvants. Seuls ces documents peuvent au-delà d'une liste de membres et des échanges administratifs convenus et normalisés entre une loge et son obédience, permettre de poser les seules vraies questions qui comptent : pourquoi devient-on franc-maçon ? À la suite de quels cheminements ? Comment la prise de risque s'opère-t-elle (car un candidat à l'initiation ne connaît la Franc-maçonnerie que par l'ouïe-dire, la rumeur) ? Pourquoi et comment l'Art Royal s'implante-t-il et séduit-il de Perm à Batavia en moins de trois décennies ? Comment expliquer sa capacité à survivre à toutes les épreuves ou à renaître pendant trois siècles d'existence, et à maintenir aujourd'hui une implantation planétaire ? Comment articuler quête individuelle, introspection personnelle et insertion humble voire anonyme dans les rangs des ouvriers du temple ? Quel lien tisser entre des francs-maçons issus des horizons géographiques, sociaux, culturels, philosophiques et religieux les plus divers ? Comment l'expérience de chaque frère, irréductible à celle de son *alter ego*, participe à la formation d'une véritable communauté fraternelle qui transcende l'opposition sociologique classique entre liens forts et liens faibles sans être pour autant insensible aux impulsions et aux ondes qui parcourent la société profane, aux lignes de force et de tension qui la structurent ?

Les écrits personnels que l'on appelle « écrits du for privé » par référence à l'« écriture du for privé » de Madeleine Foisil [18]

---

17. Communication sur « Machines, stratégies, conduites, ce qu'entendent les historiens », citée par I. Laboulais-Lesage, *Lectures et pratiques de l'espace. L'Itinéraire de Coquebert de Montbret, savant et grand commis d'État (1755-1831)*, Paris, Honoré Champion, 1999, *Les dix-huitièmes siècles 31*, p. 31.

18. M. Foisil, « L'écriture du for privé », dans P. Ariès, G. Duby (dir.), *Histoire de la vie privée*, tome III, *De la Renaissance aux Lumières* (Paris, Seuil, 1986), p. 331-369.

ou « egodocuments » en référence au néologisme créé par le chercheur néerlandais Jacob Presser au milieu des années 1960 [19], ont actuellement les faveurs des historiens européens [20]. Mais pour la plupart des historiens de la Franc-maçonnerie, l'egodocument reste à inventer. Il est absent du fonds maçonnique de la Bibliothèque nationale de France, composé essentiellement d'archives administratives. Plus grave, les francs-maçons ne se confient pas aisément sur leur appartenance à l'ordre, pas plus dans leur correspondance privée que dans leur journal ou leurs mémoires. Pendant longtemps, ils se sont même refusés à consigner par écrit les catéchismes des grades, les statuts et règlements des loges, les mots et signes de reconnaissance. La culture maçonnique est initialement une culture orale, celle de la transmission immémoriale d'initié à initié. Seule la divulgation altère cette communication harmonieuse réservée aux élus en publiant très tôt des « révélations ». Dans ces conditions, les quelques lignes d'Elias Ashmole dans son diaire sont aussi exceptionnelles que frustrantes par leur sécheresse [21]. Les journaux de voyage dont on discute l'appartenance aux egodocuments — elle est acceptée par Rudolf Dekker et l'école hollandaise [22] — ne semblent guère plus fructueux. Nous avons évoqué avec d'autres le silence de James Boswell sur le versant maçonnique de son tour européen [23]. L'obstacle est donc réel, mais la piste ne doit pas être pour autant abandonnée. Déjà, dans *L'Autre et le Frère*, nous avons montré la richesse du *Journal de voyage de Weimar à Paris* au cours de l'été 1787 de l'*Aufklärer* Johann Joachim Christoph Bode, qui décrit avec précision la fièvre qui entoure aussi bien le baquet du docteur Mesmer (magnétisme animal) que les magasins de nouveautés, ses tentatives d'implantation d'un noyau des *Illuminaten* à Paris, d'infiltration de la loge des

19. R. Dekker, « Les egodocuments aux Pays-Bas du 16ᵉ au 18ᵉ siècle », dans *Bulletin du Bibliophile*, 1995.

20. P.-Y. Beaurepaire, D. Taurisson (éd.), *Les Egodocuments à l'heure de l'électronique. Nouvelles approches des espaces et des réseaux relationnels* actes du colloque international de Montpellier 23-25 octobre 2002, avant-propos de Lucien Bély, Publications Universitaires de Montpellier 3, 2003, 555 p. (édition intégrale en ligne : http://www.egodoc.revues.org/)

21. Elles sont reprises dans P.-Y. Beaurepaire, *La République Universelle des francs-maçons de Newton à Metternich* (Rennes, Ouest-France, 1999), p. 28-29.

22. R. Lindeman, Y. Scherf, R. Dekker, *Reisverslagen van Noord-Nederlanders uit de zestiende tot begin negentiende eeuw. Een chronologische lijst* (Rotterdam, 1994).

23. P.-Y. Beaurepaire, ouvr. cité, p. 114-115.

Amis Réunis et du régime des Philalèthes [24]. Dans le domaine épistolaire, les correspondances de Jean-Baptiste Willermoz [25], du Languedocien Pierre de Guenet avec son ami Pierre-Jacques Astruc [26], ont également offert une ample moisson d'informations, à recouper, compléter et critiquer [27].

Plus récemment, avec le projet « Le Monde de Corberon », et en mobilisant avec Dominique Taurisson un outil d'édition et d'instrumentation électroniques (Arcane), j'ai entrepris à partir du *Journal* du diplomate français Marie-Daniel Bourrée chevalier puis comte de Corberon (1748-1810) — parent et protégé de Vergennes, intermédiaire culturel entre France et Russie, passionné d'ésotérisme et arpenteur des allées du mystère à la tombée des Lumières — de restituer l'espace relationnel d'un franc-maçon noble actif dans la vie de société, d'étudier sa trajectoire maçonnique et profane, entre sociabilité initiatique et mondaine, entre Paris et Saint-Pétersbourg afin de montrer documents à l'appui qu'une autre histoire de la sociabilité maçonnique en France et en Europe était aujourd'hui possible. Cette recherche est présentée à la communauté des chercheurs sur un site internet dédié aux sciences humaines et sociales et les outils qui ont permis de la réaliser leur sont offerts [28].

Grâce à l'exploitation des egodocuments et à l'abandon de la thèse de la loge maçonnique comme laboratoire de la sociabilité démocratique, comme matrice de l'espace public, soutenue par Ran Halévi, les recherches actuelles mettent en évidence l'existence de ce que j'appelle une « Maçonnerie de société », par référence à la prégnance du modèle aristocratique, à la participation assumée et revendiquée à l'offre de divertissement mondain, à l'animation par les frères et les sœurs d'un théâtre de société, à une sociabilité maçonnique rythmée par ses bals, ses concerts amateurs, ses joutes littéraires, mais aussi par ses cérémonies de réception dont la scénographie conditionne la réussite et la transmission de l'essence du grade.

---

24. P.-Y. Beaurepaire, *L'Autre et le Frère. L'Etranger et la Franc-maçonnerie en France au 18ᵉ siècle*, Paris, Honoré Champion, *Les dix-huitièmes siècles 23*, 1998, p. 477-489.

25. *Ibid.*, p. 493-535.

26. *Ibid.*, p. 47-61.

27. Dans un article pionnier, Claude Michaud a de son côté montré la richesse de la correspondance du comte János Fekete : C. Michaud, « Lumières, Franc-maçonnerie et politique dans les Etats des Habsbourg. Les correspondants du comte Fekete » dans *Dix-huitième siècle*, nº 12, 1980, p. 327-379.

28. http://www.egodoc.revues.org/corberon/

L'aristocratie qui anime cette Maçonnerie de société et la scène mondaine tient la direction de l'ordre maçonnique en France depuis la fondation du Grand Orient (les ducs de Montmorency-Luxembourg et d'Orléans) et plus largement en Allemagne avec les *Schlosslogen* et les *Hoflogen*, dans l'aire baltique où s'épanouit une Maçonnerie royale ou en Russie. Significativement, les critiques à l'encontre des loges qui « au lieu de s'occuper des travaux de l'Art Royal, tiennent des loges de femmes, donnent des bals et jouent la comédie dans leur loge » émanent d'ateliers socialement disqualifiés et exclus du théâtre mondain. Il ne faut donc pas disqualifier comme Maçonnerie d'opérette ou « bagatelle », l'« occasion de faire la cour au beau sexe », pour citer le baron Théodore-Henry de Tschoudy, détracteur de la Maçonnerie des dames, une pratique sociable légitime.

Pourtant cette Maçonnerie de société n'est guère connue. Elle est victime elle aussi de la mono-exploitation des archives administratives des ateliers, et plus précisément de la correspondance administrative qu'ils échangent avec leur obédience. Or, on se doute que la vie de société n'a pas sa place dans de tels échanges. À l'inverse (et c'est tout l'intérêt des enquêtes en cours sur les egodocuments) les écrits personnels de francs-maçons, journaux, fragments autobiographiques et correspondances, témoignent de la qualité de l'offre de divertissement mondain proposée par ces loges et la place qu'y tient le théâtre de société. C'est donc sur eux qu'il convient de s'appuyer.

La Maçonnerie de société vit au rythme de l'ouverture de nouveaux ateliers (soigneusement orchestrée par le recrutement de « noms », l'envoi de cartons d'invitation et la lecture d'annonces dans les loges amies), ainsi que des bals et des fêtes qui saluent leur entrée sur le théâtre mondain. C'est particulièrement vrai à Paris où *L'Olympique de la Parfaite Estime*, *Saint-Jean de la Candeur*, les *Amis Réunis*, *l'Âge d'or* et quelques autres rivalisent pour créer l'événement. Ces loges figurent dans les guides pour voyageurs et étrangers de qualité, car il est de bon ton de les visiter. En Angleterre, mais aussi à Vienne ou à Berlin, la presse maçonnique qui revendique ouvertement un lectorat profane assure elle-même la publicité de ces manifestations, dont les comptes rendus sont ensuite relayés par les correspondances particulières et les journaux. L'espace social plus que public — malgré Habermas — est indissociable de cette offre de loisirs et de divertissements mondains. Si elle brille au sein de la sphère maçonnique — où la concurrence est rude — en mettant sur pied des loges prestigieuses par la qualité de leur recrutement, la magnificence de leurs temples et des fêtes qu'elles organisent, la Maçonnerie de société a en effet d'autres objectifs : briller à la cour comme à la ville sans renoncer à l'*entre-soi* cultivé dans le retrait du temple.

La Maçonnerie de société montre alors son aptitude à créer pour ceux qu'unit le lien de l'initiation partagée, des espaces de sociabilité réservés à ceux qui en sont dignes, mais dont l'existence est connue du public et enviée. En Écosse elle crée les premiers clubs de golf, en France elle s'associe aux Nobles Jeux de l'arc, à travers tout le continent européen, elle capte l'héritage des ordres initiatiques mixtes à la fois badins et chevaleresques, tout en manifestant son adhésion aux Lumières et la conscience de son rôle social en soutenant les créations de Musées et d'institutions de bienfaisance. Elle finance la création de concerts par souscription en même temps qu'elle revendique une pratique musicale amateur, qui s'épanouit au centre de la scène mondaine : la Société Olympique s'installe au Palais Royal dans un appartement loué par le fermier général Marin de La Haye 4000 livres par an au duc d'Orléans, Grand Maître. Les *Amis Réunis*, la *Candeur* ou les *Neuf Sœurs* ne sont pas en reste.

La Maçonnerie de société associe sociabilité mondaine et hospitalité domestique. Elle s'émancipe du cadre contraignant du temple et de la tenue maçonnique, pour s'épanouir dans les appartements et les hôtels particuliers : un tapis de loge portatif, un rideau tiré et des grades conférés par communication assurent la mobilité de la chaîne d'union. La loge est partout où le cercle des amis choisis, qui se reconnaissent comme pairs, se forme et se rejoint : villes d'eau, fêtes princières ou champêtres, cour, congrès diplomatiques. Pendant l'été, alors que la bonne société migre à la campagne, cette vie de société maçonnique ne ralentit pas, bien au contraire, alors même que les loges préviennent l'obédience de l'interruption des tenues. C'est dans cet environnement sociable et dans l'éventail de cette offre de divertissement mondain que s'opère la rencontre entre Maçonnerie et théâtre de société.

Le cas des *Amis Réunis*, loge des fermiers généraux, mais aussi des diplomates étrangers, des artistes de renom, est tout à fait exemplaire. Les membres de la prestigieuse loge parisienne des *Amis Réunis* qui revendique dans son livre d'or de former un « club à l'anglaise » ou « en français coterie », se retrouvent pendant l'été au château de La Chevrette pour des représentations de théâtre, de chant et des concerts amateurs — rappelons qu'ils forment le noyau dur de la Société Olympique dont le but déclaré est de prendre le relais du concert des Amateurs. L'hôte de La Chevrette est Savalette de Magnanville, garde du Trésor royal. Son fils, Charles Pierre Paul Savalette de Langes, est connu comme fondateur du régime des Philalèthes, académie européenne de recherches en hautes sciences qui réunit les plus grands noms de la Maçonnerie européenne, mais il distribue également les rôles au théâtre de société de La Chevrette, auquel participent notamment ses parents Pierre François Denis Dupleix du Perles et Guillaume Joseph Dupleix de Bacquencourt, et leurs alliés : Marie-Daniel Bourrée de Corberon, son frère aîné, Pierre Philibert marquis de Corberon, musicien talentueux, et son épouse Anne-Marie, nièce du banquier de la Cour et fermier général Jean-Joseph de Laborde. Voici une lettre de Savalette de Langes à son cousin Dupleix du Perles (Hornoy le 12 septembre 1772) :

> Eh bien paresseux [...]

> J'ai cinq à six rôles à te proposer —, et des projets de plus vaste étendue à te communiquer, mais, ma fois, pour ce soir je n'ai pas le temps. Mais voici les rôles que je suis chargé de te proposer. Mande-moi promptement si naturellement tu acceptes :

> Le jour de la fête : Le médecin malgré lui. Lucas paysan mari de la nourrice.

> Dans la parodie de la reine de Golconde, Usbekh, confident premier ministre de la reine.

> Pour les autres jours : dans le légataire universel, le rôle de Géronte, le légataire ; dans Nadine, Blaise ou à choisir marin ; dans le Joueur, Doranthe, l'oncle du joueur (rôle de complaisance) ; dans les fausses infidélités, Mondor ou à ton refus je le jouerai, tu en es le maître.

> Tu vois que tu n'es pas mal partagé. J'attends ta réponse pour arrêter définitivement la liste des rôles. Nous jouerons vraisemblablement pendant une semaine et sûrement tu t'y amuseras, car tout ceux qui composent la troupe t'aiment et te désirent beaucoup. Dumaisniel est très libre à présent et nous pratique toujours dans le cantori. Aussi nous musiquerons. Crois moi, mon ami, laisse ta maîtresse et tes amis de Paris et reviens dans le pays, où tu trouveras des gens qui t'aiment et te désirent et surtout un bon et sincère ami qui t'aime de tout son cœur et t'embrasse de même [...]

> Tu trouveras rue Saint-Jacques au Temple du Goût, chez la Veuve Duchesne, les exemplaires en fascicule. Je t'enverrai bientôt le rôle d'Usbekh [29].

---

29. Archives départementales des Yvelines, E 905.

On joue également à La Chevrette plusieurs pièces du chevalier de Chastellux, notamment les *Amants portugais*, comédie en un acte, les *Prétentions*, comédie en trois actes une imitation libre de *Roméo et Juliette*.

Le *Journal* d'un habitué de la Chevrette, Marie-Daniel Bourrée de Corberon, est également une source précieuse pour comprendre les liens qui unissent la Maçonnerie aristocratique, notamment les loges d'adoption — au recrutement mixte — et la vie de société. À Paris, en 1775, peu avant son départ pour Saint-Pétersbourg, Corberon fréquente la société de Madame Benoît, née Fr. Albine Puzel de la Martinière, romancière et auteur dramatique. Elle est également l'auteur de *La Supercherie réciproque*, comédie en deux actes, en prose de 1768, ainsi que du *Triomphe de la probité*, la même année. Chez Madame Benoît, Corberon rencontre le marquis de La Salle, également romancier et auteur dramatique, qui recrute pour la dernière née des loges parisiennes aristocratiques : *Égalité et Parfaite Sincérité* dont le comte de Buzançais est Vénérable. Corberon est alors un jeune maçon que l'aristocrate interroge sur son catéchisme maçonnique dans le salon des dames Benoît (il le trouve un peu rouillé), avant de lui tirer les cartes. Il est invité par Madame Benoît à une tenue d'adoption, suivie d'un bal, occasion pour notre jeune diplomate de courtiser la jeune Josuel Benoît, lui remettre un billet et apprendre son nom de société.

Jeux de séduction et rivalités amoureuses ont donc pour théâtre à la fois l'espace domestique, les festivités que l'on qualifiera de péri-maçonniques et la vie de société avec ses concerts et théâtre amateurs, l'ensemble s'intégrant à l'espace mondain. Le *Journal* de Corberon en fournit de nombreux témoignages :

Le 22 [janvier 1775]

J'ai arrêté rue neuve Saint-Eustache pour voir un instant Mesdames Benoît, elles m'ont bien rappelé le bal du 29 en loge, et je dois les aller voir après demain de bonne heure dans l'après-dîner. Arrivé chez les Nogué — la belle-sœur de Marie-Daniel Bourrée de Corberon, Anne-Marie, est née de Laborde de Nogué —, j'y ai trouvé un monde énorme ; j'y ai remarqué la petite Sophie qui m'a fort bien accueilli, avec cet air de folie de vivacité que j'aime beaucoup. Le concert s'est passé à l'ordinaire, c'est-à-dire des prétentions de la part du Bacquencourt et des petitesses, comme une petite satisfaction dont l'intendante a joui à l'occasion d'un duo que nous avons manqué ma belle-sœur et moi à cause de la différence.

Par la suite, Corberon prépare avec les dames Benoît la représentation d'une pièce de la composition du marquis de la Salle et se propose pour peindre les décors et composer l'arrangement musical. À Varsovie, Pétersbourg, et Deux-Ponts, il pratiquera avec ses amis les princes d'Anhalt-Bernburg et Adoeski, ainsi qu'avec le baron courlandais Karl-Heinrich von Heyking, ou sa belle-famille — il a épousé une Behmer —, la même association entre Maçonnerie aristocratique et d'adoption et théâtre de société.

Son frère, Théodore Aimé, conseiller au Parlement de Paris, fait quant à lui représenter en 1785 dans son hôtel une pièce de Charles Collé, *La Vérité dans le vin*, qui met « en scène une petite historiette mondaine et libertine ». Il est député auprès du Grand Orient de la loge toulousaine la *Vérité reconnue*, « de loin la plus exclusive des loges de la ville » selon Michel Taillefer, dont son beau-frère, Henri Bernard Catherine de Sapte, président au Parlement de Toulouse, membre de l'Académie des Jeux Floraux, est officier. Quant à Madame de Sapte, née Catherine Marguerite Bourrée de Corberon, elle n'est autre que la Grande Maîtresse de la loge d'adoption toulousaine de la *Parfaite Amitié*.

Il faut insister ici sur la place centrale que la Maçonnerie des dames devenue Maçonnerie d'adoption tient dans cette rencontre réussie. Elle prend en effet le relais des ordres mixtes, à la fois chevaleresques et badins : Ermites de Bonne-Humeur à la cour de Saxe-Gotha, ordre des Mopses en Allemagne et Scandinavie, ordre de la Félicité en France et en Pologne. On y pratique le divertissement lettré, les jeux de la séduction mais aussi à l'occasion des cérémonies de réception aux différents grades des mises en scène de plus en plus élaborées : avec orchestre, machinerie, décors et reconstitution historique ou mythologique. Les membres de la loge ont chacun leur rôle à jouer dans ces mises en scène. Cette rencontre réussie n'est pas limitée à la Maçonnerie parisienne ou aux grandes capitales européennes. Les egodocuments de francs-maçons provinciaux que nous avons pu mettre au jour confirment l'ampleur de la pratique, aussi bien dans le Boulonnais chez Abot de Bazinghen et ses visiteurs anglais, qu'à Caen et Falaise chez les Séran de Saint-Loup.

Dans le cadre du projet « Le monde selon Arcane » (du nom de l'instrumentation électronique évoquée plus haut) l'étude des trajectoires individuelles et collectives des francs-maçons du 18e siècle, restituées dans leur environnement social, culturel, familial et professionnel, devrait prendre rapidement une extension européenne et transatlantique, puisque les frères des Isles et de Nouvelle-France seront concernés.

PIERRE-YVES BEAUREPAIRE
Université de Nice Sophia-Antipolis
Centre de la Méditerranée moderne
et contemporaine

DIPLOMATIE ET RELATIONS « INTERNATIONALES » AU 18ᵉ SIÈCLE : UN RENOUVEAU HISTORIOGRAPHIQUE ?

Depuis le début des années 1990, les travaux d'histoire diplomatique et des relations internationales à l'époque moderne semblent un peu plus nombreux qu'auparavant. Ceux de L. Bély en France, de J. Black en Angleterre ou H. Durchhardt en Allemagne, pour n'en citer que quelques-uns, ont contribué à relancer l'intérêt pour une thématique presque désertée — du moins en France — pendant un demi-siècle. Ce « frémissement » est sans doute en partie lié à l'importance de plus en plus grande dans le débat politique contemporain, depuis 1989, de la question de la redéfinition d'une société internationale dépassant la bipolarité URSS / USA qui avait marqué le monde depuis Yalta et Potsdam. Peut-on parler pour autant d'un « renouveau » de l'histoire diplomatique ou d'une « nouvelle histoire des relations internationales » au 18ᵉ siècle ? Observe-t-on un renouvellement méthodologique ? De nouveaux paradigmes interprétatifs apparaissent-ils ? Cet article se propose de décrire succinctement les champs investis depuis dix ans par les historiens des relations internationales, qu'ils se réclament ou non d'une « nouvelle histoire diplomatique » et de savoir comment ce renouveau supposé de la discipline se place dans l'histoire politique du 18ᵉ siècle [1].

Il y a exactement trente ans, dans les pages du numéro 5 de notre revue, G. Livet présentait des réflexions critiques et une esquisse de méthodologie pour une histoire des relations internationales au 18ᵉ siècle. Il remarquait que si ce domaine était déjà un des fleurons de l'histoire contemporaine, le mouvement était à peine amorcé en ce qui concernait la période moderne. À part ceux de G. Zeller, écrivait-il, on était en peine de trouver des

---

1. Il ne s'agit pas ici de faire une bibliographie critique des travaux d'histoire diplomatique anciens ou récents. Plusieurs volumes n'y suffiraient pas. Les quelques exemples cités ne prétendent pas être représentatifs de tous ces travaux ni constituer des suggestions de lecture en fonction de leur qualité supposée. Il s'agit simplement de mettre en valeur les directions de recherche actuelles.

travaux qui ne se contentaient pas de remplacer terme pour terme « histoire diplomatique » par « histoire des relations internationales » sans en modifier le contenu. Et G. Livet d'appeler de ses vœux une révision des concepts « nécessaire pour faire admettre une fois pour toutes la conception globale de cette histoire qui, sans renier pour autant les aspects diplomatiques ou les conflits guerriers, [mette] en œuvre les conquêtes les plus récentes de la démographie, de l'économie et du mouvement des prix, de la psychologie sociale et des problèmes de mentalité collective » [2]. Mais trente ans (et « un siècle » plus tard), C. Windler fait grosso modo le même constat dans l'introduction méthodologique de sa thèse [3]. L'histoire diplomatique et des relations internationales à l'époque moderne (et au 18ᵉ siècle en particulier) a-t-elle fait du « surplace » depuis trente ans ?

Comme le remarque C. Gantet dans un ouvrage récent, l'histoire des relations internationales à l'époque moderne est « paradoxalement un objet relativement neuf en France » [4]. Le titre de la collection dans laquelle cette synthèse s'insère est en soi une déclaration programmatique puisqu'elle s'intitule « Nouvelle histoire des relations internationales » et qu'elle entend revendiquer la filiation avec la synthèse dirigée par P. Renouvin dans les années cinquante. En effet, si les négociations, les alliances, les guerres et les conflits entre les États ont toujours été au centre du discours historique avant même l'invention de l'histoire diplomatique proprement dite, celle-ci ne naît qu'à la fin du 19ᵉ siècle avec l'ouverture des archives d'État au public, mais on ne parle guère d'histoire des relations internationales avant la seconde guerre mondiale et ce n'est qu'à partir des années cinquante que ce paradigme tend à englober l'ancienne histoire diplomatique et celle des relations économiques et culturelles entre les États.

L'histoire diplomatique est restée très longtemps marquée par les méthodes et les interprétations de la fin du 19ᵉ siècle. Il s'agissait de décrire et d'étudier les politiques extérieures des États européens, censées refléter les intérêts rationnels et « naturels » des nations, indépendamment des « opinions ». Le poids quasi exclusif des documents des chancelleries d'État dans les

---

2. G. Livet, « Les relations internationales au 18ᵉ siècle » dans *Dix-huitième siècle*, 1973, p. 97.

3. C. Windler, *La diplomatie comme expérience de l'autre. Consuls français au Maghreb (1700-1840)*, (Genève, Droz, 2002), p. 26.

4. C. Gantet, *Guerre, paix et construction des États, 1618-1714*, Nouvelle histoire des relations internationales, 2 (Paris, Seuil, 2003).

sources utilisées accentuait le biais « rationalisant » des interprétations. L'histoire diplomatique était plus préoccupée « d'étayer ou d'exalter les histoires *nationales* »[5] que d'étudier la réception de la guerre et de la diplomatie par les sociétés. Cette historiographie ne s'intéressait donc guère au débat intellectuel, philosophique et juridique entourant la décision politique. L'existence des peuples, des individus ou des groupes sociaux n'apparaissait que sous la forme du *deux ex machina* de « l'opinion publique », censée expliquer la décision politique quand celle-ci apparaissait irrationnelle. L'idée que la guerre et les relations entre les États étaient des domaines dont les enjeux touchaient l'ensemble des sociétés était totalement occultée. Souvent écrite par des diplomates ou par d'anciens hauts fonctionnaires, l'histoire diplomatique surévaluait le rôle des bureaux et des chancelleries et tournait parfois à la chronique des cours et des ministères ou à l'apologie des « grands hommes » de la Carrière[6]. Le fétichisme du « fait » et du « concret » (par opposition au mal absolu de « l'idéologie » et de « l'utopie ») tenait souvent lieu de méthode.

Selon J. Black, la faiblesse de l'ancienne histoire diplomatique britannique — qui correspond grosso modo aux travaux publiés dans la première moitié du 20e siècle dans le cadre de la Royal Historical Society — était son ignorance des sources étrangères, son refus de considérer la politique extérieure comme l'enjeu d'un débat intérieur et enfin une approche exclusivement nationale[7]. Le reproche peut être étendu à une grande partie des travaux français ou allemands de la même époque car, paradoxalement, l'histoire des relations diplomatiques était une histoire dans laquelle les États étaient considérés comme des entités isolées, et non comme les éléments d'un système.

Le grand mérite de cette histoire est néanmoins d'avoir établi et fait publier un large corpus de sources, encore absolument indispensables aujourd'hui, ainsi que d'avoir produit une série

---

5. L. Bély, *Espions et ambassadeurs au temps de Louis XIV* (Paris, Fayard, 1992), p. 11.

6. Voir par exemple F. Masson, *Le département des Affaires étrangères pendant la Révolution, 1787-1804* (Paris, Plon, 1877) ou E. Zevort, *Le marquis d'Argenson et le ministère des Affaires étrangères (1880)*, (Genève, Slatkine, 1976), assez typiques de cette production historiographique.

7. J. Black, « British Foreign Policy in the eighteenth century : A survey » dans *Journal of British Studies*, XXVI, 1987, p. 27-28. La Royal Historical Society a été successivement présidée par les grands noms de l'histoire diplomatique britannique du 18e siècle : Basil Williams, David Horn, Richard Lodge, Matthew Anderson.

de monographies parfois très utiles. Ainsi, la série des *Recueils des instructions aux ambassadeurs* en France (dont la publication se poursuit toujours) est-elle l'un des fleurons de cette production. Des travaux comme ceux de P. Vaucher ou de C. Blaga sur l'évolution de la diplomatie au 18ᵉ siècle sont par exemple toujours très recommandables [8].

L'école des *Annales* s'est largement construite en réaction à une « histoire événementielle » dont les parangons étaient justement l'histoire diplomatique et l'histoire militaire. Même si L. Febvre ou F. Braudel n'ont jamais méconnu le poids de la guerre dans l'évolution des sociétés, leur volonté de construire une histoire de la longue durée et des structures a provoqué un discrédit des interprétations étroitement politiques et événementielles de l'ancienne histoire diplomatique. Face à l'offensive des *Annales,* celle-ci a été contrainte d'opérer un changement de méthodes et de problématiques. Tandis que l'ancienne école étroitement diplomatique a « survécu dans une position de repli, réticente à toute velléité de remise en cause de ses problématiques et de ses méthodes d'analyse » [9], une nouvelle histoire des relations internationales est apparue progressivement dans les années qui ont suivi la Deuxième guerre mondiale.

La synthèse dirigée par P. Renouvin a été le modèle de cette nouvelle histoire. G. Zeller et A. Fugier — qui ont réalisé les volumes couvrant le 18ᵉ siècle et la Révolution française — rendent ainsi leur place aux « forces profondes » qui influencent la décision politique [10]. La géographie, la démographie, l'économie, les imaginaires nationaux deviennent alors des objets à part entière de l'histoire des relations internationales. L'ancienne histoire diplomatique faisait de la politique extérieure un champ entièrement dépendant de la décision « rationnelle » et volontaire des gouvernants, un jeu d'action et de réaction rétif aux explications structurelles et aux théories englobantes, la nouvelle histoire des relations internationales mettait au contraire l'accent sur le soubassement matériel de la diplomatie.

Dans les années 1970, le renouvellement de l'histoire militaire a contribué à ouvrir de nouveaux champs à cette histoire des

---

8. P. Vaucher, *Robert Walpole et la politique de Fleury 1731-1742* (Paris, Plon, 1924), C. S. Blaga, *L'évolution de la diplomatie, idéologie, mœurs et techniques : le 18ᵉ siècle* (Paris, Pedone, 1938).

9. C. Windler, ouvr. cité, p. 29.

10. P. Renouvin (dir.), *Histoire des relations internationales* (Paris, Hachette, 1953-1954), tomes 2 et 3 : G. Zeller, *Les Temps modernes* ; tome 4 : A. Fugier, *La Révolution française et l'Empire napoléonien.*

relations internationales. La guerre a été étudiée non plus seulement comme une activité rationnelle au service d'une politique
d'intérêt national mais comme un des éléments d'un système
international. L'étude de l'armée comme milieu social ou celle
des rapports entre les combattants et la société a permis de croiser
les approches et les méthodes de l'histoire sociale et de l'histoire
des relations internationales. Enfin, l'histoire militaire s'est également ouverte à l'anthropologie en étudiant le combattant dans
son rapport à la violence et à la bataille [11]. Alors que l'histoire
diplomatique connaissait un déclin de longue durée en France,
elle continuait d'intéresser les historiens anglais [12], allemands [13]
ou américains [14]. En Angleterre, elle était particulièrement vivante
en partie grâce à l'activité de R. Hatton qui dirigea une grande
partie des travaux consacrés à la diplomatie aux 17ᵉ et 18ᵉ siècles
dans les années 1960 et 1970 [15]. Mais ces travaux, pas plus que
ceux des années d'avant-guerre, ne s'intéressaient réellement au
lien entre la politique « intérieure » et les relations internationales,
ni au débat philosophico-juridique entourant la décision politique [16]. Les approches restaient assez événementielles et peu systémiques.

Le « programme » dressé par G. Livet en 1973 a mis — c'est
le moins que l'on puisse dire — un temps fort long à connaître

---

11. P. Contamine (dir.), *Guerre et concurrence entre les États européens du
14ᵉ au 18ᵉ siècle* (Paris, PUF, 1998). Voir la synthèse historiographique de
J. Chagniot, *Guerre et société à l'époque moderne* (Paris, PUF, 2001).
    12. Voir les travaux de R. Hatton et de ses élèves, pour un panorama de ces
travaux, voir par exemple R. Hatton et M. S. Anderson (eds.), *Studies in Diplomatic History* (London, Longman, 1970).
    13. H. Duchhardt, *Gleichgewicht der Kräfte, Convenance, Europäisches Kon-
zert, Friedenskongress und Friedensschlüsse vom Zeitalter Ludwigs XIV zum Wie-
ner Kongress* (Darmstadt, Wissenschafliche Buchgesellschaft, 1976) ; *Krieg und
Frieden im Zeitalter Ludwigs XIV* (Düsseldorf, 1987) ; *Balance of Power und Pen-
tarchie. Internationale Beziehungen 1700-1785* (Paderbirn, Schöningh, 1997).
    14. J. Hutson J., « Early American Diplomacy : A Reappraisal » dans
L. S. Kaplan, *The American Revolution and A Candid World* (Kent, Ohio, Kent
State University Press, 1977) ; L. S. Kaplan, *Entangling alliances with none :
American Foreign Policy in the Age of Jefferson* (Kent, Ohio, Kent State Univer-
sity Press, 1987) ; *Colonies into Nation : American Diplomacy 1763-1801* (New
York, Macmillan, 1972).
    15. Citons notamment ceux de D. Mc Kay sur les relations anglo-autrichiennes
ou de H. Dunthorne sur les relations anglo-hollandaises au début du 18ᵉ siècle ou
de H. S. Scott. Voir J. Black, « British Foreign Policy in the Eighteenth century : A
survey », *art. cit.*, p. 32.
    16. À l'exception de G. Gibbs, « Laying Treaties before Parliament in the
Eighteenth Century » dans R. Hatton et M. S. Anderson, ouvr. cité.

un début d'application et nombre d'historiens actuels restent très critiques vis-à-vis de l'originalité autoproclamée de la « nouvelle histoire des relations internationales » à l'époque moderne. Pourtant, il est difficile de nier que le contexte politique depuis la chute du Mur de Berlin a bien eu une influence décisive sur la manière dont on pense les relations internationales dans l'histoire. La crise du modèle de l'État nation, le repli de l'ONU et l'apparition d'une nouvelle scène internationale structurée par de nouvelles règles et de nouveaux acteurs sont autant de phénomènes qui ne pouvaient pas ne pas avoir de répercussions sur les champs d'intérêt des historiens. Le renouveau des études diplomatiques et des relations internationales a coïncidé avec un rapprochement (certes limité) avec les autres sciences sociales. C'est dans la confrontation avec les sociologues, les politologues ou les anthropologues que se construisent les nouvelles démarches. On peut ainsi très schématiquement distinguer trois types d'approche dans les travaux récents en histoire des relations internationales à l'époque moderne : les approches systémiques et géopolitiques inspirées par les politologues, les approches sociales et anthropologiques et enfin les approches culturelles et philosophico-juridiques.

Approches systémiques et géopolitiques d'abord. Les politologues et les « théoriciens des relations internationales » se sont beaucoup plus intéressés à la période contemporaine qu'aux périodes antérieures pour lesquelles les schémas interprétatifs de la discipline ne sont pas conçus [17]. Leurs analyses de la société internationale et de son fonctionnement supposent un espace composé d'États souverains, acteurs uniques des relations internationales, ce qui est loin de correspondre aux réalités du 16e siècle au 18e siècle. Mais leurs concepts, et notamment ceux d'ordre mondial, de système international, de société des États et d'acteurs de la scène internationale sont utiles et opératoires pour l'époque moderne, du moins si l'on prend quelques précautions contre l'anachronisme. Les politologues insistent ainsi sur l'aspect systémique des relations internationales [18]. L'ordre international est

---

17. Pour une très rapide synthèse des recherches en théorie des relations internationales J. C. Ruano-Borbalan, « Le point sur la théorie des relations internationales » dans *Sciences Humaines*, n° 116, mai 2001, p. 42-43.

18. Voir notamment K. J. Holsti, *Peace and War, Armed Conflicts and International Order, 1648-1989* (Cambridge, Cambridge University Press, 1991). E. Luard, *The Balance of Power : the System of International Relations, 1648-1815* (Basingstoke Mac Millan, 1992). A. Osiander, *The States system of Europe 1640-1990. Peace-making and the conditions of international stability* (Oxford, Oxford University Press, 1994).

un système de représentation des relations entre les acteurs internationaux, c'est pourquoi la stabilité d'un système dépend du fait que les valeurs, les idées et les concepts de base du système international sont partagés ou non. Les recherches récentes se sont ainsi intéressées au comportement et à la rationalité des acteurs dans la sphère internationale, elles ont notamment cherché à comprendre la manière dont les croyances et les représentations influent sur l'ordre international. Plus généralement, les politologues tentent, à l'image de B. Badie et M.-C. Smouts, de construire une sociologie de la scène internationale qui prenne en compte les acteurs non-étatiques. Comme l'écrit C. Windler, « ce renouvellement questionne l'universalité de concepts tels que *État* ou *souveraineté* que les approches réalistes considérèrent capables de rendre compte du fonctionnement d'un système international qu'elles étudient sans référence aux réseaux de relations spécifiques dans lesquels s'intègrent chaque acteur » [19].

Cette insistance sur la pluralité des acteurs de la scène internationale est révélatrice d'une inflexion que l'on retrouve chez la plupart des historiens de la période moderne qui n'utilisent plus le terme « international » qu'avec beaucoup de réserves, car en parlant de *relations internationales* au 18e siècle, on identifie les concepts de Nation, d'État et de gouvernement dans une période où le champ de la politique extérieure échappait justement presque totalement aux « nations », restant le domaine réservé des Princes. La « politique » des monarques était même souvent pensée comme *antinationale*, car elle apparaissait comme l'expression d'un *esprit de conquête* opposée au *bonheur des peuples* [20]. L'utilisation du terme « relations internationales » pour l'époque moderne ne peut donc être qu'une facilité de langage. Il est donc nécessaire d'élargir le champ des relations internationales à « l'ensemble des relations engagées lorsque des individus, des groupes, des biens, des institutions ou des idées traversent une frontière politique » [21].

L'approche systémique ou géopolitique des politologues, si elle n'est pas acceptée en bloc par les historiens des relations internationales, influe de manière évidente sur leur manière de décrire l'évolution des relations entre les États. Même lorsqu'ils

---

19. C. Windler, ouvr. cité, p. 26.

20. M. Belissa, *Fraternité Universelle et Intérêt National, 1713-1795. Les cosmopolitiques du droit des gens* (Paris, Kimé, 1998), p. 89.

21. C. Gantet, ouvr. cité, p. 9.

polémiquent contre le systémisme et le « structuralisme » des
théoriciens des relations internationales, les historiens ne nient
pas l'existence de structures particulières aux relations entre les
États à l'époque moderne [22], et c'est là en soi un changement
par rapport à l'ancienne histoire diplomatique qui bien souvent
se contentait de projeter sur la période moderne les schémas
nationalistes de l'Europe de la fin du 19ᵉ siècle.

Si les références géopolitiques n'ont jamais été vraiment absentes de l'histoire diplomatique, elles ont souvent été sous-entendues
plutôt que revendiquées, ce qui n'étonnera personne compte tenu
des origines historiques de la discipline. Ainsi, chez P. Kennedy
ou D. Mc Kay et H. M. Scott, la problématique de la « montée »
des grandes puissances au 18ᵉ siècle est-elle nourrie par
une pensée géopolitique qui ne dit pas vraiment son nom [23].
J.- M. Sallman dans le premier tome de la « Nouvelle Histoire
des Relations internationales » saute le pas et intitule son ouvrage
Géopolitique du 16ᵉ siècle. Il justifie son approche vraiment mondiale en refusant l'européocentrisme inavoué de l'histoire diplomatique [24]. Mais les approches strictement géopolitiques — c'est-
à-dire qui privilégient le rapport entre géographie et politique
— sont plutôt rares chez les chercheurs actuels qui préfèrent
interroger et contextualiser les notions « d'hégémonie » et de
« prépondérance » [25].

Le biais systémique est en revanche particulièrement utile pour
conceptualiser les transformations de l'ordre international entre
le 16ᵉ siècle et 1815. Peut-on parler de l'Europe comme d'une
société internationale ? Assiste-t-on à un changement structurel
dans le fonctionnement de la société des États ? La montée en
puissance de la Prusse et de la Russie au cours du 18ᵉ siècle
est-elle l'indice d'une mutation continentale ou un avatar au sein
d'un système qui n'évolue que très peu ? La volatilité des relations
internationales l'emporte-t-elle sur les facteurs de cohésion au

---

22. M. S. Anderson, *The Rise of Modern Diplomacy, 1450-1919* (London/New
York, Longman, 1993). J. Black, *European International relations 1648-1815*
(Basingstoke Palgrave, 2002).

23. P. Kennedy, *Rise and Fall of Great Powers* (New York, 1987) ; D. Mc Kay
et H. M. Scott, *The Rise of the Great Powers 1648-1815* (Londres/New York,
1983).

24. J. M. Sallmann, *Géopolitique du 16ᵉ siècle*, Nouvelle histoire des relations
internationales, 1 (Paris, Seuil, 2003), p. 8.

25. A. Hugon, *Rivalités européennes et hégémonie mondiale, 14ᵉ-18ᵉ siècle*
(Paris, A. Colin, 2002).

sein de la société des Princes [26] ? Quelle est la nature du bouleversement révolutionnaire et napoléonien ? Voici quelques-unes des questions posées par les ouvrages récents.

Les concepts des sociologues — et en particulier la sociologie des réseaux — sont mis à contribution dans les travaux récents d'histoire diplomatique. L'interrogation sur la validité de l'idée d'État souverain induit une nouvelle attention aux flux et aux réseaux qui transcendent les frontières étatiques. Ainsi les flux supraétatiques comme les réseaux maçonniques et épistolaires étudiés par P.-Y. Beaurepaire sont des acteurs à part entière des relations internationales [27]. Mais les organisations sociales infraétatiques (comme les clans curiaux ou les réseaux de patronage et de clientèle) ne sont pas moins importantes [28]. Une analyse véritablement prosopographique des diplomates — qui mettrait en valeur le rôle des réseaux dans le recrutement et le processus de formation de la décision diplomatique — reste pourtant à faire pour le 18e siècle. L'État, bien que primordial, n'est plus le seul acteur des relations internationales. Les ouvrages récents ont montré que la politique extérieure était à l'époque moderne, comme aujourd'hui, dépendante des luttes domestiques de pouvoir et du débat public. L'idée d'une bureaucratie diplomatique spécialisée et indépendante, poursuivant la réalisation des intérêts « évidents » de l'État, n'a aucune pertinence pour l'époque moderne.

À la suite de L. Bély qui s'est intéressé au milieu social des diplomates à la fin du 17e siècle, plusieurs travaux ont cerné la place des négociateurs dans la société et les États de l'Ancien régime, parfois dans une perspective biographique comme A. Mézin dans son ouvrage de référence sur les consuls de France au 18e siècle [29]. On étudie la formation, le recrutement, la fortune des diplomates dans une perspective sociale classique déjà appliquée à l'armée dans les travaux d'A. Corvisier, J. Chagniot ou

---

26. L. Bély, *La société des princes* (Paris, Fayard, 1999).
27. P.-Y. Beaurepaire (éd.), *La plume et la toile : pouvoirs et réseaux de correspondance dans l'Europe des Lumières* (Artois presses université, 2002) ; et *L'espace des francs-maçons : une sociabilité européenne au 18e siècle* (Presses universitaires de Rennes, 2003).
28. Voir J. F. Labourdette, *Vergennes* (Paris, Desjonquères, 1990) ; ou F.-D. Liechtenhan, *La Russie entre en Europe : Elisabeth Ire et la succession d'Autriche, 1740-1750* (Paris, CNRS, 1997).
29. A. Mezin, *Les consuls de France au siècle des Lumières (1715-1792)*, (Paris, Ministère des affaires étrangères, 1997).

de J.-P. Bertaud [30]. La diplomatie est-elle une étape honorable dans le *cursus honorum* de la noblesse européenne ? Est-elle recherchée et si oui, dans quel but, pour quel objectif « lignager » ? Plus qu'aux diplomates issus des grandes familles, on commence à s'intéresser aux acteurs moins en vue de la diplomatie : les secrétaires d'ambassades, les consuls, voire les interprètes, les drogmans, intermédiaires indispensables des relations avec l'Empire Ottoman [31]. Les bureaux ont également été étudiés, mais dans une perspective peu différente de celle de l'histoire diplomatique la plus classique [32].

Le négociateur n'est pas un « pur » serviteur de l'État ; il est inséré dans « un ensemble protéiforme de pouvoirs » [33]. L'exemple pour le 18e siècle du Secret du Roi ou de la diplomatie de Bernis déterminée par le clan Pâris-Pompadour est suffisamment clair. Même si la tendance longue du 16e siècle au 18e siècle est à la constitution d'une administration diplomatique d'État, les diplomates du 18e siècle sont loin d'appartenir à une « bureaucratie » achevée. Dans les négociations, les diplomates jouissent par ailleurs d'une autonomie qui reste à étudier dans des cas précis. Les liens entre la nature des États et la structure des diplomaties sont également un sujet de recherche passionnant : la diplomatie des Habsbourg n'est évidemment pas structurée de façon identique à celle du roi de France ou celle des Provinces-Unies [34].

Le 18e siècle est le moment par excellence de l'affirmation d'une culture de la paix qui se manifeste aussi bien dans la promotion de la diplomatie comme moyen d'éviter la guerre que

---

30. C. Béchu, « Les ambassadeurs français au 18e siècle ; formation et carrière », A. Mézin, « Les consuls de France au siècle des Lumières, acteurs secondaires des relations diplomatiques », J. Voss, « L'école diplomatique de Strasbourg et son rôle dans l'Europe des Lumières », J. F. Labourdette, « Le recrutement des ambassadeurs sous les derniers Valois » dans L. Bély (dir.), *L'Invention de la Diplomatie. Moyen-Âge — Temps modernes* (Paris, PUF, 1998).
31. Voir la bibliographie proposé par C. Windler, ouvr. cité, p. 28.
32. Ainsi, il n'y a guère de différence méthodologique entre les ouvrages de C. Piccioni, *Les premiers commis aux affaires étrangères 17e-18e siècle* (Paris, de Boccard, 1928) et ceux de J. Henri-Robert, *Le personnel diplomatique français sous le Consulat et l'Empire* (thèse de 3e cycle, 1975, dir. par J. Tulard), ou de J. Baillou (dir.), *Les Affaires étrangères et le corps diplomatique français* tome 1 : *de l'Ancien Régime au second Empire* (CNRS, 1984).
33. C. Gantet, ouvr. cité, p. 22.
34. Pour le 17e siècle, la thèse d'A. Hugon (*Au service du Roi catholique : honorables ambassadeurs et divins espions face à la France*, A. Zysberg dir. Caen 1996, Madrid, Casa de Velazquez, 2004) est une illustration de la différence de nature et de structures entre les diplomaties espagnole et française.

dans la multiplication des écrits consacrés à la construction de la paix ou encore dans l'apologie du « doux commerce » censé rapprocher les hommes par l'échange. L'extension des réseaux diplomatiques est en effet l'une des caractéristiques du 18ᵉ siècle puisque c'est à partir de 1750 que se généralise l'ambassade permanente, y compris pour les puissances de second ordre restées jusque-là à l'écart du mouvement de densification des relations internationales. Ces réseaux diplomatiques mais aussi consulaires constituent « une armature nouvelle des relations entre États et souverains »[35]. Le réseau des ambassades et des consulats se double de celui des correspondances commerciales, techniques, philosophiques, académiques qui jouent un rôle déterminant dans la promotion de cette culture de la paix et dans la circulation de l'information diplomatique.

L'extension des réseaux diplomatiques du 16ᵉ au 18ᵉ siècle nécessite de préciser le statut des négociateurs, ce processus est *grosso modo* achevé au 18ᵉ siècle, même si celui des consuls reste indécis : agents du commerce ou des relations extérieures ? Deux modèles semblent s'opposer en Europe : la France qui fait de ses consuls de vrais agents du roi et les autres puissances qui insistent davantage sur leur rôle strictement commercial. La fonction consulaire émerge donc comme un objet à part entière de l'histoire diplomatique. Ni « purs » agents commerciaux, ni « diplomates » au sens propre du terme, ils apparaissent comme des acteurs particuliers du processus de structuration des réseaux du dialogue entre les États et de l'émergence d'une société inter-nationale. Un récent colloque tenu à Lorient et rassemblant les chercheurs travaillant sur la fonction consulaire dans diverses aires géographiques a pu faire un premier bilan des recherches engagées très récemment[36]. Le 18ᵉ siècle apparaît comme le « temps des consuls » puisqu'on assiste à une explosion des réseaux, expression de la montée des impératifs commerciaux

---

35. J. P. Bois, *De la paix des rois à l'ordre des empereurs, 1714-1815,* Nou-velle Histoire des relations internationales, 3 (Paris, Seuil, 2003), p. 59.

36. *La fonction consulaire à l'époque moderne,* colloque de Lorient, décembre 2003, Actes à paraître. Voir notamment les interventions de S. Marzagalli sur les premiers consuls américains à Bordeaux, de G. Poumarède sur les consuls vénitiens, de J. Ulbert sur le réseau prussien et ma propre intervention sur le réseau consulaire français aux États-Unis. Il faut signaler que les archives consulaires très importantes à Nantes ont donné lieu à une série de travaux de maîtrise et de DEA d'histoire des relations internationales dirigées par C. Hermann, J. P. Bois et moi-même dans le cadre du Centre de recherche sur l'Histoire du Monde Atlantique.

dans la diplomatie des Lumières. L'analyse de la constitution de ces réseaux éclaire les stratégies des États dans la société internationale [37].

Ce sont sans aucun doute les approches culturelles de la diplomatie et des relations internationales qui ont aujourd'hui la faveur des chercheurs. Les conceptions de la société internationale, l'outillage mental et philosophique avec lesquels les contemporains pensent les relations et les conflits entre les peuples et entre les États sont au centre de ces travaux [38].

Les transferts culturels — circulations de biens culturels, d'images respectives, de symboles et de modèles politiques — sont au même titre que les relations économiques au centre des échanges qui fondent les relations internationales. Ces échanges posent d'une manière nouvelle la question de la définition des identités nationales, qui ne sont plus considérées comme des données intangibles déterminées par la géographie ou la nature mais comme des chantiers en construction dans la confrontation et les relations à l'Autre, à l'Étranger. Les travaux de L. Colley sur la construction d'une identité loyaliste et britannique au 18e siècle, ceux de D. Bell ou d'E. Dziembowski sur la construction d'un « patriotisme » français sont exemplaires de cette approche [39].

Les identités se construisent non seulement dans ces discours croisés mais aussi dans une pratique diplomatique quotidienne, en particulier dans les domaines extra-européens. Le Maghreb, les échelles de l'Empire Ottoman sont, en particulier, les aires de la rencontre avec l'Autre que constitue l'Infidèle. Pour cela, les archives consulaires sont des sources indispensables encore trop peu utilisées. Chez C. Windler, l'histoire diplomatique devient alors « l'étude des usages sociaux de l'altérité » [40]. La circulation des modèles politiques est mise en valeur dans les travaux d'Alain Hugon et en particulier les transferts d'hégémonie

---

37. Voir S. Bégaud, M. Belissa, J. Visser, « *Aux origines d'une alliance improbable : le réseau consulaire Français aux États-Unis 1776-1815* », ministère des Affaires étrangères, coll. « Diplomatie et Histoire », Peterlag, 2005.

38. Pour une synthèse de l'influence des « conceptions du monde » sur les relations internationales, voir l'ouvrage collectif *War, Peace and World Orders* (Londres, Routledge, 2000) édité par A. Hartmann et B. Heuser.

39. L. Colley, *Britons. Forging the Nation 1707-1837* (Yale University Press, 1992). E. Dziembowski, *Un nouveau patriotisme français 1750-1770. La France face à la puissance anglaise à l'époque de la guerre de Sept Ans* (Voltaire foundation, SVEC, 365, Oxford, 1998). D. Bell, *The Cult of the Nation. Inventing Nationalism, 1680-1820* (Harvard University Press, 2001).

40. Windler, ouvr. cité, p. 34.

de l'Espagne à la France au 17ᵉ siècle puis de la France à ses prétendants au 18ᵉ siècle [41].

Depuis le début des années 1990, les travaux de L. Bély s'attachent en particulier à considérer la « culture diplomatique » de l'époque moderne. Une culture de la paix et de la négociation structure ce milieu particulier qui entend réinventer un ordre européen pacifique en défendant les intérêts des rois, des dynasties. La diplomatie est le mode de relation dans la « société des Princes », elle en est la « langue singulière », mais aussi l'expression d'un *ethos*, d'une pensée et d'une formation intellectuelle particulières. La diplomatie est un art sans lequel la paix n'aurait pu se construire dans les congrès qui mettent fin aux conflits qui ensanglantent l'Europe. Ces congrès jouent le rôle d'instances de régulation à l'échelle européenne. Ils sont l'occasion de définir et de redéfinir les principes qui structurent la société des États et qui permettent la construction d'un équilibre contrebalançant les facteurs de tension que sont les prétentions et les revendications des rois.

Un accent particulier est mis sur la littérature du « parfait ambassadeur » qui contribue à former le modèle idéal de cette culture sociale [42]. Les théoriciens de la raison d'État mais aussi les fondateurs de l'école du droit de la nature et des gens sont les références intellectuelles permanentes mises en avant dans ces ouvrages. Du point de vue de l'histoire culturelle, les manuels du parfait ambassadeur comme ceux de Callières ou de Pecquet sont des sources très riches qui permettent de saisir les valeurs morales, intellectuelles et sociales du milieu diplomatique. Les discours contradictoires des Lumières sur la diplomatie ont également été abordés, mais il reste encore beaucoup à étudier [43].

Parmi les missions des diplomates, ce sont celles qui relèvent de la représentation qui ont attiré le plus l'attention. Le cérémonial est devenu un objet d'étude à part entière, car la fonction de l'ambassadeur est autant — voire plus — une dignité qu'un emploi. Alors que les historiens de la Carrière insistaient sur la professionnalisation croissante de la diplomatie, les historiens

---

41. A. Hugon, ouvr. cité.

42. O. Chaline, « L'ambassadeur selon les casuistes », C. Béchu, « Les ambassadeurs français au 18ᵉ siècle, formation et carrière » dans L. Bély (dir.), *L'Invention de la Diplomatie. Moyen-Âge – Temps modernes*, ouvr. cité.

43. M. Belissa, « La diplomatie et les traités dans la pensée des Lumières : négociation universelle ou école du mensonge ? » dans *Revue d'Histoire Diplomatique*, 1999, nº 3.

préfèrent aujourd'hui mettre l'accent sur ses aspects les plus cérémoniels. W. Roosen et L. Bély ont décrit ce cérémonial comme un système de confrontation et de représentations réciproques des puissances et des dynasties européennes [44]. C'est « un langage symbolique qui montrait les rapports des nations entre elles, sans qu'elles eussent à comparer leurs puissances par la confrontation militaire » [45]. Là aussi, un immense gisement de sources inexploitées s'ouvre aux recherches. Il suffit de jeter un coup d'œil sur le volume des textes consacrés au cérémonial dans les Archives diplomatiques au Quai d'Orsay pour s'en convaincre. La lecture des sources s'est modifiée : on lit plus les textes diplomatiques pour ce qu'ils révèlent sur la fonction et sur l'outillage mental du négociateur que pour l'information diplomatique qu'ils contiennent. Ainsi, le « métadiscours » diplomatique est un élément essentiel de l'histoire culturelle des relations internationales [46].

En liaison avec les réflexions sur le concept d'« opinion publique » à l'époque moderne, la question de l'information et du façonnement de cette « opinion » est cruciale pour comprendre comment les contemporains concevaient les relations entre les États. Les imprimés, la presse, les images sont autant de médias, de vecteurs du débat public sur la politique extérieure. J. Black a déjà montré pour l'Angleterre l'importance de la presse dans le débat sur le rôle du Hanovre dans la politique extérieure anglaise [47]. L'équivalent n'a pas encore été vraiment réalisé pour la France.

Ce que l'on pourrait appeler l'approche philosophico-juridique des relations internationales entend étudier les cadres conceptuels dans lesquels les hommes de la période moderne comprenaient les relations entre les peuples, entre les États, entre les nations. Il est évident que les hommes du 18ᵉ siècle ne raisonnaient pas à partir des catégories actuelles comme le nationalisme ou l'internationalisme. Ce que nous appelons aujourd'hui le « droit interna-

---

44. W. J. Roosen, « Early modern diplomatic ceremonial : a systems approach » dans *Journal of Modern History*, 52 (1980), p. 452-476 ; L. Bély, « Représentation, négociation et information dans l'étude des relations internationales à l'époque moderne » dans S. Berstein et P. Milza (éd.), *Axes et méthodes de l'histoire politique* (Paris, PUF, 1998), p. 213-229.

45. L. Bély, ouvr. cité, p. 688.

46. G. Berridge, M. Keens-Soper, *Diplomatic theory from Machiavelli to Kissinger* (Basingstoke, Polgrave, 2001).

47. J. Black, *A System of Ambitions ? British Foreign Policy 1660-1793* (Londres, Longman, 1991).

tional » était conçu de manière différente et conceptualisé à partir d'autres paradigmes théoriques qu'aujourd'hui. Si les philosophes et les juristes se sont toujours intéressés à la réflexion iréniste de l'époque moderne [48], les historiens voyaient, il y a encore peu de temps, les théories du droit des gens comme d'aimables « utopies » sans grand poids dans les mentalités des principaux acteurs des relations internationales. Une série de travaux récents montrent l'importance de l'impact de ces conceptions du monde sur les pratiques politiques [49]. La culture de la paix n'était pas un sujet de réflexion pour les bonnes âmes des salons. Elle s'incarnait dans une série de pratiques (congrès, montée du droit positif des traités et des conventions, principes, représentations) qui perduraient souvent au-delà des conflits eux-mêmes [50]. Au 18e siècle, la pensée sur les relations internationales s'est largement autonomisée. En témoignent des textes comme ceux de Vattel ou de Mably [51] qui se veulent de véritables théories des relations internationales là où Grotius et Pufendorf voyaient au siècle précédent une réflexion générale sur la politique. Plus que l'origine du « droit international » qui n'apparaît réellement qu'après la Révolution française, il faut voir dans ces théories du droit naturel des gens une définition des règles qui structurent la société internationale. L'étude des conceptions philosophiques et juridiques de l'ordre international est absolument indispensable pour comprendre la manière dont les hommes du 18e siècle pensaient les relations internationales et voyaient le monde qui les entourait. Elle ne peut plus être renvoyée au purgatoire de « l'histoire des idées » prétendument séparée de celle des pratiques diplomatiques.

Les approches anthropologiques s'ouvrent à la dimension interculturelle de la diplomatie et réévaluent la confrontation entre

---

48. La bibliographie juridique et philosophique sur la question de la guerre et de la paix à l'époque moderne est immense. Je me permets de renvoyer à la bibliographie de ma thèse de doctorat : *La cosmopolitique du droit des gens (1713-1795) : Fraternité universelle et Intérêt national au siècle des Lumières et pendant la Révolution française*, 2 vol., Paris I, sous la direction de J. P. Bertaud, 1997.

49. P. et N. Onuf, *Federal Union, Modern World. The Law of Nations in an Age of Revolution 1776-1814* (Madison, Madison House, 1993). E. V. Mc Leod, *A war of ideas : British attitudes to the wars against revolutionary France 1792-1804* (Aldershot, Ashgate, 1998).

50. Comme l'a montré C. Gantet dans *La Paix de Westphalie. Une histoire sociale 17e siècle — 18e siècle* (Paris, Belin, 2001).

51. G. B. de Mably, *Principes des négociation pour servir de préface au Droit Public de l'Europe (1757)*, présenté et annoté par M. Belissa (Paris, Kimé, 2001).

culture de guerre et culture de paix à l'époque moderne : « loin de s'exclure, la guerre et la paix sont autant de conflits, de compromis, de transactions, menés selon des codes sociaux et politiques, aptes à reformuler les règles symboliques et institutionnelles du lien social. La diplomatie peut donc être interprétée comme une pratique rituelle, inscrite dans un système destiné à donner sens à la confrontation et à l'échange. » [52] La guerre est interrogée selon des biais culturels ou anthropologiques. Il s'agit de comprendre la « mise en récit ou en images de la guerre » [53] ou les formes « modernes » de la violence. La nouvelle histoire militaire nourrit ainsi le renouvellement des problématiques des relations internationales. Exemple type de ces liens entre les deux domaines : l'art de la guerre limitée et le blocage tactique évoqués par les historiens militaires du 18e siècle sont à mettre en relation avec une conception des relations entre les États qui privilégie l'équilibre des forces plutôt que l'anéantissement de l'adversaire.

Si les historiens du politique ne rejettent plus la guerre et la paix comme des phénomènes qui relèvent de « l'écume événementielle », une grande partie d'entre eux considère encore la politique extérieure comme une liste confuse de dates et de noms propres déconnectée des analyses sur le pouvoir et l'État. La diplomatie est encore beaucoup trop souvent analysée dans les manuels comme une activité *particulière* (traitée en fin d'ouvrage ou de chapitre) et non comme un enjeu fondamental du débat politique « intérieur ». Cette séparation entre l'histoire des relations internationales et l'histoire du politique est peut-être en train de disparaître. Peut-on parler pourtant d'un « renouveau historiographique » de l'histoire des relations internationales à l'époque moderne ? L'expression relève sans doute un peu plus de l'anticipation que d'un réel engouement, car le mouvement n'en est qu'à ses débuts. Plus qu'à l'apparition d'une « nouvelle histoire diplomatique », c'est à un nouvel essai d'histoire « totale » des relations internationales auquel nous assistons. Tout se passe comme si, après avoir vécu pendant plusieurs décennies dans une atrophie méthodologique, cette histoire était simplement en train de rattraper son « retard » sur les autres domaines de l'histoire politique. Si l'histoire diplomatique actuelle est « nouvelle », c'est en ceci qu'elle a intégré — un peu tardivement diront certains — les approches culturelles du politique (insistance

---

52. C. Gantet, ouvr. cité, p. 12.
53. C. Gantet, ouvr. cité, p. 61.

sur la notion de cultures politiques, accent mis sur les représentations, le cérémonial et les formes du débat) qui sont dominantes dans l'histoire de l'époque moderne depuis plusieurs décennies. Mais les limites de ce renouvellement résident encore peut-être dans le refus de nombreux historiens du systémisme des politologues ou des approches anthropologiques et culturelles. Certes, la « nouvelle histoire diplomatique » est plus sensible à l'apport des autres sciences humaines mais elle reste tout de même encore souvent marquée par le fétichisme du « concret » et de l'événementiel ; et si bien des travaux sont de grande qualité du point de vue de l'érudition, cette histoire diplomatique ne semble pas avoir encore complètement surmonté l'aporie méthodologique qui réside dans l'attention presque exclusive accordée aux sources d'État et à l'action « rationnelle » des dirigeants des grandes puissances européennes du 18e siècle. Malgré un renouveau certain des problématiques et des approches, l'histoire des relations internationales reste encore trop « statocentrée », l'intérêt d'une grande partie des historiens « se concentre encore sur les processus de décision dans les capitales et les négociations tenues pour marquantes »[54] et délaisse la pratique quotidienne des intermédiaires subalternes de ces relations. L'histoire des relations internationales a besoin de nouvelles sources (discours cérémonial, archives consulaires, etc.) pour s'engager réellement dans une histoire de la diplomatie comme « expérience de l'autre » selon la belle formule de C. Windler.

MARC BELISSA
Université de Paris X-Nanterre

---

54. C. Windler, ouvr. cité, p. 28.

L'édition musicale dans la presse parisienne
au XVIIIe siècle. Catalogue des annonces.
Anik DEVRIÈS-LESURE

Collection : Sciences de la musique – Série : Références

ISBN : 2-271-06303-5

Format : 21 x 29,7
576 pages illustrées
Prix : 59,00 €

Auteur :
Anik Devriès-Lesure,
musicologue, auteur du
Dictionnaire des éditeurs de
musique français de 1820 à
1914.

Au XVIIIe siècle, l'unique moyen publicitaire pour diffuser largement une information était la publication d'avis ou d'annonces dans les journaux. Ces espaces payants, ouverts à tous, furent très tôt utilisés par ceux qui faisaient commerce de musique : éditeurs, graveurs, marchands, ainsi que par les compositeurs eux-mêmes. On estime que les deux tiers des œuvres musicales éditées au cours de la seconde moitié du siècle ont fait l'objet de publicité dans les journaux. Relevées dans une quinzaine de journaux : *Mercure de France, Affiches, annonces et avis divers, Journal de Paris, Gazette de France,* etc., et regroupées dans ce catalogue, ces annonces offrent un échantillonnage représentatif de la musique en vogue au XVIIIe siècle et leur contenu permet de suivre les lignes majeures de l'évolution du goût musical de cette époque. Les commentaires d'ordre esthétique ou factuel, qui accompagnent parfois la partie purement publicitaire de l'annonce, fournissent au musicologue contemporain des informations souvent inédites qui l'aideront à élargir le champ de ses recherches grâce à des précisions que nulle autre source n'aurait pu lui procurer. Ces annonces présentent aussi un intérêt fondamental pour la connaissance du répertoire car elles demeurent parfois l'unique témoignage de l'existence d'une édition disparue. Importants index.

Pour trouver et commander nos ouvrages :
LA LIBRAIRIE de CNRS ÉDITIONS,
151 bis, rue Saint-Jacques - 75005 PARIS
Tél. : 01 53 10 05 05 - Télécopie : 01 53 10 05 07
Mél : lib.cnrseditions@wanadoo.fr
Site Internet : www.cnrseditions.fr
Frais de port par ouvrage : France : 5 € - Étranger : 5,5 €

La référence du savoir

LE RÉSIDENT DE FRANCE À GENÈVE (1679-1798) : INSTITUTION ET PRATIQUES DE LA DIPLOMATIE

C'est à la croisée de l'histoire politique et de l'histoire culturelle qu'émerge la figure du résident de France près la République de Genève dont l'institution remonte à 1679 [1]. Modeste diplomate au sein du personnel diplomatique français en poste à l'étranger, il joue pourtant un rôle constant dans la petite République souveraine, dont le territoire aux confins du canton de Berne, de la Savoie et du royaume de France sera l'occasion de multiples enjeux de type géopolitique.

Longtemps délaissé par des chercheurs soucieux de se dégager d'une « histoire diplomatique et politique, ondoyante, refuge des passions et des jugements gratuits, domaine du descriptif » [2], le résident de France n'a guère été étudié autrement qu'en regard de sa seule capacité à relayer les décisions politiques françaises, dans une perspective historiographique nationale et positiviste qui se prolonge jusqu'à la moitié du siècle dernier. En ce sens, les historiens ont souvent jugé les relations diplomatiques franco-genevoises au 18ᵉ siècle, de façon explicite ou non, à l'aune de la période révolutionnaire et de l'annexion de Genève à la France du Directoire, en 1798, selon les catégories de l'indépendance et de la souveraineté. Fallait-il considérer la Révolution genevoise de 1792 comme responsable de l'annexion de 1798 ou plutôt envisager la prétendue allégeance, voire la soumission, de Genève à la France

---

1. Cette contribution synthétise la première partie de mon mémoire de licence, *Une Résidence en République, le résident de France à Genève et son rôle face aux troubles politiques de 1734 à 1768*, dirigé par le prof. Michel Porret, Université de Genève, Faculté des Lettres, Département d'histoire générale, Unité d'histoire moderne (Genève, 2002), à paraître.

2. F. Braudel, « Pour ou contre une politicologie scientifique », cité par L. Bély, « Représentation, négociation et information dans l'étude des relations internationales à l'époque moderne » dans *Axes et méthodes de l'histoire politique*, Serge Bernstein et Pierre Milza (éds.), (Paris, PUF, 1998), p. 214. L'*Histoire des résidents de France* (Genève, Gruaz, 1854) de L. Sordet est un bon exemple de cette histoire diplomatique tant combattue par les *Annales*.

comme le fruit d'un long processus de sujétion amorcé dès le 17ᵉ siècle et dont les magistrats de l'oligarchie régnante, au nom d'une alliance renouvelée en 1738, endosseraient une bonne part de responsabilité ? Dans tous les cas, la correspondance politique entre la résidence et la Cour devient la source première dont la fonction est de fournir des informations de type diplomatique afin d'orienter l'histoire politique de Genève. L'action du résident est évoquée sans que le diplomate lui-même et les conditions de son action soient pris en considération. Les pages qui suivent seront donc consacrées à restituer au résident de France une place spécifique comme objet de recherche historique, hors de toute lecture téléologique, en examinant de quelle manière il occupe son rang dans une configuration déterminée par le caractère républicain, mais aussi protestant, de l'État qui l'accueille.

Proche des considérations de Marc Bélissa qui, dans ce même numéro, évoque le renouveau historiographique de l'histoire des relations « internationales » au 18ᵉ siècle, il s'agira de définir quelques généralités, autant de droit que d'institution, au sujet du résident de France. Quelles normes juridiques structurent l'exercice de ses compétences ? Quels sont son statut et sa fonction au sein des Affaires étrangères de France ? Les conditions matérielles doivent également susciter l'intérêt, qu'il s'agisse des lieux de la résidence ou de la situation financière des diplomates. La question du cérémonial retiendra également l'attention dans la mesure où elle doit à la fois régler l'action diplomatique entre deux souverainetés non seulement de nature mais également de puissance très différentes, et légitimer réciproquement l'autorité politique du gouvernement genevois et du diplomate français. Enfin, les débuts de la résidence de France à Genève et les tensions suscitées par l'établissement d'une chapelle catholique concluront ce rapide tour d'horizon.

Selon l'*Encyclopédie* de Diderot et d'Alembert, le résident « est un ministre public qui traite des intérêts d'un roi avec une république et un petit souverain ; ou d'une république et d'un petit souverain avec un roi [...]. Les résidents sont une sorte de ministres différents des ambassadeurs et des envoyés, en ce qu'ils sont d'une dignité et d'un caractère inférieurs ; mais ils ont de commun avec eux qu'ils sont aussi sous la protection du droit des gens » [3]. Les dictionnaires et les traités de politique extérieure

---

3. *Encyclopédie ou dictionnaire raisonné des sciences, des arts et des métiers (...)*, t. XIV, 1765, article « Résident », facsimilé (Stuttgart-Bad Cannstatt, Frommann, 1967-1988), p. 171.

de l'Ancien Régime s'accordent sur un point essentiel : la fonction de résident du roi est parmi les moins élevées dans la hiérarchie des diplomates en poste à l'étranger. Représentant de la France auprès d'une République, le résident n'est pas choisi selon une naissance particulièrement remarquable ni pour des qualités exceptionnelles. La disparité de puissance et de dignité entre le roi et le gouvernement républicain suffit à garantir l'excellence de sa situation. Plus généralement, il faut relever que les membres de la haute noblesse constituent une part mineure des diplomates à l'étranger. *A fortiori*, les Républiques, hormis Venise, ne peuvent espérer accueillir que les plus humbles des agents français, la plupart dépourvus par ailleurs de ressources financières solides. Genève ne fait pas exception. Elle n'attire que des résidents de petite noblesse ou roturiers et seuls les ministres plénipotentiaires qui interviennent dans les troubles intérieurs de la République durant les années 1730, 1760 ou 1780, sont issus d'une ancienne noblesse d'épée [4].

Les traités de droit naturel et la littérature du « parfait ambassadeur » qualifient le résident de ministre public de second ordre, comme le rappelle François de Callières dans *De la manière de négocier avec les souverains* (Amsterdam, 1716) : « On peut diviser les négociateurs en deux espèces, du premier et du second ordre : ceux du premier ordre sont les ambassadeurs extraordinaires et les ambassadeurs ordinaires ; ceux du second ordre sont les envoyés extraordinaires et les résidents ». Au-delà de cette distinction, les résidences comme les ambassades ne sont pas des charges. Elles ne s'achètent pas, ni ne sont héréditaires. Les futurs envoyés sont choisis, au nom du monarque, par le ministre des Affaires étrangères et leur postulation est acceptée après

---

4. C'est le cas, notamment, de Daniel-François de Gelas de Voisins, comte de Lautrec, en 1738, ou de Pierre de Buisson, chevalier de Beauteville, en 1768. L'un et l'autre sont envoyés par la Cour de France à Genève afin de mettre un terme aux dissensions politiques qui déchirent la République. En effet, dès le début du 18e siècle, la bourgeoisie genevoise est divisée entre les partisans du Conseil général qui y voient le siège de la souveraineté et l'institution au sein de laquelle doivent se prendre les décisions politiques les plus importantes et le « parti » de la magistrature qui tend à ne reconnaître à ce même Conseil qu'une fonction principalement élective, réservant aux Conseils restreints dans lesquels elle siège en petit nombre l'exercice effectif du pouvoir. La situation se complique durant la seconde moitié du siècle, alors que les natifs et les habitants, catégories socio-juridiques dépourvues à l'origine des droits civils et politiques propre à la bourgeoisie, se mêlent à la contestation de l'ordre « constitutionnel » de la République. Jusqu'à la Révolution, ces oppositions éclatent de façon sporadique en affrontements ouverts et parfois sanglants.

décision du Conseil du roi. Les nominations sont donc la plupart du temps le résultat des influences et des protections distribuées en Cour par les membres des réseaux alors prééminents selon une logique clientéliste, voire familiale.

À titre d'exemple, c'est au gré de la protection du père de La Chaise, le confesseur jésuite de Louis XIV, et par un lien de parenté lointain avec le ministre des Affaires étrangères de l'époque, Simon Arnaud de Pomponne, que Laurent de Chauvigny inaugure la résidence de France à Genève, en 1679. Ce sont encore des liens de parenté qui l'attachent à Toussaint de Forbin de Janson, alors évêque de Marseille doté de ses entrées à la Cour. Révoqué en 1680, Chauvigny est délaissé par la diplomatie française alors que La Chaise et Pomponne éprouvent, pour des motifs divers, la disgrâce royale. Sans enjeux familiaux aussi marqués, Pierre-Michel Hennin, formé aux affaires polonaises et allemandes, doit la réussite de sa carrière à son affiliation au Secret du roi, dès 1760, sous les auspices du comte de Broglie et du ministre Charles Gravier de Vergennes. Résident à Genève dès 1765, il poursuit son ascension en parvenant au poste de Premier commis des Affaires étrangères avant d'être fait, en 1779, secrétaire du Conseil d'État. Cette dernière nomination le désigne favorablement pour assumer la charge de secrétaire de l'Assemblée des notables de 1787. La Révolution met un terme à ses services, puisque c'est en 1791 qu'il est démis de sa fonction de Premier commis à la suite du départ du ministre Montmorin.

De manière plus générale, les appels des résidents à la protection des « Grands », de leurs supérieurs ministériels ou du roi lui-même, se succèdent plus ou moins régulièrement, suivant les circonstances. C'est ainsi que Chauvigny peut rappeler à son ministre, alors que l'institution d'une résidence de France suscite, comme nous le verrons, de fortes résistances à Genève : « Je me flatte que je n'ai rien à craindre sous une aussi bonne garantie que la mienne » [5]. La « garantie » dont se targue Laurent de Chauvigny renvoie non seulement aux diverses protections curiales sur lesquelles il compte, mais aussi et surtout à son statut diplomatique qui comprend un certain nombre d'immunités et de privilèges formulés par le droit des gens.

François de Callières en retient plusieurs, dont le droit de chapelle sur lequel nous aurons à revenir. Il mentionne également

---

5. Archives diplomatiques du ministère français des Affaires étrangères, Correspondance politique « Genève » (désormais MAE CPG), Chauvigny à Colbert de Croissy, Genève, 26 mars 1680, vol. 4, f° 119.

les droits d'exemption qui ne sont pas exercés à Genève. En revanche, il s'inspire de Grotius lequel affirme dans le *Droit de la guerre et de la paix* (1625) que « la justice et l'équité, c'est-à-dire le droit de pure nature, souffrent que l'on inflige un châtiment, lorsque celui qui s'est rendu coupable est trouvé ; mais que le droit des gens excepte les ambassadeurs, et ceux qui, comme eux, viennent sous la protection de la foi publique. C'est pourquoi il est contraire au droit des gens, par lequel beaucoup de choses sont défendues que le droit de la nature permet, que les ambassadeurs soient mis en accusation ». Dans le même esprit, François de Callières précise le motif essentiel de ce type d'immunité qui déroge au droit naturel « pur » ou général : « Ces ministres ne sont point soumis à la juridiction et leur maison doit être exempte de la visite de ces juges et des officiers qui en dépendent, étant regardée comme la maison du souverain dont ils sont les ministres et non comme un asile en cette qualité ». Principe d'exterritorialité et d'inviolabilité de la résidence, privilège de juridiction ou, pour le formuler autrement, principe majeur de l'immunité diplomatique selon lequel l'ambassadeur, l'envoyé ou le résident n'est pas soumis à la justice du pays dans lequel il réside : voilà les attributs essentiels des ministres publics qui ne cessent jamais d'être les agents et les sujets exclusifs d'une seule souveraineté, qui est exercée par le prince ou l'autorité politique qui les envoie.

Le « caractère » du résident de France est ainsi déterminé en grande partie par les usages que le droit des gens a systématisés, sans pour autant négliger que c'est bien l'« expérience de l'autre », selon la formule de C. Windler[6], entendue dans le sens d'une reconnaissance mutuelle, visible dans sa configuration cérémonielle, qui donne à ce même caractère toute l'ampleur attendue. Que doit-on entendre par « caractère » ? L'*Encyclopédie* affirme que le caractère correspond à « certaines qualités visibles qui attirent du respect et de la vénération à ceux qui en sont revêtus », précisant que le « droit des gens met le caractère d'un ambassadeur à couvert de toute insulte »[7]. Le caractère que le résident tient de son poste lui vient par un processus de délégation ou de réflexion. La présence du roi en la personne du représentant

---

6. Christian Windler, *La diplomatie comme expérience de l'autre : consuls français au Maghreb (1700-1840),* (Genève, 2002).
7. *Encyclopédie ou dictionnaire raisonné des sciences, des arts et des métiers (...),* t. II, article « Caractère », facsimilé (Stuttgart-Bad Cannstatt, Frommann, 1967-1988), p. 666.

diplomatique confère à ce dernier la puissance nécessaire. Par ailleurs, le droit des gens inscrit le caractère du résident, comme celui de tout autre ambassadeur, dans la doctrine du droit naturel qui permet une pratique diplomatique commune et consensuelle au moins à l'échelle européenne. C'est pourquoi Grotius rappelle que le « droit des gens pourvoit non seulement à la dignité de celui qui envoie, mais aussi à la sécurité de celui qui est envoyé » (*Du Droit de la guerre et de la paix*, livre II — chapitre XVIII, VII). Ajoutons que les « qualités visibles » qui, selon l'*Encyclopédie*, suscitent « respect » et « vénération » ne dépendent pas uniquement du statut du roi, de celui qui ordonne l'envoi d'un résident. Le ministre public est tenu, une fois en place, d'user du faste (fête, cérémonie publique, logement de prestige) comme d'un discours politique qui répète l'inégalable supériorité de la Couronne de France.

Si le caractère du résident lui octroie un statut particulier et privilégié, ainsi qu'à sa suite — une dizaine de personnes parmi lesquelles un ou deux secrétaires et l'aumônier — et à ses biens meubles, il n'en demeure pas moins qu'il est dépourvu, à de rares exceptions près, de toute perspective d'ascension sociale liée à son emploi. De ce fait, les « mandats » des résidents à Genève se signalent par une durée particulièrement longue, alors que les grandes capitales européennes ne retiennent pas plus de cinq ans les ambassadeurs du roi. Ainsi, la durée moyenne des séjours des ministres français dans la République est d'une douzaine d'années, tandis que La Closure s'impose comme le doyen des résidents avec une carrière de 41 ans (1698-1739). Cette fidélité au poste genevois doit sans doute aussi à la relative précarité financière de leur situation.

Les appointements, payés par quartiers, suffisent difficilement à couvrir les frais que leur rang et leurs obligations nécessitent. La Closure touche annuellement 7'200 livres dès 1698 [8]. En réalité, cette somme comprend 1'200 livres destinées à l'entretien de la chapelle de la résidence dont les ornements sont rachetés, jusqu'à la fin du siècle, par le résident nouvel arrivé au sortant. À partir de 1720, il reçoit 10'200 livres, les appointements des résidents passant à 18'000 livres en 1758, sans guère progresser

---

8. Mémoire de La Closure au cardinal Fleury joint à la lettre du comte de Lautrec du 16 avril 1738, Genève. MAE CPG, vol. 52, fᵒ 407-411 (désormais Mémoire de La Closure 1738).

jusqu'à la Révolution. À ces revenus fixes, il convient d'ajouter les gratifications qui leur sont octroyées à titres divers. Les grands événements de la Cour, naissances ou mariages, sont notamment l'occasion d'une générosité extraordinaire de Versailles, mais qui ne parvient souvent pas à garantir les frais que le résident engage pour soutenir à Genève les festivités idoines. Ainsi en est-il du baron de Montpéroux, dont « l'origine et la cause du désordre dans lequel il a laissé ses affaires ne proviennent d'abord que de la perte de 5'000 livres que lui a coûté la fête qu'il donna ici lors de la naissance de Monseigneur le duc de Bourgogne, au-delà de ce que la Cour lui passa » [9].

Dans un registre différent, et tout à fait exceptionnel, Pierre-Michel Hennin bénéficie, dès 1762, d'un traitement de 3'000 livres en rétribution de son service au sein du Secret du roi. Cette somme, qui s'additionne à ses appointements ordinaires, lui est versée jusqu'en 1774 [10]. Par ailleurs, les ministres français à Genève reçoivent ponctuellement des secours financiers prélevés sur le Trésor royal. Leurs plaintes continuelles sur la cherté de la vie genevoise parviennent parfois à convaincre le ministère de solliciter la générosité du roi. En 1777, un billet anonyme, probablement du ministre des Affaires étrangères lui-même, explique que « l'augmentation progressive du prix des denrées à Genève et l'affluence de voyageurs français qu'y attirent journellement des intérêts de commerce et le voisinage de Versoix, ont occasionné depuis plusieurs années au sieur Hennin un surcroît de dépenses auquel son traitement n'aurait pas suffi si le feu roi n'avait eu la bonté de lui accorder de temps en temps quelques secours pécuniaires [...]. Ces considérations [...] déterminent [le ministère] à proposer à [Sa] Majesté de vouloir bien accorder audit sieur Hennin une gratification de deux mille livres sans retenues, pour le mettre en état de soutenir avec la décence convenable les charges attachées à l'exercice de cette place » [11].

Sans doute doit-on ajouter au budget de la plupart des résidents des biens patrimoniaux sous forme de titres divers, comme des

---

9. Lalande, beau-frère de Montpéroux, au duc de Praslin, Genève, 26 septembre 1765. MAE CPG, vol. 70, f° 386-387. Voir aussi aux Archives d'État de Genève (désormais AEG), « Le livre des cérémonies, 1701-1772 », 22 septembre 1751. Mss Hist. 111, Affaires étrangères n° 8, p. 172-173.

10. D. Ozanam, M. Antoine, *Correspondance secrète du comte de Broglie avec Louis XV (1756-1774)*, t. I (Paris, Klinchsiech, 1956-1961), p. 114-115, et MAE, « Personnel », vol. 38, f° 264.

11. « Le sieur Hennin, 25 septembre 1777 », billet anonyme adressé au roi. MAE, « Personnel », vol. 38, f° 268.

rentes viagères. À cet égard, La Closure reconnaît « quelques ordonnances de la pension de 3'000 livres qu'avait feu Monsieur Fouché, [son] oncle, pour lors tombé en enfance par son grand âge de 90 ans, peu de temps avant sa mort, et un contrat de rentes viagères qui [lui] rapporte 1'336 livres de France » [12].

Si une étude systématique des conditions financières des résidents reste à faire, il est tout de même possible de dresser un rapide profil de celles de l'un d'entre eux. Le 9 décembre 1765, Madame de Montpéroux informe le duc de Praslin, alors à la tête du ministère des Affaires étrangères, de la mort de son époux décédé durant la nuit et le supplie de la prendre sous sa protection. Elle se présente comme « une malheureuse veuve que son mari laisse sans pain et sans ressource » et déplore les « dettes qu'il a faites depuis la diminution de son traitement » lesquelles « absorberont le montant de tout son mobilier » [13]. Confrontés à « l'état de délabrement dans lequel le défunt a laissé ses affaires », ses proches demandent qu'il soit procédé à un inventaire des meubles et des effets de la succession Montpéroux. Une occasion se présente donc de saisir un peu mieux la situation matérielle d'un représentant du roi à Genève qui laisse après sa mort « pour tout argent comptant 51 louis et trois gros écus qui ne suffiront pas pour payer les habits de deuil de la veuve, de sept domestiques et des cinq filles ou femmes qui sont dans la maison, qu'il est ici d'usage et indispensable de mettre en noir » [14].

La « récapitulation de l'estimation de l'inventaire » [15] aboutit à une somme de 18'889 livres et 6 sols. Les seuls effets personnels du résident sont estimés à 12'558 livres et 8 sols, auxquels s'ajoute la valeur de la vaisselle en argent de 4'530 livres 12 deniers et 6 sols argent de France. Enfin, le successeur du résident est tenu de restituer aux héritiers Montpéroux les 1'800 livres que ce dernier a dépensées pour l'acquisition des vases et ornements de la chapelle de la résidence. L'inventaire des papiers du résident est sans surprise : beaucoup de dettes, peu de fortune.

En revanche, l'assemblée des créanciers s'accorde sur le montant dû par le ministre français, soit un peu plus de 27'771 livres,

---

12. Mémoire de La Closure (1738).
13. Madame de Montpéroux au duc de Praslin, Genève, 9 septembre 1765. MAE CPG, vol. 70, f⁰ 344-345.
14. Lalande au duc de Praslin, Genève, 10 septembre 1765. MAE CPG, vol. 70, f⁰ 348-349.
15. MAE CPG, vol. 70, f⁰ 385.

somme qui paraît « modique » en regard des 40'000 livres de dettes que laisse La Closure à son départ de Genève, en 1739. Parmi les créanciers de Montpéroux, particuliers genevois ou français, le cuisinier de la résidence et l'épouse du diplomate figurent en tête. Le premier, « pour gager et avancer de cuisine », est crédité d'un montant de 5'000 livres, tandis que Madame de Montpéroux touche « pour ses reprises matrimoniales, la somme de quatre mille deux cents livres que tous les créanciers assemblés ont consenti par écrit, signé d'eux, qu'elle prélève sur le produit de la vaisselle d'argent par préférence à toutes autres créances » [16].

À titre comparatif, lorsque meurt Isaac Thellusson, l'homologue genevois de Montpéroux près la Cour de Versailles, le 2 septembre 1755, l'« inventaire de sa succession monte à une somme estimée à 1'338'197 livres d'argent courant de Genève — environ 2'230'000 livres tournois — dont près des trois-quarts en billets sur différents banquiers presque tous genevois » [17]. La somme de ses effets personnels s'élève à un peu plus de 100'000 livres.

Le croisement de ces montants avec ceux relatifs à la résidence et à ses occupants marque bien l'écart constant de fortune entre le ministre du roi de France et les magistrats de la République, dont le poids financier est souvent considérable. Au point que le résident se trouve couramment débiteur de ses hôtes. Partant, cet état financier relativement précaire tranche avec une politique de représentation attentive à diffuser le mieux possible la majesté de la monarchie absolue selon une hiérarchie qui fixe à la République de Genève une place subalterne. Cette inégalité de puissance se trouve donc en partie corrigée par l'essoufflement financier chronique des diplomates français en poste sur les bords du Léman et qui peinent à assumer les frais considérables nécessités par la volonté de prestige de leur Cour. À la dépendance plus ou moins étroite des résidents par rapport à la générosité des Genevois aisés — ce qui n'implique pas nécessairement une dépendance de nature politique — répond le soutien constant, au 18e siècle, des banquiers de la République au Trésor royal, tel que l'a démontré H. Lüthy dans sa *Banque protestante de la Révocation de l'Édit de Nantes à la Révolution*.

---

16. « État des dettes de la succession de Monsieur de Montpéroux », Genève, 29 octobre 1765. MAE CPG, vol. 70, f° 399-401.

17. H. Lüthy, *La Banque protestante en France de la Révocation de l'Édit de Nantes à la Révolution* [1959-1961], vol. 2 (Paris, Sevpen, 1998), p. 204.

Reste à évoquer une dernière rubrique qui grève particulièrement le budget de la diplomatie française à Genève : la résidence
elle-même. C'est elle qui contribue à faire de la République le
premier des créanciers du baron de Montpéroux. En effet, l'hôtel
du résident est depuis sa reconstruction, en 1743, propriété de
l'État genevois et les ministres royaux doivent en payer un loyer
annuel de 1'550 livres. Or, les arriérés s'accumulent à un point
tel qu'au décès de Montpéroux, le roi se plie au paiement de
10'875 livres « pour arrérages de loyers de l'hôtel de la résidence » [18]. Néanmoins, les bureaux des Affaires étrangères à
Versailles persistent à considérer ce loyer comme un « intérêt
modique pour les frais de la construction qui ont excédé
200'000 livres », avant de constater que la « maison est si vaste
qu'on ne peut la meubler décemment à moins de
25'000 livres » [19], ce qui explique qu'elle ne soit jamais entièrement aménagée avant la fin de l'Ancien Régime. Cette remarque
est relative à la situation qui prévaut après 1743, année de l'inauguration du nouvel hôtel s'élevant aujourd'hui encore, sur le
modèle architectural des hôtels particuliers parisiens [20], au n° 11
de la Grand-Rue, au centre de la Vieille-Ville de Genève. Auparavant, le logement du résident appartient à des particuliers, suffisamment fortunés pour offrir un toit convenable à la « maison
du roi ».

Manifestation privilégiée du prestige de la France à Genève,
le logement pose pourtant problème dès l'arrivée du premier
résident, Laurent de Chauvigny, en octobre 1679. En effet, l'instance gouvernementale la plus élevée de la République, le Petit
Conseil, n'a pris aucune disposition préalable au sujet de l'hébergement de son nouvel hôte. Signe de la grande réserve des
Genevois à l'annonce de l'envoi d'un ministre français dans la
ville, Laurent de Chauvigny est contraint à son arrivée de prendre
chambre à l'auberge des Trois-Rois ; il s'agit certes d'un lieu
prisé des visiteurs étrangers de distinction, mais qui ne répond
de loin pas à ce que l'usage préconise en matière d'accueil
diplomatique d'un envoyé permanent. Sans nul doute, les prétentions de Chauvigny en matière de liturgie catholique — il fait

---

18. « État des dettes (...) Montpéroux », MAE CPG, vol. 70, f° 399-401.

19. « Extrait d'une lettre de Monsieur Hennin du 15 février 1766 », Genève.
MAE, CPG, vol. 71, f° 242.

20. À ce propos, voir l'article d'Anastazja Winiger-Labuda, « De l'antichambre
à l'arrière-cabinet : l'influence parisienne dans la distribution des hôtels particuliers à Genève au début du 18ᵉ siècle », à paraître.

preuve d'un prosélytisme déclaré dès son entrée en fonction — contribuent-elles à refroidir les éventuels élans d'hospitalité sur lesquels comptent pourtant les autorités républicaines. Et le défilé des ecclésiastiques catholiques voisins de Genève auprès du premier résident ne tend pas à rassurer la population et les conseillers genevois. Néanmoins, le gouvernement poursuit la quête d'un logement convenable à l'usage de l'envoyé de Louis XIV, se proposant même de lui faire, en vain, « don de quelques milliers de francs, moyennant lequel il se contenterait de louer un jardin à Plainpalais [soit en proche banlieue, hors les murs de la ville] où il habiterait toute l'année avec déclaration qu'il ferait de n'admettre chez lui en sa chapelle aucun étranger » [21]. L'offre rejetée, le Conseil parvient à vaincre les réticences des membres de l'une des familles attachées à la magistrature, Jacques Grenus et son épouse, qui se résignent à louer leur maison au résident de France, laquelle occupe l'emplacement de l'hôtel actuel.

C'est cette même résidence que Pierre Cadiot de La Closure découvre à son arrivée à Genève en 1698, qu'il quittera parfois pour rejoindre un jardin loué à Plainpalais. C'est à lui qu'il revient de nous instruire sur ses conditions de logement, bien inférieures de ce qu'exigerait la dignité de la Couronne : « le logement destiné au résident du roi dans cette République était en si mauvais état, surtout l'appartement que j'habitais, qu'à mon retour de Paris, en 1713, je proposai [au propriétaire] d'y ajouter une aile, ce qui cependant ne put s'exécuter qu'en 1724, aux conditions qu'il ne ferait que la cage et que je ferais tout le reste » [22]. Ces travaux sont insuffisants puisqu'en 1740 le Petit Conseil se résout à acheter l'immeuble de la résidence de France afin d'y construire un bâtiment à la hauteur des attentes françaises, enfin satisfaites, nous l'avons vu, en 1743. Le nouvel hôtel de la résidence suit ainsi l'évolution urbaine de la ville haute qui, en cette première moitié du 18e siècle, a modifié son architecture en se dotant d'une série de prestigieux hôtels particuliers. Une manière aussi de rendre plus évident l'écart intenable entre les moyens financiers attribués aux résidents et les coûts engendrés par une « maison du roi » qu'on voudrait l'exact reflet de la majesté de la Couronne de France. Malgré tout, la résidence, dont une aile abrite la chapelle alors que l'autre n'est qu'un

21. AEG, Registre du Conseil (désormais RC) vol. 179, 7 novembre 1679, f° 318.
22. Mémoire de La Closure (1738).

trompe-l'œil mural, prend sa place dans la chorégraphie des cérémonials, scène parmi d'autres où se manifestent les gestes rituels du pouvoir et de la souveraineté.

La première audience du résident en Conseil et la remise des lettres de créances se distinguent parmi les temps forts des relations franco-genevoises. Au sein de l'administration des Affaires étrangères à Versailles, le cérémonial de la réception de La Closure, conservé avec soin au Dépôt des archives du ministère, sert de référence pour tout le siècle [23].

Le résident emprunte, depuis Paris, la route de Lyon et le passage du Fort de l'Écluse, lequel, à l'extrémité sud de la chaîne jurassienne, débouche sur le bassin lémanique. Le Premier syndic, principal magistrat de la République, préalablement instruit de son arrivée, dépêche deux conseillers afin de recevoir le résident à la frontière du territoire genevois. Les magistrats députés sont généralement accompagnés de quelques fils des grandes familles de la ville et d'un groupe d'officiers genevois au service de France, tous montés à cheval. Les députés offrent au résident de monter dans leur carrosse et se dirigent aussitôt vers la ville. L'équipage y pénètre, attirant, selon La Closure, « un monde infini de peuple sur son passage », et s'arrête devant l'hôtel de la résidence. Le ministre français est accompagné dans ses appartements par les deux députés à l'hospitalité desquels le résident répond par le renouvellement de « l'assurance de la bienveillance et de la protection dont Sa Majesté honorait leur République, sur laquelle il devait compter tant qu'ils continueraient à garder une conduite qui lui serait agréable » [24]. Ce ton à la fois impérieux et paternel imprègne de façon continue les discours officiels des résidents à Genève comme autant de rappels de l'incomparable puissance de la France lorsqu'elle traite avec des États inférieurs. Pourtant, il ne faut pas s'y tromper, le cérémonial consiste bien à adapter ces prétentions, à les rendre non pas caduques, mais finalement secondaires dans le cadre déterminé d'une reconnaissance mutuelle de souveraineté.

Le résident reconduit ensuite les députés à leur carrosse. L'accompagnement jusqu'à la rue est un geste courant et apprécié

---

23. « Sur le cérémonial et la réception de Monsieur de La Closure, résident du roi à Genève. Le Dépôt, 17 mars 1750 ». MAE, « Mémoires et documents », vol. 1, f⁰ 237-238.

24. Hennin au duc de Praslin, Genève, 18 décembre 1765. MAE CPG, vol. 70, f⁰ 478-479.

des conseillers. Il signifie le respect et la volonté du résident de traiter avec le Conseil sur un mode paritaire. Une fois installé, le résident reçoit la visite des quatre syndics de la République. Cette rencontre, qui tourne autour de compliments de même nature que ceux précédemment échangés, marque l'accueil officiel du gouvernement en son entier. Après avoir raccompagné les syndics jusqu'à la rue, le résident prend rendez-vous avec le Premier syndic. C'est à lui seul que le ministre du roi rend la visite qu'il a reçue.

Quelques jours plus tard, le résident, pour sa première audience, est amené en procession à l'Hôtel de Ville auprès du Petit Conseil afin de présenter ses lettres de créance signées du roi et du ministre des Affaires étrangères, lues à haute voix devant l'assemblée debout et découverte. Si, à cette occasion, les conseillers se lèvent et descendent de leurs places, les quatre syndics, en revanche, restent debout sans quitter les leurs. Le résident se range à la droite du Premier syndic sur un siège élevé à la hauteur de celui du principal magistrat. Suit le discours du résident, prononcé alors que chacun s'est assis, sans se recouvrir, inspiré des instructions rédigées par le ministère afin de manifester la ligne politique décidée par la Cour. Généralement, il rappelle la bienveillance et la protection du roi de France et assure son respect pour le gouvernement, la souveraineté et l'indépendance de la République. Il sert aussi à réaffirmer les prétentions françaises à être le premier allié de Genève. C'est dans ce sens que Hennin déclare lors de sa première audience, en décembre 1765 : « À qui pourriez-vous recourir avec confiance, si ce n'est à une puissance qui, depuis plusieurs siècles, a formé des alliances, accumulé des traités, pour assurer votre liberté et votre sage constitution ? » [25]. Les alliés suisses de la République, Berne et Zurich, auront sans doute apprécié la question à sa juste mesure, d'autant que le discours inaugural du résident est toujours imprimé et diffusé en ville par les soins du Petit Conseil.

Après un hommage de convenance du nouveau ministre public à son prédécesseur, la cérémonie prend fin par une procession qui le reconduit dans le même ordre que celle qui l'avait amené au siège du gouvernement, ce dont rend compte Pierre-Michel Hennin : « La marche était composée de mes domestiques au

---

25. *Discours de Monsieur Hennin, résident de Sa Majesté Très Chrétienne près la République de Genève. Prononcé au Magnifique Conseil le vendredi 27 décembre 1765* [il s'agit en réalité du 28 décembre], Genève s.n., 1765.

nombre de huit, de quatre officiers du Magistrat, ensuite venaient les anciens syndics au milieu desquels j'étais [...], quatre autres conseillers, l'aumônier de la résidence et 18 officiers au service de France, enfin les curieux en assez bon nombre » [26]. La journée de réception se conclut par le présent habituel en cette circonstance de deux truites et d'une cinquantaine de bouteilles d'eau cordiale [27].

En accueillant le résident d'un voisin si puissant, l'oligarchie genevoise manifeste solennellement son propre pouvoir et sa légitimité. À pas comptés, la cérémonie de la remise des lettres de créance restaure un ordre et une hiérarchie, déroule un discours du geste politique qui assigne à chacun une place précise dans la République. Moment de reconnaissance mutuelle, moment de garantie aussi, durant lequel le gouvernement est comme confirmé par la présence diplomatiquement médiatisée du roi de France. La première audience du résident aboutit pour un temps, de manière ritualisée, à la « victoire méticuleusement obtenue de l'ordre sur le désordre » [28] selon un imaginaire politique au sein duquel convergent les traditions monarchiques et républicaines.

Dès le début des années 1740, à la rigueur de l'audience de réception succède l'ostentation de la fête. La fontaine de l'Hôtel de Ville est illuminée sur prescription du gouvernement tandis qu'une compagnie de la garnison en armes s'y tient en haie au passage du résident. Le « souper » est servi dans la salle du Conseil du Deux-Cents, illuminé et décoré de miroirs pour l'occasion. Trois tables accueillent les invités, en respectant l'ordre hiérarchique. Le résident se place entre le Premier et le Second syndic alors que le repas est ponctué par les tirs de canon sur les remparts qui accompagnent les santés du roi et de sa famille,

---

26. Hennin au duc de Praslin, Genève, 18 décembre 1765. MAE CPG, vol. 70, f⁰ 478-479.

27. La truite paraît au lecteur d'aujourd'hui un étrange cadeau de bienvenue dont la fonction ne manque pas d'être obscure. Il faut peut-être se rappeler que la « truite, du milieu du 16ᵉ siècle à la fin du 18ᵉ, coûte toujours plus cher que les autres poissons [...]. La "vive", pêchée dans le lac ou en rivière, est la plus délicate ; elle figure au menu des banquets ; elle se vend au-delà de la ville, jusqu'à Lyon et Paris. Quand Louis XIII se trouve à Grenoble, en novembre 1623, puis à Lyon en décembre, la Seigneurie lui fait porter "du meilleur et du plus gros poisson", soit les plus belles truites », A.-M. Piuz, L. Mottu-Weber, *L'Économie genevoise de la Réforme à la fin de l'Ancien Régime. 16ᵉ-18ᵉ siècles* (Genève, Georg, 1990), p. 332-333.

28. M. Fumaroli, « Le Siècle des Lumières, paradis de la diplomatie ? », polycopié de la conférence aux Archives diplomatiques du ministère des Affaires étrangères (Paris, 25 février 2002), p. 9.

mais aussi, le cas échéant, celle du Premier ministre. Le résident répond en buvant à la prospérité de la République, sans que le canon s'en mêle. En revanche, les tirs reprennent lorsque l'assistance rend hommage au ministre des Affaires étrangères et au résident de France. C'est finalement dans la cour de l'Hôtel de Ville, au son de la musique, que se déroule le « souper » officiel offert par la République.

Sans vouloir ici épuiser les différentes cérémonies qui mettent en scène le lien diplomatique entre la France et Genève, il faut rappeler que le temps du départ revêt lui aussi un caractère démonstratif et doit manifester la concorde entre le Conseil de la République et le résident partant. Le cérémonial conjure l'idée de rupture, de cessation des relations. Parfois, un laps de temps plus ou moins conséquent sépare le départ d'un ministre public de l'arrivée de son successeur. L'« interrègne » est une période délicate et l'ultime apparition publique réitère avec force la protection et la bienveillance continuelles du roi.

Un résident à Genève ne part pas les mains vides. Ainsi, Lévesque de Champeaux, en poste de 1739 à 1749, apprend du Premier syndic « qu'à Monsieur Dupré, qui avait été résident cinq à six ans, on lui avait donné un bassin et une aiguière d'argent, qu'à Monsieur d'Iberville, qui avait résidé dix ans, on avait fait graver une médaille d'or et sa chaîne de la valeur de mille livres, et qu'à Monsieur de La Closure, que nous avions eu quarante et un ans, on lui avait fait aussi graver une médaille avec sa chaîne, et mis dans une boîte d'or de la valeur de trois mille livres ». Pour Champeaux, le Petit Conseil décide « de faire frapper une médaille et travailler une chaîne d'or de la valeur en tout de cinq cents écus, et de donner en outre une montre d'or à répétition avec sa chaîne à son fils, et dix mirlitons à son copiste » [29].

La cérémonie d'adieu se calque sur celle de la réception. Une étiquette identique entoure la lecture des lettres de rappel ou de récréance, après laquelle le résident prononce un discours de congé qui répète les déclarations respectueuses au sujet de la souveraineté et de l'indépendance de la République auquel le Premier syndic répond sur un ton d'égale concorde. L'audience est finalement suivie d'une série de visites courtoises durant

---

29. « Livre des cérémonies, 1701-1772 », 16 décembre 1749. AEG, Mss Hist. 111, Affaires étrangères n° 8, p. 168-170.

lesquelles les grandes familles et les magistrats saluent une dernière fois le ministre français.

Sans doute qu'au principe des relations entre Genève et la France, « l'idée de "protection", avec son contenu lourd de condescendance et d'équivoque, prévaudra à la Cour, pour la plus grande contrariété des Genevois » [30]. Toutefois, malgré l'inégalité de puissance et de prestige, il s'agit bien d'un rapport diplomatique entre deux souverainetés qui se reconnaissent comme telles. Le cérémonial en tient lieu de rappel et la mesure stricte des mots et des attitudes remplit l'espace politique d'une proclamation d'alliance du faible avec le fort qui ne se confond ni avec une allégeance — les liens de Genève avec l'Europe protestante sont constants et solides —, ni avec une abdication de la liberté et de l'indépendance dont jouit la République.

De façon plus générale, « le protocole de la réception inaugurale, des entretiens officiels, et des rites de départ relevait de façon essentielle de la mission de l'ambassadeur et de la philosophie de la diplomatie, qui l'une et l'autre visent à mettre le trouble à l'écart, et à créer un terrain propice à l'harmonie actuelle ou retrouvée des esprits » [31]. Durant le cérémonial se joue théâtralement une fiction primordiale non seulement à la diplomatie franco-genevoise, mais également aux tenants de l'autorité politique de la République : hors du champ ordinaire des rapports de force sociaux, économiques et politiques s'incarne pour un temps l'idéal d'une sociabilité parfaite, éloignée du spectre des bouleversements et de la contestation.

Pourtant, l'entente révérencieuse qui règne officiellement entre la magistrature et le résident ne saurait dissimuler la défiance ou, plus grave, l'hostilité que certains Genevois ont pu éprouver à l'égard du représentant français. Si les motifs de l'établissement d'une résidence à Genève, en 1679, demeurent encore aujourd'hui sujets à discussion [32], ce qui devait être à terme l'inauguration

30. J. Sautier, « Politique et refuge » dans Genève au temps de la Révocation de l'Édit de Nantes 1680-1705 (Genève, Droz, 1985), p. 3.

31. M. Fumaroli, art. cité, p. 9.

32. Le césaro-papisme de Louis XIV dresse la toile de fond qui prévaut à l'accueil du premier résident à Genève. Alors que la guerre de Hollande est à peine achevée (1672-1679), Louis XIV doit essuyer, fin 1679, les menaces d'excommunication exposées dans le bref d'Innocent XI à la suite de l'affaire de la Régale. Le spectre du schisme, qui planera sur la France durant la décennie 1680, se double d'une accentuation de la répression du protestantisme français alors que se développe l'émigration huguenote. Par ailleurs, dès 1679, s'amorce un processus systématique de réunions de territoires frontaliers du nord-est au statut mal défini par les traités antérieurs et dont l'annexion de Strasbourg, en

d'une certaine modernité dans les relations franco-genevoises est au départ, par certains aspects, atypique et conflictuel. C'est avant tout autour de la question confessionnelle que se cristallisent les tensions suscitées par l'institution de la résidence. Laurent de Chauvigny, d'origine provençale, se distingue par un zèle catholique particulièrement prononcé. Il se rattache à une « tradition » diplomatique en rupture avec la ligne politique générale du ministère des Affaires étrangères. En effet, la plupart des envoyés français en terre protestante se plient à la logique des alliances fixée notamment par Richelieu et reformulée ensuite par Mazarin. Néanmoins, quelques-uns des diplomates dépêchés par la Couronne se considèrent aussi comme les ambassadeurs du catholicisme en pays hérétique. Tel est le cas de Chauvigny et à la lecture des quelques rapports d'un triomphalisme suspect, au sujet des conversions qu'il encourage depuis sa résidence, il n'est pas impossible de songer à d'illustres prédécesseurs, comme le comte d'Avaux, Claude de Mesmes, dont F. Lestringant a analysé la « propension à confondre les rôles d'ambassadeur et de missionnaire » en se servant de la « référence à l'Église des martyrs » [33]. Chauvigny, comme d'Avaux avant lui, paiera sa nostalgie érasmienne de l'unité chrétienne par la disgrâce qui lui est signifiée en juin 1680. Toutefois, le 30 novembre, dans un climat d'exaspération générale, la première messe célébrée à Genève depuis 144 ans se déroule dans la chapelle de la résidence.

En matière de pratique confessionnelle, la doctrine du 17e siècle, élaborée par les théoriciens du droit naturel, est explicite. Les ambassadeurs, comme tous les envoyés diplomatiques, « ne possèdent point de droits qui ne leur soient communs avec les résidents, et particulièrement le plus éminent de tous, qui est de pouvoir faire faire dans leur maison l'exercice d'une religion défendue par les lois de l'État où ils résident » [34]. L'espace de la négociation doit être sûr et pacifié. Le privilège de la tolérance

---

septembre 1681, marque un épisode significatif. Enfin, A.-M. Piuz s'est demandé, sans pouvoir y répondre de manière définitive, « si la nomination de Chauvigny à Genève avait été le fait d'un pur hasard ou bien si ce spécialiste du commerce du Levant avait été placé à dessein sur une étape de ce commerce », dans *Affaires et politique. Recherches sur le commerce de Genève au 17e siècle*, thèse en Sciences économiques et sociales n° 192 (Genève, Kundig, 1964), p. 284, n° 4.

33. F. Lestringant, « Claude de Mesmes, comte d'Avaux, et la diplomatie de l'esprit » dans *L'Europe des traités de Westphalie*, L. Bély (dir.), Paris, PUF, 2000, p. 442.

34. A. van Wicquefort, *L'Ambassadeur et ses fonctions* La Haye, s.n., (1681), t. 1, p. 68.

religieuse en est la meilleure garantie. Louis XIV n'ignore pas ce qu'octroie le droit des gens à son résident et les limites qu'il se doit d'observer lorsqu'il indique à Chauvigny : « Mon intention est que vous ayez la liberté entière de faire dire la messe dans votre maison, et que vous donniez cette liberté entière à toutes personnes d'y venir ; mais vous ne devez pas aussi empêcher que la ville n'exerce la justice qu'elle a sur ses habitants, soit pour les empêcher d'y aller, soit pour les punir en cas qu'elles y aillent, pourvu que ce qu'elle fera en cela ne regarde pas l'immunité de votre maison et de votre personne » [35].

La source de préoccupation des Genevois, qui se manifeste à plusieurs reprises par des attroupements populaires tumultueux aux environs de la résidence ou de l'Hôtel de Ville, est déterminée dans une large mesure par leur situation géographique qui fait de la République la souveraineté protestante la plus méridionale de l'Europe. Ils craignent qu'une liturgie catholique publique n'attire dans l'enceinte de la ville les populations « papistes » des alentours, généralement paysannes, aussi bien du côté de la France que de la Savoie. Sans oublier le prosélytisme des différentes congrégations aux portes de Genève, comme les jésuites d'Ornex ou les chartreux de l'abbaye du Pomier, lesquels sont invités à plusieurs reprises par le résident pour célébrer des messes en sa chapelle. Enfin, l'économie genevoise draine nombre de catholiques dont il faut éviter les manifestations éclatantes de piété, qu'il s'agisse, notamment, des compagnons de métier ou des domestiques.

Finalement, c'est bien au niveau politique que se résout le contentieux noué autour des modalités d'usage de la chapelle de la résidence. Par deux députations successives auprès du roi et du ministre des Affaires étrangères, Colbert de Croissy, en décembre 1679 et en mars-avril 1680, le Petit Conseil parvient à convaincre du danger représenté par un résident au catholicisme militant à Genève. Selon une rhétorique tout entière tournée vers la raison d'État, le député genevois peut rappeler avec efficace que le résident outrepasse ce que lui autorise son caractère au risque de nuire à la dignité même du roi et aux hommages que chacun devrait lui rendre. Chauvigny mettrait ainsi en danger la résidence de France et le prestige de la monarchie avant même de contrarier la République. L'argument sait convaincre. Lorsque Dupré reçoit

---

35. Le roi à Chauvigny (minute), Saint-Germain, 22 septembre 1679. MAE CPG, vol. 4, f° 54.

ses instructions de la Cour pour succéder au premier résident de France à Genève, en mai 1680, il lui est rappelé qu'il aura pour charge de normaliser les relations diplomatiques francogenevoises en « se conduisant avec toute la sagesse et la modération nécessaires ». Le roi ne veut pas que soient donnés aux hôtes de son nouvel envoyé, « sous prétexte de libre exercice de la religion catholique dans la chapelle dudit résident, de justes sujets de défiance et de soupçon » [36]. La résidence se place dorénavant dans le strict domaine du politique et se soustrait aux influences militantes des religieux catholiques plus ou moins voisins de la République. Ce reflux de l'emprise du religieux sur les affaires politiques trouve également son expression à Genève. À ce titre, il faut rappeler la mise en garde que le Conseil adresse à la Vénérable Compagnie des pasteurs à l'annonce de l'arrivée d'un résident français : les prêches doivent être mesurés et « il n'est pas à propos que dans les sermons on usât de quelque nouveauté parce que le peuple pourrait en être ému et porté à quelque conduite irrégulière » [37].

La chapelle de la résidence trouve enfin sa place légitime dans les murs de la ville alors que ses registres témoignent d'un faible nombre d'usagers en regard du fonctionnement des différents temples de la République, ce qui ramène le catholicisme à la portion congrue qui est la sienne durant l'Ancien Régime genevois [38]. En considérant les rôles de 1758 à 1781, l'aumônier de la résidence a célébré 124 baptêmes et 32 mariages, tous relatifs à des étrangers catholiques, alors que durant la seule année 1781, 239 unions ont été bénies dans les différents temples de la ville tandis que 774 nouveau-nés étaient baptisés. Aucune vague de conversions ne vient imprimer une quelconque reconquête catholique de Genève dans les pages du registre de la chapelle : sanctuaire accordé par le droit des gens, elle ne deviendra jamais la basilique « monarcho-pontificale » que pourtant beaucoup de Genevois ont craint à l'aube des années 1680.

Par-delà les clivages confessionnels et les différences entre la puissante monarchie et la petite République, l'institution d'une

---

36. « Instructions remises à Roland Dupré à son départ pour Genève », 11 mai 1680, dans G. Livet, *Recueil des instructions données aux ambassadeurs et ministres de France, des traités de Westphalie jusqu'à la Révolution française*, vol. XXX, « Suisse », t. 2 : *Genève, les Grisons, Neuchâtel et Valangin, l'Évêché de Bâle, le Valais* (Paris, CNRS, 1983), p. 519.

37. AEG, RC vol. 179, 18 août 1679, f⁰ 295.

38. « Registre de la chapelle de la résidence de France, 1687-1793 ». AEG, (Mi) A 461.

résidence de France à Genève marque un épisode dans la construction de la modernité politique. La représentation diplomatique permanente du roi à Genève suscite une pratique cérémonielle qui fonctionne à la façon d'une « liturgie sécularisée » mettant en scène les relations pacifiées entre deux souverainetés d'inégale puissance et de diverse nature sous le signe de la raison d'État. Français et catholique dans une culture républicaine protestante qui fait office de berceau du calvinisme huguenot, le résident demeure un serviteur zélé de la Couronne bien plus qu'un prosélyte de la foi romaine et défend avec constance les intérêts de son maître dans un poste voué la plupart du temps à la tranquillité des affaires courantes. Pièce maîtresse de la diffusion de l'influence française dans l'espace helvétique, conjointement à l'ambassadeur du roi à Soleure, il manifeste aux États proches (Royaume de Sardaigne, Berne, Zurich) et plus lointains (Angleterre, Hollande, Prusse) le souci de la France de préserver à son bénéfice l'indépendance de Genève.

Il s'agit enfin de relever la place particulière qu'occupe le résident au sein de la société genevoise du 18e siècle. Diplomate sans grande envergure officielle aux yeux de l'administration royale, généralement compétent et intelligent, il est partie prenante de la vie quotidienne des élites de la République, malgré le « désordre » chronique de ses finances. La longueur des mandats laisse l'opportunité de tisser des liens sociaux qui dépassent parfois les simples relations de convenances. Des solidarités se dessinent, voire des sympathies sociales, culturelles, intellectuelles, mais aussi politiques, qui se déterminent selon des affinités circonstanciées et ouvrent grandes les portes d'une recherche de type prosopographique. Au-delà de l'ordre protocolaire qu'impose le droit des gens et l'usage de la diplomatie, il s'agit de ne pas négliger la fonction du résident comme l'un des relais culturels français hors du royaume et comme participant à la sociabilité des élites éclairées. En ce sens, il reste encore à déterminer de quelle façon l'imaginaire social et culturel du résident de France à Genève se confronte à celui de la magistrature républicaine.

FABRICE BRANDLI
Université de Genève

LE DROIT DE PUNIR EN RÉPUBLIQUE : GENÈVE AU TEMPS DES LUMIÈRES [1]

> « Il est bon cependant qu'on sache que nous ne sommes pas une Horde de Tartares, et que quand un Magistrat a rêvé dans la nuit qu'un Particulier a fait un crime, il ne le fait pas emprisonner le lendemain au moment de son réveil ». Jean-Robert Tronchin (1710-1792), *Réflexions d'un citoyen non lettré sur la réponse aux lettres populaires*, Genève, 1766.

Ami des « philosophes », avocat, député de Paris à l'Assemblée législative, Claude-Emmanuel de Pastoret (1755-1840) affirme en 1790 dans *Des Lois pénales* (I, p. 28, couronné par le *prix Montyon*) que « *Punir est un droit terrible* ; et les peuples modernes ont senti dans les républiques mêmes, qu'il est moins dangereux de l'abandonner à une classe choisie de citoyens qu'à leur universalité ». Depuis l'Antiquité [2], le droit de punir cimente les sociétés humaines. Public et « suppliciaire » jusqu'à la fin de l'Ancien Régime, il marque la limite juridique entre la nature et le politique, entre le licite et l'illicite, parfois entre le juste et l'injuste. Jusqu'à l'aube du 19e siècle, la doctrine et les pratiques du droit de punir sont semblables un peu partout en Europe continentale.

La répression pénale répond à la nature des crimes réprimés et aux régimes juridiques des États (monarchie de droit divin en France, République « aristo-démocratique » à Genève) : on y retrouve les « quatre grandes formes de tactique punitive » qui existent dès l'Antiquité. Le bannissement à temps ou perpétuel qui place l'infracteur dans la « mort civile » de l'exil ; le conver-

---

1. Illustrant la pratique du droit de punir au temps des Lumières, nos sources judiciaires proviennent des Archives d'État de Genève : *Procès criminels* (dorénavant PC), série I.

2. E. Cantarella, *Les Peines de mort en Grèce et à Rome. Origines et fonctions des supplices capitaux dans l'Antiquité classique* (en italien, 1991, 1996, Paris, 2000).

tissement du dol en amende ; le supplice public qui peut violenter le corps jusqu'à la mort ; l'enfermement carcéral comme peine graduée selon l'héritage conventuel, hospitalier, celui des galères et du bagne [3]. Dès le 16ᵉ siècle, basé en Europe continentale sur la procédure inquisitoire (écrite, secrète, fondée sur un système probatoire incluant la torture et l'expertise), le droit de punir comme puissance régalienne s'oppose à la vindicte privée et contraint le Parquet (« Procureur du roi » ; « Procureur général ») à poursuivre le crime. Il renforce la souveraineté de l'État moderne dans la limite d'un territoire juridiquement unifié.

À l'abri de ses fortifications, enclavée au cœur de l'Europe absolutiste, « Rome protestante » puis « cité des Lumières », Genève est une République souveraine dès l'adoption de la réforme calviniste [4]. Celle-ci est confirmée le 21 mai 1536 par le Conseil général des citoyens (assemblée souveraine des Citoyens et Bourgeois âgés de 25 ans au moins). Son système judiciaire repose sur le droit public des *Édits civils et politiques*. Il s'adosse à la procédure inquisitoire. Contrairement à la France où le parlement de Paris est une cour d'appel pour le royaume, l'exercice de la justice criminelle ne connaît nulle autorité supérieure de recours à celle ultime du Petit Conseil de la République. Parmi les vingt-cinq magistrats qui dès 1544 le composent, treize jugent en dernière instance les cas criminels instruits par un Auditeur. Depuis 1568, les individus jugés en « grand criminel » peuvent « recourir à la grâce » devant le conseil des Deux-Cents (fondé en 1526). Marche-pied par cooptation vers le Petit Conseil, le Conseil des Deux-Cents est issu du Conseil Général. Au nom de la « souveraineté de la République », le Conseil Général incarne notamment la puissance législative et fiscale. Dès la fin du 17ᵉ siècle, il s'oppose à l'autoritarisme croissant du Petit Conseil où, forts de leur clientélisme, siègent les membres des familles alliées les plus puissantes de la cité. Appuyé par Berne et Versailles pour garantir l'ordre social de l'Ancien Régime dans le cadre républicain, le Petit Conseil accapare les compétences législatives, militaires, administratives et judiciaires selon la tradition classique de la confusion des pouvoirs.

---

3. M. Foucault, « La Société punitive », *Résumé des cours, 1970-1982* (Paris, 1989), pp. 29-51.

4. M. Porret, « Genève républicaine au 18ᵉ siècle : réalité des représentations et représentations de la réalité », in M. Buscaglia (*et al.*), *Charles Bonnet savant et philosophe (1720-1793)* (Genève, 1994), p. 3-17.

Le droit de punir s'ancre dans ce cadre juridique de l'« aristo-démocratie » genevoise. Dès 1738, les pratiques judiciaires transforment pourtant lentement la République protestante en laboratoire de la modernité pénale selon les Lumières. La justice de la République est ainsi saluée en 1757 par d'Alembert dans l'article « Genève » de l'*Encyclopédie* (VII). Le philosophe loue notamment l'« exactitude » et la modération de la justice genevoise que prouve l'abolition de la « question préparatoire » en 1738 — soit la torture durant l'instruction criminelle abolie tardivement en France par la *Déclaration du roi* du 24 août 1780. Infligée exclusivement par pendaison dès les années 1720 pour un « crime de sang », ou un vol qualifié par des « circonstances atroces » (abus de confiance, nuit, effraction, port d'armes), la peine capitale recule tout au long du siècle. On dénombre une quarantaine d'exécutions avant 1755 contre 13 entre 1755 et 1794 (vols qualifiés, banditisme, homicides volontaires) pour un nombre plus élevé de procès. Le bannissement perpétuel frappe davantage les étrangers et les récidivistes. En crue constante, la « prison domestique » corrige les justiciable genevois contraints de travailler dans leur logis durant l'application de leur peine. *Parquet* et *défense* : si la première de ces institutions de la modernité judiciaire est plus puissante que la seconde, au temps des Lumières elles rendent exemplaire l'esprit du droit de punir en République.

Selon les *Édits de la République de Genève* (1707), le Procureur général est élu pour trois ans (renouvelables). Devant les Conseils de la République, il « promet » et « jure » de « maintenir » l'« honneur et la gloire de Dieu ». Attaché au « profit commun » de la cité, il doit « conserver les droits de la ville ». S'il est notamment le tuteur des mineurs de la ville, sur le plan pénal, il doit « révéler » et « poursuivre » les infracteurs. Champion de l'État, défenseur de l'agressé, il s'engage à « ne recevoir présent de corruption pour dissimuler ou [s]e taire quand [s]on devoir sera de parler ». Entre 1700 et 1792 (fin de l'Ancien Régime genevois), vingt procureurs généraux occupent successivement le Parquet de la République. À partir des années 1740, ces magistrats ont souvent étudié le droit à l'Académie de Genève.

Issu d'une famille attachée au pouvoir dès la Réforme, le plus grand des procureurs généraux de Genève, Jean-Robert Tronchin (1710-1792) incarne le *cursus* classique propre à cette magistrature réservée à l'élite « aristo-démocratique » de la République. Après une licence de lettres (1724), une thèse en philosophie

(1728) et une en droit (1731) soutenue devant son maître Jean-Jacques Burlamaqui, Tronchin est avocat dès 1732 (plusieurs factums éclairés en matière de litiges matrimoniaux). En 1738, il entre au Deux-Cents, est envoyé en mission à Turin entre 1739 et 1740, devient Auditeur de justice, puis est élu en 1760 à la charge du Ministère public, qu'il occupe jusqu'en 1767. Durant son magistère, où il ne prononce la peine capitale que de rares fois contre des individus en fuite, cet immense pénaliste éclairé devient en 1762 l'accusateur et le censeur (*Du Contrat social, Émile*) du malheureux Jean-Jacques Rousseau. Dans les *Lettres écrites de la campagne* (1763)[5], Tronchin affine la doctrine conservatrice du « droit négatif ». Au nom de la pérennité institutionnelle et de l'équilibre constitutionnel favorable aux Conseils supérieurs de la République, le droit négatif permet au Petit Conseil de récuser toute initiative législative proposée dans une « représentation » (droit de réclamation) manuscrite ou imprimée par les Citoyens de Genève.

Dès 1738, le Procureur général « est instant » dans toutes les affaires jugées en « grand criminel » — soit celles qui impliquent une « peine afflictive » (peine de mort, bannissement perpétuel ou à temps, envoi sur les galères françaises)[6]. Au terme du procès instruit par l'un des six Auditeurs de justice, dans son réquisitoire manuscrit (« Conclusions », de 2-3 à cent folios), il doit qualifier le délit et motiver la peine qu'il réclame au Petit Conseil. Incarnant la République dans la poursuite obligatoire du crime, le Procureur général est animé par l'éthique du droit de punir. Tout d'abord, il énonce le « corps du délit » que la justice doit réprimer après la plainte ou le flagrant délit : homicide, vol, viol, agression physique. Puis, après avoir vérifié la légalité procédurale du procès inquisitoire (plainte, interrogatoire du prévenu, qualité des témoins assermentés et récolés, exactitude des procès verbaux d'instruction, conformité de l'incrimination avec les rares règles de droit, authenticité des pièces du dossier, validité des expertises, etc.), il consulte les normes juridiques du droit de punir pour forger la lettre de son réquisitoire. *Jus romanum*, loi, doctrine, jurisprudence genevoise et étrangère : les sources juridiques des réquisitoires endiguent l'arbitraire. Finalement,

---

5. Avec Gabriella Silvestrini (Université d'Alessandria) nous travaillons à une édition critique des *Lettres écrites de la Campagne* qui est à paraître.

6. M. Porret, *Le Crime et ses circonstances. De l'esprit de l'arbitraire au siècle des Lumières selon les réquisitoires des procureurs généraux de Genève* (Genève, 1995), index, « Procureur général », p. 550[b].

après avoir trié les éléments pertinents de l'incrimination, il retient les « circonstances » aggravantes (préméditation, acharnement dans la violence, « endurcissement » dans le crime, abus de confiance, etc.) qu'il balance avec les « circonstances » atténuantes (« folie », ivresse, jeunesse, colère, repentir, légitime défense, etc.). Ensuite, il qualifie le crime selon la pesée de toutes les circonstances morales ou matérielles, aggravantes ou atténuantes. Sous le régime arbitraire, cet exercice mathématique de qualification constitue la seule voie juridique pour définir positivement la nature d'un délit et pour incriminer un individu avec certitude.

Ainsi, en 1765, le Procureur général de Genève qui poursuit une « association de voleurs » montre dans ses « Conclusions » l'impact de la qualification du vol sur la motivation de la peine :

Le vol [...] est simple, ou qualifié. Le premier ne blesse que le seul intérêt des particuliers ; et n'est qu'une usurpation du bien d'autrui. Il est qualifié, s'il est commis de nuit ; sur un grand chemin ; s'il l'est par escalade ; avec effraction, violence, armes, déguisements ; s'il a pour objet des deniers publics, ou des effets sacrés ; s'il est considérable ; s'il est commis par des vagabonds, ou gens sans aveu ; s'ils sont en nombre ; s'il est réitéré, etc. Ces principes sont d'une Jurisprudence universelle ; une seule des circonstances énumérées jointe au crime, le qualifie : alors la peine est plus sévère ; si l'on en cumule deux ou trois, il devient plus grave encore ; et dans ce dernier cas il est reconnu généralement, que si la peine n'est pas capitale, ce doit être au moins un supplice qui en approche beaucoup. La récidive est regardée comme une des circonstances qui augmente le plus l'intensité du délit : plus elle est fréquente, plus il y a variété de temps, de lieux, d'objets ; et plus il est aggravé (PC 11359, « Vol »).

Mesurant la dangerosité sociale d'un délit ou le comportement intolérable de l'*homo criminalis*, cette pesée judiciaire qui qualifie le crime mène à la motivation de la peine afflictive ou corrective. En concluant son réquisitoire qu'inspire la jurisprudence genevoise, le Procureur général motive ainsi la peine corrective ou afflictive. Il en réclame l'exécution au Petit Conseil de la République :

je conclus, *note le 11 mars 1781 le Procureur général François-André Naville contre un voleur récidiviste*, à ce qu'il plaise à Vos Seigneuries [de] déclarer ledit Draillat dûment atteint et convaincu d'avoir rompu son ban et contrevenu aux défenses réitérées qui lui avaient été faites de rentrer sur les terres de la République [...] sentences du 6 avril 1779 et du 31 janvier 1780. Et en réparation de ce [crime], le condamner à être amené par devant Vos Seigneuries en l'Hôtel de ville pour être grièvement censuré de son crime dont il demandera pardon à Dieu et à la Seigneurie, huis ouverts. En outre, à servir comme forçat à la chaîne sur les galères pendant l'espace de dix années prochaines consécutives. Au bannissement perpétuel de la ville sous peine de mort (PC 13663, « Rupture de ban »).

Selon la sévérité du réquisitoire qui quantifie l'excès des circonstances aggravantes sur les circonstances atténuantes, le Procureur général demande alors la prison, le bannissement, voire la mort comme peine définitive notamment contre les crimes de sang ou les vols qualifiés par des « circonstances atroces ».

À partir de 1750, le Procureur général de Genève tente de concilier le but traditionnel de la pénalité infamante avec la rationalité nouvelle de la correction individuelle. Devant trancher entre la potence ou le bannissement, encore attaché à la « prévention générale » du crime par l'exemplarité du châtiment public, le Procureur général est bien le gardien du droit de punir. L'équité la plus rigoureuse encadrera chaque réquisitoire selon le Procureur général Jean-Robert Tronchin qui en 1765 poursuit un voleur : « Je suis l'accusateur de Nicole, il est aux bords de l'échafaud ; je n'ai pas reçu une seule sollicitation, je n'ai pas ouï un seul mot en sa faveur. Étranger, sans appuis, sans autre protection que l'équité de ses juges, je me croirais mille fois plus criminel que lui, si après avoir scrupuleusement rapporté tout ce qui le charge dans son procès, aucune considération humaine pouvait me faire dissimuler une circonstance qui peut lui sauver la vie » (PC 11414, « Vol »).

Ainsi, d'une affaire à l'autre, le Procureur général tient entre ses mains le sort des individus jugés en grand criminel. En faisant écho aux plaintes des lésés ou aux flagrants délits réprimés par la « police » de la cité, il est le garant juridique de l'ordre public. Sévère ou modéré, afflictif ou correctif, le régime des peines repose sur le réquisitoire. Celui-ci équilibre les plaintes et les témoignages qui chargent et/ou atténuent le crime du prévenu. Dans la République où les passions « démocratiques » sont vives, la justice doit être semblable pour tous. En matière de répression, le Procureur général veillera surtout à ce que le « droit du particulier le plus faible, de l'étranger le plus obscur, soit égal devant [les magistrats] au droit du Citoyen ou du Magistrat le plus favorisé. À cet égard, point de relâchement, point de négligence qui ne soit funeste », affirme en 1760 le Procureur général Jean-Robert Tronchin dans son *Discours sur l'administration de la justice criminelle* prononcé, à l'occasion de son élection, devant les Conseils de la République et faisant écho à la conception de la justice modérée comme attribut des régimes non tyranniques selon Montesquieu [7].

L'autorité du Procureur général reste évidemment soumise à celle omnipotente du Petit Conseil qui juge arbitrairement chaque cas criminel. Pourtant, dès la fin des années 1730, huit à neuf fois sur dix, le Petit Conseil suit le réquisitoire motivé du Procureur général. D'une certaine manière, le parquet insuffle des principes nouveaux de légalité dans le régime arbitraire des délits et des peines. En République, grâce au travail de qualification et de motivation du Procureur général, le droit de punir s'enracine dans un régime de certitude croissante. Celle-ci assure progressivement le traitement équitable des prévenus devant le glaive. S'y ajoute leur défense assurée dès les années 1730 par un avocat qui contre-balance la puissance pénale du parquet.

Probité, honneur et indépendance forgent les valeurs de la profession d'avocat. Si dans l'Europe continentale d'Ancien Régime, les avocats pratiquent ces vertus pour les justiciables, leurs compétences sont souvent limitées aux affaires civiles. Genève constitue une exception dans le paysage judiciaire d'alors. En effet, dès 1734, la défense pour les criminels de droit commun y est légalisée :

> Afin, néanmoins, que l'accusé et prévenu puisse mieux se défendre, il lui sera donné, si lui, ou quelqu'un pour lui le requiert, un Avocat et procureur à son choix, pour faire dresser et proposer ses moyens de défenses et exceptions, sommairement et à huis clos, en présence de douze Parents ou Amis, aussi à son choix, et à cet effet son Procès lui sera communiqué huit jours avant le jugement [8].

La légalisation précoce de la défense au pénal s'enracine dans la culture juridique et politique du républicanisme protestant. Autoriser un voleur, un assassin ou un agresseur violent à être défendu par un avocat traduit, peut-être, une conception sécularisée de l'*homo criminalis* qui diffère de celle plus religieuse en usage dans une monarchie de droit divin [9]. Le droit de punir dans la minuscule République de Genève équilibre les puissances de l'accusation et de la défense. En raison de l'intérêt des Citoyens

---

7. Édité dans M. Porret, *Beccaria et la culture juridique des Lumières* (Genève, 1997), pp. 35-44.

8. *Extrait des Registres du Conseil du 14 juillet 1734, approuvé en Conseil Général le 21 novembre 1734*. En 1738, le *Règlement de l'Illustre Médiation* réduit à quatre les douze parents ou amis (art. XXX).

9. A. Laingui, « L'Homme criminel dans l'Ancien Droit », *Revue de science criminelle et de droit pénal comparé* (janvier-mars 1983, n° 1), p. 17-35.

et des Bourgeois pour la « bonne justice » que permet l'enquête minutieuse de l'Auditeur de justice contrôlée par le Petit Conseil, la balance judiciaire contribue à la certitude, à l'impartialité et à l'équité pénales.

Proposée à tout accusé jugé pour un délit grave et octroyée aux justiciables qui la demandent, la défense repose alors sur la notion moderne de « présomption d'innocence ». Fragile barrière face à la « question », pourtant diffuse dans la doctrine pénale de l'Ancien Régime, la présomption d'innocence oblige le juge à garantir de façon procédurale les droits de l'accusé [10]. Or, dès 1734 dans les *Édits* de Genève, l'article de loi qui règle la torture comme moyen de preuve est subalterne à celui qui instaure la défense. La « question préparatoire » devient ainsi caduque. Finalement en 1738, le *Règlement de l'Illustre Médiation* (article XXXII) prohibe la torture en séparant l'aveu de la souffrance physique : « Les Accusés et Criminels ne pourront être appliqués à la Question ou Torture, que préalablement ils n'aient été par jugement définitif, condamnés à mort » [11]. Ainsi, le respect corporel de la personne du justiciable devient un bien juridique devant la justice de la République.

Après 1738, le *Règlement de l'Illustre Médiation* (article XXX) oblige aussi les avocats à défendre les prévenus. Comment alors se déroule la défense dont le protocole pour Genève est encore largement méconnu ? Une fois l'enquête bouclée par l'Auditeur, un Conseiller signifie au prévenu incarcéré qu'il va être jugé, car son procès est clos. Ce magistrat demande en outre à l'accusé s'il veut être défendu, ou si son procès peut être jugé « en l'état » — soit sans avocat. Si le prévenu choisit la défense, il peut désigner un avocat qu'il connaît. Dans le cas contraire, le tribunal nomme un avocat d'office — le dernier a avoir été immatriculé. L'avocat désigné défendra le justiciable incriminé. En cas de refus, il est « censuré » par le Petit Conseil. Quelques sanctions illustrent l'application du règlement. En 1787, convoqué devant le Petit Conseil après avoir refusé de défendre un « brigand » de grand chemin, l'avocat Mallet est suspendu de sa charge pour trois mois [12]. Les pauvres sont en outre défendus gratuitement

---

10. A. Astaing, *Droits et garanties de l'accusé dans le procès criminel d'Ancien Régime (XVIᵉ-XVIIIᵉ siècle)* (Aix-en-Provence, 1999).
11. L'*Édit* du 21 novembre 1782 (« Des Causes et Matières criminelles », XXI, art. xxi), abolit la « question définitive ».
12. Registre du Conseil (RC) 291, 18 juin 1787, vendredi 22 juin 1787, fol. 504-506, 513.

par les avocats. Lorsque l'accusé en a les moyens, il rémunère, sans doute, son défenseur.

« Assermenté » (secret de l'instruction), l'avocat désigné a huit jours pour rédiger sa « plaidoirie » en consultant le procès à la Chancellerie. S'il le désire, l'accusé fortuné paiera pour la copie authentique du procès. Cette démarche est onéreuse et maints délinquants préfèrent que leur avocat examine leur dossier par une simple « consultation ». Pour assister l'avocat, un procureur, deux parents ou amis du prévenu peuvent le visiter dans les prisons. Ils doivent obtenir un « billet de permission » de la part du tribunal à l'intention du geôlier. L'audience au tribunal survient une semaine après la saisie de la défense.

L'avocat ouvre le procès : il clame sa plaidoirie devant les treize juges tirés du Petit Conseil, le Procureur général et les proches du prévenu — soit quatre membres de sa famille. Au fil du siècle, cet entourage se professionnalise. Pour se former à l'art du barreau, de plus en plus d'avocats suivent ainsi les plaidoiries. Selon l'habileté et l'éloquence du défenseur, elles durent parfois plusieurs heures. La plaidoirie terminée, le tribunal interroge l'accusé et lui demande notamment s'il veut compléter lès dires de son avocat. Très souvent, soit par stratégie d'accommodement ou par ignorance juridique, le justiciable s'en remet à la « clémence » des juges. Sous bonne escorte, il quitte alors l'audience avec ses proches et son avocat. Debout sur le parquet, sondé par le Président du tribunal, le Procureur général commente l'argutie de la défense. Il évoque parfois le discrédit qu'elle jette sur les « témoins à charge » (13). Finalement, avant de quitter à son tour le tribunal, il rend son réquisitoire (« Conclusions ») de qualification du crime et de motivation de la peine. Les « Conclusions » du Procureur général sont lues par l'un des treize conseillers. Sur la base de la défense et du réquisitoire, les juges délibèrent à deux tours, puis énoncent la « sentence » du procès.

Lorsque l'accusé est jugé par « contumace », la peine s'exécute publiquement en effigie sur un tableau de bois où est représenté l'accusé. À chacune des peines, peuvent en outre s'ajouter l'amende honorable, l'amende financière, la privation de certains biens civiques ou économiques, ainsi que la fustigation jusqu'au sang – soit dans la cour de la prison, soit devant la prison, soit

---

13. PC 11970 bis, le Procureur général charge un « séditieux » qui a usé de « traits injurieux aux témoins et [...] de plusieurs maximes erronées », RC 271, du 14 février 1770, fol. 91.

encore sur une place publique. Avant l'exécution publique de la peine au lieu patibulaire situé à l'extérieur de la Porte neuve de Genève, la sentence définitive du procès est lue au « peuple » devant la Maison de ville où siège le tribunal criminel. Proclamé au nom de Dieu et de la République pour la prévention générale du crime, la sentence rappelle la poursuite du Procureur général. Elle expose l'identité du condamné en évoquant ses « confessions volontaires », les « autres preuves suffisantes résultantes du procès », ainsi que la nature de son crime. La sentence se conclut par l'énonciation de la peine afflictive que doit appliquer, sous l'ordre du Lieutenant de Police, l'Exécuteur de la Haute-justice. De cette manière, contrairement à l'usage en France, dans la République le droit de punir est *juridiquement motivé*, ce qui en limite sa nature arbitraire.

Au cours du siècle des Lumières, lié à la culture inquisitoire, le déroulement du procès change. Suite à la crise « pré-révolutionnaire » de 1782, l'*Édit* du 21 novembre 1782 (Titre XIII ; art. VIII), atténue la nature inquisitoire du procès genevois en modérant le caractère secret de l'audience. Aux six personnes qui dès 1738 secondent l'accusé lors du procès, s'ajoutent maintenant dix-huit « adjoints ». Tirés au sort sur une liste de trente-six volontaires inscrits en Chancellerie, les adjoints assistent à la lecture de la plaidoirie de la défense, à celle des « Conclusions » du Procureur général et aux séances du Conseil des Deux-Cents consacrées aux « recours en grâce ».

Incarnant ainsi l'ouverture progressive de la justice républicaine sur la cité, les adjoints garantissent, en quelque sorte, la légalité de la procédure en scrutant le respect des normes. Remarquable par rapport aux pratiques juridiques de la monarchie française, la publicité judiciaire est encore limitée par la tradition inquisitoire : à l'instar des avocats genevois, les adjoints assermentés sont soumis au devoir de réserve. Tenus par le « secret » du cas, ils ne peuvent, en effet, dénoncer publiquement les infractions procédurales d'un procès mal jugé. Selon plusieurs « propositions » réformistes notées en 1783, 1784 et 1785 dans le Registre du Conseil de la République, la limite procédurale de cette mission de vérification de l'ordre constitutionnel et judiciaire nourrit le débat politique devant le Conseil des Deux-Cents. Fort de son « arbitraire » politique et juridique, le Petit Conseil entérine tardivement l'exigence de « démocratie judiciaire » qui permet aux adjoints de dénoncer l'illégalité d'une procédure criminelle. L'*Édit* du 10 février 1789 (art. XIII) légalise cette réforme en abolissant le « serment du secret ». Dès lors, dans la République, le débat judiciaire acquiert une publicité légale. Il prolonge la tradition locale née vers 1770 autour de quelques procès politiques débattus devant l'opinion grâce à l'impression « illégale » de plaidoiries dont les auteurs (avocats) sont « censurés » par le Petit Conseil [14]. Finalement, au début de 1791, la publicité judiciaire trouve son ultime aménagement procédural. Celui-ci fait écho à la procédure accusatoire d'Angleterre, dont les trois vertus (« prohibition des emprisonnements arbitraires », « assistance d'un conseil » et « publicité des débats ») sont louées après 1760 par les réformateurs du droit pénal. L'*Édit* du 11 mars 1791 (approuvé le 22) remplace les dix-huit adjoints par trente « témoins ». La salle du tribunal doit pouvoir accueillir plus de cinquante personnes. À la fin de l'Ancien Régime, la justice criminelle de la République est donc rendue dans une audience publique et contradictoire [15].

Quels sont les arguments de la défense dans le contexte juridique de l'abolition de la torture judiciaire à Genève (« question préparatoire » pour l'aveu dès 1738, « question préalable » à l'exécution capitale pour dénoncer les complices dès 1782) ? Liées à une modification du régime probatoire qui valide progressivement l'intime conviction des juges contre la confession de l'*homo criminalis*, la suppression de la question marque la pratique des avocats. Ils peuvent défendre un accusé dont l'« aveu » n'est plus déterminé par la crainte de la torture. La disparition du supplice probatoire permet d'incriminer des individus qui ne doivent plus confesser leurs « fautes et délits ». En conséquence, les avocats structurent leur plaidoyer en y intégrant progressivement la notion moderne de « présomption d'innocence ». Dans le cadre de la nouvelle sensibilité de l'individu et de la personnalité qui marque les Lumières d'après 1750, la « présomption d'innocence » argumente de plus en plus les plaidoiries. Le doute sur la culpabilité étant juridiquement plausible, l'avocat multiplie les points de vue pour forger la vérité sur les circonstances d'un délit. En complément de l'enquête judiciaire, il accumule les

---

14. F. Briegel, « Fonction judiciaire et rôle politique des avocats genevois au 18e siècle », in *Auxiliaires de justice*, Actes du colloque de 2004, Université de Laval (sous presse).

15. Titre IX, art. XXX-XXXIII, « Des Représentations et du redressement des griefs ».

« preuves à décharge » en pointant le déficit des « preuves à charge » [16].

Durant la semaine de préparation du dossier de défense, l'avocat obtient quelquefois du tribunal un « complément d'enquête » : nouveaux témoins, nouvelles expertises [17]. Il cherche ainsi les preuves à décharge. L'efficacité de cette stratégie défensive est limitée. Même si l'avocat multiplie les pistes contre le réquisitoire du Procureur général en basant son plaidoyer sur la doctrine, la jurisprudence et les écrits « philosophiques » des réformateurs du droit pénal, même si l'accusé se tait, son dossier judiciaire renferme maints éléments sur sa culpabilité. Si l'accusé a avoué, la stratégie défensive prend un autre sens.

Brisant avec la conception thomiste du « criminel pécheur » qui reconnaît sa faute morale avant le châtiment expiatoire, la défense exprime le « droit naturel » de l'individu selon les Lumières : soit le droit inaliénable d'être défendu devant la justice humaine, même si le délit qualifié par des « circonstances aggravantes » emporte la sanction capitale. La défense limite ainsi l'arbitraire du juge. Elle place le droit de punir sous le signe de la certitude et de la modération : « il n'y aura plus alors d'incertitude sur la justice et la nécessité des châtiments [...], il y aura moins de supplices » [18]. Favorable au droit naturel du respect de la personne incriminée, l'autorité « philosophique » des réformateurs (Beccaria, Montesquieu, Voltaire) renforce l'autorité juridique des avocats genevois :

Je me livrais sans peine à solliciter votre douceur ; cet office naissait du sentiment de pitié que tout homme ne peut refuser à un scélérat même qui expire sous les coups des bourreaux. Je ne fus point arrêté par l'opinion de ces esprits durs qui disent que les magistrats n'affermissent leur juste autorité que par le sang, que la modération dans les peines est une dangereuse impunité ; je fus décidé au contraire par ces esprits amis de l'Humanité qui traitent de farouches, de sanguinaires et de barbares, ceux qui se font un vice de la compassion, ces misanthropes ou peut-être ces ambitieux, qu'un zèle féroce ou hardi tient toujours prêts à déclarer criminels tous ceux qu'on accuse, et à pendre tous ceux

---

16. F. Briegel, M. Porret, « Paroles de Témoins : certitude morale ou preuve légale ? Les procédures genevoises au siècle des Lumières », dans Benoît Garnot (éd.), *Les Témoins devant la justice. Une histoire des statuts et des comportements* (Dijon, 2003), pp. 113-129.

17. PC 8822, 8822 bis, 1741, « Faux titrage d'or », nouvelles expertises pour la défense.

18. [Desgranges] *Essais sur le droit et le besoin d'être défendu quand on est accusé*, (Boston, 1785), p. 312.

qu'on doit punir. *Il ne faut point mener les Hommes par les voies extrêmes, on doit être ménagé des moyens que la Nature nous donne pour les conduire. Qu'on examine la cause de tous les relâchements on verra qu'elle vient de l'impunité des crimes et non pas de la modération des peines* [19].

Plaidée par certains avocats genevois, la modération pénale peut coïncider avec un réformisme utilitariste, notamment lorsque l'accusé risque la peine capitale. Stratégie défensive ou idéologie abolitionniste : en des termes parfois voltairiens ou beccariens, l'avocat dénonce l'échafaud, évoque son inutilité sociale sur la prévention du crime et déplore l'absence d'une pénalité correctrice comme les travaux forcés :

Un pendu n'est bon à rien, [...] le scélérat qui entreprend le métier de brigand se joue de sa vie et la perd sans regret, c'est le travail qu'il craint et non la mort, il a fait tort à la société par ses crimes, c'est donc en le rendant utile à cette même société par son travail qu'il faut réparer ses forfaits, c'est en le montrant le reste de ses jours, couvert de fers, et courbé sous le faix du travail que vous ferez trembler le fainéant, qui est déjà scélérat dans son cœur, et non pas un châtiment regardé par lui comme la fin de tout, châtiment qu'il voit le matin et qu'il oublie le soir [20].

Pour soutenir juridiquement le réformisme « philosophique », qui le motive dans la défense, l'avocat réévalue les « circonstances » du crime en faveur de l'accusé. Il transforme, par exemple, la violence homicide comme « intention criminelle » (*circonstance aggravante*) en violence homicide comme signe de la colère, comme conséquence de l'alcool, voire comme manifestation de la « légitime défense » (*circonstances atténuantes*) . « La nature a imprimé dans le cœur de tous les hommes le juste désir de se défendre contre la violence et de repousser les injures », note en 1744 un avocat qui défend un meurtrier [21]. Parfois, l'avocat cherche aussi à déplacer la « responsabilité » pénale sur un complice (quand il y en a), ou à l'atténuer en réécrivant le contexte antérieur ou postérieur du délit. Au récit subjectif du

---

19. PC 10210-b, 1755, « Vols domestiques », « Plaidoirie », fol. 1 (nos italiques), citation (soulignée dans le texte) de l'*Esprit des lois*, VI, ii, xii.

20. PC 14236, 1784, « Vols avec effraction », « Recours », fol. 9-10 (nos italiques) citation (soulignée dans le texte) de Voltaire, ainsi exacte : « On a dit, il y bien longtemps, qu'un homme pendu n'est bon à rien », in *Commentaire sur le livre* Des Délits et des peines *par un avocat de province*, 1766, X (« De la peine de mort »).

21. PC 9096, « Homicide », « Plaidoirie », fol. 186v°.

crime, l'avocat ajoute la biographie à décharge du délinquant contre celle élaborée par le juge pour l'accabler en montrant son « endurcissement dans le crime » [22]. Enfance « sans éducation », « mauvaises fréquentations », misère : la vie du prévenu est une miniature du malheur social. Pour sensibiliser les juges à son misérable sort, l'avocat évoque parfois son sincère « repentir », l'espoir d'une vie socialement utile que nourrit une condamnation corrective et modérée. Avis juridique et doctrinaire, charge « philosophique » ou récit émouvant de la « vie déchirée » : parmi ces arguments défensifs, quels sont ceux qui touchent les juges ? Puisque les registres du Petit Conseil sont muets sur la délibération judiciaire, les journaux privés des magistrats, qui ont siégé dans l'un ou l'autre des Conseils de la République, donnent un aperçu des arguments pertinents de la défense. Les avocats utilisent les plaidoiries pour recourir à la grâce du Conseil des Deux-Cents, car ils n'ont que vingt-quatre heures depuis l'énonciation de la sentence.

Membre du Conseil des Deux-Cents en 1770, Auditeur de justice en 1781, Conseiller d'État en 1782, Léonard Bourdillon rédige un « Journal civil, politique, militaire et criminel » qui couvre les années 1786-1788. Il y note notamment les impressions que lui laissent les avocats qui plaident la cause d'un condamné [23]. Ses commentaires donnent à lire ce qui échappe à l'archive judiciaire, l'art oratoire et le talent de persuasion des avocats :

Monsieur l'avocat Tronchin fils de Jacob, plaida la cause de la Veuve Railliance, son plaidoyer court et bon, fut prononcé avec beaucoup d'indifférence. [...] Monsieur l'avocat Bertrand Dassier, plaida la cause de la fille Marie, l'ouvrage me parut aussi bon et aussi froidement prononcé. [...] Monsieur l'avocat Mallet Butini plaida la cause de Louise, il se distingua ; son zèle pour une malheureuse créature [...] se manifesta par cette noble éloquence si naturelle à celui qui embrasse généreusement la cause des malheureux. [...] Monsieur l'avocat Buisson Bordier, vint plaider la cause de Susanne Odon, sa cause plus difficile que celle des autres fut assez bien traitée, mais ne fut pas rendue avec plus de zèle que les deux premiers avocats [...] [24].

---

22. Sur la biographie criminelle, M. Porret, « La biographie des scélérats ou les circonstances de la dangerosité criminelle durant l'Ancien Régime », *Traverse* (1995, 2), pp. 55-65.

23. *Bibliothèque publique et universitaire*, Genève, Collection Bourdillon, « Journal civil, politique, militaire et criminel », MS suppl. 1110.

24. *Ibid.*, fol. 21-21 ; à compléter avec PC 14773, 1786, « Libertinage, maquerellage ».

En 1786, flanquées d'un avocat, ces quatre femmes sont jugées pour « libertinage » et « prostitution ». Or, la défense est inégale. Nommés par le Petit Conseil, les avocats s'impliquent avec plus ou moins de talent et de zèle pour défendre des femmes familières des réseaux de la prostitution genevoise. Peu sensible aux arguments juridiques ou philosophiques, la Conseiller Bourdillon est frappé par ce qui va l'incliner à la clémence, le récit d'une vie gâchée qui tend à l'émouvoir en suscitant sa « compassion » :

> [L'avocat Mallet Butini] peint l'horrible situation de cette jeune fille, obligée dans sa tendre enfance d'aller mendier avec sa sœur, et lorsqu'elles revenaient avec des bénédictions, elles recevaient la malédiction de leur mère, qui les attachaient au pied du lit, les fouettaient cruellement ; elle n'avait plus de père, à dix ans, elle échappe et se rend à Carouge, de là à Annecy, où elle change de religion, elle y vit cinq ans, tantôt au couvent de Chambéry, tantôt à celui d'Annecy, à 16 ans, elle désire voir sa mère qu'elle retrouve toujours dans le même désordre et la même misère, sa mère la vend, sa sœur la livre, et toujours souillée, elle est toujours maltraitée, si on en lui trouve rien, cependant cette même fille coupable sans le vouloir peut être sans le savoir, en demande point grâce, elle ne demande que la pitié de vos Excellences mais grâce pour sa mère, elle se jette à vos pieds pour sauver l'honneur de ses quatre sœurs, qu'on l'enferme alors, elle s'instruira dans la religion [...] [25].

La vie familiale déshonorante de Louise précarisée émeut ses juges grâce au talent rhétorique de son défenseur. *A contrario*, l'argumentation juridique de l'avocat Buisson Bordier en faveur de la maquerelle Susanne Odon semble ennuyer Bourdillon. La défense, note-t-il, se « referma presque entièrement sur la négative de la coupable [et] sur le défaut de preuves » [26]. Avis de droit et réformisme juridique pour convaincre et modérer la peine : appliquée par les avocats genevois, cette stratégie défensive est plus ou moins efficace. Par contre, la motivation émotionnelle influence souvent positivement l'issue du procès. « Ému » par la défense qui plaide les « sentiments » de l'humanité en faveur des accusés, le juge est enclin à sanctionner plus modérément l'*homo criminalis*. Visant à limiter l'arbitraire pénal, la rationalité juridique est subordonnée à l'émotion que suscite l'avocat qui plaide la cause d'un accusé en pointant le chaos de son parcours de vie. La dimension sociale de sa biographie devient alors un élément à décharge de son crime.

---

25. *Ibid.*, fol. 21.
26. *Ibid.*, 1110, fol. 22.

Dès la fin des années 1730, dans la République de Genève, le droit de punir repose notamment sur deux institutions de la modernité judiciaire : le Parquet et la défense. Champion de l'État, incarnant l'équité de la poursuite légale, le Procureur général authentifie la procédure, qualifie le crime et motive la peine. En limitant l'arbitraire traditionnel des juges, il est le gardien de la répression du crime dénoncé. Défenseur des justiciables les plus modestes, l'Avocat plaide leur cause avec des arguments juridiques et « humanistes » pour modérer la peine requise par le Procureur général. Il focalise en outre l'attention du public sur la justice pénale et contribue, ainsi, à une forme de « démocratisation » précoce des débats judiciaires. Si le système judiciaire genevois reste dominé jusqu'aux années 1780 par la puissance répressive du Ministère public qui par tradition inquisitoire et politique en impose aux droits plus fragiles de la défense, il n'empêche que le droit de punir en République en est ainsi mieux équilibré. Les droits du justiciable sont renforcés devant le glaive. La norme inquisitoire est atténuée. La peine est moins arbitraire. Elle est « proto-légale » et mieux adaptée à la nature du crime réprimé. À Genève, le jeu pénal entre l'accusation et la défense devra encore être mieux évalué, notamment après 1760, dans le cadre de la « politisation » des débats sur la justice criminelle comme critique du régime oligarchique de la République protestante [27]. Pourtant, ajoutée à d'autres critères de la modernité judiciaire selon les Lumières (abolition de la question, usage décroissant de la peine capitale, prison corrective, crue de l'expertise, dédommagement des victimes selon la nature du dol, individualisation de la peine, etc.), la confrontation juridique entre l'accusation et la défense illustre, peut-être, la « modération » pénale particulière à la « douceur » du régime républicain. Se détachant progressivement de la culture du supplice, le droit de punir en République attache un prix particulier au respect de l'individu incriminé, poursuivi par le Procureur général et défendu par un avocat.

En 1788, le Procureur général Jacob-François Prévost qui poursuit un voleur encourant la peine capitale incarne l'esprit du droit de punir en République. Il se réjouit que dans la « petite République » les juges renoncent dès 1728 à la « violence »

---

27. M. Porret, « Au lendemain de l'*affaire Rousseau*. La *justice pervertie* ou les représentations de la justice patricienne chez quelques publicistes de Genève, 1770-1793 », dans Louis Binz, Bronislaw Baczko (*et al.*), *Regards sur la Révolution genevoise 1792-1798* (Genève, 1992), p. 119-150.

barbare du supplice de la roue qui anéantit publiquement l'*homo criminalis* sans le corriger. Lecteur de Montesquieu, il associe la modération pénale — qu'il prône — à l'esprit éclairé du siècle et aux mœurs républicaines qui édifient un droit de punir conforme à la dignité naturelle de chaque justiciable comme bien juridique :

C'est un hommage qu'il faut rendre à notre siècle et particulièrement à notre patrie. La *vie des hommes y est devenue d'un plus grand prix*, on a senti qu'il n'était pas nécessaire de les mener par des voies extrêmes, et cette humanité dans les peines sera toujours un bel éloge pour les Gouvernements qui l'auront introduite (PC 15602, « Vol »).

Dès 1750, dans la République de Genève, le droit de punir illustre la lente modernisation des pratiques judiciaires. Garants de la poursuite, de sa motivation juridique et de la défense des justiciables, les procureurs généraux et les avocats contribuent à cette modernisation pénale qui installe progressivement la justice de la République « aristo-démocratique » dans la genèse de celle de l'État de droit.

FRANÇOISE BRIEGEL ET MICHEL PORRET
Université de Genève

JUSTICE ET SOCIÉTÉ
DANS LA FRANCE DU 18ᵉ SIÈCLE

L'histoire de la justice et de la criminalité dans la France du 18ᵉ siècle a été profondément renouvelée dans la période récente [1]. La présentation des rapports entre justice et société ne peut plus se limiter à celle de la norme juridique, mais doit être mesurée à l'aune de la pratique sociale ; elle suppose aussi l'analyse de tous les modes de traitement de la criminalité, qu'ils soient situés au sein de la justice (pénale et civile) ou en dehors d'elle (infrajustice et parajustice). Il s'agit donc ici de faire le point sur les avancées de la recherche historique, successivement à propos de la réalité criminelle, puis des modes de traitement des conflits, enfin des modalités de la répression dans la France du 18ᵉ siècle.

Les critères de définition des crimes et leur hiérarchisation diffèrent selon qu'on observe le point de vue de l'État ou celui de l'opinion publique. Du côté de l'État, il n'existe pas de codification générale des crimes (l'ordonnance criminelle de 1670 ne donne pas de définition précise de la plupart des crimes, ni de classification et de hiérarchie explicites). Le souci de clarification des définitions juridiques et de classification des crimes en fonction de leur gravité relative est défendu avec force par les Lumières dans la seconde moitié du siècle, notamment avec le Milanais Beccaria [2], mais n'est guère suivi dans la pratique : ce relatif flou juridique, en effet, est adapté à une société et à un État qui privilégient une certaine souplesse dans le traitement de leurs dysfonctionnements.

Si la hiérarchie des crimes n'est pas globalement formalisée dans un texte normatif, elle ressort de l'ensemble des actes législatifs ponctuels. Ils placent clairement la lèse-majesté (humaine et divine) au sommet de cette hiérarchie, qui s'organise par rapport

---

1. Bilan dans B. Garnot, *Justice et société en France aux 16ᵉ, 17ᵉ et 18ᵉ siècles* (Paris, Ophrys, 2000).
2. C. Beccaria, *Des Délits et des peines* (Livourne, 1764).

à elle ; elle est suivie par le blasphème et le sacrilège, certains crimes contre les mœurs, le vol sur le grand chemin et le vol domestique, ainsi que certaines manifestations de la violence (le duel, l'assassinat), tous ces crimes étant perçus comme des formes atténuées de lèse-majesté, parce que s'en prenant à l'ordre établi par Dieu et par le roi ; les assassinats, par exemple, sont présentés comme des outrages à Dieu à travers la créature faite à son image, tandis que les « actes contre nature », c'est-à-dire ceux qui troublent l'ordre des choses créé par Dieu, risquent de susciter sa vengeance sur l'ensemble de la communauté. En même temps, l'État s'intéresse à la famille et voue aux tribunaux les concubinaires, les polygames et surtout les enfants qui injurient ou qui molestent leurs géniteurs, puisque le chef de famille est l'équivalent, à son niveau, du roi dans l'ordre politique et de Dieu dans l'ordre religieux. Le vagabondage et la mendicité se trouvent placés aussi depuis peu très haut dans la hiérarchie des crimes, la seule existence des marginaux étant perçue comme une contestation de l'ordre établi. Mais hors ces « crimes énormes », la hiérarchie des autres crimes reste très imprécise et leur définition l'est tout autant : le vol, en particulier, n'est pas défini globalement, seules ses diverses variantes le sont (les vols qualifiés, les vols simples, etc.).

Si, pour l'État, la priorité est la préservation et l'affirmation de son pouvoir et de l'ordre social, pour les individus et les communautés, c'est la conservation de leur honneur et de leurs biens qui prime. L'honneur est une composante essentielle de la personnalité sociale, dans tous les milieux, et sa perte constitue la pire des déchéances : il est logique que les comportements qui conduisent à cette perte soient placés au sommet de ce qui est considéré comme répréhensible (la « déloyauté » des hommes, les « mauvaises » fréquentations des femmes) et que, sa défense impliquant souvent l'exercice de la violence contre quiconque paraît le menacer par ses paroles ou par ses actes, celle-ci semble rarement condamnable quand elle est exercée « loyalement », à visage découvert et à égalité de chances. En même temps, chacun cherche aussi à assurer la sécurité de son existence, une sécurité tout autant individuelle (et familiale) que communautaire, dont le point fort est la défense de la propriété privée (la maison, la terre, les animaux...) et collective (les biens communaux, les droits communaux...) ; dans ce cadre, l'impression fluctuante d'insécurité se cristallise surtout sur les voleurs, parce qu'ils menacent les biens, donc la sécurité de la vie matérielle, et parce qu'ils sont supposés agir par des moyens détournés, souvent la nuit ou en l'absence des propriétaires : le vol est ainsi perçu par l'opinion comme beaucoup plus dangereux, donc plus grave, que la violence. Pour autant, l'opinion ne constitue pas un bloc monolithique et ne suppose pas forcément l'unanimité, et on voit toujours coexister au même endroit et à la même époque plusieurs opinions publiques, qui s'opposent sur le fait d'admettre ou de condamner tel ou tel comportement ; en outre, fruit des conversations, de la parole, des rumeurs, l'opinion publique dépend aussi des spécificités locales, de sorte que le catalogue et la hiérarchie des comportements qu'elle criminalise se modifient en même temps.

La hiérarchie de la gravité des comportements criminels, telle que la perçoit l'opinion, est donc différente de celle de l'État. Mais il serait inexact d'imaginer, sauf exceptions ponctuelles, une opposition frontale entre État et opinion, l'État n'étant pas une entité abstraite, déconnectée des préoccupations de la population. On peut donc aboutir à trois sortes de situations. La première est le consensus entre la volonté de l'État et celle de l'opinion, comme c'est le cas pour le traitement de certaines formes d'homicide, en particulier les assassinats. La deuxième est l'opposition entre État et opinion : c'est le cas pour le vol domestique. La troisième possibilité, la plus courante sans doute, est la coexistence entre des priorités différentes, qui ne peuvent donc pas s'opposer, par exemple la volonté de l'État de placer au plus haut la répression de la lèse-majesté et celle qu'a l'opinion de poursuivre en priorité les vols. Au total, la coexistence est le plus souvent pacifique, parce que les juxtapositions et les points d'accord l'emportent largement sur les occasions de discorde. Dans ces conditions, la norme officielle apparaît parfois comme une construction théorique éloignée de la réalité des choses, avec toutes les difficultés d'application que suppose cette situation : le cas du duel est un exemple bien connu de cette réalité [3], et il en va de même pour certains délits contre les mœurs, en particulier l'adultère.

La justice, dans sa pratique quotidienne, est bien obligée de tenir compte, outre de la législation, des souhaits et de la pression de l'opinion, tant nationale (pour certaines affaires retentissantes) que locale surtout : les juges sont des individus comme les autres,

---

3. F. Billacois, *Le Duel dans la société française des 16ᵉ et 17ᵉ siècles* (Paris, Éditions de l'EHESS, 1986).

immergés dans le milieu local et participant aux mentalités ambiantes. L'augmentation très nette de la répression des vols dans la seconde moitié du siècle, alors que rien n'y poussait autant dans la législation, constitue un bon exemple de cette influence de l'opinion. Au total, le catalogue et la hiérarchie des crimes, c'est-à-dire des comportements susceptibles d'être poursuivis en justice, apparaissent comme un équilibre fluctuant entre les volontés parfois unanimes, parfois contradictoires, le plus souvent juxtaposées, de l'État et de l'opinion, telles que la justice — lieu où elles se rencontrent — les interprète au quotidien.

Quels crimes commet-on dans la France du 18ᵉ siècle ? À cette question d'apparence si simple, la réponse est très difficile à donner, si ce n'est impossible. Ce qui vient à la connaissance de la justice ne constitue, en effet, qu'une partie, la minorité probablement, des crimes réellement commis, de sorte que les archives judiciaires ne donnent qu'une vision partielle, donc fausse, de la réalité criminelle. La population n'offre à la justice que les affaires qu'elle ne veut ni étouffer, ni apaiser sur place, pour des raisons relevant de critères qui peuvent être collectifs ou individuels (ou les deux à la fois). Les critères collectifs de la dissimulation des crimes peuvent découler de la peur qu'inspire la justice, avec ses châtiments parfois terrifiants, au pénal, et les gros frais de fonctionnement qu'elle peut infliger aux plaignants déboutés, au civil, mais aussi de la nécessité de préserver l'honneur et la réputation (comme dans les affaires de viol), des caractéristiques mêmes de la procédure inquisitoire, trop opaque, et aussi des raisons d'ordre religieux, le devoir de paix s'imposant au chrétien et l'offensé pouvant préférer accorder le pardon à son agresseur plutôt que de le traîner en justice. Il faut aussi prendre en compte les nécessités de la vie en communauté : on est bien forcé de subir sans réagir une partie des déviances commises par autrui dans une société de voisinage où la curiosité mutuelle est omniprésente ; et parfois, la crainte des représailles physiques ou économiques impose la retenue, donc la patience, là où sévissent des petits potentats locaux, gros laboureurs ou notables, qui n'hésitent pas à enfreindre les réglementations en complète impunité. On a aussi l'habitude d'admettre sans réactions la petite violence quotidienne, banale, ordinaire, qui n'est pas considérée comme un comportement déviant ; les rixes, par exemple, sont perçues comme des occasions de défoulement pour la jeunesse, voire comme des nécessités lorsqu'il s'agit de défendre l'honneur du village ou du métier. Les communautés tolèrent également les braconniers, les sorciers et les guérisseurs, si ces marginaux sont originaires du lieu et intégrés dans la communauté, à laquelle ils rendent de multiples services. Le stade ultime de la criminalité tolérée est atteint lorsque la communauté tout entière en devient elle-même l'acteur, par exemple lorsqu'il s'agit de fraude fiscale ou de contrebande [4]. À ces critères généraux s'ajoutent des critères spécifiques à la nature des coupables et de leur faute : l'intégration du (supposé) coupable à la communauté, la façon dont la faute a été commise (respect des règles de l'honneur), ou encore le dépassement d'un seuil de tolérance : on constate souvent la longue patience des victimes, jusqu'à ce qu'une infraction de trop fasse franchir le seuil du recours à la justice.

L'impunité et le camouflage sont grandement facilités par les caractéristiques de la justice et de la police, dont les moyens de connaissance et d'action sont limités, même s'ils augmentent au cours du siècle. Dans les campagnes, les seigneurs justiciers n'ont pas — ou ont peu — de personnel spécifique à leur disposition, tandis que la maréchaussée, chargée du maintien de l'ordre, dispose d'effectifs très faibles (4.114 hommes en 1789). En ville également, les effectifs de la police sont très faibles ; l'organisation policière repose sur les polices bourgeoises, héritières des milices médiévales, les polices municipales, composées de sergents salariés très peu nombreux, héritières du guet, enfin, dans les villes de garnison, la police militaire ; au cours du siècle, alors que les polices bourgeoises sont en déclin, les polices municipales voient augmenter leurs effectifs et les salaires versés à leurs membres, dont les obligations de service sont mieux définies et dont la professionnalisation s'affirme, sur le modèle militaire (uniformes, discipline, grades, recrutement d'anciens soldats). Mais au total, l'efficacité policière reste très limitée partout et pour les délinquants habituels la fuite continue souvent à assurer l'impunité. Quant à la justice, elle non plus ne peut pas s'intéresser à tous les crimes. Les tribunaux royaux sont établis seulement dans les villes, et dans les campagnes, qui rassemblent plus des quatre cinquièmes de la population, la plupart des justices seigneuriales hésitent à engager des poursuites dans les affaires criminelles, parce qu'elles en seraient rapidement

---

4. M. Brunet, *Le Roussillon. Une société contre l'État. 1780-1820* (Toulouse, Université de Toulouse-Le Mirail-Éché, 1986).

dessaisies par la justice royale... sans parler de la pression de l'opinion locale, qui pousse à la « discrétion ». Bien plus, même lorsqu'elle en a connaissance, la justice a tendance à limiter d'elle-même et volontairement son immixtion dans les affaires internes des communautés locales, soit parce qu'elle juge les différends de peu d'intérêt, lorsqu'ils ne portent pas vraiment atteinte à l'ordre public, soit parce qu'elle craint d'être submergée par un trop grand nombre de procès.

La criminalité réprimée ne constitue donc qu'une part, sans doute minoritaire, de la criminalité réelle. Les statistiques pénales expriment moins la mesure du phénomène criminel que celle de l'activité de la justice ; elles témoignent surtout des priorités mises en avant par les juges eux-mêmes, lesquels contribuent, par l'activité qu'ils déploient, à révéler ou même à créer des illégalismes qui, sans cela, resteraient inaperçus. Elles révèlent en même temps les choix que font les justiciables de porter en justice certaines affaires. C'est pourquoi la théorie du passage de la violence au vol au cours du 18ᵉ siècle ne peut plus être retenue aujourd'hui : elle présentait la violence comme une composante essentielle de la criminalité des 16ᵉ et 17ᵉ siècles et la voyait décliner au cours du 18ᵉ siècle au profit des vols, en expliquant cette évolution apparente par l'enrichissement de la société, l'alphabétisation et la moralisation grandissantes, le plus grand raffinement des mœurs, l'urbanisation... Cette interprétation découlait d'une utilisation biaisée des archives judiciaires, examinées sans analyse critique suffisante [5]. La seule certitude, à ce jour, est la forte augmentation dans le contentieux des juridictions d'appel, les parlements, des crimes contre les biens dans la seconde moitié du siècle (entre les deux-tiers et les trois-quarts des affaires traitées au pénal), mais cela ne prouve rien quant à la réalité criminelle.

Si le roi est le maître de toute justice, la justice ne traite pas toute la criminalité, il s'en faut de beaucoup : une grande partie des affaires lui échappe, totalement ou partiellement, au profit de processus officieux, qui relèvent de l'infrajustice ou de la parajustice [6]. L'infrajustice repose sur un consensus social au niveau local ; ce consensus se fonde en particulier sur la néces-

---

5. B. Garnot, « Une illusion historiographique : justice et criminalité au 18ᵉ siècle » dans *Revue historique*, 1989, nᵒ 570, p. 361-379 ; repris dans B. Garnot, *Crime et justice aux 17ᵉ et 18ᵉ siècles* (Paris, Ophrys, 2000), p. 11-31.
6. B. Garnot (dir.), *L'Infrajudiciaire du Moyen Âge à l'époque contemporaine*, (Dijon, EUD, 1996).

saire intervention de tiers, individuels ou collectifs, pour parvenir à un règlement entre les parties en conflit ou pour l'entériner, règlement qui, de ce fait, prend concrètement force d'obligation morale et sociale aux yeux non seulement de ces parties, mais de tous les membres de la communauté concernée : l'infrajustice a donc un caractère public ou semi-public, parfois même officiel, mais, dans ce dernier cas, hors du cadre de la justice et dans celui d'une autre institution, par exemple lorsqu'elle implique comme tiers un notaire ou un curé ou une corporation..., ce qui n'empêche pas aussi la justice d'entériner, à l'occasion, des accords infrajudiciaires. Les affaires qui bénéficient de règlements privés, sans intervention d'un tiers, n'appartiennent pas au domaine de l'infrajustice, mais à celui de ce qu'on peut appeler la parajustice, domaine encore fort mal connu, faute de sources suffisantes. Le 18ᵉ siècle ne voit pas le recul de l'infrajustice et de la parajustice au profit de la justice officielle ; il s'agit plutôt de changements de compétences. Ainsi la baisse relative du contentieux de la violence, constatée au niveau des parlements, ne traduit-elle pas une baisse de la violence réelle, mais un traitement de celle-ci de plus en plus important par l'infrajustice et la parajustice, voire dans les villes par la police (suite à la création des charges de lieutenant de police), alors qu'on pourrait faire la constatation inverse à propos du traitement du vol.

Au sein de la justice, deux procédures coexistent : la procédure accusatoire (ou civile ou ordinaire) et la procédure inquisitoire (ou pénale ou extraordinaire). Non seulement la procédure accusatoire, la plus ancienne, est loin d'avoir disparu au 18ᵉ siècle, mais elle est même utilisée beaucoup plus souvent que la procédure inquisitoire. La procédure accusatoire est orale et publique, et concerne normalement la petite délinquance, la procédure inquisitoire est écrite et secrète, et traite théoriquement la grande délinquance ; en réalité, c'est le plus souvent la volonté des plaideurs, en particulier des plaignants, qui est à l'origine du choix entre les deux procédures, sauf pour les crimes considérés comme les plus graves. En outre, les deux procédures sont souvent complémentaires : on passe fréquemment de l'une à l'autre en cours de processus, surtout de l'inquisitoire à l'accusatoire, ce qu'on appelle la « civilisation » d'un procès [7]. Et comme il est fréquent également que des procédures judiciaires s'interrompent pour

7. H. Piant, *Justice et société dans la prévôté de Vaucouleurs de 1660 à 1790*, thèse dactylographiée, sous la direction de B. Garnot (Dijon, 2000).

déboucher sur des solutions infrajudiciaires, avec l'accord du juge, ou à l'inverse que l'échec d'un processus infrajudiciaire ou parajudiciaire débouche sur une action en justice, il est évident que la complémentarité est bien la règle entre les divers modes de règlement des conflits, quels qu'ils soient.

Les grands débats du siècle en matière de justice, surtout dans sa seconde moitié, portent sur la procédure inquisitoire, pourtant minoritaire dans le traitement des affaires, mais plus spectaculaire, ne serait-ce qu'à cause des châtiments qu'elle peut décider. Elle évolue pendant cette période, d'une part avec le recours grandissant aux expertises (l'expertise médicale s'impose systématiquement à l'occasion des viols et des homicides : les « médecins physiciens » recherchent dans les corps violentés les causes objectives des morts suspectes [8]), d'autre part avec l'intégration progressive de l'intime conviction (en fait, pas en droit) dans les modalités de décision des juges, au détriment du système des preuves légales. Elle n'en est pas moins de plus en plus critiquée par les Lumières, surtout à propos des moyens de défense des prévenus, considérés comme insuffisants, et du fonctionnement même de la procédure, présenté comme opaque. En théorie, en effet, les avocats n'ont pas connaissance des pièces du dossier, n'entendent pas les témoins, n'assistent pas aux interrogatoires et ne plaident pas devant le tribunal ; mais il n'en va pas ainsi dans la pratique, puisque les avocats peuvent donner de précieux conseils aux accusés sur les réponses à faire aux interrogatoires et sur la conduite à tenir lors des confrontations éventuelles [9], et ont le droit — reconnu officiellement — de rédiger pour leur client un ou plusieurs plaidoyers, qui présentent une version à la fois plausible et favorable des faits dans lesquels il est impliqué, et qui sont en général imprimés et largement diffusés (les « mémoires » ou « *factums* ») ; en outre, il ne faudrait pas imaginer les accusés, même issus des milieux populaires, comme désarmés devant les juges, la lecture des comptes rendus d'interrogatoires montrant même le contraire.

Quant à l'opacité de la procédure, le repli sur une communication de majesté figée dans une imagerie de la puissance sacrée

---

8. M. Porret, « Crimes et châtiments. L'œil du médecin légiste » dans *Dix-huitième siècle*, 1998, nᵒ 30, p. 37-50.

9. A. Astaing, *Droits et garanties de l'accusé dans le procès criminel d'Ancien Régime (16ᵉ-18ᵉ siècles). Audace et pusillanimité de la doctrine pénale française* (Aix-en-Provence, Presses universitaires d'Aix-Marseille, Faculté de droit et de science politique, 1999).

de plus en plus désincarnée a joué un rôle majeur dans le développement de cette critique, la justice étant assimilée au roi. Elle s'amplifie pendant les dernières années de l'Ancien Régime, en particulier à la suite des affaires Calas, Sirven, Montbailli, Lally-Tollendal, Martin, Langlade et surtout La Barre, de sorte que la décennie qui précède la Révolution voit l'opinion (plus précisément une partie des élites sociales urbaines) se convaincre que la réforme complète du système répressif est nécessaire et urgente. Mais en réalité, la critique de l'opacité de la procédure est souvent un argument commode pour justifier l'utilisation habile que font les justiciables des divers modes de règlement des conflits en fonction de leurs intérêts conjoncturels, notamment lors de la civilisation de procédures en cours. En outre, les raisons de fond des critiques sont loin de s'expliquer toujours par ce qu'elles expriment : pour certains avocats, c'est en fait la déception devant des possibilités d'ascension sociale insuffisantes qui les suscite, et pour de nombreux réformateurs, attaquer l'organisation judiciaire peut être un moyen d'affaiblir le système politique. De plus, l'opacité de la procédure, telle qu'elle est affirmée dans la législation, l'est beaucoup moins dans la réalité : le parlement de Paris transmet souvent les interrogatoires, théoriquement secrets, à la défense, et lorsqu'ils rédigent leurs *factums*, les avocats connaissent fréquemment les pièces de la procédure grâce à des greffiers complaisants. D'ailleurs, la réforme de la procédure ébauchée au printemps 1788 par le garde des sceaux Lamoignon est abandonnée peu après, emportée par l'opposition suscitée par la réforme de l'organisation des tribunaux, ce qui prouve peut-être que le système était loin d'être devenu alors aussi impopulaire qu'on a pu le croire.

D'autres idées reçues méritent d'ailleurs d'être contestées. C'est notamment le cas en ce qui concerne les justices dites « subalternes », essentiellement les justices seigneuriales. Certes, elles n'exercent plus souvent leurs droits de « haute justice » (qu'elles conservent), et quand elles le font, c'est toujours sous réserve d'un appel en parlement ; mais même lorsqu'elles ne s'occupent plus que de la « basse justice », elles jouent jusqu'à la Révolution un rôle très important dans la vie des habitants, celui d'une justice de proximité. Généralement, elles ne connaissent pas le déclin dont on les qualifie à tort [10]. Quant aux prévôtés, justices

---

10. F. Brizay, A. Follain, V. Sarrazin (dir.), *Les Justices de village. Administration et justice locales de la fin du Moyen Âge à la Révolution* (Rennes, Presses universitaires de Rennes, 2003).

royales de base, si elles sont supprimées en 1749 dans les villes où elles font double emploi avec un bailliage, ce n'est pas le cas ailleurs ; l'opinion selon laquelle elles seraient en déclin tout au long du siècle reflète davantage la faiblesse de l'historiographie qui leur est consacrée que leur situation réelle. Les parlements, devant lesquels doivent théoriquement aboutir au pénal la plupart des affaires en appel, et aboutissent aussi une bonne partie des affaires civiles, contribuent à l'homogénéisation des pratiques judiciaires dans l'ensemble du royaume, tant par leurs arrêts, qui font jurisprudence, que par la surveillance exercée par les procureurs généraux sur tous les juges subalternes de leur ressort. Enfin les prévôts des maréchaux, spécialisés dans la poursuite et la répression des déracinés et des errants, bien loin de l'archaïsme dont on les a souvent qualifiés, annoncent l'évolution ultérieure de l'appareil judiciaire : des juges qui exercent en permanence une surveillance (au moins théorique) de la population pour « prévenir » les crimes, une netteté de définition des crimes concernés, et la part prédominante donnée à l'enquête, qui repose sur des faits matériels, concrets et vérifiables, par rapport à la preuve, fondée sur les paroles des témoins et des accusés. Bref, les tribunaux fonctionnent et ne sont pas sclérosés.

La philosophie du droit pénal repose sur une conception de la responsabilité de nature religieuse, qui tend à rapprocher la faute morale et la faute pénale : la peine est d'abord perçue comme une pénitence, ce qui lui confère un aspect fondamentalement religieux, et elle doit aussi servir d'exemple à la population, donc jouer un rôle pédagogique. Avec les Lumières, de même que la perception religieuse du crime s'estompe au profit d'une perception sociale, de même la peine est présentée comme un dédommagement de cette collectivité ; elle doit aussi viser à réinsérer le criminel dans la vie de la cité. Mais quelle que soit sa justification théorique, bien que terrifiante en apparence, la répression pénale reste limitée, parce qu'entre les principes et leur application, le fossé est souvent considérable. De plus, comme la majorité des crimes n'est pas traitée par la justice, leur sanction passe plus souvent par des accommodements, assortis ou non de pardon, que par des punitions. D'ailleurs, la justice elle-même n'est pas la dernière à pardonner.

Punir les criminels ne va pas forcément de soi, car il existe bien d'autres moyens, peut-être plus efficaces, de régler les conflits. L'infrajustice et la parajustice ont pour but de rétablir l'entente ; pour y parvenir, l'infrajustice utilise des « réparations d'honneur » ou des compensations financières, avec une reconnaissance écrite — en général devant notaire — ou orale — devant témoins. Le but recherché est le dédommagement de la victime ou de sa famille, donc le rétablissement d'un équilibre qui a été momentanément détruit par une transgression, le tout d'une manière qui paraît à chacun moins onéreuse et moins risquée que celle que la justice pourrait décider. Mais il ne faudrait pas considérer que seules l'infrajustice et la parajustice débouchent sur des accommodements, et les opposer à la justice qui ne songerait qu'à sanctionner : si la justice sanctionne souvent, elle cherche encore plus souvent à réconcilier, elle aussi, surtout dans la procédure accusatoire où la sanction ne dépasse pas le niveau des amendes d'un montant raisonnable et celui des excuses publiques (dans les cas d'injures), ce qui permet la réintégration du condamné au sein de la communauté ; même dans la procédure inquisitoire, de nombreuses sentences aboutissent à des résultats similaires.

La justice n'hésite pas non plus à pardonner. Même lorsqu'un crime donne lieu à procès, et si la procédure « à l'extraordinaire » parvient jusqu'à son terme, c'est-à-dire seulement dans une minorité d'affaires, la majorité des accusés bénéficie de peines minimes ou de relaxes, soit parce que des preuves manquent, soit parce qu'une fois condamnés, ils se voient octroyer une grâce ou une atténuation de peine, soit parce qu'ils ont réussi à échapper physiquement à la justice. Sauf dans quelques cas exceptionnels (Calas, La Barre...), qui ont nettement contribué à occulter après coup la connaissance de la réalité pénale dans la France moderne, les juges ne condamnent qu'à coup sûr des coupables avérés, et encore sont-ils loin de leur appliquer toujours toute la rigueur des lois et de la jurisprudence, à tel point qu'on pourrait dire que le système pénal se caractérise par une sévérité tempérée par les acquittements, les fuites, les grâces, les appels... Quelle que soit leur forme judiciaire, les acquittements constituent la sentence la plus fréquemment décidée par les parlements (43 % à Rennes de 1785 à 1789 [11]). Les lettres de rémission sont devenues rares au 18e siècle, mais les lettres de grâce sont fréquentes, surtout pour les condamnations à mort (une pour six en Bourgogne). La généralisation au cours du siècle des appels devant les parlements se solde dans la grande majorité des cas par des

---

11. L.-B. Mer, « La procédure criminelle au 18e siècle : l'enseignement des archives bretonnes » dans *Revue historique*, 1985, n° 555, p. 9-42.

atténuations de peines, voire par des suppressions, ce qui installe de fait une nouvelle modalité de grâces ou de rémissions implicites. Enfin, beaucoup de peines sont illusoires, en particulier celles décidées envers les contumaces, pour lesquels la fuite est d'autant plus facile qu'il n'existe ni documents d'identité, ni casier judiciaire. Tout compte fait, il n'est pas sûr que l'État et la justice se veuillent en priorité, et encore moins exclusivement, répressifs, sauf pour une minorité de crimes considérés comme majeurs ; la volonté d'obtenir l'ordre et le contrôle moral passe prioritairement par des moyens autres que la répression.

En tenant compte à la fois de la législation et de la jurisprudence, on peut considérer que la hiérarchie des peines s'établit en cinq paliers : d'abord les différentes modalités de la peine de mort, puis les peines corporelles afflictives (galères, fouet, amputation du poing, langue percée, carcan, pilori, amende honorable...), puis les peines simplement afflictives (bannissement, réclusion dans une maison de force pour les femmes...), puis les peines infamantes (infamie, qui rend incapable d'exercer une charge publique, condamnation de la mémoire...), enfin, tout au bas de l'échelle, les peines pécuniaires (confiscations et amendes), étant entendu que plusieurs peines de caractères différents peuvent se cumuler sur le même individu. Le principe pénal le plus répandu hésite entre l'amende, qui a rôle de compensation, et le bannissement, qui vise à l'exclusion, mais l'un et l'autre restent très mal connus. Les peines corporelles le sont beaucoup mieux. Elles connaissent au cours du siècle une relative atténuation, avec la disparition de la plupart des mutilations ; leur exécution reste publique, pour des raisons pédagogiques, l'impact de la procédure très théâtralisée des souffrances infligées aux condamnés étant d'autant plus fort que la procédure criminelle qui les précède est secrète [12]. La nécessité des peines corporelles est discutée tout au long de la période, le débat concernant deux points essentiels : l'utilité de ces peines (ont-elles vraiment une valeur pédagogique ? détournent-elles du crime ?) et leur côté « inhumain ». Quant à la prison, si elle n'existe pas officiellement comme peine, puisqu'en matière pénale elle n'est faite que pour garder un accusé avant son jugement, il arrive de plus en plus souvent dans la seconde moitié du siècle que soient décidées de véritables condamnations à des peines de prison, surtout à titre

---

12. P. Bastien, *Le Spectacle pénal à Paris au 18ᵉ siècle (1715-1789)*, thèse dactylographiée, sous la direction de R. Muchembled (Paris 13 et Québec, 2002).

de commutation de la peine de mort et parfois même comme condamnation principale, par exemple en Bretagne [13] ; l'aspect pénitentiaire est surtout présent aux galères, qui constituent une forme de travaux forcés [14] : le bagne leur succède à partir de 1748 (en 1790, les effectifs des trois bagnes montent à un peu plus de 5.800 forçats).

Lorsque le crime est prouvé, les juges, pour choisir la peine, prennent théoriquement leur décision en toute liberté, en vertu du principe de l'arbitraire. L'arbitraire est fortement contesté au 18e siècle, en partie par Montesquieu dans *De l'Esprit des lois* (1748) et surtout par Beccaria, lequel demande la construction d'une légalité qui se substituerait au libre arbitre des juges, associant chaque crime à une peine précise. Pourtant, si les juges disposent d'une grande liberté dans le choix des peines, cette situation n'implique ni la fantaisie ni l'improvisation, puisqu'elle fonctionne en s'appuyant sur le système des preuves légales, qui sont très précisément réglementées, pour établir la culpabilité éventuelle des accusés (même si, dans les faits, quand les preuves ne sont pas clairement établies alors que la culpabilité est probable, on finit souvent par s'en remettre à l'intime conviction), et en se référant constamment à la jurisprudence, éventuellement à la législation quand il en existe une, tout cela dans le cadre de la surveillance qu'exercent les parlements sur les juridictions inférieures et sous réserve de l'appel, quasi obligatoire, devant eux. Les grands recueils de jurisprudence contribuent à unifier les pratiques à l'échelle du royaume et c'est par référence à quelques auteurs, peu nombreux, principalement Jousse, Muyart de Vouglans, Rousseau de la Combe et Serpillon [15], que les juges choisissent les peines. En outre, ils les modulent en examinant de près les circonstances du crime, atténuantes ou aggravantes [16]. L'arbitraire n'est donc pas l'anarchie, tout au contraire.

---

13. L.-B. Mer, art. cité.

14. A. Zysberg, *Les Galériens. Vies et destins de 60.000 forçats sur les galères de France. 1680-1748* (Paris, seuil, 1987).

15. D. Jousse, *Traité de la justice criminelle de France* (Paris, 1771) ; P.-F. Muyart de Vouglans, *Instruction criminelle suivant les lois et ordonnances du royaume* (Paris, Desaint et Saillant, 1762) ; G. du Rousseaud de la Combe, *Traité des matières criminelles suivant l'ordonnance d'août 1670, et les édits, déclarations du Roi, arrêts et règlements intervenus jusqu'à présent,* (Paris, Théod. Le gras, 1741) ; F. Serpillon, *Code criminel ou commentaires sur l'ordonnance de 1670...* (Lyon, Les frères Périsse, 1767).

16. M. Porret, *Le Crime et ses circonstances. De l'esprit de l'arbitraire au siècle des Lumières selon les réquisitoires des procureurs généraux de Genève* (Genève, 1995), 562 p.

Il existe un autre facteur du choix des peines, qui ne figure ni dans la législation, ni dans la jurisprudence : l'influence de l'opinion. Propriétaires de leurs charges, les magistrats de l'Ancien Régime bénéficient d'une grande indépendance vis-à-vis des pouvoirs ; sauf pour des cas exceptionnels confiés à des juridictions d'exception, cette indépendance est réelle, le pouvoir ne se mêlant pas des affaires. Mais il n'en va pas de même de l'opinion publique, qui parvient à peser sur des décisions de justice ou à en faire modifier. L'opinion peut se manifester par des menaces et des voies de fait ; les huissiers qui vont signifier un acte de procédure à un seigneur de campagne ou à une communauté villageoise sont parfois reçus par une troupe en armes, composée de la famille et des amis du châtelain, ou des habitants du village concerné, souvent épaulés par ceux des villages voisins. Mais l'opinion est surtout le fruit des conversations et des rumeurs, qui la forgent, et dont l'influence sur les juges peut être d'autant plus grande qu'ils sont mieux insérés dans le milieu local, ce qui est le cas pour la plupart d'entre eux. L'influence de l'opinion sur les décisions de justice passe aussi par le vecteur des imprimés, donc essentiellement en ville, notamment par les *factums* d'avocats.

Diverses définitions de la criminalité et diverses modalités de traitement des dysfonctionnements cohabitent dans la France du 18e siècle. Excepté pour une minorité de crimes, les plus graves aux yeux des pouvoirs et de l'opinion, les gens utilisent la justice au mieux de leurs intérêts, tels qu'ils les évaluent eux-mêmes, ou ne l'utilisent pas ; la justice elle-même cherche davantage à accommoder qu'à punir, comme le font l'infrajustice et la parajustice. Les processus de règlements des conflits se concrétisent dans un pluralisme qui associe ou qui juxtapose, selon les cas, des modalités judiciaires, infrajudiciaires et parajudiciaires. L'ensemble s'organise avec une grande souplesse et privilégie un mode de gestion des dysfonctionnements plus attaché à la conciliation qu'à la répression, même si celle-ci s'affirme pour les seuls crimes considérés comme les plus graves. Pour la société, la justice est multiforme : elle peut se rencontrer dans les prétoires, mais encore plus souvent ailleurs.

BENOÎT GARNOT
Université de Bourgogne

LA DÉSERTION :
MOBILITÉ, TERRITOIRE, CONTRÔLES.
ENJEUX SOCIAUX ET POLITIQUES
AU SIÈCLE DES LUMIÈRES

La vie militaire représente un facteur important de mobilité, souhaitée ou contrainte [1]. Ce « lieu commun » trouve un exemple saisissant dans le récit autobiographique d'Ulrich Bräker (1735-1798), jeune suisse du Toggenbourg qui se retrouve malgré lui à Berlin dans un régiment prussien en 1756, dont il déserte quelques mois plus tard lors de la bataille de Lobositz. Son histoire est tendue de désirs antinomiques : partir à la conquête du vaste monde et revenir parmi les siens [2]. Aux découvertes d'horizons nouveaux que le métier de soldat promet font écho les pérégrinations du déserteur fuyant son régiment [3]. Au 18e siècle, la désertion est tout à la fois un révélateur et un motif de mobilité, et, à ce double titre, un sujet d'inquiétude pour les édiles. Elle accroît non seulement la mobilité des individus mais aussi les incertitudes et les flottements de l'ordre social. Problématique pour les armées qu'elle dépeuple, la désertion le devient également pour les communautés et pour les autorités chargées de la sécurité des biens et des personnes. Dans la lente construction de l'État moderne, une territorialisation des contrôles sociaux sous l'égide de pouvoirs centralisés vient progressivement se substituer à une proximité de voisinage ou de métier. De fait, l'autorité étatique prend en charge la surveillance de l'errance, du vagabondage, de tous « ceux qui roulent loin de toute attache »,

---

* Ce texte synthétise quelques résultats d'une recherche soutenue par la Société d'histoire de la Suisse romande (Fonds Butticaz).

1. D. Roche, *Humeurs vagabondes. De la circulation des hommes et de l'utilité des voyages* (Paris, Fayard, 2003), p. 264-285.

2. U. Bräker, *Le Pauvre homme du Toggenbourg* [1788] (Lausanne, 1985). Voir la lecture de J.-L. Piveteau, *Temps du territoire. Continuités et ruptures dans la relation de l'homme à l'espace* (Genève, éd. Zoé, 1995), p. 33-45.

3. Pour une histoire sociale de la désertion, voir A. Corvisier, *L'Armée française de la fin du 17e siècle au ministère de Choiseul. Le soldat* (Paris, PUF, 1964), p. 693-747.

comme les déserteurs [4]. Aux frontières de la France, de la Savoie et de la Suisse, l'exemple de Genève, République souveraine, permet de mettre en lumière les enjeux sociaux et politiques de la désertion qui dépassent les seules questions militaires.

Pour les commentateurs de la désertion en son temps — militaires et encyclopédistes — celle-ci est un véritable fléau qui décime les armées européennes. Les registres de la guerre ne leur donnent pas totalement tort. L'ampleur de la désertion est déconcertante dans les armées du Piémont ou de France, dans les troupes suisses au service étranger ou au sein d'une garnison militaire urbaine comme à Genève [5]. Suivant que l'on considère le taux annuel de désertion pour un régiment ou la carrière d'un soldat, les chiffres varient. Un homme sur quatre ou cinq déserte des armées françaises et piémontaises au milieu du siècle, alors que les régiments suisses au service de France ont un taux annuel de désertion qui oscille, bon an mal an, autour des 10 % [6]. La quantification exacte d'un tel phénomène est sujette à caution pour des raisons liées à l'état de conservation des archives, à la manière d'enregistrer la désertion, à la vie propre de chacun des régiments, etc. Malgré la prudence, le constat d'un phénomène répandu et routinier prédomine.

Devant l'ampleur de la désertion, les autorités ne sont pas restées impassibles et le régime pénal est l'instrument de lutte contre le mal généralement le plus connu [7]. Comme moyen de prévention générale, la pénalité est en réalité la réponse que les

---

4. P. Robert, « Les territoires du contrôle social, quels changements » dans *Déviance et Société*, vol. 24/3 (2000), p. 216.

5. La République de Genève entretient une garnison permanente chargée de la défense de la ville, de certaines tâches de police (surveillance des portes notamment) et du maintien de l'ordre. Ce corps militaire soldé, composé à 95 % de soldats étrangers, a un effectif de 720 hommes entre 1707 et 1782, puis augmenté et diminué au gré des vicissitudes de la vie politique et de la conjoncture économique de la cité, jusqu'en 1798.

6. Corvisier, ouvr. cit., p. 736 ; S. Loriga, *Soldats. Un Laboratoire disciplinaire : l'armée piémontaise au 18ᵉ siècle* (Paris, Mentha, 1991), p. 198 ; D. Bregnard, *Le Parcours du combattant. Le Régiment de l'Évêché de Bâle au service de France lors de la campagne de Corse (1768-1770)* (Neuchâtel, Université de Neuchâtel, Institut d'histoire, 1997), p. 94-95. On trouve des chiffres similaires dans les documents des archives du Canton de Fribourg ou de la République de Genève. Par exemple : Archives de l'État de Fribourg, Service étranger 18ᵉ siècle, 202.4 et 228.2 ; Bibliothèque Publique et Universitaire de Genève, Ms fr 4713 ; Archives de l'État de Genève (dorénavant AEG), Militaire Ga 1, [p. 28].

7. *Dictionnaire d'art et d'histoire militaires* (Paris, 1988), DÉSERTION, p. 222-226 ; *Dictionnaire de l'Ancien Régime* (Paris, Fayard 1996), DÉSERTION, p. 400-401.

gouvernants ont voulu la plus impressionnante. En France, la Régence rétablit en 1716 la peine de mort contre les déserteurs en même temps qu'elle instaure un enregistrement des soldats visant à contrôler la désertion. Elle remplace la peine des galères perpétuelles, assortie par une ordonnance de 1684 de marques d'infamie (nez et oreilles coupées, fleur de lys marquées au fer sur le visage). À la fin de 1775, une ordonnance de Louis XVI, fondée sur des principes « d'humanité » et d'utilité générale, introduit une peine de travaux forcés pour les déserteurs — connue comme chaîne de terre, en référence à la peine des galères. Cette ordonnance, sans doute un des premiers effets des réformes pénales souhaitées par l'Europe éclairée, a de telles conséquences qu'elles se font sentir jusqu'à Genève [8]. Paradoxalement, la sévérité de la norme contribue souvent plus à la fuite des déserteurs qu'à leur neutralisation. Seules les amnisties ponctuelles dont les déserteurs bénéficient permettent leur réintégration dans les régiments. L'ordonnance du 1er juillet 1786 entérine en revanche un régime pénal qui prévoit d'emblée la correction et la réintégration des soldats déserteurs en établissant les châtiments corporels avec une prolongation de service.

Jusque-là donc, le régime pénal, surtout lorsque capitaines et juges rechignent à punir de mort les coupables, n'a pas pour effet de rompre le nomadisme des soldats. Dans les années 1710, Jean Aubertine, genevois natif, déserte à deux reprises de la garnison de la République, s'enrôle auprès d'un capitaine français, passe ensuite dans un régiment hollandais, avant de rejoindre le régiment suisse Hessy et, finalement, le régiment sarde de Portes. Il a à son actif au moins cinq désertions lorsqu'il est arrêté à Genève. À ce compte, il est même suspecté d'avoir changé de confession. La sentence qui le frappe pour son délit militaire le condamne à l'exil [9]. Il est banni de sa ville d'origine par la justice genevoise, mais les désertions des autres régiments ne sont pas pour autant absoutes. La peine, ici clémente par rapport à la norme pénale, renforce une identité de déserteur en cavale qu'en d'autres occasions les États tentent pourtant de maîtriser, de contrôler.

Le profil des déserteurs est à peu près partout le même : des soldats plutôt jeunes qui ont rompu leur engagement souvent

---

8. Voir M. Cicchini « "Sa Majesté voulant pourvoir d'une manière digne de sa sagesse et de son humanité..." Répression de la désertion à Genève 1760-1790 » dans *Crime, Histoire et Sociétés*, vol. 5/1 (2001), p. 75-91.

9. AEG, PC 6739, 25 juillet 1719.

moins d'un an après leur enrôlement. Si les chiffres fluctuent d'un pays à l'autre, et suivant des contingences souvent peu prévisibles, la désertion reste le moyen le plus fréquent, avec les congés et la mort, de rompre ou d'interrompre l'engagement militaire. Les motifs exacts de désertion sont plus difficiles à cerner. Seules quelques dépositions de soldats repris, quelques interprétations d'officiers soucieux de la bonne marche de leur compagnie, fournissent des indices, des suggestions, qui ne sauraient valoir de manière universelle. Dettes de jeu, liaisons amoureuses, rigueur de la discipline, injustice sociale, atteintes à l'honneur, ennui, peurs et fatigues des campagnes, sont autant de motifs qui poussent les soldats à abandonner leur capitaine. Pour tous les soldats qui n'ont cherché au régiment qu'un expédient temporaire à une situation économique précaire, l'espoir de trouver ailleurs une meilleure situation joue un rôle important. Le retour à la vie civile, les travaux des champs, les vendanges ou la possibilité de reprendre une exploitation familiale ont convaincu certains de partir. Les seuls mobiles économiques ne suffisent pas à rendre compte de toutes les situations de désertion. Des soldats qui ont commis des délits dans la cité, voire dans la garnison, s'empressent de disparaître. Les mauvais traitements subis par les soldats, par exemple, apparaissent parfois comme déterminants dans le choix de déserter. D'autre part, la désertion est parfois la seule issue pour rompre avec un environnement familier et jugé encombrant. Des soldats désertent, atteints par le déshonneur, certains s'estimant humiliés par des moqueries de camarades, d'autres pour des disputes familiales. L'inconstance des soldats, souvent mise en cause par les commentateurs, doit être corrélée avec les attentes déçues de ceux qui cherchent dans l'institution militaire, et dans la cité, des ressources financières certes, mais aussi une reconnaissance sociale et un statut respectable.

De nombreux soldats désertent pour s'engager dans des régiments de passage aux abords de Genève qui promettent, sinon une solde plus élevée, au moins une prime d'engagement qui s'empoche sur-le-champ. Qu'un recruteur vante les beaux jours du service pour le compte de la France, des Pays-Bas ou du Piémont, un soldat aventurier ou malheureux n'hésite pas à quitter son capitaine, même sans congé. François Quibi, ne pouvant « subsister avec la solde », essaie une première fois de se faire engager sans succès dans le Pays de Vaud à l'été 1709. Revenu dans la garnison, il échoue dans une nouvelle tentative de désertion qu'il motive par la recherche d'ouvrage en Suisse. Il est condamné au bannissement, ce qui lui permettra d'arriver à ses fins et de s'enrôler dans un régiment suisse [10]. La proximité des États voisins offre des possibilités de s'engager dans un régiment étranger, choix qui garantit et consomme la fuite d'un déserteur à peine parti de sa compagnie. Les juges considèrent que l'enrôlement dans un service étranger est une circonstance qui aggrave la désertion et souvent détermine la poursuite pénale. En 1715, par exemple, la justice genevoise s'alarme de la désertion de François Faure dès lors qu'un sergent dit l'avoir vu s'enrôler dans les troupes françaises à Versoix. Jacques Bellami, autre genevois natif, déserte de la garnison en septembre 1741 pour s'engager à Carouge, sur territoire savoyard, dans le régiment Guibert. L'ouverture d'une procédure judiciaire n'a lieu que quinze mois plus tard, au moment où il revient à Genève et que les autorités sont informées de son engagement dans un service étranger [11].

Malgré la facilité avec laquelle les soldats passent d'un régiment à l'autre, le problème des enrôlements illicites taraude le gouvernement genevois qui, depuis le 16e siècle, réitère les interdictions d'enrôler sur son territoire [12]. Au niveau diplomatique, le sujet revêt une importance de premier ordre, mais il concerne aussi la vie économique et la défense de la cité. Les autorités genevoises sont régulièrement confrontées aux demandes d'enrôlement sur son territoire, comme par exemple durant la guerre de Sept ans (1756-1763). Choiseul, par l'entremise du résident Montpéroux, cherche à infléchir la position des Genevois par la menace : l'existence de compagnies genevoises au service de la France pourrait être conditionnée par la possibilité de recruter sur le territoire de la République. Le gouvernement genevois ne cèdera que vingt ans plus tard [13]. La situation géographique et la neutralité de la République mettent celle-ci dans une situation délicate sur le terrain des relations internationales : en accordant les enrôlements à la France, ne faudrait-il pas répondre aux

---

10. AEG, PC 5976, janvier 1710 ; PC 6043, décembre 1710.

11. AEG, PC 8924, fol. 1r. 26 novembre 1742.

12. M. Porret, « "On l'a fait marcher par force". Enrôleur et enrôlés à Genève au 18e siècle ou les circonstances d'un délit "conséquent pour l'État et les particuliers" » dans *Gente ferocissima. Mercenariat et société en Suisse (15e-19e siècle)* (Lausanne, 1997), p. 91-92.

13. L. Sordet, *Histoire des résidents de France à Genève* (Genève, 1854), p. 103-104 ; *Édit du 21 novembre 1782* (Genève, 1782), titre XIII, art. XXXVI.

sollicitudes des autres États [14] ? L'équilibre socio-économique de la cité est un autre argument majeur des autorités genevoises. Non seulement Genève risque de perdre ses ouvriers, mais le gouvernement craint aussi de voir la garnison se dépeupler. Les soldats de la garnison seraient les victimes des enrôlements et leur souverain — la garnison étant en très grande majorité composée d'étrangers — interdirait qu'ils s'engagent au service de Genève.

La problématique des enrôlements est indissociable du problème de la désertion qui ensemble importunent régulièrement les chancelleries. Alors que les recrutements redoublent d'intensité aux portes de Genève au tout début de la guerre de succession de Pologne (1733-1738), la Chambre des recrues du canton de Berne s'alarme : ses sujets, en nombre dans la cité lémanique et surtout dans la garnison, risquent de s'engager dans des compagnies non avouées par le canton. Après une série de négociations secrètes, un concordat sur les enrôlements, et indirectement sur les déserteurs, est établi en avril 1734. Les Genevois obtiennent de pouvoir continuer le recrutement de sujets bernois à condition qu'annuellement ils annoncent à propos de ces derniers les états de service et les désertions à Berne [15]. À la fin des années 1760, la Chambre des recrues bernoise cherche à renforcer le dispositif. Non seulement elle voudrait une liste de ceux de ses ressortissants qui s'engagent ou qui quittent le corps militaire genevois, mais elle voudrait aussi s'assurer que ceux qui quittent Genève par congé ou par désertion rentrent effectivement au pays [16]. Pour le gouvernement genevois, ces contrôles doivent être dissuasifs sur la désertion puisque « les soldats du canton de Berne [...] seront plus retenus quand ils seront avertis que leurs souverains seront informés de leur désertion » [17]. Pour les autorités bernoises, de tels dispositifs permettent de contrôler les déplacements et les engagements de leurs sujets. Un souci qui semble trouver un écho dans l'*Avis au peuple sur sa santé* du médecin vaudois Samuel Tissot, publié au même moment. Parmi les causes de dépeuplement des campagnes, le médecin y condamne l'émigration militaire, car les déserteurs « craignent les suites en rentrant

---

14. AEG, Suisse 7, deuxième « Mémoire sur les enrôlements », s.l.n.d., fol. 1r. et troisième « Mémoire sur les enrôlements », signé Cramer, s.l.n.d., fol. 1v. (1776-1777).
15. AEG, RC 233, fol. 183-185, 6 avril de 1734. Ces listes n'ont pu, en l'état des recherches, être retrouvées.
16. Archives de l'État de Berne, B II 1004, fol. 276-280.
17. AEG, RC 233, fol. 41-42, 18 janvier 1734.

chez eux, [et] en oblige plusieurs à s'expatrier pour toujours » [18]. Si Tissot s'inquiète des conséquences démographiques de la désertion, c'est parce qu'elle contribue au nomadisme des individus, alors qu'il s'agit de les fixer dans leur patrie.

À la banalité du mal dont les archives ont laissé la trace, correspond la propagation, si ce n'est d'une pratique, du moins d'un mot : la désertion. Au crayon, à la plume, signalée par un simple « d », la désertion et ses signes grouillent dans les registres militaires du 18ᵉ siècle. Même dans les registres militaires de langue allemande, les écritures manuscrites gothiques laissent apparaître un mot écrit de manière plus ample, en caractère latin : *Deserteur*. Le mot, aussi ancien qu'il puisse paraître à première vue — César parlait déjà de *desertor* — est en réalité diffusé surtout à partir du 17ᵉ siècle. Le développement des armées permanentes autour de la guerre de Trente Ans a favorisé l'essor du terme et de ses dérivés. L'usage courant a adopté l'acception et a étendu son contexte d'usage aux périodes de paix comme de guerre.

Le *Trésor de la langue française* de Jean Nicot (Paris, 1606) n'enregistre, par exemple, aucune entrée spécifique pour le déserteur militaire. La désertion est uniquement consignée dans le contexte de la procédure judiciaire (désertion d'appel, etc.). « Tout homme de guerre qui part sans congé » est un *Desertor miles* pour Nicot qui se garde de proposer un équivalent français au syntagme latin. En italien, le lexème *disertare*, dans le dictionnaire de l'Accademia della Crusca de 1612, reste proche du latin tardif. Il désigne uniquement « dévaster », « détruire ». Quant à un équivalent italien de *desertor*, les académiciens florentins le repèrent par le substantif *abbandonatore*, celui qui abandonne. Au début du 17ᵉ siècle, le terme de déserteur n'est donc pas véritablement diffusé dans les langues vernaculaires : le latin suffit encore. Progressivement, les langues européennes, semble-t-il *via* le français, vont cependant lui trouver un équivalent. En allemand, par exemple, s'emploie essentiellement le terme *Ausreisser* jusqu'au milieu du 17ᵉ siècle. Après les guerres de Trente ans, le mot de *Deserteur* apparaît dans les édits princiers, dans les vocabulaires germaniques et dans la correspondance militaire [19].

---

18. Tissot, *Avis au peuple sur sa santé* (Lausanne, 1761), p. 2-3.
19. M. Sikora, *Disziplin und Desertion. Strukturprobleme militärischer Organisation im 18. Jahrhundert* (Berlin, Duncker et Humblot, 1996), p. 54-55.

Le terme de désertion évolue également en dénotant des situations d'usage plus étroitement liées à un état de fait administratif, identifiable et mesurable. En français, les lexicographes le délestent progressivement de ses attributs moraux négatifs, comme la peur de combattre et la traîtrise (celle-ci étant souvent associée à l'idée de fuite, « s'enfuir » dit Pierre Richelet en 1680). En revanche, ils insistent désormais sur la seule caractéristique administrative : un « abandonnement du service sans congé » (Furetière), les déserteurs étant des « soldats qui abandonnent le service sans congé » (Académie française, de la première édition de 1694 à la cinquième de 1798). Contrairement à la définition morale antérieure, adossée à l'expérience de la guerre, ces assertions ne préjugent ni du contexte, ni des mobiles du déserteur. Au 18e siècle, la désertion repose avant tout sur la notion d'écart par rapport à la norme administrative : l'absence d'une décharge certifiée par un supérieur militaire.

Avec le dictionnaire de Trévoux de 1752 (cinquième édition), l'identification de la déviance est encore mieux ciblée. La distance d'éloignement définit strictement la désertion : « On traite de déserteurs les soldats qu'on trouve à une demi lieue de la garnison, marchant vers les pays étrangers ». Cette assertion éminemment normative provient directement de l'ordonnance militaire du 2 juillet 1716. Relais de l'administration militaire, le dictionnaire rappelle que la désertion entretient nécessairement un rapport à l'espace et plus particulièrement au territoire. Sur ce point, la partie anonyme de l'article de l'*Encyclopédie d'Yverdon* (la première partie de l'entrée DÉSERTEUR étant reprise de l'*Encyclopédie* de Diderot et d'Alembert), cherche à ancrer une telle définition dans l'histoire. « Chez les Romains », il existait déjà une limite à partir de laquelle on punissait les soldats égarés. Ces bornes étaient alors déterminées par l'arbitraire du sensible, et non par un seuil fixe et universellement mesurable. Était à l'époque déserteur celui qui était éloigné au point de « ne pouvoir ouïr le son de la trompette ». En 1772, une telle norme est retraduite : « tous les soldats qu'on trouve à une demi lieue de la garnison ou de l'armée, et qui prennent le chemin du camp et du quartier de l'ennemi, sont traités comme déserteurs, s'ils n'ont point de passeport ». Au-delà d'une évolution du système de mesure, ces définitions montrent que l'évolution du langage accompagne en réalité une transformation de la conception plus générale des frontières.

Contrairement au latin juridique qui distinguait le *desertor* du *transfuga*, le français courant combine peu à peu les deux acceptions sous le même terme de *déserteur*. Dans l'article TRANSFUGE de l'*Encyclopédie* de Diderot et d'Alembert, en 1765, le chevalier de Jaucourt donne ce mot (« celui qui quitte son parti pour se retirer chez l'ennemi ») comme synonyme du déserteur [20]. Une évolution avalisée par la cinquième édition du *Dictionnaire de l'Académie française* de 1798. DÉSERTEUR et DÉSERTION sont fidèlement repris de l'édition précédente (1740), mais DÉSERTER est complété par la proposition suivante : « On dit aussi familièrement *Déserter* à l'ennemi, pour dire *Passer à l'ennemi* ». Paradoxalement, l'acception de transfuge perd donc de sa spécificité au moment où les chancelleries européennes entrent dans « l'ère des délimitations » décrite par D. Nordman, au moment où les frontières interétatiques pensées par les gouvernements ne sont plus des espaces discontinus mais des lignes continues [21]. En réalité, le souci de la frontière est à ce point présent dans la réflexion sur la désertion qu'il rend la notion de transfuge moins opérante.

La désertion, en effet, est désormais étroitement liée à des présupposés territoriaux. C'est ce que prouve l'attention des juges militaires, dans la pratique comme dans la doctrine, à évaluer la distance qui sépare le déserteur de son régiment. Dans son commentaire de la *Caroline* (*Constitutio Criminalis Carolina*, 1532), Franz Adam Vogel, grand Juge des Gardes suisses au service du roi de France, peut ainsi énumérer au début du 18e siècle les différents degrés de désertion. Les troupes suisses stationnées à Paris ont pour règle de fixer la désertion avérée à partir de quatre lieues. Il énumère tous les cas possibles qui restreignent le périmètre nécessaire à déclarer la désertion dans une casuistique teintée de byzantinisme qui rend emblématique le rapport entre la désertion et le territoire [22]. À Genève, petit État enserré dans des frontières encore largement discontinues, la limite que traquent les procureurs généraux chargés de qualifier la désertion et d'en motiver n'est autre que le fossé des fortifications. À proximité des frontières, la désertion est prononcée avec d'autant plus de

---

20. Au tome XVII (1765) de l'*Encyclopédie* de Diderot et d'Alembert, dans la section des articles omis, Saint-Lambert signe un nouvel article TRANSFUGE pour aborder le problème de la désertion, et dénoncer avec virulence le régime pénal en vigueur en France.

21. D. Nordman, *Frontières de France : de l'espace au territoire. 16e-19e siècles* (Paris, Gallimard, 1998), p. 44.

22. F. A. Vogel, *Code criminel de l'Empereur Charles V vulgairement appelé la Caroline [...]* (Paris, impr. de C. Simon, 1734), p. 165-166.

promptitude, à moins que le soldat ne soit porteur d'un congé « en ordre ».

Dans ce siècle qui voit le perfectionnement des procédures d'identification [23], l'attestation délivrée par l'administration militaire devient essentielle, en toutes circonstances, pour le soldat qui se déplace. Le congé permet la circulation dans les frontières intérieures d'un État, et *a fortiori*, entre les États. Qu'un soldat entre dans une ville, ou qu'il soit questionné par des patrouilles qui sillonnent les campagnes, le congé « à temps » ou « absolu » fait office de « passeport », de sauf-conduit, et lève les soupçons de désertion qui pèsent sur l'inconnu. À distance de toute attache institutionnelle ou communautaire, le congé assure au porteur une caution d'honnêteté et permet l'identification d'individus anonymes. Il est gage de bonne conduite à celui qui le porte et rassure les communautés locales d'une intrusion étrangère [24]. Sans son passeport, qui peut lui être demandé à tout moment, le militaire circule en revanche non sans crainte d'être repéré comme déserteur.

Dans une certaine mesure, les congés militaires préfigurent l'ère de l'acte écrit comme dispositif essentiel dans les procédures d'identification : à leur manière, ils forment en effet des prototypes de ces « identités de papier » qui se développeront dès la Révolution française [25]. La notion d'identification est d'autant plus importante que la pratique des congés va alors de paire avec celle des « signalements », sorte de fiches signalétiques avant la lettre qui enregistrent, outre l'origine, l'âge et les caractéristiques physiques de la recrue qui s'engage. L'époque du passeport universel n'est pourtant pas encore advenue. Le congé militaire fixe un itinéraire avec un point de départ — la compagnie, le régiment — et un point d'arrivée — en général le pays d'origine du soldat. Le congé limité, « à temps », indique par ailleurs la durée de validité du sauf-conduit.

Dans sa matérialité, le congé est encore au début du 18e siècle un simple billet manuscrit, signé par un ou plusieurs officiers autorisés à délivrer le passeport. Le bénéficiaire est mentionné par son nom, auquel sont ajoutés son origine et parfois aussi

---

23. V. Denis, V. Milliot, « Police et identification dans la France des Lumières » dans *Genèses*, 54 (2004), p. 4-27.

24. G. Noiriel, *État, nation et immigration. Vers une histoire du pouvoir* (Paris, Belin, 2001), p. 313-314.

25. G. Noiriel, ouvr. cit., p. 233.

son signalement physique. Avec la rationalisation croissante des armées, les administrations militaires produisent progressivement des cartouches, des congés pré-imprimés aux armes du régiment qu'il suffit aux capitaines de compléter, de signer et parfois même de cacheter. Accélérant la procédure administrative, ces cartouches imprimés sont aussi un moyen de lutter contre les contrefaçons de congés manuscrits. Les faux sont d'ailleurs explicitement dénoncés par les ordonnances militaires sur la désertion. Devant la difficulté de confectionner un faux, la fraude sur les passeports – viatique rêvé des déserteurs – se transforme en vols de congés en blanc auprès des secrétaires des régiments, lorsque ce n'est pas la subtilisation d'un congé réglementaire au nom d'un autre soldat [26].

En ce qui concerne les déserteurs de la garnison genevoise, il est significatif que beaucoup de ceux qui ont échoué dans leur fuite – un sur trois – ont été appréhendés aux postes de garde. La topographie de leur arrestation confirme l'importance des congés et illustre la pratique du contrôle aux portes de la ville que les règlements prescrivent : tout militaire en faction doit se faire « représenter [le] congé » et faire « arrêter tous ceux qui se présenteront sans en être munis ». D'où l'expédient trouvé par certains soldats dépourvus de congé et qui cherchent à déserter : les déguisements ne sont pas rares et parfois même maladroit comme dans le cas de ce soldat, en 1783, grossièrement déguisé en jeune paysanne [27]. Même en étant de garde – ce qui permet d'abuser de sa fonction –, le militaire qui veut abandonner son service doit déjouer les mesures de contrôle.

Circulant sur les grands chemins, un soldat sans congé risque d'être repéré par une patrouille de la maréchaussée. S'il choisit les chemins de traverses, il augmente la suspicion à son encontre. Même si la maréchaussée, en France, n'exerce qu'un contrôle sporadique des campagnes, elle est crainte des soldats errants car c'est elle qui est compétente pour la poursuite et l'arrestation des déserteurs des armées au service de France. À Genève, une telle police du territoire n'existe, semble-t-il, qu'en période de troubles et c'est surtout à l'encontre des déserteurs étrangers que les autorités des dépendances de la République sont censées agir.

---

26. Archives fédérales, J IV 1.4 et J IV 1.5 : deux affaires de ce type sont jugées par le régiment des Gardes suisses, la première en 1724, la seconde en 1776.
27. AEG, Militaire D3.

Ainsi, entre 1703 et 1783, ce sont 17 ordonnances de police que les autorités genevoises publient pour défendre aux déserteurs l'entrée en ville ou dans le territoire de la République, interdire qu'on leur « donne retraite » ou qu'on leur achète leur équipage (uniformes, armes, chevaux). Assimilé aux vagabonds, rôdeurs et gens sans aveu, un soldat sans congé est considéré comme sans attaches et suscite la méfiance. Si les mailles du contrôle social ne sont pas toujours aussi serrées que le laissent entendre les textes normatifs, il n'empêche que le moindre signe de marginalité est vite repéré. Des déserteurs étrangers qui cherchent refuge à Genève sont « signalés » comme tels et sont chassés de la ville, parfois même fouettés avant leur expulsion. La présence sur le corps de l'inconnu de la marque des galères (GAL) imprimée au fer ou des réponses jugées incohérentes par les officiers de garde suffisent à éveiller les soupçons [28]. Les apparences sont soumises à déchiffrement devant le soupçon qu'éveille un uniforme mal entretenu, surtout que les gouvernements défendent de plus en plus aux populations civiles de porter des « habits uniformes » : en France, dès 1753, les ordonnances royales défendent aux « civils » de porter des habits militaires.

L'arrivée des déserteurs en ville ou sur le territoire devient source de litige lorsque la guerre est à proximité de Genève. Plusieurs affaires à ce sujet, autour de 1733 et dans la période 1742-1748, donnent lieu à des « information criminelles », mais qui sont généralement sans suites judiciaires [29]. Les témoignages et les procès-verbaux des auditeurs de justice montrent d'ailleurs que les déserteurs étrangers peuvent généralement compter sur l'assistance de la population. À cet endroit pourtant, la mansuétude des autorités a des limites que dictent les relations diplomatiques. À cause de quelques particuliers qui « se sont ingérés à solliciter des soldats en quartier dans les provinces voisines de déserter », les autorités genevoises, par souci d'entretenir « un bon voisinage » avec les États environnants, font publier en juin 1768 un règlement contre ce type de solidarités populaires [30]. C'est que la solidarité s'exerce également à un autre niveau, entre États, précisément pour lutter contre la désertion.

---

28. AEG, Jur Pén H^2 2.
29. AEG, RC 232 (1733), p. 188-189 ; 390-391 ; PC 8029 (16 mars 1733) ; PC 8866 (avril 1742) ; RC 243 (1743) ; 244 (1744) ; PC 8961 (avril-mai 1743) ; PC 9005 (novembre-décembre 1743) ; PC 9012 (décembre 1743) ; PC 9033 (février 1744) ; PC 9500 (septembre 1748).
30. AEG, Reg. Publications 6, p. 128.

Durant la première moitié du siècle, des accords entre États sont régulièrement négociés à propos des déserteurs [31]. Entre Genève et la France, ces tractations prennent corps avant tout durant les périodes de guerre, en général lorsque les troupes royales sont mobilisées à la frontière de la République. Guerre de la ligue d'Augsbourg (1688-1897), guerre de succession d'Espagne (1701-1713), guerre de succession d'Autriche (1741-1748), guerre de Sept ans : autant d'événements internationaux qui incitent la France à réclamer une convention sur les déserteurs, ou son renouvellement, avec le petit État protestant. Les étapes de cette négociation et son prolongement manifestent les soucis de souveraineté territoriale que les déserteurs ont pu causer.

Lorsque les troupes de Louis XIV occupent en 1703 la Savoie, la demande est faite aux Genevois d'empêcher que des déserteurs des troupes royales trouvent refuge en ville [32]. Le gouvernement genevois cherche d'abord à éviter d'entrer en matière, notamment pour préserver sa neutralité et son commerce avec la Hollande et l'Angleterre. La crainte de froisser la monarchie voisine est finalement plus grande et les autorités s'engagent à empêcher les déserteurs français d'entrer en ville. Mais pour préserver leur souveraineté — comme le précise le négociateur genevois —, il est impératif que les magistrats genevois obtiennent une forme de réciprocité. Finalement, la convention est agréée de part et d'autre sans pour autant être formalisée par un acte officiel et il est convenu que chacune des parties restitue à l'autre les uniformes des déserteurs.

La convention est renégociée à la fin des années 1720 à la demande du ministre de la Guerre Le Blanc, qui veut mettre fin à la désertion des dragons et cavaliers en poste dans le Dauphiné [33]. Celui-ci demande la livraison réciproque des déserteurs alors que les Genevois veulent s'en tenir à l'accord de 1703 sur la restitution des équipages. La restitution du matériel militaire implique donc autre chose que l'extradition des individus, aussi coupables de désertions qu'ils soient. Face au refus

---

31. Pour la France, voir A. Corvisier, ouvr. cit., p. 723 ; C. Denys, « Frontières et pratiques judiciaires transfrontalières entre la France et les Pays-Bas au 18ᵉ siècle » dans *Frontière et Criminalité. 1715-1815. Cahiers de l'Université d'Artois*, n° 18 (Arras, 2001), p. 104.

32. AEG, RC 203, p. 608 et suiv., novembre-décembre 1703. La convention sur les déserteurs est, aux yeux des Français, un témoignage des bonnes dispositions de part et d'autres.

33. AEG, RC 225, fol. 459, 24 décembre 1726.

du gouvernement genevois de livrer à la monarchie ses déserteurs, le résident de France cherche à faire pression en insistant sur les arguments de « bon voisinage » entre les deux États. Finalement, la convention n'entérine pas l'extradition des déserteurs, mais se contente de renouveler les dispositions sur la restitution des équipages et sur la défense de l'entrée en ville de tous les déserteurs français. Cette convention de 1728, qui est rédigée, mais toujours tenue dans le secret des chancelleries, introduit en revanche une clause qui concerne les ressortissants de chacun des États : originaire de Genève ou de Suisse, mais désertant la France, le déserteur n'est pas inquiété dans la cité protestante. Inversement, le sujet du roi désertant la garnison genevoise peut être enrôlé sans difficulté dans les troupes royales [34]. Ce qui est officialisé de la sorte, c'est la relativité du délit de désertion : non plus un délit méritant l'excommunication, comme le dit encore Leblond dans l'article DÉSERTEUR de l'*Encyclopédie* de Diderot et d'Alembert, mais une infraction pardonnable en fonction du territoire d'accueil et de l'identité nationale du déserteur.

Cet accord de 1728, durable, est finalisé alors que les ambassadeurs genevois entament des négociations pour délimiter par des traités internationaux les frontières de la République [35]. Par ailleurs, cette convention de 1728 et les suites de sa négociation créent un précédent qui permet d'agir de manière similaire avec d'autres États. Lors de l'invasion de la Savoie par les troupes espagnoles en 1742-43, afin de ménager les susceptibilités de cet inhabituel voisin, Genève adopte une politique de restitution matérielle identique avec les Espagnols (« le même convenant [qu'] avec la France »), en faisant retirer les déserteurs de la ville [36]. De même, avec le royaume de Sardaigne, bien qu'aucun traité n'ait été signé, des armes de déserteurs sont restituées aux autorités piémontaises [37]. Il ne faut pas s'y méprendre : si la désertion est l'objet direct des négociations, celles-ci portent de manière sous-jacente sur des rapports de force — amitié, bonne disposition — entre États qui jaugent par là leur place sur la scène internationale. Immergées dans ces logiques de souveraineté territoriale et étatique, les conventions « pour empêcher la désertion » sont dominées par des enjeux politiques qui dépassent

---

34. AEG, RC 227, 27 avril 1728, fol. 177.
35. Tractations qui se soldent par la signature des traités de Paris (1749) et de Turin (1754).
36. AEG, RC 243, fol. 143, 11 février 1743.
37. AEG, RC 255, fol. 85, 8 février 1755.

de loin le problème des déserteurs, mais non sans avoir des répercussions concrètes sur ces derniers. En 1759, deux déserteurs français qui ont trouvé depuis plusieurs années refuge à Genève, et qui s'y sont mariés, sont finalement expulsés sous la pression du résident de France. L'opposition du gouvernement genevois ne réussit qu'à éviter le même sort à deux autres déserteurs français, l'un étant pour l'occasion considéré comme Genevois et l'autre comme Suisse [38].

Les logiques de souveraineté territoriale jouent pleinement, non seulement par leur portée qualifiante, mais aussi par la menace et l'arbitraire, dans l'identité précaire et fébrile des déserteurs en cavale. Les autorités sont pourtant loin de vouloir résoudre les paradoxes qui entachent la figure du déserteur : bien que la mobilité de celui-ci soit menaçante et traquée à la fois, lorsqu'il est arrêté et condamné, il arrive qu'il subisse une peine d'exclusion et d'exil perpétuant ainsi l'expatriation. Ce qui lui est reproché est en même temps perpétué. Banni et rejeté d'une communauté, il est soustrait à ces exigences d'attachement et d'appartenance qui génèrent des formes de contrôle administratif. Encore rudimentaires, ces techniques auront un bel avenir au-delà du 18e siècle dans le contrôle des déplacements. Listes de déserteurs, signalements, congés, conventions entre États : le déserteur, ironie du sort, participe involontairement, de par son nomadisme, au processus de territorialisation du contrôle étatique.

MARCO CICCHINI
Université de Genève

---

38. AEG, RC 259, fol. 206 ; fol. 546-547.

Les offices de Ténèbres en France 1650-1790
Sébastien Gaudelus

Collection : Sciences de la musique – Série : Études

Les offices de Ténèbres constituent un épisode ric
de la pratique religieuse et de la vie musicale frança
sous l'Ancien Régime. C'est sous Louis XIV que c
offices des Jeudi, Vendredi et Samedi Saints connur
un éclat exceptionnel.
Marc-Antoine Charpentier, Lalande, Nivers compt
parmi les compositeurs de musique les plus célèb
pour ces offices. L'établissement du catalogue c
oeuvres musicales (leçons, répons et psaum
composées spécifiquement pour les offices c
Ténèbres et jouées en France contribue à révéler
diversité de ce répertoire et sa perrenité du XVe
début du XIXe siècle.

ISBN : 2-271-06292-6
Format : 17 x 24
302 pages illustrées
d' exemples musicaux
et 3 photos en noir
Prix : 27,00 €

Auteur :
Sébastien Gaudelus,
Conservateur
au Département
de la musique
à la Bibliothèque
nationale de France

Pour trouver et commander nos ouvrages :
LA LIBRAIRIE de CNRS ÉDITIONS,

151 bis, rue Saint-Jacques - 75005 PARIS
Tél. : 01 53 10 05 05 - Télécopie : 01 53 10 05 07
Mél : lib.cnrseditions@wanadoo.fr
Site Internet : www.cnrseditions.fr
Frais de port par ouvrage : France : 5 € - Étranger : 5,5 €

Pour plus de renseignements, n'hésitez pas à contacter
le Service clientèle de CNRS ÉDITIONS,
15, rue Malebranche - 75005 Paris
Tél : 01 53 10 27 07 - Télécopie : 01 53 10 27 27
Mél : cnrseditions@cnrseditions.fr

CNRS EDITIO

La référence du savo

QU'EST-CE QU'UNE POLICE ÉCLAIRÉE ?
LA POLICE « AMÉLIORATRICE »
SELON JEAN-CHARLES PIERRE LENOIR,
LIEUTENANT GÉNÉRAL À PARIS (1775-1785)

Science de « gouverner les hommes et de leur faire du bien », ainsi le commissaire Lemaire définit-il les responsabilités de la police dans le mémoire que lui commande le lieutenant général Sartine à la fin des années 1760 [1]. La formule invite à se pencher sur les conceptions policières et sur les pratiques des agents de cette branche de l'administration, beaucoup plus qu'à s'enliser dans la quête d'une définition de la police sous l'Ancien Régime, rarement satisfaisante, tant sont vastes les domaines qui lui sont attachés [2]. Les « papiers » du lieutenant Lenoir, chef de la police parisienne entre 1775 et 1785, offrent une autre occasion, au moment de la Révolution, de réfléchir à ce que policer pouvait vouloir dire pour un haut administrateur de la seconde moitié du 18e siècle [3].

Les écrits de Lenoir montrent que la notion de police continue de faire débat, bien au-delà des seules hésitations qui préoccupent traditionnellement les juristes sur la limitation des domaines respectifs de la justice et de la police. Le débat sur le pouvoir régulateur et améliorateur qui est reconnu, ou non, à la police, au-delà de ses seules fonctions répressives, est particulièrement vif autour des questions politiques et économiques, celles de l'approvisionnement ou de la réforme de l'assistance, par exemple. Ce qui est finalement en cause, c'est la capacité de cette administration à jouer un rôle d'intermédiaire pour réguler les

---

1. *La Police de Paris en 1770. Mémoire inédit composé par ordre de G. de Sartine, sur la demande de Marie-Thérèse*, notes et introduction par A. Gazier, Mémoires de la Société de l'Histoire de Paris, tome V (Paris, 1879).

2. P. Napoli, *Naissance de la police moderne. Pouvoir, normes, société* (Paris, Éd. de la Découverte, 2003).

3. Les « papiers » Lenoir sont conservés à la Médiathèque municipale d'Orléans, fonds ancien, Mss 1399-1402.

---

tensions sociales nouvelles et pour organiser la vie commune en synthétisant aspirations modernisatrices, désir d'efficacité administrative et préservation de certains des cadres de la société traditionnelle.

Réfléchir à la police des Lumières, c'est donc réfléchir à l'aptitude réelle, escomptée, idéalisée ou rejetée de cette administration pour imposer le changement, pour impulser l'innovation tout en préservant la cohésion du corps social. Trois entrées peuvent ici être pratiquées pour évaluer ce potentiel « améliorateur » et novateur de la police au 18ᵉ siècle. Tout d'abord, dans quelle mesure la réalisation d'un programme d'utilité sociale permet-il à la police de mériter ce qualificatif d'éclairé, au moins dans l'esprit de certains observateurs ? Le traitement de certaines questions, ainsi celle de l'assistance, ne dessine-t-il pas les contours d'une police protectrice et enveloppante, capable de conjuguer rationalité administrative et préservation du lien social ? Dans quelle mesure endosser l'habit du réformateur social n'est-il pas pour la police de Lenoir une façon de mieux accomplir sa fonction de régulation ?

Voici plusieurs années, D. Garrioch proposait de ne plus considérer la police à travers son seul pouvoir de coercition. La proximité, désormais mieux perçue, entre responsables de la police et de l'administration avec les philosophes et les idées des Lumières ne pouvait rester sans effets [4]. La protection octroyée par de hauts administrateurs aux œuvres les plus marquantes du « parti philosophique » est bien établie [5]. En dépit d'un certain nombre de contraintes, notamment politiques, la police, qui dispose en France d'un champ d'action administratif très étendu, tente d'appliquer des réformes sociales, en vertu de principes susceptibles d'être approuvés par les « philosophes ». Cette expression de « réforme sociale éclairée » est entendue comme une action destinée à régler certains problèmes sociaux, voire à changer la société. Elle est inspirée par un humanisme sécularisé, par le rationalisme et l'utilitarisme, par une croyance optimiste en la perfectibilité de l'homme. Cette action transformatrice repose sur la conviction que ces principes doivent universellement s'appliquer et que les

---

4. D. Garrioch, « The Police of Paris as Enlightened Social Reformers » dans *Eighteenth Century Life* (vol. 16, 1, 1992), p. 43-59 ; P. Chevallier, « Les philosophes et le lieutenant de police Jean-Charles-Pierre Lenoir (1775-1785) » dans *French Studies* (XVII, avril 1963), p. 105-120.

5. R. Darnton, *L'Aventure de l'Encyclopédie, 1775-1800. Un best-seller au siècle des Lumières* (trad. fr., Paris, Perrin, 1982).

droits particuliers sont autant d'obstacles à éradiquer. L'hypothèse mérite discussion : la police (de Paris) offre-t-elle un reflet des Lumières ?

Les écrits de l'ancien lieutenant général de police Lenoir peuvent être ici utilement convoqués, au moins sur le plan des intentions, les conditions concrètes de réalisation et de fonctionnement des initiatives évoquées devant aussi être appréhendées à partir d'autres sources. Le *Détail de quelques établissements de la ville de Paris [...]*, publié par Lenoir en 1780, accrédite l'idée que la police parisienne mérite le qualificatif de « réformateur éclairé » grâce à certaines de ses initiatives [6]. Viennent à l'esprit : la création de nouvelles institutions soignantes, le développement de l'assistance publique et la distribution du travail aux pauvres chômeurs, lorsque la crise sévit, la création du Bureau des nourrices, les diverses mesures destinées à améliorer la santé publique, telles que l'interdiction des récipients de cuivre et de plomb ou l'expulsion des cimetières du centre-ville [7]. Il faudrait aussi faire place aux préoccupations relatives à la diffusion des connaissances, avec la création des écoles de dessin, ou celle de l'École de Boulangerie en 1782, lieu d'expérimentation d'un certain nombre d'améliorations de l'art de faire du pain, mais aussi de leur vulgarisation [8]. On reconnaît derrière ces initiatives, les préoccupations qui se développent au sein des élites éclairées et qui sont discutées au sein de l'administration. La police endosse le souci populationniste qui attire l'attention sur la mortalité excessive des nourrissons, ou l'inquiétude suscitée par les espaces mortifères de la ville alors que les théories aéristes se diffusent. Certains grands débats sont identifiables : la lutte contre la mendicité par la mise au travail et la réflexion sur les responsabilités de l'État en matière d'assistance, la question de l'éducation publique, par exemple.

Institutionnellement, le chef de la police est impliqué dans la définition de beaucoup de ces projets réformateurs. Le fait qu'il semble les reprendre à son compte dans ses écrits, la composition même de la bibliothèque de Lenoir, notamment la présence de nombreuses brochures ayant trait à ces questions « d'actualité »,

---

6. *Détail de quelques établissements de la ville de Paris demandé par sa majesté Impériale, la reine de Hongrie* (Paris, 1780).
7. J.C.P. Lenoir, *Mémoires, op. cit.*, Mss 1399, Titre III, « Santé ».
8. S. Kaplan, *Le Meilleur Pain du monde. Les boulangers de Paris au 18ᵉ siècle* (Paris, Fayard, 1996), p. 77 et suiv.

montrent que son investissement est réel [9]. En 1774, Lenoir est membre de la commission royale installée par Turgot et dirigée par l'archevêque de Toulouse, Loménie de Brienne, qui doit examiner les effets de la politique de lutte contre la mendicité depuis la déclaration royale d'août 1764 et l'arrêt du conseil d'octobre 1767, créant les dépôts de mendicité. En 1777-1778, il contribue à la réflexion des commissions qui s'interrogent sur la réforme des hôpitaux parisiens et notamment sur celle de l'Hôtel-Dieu [10]. La fondation de l'hospice de Vaugirard au début de l'année 1781, destiné à accueillir les femmes enceintes, les nourrices et les enfants trouvés atteints de la syphilis, s'inscrit dans le droit fil puisqu'elle contribue à l'essor d'établissements déconcentrés et spécialisés [11]. Mais ces multiples attestations de l'effort améliorateur réalisé par l'administration policière suffisent-elles à fonder l'emploi du qualificatif d'« éclairé » pour cette police qui continue à faire l'objet d'appréciations contrastées ? Faut-il simplement balayer du revers de la main, le jugement de Manuel ou celui de Peuchet dans *l'Encyclopédie méthodique* par exemple, lorsqu'ils estiment que la police est tout sauf philosophique [12] ? Plusieurs des projets évoqués plus haut ont peiné à faire la preuve de leur efficacité immédiate et l'on peut être tenté de les évaluer davantage en termes de promesses d'avenir et de potentialités modernisatrices. Les contempteurs de la police dénoncent des pratiques telles que l'espionnage ou l'usage des ordres du Roi. Mais leurs critiques renvoient aussi aux contradictions qui traversent le « mouvement » des Lumières, dont certaines se cristallisent sur les conceptions de la police [13]. Le rapport de l'administration policière au mouvement des Lumières dans sa diversité est autrement complexe que ce que laisse supposer un simple jeu de miroir entre des principes, des intentions et quelques réalisations « nouvelles ». Au final, de quel pouvoir

---

9. *Catalogue des livres qui composent la Bibliothèque de M. Lenoir, conseiller d'État, Lieutenant général de police*, (Paris, 1782, BNF impr. Q. 2038).

10. C. Bloch, *L'Assistance et l'État en France à la veille de la révolution* (Paris, Picard, 1908 ; Genève, 1974), p. 228-229.

11. M. Foucault, B. Fortier (et al.), *Les Machines à guérir : aux origines de l'hôpital moderne* (Bruxelles ; Liège, P. Mardaga, 1979).

12. P. Manuel, *La Police de Paris dévoilée par l'un des administrateurs de 1789* (Paris, An II) ; Jacques Peuchet, *Traité de la police et de la municipalité, Encyclopédie méthodique, Jurisprudence*, tome IX et X (Paris, 1789-1791), en particulier Tome X, p. 640 et suiv.

13. V. Ferrone, D. Roche (dir.), *Le Monde des Lumières* (trad. fr., Paris, Fayard, 1999).

transformateur est exactement investie la police ? Quelle est la capacité de la police de Sartine et de Lenoir à imposer le changement et à impulser l'innovation ?

Le développement d'une ville capitale comme Paris peut être analysé par la police en termes de dégénérescence programmée, consécutive à une croissance devenue monstrueuse. L'incessante guerre des limites que se livrent la monarchie et les spéculateurs immobiliers, la dynamique des mobilités rendent vaine toute pensée du phénomène urbain et toute politique destinée à figer les choses et à rétablir un ordre urbain primitif. Sauf à se condamner à l'immobilisme et à l'inefficacité, la police doit concevoir les moyens de s'adapter aux évolutions. Cette faculté d'adaptation apparaît comme la meilleure illustration d'un pragmatisme policier qui peut s'exprimer dans les mesures préconisées par le lieutenant général. Ce pragmatisme interdit a priori tout conservatisme sectaire, comme le réformisme abstrait. Maintes initiatives policières, par exemple dans le domaine de la santé publique, autour de services comme le ramassage des boues, le balayage des rues, l'éclairage, relèvent de ce que l'on pourrait appeler une politique volontariste « d'améliorations ». Elle témoigne d'une prise en compte des conséquences de la transformation de la ville, au-delà de la gestion routinière d'un ordre quotidien. Un ensemble de dispositions réglementaires convergent pour tenter de réduire les maux dont souffrent les hommes de la cité. Loin de vouloir transformer délibérément l'ordre du monde, la police vise plutôt l'accumulation d'une foule de petites mesures qui, par leur répétition, sont destinées à rendre service et à améliorer l'environnement urbain.

La volonté de l'administration policière d'institutionnaliser et de contrôler les chemins de l'amélioration retient l'attention. La police stimule et organise la circulation des propositions nouvelles. Dans certains domaines, elle les fait expertiser par les institutions savantes et professionnelles : faculté de médecine, collège de pharmacie, académie des Sciences. La police délivre des prix ; elle propose des sujets de recherche, elle fait imprimer ce qu'elle estime être les meilleures contributions à la résolution d'un problème donné [14]. Elle s'inscrit au rang des institutions qui valident les résultats de la recherche, qui séparent, au nom de l'utilité sociale, l'inventeur digne de ce nom et le charlatan, qui diffusent

---

14. Lenoir, *Mémoires*, Mss 1401, titre IX, Manufactures et arts mécaniques.

la connaissance et contribuent à éclairer les esprits sur les principes d'une bonne administration [15].

Cette manière de participer à la circulation des améliorations,
de contribuer à instruire l'esprit public, renvoie à une conception
de ce qui rend possible et acceptable la transformation, forcément
lente, de l'ordre des choses. C'est la perception des avantages
avérés de la nouveauté qui la rend légitime dans la société. Là
priment une prudence calculée, une manière de tenir compte de
la pesanteur des réalités sur lesquelles on entend agir. Lenoir
défend dans ses papiers l'idée que l'adoption de principes neufs
ne peut se faire qu'une fois ceux-ci éprouvés par une pratique
suffisamment longue. Il la pose même en contrepoint du dogmatisme des hommes « à l'esprit de système » qui entendent faire
plier les faits devant leurs principes. La charge vise d'abord
Turgot et ses thuriféraires. Elle fige les positions entre deux
manières de concevoir le changement social, que l'on peut néanmoins toutes deux rattacher au mouvement des Lumières. Elle
s'affrontent sur un certain nombre de questions, comme celle
des subsistances, de manière évidente. Elles se rencontrent parfois
de façon moins immédiatement conflictuelle, comme autour de
la lutte contre la mendicité. Mais les unes comme les autres
placent la police au cœur d'une réflexion sur les régulations
sociales.

Au temps des Lumières, la lutte contre la pauvreté revient à
interroger la responsabilité de l'État dans la définition de l'assistance ou son rôle dans le développement de la prospérité et la
redistribution des biens. Situé entre la répression de la pauvreté
délinquante, la réglementation économique et la responsabilité
morale des puissants à l'égard des infortunes majoritaires, le
problème est un bel objet pour réfléchir aux responsabilités réfor-
matrices de la police.

À la fin des années 1770, les conceptions de Turgot et de
Necker, par exemple, s'opposent sur les mécanismes de distribution des richesses dans la société et sur leurs implications dans
la définition d'un volant, structurel ou pas, de pauvres plus ou
moins bien lotis selon les fluctuations de la conjoncture économi-

---

15. Ch. C. Gillispie, *Science and Polity in France at the End of the Old Regime*
(Princeton University Press, 1980) ; H.T. Parker, « French administrators and
French Scientists during the Old Regime and the early years of the Revolution »
dans R. Herr et H.T. Parker (éds.), *Ideas in History. Essays to L. Gottschalk*
(Durham, Duke University Press, 1965), p. 85-109 ; L. Hilaire-Perez, *L'Invention
technique au Siècle des Lumières* (Paris, Albin Michel, 2000).

que [16]. Leurs positions respectives peuvent passer pour emblématiques de ce qui rapproche les administrateurs du temps, mais aussi de ce qui les divise profondément dans la définition des moyens d'une politique sociale. Pour le premier, le labeur et la prévoyance autorisent les phases d'accumulation, permettant aux salariés d'affronter les crises, pour peu que les obstacles à leur pleine activité aient été levés. Pour le second, le mode de répartition de la propriété, l'équilibre trop fragile entre les revenus et le prix des subsistances, maintient le peuple dans un état de précarité. Pour le premier, hors les infirmes, les vieillards et les enfants qui peuvent toujours bénéficier des générosités de la philanthropie privée et d'une intervention limitée de l'État, l'administration doit d'abord assurer le libre jeu des initiatives et des forces productives [17]. Pour le second, l'État doit garantir le respect des propriétés, mais aussi accepter de corriger les conséquences de l'inégalité sociale. C'est une condition du maintien de l'ordre, c'est une obligation morale et de justice.

Ces deux manières de voir sont représentées dans la commission Brienne de 1774 qui traite de la lutte contre la mendicité. L'accord se fait sur l'analyse des causes de la mendicité et sur la distinction à établir entre mendicité professionnelle, associée au refus de travailler, et pauvreté causée par les difficultés de l'existence. Cette distinction conduit à préciser le champ d'application des lois contre la mendicité : il ne s'agit pas d'éradiquer toutes formes de mendicité, mais de réprimer systématiquement vagabondage et paresse. En contrepartie, le rôle de l'administration doit être d'ôter tout prétexte à la mendicité pour se développer. Dans la perspective de Turgot et de cette commission, il est injuste de regarder la mendicité comme illégale et le mendiant comme coupable aussi longtemps qu'on n'aura pas procuré aux pauvres valides les moyens de travailler et aux invalides les moyens de l'assistance. Cette répartition porte en elle le projet de fermeture de la plupart des dépôts de mendicité. Elle annonce une distinction accrue entre les établissements de correction, d'incarcération et les institutions destinées à distribuer secours et travail [18].

---

16. H. Grange, « La politique sociale de Turgot et de Necker » dans C. Bordes et J. Morange, *Turgot, économiste et administrateur* (Paris, PUF, 1982), p. 189-196.
17. C. Duprat, « *Pour l'amour de l'humanité* ». *Le temps des philanthropes. La philanthropie parisienne des Lumières à la monarchie de Juillet* (Paris, Éd. du CTHS, 1993), t. 1.
18. C. Bloch, *L'Assistance*, ouvr. cit., Livre II.

Cette politique de fermeture des dépôts ne se traduit pas par un simple désengagement de l'État, mais plutôt par son redéploiement. Il s'agit d'abord de renforcer les pouvoirs d'investigation, de vérification des agents de la force publique, avec la généralisation des « papiers » et des certificats qui permettent d'établir l'identité des individus au cours de leurs déplacements [19]. Il s'agit ensuite d'œuvrer à la mise en place d'ateliers de charité chargés de secourir les indigents « conjoncturels » par la distribution de travail, sous l'égide d'une administration financière unifiée et réformée. Le lien que l'on établit entre la domiciliation des pauvres et le droit de bénéficier de l'assistance est admis par tous, mais il induit pour les uns le retrait potentiel de l'État et la mise en avant des autorités et des acteurs locaux, tandis que, pour les autres, la responsabilité de l'administration centrale reste plus importante. Le point de divergence reste là, sur le degré des interventions de l'État.

On retrouve les principes débattus entre les membres de la commission Brienne dans les « papiers » de Lenoir et dans les passages qu'il consacre à cette question de la mendicité. Il n'y a pas d'incompatibilité de principe entre le renforcement de la répression contre la mendicité, à Paris pendant la magistrature de Lenoir, et le développement de mesures d'assistance dont il se prévaut. Quelques temps après avoir siégé dans la commission royale, la mise en place du Bureau de Filature, avec le soutien du ministère Necker, s'inscrit dans la droite ligne de ses travaux et semble en réaliser le programme dans la capitale. Ce Bureau, présidé par le lieutenant général, assisté de curés et de marchands-merciers, réorganise l'activité des ateliers paroissiaux de filature préexistants. Il s'agit de contribuer à la formation de la main d'œuvre, de sélectionner les ayants droit, d'organiser les débouchés.

Des personnages comme Turgot et Lenoir, qui se sont fortement affrontés sur la question de la législation des grains, se trouvent formellement en accord sur la nécessité de mettre en place ce type d'institution et d'utiliser le critère du travail, soit une certaine manière d'articuler l'assistance au marché, pour circonscrire le domaine de l'aide publique et celui de la répression [20]. Mais la

---

19. V. Denis, V. Milliot, « Police et identification dans la France des Lumières » dans *Genèses, Sciences sociales et histoire* (54, 2004), p. 4-27.

20. Turgot, *Mémoire sur les moyens de procurer par une augmentation de travail des ressources au peuple de Paris, dans le cas d'une augmentation dans le prix des denrées, 1er mai 1775, Œuvres* (Paris, Guillaumin, 1844), tome II.

convergence des analyses s'arrête là, car, derrière l'initiative de Lenoir, la police et non les autorités locales et municipales se définit, en tant qu'institution étatique, comme responsable de cette régulation, au nom d'une forme de justice sociale. L'Assistance publique est ressentie par Lenoir comme un devoir de son administration, car elle est dépositaire de l'harmonie de la société, du respect d'un « contrat » entre le roi et ses sujets, qui se décline de multiples façons, sur les marchés des grains, comme dans la lutte contre la pauvreté. Cela ouvre à son administration un champ d'intervention beaucoup plus large que celui que les libéraux veulent bien lui concéder.

Si les hauts responsables de l'administration royale communient tous, peu ou prou, autour des principes d'une rationalité administrative épaulée par la rationalité scientifique, qui supposent enregistrement et recension, comptabilité et analyses préstatistiques, cet horizon partagé ne va pas jusqu'à la communauté de raisonnement [21]. La police abandonne vite les rivages de l'économie pour raisonner surtout en termes sociaux et politiques, d'où sa focalisation sur le rôle de l'appareil d'État. Son rôle est bien de produire de la connaissance au profit de l'État, qu'il s'agisse du volume des approvisionnements, des progrès sanitaires ou de l'identification des personnes [22]. Elle ne peut que tirer parti des perfectionnements de la « technologie administrative », qu'elle contribue d'ailleurs à promouvoir, pour améliorer son efficacité pratique. Mais cette connaissance est d'abord mise au service de ses responsabilités dans le maintien de la cohésion du corps social, que celle-ci soit menacée par les comportements antisociaux des délinquants, par l'insubordination et les révoltes ou par l'égoïsme excessif des particuliers.

Les divergences d'appréciation quant au rôle de l'État peuvent aussi se cristalliser sur la question de l'identification des personnes, sur le sens et la portée de l'enregistrement administratif. Au moins sur le plan des discours et des intentions, la généralisation des opérations d'enregistrement et la promotion des papiers pour établir les identités sont unanimement souhaitées par les

---

21. M.-E. Joel, « L'économie de l'assistance dans la période prérévolutionnaire. Aspects de l'Économie Politique en France au 18ᵉ siècle » dans *Économies et Sociétés* (tome XVIII, n° 3, 1984), p. 199-229 ; voir les principes énoncés par Dupont de Nemours, *Idées sur les secours à donner aux pauvres malades dans une grande ville* (Paris, Mautard, 1786), p. 6-8.
22. V. Denis, *Individu, identité et identification en France, 1715-1815*, thèse de l'Université Paris 1 (2003).

administrateurs, les moralistes et les réformateurs sociaux. Mais pour certains, ce type de mesure reste conçu comme un instrument de contrôle social et de coercition renforcée, allant de pair avec la notion d'un « État maigre », libéral, chargé de faire entendre raison, y compris par la force, aux franges récalcitrantes de la population, peu convaincues des vertus de la « main invisible ». On ne peut pas dire que la dimension purement coercitive soit absente de la promotion des opérations d'enregistrement par les autorités policières. Mais la position d'un Lenoir est assurément plus complexe.

La police doit profiter de sa technologie administrative, de la spécialisation de ses rouages et de ses agents pour organiser le corps social. L'enregistrement des pauvres et des travailleurs non corporés, par exemple, conjugue mesures disciplinaires et motifs socio-économiques. Il contribue à améliorer le fonctionnement du marché du travail et il facilite aussi, le cas échéant, la distribution des secours et le contrôle des individus. L'enregistrement est ce qui permet à la police d'assigner « une place » au sens physique à ces travailleurs. Elle assure par ce fait une certaine visibilité et la transparence des transactions entre celui qui vend sa force de travail et celui qui l'achète, afin de limiter les effets d'une concurrence sauvage sur le marché du travail. Mais l'enregistrement est aussi ce qui autorise la police à assigner un « état » à ceux qui n'en ont pas. Par là, Lenoir défend le principe d'une incorporation souple des individus pour sa vocation morale et disciplinaire, mais aussi pour sa contribution au fonctionnement plus harmonieux des rapports économiques et sociaux. L'esprit est assez proche de celui qui le conduit à défendre la réorganisation corporative d'août 1776 [23]. L'édit d'août supprime la plupart des abus reprochés aux corps de métiers. C'est la première vertu de cette réorganisation, la seconde étant le rétablissement d'un principe d'organisation hiérarchique qui permet de réguler l'affrontement des intérêts particuliers. Tirant les leçons de la crise du modèle domestique d'autorité au sein des corporations, prenant en compte les tensions qui traversent les corps de métiers, Lenoir tente de faire de la police le principe qui tient les parties assemblées d'un Tout de plus en plus désuni. La responsabilité de son administration est d'éviter le délitement du corps social et la prolifération de maux tels que prostitution, délinquance, mendicité, provoquées par l'inégale distribution du travail et des res-

---

23. S. Kaplan, *La Fin des corporations* (Paris, Fayard, 2001).

sources, ou encore l'insubordination causée par la disparition de tout principe hiérarchique.

Dans la seconde moitié du 18ᵉ siècle, la notion de police prophylactique s'exprime surtout à travers la faculté de réaliser l'intégration des individus dans le corps social, que veut monopoliser l'administration policière en exerçant directement ou indirectement sa tutelle. On peut même considérer que cette évolution de la notion de prophylaxie policière est l'une des principales contributions apportées par les débats de l'époque des Lumières à la redéfinition des fonctions de cette administration. Le rôle des affrontements idéologiques qui se produisent autour des principes du libéralisme est essentiel parce que ce « moment » permet de réaliser que le discours de la police, ou de certains de ses responsables du moins, n'est pas purement tourné vers la conservation d'un ordre traditionnel. En effet, l'hypothèse de l'émergence d'un État replié sur des fonctions régaliennes réduites, théorisée par les économistes libéraux, la volonté de limiter l'administration de la police à un simple rôle de « sûreté » et de répression, l'explosion probable des tensions sociales au moment de la transition difficile vers l'économie de marché, les modalités de lancement des réformes qui conduisent la monarchie à admettre — voire à organiser — la publicité des débats, constituent autant de facteurs qui obligent la police à repenser les périmètres de son action et ses manières de faire. Cette acception de la prévention, de la prophylaxie sociale, rapportée à la mise en place d'institutions structurantes, qu'il s'agisse de bureaux d'enregistrement, d'ateliers de charités, etc., est fondamentale.

Vu de l'administration centrale de la police à la fin du 18ᵉ siècle, le pouvoir régulateur de la police excède la simple capacité à se substituer à d'anciens intermédiaires sociaux, à partir d'une logique de patronage et de clientèle. Cela ne veut pas dire qu'à l'échelle des quartiers, par exemple, ce type de rapports n'existe plus et que cela ne puisse servir à fonder l'aura et la légitimité de certains praticiens de la police [24]. Mais en accord avec les injonctions des lieutenants généraux de police en faveur du « service du public », en liaison avec leur volonté de développer les aspects fonctionnels de leur administration, on peut concevoir la grande cohérence des multiples initiatives, de portée variable,

---

24. D. Garrioch, « The people of Paris and their Police in the Eighteenth Century : reflections on the introduction of a "modern" Police force » dans *European History Quaterly* (tome XXIV, 1994), p. 511-535.

qui illustrent toutes les responsabilités de la police dans la définition d'un art de vivre ensemble. Un art qui suppose la mise en œuvre de principes nouveaux et la création — ou la réforme — d'institutions. La fondation du Mont de piété, par exemple, en 1777, sous l'administration de Necker et de Lenoir, illustre ces créations imposées par le dérèglement de la société urbaine [25]. La manie de l'agiotage, fréquemment dénoncée par Lenoir, la dépravation des mœurs et l'opacité des relations sociales empêchent de contenir les trafics de l'usure dans des « bornes connues » [26]. Cette fondation mêle un dessein de rationalisation et de modernisation du crédit, dans une sphère qui n'est plus celle du grand commerce et de la haute finance, avec la condamnation morale de l'usure qui peut sonner comme un écho aux condamnations religieuses anciennes [27]. Si des motifs traditionnels peuvent contribuer à la justification de cette entreprise, ses effets modernisateurs n'en demeurent pas moins. Lenoir se montre alors favorable à une institution, centralisée et étatique, pour éviter le jeu trouble des financiers privés, ce qui lui dicte également sa ligne de conduite lorsqu'il défend, dans le domaine du commerce de la boucherie, la refondation de la Caisse de Poissy auprès de Necker [28]. L'idée que le monopole étatique, ou para-étatique, peut être préférable à l'entente entre personnes privées, n'a pourtant rien de systématique, car tous les domaines de l'activité économique et sociale ne mettent pas en cause l'intérêt général au même titre [29]. Mais l'application de ce principe peut déborder de la seule sphère économique, où d'ailleurs la question du dosage entre liberté et réglementation est abordée de façon pragmatique [30]. Qu'est-ce que le bureau des nourrices, sinon un effort de régulation par la police du système de mise en nourrice, au nom de la santé publique et de la préservation de la « peuplade », principale richesse de l'État ? La régulation d'un marché de

25. C. Bloch, *L'Assistance*, ouvr. cit., p. 225-226.

26. Necker, *De l'Administration des finances* (1784), tome III, chap. XXII, p. 289-294.

27. B. Clavero, *La Grâce du don. Anthropologie catholique de l'économie moderne* (Paris, Albin Michel, 1996). Voir les travaux en cours de N. Lyon-Caen qui soulignent les liens existant entre les associations charitables tenues par les jansénistes et l'administration de la police, au moins à l'époque de Sartine.

28. R. Abbad, *Le Grand Marché. L'approvisionnement alimentaire de Paris sous l'Ancien Régime* (Paris, Fayard, 2002), p. 245-266.

29. J. L. Gay, « L'administration de la capitale... », art. cit., dans *Mémoires...* (1959), p. 182 et suiv.

30. S. Kaplan, *Les Ventres de Paris. Pouvoir et approvisionnement dans la France d'Ancien Régime* (Paris, Fayard, 1988), p. 22-24.

services va de pair avec l'imposition du contrôle sanitaire des nourrices mercenaires, la police allant jusqu'à veiller à la normalisation de la transaction commerciale entre parents et nourrices. Ceci étant, rien n'interdit le libre choix de sa nourrice lorsqu'on en a les moyens [31].

On a dit que l'action réformatrice de la police au 18e siècle renvoyait à l'affirmation de principes universels. Que vaut l'universalité de la loi pour la police d'avant 1789 ? Celle-ci ne se rapporte certainement pas à l'égalité de tous devant la loi, mais plutôt à la dénonciation des freins à l'efficacité de son action. Lenoir pense probablement que la hiérarchie des états et des dignités, que la subordination attendue des inférieurs envers les groupes supérieurs de la société, peut être garantie autrement que par des dispositions qui gênent l'administration lorsqu'elle poursuit l'intérêt général. C'est même sa capacité à réaliser cet intérêt général, à assurer le bon approvisionnement des marchés, à éviter les déchirures trop sévères du corps social, à maintenir des modes d'encadrement qui dispensent en douceur le sens de la discipline, qui déterminent son aptitude à faire respecter l'ordre. Il convient donc d'analyser la notion du changement, de la « réforme » dans ce glissement vers une police dont la tutelle peut supposer le réaménagement de certaines règles sociales. On peut regarder les réalisations, les orientations de Sartine et de Lenoir, dans les domaines politique, économique et social, comme des propositions d'évolution de la société de leur temps. Le « secret du roi » est battu en brèche par l'essor du débat public, par la diffusion de l'imprimé et la formation de l'opinion ; l'émergence des métropoles, la circulation accrue des choses et la mobilité des personnes bouleversent les formes du contrôle social et de la régulation économique [32]. À certaines de ces questions, ces administrateurs tentent d'apporter des solutions qui ne sont pas des retours en arrière. Ils le font avec les moyens qui sont les leurs : des effectifs insuffisants, des finances royales mal en point, un imbroglio administratif qui impose ses contraintes, des officiers propriétaires de leurs charges et non des fonctionnaires. Mais ils peuvent aussi compter sur les perfectionnements cons-

---

31. P. Galliano, « Le fonctionnement du bureau parisien des nourrices à la fin du 18e siècle » dans *Actes du 93e Congrès national des Sociétés savantes, Tours, 1968, Section d'Histoire Moderne et contemporaine*, t. II (Paris, Bibliothèque Nationale, 1971), p. 67-93. Les litiges sont traités à la Chambre de Police du Châtelet (Arch. nat., 9397-9492).

32. D. Roche, *La France des Lumières* (Paris, Fayard, 1993).

tants des techniques administratives, sur des rouages policiers de plus en plus rodés, professionnalisés et spécialisés, sur la richesse des idées qui sont débattues dans les administrations, dans les commissions. Ils agissent en ayant sans doute conscience des responsabilités particulières qui sont celles de la police, placée au cœur de l'État, lorsque la plupart des institutions qui soutiennent l'édifice monarchique s'enfoncent dans la crise et les divisions : Église, parlements et jusqu'aux ministères aux politiques incertaines...

La police se trouve donc sur le front des réformes et de la crise de l'Ancien Régime pour bien d'autres raisons que des problèmes de maintien de l'ordre au sens étroit du terme. Dans ses mémoires, Lenoir distille les remarques sur l'action de forces dissolvantes qui travaillent la société du temps et qui remettent en cause le contrat social, au premier rang desquelles il place les idées et les politiques libérales, menées de façon erratique depuis les années 1760. Cela est clairement montré par les travaux de S. Kaplan à travers l'exemple des subsistances comme à travers celui des corporations. La Police est dans l'œil du cyclone. Elle doit tout à la fois affronter les effets immédiats des difficultés qui surviennent sur les marchés, avec des risques classiques sur le maintien de l'ordre public, elle doit réagir aux conséquences plus sourdes des mesures qui affectent le marché du travail, tout en étant en quelque sorte sommée, dans l'urgence, de proposer des accommodements destinés à sauver ce qui peut l'être et à permettre l'avènement d'une monarchie régénérée. Le moment libéral des années 1760-1780 oblige à concevoir dans l'affrontement des doctrines et des principes, dans l'urgence d'une crise qui couve sous la braise, une refonte de l'État monarchique et de sa police. Cette dernière jette dans la balance — dans la bataille ? — le zèle de ses officiers, l'évolution souple de ses principes mais aussi la rigueur accrue de son action répressive, le perfectionnement de ses rouages et de ses méthodes gestionnaires, le développement de ses cadres administratifs. Le souffle de la révolution passé, tout dans cet effort de transformation administrative, est loin d'avoir été perdu.

VINCENT MILLIOT
Université de Caen

L'ÉTAT-FINANCES
COMME « IDÉAL TYPE »
DE L'ÉTAT MODERNE
(FRANCE : 1760-1790)

Dans le processus d'évolution de l'État moderne, il est pertinent d'isoler la forme que revêtit ce dernier en France au cours des décennies 1760-1790. Désignons ce « realtype »[1] d' « État-finances ». Nous nous proposons de vérifier son degré d'ancrage historique par les effets qu'il produisit tant dans l'organisation interne de son administration que dans son environnement social. Précisons que l'État-finances ne naît pas en France dans la décennie 1760 ni ne meurt en 1790. Si l'on s'en tient à la démarche webérienne, nous pouvons même affirmer sans conséquence que l'État-finances, au même titre que l'État-puissance *(Machtstaat)*, participa à la définition de l'État dès sa genèse[2] et constitue aujourd'hui plus que jamais une tendance lourde de l'État comme institution et comme entreprise. L'argument problématique de cet article est plus précis : il veut montrer comment au cours des années 1760-1790 la monarchie s'est diluée et désincarnée dans cet État-finances dont l'activité a englobé une grande partie des rapports entretenus avec la société ; comment ce déploiement extrême, bureaucratique, de l'activité fiscale et financière de l'État dans la société a paradoxalement sapé les bases de toute autorité (l'État-finances ne recouvre pas entièrement l'État-puissance) et contribué ainsi, pour sa part, à préparer la formation et l'expression de la Nation.

---

1. Sur les différentes « incarnations » historiques de l'État moderne, Otto Hintze, *Soziologie und Geschichte. Gesammelte Abhandlungen zur Soziologie, Politik und Theorie der Geschichte*, t. 2, textes réunis et introduits par Gerhard Oestreich (Göttingen, Vandenhoeck & Ruprecht, 1964).
2. Sur la genèse de l'État moderne, voir les travaux dirigés par Wim Blockmans et Jean-Philippe Genet dans le cadre de la Fondation européenne de la science entre 1984 et 1993 et notamment sous la direction de Richard Bonney, *Systèmes économiques et finances publiques* (Paris, PUF, 1996).

Dans la longue durée, les relations financières des Français avec la monarchie se sont nouées sur la base de trois grands principes fondamentaux sur lesquels nous allons nous pencher. En premier lieu : la rationalisation des finances publiques, avec son enchaînement de conséquences bien connues, comme la centralisation financière ou la rationalisation comptable. Dans les décennies 1760-1790, cette rationalisation s'est poursuivie, mais a changé la nature de l'État qui devint bureaucratique. Les effets de cette bureaucratisation sur la société ont-ils été pleinement appréciés ? A-t-on enquêté sur le développement des capacités de redistribution de l'administration ou sur la fiscalisation croissante des charges publiques (aménagement du territoire, assistance...) ? Que savons-nous de ces milliers de Français indemnisés, remboursés, pensionnés, gagés, soldés, secourus, exemptés, pourvus de rentes, dédommagés... qui ont étroitement et positivement uni leur destin à l'évolution de l'État-finances dans le cours de ces années ?

Second principe : la contrainte dans les relations État/société. Chronologiquement, l'administration des finances s'est d'abord préoccupée d'accroître ses capacités de prélèvement pour satisfaire les besoins militaires de la monarchie. Pour garantir les revenus, la législation royale a inventé un arsenal de contraintes, bientôt adopté par les corps (villes, États provinciaux) et compagnies satellites (fermes générales) de l'État. Dans les années 1760-1790 cependant, ce schéma de relations, qui permet d'identifier aisément l'État-puissance, se fissure sous l'effet de la diffusion des théories libérales. Au lendemain de la guerre de Sept Ans, le Contrôle général, de Bertin à Lambert, voulut avec constance évaluer les facultés des peuples. À la recherche du rapport adéquat entre trésor public et « richesse des nations », l'État-finances, culturellement libéral en son sommet, tenta d'articuler plus justement son prélèvement sur la société et commença d'abandonner la contrainte pour parvenir à réaliser cette cogestion des deniers publics, réalisée en Angleterre (via le Parlement) et en cours de préparation en Autriche (via les diètes qui entraient à cette époque dans la cogestion de la dette publique « nationale »). Une des caractéristiques de cet État est de se jouer de ses agents intermédiaires pour atteindre cet objectif. L'État-finances des années 1760-1790 ne favorise aucune organisation institutionnelle ni aucun groupe social plutôt qu'un autre. Entre pays d'élections et pays d'États par exemple, il défend dès les années 1760 le principe d'assemblées hybrides, inspirées à la fois de l'idéologie nobiliaire libérale et de la pensée physiocratique. Au plus haut de sa hiérarchie, la préoccupation fut durablement autre. La réalisation fut néanmoins compromise par la compétition que se livrèrent les élites provinciales, constituées en autant de pouvoirs intermédiaires concurrentiels entre eux et désireux de renforcer la tutelle de leurs corps ou compagnies sur les communautés en voie de municipalisation.

Le troisième et dernier trait identifié dans les relations financières des Français avec la monarchie concerne l'inégalité et l'intermédiation. L'inégalité : le prélèvement comme la redistribution des deniers publics tenaient compte des privilèges dont les Français pouvaient se prévaloir (ordres, corps, territoire). L'intermédiation : le prélèvement comme la redistribution supposaient des intermédiaires (officiers, fermiers) qui constituaient autant de profiteurs du système fisco-financier de la monarchie. L'État-finances des années 1760-1790 tenta bien de réduire l'une et l'autre. Cependant, l'impact de son action fut trop faible pour lui permettre de survivre aux circonstances exceptionnelles des années 1780. Au lendemain de la guerre d'Indépendance d'Amérique, le poids de la dette exigible ébranla la confiance des capitalistes. Dans le même temps, intermédiaires financiers et intermédiaires politiques agirent à l'encontre des intérêts du pouvoir central. Néanmoins, s'il échoua à consolider sa solvabilité, l'État-finances, bureaucrate et libéral, n'en a pas moins contribué à accélérer la formation et l'expression d'une nation de créanciers, propriétaires en commun de l'argent prélevé sur leurs biens par le roi, et devenu « public » dans les mains de l'État.

Pour mesurer le degré de rationalisation financière des années 1760-1790, on peut mettre en avant les éléments de maturité de l'organisation des finances publiques. Parmi ceux-ci, évoquons la compétence des conseillers et premiers commis qui peuplaient le Contrôle général, servis par une réglementation précise et plutôt réactive dans la mesure où les arrêts de finances étaient rarement délibérés en Conseil royal, mais décidés directement au « travail » du ministre [3]. La technique budgétaire était formaliste et entrait dans des détails minutieux [4]. La mise en œuvre des états de finances ne souffrait guère de difficulté. Les comptes

---

3. Michel Antoine, *Le Conseil royal des finances au XVIIIᵉ siècle* (Genève, Droz, 1973).
4. Michel Morineau, « Budgets de l'État et gestion des finances royales en France au dix-huitième siècle », *Revue historique*, CCLXIV/2, p. 289-336.

étaient vérifiés avec soin et clôturés avec lenteur, il est vrai. La réforme de la comptabilité publique du 17 octobre 1779 achevait d'en perfectionner les rouages. Les chambres des comptes contrôlaient la matière imposable, les rentes, les emprunts, mais aussi l'argent de l'Église et des villes, moins sûrement des États provinciaux, selon des méthodes de travail bien rodées. Mécanique aussi apparaît le fonctionnement des bureaux de généralité et recettes générales des finances [5], des élections... et jusqu'à la désignation des collecteurs de paroisses par l'ordre du tableau, la routine caractérisait la gestion de la fiscalité directe. On peut également décrire, bien qu'elle ne relevait pas de l'administration centrale, la bureaucratie de la Ferme générale, le nombre de ses employés (30 000) et la solidité de leur cautionnement, la perfection de son réseau de bureaux, directions et départements, la fréquence des tournées d'inspection ou de la correspondance...

En bref, l'État devenait bureaucratique par la voie de son activité financière [6]. Il n'est pas difficile de le montrer. Saisir les incidences d'une telle organisation interne de l'État sur la société apparaît plus délicat. Souvent, on suppose que les effets contraignants de la bureaucratisation amplifiaient ceux du despotisme ministériel. C'est néanmoins confondre administration et gouvernement, précisément au moment où ces deux sphères de décision étaient en voie de différenciation fonctionnelle et culturelle. « L'administration diffère essentiellement du gouvernement quoique les écrivains s'obstinent à se servir indistinctement de ces deux mots pour désigner la même chose ; il en résulte une confusion d'idées », lisait-on déjà dans l'*Encyclopédie méthodique* en 1789 [7]. L'action de l'administration sur la société différait

---

5. J.F. Bosher, *French Finances 1770-1795. From Business to Bureaucraty* (Cambridge, University Press, 1970).

6. Michel Crozier en a donné une définition claire dans *Le Phénomène bureaucratique, Essai sur les tendances bureaucratiques des systèmes d'organisation moderne et sur leurs relations en France avec le système social et culturel*, thèse de doctorat ès lettres (Paris, 1963). L'auteur signale, page 16, trois acceptions du terme : la bureaucratie peut être définie de façon traditionnelle (« c'est le gouvernement par les bureaux, c'est-à-dire par un appareil d'État constitué de fonctionnaires nommés et non pas élus, organisés hiérarchiquement et dépendants d'une autorité souveraine »). Le deuxième usage consiste à définir la bureaucratisation comme « la rationalisation de toutes les activités collectives, qui se traduit entre autres par la concentration démesurée des unités de production et en général de toutes les organisations ». Enfin, Michel Crozier rappelle le sens populaire de mot bureaucratie, synonyme de lourdeur, lenteur...

7. *Encyclopédie méthodique. Jurisprudence, t. IX contenant la police et les municipalités* (Paris, 1789), p. 152.

de celle du politique en ceci qu'elle était à la fois plus régulière et pénétrante. L'historiographie allemande ou autrichienne a pris toute la mesure d'un tel constat [8]. Les études sur l'État français en revanche, restent comme subjuguées par l'envolée des critiques contre les agissements despotiques des gouvernements successifs de Louis XV et de Louis XVI. Ces critiques ont initié un débat sur la légitimité respective des droits du roi et ceux de la nation, elles ont accéléré l'expression d'une culture politique nationale qui s'épanouit en 1789 [9]. Cependant, elles ne disent mot sur les rapports familiers que les Français entretenaient avec l'État-finances.

Par ce dernier, la population française a été gagée, pensionnée, secourue, indemnisée, remboursée, soldée, exemptée, pourvue de rentes... Les Français savaient utiliser l'administration à bon escient. On est frappé d'observer par exemple la précision des règles avec laquelle les états de pension, d'appointements, de retraite étaient expédiés en finance. Ces règles étaient connues des ayants droit qui présentaient leurs requêtes pour faire valoir qui, la durée d'un service et l'augmentation d'appointements correspondant, qui le bénéfice d'une pension (le plus souvent, le tiers du traitement perçu en activité), qui celui d'une réversion... On prenait rang pour obtenir, à défaut d'une pension, un « bon pour le premier acquit venant à vaquer », et l'administration de respecter les règles qu'elle avait elle-même définies, sous peine de voir se multiplier les réclamations [10]. Ce traitement bureaucratique des pensions n'aurait-il eu aucune incidence sur la perception qu'en avaient ceux qui les recevaient ? En d'autres termes, peut-on affirmer que ce type de largesses royales relevait encore à cette époque de la traditionnelle magnanimité du roi dépensier [11], ou bien doit-on plutôt les considérer comme des rétributions systématiques de l'État ? Observons la répartition numérique des pensions accordées sur le Trésor royal à partir d'un sondage effectué dans un état de 1789 [12] :

---

8. Nous renvoyons par exemple à l'ouvrage de Waltraud Heindl, *Gehorsame Rebellen. Bürokratie und Beamte in Österreich 1780 bis 1848* (Wien, Böhlau, 1991).

9. Keith M. Baker (éd.), *The Political Culture of the Old Regime* (Oxford, 1985).

10. Recherches en cours à partir de la série F[4] des archives nationales.

11. Alain Guéry, « Le roi dépensier. Le don, la contrainte et l'origine du système de la monarchie française d'Ancien régime », *Annales E.S.C.*, 1984, 6, p. 1241-1269.

12. A.N., F[4] 1946. Sondage sur les dossiers classés par ordre alphabétique de Ab à Ay, soit 160 dossiers.

Pensions de cour	5,4 %
Pensions militaires	39,7 %
Pensions des gens de lettres et de talent	6,8 %
Pensions des officiers de justice et finances et assimilés	26,7 %
Pensions des commis, employés et assimilés	12,3 %
Pensions de commissaires et assimilés	7,7 %
Indéterminé	1,4 %
Total	100 %

Dans leur grande majorité, les pensions rémunéraient un service rendu sous forme de retraite. Certes, le montant de ces dernières ne pouvaient concurrencer celui des pensions de cour et autres « affaires secrètes », mais il nous importe avant tout ici d'insister sur le nombre de Français concernés par l'administration. Ceux qui ne pouvaient prétendre aux pensions pouvaient toujours garantir leurs vieux jours en achetant des rentes publiques. On connaît l'ampleur de l'extension du crédit, tant dans les villes qu'en milieu rural, à la fin de l'Ancien Régime. Parmi les créanciers du roi, une masse considérable d'officiers moyens, « bourgeois », marchands, maîtres artisans, amateurs de rentes perpétuelles et viagères. Les laboureurs ne demeuraient pas en reste. Entrés dans les fonds publics dès la fin du 17e siècle [13], ils accrurent encore leur investissement au siècle suivant [14]. Les mêmes, bourgeois et laboureurs, entraient par ailleurs massivement dans le cautionnement des employés des Fermes générales. Dans la généralité d'Alençon par exemple, les Français hypothéquèrent leurs biens au profit de ces employés selon la répartition suivante [15] :

Noblesse militaire	5 %
Officiers nobles	7 %
Officiers non nobles	5,6 %
Financiers	1,4 %
Négociants et marchands	22,69 %
Professions libérales (avocat, médecin...)	14 %
Artisans	7 %
« Bourgeois »	8,5 %
Laboureurs	10,6 %

---

13. Jean-Marc Moriceau, *Les Fermiers de l'Île-de-France* (Paris, Fayard, 1994).
14. Gilles Postel-Vinay, *La Terre et l'argent* (Paris, A. Michel, 1997).
15. A.N., G^1 *65. Sondage. 141 cas étudiés pour 1774 et 1775.

Autres professions	4,2 %
Curés	0,7 %
Indéterminés	13,3 %
Total	100 %

Il faudrait encore radiographier la société à partir des dossiers d'indemnités pour rachat des péages, pour expropriation de terres, à partir du dossier des remises d'impôt, très sensibles aux circonstances locales... etc, avant de conclure sur la nature des rapports que les Français entretenaient avec l'État-finances. Le comte de Mollien affirma que « la multitude des points de contact par lesquels les finances publiques atteign[aient] chaque famille, leur fai[sait] trouver des juges dans chaque foyer » [16]. Quant à l'opinion des Français, nul doute que l'analyse approfondie des enquêtes que nous ne faisons que suggérer ici recouperait en partie les résultats obtenus par le dépouillement des cahiers de doléances et libelles de 1789 et révéleraient des tensions sociales déjà bien connues des historiens. Néanmoins, en laissant de côté le discours assourdissant des élites pour ne considérer que le quotidien du commun, en évacuant les débats propres à ces écrits sur les causes de la banqueroute, la responsabilité des profiteurs de l'État, la nécessité d'atteindre la richesse de l'Église, de mettre en œuvre l'égalité fiscale..., ces enquêtes permettraient de préciser la pénétration des finances publiques dans le budget des ménages et donc d'apprécier jusqu'à quel point les Français se sont concrètement considérés comme les propriétaires en puissance des deniers publics que l'État leur allouait. En d'autres termes, cette multitude de points de contact n'aurait-elle pas contribué à instiller dans les esprits l'idée d'une nécessaire réciprocité dans les échanges que le roi et la société entretenaient ?

Quittons l'administration pour revenir à l'intention politique. L'État-finances évolua culturellement vers le libéralisme. C'était la condition même de sa survie. Son action eut donc pour effet d'éroder les liens sociaux traditionnels pour reconnaître comme interlocuteurs nécessaires des individus et des corps financièrement responsables. L'on ne peut manquer d'observer la permanence de cette préoccupation dans les décennies 1760-1790. L'expérience Terray (1770-1774) constitue ici l'exception qui confirme la règle. Cette constance produisit ses effets en fragili-

---

16. *Mémoires d'un ministre du Trésor public*, t. I (Paris, 1898), p. 15.

sant l'autorité des agents intermédiaires de l'administration en province et en remettant en cause la contrainte comme modalité d'action principale de l'État.

Insistons en premier lieu sur la permanence de la préoccupation libérale en soulignant comment, d'un ministère à l'autre, les dossiers politiques suivaient leur cours. Prenons l'exemple de la promotion des assemblées locales susceptibles de co-gérer la fiscalité publique. Nous avons déjà montré que dès les années 1760, le gouvernement entreprit la généralisation de telles assemblées en veillant à la place donnée au tiers-état : le vote par tête et le doublement des représentants du tiers furent envisagés à cette époque, et non en 1788 comme le soulignent certains auteurs [17]. L'administration Bertin (1759-1763) ouvrit le dossier, convaincue de la nécessité de promouvoir de telles assemblées pour améliorer le prélèvement fiscal. L'on débattait alors de la réforme cadastrale et municipale du roi de Sardaigne dans ses États italiens et l'on convenait d'une nécessaire adaptation à la France [18]. Laverdy (1764-1768) ne resta pas inactif sur ce dossier. Sa politique d'assemblées provinciales ne fut pas aussi fermement menée que sa réforme municipale, mais il fut néanmoins à l'origine de la première réalisation d'une assemblée hybride avec doublement du tiers et vote par tête (il s'agit de l'assemblée du Boulonnais créée en 1766) et accepta la convocation de la première assemblée des grands États d'Aquitaine prévue à l'Isle-Jourdain le 20 octobre 1768 [19]. Ce vaste projet, dont on envisagea l'extension au Dauphiné et à la Provence, sombra avec la disgrâce de Laverdy. Les tenants de l'absolutisme le firent capoter. Turgot n'eut pas le loisir de mettre en œuvre son projet de municipalités (1776), mais Necker, on le sait, lesta les intendants du Berry (1778), de Haute-Guyenne (1779) puis du Bourbonnais d'assemblées provinciales, avant que la réforme ne fût étendue à l'ensemble

---

17. Marie-Laure Legay, « Un projet méconnu de "décentralisation" au temps de Laverdy (1763-1768) : Les grands États d'Aquitaine », *Revue historique*, CCCVI/3, 2004, p. 533-554.

18. Richard Bonney, « Comparative fiscal systems on the eve of modernity : the French enquiry of 1763 », *The Limits of Absolutism in Ancien Régime France* (Aldershot, 1995), p. 61-81.

19. La composition des États d'Aquitaine devait être de dix-huit membres du clergé, dix-huit de la noblesse et soixante-six du tiers. Sur la politique financière de Laverdy : Joël Félix, *Finances et politique au siècle des Lumières. Le ministère L'Averdy. 1763-1768* (Paris, Comité pour l'histoire économique et financière de la France, 1999).

du royaume (1787) [20]. Bien sûr, une telle évocation ne permet guère d'entrer dans le détail de ces réformes, dont les fondements politiques ont varié d'un ministre à l'autre. Il s'agit ici de souligner la permanence d'une préoccupation quasi existentielle de l'État-finances tendu vers la mise en œuvre de l'impôt proportionnel.

Inscrit dans la logique libérale, cet État renonce aux références juridiques du passé et ce faisant, sape les bases mêmes de l'ordre établi. Si l'on se penche sur ses relations avec les agents et corps intermédiaires établis en province et susceptibles de relayer son action, on observera, là encore, une ligne de conduite assez claire de l'administration centrale qui contraste très sensiblement avec les atermoiements de la cour, sur lesquels on insiste si souvent. Les bureaux du Contrôle général ont utilisé indifféremment États provinciaux et intendants comme commissaires du roi [21]. Pour servir sa cause en effet, l'administration des finances recherche des relais de décision efficaces, sans se préoccuper de la légitimité du pouvoir provincial activé. De son point de vue, toute autorité émanait du centre. Les attributions administratives et juridiques nouvelles octroyées aux États provinciaux dans le courant des années 1760 et 1770 s'entendaient bien comme le prolongement de l'activité de l'État central, et non comme une remise en cause de celles de l'intendant. Bertin, par exemple, s'appuya franchement sur les États du Béarn pour mettre en œuvre son programme physiocratique [22], mais dans le même temps il comptait expressément sur les intendants pour obliger les États provinciaux à assainir leurs finances et à créer un fonds d'amortissement des dettes... Néanmoins, dans les provinces, cette confusion des autorités sema le doute, dans les esprits des élites d'abord, dans celui du peuple par contrecoup.

Insistons sur ce point fondamental : pour l'État-finances, les agents locaux s'équivalaient absolument. Isolé des élites locales dont il n'attendait qu'obéissance, il n'a su comprendre les enjeux des conflits de compétences et de juridictions qu'il contribua à provoquer. Ces conflits s'intensifièrent dans les décennies 1760-1790, mettant aux prises intendants et subdélégués, députés des

20. Pierre Renouvin, *Les Assemblées provinciales de 1787. Origines, développement, résultats* (Paris, Picard, 1921).

21. Marie-Laure Legay, *Les États provinciaux dans la construction de l'État moderne aux XVIIᵉ et XVIIIᵉ siècles* (Genève, Droz, 2001).

22. Maïté Lafourcade, « Les États de Béarn et la physiocratie », *Revue Pau et Béarn*, 1986, nº 13, p. 55-106.

États, mais aussi magistrats des cours des aides et parlementaires. A-t-on pris l'exact mesure de ce comportement politique qui consista à s'accuser mutuellement de « despotisme » dans les provinces ? On ne perçoit en général que les accusations formulées à l'encontre des intendants, et l'on est encore tout prêt de les prendre pour argent comptant. L'étude des dossiers locaux fait cependant apparaître que les collusions d'intérêt entre corps, compagnies et commissaires ont constamment varié. Pour les comprendre, il faut les saisir ensemble. Le principal critère à apprécier ? L'enjeu que représente telle ou telle attribution pour l'avenir. Dans les provinces, les élites « constituées » en décousent pour se positionner sur l'échiquier politique en cours de renouvellement. Les anciennes lois provinciales ? Elles sont utilisées si nécessaire par les parlements ou les assemblées d'États pour combattre l'autorité de l'intendant. Elles sont allègrement bafouées si elles gênent les prétentions politiques des mêmes corps. En 1773, les États d'Artois n'hésitèrent pas, pour prendre le contrôle de la nomination des échevins des villes de la province, à renoncer à leur charte. De même les juges locaux tentaient d'obtenir la cassation d'une délibération d'assemblée d'États ou bien d'une ordonnance d'intendant en fonction de l'impact pressenti sur les attributions politico-financières de la compagnie.

Et précisément, le dossier pour lequel les élites « constituées », les acteurs du « pouvoir périphérique » pour reprendre le vocabulaire des sociologues, se sont le plus battus au cours des décennies 1760-1790 fut celui initié par l'État-finances : l'émancipation financière des communautés, la co-gestion des deniers publics. En Bourgogne, en Bretagne, en Languedoc, dans les provinces septentrionales... partout où nous avons pu mener l'enquête, nous observons ce même intérêt des agents intermédiaires pour la tutelle financière sur les villes et les villages. Que de batailles juridiques furent engagées entre pouvoirs intermédiaires à propos des dettes des communautés, de leurs autorisations d'octrois, de la vérification de leurs comptes, de la refonte de leurs tarifs, du contentieux financier... L'inspection des finances sur les communautés devint un enjeu provincial majeur au moment où l'État-finances cherchait à municipaliser ces dernières.

L'autre effet attendu de l'action libérale de l'État-finances est la remise en cause de la contrainte comme modalité d'action principale. Nous entendons bien que l'État moderne réussit à mettre en œuvre l'impôt en monopolisant la violence légitime, mais les règles d'application de cette violence changèrent précisé-

ment au cours de ces années. Suivons deux exemples. Par la
déclaration du 3 janvier 1775, Turgot abolit la contrainte solidaire
dans tout le royaume. Mesure libérale s'il en est, l'objectif du
ministre, outre de préserver les citoyens utiles de la nation de
tout prélèvement abusif, fut de créer des corps municipaux, « une
petite municipalité dans chaque paroisse de campagne » [23]. Dans
les discussions préparatoires à la loi en effet, le corps politique
du village était amené à payer une portion du débit du collecteur
et à devenir ainsi responsable financièrement à la place des quatre
plus hauts cotisés soumis auparavant à la menace du jugement
en solidité. Par l'édit du mois d'août 1786, l'État-finances s'atta-
qua cette fois à la contrainte par corps encore prononcée pour
dette civile (à dissocier des dettes pour commerce), soucieux
« d'anéantir ces restes d'une législation formée par des usages
que nos mœurs et notre constitution actuelle devoient faire
proscrire » [24]. Dans les deux cas, l'État eut du mal à faire appliquer ses lois, mais y parvint. Dans les deux cas, il fut confronté
à la force d'inertie des pouvoirs intermédiaires. Pour imposer
l'esprit de la loi de 1775, il dut casser une soixantaine d'arrêts
prononcés par les parlements de Paris, de Besançon, de Dijon,
de Douai, de Rouen, de Toulouse... qui continuèrent entre 1775
et 1789 à soumettre les plus riches habitants des communautés
à la contrainte solidaire en cas de dettes pour frais de procès.
Pour imposer celle de 1786, il passa outre les réclamations des
provinces qui disposaient encore du privilège du droit d'arrêt.

L'échec de l'État-finances est désormais connu dans ses grandes lignes. Comme le fit François Crouzet en reprenant l'ensemble
des travaux d'histoire financière, il faut conclure que l'État-
finances est mort à la fois de trop peu d'impôts, d'un excès de
dettes non consolidées et de la puissance de l'intermédiation
financière [25]. L'économie du pays ne présentait pas de signes de
déclin inéluctable malgré l'intercycle laboussien (1772-1787).
Le commerce, dont les transactions se faisaient essentiellement
par billets à ordre ou lettres de change, ne pâtit vraiment ni de
la pénurie de numéraire, ni de l'absence d'une banque d'émission,
la caisse créée en 1776 escomptant au besoin les effets commerciaux. La prospérité globale de la France eût donc pu supporter
une fiscalité plus lourde, à l'instar de l'Angleterre, mais mieux

---

23. A.N., H¹ 1635, pièce 248 (1775).
24. A.N., K 680 nº 49 (1788).
25. François Crouzet, *La Grande inflation. La monnaie en France de Louis
XVI à Napoléon* (Paris, Fayard, 1993).

répartie. L'équilibre dans la structure des recettes de l'État s'en serait trouvé modifié, et le recours aux effets exigibles à court terme moins systématiquement utilisé. Chacun connaît l'emballement du crédit public en France dans le cours des années 1780, puis la perte subite de confiance dans les capacités de la monarchie à soutenir ses engagements. Néanmoins, l'on ne doit pas confondre l'ensemble des créanciers dans une même analyse. En cette dernière décennie de l'Ancien Régime, le comportement des capitalistes et créanciers professionnels fut sensiblement différent de celui, moins avisé, des petits porteurs. D'un côté, une méfiance grandissante vis-à-vis des capacités de l'État, de l'autre une confiance apathique et une réaction tardive qui se calqua sur celle, devenue trop visible, des premiers.

Focalisons d'abord l'analyse sur les rapports que l'État-finances entretint avec les Français du commun, avant d'observer ses relations avec les capitalistes. L'extension du crédit public engageait de plus en plus de citoyens dans les affaires financières du royaume, attirés à la fois par la rémunération et le caractère exigible des effets publics. L'origine sociale et géographique des créanciers se diversifiait. Nous ne reviendrons pas sur l'épargne de la moyenne et petite bourgeoisie parisienne. Précisons en revanche que le placement des rentes publiques s'améliorait en province, notamment dans celles disposant de corps d'États susceptibles de garantir les nouveaux emprunts par leurs recettes fiscales. On le sait, les États provinciaux ne furent pas les seuls corps constitués de la Nation à prêter leur crédit au roi [26]. Leur participation à l'endettement national s'accrut néanmoins très sensiblement et atteignit 10 % de la totalité des dettes de l'État au lendemain de la guerre d'Indépendance d'Amérique [27]. Ce recours à la solvabilité des corps constitués permit de maintenir la confiance des Français dans le crédit public. De ce point de vue, le succès jamais démenti des emprunts des États provinciaux pour le compte du roi est assimilable à celui que trouvait dans le public autrichien les obligations de la Landsstandische Cassa. Cependant, ce recours rendait l'État-finances tributaire de ces

---

26. David Bien, « Offices, Corporations and a System of State Credit : the Uses of Privilege under the Ancient Regime », Keith Baker (éd.), *French Revolution and The Creation of Modern Political Culture* (Oxford, 1987).

27. Marie-Laure Legay, « Le crédit des provinces au secours de l'État : les emprunts des États provinciaux pour le compte du roi (France, XVIIIᵉ siècle) », *Pourvoir les finances en province sous l'Ancien Régime* (Paris, Comité pour l'histoire économique et financière de la France, 2002), p. 149-171.

corps, qu'il essayait dans le même temps de réformer. Il est révélateur d'observer que les réductions autoritaires de rentes de Terray (1770) ne concernèrent pas uniformément tout le territoire et que les rentes sur la Bretagne par exemple, réduites comme les autres à 2,5 % en 1770, furent rétablies peu de temps après à 4 %. Moyennant toutes ces conditions (rémunération, conditions de remboursement et garantie des corps constitués), les Français ne retirèrent leur confiance que tardivement, dans le courant des années 1788-1789, alertés par le désengagement des capitalistes.

Ces derniers ont fait chuté l'État-finances dès lors qu'il n'offrait plus les conditions de solvabilité suffisantes, comparativement à d'autres États. Calonne (1783-1787) échoua par exemple à rétablir le crédit de la France dans les Pays-Bas autrichiens [28]. Au terme du contrat signé en 1784 avec la banque bruxelloise Walkiers et Gammarage, le ministre des finances espérait tirer vingt millions de livres, mais les rentrées se stabilisèrent dès 1784 autour de 4 millions. Les conditions financières étaient habituelles pourtant (rémunération prévue à 4,5 %, primes de « fidélité », rentes exigibles à trois mois de vue...). Ce qui explique en dernière analyse l'échec de l'emprunt auprès des capitalistes belges fut l'insuffisance des garanties d'orthodoxie qu'offrait la France. La banque Walkiers avait bien obtenu la caution des États de Flandre maritime et la création d'une caisse d'amortissement comme préalables à toute négociation, mais avait échoué à faire admettre les anciennes rentes constituées en 1759 et réduites en 1770 dans le nouvel emprunt. En d'autres termes, la crise de confiance finale fut d'abord celle des capitalistes qui jaugèrent la politique financière de l'État français à l'aune de celle des autres États et apprécièrent peu l'absence de détermination, l'inconséquence politique de ses dirigeants.

À observer l'État français dans le cours des années 1760-1790, plusieurs remarques s'imposent. D'une part, sa logique d'action bureaucratique et libérale s'affirma. D'autre part, cette action eut des effets réels, mais encore mal évalués, sur les institutions et la société. Sur les institutions d'abord, la nouveauté ne tient pas tant dans la rationalisation de l'administration centrale, préparée de longue date, mais dans l'effort d'intégration des corps intermédiaires et des communautés locales à cette logique d'action. À

---

28. *Idem*, « Calonne, la banque Walkiers et le crédit de la France dans les Pays-Bas autrichiens (1784-1786) », *Études et documents XII*, 2000 (Paris, 2003), p. 111-122.

la différence de l'État-puissance du temps de Sully ou Colbert, l'État-finances ne cherche ni à supprimer les corps d'assemblées, ni à soumettre les communautés à son inspection financière directe. Il organise une hiérarchie de relais déconcentrés, que l'on peut nommer « municipalités », susceptibles de co-gérer avec le centre les deniers publics. Ce faisant, il passe cependant à côté de l'aspiration des élites locales, en leur donnant un rôle trop étroitement encadrés par les limites de ces corps. Sur le reste de la société ensuite, les effets de l'action de cette sphère de décision pénétrante furent importants, sans néanmoins être bien connus. Nous l'avons suggéré, l'impact négatif de l'administration fiscale doit être relativisé et mis en balance avec toutes les décisions qui ont positivement lié les Français au destin de l'État-finances.

L'ancrage de cet État dans son environnement fut-il suffisamment ferme pour constituer un moment particulier de son histoire, une étape décisive de sa transformation, un « realtype » isolé ? Nous répondrons en reprenant ces trois conclusions. Sur le premier point, l'on doit observer que si les finances modifièrent en profondeur le fonctionnement de l'ensemble de l'organisation étatique, elles n'en bouleversèrent pas la structure. Des symptômes apparurent, comme cette tentative de 1775 de détacher les provinces frontières du secrétariat d'État de la guerre au profit du Contrôle général des finances [29]. Dans l'ensemble néanmoins, l'administration de la guerre céda structurellement peu à celle des finances. En second lieu, l'ouverture libérale de l'État sur la société demeura limitée. La prégnance des corps constitués et compagnies intermédiaires d'exécution l'emporta sur les efforts du pouvoir central. Les objectifs étaient clairs pourtant. La réforme fiscale et municipale amorcée annonçait une ère d'administration nouvelle qui rejetait la contrainte comme modalité d'action principale. Mais l'utilisation administrative (délégation de compétences d'inspection) et financière (garanties des emprunts publics) des pouvoirs intermédiaires traditionnels, réveilla précisément les aspirations politiques de leurs membres. L'État-finances ne put dès lors atteindre le reste de la société de ses intentions libérales. Il sut néanmoins pénétrer plus sûrement et plus généralement dans l'intimité des ménages français, les intéresser par d'efficaces et multiples moyens de redistribution à la gestion des

---

29. S.H.A.T., A⁴ 54, « Mémoire qui tend à prouver qu'il est impossible de séparer les provinces frontières du département de la Guerre », 1775.

deniers publics. De ce point de vue, l'État-finances conforta les Français dans l'idée que chaque ordonnance de paiement signée à leur profit constituait une créance plutôt qu'un bienfait du prince, il contribua à la formation d'une nation de propriétaires collectifs de l'argent public, peut-être aussi sûrement que la prise de conscience qui résulta des débats engagés au sein des élites.

MARIE-LAURE LEGAY
Université Charles-de-Gaulle Lille III

La «Querelle des Bouffons»
dans la vie culturelle française du XVIIIe siècle
Textes réunis et présentés par Andrea Fabiano

Collection Sciences de la musique dirigée par Sylvie Bouissou

Au milieu du XVIIIe siècle, le modèle français de théâtre musical e
en crise : asphyxie du répertoire, malgré le génie novateur de Rame
crise poétique du modèle classique ; crise institutionnelle de l'Ac
mie royale de musique, détentrice d'un privilège exclusif sur tou
France ; crise de la réception car les exigences du public chang
Dans ce contexte de fragilisation et de transformation, le débat,
jours larvé et jamais éteint, entre les partisans de l'opéra français e
partisans de l'opéra italien, prend une ampleur inattendue et inim
nable, qui révèle, derrière la motivation musicale, l'exigence profo
de mettre à nu le modèle politico-culturel de l'absolutisme de l'An
Régime.

La « Querelle des Bouffons » déborde largement le cadre d'une
troverse au sujet de l'opéra italien provoquée en 1752 par la mise
scène de *La Serva padrona* de Pergolèse à l'Académie royale de m
que. Bien au contraire, elle se révèle comme une surprenante jonc
conflictuelle dont les retombées marqueront une transformation
damentale dans la culture française de la deuxième moitié du X
siècle.

Cet ouvrage a l'ambition d'analyser de manière interdisciplinaire
jet culturel qu'a été la « Querelle des Bouffons » afin d'en mettre
valeur toute la complexité et le réseau d'interférences et de retomb
politiques, esthétiques, littéraires, linguistiques et musicales.

Pour trouver et commander nos ouvrages :
LA LIBRAIRIE de CNRS ÉDITIONS,
151 bis, rue Saint-Jacques - 75005 PARIS
Tél. : 01 53 10 05 05 - Télécopie : 01 53 10 05 07
Mél : lib.cnrseditions@wanadoo.fr
Site Internet : www.cnrseditions.fr
Frais de port par ouvrage : France : 5 € - Étranger : 5,5 €

ISBN : 2-271-06328-0
Format : 17 x 24
278 pages ill.

Prix : 25,00 €

Pour plus de renseignements, n'hésitez pas à contacter
le Service clientèle de CNRS ÉDITIONS,
15, rue Malebranche - 75005 Paris
Tél : 01 53 10 27 07 - Télécopie : 01 53 10 2
Mél : cnrseditions@cnrseditions.fr

CNRS EDITIO

La référence du save

LE RAPPORT
ENTRE LA LOI ET LA CONSTITUTION
DANS LA PENSÉE DES LUMIÈRES

Le siècle des Lumières a manifesté un intérêt tout particulier pour les notions de loi et de constitution. Bien que ce point soit aujourd'hui incontestable, peu d'études ont porté sur l'articulation de ces deux notions dans la pensée du temps. Or, il y a bien là une interrogation majeure que soulève a posteriori la Déclaration des droits de l'homme et du citoyen, dans la mesure où elle s'attache presque incidemment à la constitution — définie sommairement par l'article 16 — et fait de la loi le fondement juridique des droits de l'homme — la loi détermine, limite et même garantit les libertés consacrées par ce texte capital. De manière tout aussi paradoxale, force est de constater que la première constitution française, celle de 1791, est précisément à l'origine du légicentrisme qui a prévalu en France jusqu'à une époque récente.

Si au terme d'une évolution commencée avec Burlamaqui et achevée par Rousseau et Sieyès, la constitution acquiert son caractère moderne d'acte unilatéral procédant du souverain — peuple ou nation —, la plupart des politiques et des juristes peinent néanmoins à associer les concepts de loi et de constitution. Pourtant, dans la France d'Ancien Régime, certains auteurs rappellent constamment l'exigence de conformité des lois du roi aux lois fondamentales du royaume érigées en normes suprêmes. Préfigurant la technique du contrôle de constitutionnalité bientôt consacrée outre-Atlantique, ils installent ainsi l'idée selon laquelle le roi peut mal faire et doit voir son action encadrée.

L'établissement d'une relation de conformité entre les lois ordinaires et la constitution s'est d'abord heurté aux carences de la réflexion sur le droit. Si l'époque des Lumières enregistre des progrès significatifs, si certains contemporains s'emploient à mieux cerner les catégories juridico-politiques, le droit moderne est encore largement en gestation. Malgré l'investissement continu dont elle est l'objet, surtout après 1750, la notion de constitution conserve une grande fluidité et reste embarrassée par le concept de lois fondamentales. La loi dont la centralité est par tous reconnue, suscite également un intérêt que rien ne dément : on s'interroge de plus en plus sur les conditions de sa légitimité, ce qui conduit à mettre en exergue son fondement national ou populaire. En s'appuyant sur la Raison, on veut étendre son périmètre à tous les secteurs de la vie sociale et en particulier au droit privé, encore dominé par les coutumes et par la jurisprudence des parlements. Pourtant, en dépit d'avancées notables, la réflexion juridique butte toujours sur plusieurs obstacles et non des moindres. Outre la relative opacité de la distinction lois civiles / lois politiques [1], les règles constitutionnelles ne parviennent pas à s'imposer au sommet d'une hiérarchie normative, même sommaire. Nombreux sont en effet ceux qui, défendant une conception jusnaturaliste du droit, se bornent à postuler la conformité des règles positives aux dispositions naturelles. Ce point de vue est partagé par des hommes aux convictions opposées. Le chancelier d'Aguesseau (*Essai d'une institution au droit public*) et Muyart de Vouglans, adversaire déclaré de Beccaria, y souscrivent (Discours préliminaire des *Lois criminelles*) tout comme le chevalier de Jaucourt (*Encyclopédie*, articles Loi et surtout Loi CIVILE) ou Démeunier et Lerasle (*Encyclopédie méthodique*, sections Économie politique et Jurisprudence). Que l'approche classique du droit naturel se soit effacée chez la plupart d'entre eux devant une conception moderne, empreinte de stoïcisme, ne change rien : cette orientation même entrave le développement d'une doctrine juridique moderne. Dans ces conditions, l'articulation lois ordinaires / constitution est à bien des égards un impensé.

Le primat de normes constitutionnelles formelles est ensuite hypothéqué par plusieurs options politiques emportant des conséquences juridiques. Pour des motifs différents, les derniers partisans de l'absolutisme comme les adeptes du despotisme éclairé récusent eux aussi le principe d'une subordination effective de la loi à la constitution. Pour les absolutistes, l'idée même d'un contrôle est dénuée de toute pertinence dans la mesure où la constitution ne s'identifie pas à un phénomène proprement légal. Jacob Nicolas Moreau la tient pour « un dogme », « une tradition

---

1. Voir R. Scialom, *La Distinction lois politiques-lois civiles (1748-1804)*, (thèse droit, Aix-Marseille III, 2003).

de doctrine justifiée par une chaîne de faits » (*Exposition et défense de notre constitution monarchique française*). Elle se présente donc comme une organisation constante et invariable, un ordre primordial sanctifié par l'expérience des siècles, dont les lois fondamentales ne sont finalement qu'une partie. Celles-ci peuvent bien posséder une double consistance (concession évidente au jusnaturalisme moderne) : naturelle, en ce qu'elles renvoient à l'essence de tout gouvernement en général, et positive, en ce qu'elles déterminent une forme particulière de régime. Le discours, cependant, ne va jamais au-delà du simple rappel de l'immutabilité de telles règles que le roi doit respecter et maintenir (*Les Devoirs du prince*). Il est inconcevable de brider le pouvoir du prince, seul détenteur de la souveraineté, seul législateur et seul juge de la conformité de son action aux normes communément décrites comme supérieures : lois divines, lois naturelles et lois fondamentales stricto sensu. À plus d'un titre, la pensée monarchiste peine à se dégager des principes bodiniens. Pour les tenants du despotisme éclairé, dont Voltaire est le plus éloquent des représentants, les lois fondamentales sont franchement disqualifiées [2]. Ce ne sont que « de vieux préjugés », « de gothiques ramas », qui ne sauraient être appelés à remplir une quelconque fonction. La seule véritable exigence est pour le sage de Ferney que la législation princière garantisse les droits naturels de l'homme, ce qui n'est au fond qu'une manière de réactualiser le vieux thème de la prévalence du droit naturel sur les règles créées.

L'établissement d'une hiérarchie normative coiffée par la constitution n'est pas mieux accueilli au sein du courant de pensée qui cherche à redéfinir le rôle de la communauté en suivant deux pistes. La première conduit à revendiquer une association plus étroite au pouvoir des représentants de la collectivité. D'un point de vue juridique, cela suppose au minimum que le peuple participe à l'élaboration de la loi par le biais d'assemblées représentatives qui, au mieux, peuvent profiter de l'émergence d'un système de « séparation des pouvoirs » pour cantonner le prince dans un emploi subalterne. Dans ce cadre, la notion de constitution ne possède qu'une pertinence relative comme le prouve l'exemple anglais [3]. Outre-Manche, en effet, le Parlement s'intéresse aussi

---

2. C. Saguez-Lovisi, *Les Lois fondamentales au 18ᵉ siècle* (Paris, PUF, 1983), p. 106-121.
3. J.W. Gough, *L'Idée de loi fondamentale dans l'histoire constitutionnelle anglaise* (Paris, PUF, 1992).

bien aux matières qui relèvent traditionnellement du statut de l'État qu'à celles qui sont du ressort de la législation ordinaire. Les suites de la Glorieuse Révolution le démontrent. D'où le caractère souple et coutumier attaché à un régime qui n'a pas besoin d'une constitution au sens formel du terme puisque le monarque y est de fait dans l'impossibilité de nuire à la nation. La seconde piste offerte à la réflexion politique permet d'aller plus loin encore, en cherchant à dissocier le monarque et la souveraineté. C'est la démarche de Rousseau qui attribue au peuple la première place et néglige corrélativement toute problématique de type constitutionnel (toujours au sens formel) : dans l'état républicain, le prince n'est plus qu'un commis révocable, incapable en l'espèce de contrarier durablement la volonté générale. Partant, la logique est tout autre et ne débouche pas sur un quelconque contrôle de l'activité législative. Rousseau y répugne pour des motifs qui préfigurent les objections que les révolutionnaires ne tarderont pas à adresser au projet de « jury constitutionnaire » de Sieyès : la légitimité de la loi ne doit être appréciée qu'au regard du souverain dont elle procède. Elle ne peut être que l'expression de la volonté générale — critérium absolu de son bien-fondé — ou elle n'est pas. Du reste, Rousseau ne distingue pas vraiment parmi les lois. S'il s'arrête quelques instants sur l'existence de lois politiques identifiées aux lois fondamentales (CS, II.12), il les place comme les autres sous la domination du peuple souverain qui exerce sur elles un empire absolu (CS, I.7). Il n'y a pas lieu en vérité de séparer selon les matières car l'argument déterminant est en fait d'ordre temporel, comme en témoignent certains passages des *Fragments politiques* : la souveraineté ne se conjuguant qu'au présent, le peuple ne peut être tenu par des normes édictées dans un passé, fût-il très proche, qui l'engageraient durablement : « jamais le souverain n'agit parce qu'il a voulu mais parce qu'il veut ». Il est par conséquent impossible d'instituer un rapport de quelque type que ce soit entre la loi et la constitution, d'autant qu'« il n'y a ni ne peut y avoir nulle espèce de loi fondamentale obligatoire pour le corps, pas même le contrat social » (CS, I.7). C'est sur ce terreau que fleurira bientôt le légicentrisme révolutionnaire qui n'a guère été respectueux des normes suprêmes.

Il faut s'y résoudre : l'établissement d'un rapport de conformité entre normes législatives et supra-législatives n'est concevable qu'à l'intérieur d'un système authentiquement monarchique, mais non absolutiste. La réflexion reste globalement tributaire d'un mode de pensée imprégné par la tradition (une certaine tradition, il est vrai), qui n'exclut pas une réelle audace. Cette remarque appelle assurément quelques précisions. Que les lois fondamentales telles qu'elles sont classiquement définies ne puissent être assimilées à la constitution moderne, voilà un fait bien établi. Pourtant, nombreux sont les contemporains à rapprocher ces deux notions [4], non sans raison si l'on veut bien faire abstraction de l'événement révolutionnaire. Sous l'Ancien Régime, en effet, dans la mesure où la communauté est écartée de la prise de décision, il importe, pour prévenir le désordre facteur d'arbitraire, d'encadrer étroitement le pouvoir et de mettre l'accent sur les lois fondamentales, seules à même de circonscrire l'activité du prince. À l'heure du musellement des instances représentatives, ces lois volontiers dénigrées sont de fait le témoignage ultime du rôle politique de la « nation ». Il suffit pour cela de leur reconnaître un fondement coutumier et d'insister sur le *consensus populi*. On peut aussi constater que l'État monarchique est né limité par de telles règles, qu'il n'en est pas à l'origine, donc que leur principe réside dans la collectivité. En d'autres termes, si l'on associe lois fondamentales et constitution et si l'on veut promouvoir les droits de la communauté, il faut non seulement proclamer le caractère supérieur de ces règles, mais encore veiller à ce que le prince ne puisse ni les renverser ni les négliger. Le premier point pouvait sembler acquis depuis les écrits de Terrevermeille et la consécration du principe d'indisponibilité de la couronne au 15e siècle. La littérature juridique de la fin du 16e et du 17e en prend acte. L'attitude de Louis XIV vient pourtant remettre en cause une règle bien ancrée. Réagissant aux dispositions de l'édit de Marly (1714), par lequel le vieux roi a habilité à régner ses bâtards légitimés, Louis XV est forcé de réaffirmer, en 1717, la pleine validité du principe si aisément bafoué. En même temps, il reconnaît à la nation le droit de choisir un nouveau monarque en cas d'extinction de la dynastie capétienne, ce qui rend manifeste le lien intime existant entre les normes supérieures et la communauté. Du reste, lors du débat juridique qui précède l'édit du 6 juillet 1717, les princes du sang eux-mêmes, ressour-çant le vieil argument de la *lex regia*, excipent de la souveraineté originaire du peuple présenté comme l'auteur de la loi salique. Leur discours n'est pas isolé. Massillon tient le même langage,

---

4. A. Vergne, *La Notion de constitution d'après la pratique institutionnelle à la fin de l'Ancien Régime (1750-1789)*, (thèse droit, Paris II, 2000), p. 152 et suiv., donne de nombreux exemples tirés de la pratique.

dans l'un des sermons prononcés devant le roi, lors du petit carême de 1718 [5].

Pourtant, malgré le démenti infligé par Louis XV, il a fallu du temps pour aborder la seconde étape. Préalablement, les contemporains ont dû se convaincre et convaincre de l'existence de dispositions que le souverain est « dans l'heureuse impuissance » de subvertir. Deux courants ont milité en ce sens : les parlementaires français et leurs partisans d'une part, les jusnaturalistes suisses d'autre part. Aux premiers l'on doit le principe d'un contrôle juridictionnel de l'activité normative royale qui prend partiellement en compte l'exigence de constitutionnalité. La procédure de l'enregistrement qui peut donner lieu à des remontrances dont le caractère suspensif est implicitement admis par le gouvernement lui-même, en fournit l'occasion : les lettres patentes, c'est-à-dire les lois les plus solennelles, ne deviennent effectives qu'après leur transcription sur les registres des cours souveraines. Celle-ci n'intervient qu'au terme d'un examen de fond des dispositions royales rapportées à des critères tels que l'opportunité, la cohérence juridique ou la conformité aux lois fondamentales. Un arrêt conclut alors à l'enregistrement des textes expédiés par la chancellerie ou, en cas de discordance, à l'émission de remontrances destinées à représenter au roi les défauts des mesures projetées.

Si, dans ce cadre, la première évocation du contrôle de constitutionnalité peut être recherchée au début du 16e siècle [6], ce n'est que dans le dernier siècle de l'Ancien Régime que ses modalités vont se préciser, à la faveur des progrès accomplis par la doctrine. Une fois de plus, Montesquieu joue un rôle déterminant en posant les premiers jalons. Adversaire d'un absolutisme qui confine au despotisme, le magistrat bordelais définit la monarchie comme le régime dans lequel « un seul gouverne selon des lois fixes et établies » (EdL, II.1), « où un seul gouverne par des lois fondamentales » (EdL, II.4). Par conséquent, l'économie du système requiert la présence d'un organe chargé de garantir la

---

5. H. Morel, « Les droits de la Nation sous la Régence », dans *Mélanges Henri Morel* (Aix-en-Provence, PUAM, 1989), p. 428-443. A. Slimani, *La Modernité du concept de nation au 18e siècle (1715-1789)*, (Aix-en-Provence, PUAM, 2004), p. 197-205.

6. M.-F. Renoux-Zagamé, *Du Droit de Dieu au droit de l'homme* (Paris, PUF, 2003), p. 239-240. Pour une mise en perspective, voir l'article de Fr. Di Donato, « Il giudizio di costituzionalità nella Francia dell'Ancien Régime : una storia politico-istituzionale », dans *Giornale di Storia costituzionale* (à paraître en 2004).

sécurité juridique sans laquelle le pouvoir verserait dans l'arbitraire et se confondrait avec le despotisme. « Il ne suffit pas qu'il y ait, dans une monarchie, des rangs intermédiaires ; il faut encore un dépôt de lois » déclare Montesquieu (EdL, II.4) qui confie implicitement cette fonction aux parlements, répercutant ainsi (inconsciemment ?) l'un des thèmes majeurs de la doctrine richériste [7]. Si les hauts magistrats eux-mêmes accréditent la thèse qu'il leur appartient de vérifier la constitutionnalité des lois royales [8], c'est surtout la littérature juridique et politique du dernier tiers du 18e qui conforte et nourrit leurs ambitions. C'est elle qui va dégager ce caractère systématique qui faisait jusqu'alors défaut. En l'espèce, deux grandes phases antérieures à la Révolution peuvent être isolées dans l'histoire idéologique du contrôle de constitutionnalité, deux phases en étroite corrélation avec les événements majeurs de la période : réforme du chancelier Maupeou et pré-Révolution.

Un premier groupe d'auteurs se prononce en faveur du contrôle de constitutionnalité lors de la crise inaugurée par l'affaire de Bretagne et terminée par le rappel des anciens parlements, peu après l'avènement de Louis XVI [9]. Ici, la réflexion est en grande partie débitrice de la brochure de Catherine II, l'*Instruction en vue de l'élaboration d'un Code de lois* ou *Nakaz* (1766). Ce texte marqué par l'influence de Montesquieu et de Beccaria fut traduit en français et largement diffusé en Europe. Il inspira tous les tenants de la vérification des lois — même si beaucoup en firent une interprétation controuvée. Les avocats jansénistes Blonde, Maultrot et Mey dont les fameuses *Maximes du droit public français* cristallisent les grands thèmes de l'opposition parlementaire, des philosophes comme Diderot et Voltaire, le physiocrate Le Mercier de la Rivière l'ont connu, médité et s'en sont parfois réclamés.

La seconde étape qui correspond à la pré-Révolution, enregistre le recul de la thématique du contrôle de constitutionnalité : l'heure est aux débats sur la réunion des États généraux et sur leur

---

7. C. Maire, *De la Cause de Dieu à la cause de la Nation* (Paris, Gallimard, 1998), p. 378 et suiv.

8. F. Saint-Bonnet, « Le Parlement, juge constitutionnel (16e-18e siècles) », dans *Droits* (2001), n° 34, p. 177-197 ; A. Vergne, ouvr. cité, p. 436 et suiv. ; A. Slimani, ouvr. cité, p. 259 et suiv.

9. É. Gojosso, « L'établissement d'un contrôle de constitutionnalité selon Catherine II de Russie et ses répercussions en France (1766-1774) », dans *Revue Française de Droit Constitutionnel* (1998), n° 33, p. 87-99.

composition (doublement du tiers, vote par tête...) ainsi qu'aux controverses sur la définition de la Nation. Pour autant, l'idée n'est pas complètement abandonnée comme le montrent les écrits du juriste et physiocrate Le Mercier de la Rivière [10]. Celui-ci publie en 1788 et 1789 deux opuscules, *Les Vœux d'un Français ou Considérations sur les principaux objets dont le roi et la nation vont s'occuper* et les *Essais sur les maximes et les lois fondamentales de la monarchie française*, dont la mise en perspective révèle que si le contrôle de constitutionnalité est encore d'actualité en 1788, il ne l'est plus l'année suivante. En 1789, le problème se pose autrement. Le roi ne détenant plus le pouvoir législatif, Le Mercier ne peut plus songer qu'à instituer un contrôle de légalité. Telle est la conséquence du triomphe de la Nation souveraine et de son corollaire, le légicentrisme fondé sur la conception de la loi comme expression de la volonté générale. Il semblerait bien, par conséquent, que le contrôle de constitutionnalité ne puisse plus trouver place qu'au sein d'un régime monarchique — ce qui valide les idées de Montesquieu.

Au-delà, ces différents écrits mettent en lumière une doctrine relativement élaborée de la conformité des lois positives aux normes supérieures [11]. Tout d'abord, et à partir de 1775, tous les auteurs se rallient à la formule érigeant les cours souveraines en organe de contrôle. Deux éléments cimentent cette unanimité. L'un, inspiré par Le Paige, souligne la double légitimité, historique et nationale, des hautes juridictions. L'autre insiste sur les garanties d'indépendance offertes par le statut même des magistrats et réhabilite ce faisant le régime de la patrimonialité des offices qui place leurs détenteurs à l'abri des pressions du pouvoir, du moins dans une certaine mesure. Ensuite, la procédure de contrôle acquiert des caractéristiques théoriques qui dépassent de loin la réalité institutionnelle. De l'aveu général, la vérification

---

10. É. Gojosso, « Le contrôle de l'activité normative royale à la veille de la Révolution : l'opinion de Mercier de la Rivière », dans *Revue de la Recherche Juridique-Droit prospectif* (1999), n° 1, p. 237-250. Voir également, É. Gojosso, « Entre droit naturel et droit positif. Le Mercier de la Rivière et l'établissement d'une hiérarchie normative », dans *Revue Française d'Histoire des Idées Politiques* (n° 20, 2004), p. 285-305.

11. Pour plus de détails, voir J.-L. Mestre, « L'évocation d'un contrôle de constitutionnalité dans les *Maximes du droit public français* (1775), *État et pouvoir* (Aix-en-Provence, PUAM, 1992), p. 21-36 ; et É. Gojosso, « Le contrôle de constitutionnalité dans la pensée juridique française de la seconde moitié du 18e siècle : une autre approche », dans *Giornale di Storia costituzionale* (n° 4, 2e semestre 2002), p. 148-153.

préalable à l'enregistrement ne peut être que systématique : elle doit porter sur tous les actes royaux et pas seulement sur les lettres patentes. Les ordonnances sans adresse ni sceaux et les arrêts du conseil, utilisés par le gouvernement pour éviter l'obstacle parlementaire, ne sauraient échapper à l'examen. Enfin, au terme du travail de vérification, la délibération concluant à « l'inconstitutionnalité » d'un acte législatif ne peut être annihilée par les voies d'autorité, ni par l'emploi des lettres de jussion ni par le recours au lit de justice. Les mesures prescrites grâce à de tels procédés sont nulles.

En donnant au refus d'enregistrer une dimension absolue, les auteurs favorables aux cours souveraines les ont ainsi érigées en contre-force, sans nécessairement poursuivre le fantasme d'un partage de la souveraineté législative. Il est vrai que la monarchie en a fait le reproche aux parlementaires ainsi qu'en témoignent les réparties cinglantes de la séance de la Flagellation. Les historiens y ont parfois accordé crédit [12]. Que certains conseillers aient aspiré à remplir la fonction de législateur est probable. Pourtant, le principal héraut du courant parlementaire, l'avocat Le Paige, n'a jamais renié le principe de la souveraineté royale [13]. La lecture des *Lettres historiques sur les fonctions essentielles du parlement* (1753-1754) et de ses autres écrits (comme la *Lettre dans laquelle on examine...*, slnd [1756], BnF Lb 38655) le prouve sans équivoque aucune. Le renvoi à un passé mythique ne doit pas abuser. Que les assemblées générales de l'époque franque se retrouvent investies du pouvoir législatif relève certes de l'erreur historique, mais, en dépit de la filiation revendiquée, leur prétendue prérogative n'est pas transposable au 18ᵉ siècle. La finalité première du « roman historique » est de justifier la théorie des classes, c'est-à-dire la collusion des cours du royaume face au « despotisme ministériel », non d'intégrer différents acteurs dans le processus législatif. Du reste, Le Paige ne raye pas d'un trait de plume l'évolution qui a affecté la monarchie française : il sait trop que les parlements modernes sont apparus à la fin du Moyen Âge et qu'ils n'ont été revêtus que d'attributions judiciaires. Il n'est donc pas concevable d'en faire des co-législateurs. La formule du capitulaire de Pîtres associant la Nation aux délibérations ne

---

12. D. K. Van Kley, *Les Origines religieuses de la Révolution française* (Paris, Seuil, 2002), p. 308.
13. Pour C. Maire, ouvr. cité, p. 405-407, Le Paige est un « rigoureux défenseur de l'absolutisme ».

saurait être interprétée littéralement : pratiques et institutions ont bien changé depuis les temps carolingiens.

Si les parlementaires et les juristes jansénistes qui les soutiennent se réfèrent aux lois fondamentales pour invalider les actes royaux, ils n'en ont pendant longtemps qu'une conception classique. Soucieux de l'intégrité de l'État, ils cherchent à préserver la couronne en la mettant à l'abri des caprices de l'individu roi. Offrant des garanties dont la solidité semble mieux assurée, les « lois du royaume » n'embrassent que quelques aspects du statut de l'État et dédaignent la question devenue cruciale des droits individuels ou collectifs des sujets. Dans un contexte marqué par la réforme du chancelier Maupeou, l'élargissement de leur champ matériel procède directement des avancées théoriques réalisées par les jusnaturalistes suisses depuis le milieu du siècle. L'apport considérable de ces derniers ne saurait être résumé ici [14] d'autant qu'il ne coïncide pas directement avec la problématique retenue. En effet, Burlamaqui qui écrit que « les lois du souverain ne doivent rien avoir d'opposé aux lois divines, soit naturelles soit révélées » (*Principes du droit politique*, I.8, § 3), ne parvient pas à une articulation institutionnelle des lois fondamentales et du droit positif. La raison principale en est le caractère contractuel qu'il attribue aux premières ; elles doivent être regardées comme de véritables conventions, des conventions obligatoires pour les parties en présence — le peuple ou la nation et le souverain (I.7, § 36 et 38). Dans cette optique, il appartient exclusivement au stipulant qui limite l'autorité souveraine, de veiller au respect des clauses du contrat et de sanctionner le promettant en cas de manquement à ses obligations (I.7, § 43). Point n'est besoin par conséquent d'instituer un organe juridictionnel. Le recours à un « Conseil, un Sénat, un Parlement, sans le consentement duquel le Prince ne puisse rien faire par rapport aux choses qu'on n'a pas voulu soumettre à sa volonté » (I.7, § 42) s'inscrit davantage dans une logique législative ou « constituante ». Pourtant Burlamaqui fait de la communauté le siège originel de la souveraineté qui peut être aliénée dans sa plénitude ou qui n'est déférée que limitée par les « lois fondamentales de l'État » (I.7, § 35). En conséquence, celles-ci n'existent pas en monarchie absolue puisque le transfert du pouvoir y est total. Ainsi, sans en tirer toutes

---

14. Voir M. Ganzin, « Le concept de constitution dans la pensée jusnaturaliste (1750-1789) », *La Constitution dans la pensée politique* (Aix-en-Provence, PUAM, 2001), p. 167-201.

les conclusions, le jurisconsulte pointe du doigt les carences du régime français : le seul engagement moral, la promesse simple (celle du sacre ?), « ne diminue rien du pouvoir absolu : il suffit que le choix des moyens pour procurer l'avantage de l'État et la manière de les mettre en usage soient laissés au jugement et à la disposition du Souverain » (I.7, § 40).

En outre, Burlamaqui sépare la « loi fondamentale de droit et de nécessité » et les « lois fondamentales de l'État » (I.7, § 39 et 41), selon un clivage largement exploité pour étendre le domaine des normes de référence. Sur cette base, la plupart des auteurs favorables au contrôle de constitutionnalité vont distinguer deux catégories de lois fondamentales, les unes naturelles, les autres positives. Les lois fondamentales naturelles sont « inaltérables et imprescriptibles » selon les termes des rédacteurs des *Maximes du droit public français* qui ne cachent pas leur dette à l'égard du publiciste suisse (Mdp, t. 1, chap. 4, p. 229 et suiv.). Ayant une dimension universelle et nonobstant l'exigence du gouvernement par la loi, elles correspondent à peu près aux droits individuels qui seront bientôt consacrés par la Déclaration des droits de l'homme et du citoyen. Il s'agit plus concrètement et par ordre d'importance de la propriété — personnelle, mobilière et foncière —, de la liberté et de la sûreté des sujets. Ensemble, elles forment la « base du droit public » de tout État selon le mot de Le Mercier de la Rivière, et garantissent la distinction entre pouvoir absolu et pouvoir arbitraire. Toute disposition portant atteinte à l'un de ces droits doit donc être censurée.

Les lois fondamentales positives comprennent les règles propres à chaque État, touchant l'organisation du pouvoir et les relations entre l'autorité et les sujets. Appliquées à la monarchie française, elles s'entendent d'abord des principes régissant la dévolution de la couronne et établissant l'inaliénabilité du domaine, s'identifiant ainsi aux lois fondamentales dans l'acception classique de l'expression. De nombreux juristes ne se limitent pas cependant à cette approche pour ainsi dire formelle et la complètent par des dispositions diverses prescrivant l'indivisibilité de la couronne et de la souveraineté, la réunion périodique de la nation en assemblée, le respect des « stipulations faites par les différentes provinces » lors de leur réunion au domaine, l'inamovibilité des offices, le caractère constitutionnel du dépôt des lois et de la vérification des actes royaux.... Pour l'essentiel, ces thèmes seront d'ailleurs repris et exposés dans la déclaration du Parlement de Paris du 3 mai 1788 (AP, 1re série, t. 1, p. 285).

Vattel, à qui l'on doit la première formulation de la conception moderne de constitution, n'aboutit pas plus que Burlamaqui au principe d'un examen juridictionnel du droit positif. Il faut dire que lui aussi attribue au peuple (ou à la nation) un rôle déterminant. Maître de l'ordre constitutionnel, c'est à lui seul qu'il appartient de trancher les contestations sur les lois fondamentales (*Le Droit des gens*, I.3, § 31 et suiv.). Dans cet esprit, Vattel érige logiquement en norme supérieure la constitution, formée par le « concours » de lois fondamentales qui « concernent le corps même et l'essence de la société, la forme du gouvernement, la manière dont l'autorité publique doit être exercée » (I.3, § 29). Il la place aussi clairement à l'abri des entreprises du législateur et c'est en cela que réside sa contribution à l'établissement d'une hiérarchie normative. Avant Sieyès, il distingue le pouvoir législatif du pouvoir constituant et cantonne le premier aux « lois civiles » et aux « lois politiques non fondamentales » (I.3, § 34). Un tel schéma rejoint partiellement les vues des écrivains du courant parlementaire. Il les conforte au moins dans l'idée que les cours souveraines sont les juges constitutionnels garants des droits de la nation menacés par le « despotisme ministériel ».

Le divorce qui s'opère à la veille de la Révolution entre le parlement et le parti patriote met un terme aux spéculations. Pourtant, la réflexion développée par les partisans de la conformité des lois positives à la constitution a le grand mérite d'apporter un éclairage juridique au débat sur la nature de l'Ancien Régime [15]. Elle rappelle l'existence théorique, entre absolutisme et monarchie constitutionnelle, d'une royauté respectueuse des lois qui a fait l'objet de déclinaisons différentes au fil du temps. En ce sens, l'enjeu reste politique, malgré l'orientation juridictionnelle imprimée au 18e siècle par le biais du contrôle de constitutionnalité. Celui-ci livre par ailleurs un autre enseignement : la notion de constitution n'est finalement performante que dans un régime monarchique de ce type. Conçue pour restreindre l'arbitraire du seul prince, elle est fort logiquement négligée par les auteurs attachés à une conception démocratique ou nationale de la souveraineté, même au sein d'une royauté constitutionnelle. Ce qui a été dit concernant Rousseau peut être appliqué sans détour aux Constituants et à leurs successeurs. Somme toute,

---

15. Quelques éléments de réflexion dans É. Gojosso, *Le Concept de République en France (16e-18e siècle)*, (Aix-en-Provence, PUAM, 1998), et « L'absolutisme et l'histoire juridique », dans *Revue historique de droit français et étranger* (n° 4, oct.-déc. 2002), p. 465-470.

malgré la radicale nouveauté de l'article 16 de la Déclaration de 1789, malgré la différenciation des processus d'élaboration de la loi et de la constitution, malgré l'évidente discontinuité entre l'ancienne France et la nouvelle [16], les révolutionnaires ne rompent pas avec la posture monarchique traditionnelle car seule la loi ordinaire s'avère véritablement normative. Les assemblées sont à l'égard des normes supérieures dans une situation analogue à celle du monarque absolu : dans la mesure où il n'existe aucune sanction juridique vis-à-vis des lois ni dans un système ni dans l'autre, les constitutions révolutionnaires et les lois fondamentales d'Ancien Régime ne peuvent avoir qu'une même supériorité morale. Faut-il rappeler que l'intégrité de la constitution révolutionnaire n'est garantie que par le serment que prêtent les députés ainsi que par une procédure spécifique de révision, vouée d'ailleurs à rester lettre morte. On n'insistera donc pas sur les grandes libertés prises par tous les acteurs politiques à l'égard des textes constitutionnels (quand on ne les enferme pas dans une « arche » !), de l'ineffectivité du veto royal — dont Louis XVI aurait pu se servir pour assurer la constitutionnalité des textes législatifs — aux coups d'État du Directoire. Il faudra encore du temps pour concilier souveraineté nationale et subordination de la loi à la constitution.

ÉRIC GOJOSSO
Institut d'Histoire du droit
Université de Poitiers

---

16. Voir M. Pertué, « La notion de constitution à la fin du 18e siècle » dans J. Guilhaumou et R. Monnier (dir.), *Des Notions-concepts en Révolution autour de la liberté politique à la fin du 18e siècle* (Paris, Société des études robespierristes, 2003), p. 39-54.

LES CHEVAUX DES PHILOSOPHES :
LIVRES, CULTURE ÉQUESTRE ET SOCIÉTÉ
AU 18ᵉ SIÈCLE

Les portraits d'animaux présentés par le comte Georges Louis Leclerc de Buffon ont beaucoup fait pour assurer sa réputation de grand écrivain et de styliste incomparable et, en même temps, ils ont à jamais faussé la valeur scientifique de l'*Histoire Naturelle* publiée de 1749 à 1788. Celui du *Cheval* au tome I est dans toutes les mémoires :

La plus noble conquête que l'homme ait jamais faite est celle de ce fier et fougueux animal, qui partage avec lui les fatigues de la guerre et la gloire des combats ; aussi intrépide que son maître, le cheval voit le péril et l'affronte ; il se fait au bruit des armes, il l'aime, il le cherche et s'anime de la même ardeur ; il partage aussi ses plaisirs ; à la chasse, aux tournois, à la course, il brille, il étincelle ; mais docile autant que courageux, il ne se laisse point emporter à son feu, il sait réprimer ses mouvements ; non seulement il fléchit sous la main de celui qui le guide, mais il semble consulter ses désirs, et obéissant toujours aux impressions qu'il en reçoit, il se précipite, se modère ou s'arrête, et n'agit que pour y satisfaire ; c'est une créature qui renonce à son être pour n'exister que par la volonté d'un autre, qui sait même la prévenir ; qui, par la promptitude et la précision de ses mouvements, l'exprime et l'exécute ; qui sent autant qu'on le désire, et ne rend qu'autant qu'on veut ; qui se livrant sans réserves ne se refuse à rien, sert de toutes ses forces, s'excède et même meurt pour mieux obéir [1].

Peu nombreux sont ceux qui ont lu au-delà du premier paragraphe, autrefois chef-d'œuvre des morceaux choisis de la classe de Lettres. Moins encore sont ceux qui ayant ouvert le tome IV de l'*Histoire Naturelle*, publié en 1753, ont pu lire la discussion qui oppose Buffon à Linné au sujet des rapports de l'âne et du

---

1. G. L. Leclerc de Buffon, *Histoire Naturelle, générale et particulière* (Paris, 1749-1767), 15 vol. ; je cite l'édition de 1824, *Œuvres complètes*, T. 1, p. 179 et suiv. ; J. Roger, *Les Sciences de la vie dans la pensée française du 18ᵉ siècle* (Paris, A. Colin, 1963), p. 558-582.

cheval, « Cheval dont la queue n'est touffue qu'à l'extrémité » dit le second de l'âne, réuni ainsi au cheval dans « une même famille » devenu l'objet d'interrogation sur la spécificité des catégories de la classification, et l'occasion d'une leçon exemplaire d'anatomie comparée pour le premier.

En effet, prenez le squelette de l'homme, inclinez les os du bassin, raccourcissez les os des cuisses, des jambes, des bras, allongez ceux des pieds et des mains, soudez ensemble les phalanges, allongez les mâchoires en raccourcissant l'os frontal, et enfin allongez aussi l'épine du dos ; ce squelette cessera de représenter la dépouille d'un homme et sera le squelette d'un cheval. [...] S'il était vrai que l'âne ne fut qu'un cheval dégénéré, il n'y aurait plus de bornes à la puissance de la Nature, et l'on n'aurait pas tort de supposer que d'un être elle a su tirer, avec le temps, tous les autres êtres organisés [...].

Le fier cheval et l'âne modeste se trouvent ainsi promus au titre de représentants de la « géographie zoologique » et d'exemples proposés à la réflexion sur la transformation des espèces dont on connaît l'avenir au siècle suivant, et l'importance pour la remise en question des *causes finales* dans l'épopée de la terre et de l'homme, ce que l'on peut retrouver au tome V de l'*Histoire Naturelle*.

La prose de Buffon de 1749 à 1755 témoigne, on s'en doute, d'un rare moment d'équilibre ; elle ouvre l'*Histoire Naturelle* générale et particulière et propose, non sans hésitation, une méthode qui fera date dans l'Histoire intellectuelle et scientifique. Qu'elle retienne le cheval et l'âne, deux équidés différenciés, n'est pas sans écho par rapport à une histoire de la Culture équestre démarquée de celle des animaux et partant des pratiques, des connaissances et des savoir-faire. Buffon permet de voir d'abord que le cheval au 18e siècle n'est pas un animal comme les autres et que sa soumission modèle a contribué à forger l'image que l'homme a eue de lui-même [2]. Son cheval est placé au sommet de la hiérarchie des animaux parce que le naturaliste philosophe place l'homme au centre de la nature ; par la raison de sa proximité avec les humains, par son utilité et par la manière dont il leur renvoie leur image, le cheval totalement anthropomorphique confirme la maîtrise des hommes sur les animaux, mais dans une humanisation consentie, voire recherchée, qu'on peut

---

2. J. Roger, *Buffon un philosophe au jardin du Roi* (Paris, Fayard, 1989), p. 389-404 ; J.-P. Digard, *Une Histoire du cheval, Art, Technique, Société* (Arles, Actes Sud, 2003), p. 9-10.

lire comme la confirmation d'un ordre social, politique, par l'organisation de la Nature. Dans son article, le naturaliste aborde tous les problèmes des origines, de l'usage, des élevages et de la transformation des chevaux. Ses idées influencent profondément les cercles rénovateurs de l'administration, ainsi Bourgelat ou Bertin.

L'Histoire du Livre a montré depuis un quart de siècle l'importance du tournant intellectuel du 18ᵉ siècle mesuré dans la production des Livres, et comment les transformations de la lecture sont portées non seulement par les grandes substitutions idéologiques et spirituelles de l'offre, mais aussi par la prolifération des livres et des périodiques entraînée par l'utilité. Le livre devient plus accessible, plus maniable et plus consultable et la multiplicité des lectures pour des lecteurs et des lectrices plus nombreux s'ouvre en fonction des besoins et des pédagogies d'apprentissage. Cette diversité est en elle-même un objet d'interrogation et de réflexion[3]. Son analyse permet de revenir, à l'instar de Buffon discutant de la validité des familles animales, sur le maniement des catégories. La valeur heuristique des classes définies par les libraires parisiens ou les bibliothécaires au tournant des 17ᵉ et 18ᵉ siècles et utilisées dans le classement des catalogues de vente ou de bibliothèques conserve tout son intérêt pour comprendre des transformations massives, générales, dans le long terme comme la courte durée. Toutefois, les comportements matériels et intellectuels — qui définissent un moment de civilisation et qui permettent d'estimer des changements significatifs — réclament d'autres instruments fondés sur la perméabilité des classes retenues. La communication sociale exige l'étude des *genres*, des *manuels*, des *traités* comme des livres qui, rassemblés, finissent par constituer une littérature à part et qui se déclinent à travers des usages spécifiques de discours. Âge des *précis*, des *méthodes*, des *extraits*, le 18ᵉ siècle se prête bien à évaluer comment se construit une tradition intellectuelle et technique et à apprécier, du mieux possible, l'unité et les discordances qui caractérisent son évolution. La matérialisation des livres met en jeu les logiques d'une culture et la reconnaissance sociale de tous les savoirs, de l'honorabilité au déclassement, des statuts scientifiques et hautement

3. R. Chartier, « Libri e Lettori », *L'Illuminismo Dizionario storico,* aura di V. Ferrone, D. Roche (Rome-Bari, 1998), p. 292-300 ; R. Chartier, H.-J. Martin, *Histoire de l'édition française, II. Le livre triomphant 1660-1830*, sous la direction scientifique de D. Roche (Paris, Fayard, 1990).

distinctifs aux manifestations multiples de la vulgarisation utilitaire jusqu'au détournement des distractions.

On peut considérer la Culture équestre comme un fait social suffisamment large, diffusé et total, susceptible d'éclairer la spécificité des sociétés anciennes par suite de la place que les chevaux tiennent dans l'économie, dans les relations politiques, dans la guerre comme dans les usages et les activités les plus diverses [4]. Le besoin pour l'exécution de multiples services partout et pour tous, le plaisir qu'un certain nombre d'occupations procure, la chasse, le dressage, le manège, la promenade, les courses dès le 17ᵉ siècle et, finalement, l'affirmation du pouvoir par le combat et la distinction, font de l'alliance du cheval et du cavalier un argument révélateur des comportements, des symboles et des signes sociaux. Une relation entre l'homme et la nature, un rapport entre les hommes, qui symbolisent les richesses et les pouvoirs parce qu'inscrits au cœur des rituels distinctifs, comme des usages les plus terre-à-terre interrogent un statut de l'animal et des intérêts sensibles autant qu'intellectuels. C'est un fait permanent de la Culture occidentale et d'autres aires de civilisation, et ces mutations constituent une occasion de réfléchir aux conditions du changement matériel de l'invention des idées, des choses et des échanges intellectuels, techniques, culturels voire esthétiques. Le 18ᵉ siècle est, de ce point de vue, un moment capital car il voit se confirmer des mutations décisives et s'affirmer une modernité en ce domaine, où l'on retrouve l'attachement des Lumières à la maîtrise du monde et au progrès.

Trois composantes principales organisent dans le patrimoine de la Culture équestre les changements principaux de l'âge des Lumières. La plus connue concerne l'affirmation définitive de la tradition française de l'Art de l'équitation qu'incarne *l'École de Versailles* et ses écuyers, mais qui est inséparable du mouvement des Académies équestres parisiennes et provinciales [5]. La seconde regarde l'art militaire et la cavalerie, que l'on doit replacer dans un mouvement de plus longue durée où culminent la « Révolution militaire » et le nouvel équilibre des armes. Entre l'État et les noblesses, entre les besoins de la guerre et ceux de

---

4. J. Thirsk, F. B. A., *Horses in early modern England : for service, for pleasure, for power*, (University of Reading, The Stenton Lecture, 1977, Reading, 1987).

5. Ch. A. Duplessis, *L'Équitation en France, ses écoles et ses maîtres depuis le 15ᵉ siècle jusqu'à nos jours* (Paris-Nancy, Berger-Levrault, 1892) ; M. Motley, *Becoming a French aristocrat, The education of Court nobility, 1580-1715* (Princeton, University Press, 1990).

l'art équestre, la réflexion des soldats et des administrateurs ouvre des voies multiples aux choix cavaliers [6]. Les « Rois de guerre » ne sont rien sans leurs chevaux et, quand le volume des armées en campagne s'accroît, c'est toute une économie qui est soumise aux jeux inélastiques de l'offre et de la demande. Cette capacité à disposer d'un cheptel suffisant en matière stratégique s'avère inséparable des conditions générales de la production et de la consommation. Cette troisième dimension, particulièrement caractéristique du 18e siècle, est animée par l'accroissement général de la demande urbaine et rurale, le besoin de transports et de mobilité [7]. Elle est induite par la révolution des voitures et elle déclenche une intense amélioration qui entraîne la rénovation des pratiques dans le domaine des élevages, de l'hippiatrie, des métiers les plus divers. Retenons l'hypothèse unifiante que Paul Bairoch a su esquisser par rapport à la Révolution industrielle : le cheval c'est une consommation à constant renouvellement et à entretien permanent, ceux-ci imposant ceux de la demande [8]. L'Histoire des Livres peut alors aider à comprendre ce qui est en question derrière le jeu des institutions et des hommes, et dans la relation des chevaux et des cavaliers. Elle permet d'atteindre et de mesurer un savoir qui est produit, discuté, élaboré et diffusé dans toute la société et dans les différentes instances qui organisent la culture équestre avec la trame de ses communs intérêts [9]. Elle permet aussi d'envisager une comparaison de ses composantes à l'échelle européenne, en bref d'esquisser l'Europe des chevaux de papier et des auteurs, cavaliers d'habitude ou de raison.

Les manuels de la bibliographie équestre et les catalogues de bibliothèque permettent alors de s'interroger sur la place et la fonction des arts du corps, des valeurs physiques du « paraître » discipliné, en même temps qu'ils autorisent la lecture d'un idéal social voire d'une vision idéologique et politique, car l'ensemble reconstitué définit assez bien l'accord des usages et de leur fina-

6. D. Roche, *Pour un Art de la Cavalerie, Le Cheval et la Guerre, 15e-19e siècles*, D. Reytier et D. Roche (éds.), (Paris, Association pour l'Académie d'art équestre de Versailles, 2002), p. 13-41 ; J.-A. Lynn, *Giant of the Grand Siècle 1610-1715* (Cambridge, 1997), *Battle on history of combat and Culture from Ancient Greece to modern America* (Boulder, Westview Press, 2003).

7. D. Roche, *Humeurs vagabondes, de la circulation des hommes et de l'utilité des voyages* (Paris, Fayard, 2003).

8. P. Bairoch, *Révolution industrielle et sous-développement* (Paris, La Haye, Mouton-EPHE, 1974), p. 154-156.

9. J.-C. Perrot, *L'Économie politique et ses livres, Une Histoire intellectuelle de l'économie politique, 17e-18e siècles* (Paris, EHESS, 1992).

lité. Pour la France, la *bibliographie* du Général Mennessier de la Lance autorise une analyse définitive et assurée ; le catalogue élaboré par ce cavalier puise dans les collections de la majorité des bibliothèques francophones de France et de Belgique ; il a eu de surcroît recours aux fonds des administrations publiques, Guerre, Haras, Muséum, Postes, Écoles vétérinaires, École de Saumur, sans compter le recours à des collectionneurs spécialisés et à des libraires [10]. C'est sans aucun doute le relevé le plus complet qu'on puisse imaginer parce qu'il a analysé livres et brochures (imprimés de moins d'une cinquantaine ou d'une soixantaine de pages) et qu'il a largement étendu ses filets à travers la production imprimée à partir des intérêts équestres. Libelles, livrets des fêtes et des entrées, romans, pièces de théâtre, ouvrages techniques, publications périodiques et occasionnelles, petits pamphlets juridiques et politiques ont été recensés, mais après avoir été, « presque tous », vus. Ce point de vue généreux est en soi intéressant, car il montre qu'au-delà des livres d'instruction spécialisés pour le manège, l'élevage, l'entretien, l'hippiatrie, il existe un éventail extrêmement diversifié de petits et de gros livres où le cheval a tenu sa place. On peut le trouver dans un paysage festif et architectural à côté d'autres acteurs ; de même, il peut servir à des intrigues romanesques ou politiques. Ainsi, les *Chevaux de Manège*, publié sans doute fin 1789, passe en revue les ténors de l'Assemblée Nationale comme s'ils étaient les chevaux d'une écurie, dont le rôle aurait été retrouvé dans le portefeuille du grand Écuyer, le prince de Lambesc. Le cheval devient alors moyen de la métaphore politique et les termes utilisés renvoient à une habitude générale acquise peu ou prou dans la fréquentation des écuries, des manèges, des foires et des routes. Tous ces textes fournissent (par des entrées multiples) l'architecture intellectuelle, technique et sensible d'un monde où cavaliers et non cavaliers participent d'une proximité quotidienne. La bibliographie francophone livre ainsi le niveau maximum d'une production reconstituée sinon conservée [11].

---

10. Général Mennessier de la Lance, *Essai de Bibliographique Hippique donnant la description détaillée des ouvrages publiés ou traduits en latin et en français sur le Cheval et la Cavalerie avec de nombreuses biographies d'auteurs hippiques*, 2 tomes (Paris, L. Dorbon, 1915-1921, réimpression 1971).
11. Mennessier de la Lance, ouvr. cité., tome 1, « Préface », p. V-VIII ; une partie des ouvrages ont désormais disparu des collections françaises ou sont totalement inconsultables, ainsi à la BnF !

Pour le monde anglophone, deux travaux bibliographiques généraux fournissent un stade intermédiaire de comparaison [12]. Frédéric H. Huth en 1887 a travaillé sur les catalogues imprimés et les collections britanniques ; il a recensé tous les ouvrages publiés en Europe dans les principales langues vernaculaires, mais avec des choix plus sélectifs, l'Histoire naturelle, l'élevage, les œuvres de fiction ou les ouvrages techniques étant sous-représentés, et les brochures, extraits et tirés à part étant exclus le plus souvent. Toutefois, on a là une première idée de la production générale du Livre équestre *stricto sensu* et défini par la perspective hippologique ; elle intéresse un niveau de public plus limité car les occasionnels, les livrets de colportage à la vie courte échappent comme les libelles marginaux. Huth recense en tout cas une production conforme à la perception anglaise du *Genus equus*. L'américaine Ellen B. Well opère un rétrécissement de l'objectif encore plus fort [13] : elle réduit la culture équestre à l'art et à l'hippologie, la puise dans la Collection mondiale des catalogues de bibliothèques ou les bibliographies concernant les sujets les plus divers, retient périodiques et brochures mais, par comparaison avec Huth et Mennessier, on voit que c'est occasionnel : la dimension scientifique, l'agronomie, l'histoire, l'administration, les techniques sont laissés de côté. L'intérêt de son analyse, outre que la bibliographie recense les ouvrages du 20e siècle, est qu'elle met en valeur un noyau dur de la production du livre équestre et aussi qu'elle permet de comparer les *trends* relevés par ailleurs sur plusieurs siècles et différents pays. Comme le recensement de Huth, elle est raisonnablement comparable aux données de Mennessier et aux ressources allemandes rassemblées à partir des catalogues informatiques qui indexent majoritairement les livres et les brochures [14]. Anne Saada, à partir de Göttingen et dans l'état actuel de la collection des données informatisées, a certainement pu atteindre entre les trois-quarts et les quatre cinquième de la production du 16e au 18e siècle conservée, sans

---

12. F. J. Huth, *Works on horses and equitation, a bibiographical record of hippology* (Londres, 1887, réimpression Olms presse, 1981) : comme Mennessier, Huth est au départ un collectionneur qui a étendu son enquête à travers l'ensemble des bibliographies et catalogues disponibles à la fin du 19e siècle dans les principales langues ; son classement est chronologique et complété par une série d'index.
13. E. B. Wells, *Horsemanship, a bibliography of printed materials from the sixteenth century through 1974*, New York-London, Garland, 1985.
14. A. Saada, *Bibliographie établie à partir de catalogue informatique GBV* (Göttingen, 2003). Je tiens à remercier particulièrement Anne Saada d'avoir accepté de faire ce travail.

négliger les sujets marginaux, historiques, juridiques, fictionnels intéressant dans leur diversité.

Au total, on dispose à l'heure actuelle d'une bibliographie générale recensée de façon assez sûre, de base européenne pour les trois langues majeures, français, anglais et allemand. On sera conscient du fait qu'il n'y a pas une totale adéquation entre le lieu d'édition et la langue retenue, même si l'indice de corrélation moyen dépasse plus de 90 % pour l'anglais et l'allemand, mais diminue pour l'aire de la francophonie qui regroupe les Pays-Bas et la Suisse avec le Royaume de France [15]. Des indices comparatifs concernant l'italien, l'espagnol et le portugais sont calculables à partir de Huth et de Wells. Ils permettent ainsi de percevoir les inflexions relatives de la production, pour une part réduite à l'essentiel, mais non de connaître la réalité, même approchée. On peut ainsi esquisser une géographie européenne des intérêts éditoriaux et ceux des lecteurs entre 1500 et 1800, en retenant l'hypothèse que la partie centrale du sujet révèle une extension possible par des cercles successifs de publications et de sujets, sans doute aussi par la conquête vulgarisée de publics moins spécialisés. L'art équestre et l'hippologie constituent alors la partie maîtresse d'une culture plus générale autour de laquelle s'organisent les autres éléments de l'ensemble, à l'instar de la physique des particules qui tournent autour d'un centre.

Pour le 18e siècle, si on applique au calcul l'écart mesuré entre la production française assurée et l'ensemble de la production européenne plus restrictivement, on peut l'évaluer raisonnablement entre 1000 et 1500 titres. On est loin des scores atteints par des catégories plus littéraires telle que la production romanesque qui recense pour la seule édition francophone ou germanique plusieurs milliers d'ouvrages [16]. Toutefois, si l'on tient compte non seulement des biais statistiques pour le moment insurmontables, mais également de l'impossibilité d'enregistrer le mouvement des rééditions à travers l'Europe, le public touché est loin d'être négligeable : pour la France et tout le siècle, c'est assurément plus d'un million ou deux de personnes, avec une moyenne de 50 titres par an, pour l'Europe c'est au minimum plus de cinq millions de lecteurs potentiels, sachant, en outre, que les livres

15. On peut aussi mesurer l'écart entre les recensements. Quand Huth et Wells proposent une production française de 72 et 64 titres pour le 18e siècle, Mennessier a recensé plus de 480 titres.

16. S. P. Jones, *A List of French prose fiction from 1700 to 1750* (New-York, 1939) ; A. Martin, V. G. Mylne, R. Frautschi, *Bibliographie du genre romanesque français 1751-1800* (Paris, France expansion, 1977).

ont rarement un seul lecteur [17]. Par rapport à l'alphabétisation de la France, de l'Angleterre, de l'Allemagne, le monde des publics intéressés n'a fait que s'accroître, comme le prouve la multiplication de certains grands *best-sellers* qui comptent plusieurs dizaines d'éditions et de tirages en langue originale et en traduction. La part des brochures et des occasionnels qui s'alourdit (63 % de livres avant 1750, 48 % seulement après, calculée dans la production française) contribue, à sa manière, à conquérir ce public plus largement même s'ils sont moins souvent réédités. Les deux mouvements, celui des livres, celui des pamphlets, traduisent une conquête en profondeur, mais avec des rapports à l'imprimé différents, de la spécialisation à la professionnalisation, de l'amateurisme à la vulgarisation, dictés par les nécessités de la société ou de la vie. Cet essor général indique parfaitement la conjonction des besoins, du plaisir et du pouvoir dans l'offre et la demande d'informations. Par rapport à la production des 16e et 17e siècles, l'effort des éditeurs n'a fait que s'amplifier au siècle des Lumières.

On assiste alors à un véritable décollage que prouvent avec précision les relevés francophones : moins de cent titres avant 1600, une bonne centaine au 17e siècle, moins de cinq cent avant 1800 dont les quatre cinquièmes de 1750 à la fin du siècle. C'est moins l'autonomie d'un *genre* qui se dévoile, avec la description de ses règles et l'énonciation de ses pratiques, que l'élargissement des usages explicités par l'imprimé à travers des besoins diversifiés et, sans doute, la multiplication des lieux d'interrogation, le passage de la Société des écuyers à un monde plus utilitaire [18] et, avec elle, celle des acteurs mobilisés de l'écurie aristocratique ou royale à l'étable paysanne ou bourgeoise, du manège royal au cénacle des académistes dans les métropoles, de la carrière des casernes et des forteresses au champ de manœuvre, des haras aux exploitations, du château à la ferme, des champs à la route et aux auberges, de la campagne à la ville. Dans ce vaste déploiement (qui n'épargne personne ou presque du haut en bas de la société) on entrevoit dans le changement bibliographique des Lumières le passage d'une culture spécialisée et fermée, d'un ésotérisme social où l'imprimé n'atteint qu'un petit noyau de

---

17. Titres recensés dans la production totale européenne par Huth et Wells : 383 et 233 ; titres recensés dans la production française seule : 72 et 64 ; titres vus par Mennessier de la Lance : 483 ; titres "informatisés" dans la production allemande : 564.

18. J.-P. Digard, ouvr. cité, p. 14-15 ; p. 121-148.

lecteurs au terme d'une pédagogie (celle des Académies) ou d'un apprentissage sélectif (celui des propriétaires éleveurs, des hippiatres de fortune, des hommes des métiers du cheval où dominent l'oralité, l'exemplarité) à un ensemble de connaissances plus largement élaborées à partir des groupes savants et spécialisés, et retransmis progressivement de plus en plus amplement à tous les utilisateurs. Pour la France, évalué très approximativement, c'est possiblement vers 1600, un niveau de 100 000 à 150 000 lecteurs, et en 1800 cinq fois plus. Le mouvement, on le démontrera ailleurs, ne fera que s'accélérer au 19ᵉ siècle.

L'intérêt du 18ᵉ siècle est qu'il met en valeur la manière dont ce discours s'organise définitivement dans ses principaux équilibres. Il permet de voir à la fois dans la cohérence et la continuité les traditions et les ruptures, de dégager valeurs et pratiques qui organisent le bagage collectif rassemblé. Cette bibliothèque imaginaire n'existe que pour nous, car aucune collection réelle ne l'a jamais concentrée en entier. Dans le temps, elle n'a été accessible que par fragments successifs ou synchroniques mais, comme dans l'art équestre où le « rassembler » du cheval est une manière de préparer sa monture à exécuter des mouvements plus complexes, elle autorise pour la communauté des lecteurs et pour les individus la création d'une dynamique plus que d'une statique. Elle est mobilisable selon des capacités et des besoins qu'on ne peut jamais séparer. Recoupant les principaux domaines de Savoir, elle s'organise autour de quatre rubriques principales.

L'Art équestre, l'art du manège, est la plus explicite ; l'Art militaire et tout ce qui intéresse la cavalerie ne prête guère à confusion, bien que déjà moins bien limité par la *doxa* transmise aux cavaliers [19]. La Science hippique générale est un vaste domaine reconnu depuis le 18ᵉ siècle, où se rassemblent l'hippiatrie, l'hippologie, les techniques de l'élevage et la science des vétérinaires et des praticiens, les technologies des hommes de métier [20]. Elle est traversée par les débats sur la production et les usages, les transformations de l'agriculture et l'agronomie, les incitations produites par les échanges, le commerce et ses moyens, la révolution des véhicules et des routes, l'invention de la vitesse. Reste, en dernier lieu, le domaine de l'histoire, des lois,

---

19. A. Monteilhet, *Les Maîtres de l'œuvre équestre* (Paris, Odège, 1979) ; E. Saurel, *Histoire de l'équitation, des origines à nos jours* (Paris, Stock, 1971). Une étude sur les livres militaires reste à faire.

20. Ch. L. Mathevon baron de Curnieu, *Leçons de Science hippique générale ou Traité complet de l'art de connaître, de gouverner, d'élever le cheval* (Paris, J. Dumaine, 1850-1860), 3 vol.

des représentations, des jeux et des fictions, c'est un regroupement commode qu'unifie la dimension érudite, esthétique, juridique qui fait que la position des équidés est replacée dans le temps, l'espace social, le miroir des apparences. La variation de ces catégories dans la production des imprimés permet de relire l'interprétation d'un statut général et particulier de la relation des chevaux et des hommes.

Bien entendu, entre les rubriques bibliographiques, les frontières ne sont pas étanches. L'accroissement de la production traduit certainement une moindre porosité, car autrefois, sous un même volume, les professionnels trouvaient souvent des informations rassemblées sur tous les domaines mobilisés en amont et en aval de l'art équestre ou militaire. Le *Parfait Cocher* de François Alexandre La Chesnaye des Bois, édité en 1744 et réédité en 1777, est un *compendium* de l'art du manège, de l'art du ménage, de l'art de l'hippiatrie qu'il recopie d'ailleurs dans un ouvrage diffusé largement depuis 1741, le *Nouveau Parfait Maréchal* de François Alexandre Pierre de Garsault. L'étude quantitative et typologique ne peut prétendre qu'être le point de départ d'une interrogation sur le rapport des connaissances et des usages, des représentations et des moyens de leur divulgation ; ici comme ailleurs elle est une étape de la sociologie des textes [21].

Tableau de la production européenne (1)

Années	Art équestre	Cavalerie	Sciences hippiques générales	Divers	Total
Ouvrages en français					
1700-1749	10	15	31	32	88
1750-1799	14	106	214	61	395
Total 18ᵉ s.	24	121	245	93	483
	4 %	25 %	52 %	19 %	
Ouvrages en anglais					
Huth 18ᵉ s.	8	14	81	20	123
Ouvrages en allemand					
1700-1749	8	23	4	77	148
1750-1799	17	14	187	36	254
Total 18ᵉ s.	25	37	227	113	402
	6 %	9 %	56,5 %	28,5 %	

Total minimal : 1 063   corrigé : 1 687
en tenant compte de l'écart Huth-Mennessier-Saada

21. D. F. Mc Kenzie, *La Bibliographie et la Sociologie des textes* (1986, traduction française : Paris, Éditions du Cercle de la librairie, 1991).

Le tableau (1) représente, à partir des différentes bibliographies, la situation du 18ᵉ siècle qui est vraisemblable. Il illustre un inventaire à son niveau minimal, une production dans laquelle les lecteurs déjà vont choisir selon leurs besoins. Elle n'est pas dominante, sans doute, pour les bénéfices de la librairie européenne, mais elle n'est pas négligeable car régulière et renouvelée. L'écart entre cette évaluation, qui se réduit quand le recensement est plus largement ouvert ainsi en France, et l'importance du rôle et de la fonction symbolique et sociale du cheval dans le monde d'Ancien Régime sont tout à fait comparables à une production du même ordre de grandeur et de statut concernant la chasse. *Stricto sensu* un noyau d'une trentaine d'ouvrages analysés par Philippe Salvadori correspond à la définition des règles et des pratiques : il est équivalent à l'ensemble des manuels d'art équestre. Largement ouvert et incorporant tout ce qui regarde l'actualité cynégétique des Lumières, des armes au droit, des conflits aux règlements, des petites chasses aux grands équipages, le recensement, sans compter les rééditions d'ouvrages du 16ᵉ et du 17ᵉ siècle, dépasse certainement trois cents titres ; 291 dans la bibliographie de J. Thiébaud qui reprend les inventaires antérieurs, tels que Kreizig en 1750, les frères Lallemant en 1763, et surtout Souhart en 1883, largement complété et mis à jour pour les descriptions [22]. Les deux domaines se recoupent parfois, par suite de l'intérêt de certains auteurs chasseurs pour la définition du cheval de chasse et les questions d'élevage et de soin. De surcroît, l'écart des productions à la disposition des hommes de chevaux et des chasseurs par rapport à la masse potentielle des lecteurs mobilisables (toujours évaluée dans la production francophone) est plus marqué que celui inscrit dans la bibliographie agronomique rassemblée par Musset Pathay avec 1 200 ouvrages pour le 18ᵉ siècle, dont 93 % publiés après 1750 ! Si l'ensemble, *Art équestre*, largement compris, *Art cynégétique* ouvert sans restriction, *Agronomie*, compte près de 2.000 titres en français, on mesure le poids intellectuel et idéologique d'une

---

22. J. Thiébaud, *Bibliographie des ouvrages français sur la Chasse* (Paris, Gibert Jeune, 1974) ; G. Ch. Kreisig, *Bibliotheca Scripterum Venaticorum* (Altenburgi 1750) ; N. et R. Lallemant, *Bibliothèque historique et critique des auteurs qui ont traité de la Chasse* (Rouen, 1763) ; R. Souhart, *Bibliographie générale des ouvrages sur la chasse, la vénerie et la fauconnerie, publiés ou composés depuis le 15ᵉ siècle* (Paris, 1886). L'analyse de R. Souhart est à reprendre, car elle intéresse toutes les langues vernaculaires ; Ph. Salvadori, *Chasseurs d'Ancien Régime, Recherche sur une culture du privilège, France 15ᵉ-18ᵉ siècles* (Paris, 1993), thèse EHESS, ex. dactylographié.

production directement liée aux intérêts des propriétaires et des élites nobiliaires et rurales : 4 millions d'exemplaires disponibles, au bas mot. Le tableau (2) résume ces résultats.

Tableau des titres édités en français (2)

	1700-1740	1750-1799	Total
Culture équestre 1	88	395	483
Agronomie 2	96	1 105	1 201
Chasse 3	106	185	291
« Bibliothèque rurale »	290	1 685	1 975
	15 %	85 %	

1 Sources Mennessier de la Lance
2 Source Musset Pathay
3 Source Thiebaud

Pris dans son sens le plus restreint, la culture équestre du 18e repose sur une vingtaine de titres contemporains, de Louis XIV à Bonaparte, les lecteurs pouvant acquérir et lire les traités plus anciens soit au total moins de cinquante ouvrages depuis le 16e siècle. Les dimensions de l'art cynégétique sont encore plus étroites. S'en tenir à ce bagage restreint ferait manifestement passer à côté du changement le plus important qui est porté par le développement d'une littérature savante, utilitaire, et l'écho de l'ensemble des traités juridiques, historiques et esthétiques. On voit ainsi coexister plusieurs milieux d'auteurs, comme s'interpénètrent plusieurs cercles de lecteurs. Le premier cercle rassemble les écuyers, qui fascinent les spécialistes des manèges actuels et anciens. Ils sont sans doute moins nombreux que tous les académistes et tous les pédagogues qui enseignent dans les institutions civiles, militaires voire religieuses comme les écoles militaires des années 1780. Beaucoup de ces grands instructeurs n'ont pas laissé d'œuvre, sans être pour autant négligeables ou oubliés : ainsi les Vendeuil, d'Abzac, de la Bigne. On peut voir là un rapport de la pratique et de la science à leur transmission et à leur pédagogie. Les techniques et les principes sont transmis sur le tas, visuellement, expliqués à la voix, démontrés le cul en selle. C'est au 18e siècle qu'un plus grand nombre de maîtres, relativement, se font écrivains et, par leur volonté de publier leurs idées de façon accessible et logique, ils font ainsi écho à un utilitarisme social, général, plus caractéristique des auteurs spécialisés dans l'art militaire, le système d'élevage, l'hippiatrie, l'histoire ou la législation. Ce sont eux qui constituent à coup sûr le groupe d'auteurs le plus large, où l'on voit coexister les militaires nobles en fonction ou à la retraite avec les propriétaires de terre et d'élevage, les seigneurs, les maîtres des haras, les médecins, les maréchaux-ferrants, les maîtres de métier, et bientôt les vétérinaires patentés qui sortiront des écoles, sans compter les agronomes de tout poil qu'on retrouve dans les Sociétés d'Agriculture, voire les « érudits » et les « curieux » de toutes conditions sociales qui peuplent les Académies savantes après passage au Collège et dans les Académies équestres quelquefois [23].

Le premier milieu est certainement le plus original, car il prouve la force d'une culture partagée par une petite cohorte d'égaux où la reconnaissance peut s'établir par le succès et le mérite, la proximité de la Cour et des grands, une pratique distinctive unifiante majoritairement pour le second ordre de la Société. C'est le monde des apparences indispensables aux dominants qui se forme dans les Académies contrôlées par le Grand Écuyer. Traduisant cette cohérence, le jeu des reprises et des discussions d'un ouvrage à l'autre ; les filiations théoriques, les passages de maîtres à élèves et peut-être plus encore l'importance des dynasties familiales comme le montrent les généalogies des Mesmont, Garsault, Dugard, Vendeuil, La Guérinière et d'Abzac [24]. De nombreux liens se sont tissés entre eux dans les Écoles de Pages, les Académies, la Grande Écurie, la Cour, les régiments de la maison du Roi et la Cavalerie dont l'esprit et le recrutement de ses cadres restent très aristocratiques au 18ᵉ siècle [25], et surtout le statut noble de la Cavalerie ne tient pas tant au caractère du recrutement qu'à la dignité même de l'arme symbolisé l'un et l'autre dans certains corps. Si les écuyers eux-mêmes sont en marge des jeux relevés de la Cour, ils sont comme les veneurs des praticiens qui y jouent un rôle essentiel par une maîtrise technique sans réelle concurrence. Ce sont des auxiliaires de la Société de Cour et là se trouve leur premier public. Une part de leur conscience solidaire vient de ce qu'ils sont confrontés à la défense d'une tradition menacée, l'amour du vrai beau équestre

---

23. D. Roche, *Le Siècle des Lumières en province, Les académies de province au 18ᵉ siècle* (Paris-La Haye, Mouton, 1978), 2 vol.

24. D. Roche, « Le Livre d'équitation du 16ᵉ au 18ᵉ siècle, esquisse d'une réflexion, Le Livre et l'Historien », Études offertes en l'honneur du Professeur H-J. Martin, F. Barbier (et al.), (Paris-Genève, 1997), p. 188-196.

25. H. Drevillon, *Figures de l'Homme d'Épée au 17ᵉ siècle* (HDR, Paris I, 2004), 4 vol., t. 3, *Le Métier d'officier dans l'armée de Louis XIV*, p. 162-183 ; p. 191-203 ; p. 269-283.

s'étant ralenti avec le temps : la révolution des véhicules transforme les comportements des élites, car ce n'est pas pareil d'être assis derrière les chevaux attelés que d'être en selle. Les changements de la société et des usages confrontent la concurrence de l'utilité face aux assurances distinctives.

Ces usages nouveaux sont à l'œuvre dans la montée de la production générale. Toute une littérature savante et reconnue à l'âge classique se déclasse, même si certains titres de très grande diffusion perdurent longtemps. Ainsi, le *Maréchal expert* de Beaugrand, édité en 1619, est publié par la Librairie de Colportage jusqu'en 1820. Il a conquis la ville et la campagne avec 40 éditions en deux siècles, un public large de paysans et de citadins qui se montrent insensibles aux conquêtes vétérinaires que publient Bourgelat ou Lafosse. Le bréviaire des maréchaux-ferrants de village survit ainsi à la transformation scientifique qu'encourage le pouvoir, que diffusent les Écoles de Lyon et de Maisons-Alfort, que suscite la réflexion agronomique et économique du second 18ᵉ siècle. Le fait témoigne de la manière dont les habitudes résistent aux innovations et comment une culture équestre très ancienne perdure avec plus ou moins de recyclage. Il en va de même, sans doute, du petit nombre de grands traités d'art, qui sont confrontés longtemps à de nouvelles éditions. La génération de Pluvinel et de ses émules survit jusqu'au début du 18ᵉ siècle et elle n'est relayée par celle de La Guérinière qu'après 1729-1733.

La diversité des publics, la longévité des œuvres et de leurs relais vulgarisés sont dans tous les domaines de la Culture équestre les moteurs de l'accroissement des cinquante dernières années du 18ᵉ siècle. Cette envolée est assurément française, certainement européenne, et elle repose sur trois éléments principaux : la montée de l'art militaire, l'explosion vétérinaire et agronomique, l'évolution de la civilisation matérielle et les réflexions politiques ou historiques. Toute une génération militaire confrontée aux défaites, se modélise sur la tactique, l'éducation des cavaliers, la remonte du cheval de guerre, les besoins des armées. Toute une société de propriétaires et d'administrateurs réfléchit à l'avenir des haras et de l'élevage, à l'utilité des chevaux pour la grande culture, aux possibilités offertes par le modèle anglais [26].

---

26. J. Mulliez, *Les Chevaux du Royaume, histoire de l'élevage du cheval et de la création des haras* (Paris, 1983, rééd. Belin, 2004) ; N. de Blomac, *Le Cheval, moyen et mode de vie. L'œuvre du Marquis de Voyer, militaire, philosophe, entrepreneur, 1722-1782*, Thèse NDE, Paris, EHESS, 2001, 2 vol. dactyl., (Paris, 2004).

L'intérêt pour les courses, le rêve d'un cheval adapté aux besoins de la cavalerie et à ceux des transports routiers entraînent un ample mouvement d'édition de textes neufs, de traduction, d'adaptation. Au centre de ce mouvement, on placera l'œuvre de Bourgelat (1712-1779). Cet avocat lyonnais, qui a connu La Guérinière, a su mener de front trois carrières qui, toutes trois, reconduisent au cheval et à l'art équestre. Il a été un enseignant, tenant académie à Lyon, écrivant sur l'équitation ; il a été conseiller du prince et de l'administration avec Bertin, dont il fut l'ami, et Malesherbes, dont il a été l'un des inspecteurs de la Librairie ; enfin, il est un des fondateurs de la Science vétérinaire, soucieux de rénover l'élevage, l'hippiatrie, l'art des maréchaux et de moderniser les campagnes. Son *Nouveau Newcastle* plusieurs fois réédité après 1740, les *Éléments de l'Art Vétérinaire*, vulgarise une connaissance anatomique et physiologique rajeunie, qui fait le lien entre l'empirisme et la volonté théorique, entre les influences anglaises et la traduction française.

À ce moment, la manière éditoriale change, les brochures s'accroissent, les petits formats sont plus nombreux. Le cheval et tous ses problèmes arrivent sur la place publique confrontés à une opinion critique à travers des débats innombrables : avenir des haras, dirigisme ou liberté de l'élevage, moyens d'encourager les éleveurs, courses comme preuve — à l'anglaise — des changements, lutte contre les épizooties, capacité de vulgariser soins et remèdes raisonnables, *instructions* pour les artisans, les paysans, *manuels* de médecine des chevaux à l'usage des laboureurs, fourniture pour la remonte. La Révolution n'interrompt pas cette production entraînée désormais par l'effort de réflexion politique, les débats des Assemblées. Les ouvrages de Chabert et de Huzard sont emblématiques de ce mouvement qui entraîne toutes les sciences naturelles, économiques, politiques [27]. La guerre à son tour accélère la circulation des imprimés à travers le réseau administratif, médical, militaire et agraire. C'est une culture

---

27. De Philibert Chabert (1737-1814), maréchal de l'écurie des Condé, élève de Lyon et Alfort, Directeur et Inspecteur des Écoles royales puis républicaines et impériales, citons l'*Almanach Vétérinaire* (1782), l'*Instruction sur les moyens de s'assurer l'existence de la morve* (1785), *De l'Importance de l'amélioration et de la multiplication des chevaux en France* (1805) ; de Jean-Baptiste Huzard dit Huzard, père au trajet quelque peu comparable entre 1755 et 1838, citons la traduction du *Traité des haras* de J.-G. Harmann et, parmi d'innombrables instructions, l'*Instruction sur l'amélioration des chevaux en France de l'An X*. Rappelons aussi que ce vétérinaire était bibliophile et sa femme libraire-éditeur.

équestre en partie rénovée qui se retrouve dans la Librairie du 19ᵉ siècle.

Au midi du 18ᵉ siècle, l'*Encyclopédie* avait à sa façon amorcé le changement. Dans l'ordre alphabétique, un millier d'occurrences (892) permettaient aux amateurs de se retrouver dans le monde des équidés, de leurs besoins, de leurs consommations et de leurs productions. L'art équestre, les airs, le manège occupaient à peine moins de place que dans la production imprimée du siècle (24 %), mais bien plus que dans l'effort éditorial des années 1750-1799 (3,5 %) ; c'est l'indice de l'horizon d'attente. Il est confirmé quand Panckoucke publie la *Méthodique* et consacre, en 1786, un volume entier, pour les quatre cinquièmes dédié à l'équitation, aux *Arts Académiques*. Modernisé par l'addition de compléments importants tirés des œuvres des grands auteurs (La Guérinière, Dupaty de Clam, Thiroux, Bourgelat) qui élargissent le contenu des articles majeurs publiés dans le dictionnaire de Diderot, *Cheval, Manège, Main, Position* ; ce fragment de la grande réédition encyclopédique offre au monde cavalier, civil et militaire, tous les attendus discutés du dressage et d'une équitation d'élite. Tout le reste est à chercher dans la dispersion des thèmes de la *Méthodique, Agriculture, Jurisprudence, Arts Mécaniques, Matières médicales*, etc. La première *Encyclopédie* et ses rééditions diverses regroupaient l'Art militaire (11,5 %), la Science hippique générale (55 %), le droit, l'histoire, les aspects mythologiques, les évocations légendaires, dans la commodité de l'ordre alphabétique. La dominante de l'utilité est évidente par la place importante accordée aux métiers, à l'hippiatrie, à l'agronomie équestre qui met à la portée des lecteurs de la Société des écuyers et de la Société des propriétaires et des notables la somme des connaissances du passé et du temps présent. La *Méthodique* suggère un monde plus spécialisé, voire plus professionnalisé, où l'Art des apparences conserve toute son importance mais où techniques de production et moyens de la consommation, outils de compréhension juridiques et historiques, œuvres de fiction, se développent de façon plus autonome.

Le cheval des philosophes était identifié par une cartographie des thèmes dont le parcours était rendu possible grâce à un scénario intellectuel et social unitaire, qui établissait de quoi on parlait, à quelle fin, pour qui [28]. L'arbre des connaissances

---

28. U. Eco, *Sémiotique et philosophie du langage* (1984, traduction française : Paris, PUF, 1988), p. 112-182.

fournissait l'usage des connections particulières à l'ensemble. L'espace mental cavalier dominé par le monde des privilégiés et déjà modifié par la rationalité utilitariste, s'y révélait dans l'intertextualité et les enchaînements. C'était une nébuleuse aux contours flous mais néanmoins visibles pour les connaisseurs. La dispersion thématique élaborée trente ans plus tard par Panckoucke et son équipe montre une société plus complexe et dont la lecture correspond à une explosion éditoriale porteuse d'exigences nouvelles. Le monde des écuyers, comme d'ailleurs celui des veneurs, bénéficiait de la fidélisation des milieux nobiliaires et de leurs émules entraînés par une pratique légitime et légitimante, modèle politique et comportemental [29]. À la fin du 18ᵉ siècle, cet ensemble tend à se dévaloriser en se divulguant largement dans la culture des amateurs de chevaux, on dira des « hommes de cheval » au 19ᵉ siècle [30] ; les demandes de l'Administration des choses et la définition de nouveaux besoins par les sciences utiles font leur route et imposent leurs choix. Entre cavaliers et société, entre Société des Écuyers et Société, un « germe d'incompréhension » s'est fait jour au 18ᵉ siècle [31]. Le sens du livre d'équitation change de nature dans cette tension intellectuelle et matérielle.

DANIEL ROCHE
Collège de France

---

29. D. Roche, art. cité, p. 195-196.
30. A. Ch. de Vaux, *Les Hommes de Cheval depuis Baucher* (Paris, 1888).
31. Ph. Salvadori, ouvr. cité, t. 1, p. 143.

MODÈLES ÉDUCATIFS DES LUMIÈRES
DANS LA NOBLESSE RUSSE :
LE CAS DES GOLITSYNE [1]

Comme on le sait, on observe dans l'Europe du 18ᵉ siècle une certaine désaffection des classes supérieures européennes pour les institutions éducatives traditionnelles, aussi bien pour les collèges des pays catholiques, dès avant l'interdiction des Jésuites, que pour ceux des États protestants, ainsi que pour les universités. Cette évolution profitait aux formations personnalisées, programmées par les familles et reposant à la fois sur le préceptorat, la pension privée et le voyage ou *tour* éducatif, ces différents éléments étant fréquemment combinés.

La Russie de la seconde moitié du 18ᵉ siècle présente à cet égard un cas particulier. Les pratiques résumées ci-dessus ne concernaient qu'une partie très limitée de sa population. Sans que nous puissions, pas plus, du reste, que pour les autres pays, avancer des statistiques dans ce domaine, il est évident que l'emploi de gouverneurs et d'instituteurs, l'envoi d'enfants dans des pensions privées, encore rares avant le début du 19ᵉ siècle, étaient à la portée de bourses très peu nombreuses qui n'excédaient guère quelques milliers de familles. Si on ajoute à ces usages les voyages à l'étranger, le cercle se rétrécit encore davantage et se limite presque entièrement à la haute noblesse, soit à quelques centaines de familles tout au plus. En revanche, on peut constater que ces pratiques, qui commencèrent très timidement sous Pierre le Grand (1682-1725) pour s'amplifier à la fin du règne d'Élisabeth (1741-1762), devinrent de plus en plus courantes à la fin du siècle dans cette étroite catégorie sociale. Si les quelques établissements éducatifs, tous relevant de la tutelle

1. Une première ébauche de cet article fut présentée pour la première fois sous forme de communication au colloque « Les Lumières européennes et la civilisation de la Russie » qui s'est déroulé à Saratov en septembre 2001. Elle a été publiée en traduction russe, dans les actes du colloque : *Evropejskoe Prosveshchenie i civilizacija Rossii*, S. Ja. Karp et S.A. Mezin (dir.), (Moscou, Nauka, 2004).

de l'État, et notamment le Corps des Cadets de l'armée de terre créé en 1732, drainaient une partie de la noblesse (sans d'ailleurs suffire à répondre à ses besoins), l'aristocratie préférait à n'en pas douter élaborer des programmes éducatifs *pro domo* plutôt que de confier ses enfants dès leur jeune âge à des établissements fermés.

La nouveauté relative de cette pratique en Russie lui conférait paradoxalement un caractère systématique, ce qui constitue une des originalités du cas russe. On constate en effet que, dans nombre de familles, la question de l'éducation recevait un soin tout particulier, soin qui ne relevait pas seulement du souci bien naturel d'assurer un avenir à l'enfant (c'est-à-dire au garçon à cette époque) au service, surtout militaire, de l'État, mais aussi visait à le munir d'une éducation la plus parfaite possible, répondant à des idéaux puisés en Europe occidentale et adaptés au terrain russe. Ce souci était suffisamment sérieux pour qu'on consacrât à l'éducation des enfants des sommes très considérables et aussi quantité de réflexions et d'écrits. Comme il s'agissait d'implanter des pratiques nouvelles, les grands seigneurs russes pouvaient éprouver le besoin, à l'instar de l'impératrice, de faire de l'éducation de leurs fils une quasi affaire d'État et par conséquent de coucher par écrit, parfois par le menu, la façon dont ils envisageaient leur formation, année par année. Il faut ajouter que ces pratiques coïncidèrent, ce qui n'était certes pas fortuit, avec un travail qui concernait aussi les pratiques éducatives mais qui, cette fois, se situait à l'échelle de l'État. C'est en effet à partir des années 1760 que l'élite politique russe, principalement à l'initiative de Catherine II, mais aussi de son propre chef, se mit à la recherche d'un plan de scolarisation de la Russie (ouverture d'établissements éducatifs, législation des institutions existantes, mise en place de méthodes pédagogiques à même d'introduire « les sciences ») qui permît à l'Empire de rattraper son retard sur l'Europe occidentale [2]. Ainsi, c'est à la fois à l'échelle de

---

2. La meilleure synthèse sur cette question pour la période envisagée (soit, en gros, le règne de Catherine II de 1762 à 1796) a été écrite par Isabel de Madariaga, dans un chapitre intitulé « Catherine II and the foundation of the Russian educational system » dans son ouvrage *Politics and Culture in Eighteenth century Russia* (Londres et New York, Longman, 1998), p. 168-191, où l'on trouvera des références aux travaux fondamentaux des historiens russes D.A. Tolstoj, S.V. Rozhdestvenskij, etc. Il faut y ajouter, parmi d'autres, le travail récent et important de Galina I. Smagina, *Akademija Nauk i Rossijskaja shkola, vtoraja polovina XVIII v.* (L'Académie des sciences et l'École russe), (Saint-Pétersbourg, Nauka, 1996).

l'État et de la famille aristocratique que l'éducation devint l'objet de stratégies de la plus haute importance.

Enfin, autre coïncidence qui n'en était pas une, cet engouement pour les choses de l'éducation prit son essor au moment où, un peu partout en Europe, les élites cultivées se passionnaient pour les problèmes de l'éducation d'une façon principalement spéculative, mais aussi orientée vers la recherche de solutions optimales, tant à l'échelle des États (avec le bannissement des Jésuites, les plans de scolarisation en Prusse et en Autriche...) que dans la théorie pédagogique. Cette « manie de l'année » comme l'écrivait Frédéric-Melchior Grimm en 1762, atteignit bien entendu la Russie qui connaissait déjà quelques auteurs fondamentaux (Coménius, Locke, peut-être Rollin) dans les textes originaux, mais qui les découvrit ou redécouvrit surtout à partir des années 1760, conjointement avec Rousseau, La Chalotais, plus tard Basedow, etc., leurs traductions en russe pouvant à cet égard nous servir d'indicateurs, sans compter une importante littérature didactique principalement venue d'Allemagne.

Ces différents traits expliquent, nous semble-t-il, que les matériaux russes, peu abondants en raison du nombre restreint des familles concernées, soient riches tant par leur quantité que par leur qualité et fassent sans doute figure d'exception dans le paysage européen. Ce sont avant tout des correspondances familiales – entre parents et enfants, entre parents et gouverneurs – qui peuvent devenir très riches à partir du moment où les enfants voyagent, car elles contiennent des indications plus ou moins détaillées sur les *desiderata* des familles et sur les enseignements et formations reçus par les enfants. Ce sont des comptes – source entièrement négligée bien qu'elle ne soit pas introuvable – révélant l'ampleur et la nature des dépenses engagées ; ce sont les contrats ou engagements des gouverneurs et de façon plus générale, des plans d'études ou d'éducation, le terme de plan (en russe *plan*) étant couramment utilisé depuis le début des années 1760. Ces plans, plus ou moins élaborés, parfois réduits à une ébauche esquissée dans une lettre, parfois développés sous une forme quasi officielle à la manière d'instructions (ce terme lui aussi pouvait être employé), répondaient bien à l'esprit d'une époque où, répétons-le, l'État était lui-même engagé dans une entreprise de « planification » qui ne commença d'être appliquée qu'à la toute fin du règne de Catherine. De même que dans les commissions créées à cet effet, ces plans pouvaient être mis au point avec l'aide de personnages considérés comme des « spécialistes » de l'éducation, ou du moins bénéficiant d'une expérience encore rare en Russie, qu'ils fussent des pédagogues en exercice (enseignants dans une institution comme l'Académie des sciences, le Corps des cadets, l'Université de Moscou, une école privée réputée), d'anciens gouverneurs ou qu'ils eussent simplement séjourné dans des universités européennes et fussent considérés comme des personnes de vaste culture.

Cette richesse relative des sources russes nous permet de considérer l'éducation européenne sous un angle inhabituel qui n'en est pas moins éclairant. Projetées sur le terrain russe, des pratiques éducatives qui, massives en Europe, nous ont laissé des traces évidentes et très nombreuses, mais rarement davantage que des traces, ont parfois gardé l'éclat et la fraîcheur d'une première découverte, un peu comme si leurs adeptes néophytes remontaient à leurs sources, celles d'une sorte d'européanisme qu'ils construisaient pour leurs besoins personnels, tout en restant très ancrés dans leur temps au point de suivre les modes du moment. Dans le paysage européen des Lumières où elle occupait – de l'avis général comme dans la conscience de ses élites – une position périphérique, la Russie est devenue ainsi un « autre bout de la lorgnette » [3] qui permet à certains égards de mieux percevoir l'éducation européenne que ne l'autorisent les sources occidentales.

Nous nous proposons d'illustrer ces propos par un exemple presque inconnu, mais dont la richesse documentaire a peu de chose à envier à celle des fonds Stroganov [4]. Il s'agit des archives d'un grand seigneur, Alexandre Mikhaïlovitch Golitsyne (1723-1807), diplomate, vice-chancelier de l'Empire russe de 1762 à 1773, sénateur jusqu'en 1777, collectionneur et bienfaiteur [5]. Ce

---

3. J'emprunte cette image très évocatrice à Bronislaw Baczko, qui l'a employée au cours d'un séminaire à Genève consacré aux Lumières en Russie.

4. Les archives Stroganov sont principalement localisées aux Archives des actes anciens (RGADA) à Moscou, ainsi qu'à celles de l'Institut d'histoire de l'Académie des sciences de Saint-Pétersbourg. Le cas des Stroganov est loin d'être inconnu en France, car le gouverneur du jeune comte Paul fut Gilbert Romme. Pour l'historien de l'éducation, cet ensemble, véritablement unique, comprend les correspondances entre le père Alexandre et son propre père Sergueï, les correspondances entre Alexandre et son fils Paul, son neveu Grigori ainsi que leurs gouverneurs respectifs, des journaux de voyage éducatifs en Russie et en Europe, des plans d'études et même des cahiers d'exercices du jeune comte Alexandre. Cet ensemble attend encore des études systématiques ; il a déjà fait l'objet de plusieurs publications de l'historien moscovite Alexandre Tchoudinov qui travaille, entre autres sujets, sur les gouverneurs français en Russie.

5. On peut trouver quelques données sur la biographie de ce personnage (jamais étudiée de façon approfondie) dans l'article d'Olga Rykova, « Iz istorii

fonds très important [6] comprend, entre beaucoup d'autres richesses, un ensemble de documents en langues russe et française,
échelonnés de 1779 à 1788, qui concernent l'éducation de trois
orphelins, ses neveux, Michel, Boris et Alexis Golitsyne. On
trouve là :

– un contrat signé par le gouverneur de ces trois jeunes gens,
Yakov Ivanovitch Sokologorski, et par leurs deux tuteurs, respectivement le *feld-maréchal* Alexandre Mikhaïlovitch Golitsyne
(homonyme et cousin germain du vice-chancelier) et le lieutenant
général Ivan Mikhaïlovitch Izmaïlov [7].

– des lettres de Sokologorski et d'autres gouverneurs occidentaux (Blessig et Tiemann) au vice-chancelier qui exerça également
la fonction de leur tuteur et qui a laissé les brouillons de ses
réponses à ces derniers [8].

– Des lettres adressées par les jeunes gens au vice-chancelier
et les brouillons de ses réponses [9].

– Des comptes adressés par les gouverneurs, pupilles, banquiers, etc., au vice-chancelier [10].

– Des lettres d'un oncle des garçons du côté paternel, Dimitri
Mikhaïlovitch Golitsyne, l'ambassadeur de la Russie à Vienne,
au célèbre diplomate et collectionneur Nicolas Borissovich Youssoupov, leur oncle du côté maternel, toujours au sujet de leur
éducation [11] ainsi qu'une lettre de Youssoupov au vice-chancelier [12].

(Nous ne citerons guère ici, mais signalons les journaux de
voyage en Europe occidentale du plus jeune neveu, en 1780-82,
puis en 1786 [13] qui ne répond pas aux besoins de cet exposé et
mérite un traitement à part.)

– Enfin, la correspondance très considérable du vice-chancelier
contient également des échanges, plus parcellaires, avec d'autres

roda knjazej Golicynyh » dans *Golicynskij muzej na Volhonke* (catalogue de
l'exposition au Musée des beaux-arts Pouchkine à Moscou, 2004), p. 33-43.
6. RGADA, fonds 1263 (Golitsyne).
7. RGADA, f. 1263, inv. 1, dossier 7627.
8. RGADA, f. 1263, inv. 1, d. 180, 593a, 2055 à 2059, 3247 à 3252.
9. RGADA, f. 1263, inv. 1, d. 143, 7146 à 7153, 7159 à 7164, 7216 à 7122.
10. RGADA, f. 1263, inv. 1, d. 6184, 6727.
11. RGADA, f. 1290 (Youssoupov), inv. 2, d. 194.
12. RGADA, f. 1263, inv. 1, d. 3913.
13. Manuscrit en deux volumes conservé à la Bibliothèque Nationale de Saint-
Pétersbourg (Fr Q IV 198). Je remercie mon collègue Vladimir Somov qui m'en
a signalé l'existence.

neveux, également lancés dans des voyages éducatifs en Europe et dont il suit les progrès avec attention : Michel Petrovitch Golitsyne, orphelin de son père depuis 1775, et Dimitri Mikhaïlovitch le jeune (à ne pas confondre avec son homonyme l'ambassadeur à Vienne).

Voici à présent les quelques faits qu'on apprend dans cette documentation. En 1770, les trois jeunes gens dont il est question et qui étaient nés respectivement en 1765, 1766 et 1767 [14], se trouvèrent orphelins de leurs deux parents, le prince et major général André Mikhaïlovitch Golitsyne et Elisabeth Borissovna Youssoupov. Ils furent placés sous la tutelle de leurs oncles déjà mentionnés, le maréchal Alexandre Mikhaïlovitch Golitsyne (qu'il ne faut pas confondre avec le vice-chancelier son cousin) et le lieutenant général Ivan Mikhaïlovitch Izmaïlov, certainement à leur requête et par décision de l'impératrice Catherine II, car telle était la pratique dans des cas aussi importants, touchant à la haute aristocratie. En 1780, et de toute évidence après avoir consulté les autres oncles des orphelins (le vice-chancelier, Dimitri Mikhaïlovitch l'ambassadeur à Vienne et Youssoupov déjà cité) les deux tuteurs signèrent à Saint-Pétersbourg un contrat avec un certain Sokologorski, qui avait travaillé au Collège des affaires étrangères sous les ordres du vice-chancelier, puis avait été traducteur à la légation russe de Paris [15], choisi à l'évidence sur le conseil de son ancien chef, en raison de sa bonne conduite et de sa connaissance des pays étrangers. Il était embauché comme gouverneur (en russe *guvernër*) des enfants et devait les accompagner dans un voyage à l'étranger qui devait durer cinq ans. En contrepartie, il recevait le salaire considérable de 1 000 roubles par an (soit six mille livres françaises de l'époque), assorti de différentes autres dispositions avantageuses, dont la principale était une pension à vie de 400 roubles. Cette dernière disposition, très exceptionnelle à cette époque et dont seuls de très hauts

---

14. Pour toutes les informations concernant les dates de naissance, de décès et les liens de parenté de cet ensemble de personnages, nous nous sommes servis du dictionnaire généalogique de la noblesse russe de N. Ikonnikov, *La Noblesse de Russie* (Paris, Bibliothèque slave, 2ᵉ édition, 1956-1966). Les quelques renseignements concernant leurs carrières sont tirés soit du *Russkij biografcheskij slovar'*, soit des correspondances dans les archives déjà mentionnées.

15. Ces informations m'ont été aimablement communiquées par Anna Joukovskaïa ; voir sa thèse encore inédite, soutenue à l'EHESS en 2002, sous le titre : *Le Service diplomatique russe au 18ᵉ siècle. Genèse et fonctionnement du collège des Affaires étrangères*, p. 542. Par ailleurs, on apprend des correspondances du vice-chancelier qu'il avait atteint le grade d'assesseur de collège (8ᵉ rang).

personnages ou des personnes très méritantes pouvaient bénéficier de la part de la Couronne, montre assez l'importance que les tuteurs accordaient à la mission de cet « honnête tuteur » [16]. Les trois premières années devaient être consacrées à des études dans une université, sans qu'on précisât laquelle, les deux dernières à un voyage « dans les États européens » [17].

Les princes furent envoyés à Leyde, où tous trois furent inscrits à l'université ainsi, comme c'était l'usage, que leur gouverneur [18]. Grâce à une lettre importante du vice-chancelier à Sokologorski, datée de 1780 [19], que nous aurons encore l'occasion de citer, nous apprenons que le plan de leurs études et sans doute le choix de Leyde émanaient de leur oncle Youssoupov – parce qu'il avait une expérience des universités étrangères, lui-même ayant fait des études, très poussées pour son milieu, à Leyde de 1774 à 1776 [20]. De façon plus générale, toujours d'après les correspondances, Youssoupov et Dimitri Golitsyne furent souvent consultés à propos des séjours des jeunes gens à l'étranger parce qu'on les créditait à juste titre d'une bonne expérience et de compétences pour toutes les questions s'y attachant. Le vice-chancelier était lui-même un ancien diplomate qui connaissait l'Europe.

Le plan initial subit bien des changements dont nous ne donnerons pas tous les détails. Nous pourrions les résumer ainsi : l'éducation des trois frères semble avoir posé beaucoup de problèmes, si bien qu'on jugea bon de prolonger leur séjour à l'étranger de trois ans pour parfaire leur formation jugée insuffisante. Le caractère de ces garçons, surtout de l'aîné qu'on décrivait « vif » ou « pétulant », difficilement compatible avec celui du puîné

---

16. Selon les termes d'une lettre de l'ambassadeur Dimitri Golitsyne à Nicolas Youssoupov, RGADA, f. 1290, inv. 2, d. 194, f° 2. En français dans le texte.

17. RGADA, f. 1263, inv. 1, d. 7627, f°. 1-1v.

18. Ils figurent dans le matricule de l'université. Voir à ce sujet N. Hans, « Russian students at Leyden in the 18th century » *The Slavonic Review*, n° 35, (1957), p. 561. L'auteur s'est trompé en qualifiant Michel de « cousin » de Boris et d'Alexis.

19. RGADA, f. 1263, inv. 1, d. 180, notamment f° 6, où il est question d'une note rédigée par Youssoupov.

20. Contrairement à ce qu'écrivait Hans (ouvr. cité, p. 559), et comme l'a établi Elizaveta Vassilievna Droujinina dans une communication encore inédite sur le prince Nicolas Youssoupov et le professeur Valckenaer, présentée au colloque « Espace culturel de l'Europe à l'époque de Catherine II. Livres, objets d'art, pratiques culturelles », Musée d'Arkhanguelskoe, 12-14 septembre 2004. Youssoupov voyagea ensuite en Angleterre, Portugal, Espagne, France et Italie, retourna en Russie, accompagna le grand duc Paul dans son voyage en Europe en 1782 et fut ensuite nommé ambassadeur à Turin.

Boris, et du cadet, dont on déplorait le peu de zèle pour les études et l'indiscipline, donna assez de fil à retordre au gouverneur pour que, après un échange de lettres entre les tuteurs, dont les deux diplomates, on décidât de les séparer et d'envoyer les deux cadets à Strasbourg en 1783, où ils furent inscrits à l'université l'année suivante [21], tandis qu'on envoyait leur frère voyager seul, en attendant qu'ils le rejoignent. À Strasbourg, les deux cadets furent pris en charge et même logés par le professeur Christophe-Guillaume Koch qui, depuis 1771, dirigeait la fameuse « École diplomatique » créée par son maître Schöpflin et dont le frère, en poste à Vienne, avait déjà joué précédemment un rôle de Mentor avec un parent des Golitsyne [22].

À la fin de l'année 1784, il devint clair que Sokologorski, qui avait été chargé d'accompagner les plus jeunes à Strasbourg, souffrait de problèmes de santé qui l'empêchaient de prolonger son séjour trop longtemps, et en tout cas de voyager avec ses pupilles. On chercha à le remplacer. Koch leur trouva un autre précepteur (Blessig), puis encore un autre (Tiemann), point toujours appréciés par les mauvais sujets, mais qui leur furent imposés par la plume autoritaire du vice-chancelier, devenu leur tuteur officiel après la mort de son homonyme le maréchal en 1783. De son côté, Michel partit en voyage dans plusieurs pays européens, suivi de ses frères. Ces voyages furent extraordinairement longs (quelque trois ans en ce qui concerne Michel) et très dispendieux. L'instruction initiale rédigée par Alexandre Mikhaïlovitch prévoyait une dépense totale « ordinaire » (c'est-à-dire

---

21. Voir à ce sujet l'étude de Jürgen Voss, « Les étudiants de l'Empire russe à l'université de Strasbourg au 18e siècle » dans C. Grau, S. Karp, J. Voss, (éds.), *Deutsch-russische Beziehungen im 18. Jahrhundert. Kultur, Wissenschaft und Diplomatie* (Wiesbaden, Wolfenbütteler Forschungen Bd. 74, 1997), p. 351-371, fondée sur l'étude des matricules de l'université. L'auteur cite les noms de plusieurs Golitsyne qui furent présents à l'université de Strasbourg (p. 360-361) ; il s'agit en réalité de rejetons de quatre familles différentes, dont une (Dimitri et Boris Golitsyne, les fils de Vladimir et de Natalya Petrovna du même nom) était très éloignée des trois orphelins. Un de leurs cousins, Michel Petrovitch Golitsyne, déjà cité, s'y trouvait également accompagné de son gouverneur Massenet.

22. Au sujet de l'école diplomatique et de la présence des étudiants russes à Strasbourg, voir, outre l'article de J. Voss déjà cité, W. Berelowitch, « Aleksej Jakovlevic Polenov à l'université de Strasbourg (1762-1766) : l'identité naissante d'un intellectuel » dans *Contacts intellectuels, réseaux, relations internationales, Russie-France-Europe, 18e-20e siècle, Cahiers du Monde russe*, 43, 2-3 (avril-septembre 2002), p. 295-320, où l'on trouvera des références bibliographiques sur l'histoire de l'Université de Strasbourg et le rôle de Schöpflin, Koch et Lorenz.

avant les voyages) de 8 000 roubles par an (soit 48 000 livres françaises au taux de change officiel, qui surévaluait le rouble). Ceci équivalait au revenu annuel d'un domaine de 1 600 serfs, ce qui était évidemment très considérable. Les dépenses engagées par les jeunes seigneurs au cours de leurs voyages dépassèrent largement cette somme, comme le montrent les comptes rendus des dépenses adressés par les gouverneurs. À lui seul, Michel dépensa 60 000 livres françaises, en 1789. Alexis dépensa 30 000 livres à Strasbourg en 1787. Au cours de ces voyages, qui embrassèrent une partie de l'Allemagne, Londres, la France, la Suisse et l'Italie, les plumes allèrent bon train, car d'une part, le vice-chancelier exigeait des pupilles des comptes rendus épistolaires sous forme de journaux de voyages et, d'autre part, ils firent l'objet de beaucoup d'échanges entre les oncles, l'ambassadeur à Vienne et surtout Youssoupov étant à cet égard très sollicités.

Tous ces déplacements, ces choix de lieux d'études et de gouverneurs donnèrent donc lieu à une sorte de conseil de tutelle permanent, mais un conseil dont le mode de délibération était purement épistolaire. Ce sont ces correspondances qui nous révèlent, dans une certaine mesure, comment l'aréopage de tuteurs envisageait l'éducation de ces jeunes garçons. Le caractère finalement peu commun de cette histoire tient en effet à la situation particulière des tuteurs et de leurs pupilles. Ils avaient hérité d'un grand domaine administré par leurs tuteurs, sans compter qu'ils bénéficièrent de dispositions testamentaires de leurs oncles, et subvenaient ainsi aux frais de leur propre éducation. Par ailleurs, leur position d'orphelins explique sans doute l'abondance des correspondances consacrées à cette dernière, d'autant plus qu'apparemment, elle n'allait pas sans poser des problèmes. Enfin, leurs tuteurs avaient des idées très arrêtées sur la façon d'éduquer au mieux les jeunes nobles. Quelle synthèse pouvons-nous dégager de ces notations éparses ?

Tout d'abord, les correspondances que nous avons consultées, surtout celles du vice-chancelier, confirment l'importance que revêtaient pour ce milieu les « plans d'études » et les personnes chargées de les appliquer. À plusieurs reprises, le tuteur introduit ses réflexions sur l'éducation par l'expression : « un bon plan d'éducation suppose... ». Ces projets, comme on va le voir, devaient être fixés à l'avance et préciser tout à la fois les matières qu'il était indispensable ou souhaitable d'inculquer aux enfants, les lieux où ils devaient les assimiler et les personnes chargées de les leur enseigner. Qui plus est, lorsque c'était possible, on chargeait un homme de confiance d'élaborer ces plans. Dans le cas présent, ce n'était pas le gouverneur (à la différence de l'éducation de Paul Stroganov dont le grand architecte était Gilbert Romme), mais un professeur ou pédagogue occidental. Nous apprenons ainsi par une lettre [23] que Koch composa un plan d'études pour Boris et Alexis lorsqu'ils furent envoyés à Strasbourg. Le même Koch avait déjà chaperonné en 1768 un autre neveu du vice-chancelier, Nicolas Golitsyne [24], comme Schöpflin l'avait fait pour d'autres avant lui. À Leyde, le professeur de droit Pestel semble avoir joué un rôle similaire. Dans tous les cas, écrit le vice-chancelier, les hommes qui doivent s'occuper des enfants doivent être « honnêtes et vertueux » [25]. Cette banalité est souvent répétée, notamment sous la forme de compliments prodigués à l'adresse des hommes déjà choisis, ce qui montre combien cet élément de l'architecture pédagogique était essentiel dans le système de l'éducation domestique. La façon dont Sokologorski – qui n'était en définitive qu'un fonctionnaire de rang modeste – était traité, est également symptomatique, dans un pays où le respect des individus n'allait pas de soi. Voici en quels termes le grand et richissime seigneur Yossoupov pouvait écrire à Sokologorski en 1781 dans un français quelque peu hésitant, tâchant de le retenir à Leyde, alors que le gouverneur se plaignait déjà de sa santé et du climat hollandais :

Vous savez, Monsieur, combien il est difficile de confier des jeunes gens, et par l'estime que je vous porte aussi bien que les parents des princes qui ne se sont pas décidés que connaissant vos mérites et vos vertus, et comme vous avez eû la complaisance de vous charger de leur éducation, il ne seroit pas convenable que vous les abandonniez justement dans le tems où ils ont le plus besoin d'un homme de votre mérite. Je vous supplie donc instamment d'attendre mon arrivée et alors soyez sûr que je ferai tout ce que vous trouverez convenable. S.E. Mr le Maréchal [Alexandre Mikhaïlovitch] a eû la bonté de me parler sur ce sujet et j'ai jugé à propos de vous écrire la présente [26].

Enfin, le choix de Leyde et de Strasbourg n'est pas pour surprendre : il s'agissait dans les deux cas d'une tradition,

---

23. RGADA, f. 1263, inv. 1, d. 7147, f⁰ 1.
24. RGADA, f. 1263, inv. 1, d. 7342, f⁰ 10-10v. « Le plan arrêté avec Mr Koch pour votre éducation... ».
25. RGADA, f. 1263, inv. 1, d. 180, f⁰ 5. Sauf indications contraires, c'est à ce long document (une lettre de 9 ff. recto-verso rédigée en russe) que nous référerons désormais.
26. Lettre du 13 juillet 1781, archivée dans les papiers du vice-chancelier, RGADA, f. 1263, inv. 1, d. 3914, f⁰ 1v.

ancienne dans le cas de Leyde, datant des années 1760 dans le cas de Strasbourg et qui concernait tout particulièrement la haute noblesse russe. À l'exception du dernier point (le choix des universités), on peut donc dire que, dans le cas présent, l'aristocratie russe procédait à l'égard de ses enfants à l'image du souverain, car on connaît le soin avec lequel Catherine II avait organisé l'éducation de ses petits-enfants.

Les principes éducatifs qui inspiraient les tuteurs étaient largement inspirés des idées qui avaient cours en Europe et dont Catherine, là encore, s'était fait une adepte active. C'est surtout le vice-chancelier qui est prolixe sur ce point. Dans sa lettre déjà citée à Sokologorski, il se livre ainsi à une longue réflexion sur l'éducation d'un gentilhomme (ou homme de bonne naissance). Nous y reconnaissons aisément l'empreinte de Locke pour ce qui concerne les principes généraux, Comenius et peut-être Rousseau pour ce qui concerne la pédagogie et la didactique. Bien entendu, il s'agit d'une imprégnation diffuse et d'une synthèse, non d'une référence intellectuelle explicite. Ces textes donnent ainsi l'impression d'un pot-pourri pédagogique, d'une vulgate d'idées européennes, assimilée par une petite élite et conduite à se diffuser plus largement.

Locke règne en maître sur le préambule : le gouverneur doit avant tout veiller à la santé et à la moralité de ses pupilles, sans lesquelles les sciences ne seraient d'aucune utilité. Golitsyne s'étend particulièrement sur la salubrité des logements qu'ils devront habiter, sur la nécessité de l'exercice, sur l'hygiène, sur la modération sous le chapitre de l'habillement et de la table. Les enfants doivent être protégés contre les mauvais exemples, les mauvaises inclinations et Golitsyne, comme les autres co-tuteurs, se montre particulièrement inquiet sur ce plan, inquiétude qui s'explique aisément par les circonstances (les grandes villes sont pleines de tentations, ce thème revient souvent dans les lettres), mais aussi par l'idée qu'il faille isoler l'enfant de toute mauvaise influence.

Cet isolement implique, du côté du gouverneur, une présence et une veille constantes, thème majeur du 18e siècle, poussé au plus loin dans l'*Émile*. L'instruction à Sokologorski ne manque pas de le rappeler : « Et afin d'instruire nos pupilles et de veiller à leur conduite, je vous prie, monsieur, d'être toujours auprès d'eux sans jamais les laisser seuls, même lorsqu'ils sont occupés à leurs exercices ». À quoi répond une lettre de l'Alsacien Blessig, choisi par Koch pour remplacer Sokologorski à Strasbourg : « [...]

Cela n'empêche pas ces Messieurs de vacquer à leurs études et de fréquenter les Professeurs ches lesquels je conduis assiduement Mr le prince Alexis, que je ne quitte pas un instant de la journée » [27].

Cette méfiance à l'égard de la société ne va pas sans contradictions. Nous pouvons lire en effet dans l'instruction de Golitsyne :

Ces exercices n'empêcheront pas nos pupilles d'être en société une fois par semaine, ni de se rendre quelquefois et aux jours de fêtes auprès de notre ministre à La Haye le prince Dimitri Alekseïevitch Golitsyne [28], auquel nous vous adressons et recommandons lorsqu'il se trouvera à La Haye. Ils pourront aller aussi aux spectacles lorsqu'y seront représentées des pièces ne comportant rien qui soit contraire aux mœurs et aux bienséances. Je crois ce moyen utile, car comme vous, monsieur, je remarque chez ces enfants une timidité et une pusillanimité de mauvais aloi qui pourraient augmenter par la suite et, une fois qu'elles se seront enracinées en eux, demeurer à jamais dans leur caractère ; or passer ses heures de loisir en bonne compagnie peut valoir pour un jeune gentilhomme la meilleure des conférences. Je répète que la science du monde est aussi nécessaire à nos jeunes princes que les études [29].

La même contradiction se retrouve lorsqu'il s'agira de voyager ; les séjours à Paris, Londres, Vienne, sont dangereux car la grande ville est ouverte à la « corruption » : ce thème revient souvent dans les correspondances de Golitsyne ainsi que de son cousin l'ambassadeur. Mais ils n'en sont pas moins indispensables, sans quoi la formation du gentilhomme ne serait pas complète. Aussi le modèle du pupille devient-il le gentilhomme *curieux*. Dans une lettre à son autre neveu Dimitri Mikhaïlovitch Golitsyne le jeune, en 1782, le vice-chancelier vante le « spectateur curieux et réfléchi et qui ne voyage pas uniquement pour jouir des plaisirs momentanés que la capitale de la France offre aux jeunes gens oisifs et inappliqués ». Et, à propos de l'Angleterre, aussi nécessaire pour la formation que la France : « je ne connais pas de pays au monde où un homme puisse s'instruire d'avantage et aprendre à penser avec connaissance et solidité qu'en Angleterre... » [30].

---

27. Lettre de Blessig au vice-chancelier, s.d. (*circa* début septembre 1784), RGADA, f. 1263, inv. 1, d. 593a, f° 1.
28. Le fameux ambassadeur et ami de Diderot, lointain parent des tuteurs, fut bien évidemment sollicité pour la surveillance des trois diables, comme il le fut d'ailleurs constamment pour ce genre de tâches dans sa carrière diplomatique, que ce fût à Paris ou à La Haye.
29. RGADA, f. 1263, inv. 1, d. 180, f° 5-5v.
30. RGADA, f. 1263, inv. 1, d. 7201, f° 41v-42. En français dans le texte.

C'est seulement après le long préambule « lockien » que Golitsyne aborde le choix des « sciences » (*nauki*), mais il se livre à cet examen d'une façon très circonstanciée, désirant, visiblement, expliciter au mieux le plan d'études de Youssoupov.

En tête vient la langue slavonne et la religion que la pratique religieuse doit contribuer à affermir. Ainsi se confirme le fait que le socle de l'éducation demeure traditionnel puisque telle était la base de l'instruction dans la Russie pré-pétrovienne. Puis Golitsyne nomme les trois langues vivantes qu'il juge indispensables : le russe qu'il désigne par l'expression « langue *naturelle* » – ce qui prête beaucoup de poids à cette exigence –, le français et l'allemand. L'italien et l'anglais lui paraissent facultatifs, de même que le latin, ce qui n'empêchera du reste pas les trois élèves de suivre un enseignement de latin à Leyde, et le prince Michel d'apprendre l'italien à la faveur de son tour de la péninsule. Cette marginalisation du latin dans l'opinion de Golitsyne confirme, s'il en était besoin, que l'élite russe suivait en l'occurrence un mouvement européen de délatinisation, en l'exagérant d'autant plus qu'elle avait été à peine latinisée. Sous Pierre le Grand, en effet, et encore à la fin du siècle dans les milieux savants de même que dans la partie instruite du clergé, le latin paraissait indispensable pour accéder au savoir. Aux yeux de l'aristocratie qui se démarquait très nettement du modèle savant, il paraissait peu utile.

Ce savoir ou ces sciences, Alexandre Golitsyne entend que les élèves les découvrent « peu à peu », de sorte que la tâche de leurs instituteurs est d'« éveiller leur curiosité » ; de même, ils doivent utiliser des matériaux didactiques (cartes, estampes, etc.) qui ne soient pas arides et éviter de charger leurs mémoires. Parmi ces sciences « curieuses », Golitsyne cite la géographie, l'histoire, avant tout « celle de leur patrie » [31], la mythologie, le blason. Les mathématiques jouent un rôle dans la formation de l'esprit, servant à introduire la logique, et sont nécessaires pour l'apprentissage des arts militaires, puisque telle est la carrière à laquelle, naturellement, on destine ces enfants. Quant à la physique expérimentale, à l'histoire naturelle et aux antiquités, « il conviendra seulement d'exercer nos jeunes princes afin qu'ils

---

31. Notation surprenante puisqu'il s'agit d'enseignements à l'université de Leyde, peu préparée à ce genre d'études, et c'est pourquoi nous pouvons imaginer, chez Golitsyne, une sorte d'inquiétude ou de crispation, la même qui le pousse à privilégier le russe et le slavon, ceci d'autant plus que lui-même écrit un russe littéralement truffé de gallicismes.

acquièrent certaines connaissances nécessaires pour leur futur voyage dans les pays étrangers ».

Golitsyne attache davantage d'importance au droit de la nature et des gens, en raison, sans doute, de leur utilité générale pour l'élite politique du pays : « par le premier, ils connaîtront leurs propres devoirs dans les différentes circonstances où ils se trouveront, et il faudra leur expliquer les règles qui fondent une législation rationnelle ; par le second, ils apprendront les institutions des différents gouvernements ». Mais il hésite : dans une première rédaction de sa lettre, il écrit que l'usage des termes de la jurisprudence leur sera utile « à cette fin seulement qu'ils puissent soutenir une conversation lorsqu'il sera question des droits ou des lois », ce qui est bien peu ambitieux et relève d'un petit vernis mondain. Mais, dans sa seconde version, il raye ces mots et écrit : « afin qu'ils puissent lire avec fruit les livres traitant des lois et des droits et comprendre les expressions employées dans les affaires et les conversations portant sur cette matière ». Cette petite correction nous aide à mesurer le progrès dans la noblesse de l'idée qu'elle se faisait du droit et de son utilité au sommet de l'État.

Enfin, Golitsyne aborde la musique, le dessin, l'équitation, l'escrime et la danse, autrement dit des arts relevant, ici, de la vie en société ou de l'existence d'un noble. Là encore il hésite et couvre son texte de ratures. Dans un premier temps, il écrit que « le plan d'une bonne éducation » les comprend également, mais que les pupilles « ne doivent s'y exercer que lorsqu'ils auront du temps libre pour se reposer et qu'ils auront fini les leçons des sciences nécessaires ». Puis, il corrige et écrit qu'il « ne convient pas d'accorder à ces exercices moins d'utilité qu'aux autres ». Suit un passage, rayé, dans lequel il précise : « particulièrement, l'art de monter et l'escrime, outre qu'ils appartiennent à l'éducation véritable d'un gentilhomme, ne doivent pas être considérés seulement comme des amusements » [32]. Et, dans sa version finale, il ajoute la danse aux deux autres. À l'évidence, le vice-chancelier hésite entre un modèle d'éducation fondamentale et un modèle plus mondain ; la crainte de la futilité lui fait tenir un chemin étroit entre les deux.

Le plan de Youssoupov, dont nous avons trouvé une trace épistolaire datant de septembre 1779 [33], les plans d'études suivis

---

32. Dans plusieurs lettres, il insiste sur ce point. Voir, par exemple, RGADA, f. 1263, inv. 1, d. 7159, fᵒ 2v.
33. RGADA, f. 1263, inv. 1, d. 3247, fᵒ 26v-29.

réellement par les trois jeunes princes [34] reproduisent assez précisément ce programme éducatif. Sans trop entrer dans le détail de cette énumération des matières, nous nous contenterons de souligner une particularité que nous avons déjà notée à propos du latin : cet enseignement, tel qu'il est conçu par les tuteurs, tourne pratiquement le dos à la formation classique des universités européennes, celle qui précédait toutes les spécialisations et qui avait été introduite en Russie à la fin du 17e siècle et au début du 18e siècle. La grammaire, la rhétorique, la poétique, les langues anciennes [35], la philosophie sont presque entièrement absentes de ce *cursus* et, si les antiquités y figurent, c'est, au même titre que la mythologie et le blason, parce qu'elles sont nécessaires au vernis culturel d'un homme du monde afin qu'il puisse soutenir une conversation et voyager utilement, être capable, par exemple, de comprendre les sujets traités dans les œuvres artistiques qu'il découvrira en Italie. Les langues sont indispensables en tant qu'outils de communication dans leur futur métier, et c'est pourquoi le latin n'a plus de vertu en lui-même. Seuls les arts militaires et, dans une certaine mesure, le droit (ce dernier sans aucun approfondissement de la part d'Alexandre Golitsyne) sont revêtus d'une valeur intrinsèque, car ils préparent les carrières des jeunes gens. Les matières enseignées dans les universités les plus modernes, Goettingen et aussi Strasbourg, où Koch poursuivait la tradition de Schöpflin, histoire, sciences juridiques, statistique ne semblent guère retenir l'attention, alors même que l'impératrice entendait les introduire dans son État en vue de former une classe dirigeante compétente. Une petite base « russe orthodoxe », une petite panoplie militaire et mondaine du gentilhomme russe, telles sont finalement les composantes de ce programme d'études.

Tout ceci n'est pas pour surprendre. Ce modèle peu ambitieux et laissant une large place à l'apprentissage en société pouvait être adapté à trois enfants dont les gouverneurs ne vantaient guère des vertus scolaires particulières. Par contre, il ne correspondait guère à la formation ni à l'expérience passée de certains tuteurs, parmi lesquels Youssoupov lui-même, dont la culture était remarquable. Il n'empêche. Le modèle que nous venons

---

34. Nous les apprenons par la correspondance adressée par Sokologorski (de façon plus vague par eux-mêmes) au vice-chancelier. Voir, par exemple, *ibid.*, f° 46-48v.

35. Ce désintérêt pour les langues anciennes est d'autant plus frappant que Youssoupov, lui, s'était livré à un apprentissage approfondi du latin et encore plus du grec auprès du professeur Lodewijk Caspar Valckenaer, à Leyde.

d'esquisser n'était pas un simple cas particulier. Il n'était guère éloigné de celui qui présidait au Corps des cadets de l'armée de terre, ce principal rival de l'éducation domestique en Russie. Il reproduisait, en les accusant fortement, des modèles occidentaux, notamment allemands (par exemple, la *Ritterakademie* de Berlin). Il produit, au bout du compte, une certaine impression de banalité. Mais cette banalité devient paradoxale si on la rapporte aux efforts considérables, au sérieux et à l'attention avec lesquels on élaborait ces « plans d'éducation », en quoi leurs auteurs avaient très probablement le sentiment d'être pleinement « européens ». C'est à ce titre que l'exemple limité des Golitsyne nous semble révéler les idées de base que la haute noblesse russe se faisait de l'éducation.

Wladimir Bérélowitch
Université de Genève
EHESS, Paris

LA SUISSE ET LES LUMIÈRES MILANAISES : PRATIQUES POLITIQUES ET ÉCHANGES CULTURELS

Alors qu'en 1763 Giuseppe Gorani, noble milanais, s'éloignait de sa ville natale, en pleine effervescence *illuministica*, pour parcourir l'Europe et s'installer finalement à Genève, Fortunato Bartolomeo De Felice avait quitté lui aussi, quelques années plus tôt, la métropole hispano-bourbonienne pour aller créer à Yverdon un des plus importants centres typographiques de la Suisse du 18ᵉ siècle. Ces deux destins pourraient symboliser l'intérêt de l'Helvétie pour les voyageurs, quoique l'esprit d'aventure ait parfois guidé certains choix ; ils illustrent pour le moins, par la nature même de leur orientation politique ou culturelle, la circulation des idées au siècle des Lumières, telle que la définit l'historien du *Settecento riformatore* [1]. Si la Toscane ou Naples constituent des lieux d'expérimentation politique incontestables, la « Milano del "Caffè" » connaîtra une grande influence de l'Espagne à la Russie. À propos de l'œuvre de Cesare Beccaria, *Dei delitti e delle pene*, Franco Venturi constate que de l'Allemagne, de l'Autriche et de la Suisse, l'écho avait été rapide et profond et « révélait l'émergence d'une volonté de rationalisation de la société, d'un rejet du mal social et aussi une confiance lucide dans la raison tendant à l'aspiration à un monde plus humain qui avait débouché sur la création possible de l'*Accademia dei pugni* » [2].

Dans ce contexte, les voisins helvétiques vont être confrontés aux transformations de l'État lombard, d'abord par la proximité frontalière des Grisons et des bailliages tessinois, mais aussi à travers la circulation des idées et des hommes milanais en terre helvétique. Preuve en est, l'accueil fait à Charles-Victor de Bonstetten lorsqu'il entreprend son voyage en Italie, à la fin de 1773 : il pourra alors entrer directement en contact à Milan avec le

---

1. F. Venturi, *Settecento riformatore* (Turin, Einaudi, 1969-1990), 5 vol.
2. *Ibid., I Da Muratori a Beccaria* (1969), p. 747 (traduction par nos soins).

comte de Firmian, ministre plénipotentiaire et correspondant de nombreux hommes de sciences et lettres en Suisse [3].

Si à la fin de l'Ancien Régime, le *Corps helvétique* reste marqué par la diversité des systèmes cantonaux et par une fracture confessionnelle et linguistique qui complexifie les relations avec ses voisins, les Lumières représentent un moment privilégié dans l'histoire culturelle de la Suisse où l'influence de la France constitue un lieu de débat sans cesse renouvelé. De son côté, l'ancienne cité des Sforza rassemble aussi une série de témoignages permettant de nous interroger sur l'influence des Lumières lombardes dans les cantons suisses, dont les relations sont ponctuées, depuis le 15ᵉ siècle, par des alliances militaires, économiques voire religieuses avec la fondation du *Collegio elvetico* par Carlo Borromeo.

Cet article vise donc à faire état de quelques pratiques politiques et culturelles et se développera sur la base de deux paradigmes : l'un épistémologique, dans le but définir la nature du discours sur la Suisse, et l'autre représentatif, visant à identifier les expériences culturelles et plus particulièrement celles des voyageurs inscrits dans les Lumières milanaises.

Durant la première moitié du 18ᵉ siècle, les rivalités entre les Bourbon et les Habsbourg plongent l'Italie dans trois grandes guerres, et l'extinction des dynasties du Centre bouleverse la répartition territoriale ; la paix d'Aix-la-Chapelle en 1748 et l'alliance franco-autrichienne en 1756 parviennent à arracher l'Italie aux troubles européens et inaugurent un temps de paix qui durera jusqu'en 1796. De fait, la seconde moitié du siècle est saisie d'une ardeur réformatrice animée d'un puissant sentiment anticlérical. Toutefois, la diversité des États italiens, dispersés et soumis à une réglementation et à une pratique administrative différentes, a complexifié la question de la liberté de penser et d'écrire avec l'apparition de nouveaux agents de l'État.

L'École de Milan et ses publications dans *Il Caffè*, édité la première fois « al di là dell'Adda » [4], permettent à ses jeunes membres de se faire connaître, et les autorités austro-lombardes

---

3. D. et P. Walser-Wilhelm, *Italiam ! Italiam ! Charles-Victor de Bonstetten redécouvert* (Berne, Peter Lang, 1996).

4. La Revue *Il Caffè* est publiée la première fois à Brescia en 1764 et sera disponible dès 1765 à Milano chez Giuseppe Galeazzi, imprimeur et libraire : cf. G. Francioni et S. Romagnoli, « *Il Caffè* » *1764-1766* (Turin, 1998), p. XIII-XXV.

offriront à plusieurs d'entre eux des postes importants dans les réformes en cours. En effet, la mainmise habsbourgeoise n'a pas d'effet paralysant : si elle réalise une série de réformes économiques et fiscales visant à mieux intégrer l'ancien duché milanais dans le Saint-Empire, elle parvient surtout à mettre en œuvre une profonde révolution dans le domaine de l'instruction et à instaurer un cursus d'études complet dans la Lombardie autrichienne. Les chaires des principales universités reviennent ainsi à des hommes tels que Cesare Beccaria, Giuseppe Parini, Alessandro Volta, Lazzaro Spallanzani ou encore Pietro Moscati. Le processus de centralisation va certes anéantir les privilèges que la noblesse milanaise détenait jusque là dans les différents conseils hérités de la période espagnole au profit du ministre plénipotentiaire, personnage clé du système caméraliste introduit en Lombardie. Toutefois, avec l'arrivée du comte Carlo de Firmian, comme ministre plénipotentiaire (1759-1782), la capitale lombarde va connaître deux décennies exceptionnelles dont l'embellissement architectural sera le symbole éclatant. Si, en France, la littérature des Lumières constitue une culture d'opposition, à Milan, polémistes et philosophes des années 1760, devenus grands commis dans les deux décennies suivantes, participent directement aux affaires de la capitale lombarde.

C'est dans ce contexte très intense de réformes qu'émergent notamment l'*Accademia Reale delle Scienze*, la *Società Patriotica*, l'*Accademia dei Trasformati* et le groupe de l'*Accademia dei pugni*, qui prend position pour la première fois dans les réformes monétaires de l'année 1762. Ces nouvelles institutions correspondent à la prolifération d'associations aux caractéristiques les plus variées qui se développent dans toute l'Europe : l'*Académie des Sciences* en France, la *Royal Society* en Grande-Bretagne, la *Real Academia Española*, la *Oekonomische Gesellschaft de Berne*, ou encore les loges maçonniques ou les académies politico-patriotiques comme la *Helvetische Gesellschaft*[5] à Schinznach (Argovie). On y retrouve côte à côte nobles, bourgeois et ecclésiastiques dont les publications inondent de nombreux domaines de la vie régionale et cosmopolite.

---

5. Fondée en 1761-1762 par Johann Kaspar Hirzel de Zurich, Isaak Iselin de Bâle, Joseph Anton Felix Balthasar de Lucerne et Daniel Fellenberg de Berne, cf. E. Erne, *Die schweizerischen Sozietäten, Lexikalische Darstellung der Reformgesellschaften des 18. Jahrhunderts in der Schweiz* (Zürich, Chronos Verlag, 1988), p. 35.

L'éparpillement des lieux de culture en Suisse est en partie caractérisé par la division confessionnelle qui accentue aussi les déséquilibres socio-économiques. Bien qu'il existe des foyers anciens, tels les couvents ou encore les collèges jésuites (Brigue, Fribourg, Lucerne, Porrentruy, Soleure et Sion) [6], la vie culturelle au 18e siècle tend à être assurée par les cités protestantes. C'est à Zurich, Berne, Lausanne et Genève que l'on trouve les hautes écoles ou académies, Bâle possédant la seule université de l'ancienne Helvétie. C'est également dans les villes du Plateau que l'on voit naître les premières associations d'étudiants à but littéraire. Sous la houlette des juristes Jean Barbeyrac, Jean-Jacques Burlamaqui et Emer de Vattel, une école naturaliste se développe en Suisse romande, autour de l'Académie de Lausanne, qui tisse des liens avec les milieux théologiques de Genève où l'on retrouve Jean-Alphonse Turrettini ou encore Jean-Pierre Crousaz. Des savants viennent s'entretenir avec les naturalistes genevois Charles Bonnet ou Horace-Bénédicte de Saussure, Voltaire ou encore avec le Bernois Albrecht von Haller.

C'est souvent dans cet espace socio-culturel que les élites des villes participent, sous forme d'association, aux activités économiques, savantes ou littéraires, ceci malgré une censure latente et persistante. Leur diffusion dans tous les cantons et le regroupement de la plupart des intellectuels du territoire helvétique dans la *Helvetische Gesellschaft* [7] vont favoriser des réseaux avec l'Europe entière, illustrant ainsi l'intérêt de l'émiettement géographique de la Suisse dans le dialogue entre les milieux éclairés bâlois, bernois, zurichois ou genevois et leurs interlocuteurs étrangers. Il permet de cerner l'émergence d'une conscience identitaire [8] inhérente au mode de vie vertueux représenté depuis le Moyen Âge et relayé par les artistes étrangers en Suisse. Il rend compte aussi de la conscience républicaine des Suisses [9] comme peut le montrer la correspondance de professionnels de la politique dont la nature de la production participe à ce vaste

---

6. F. Walter, *La Suisse urbaine 1750-1950* (Genève, Zoé, 1994), p. 68.

7. E. Erne, *Die schweizerischen Sozietäten, op. cit.*, et U. Im Hof, F. de Capitani, *Die Helvetische Gesellschaft* (Stuttgart, Frauenfeld, 1983), 2 vol.

8. U. Im Hof, *Mythos Schweiz: Identität-Nation-Geschichte 1291-1991* (Zürich, Verlag Neue Zürcher Zeitung, 1991).

9. C. Reichler, « Une scène originaire de la démocratie : la Landsgemeinde » dans M. Böhler (et al.), *Republikanische Tugend Aussbildung eines Schweizer Nationalbewusstseins und Erziehung eines neuen Bürgers. Contribution à une nouvelle approche des Lumières helvétiques. Actes du 16e colloque de l'Académie suisse des sciences humaines* (Genève, Slatkine, 2000), *op. cit.*, p. 78.

réseau d'échanges littéraires ou scientifiques, témoin de l'innovation intellectuelle et aussi des résistances que celle-ci rencontre.

À propos du mot « culture », Daniel Roche rappelle qu'il « reste un vocable ambigu et piégé dont l'emploi ne résout rien si l'on ne tient pas compte des manières dont on rapporte le "culturel" à autre chose, à des groupes sociaux, et alors il s'inscrit dans une compréhension plus large des dynamiques identitaires et de la hiérarchie des sociétés, à des territoires et à des ensembles géographiques historiquement construits »[10]. Un certain nombre d'études, marquées par l'encyclopédisme[11], ont proposé une lecture pluridisciplinaire des Lumières en Helvétie en opposant justement la fragmentation politique caractéristique de la Suisse d'Ancien Régime à l'unité culturelle qui parvient à s'instaurer à l'époque des Lumières.

La fortune de *Dei Delitti e delle pene* en Europe, traduit en français par l'abbé André Morellet et publié à Paris en 1765[12], illustre l'impact des Lumières en Suisse puisque l'année suivante le traité sera imprimé par Fortunato Bartolomeo De Felice. En outre, le magistrat lausannois Gabriel Seigneux de Correvon, à l'origine de la parution de la *Bibliothèque italique* en 1724-1728, prolongera les thèses beccariennes dans son *Essai sur l'usage, les abus et les inconvénients de la torture dans la procédure criminelle*, publié en 1768. C'est en 1785 que les autorités bernoises limiteront finalement la torture dans les cours de justice. L'édition de la correspondance de Beccaria rend compte de la présence de nombreux interlocuteurs helvétiques[13]. Parmi eux, on trouve Vincenz Bernhard Tscharner, co-fondateur à Berne (avec De Felice) de la *Typographische Gesellschaft* en 1758 puis fondateur du *Café littéraire (Société littéraire)*, Daniel Fellenberg, patricien bernois membre de plusieurs conseils de la République et engagé dans les principales sociétés scientifiques et littéraires de son époque, Johann Rudolf Tschiffeli, secrétaire du Consistoire suprême (tribunal des mœurs en terre protestante) et initiateur

---

10. D. Roche, « Une déclinaison des Lumières » dans J.-P. Rioux, J.-F. Sirinelli (dir.), *Pour une histoire culturelle* (Paris, Le Seuil, 1997), p. 21.
11. P. Coleman, A. Hofmann, S. Zurbuchen, *Reconceptualizing nature, science and aesthetics. Contribution à une nouvelle approche des Lumières helvétiques : proceedings of the Conference organized by the Center for 17th & 18th Century Studies* (Genève, Slatkine, 1998) ; M. Böhler (et al.), *Republikanische Tugend, op. cit.*
12. M. Porret, *Beccaria, Le Droit de punir* (Paris, Michalon, 2003).
13. C. Capra, F. Pongolini Pina, R. Pasta, eds., *Cesare Beccaria, Carteggio* (Milan, 1994 et 1996), vol. IV (1994) ; parte I. 1758-1768 ; parte II. 1769-1795.

de l'*Oekonomische Gesellschaft* en 1759 ; à Lausanne, il faut aussi mentionner Louis Eugène duc de Württemberg [14], grand admirateur du modèle éducatif de Rousseau.

Si les échanges épistolaires illustrent l'impact des réseaux culturels issus de l'école milanaise, les voyages constituent un autre pan de l'expérience intellectuelle. Dans cette perspective, l'analyse de quelques documents typologiques tels le journal et la correspondance de voyage, l'écrit autobiographique ou l'enquête socio-économique, témoignent de la circulation des idées entre les deux aires alpines à partir des années 1760, où l'Europe connaît une phase d'accélération dans son histoire politique et intellectuelle.

Le voyage en Suisse [15] est alimenté entre autres par L'*Encyclopédie* [16] française ou encore l'*Encyclopédie d'Yverdon* [17] qui proposent une description politique de l'espace helvétique et de ses composantes cantonales et souveraines. Celle-ci document les agents mandatés par leur gouvernement ou les voyageurs occasionnels tels Alfonso Longo, qui parcourt les bailliages italiens au début de l'automne 1763 [18] alors qu'il fréquente déjà l'*Accademia dei pugni*. Le périple en terre tessinoise attire nombre de voyageurs au 18ᵉ siècle. Si le Lombard s'en tient à des généralités dans son introduction, il distingue d'emblée les cantons populaires et les cantons aristocratiques où le despotisme ne peut se développer grâce aux lois qui limitent chaque canton. Attentif aux rapports politiques, Longo esquisse la situation des pays sujets et il fait des préfectures italiennes un laboratoire exemplaire du mécanisme de sujétion. La description des contrées tessinoises, sujettes des cantons suisses, s'inscrit dans la connaissance ration-

---

14. M. Mirri, « Cesare Beccaria : il principe di Württemberg e la "Société morale" di Losanna » dans *Rivista storica italiana*, LXXVI, fasc. III (1964) p. 749-759.

15. R. Martinoni, *Viaggiatori del Settecento nella Svizzera italiana* (Locarno, 1989) ; C. Reichler, R. Ruffieux, *Le Voyage en Suisse. Anthologie des voyageurs français et européens de la Renaissance au 20ᵉ siècle* (Paris, Laffont, 1996) ; C. Reichler, « La bibliothèque des voyageurs » dans R. Francillon (éd.), *Histoire de la littérature en Suisse romande,* (Paris, Payot, 1997), p. 243-253.

16. *Ibid.*

17. F.-B. De Felice, *Encyclopédie ou Dictionnaire universel raisonné des connaissances humaines* (Yverdon, 1770-1776) ; article « Corps helvétique ».

18. C. Capra, F. Mena, « Un viaggio nei baliaggi italiani nell'insipida descrizione di Alfonso Longo (1763) » dans *Archivio storico lombardo*, n° 126 (1999) p. 139-156 ; S. Caldirola, « Il lecchese Alfonso Longo Riformatore lombardo » dans *Archivi di Lecco* III. N. 4, (Octobre-décembre 1980), p. 312-340.

nelle de la réalité. En effet, les cantons souverains intègrent des sujets dont les aspirations politiques, religieuses voire identitaires [19] se manifestent au cours du 18ᵉ siècle dans la Léventine, dans le pays de Vaud, le Toggenbourg, ou encore plus modérément en Valteline dépendante des Ligues grises ; le phénomène de contestation se développe aussi dans les populations rurales de l'Évêché de Bâle, de Fribourg, de Berne et de Zurich, traitées à part entière comme des sujets par les cités patriciennes ; les révoltes urbaines comme celles de Genève, république alliée du Corps helvétique, demeurent cependant l'exception [20]. Si les contrées helvétiques constituent pour beaucoup de voyageurs l'image d'une démocratie, Longo soulève la question des liens entre sujets et souverain, si problématiques pour la société tessinoise des anciens bailliages ; il transpose ainsi sur sa relation tessinoise, ses préoccupations socio-juridiques développées en 1766 dans les *Osservazioni sui fedecommessi* publiées dans *Il Caffè*.

L'ensemble de ces foyers de résistance suscitent quelques interrogations inquiètes des gouvernements étrangers ou pour le moins de l'intérêt. C'est en effet dans ce contexte que le patricien milanais Marsilio Landriani, membre fondateur puis président de la *Società patriotica*, scientifique et philosophe, est choisi par le prince de Kaunitz et le ministre plénipotentiaire Johann Joseph Maria von Wilzeck (qui avait succédé au comte Firmian en 1782) pour effectuer une enquête [21] à Genève, alors en pleine révolte urbaine. Le voyage va permettre à Landriani de rencontrer Charles Bonnet [22] à Genthod, et de vérifier la permanence des échanges féconds que les savants genevois entretiennent alors avec l'élite lombarde, propres à la sociabilité du voyage [23] :

Le susdit M. Bonnet doit me remettre un exemplaire de la nouvelle édition de ses œuvres dont je me chargerai de transmettre à Votre

19. S. Zurbuchen, *Patriotismus und Kosmopolitismus, Die Schweizer Aufklärung zwischen Tradition und Moderne* (Zürich, Chronos Verlag, 2003), p. 45.
20. R. Braun, *Le déclin de l'Ancien Régime en Suisse. Un tableau de l'histoire économique et sociale du 18ᵉ siècle* (Lausanne, En Bas, 1988), p. 223.
21. Le projet est explicité dans une lettre de Kaunitz à Wilzeck, du 15 juillet 1782 dans AFB (Archives fédérales Berne), P Mailand, Commercio BAr 102 (copie).
22. Cf. *Catalogue de la correspondance de Charles Bonnet* (Genève, BPU, 1993), p. 31. Sept lettres de Marsilio Landriani à Charles Bonnet sont attestées (dont une sans lieu ni date) après son premier voyage genevois.
23. AFB, P Mailand, Commercio BAr 102. Lettre du 5 août 1782.

Excellence à mon retour. M. Abrahm Trembley qui jouissait depuis
longtemps de la correspondance du comte de Firmian ainsi que M. de
Saussure, M. Senebier, M. Le Sage, en somme de toutes les personnes
de lettres de ce beau pays, me chargent de manifester à Votre Excellence
les sentiments de leurs sincères congratulations pour votre promotion.

Dans sa mission, Landriani se mettra aussi en contact avec
François Tronchin pour acquérir quelques tableaux qui méritent
selon lui « d'entrer dans la galerie impériale ». Landriani mêle
dans sa correspondance informations artistiques, économiques et
scientifiques, et transmet à Milan les nouvelles éditions parues
sur la place genevoise. Landriani participera à un autre voyage
organisé par Vienne à travers l'Europe entière. Ce projet est mis
sur pied dans le but de développer le secteur manufacturier des
provinces lombardes, qui viennent de connaître la première sédition des ouvriers de la laine à Côme. Au cours de l'été 1787,
Marsilio Landriani, fonctionnaire gouvernemental muni d'instructions, s'éloigne à nouveau de Milan pour un périple dans les
régions les plus significatives du développement pré-industriel
européen : des cantons suisses à l'Alsace, de la vallée du Rhin
aux Flandres, de la Normandie aux Midlands anglais, de l'Écosse
à l'Irlande. En ce qui concerne l'Helvétie, Landriani retient surtout la description de Bâle, pôle manufacturier du coton, de
l'imprimerie, du papier et du blanchiment des toiles [24] :

> [...] la résistance du Suisse alpestre et robuste est sans comparaison
> chez nous. Dans les cabanes où il habite, ces masures ne méritant pas
> d'autre nom, on y voit des enfants de 5 à 6 ans occupés à disposer la
> soie, à faire les navettes etc., et il n'est pas rare de trouver des filles
> de 9 à 10 ans qui travaillent assidûment aux moulins avec autant de
> vigueur qu'un homme fort et vigoureux. Les longs hivers, la distance
> qui les sépare de la ville principale, la rareté des rencontres, les incitent
> à rester à leur métier à tisser [...]. Nous ne pouvons pas nous faire une
> idée de leur infatigable assiduité [...]. Dans les pauses du repas et de
> la collation, ses filles et sa femme, qui dans le courant de la journée
> s'occupent de division de la soie et de la préparation de la trame etc.,
> continuent leur travail : le métier à tisser est ainsi toujours en mouvement.

Peu sensibilisé aux conséquences durables de l'exploitation
humaine dans cette phase proto-industrielle et confronté aux limites du rationalisme des Lumières, Marsilio Landriani voit dans
le travail des femmes et des enfants une capacité de la société

---

24. M. Pessina, (éd.) *Relazioni di Marsilio Landriani sui progressi delle mani-*
fatture in Europa alla fine del Settecento (Milan, Edizioni Il Polifilo, 1981),
p. 84-85.

à se dépasser et à survivre économiquement. La Suisse est bien constituée et travaille sans relâche car les distractions sont moindres, constate-t-il. Elle sait ainsi s'adapter aux contingences économiques. La volonté libérale des savoirs encyclopédiques s'est définitivement muée en motivation industrieuse que Landriani propose de développer dans les manufactures lombardes.

Marsilio Landriani avait été précédé par un autre Milanais, évoqué plus haut, Giuseppe Gorani, qui se rendra à Genève pour pouvoir publier, en 1771, son ouvrage *Il vero dispotismo*. Grâce à cet écrit, il entrera en relation avec Charles Bonnet qui lui donne l'occasion de faire le pèlerinage de Ferney et de rencontrer Georges Louis Le Sage et Georg Ludwig Schmidt. Dans la mouvance de Pietro Verri et de Beccaria, Gorani propose dans son premier essai une vision radicale des Lumières milanaises, comme le rappelle Franco Venturi [25] :

> Gorani poussait les idées des réformateurs milanais jusqu'à leurs extrêmes conséquences. La lutte contre les corps intermédiaires et les privilèges de classes se transformait chez lui dans la vision du « vrai despote », c'est-à-dire, comme il l'expliquait, vers une force formidable qui détruit tout autre pouvoir.

Le voyage en Suisse symbolise pour le Milanais un tournant décisif puisque, après deux séjours dans la région de Nyon et une période parisienne ponctuée par de nombreux déplacements dont plusieurs retours à Milan, Gorani s'installera définitivement dans la cité de Calvin, théâtre de plusieurs révoltes au 18e siècle [26]. C'est au cours de son deuxième séjour (1788-1789) que Gorani, spectateur favorable au soulèvement populaire de 1789, rédige une longue lettre datée du 7 février à Nyon et adressée à son ami Agostino Carli-Rubbi [27] à Venise, un habitué du cercle qui se réunissait autrefois chez les Verri. Dans cet écrit, Giuseppe Gorani se fait historien-journaliste dans la relation des faits genevois. Dans son esprit, il s'agit bien de diffuser le récit de ce qu'il perçoit, texte qu'il souhaite d'ailleurs voir publier : « tu

---

25. Cité in P. Alatri, « La storiografia politica : assolutismo, riforme, rappresentanza » dans A. Postigliola (éd.), *Un decennio di storiografia italiana sul secolo XVIII* (Naples, L'officina Tipografica, 1995), p. 52.

26. Genève est perçue par Franco Venturi, *Settecento riformatore. III La prima crisi dell'Antico Regime 1768-1776* (1979), p. 343, comme une des caisses de résonance les plus importantes des Lumières.

27. E. Puccinelli, « Relazione degli ultimi tumulti di Ginevra cominciati il giorno 26 gennaio 1789. Una lettera inedita di Giuseppe Gorani » dans *Il Risorgimento* (2000), p. 533-570.

peux lire le récit des discordes genevoises à qui tu veux, et en faire l'usage qui te plairas » [28]. Le transfert de l'information au salon ou au café, voire à la presse, s'inscrit à l'époque de cette diffusion de l'information que Gorani a expérimentée dans ses voyages. Correspondant de Mirabeau et admirateur de Turgot [29], fervent adhérent à la Révolution, l'émigré lombard obtiendra la citoyenneté française le 26 août 1792 puis y renoncera après 1793. Malgré les circonstances rocambolesques de son périple en Suisse, qu'il décrit dans la dernière partie de ses *Mémoires* [30], Giuseppe Gorani exerce un regard aiguisé et sans complaisance sur les mœurs helvétiques s'éloignant des descriptions encyclopédiques qui avaient documenté ses prédécesseurs. Tout en évoquant le paysage, en s'intéressant aux bibliothèques monastiques ou aux manufactures de Hérisau et de Trogen, Gorani revisite les lieux communs de certains cantons avec un ton désabusé [31], délivrant un document réaliste des communautés rurales helvétiques. Parallèlement à ses engagements révolutionnaires, il défend l'idée d'une aristocratie élective [32], citant la domination paternaliste de Berne sur le pays de Vaud comme l'exemple du bon gouvernement [33]. Agent de la Convention à Genève, Gorani va s'investir

---

28. *Ibid.*, p. 565.

29. Cf. G. Gorani, *Ricerche sulla scienza dei governi* (Lausanne, 1790) avec traduction française : *Recherches sur la science du gouvernement* (Paris, 1792), p. 380.

30. E. Puccinelli (éd.), *Giuseppe Gorani. Dalla Rivoluzione al volontario esilio 1792-1811* (Milan, 1998).

31. « Je suis dans un misérable village, sur une montagne, chez un ministre qui est assez pauvre, qui n'a pour tout livre que la bible et des mauvais sermons en allemand. [...] Ah ! mon aimable philosophe, qu'il est dur de vivre dans un village, surtout dans la saison où nous sommes. Si je pouvais habiter Genève, quelle consolation pour moi [...]. J'ai quitté votre ville parce que vous aviez un misérable thaumaturge du crime pour résident de France, vous avez maintenant un homme honnête ». Lettre de Giuseppe Gorani à Georges-Louis Le Sage, 13 décembre 1794, citée par P. Chappuis, « Joseph Gorani et la Suisse » dans *Revue suisse d'histoire* II, (1952), p. 363-385.

32. « Quelques philosophes ont avancé que les anciens avaient fondé leur association politique sur une discussion et une déclaration préalable de leurs droits naturels, cela n'est pas vraisemblable. Comment supposer ces lumières supérieures dans des êtres sortant à peine de l'état de pure animalité, dépourvus des idées les plus simples, et n'ayant même pas de mots pour les exprimer. La raison ainsi cultivée ne peut se trouver que chez des hommes déjà civilisés, chez des nations éloignées de l'état sauvage, par une longue suite de siècles, depuis l'établissement de leur société, et dans des époques où il est plus facile de raisonner sur les gouvernements que d'y faire des changements raisonnables » (tiré de G. Gorani, *Recherches sur la science du gouvernement, op. cit.*, p. 4).

33. E. Puccinelli (éd.), *Giuseppe Gorani, op. cit.*, ch. XXXII, p. 114.

un temps dans les événements et dénoncera l'annexion de Genève par la France. Incapable de transcender, tel un Pietro Verri, les réformes et les utopies de l'*Illuminismo*, il abandonnera définitivement sa patrie. Oscillant entre despotisme et liberté, il peut être perçu comme un représentant symbolique de la crise des Lumières dont la quête citoyenne filtre ses descriptions helvétiques.

Le dialogue avec les correspondants suisses s'élargit aussi à d'autres sphères socio-politiques qui découvrent, dans les mêmes années, les nouvelles parutions encyclopédiques du 18ᵉ siècle. En effet, il faut souligner l'importance de la Suisse dans le domaine du livre européen, qui est en pleine effervescence (plus particulièrement avec l'Italie du Nord où, par exemple, l'éditeur lausannois Francis Grasset a établi des rapports commerciaux). *L'Encyclopédie ou Dictionnaire raisonné des Sciences, des Arts et des Métiers*, qui circule dès 1751, connaît deux éditions en Italie, la première à Lucques (1758-1776) et la seconde à Livourne (1770-1778). De 1769 à 1784, la maison Galeazzi à Milan [34] est une correspondante fidèle de la Société typographique de Neuchâtel (STN). Cette dernière l'approvisionne des œuvres les plus célèbres des Lumières. Une partie de la librairie philosophique de l'aristocratie lombarde mêlée au renouvellement de l'État provient de Genève et de Lausanne, comme l'indiquent les lettres de Barthélemy Chirol à Beccaria [35] dans les années 1760. En terre tessinoise, les livres circulent par l'entremise de la Librairie Agnelli dont la gazette *Nuove di diverse corti e paesi d'Europa (Gazzetta di Lugano)* est publiée dès 1746 et assure la diffusion des réformes lombardes, en adoptant un ton résolument antijésuite et publiant certains documents impériaux [36] ou encore la déclaration d'indépendance américaine. Dans la Suisse orientale, la *Typografische Gesellschaft* (1768-1773), fondée à Coire par les Orelli-Gessner et Walser [37], animée notamment par Ulysses von Salis-

---

34. R. Pasta, *Editoria e cultura nel Settecento* (Florence, Olschki, 1997). A. Machet, « Clients italiens de la Société typographique de Neuchâtel » dans J. Rychner, M. Schlup (éds.), *Aspects du livre neuchâtelois* (Neuchâtel, BPU, 1986), p. 159-186.

35. C. Capra, F. Pongolini Pina, R. Pasta (éds), *Cesare Beccaria, Carteggio, op. cit.*

36. F. Mena, *Stamperie ai margini d'Italia. Editori e librai nella Svizzera italiana 1746-1848* (Bellinzona, Casagrande, 2003), p. 32.

37. F. Monteforte (et al.), *Editoria, cultura e società. Quattro secoli di stampa in Valtellina 1550-1980* (Sondrio, Banca Populare di Sondrio, 1990), p. 20.

Marschlins, va assurer la traduction de textes littéraires et philosophiques et la parution limitée du *Giornale letterario* [38].

Libraires, colporteurs, contrebandiers participent aux efforts des imprimeurs milanais freinés par la vigilance frontalière animée par un État qui souhaite maîtriser la diffusion des idées. Livres et imprimés parviennent dans la Suisse italienne, pour franchir les Alpes, à travers les canaux les plus variés et par l'entremise notamment des Agnelli, dont la maison mère se trouve à Milan [39]. D'ailleurs, les imprimeurs tessinois informent les journaux italiens de la publication de leurs gazettes, et les Lombards, de leur côté, s'empressent de signaler leurs nouveautés éditoriales dans le territoire tessinois, comme en témoigne la présence d'une cinquantaine de libraires italiens dans les listes de souscriptions tessinoises [40].

La Lombardie et la Toscane sont marquées à cette époque de réformes par une double dynamique [41] : celle de la circulation des textes des Lumières et celle de la laïcisation des élites. Milan détient ainsi les capacités de réponse à la tradition religieuse et curiale et aux défis de la sécularisation que Vienne va imposer dans l'État lombard, à l'exemple de la censure en décembre 1768 [42] pour laquelle, quelques mois plus tôt, Wenzel Anton de Kaunitz-Rietberg, chancelier et responsable du Département d'Italie à Vienne, écrivait au gouverneur Carlo Firmian [43] :

> Le prononcé du jugement, et la publication de la sentence, l'interdiction ou l'autorisation au moyen de lois pénales de la publication des livres : ces moyens extérieurs, et ces données de juridictions temporelles, inséparables du pouvoir civil depuis les origines de la société et qui précèdent l'établissement de notre sainte religion, sont réservés au prince.

Kaunitz, soucieux de contrôler la diffusion des idées, distingue avec habileté la capacité doctrinale de l'autorité religieuse à évaluer un écrit et la répression de celui-ci découlant du prince.

---

38. F. Venturi, *Il Settecento riformatore, II. La chiesa e la repubblica dentro i loro limiti 1758-1774* (Turin, Einaudi, 1976).

39. F. Mena, « Libri e giornali, lettori e stampatori » dans R. Ceschi (éd.), *Storia della Svizzera italiana* (Bellinzona, Casagrande, 2000), p. 72.

40. M. Bernasconi, *Le Associazioni librarie in Ticino nel XVIII e XIX secolo* (Bellinzona, Casagrande, 1992).

41. R. Pasta, *op. cit.,* p. 10.

42. ASM, Studi Archivio di Stato Milano, p.a., c. 31. Arrêté impérial du 15 décembre 1768.

43. ASM, Studi Archivio di Stato Milano, p.a., c. 31. Du 25 juin 1768.

Le but de la censure est d'écarter l'Église de tout contrôle sur les éditions, et de la remplacer par des censeurs royaux. Toutefois, les décisions impériales rencontrent selon Pietro Verri, un zèle excessif de la part de ses collègues ou anciens amis milanais, qui vont à l'encontre des principes qu'il défend [44] :

Je crois, mon cher Sandrino, que nous avons beaucoup reculé. Rigueurs excessives sur les imprimés, établissement d'un bureau pour vérifier l'introduction des livres, accusations d'impiété [...] crois-tu que maintenant l'on pourrait imprimer le « Caffè » ? Je crois qu'il ne serait même plus possible de l'introduire ou de le vendre imprimé ailleurs.

Malgré ces réserves, le processus de sécularisation des idées culmine à Milan dans l'achat par Vienne de la bibliothèque du Bernois Albrecht von Haller. À sa mort, ses fils avaient souhaité éviter de disperser l'immense collection que leur père avait constituée dans la maison de la Inselgasse. Les 23 000 titres correspondant à environ 70 000 volumes [45], souvent annotés, représentaient l'expression la plus typique du cosmopolitisme culturel hallérien. Kaunitz, averti de la mise en vente de la bibliothèque, informe dans une lettre du 26 mars 1778 le *Magistrato degli studi* à Milan du projet d'achat de la bibliothèque. La hoirie Haller n'hésite pas à écrire au prince de Kaunitz que la bibliothèque est très recherchée par la Russie et l'Angleterre. Dans sa lettre du 4 juin 1778, Kaunitz s'adresse à Firmian, en lui rappelant l'importance de la bibliothèque helvétique [46] :

Il semble que l'on ne pourra jamais plus espérer meilleure occasion que celle-ci pour l'intégrer dans les différentes sections de livres de manière à ce qu'elle puisse compléter la richesse qui existe dans d'autres domaines des connaissances humaines. Il serait certes difficile, pour ne pas dire impossible sans une dépense énorme de réunir toutes les œuvres que Haller a rassemblées patiemment durant près de quarante années et avec l'aide des gens de lettres qu'il connaissait dans toutes les parties de l'Europe.

44. Lettre de Pietro Verri à Alessandro Verri, du 21 février 1770, citée par C. Capra, *I progressi della ragione. Vita di Pietro Verri* (Bologne, 2002), p. 322.

45. L'acquisition de la bibliothèque est documenté par Maria-Teresa Monti, auteure du catalogue de l'œuvre hallérienne : M.-T. Monti, « Riforme asburgiche e cultura lombarda. Una biblioteca medica da Berna a Milano », dans F. La Manna (éd.), *Commercium. Scambi culturali italo-tedeschi nel XVIII secolo. Deutsch-italienischer Kulturaustauch im 18. Jahrhundert* (Florence, Olschki, 2000), p. 111-112. Voir aussi, *Catalogo del fondo Haller della Biblioteca Nazionale Braidense di Milano* (Milan, 1983-1984), 4 vol. en 3 tomes, et M.-T. Monti, « I libri di Haller e la nascita delle biblioteche pubbliche nella Lombardia asburgica » dans *Società e storia* XI, 46, (1989), p. 995-1029.

46. ASM, Studi, p.a., c. 26. Lettre de Kaunitz à Firmian, du 4 juin 1778.

L'État centralisateur souhaite ainsi valoriser son capital culturel pour donner prestige et valeur à ses bibliothèques, en assurant une pratique féconde entre culture, réformes et sciences. Le désintérêt du Petit Conseil de Berne [47] (dont une partie des membres côtoyait forcément les sociétés susmentionnées) pour son savant de renommée internationale révèle par contre une certaine propension de cet État à privilégier les contingences ou les différends personnels du moment. L'affaire fut conclue pour une somme de 2000 louis d'or, et les 154 caisses de livres traversèrent les Alpes par le col du Gothard à dos de mulet pour parvenir à Milan le 4 octobre 1778. Elles seront déposées au Collège de Brera et intégrées aux autres collections lombardes déjà existantes. Avec ce fonds, la bibliothèque de l'ancienne institution jésuite devient la plus prestigieuse de la capitale ; la rencontre des projets politiques viennois et des aspirations intellectuelles de l'élite milanaise débouchent sur une modernité culturelle significative.

Les auteurs du *Monde des Lumières* [48] rappellent que, pour comprendre l'histoire de la société et de la culture, il faut « tenter de voir comment les hommes de différents pays, de différents groupes sociaux ont produit, inventé et diffusé de nouvelles catégories mentales et de nouvelles valeurs, comment ils peuvent s'approprier les unes et les autres de façon variées ».

Si le Corps helvétique s'illustre par son éclatement politique, le développement des associations culturelles, les intérêts cosmopolites des classes patriciennes et des représentants de la république des Lettres et du monde scientifique le maintiennent au centre des enjeux culturels voire politiques. Les quelques expériences rapportées par les voyageurs lombards ou par les échanges qui caractérisent l'Italie du Nord et la Suisse entre 1760 et la fin du siècle, rendent compte de la transformation et de l'émergence de nouveaux codes de communication qui témoignent de la capacité des individus à mettre en place un espace commun de pratiques et de critiques, dont l'Helvétie constitue un exemple aux facettes contrastées. Par leur action ou par leur pratique professionnelle, les savants lombards ou futurs grands commis dynamisent les échanges et font de la Suisse un lieu d'expérimentation culturelle prisé.

---

47. ASM, Studi, p.a., c. 26. Lettre du Petit Conseil de Berne à Firmian, du 22 juin 1778.
48. V. Ferrone, D. Roche, « Historiographie des Lumières » dans V. Ferrone, D. Roche (dir.), *Le Monde des Lumières* (Paris, Fayard, 1999), p. 554.

Au-delà des convictions qui les animent, de l'expérience comparative ou des crises qu'ils traversent, ces agents culturels invitent à poser quelques jalons pour penser les pratiques politiques et identitaires de l'État moderne en construction.

ÉLISABETH SALVI
Université de Lausanne

Librairie Droz

Bibliothèque des Lumières

Jean-Yves PRANCHÈRE, *L'Autorité contre les Lumières: la philosophie de Joseph de Maistre*. 2004, 472 p., BDL 63 • CHF 53,20 € 36,07
ISBN: 2-600-00804-7

Les Marges des Lumières françaises (1750-1789). Actes du colloque organisé par le groupe de recherches Histoire des représentations (EA 2115) 6-7 décembre 2001 (Université de Tours) sous la direction de Didier Masseau. 2004, 288 p., BDL 64 • CHF 63,50 € 43
ISBN: 2-600-00961-2

Laurent VERSINI, *Baroque Montesquieu*
2004, 216 p., BDL 65 • CHF 49,10 € 33,29
ISBN: 2-600-00971-X

Jean-Baptiste JEANGÈNE VILMER, *Sade Moraliste. Le dévoilement de la pensée sadienne à la lumière de la réforme pénale au XVIIIe siècle*
2005, 576 p., BDL 66 • CHF 137,20 € 92,94
ISBN: 2-600-00993-0

Philippe DESPOIX, *Le Monde mesuré. Dispositifs de l'exploration à l'âge des Lumières*. A paraître à la fin 2005, *ca* 272 p., BDL 67
ISBN: 2-600-01013-0

L'Encyclopédie méthodique: des Lumières au positivisme (1782-1852). Actes du colloque international de Genève réunis par Claude Blanckaert et Michel Porret. A paraître à la fin 2005, *ca* 816 p., BDL 68
ISBN: 2-600-00944-2

Histoire des Idées et Critique Littéraire

Pierre M. CONLON, *Le Siècle des Lumières*. Bibliographie chronologique, T. XXIII (1788). 2005, XXVIII-456 p., HICL 419
CHF 135,15 € 91,55
ISBN: 2-600-01031-9

11 rue Massot, C.P. 389 • CH - 1211 Genève 12
Tél.: +41 22 346 66 66 Fax: +41 22 347 23 91 E-mail: droz@droz.org
www.droz.org

CORPS ET SUBJECTIVITÉ
À L'ÉPOQUE DES LUMIÈRES

Le corps, objet de fascination ! D'innombrables études en ont depuis quelques décennies établi l'impact dans les champs les plus diversifiés des sciences humaines, l'histoire, l'anthropologie, l'histoire de l'art, la sociologie, l'histoire de la médecine, les sciences de l'Antiquité. Fascinant, le corps apparaît aussi éclaté : corps disséqué, corps exposé, corps représenté, corps violenté, corps féminin (ou masculin), corps hygiénisé, etc. Face au morcellement extrême de l'objet d'étude, il semble illusoire aujourd'hui de vouloir en rendre compte de manière synthétique [1]. Comme celui de toute autre période, le corps des Lumières, sous le regard de ses spécialistes, n'est donc pas un, mais multiple. Chacun de ses fragments relève d'une analyse spécifique, de pratiques et de discours différenciés : leur diffraction semble répondre adéquatement à l'appel lancé par Jacques Revel et Jean-Pierre Peter, qui, dans leur article programmatique et tout à la fois énigmatique, exhortaient naguère les historiens à distinguer entre un corps objet d'une « histoire positive » définie à partir de données quantitatives et complémentaires d'une « histoire sociologisante » et « anthropocentrique », et corps subjectif, « borne où achoppe et s'arrête le savoir » [2]. Or, plus de trente ans après, la multiplication des perspectives, portées le plus souvent par des recherches fondées sur des séries de sources spécifiques et difficilement comparables, ont produit, et continuent de produire, une masse plurielle de corps, dont les dimensions respectives sont parfois incommensurables. L'éclatement du corps historicisé répond à la complexité de l'objet et des questions méthodologiques. Le corps est à la fois évidence quasi naturelle (tout le monde en possède un), construction sociale (sa pure description « objective » ne suffit

---

1. Pour un panorama historiographique récent, voir M. Lorenz, *Leibhaftige Vergangenheit. Einführung in die Körpergeschichte* (Tübingen, Diskord, 2000).
2. J. Revel, J.-P. Peter, « Le corps. L'homme malade et son histoire », dans P. Nora (éd.), *Faire de l'histoire*. Vol. 3 : *Nouveaux objets* (Paris, Gallimard, 1974), p. 169-191.

pas pour rendre compte de ses modalités d'existence dans le monde social), énigme phénoménologique (toute tentative d'élucidation bute sur la question de l'étrangeté du corps de l'autre). Le morcellement constaté dans la littérature spécialisée apparaît en tant que reflet inverse des tentatives objectivantes, lesquelles à leur tour entérinent la séparation entre corps et sujet — constat aux apparences banales, tant il semble normal aujourd'hui d'effectuer cette opération à la suite de la fameuse coupure cartésienne. « Le corps émet une parole. Mais elle est l'indicible », écrivaient encore Revel et Peter [3]. Or, leur pensée renvoie en dernière analyse à un corps commun à tous, universel, « notre » corps, dont l'évidence universelle n'échappe pas au danger d'anachronisme. Aussi convient-il, pour commencer, d'y voir un peu plus clair dans le « corps des Lumières », de s'interroger sur le sens du terme « corps » en son temps.

La lecture de quelques entrées « corps » proposées dans les dictionnaires et encyclopédies du 18ᵉ siècle signale en premier lieu l'ampleur de la distance qui sépare la définition d'alors de notre propre définition. Un dictionnaire des plus usuels, le *Petit Robert*, définit aujourd'hui le corps comme la « partie matérielle des êtres animés ». Le sens est d'emblée tramé sur la polarité corps/esprit et corps/âme, réitérée à la ligne suivante en termes d'opposition entre corps/chair (comme quintessence matérielle) et âme/esprit (en tant que substance immatérielle) : « L'organisme humain *opposé à* l'esprit, *à* l'âme. V. Chair ». Dans les dictionnaires du 18ᵉ siècle, le point de départ de la définition du terme corps est autre. Il s'agit, selon *Furetière*, d'une « substance solide et palpable » ou, si l'on reprend l'expression du *Dictionnaire de l'Académie* d'une « substance étendue et impénétrable ». L'opposition à l'âme ou à l'esprit, opération qui aujourd'hui permet d'isoler, de définir le corps, semble avoir pris la place de l'explication d'hier en termes de cohésion, d'extension substantielle. Si le corps plus l'esprit (ou le corps plus l'âme) forment l'être d'aujourd'hui, le « corps animé », qui constitue le premier cas particulier dans le *Dictionnaire de l'Académie*, est le corps « qui a une âme sensitive » ; pour *Furetière,* de façon complémentaire, le « corps vivant » résulte d'une division des « corps naturels » en deux sous-groupes, celui des « corps vivants » précisément, et celui des « corps inanimés ». Dans la ligne des théories anthropologiques héritées de la tradition aristotélicienne et galénique, le corps de

---

3. *Ibid.*, p. 185.

l'homme est donc entendu comme une substance qualifiée, « animée » ou « vivante », et non simplement comme une partie matérielle opposée à une partie immatérielle.

Ces quelques traits généraux suffisent à signaler à quel point l'analyse sémantique dévoile un nœud inextricable. Et cette impression ne fait qu'augmenter lorsqu'on s'aventure, au-delà de la comparaison des premières lignes, dans l'épaisseur des définitions étalées sur plusieurs pages dans les dictionnaires anciens. L'âme y tient alors une place de choix. Par exemple, l'*Encyclopédie* reprend la définition donnée par *Furetière* et le *Dictionnaire de l'Académie* en la reléguant dans la section « Métaphysique et physique », alors que la section « Médecine » offre une définition qui rappelle davantage celle d'aujourd'hui : « Dans les animaux, c'est l'opposé de l'*âme*, c'est-à-dire cette partie de l'animal qui est composée d'os, de muscles, de canaux, de liqueurs, de nerfs ». On peut en conclure provisoirement que, si elle n'a pas le statut de matrice fondamentale qu'elle possède aujourd'hui, l'opposition entre le corps et l'âme est cependant présente à l'époque des Lumières.

C'est d'ailleurs sa présence, enracinée dans une tradition intellectuelle embrassant Platon, la théologie chrétienne et Descartes, qui engage un des historiens du corps les plus en vue de la fin du 20ᵉ siècle, Roy Porter, à déclarer la séparation entre corps et esprit comme pleinement entérinée au siècle des Lumières [4]. Porter constate toutefois que si les textes philosophiques invitent de manière cohérente à considérer l'esprit comme supérieur au corps, un vide théorique subsiste quant aux modalités de l'application de cette supériorité : par quelles voies l'esprit domine-t-il le corps ? Plus problématique encore, selon cet auteur, est pour l'historien la négation constante d'une indépendance du corps vis-à-vis de l'esprit, pourtant manifestée par d'innombrables accidents corporels, comme diverses maladies reconnues comme étant induites involontairement par l'esprit et l'imagination [5]. Car, à l'époque des Lumières, la réciproque est également vraie : le corps peut influencer l'esprit [6].

---

4. R. Porter, « Bodies of thought : Thoughts about the Body in Eighteenth-Century England », dans J. Pittock, A. Wear (éds.), *Interpretation and Cultural History* (New York, Basingstoke, Macmillan, 1991), p. 82-108.
5. R. Porter, D. Porter, *In Sickness and in Health. The British Experience 1650-1800* (Londres, Fourth Estate, 1988), p. 60-68.
6. Le Dr Gaub, étudié par l'historien Lelland Rather, est un bon exemple de ce courant, minoritaire au sein de la littérature médicale, mais néanmoins significa-

Devant la complexité, une voie se dessine pour donner un sens spécifiquement historique au corps des Lumières. Il s'agit de l'approche phénoménologique adoptée par Barbara Duden. Au-delà des textes issus de la littérature savante et incluant une réflexion d'ordre philosophique sur les rapports entre corps et esprit, et des textes médicaux sur la santé et la maladie du corps, Duden, dans son ouvrage pionnier *Geschichte unter der Haut* paru à la fin des années 1980, propose de se tourner vers l'histoire du corps vécu, en l'occurrence celui des femmes de la localité germanique d'Eisenach soignées au milieu du 18ᵉ siècle par le médecin Johann Storch. L'originalité première de son travail, fondé sur les récits de cas recueillis par Storch, est d'abandonner radicalement toute notion de l'existence d'un « corps naturel », anhistorique, tel qu'il transparaît implicitement dans les récits historiques cités précédemment. Le corps envisagé par Duden n'est pas le corps universel de Revel et Peter, ni le corps théorique global issu d'une *doxa* philosophique homogénéisée spécifique au siècle des Lumières tel que le présente Porter, mais un corps irrémédiablement historique, différent du « corps naturel » qui est le nôtre, soit « l'expérience d'un corps d'une époque passée », attentive à l'ensemble « des mouvements de l'intérieur du corps », et qui, jusque-là, « n'appartenait pas au domaine des sciences historiques » [7]. Ce corps que Duden vise à reconstituer est un premier pas vers une histoire du corps conçue à partir de l'expérience intime du corps vécu.

C'est également un corps autre qu'il nous importe de mettre en lumière ici : celui qui est situé au centre d'une série d'expériences jalonnant la vie des femmes et des hommes de l'époque des Lumières, celui qu'ils éprouvent en tant que tout incluant aussi bien l'âme et l'esprit, en tant qu'ensemble composé d'une substance solide et liquide, « étendue et impénétrable », délimitée par la peau. Cette perspective nous est offerte à partir de la lecture de documents particuliers, journaux, lettres, mémoires, relevés et billets intimes rédigés par les acteurs, qu'ils soient malades ou bien portants – la frontière entre l'un et l'autre état n'étant pas toujours nettement tracée –, la parenté et les proches.

---

tif. Voir Lelland J. Rather, *Mind and body in eighteenth century medicine : a study based on Jerome Gaub's De regimine mentis* (Berkeley, Los Angeles ; Londres, Wellcome historical medical library, 1965), p. 1-30.

7. B. Duden, *Geschichte unter der Haut* (Stuttgart, Emot Klett Verlag, 1987), notamment p. 7-12.

Qu'il soit conçu individuellement ou collectivement, le corps des Lumières se présente avant tout comme un corps singulier : cette unicité est au fondement des multiples expériences qui trament son inscription tout au long de la vie, à partir de sa genèse même. Issu de deux constitutions distinctes, le corps naissant au monde comporte d'emblée des caractéristiques de l'un et de l'autre de ses géniteurs : enfants, hommes, femmes et vieillards des Lumières ont tous hérité des traits physiques et constitutionnels de leurs parents, et en portent une conscience aiguë. Ce constat, du point de vue de l'histoire des idées médicales, paraît absolument banal. Pourtant, dans un contexte social où chacun est avant tout défini par sa position dans une lignée, la chose prend toute son importance : le corps est inscrit dans un ensemble familial, ce qui oblige toute personne soucieuse pour une raison ou pour une autre de son corps, à retracer régulièrement le lien entre des particularités corporelles de ses parents et les siennes propres.

Horace-Bénédict de Saussure (1740-1799), qui constituera pour nous ce corps singulier exemplaire, décrit ainsi les caractéristiques sanitaires de sa propre famille dans une lettre concernant la santé de sa sœur, Judith, et adressée à Albert de Haller. Plusieurs membres de sa famille souffriraient, se lamente-t-il, de « la peau séche et imperméable de la famille de ma Mère ». Celle-ci, ainsi que sa sœur, Jeanne-Marie Bonnet née De la Rive sont l'une et l'autre valétudinaires au long cours. Une telle qualité de peau est décrite comme « chileuse », ne « permet presqu'aucune transpiration ». Du coup, les familles De la Rive et de Saussure souffrent l'une et l'autre de maux associés à l'âcreté du sang et à l'absence de transpiration [8]. « Ma sœur a eu malheureusement ce vice organique dans toute sa force. C'est vraisemblablement de là que vient cette humeur de dartre dont elle est tourmentée depuis plusieurs années », poursuit Saussure dans sa lettre à Haller. Selon la logique humorale, une peau qui ne transpire pas incite les humeurs à chercher d'autres voies, d'où cette « humeur de dartre » décrite dans la suite de la lettre et dont la patiente souffre depuis plusieurs années : « Elle se jette sur la peau, et

---

8. Dans la lettre concernant la santé de sa mère rédigée dix ans plus tôt, Saussure décrit la constitution de sa mère en des termes analogues : « Ma Mère a eu le malheur d'hériter de ses Parents, qui le tenoient des leurs, d'une peau fort rude, chilleuse et très séche qui ne permet prequ'aucune transpiration. En conséquence de cela ma Mère, ses Parents et ses frères ne suent presque jamais, et sont fort sujets aux maladies que l'on attribue à l'acreté du sang et au défaut de transpiration ; par exemple aux Dartres » (voir note 11).

principalement sur le Visage, qu'elle fait enfler aussi bien que les yeux » [9]. La santé de Judith est ainsi constamment réinterprétée en fonction de sa tare initiale.

L'inscription d'une pathologie familiale comme celle des De la Rive et des Saussure ne se retrouve pas dans toutes les familles à l'époque des Lumières. Le plus souvent – cela se lit particulièrement bien dans les correspondances de patients –, l'héritage en la matière se limite à une sorte d'état de santé familial global, que l'on retrouve noté dans des traits comme la longévité des parents et la présence (ou l'absence) de phtisiques parmi les parents proches [10]. Les Saussure constituent à cet égard un exemple extrême, explicitant de façon particulièrement aiguë la dimension sociale de la santé. Mais il convient de noter qu'en dépit des caractéristiques héritées, chaque corps comporte bien sa « physiologie » propre (au sens étymologique du terme), reflet d'un équilibre humoral particulier. Nous soutenons que c'est précisément l'originalité de chaque corps qui est à même de dessiner une certaine cohérence relativement au corps des Lumières. Elle permet de considérer le « corps » en tant qu'entité subjective problématique, à partir de laquelle les différentes appréciations portées sur le corps à l'époque des Lumières peuvent être nouées. Car, de ce point de vue, celui du corps-sujet, la multiplicité des discours sur le corps, que l'historiographie d'aujourd'hui restitue en autant de fragments du corps historique, constituent autant de facettes d'une dimension partagée de l'expérience du corps singulier, soit un corps individuel compris socialement.

Il s'avère que les particularités individuelles (y compris dans leur dimension familiale) ont des conséquences sociales. Difficile héritage en effet que cette espèce de tare corporelle partagée pour les Saussure, qui cherchent à la dissimuler autant que faire se peut. Car parmi les nombreuses constitutions originales, celles qui sont associées à des troubles de la peau (et qui sont liées à la prédominance d'humeurs froides) et à la phtisie sont les plus redoutées et, en définitive, les plus lourdes à posséder. Il ne faut pas voir comme

9. O. Sonntag (éd.), *The Correspondence between Albrecht von Haller and Horace-Bénédict de Saussure* (Berne, Stuttgart & Toronto, H. Huber, 1990), Horace-Bénédict de Saussure à Albrecht von Haller, Genève, le 11 décembre 1773, p. 476-477.

10. M. Stolberg, *Homo patiens. Krankheits – und Körpererfahrung in der Frühen Neuzeit* (Cologne, Weimar, Vienne, Böhlau, 2003) ; P. Rieder, *Vivre et combattre la maladie : représentations et pratiques dans les régions de Genève, Lausanne et Neuchâtel au 18ᵉ siècle* (Genève, thèse dactyl., Université De Genève, 2002).

un hasard le fait qu'Horace-Bénédict s'adresse à des soignants certes célèbres, comme Albert de Haller et Théodore Tronchin, mais surtout établis dans des lieux à distance suffisante de Genève, quand il s'agit d'aborder la santé de sa famille. Il l'avoue lui-même en toutes lettres dans une lettre à Haller : « Elle [ma mère] n'a pas voulu faire une Consulte par des Médecins pour vous l'envoyer parce que comme elle a craché du sang dans cette maladie, et qu'à Genève dès que cela arrive à quelqu'un on le croit Poulmonique, elle a craint que si on savoit qu'elle en a craché, cela ne fit du tort à ma sœur et à moi » [11]. À l'en croire, elle aurait même cherché à dissimuler ces maux à ses proches et à une partie de sa famille. L'enjeu est dans ce cas le marché matrimonial : les enfants Saussure sont encore célibataires, et si Horace-Bénédict épousera une des plus belles fortunes de Genève quelques années plus tard, sa sœur ne trouvera jamais de parti.

Parmi l'extrême variété des documents dans lesquels se dépose l'expérience du corps, un certain nombre sont rédigés à la première personne du singulier. Il convient bien entendu d'en déchiffrer à la fois les codes culturels et les contextes précis qui les motivent afin de s'assurer une entrée dans l'expérience vécue de l'individu même. Ici encore, Saussure est particulièrement parlant. Malade par intervalles, soucieux de son image dans le public, il s'efforce de rester aussi discret que possible sur les aléas de sa santé. Cette réserve est attestée plusieurs fois : « Le silence qu'il observe à ce sujet, des remèdes qu'il s'ordonne lui-même peut être imprudemment, qu'il compose et prend en secret », tous ces comportements inquiètent ses amis, rapporte une lettre anonyme adressée à de Haller et incitant celui-ci à prendre en main la direction de sa santé [12]. Nous sommes en 1772, Saussure souffre alors de maux préoccupants, et perd du poids, autre souci pour lui et ses proches. Reprenant à son compte l'habitude de sa mère, il s'adresse en premier lieu à des médecins pratiquant ailleurs. Outre Haller, alors établi à Bex, à plus de 100 kilomètres, il consulte également par correspondance Emmanuel Exchaquet (1719-1801), médecin habitant dans la bourgade d'Aubonne, située elle aussi à bonne distance.

S'il est un interlocuteur privilégié avec lequel Saussure dialogue sur sa santé, c'est bien son journal personnel. La plupart des cahiers conservés, qui datent des différentes époques de sa

---

11. *Ibid.*, Horace-Bénédict de Saussure à Albrecht von Haller, le 7 avril 1763, p. 120.
12. Burgerbibliothek Bern, Correspondance Haller, XVIII, 32/66.

vie, sont rédigés en vernaculaire ; cet été-là pourtant, Saussure écrit en un latin émaillé de mots écrits en caractères grecs : indice de la discrétion extrême qu'il adopte relativement à sa propre santé, même à l'égard des proches. Les notes journalières attestent d'une attention extrêmement soutenue sur l'évolution de son état de santé. Les troubles d'estomac dont il souffre, trahis par le vomissement régulier de la nourriture quelques heures après le repas, sous la forme d'« émissions couleur d'argile », ponctuent littéralement le texte. Mais Saussure lit d'autres signes dans son corps, comme la fièvre tierce dont il souffre les 25, 27 et 29 juin, et qu'il interprète comme un signe positif selon une lettre adressée à Haller : « On dit [...] que les fiévres intermittentes fondent les obstructions, dissipent les mauvaises humeurs, en sorte que je pense à la laisser courir au moins pendant quelque temps » [13]. Saussure est attentif à l'ensemble des signes réputés alors trahir une évolution de la santé [14]. Pour le 21 juin par exemple, son journal porte une lapidaire « febris inquieta », pour le 29 juin, une « nox somniis terrificis agitatissma », ou encore, pour le 9 juillet, une nouvelle « nox inquieta » : comme on le sait bien, le sommeil et la disposition d'esprit sont des éléments importants de l'hygiène ancienne, au même titre d'ailleurs que d'autres données « non-naturelles » dont Saussure fait également état, dont les évacuations (sueurs, purgations, etc.) et l'exercice qu'il s'impose : « ambul. equisetums », ou « ambul. » apparaissent très régulièrement dans le journal [15].

Relevons que cette extraordinaire minutie accordée par Saussure à son corps et à l'évolution des moindres signes ne lui est en rien particulière ; elle semble même être un trait commun de l'écriture intime de son époque, du moins au niveau d'une certaine élite cultivée [16]. La tenue régulière d'un tel journal et la capacité d'élucider soi-même, au fil de l'écriture, les signes médicaux relevés à même sa personne – ou, au sens des Lumières, à même

---

13. O. Sonntag (éd.), ouvr. cité, Horace-Bénédict de Saussure à Albrecht von Haller, le 26 juin 1772, p. 468.

14. Pour une définition de l'hygiène ancienne, voir Lelland J. Rather, « The "Six Things Non-Natural" : A Note on the Origins and Fate of a Doctrine and a Phrase », *Clio Medica*, 3 (1968), p. 337-347.

15. Saussure se soigne alors avec de l'eau de Vals et des pilules amères : BPU, Ms Saussure 102.

16. Sur la prédominance de ce type de lecture au 18e siècle, voir S. Pilloud, M. Louis-Courvoisier, « The Intimate Experience of the Body in the Eighteenth Century : Between Interiority and Exteriority », *Medical History*, 47 (2003), p. 451-472 ; M. Stolberg, ouvr. cité.

son corps – confèrent à son auteur un large degré d'autonomie interprétative. En bref, Saussure lui-même, à l'instar des patients de son temps, peut induire et infléchir le sens qu'il s'agit de donner aux aléas de son corps [17].

Pour ses proches, ses différents médecins et assurément pour la plupart de ses contemporains qui ont connaissance des vicissitudes de santé de l'homme public célèbre, les maux de Saussure doivent être associés aux excès d'exercice dont il se rend coupable. Lors d'une première crise de santé en 1768 déjà – un « mal de gorge gangreneux » contracté à Londres –, des voix s'étaient élevées pour le tancer : « Tu t'étois sans doute trop échaufé dans tes courses tout le monde attribuë ton mal à cela. Au nom de Dieu ménage toi », lui écrit son père, Nicolas de Saussure, à cette occasion [18]. L'auteur de la consultation anonyme adressée à Haller mentionnée plus haut reprend la même idée en suggérant que Saussure aurait abusé de sa bonne constitution : « Son gout pour la botanique et l'histoire naturelle l'ont porté à faire souvent des courses tres fatigantes dans les plus hautes montagnes ». Ce thème, récurrent dans l'histoire de la santé de Saussure, deviendra également un motif sur lequel s'attarderont tous les biographes du savant genevois, qui sont tout à la fois, par la force des choses et du personnage (autrement dit, du corps) en question, ses pathographes [19].

Si aujourd'hui l'acte de donner sens à la maladie commence avec le fait de la nommer, tel n'est assurément pas le cas à l'époque des Lumières. La notion du mal en tant que déséquilibre global attaquant l'ensemble de la machine prédomine alors, confortée par l'expérience commune du corps singulier. De nombreux exemples tirés des archives du type de celles examinées ici attestent du fait que l'on résiste, comme patient, à l'idée d'accepter de représenter un modèle, un « cas », autrement dit à celle d'incarner soi-même une maladie particulière. Tout comme Saussure lui-même à la fin de sa vie, qui préfère décrire « une

17. S. Pilloud, *Expérience de la maladie et pratique médicale au siècle des Lumières. Étude de la correspondance médicale adressé au Dr Samuel Tissot* (Rapport de recherche du Fonds national de la recherche scientifique, Institut universitaire d'histoire de la médecine et de la santé publique, Lausanne, 2003).

18. En cas de rechute, il conseille des remèdes qui « adoucissent et relâchent » (BPU, Ms Saussure 237/64 : Nicolas de Saussure à Horace-Bénédict de Saussure, Frontenex, 26 décembre 1768). Voir aussi : BPU, Ms Saussure 237/264 : Amélie de Saussure-Boissier à Théodore de Saussure (à Londres), s. l., s. d., [1793].

19. Burgerbibliothek Bern, Correspondance Haller, XVIII, 32/66. Pour une histoire plus détaillée de la santé de Saussure, voir P. Rieder, V. Barras, « Santé et maladie chez Saussure », dans R. Sigrist (éd.), *Horace-Bénédict de Saussure en son temps* (Genève, 2001), p. 501-524.

faiblesse du côté gauche » pour signifier une paralysie progressive
d'un côté du corps, plutôt que de qualifier son mal d'« hémiplé-
gie » [20], le patient à l'époque des Lumières valorise l'originalité
de son mal, la particularité de ses souffrances. Ainsi, moins qu'il
ne se nomme, le mal se décrit, et, hormis un certain type de
maladies virulentes, comme la peste, la variole et diverses autres
maladies infantiles contagieuses dans lesquelles prédomine l'effet
de masse – mais sans doute est-ce là aussi, en partie du moins,
une conséquence du type d'archives dans lesquelles ces maladies,
et le corps qu'elles constituent, peuvent être aujourd'hui
déchiffrées –, il est éprouvé et interprété comme un phénomène
touchant l'ensemble du corps. Pour y donner sens, il importe
avant tout d'en connaître la cause, voire le pronostic.

La connaissance détaillée de son corps, conférée par l'observation précise et la maîtrise consécutive des sensations comme celles
dont témoigne le journal évoqué ci-dessus, laisse au malade le dernier mot dans l'interprétation de son mal. Saussure est ainsi en
mesure de nier ainsi la corrélation que d'autres établissent pour lui
entre ses excès d'exercice et ses maladies [21]. En 1777, par exemple
lorsqu'il est interpellé par sa belle-sœur en pleine expédition alpine
sur ce danger, Saussure répond de façon péremptoire : « C'est à
Monsieur Tronchin que je dois la santé dont je jouis et le pouvoir
de satisfaire mon goût pour les Montagnes. Et ne craignés pas que
j'en abuse, je me ménage comme si j'étais un objet délicat et précieux, d'ailleurs ce n'était pas mes courses [dans les Alpes], mais
une diète mal entendue qui m'avait rendu malade » [22]. Et ce thème,
Saussure le reprendra à intervalles réguliers, jusqu'à l'affirmer haut
et fort dans l'œuvre qui établit sa réputation, les fameux *Voyages
dans les Alpes* [23]. En un mot, il ne donne pas grâce aux explications
avancées par différentes sources contemporaines, qui reprennent
en réalité les explications médicales habituelles. En tant que personne – c'est-à-dire que corps du 18e siècle – souffrante, il se sent
assez sûr de lui pour déclarer lui-même la nature de son mal et en

---

20. BPU, Ms Saussure 221/6 p. 39 : copie de lettre du 23 avril 1797.
21. Un des médecins de Saussure, Louis Odier, ira jusqu'à reprendre l'idée
dans une conférence publique sur la santé de Saussure, prononcée quelques jours
seulement après son décès, pour expliquer la dernière maladie de Saussure déclarée
en 1793 déjà : « Après de longs et pénibles efforts pour arrêter ou diriger le
torrent de nos révolutions politiques [...], il fut tout d'un coup attaqué de vertiges »
(Musée d'histoire de sciences, Genève, cote : Z 92/10).
22. BPU, Ms fr. 4452/26, lettre adressée à [Anne-Caroline] Tronchin, datée
du 26 juillet 1777.
23. H.-B. de Saussure, *Voyages dans les Alpes* (Neuchâtel, 1779), p. III-IV.

établir la cause. En tous les cas, Saussure peut assumer de poursuivre de son plein gré ses études et voyages dans les Alpes et de défendre constamment l'idée qu'il s'y trouve bien. Nous l'avons vu, Saussure n'est pas le seul à interpréter lui-même sa santé et à revendiquer la justesse de sa propre interprétation dans l'épreuve de son corps. L'oncle de Saussure, Charles Bonnet, rend ses excès de travail responsables des maux d'yeux dont il souffre [24]. La femme de lettres alémanique Julie Bondeli associe sa fragilité à sa constitution féminine, notamment à sa sensibilité de nerfs, en l'associant positivement à une exacerbation de la fonction intellectuelle [25]. Les exemples sont multipliables à l'infini, mais l'essentiel demeure que les patients et leurs proches conservent une autorité interprétative et ne sont que rarement contredits sérieusement.

La singularité des corps et des maux ne doit pas occulter les rapports entretenus entre les corps en présence. De nombreuses caractéristiques relient les corps pour les constituer en groupes. Le groupe familial en est un premier exemple. Une constitution étrangère est d'autant plus facile à décrire qu'elle se rapproche de la sienne propre. Telle est peut-être la raison pour laquelle Horace-Bénédict de Saussure rédige des consultations pour sa mère et sa sœur, alors que son père Nicolas de Saussure, exempt pour sa part de la tare héritée des De la Rive, s'en abstient. Des communautés de corps se forment au-delà de la seule parenté. Des corps soumis aux mêmes régimes ou aux mêmes habitudes finissent par posséder des traits communs et peuvent même être érigés en catégories médicales : corps des pauvres, corps des gens du monde, corps des gens de lettres en sont des exemples connus [26]. Au-delà encore, le tempérament, ce mélange singulier des humeurs définissant une des particularités du corps, constitue en même temps le moyen de construire des liens avec d'autres corps formés d'un équilibre humoral similaire. Et enfin, le fait de souffrir de maux identiques, ou du moins similaires, suffit en soi à échafauder une constitution corporelle partagée.

---

24. C. Bonnet, « Mémoires autobiographiques », dans C. Savioz (éd.), *Mémoires autobiographiques de Charles Bonnet de Genève* (Paris, Vrin, 1948), p. 474 ; pour une interprétation détaillée de la maladie de Charles Bonnet, voir P. Rieder, ouvr. cité.

25. B. Schnegg, A. Baum, « 'Cette faiblesse originelle de nos nerfs'. Intellektualität und weibliche Konstitution – Julie Bondelis Krankheitsberichte », dans H. Holzhey, U. Boschung (éds), *Gesundheit und Krankheit im 18. Jahrhunderts* (Amsterdam, Atlanta, 1995), p. 5-17.

26. Nous faisons ici allusion aux deux traités de Samuel-Auguste Tissot, *Essai sur les maladies des gens du monde* (1770) et *De la santé des gens de lettres* (1768), ainsi qu'au traité de Paul Dubé, *Le Médecin des pauvres* (1669).

Plus certainement que le discours médical, le récit partagé d'un patient souffrant de maux semblables, ou, plus précisément, d'un patient constitué d'une manière analogue et souffrant des mêmes maux, est l'indice de la voie thérapeutique à prendre. Un tel jeu d'échanges n'est pas propre aux laïcs entre eux, mais marque également l'interaction entre laïcs et médecins. Même Saussure, lorsqu'il s'adresse à Haller pour l'enjoindre à l'aider à soigner sa sœur, estime nécessaire de préciser en préambule : « Je le fais avec d'autant plus de confiance que je sçais qu'une personne affligée comme elle d'une dartre opiniatre a reçu beaucoup de soulagement en suivant vos conseils »[27]. C'est en tous les cas l'interprétation que suggère l'examen des *exempla*, ces récits détaillés de malades guéris que l'on recopie soigneusement dans les recueils de recettes domestiques. Le malade souffrant de maux particuliers se voit reconnaître une certaine autorité dans la désignation du meilleur remède. C'est ainsi qu'on ne manque pas de retrouver le corps de Saussure lui-même, tout discret qu'il est, dans un recueil de remèdes domestiques, conservé dans les archives d'une autre famille genevoise, où il est noté que le grand homme a communiqué un « gargarisme » pour soigner les maux de gorge[28].

Il semble aller de soi que le corps des Lumières se distingue du corps du 19ᵉ siècle par une caractéristique essentielle, celle d'être un corps d'avant la clinique, cette rupture épistémologique majeure telle qu'elle apparaît notamment dans les travaux de Michel Foucault. Du coup, ce corps est trop aisément pris comme emblème général d'un corps « ancien », cette ancienneté assumant à son tour le rôle d'un trait universel. Courant le même risque que celui de l'ethnologue explorant les sociétés traditionnelles, l'historien du corps du 18ᵉ siècle, qui dispose d'une abondance notable de sources, tend à faire de son objet le modèle d'un corps « traditionnel » immuable, quasi immémorial, et le figer du coup en une nouvelle posture anhistorique. Or, peut-on réduire le corps des Lumières, surabondant dans les documents à disposition, à un tel corps, à supposer qu'il existe ? Rappelons ici que

---

27. O. Sonntag (éd.), ouvr. cité, Horace-Bénédict de Saussure à Albrecht von Haller, Genève, le 11 décembre 1773, p. 475-476.

28. Le remède se lit ainsi : « Prenez 3/4 d'once d'écorce de grenade que vous mettrez infuser dans un pot d'eau de vie, lorsque vous vous en gargariserez vous y ajouterez 4 fois autant d'eau commune, ce remède est très bon pour fortifier et prévenir les maux de gorge, et empêcher l'engorgement » (AEG, archives de la famille Saladin-van-Berchem, carton 274, recueil de remèdes, s.d.).

la seule consultation des dictionnaires et encyclopédies laisse penser qu'il n'en va pas naturellement ainsi. La complexité à la fois sémantique et historique du terme engage d'emblée à tenir comme suspecte toute séparation nette entre le corps et l'esprit. Se dessine en effet une superposition complexe de niveaux discursifs et de modèles expérientiels, scientifiques (sinon biologiques), théologiques, philosophiques, en tous les cas irréductibles à une présentation univoque [29]. Reconstruit à travers des sources courantes, comme les dictionnaires, et dépourvues de finalités savantes, à l'instar des écrits de la famille de Saussure, le corps singulier des Lumières est un corps partagé par une communauté spécifique. L'étude de ce corps, comme nous y engagent ces documents spécifiques, doit nous permettre de ne pas s'arrêter à l'évidence scientifique ou biologique d'un corps universel, ni de le penser non plus, en désespoir de cause, comme un éclat fragmentaire et irréconciliable, mais d'en décrire l'histoire, en reconstruisant les pratiques de santé d'un individu de l'époque des Lumières, et plus largement toutes ses pratiques corporelles, qui font de son corps le siège d'élaborations constantes, à différents niveaux, avec diverses valeurs sociales elles aussi historiquement situées. Ainsi, l'histoire d'un corps restitue celui-ci dans un contexte social et culturel particulier, et révèle non pas l'ensemble des possibilités d'interprétation et de compréhension des manifestations corporelles (et de leur absence) dans le passé, mais plutôt les options perçues et les stratégies adoptées par un individu et/ou ses proches à une époque donnée. Dans ce sens, l'exemple décrit ici du corps d'Horace-Bénédict de Saussure est bien celui d'un corps du 18e siècle et doit, à ce titre, être différencié des corps des siècles précédents. Les transformations sur un terme plus long demeurent, à ce stade, du domaine hypothétique. L'approfondissement de l'étude du corps vécu des Lumières et l'extension du champ d'investigation à d'autres périodes historiques constituent des moyens, aujourd'hui envisageables, de prolonger cette histoire.

PHILIP RIEDER et VINCENT BARRAS
Institut d'histoire de la médecine et de la santé
(Université de Genève) et
Institut universitaire d'histoire de la médecine
et de la santé publique (Université de Lausanne)

---

29. M. Lock, « Cultivating the Body : anthropology and epistemologies of bodily practice and knowledge », *Annual Review of Anthropology* 22 (1993), p. 133-155.

SIEYÈS, LECTEUR PROBLÉMATIQUE
DES LUMIÈRES

L'abbé Sieyès (1748-1836) appartient à une génération de transition. Au début des États généraux il avait la quarantaine échue. Du point de vue de sa formation intellectuelle, le jeune Sieyès semble avoir manifesté un intérêt soutenu pour les disputes philosophiques et scientifiques qui ébranlèrent les traditions religieuses dans la première moitié de son siècle. Que garde-t-il de la radicalité de cet héritage dans son action révolutionnaire ? Y a-t-il trace dans son œuvre politique de ses premiers engouements culturels ? Les limites des savoirs que Sieyès maîtrise sont parfois incertaines et même sujettes à discussion. Dans les manuscrits de Sieyès, qu'il n'a jamais voulu publier, rappelons-le, il ne faut pas s'attendre à trouver l'œuvre d'un commentateur rigoureux d'un système philosophique mais le chantier d'une pensée politique en train de se construire.

À l'âge de 22 ans, en 1770 si l'on en croit les inscriptions portées par l'auteur lui-même sur ses manuscrits, Sieyès rédige une bibliographie, un catalogue de livres qui pourraient composer sa bibliothèque s'il parvenait à être « assez riche pour en former une » [1]. Sa première question est celle du classement. Par thématique ou par ordre chronologique se demande-t-il, pour finalement suivre ses goûts personnels et citer « les livres vraiment utiles ».

Son point de départ est *La France littéraire*, un almanach annuel dont le Secrétaire perpétuel de l'Académie de Berlin, Jean Henri Samuel Formey (1711-1797), avait réédité [2] pour ses lecteurs allemands l'une de ces livraisons : une « dépendance » de son ouvrage déjà publié, *Conseils pour former une bibliothèque peu nombreuse mais choisie* (1750), que Sieyès suit de très près.

---

1. Fonds Sieyès déposé aux Archives Nationales de France. Inventaire par R. Marquant, Paris, SEVPEN, 1970. *Projet de bibliothèque ou bibliographie*, transcrit et annoté par F. Weil (à paraître, 120 pages environ).

2. *La France littéraire ou Dictionnaire des auteurs français vivants*, corrigé et augmenté par M. Formey (Berlin, 1757).

Il fait aussi grand usage d'un autre ouvrage de Formey : *Le Philosophe païen ou pensées de Pline* (Leyde, 1759), qu'il mentionne à six reprises. Dès son entrée en matière, Sieyès nous donne l'orientation de son travail, axé sur les controverses philosophiques et religieuses. Il s'inscrit dans la continuité des *Lettres philosophiques* (1733) et du *Siècle de Louis XIV* (1739) de Voltaire, qui avait passé en revue les écrivains français mais avait accordé une place prépondérante aux écrivains anglais, écossais et irlandais. Sieyès, plus modestement, fait de même. Cette perspective anglophile était courante. Des journalistes l'avaient précédé dans la diffusion en Europe continentale des livres anglais.

Le Genevois Jean Le Clerc, cité par Sieyès, avec la publication de ses trois séries de journaux *La Bibliothèque universelle et historique* (1686-1693, 26 volumes), *La Bibliothèque choisie* (1703-1713, 28 volumes), « La Bibliothèque ancienne et moderne » (1714-1730, 29 volumes), s'était efforcé de remédier à l'ignorance de la littérature d'outre-Manche, en publiant force comptes-rendus d'ouvrages anglais. En 1688, Le Clerc avait publié l'*Abrégé de l'Essai sur l'entendement humain* de Locke et était devenu le vecteur du newtonisme en Europe. Pour Sieyès, en 1770, Le Clerc est encore une référence. Il juge « excellent » le *Traité sur l'incrédulité* du théologien. On ne sait pas toujours jusqu'à quel point le jeune abbé lisait et comprenait l'anglais. Mais on remarque qu'Adam Smith et James Harrington n'eurent droit à son commentaire qu'après la publication des traductions françaises[3], ce qui nous incite à penser qu'il maîtrisait mal la langue anglaise.

Sur les quelques cent cinquante auteurs anglais promus dans l'intégralité des « bibliothèques » de Le Clerc, Sieyès en retient vingt-trois, essentiellement des théologiens, nombre restreint qui, compte tenu des quarante ans d'écart entre les travaux des deux hommes, traduit une volonté de relais.

Autre source pour les livres anglais, le journaliste huguenot Pierre Desmaizeaux (1673-1745), établi en Angleterre, publie des *Nouvelles anglaises* dans les nombreux périodiques français et hollandais auxquels il collabore. Desmaizeaux, introduit dans les milieux déistes et libertins de Londres, est un infatigable épistolier. Nous retrouvons dans la bibliographie de Sieyès la

---

3. C. Fauré (éd.), *Des Manuscrits de Sieyès, 1773-1799* (Paris-Genève, Champion, 1999), p. 23, 452.

mention des œuvres de ses plus prestigieux correspondants comme si le jeune homme avait à cœur de reconstituer l'espace d'échange intellectuel créé par le journaliste. Parmi les interlocuteurs fameux de Desmaizeaux, que Sieyès réunit dans sa bibliothèque idéale, citons : Joseph Addison, essayiste et poète ; William Warburton, évêque de Gloucester ; le philosophe David Hume ; Armand de La Chapelle, ministre de l'Église française à La Haye ; le fameux déiste Antony Collins ; Pierre Bayle ; Jacques Basnage, théologien protestant ami proche de Bayle ; Maupertuis, mathématicien et naturaliste dans le sillage de Newton ; Turretini, professeur d'histoire ecclésiastique à l'Académie de Genève ; Jean Barbeyrac, juriste et historien connu pour sa traduction de Pufendorf ; l'abbé de Saint-Pierre ; Pierre Varignon, mathématicien français ; et même le célèbre philosophe et mathématicien Leibniz [4].

Pierre Desmaizeaux s'était lui-même engagé contre les arguments cartésiens des preuves de l'existence de Dieu : il tint des propos polémiques dans *Les Nouvelles de la République des Lettres* d'août 1703. Les ouvrages présentés dans ce numéro sont tous cités par Sieyès [5].

En 1720, après la mort de Leibniz, Desmaizeaux se charge de publier en français la correspondance entre Leibniz et Samuel Clarke, et aussi les échanges entre Leibniz et Newton. Il traduit les réponses de Clarke et contribue ainsi à la diffusion en France d'un débat sur l'espace et le temps qui eut un grand écho philosophique. Cette anthologie s'inscrit dans le combat anti-cartésien qu'avait mené Leibniz en son temps. Après la publication du *Système nouveau* dans le *Journal des savants* (1695) et de la *Théodicée* (1710) [6], elle met des textes inédits à la disposition du public français. Sieyès connaît toute l'importance de ce recueil, mais s'intéresse-t-il particulièrement à la philosophie leibnizienne qui rejette la démonstration de Newton sur le vide et les atomes, regardant l'espace comme une pure relation, face à un Clarke qui divinise l'espace et le temps ?

Aucune trace particulière de cet intérêt ne se trouve dans la bibliographie de Sieyès. Il ne cite pas la troisième édition de

---

4. Liste établie à partir de l'ouvrage de J. Almagor, *Pierre Desmaizeaux, journalist and english correspondant for franco-dutch periodicals, 1700-1720* (Amsterdam and Maarsen, APA-Holland University Press, 1999).

5. Il s'agit d'Ellies Dupin, *Nouvelle bibliothèque des auteurs ecclésiastiques*, et de Clarendon, *Histoire civile d'Angleterre*.

6. Barber W.H., *Leibniz in France from Arnauld to Voltaire, a study in french reactions to leibnizianism (1670-1760)*, (Oxford, Clarendon Press, 1955).

l'anthologie de Desmaizeaux (Lausanne, 1759) augmentée de six nouveaux textes de Leibniz. Les éditions des œuvres latines et françaises de Leibniz, éditées par Raspe (Amsterdam, 1765) et de Dutens (Genève, 1768) manquent. Il ne mentionne pas non plus les travaux de Madame du Châtelet sur Leibniz, *Institutions de la physique* (Paris, 1740), et fait l'impasse sur les *Éléments de la philosophie de Newton* de Voltaire. Ces lacunes sont significatives d'une relative indifférence de Sieyès à l'égard des textes leibniziens [7].

Dans la lignée de l'*Encyclopédie*, la bibliographie de Sieyès comporte une large rubrique scientifique et philosophique. Comme Diderot, il fait une fréquente utilisation des ouvrages de Johan Jakob Brucker, auteur d'une monumentale *Historia critica philosophae* (1742-1744) et d'un abrégé sur le même thème, *Institutiones historiae philosophicae* (Lipsiae 1747 et 1756), dont il donne de larges extraits à propos de Leibniz, Hobbes et Spinoza.

Si la mise à jour bibliographique des ouvrages de Leibniz n'a pas été faite par Sieyès, l'œuvre de Spinoza a retenu toute son attention : il produit la liste exhaustive des livres du philosophe et répertorie avec soin les faux titres sous lesquels ils ont paru en français, sans oublier l'*Œuvre posthume* (1677) dont le *Traité politique* resté inachevé fait partie. Avec ce goût de la dispute, qui traverse sa bibliographie, il cite également les auteurs qui ont réfuté l'œuvre de Spinoza : Christoph Wittich, 1690 ; Fénelon, Lamy et Boulainvilliers, 1731 ; l'abbé de Lenglet, 1731.

Le *Dictionnaire historique et critique* de Chauffepié, suiveur de Bayle, est mis à contribution pour retracer la carrière mouvementée de l'auteur des *Pensées diverses sur la comète de* 1680 et de l'*Avis aux réfugiés sur leur prochain retour en France* (1690) : « C'est un écrit en forme de lettre où l'on raille les réfugiés sur les espérances qu'ils avaient conçues de voir des événements extraordinaires prédits par Jurieu pour 1689 » explique Sieyès. Cette application de la critique des fables à l'un des thèmes les plus explosifs de l'époque, que représentent l'esprit de satire et le républicanisme des réfugiés, résonne encore en 1770 comme une audace.

Toujours à partir du dictionnaire de Chauffepié, les rapports conflictuels de Malebranche et du grand Arnauld attirent l'atten-

---

7. J. Guilhaumou discerne au contraire un paradigme Sieyès-Leibniz dans *Sieyès et l'ordre de la langue* (Paris, Kimé, 2002).

tion de Sieyès. Qui de Newton, sous le nom de méthode des fluxions, ou de Leibniz est le père du calcul différentiel ? Cette question soulevée par l'anthologie de Desmaizeaux est un autre exemple de son intérêt pour les controverses.

La référence aux travaux de l'Académie de Berlin, refondée en 1744 par Frédéric II de Prusse, intervient régulièrement dans la bibliographie de Sieyès. Tout en se gardant de prendre parti, il en présente les diverses facettes. À travers les travaux du zélé Formey, Sieyès appréhende la philosophie de Wolff (1679-1754). Il cite longuement *La Belle wolffienne* (La Haye, 1741), un roman philosophique qui met à la portée du lecteur ordinaire la métaphysique du philosophe leibnizien.

Sieyès fait aussi état des travaux du « wolffien leibnizien », Georges Bernard Bülfinger, tout en faisant grand cas des ouvrages anti-leibniziens de La Mettrie, d'inspiration lockienne et newtonienne qu'il mentionne à plusieurs reprises. Il cite encore l'éloge de La Mettrie par Frédéric de Prusse, qui clôture le dernier volume de l'*Histoire de l'Académie de Berlin* (1767). En 1770, Sieyès ne prête guère attention à l'œuvre de Condillac dont l'empirisme sensualiste sera pour lui un pôle d'attraction. L'œuvre du naturaliste suisse Charles Bonnet ne lui est pas encore familière. Par contre, il s'arrête sur un personnage controversé de l'Académie de Berlin, Leguay de Prémonval, janséniste passé au protestantisme.

La bibliographie de Sieyès fait resurgir les lignes fortes d'une vie intellectuelle dans laquelle les milieux de huguenots expatriés jouèrent un grand rôle, comme pourvoyeurs de controverses philosophiques et comme propagandistes de l'actualité littéraire européenne. Le plus souvent, elle n'est qu'une suite de titres et de noms d'auteurs mais, parfois, le jeune Sieyès s'autorise des propos caustiques et sans concession. Sur les déistes et les libres-penseurs anglais, il écrit : « Les Asgill, Tindal et Toland, mauvais écrivains, lus uniquement parce que leurs ouvrages sont contre la religion ». Il classe Hobbes, Machiavel, Mandeville et Montaigne parmi les « hérétiques du droit naturel » sans que l'on sache vraiment si c'est une condamnation ou un éloge du relativisme moral et du scepticisme de ces auteurs.

Sieyès manifeste-t-il un goût particulier pour les livres interdits ? Sans doute puisqu'il privilégie les livres édités en Hollande et en Suisse, les livres venus de l'étranger. En cela, il ne diffère pas de la plupart des amateurs de bibliothèques en France, lesquelles comprenaient généralement plus d'un tiers de livres « à enlever » [8]. Pourtant, la modernité et la transgression que présentent l'œuvre de Rousseau le laissent froid : il passe rapidement sur *L'origine des inégalités* (sic), fait silence sur *Le Contrat social*, mieux il se joint aux appréciations réprobatrices de Bauclair dont *L'Anti Contrat social* (La Haye, 1764) est également interdit. De l'*Émile*, il ne retient qu'un passage où Rousseau affirme la priorité de l'éducation des sens [9]. Cet intérêt que Sieyès nourrit pour le sensualisme, déborde le cas de Rousseau ; il s'interroge sur Blacklock, un poète anglais devenu aveugle à l'âge de trois ans, mais qui « réussit singulièrement à faire des descriptions ». Il mêle sa voix à l'ordre impérieux que lance Formey à Rousseau dans son *Anti-Émile* (Berlin, 1763) : « Tais-toi, Jean-Jacques ». Il cite l'ouvrage de Bitaubé sur *La Confession de foi du vicaire savoyard* (Berlin, 1763), qui accuse Rousseau de « pyrrhonisme », accusation grave s'il en est pour un passionné de la religion naturelle.

À l'égard de l'œuvre de Montesquieu, Sieyès suit une démarche similaire ; il cite *Les Lettres persanes*, oublie *L'Esprit des lois* et accumule, contre cette œuvre, des jugements critiques repris sur un mode indirect : « Extraits du *"Philosophe païen"* de Formey (tome 1, p. 246) à propos d'une définition contestée du despotisme » ou encore : « De l'observation sur *L'Esprit des lois* de Crevier, il paraît par la page 295 que le Journal de Trévoux a critiqué *L'Esprit des lois*, le morceau qu'il en rapporte marque un homme qui n'est pas sot ». Il s'interroge malicieusement sur la qualité de l'abrégé consacré au *Génie de Montesquieu* par Alexandre Deleyre : « est-il bon ? »

Dans l'œuvre politique de Sieyès persiste ce rejet de Rousseau et de Montesquieu.

La carrière politique de Sieyès a traversé toute la Révolution (1789-1799). Ses convictions ont néanmoins peu varié. Dès le début de l'Assemblée Constituante, à l'occasion du débat sur la Déclaration des droits de l'homme, il formule les 20 et 21 juillet 1789 une distinction entre deux catégories de citoyens : les citoyens actifs et les citoyens passifs définis comme ayant droit « à la protection de leur personne, de leur propriété, de leur liberté », à l'exclusion des droits politiques. Les citoyens actifs, ceux qui « contribuent à l'établissement public, sont les vrais

---

8. F. Weil, *Livres interdits, livres persécutés, 1720-1770* (Oxford, Voltaire Foundation, 1999), p. 4.

9. Rousseau, *L'Émile ou de l'éducation* (La Haye, 1762), p. 349.

actionnaires de la grande entreprise sociale » [10]. Cette distinction entre actifs et passifs recouvre-t-elle l'idée d'un suffrage censitaire ?

Il s'agit pour Sieyès moins d'exclure les plus pauvres que de donner un sens à l'activité du citoyen à travers le geste d'une contribution libre et volontaire, garante de l'engagement personnel du citoyen à défaut d'une « éducation nationale ». Cette citoyenneté active est liée à la professionnalisation des hommes politiques « défrayés par la contribution annuelle » [11].

Dans son enthousiasme pour le pouvoir des « actionnaires », Sieyès arrive dans ses calculs à une proportion très large de citoyens actifs, soit un sixième de la population, c'est-à-dire 4.400.000, « sans équivalent à l'époque... comparée à celle du siècle suivant : 90.000 électeurs en 1817, moins de 200.000 après la loi du 19 avril 1831 » comme le remarque l'historien Patrice Gueniffey [12]. Sieyès reprend tout au long de sa carrière cette idée d'investissement actionnaire : dans sa défense du système représentatif contre la République, lors de sa polémique avec Thomas Payne en juillet 1791 ; en l'an III, il réaffirme le système représentatif comme symbole de la modernité sociale. En l'an VIII, il revient à propos de la « notabilité » à une définition du citoyen actif très proche de celle de 1789 : « L'association politique ne se compose véritablement que des citoyens actifs ou actionnaires de l'entreprise sociale... Ceux qui n'entrent point dans cette catégorie ne se soucient guère de l'art social et d'être citoyens actifs » (*Observations constitutionnelles, Des Manuscrits*, p. 526).

L'une des théories politiques majeures de Sieyès, le gouvernement représentatif, prend la valorisation de l'action du citoyen comme point de départ. D'où vient cette construction intellectuelle qui connut, tout au long de la Révolution, un succès incontestable ? On a cherché du côté des communautés ecclésiastiques : étant abbé, Sieyès aurait pu emprunter à son environne-

---

10. *Préliminaires de la Constitution, reconnaissance et exposition raisonnée des droits de l'homme et du citoyen* (Paris, Baudoin, 1789), dans C. Fauré, *Les Déclarations des droits de l'homme de 1789* (Paris, Payot, 1992), p. 103.
11. Textes imprimés de Sieyès réunis et publiés par M. Dorigny (Paris, EDHIS, 1989), 3 vol., *Vues sur les moyens d'exécution dont les représentants de la France pourront disposer en 1789*, s.l., 1789, p. 112-113.
12. P. Gueniffey, *Le Nombre et la raison, la Révolution française et les élections* (Paris, Éditions de l'EHESS, 1993), p. 45.

ment immédiat un protocole d'élections [13]. Mais, à ce jour, aucun élément convaincant n'a pu confirmer cette hypothèse.

L'explication que nous privilégions relève de l'histoire des idées : la philosophie sensualiste et son vocabulaire singulier servent à un Sieyès friand de théorie, de source d'inspiration et de réserve de mots [14].

Dans les années 1773-1775, Sieyès commente l'œuvre des philosophes Condillac et Charles Bonnet. Il intitule ses propos de jeunesse *Le Grand cahier métaphysique* – après 1801, il réactualise ses commentaires à la lumière des débats impulsés par les idéologues tels que Destutt de Tracy (*Le Grand cahier métaphysique* [15], *Des Manuscrits*, p. 75-166). Condillac et Bonnet ont mis au centre de leur théorie de la connaissance un principe d'activité qu'ils déclinent à l'envi : dans son *Traité des sensations*, Condillac écrit à propos de la statue imaginée pour mieux comprendre l'interaction des sens à travers leur acquisition progressive : « Elle [la statue] est active lorsqu'elle se souvient d'une sensation, parce qu'elle a en elle la cause qui la lui rappelle, c'est-à-dire la mémoire. Elle est passive au moment qu'elle éprouve une sensation, parce que la cause qui la produit est hors d'elle » [16]. Sieyès, qui a entamé la lecture du *Traité des sensations* la plume à la main, rejette cette répartition de l'activité et de la passivité. S'adressant à Condillac, il écrit : « Vous êtes étonnés de ce préambule, il est nécessaire puisque vous assurez que la statue est purement passive dans sa sensation... sa sensation est une action et ce n'est que parce que la statue est active qu'elle sent » (*Le Grand cahier métaphysique*, p. 108). Dans la page suivante, il réaffirme son idée : « toute sensation est action ». Sieyès radicalise en effet la théorie de Condillac, à la manière du naturaliste suisse Charles Bonnet qui développe une conception factuelle de l'activité de la statue et des sensations qui l'affectent : « § 36 – J'approche donc une rose du nez de la statue : au même instant elle devient un être sentant... § 37 – Quel est ce changement survenu à l'organe ? » [17].

13. C. Wolikow, « Lexique » dans *Voter, élire pendant la Révolution française, 1789-1799* (Paris, Éditions du CTHS, 1999), p. 455.

14. C. Fauré, « L'espace public selon Sieyès » dans J. Guilhaumou et R. Monnier (éd.), *Des notions-concepts en Révolution* (Paris, Société des études robespierristes, 2003).

15. Transcrit et commenté par J. Guilhaumou.

16. Condillac, *Traité des sensations* (Paris, 1754-1798), (Fayard, 1984), p. 20.

17. Charles Bonnet, *Essai analytique sur les facultés de l'âme* (Paris-Copenhague, 1760), (Genève, Spatkine 1970), p. 25-26.

La statue devenue « être sentant » ne peut, en aucun cas, être dite passive car, poursuit Charles Bonnet, « § 126 – un être absolument passif est un être dans lequel il ne peut s'exercer aucune sorte d'action » [18]. Ce radicalisme expérimental convient à Sieyès : « Chaque sensation est un fait et ces faits sont les seuls que nous connaissons... On ne doit point chercher quelle est la cause d'un fait, le mot cause est une absurdité ». Par la suite, Sieyès résume sa pensée : « Qu'est-ce que cette action ? Un fait attesté par un sens. D'où vient cette action ? Pourquoi suis-je actif ? Question ridicule » (*Des Manuscrits*, p. 110-111).

Selon Sieyès, la philosophie est une science d'observation. Il emboîte le pas à Condillac qui, dans son *Traité des systèmes*, dénonce l'abus des abstractions en philosophie et l'utilisation d'un langage vague dans lequel figure en bonne place la recherche des causes. En 1789, Sieyès n'a rien changé à ses convictions scientifiques : « Dégoûtés avec raison de la manie systématique de leurs prédécesseurs, ils [les philosophes] se sont rattachés à l'étude des faits et ils ont proscrit toute autre méthode » (*Vues sur les moyens*, ouvr. cité, p. 28-29).

Dans son *Traité des sensations*, Condillac s'en tient strictement à l'étude de la production des idées. Il ne propose aucune théorie du langage à l'inverse de Charles Bonnet qui associe l'activité sensorielle à l'activité langagière : « § 217 – les idées que nous recevons par les sens, nous les revêtons de signes ou de termes qui les représentent » [19]. Le naturaliste suisse reconnaît le caractère arbitraire du signe mais c'est la matérialité des « mots représentatifs des choses » qui capte toute son attention, les sons et les images stimulant l'activité cérébrale.

À cette époque, Sieyès est assurément concerné par les questions de langage mais il abandonne le physiologisme de Charles Bonnet et, comme beaucoup d'autres [20], il reprend le thème lockien de l'abus des mots, une critique du langage philosophique et théologique. Ainsi écrit-il en 1773 : « Dès le premier pas, on trouve que le moyen inventé de communiquer nos pensées, le langage, est le plus grand obstacle aux recherches que nous entreprenons » (*Des manuscrits*, p. 99). En 1775, il ajoute : « Les mots qui expriment des rapports ne sauraient être assez analysés, je suis dans la persuasion qu'il est peu parmi eux qui ne peuvent

---

18. Ouvr. cité p. 97.
19. Ouvr. cité, p. 158.
20. U. Ricken, « Réflexions du 18e siècle sur "l'abus des mots" », *Mots* (1982).

être réformés. Les questions, ces vrais tourments de l'activité humaine, sont presque toutes fondées sur des faux emplois de ces termes » (ouvr. cité, p. 140).

Condillac dans son premier ouvrage, *Essai sur l'origine des connaissances humaines*, a préconisé l'accord sur la définition des mots, pour éviter les plus graves malentendus [21]. Sieyès partage cette crainte, d'où son souci constant de fabriquer une langue plus exacte pour nommer les nouvelles institutions politiques. Dans le contexte révolutionnaire, « l'abus des mots » avait trouvé un terrain approprié pour son amplification : le langage qui trompe le peuple est à l'origine de tous ses malheurs, pensait-on couramment. Pour le *Journal de la langue française* du 5 novembre 1791 : « Des diverses erreurs qui font le malheur de l'homme, la plus funeste peut être l'abus des mots qui nous trompe sur les choses ».

Le modèle théorique de la production des idées, que Locke formule dans l'*Essai sur l'entendement humain*, est prégnant dans l'œuvre de Sieyès. Sa définition du « citoyen actif » provient de cette découverte par Locke de l'activité des sens, que Condillac et Bonnet ont mis en scène à travers la parabole de la statue. Mais quels que soient les degrés d'activité consentie à la statue, les causes extérieures des sensations restent, selon le modèle lockien, inconnues. Sieyès donne un luxe de détails sur l'activité du citoyen alors que sur le citoyen passif, il demeure relativement imprécis ; nous ne savons qu'une chose du citoyen passif, c'est qu'il jouit de la protection des droits de l'homme. Cependant avec ce citoyen passif détenteur de liberté et de raison, Sieyès apporte un puissant correctif à une philosophie empirique qui, avec la fascination de l'activité qu'elle induit, pourrait se traduire sur le plan politique par la rupture de l'égalité naturelle entre les hommes. Son éclectisme intellectuel et peut-être l'influence concurrente d'une autre philosophie lui permirent d'écarter une telle éventualité.

Turgot est nommé contrôleur général des finances le 24 août 1774. Sieyès et Condillac, avec un bel ensemble, croient le moment venu pour écrire sur l'économie. Sieyès rédige ses *Lettres aux économistes sur leur système de politique et de morale*. Elles doivent paraître en 1775, le censeur Cadet de Senneville, un proche de Turgot, en a permis l'impression, mais cette autorisa-

---

21. *Essai sur l'origine des connaissances humaines* (Paris, Vrin, 2002), « chapitre XI : « De la signification des mots », § 113.

tion est ensuite suspendue [22]. Dans ces *Lettres*, Sieyès prend parti contre les physiocrates et leur valorisation exclusive de la production agricole ; il réhabilite le travail industriel mais son effort porte sur une recherche de définition. Dans un premier temps, il fait de sa réflexion économique une question de langage, conformément à la proposition de l'abbé de Condillac qui, dès les premiers mots de son propre ouvrage, *Le Commerce et le gouvernement* (1776), veut doter l'économie d'une langue particulière. Cependant Sieyès reproche très vite à Condillac de n'utiliser que des « mots reçus » et de ne pas faire œuvre créatrice : « Son œuvre est superficielle » écrit-il dans les *Delineamens politiques* (*Des Manuscrits*, p. 229). Reprenant l'opposition entre « besoins naturels » et « besoins factices » énoncée par Condillac, il réaffirme après son aîné, son adhésion à l'empirisme et reprend les catégories d'intériorité ou d'extériorité du besoin par rapport au moi (p. 231).

Son opposition à la pensée économique de Condillac ne s'arrête pas à la définition des besoins : abordant la question de la valeur, des prix et du travail, Sieyès, comme le dit l'économiste Jacques Valier, « a l'intuition que dans la détermination de la valeur d'échange de deux marchandises, il faut faire abstraction de la valeur d'usage » [23]. Pour lui, ce n'est pas la valeur d'usage qui détermine la valeur d'échange, alors que Condillac fonde la valeur sur « l'utilité et sur le besoin que nous en avons ou sur l'usage que nous pouvons en faire ». En rejetant le terrain psychologique qu'affectionne Condillac et en approchant ne serait ce que confusément la question de la valeur d'une production, Sieyès déserte le terrain de la réforme du langage. Il renonce à ce plaisir sans contrainte que lui procure son activité de néologue pour mieux comprendre les réalités économiques de son temps et notamment le problème de la détermination des prix. Cette démarche, déjà lisible dans le Premier Cahier des *Delineamens politiques*, se confirme dans les notes, jamais publiées, que Sieyès a rédigées sur l'ouvrage d'Adam Smith, *La Richesse des nations*, à partir de la deuxième traduction française de 1781. Dans son apprentissage de l'économie, Sieyès est en quête des mesures qui pourraient remédier aux variations du prix du blé : il réfléchit sur les empêchements mis à l'exportation des marchandises, sur les primes ou « gratifications » qu'il convient de prodiguer ou non

---

22. F. Weil, *Des Manuscrits*, p. 169-170.
23. J. Valier, *Des Manuscrits*, p. 191.

pour réguler le commerce des biens de première nécessité. Ses solutions ne sont pas celles de Smith : « Quoiqu'en dise Mr. Smith qui a raison en général, mais qui va trop loin dans cette question, cette assurance de faveur par l'exportation est le meilleur préservatif des années de disette » [24]. Dans ces suggestions pointe déjà l'autorité du législateur qui se met au service des besoins économiques de ses contemporains. Il définit ainsi en 1781 l'action de ce législateur, anticipant son rôle de réorganisateur de la France sous la Constituante [25] :

> Un législateur doit s'occuper de mettre tout son sol en valeur. Il faut, pour que le produit du sol le plus ingrat ait son débit, que son prix égale au moins le remboursement des frais + un minimum de profit. Voilà la base des prix et la fixation des produits nets que l'on a cherchées si longtemps. Tel est l'ouvrage désigné au législateur, ses rapports avec l'étranger doivent y être subordonnés... Je conclus qu'une nation dont le sol est fertile n'a qu'à gagner à exporter ses productions brutes, chez son voisin d'un sol ingrat, si l'entrée lui est permise : que ce n'est qu'aux pauvres à être réservés sur l'importation ou l'exportation car l'importation des matières premières tort évidemment leur produit net [26].

Que dit Sieyès ? Le prix du blé va se fixer sur le coût de la terre la moins fertile et les terres les plus fertiles vont bénéficier d'une rente foncière, mais l'importation de blé bon marché nuit aux agriculteurs les plus pauvres du pays, ceux qui ont les coûts de production les plus élevés.

S'il est vrai que Sieyès n'a guère innové en science économique, il n'en reste pas moins que son désir de résoudre les difficultés sociales de son temps est incontestable. La pensée économique lui ouvre des possibilités d'action qu'il n'imaginait pas jusqu'alors. En ce sens, le Sieyès de 1781 était très loin du Condillac de 1776. Faire l'impasse sur sa volonté de se colleter à un réel difficile et de le transformer, réduire son ambition politique à celle d'un épistémologue, serait une erreur d'appréciation [27]. En 1789, Sieyès a souligné toute l'importance de la notion

---

24. Arc. Nat. 284 AP3 1-1, « gratification 4 », manuscrit inédit, transcrit par V. Challéat.
25. M. Dorigny, « La formation de la pensée économique de Sieyès d'après ses manuscrits, 1770-1789 » dans *Annales historiques de la Révolution française* (1988).
26. Arc. Nat. 284 AP3 1-1.
27. J. Guilhaumou, « Sieyès et la langue de l'économie politique » dans *Dictionnaire des usages socio-politiques (1770-1815), Notions théoriques* (Paris, 2003), fasc. 7.

de division du travail dans sa pensée politique [28]. Pour lui, l'objectif n'est plus la création d'une langue économique. À travers la connaissance de cette science nouvelle, il cherche à forger un instrument de réforme sociale et politique. Faut-il s'étonner qu'il n'ait pratiqué l'économie que momentanément ? Son action de législateur et d'homme d'État prend le relais de cet apprentissage économique, ceci à une époque où seules les solutions politiques étaient admises et où les économistes avaient bien mauvaise presse.

Étienne Dumont, de Genève, collaborateur de Mirabeau, affirme contre toute vraisemblance que Sieyès était un lecteur admiratif du *Contrat social* [29]. Encore aujourd'hui subsiste la thèse selon laquelle Sieyès entretiendrait avec l'œuvre de Rousseau des liens privilégiés [30]. Pourtant, dans l'œuvre publiée de Sieyès et surtout dans ses manuscrits, les attaques ciblées contre Rousseau et le rousseauisme ne manquent pas. Dans la *Base de l'ordre social*, en l'An III, alors que Sieyès entreprend son éloge habituel du « système représentatif », il s'en prend directement à Rousseau : « Une malheureuse phrase de Jean-Jacques s'oppose seule à ce concert unanime : *la volonté* dit-il *ne peut point être représentée*. Pourquoi pas ? » (*Des manuscrits*, p. 510), faisant ainsi allusion à la sentence du *Contrat social* : « La souveraineté ne peut être représentée » (Livre III, chap. 15). Cette opposition à Rousseau n'est pas anecdotique pour Sieyès qui voit dans le système représentatif l'essence du bon gouvernement. Pour Rousseau par contre, l'idée de la représentation est un reliquat de la féodalité « inique et absurde ».

Sieyès ne se contente pas de s'en prendre à un texte majeur de Rousseau, il dénonce également les effets dévastateurs de l'anthropologie rousseauiste pendant la Révolution, un primitivisme un peu ridicule (*Des Manuscrits*, p. 44). Mais toute la force de sa critique porte sur l'abus d'une conception fusionnelle de « l'intérêt social » : « les disciples de Jean-Jacques entendent par là l'intérêt général, universel, tout. Pour moi ce mot n'embrasse que la part de pouvoirs, de moyens, d'actes que chaque associé met ou doit mettre, d'après l'appel de la loi, en commun » (p. 466).

---

28. *Observations sur le rapport du Comité de Constitution, 2 octobre 1789* (Versailles, 1789), p. 35.
29. *Souvenirs de M. Étienne Dumont, ouvrage posthume*, publié par M.J.L. Duval (Paris, 1832), p. 65.
30. B. Baczko, « Le Contrat social des Français : Sieyès et Rousseau » dans K.M. Baker (éd.), *The French Revolution and the creation of modern political culture* (Oxford, Pergamon Press, 1989), vol. 1, p. 494.

Cette conception du contrat limité est la critique la plus constante que Sieyès fait aux adeptes de Rousseau.

Après avoir vécu l'expérience de la Terreur, Sieyès confirme en l'an III sa conception du contrat social limité [31]. Il l'assortit aussitôt d'une offensive contre la conception illimitée de la souveraineté du peuple : « des systèmes prônés et honorés... ne paraîtront plus que des conceptions monacales, de mauvais plans de "ré-totale" plutôt que de "ré-publique", également funestes à la liberté et ruineux de la chose publique comme de la chose privée ».

Sieyès ouvre ainsi le chapitre de la dénonciation d'un rousseauisme totalitaire. Trahison du maître par ses disciples ? Sieyès reste réservé sur l'exemption de la responsabilité intellectuelle de Rousseau. En juin 1794, il écrit dans sa notice biographique des propos définitifs :

> Hélas... un écrivain justement célèbre qui serait mort de douleur s'il avait connu ses disciples, un philosophe aussi parfait de sentiment que faible de vue n'a-t-il pas dans ses pages éloquentes, riches en détails accessoires, pauvres au fond, confondu lui-même les principes de l'art social avec les commencements de la société humaine ?... Pour être révolutionnaire après le mois de septembre 1792, il fallait voir d'un œil sec, les innombrables germes de malheur qui fermentaient sur toutes les parties de la République ; car, disaient les monstres, rien n'est révolutionnaire comme le malheur. (p. 50)

Cette « pensée du malheur », voilà ce qui sépare Rousseau d'un Sieyès foncièrement optimiste dans ses stratégies politiques, fondées sur une idée du bonheur qu'il a formulée très jeune et à laquelle il ne renoncera pas. En 1989, le Bicentenaire de la Révolution française s'est employé à faire renaître de ses cendres un Sieyès rousseauiste sans accorder de crédit aux textes de Sieyès sur le sujet [32].

Le portrait de Sieyès lecteur des Lumières serait incomplet si nous n'abordions pas le rapport entretenu par l'abbé avec l'auteur de *L'Esprit des Lois*. On pouvait suspecter, d'après sa bibliographie des livres à retenir où ne figure pas *L'Esprit des lois*, qu'il n'y avait guère entre eux d'affinités intellectuelles.

---

31. Séance du 2 thermidor, *Le Moniteur universel du 7 thermidor an III*, t. 25, n° 307, p. 292.

32. C. Fauré, « Sieyès et Rousseau » dans *Figures de Sieyès (droit-histoire-philosophie)*, Colloque du centre d'Histoire des systèmes de pensée moderne, en association avec l'Institut d'histoire de la Révolution française, Université Paris I, 5-6 mars 2004, à paraître.

Sous la Constituante et la Législative, les éloges de Montesquieu n'ont pas manqué. Mais Sieyès ne s'est guère mêlé au concert de louanges. À notre connaissance, seul un manuscrit de deux feuillets (en annexe) nous livre, et avec quelle virulence, un aperçu de ce que pouvait penser Sieyès de *L'Esprit des Lois*.

Bernard Manin, dans un article sur Montesquieu [33], d'après le fameux discours de l'An III, voit dans l'interprétation et l'application du concept de séparation des pouvoirs les raisons d'un antagonisme : Sieyès propose de séparer les pouvoirs comme on divise le travail, en établissant des complémentarités, alors que Montesquieu se rattache à la tradition du « check and balance » qui institue des rapports de force entre les organismes de l'État.

Fidèle à son idéal d'unité, Sieyès, dans un manuscrit de 1790 (et non pas de 1772 comme l'a inscrit probablement Hippolyte Fortoul détenteur des manuscrits), réagit à une lecture de Voltaire sur l'administration publique. Voltaire dans la note citée par Sieyès stigmatise « l'idée des trois principes de Montesquieu », trouvant « cette distinction inutile et peu fondée » [34]. Sieyès, galvanisé par cet illustre prédécesseur, reprend plus violemment encore la critique de Voltaire sur la « fausseté de *L'Esprit des Lois* ». Il y distingue l'honneur, principe de cohésion sociale quels que soient les gouvernements, de l'honneur concurrence, qui sépare les individus à travers des rivalités dérisoires et rend toute association politique impossible. Ce morcellement social, produit d'intérêts féodaux et nobiliaires qui parasite la monarchie, rabaisse l'homme. Dans ce texte résonne encore le ton des réquisitoires contre la société privilégiée, des premiers pamphlets de Sieyès.

L'édition des manuscrits nous permet d'avancer des attributions plus sûres. Ce travail sur les sources arrache Sieyès à l'obscurité un peu mystérieuse qui entoure sa trajectoire intellectuelle et qu'il a lui-même contribué à créer. Il ne faudrait pas croire que ces identifications portent atteinte à la dimension imaginative de son œuvre. Tout au contraire, elles en soulignent les traits et en restituent la cohérence.

Manuscrit transcrit par Violaine Challéat, conservateur du patrimoine.

CHRISTINE FAURÉ
CNRS – Université de Paris I

---

33. B. Manin, « Montesquieu » dans F. Furet, M. Ozouf, *Dictionnaire critique de la Révolution française* (Paris, Flammarion, 1988), p. 789.
34. *Œuvres complètes de Voltaire* (Kehl, 1785), vol. 34, p. 38.

DOCUMENT
Montesquieu, 1772
Honneur, principe de la monarchie. Idée fausse *.

[1] Montesquieu a eu tort : 1° de mal classer les différents gouvernements, 2° de les classer sous des noms qui n'en indiquent pas la *nature*, et 3° d'avoir considéré systématiquement chacun d'eux comme réductible à un seul principe. Un seul mot sur cette [dernière prétention]. L'honneur, dit-il, est le *principe* de la monarchie. On n'entend pas même grammaticalement ce qu'il veut dire. L'honneur peut être un *mobile d'action*, mais non de *monarchie*.

Principe : l'honneur vrai est le sentiment de sa propre estime, et de la volonté certaine où l'on est de ne rien faire de propre à mériter celle d'autrui. Or, cet honneur est rare, pris dans sa plénitude. Il est, en partie, plus ou moins, dans chaque individu, dans chaque association et même dans les grandes sociétés politiques + (marge) + quelle que soit la forme de gouvernement.

Il est un autre honneur : c'est l'amour des distinctions, la jalousie des rangs, le désir de paraître plus que l'on n'est, le mépris de ce que l'on croit au-dessous, le servage et une estime lâche envers ce qu'on croit au-dessus, le désir d'inspirer à son tour cette estime, etc. C'est le sentiment de sa vanité et de la résolution où l'on est de [barré : tout faire pour] la faire prévaloir le plus qu'on pourra sur celle d'autrui.

Tandis que le véritable honneur est un principe d'association [barré : tandis que] ce dernier en est un de dissociation. C'est une guerre ouverte ou cachée de vanité à vanité. Toutes les ruses de guerre y sont usitées envers les supérieurs et l'insolence tigrine envers les inférieurs. Partout où il y a domination et servage, ce faux honneur doit s'implanter comme sur une terre natale. C'est le sentiment qui porte les nègres des champs à envier les nègres de case, les serfs de la plèbe à préférer la livrée d'antichambre, le vassal inférieur à s'élever de quelques degrés dans l'échelle du servage féodal, le gentilhomme de province à respecter celui de l'œil de bœuf, etc....

[marge] (je tombe par hasard (août 1790) sur une note de Voltaire ou de ses éditeurs qui me semble excellente sur le même sujet que cette feuille. voy. tom. 34 12°, p. 36.)

Dans cette chaîne de bassesses, les [2] plus élevés ont la plus grande considération. Eh bien, ce faux bonheur n'est pas particulier à la monarchie. On le voit partout ; [barré : mais] il a dû acquérir tout son [entier] dans le système féodal et nobiliaire. La constitution germanique n'est pas une monarchie, [barré : mais] et il y a plus de féodalité qu'en France, [barré : aussi il y a] plus de ce prétendu honneur. Il est davantage et dans les mœurs et dans les lois. En France il est peu (quoique trop) dans les lois, il est dans les mœurs de salon, dans celles des citadins

---

* 284 AP 2 (3-1)

de bon ton, beaucoup plus que dans les mœurs nationales. Une masse considérable et [barré : respectable] existante par elle-même du tiers-état y a des intérêts distincts, qui ne peuvent se plier et s'établir sur la longue échelle féodale ; elle est hors de la *chaîne d'honneur.* Dans les villes même, tout le monde n'existe pas *de la part du roi ou du seigneur.* D'où je conclus qu'il se pourrait fort que l'expérience mît en défaut les idées de Montesquieu. Il a regardé la France comme le sol natal de son prétendu honneur monarchique ; la France sera la 1ʳᵉ à s'en débarrasser.

Mais donnons un sens grammatical à la phrase de Montesquieu. Plaçons-nous au milieu de la France puisque c'est là où était son imagination en parlant d'honneur. A-t-il pu dire que l'honneur est le *principe* de la monarchie ? Le principe ! Est-ce que la monarchie a un principe ? Est-ce qu'elle a de l'honneur ? La masse des individus m'y paraît étendue sur une échelle de servage et de considération. C'est comme l'*organisation* sociale de ce grand corps. Le *désir* de monter aux échelons supérieurs est le *vœu général* ; c'est un principe général (non pas de monarchie) mais d'action, d'efforts *individuels.* L'honneur, ou la portion de considération que chacun s'attribue ou voudrait conquérir forme (non pas le principe) mais le *caractère des mœurs générales* non pas de la monarchie, mais de la nation civilisée. Corrigez, épurez les mœurs, vous détruirez non pas l'essence du gouvernement monarchique, mais l'esprit, l'opinion, les mœurs + [marge] + féodales qui s'y sont attachés ; qui s'y sont attachés, non pas comme des colonnes fondamentales, mais comme le lierre à de vieilles murailles. Réparez le mur et brûlez toutes les ordures. Anathème à l'honneur nobiliaire qui n'est qu'insolence et bassesse. Hommage à la dignité d'*homme.*

Presses Universitaires Blaise Pascal

Maîtrises
et chapelles
aux XVIIᵉ et XVIIIᵉ siècles

Sous la direction de
Bernard Dompnier

Histoires croisées.
ISBN 2-84516-213-8
568 p. – 35 €

Louis Grénon
Un musicien d'Église
au XVIIIᵉ siècle

Sous la direction de
Bernard Dompnier

Études sur le Massif central
ISBN 2-84516-258-8
206 p. – 18 €

L'empire
avant l'Empire
État d'une notion
Au XVIIIᵉ siècle

Cahiers Siècles n°17
ISBN 2-84516-250-2
152 p. – 10 €

La Scène bâtarde
entre Lumières
et romantisme

Sous la direction de
P.Bourdin et G.Loubinoux

Parcours pluriels
ISBN 2-84516-286-3
336 p. – 25 €

Les Baisers
des Lumières

Études réunies par
Alain Montandon

Littératures
ISBN 2-84516-249-9
214 p. – 22 €

Écrire la peinture
entre XVIIIᵉ et XIXᵉ siècles

Études réunies et présentées
par P. Auraix-Jonchière

Révolutions et Romantismes
ISBN 2-84516-249-9
214 p. – 22 €

Diffusion en librairie : **CiD**

PRESSES UNIVERSITAIRES BLAISE PASCAL
Maison de la Recherche – 4 rue Ledru – 63057 Clermont-Ferrand cedex 1
Tél. 04 73 34 68 07 – Fax 04 73 34 68 12
Publi.Lettres@univ-bpclermont.fr

http://maison-recherche.univ-bpclermont.fr/presses/pubp.htm

APRÈS LA « CULTURE POLITIQUE » ? DE NOUVEAUX COURANTS DANS L'APPROCHE LINGUISTIQUE [1]

Pour les historiens anglophones de la France au 18e siècle, le terme de « culture politique » est très étroitement lié à l'approche choisie par François Furet et ses alliés pour aborder le problème de l'interprétation des origines et de la nature de la Révolution française. Inspirée par *Penser la Révolution française* [2] de Furet et proposée comme une alternative à une interprétation sociale qui avait perdu sa cohérence, cette approche a été plus largement développée dans le *Dictionnaire critique de la Révolution française* [3] et dans la série de volumes *The French Revolution and the Creation of Modern Political Culture* [4], ainsi que dans de nombreux autres travaux parus à l'époque du bicentenaire. Bien qu'elle ait continué d'influencer fortement le débat historiographique durant les quinze dernières années, elle a depuis été la cible d'un nombre considérable de critiques.

Celles-ci venaient de plusieurs directions différentes et incluaient diverses façons de comprendre (ou de mal comprendre) ce qui avait été soutenu par les adeptes de l'approche « culture politique ». La cible des critiques ne fut pas toujours la même, bien que Furet ait été constamment (et principalement) visé, de même que Mona Ozouf et Marcel Gauchet en France, ainsi que moi-même aux États-Unis. Il faut reconnaître également qu'il y avait un certain nombre de divergences parmi ceux qui étaient

---

1. Des versions de cet article ont été présentées au Whitney Humanities Center, Yale University, ainsi qu'à l'Université de la Laguna. Je suis redevable des commentaires reçus à cette occasion. Texte traduit en français par Noemi Poget Kern (assistante de recherche, FNRS).
2. François Furet *Penser la Révolution française* (Paris, Gallimard, 1978, 1989).
3. François Furet, Mona Ozouf et *al.*, *Dictionnaire critique de la Révolution française* (Paris, Flammarion, 1988).
4. Oxford, New York [etc.], Pergamon Press, 1987, 3 volumes.

assimilés à ce courant. On peut dire néanmoins que les spécialistes qui y étaient le plus étroitement associés avaient pour point commun de refuser de réduire le politique à l'expression d'intérêts sociaux, d'insister sur le rôle crucial du discours dans la vie politique et de concevoir la politique avant tout comme une compétition visant à créer, déployer, instituer ou soutenir des significations. Sans nécessairement s'accorder sur le statut précis du discours par rapport à d'autres aspects de la vie sociale, ils se concentraient de différentes façons sur la culture politique comprise comme l'ensemble de discours ou de pratiques symboliques au moyen desquelles des individus et des groupes articulent, négocient, mettent en pratique et imposent les revendications rivales qu'ils émettent les uns à propos des autres et à propos du tout.

En réaction à ce travail, il y eut de nombreux appels conviant à s'éloigner d'une analyse discursive pour se rapprocher de quelque chose de plus profond (le « processus révolutionnaire »), plus social (l'« expérience ») ou plus élémentaire (le « monde matériel ») d'une part, ou comme moins restrictif quant à l'action et à l'intermédiaire humains d'autre part. Les invitations à s'intéresser, au-delà du discours, aux « réalités » de la vie sociale, les appels à un « retour au social » furent souvent combinés en des arguments visant à déplacer le registre interprétatif de « discours » à « pratique ». Cependant, caractériser la pratique davantage qu'en disant que, d'une certaine façon, elle est plus réelle que le discours s'est révélé très difficile pour ceux qui appelaient à un retour au social. Dans ces discussions, le social tend à glisser dans le matériel, bien qu'une grande part de ce que nous considérons habituellement comme social n'est pas matériel, ou l'est seulement dans la mesure où il a été profondément modelé par l'action humaine. La notion de pratique également, bien qu'elle implique de déplacer l'attention sur l'intermédiaire entre l'action humaine et le monde matériel, ne parvient pas à suggérer comment notre attention pourrait être dirigée analytiquement sur cet intermédiaire.

Mon but dans cet article est d'examiner plusieurs travaux récents concernant la culture politique d'Ancien Régime et la Révolution française que l'on peut considérer comme explorant une zone que je qualifierais encore, en gros, de discursive, mais qui pourrait être caractérisée plus spécifiquement comme mettant l'accent sur le discours en tant qu'action, sur le discours en tant que performatif. Je pense ici à des livres tels que *Political Actors :*

Representative Bodies & Theatricality in the Age of the French Revolution [5] (2002) de Paul Friedland, *The Navigation of Feeling : A Framework for the History of Emotions* [6] (2001) de William Reddy, *A Revolution in Language : The Problem of Signs in Late Eighteenth-Century France* [7] (2001) de Sophia Rosenfeld et *The Cult of the Nation in France : Inventing Nationalism, 1680-1800* [8] (2001) de David Bell. Bien qu'ils abordent des points différents, chacun de ces auteurs s'intéresse d'une façon ou d'une autre à la Révolution en tant que succession d'actes de parole ; chacun place ces actes dans le contexte de vastes transformations historiques.

On peut raisonnablement affirmer que la Révolution française a commencé lorsque les députés du Tiers-État se sont arrogé le titre d'« Assemblée nationale » par un acte qui a finalement exigé des députés des autres ordres qu'ils les rejoignent en tant que représentants de la Nation sous cette désignation. Cela constituait, dans une double acception, une énonciation performative (selon le sens donné par J. L. Austin [9] à ce terme). Celle-ci faisait des Français une Nation par l'acte même de rendre les députés du Tiers-État les représentants de cette Nation. Pour le dire autrement, d'une manière plus sieyèsienne, la Nation était faite une et indivisible par la déclaration même qu'elle était représentée par une assemblée nationale unitaire.

Sieyès lui-même était conscient, au moins d'une certaine façon, que cet acte impliquait une fiction : avant la réunion des États-Généraux, il était prêt à reconnaître qu'il faudrait qu'il y ait une « usurpation » de la volonté de la nation par les députés prétendant parler en son nom. Si la déclaration de l'Assemblée nationale du 17 juin 1789 constituait la clef de cette « usurpation », le verrou qu'elle ouvrait était le « mandat impératif » qui limitait les députés à servir en tant que porteurs des volontés de leurs différentes circonscriptions – circonscriptions qui n'étaient unifiées, selon la théorie traditionnelle du corps politique, qu'en la présence et/ou la personne du monarque. Alors que la signification politique de la question du mandat impératif a été clairement reconnue dans les travaux récents, Friedland met en évidence sa

---

5. Ithaca N. Y., Cornell University Press, 2002).
6. (Cambridge [etc.], Cambridge University Press, 2001).
7. (Cambridge Mass., Stanford University Press, 1995).
8. (Cambridge, MA [etc.], Harvard University Press, 2001).
9. J. L. Austin, *How to Do Things With Words ? : the William James Lectures Delivered at Harvard University in 1955* (Oxford, 1965).

signification fondamentale en la plaçant au cœur de son interprétation des aspects performatifs de la Révolution. Il trace un parallèle éclairant entre les transformations qui se sont opérées dans les conceptions de la représentation en politique et au théâtre (transformations dont on peut s'attendre à ce qu'elles soient liées à des changements plus généraux dans les catégories intellectuelles, bien que Friedland ne le mentionne pas explicitement).

Comme le suggère l'auteur, la compréhension de la représentation théâtrale est passée, au cours du 18ᵉ siècle, de la notion que les acteurs devenaient les personnages qu'ils représentaient (et n'avaient donc pas eux-mêmes d'identité stable, se voyant ainsi refuser à juste titre la jouissance des droits civils) à l'idée que les rôles qu'ils adoptaient étaient des fictions rendues crédibles par l'artificialité du théâtre. En accord avec ce changement, l'espace du théâtre lui-même fut revu de façon à augmenter la vraisemblance de ces fictions : il s'agissait de donner davantage de réalité à l'artifice théâtral en retirant les spectateurs de la scène, en mettant fin à leurs interactions, visibles et souvent tapageuses, avec les acteurs et entre eux, et en les transformant en un public constitué comme un tout par l'attention que celui-ci porte à la représentation plutôt que par sa participation à cette dernière. L'idée du « quatrième mur » imaginaire proposée par Diderot – un mur opaque pour les acteurs, mais transparent pour le public – suggérait les conditions de la vraisemblance de cette réalité artificielle : d'un côté, la scène où les acteurs peuvent créer un autre monde comme si les spectateurs n'existaient pas, de l'autre, le public dont l'attention peut accorder à la performance sa crédibilité.

On peut immédiatement voir quel parallèle Friedland suggère entre le changement opéré dans la représentation théâtrale et celui effectué dans la représentation politique en 1789. Au nom de la Nation, l'Assemblée nationale revendiquait la souveraineté unitaire dont se réclamait jusque là le monarque absolu. Mais si les députés prétendaient représenter la Nation, ce n'était pas dans le sens de l'incarnation mystique qui avait unifié la nation dans la personne du monarque. La Nation n'était pas consubstantielle avec l'assemblée représentative comme cela avait été le cas avec le monarque dans les conceptions traditionnelles de ce que Habermas nommait « publicité représentative » (et que Friedland appelle « re-présentation »). L'Assemblée nationale représentait la Nation, mais ne l'incarnait pas. Son rôle représentatif consistait en la performance d'une identification fictive du corps représentatif avec la Nation, identification qui, dans un premier temps, fut simplement déclarée, mais avec l'intention de lui donner davantage de vraisemblance par l'artifice d'une nouvelle constitution. C'est l'une des raisons pour lesquelles, alors que la mise au point de la Constitution progressait, la tête de l'Assemblée nationale se fit de plus en plus insistante sur le fait qu'il ne pourrait y avoir aucun corps intermédiaire entre l'assemblée représentative et la Nation. Maintenir la vraisemblance de la représentation exigeait que l'Assemblée soit clairement séparée de la Nation (comme les acteurs sur scène) et en relation directe avec le public politique, rendu unitaire par sa relation avec elle.

Dans l'analyse d'Austin, les performatifs ne réussissent pas toujours : ils peuvent être « heureux » ou « malheureux », fructueux ou infructueux. Friedland met très bien en évidence la précarité de la représentation effectuée par l'Assemblée nationale – la conscience aiguë qu'il s'agissait en effet d'une représentation et l'énergie investie par les opposants à la Révolution dans l'effort de saper sa vraisemblance, entre autres par l'incessante raillerie destinée à montrer que cette « usurpation » de la volonté de la Nation par les députés n'était rien d'autre qu'une imposture. Il n'est pas surprenant de constater qu'il s'avéra tout aussi impossible d'éviter les sifflets de l'assistance politique que ceux du public du théâtre. Et les sifflets cédèrent bientôt la place aux bousculades. Fissuré par la révolution du 10 août 1792, suggère Friedland, le « quatrième mur » politique fut entièrement brisé par l'invasion populaire de la Convention les 31 mai-2 juin 1793 et à nouveau par l'insurrection du 5 septembre. Cette irruption d'une souveraineté incarnée sur la scène représentative fut aussitôt utilisée et repoussée par les Jacobins, tandis que le dispositif de la Terreur était mis en place. Quelqu'accomplis qu'aient été les acteurs et profondément convaincus que la véritable volonté de la Nation ne pouvait être exprimée qu'au sein de l'assemblée représentative, Robespierre et ses partisans n'en étaient pas moins contraints de trouver de nouveaux moyens pour obtenir le respectueux silence de leur assistance politique.

Friedland ne recourt pas explicitement aux catégories d'analyse d'Austin, mais je ne pense pas avoir mal représenté son étude en les utilisant ici. William Reddy quant à lui s'en sert explicitement et de façon très puissante en offrant une théorie qui sert de base à l'histoire des émotions. En abordant ce sujet, Reddy ne fait pas entièrement œuvre de pionnier. Pour ne citer que quelques travaux récents sur la Révolution française, Antoine de Baecque a présenté deux de ses brillantes études – l'une sur la représentation des corps (*La Gloire et l'effroi. Sept morts sous la Terreur*, 1997), l'autre sur le rire (*Les Éclats du rire. La culture des rieurs au XVIIIe siècle*, 2000) – comme « un dyptique consacré à la politique des émotions à l'époque des Lumières ». *Goodness Beyond Virtue : Jacobins during the French Revolution* [10] (1998), de Patrice Higonnet décrit également l'idéologie jacobine tant comme une structure de sensibilité qu'un vocabulaire d'action politique. Je me concentre cependant ici sur le travail de Reddy, car il offre à ce propos l'approche théorique la plus sophistiquée et l'engagement historique le plus large à avoir été publié jusqu'à présent.

On peut voir le travail de Reddy comme un effort de compréhension historique de phénomènes d'expérience qui semblent, d'une certaine manière, plus profonds que le langage et qui cependant ne peuvent être exprimés que par celui-ci. Je ne vais pas tenter ici de suivre son analyse très complexe du travail des psychologues ; je n'ai pas non plus la place de discuter son affirmation que l'émotion se situe, d'une certaine façon, au-delà du langage (bien que son recours à des termes tels que « code » et « traduction » semble montrer que celle-ci reste dans le domaine de la sémiotique). Je pense que son argumentation peut être résumée comme suit : l'émotion provient d'une extraordinaire variété de données sensorielles et cognitives qu'il décrit comme du « matériel de pensée connecté de façon lâche, formulé en des codes variés et dont l'intensité et la valence sont appropriées au but ». Ce matériel, « lorsqu'il est activé, dépasse la capacité de l'attention à le traduire en action ou en parole à court terme ». Une « émotion » est ce que nous disons ressentir « chaque fois que des activations d'une grande variété défient la capacité de l'attention à traduire » (p. 94-95). Cependant, en disant cela nous ne sommes pas seulement en train de décrire notre état mental, mais aussi en train de lui faire quelque chose. En m'exclamant que je suis fâché, je peux me rendre encore plus fâché, ou faire le contraire. Les déclarations émotionnelles – Reddy les nomme « émotifs » – fonctionnent donc un peu comme les « performatifs » d'Austin. Elles sont « elles-mêmes des instruments pour changer, construire, cacher, intensifier directement les émotions, instruments qui peuvent être plus ou moins fructueux ». Dans

---

10. Cambridge Mass. University Press, 1998.

ce sens, ils peuvent être vus comme des moyens de « navigation » ou de « gestion » des émotions, et nous pouvons considérer les façons acceptables de faire cela à n'importe quel moment historique comme des « régimes émotionnels ».

Cela nous conduit à l'affirmation plus spécifiquement historique de Reddy : le régime émotionnel en France au 18e siècle a été transformé par un ensemble d'idées et de pratiques que l'on peut qualifier de « sentimentalisme ». L'auteur rassemble sous cette rubrique une série de phénomènes qui ont reçu une attention considérable de la part des historiens et des spécialistes de la littérature durant ces dernières années. Ceux-ci comprennent les nouvelles pratiques de sociabilité dans les salons, la correspondance littéraire et les loges maçonniques ; les nouveaux idéaux du mariage d'amour et d'amitié intense ; l'enthousiasme pour les expressions émotionnelles et l'intimité telle qu'elle est illustrée dans le roman ou le culte de la sensibilité rousseaniste ; le style de plus en plus mélodramatique employé en politique et dans les cours de justice ; la conviction croissante qu'il existe des sentiments naturels gravés dans le cœur de chaque être humain qui pourraient servir de base à un nouvel ordre social. Ces idées et ces pratiques ont toutes servi d'« émotifs ». Elles ont privilégié et intensifié d'un seul coup les sentiments de bienveillance qui étaient toujours plus ressentis et loués comme étant « naturels », « sincères » et « vertueux » – les véritables sentiments de la Nature – sauf bien entendu lorsqu'ils étaient perçus et dénoncés comme l'inverse : faux et hypocrites. Car le régime émotionnel qui intensifiait les attentes de sincérité, chez soi-même et chez les autres, était aussi condamné à faire naître des doutes et des angoisses quant au naturel et à la sincérité de tels sentiments « simplement parce qu'ils étaient censés être "naturels", mais ne pouvaient jamais l'être ». Ainsi, insiste Reddy, « un malaise croissant concernant la sincérité faisait partie intégrante du triomphe du sentimentalisme ».

Dans l'analyse de Reddy, le régime émotionnel du sentimentalisme rend compte de traits cruciaux de la Révolution française qui n'ont pas été saisis ou expliqués par d'autres approches. Il donne du sens au débordement d'optimisme et de bienveillance qui a accompagné le début de la Révolution, au pouvoir des abstractions à imposer un engagement passionnel, à l'intensité (voire à l'intimité) émotionnelle des interactions entre les acteurs révolutionnaires, à l'appel à la sincérité et à la vertu comme légitimation de toutes les actions politiques acceptables et à l'accusation d'insincérité et de mauvaise volonté contre toutes celles qui étaient inacceptables, à la lutte émotionnelle chaque jour plus manichéenne de la Terreur. « Cœurs purs, vertu généreuse, caractères enflammés, ardeur républicaine, indignation civique » constituent les thèmes qui ont façonné l'évolution fondamentale de la Terreur, bien qu'ils n'en aient pas dicté tous les traits. Finalement, suggère Reddy, l'application d'une souffrance émotionnelle par la force – l'inculcation de la « terreur » au sens de peur subjective – devint le moyen d'imposer la sincérité et de détruire l'hypocrisie. Le régime sentimental exigeait que la Terreur soit mise à l'ordre du jour.

Cela est d'autant plus vrai, suggère Reddy, que la lutte pour la sincérité était aussi bien interne qu'externe. Elle se produisait dans le cœur du plus ardent révolutionnaire. L'anxiété à propos de sa propre sincérité pouvait être calmée de deux façons : en projetant le soupçon d'insincérité sur les autres ou en insistant sur son propre empressement au sacrifice personnel, compris comme une garantie de la pureté de son cœur. La répression ou la contemplation du suicide représentèrent alors l'alternative finale. On pourrait même dire qu'elles devinrent les « émotifs » ultimes, comme en témoigne Saint-Just.

On peut ici tirer un parallèle très suggestif, je crois, entre les exposés de Friedland et de Reddy. Les deux identifient un performatif – un acte de parole ou une succession d'actes de paroles – comme élément central pour la Révolution. Les deux auteurs considèrent que celui-ci se révèle finalement infructueux – « malheureux » dans les termes d'Austin. Le sifflet contre-révolutionnaire fonctionne de la même façon que le murmure de la peur de l'insincérité évoqué par Reddy. Le pouvoir de la loi – la loi de la Terreur – constitue alors le dernier recours dans l'effort de maintenir la crédibilité de l'acte performatif. Mais celui-ci finit aussi par échouer.

Un lien très intéressant peut également être tissé entre l'analyse de Reddy et celle proposée par Sophia Rosenfeld dans *A Revolution in Language*. Pour les deux auteurs, la célèbre « Loi des Suspects »[11] constitue un texte-clef. Pour Reddy, il s'agit d'une loi touchant les sentiments : elle mettait en accusation l'hypocrisie et exigeait un dévouement sincère à la Révolution. Pour Rosenfeld, c'est une loi concernant le langage, une loi dirigée (selon

---

11. La Loi des Suspects votée le 17 septembre 1793 par la Convention nationale visait chaque individu suspect d'hostilité à la cause révolutionnaire et à la liberté.

l'insistance du Conseil-général de la Commune de Paris) contre les ennemis de la Révolution qui, disant une chose, en pensaient une autre, contre ceux qui trompaient les vrais patriotes par des « discours astucieux, des cris turbulents et des menaces », mais aussi contre ceux qui « [parlaient] mystérieusement des malheurs de la République, [s'apitoyaient] sur le sort du Peuple et sont toujours prêts à répandre de mauvaises nouvelles avec une douleur affectée ». Le lien implicite entre langage et émotion se trouve au cœur de l'histoire de Rosenfeld.

Au moment même où Sieyès déclarait dans *Qu'est-ce que le Tiers-État ?* que le langage ne correspondait plus aux choses, l'idée que l'abus de mots se trouvait à la racine de tous les maux sociaux – auxquels on pouvait donc remédier par la création d'un vocabulaire fixé, précis et naturel – représentait déjà un lieu commun. L'éclairant exposé de Rosenfeld suit la trace de cette notion depuis ses fondements dans l'épistémologie des Lumières, en passant par ses vicissitudes lors de la logomachie que fut la Révolution française, jusqu'à son institutionnalisation (comme moyen de stabiliser la république) dans le nouvel Institut National créé avec le Directoire. Le rôle joué par la notion d'un langage des gestes dans la discussion philosophique et politique du 18ᵉ siècle constitue le point central et le plus intéressant de son analyse par le lien qu'il peut avoir avec le travail de Reddy.

Vers 1750, dans les écrits de Condillac, de Diderot et de Rousseau, comme le montre Rosenfeld, l'usage inarticulé, instinctif, de la gestuelle corporelle attribué aux premiers humains prit une signification philosophique plus intense. Tenu pour une expression immédiate des « cris de la nature », celui-ci était considéré comme la clef de l'origine humaine du langage et de la société, comme le substitut laïc à la notion religieuse de leur institution originelle. Il était également perçu comme le modèle d'un langage nouveau, universel, immédiatement intelligible, directement lié à des sensations et à des sentiments naturels, mais cependant élaboré grâce à l'usage précis, rationnel et sans ambiguïté des signes. Une réforme du langage pouvait donc rétablir la pureté des relations humaines – dont l'analyse de Rousseau concernant la façon dont les usages artificiels du langage en société avaient conduit à la corruption morale et à l'oppression sociale décrivait le besoin en des termes émotionnellement intensifiés.

Ironiquement peut-être, mais aussi logiquement, le schéma pour une réforme philosophique du langage fut trouvé dans l'une des inventions philosophiques du siècle les plus louées : la création d'un nouveau langage des signes pour les sourds. Celui-ci mettaient des individus isolés – encore non corrompus par l'usage du langage conventionnel – en contact avec leurs semblables au moyen d'un langage gestuel que l'on tenait à la fois pour précis et exact analytiquement et pour puissant dans son expression des émotions. Cette « langue des signes ne consiste pas uniquement dans des signes froids et de pure convention », expliquait Prieur de la Marne en juillet 1791 à l'Assemblée Nationale ; elle « peint les affections les plus secrètes de l'âme, qui, par le jeu des organes, et particulièrement des yeux, entrent pour beaucoup dans ses éléments » [12].

Il n'est pas difficile, je crois, de voir que cette philosophie du langage est intimement reliée à la révolution sentimentale décrite par Reddy. Rosenfeld montre en fait de façon saisissante que les idées de réforme au travers d'une transformation du langage étaient abordées en particulier dans les cercles de sociabilité sentimentale auxquels Reddy fait référence, surtout dans ceux qui étaient influencés par la franc-maçonnerie, où l'usage de signes pour constituer de nouvelles relations de fraternité et de bienveillance était assez explicite.

Je n'ai pas la place de poursuivre la riche discussion de Rosenfeld à propos de la politique linguistique de la Révolution, mais je tiens à mentionner un aspect bien connu de cette politique : la campagne d'éradication des patois et de création d'une nation de citoyens francophones. La régénération de la société exigeait la régénération du langage. Le langage des Français devait exprimer l'unité de leur civisme. Ainsi, l'élimination des patois devenait une priorité absolue. Barère l'expliquait sans ambiguïté : « le fédéralisme et la superstition parlent le bas-breton ; l'émigration et la haine de la République parlent allemand ; la contre-révolution parle italien ; et le fanatisme parle basque. Brisons ces instruments de honte et d'erreur ».

Ayant ce discours à l'esprit, mentionnons le dernier livre dont je veux parler, *The Cult of the Nation in France* de David Bell. Inutile de le dire, la campagne contre les patois prend

---

12. Pierre-Louis Prieur, « Rapport au nom des comités de l'extinction de la mendicité, d'aliénation, des finances et de Constitution, réunis sur l'institution des sourds-muets », 21 juillet 1791, in M. J. Mavidal, M. Laurent, *Archives parlementaires*, première série (1787-1799) (Paris, 1879), 28, 489, cité par Rosenfeld, *op. cit*, p. 46.

une signification cruciale dans l'exposé de Bell sur l'institution révolutionnaire de l'idée de Nation en tant que catégorie fondamentale de l'existence politique et de l'identité commune. Bell affirme que cette campagne linguistique était commandée en bonne partie par la guerre contre l'Église, à mesure que le catholicisme était assimilé de façon croissante à la contre-révolution. Durant deux siècle, l'Église s'était servie des patois pour sauver les âmes des paysans ; il était désormais nécessaire d'éradiquer les patois afin de recouvrer ces âmes pour la Nation.

Il y a une remarque plus large à faire ici. Étudiant l'idée de nation au 18e siècle en France, Bell la place dans une famille de termes désignant une collectivité humaine qui ont été inventés ou valorisés durant cette période, tels que *société, nation, patrie, civilisation* et *public*. Chacun d'eux peut être vu comme une catégorie fondamentale de l'identité collective, avant n'importe quelle autorité particulière constituée, que celle-ci soit religieuse ou politique. Chacun d'eux peut être conçu comme une alternative au principe d'unité offert par la monarchie absolue ; chacun peut être compris comme suppléant au divin en tant que fondement de l'existence humaine dans un monde désenchanté. Alors que j'ai affirmé que les Lumières ont cherché à instituer la « société » comme base ontologique de la vie humaine, Bell présente l'idée de la nation en tant qu'ontologie sociale alternative et son livre montre la façon dont cette idée a été renforcée au 18e siècle au cours des conflits politiques, de la propagande guerrière et du remodelage de la mémoire collective. En 1789, suggère-t-il, l'idée de la Nation fut instituée en tant que religion des Français, dans le sens le plus littéral du terme : ce qui les lie entre eux. « La Nation est antérieure à tout, elle est la source de tout », déclarait Sieyès dans *Qu'est-ce que le Tiers-État ?*. Les députés révolutionnaires allaient bientôt concrétiser cette affirmation par le double acte de parole qui consista à se proclamer eux-mêmes Assemblée nationale et à déclarer les Français « Nation une et indivisible ». La Nation devint l'ontologie de la politique.

J'espère avoir été capable de montrer que les modifications dans les pratiques de représentations décrites par Friedland, dans le régime émotionnel analysé par Reddy, dans l'épistémologie discutée par Rosenfeld et dans l'ontologie sociale présentée par Bell peuvent être considérées comme élargissant l'approche discursive de la culture politique et comme infléchissant cette approche dans la direction de la pratique du performatif. Il est bien possible que les développements décrits dans ces travaux soient si profondément interconnectés qu'on pourrait les comprendre comme différentes parts d'une transformation plus générale dans le système de représentations qui se produit au cours du 18e siècle. Mais dire cela pourrait faire réapparaître le spectre de Foucault.

KEITH MICHAEL BAKER
Université de Stanford

DROITS DE L'HOMME,
PAROLES DES FEMMES

Pour Jean Marie Goulemot

À l'origine de cet essai était une note. En effet, consultant dans l'ouvrage de Hyppolite Taine *Les Origines de la France contemporaine* les pages consacrées à la Déclaration des droits de l'homme de 1789, j'étais surpris par la découverte d'une note curieuse concernant les conditions dans lesquelles le roi a accepté la Déclaration des droits de l'homme. Comme on le sait, après de vifs débats s'étalant sur trois semaines, la Déclaration a été adoptée par l'Assemblée nationale le 26 août 1789, mais ce n'est que le 5 octobre, tard dans la nuit, qu'elle a été acceptée par Louis XVI. Or, Taine raconte comment ce soir-là, à Versailles, sous la pression d'une foule venue de Paris (« une cohue, partant une force brute, à la fois anarchique et despotique »), l'Assemblée dépêche auprès du roi une députation, et comment, ensuite, conduite par le président de l'Assemblée, composée de députés et de femmes du peuple, à pied, dans la boue, trempée par la pluie, surveillée par une escorte hurlante d'hommes armés de piques, cette députation parcourt le trajet de l'Assemblée au château royal. Après cinq heures d'instances et d'attentes, reçue enfin par le roi, « elle lui arrache outre le décret sur les subsistances pour lequel il n'y avait pas de difficulté, l'acceptation pure et simple de la Déclaration des droits et la sanction des articles constitutionnels. Telle est l'indépendance de l'Assemblée et du roi. C'est ainsi que s'établissent les principes du droit nouveau, les grandes lignes de la Constitution, les axiomes abstraits de la vérité politique, sous la dictature d'une foule qui les extorque ». À l'appui de cette affirmation, dans une note de bas de page, Taine cite la déposition d'un témoin :

Arrivé dans l'Œil-de-Bœuf, où il y avait beaucoup de monde, il vit sortir de la chambre du roi, plusieurs femmes habillées en poissardes, dont une, d'une jolie figure, qui tenait un papier à la main, et disait, en le montrant : *Ha, foutre, nous avons forcé le bougre à sanctionner* [1].

Une délégation populaire de femmes en révolte réclamant au roi du pain aurait donc arraché également l'acceptation de la Déclaration des droits de l'homme ? La trouvaille était tellement belle et l'affaire si intrigante, que je suis remonté à la source, au document cité par Taine. Il s'agit d'une longue procédure criminelle instruite par le Châtelet, juridiction royale pour les affaires criminelles, qui, sur la dénonciation de la municipalité de Paris, a été chargée d'élucider les circonstances des événements sanglants intervenus à Versailles le 6 octobre 1789 et, le cas échéant, d'en trouver les instigateurs présumés (en particulier, le duc d'Orléans et Mirabeau ont été soupçonnés de conspiration). Commencée fin novembre 1790, cette procédure a été instruite pendant dix mois, jusqu'à août 1790. 410 dépositions recueillies forment deux volumes, de quelques 600 pages. À ce volumineux dossier s'ajoutent encore les débats de l'Assemblée nationale sur cette même procédure, le 2 octobre 1790, donc environ un an après les événements en question. Bien connue des historiens de la Révolution, cette source est aussi riche que difficile à exploiter. Les dépositions sont recueillies plusieurs mois après les faits ; les souvenirs se mélangent avec les récits postérieurs aux événements ; les témoins rapportent autant les choses vues que les ouï-dires, les rumeurs et les fantasmes ; l'affaire est très politisée et, trop souvent, les témoignages ne sont ni objectifs ni dignes de foi. Par conséquent, c'est une source éclatée, comme si quelques quatre cents personnes avaient vu et vécu les mêmes événements d'une manière contradictoire ; à la succession très chaotique des événements eux-mêmes s'ajoutent encore les contradictions entre les témoignages. Ainsi, à l'issue de cette procédure, le tableau de ces deux journées se présente comme un fouillis inextricable, on dirait un puzzle aux éléments mal ajustés [2].

Taine n'aime guère ni la Révolution ni les révolutionnaires, mais il ne se trompe que rarement dans ses sources ; sa citation

---

1. H. Taine, *Les Origines de la France contemporaine* (Paris, R. Laffont, 1986), t. I, p. 384.

2. *Procédure criminelle, instruite au Châtelet de Paris, sur la Dénonciation des faits arrivés à Versailles dans la journée du 6 octobre 1789*. Imprimée par ordre de l'Assemblée nationale, en deux parties, Paris, 1790. Dans la suite, les références à cette publication sont données dans le corps du texte, avec l'indication du numéro de déposition.

se retrouve effectivement dans la déposition de F.A.H. Digoine du Palais, marquis, alcade de la noblesse de Bourgogne et député à l'Assemblée nationale (déposition n° 168). En outre, vérification faite, les dires de ce témoin sont corroborés par encore deux autres témoignages :

Elles [les femmes] arrivèrent bientôt à la place d'armes où [elles] furent d'abord arrêtées par les gardes du corps, mais elles pénétrèrent dans la première cour et ensuite dans le château. Il [le témoin] en rencontra plusieurs si richement vêtues que l'on n'eût pas soupçonné que la misère les amenait à Versailles pour demander, comme elles le disaient, du pain à sa majesté, aussi leurs demandes ne se bornèrent pas là, car je leur entendis dire plusieurs fois, après que plusieurs d'elles furent sorties de chez le Roi, où elles étaient entrées avec le président de l'Assemblée nationale : *Nous savions bien que nous le ferions sanctionner* ; ce qui prouve qu'elles avaient ajouté à leur demande celle de l'acceptation pure et simple du Roi, conformément à la décision qui avait été portée le matin par l'assemblée. [déposition n° 177, de T.L.C. de Frondeville, président à Mortier au parlement de Normandie, député à l'Assemblée nationale].

Je déclare avoir vu, ledit jour du 5 octobre, entre six et sept heures, les femmes, ou au moins elles en avaient le costume, entrer, et après, à la suite des députés à l'Assemblée nationale, qui allaient porter les décrets à la sanction royale, pour, disaient-elles, forcer cette sanction. On voulut les empêcher d'entrer chez le roi ; et M.M. les officiers des gardes du corps, qui étaient du service firent ce qu'ils purent, pour empêcher ces dames, ou prétendues telles d'y entrer ; quelques moments après il en sortit quatre, dont une très grande, qui tenait un papier à la main et criait tout haut, en jurant : *Nous le savions bien que nous lui ferions sanctionner.* À ces paroles, prononcées très ferme et fort haut, il se fit un grand bruit dans le château et dans les environs. (déposition n° 127, de Claude de la Châtre, député à l'Assemblée nationale)

Or, nous l'avons constaté, ce matin l'Assemblée a demandé au roi d'accepter la Déclaration des droits et les premiers articles constitutionnels.

Curieux et pittoresque, cet épisode aurait dû retenir l'attention des historiens, surtout de ceux et de celles qui, avec le temps qui court, sont particulièrement avides de toute trace de présence et d'action des femmes pendant la Révolution. Les récits des journées du 5 et 6 octobre forment une page d'anthologie de l'historiographie révolutionnaire et on les retrouve dans tous les manuels scolaires. Pourtant, à l'exception de l'ouvrage de Taine, cette péripétie n'est mentionnée nulle part. Or, connaissant pourtant bien la procédure du Châtelet, si des historiens passent sous silence ce curieux épisode, ce n'est guère par mégarde, mais suite à leur méfiance, pleinement justifiée. En effet, il s'agit d'une fausse rumeur qui a fait long feu, voire d'une allégation malveillante, inventée de toute pièce.

Cependant, vraie ou fausse, une rumeur ne mérite-t-elle pas l'attention de l'historien ? Elle comporte toujours sa part de vérité ne serait-ce du fait qu'elle atteste sa propre présence ainsi que sa diffusion, par écrit ou par oral. Produit des circonstances, une rumeur éclaire à son tour les circonstances qui l'ont produite ; fabriquée, elle renseigne sur les matériaux qui ont servi à sa construction. Vraie ou fausse, une rumeur fait partie intégrante des informations et des représentations des acteurs historiques qui lui font confiance et qui agissent en conséquence ; pour ceux qui savent s'en servir, la rumeur est un redoutable instrument de manipulation et d'intoxication. La rumeur selon laquelle des femmes révoltées auraient imposé au roi l'acceptation de la Déclaration des droits de l'homme est d'autant plus intéressante qu'elle n'est guère un cas isolé : comme en témoigne la procédure criminelle, la journée et la nuit du 5 au 6 octobre foisonnent en rumeurs, bruits et fantasmes. Relue à ce niveau, notre source gagne en cohérence : elle montre comment s'aménagent les passerelles entre fiction et action, entre imaginaire et réalité.

Dans la suite, je veux me limiter à la rumeur qui nous a servi de point de départ ; j'examine d'abord le contexte dans lequel elle s'inscrit ; ensuite, je présente son « théâtre », le moment et le lieu de sa naissance ; en guise de conclusion, quelques commentaires sur les fonctions politiques de cette rumeur ainsi que sur les voix féminines sauvées de l'oubli.

Commençons cependant non pas par les événements eux-mêmes mais par leurs représentations contrastées.

Dans les manuels scolaires de l'époque de la IIIᵉ République, mais aussi dans maints livres scolaires actuels, se retrouvent quelques clichés composant le récit stéréotypé de ces deux journées mémorables du 5 et 6 octobre 1789. Paris manque de pain ; le 5 octobre, les dames des halles, en particulier les poissonnières, mobilisent une foule populaire pour aller à Versailles et, au roi et à l'Assemblée nationale, demander du pain. La foule est d'autant plus excédée qu'elle veut aussi venger la cocarde nationale, piétinée impunément quelques jours auparavant, par des officiers, au château, lors d'un banquet et en présence de la reine. Partie à pied, la foule arrive le soir à Versailles où elle est rejointe par la garde nationale parisienne ; le lendemain, passant outre la résistance des gardes du corps du roi, la foule envahit le château et pénètre jusqu'aux appartements de la reine. Le roi, la reine et ses deux enfants se montrent sur le balcon, accueillis par des cris : « Du pain ! À Paris ! ». Sous la pression populaire, dans un carrosse, la famille royale se met en route, entourée d'une cavalcade joyeuse : hommes armés de piques, gardes nationaux, femmes à califourchon sur des canons, tous ensemble clamant leur slogan victorieux : « Nous ramenons le boulanger, la boulangère et le petit mitron ! ». Parfois, en passant, il est mentionné que, lors de l'incursion dans le château, deux gardes du corps du roi furent massacrés, leurs têtes enfourchées portées ensuite sur des piques [3].

Le même slogan et la même foule, les mêmes femmes et les mêmes têtes se retrouvent aussi dans une page célèbre de Chateaubriand :

Le 5 octobre arrive. Je ne fus point témoin des événements de cette journée. Le récit en parvint de bonne heure le 6, dans la capitale. On nous annonce en même temps une visite du Roi. Timide dans les salons, j'étais hardi sur les places publiques : je me sentais fait pour la solitude ou pour le forum. Je courus aux Champs-Élysées : d'abord parurent des canons, sur lesquels des harpies, des larronnesses, des filles de joie montées à califourchon, tenaient les propos les plus obscènes et faisaient les gestes les plus immondes. Et puis au milieu d'une horde de tout âge et de tout sexe, marchaient à pied les gardes du corps, ayant changé de chapeaux, d'épées et de baudriers avec les gardes nationaux : chacun de leurs chevaux portait deux ou trois poissardes, sales bacchantes ivres et débraillées. Ensuite venait la députation de l'Assemblée nationale ; les voitures du roi suivaient : elles roulaient dans l'obscurité poudreuse d'une forêt de piques et de baïonnettes. [...]
On tirait des coups de fusil et de pistolet ; on criait : *Voici le boulanger, la boulangère et le petit mitron !* Pour oriflamme, devant le fils de Saint-Louis, des hallebardes suisses élevaient en l'air deux têtes de gardes du corps, frisées et poudrées par un perruquier de Sèvres [4].

Gardons ces récits comme toile de fond ; idéologiquement opposés, ils s'accordent sur le rôle extraordinaire joué par les femmes parisiennes, furies ou héroïnes, c'est selon. Ils font également ressortir l'enjeu politique capital de ces journées : contraindre le roi avec sa famille à quitter Versailles et à s'installer à

---

3. Voir, par exemple, E. Lavisse, *La première année d'histoire de France* (Paris, A. Colin, 1904), p. 177, *La deuxième année d'histoire de France* (Paris, A. Colin, 1883), p. 280 ; A. Malet, J. Isaac, *Cours d'histoire. L'époque révolutionnaire* (Paris, 1950), p. 66-67.
4. Chateaubriand, *Mémoires d'outre-tombe* (Paris, Gallimard, 1997), introduction, notes et variantes par J.-P. Clément, p. 328-329.

Paris. Par ailleurs, observons également que dans aucun de ces récits il n'est question de la Déclaration des droits de l'homme, comme si le fait de son acceptation par le roi était occulté par les événements autrement plus dramatiques. Et, évidemment, il n'y est guère mention de notre rumeur...

Pour comprendre le contexte de cette rumeur il faut la situer sur le croisement de deux séries événementielles et de deux narrations, qui se rencontrent jusqu'à se confondre : d'une part l'histoire d'un texte fondateur de la démocratie et, d'autre part, le récit d'une émeute populaire tournant en une « journée » révolutionnaire.

Le 26 août, siégeant à Versailles, à quelques centaines de mètres du château, l'Assemblé nationale a adopté la Déclaration des droits de l'homme, texte constitutionnel essentiel qui recompose la société hiérarchisée d'ordres en société d'individus libres et égaux. Fin août-début septembre, à l'issue d'un débat qui divise le parti patriote en une « gauche » et en une « droite », l'Assemblée vote les premiers treize articles constitutionnels sonnant le glas de la monarchie absolue. La France reste une monarchie, mais le pouvoir royal est très limité ; le roi ne dispose pas d'initiative législative ; décrétées par l'assemblée législative, les lois sont soumises à la sanction du roi ne disposant pas de veto absolu, de droit de les rejeter ; la prérogative royale se limite au veto suspensif, au droit de suspendre les lois pour une durée des deux législatives. Le 2 octobre, l'Assemblée présente la Déclaration et les articles constitutionnels à l'acceptation du roi.

À la même époque, à Paris, l'agitation bat son plein. Des rumeurs des plus alarmantes circulent : sur les conseils de ses ministres, le roi préparerait sa fuite de Versailles et son installation en province (on parle de Metz) où il mobiliserait des troupes pour marcher contre l'Assemblée nationale. Dans les réunions patriotiques et dans la presse, on insiste sur la nécessité d'arracher le roi à son entourage hostile à la Révolution et, partant, de le faire venir habiter Paris. Vers mi-septembre, avorte une tentative de mobiliser une foule censée aller à Versailles et forcer le roi à s'installer à Paris. À cette agitation s'ajoute le problème de subsistances : à l'automne, malgré une bonne récolte, Paris manque de pain et, devant les boulangeries, des émeutes éclatent. Il se peut que ces perturbations soient l'effet retardé de la « grande peur » qui, traumatisant les campagnes, aurait incité les paysans à stocker le blé. Cependant, selon la rumeur parisienne persistante, cette famine est organisée ; selon les uns, ce sont les « aristocrates » qui veulent affamer le peuple ; selon les autres, ce serait la faute des révolutionnaires (en particulier du duc d'Orléans) qui mécontentent le peuple afin de le soulever contre son roi. Début octobre, la tension monte encore d'un cran, en raison de la cocarde piétinée à Versailles. La Révolution est une période où le tissu symbolique de la vie sociale connaît une excroissance, où, dans la vie collective, la dimension symbolique gagne une importance capitale. Après le 14 juillet, la cocarde tricolore s'impose rapidement comme symbole de la Nation. Parmi les innombrables cocardes arborées depuis, nulle n'a égalé en célébrité celle qui, le 1er octobre, a été piétinée à Versailles et nulle n'a entraîné d'aussi graves conséquences politiques. Ce jour-là, à l'opéra du château, lors d'un banquet offert par les gardes du corps du roi aux officiers du régiment de Flandre, nouvellement arrivés à Versailles, en présence de la reine, une cocarde tricolore aurait été profanée, tandis que les gardes du corps arboraient la cocarde noire, emblème de la reine. Rapporté par la presse, dénoncé au Palais Royal, lors des rassemblements publics, grossi, l'incident fait scandale ; à Paris et à l'Assemblée, on parle d'« orgie » et on y voit la confirmation de la rumeur selon laquelle les troupes nouvellement arrivées devraient faciliter la fuite du roi. Les tensions montent, les esprits s'échauffent et ainsi, le 5 octobre, à Paris et à l'Assemblée, une double crise arrive à son dénouement.

Réunie le matin, l'Assemblée prend connaissance de la réponse du roi au sujet de la Déclaration des droits et des articles constitutionnels. Or, ses propos sont évasifs : aux articles constitutionnels, il n'accorde que son *accession conditionnelle*, à savoir sous réserve que « le pouvoir exécutif ait son entier effet dans les mains du monarque », autrement dit sous condition d'élargir largement ses prérogatives. Sur la Déclaration, son ton est moins ferme, mais, aussi sur ce point, les réserves l'emportent. Certes, la Déclaration « contient de très bonnes maximes » propres à guider les travaux de l'Assemblée, mais ces principes sont « susceptibles d'applications et même d'interprétations différentes », en fonction de la constitution qui leur donnerait suite ; son acceptation définitive serait donc prématurée. Cette réponse provoque un débat houleux à l'issue duquel l'Assemblée décide de demander au roi *l'acceptation pure et simple* de la Déclaration et des articles constitutionnels. Ces termes sont soigneusement choisis et pesés : l'Assemblée ne demande au roi ni son avis ni sa sanction, mais l'acceptation de ces textes tels quels, sans condition, modification ni négociation. Dans sa détermination de limiter le pouvoir royal, elle franchit ainsi un pas de plus : le roi se trouve exclu de la puissance constituante. En effet, reconnaissant ainsi que le pouvoir constituant appartient uniquement et souverainement à la Nation, l'Assemblée place le roi devant un ultimatum [5]. Lors des mêmes débats, des députés indignés évoquent également l'incident de la cocarde piétinée. L'atmosphère est d'autant plus tendue qu'au milieu de la séance des bruits commencent à courir au sujet d'une émeute : partis le matin de Paris, des milliers d'hommes armés marcheraient sur Versailles. Bruits également sur la complicité de certains députés avec les émeutiers ; on soupçonne, notamment, Mirabeau et Barnave. Finalement, l'Assemblée décide de dépêcher au château son président, à la tête d'une délégation de douze députés, pour exiger du roi l'« acceptation pure et simple » de la Déclaration des droits de l'homme et des articles constitutionnels. Ce jour-là la présidence est assumée par Jean-Joseph Mounier, tête pensante des « monarchiens », royalistes constitutionnels modérés, partisans d'un exécutif royal fort, disposant du droit de veto absolu, ainsi que de la division du parlement en deux chambres. Lors de son récent débat constitutionnel, l'Assemblée a rejeté ces propositions de monarchie parlementaire à l'anglaise ; ensuite, en élevant à sa présidence Mounier, qui fut pourtant leur ardent et brillant défenseur, elle voulait rendre hommage à sa personne, à son intégrité morale et à ses qualités intellectuelles. Il ne faisait aucun doute que, devant le roi, Mounier allait loyalement remplir sa mission et dignement, sans concession, exiger l'acceptation de la décision de l'Assemblée, même si celle-ci était contraire à ses opinions personnelles. Vers seize heures, au moment où la séance devait être levée et la délégation s'apprêtait à partir, l'officier de service informe Mounier que, devant la salle, des femmes, en foule immense, demandent d'être entendues par l'Assemblée.

À Paris, dès le matin, l'agitation était à son comble ; dans les rues et dans les halles, des bruits insistants incitent à une marche sur Versailles, pour demander du pain et la réparation des outrages à la cocarde profanée. Un rassemblement de quelques centaines de femmes, rejoint par des hommes armés de piques, de sabres,

---

5. *Archives parlementaires*, éd. J. Mavidel et E. Laurent, (Paris, Paul Dupont, 1875), première série, t. 7, p. 347 et suiv.

de bâtons ferrés et de haches, se forme devant l'Hôtel de ville, d'où, dans la matinée, estimée à quelques milliers de personnes, une foule se met en marche sur Versailles. La foule s'est-elle formée et mise en marche spontanément ou son rassemblement a-t-il été préparé et organisé d'avance ? À ces questions troublantes la procédure criminelle cherche vainement à répondre. Aucune des femmes interrogées n'assume l'initiative de cette marche : toutes cherchent à se dégager de la moindre responsabilité ; d'une seule voix, elles affirment avoir été « forcées » et « entraînées ». Les instigateurs et les organisateurs du mouvement restent introuvables, tandis que les rumeurs dénoncent la main invisible et, surtout, l'argent du duc d'Orléans ainsi que les manœuvres de Mirabeau, de Barnave et d'autres députés patriotes. Toutefois, pour aller de Paris à Versailles, la foule avait à parcourir une vingtaine de kilomètres, pendant quatre à cinq heures de marche ; ce jour-là, il pleuvait et faisait froid ; or, dans ces conditions difficiles, tenir ensemble des milliers de personnes, les enflammer et les diriger vers des objectifs déterminés, une telle action collective implique un minimum d'encadrement et de concertation, une combinaison de spontanéité et d'organisation, autant de facteurs dont il est difficile d'évaluer les poids respectifs. Très rapidement, cette foule se trouve un meneur et un porte-parole : Stanislas Maillard. Les situations troubles, où toutes les hiérarchies sociales sont bouleversées, font surgir des hommes qui, brusquement, se propulsent sur l'avant-scène et dont, assez souvent, la carrière se termine aussi rapidement. Lors de la prise de la Bastille, Maillard se distingua par sa bravoure : grâce aux journaux et aux gravures glorifiant ses exploits, il jouit d'une renommée certaine ; le 5 octobre, devant l'Hôtel de ville, il harangue la foule, et il se retrouve à la tête du cortège marchant sur Versailles [6].

La politique révolutionnaire étant réservée aux hommes, contrairement aux autres foules révolutionnaires, celle du 5 octobre se distingue par une forte présence féminine. Cette participation massive des femmes témoigne du caractère traditionnel de la foule ou, si l'on veut, elle montre comment une foule traditionnelle se transforme en une foule révolutionnaire et comment une révolte frumentaire assume des fonctions politiques nouvelles.

---

6. Une pertinente analyse de cette foule et, en particulier, de sa composition sociale se trouve dans G. Rudé, *La Foule dans la Révolution* (Paris, F. Maspéro, 1982). Je rappelle qu'il n'est pas de mon propos de faire le récit de toutes les péripéties de cette journée. Sur la base de la procédure criminelle du Châtelet, je me contente de dégager les éléments formant le contexte de notre rumeur.

Traditionnellement, dans les révoltes de famine, urbaines et villageoises, les femmes occupent la première place : leur présence symbolise le danger mortel menaçant la survie même de leurs familles, voire de la communauté tout entière. Certes, en octobre 1789, la survie des familles n'est pas menacée ; toutefois, pour protester contre la famine et réclamer du pain, les femmes retrouvent leur place traditionnelle et se lèvent solidairement en masse ; leur mobilisation s'était faite de bouche à oreille, entre les voisins, dans la rue ou à la sortie, la veille, de la messe dominicale (le 5 octobre était un lundi). Cependant, plusieurs de ces femmes portent la cocarde tricolore, s'indignent de la cocarde profanée, crient *Vive la Nation !* et, toutes ensemble, elles empruntent un itinéraire très politisé qui les amènera à Versailles, devant le château royal et devant l'Assemblée nationale.

Ainsi, Marie-Rose Barré, âgée de 20 ans, fille ouvrière en dentelles, dépose que « le cinq octobre dernier sur les huit heures environ du matin, sortant de chez elle pour aller reporter de l'ouvrage, parvenue au Pont Notre-Dame, elle fut arrêtée par une centaine de femmes qui lui dirent qu'il fallait aller avec elles à Versailles pour y demander du pain ; que ne pouvant résister à ce grand nombre de femmes, elle se détermina à aller avec elles » (déposition n° 343). Élisabeth Girard, âgée de 29 ans, témoigne que « le lundi 5 octobre dernier, sur le midi, plusieurs femmes sont montées chez la déposante pour lui dire qu'elles allaient à la ville, et la forcèrent de la suivre, en la menaçant de lui couper les cheveux si elle ne marchait pas, qu'obligée par cette violence de se joindre à elles, elle partit de compagnie ; mais au lieu d'aller à l'Hôtel de ville, elles dirigèrent leur route sur Versailles, où étant arrivées, après avoir fait quelques haltes dans la route, elles sont rentrées dans la salle de l'Assemblée nationale, où les femmes ont demandé du pain et la diminution du prix du pain et de la viande » (déposition n° 90). Jeanne Martin, femme Lavarenne, âgée de 49 ans, garde-malade, dépose que « lundi dernier, dans la matinée, elle a été forcée par une quarantaine de femmes, dans le passage du Louvre, près le jardin de l'Infante, d'aller avec elles à Versailles ; qu'elles lui ont mis un bâton à main, la menaçant de la maltraiter si elle ne marchait pas [...]. Que, parvenues à Sèvres, [...] une femme qu'elle la déposante ne connaît pas mais qui était armée d'une épée dit *Oui, oui, nous allons à Versailles ; nous apporterons la tête de la reine au bout d'une épée* ; que les autres femmes lui imposèrent silence » (déposition n° 82). Louise-Marguerite-Pierrette Chabry, dite Louison, âgée de « 17 ans environ », la plus jeune des déposantes, ouvrière en sculpture, demeurant chez son père, déclare que « le lundi matin, cinq octobre dernier, étant porte Saint-Antoine avec ses père et mère, elle a été forcée par des femmes du peuple à les suivre à Versailles, qu'elles l'ont conduite d'abord à l'Hôtel de ville ; [...] que parvenues aux Champs-Élysées, [elles étaient] cinq ou six cents femmes ; [...] que, lors de leur arrivée à Versailles, dix ou douze dragons qu'elles rencontrèrent dans l'avenue dudit Versailles leur ont crié : *Vive la Nation !*, en les embrassant » (déposition n° 183 ; Louise Chabry a déclaré ne savoir signer).

Plus les témoins interpellés sont hostiles à la foule, et plus leurs dépositions respirent les haines, les peurs, les fantasmes et les rumeurs contradictoires engendrés par l'étrange spectacle des femmes révolutionnées qui, en l'espace d'une journée, se sont approprié l'espace public : les routes, les rues, les places et même la salle de l'Assemblée. À les croire, toutes ces femmes étaient sales, mal mises, déguenillées et ivres ; leur misère n'était qu'apparente : sous leurs haillons, plusieurs étaient richement vêtues ; elles n'étaient point de femmes du peuple mais des filles de joie ramassées au Palais-Royal, leur peau blanche et leurs mains soignées ; soulevant leurs jupes et promettant tout ce qu'ils désiraient, elles s'efforçaient de débaucher les soldats ; véritables furies, elles vomissaient des menaces obscènes : *Nous voulons voir Marie-Antoinette entre les deux yeux ; la Polignac, la b... avec son doigt, nous la b... avec le bras et nous lui enfournerons jusqu'au coude !* ; elles étaient armées de couteaux et même de poignards aiguisés exprès pour assassiner la reine. D'ailleurs, combien de ces femmes étaient-elles véritablement femmes ? Plusieurs n'étaient que des hommes déguisés, des hommes très forts, choisis spécialement pour cette expédition ; sous les jupons on remarquait leurs bottes et, dans leurs poches, ils avaient plein de louis d'or... [7]

Vers 15-16 heures, par temps de forte pluie, la foule a déferlé sur Versailles ; une partie est allée vers le château où elle a été retenue devant la grille, tandis que l'autre s'est dirigée vers l'Assemblée nationale où les femmes ont bousculé les gardes. La séance était sur le point d'être levée, quand une députation de femmes a fait intrusion dans la salle ; à leur tête, habillé en

---

7. J'ai réuni les fragments des dépositions n° 97, 136, 139, 148, 157, 201, 202, 346, 386, 387.

noir, d'un air « hagard et menaçant », à la barre, Maillard se présenta comme leur porte-parole. Assez désordonnée, sa longue harangue mêlait revendications, soupçons et menaces : Paris manque de pain et le peuple est au désespoir ; les ennemis du bien public, les aristocrates, sont la cause de la famine, et on en trouve même dans le sein de l'Assemblée ; il faut fouiller les maisons où il pourrait y avoir des accapareurs ; il faut faire punir les gardes qui ont insulté la cocarde nationale et renvoyer le régiment de Flandres ; il faut que les députés portent la cocarde nationale, qu'il ne reste plus d'aristocrates et que la liberté soit assurée à la Nation. Dans l'Assemblée, ses accusations ont provoqué de vifs cris d'indignation ; dehors, trempées, quelques centaines de femmes se bousculent et finissent par envahir la salle. Dans le chaos et dans la confusion, l'Assemblée décrète que son président, avec les députés qui voudront l'accompagner, se rendra à l'instant vers le roi pour lui réclamer des mesures urgentes afin d'assurer à Paris les grains et les farines dont la ville a besoin. Ainsi, vers 17 heures, Mounier se trouve à la tête d'une délégation chargée d'une double mission ou, si l'on veut, de deux délégations fondues en une seule, ayant comme mission, d'une part, d'exiger l'acceptation « pure et simple » de la Déclaration des droits et des articles constitutionnels et, d'autre part, de réclamer les mesures urgentes d'approvisionnement de la capitale. Toutefois, même envahie par les femmes, l'Assemblée continuait à délibérer, La Luzerne, évêque de Langres, ancien président de l'Assemblée, prenant le fauteuil, tandis que la délégation se transportait au château. De cet étrange cortège, Mounier a laissé un témoignage remarquable :

Je me mis en marche à la tête de cette députation. Aussitôt les femmes m'environnèrent, en me déclarant qu'elles voulaient m'accompagner chez le roi. J'eus beaucoup de peine à obtenir, à force d'instances, qu'elles n'entreraient chez le roi qu'au nombre de six, ce qui n'empêcha point un grand nombre d'entre elles de former notre cortège.

Nous étions à pied, dans la boue, avec une forte pluie. [...] Une foule considérable d'habitants de Versailles bordait, de chaque côté, l'avenue qui conduit au château. Les femmes de Paris formaient divers attroupements, entremêlés d'un certain nombre d'hommes, couverts de haillons pour la plupart, le regard féroce, le geste menaçant, poussant d'affreux hurlements. Ils étaient armés de quelques fusils, de vieilles piques, de haches, de bâtons ferrés ou de grandes gaules ayant à l'extrémité des lames d'épée, ou des lames de couteau. De petits détachements de gardes du corps faisaient des patrouilles et passaient, au grand galop, à travers les cris et les huées. [...] Une partie des hommes armés de piques, de haches et de bâtons s'approchèrent de nous pour escorter la députation. L'étrange et nombreux cortège, dont les députés étaient assaillis, est pris pour un attroupement ; des gardes du corps courent au travers, nous nous dispersons dans la boue ; et l'on sent bien quel accès de rage durent éprouver nos compagnons, qui pensaient qu'avec nous ils avaient plus de droit de se présenter. Nous nous rallions et nous avançons ainsi vers le château. Nous trouvons, rangés sur la place, les gardes du corps, le régiment de Flandres, les gardes suisses, les invalides et la milice bourgeoise de Versailles. Nous sommes reconnus et reçus avec honneur. Nous traversons les lignes ; et l'on eut beaucoup de peine à empêcher la foule qui nous suivait de s'introduire avec nous. Au lieu de six femmes, à qui j'avais promis l'entrée du château, il fallut en admettre douze [8].

Vers midi, le roi était rentré de la chasse ; depuis 15 heures, il délibérait en conseil. Lors de cette réunion a été débattue la proposition de son départ pour Rambouillet, rapidement abandonnée : à aucun prix, Louis XVI ne veut se montrer comme un fuyard ; il soupçonne une intrigue de Philippe d'Orléans qui, profitant de son absence, se ferait proclamer par l'Assemblée lieutenant général du royaume. Il apprend également la nouvelle, plutôt rassurante, qu'à Paris, après le départ de la foule, pour assurer la protection du roi et de sa famille, la Garde nationale, quelques milliers de personnes sous le commandement de Lafayette, s'est mise en marche à son tour et qu'elle se dirige vers Versailles.

Devant les appartements royaux, dans la salle appelée d'Œil-de-Bœuf est rassemblée une cohue grouillante : courtisans, gardes du corps, députés, simples curieux, etc. (dans cette foule, on a remarqué la présence de Mme Necker et de Mme de Staël). Une centaine de personnes, peut-être plus, s'agitent, discutent les nouvelles, observent et commentent les entrées et les sorties des appartements royaux ainsi que les informations qui parviennent de la ville, de l'Assemblée, de Paris. L'agitation est à son comble ; les rumeurs les plus contradictoires et les plus alarmantes circulent sur les projets du roi, sur les propositions des ministres, sur la foule menaçante réunie dehors, sur la garde nationale en marche. D'après les témoignages, on a d'ailleurs l'impression que, en ce temps de tous les dangers, l'on entre dans ce château comme dans un moulin : plusieurs personnes font le va-et-vient entre

---

8. J.-J. Mounier, *Exposé de ma conduite dans l'Assemblée nationale*, in : *Orateurs de la Révolution française, I, Les Constituants*, textes établis, présentés et annotés par F. Furet et R. Halévi, Bibliothèque de la Pléiade (Paris, Gallimard, 1989), p. 957-958. Mounier a rédigé ce texte en novembre 1789, un mois après les événements. Sur le nombre de femmes reçues, par la suite, par le roi, les témoignages divergent : elles étaient cinq, six ou sept.

l'Assemblée et le château, d'autres apportent des nouvelles de Paris. Remplie d'une petite foule surexcitée et paniquée, cette salle est également le lieu où naît notre rumeur.

Vers 17 heures, Mounier, à la tête d'une délégation composée d'une quinzaine de députés et de quelques femmes, traverse cette salle et entre dans les appartements du roi. Après un temps d'attente, Louis XVI, en présence d'un ou deux de ses ministres, a reçu la délégation. Mounier prit la parole, présenta au roi les femmes et les députés, exposa la situation alarmante de la capitale, les plaintes des femmes et le supplia de porter secours à la ville de Paris. Le roi s'adressa aux femmes, écouta leurs plaintes, les rassura, promit de faire venir les farines. Sur cette audience insolite et, en particulier, sur les paroles des femmes adressées au roi, il existe plusieurs témoignages ; nous n'en retenons que deux, provenant des femmes, protagonistes de cette scène.

Ainsi, la jeune Louison Cabry, dans sa déposition déjà citée, raconte que « c'est elle, déposante, qui a eu l'honneur de porter les doléances des femmes et du peuple au roi, pour lui demander du pain et des subsistances ; que sa majesté l'a reçue avec une très grande affabilité, et nombre de bontés ; qu'elle se trouvait mal dans l'appartement du roi ; que sa majesté lui a fait donner du vin dans un grand gobelet d'or, qu'on lui a fait respirer des eaux spiritueuses pour la faire revenir ». Lorsqu'elle était chez le roi, grand nombre de femmes qui sont restées à la grille du château « vomissaient des injures contre la reine, et demandaient sa tête pour la porter à Paris au bout d'une pique ; que le roi entendant ces cris, sans doute, puisqu'elle la déposante les entendait bien distinctement, lui avait demandé si elles voulaient faire du mal à la reine, qu'elle lui répondit que non. [...] Après avoir pris congé de sa majesté, qui lui avait dit que la reine était au Trianon, elle déposante est descendue » (déposition n° 183). À son tour, Marie-Rose Barré témoigne qu'elle se trouva devant la grille du château, où « un Monsieur vêtu de l'uniforme des Gardes du Roi », qu'on lui a dit être Monsieur le duc de Guiche, est venu « prendre quatre femmes pour les introduire devant le roi et qu'elle déposante était une des quatre. [...] Qu'elles passèrent d'abord à M. de Saint-Priest, et ensuite à sa Majesté à laquelle elles demandèrent du pain ; que sa Majesté lui répondit qu'elle souffrait au moins autant qu'elles, de voir qu'elles en manquaient ; et tant qu'il avait pu, il avait eu soin qu'elles n'éprouvassent pas de disette ; que, par la réponse du Roi, elles le supplièrent de vouloir bien faire escorter les convois de farine destinés pour l'approvisionnement de Paris, parce que suivant ce qui leur avait été dit au Pont de Sèvres [...] de soixante-dix voitures destinées pour Paris deux seulement y étaient entrées ; que le Roi leur promit de faire escorter les farines, et que s'il dépendait de lui, elles auraient du pain sur-le-champ ; qu'elles furent conduites par un Monsieur en uniforme bleu à passe-poil rouge, dans les appartements, les cours du château et dans les rangs du régiment où elles crièrent *Vive le Roi !* ; et qu'alors il était environ neuf heures » (déposition n° 343)[9].

Pour ces femmes reçues par le roi, la journée a été longue, fatigante et riche en émotions, pourtant elles n'étaient pas encore au bout de leurs péripéties. Leur audience terminée, pour rendre compte de leur mission, elles sont rapidement retournées auprès des autres femmes qui, dans la nuit et trempées par la pluie, les

---

9. Marie-Rose Barré ne mentionne ni la présence de Mounier ni celle de la députation de l'Assemblée. Une autre femme est entrée au château avec Mounier et la jeune Louison, mais elle n'a pas vu le roi. En effet, Françoise Rollin dépose que « pendant que les autres sont allées à l'Assemblée nationale, elle et ladite Chabry sont restées sur la place d'armes [devant le château] ; que de cette place elles virent venir de loin cinq particuliers vêtus de noir et suivis par beaucoup de femmes qui étaient venues avec elle déposante ; qu'elle et ladite Chabry allèrent au-devant de ces Messieurs, que la déposante se jeta au pied de l'un d'eux, en lui disant qu'elles étaient perdues et qu'elles désiraient aller au roi, que ce monsieur la rassura en lui disant qu'il était président de l'Assemblée nationale, que depuis trois jours ils travaillaient pour elles à l'Assemblée ; qu'il allait en députation chez le roi et qu'elles n'avaient qu'à le suivre ; qu'étant arrivé à la grille du château, M. le président, qu'elle a su s'appeler M. Mounier, voulut se faire ouvrir ; qu'on lui refusa en disant que le roi tenait conseil, que M. Mounier a dit qu'il était surpris de ce refus, parce qu'il était toujours libre d'aborder le roi quand il avait à lui parler ; que M. le comte d'Estaing [commandant de la garde nationale de Versailles] est arrivé à la grille, l'a fait ouvrir à MM. les députés, en lui observant qu'il était impossible que les femmes entrassent avec eux ; que le roi était au conseil et s'occupait d'avance des soins de leur procurer le pain qu'elles avaient demandé ; qu'il fut cependant convenu que quatre des femmes entrèrent, que M. Mounier prit la déposante sous le bras, les autres prirent le bras d'autres députés et parvinrent dans les appartements jusqu'à la pièce où est, à ce qu'on lui a dit, le lit de Louis XV ; qu'on est venu dire à M. Mounier d'entrer dans la pièce où était le roi ; qu'elle déposante a voulu entrer avec lui, mais qu'elle fut repoussée violemment par un Suisse des douze ; qu'elle fut renversée par terre où elle a reçu plusieurs coups de pieds ; qu'elle fut relevée par M. le comte d'Estaing, qui l'a fait asseoir sur une banquette, et comme elle pleurait, M. le comte d'Estaing lui a dit *Tu pleures parce que tu n'as pas vu le roi.* Elle fut ensuite amenée dans une autre pièce où se trouvaient des ministres ; Saint-Priest [secrétaire de la Maison du Roi] lui demanda pour quel motif les femmes sont venues, et elle lui a répondu : pour apprendre au roi que sa bonne ville de Paris manquait de pain. Puis, elle a rejoint les femmes sorties de leur audience chez le roi, notamment, la jeune Louison » (déposition n° 137 ; Françoise Rollin, âgée de 20 ans, bouquetière, a déclaré ne savoir signer).

attendaient derrière la grille du château. Or, à leur grande surprise, elles furent accueillies avec méfiance, voire avec franche hostilité. À peine aurait-elle prononcé quelques mots, raconte Louise Chabry, que des femmes qui étaient là l'ont maltraitée de coups de pieds et de poings, prétendant qu'elle était une vendue, qu'elle avait reçu du roi vingt-cinq louis : « elles lui ont passé une jarretière au col pour la pendre à un réverbère [...] que sans le secours de plusieurs gardes du roi et d'autres personnes honnêtes qui l'ont secourue et sauvée, elle aurait perdu la vie » (déposition n° 183 ; l'incident se passe entre voisines et connaissances ; Louise Chabry reconnaît bien les femmes qui voulaient lui mettre la jarretière au cou ; ce sont ses compagnes : « la grosse Louison, qui vend de la marée marché Saint-Paul, et Rosalie, alors aussi vendant de la marée au même marché »). Françoise Rollin ajoute qu'elle et la Louison ont même retourné leurs poches pour démontrer qu'elles n'avaient pas reçu un sou, pourtant rien n'a convaincu les femmes en colère qui demandaient des papiers confirmant les promesses royales et signés par le roi lui-même. Rien à faire : escortées, Louise Chabry, avec quelques femmes, remontèrent dans les appartements, furent de nouveau reçues par le roi qui leur signa des « papiers » par lesquels il reconduisait les mesures d'approvisionnement de Paris et, semble-t-il, attestait que les femmes en députation n'avaient reçu aucun argent (dépositions n° 137 et 138 ; Louison Cabry dépose même que, pour calmer les femmes réunies à la grille, le roi se montra avec elle au balcon ; fictif, l'épisode a été inventé après coup). Ces précieux papiers en mains, la Louison et les autres femmes sortirent de l'appartement royal ; pour rejoindre leurs compagnes qui les attendaient toujours à la grille, il leur fallait, une fois encore, se frayer le passage dans la salle d'Œil-de-bœuf et défiler devant la petite foule de curieux, entassée devant l'appartement royal. C'est ici, à ce moment précis que, selon notre rumeur, la jeune Louison aurait triomphalement prononcé les paroles fatidiques. Reprenons donc le témoignage qui nous a servi de point de départ et replaçons-le dans ce contexte :

> Arrivé dans l'Œil-de-Bœuf, où il y avait beaucoup de monde, il [Digoine du Palais] vit sortir de la chambre du roi plusieurs femmes habillées en poissardes, dont une, d'une jolie figure, qui tenait un papier à la main, et disait, en le montrant : *Ha, foutre, nous avons forcé le bougre à sanctionner.*

Or, ni Louison Cabry, « d'une jolie figure », ni nulle autre femme sortie de la chambre du roi, n'a prononcé ces paroles colportées par la rumeur ; pourtant, il ne s'ensuit pas que les témoins qui les ont rapportées ne les avaient pas entendues. Expliquons-nous sur cette contradiction apparente.

Sur le premier point, il ne persiste aucun doute : sortant de la chambre du roi, les femmes ne pouvaient guère affirmer que le roi avait sanctionné la Déclaration et/ou les articles constitutionnels pour la simple raison que, lors de l'audience, cette question n'avait guère été abordée et restait toujours en souffrance. À aucun moment, fin juriste, Mounier n'a confondu les *deux* missions distinctes que l'Assemblée lui avait confiées et qui, rappelons-le, portaient, respectivement, l'une sur les subsistances, et l'autre, sur « l'acceptation pure et simple » de la Déclaration et des articles constitutionnels. Dans son esprit, aucune confusion n'était non plus possible entre la délégation dûment mandatée par l'Assemblée et les quelques femmes, choisies au hasard dans une foule ; uniquement en raison des circonstances exceptionnelles, il trouva opportun de les joindre aux députés. Il a sollicité une audience commune, pour les députés et des femmes du peuple ensemble, uniquement pour soumettre au roi le problème le plus urgent, celui de l'approvisionnement, et pour obtenir, en présence de ces femmes, des mesures dont l'annonce calmerait la foule à Versailles et mettrait fin à l'agitation à Paris. De son propre chef, la députation féminine a soulevé uniquement la question du ravitaillement et n'a guère abordé les problèmes constitutionnels : les femmes n'étaient même pas au courant des subtilités juridiques de la procédure relative à l'acceptation « pure et simple » (d'ailleurs, dans son discours à l'Assemblée, même Maillard n'a fait aucune allusion ni à cette procédure, ni à la Déclaration des droits). L'audience terminée, le fâcheux incident devant la grille réglé, la cour a mis à la disposition de la députation féminine des voitures ; immédiatement, et avec Maillard, les femmes sont reparties pour communiquer à Bailly, maire de Paris, les « papiers » confirmant les ordres du roi concernant le ravitaillement, l'arrivage prochain du blé et des farines en particulier.

D'après plusieurs témoins, les femmes sont sorties de leur audience en criant *Vive le roi !* Cependant, dans la salle d'attente où les rumeurs les plus fantastiques ne cessaient de circuler, dans la confusion, le va-et-vient permanent, l'agitation et le bruit, chacun pouvait entendre ce qu'il voulait, tout et n'importe quoi. Les questions qui, dans l'esprit de Mounier, étaient claires et distinctes, n'étaient pas nécessairement perçues de la même manière par le public entassé devant les appartements royaux.

En effet, en l'espace de quelques heures, celui-ci a assisté à un étrange ballet : d'abord, les femmes et les députés sont entrés ensemble chez le roi et, ensuite, ces femmes seules sont ressorties, criant quelques mots ; une demi-heure plus tard, ces mêmes femmes sont revenues, rentrées chez le roi, et, à nouveau ressorties, cette fois avec des papiers dans la main. À l'heure de toutes les confusions, on pouvait en conclure que, chez le roi, d'un seul coup *tout* a été réglé, la demande de subsistances *et* la sanction royale. Une fausse rumeur était donc plausible, à condition qu'elle n'ait pas été fabriquée après coup. En effet, la rumeur en question n'est guère innocente politiquement, et ses colporteurs ne sont guère des naïfs.

Dans la cohue, devant les appartements royaux, certes, chacun était libre d'entendre tout ce qu'il voulait ; toutefois, les colporteurs de la rumeur ont cru entendre précisément ce qu'ils désiraient. En effet, la rumeur qu'ils colportaient était franchement hostile envers les femmes, envers l'Assemblée et la Constitution, voire même envers le roi lui-même. Si la députation des femmes est venue pour extorquer la sanction royale, alors toute la révolte, toute cette foule exigeant du pain, n'était qu'un coup monté, une mise en scène derrière laquelle se cachaient des conspirateurs manipulant le peuple. Si le roi a agi forcé, sous la pression de ces femmes, vulgaires et ignares, alors il n'était pas libre de ses actions et ses actes n'ont aucune valeur légale. Sur le coup, dans la nuit du 5 octobre, toutes les rumeurs avaient libre cours ; cependant, ce n'est que plusieurs mois après les événements que les témoins ont fait les dépositions dans lesquelles ils consignaient la fausse rumeur. Entre temps, députés à l'Assemblée, ils disposaient de tous les moyens pour se renseigner et pour se détromper. Or, comme par hasard, ils étaient tous des adversaires acharnés de la Révolution et de la Constitution [10].

---

10. Mounier lui-même a formellement démenti cette rumeur : « Douze députés m'accompagnèrent, et il fallut consentir à conduire quelques femmes avec nous. J'observe que cette députation n'était point envoyée pour solliciter *l'acceptation pure et simple*. [...] Lorsque je parlai à la tête des députés, je ne dis rien sur *l'acceptation*, et aucun d'eux ne se plaignit de mon silence sur un sujet qui les intéressait si vivement. La réponse du roi n'était absolument relative qu'aux subsistances de Paris, et mon respect pour la vérité m'oblige de dire que les femmes, que messieurs le vicomte de la Châtre, Gueroult, du Berville et de Frondeville ont entendu se vanter d'avoir forcé le roi à *donner la sanction*, n'avaient pas voulu parler des *articles constitutionnels*, dont il ne fut pas question en leur présence, mais uniquement de l'ordre que le roi leur avait fait remettre ». J.-J. Mounier, *Appel au tribunal de l'opinion publique... et nouveaux éclaircissements sur les crimes du 5 et 6 octobre 1789* (Genève, 1790), p. 130-131.

Après le départ des femmes, pendant plusieurs heures, le roi a encore hésité à accorder son « acceptation pure et simple ». Dans les antichambres, avec quelques députés, Mounier attendait une seconde audience royale. Impatient de rentrer à l'Assemblée, il conseillait aux ministres cette acceptation qu'il regardait comme un moindre mal : tout retard laisserait aux factieux un prétexte fâcheux pour exciter la fureur du peuple en lui suggérant que le roi refusait *la Constitution*, mot que ce peuple n'avait jamais entendu, et dont pourtant il espérait beaucoup. Selon Mounier, l'acceptation la plus prompte s'imposait comme tactique ouvrant au roi un large champ de manœuvre : sans que l'on puisse lui reprocher le rejet de la constitution, il pouvait ou se retirer dans une autre ville, ou exiger à l'Assemblée nationale son appui pour maîtriser les rebelles. Cependant, les avis des ministres étaient très partagés et le roi hésitait. Pendant un moment, il fut question de faire partir la reine et le dauphin, pour les mettre à l'abri de tout danger. On fit même venir des voitures ; elles furent arrêtées par la foule, et Marie-Antoinette déclara d'ailleurs fermement que jamais, dans un temps de danger, elle ne quitterait le roi. À maintes reprises, Mounier menaçait de se retirer à l'Assemblée, si l'on ne lui donnait pas l'acceptation et, à chaque fois, on le faisait patienter. Finalement, après plus de cinq heures d'attente, le roi se décida à le recevoir :

Enfin je fus appelé près du roi ; il prononça *l'acceptation pure et simple*. Je le suppliai de me la donner par écrit. Il l'écrivit et la remit dans mes mains. Il avait entendu les coups de feu. Qu'on juge de son émotion ; qu'on juge de la mienne. Le cœur déchiré, je sortis pour retourner à mes fonctions [11].

Deux ans plus tard, en septembre 1791, le vicomte de la Châtre, Digoine du Palais et de Frondeville, les trois députés colportant la rumeur, se retrouvent parmi les signataires de la déclaration contestant l'acceptation par Louis XVI de la version définitive de la Constitution adoptée par l'Assemblée. Appelés la « bande noire », les cent-cinquante contestataires forment le dernier bataillon de défenseurs de l'Ancien Régime et rejettent la Constitution en bloc. Leur argumentation est double : a.) L'*acceptation* n'était pas libre, car le monarque a été ramené avec violence dans son palais et placé devant l'alternative entre la déchéance et l'acceptation. On y reconnaît le soupçon lancé déjà par la rumeur d'octobre 1789 ; b.) Fût-elle vraiment libre, cette acceptation serait néanmoins illégitime car contraire aux principes religieux et aux droits politiques qu'il n'est pas au pouvoir des rois de France d'abandonner. On y reconnaît, adaptée aux nouvelles circonstances et retournée contre la monarchie constitutionnelle, l'argumentation traditionnelle de l'opposition nobiliaire et parlementaire contre l'absolutisme. Voir *Encyclopédie méthodique, Assemblée nationale constituante*, par M. Peuchet (Paris, 1792), p. 48.

11. Voir J.-J. Mounier, *Ma conduite...*, p. 960-961 ; *Appel au tribunal...*, p. 133-135. Selon d'autres témoins, Louis XVI a signé ce papier en pleurant.

Il était environ onze heures quand, la nuit, toujours sous la pluie, dans la boue, Mounier emprunta le chemin du retour, du château à l'Assemblée. Il s'attendait à retrouver les députés en délibération ; or, il découvrit un spectacle surprenant.

Avant de partir au château, Mounier, on se souvient, avait confié la présidence à La Luzerne, évêque de Langres. En attendant la réponse du roi, pour meubler la séance et occuper les députés, La Luzerne a fait lire la longue liste des offrandes patriotiques. L'Assemblée s'impatientait, envisageait d'envoyer une seconde députation au roi, quand finalement, vers 20 heures, dépêché par Mounier, arriva du château un membre de la députation qui donna lecture des ordres du roi relatifs à l'approvisionnement de Paris. L'Assemblée les accueillit avec enthousiasme, mais attendant toujours la réponse sur l'autre objet, l'*acceptation pure et simple*, sa séance commencée à 9 heures du matin n'était pas toujours levée. Entre temps, la nuit était tombée ; trempée par la pluie, affamée, la foule massée au-dehors, renversa toutes les digues et envahit la salle : « Depuis l'époque de l'entrée de ces femmes dans l'Assemblée nationale, jusqu'à sept heures, le nombre des hommes et des femmes du peuple s'accroissait progressivement ; [...] ensuite le tumulte fut beaucoup plus grand ; [...] on fit asseoir et taire toute cette multitude, afin de pouvoir délibérer ; une des femmes, debout à la barre, tenait dans sa main un bâton surmonté d'un tableau dans lequel le déposant n'a rien pu distinguer ; que cependant le déposant avertit M. l'évêque de Langres, qui présidait à ce moment, [...] qu'il serait à propos de retirer ce tableau dont la présentation était indécente » (déposition n° 220, de F.P.N. Antoine, lieutenant-général). Le chaos était indescriptible : « plusieurs de ces femmes se portèrent au bureau, et d'autres entourèrent le fauteuil du président [...] et obligèrent M. l'évêque de Langres et plusieurs députés à recevoir leurs embrassades » ; entourant le bureau, d'autres femmes exigeaient de faire diminuer les prix du pain, de la viande et des chandelles ; le fauteuil du président fut occupé par une de ces femmes. « L'Assemblée nationale présentait en cette circonstance le spectacle le plus déplorable. [...] Les tribunes et les bancs des députés [étaient] occupés par un très grand nombre de femmes et d'hommes [...] ; le président et les députés du clergé étaient insultés et menacés par plusieurs étrangers ; la barre était remplie d'une troupe de ces forcenés, et un d'eux portait en étendard une espèce de tambour de basque » ; par dérision ou par désespoir, un des députés proposa de délibérer ensemble avec les femmes (déposition n° 147, de J.-F. Faydel, député à l'Assemblée nationale ; déposition n° 111, de

P.-V. Malouet, député à l'Assemblée nationale ; déposition n° 220, citée ci-dessus). L'*acceptation pure et simple* tardant toujours à venir, vers dix heures, fatigué et débordé par le désordre, La Luzerne se décida enfin à lever la séance.

Environ une heure plus tard, Mounier, avec quelques députés qui l'avaient attendu, rentrait enfin à l'Assemblée : « Quelle fut ma surprise de voir la salle remplie de femmes parisiennes et de leurs compagnons ? Mon arrivée parut leur causer une grande satisfaction ; elles me dirent qu'elles m'avaient attendu avec beaucoup d'impatience. L'une d'elles, qui s'était emparée du fauteuil du président, voulut bien me céder la place. Je cherchai vainement des yeux les députés, j'en aperçus seulement quelques-uns qui étaient restés par curiosité ». À cet assemblement insolite de quelques centaines d'hommes et de femmes du peuple, Mounier donna la primeur du papier que, finalement, il avait obtenu :

J'accepte purement et simplement les articles de la Constitution et la Déclaration des droits de l'homme que l'Assemblée nationale m'a présentés.

5 octobre au soir   *Signé :* Louis

La foule applaudit et se pressa autour de lui pour en avoir des copies. On lui demandait si cela était bien avantageux. Une femme l'interrogea : « cela fera-t-il avoir du pain aux pauvres gens de Paris ? » [12]. Pour nourrir tout ce peuple affamé et fatigué, Mounier ordonna d'apporter du pain, du vin et des cervelas ; le calme s'installa finalement dans la salle où, installé sur les sièges des députés ou assis par terre, tout le monde mangeait. Entre-temps, Mounier fit battre le tambour dans les rues, pour rappeler les députés qui s'étaient retirés dans leurs domiciles. Nombre d'entre eux sont venus et, vers minuit, il put enfin informer officiellement l'Assemblée de l'accomplissement de la mission qui lui avait été confiée : le roi avait « purement et simplement » accepté la Déclaration et les articles constitutionnels. Ce chapitre orageux était donc clos [13].

---

12. J.-J. Mounier, *Exposé de ma conduite...*, p. 961 ; *Archives parlementaires*, p. 348.

13. Ou presque. Pour entrer en vigueur, ces textes devaient encore être promulgués par le roi. Ce n'est que quatre semaines après l'acceptation par le roi, que l'Assemblée s'est aperçue avoir oublié de demander au roi cette dernière formalité. Le 3 novembre 1790, les textes furent effectivement promulgués ; cependant, pour le faire, la cour a recouru à la forme traditionnelle des lettres patentes du roi. Par conséquent, et à sa plus grande consternation, l'Assemblée a constaté que les documents promulguant les actes qui mettaient fin à l'Ancien Régime comportaient une formule traditionnelle et choquante : « Nous avons par ces Présentes, signées de notre main, ordonné et ordonnons l'envoi des Décrets ci-inclus. [...] *Car tel est notre bon plaisir* ». C'était le dernier baroud d'honneur

Pourtant ce n'était pas encore la fin de cette interminable nuit. Après minuit, quand Lafayette à la tête de la Garde nationale parisienne arriva à Versailles, Mounier allait faire une fois de plus la navette entre le château et l'Assemblée nationale, cette fois-ci sur la demande du roi. En effet, des bruits avaient couru sur la fuite du roi à Metz ; pendant un moment, le roi demanda aux députés de se déplacer au château et de l'entourer, demande refusée par l'Assemblée. Finalement, rassuré par Lafayette, le roi signifia qu'il « ne s'éloignerait jamais de l'Assemblée nationale », tandis que Lafayette se porta garant de l'ordre dans la ville. Vers 3 heures du matin, la séance fut levée et les députés rentrèrent à la maison. Après avoir bu et mangé, « environ huit cents, neuf cents ou mille [gens du peuple] passèrent la nuit dans la salle de l'Assemblée ; comme ils étaient crottés et mouillés, les uns quittèrent des jupons qu'ils avaient sur des culottes, d'autres des jupons et des bas qu'ils avaient sous les jupons pour les faire sécher ». Évidemment, les rumeurs allaient bon train : cette nuit il se serait passé entre ces gens des « scènes peu décentes » ; un officier de la Garde nationale parisienne aurait dit qu'il faudrait tuer jusqu'au dernier tous les gardes du corps du roi, « leur arracher les cœurs, les fricasser et déjeuner avec » (déposition n° 61, de J.-J. de Targat, capitaine d'infanterie). La nuit était faite de fantasmes, de cris et de tensions. À la pointe du jour est parti un coup de fusil, on ne sait pas d'où ; ensuite, la foule a envahi le château, massacrant sur son chemin deux gardes du corps du roi, des Huttes et Varicourt, qui assuraient la protection des appartements de la reine. À peine habillée, Marie-Antoinette se sauva avec ses deux enfants dans la chambre du roi. Ensuite, avec les enfants et aux côtés du roi, elle se montra sur le balcon, devant la foule clamant *À Paris ! À Paris !*

Dans la procédure criminelle du Châtelet, on trouve plusieurs dépositions relatives au massacre. Les témoignages les plus hallucinants portent sur un personnage étrange : à grande barbe, bizar-

---

de la monarchie absolue. En effet, le lendemain l'Assemblée règle le mode de promulgation des lois ; la nouvelle formule est dépourvue de toute ambiguïté : « À l'avenir, il sera fait, pour chaque décret, deux minutes en papier sur chacune desquelles le consentement royal sera exprimé par cette formule : *le roi accepte et fera exécuter lorsqu'il s'agira d'un décret constitutionnel* ». Ainsi le roi était formellement exclu de l'exercice du pouvoir constitutionnel. Sur cet épisode, Voir C. Fauré, « La Déclaration des droits de 1789 : le sacré et l'individuel dans le succès de l'acte », dans C.-A. Colliard, G. Conac, J. Beer-Gabel, S. Forgé (éds.), *La Déclaration des Droits de l'homme et du citoyen de 1789, ses origines-sa pérennité* (Paris, La Documentation française, 1990), p. 72 et suiv.

rement accoutré, les mains ensanglantées, traînant la hache avec laquelle il avait coupé les têtes des gardes du corps. « La déposante toujours entraînée par la foule alla dans la cour du château, sur les six heures du matin, du mardi six, où elle a vu un garde du corps tué, baignant dans son sang, et dans une autre cour un autre garde du roi, tenu par le collet, par des particuliers vêtus des habits des gardes nationales ; qu'elle vit donner à ce garde du roi deux coups de crosse de fusil sur la tête dont il fut renversé sans qu'elle la déposante sût s'il était mort de ces coups ; mais qu'incontinent après, un homme à grande barbe habillé en esclave lui a coupé la tête d'un coup de hache, et que cette tête fut mise au bout d'une pique » (déposition n° 90, d'Élisabeth Girard, fille âgée de 29 ans, bourgeoise de Paris). On est parmi des voisins, et cet homme à la longue barbe, habillé d'un étrange costume, on le reconnaît facilement : « la déposante a appris, sans pouvoir dire par qui, que le nommé Nicolas, modèle à l'Académie [des beaux-arts], qui demeurait chez Poujet, rue Champfleury, avait ledit jour mardi, coupé la tête de deux gardes du roi, qui avaient été massacrés par le peuple ; que, depuis, ledit Nicolas n'a pas reparu dans le quartier ; qu'elle reconnaîtrait parfaitement cet homme, lui ayant donné à manger pendant deux ans environ » (déposition n° 83, de Madeleine Glaine, femme Gaillard, faiseuse de ménages). [14]

Ces deux têtes coupées, Chateaubriand assure les avoir vues aux Champs-Élysées, portées sur des piques, frisées et poudrées. Il n'est pourtant pas certain qu'elles sont parvenues au centre ville : la municipalité a fait arrêter ces « trophées barbares » qui, sur leur chemin de Versailles à Paris, avaient escorté la famille royale, Lafayette, les gardes nationales, une délégation de l'Assemblée et les femmes parisiennes.

En guise de conclusion quelques observations portant sur trois points : l'épilogue juridique et politique de la rumeur ; le contexte culturel des paroles des femmes ; les droits de l'homme et les droits des femmes.

---

14. Malgré l'avis de recherche lancé par le Châtelet, on n'a jamais réussi à identifier ledit Nicolas, « connu sous la désignation de l'homme à la longue barbe » ; il a sombré dans l'anonymat, dont il était sorti pour un instant le 6 octobre à l'aube. Par contre, quelques mois plus tard dans le Midi, se faisait connaître un certain Jourdan qui, pour se donner du prestige, revendiquait l'exploit d'avoir coupé les têtes des gardes du corps à Versailles. Sur ce point précis, il était un imposteur, mais il a mérité son surnom de *Jourdan-Coupe-Têtes*, notamment en sa qualité d'organisateur du massacre de plusieurs dizaines de prisonniers en octobre 1791, au château d'Avignon.

Publiée et largement commentée dans la presse, un an après les événements, à savoir le 2 octobre 1790, l'instruction criminelle du Châtelet fait finalement l'objet d'un débat à l'Assemblée nationale auquel participent tous les ténors parlementaires, l'abbé Maury et Mirabeau en particulier. L'abbé Maury conclut à l'existence d'un horrible complot qui se cachait derrière la prétendue spontanéité de la foule :

> À qui persuadera-t-on sérieusement que l'unité du départ, à la même heure, l'ensemble de dix mille personnes qui se rendent au même lieu, qui tiennent le même langage, qui portent les mêmes armes, qui annoncent sur la route, la veille de cette journée à jamais déplorable, qu'elles ne sont pressées d'arriver à Versailles, parce que le rendez-vous n'est fixé qu'au lendemain, à six heures du matin ; qui, en arrivant, font entendre les mêmes menaces, qui se mêlent avec les soldats, subornés le même jour ; qui attendent avec la patience du crime pendant une nuit entière le signal des massacres, qui, à l'heure annoncée d'avance, se réunissent au même point, forcent la barrière qui entoure le palais du roi ; qui font retentir les cris d'imprécations et de blasphèmes contre la majesté royale, qui égorgent la garde fidèle de nos rois, qui pénètrent jusqu'à l'appartement de la reine, et qui en souillant par l'effusion du sang cette enceinte sacrée, ne regardent ces premiers crimes comme le prélude d'un crime plus grand encore, destiné à déshonorer à jamais la nation ? À qui persuadera-t-on qu'un pareil accord ne suppose pas un complot ? [15]

Mais même l'abbé Maury admet, avec grand regret, que la procédure n'a apporté aucune preuve de l'existence d'un tel complot, ni aucune preuve de l'implication de Mirabeau ou du duc d'Orléans. Formellement, l'instruction était limitée uniquement aux violences commises le 6 octobre, comme si était tacitement reconnue la légitimité des événements de la veille, et en particulier la légitimité de la marche populaire sur Versailles. Le Châtelet était une juridiction de l'Ancien Régime, compromise et condamnée à disparaître ; le premier dénonciateur, Jacques Gabriel Peltier se distingua entre temps par ses « Actes des Apôtres », certainement un des meilleurs journaux de l'époque mais de couleur violemment contre-révolutionnaire. La procédure était truffée d'erreurs, d'inexactitudes et de contradictions ; on y trouva même la déposition d'une folle déballant ses soupçons et ses fantasmes les plus délirants. La rumeur selon laquelle des femmes auraient forcé le roi à accepter la Constitution a été

---

15. Maury, *Discours sur la procédure du Châtelet*, dans *Orateurs de la Révolution française, op. cit.*, p. 600-601.

rapidement balayée : le rapporteur à l'Assemblée la dénonça comme un mensonge, voire comme une cabale aristocratique. Dans son discours, Mirabeau s'efforça de démontrer que toute la procédure du Châtelet n'était qu'une cabale tâchant de brouiller le roi avec la nation, et cela au moment de leur réconciliation, après que le roi eût accepté « notre orageuse révolution ». En effet, le 2 février 1790, en signe de réconciliation, Louis XVI a rendu une visite officielle à l'Assemblée et, ensuite, lors de la fête de la Fédération, il a prêté serment à la Constitution. Ainsi Mirabeau appela-t-il à jeter le voile sur les événements tragiques qui avaient marqué le départ royal de Versailles ; prétendre que le roi n'avait pas accepté la Constitution de son bon gré, c'était calomnier à la fois le monarque et la nation [16].

Or, « politiquement correcte », cette version officielle des événements était parfaitement hypocrite, et Mirabeau était particulièrement bien placé pour le savoir. En effet, accusant les femmes d'avoir forcé le roi à accepter la Déclaration et les articles constitutionnels, fable ou mensonge, cette fausse rumeur comportait pourtant sa part de vérité. Certes, chez le roi, les femmes n'ont guère évoqué la constitution ; toutefois l'« acceptation pure et simple » a été arrachée à un roi acculé au mur, redoutant la pression populaire et une guerre civile : « J'ai accepté *votre déclaration* » aurait-il dit le 5 octobre, la nuit, à Lafayette, accouru à son secours au château. Capitulation d'autant plus humiliante que, le lendemain, sous escorte de la garde nationale, d'une foule d'émeutiers et de femmes révolutionnées, un funeste cortège amena le roi à Paris. « Les hommes ont pris la Bastille, et les femmes ont pris le roi », concluant le récit de ces journées d'octobre 1789, la formule de Michelet est superbe [17].

Bâclée, partisane et biaisée, la procédure criminelle du Châtelet a pourtant le mérite d'avoir préservé de l'oubli des voix de femmes. Grâce à cette procédure, Louison Cabry, « de jolie figure », Élisabeth Girard, Marie-Rose Barré et une dizaine d'autres femmes sont sorties de l'anonymat. Elles appartiennent toutes à l'univers de la culture orale qui laisse peu de traces repérables pour un historien, c'est-à-dire peu de traces écrites. S'il n'y avait pas cette procédure, elles auraient réservé au voisinage le récit

---

16. Mirabeau, *Discours sur les journées d'octobre 1789*, dans *Orateurs de la Révolution française, op. cit.,* p. 779 et suiv.

17. Michelet, *Histoire de la Révolution française* (Paris, Gallimard, 1979), t. I, p. 246.

de leurs aventures : la visite au roi, le gobelet d'or, le lit de Louis XV, la grille devant le château, la lettre du roi. D'ailleurs l'épisode de cette lettre est emblématique : aux femmes en colère, rassemblées devant la grille du château, la jeune Louison apporte cette lettre royale rassurante, en guise d'attestation de sa bonne foi ; or, elle est illettrée, comme plusieurs de ces femmes qui menacent de lui passer une jarretière au col... Certes, les paroles de ces femmes nous parviennent déformées par le langage stéréotypé du greffier. Mais qui d'autre, sinon un greffier et pour le besoin d'une procédure criminelle, aurait consigné par écrit leurs histoires ? Elles ont fait leur entrée dans l'histoire à un moment critique de leur vie et seulement pour un court instant. Par la suite, elles ont sombré à nouveau dans l'anonymat et jamais nous ne saurons si, le 21 janvier 1793, elles évoquaient toujours leur visite chez le roi. Témoigner devant les officiers de justice, dans les cadres d'une procédure criminelle, la situation n'incite guère à la spontanéité ; bien au contraire, elle impose la plus grande prudence. Aucune de ces femmes ne revendique pour elle le rôle de l'instigatrice de la révolte : comme nous l'avons observé, elles se présentent dans leurs dépositions comme victimes des contraintes exercées par d'autres femmes (selon une rumeur, Théroigne de Méricourt, habillée en amazone, se trouvait à la tête du cortège, mais ce n'est qu'une fausse rumeur, parmi tant d'autres qui marquent ces « journées »). S'attendre à ce que ces femmes insistent sur leurs responsabilités et, partant, se comportent en militantes féministes avant la lettre, serait parfaitement anachronique. Sur le coup, face à un monde hostile, aux interrogatoires, aux officiers de justice et aux dépositions à signer, comme tant d'autres femmes de peuple, elles adoptent des stratégies de ruse et de méfiance. Stratégies discursives mêlées de sentiments de surprise : de ce qui leur est arrivé, elles ne cessent de s'étonner. Certes, elles ont fait intrusion dans la salle de l'Assemblée et dans le château royal, mais c'est surtout la politique qui a fait intrusion dans leur vie. Pendant un instant, comme un tourbillon, elle les a entraînées à Versailles, pour ensuite les rejeter à Paris, dans leur monde familier. Consignées dans leurs dépositions, les paroles de ces femmes nous rappellent que la Révolution installe la modernité politique dans un environnement culturel et mental qui reste largement traditionnel.

Pendant la Révolution, une seule fois une femme a occupé le fauteuil du président de l'Assemblée tandis que d'autres femmes ont pris la place des députés ; c'était par dérision carnavalesque, dans le désordre de la folle nuit du 5 octobre. À aucun moment de cette journée, aucune revendication d'accorder des droits civiques aux femmes n'a été formulée, ni par les femmes elles-mêmes, ni par les députés ; d'ailleurs, s'attendre à de telles propositions serait encore pécher par anachronisme. Comme on le sait, la Révolution n'a pas apporté aux femmes leur émancipation politique. Elles se trouvent exclues de l'exercice des droits civiques, tout comme tant d'autres exclus, selon l'étape de la Révolution : les mineurs, les illettrés, les domestiques, les pauvres, les banqueroutiers, etc. Exclues parmi tant d'autres, les femmes ne sont pourtant pas des exclues pas comme les autres. En effet, il était possible d'apprendre à lire et à écrire, de quitter son statut de domestique, de s'enrichir et de payer ses dettes, etc. ; par contre, une femme n'est point libre de devenir homme.

Dans l'apprentissage des révolutionnaires, les « journées » d'octobre 1789 ont joué un rôle important : elles ont démontré la puissance de la foule révolutionnaire, acteur politique nouveau, et sa terrible violence verbale et physique en particulier ; elles ont aussi apporté la preuve de l'efficacité de la pression populaire sur le pouvoir. Cependant ces journées n'annoncent guère l'entrée des femmes dans la politique révolutionnaire : sur ce point, elles restent sans lendemain. En effet, jamais plus, dans aucun événement révolutionnaire, le rôle des femmes ne sera comparable à celui qu'elles ont assumé en ces journées d'octobre quatre-vingt-neuf, entre Paris et Versailles. (Toutefois, à l'époque révolutionnaire, on observe une tendance à politiser certaines fonctions traditionnelles de la femme : il en est ainsi de la figure de la mère-patriote ou, dans le camp opposé, de la solidarité des mères et des épouses avec les insurgés vendéens).

Acceptée « purement et simplement » par le roi, dans la nuit du 5 octobre, la Déclaration des droits de l'homme devient rapidement un texte emblématique, symbole de la régénération nationale : « La déclaration des droits a acquis un caractère religieux et sacré, elle est devenue le symbole de la foi politique, elle est exprimée dans tous les lieux publics, affichée dans la demeure des citoyens de la campagne, et les enfants y apprennent à lire. Il sera difficile d'établir une déclaration différente, ou même d'en changer la rédaction. Nous croyons qu'elle contient tous les germes d'où dérivent les conséquences utiles au bonheur de la société » [18].

---

18. J.-G. Thouret, intervention dans le débat sur l'adoption de la Constitution, 5 août 1791, *Encyclopédie méthodique, op. cit.,* p. 90.

« Les hommes naissent et demeurent libres et égaux en droit. Les distinctions sociales ne peuvent être fondées que sur l'utilité publique ». Dans l'immédiat, la reconnaissance de ce principe ne donne lieu à aucun progrès notable de la condition politique et civique des femmes. C'était pourtant un véritable point de départ. L'égalité est une idée conquérante et une passion forte ; à long terme, elle déclenche une puissante dynamique sociale, politique et culturelle qui contraint les gouvernants et les gouvernés à reconnaître que les droits de l'homme et du citoyen sont autant des droits des femmes et des citoyennes.

BRONISLAW BACZKO
Université de Genève

L'ENJEU PÉNAL À L'ASSEMBLÉE CONSTITUANTE : UN CHANTIER PROMETTEUR (1789-1791)

Le problème pénal est une des grandes questions constitutionnelles abordées par l'Assemblée Nationale Constituante dans les années 1789-1791. Cette éminente place du pénal dans les travaux parlementaires a été le produit de plusieurs facteurs : à la fois le hasard, la présence d'importants députés-juristes (influencés par la pensée de Montesquieu et de Beccaria) dans les Comités-clef de l'Assemblée, la nécessité de contrecarrer l'agitation des meneurs de rue (tels que le marquis de Saint-Huruge, Camille Desmoulins, Georges Danton, Jacques-Pierre Brissot, etc.) qui demandaient la purge des prisons et, enfin, une justice exemplaire contre les prévenus de « lèse-Nation ». Dans l'attente, la « rue » pratiquait et les pamphlétaires théorisaient (voir Desmoulins, *Discours de la Lanterne aux Parisiens*) la « justice de la lanterne », c'est-à-dire le lynchage.

Mais comment contrecarrer ? Certes, pas du tout par le biais de mesures répressives contre les militants parisiens. En considération du fait qu'il aurait été impolitique de couper les liaisons avec les chefs populaires, surtout au lendemain de la prise de la Bastille et après la rupture de l'unité du « Parti patriote » à l'Assemblée Nationale, à propos du veto royal et du bicamérisme les 10 et 11 septembre 1789.

Pour contrecarrer la surenchère patriotique des districts parisiens (devenus sections en 1790), il fallait alors proposer à l'opinion publique une alternative réformatrice d'une grande envergure, ceci en choisissant le double terrain de la justice pénale et de la redéfinition d'une échelle d'infractions, qui comprendrait les actions contre-révolutionnaires (voir mon article « Qu'est-ce que la Lèse-Nation ? »).

À l'intérieur de ce schéma interprétatif, on peut lire le dialogue entre la rue et la Constituante en utilisant la métaphore du tennis de table ; le match de la rue et de l'Assemblée se joue avec l'intervention d'un puissant interlocuteur, la presse, qui est partie plaignante dans le procès médiatique qu'on organise contre l'Ancien Régime institutionnel (structure des pouvoirs publics, jurisprudence criminelle, législation). Dans le contexte des derniers mois de l'année 1789, la haine contre la haute robe (les cours souveraines) occupe une place majeure et l'on se méfie de la gestion des imminents procès politiques : l'affaire Besenval et l'affaire des 5 et 6 octobre relèvent du Châtelet, et c'est la Constituante qui lui a attribué cette compétence.

L'opinion patriote (les districts, puis les sections, dont la presse se fait le porte-parole) demande que les grands changements politiques réalisés à partir de la convocation des États Généraux (permanence de l'Assemblée Nationale, organisation des nouveaux pouvoirs locaux, libertés publiques et personnelles) soient à l'abri des menées contre-révolutionnaires. Ces dernières, à l'époque, n'étaient pas à sous-estimer. Or, l'enjeu se révèle d'une importance extrême. Criminaliser toute action humaine susceptible de cacher une arrière-pensée contre-révolutionnaire aurait impliqué une légalisation de la chasse aux sorcières. En témoigne l'extension des potentialités incriminables de la nouvelle notion de « lèse-Majesté nationale » ou « lèse-Nation », telle une modernisation du crime de lèse-Majesté.

L'Assemblé Nationale ne partage pas cette obsession punitive et, en revanche, propose un programme axé sur la stricte légalité des délits et des peines sous contrôle public (juges élus, procédure accusatoire, jurés, garantie d'un conseil pour les accusés). Suivons donc ce match de plus près.

Les agitateurs demandent-ils l'institution d'un tribunal criminel extraordinaire pour juger les affaires de lèse-Nation ? Cette requête formulée annonce la méfiance de l'opinion publique pour les juridictions d'Ancien Régime. La Constituante prend son temps et, à l'intérieur d'un vaste programme de refonte de l'ordre judiciaire, prévoit l'élection directe des nouveaux juges (voir G. Métairie, « L'électivité... ») et l'institution d'une Haute-Cour nationale, compétente pour les crimes d'État (voir M. Pertué, « La Haute Cour... »).

Les agitateurs se méfient-ils de la loyauté patriotique du Châtelet ? Pensent-ils que cette juridiction royale, derrière le rempart de la procédure inquisitoriale secrète (car l'Ordonnance criminelle du mois d'août 1670 est toujours en vigueur), acquittera le baron de Besenval, héros royaliste du 14 juillet ? La Constituante, tout en gardant le secret de l'information jusqu'au décret de prise de corps, soumet l'activité du juge à la surveillance de commissaires choisis par la Municipalité : les Adjoints à l'information criminelle doivent, sous peine de nullité, signer chaque page des procès-verbaux.

Les patriotes enragés, qui maîtrisent l'Assemblée des représentants de la Commune de Paris, attribuent-ils la compétence des informations criminelles au Comité de Recherches de la Ville de Paris ? Ce redoutable organisme (voir mon article « Quatre-vingt-neuf ou l'ambiguïté... »), dirigé par Agier, Brissot et Garran de Coulon du 22 octobre 1789 jusqu'à l'été 1790, aime le secret ; suivant les indications d'Adrien Du Port, de Thouret et de Beaumetz, la Constituante décrète la publicité de l'information, introduit le jury criminel et charge ses Comités de préparer une nouvelle loi de procédure.

Les grandes réformes pénales ont été le produit de ce dialogue constant entre la rue et l'Assemblée. L'extrémisme patriote (très utile en juillet 89, lorsque l'Assemblée Nationale risquait le naufrage de la législature sous les baïonnettes royales et, ensuite, comme contre-poids parisien du Législatif constituant) était en train de devenir un adversaire redoutable du processus de constitutionnalisation du Royaume.

Par conséquent, presque tous les chefs les plus influents du « Parti national » (dit aussi Parti patriote), tout en croyant nécessaire d'introduire quelques adoucissements dans la procédure criminelle réglée par l'Ordonnance du mois d'août 1670, pensaient plus réaliste de déférer la refonte globale du système aux législatures suivantes ; ils furent bientôt obligés de changer d'avis. Dans les Comités de l'Assemblée (notamment ceux de Constitution et de la Jurisprudence criminelle) étaient réunies les compétences techniques nécessaires : la Justice était sous observation depuis 1748 (grâce à Montesquieu et à son *De l'Esprit des lois*) ; l'appel à la fois modernisateur et humanitaire de Cesare Beccaria avait charmé l'opinion depuis vingt-cinq ans ; en outre, la redoutable puissance des Parlements demandait une abolition par le biais d'une « refonte » globale de l'ordre judiciaire. Alors pourquoi pas ? La Constituante aurait mis le pénal à l'ordre du jour, intégrant sa politique criminelle à l'intérieur d'un vaste et ambitieux programme de constitutionnalisation du Royaume. Tout cela résume, à l'époque, l'enjeu pénal.

Ce projet réformateur de grande envergure eut des protagonistes individuels et aussi collectifs, tels que les députés-juristes, membres des « Comités réunis de Constitution et de Jurisprudence criminelle », chargés de la rédaction du projet sur le jury criminel à la fin d'avril 1790.

À part l'abbé Sieyès (qui participait rarement aux fatigantes réunions), l'évêque Talleyrand-Périgord et le pasteur Rabaut Saint-Étienne, les autres commissaires des Comités réunis avaient tous une formation juridique d'un haut niveau : les avocats Thouret, Target, Tronchet, Le Chapelier et Dinocheau ; le Lieutenant criminel de Chabrol, les conseillers au Parlement de Paris Du Port et Fréteau de Saint-Just (beau-frère du président Du Paty), le président à mortier Le Peletier de Saint-Fargeau, le Premier président du Conseil Supérieur d'Artois Briois de Beaumetz.

Restaient, enfin, Desmeuniers et La Rochefoucault qui, eux aussi, avaient une culture juridique. L'ancien censeur royal Jean-Nicolas Desmeuniers (rédacteur de la section d'*Économie politique et Diplomatique* de l'*Encyclopédie Méthodique* et ami personnel du plénipotentiaire américain Thomas Jefferson) avait des compétences reconnues dans le domaine de la législation comparée. Aussi le duc Louis-Alexandre de La Rochefoucault d'Enville (ancien secrétaire de Benjamin Franklin, proposé par Turgot) prenait place dans l'organisme chargé de la réforme grâce à ses vastes connaissances dans le domaine du droit public (c'est à lui que l'on doit la traduction des constitutions américaines).

Si, en tant que commissaires, ces députés ont rédigé soigneusement les projets énoncés en séance publique, beaucoup d'entre eux ont orienté le débat en proposant des solutions qui furent transformées ensuite en motions, obligeant ainsi l'Assemblée à modifier l'ordre des travaux. Du Port et Le Peletier partageaient avec Beaumetz et Fréteau l'idée qu'il fallait battre le fer pendant qu'il était chaud, et qu'il était donc nécessaire de faire adopter rapidement la codification criminelle. Sur ce terrain, ils rencontrèrent Bertrand Barrère et Antoine Barnave, deux parmi les plus importants ténors de la Constituante.

Or, le contrôle des procès-verbaux et des comptes-rendus de l'Assemblée permet de conclure que les députés-juristes engagés dans le projet réformateur ne laissèrent presque rien au hasard, de la présentation de candidatures et d'auto-candidatures, pour entrer dans les Comités, jusqu'à la présentation d'amendements susceptibles de modifier le sens d'une proposition normative. Autrement dit, cet ensemble de députés agissait comme un groupe de pression capable d'influencer la législature ; c'est pour cette raison que je me suis référé à ce côté réformateur utilisant l'expression de « Parti de la réforme criminelle ». Le débat sur les articles pénaux de la Déclaration des droits permet à ce « Parti » d'influer pour la première fois sur les débats parlementaires des 20-22 août 1789, d'organiser la réforme provisoire du 8 octobre, de modifier l'ordre des travaux sur le domaine judiciaire au mois de mars 1790, de déférer la « refonte » globale du système pénal aux Comités réunis le 30 avril 1790 et le 7 février 1791.

Le lecteur des ouvrages anciens et modernes, publiés tout au long des 19ᵉ et 20ᵉ siècles, trouve de remarquables analyses des codes, du jury, de l'infraction ; quelques fois, il se peut que le discours technique soit associé à une présentation des aspects les plus significatifs des débats parlementaires ; il n'est pas rare qu'une synthèse objective des solutions législatives adoptées par la Constituante soit accompagnée d'un jugement de valeur, positif ou négatif. Mais il est presque impossible que le lecteur trouve, dans les pages feuilletées, un rapport causal entre l'adoption d'une loi de réforme pénale et la surenchère patriotique des milieux sectionnaires.

Pour cette raison, bien que connaissant parfaitement les travaux juridiques et historiques concernant le pénal des années 1789-1791, il faut partir des sources pour mieux cerner le sujet et pénétrer l'atmosphère constituante. Le procès-verbal imprimé par Baudouin (électeur parisien et député suppléant) offre une grille impeccable : l'ordre effectif des travaux, la succession chronologique des rapports, des projets et des amendements, les motions, l'élection du bureau de l'Assemblée, l'institution des Comités et leur renouvellement. Il est regrettable que les historiens aient tant sous-estimé cette source qui est, à mon avis, d'une importance capitale. Les reproches qu'on peut lui adresser sont au nombre de deux : l'excès de synthèse et l'absence des noms des députés intervenants.

Il s'agit d'inconvénients réels, mais ils impliquent simplement l'emploi de sources supplémentaires : les rapports officiels des décrets (imprimés par ordre de l'Assemblée, ils intègrent le procès-verbal imprimé), les discours imprimés des députés, les comptes rendus publiés par la presse (et, notamment, le *Bulletin de l'Assemblée* rédigé par Maret, le futur duc de Bassano, et publié par le *Moniteur universel*) et la correspondance des députés. Ainsi intégrés, loin de demeurer muets ou réticents, les procès-verbaux imprimés par Baudouin deviennent très riches de suggestions supplémentaires.

La lecture des comptes rendus permet de reproduire le contexte constituant. *Le Point du Jour*, bulletin quotidien rédigé par le député Bertrand Barrère, est le complément nécessaire au procès-verbal ; intégralement consacré aux travaux de l'Assemblée, il résume avec intelligence et donne des commentaires très aigus. L'enthousiasme de Mirabeau (et l'intérêt du libraire Le Jay) donne jour au *Courrier de Provence* : le tribun a mis à contribution son « Atelier genevois » (sur ce point les *Souvenirs* d'Étienne Dumont sont d'un intérêt majeur ; voir aussi Jacques Bénétruy, *L'Atelier de Mirabeau...*). Remarquables sont les articles publiés par le *Courrier* sur la réforme judiciaire et sur les codes, les commentaires écrits par Jeremy Bentham et traduits par Dumont. Le jugement sévère sur Jacques-Pierre Brissot comme agitateur ne m'empêche pas d'apprécier les articles publiés par son *Patriote François*, journal qui s'impose comme l'une des sources les plus intéressantes de la période, basculant toujours entre mots d'ordre protestataires et analyses minutieuses de la réalité politique. Enfin, *Le Moniteur universel* est la Gazette la plus moderne que l'on peut repérer à l'époque. Son format *in-folio* reprend le modèle de la presse parlementaire anglaise, d'après le *Prospectus* imprimé par le libraire Panckoucke.

La lecture des journaux et des procès-verbaux permet de donner une cohérence aux projets, de restituer leur espace aux protagonistes (individus et organismes), de donner un sens politico-législatif aux séances de la Constituante, brisant ainsi le paradigme interprétatif qui la veut subalterne à l'esprit des Lumières et, en perspective, à l'origine de la dérive terroriste.

Pendant les années 1789-1791, entre 5 et 10 % des séances de l'Assemblée Constituante ont été monopolisées par le problème pénal. Cette fourchette est en stricte connexion avec l'étendue que l'on désire donner à l'objet « pénal ».

Les 5 %, c'est-à-dire une quarantaine de séances (si l'on se borne aux discussions strictement liées au pénal) concernent les décrets sur la réforme provisoire de l'Ordonnance criminelle, l'institution des jurés, les délits correctionnels et le code pénal.

Les 10 % des séances (si on considère la refonte globale du système punitif) s'occupent des principes généraux concernant la stricte légalité des délits et des peines, des réformes provisoires, du recrutement du personnel judiciaire, du jury, de la construction du modèle d'incrimination, des codes militaires.

Dans cette dernière et plus ample perspective, relèvent du pénal à la Constituante la discussion sur les dispositions pénales de la Déclaration des droits, les débats sur l'ordre judiciaire et sur l'introduction du jury, les définitions de l'action criminelle et de la nature de l'infraction, la structure du jugement criminel (axé sur le jury, selon le modèle anglo-américain), l'extension du nouveau paradigme de la stricte légalité des délits et des peines à l'univers militaire (rédaction des codes pour l'Armée et pour la Marine ; voir B. Schnapper, « Le droit pénal militaire... »).

Adoptant cette optique élargie, je trouve dans les travaux parlementaires onze sessions de discussion, partagées en trois phases :

Ire phase (août 1789/janvier 1790) Sont à l'ordre du jour les interventions urgentes	IIe phase (mars-avril 1790) Débat sur la refonte de l'Ordre judiciaire	IIIe phase (nov. 1790/sept. 1791) La réforme globale de la législation criminelle est à l'ordre du jour
1re session, 21-22 août 1789 : adoption des articles VII, VIII, IX de la Déclaration des droits ;	6e session, mars-avril 1790, 24 mars : Thouret, au nom du *Comité de Constitution* énonce les aspects principaux de la réforme judiciaire ; mais, à la place d'un véritable rapport, il lit un « simple » discours ;	7e session, 27 novembre 1790 : rapport Du Port, au nom des *Comités réunis de Constitution et de Jurisprudence criminelle*, sur la Police de sûreté, la Justice et le Jury criminel ;
2e session, septembre 1789 : – séance du 10 : institution du Comité de Jurisprudence criminelle ; – séance du 29 : Rapport Beaumetz (projet de réforme provisoire de l'Ordonnance criminelle du mois d'août 1670) ;	29 mars : A. Du Port lit les *Principes et Plan sur l'établissement de l'Ordre judiciaire* ; il propose l'introduction immédiate du jury au civil et au criminel ; 31 mars : motion Barrère sur l'ordre de la discussion ;	8e session, 26 décembre 1790, 7 février 1791 : débat sur le Jury criminel ; lorsque Du Port descend de la tribune, le 7, après avoir fait adopter le dernier titre du décret, la Constituante lui décerne une longue ovation (voir *Moniteur* du 8 février) ;
3e session, 8 octobre 1789 : vote du décret qui introduit en France un régime mixte (inquisitoire jusqu'aux décrets, accusatoire après) ;	5-8 avril : discussion générale sur l'admissibilité du jury civil et criminel ; 9-27 avril : Du Port rédige 2 projets : *Moyens d'exécution pour les jurés au criminel et au civil*, et *Plan d'exécution des jurés au civil* ; 28-30 avril : discussion générale ;	9e session, 23 mai, fin juin 1791 : rapport Le Peletier de Saint-Fargeau, au nom des *Comités réunis*, sur le projet de Code pénal ; débat sur le système punitif et sur l'abolition éventuelle de la peine de mort (proposée par les *Comités réunis*) ;
4e session, 24 décembre 1789 : rapport Tronchet sur les difficultés d'application de la réforme criminelle provisoire ;	30 avril : la Constituante adopte le jury criminel et vote contre le jury civil ;	10e session, 19 juillet 1791 : décret relatif à l'organisation d'une police municipale et correctionnelle ;
5e session, 21 janvier 1790 : décret Guillotin sur l'égalité des peines pour les mêmes délits ;	motion des députés Tronchet et Le Chapelier : les *Comités réunis de Constitution et de Jurisprudence criminelle* sont chargés de la préparation d'un projet sur les jurés ;	11e session, septembre 1791 : 16 septembre, décret sur le Jury criminel ; 25 septembre, décret sur le Code pénal ; 29 septembre, adoption de l'Instruction Beaumetz sur la procédure criminelle.

Il s'agit d'un parcours réformateur qui débute par l'adoption des dispositions pénales de la Déclaration des droits, le 22 août 1789, et se termine par le vote de l'importante Instruction sur la procédure criminelle, proposée par le rapporteur Beaumetz le 29 septembre 1791 au nom des Comités réunis de constitution et de jurisprudence criminelle, (une synthèse de ce parcours est donnée par J.-J. Clère, « Les constituants... »).

J'ajoute qu'il y a quatre dates-clef dans ce calendrier législatif : la séance du 10 septembre 1789, au soir : institution d'un comité « provisoire », le Comité de sept personnes chargées de quelques réformes dans l'Ordonnance criminelle (voir procès-verbal de l'Assemblée Nationale, n° 71, p. 10) ; destiné à la permanence et devenu Comité de Jurisprudence criminelle, cet organisme a été l'inspirateur d'un groupe de pression (voir mon article, « Le "Parti de la réforme criminelle" »).

La séance du 22 janvier 1790 : renouvellement du Comité de Jurisprudence criminelle ; sont élus les anciens magistrats du Parlement de Paris Adrien Du Port (conseiller) et Louis-Michel Le Peletier de Saint-Fargeau (président à mortier).

La séance du 30 avril 1790 : les Comités réunis de constitution et de jurisprudence criminelle sont chargés du projet de décret sur les jurés.

La séance du 7 février 1791 : l'adoption du décret sur les jurés rend inévitable la modernisation de l'échelle punitive ; les Comités réunis sont chargés de rédiger un projet de code pénal.

Maintenant, il importe de voir quelle était la situation à l'époque de la convocation des États Généraux en 1789 et quelles transformations ont été introduites par l'Assemblée Nationale pendant les vingt-six mois de la législature constituante.

Jusqu'au mois de septembre 1789, les affaires criminelles en France étaient réglées par l'Ordonnance criminelle du mois d'août 1670. Celle-ci réglementait le procès criminel de manière uniforme pour tout le Royaume (voir mon article : « Il modulo inquisitorio... »).

Il s'agissait d'un procès secret, maîtrisé par le juge d'instruction, c'est-à-dire le juge criminel, qui pouvait être le Lieutenant criminel du Bailliage ou de la Sénéchaussée, ou son délégué. Selon l'Ordonnance sur la Réformation de la Justice de Villers-Cotterêts du mois d'avril 1539, l'accusé, emprisonné et maintenu au secret, n'avait pas droit à l'assistance d'un avocat (ou conseil). Cette prohibition avait été réitérée en 1670, car elle était perçue comme seul moyen qui permît de mener un procès contre des « puissants, seuls capables d'en assurer les frais, donc de fausser l'équilibre de la justice et de perturber la paix publique » (N. Castan, « Les alarmes... », p. 31).

Tout procès criminel jugé en première instance par un Bailliage ou une Sénéchaussée, était jugé en appel par le Parlement du ressort : en France, il y en avait treize (dix-sept en considérant les quatre Conseils du Roussillon, de l'Artois, de l'Alsace et de la Corse). La Cour chargée de l'appel décidait « souverainement », c'est-à-dire en dernier ressort, et son jugement n'était pas une « sentence » mais un « arrêt », « parce que leur autorité doit arrêter, finir et terminer les différends et les contestations », sauf pourvoi en cassation au Conseil du Roi (voir de Ferrières, *Dictionnaire*, I, p. 118). En considération du fait que le jugement parlementaire se fondait sur l'énorme documentation écrite par le juge appelé et que celui-ci avait motivé sa sentence de condamnation, le Parlement utilisait dans son arrêt la formule « pour les cas résultant du procès... », il employait, donc, une simple formule de renvoi, sans motiver expressément l'arrêt rendu.

L'Ordonnance criminelle du mois d'août 1670 est la cible des Cahiers de doléances rédigés pour la convocation des États Généraux en 1789 ; ces documents mettent en accusation « une législation que, tant dans le fond que dans la forme, l'esprit du temps ne peut plus accepter » (A. Lebigre, *1789 : la justice...*, p. 41). Les Cahiers, dont la Chancellerie royale fit un excellent résumé (voir Seligman, *La Justice*, I, p. 489-505), demandaient l'introduction d'une procédure publique (transformation d'un procès secret inquisitoire en procès accusatoire à l'anglaise), l'abolition du secret de l'information et des signes « infamants » (dernier interrogatoire sur la sellette), l'assistance d'un avocat ou conseil pour tout accusé.

Un arrêté municipal parisien, le 8 septembre 1789, établit :

que l'Assemblée Nationale sera suppliée de vouloir bien décréter ou demander au roi les réformes que la justice et la bonté du roi ont déjà préparées et annoncées. [*Le Point du Jour* (1789), n° LXXXVIII, p. 360]

Selon un rapport présenté le 29 septembre du Comité de Jurisprudence criminelle (créé le 14 septembre 1789), la Constituante décréta la naissance d'un système mixte. Jusqu'à la décision sur le décret de prise de corps, la procédure restait secrète ; cependant, le contrôle sur la légalité des actes était confiée à des « Notables-Adjoints à l'information », nommés par la Municipalité. Après le décret de prise corps, la procédure devenait publique et l'accusé bénéficiait de l'assistance d'un avocat (voir mon livre *La Costituente ed il problema penale*, p. 91-138).

La « refonte » intégrale du système pénal était perçue par le *Comité de Constitution* comme une tâche impossible, qu'il fallait renvoyer aux législatures suivantes : c'était l'avis, à la fois, du rapporteur *monarchien* Nicolas Bergasse au mois d'août 1789 et du nouveau rapporteur Jacques-Guillaume Thouret jusqu'au mois d'avril 1790. D'ailleurs, profitant de quelques apories présentes dans le projet de réforme judiciaire et de la faiblesse d'un « discours », qui remplaçait un véritable rapport, lu par le rapporteur Thouret le 24 mars 1790, Adrien Du Port bouleversa la situation parlementaire. Celui-ci avait présenté un ambitieux contre-rapport : les *Principes et Plan sur l'établissement de l'Ordre judiciaire* ; à la suite d'un débat très tendu sur l'opportunité d'une intervention populaire dans l'administration de la justice civile et criminelle, il réussit, le 30 avril, à convaincre la Constituante de l'opportunité d'une adoption immédiate du jury criminel : « le peuple faisait la loi par ses députés et il rendait la justice par ses jurés » (B. Schnapper, « Le Jury... », p. 153).

Une motion présentée par les juristes Tronchet et Le Chapelier (et votée séance tenante par l'Assemblée) chargea les Comités réunis de Constitution et de Jurisprudence criminelle de la rédaction du projet de décret. Par conséquent, Adrien Du Port, le 27 novembre 1790, présenta un remarquable rapport sur l'organisation du Jury (voir mon article « La robe en question... »).

Adopté par l'Assemblée après un long débat qui se déroula pendant les mois de décembre 1790, de janvier et de février 1791, le jury criminel entraîna l'adoption d'un système de peines fixes. La nouvelle échelle pénale est dans le projet rédigé par Louis-Michel Le Peletier de Saint-Fargeau, au nom des Comités réunis de Constitution et de Jurisprudence criminelle ; il faut ajouter que les Comités avaient proposé à l'unanimité l'abolition de la peine de mort, elle fut pourtant maintenue pour des raisons éminemment politiques et contingentes (voir M. Pertué, « La Révolution française et l'abolition de la peine de mort », p. 23). L'absence de références explicites contenues dans le rapport n'empêche pas d'observer que les sources culturelles et scientifiques du nouveau système punitif, dans lequel l'intimidation et la gradation des peines ont une importance extrême, relèvent de l'utilitarisme pénal qui avait été énoncé par des auteurs connus : l'italien Cesare Beccaria et les Anglais John Howard et Jeremy Bentham (voir R. Martinage, « Les origines... », p. 23-24).

Paralysée quelques mois par la crise de Varennes (fuite du roi le 21 juin 1791), la Constituante vota les décrets le 16 septembre (jury criminel) et le 25 septembre 1791 (code des délits et des peines) : la modernisation pénale voyait le jour. Elle était le produit « d'une pensée féconde qui non seulement forme la base du droit pénal moderne mais suscite encore aujourd'hui les interrogations de la société sur la fonction des peines » (R. Martinage, « Les innovations... », p. 106).

Cette activité législative, vaste et ambitieuse, a établi des coordonnées scientifiques d'une grande envergure pour le droit pénal moderne et contemporain, pourtant elle n'a pas stimulé, chez les historiens du droit, une activité de recherche de pareille ampleur. Aujourd'hui, nous attendons encore une synthèse satisfaisante de la politique pénale de la Constituante : à ce propos, il est regrettable que la thèse de Jacqueline Ancel concernant *La Politique criminelle de l'Assemblée Constituante* n'ait pas été publiée. Pareillement, nous attendons encore une étude systématique de la genèse du code pénal rédigé par Louis-Michel Le Peletier de Saint-Fargeau (voir mon article « En attendant Le Peletier de Saint-Fargeau... »). Le chantier a toutefois été ouvert par le remarquable ouvrage de Lascoumes, Poncela et Lenoël, dont je parlerai plus tard.

La richesse d'un important « espace pénal-constituant » à exploiter et, à l'inverse, la pauvreté de synthèses systématiques, marquent un contraste évident par rapport à l'ampleur des sources, imprimées et manuscrites. D'ailleurs, l'abondance de suggestions concernant le pénal proto-révolutionnaire des années 1789-91 offre un immense chantier de recherche à l'historien qui aura le courage d'émanciper la codification pénale du mois de septembre 1791 (solidement enracinée dans la Déclaration des droits du mois d'août 1789) du paradigme timide de la « législation intermédiaire ».

La notion de « législation intermédiaire » est un lieu commun historique qui réduit l'immense œuvre législative de la Constituante et, sous certains aspects, aussi de la Convention, véritable pierre angulaire de la modernisation pénale, au rang de simple trait d'union rhétorique entre l'Ordonnance criminelle colbertienne du mois d'août 1670, modifiée en 1789 et abrogée en 1791, et les codes de l'Empire napoléonien (code d'instruction criminelle, 1808, et code pénal, 1810). À ce propos, Robert Badinter, dans son introduction passionnée à l'ouvrage collectif *Une autre Justice*, parle d'« approche réductrice d'un moment essentiel de notre histoire judiciaire » (p. 24).

Sur la ligne tracée par Faustin Hélie dans son *Traité* et, surtout, par Adhémar Esmein à la fin du 19ᵉ siècle, Jean-Pierre Royer a tracé une ample fresque de longue durée sur l'*Histoire de la justice en France*, qui se déroule de la mise en place du *Conseil pour la réformation de la Justice* (Louis XIV et Colbert, 1661) jusqu'à nos jours. Il fait place aux réformes introduites par la Constituante (nouveaux tribunaux et jury criminel) par le biais d'un savant emploi des débats parlementaires. Le même auteur, dans *L'Assemblée au travail*, a su présenter l'activité législative des années 1789-1791 de manière complète et brillante, en donnant un tableau éloquent des protagonistes et des lois adoptées.

L'étude politique et institutionnelle de l'histoire de la criminalisation des actions envisagées comme nuisibles dans les années 1789-1791 serait digne de la même attention. Avant la publication du savant volume de Lascoumes, Poncela et Lenoël, *Au nom de l'ordre. Une histoire politique du code pénal*, il fallait se référer au vieil ouvrage d'Henri Rémy, *Les Principes généraux du Code pénal de 1791*, ou aux chapitres « révolutionnaires » des synthèses les plus connues, ou encore chercher avec la lanterne de Diogène les articles publiés sur le « pénal constituant ». Il en existe de remarquables, et j'ai toujours profité de la doctrine des auteurs que j'ai cités dans mon article. Le domaine à exploiter est donc vaste, et il est souhaitable que les sources enrichissent le discours historiographique.

J'ajoute qu'il y a un trait commun aux ouvrages examinés, à quelques exceptions près : un défaut de contextualisation historique, comme si les auteurs avaient sous-estimé le fait (incontestable à mon avis) que le discours réformateur pénal s'est développé à l'époque à l'intérieur d'un événement « majeur » par définition : la Révolution française. Telle proposition avancée en juin-juillet 1789, entre le Jeu-de-Paume et la prise de la Bastille, peut avoir une explication différente d'une proposition apparemment semblable, formulée après la défaite parlementaire des Monarchiens, à la moitié du mois de septembre 1789, ou après la crise de Varennes, le 21 juin 1791.

Il est parfois possible que, lorsque le lecteur rencontre le Quatre-vingt-neuf de la Déclaration des droits et du décret Beaumetz, le Quatre-vingt-dix du jury criminel et le Quatre-vingt-onze du code pénal, il s'aperçoive d'un implicite « clin d'œil herméneutique » : comme si l'auteur aimait le mettre en garde devant l'hypothèse d'un imminent Quatre-vingt-treize, en train de rendre vain le principe de légalité. Autrement dit, le lecteur peut être conduit à penser que dans les années 1789-1791 la stricte légalité était à l'ordre du jour dans le domaine pénal, et que dans les années 1792-94 la justice révolutionnaire, ou justice criminelle extraordinaire, avait suspendu les règles habituelles. Ainsi, nous pouvons considérer que la période antérieure a enfanté la suivante, délégitimant les fondements du discours réformateur. Cette citation de Jean-Marie Carbasse, introduisant un savant tableau, synthétique et complet à la fois, des réformes pénales votées par la Constituante, me semble paradigmatique :

> Les principales propositions des réformateurs sont ensuite adoptées par l'Assemblée constituante, qui met en place « une autre justice ». Mais, si le discours des Droits de l'Homme inspire bien les nouvelles institutions de la justice ordinaire, il est en revanche fâcheusement contredit par la mise en place d'une terrible machine de répression politique. [*Introduction historique*, p. 301]

En revanche, je pense que l'analyse d'un contexte, des discours et des pratiques qui l'enrichissaient, doit tenir compte des legs du passé des institutions et des protagonistes ; elle doit aussi relativiser le poids des événements futurs, connus par les historiens mais inconnus, ou du moins imprévus, à l'époque.

C'est pour cette raison que j'ai suggéré un nouveau parcours, qui synthétise une vingtaine d'années de recherches sur le problème pénal à la Constituante et qui lie ce thème au double contexte français qui était constitutionnel et révolutionnaire à la fois.

Or, il me semble nécessaire que nous nous arrêtions un instant sur les reconstructions historiques les plus connues et les plus récentes.

Le lecteur désireux de connaître la politique pénale de l'Assemblée Constituante, s'il n'a pas le temps de fixer ses yeux sur les procès-verbaux de l'Assemblée ou sur les comptes rendus publiés par la presse de l'époque, rencontre des difficultés puisque le choix de textes modernes disponibles, quoiqu'il ne soit pas négligeable, est très limité par rapport à l'importance du sujet. Les ouvrages de référence sur la Révolution (Aulard, Mathiez, Lefebvre, Soboul, Furet) sont extrêmement laconiques sur le thème pénal, de toute évidence envisagé comme un thème marginal ; à mon avis, ce manque d'intérêt atteste une décevante sous-estimation du problème.

Par contre, il me semble que les historiens du droit, qui s'y intéressent, manifestent une grande prudence relativement aux aspects politiques de l'enjeu qui, d'après les sources, présente des caractères contradictoires, à la fois techniques et éminemment conjoncturels liés aux circonstances de la lutte révolutionnaire.

Je voudrais prendre ici en considération le petit groupe de textes publiés dans la seconde moitié du 20e siècle ; il s'agit : a) d'agiles reconstructions destinées à un vaste public, b) de manuels universitaires, c) d'articles scientifiques, d) de recherches à contenu monographique (pour l'instant, le seul volume de Lascoume, Poncela, Lenoël).

Nous pouvons retrouver quatre *Que sais-je ?* entre les années 1943-1991. Les titres choisis, qui font référence à l'histoire de la justice et du pénal, les vouent à un public intéressé à des thèmes spécifiques. Deux magistrats, Marcel Rousselet et Jean-Michel Aubouin, sont les auteurs d'une très efficace *Histoire de la Justice*, parue en 1943 et rééditée cinq fois jusqu'en 1976. L'œuvre de la Constituante est bien présentée, avec toutes les informations essentielles, à partir des principes garantis par la Déclaration des droits (p. 49) jusqu'à l'élaboration de la nouvelle organisation judiciaire (p. 50-56) ; il y a une présentation sans aucun doute élogieuse du jury criminel (p. 52-53), des jugements publics et de l'obligation introduite de motiver les sentences (p. 55).

Selon Raymond Charles (son *Histoire du droit pénal* a un long chapitre au titre trompeur : « Le droit pénal français depuis 1789 », p. 32-106), « l'œuvre de la Révolution française est capitale » ; en revanche, il devient sarcastique au sujet des « principes sacrés qui ont vite rayonné à travers l'Europe comme l'évangile des temps nouveaux » et de « l'institution "sublime" des jurés épris d'une fausse humanité » (p. 33). Il ignore l'existence du code pénal de 1791, en affirmant que « l'ancienne France n'avait pas connu de CP : le premier fut celui des Délits et des peines (an IV) » (p. 34, n. 1). Il se réfère au texte rédigé par le Conventionnel Philippe-Antoine Merlin de Douai, dit « code du 3 Brumaire an IV », qui intégrait, et ne remplaçait pas, le code pénal du 25 septembre 1791, resté en vigueur jusqu'en 1810.

Essentielle, savante et complète demeure l'*Histoire du droit pénal* d'André Laingui. Quoiqu'il semble ne pas beaucoup aimer 1789 et ses idées (« la Déclaration des droits [...] est toute imbue des doctrines de la philosophie des Lumières de Montesquieu à Rousseau et à Beccaria », p. 111), on y trouve un catalogue presque complet des innovations législatives : Déclaration, décret du 8 octobre 1789, décret sur le jurés (et Instruction du 29 septembre 1791), décret sur la police correctionnelle et municipale (p. 111-113). Enfin, au sujet du « premier code pénal français », l'auteur note que le Comité de législation criminelle avait proposé l'abolition de la peine de mort et observe que :

les articles consacrés aux peines sont particulièrement intéressants puisqu'il s'agit aussi de la première nomenclature officielle et complète du droit pénal français. [p. 116-117]

L'*Histoire des doctrines pénales* de Jean Pradel est essentielle. Au chapitre II (« Beccaria, ou la première systématisation pénale »), à propos des « modifications du droit positif », l'auteur note que « les idées de Beccaria furent encore reprises dans les Cahiers généraux », et donne un éloquent résumé des réclamations. À propos du code pénal, Jean Pradel affirme que :

La première législation révolutionnaire consacra ces idées, et c'est ainsi que le « code pénal » de 1791 adopta le principe des peines fixes et, plus généralement, celui de la légalité, par crainte de l'arbitraire du juge [p. 39].

Quant aux manuels universitaires, mon attention s'arrête sur deux excellents produits de la recherche, signés par d'éminents spécialistes ; je précise que ce genre de livres « officiels » revêt une importance majeure, car on y véhicule des contenus informatifs et culturels destinés à influencer longtemps leur public.

André Laingui et Arlette Lebigre, il y a vingt-cinq ans, ont publié une *Histoire du droit pénal* en deux volumes, consacrés respectivement aux infractions et à la procédure. J'observe que la structure du premier volume (*Le Droit pénal*), sur la théorie générale de l'incrimination et sur les délits et les crimes, morcelle les références. Par conséquent, seul un lecteur averti peut repérer neuf références (p. 5, 15, 76, 84, 85, 90, 105) aux réformes votées par la Constituante, dont un seul renvoi au rapport Le Peletier de Saint-Fargeau (p. 124) et, quelques pages plus loin, une citation du système de la peine fixe (p. 129). Par contre, dans le second volume (*La Procédure criminelle*), le titre IV : « La procédure criminelle dans le droit intermédiaire » concerne l'époque révolutionnaire et propose aux étudiants un tableau complet des nouvelles juridictions pénales.

Je remarque, dans l'index, l'absence de protagonistes tels que Nicolas Bergasse, Bon-Albert Briois de Beaumetz, Adrien Du Port. Jacques-Guillaume Thouret, absent de l'index mais cité dans le second volume, se voit attribuer le rapport (rédigé et lu, au contraire, par Beaumetz) qui permit d'adopter le décret du

8 octobre 1789 (II, p. 133). Adrien Du Port, « père » et rapporteur du décret sur les jurés est gommé à l'avantage de Le Peletier, au sujet de la loi « concernant la police de sûreté, la justice criminelle et l'établissement des jurés » (II, p. 136).

Savante et riche de notations critiques, l'*Introduction historique au droit pénal* de Jean-Marie Carbasse traite notre objet à l'intérieur d'un chapitre final, « Conclusion », dédié à la « Naissance du droit pénal contemporain ». Il est partagé en trois sections : « Le siècle des réformes », « Une autre justice » et « Les codes impériaux ». Le lecteur est informé de la critique de la procédure criminelle d'Ancien Régime formulée tout au long du siècle des Lumières par les réformateurs (Montesquieu, Beccaria, Condorcet, Linguet, Delolme, Du Paty, p. 303-304) et aussi de la place du pénal dans les Cahiers de doléances, avec « le rejet de l'arbitraire et la revendication d'une stricte légalité » (p. 313). L'auteur (qui avait publié en 1989 un intéressant article sur « Le droit pénal dans la Déclaration des droits ») souligne que « les grands principes déclarés [...] ont un contenu pénal particulièrement riche » (p. 315). Il propose une synthèse complète des dispositions votées au mois d'août 1789 (p. 315-319). Également minutieuse apparaît l'analyse de la réforme pénale (procès et infractions), avec la citation des principaux protagonistes (Bergasse, Thouret, Du Port, Le Peletier, etc.).

L'analyse systématique des articles consacrés à notre sujet rendrait trop longue cette mise au point. Je vais me limiter à des considérations d'ordre général, en utilisant comme points de repère les articles publiés dans quelques ouvrages collectifs d'histoire juridique et cités dans la bibliographie ci-dessous.

Les articles consacrés au thème pénal par les spécialistes les plus attitrés (cités dans mon essai) laissent espérer que dans un futur proche ces éminents collègues voudront transformer leurs savantes mises au point en études de plus grande ampleur. De plus, il faut souligner qu'un petit chef-d'œuvre d'érudition, produit de plusieurs années de recherches, lorsqu'il est publié dans les actes d'un colloque ou dans un volume collectif, risque de rester étranger à un public plus vaste et intéressé aux problèmes analysés. Des thèmes tels que les sources de la doctrine pénale des Constituants (Martinage), le jury comme « mythe démocratique » (Schnapper), l'élection des juges (Métairie, Dandine), le fonctionnement concret des nouveaux tribunaux criminels et la détention avant jugement (Schnapper), le parquet révolutionnaire (de Mari), la peine de mort (Pertué) mériteraient des développements ultérieurs, franchissant les frontières de la communication érudite confiée aux actes des colloques. Les vastes connaissances des auteurs cités devraient être mises à la disposition de la communauté scientifique.

À ce propos, il faut ajouter les travaux de M. Padoa Schioppa. Très savant et riche est l'essai « La giuria all'Assemblea Costituente... », consacré au « Jury Du Port » ; il propose l'une des reconstructions les plus complètes des débats et de ses implications juridiques. L'examen soigneux des rapports, des projets et des discours des principaux députés fait de cette étude un ouvrage de référence. Les contenus principaux en sont anticipés par sa communication au Colloque d'Orléans en 1986. Dans la même année, l'auteur avait publié un article concernant les Philosophes et le jury.

L'importante étude que trois spécialistes, Lascoumes, Poncela et Lenoël ont consacré à la codification pénale relève du domaine de la reconstruction systématique. Le titre choisi est évocateur : *Au nom de l'ordre. Une histoire politique du code pénal.* Pierre Lascoume et Pierrette Poncela avaient déjà envisagé le problème par le biais de deux articles remarquables (voir « La République... » et « Classer et punir autrement... »).

Les auteurs soulignent que le code pénal de 1791 a pensé l'infraction en bâtissant un système punitif qui a fourni « le » modèle aux législateurs futurs ; non seulement le code pénal napoléonien de 1810 apparaît comme un développement et une rationalisation des principes posés par la Constituante, mais son influence s'étend jusqu'à nos jours :

> Le code de 1791 est toujours en vigueur, non seulement en filigrane du droit pénal actuel, mais aussi très directement dans la sélection et la hiérarchisation des intérêts défendus et leur pondération par des peines, même si leurs formes ont connu quelques changements. [p. 9]

Selon l'avis des auteurs, « le code pénal de 1791 marque une rupture » (p. 9) avec le passé, et la légalité des délits et des peines est comme un manifeste du nouveau système de valeurs. La première partie de l'ouvrage est consacrée à la réflexion réformatrice pré-révolutionnaire (p. 19-42) et aux Cahiers de doléances (p. 43-59). Le code pénal de 1791 est l'objet des deux premiers chapitres de la deuxième partie, dont le premier, concernant « le primat du bien public », fait une analyse de l'échelle d'infractions (p. 65-87). Le chapitre II s'ouvre aux travaux préparatoires du code : l'importance des principes posés par la Déclaration des droits (p. 88-97), les travaux du Comité de Jurisprudence criminelle (p. 97-102), le Rapport Saint-Fargeau (p. 102-110), le débat à la Constituante (p. 140).

Au fond, je crois que tout ce qui a été publié jusqu'à aujourd'hui sur les grandes questions pénales abordées par la Constituante peut être considéré comme un appréciable travail préparatoire, dans la perspective de peindre une grande fresque sur l'aube de la modernisation pénale.

ROBERTO MARTUCCI
Università di Macerata

Références

a. Sources

Bon-Albert Briois de Beaumetz, *Rapport du Comité chargé de proposer à l'Assemblée nationale un projet de déclaration sur quelques changements provisoires dans l'Ordonnance criminelle.* Par M. de Beaumetz. Séance du 29 septembre 1789, à Versailles, chez Baudouin, (s. d.) ;

Claude-Joseph de Ferrières, *Dictionnaire de droit et de pratique, contenant l'explication des termes de droit, d'Ordonnances, de Coutumes & de Pratique. Avec les Juridictions de France*, à Paris, chez Knapen, M.DCC.LXXI ;

Camille Desmoulins, *Discours de la Lanterne aux Parisiens*, en France, l'an Premier de la liberté [Paris, novembre 1789] ;

Etienne Dumont, *Souvenirs sur Mirabeau et sur les deux premières Assemblées législatives*, Paris, 1832 ;

Adrien Du Port, *Principes et Plan sur l'établissement de l'Ordre Judiciaire*. Par M. Du Port, député de Paris. Imprimé par ordre de l'Assemblée Nationale, à Paris, chez Baudouin, 1790 ;

– *Moyens d'exécution pour les jurés au criminel et au civil, rédigés en articles*. Par M. Du Port, député de Paris. Imprimé par ordre de l'Assemblée Nationale, à Paris, chez Baudouin, (s. d.) ;

– *Plan d'exécution des jurés au civil*, à Paris, de l'Imprimerie Nationale, (s. d.) ;

Louis-Michel Le Peletier de Saint-Fargeau, *Rapport sur le projet du Code pénal au nom des Comités de constitution et de législation criminelle*, Imprimé par ordre de l'Assemblée Nationale, à Paris, de l'Imprimerie nationale, 1791 ;

Moniteur universel, réimpression, Paris, Plon, 1863 ;

(*Le*) *Courrier de Provence*, à Paris, Imprimerie Lejay, 1789-1791 ;

(*Le*) *Patriote François. Journal libre, impartial & national*, Par une Société de citoyens & dirigé par J. P. Brissot de Warville, à Paris, chez Buisson libraire, 1789-1791 ;

(*Le*) *Point du Jour ou Résultat de ce qui s'est passé la veille à l'Assemblée Nationale*, à Paris, Imprimerie Cussac, 1789-1791 ;

Procès-verbal de l'Assemblée Nationale, à Paris, chez Baudouin, 1789-1791 ;

Jacques-Guillaume Thouret, *Projet de l'Organisation du Pouvoir Judiciaire, proposé à l'Assemblée Nationale par le Comité de Constitution*, à Paris, chez Baudouin, (s. d.), [22 décembre 1789 et 2 février 1790] ;

Résumé des Cahiers sur la Réforme judiciaire établi par la Chancellerie, articles 86, publié par Edmond Seligman, *La Justice en France...*, I, pp. 489-505, [cité en Bibliographie] ;

b. Bibliographie

Jacqueline Ancel, *La Politique criminelle de l'Assemblée Constituante*, thèse de Doctorat, dactylographiée (Paris, 1964) ;

Robert Badinter (dir.), *Une autre justice. Contributions à l'histoire de la justice sous la Révolution française* (Paris, 1989) ;

Jacques Bénétruy, *L'Atelier de Mirabeau. Quatre proscrits genevois dans la tourmente révolutionnaire* (Paris, Picard, 1962) ;

Jean-Marie Carbasse, *Introduction historique au droit pénal* (Paris, 1990), p. 301 ;

– « Le droit pénal dans la Déclaration des droits » dans *Droits*, (1989), 8, p. 123-134 ;

Nicole Castan, « Les alarmes du pénal : du sujet gibier de justice à l'État en proie à ses citoyens (1788-1792) » dans R. Badinter (dir.), ouvr. cité, p. 29-38 ;

Raymond Charles, *Histoire du droit pénal* (Paris, 1955) ;

Jean-Jacques Clère, « Les constituants et l'organisation de la procédure criminelle » dans *La Révolution et l'ordre juridique privé. Rationalité ou scandale ?* Actes du Colloque d'Orléans, 11-13 septembre 1986 (Paris, PUF, 1988), II, p. 441-456 ;

Élisabeth Dandine, « Les élections judiciaires en Haute-Garonne (1790 – an IV) » dans Jacques Krynen (dir.), *L'Élection des juges. Étude historique française et contemporaine* (Paris, 1999), p. 67-111 ;

Éric de Mari, « Le parquet sous la Révolution, 1789-1799 » dans Jean-Marie Carbasse (dir.), *Histoire du parquet* (Paris, 2000), p. 221-255 ;

Adhémar Esmein, *Histoire de la procédure criminelle en France et spécialement de la procédure inquisitoire depuis le 13ᵉ siècle jusqu'à nos jours* [Paris, 1882], (Francfort-sur-le-Main, 1969) ;

Faustin Hélie, *Traité de l'Instruction criminelle ou Théorie du Code d'Instruction criminelle* (Paris, 1845 et suiv.), 8 vol. ;

André Laingui, *Histoire du droit pénal* (Paris, 1985) ;

André Laingui, Arlette Lebigre, *Histoire du droit penal* (Paris, 1979-1980) ;

Pierre Lascoumes, Pierrette Poncela, « La République... en réprimant. Les processus d'incrimination sous la Constituante » dans *La Révolution et l'ordre juridique privé*, ouvr. cité, II, p. 593-607 ;

– « Classer et punir autrement : les incriminations sous l'Ancien Régime et sous la Constituante » dans R. Badinter (dir.), ouvr. cité, p. 73-104 ;

Pierre Lascoumes, Pierrette Poncela, Pierre Lenoël, *Au nom de l'ordre. Une histoire politique du code pénal* (Paris, 1989) ;

Arlette Lebigre, « 1789 : la justice dans tous ses états » dans R. Badinter (dir.), ouvr. cité, p. 39-55 ;

René Martinage, « Les innovations des constituants en matière de répression » dans R. Badinter (dir.), ouvr. cité, p. 105-126 ;

– « Les origines de la pénologie dans le code pénal de 1791 » dans *La Révolution et l'ordre juridique privé...*, ouvr. cité, I, p. 15-29 ;

Roberto Martucci, *La Costituente e il problema penale in Francia (1789-1791). I. Alle origini del processo accusatorio : i decreti Beaumetz* (Milan, 1984) ;

– « Le "Parti de la réforme criminelle" à la Constituante » dans *La Révolution et l'ordre juridique privé...*, ouvr. cité, I, p. 229-239 ;

– « Qu'est-ce que la Lèse-Nation ? À propos du problème de l'infraction politique sous la Constituante (1789-1791) » dans *Déviance et Société*, (1990), vol. 14, n° 4, p. 377-393 ;

– *Il modulo inquisitorio nelle Ordonnances francesi da Colbert alla Costituente*, dans Luigi Berlinguer, Floriana Colao (a cura di), *La « Leopoldina ». Criminalità e giustizia criminale nelle riforme del '700 europeo, 11. Le politiche criminali in Italia e negli Stati europei nel XVIII secolo* (Milan, 1990), p. 233-313 ;

– « Quatre-vingt-neuf ou l'ambiguïté. Aperçu sur la liberté personnelle et la détention avant jugement sous la Constituante (1789-1791) » dans Philippe Robert (dir.), *Entre l'ordre et la liberté. La détention provisoire. Deux siècles de débats* (Paris, 1992), p. 41-60 ;

– « La robe en question : Adrien Du Port et le jury criminel » dans *Tocqueville Review, La Revue Tocqueville*, (1997), vol. 18, n° 2, p. 25-47 ;

– *L'ossessione costituente. Forma di governo e costituzione nella Rivoluzione francese (1789-1799)*, (Bologne, 2001) ;

– « En attendant Le Peletier de Saint-Fargeau : la règle pénale au début de la Révolution » dans *Annales historiques de la Révolution française*, (2002), n° 2, p. 77-104 ;

G. Métairie, « L'électivité des magistrats judiciaires en France, entre Révolution et monarchies (1789-1814) » dans Jacques Krynen (dir.), *L'élection des juges*..., ouvr. cité, p. 21-65.

Antonio Padoa Schioppa, « Le jury d'Adrien Du Port » dans *La Révolution et l'ordre juridique privé*..., ouvr. cité, II, p. 609-622 ;

– « I philosophes e la giuria pénale » dans *Nuova rivista storica*, 70, (1986), p. 107-146 ;

– « La giuria all'Assemblea Costituente francese » dans *The Trial Jury in England, France, Germany 1700-1900*, (Berlin, 1987), p. 75-163 ;

– *La giuria penale in Francia dai « Philosophes » alla Costituente* (Milan, 1994) ;

Michel Pertué, « La Haute Cour nationale dans la Constitution de 1791 » dans *Justice populaire*, Actes des journées de la société d'histoire du droit, tenues à Lille, 25-28 mai 1989 (Lille, 1992), p. 159-169 ;

– « La Révolution française et l'abolition de la peine de mort » dans *Annales historiques de la Révolution française*, (1983), vol. 55, n° 251, p. 14-37 ;

Jean Pradel, *Histoire des doctrines pénales* (Paris, 1991) ;

Henri Rémy, *Les Principes généraux du Code pénal de 1791* (Paris, 1910) ;

Marcel Roussel, J.-M. Aubouin, *Histoire de la justice* (Paris, 1976) ;

Jean-Pierre Royer, *Histoire de la justice en France* (Paris, 2001) ;

– « L'Assemblée au travail » dans Philippe Boucher (dir.), *La Révolution de la Justice. Des lois du roi au droit moderne*, (S. l.), Jean-Pierre de Monza, 1989, p. 129-159 ;

Bernard Schnapper, « Le droit pénal militaire sous la Révolution, prophétisme ou utopie ? » dans Travaux de l'Institut de sciences criminelles de Poitiers, *Armée, guerre et droit pénal*, Journées d'études du 19 mai 1984 (Paris, 1986), p. 1-13 ;

– « L'activité du tribunal criminel de la Vienne (1792-1800) » dans *La Révolution et l'ordre juridique privé*..., ouvr. cité, II, p. 623-638 ;

– « Le jury criminel : un mythe démocratique (1791-1980) » dans *Histoire de la Justice*, (1988), n° 1, p. 9-17 ;

– « Le jury criminel » dans R. Badinter (dir.), ouvr. cité, p. 149-170 ;

– « La diffusion en France des nouvelles conceptions pénales dans la dernière décennie de l'Ancien Régime » dans Luigi Berlinguer, Floriana Colao (a cura di), ouvr. cité, 10. *Illuminismo e dottrine penali*, ouvr. cité., p. 409-433 ;

– « Détention préventive et liberté provisoire de la Constituante à l'Empire. Essai d'histoire politico-juridique » dans Philippe Robert (dir.), ouvr. cité, p. 61-96 ;

Edmond Seligman, *La Justice en France pendant la Révolution (1789-1792)*, (Paris, 1901).

FRANC-MAÇONNERIE
ET ANTI-MAÇONNISME
PENDANT LA RÉVOLUTION FRANÇAISE
EN GRANDE-BRETAGNE

Pour être anti-maçon, il fallait avant tout être anti-Français, c'est-à-dire, à l'époque, anti-révolutionnaire. Paradoxalement donc, la franc-maçonnerie britannique et l'anti-maçonnisme puisaient aux mêmes sources idéologiques, et les griefs contre la Révolution française étaient identiques. Il est parfois bien difficile de distinguer la plume d'Edmund Burke, le plus célèbre adversaire de la Révolution française, et en cela très proche des francs-maçons britanniques [1], de celles de l'abbé Barruel ou de John Robison, deux anti-maçons notoires. Le lecteur non averti s'y tromperait d'autant plus que les angles d'attaque sont exactement les mêmes : le monopole de la raison tant vanté par les philosophes avait fourvoyé le peuple français. La Révolution française était honnie car elle avait ébranlé trois piliers : la religion, la monarchie et la propriété.

Il est aisé de confondre les écrits de Burke, de Barruel et de Robison car leur principale caractéristique est l'anti-jacobinisme. D'autre part, il faut bien reconnaître que Barruel comme Robison décochent surtout leurs flèches contre la maçonnerie française, se contentant d'égratigner les loges britanniques. L'Écossais Robison, professeur d'histoire naturelle à Édimbourg, reconnaît que les loges britanniques sont dans l'ensemble assez inoffensives et permettent surtout aux jeunes et aux moins jeunes de passer des soirées conviviales. Quant à l'abbé Barruel, il épargne totale-

---

1. Plusieurs historiens de la franc-maçonnerie, dont J. Hamill, pensent que Burke fut membre de la *Jerusalem Lodge n° 44* de Londres. Or, il s'avère que seul le nom de famille, « Burke », est mentionné, sans le prénom, et une seule fois, sur les minutes de la Jerusalem lodge n° 44. Cela ne saurait donc constituer une preuve suffisante de l'appartenance de Burke à une loge maçonnique. Il est indéniable cependant que les Grandes Loges britanniques se reconnurent dans la pensée de Burke. Voir Cécile Révauger, « Edmond Burke et la franc-maçonnerie, in *Moreralia* (Presses Universitaires de Grenoble, 2004) p. 9-27.

ment les loges anglaises. Après avoir fui la France, Barruel fut hébergé à Londres par Edmund Burke qui lui permit ainsi de rédiger en toute quiétude ses fameux *Mémoires pour servir à l'Histoire du Jacobinisme* [2], sans nul doute l'ouvrage le plus anti-maçonnique du siècle.

La présente étude s'attachera à montrer les convergences dans le discours de ces trois hommes, à travers leurs œuvres les plus significatives : *Reflections on the Revolution in France*, de Burke, *Mémoires pour servir à l'Histoire du Jacobinisme*, de Barruel et *Proofs of a Conspiracy*, de John Robison [3]. Les déclarations ponctuelles des Grandes Loges britanniques prouvent bien que les propos de Burke et ceux des francs-maçons britanniques furent à l'unisson.

C'est la philosophie des Lumières qui est la première cible de Burke, de Barruel et de Robison. Tous trois affirment qu'elle a perverti la nation française dans son ensemble. Burke parle d'une « nation de philosophes », ou encore des « aéronautes de France » (p. 238 et 376), signifiant par là qu'à vouloir trop raisonner, le peuple français s'est mis à déraisonner, et à perdre le sens des réalités terrestres. Le peuple a adopté ce qu'il nomme une « philosophie mécaniste » (p. 171-172). Tous trois pensent que les philosophes sont responsables de la Révolution française. Voltaire, Condorcet et Mirabeau sont associés dans leur esprit, sans le moindre discernement. Voltaire et Mirabeau furent bien francs-maçons, mais Robison se fourvoie au sujet de Condorcet. La Loge des Neuf Sœurs, on le sait aujourd'hui, avait bien l'intention de l'initier mais n'en fit rien, par crainte d'offenser le pouvoir royal [4]. Pour Burke, le culte de la raison est particulièrement nocif, car il permet à l'homme de rejeter les institutions

---

2. Abbé Augustin Barruel, *Mémoires pour servir à l'Histoire du Jacobinisme* (Hambourg, Fauché, 1797-1798) 5 vol. in-8. Édition utilisée ici : Éditions de Chiré, Diffusion de la Pensée Française (Vouillé, 1973, reproduction de l'édition de 1818).

3. Edmund Burke, *Reflections on the Revolution in France* (1790, Reprint Londres, Pelican Classics, 1969, édit. par Conor Cruise O'Brien. C'est cette édition que nous utilisons. John Robison, *Proofs of a Conspiracy against all the Religions and Governments of Europe, carried on the secret Meetings of Freemasons, Illuminati and Reading Societies, collected from Good Authorities* (Londres, 1797-1798). Toutes les citations anglaises sont traduites par moi (C.R.).

4. Voir Louis Amiable, *Une Loge maçonnique d'avant 1789, La Loge des Neuf Sœurs*, augmenté d'un commentaire et de notes critiques de Charles Porset (Paris, EDIMAF, 1989). Charles Porset a récemment établi l'appartenance maçonnique de Mirabeau, dont on doutait.

qu'ils juge néfastes, au lieu de les préserver au nom de la tradition. Les écrits maçonniques de l'époque ne mettent pas tant l'accent sur l'entendement humain que sur la lumière divine. Avant même de se doter de Grands Chapelains, les Grandes Loges tiennent des discours d'inspiration chrétienne. La raison est critiquée parce qu'elle laisse le champ libre au scepticisme religieux. Robison fait l'éloge de ce qu'il nomme la religion véritable et critique les conceptions de Ramsay, qu'il juge douteuses sur le plan théologique (p. 38-39). Barruel quant à lui ne voit pas la différence entre théisme et athéisme : ce ne sont là que subtilités (p. 233).

La philosophie des Lumières, qui exalte les notions de fraternité et d'universalisme, est accusée de nuire au patriotisme. Ainsi, les Français seraient prêts à sacrifier leur patrimoine, au lieu de préserver leurs institutions, et en particulier la monarchie, au nom de la tradition, que Burke, Barruel et Robison encensent. Le cosmopolitisme des Lumières est perçu comme particulièrement dangereux parce qu'il signifie l'effritement des nationalismes. L'attachement à la terre, l'exaltation de la nation, ont naturellement des connotations xénophobes, avec lesquelles nos esprits modernes sont hélas assez familiarisés. Dans ses *Letters on a Regicide Peace*, certes écrites dans un moment d'amertume, après la mort de son fils, Burke sera plus clair encore. Au nom de l'excellence du système britannique, et par peur de contamination française, il s'opposera farouchement à toute tentative de conciliation avec la France [5]. Barruel s'en prend à « ces disciples du dieu Kant, sorti de ses ténèbres et du chaos de ses catégories, pour nous dévoiler les mystères de son soi-disant cosmopolitisme... (II, p. 508) ».

Il fait un portrait très significatif du « citoyen du monde » : « Il se dit citoyen de l'Univers pour cesser d'être citoyen de sa patrie, ami dans ses sociétés, père et enfant dans sa famille. Il nous dit aimer tout d'un pôle à l'autre pour n'aimer rien autour de lui. Voilà ce que c'est que nos cosmopolites... » (II, p. 510). L'exaltation de la famille et de la patrie, qu'il oppose aux valeurs universelles, selon lui vides de sens, ont également des connotations étrangement modernes. Contrairement à Robison, auquel il reproche d'ailleurs son manque de rigueur scientifique et l'approximation de ses citations, Barruel cite abondamment les propos

---

5. Edmund Burke, *Letters on a Regicide Peace* (édit. par H. G. Keene, Londres, Bell's English Classics, 1893).

du fondateur de l'Illuminisme bavarois, Weishaupt, et tente de prouver que le cosmopolitisme, en faisant fi des traditions nationales, incite à l'anarchie (le mot est employé). Robison fustige la Loge des Chevaliers Bienfaisants, de Lyon, et lui reproche son cosmopolitisme, tout en faisant un amalgame total entre les Martinistes et les Illuminés. Il affirme que les avocats du Parlement ont intégré dans leur discours le cosmopolitisme des loges.

Le nationalisme étroit d'un Burke, d'un Barruel ou d'un Robison, aurait pu choquer les francs-maçons britanniques. De fait, les nombreux discours prononcés en loge sont empreints d'universalisme jusqu'à la Révolution française. L'expansion coloniale avait encouragé la création de loges, civiles ou militaires, notamment en Amérique, sous l'égide des Grandes Loges anglaises et de la Grande Loge écossaise. La logique des échanges commerciaux encourageait tout naturellement un certain cosmopolitisme. À partir de la Révolution française cependant, et sous la férule du gouvernement Pitt, les mises en garde contre le péril français prévalurent, au détriment des conceptions universalistes.

Une fois identifiée la source idéologique de tous les maux, à savoir ce qu'en diverses contrées on nomma *Enlightenment,* philosophie des Lumières ou *Aufklärung,* il fallait entrer dans le vif du sujet. C'est ce que ne manquèrent pas de faire Burke, Barruel et Robison, chacun à sa façon. La philosophie des Lumières était en effet responsable à leurs yeux de l'acharnement des révolutionnaires français contre des valeurs fondamentales, la religion, la monarchie et la propriété.

Les libres-penseurs, ou *freethinkers,* sont violemment critiqués par Robison : « ... La libre-pensée est généralement le premier pas vers l'anarchie et la révolution... » (p. 365).

La religion est donc bien perçue comme fonctionnelle, c'est-à-dire comme garante de la stabilité du régime politique. La libre-pensée ou l'athéisme prédisposent les hommes à l'irrévérence et conduisent tout droit au fanatisme. Qu'ils soient déistes ou libre-penseurs, les Jacobins s'éloignent de la religion chrétienne et leur pensée théologique est donc hérétique. « ... On ne trouve pas plus zélé que les apôtres de l'infidélité et de l'athéisme », écrit encore Robison (p. 39). De même, Burke affirme que la religion est le fondement de toute société civile et se réjouit de ce que les athées anglais n'aient jamais uni leurs forces pour constituer un groupe organisé (p. 186-187). L'évolution religieuse de Burke est assez représentative de celle de la franc-maçonnerie britannique. Alors qu'au début du siècle les adeptes d'Anderson étaient fiers d'accueillir dans leurs loges des dissidents protestants aux côtés des anglicans, alors que Burke s'était montré plutôt favorable à l'émancipation des catholiques, la Révolution française avait causé un revirement complet des mentalités : Burke, comme les Grandes Loges britanniques, proclamait désormais son attachement indéfectible à la religion d'État et au chef de l'Église établie, le roi Georges III. Burke et Robison tiennent même des propos antisémites. Robison se méfie de plus des jésuites, d'où les réserves de l'abbé Barruel à son égard. Ces attitudes, malgré leur diversité, procèdent toutes de la même intolérance religieuse.

Ni Burke ni Robison ne prétendent que le clergé français ait été irréprochable. Robison déplore même l'absence de promotion des curés français... Il était rare que ces derniers deviennent évêques, remarque-t-il (p. 33-34). Malgré ses imperfections, déclare Burke, le clergé français ne méritait certainement pas le traitement que lui infligèrent les révolutionnaires français. Selon lui, le clergé, désormais privé de ses biens, a également perdu son indépendance et n'en sera que plus enclin à la corruption. Barruel ne peut évidemment pas émettre les mêmes réserves à l'égard du clergé français et développe sa thèse du complot maçonnique contre la religion, la monarchie et la « société universelle » (II, p. 470-474). Barruel et Robison évoquent longuement l'influence des *Illuminati* sur les révolutionnaires français et parlent notamment du rôle déterminant d'un émissaire bavarois, J. C. Bode. Selon Robison et Barruel, l'intention première des *Illuminati* était bien d'abolir la religion. Le franc-maçon George Washington, élu premier président de la République, prendra soin de dissocier la franc-maçonnerie américaine des *Illuminati*.

Il est vrai que dans son *Adresse aux Illuminatos Dirigentes*, Weishaupt accusait la religion d'aveugler les hommes. En exaltant la liberté, il effrayait les apologues du conservatisme : « La morale est donc l'art d'apprendre aux hommes à être majeurs, à se débarrasser des tutelles, à entrer dans l'âge viril et à se passer des princes... Les hommes ne sont pas aussi méchants que des moralistes atrabilaires l'écrivent ; ils sont méchants parce qu'on les rend ainsi, parce que tout les pousse à cela : la religion, l'État, la société et le mauvais exemple... ». [6]

---

6. Adam Weishaupt, *Adresse aux Illuminatos Dirigentes* (1782. Réédité par Jean Mondot, *Qu'est ce que les Lumières ?*, Publ. de l'Université de Saint-Étienne, 1991) p. 36-37.

Pour les francs-maçons britanniques la croyance au Grand Architecte de l'Univers devient un *landmark*, c'est-à-dire un principe fondamental et inviolable, précisément à cette période. L'expression était en effet absente des versions de 1723 et de 1738 des *Constitutions* d'Anderson. Elle apparaît pour la première fois en 1813, dans les *Articles d'Union*. C'est essentiellement le contexte politique qui explique cette évolution. Ni les Grandes Loges britanniques, ni Burke, ni les anti-maçons notoires que sont Barruel et Robison, n'ignorent à quel point la religion est le ciment idéologique du régime politique britannique en cette fin de siècle. Depuis la Glorieuse Révolution, la monarchie parlementaire s'est appuyée sur la religion d'État, c'est-à-dire la religion anglicane. Au début du siècle, elle tolérait la dissidence religieuse, pourvu qu'elle fût d'essence protestante, et excluait les catholiques, associés au régime des Stuart et à la monarchie absolue. Or, vers la fin du siècle, s'opère un revirement : le catholicisme n'est plus l'ennemi principal. En revanche, la dissidence religieuse protestante (les ariens, les sociniens, en particulier) est devenue suspecte car associée aux réformistes qui ont montré beaucoup de sympathie à l'égard des révolutionnaires français. Le réflexe de méfiance de Burke et des Grandes Loges à l'égard de la dissidence religieuse est donc purement conservateur. Dans la tourmente révolutionnaire française, il n'est plus temps de faire de l'antipapisme. Mieux vaut se méfier de la dissidence protestante et faire front avec l'abbé Barruel, fût-il anti-maçon, pour condamner les attaques des jacobins contre l'Église catholique. En Angleterre, l'Église anglicane est dirigée par le roi. Il est donc clair que toute menace contre la religion d'État est une menace contre la monarchie. C'est donc par peur de contamination française, que Burke et les maçons britanniques, tout comme Barruel et Robison, volent au secours de la religion, fût-elle catholique.

Certes, Burke ne nie pas que la monarchie absolue, système dont les Français se sont malencontreusement dotés, soit critiquable. Il a recours à la métaphore du château : peut-être était-il nécessaire de refaire les murs, mais il fallait garder les fondations de l'édifice. Les révolutionnaires français n'ont pas su préserver la tradition, qui, par définition pour Burke, ne saurait être mauvaise. Burke accepte l'évolution, mais rejette d'emblée la révolution (p. 267).

L'abbé Barruel ne prend pas la peine de faire une démonstration aussi philosophique que celle de Burke. Son a-priori contre les loges maçonniques est le point de départ de son analyse. Les *Illuminati* ont « inflitré », dirait-il aujourd'hui, les loges maçonniques françaises. Le cosmopolitisme des loges a permis à Amelius Bode, à Nicolas de Bonneville, « ce grand ami de Bode » et ... Thomas Paine, de nouer des liens. « Thomas Paine est un anglican apostat », déclare Barruel, invoquant l'argument religieux pour condamner ce républicain (I, p. 520 et II, p. 429).

Robison, quant à lui, va jusqu'à percevoir dans l'organisation des loges le modèle qui inspira à la République le découpage du pays en départements (p. 386).

Or, même si le postulat de départ de Burke et des Grandes Loges diffère de celui de Barruel ou de Robison, fondamentalement, l'idéologie est la même et se traduit par un soutien inconditionnel à la monarchie et à l'ordre établi. La Grande Loge d'Angleterre, celle des « modernes », qui compte un grand nombre de princes royaux, ne reste pas insensible aux écrits anti-maçonniques de Robison. Le comte de Moira, alors Grand Maître de la Grande Loge d'Angleterre, fait une déclaration très claire aux membres de la Grande Loge, le 3 juin 1800 :

Certaines publications modernes ont fait passer, aux yeux du monde, la société de maçons pour une ligue contre les autorités en place ; cette accusation est d'autant plus aisée qu'il est bien connu que les constitutions de notre ordre interdisent la possibilité d'une réponse publique. Il est indéniable que dans des pays où des interdits de mauvais aloi limitent la liberté d'expression, des imaginations fertiles ont pu, entre autres moyens de détourner l'interdit, avoir recours à l'artifice d'emprunter la dénomination franc-maçonnerie pour servir de couverture à des réunions séditieuses ; tout autre association aurait pu être utilisée dans le même but. Or, en premier lieu, notre pays se distingue justement par l'absence de contrainte en ce qui concerne la libre circulation des opinions, ce qui ne saurait donner à un grand nombre de personnes l'envie de former ou de fréquenter des sociétés dissimulatrices où peuvent s'acquérir des tendances dangereuses. En second lieu, les doctrines pernicieuses qui ont été élaborées dans ces assemblées spontanées n'auraient pu être tolérées un seul instant dans aucune loge régulière. C'est pourquoi nous affirmons non seulement que des opinions aussi déformées n'ont aucun lien avec les principes de la maçonnerie, mais qu'elles s'opposent diamétralement à l'injonction qui est selon nous la pièce maîtresse de la loge, à savoir « crains Dieu et honore ton roi ». L'argument irréfutable, qui viendra étayer cette affirmation solennelle, est bien que plusieurs membres de l'Illustre Famille Royale détiennent les plus hauts offices en franc-maçonnerie, et, sous les auspices de la Grande

Loge d'Angleterre, sont au fait de toutes les orientations et connaissent les moindres détails à son sujet [7].

Très clairement, l'appartenance de la famille royale à l'ordre maçonnique est présentée comme une garantie de bonne moralité politique. Moira ne nomme pas les loges des *Illuminati* ni les loges françaises. Il est clair cependant, que c'est à elles qu'il fait allusion. La Grande Loge d'Angleterre se démarque donc très nettement de ces sociétés révolutionnaires qui ont, selon elle, usurpé l'appellation maçonnique. Dès 1793, elle avait adressé un message de soutien au roi George III, dans lequel elle proclamait son attachement indéfectible au gouvernement britannique, c'est-à-dire au roi et au Parlement [8]. Il existait au 18e siècle un certain nombre de journaux maçonniques, qui bénéficiaient de l'aval des Grandes Loges. Ainsi le *Sentimental and Masonic Magazine*, publia-t-il une série d'articles larmoyants sur les dernières heures de la famille royale française, destinés à faire pleurer les maçons sur le sort du bon roi Louis XVI et de l'innocente Marie-Antoinette [9].

Certaines loges devaient même entraîner leurs membres au maniement des armes pour lutter contre une éventuelle invasion française. Ce fut le cas de la loge de Wapping, Red Lion Street. Il est donc clair qu'il n'y a jamais eu le moindre rapprochement entre les Grandes Loges britanniques et les sociétés réformistes, qui, à l'époque en Angleterre, se contentaient de réclamer une extension de la franchise électorale, des élections parlementaires plus fréquentes, et l'octroi de droits civiques aux dissidents religieux. On compte une seule exception : il s'agit de la loge des *Journeymen* d'Édimbourg, elle-même tout à fait exceptionnelle de par sa composition sociale puisqu'elle comptait uniquement des maçons de métier, qui prêta ses locaux aux *Friends of the People,* une société réformiste. Elle fut sévèrement réprimandée par la Grande Loge d'Écosse : cinq membres de la loge furent suspendus de leur « office » pour ce véritable délit. Les maçons devaient allégeance au roi et à l'ordre établi.

---

7. Cité par William Preston, *Illustrations of Masonry* (Londres, 1772), p. 313-314.

8. *The following address to His Majesty from the Grand Lodge of the ancient Fraternity of Free and Accepted Masons is said to be the production of a nobleman of high rank in the political world*, dans *The Sentimental and Masonic Magazine,* (juillet 1793), p. 44-45

9. *The Sentimental and Masonic Magazine*, Dublin, juillet 1792 à août 1795.

Maçons et anti-maçons se rejoignaient donc dans leur condamnation de la Révolution française sur ce point, comme sur le suivant : les Jacobins menaçaient la religion, la monarchie et également le principe sacré de l'ordre établi, la propriété. Il y a adéquation parfaite entre le discours de Burke et celui de Barruel ou de Robison.

Burke reproche aux révolutionnaires d'avoir perdu la notion même de propriété : « vous avez mal commencé parce que vous avez commencé par mépriser tout ce qui vous appartenait ». (p. 122). Or, on sait à quel point cette notion est chère aux philosophes britanniques. Locke y voit la raison d'être des sociétés civiles ; l'homme n'aurait renoncé à la félicité de l'état de nature que pour protéger ses biens. Burke, comme Robison, affirme que les révolutionnaires veulent redistribuer les biens du clergé et de la noblesse et donc niveler la société par le bas, au lieu de respecter la hiérarchie sociale, naturelle, selon lui. D'après Robison, la maçonnerie française est propre à séduire ceux qui veulent profiter des richesses sans travailler. Les loges françaises, perverties par l'Illuminisme bavarois, ont donc inspiré aux révolutionnaires ces théories égalitaires : « Ils voulaient abolir les lois qui protégeaient la propriété acquise grâce à un travail de longue haleine et fructueux, ainsi qu'empêcher à l'avenir toute accumulation. » (p. 375).

Barruel affirme que les *Illuminati* veulent abolir à la fois les lois civiles et religieuses et la propriété. Burke dit la même chose des révolutionnaires français, mais sans accuser les *Illuminati*.

Les loges britanniques sont plus discrètes sur ce sujet. Dans le *Freemason's Magazine* (août 1794, un maçon cependant dit sans doute tout haut ce que bon nombre de ses frères pensent : « L'égalité qui règne parmi les maçons est une condescendance temporaire et volontaire de supérieurs pour des inférieurs pendant les tenues de la loge (et pour cette durée uniquement) dans le but louable de promouvoir l'un des grands principes de l'Ordre, l'amour fraternel. Lorsque la tenue est terminée cependant, chacun retrouve son rang dans la société et honneur est rendu à qui de droit. »

Quelques anecdotes de l'histoire de la Grande Loge des Modernes viennent donner raison à ce « frère ». Lorsque les princes royaux sont initiés, on les dispense généralement de la période d' « apprentissage », qui pourrait être humiliante pour leur personne. Ils accèdent au troisième degré en l'espace de quelques heures. D'autre part, lorsque, après avoir construit le fastueux édifice Freemasons'Hall de Great Queen Street, la Grande Loge des Modernes éprouve des difficultés financières sérieuses, elle adopte des mesures assez spectaculaires. D'une part, elle décide de ne pas reverser au fond de bienfaisance la somme de mille livres qu'elle lui avait empruntée pour payer la construction du prestigieux local. Or, le tronc de bienfaisance était destiné à venir en aide aux maçons les plus nécessiteux. D'autre part, elle lance un emprunt, à raison de vingt-cinq livres par individu, remboursables sans intérêt : en échange, elle propose aux souscripteurs de devenir automatiquement Grands Officiers, c'est-à-dire de diriger la Grande Loge. La Grande Loge des Modernes n'a jamais péché par excès de démocratie.

Si on s'en tient aux mots, ils est clair que Barruel et Robison tiennent des propos d'un anti-maçonnisme virulent, donc à même de choquer les maçons britanniques. Tous deux soutiennent la thèse du complot maçonnique et rendent les loges responsables de tous les maux.

Or, une lecture attentive montre que Robison, et surtout Barruel, épargnent les loges britanniques. Tous deux les jugent relativement inoffensives. L'amitié de Burke et de Barruel est tout à fait significative. Au delà des mots, seule compte la complicité idéologique. Barruel et Burke éprouvent le même dégoût pour la Révolution française, les aspirations démocratiques et les droits de l'homme.

Les autorités britanniques ne se trompèrent d'ailleurs pas sur les motivations idéologiques des Grandes Loges. La meilleure preuve en est que la franc-maçonnerie fut la seule association à être épargnée par les rigueurs de la *Unlawful Societies Act*, la loi de 1799 qui interdisait toute assemblée. Cette mesure conservatrice du gouvernement Pitt visait essentiellement les syndicats naissants et les organisations réformistes. Or les loges eurent le droit de continuer à se réunir. Une seule restriction leur fut imposée : la Grande Loge ne pouvait plus délivrer de nouvelle patente. Dans les faits, même cette difficulté fut contournée puisque de nouvelles loges apparurent, en reprenant le titre distinctif d'une loge en sommeil.

Les autorités maçonniques furent somme toute beaucoup plus irritées par les *Illuminati* que par l'abbé Barruel, dont elles se sentaient très proches idéologiquement, abstraction faite de quelques propos de l'Abbé. Elles savaient bien qu'avant d'être anti-maçon, celui-ci était anti et même contre-révolutionnaire. Robert Freke Gould absout l'abbé : « Après tout, ses attaques ne sont pas contre la franc-maçonnerie d'origine, mais contre la corruption de ses principes, à une époque de grande agitation politique... » [10].

L'historien officiel de la franc-maçonnerie résumait ainsi la situation : les Anglais avaient su rester fidèles à la maçonnerie d'origine, fidèles à Dieu et au roi, contrairement à ces sots de Français qui avaient montré tant de complaisance à l'égard de l'idéal démocratique.

CÉCILE REVAUGER
Université de Bordeaux III

NB : Le présent article est la version remaniée d'une communication présentée lors du colloque international organisé par la Société Portugaise d'étude du 18ᵉ siècle à Lisbonne, sur le thème : *La franc-maçonnerie et les mouvements d'opinion.*

---

10. Robert Freke Gould, *History of Freemasonry* (Londres, Caxton, s.d.) III, p. 71-72.

VARIA

ÉTUDES

DOCUMENTATION

L'ARTILLEUR COURTOIS :
UN ARTICLE INÉDIT DE CHODERLOS
DE LACLOS ?

Nous présentons ici un article paru en 1779 dans une revue militaire peu connue ; il est signé « D.L.C. » et nous croyons que l'auteur est Choderlos de Laclos [1]. L'article a un certain intérêt à cause de sa date et de son contenu, car l'auteur défend pour la première fois en public le système de fortification de Marc-René, marquis de Montalembert (1714-1800), dont les idées avaient gagné peu de faveur tant parmi les officiers du génie que chez les officiers du corps d'artillerie [2]. Il nous renseigne sur l'intensité de la polémique relative aux théories de la fortification de Montalembert et sur le peu de délicatesse dont certains des protagonistes faisaient preuve. Dans son article, Laclos, bien que défenseur zélé de Montalembert, se montre également défenseur de l'honnêteté et du bon ton.

Rares sont les bibliothèques où l'on peut trouver aujourd'hui un exemplaire du *Journal militaire et politique*, périodique éphémère de fin du 18e siècle [3]. C'est à la bibliothèque de l'Université de Rennes I que nous avons finalement réussi à trouver le numéro du 1er décembre 1779, dans lequel une lettre signée « D.L.C. »

---

1. Sur la biographie de Choderlos de Laclos je me suis laissé guider par E. Dard, *Le général Choderlos de Laclos, auteur des Liaisons dangereuses, 1741-1803. D'après des documents inédits* (Paris, Perrin, 1905) et G. Poisson, *Choderlos de Laclos, ou l'Obstination* (Paris, B. Grasset, 1985). Voir aussi Jean-Paul Bertaud, *Choderlos de Laclos* (Paris, Fayard, 2003).
2. Sur Montalembert voir Y. Pierron, *Marc-René, marquis de Montalembert, 1714-1800. Les illusions perdues*, Paris, Arléa, 2003. J. Langins, *Conserving the Enlightenment : French military engineering from Vauban to the Revolution*, Cambridge (Mass.), MIT Press, 2004 est aussi utile.
3. Le Journal militaire, qui change de nom après quelques numéros en Journal militaire et politique, publié entre 1778 et 1780, est un journal demi officieux patronné par le ministre Vergennes. Il est la continuation de l'Encyclopédie militaire, par une société d'anciens officiers et gens de lettres publiée à Paris entre 1770 et 1772, lui aussi création d'un ministre, Choiseul. Voir Jean Sgard (éd.), *Dictionnaire des journaux, 1600-1789*, 2 vol. (Paris, Universitas, 1991), t. 1, p. 365-367 et t. 2, p. 702.

répond à un article paru dans le numéro du 15 octobre précédent [4].
L'auteur de ce dernier article était Jacques-Antoine Baratier,
marquis de Saint-Auban, un inspecteur-général de l'artillerie qui
avait été mis à la retraite en 1777 après la victoire du parti
de Jean-Baptiste Vacquette de Gribeauval (1715-1789), grand
réformateur de l'artillerie française sous le ministère du duc de
Choiseul.

Les années qui suivirent la défaite de la guerre de Sept Ans
furent en effet tumultueuses pour l'armée française, alors en proie
à des polémiques sur les causes de la débâcle et les moyens de
les prévenir à l'avenir. Dans l'artillerie, ce fut la querelle « des
rouges et des bleus », entre les partisans de Gribeauval, qui
préconisaient une artillerie plus légère et plus mobile ainsi que
des réformes profondes dans l'organisation et le recrutement des
officiers, et ceux de Vallière père et fils, qui tenaient aux règlements de 1732 [5]. Nous n'avons trouvé aucune trace des opinions
exprimées par Choderlos de Laclos dans ce débat, sans doute
parce qu'il n'était que capitaine à l'époque. Mais on peut croire
que, en tant que membre de la nouvelle génération des officiers
de l'artillerie, il était probablement favorable aux réformes.

Mais à cette époque il y avait dans l'armée d'autres pommes
de discorde – la plus connue est peut-être la polémique sur les
avantages relatifs de « l'ordre mince » et « l'ordre profond » dans
les manœuvres sur le champ de bataille [6]. Moins connu est le
conflit qui opposa Montalembert et le Corps royal du génie sur

---

4. La Bibliothèque nationale et la Bibliothèque de l'Arsenal ne possèdent que
quelques numéros du journal et les bibliothèques nord américaines encore moins.
5. Voir P. Chalmin, « La querelle des bleus et des rouges dans l'artillerie
française à la fin du 18e siècle », *Revue d'histoire économique et sociale*, 46,
1968, p. 465-505, P. Nardin, *Gribeauval : Lieutenant général des armées du roi
(1715-1789)* (Paris, Fondation pour les Études de Défense Nationale, 1982)
et F. Naulet, *L'artillerie française, 1665-1765 : Naissance d'une arme* (Paris,
Economica ; Institut de stratégie comparée ; et Commission française d'histoire
militaire, 2002).
6. Sur les débats sur l'art militaire en France vers la fin de l'ancien régime
voir Jean-Lambert-Alphonse Colin, *L'Éducation militaire de Napoléon* (Paris,
Chapelot, 1901) et Robert Sherman Quimby, *The Background of Napoleonic
Warfare : The Theory of Military Tactics in Eighteenth-Century France* (New
York, Columbia University Press, 1957). Dans l'ordre mince on essaya de ranger
le corps combattant en lignes, augmentant ainsi la puissance du feu, et dans
l'ordre profond on le rangea en colonnes pour augmenter la puissance du choc
des attaquants. En fait il y eut des variations et combinaisons des deux modèles,
qui rendent cette définition sommaire un peu simpliste.

les mérites de la fortification dite perpendiculaire, prônée avec ferveur par le marquis contre les ingénieurs militaires et leur chef Charles-René Fourcroy de Ramecourt (1715-1791) [7].

La pensée de Montalembert sur la fortification a évolué pendant les longues années de la polémique (le quart de siècle entre 1776 et sa mort en 1800), ce qu'attestent les onze gros volumes in-quarto de son œuvre publiés pendant cette même période, mais on peut y déceler certains points saillants. Certaines idées de son système furent adoptées par les militaires européens au 19e siècle, sauf peut-être en France, où il restait largement un prophète sans honneur à cause de l'hostilité persistante du corps du génie. On y relève notamment l'idée de supprimer les bastions de la fortification classique de Vauban, l'importance de protéger l'artillerie des défenseurs dans des casemates, la construction d'un réseau de petits forts faisant chaîne autour de la forteresse principale pour retarder et même empêcher l'avance de l'ennemi vers celle-ci, et la multiplication de barrières défensives dans la forteresse même. L'idée essentielle de Montalembert est peut-être moins la création de fortifications « perpendiculaires » (il a aussi prôné les vertus des fortifications « polygonales »), que l'importance de l'artillerie défensive dans la fortification. Au lieu d'être un obstacle plus ou moins passif, les fortifications doivent, selon lui, devenir un foyer actif de feu d'artillerie capable de balayer les attaquants. Ainsi les défenseurs pourront vaincre ceux-ci au lieu de se contenter de retarder la chute inévitable d'une forteresse. De là suit une série de conséquences : 1) la nécessité de protéger l'artillerie défensive dans des casemates et 2) une augmentation très sensible du nombre des pièces d'artillerie. Dans son projet d'une forteresse qu'il appelle Fort Royal, Montalembert préconise 605 pièces de canon, soit à peu près dix fois plus que le nombre normal dans une forteresse conventionnelle équivalente [8]. Pour éliminer le problème de l'augmentation du coût de son système, Montalembert propose d'utiliser des canons de fonte de fer au lieu de canons de bronze. Les canons de fonte de fer coûtaient beaucoup moins cher (selon Montalembert 12 ou 13 fois moins), mais on les considérait inférieurs et plus cassables que les canons de bronze. Montalembert, qui avait aussi été maître de forges, affirme qu'en utilisant ses nouvelles méthodes

---

7. Voir Langins, *op. cit.*

8. Marc-René de Montalembert, *La fortification perpendiculaire [...]* (Paris, Ph. Denys-Pierres, 1777), t. 2.

on pouvait obtenir des canons de fonte de fer aussi bons et nettement moins chers que les canons de bronze.

Ces « ruches de canons », termes qu'employaient les officiers du génie hostiles à ses idées, auraient dû réjouir les artilleurs, éternels rivaux du corps du génie. Leur rôle et leur importance s'augmenteraient dans la défense des forteresses, chasse gardée des ingénieurs. Ce n'est pas ce qui est arrivé. En 1779, à la faveur de protections puissantes et pendant la crise de la guerre d'Amérique, Montalembert est chargé de construire un petit fort à l'île d'Aix près de Rochefort. Gribeauval, premier inspecteur de l'artillerie émet un avis défavorable à ce fort d'une nouvelle construction en bois. Il croit qu'une simple batterie au lieu du fort proposé par Montalembert avec ses 180 canons (sans compter les canons d'une batterie circulaire entourant une partie du fort) et 1200 canonniers serait suffisante [9]. L'opinion de Saint-Auban (adversaire de Gribeauval et de ses réformes dans l'artillerie) relative au Fort Royal fut encore plus négative [10]. Saint-Auban ne crut pas que les 605 pièces du fort soient servies de façon satisfaisante par la garnison de 1500 hommes proposés par Montalembert. Selon lui, il en aurait fallu au moins 2215. Il y aurait des problèmes graves pour les installer dans un carré de 250 toises (sans compter l'espace perdu pour les murs et les terrassements) avec le matériel de guerre (boulets, poudre, etc.) nécessaire pour tant de canons. Ce qui inquiéta Saint-Auban le plus ce fut les canons de fonte de fer proposés par Montalembert. Pour lui, le fer était un matériau inférieur et même dangereux et ce fait n'était nullement compensé par son coût beaucoup moins élevé.

En dépit de l'opposition des rouges et des bleus dans l'artillerie, Montalembert reçut l'ordre de construire son fort au début de l'année 1779. Il demanda la présence de représentants des deux corps militaires concernés – l'artillerie et le génie [11]. Le corps du génie envoya le capitaine Charles-Augustin Coulomb (1736-

---

9. Ms « Observations » signés Gribeauval, s.d., Archives de l'Inspection du Génie, Service historique de l'armée de terre, Art. 8, section 1, Île d'Aix, carton 1, no. 58.

10. Jacques-Antoine Baratier de Saint-Auban, « Extrait du Journal Militaire et Politique du 15 octobre [1779] », *Mémoire sur les nouveaux systèmes d'artillerie*, Paris, s.d., s.l.

11. En fait il y eut d'autres officiers et du génie et de l'artillerie affectés à l'île d'Aix mais Choderlos de Laclos et Coulomb étaient les premiers et les plus importants.

1806), grand ingénieur, grand physicien, et déjà membre correspondant de l'Académie royale des sciences. L'artillerie envoya
Choderlos de Laclos. Coulomb, comme la majorité écrasante de
son corps, était extrêmement mécontent du marquis et de ses
projets [12]. Il boudait les travaux à l'île où Montalembert le traînait
contre son gré, et il envoyait des rapports à son chef Fourcroy
de Ramecourt, qui utilisait ses renseignements dans des mémoires
au ministre attaquant Montalembert.

Tout contraire fut le comportement de Choderlos de Laclos.
Mis à la disposition de Montalembert par le ministre de la Guerre
le 30 avril 1779, Laclos arrive à l'île d'Aix quand les travaux
y avaient déjà commencé. Il y a aussitôt noué des liens très
étroits avec Montalembert et il est devenu très rapidement son
zélé défenseur [13]. Le marquis s'amusait à écrire des pièces de
théâtre légères qu'il montait dans sa salle de théâtre personnelle
dans son hôtel parisien. Sa marquise, la belle et spirituelle Marie
de Comarieu, auteur du roman *Élise Dumesnil*, y interprétait
souvent les rôles principaux. Laclos a dû se sentir à son aise
dans une telle compagnie au château de Maumont, domaine de
Montalembert près de Rochefort. De cette époque date son *Épître
à Madame la Marquise de Montalembert* [14]. Quand Montalembert
envoya au ministre sa réfutation des attaques de Fourcroy (datée
du 10 février 1780) il y ajouta un mémoire de Laclos. Celui-ci
y manie sa plume avec verve en disséquant et réfutant un mémoire
critique de Fourcroy, tournant finement en ridicule ses arguments,
et, avec une cruauté digne de Valmont, montrant une erreur de
géométrie élémentaire du chef du génie [15]. Georges Poisson a
sans doute raison d'affirmer que l'intervention de Laclos était un
phénomène assez inhabituel, ou peu réglementaire. « Un officier
subalterne [...] se [mêlant] de querelles de doctrine survenues à
un niveau national [...] ne pouvait que nuire à sa carrière » [16].

---

12. C. S. Gillmor, *Coulomb and the Evolution of physics and engineering in 18th century France* (Princeton, Princeton University Press, 1971), p. 33-37.

13. Poisson, *op. cit.*

14. Choderlos de Laclos, *Œuvres complètes* (Paris, Gallimard, 1979), p. 559-564. Jamais publié pour des raisons compréhensibles, cet *Épître*, a dû être composé au début des relations entre Laclos et le couple Montalembert, selon Laurent Versini, rédacteur des œuvres de Laclos publiées dans la Bibliothèque de la Pléaide.

15. On peut trouver de larges extraits du mémoire de Laclos dans Poisson, *op. cit.*, ch. 12.

16. *Ibid.*, p. 110.

Ce ne sera pas la dernière fois que Laclos prendra position contre les dogmes militaires. Quelques années plus tard Laclos fera scandale – plus encore qu'avec la publication des *Liaisons Dangereuses* – et assurera l'arrêt total de sa carrière militaire sous l'ancien régime en publiant sa *Lettre à Messieurs de l'Académie française sur l'Éloge de M. le Maréchal de Vauban, Proposé pour sujet du prix d'éloquence de l'année 1787* [17]. Cette fois encore, l'écrit de Laclos sera une défense feutrée mais mal masquée du marquis de Montalembert dont l'opposition aux idées de Vauban était violente et bien connue.

Jusqu'à maintenant les spécialistes de Laclos ont connu deux défenses vigoureuses de Montalembert par Laclos – l'une publique (La lettre sur l'éloge de Vauban) et l'autre qui ne circulait que dans les cabinets ministériels – la réfutation de Fourcroy découverte par Georges Poisson citée plus haut. La lettre publiée ici montre que Laclos, sans afficher son nom, a défendu Montalembert en public huit ans avant (en 1779) la lettre sur l'éloge de Vauban. Non seulement la lettre publiée dans le *Journal militaire et politique* du 1er décembre 1779 est la première intervention publique de Laclos dans les débats militaires, quoique de façon discrète, car il ne signe qu'avec ses initiales « D.L.C. », mais c'est une attaque contre un personnage éminent de son propre corps, l'artillerie, et non du génie. Saint-Auban avait estropié un écrit de Montalembert non seulement en remplaçant des pronoms démonstratifs par des pronoms possessifs, mais il avait aussi changé le temps de certains verbes pour laisser l'impression que Montalembert avait essayé de s'enrichir en proposant les canons produits dans ses propres forges pour ses nouvelles forteresses. Ce n'était rien moins que malicieux, bien que Saint-Auban attaque principalement le dessein du Fort Royal proposé par Montalembert et ne donne ce coup de pied qu'en passant. Dans le numéro suivant du *Journal militaire et politique*, loin de donner des excuses pour les erreurs relevées par Laclos, Saint-Auban répond avec désinvolture que le propriétaire des forges ne l'intéresse pas ; l'essentiel c'est que les canons de fer sont mauvais [18]. Ce fait est digne de remarque. Non seulement il nous montre l'âpreté des polémiques des militaires, mais il

---

17. Laclos, *Œuvres complètes*, p. 569-593. Cette lettre porte la date du 21 mars 1786.
18. Celui du 15 décembre 1779.

nous conduit aussi à nous interroger sur la part de mythe d'une époque qui, dans les souvenirs nostalgiques de l'aristocratie française après la Révolution était celle de « la douceur de vivre », où régnait la politesse soignée et le bon ton. C'est encore l'auteur des *Liaisons Dangereuses* qui nous le rappelle, cette fois dans un journal militaire et non pas dans un roman.

JANIS LANGINS
Université de Toronto

Je remercie David Smith et Patrice Bret qui ont aimablement corrigé mes fautes et amélioré cette note par leurs précieuses suggestions.

[p. 342] Journal Militaire et Politique [Numéro du 1 décembre 1779]

ARTICLE III.

FORTIFICATIONS.

LETTRE ADRESSÉE À MM. LES RÉDACTEURS DU JOURNAL MILITAIRE, &C.

MESSIEURS,

La maniere dont vous avez rendu compte du *Traité de la Fortification perpendiculaire*, par M. le Marquis de Montalembert, ne permet pas de douter (1) que vous n'ayiez senti tout [p. 343] le mérite de cet important Ouvrage, & toute l'estime qui est dûe à son Auteur. Il ne doit donc

---

1. Nous nous faisons un devoir d'insérer cette Lettre, & pour plus d'une raison. Elle intéresse la délicatesse d'un Officier supérieur, qui d'ailleurs a mérité par son Ouvrage, la reconnoissance de son siecle & de sa Patrie. Nous ne voudrions point d'ailleurs être même soupçonnés d'avoir aucune part à toute dissertation polémique. Chaque personne, en envoyant un morceau à insérer dans notre Journal, en répond dès qu'il est signé de lui. Nous ajouterons même ici, que nous avons été très-étonnés, que dans un Papier public, on se soit permis sur ce sujet une demi-phrase, qui nous a paru être une personnalité offensante. Nous laissons à chaque Auteur de tout écrit fait pour instruire ou pour intéresser, le soin d'en défendre la partie systématique ; nous l'avons déja dit ; notre tâche est la même que celle de l'abeille ; & jamais nous n'aurons l'idée de changer en poison les mêmes sucs, faits pour être le prix des travaux avoués par l'Honneur & par le Sentiment.

Nous prions le Défenseur de M. le Marquis de *Monta-*[p. 343]*lembert*, de nous adresser la suite de cette apologie, écrite d'ailleurs du style qui convient à toute ame irréprochable. Nous nous empresserons de la publier ; & nous ajouterons ici avec autant de plaisir que de véracité, que loin de rabattre des éloges que nous avons donnés à l'Ouvrage de M. le Marquis de *Montalembert*, nous le regardons comme fait pour honorer à jamais son Auteur.... Et c'est ainsi que devoit écrire pour son Pays un descendant du fameux d'ESSÉ.

pas s'en prendre à vous, si une lettre que vous avez insérée dans votre Journal du 15 Octobre dernier, semble avoir pour objet de jetter quelques nuages sur sa délicatesse & de transformer une observation sage & patriotique en une spéculation d'intérêt personnel. J'ai pourtant peine à penser, Messieurs, que l'Auteur de cette lettre ait, dans ce dessein, eu recours à un moyen que l'honnêteté réprouve, celui de défigurer un passage de l'Ouvrage qu'il cite. Quoi qu'il en soit, comme il est possible que cette altération, que je me plais à croire involontaire, ait entraîné dans l'erreur une partie de vos lecteurs, qui, n'ayant pas le tems ou la volonté de lire les Ouvrages, se contentant d'en chercher les résultats dans les Journaux, je vous prie de trouver bon que je rétablisse le texte, tel qu'il est, & que je fasse ensuite remarquer les conséquences de l'inexactitude.

M. le Marquis de Montalembert, à la page 241 du deuxieme (& non pas du troisieme) volume de son Ouvrage, s'exprime en ces termes. « Les canons de fonte de cuivre sont [p. 344] du prix de 200 à 250 livres le quintal ou cent pesant. Ceux de fonte de fer de gros calibre n'en coûtoient que trente, dans le tems même où il n'y avoit que peu de forges & peu d'Ouvriers capables de les fabriquer. Mais ces mêmes canons n'en coûteront plus que quinze, rendus au Port de Rochefort. Depuis que nous avons entrepris, il y a vingt-cinq ans, en Angoumois, de nouveaux établissemens dans ce genre, & que ces établissemens eurent le plus grand succès, il en a résulté cette grande différence dans le prix. On peut avoir aujourd'hui, au moyen de *ces belles forges construites* par nos soins, mille pieces de canon en moins de tems qu'il n'en falloit pour en avoir cinquante, & pour la moitié du prix qu'elles coûtoient précédemment. Ainsi le quintal de fer étant à 15 livres, il suit qu'on aura douze à treize pieces de canon de ce métal, pour une de fonte de cuivre ».

Voici comment M. de *Saint-Auban* a trouvé le moyen de faire naître d'un calcul aussi simple, un soupçon qui pourroit offenser la délicatesse de celui qui la présente à ses Lecteurs, sans autre vue que celle de l'utilité générale.

« M. de *Montalembert*, dit-il page premiere de sa lettre placée à la page 91 de votre Journal, propose au Gouvernement de munir de pieces de canon de fer toutes les Places fortes & Citadelles du Royaume, & de les tirer successivement des forges qu'il a établies dans l'Angoumois ; & qui, dit-il, *conduites pas ses soins*, fourniront mille pieces de canon en moins de tems qu'il n'en falloit pour en fournir cinquante ». À la huitieme page de la même lettre, M. de *Saint-Auban* ajoute, toujours en parlant de [p. 345] M. de *Montalembert*, « il expose, *page 241, troisieme volume*, le peu de dépense pour se procurer des pieces de fer ». Il dit, « qu'il a dans l'Angoumois des établissemens qui ont le plus grand succès, & que les forges *conduites* par ses soins, fourniront mille pieces, en moins de tems qu'il n'en falloit pour en avoir cinquante ; que les canons tirés de *ses belles forges* ne coûteront que quinze livres le quintal rendus à Rochefort ; que l'on peut avoir douze ou treize pieces de fer pour le prix qu'en coûteroit une de cuivre ».

Vous voyez qu'en répétant deux fois le mot *conduites*, au lieu de celui de *construites*, qui est dans l'Ouvrage ; en mettant ce mot au *présent*, tandis qu'il est employé au *passé* ; en substituant le mot *ses* à celui de *ces*, on peut réussir à faire croire que M. de Montalembert est actuellement propriétaire de belles forges dans l'Angoumois, & qu'il ne conseille au Gouvernement d'employer les canons de fer de préférence à ceux de fonte de cuivre, que parce que ces canons seront tirés *de ses belles forges conduites par ses soins* ; tandis qu'il est de fait que M. de Montalembert n'a point de forges ; qu'il n'en conduit point, que trois ans avant la publications de son Ouvrage, qui parut en 1777, il avoit vendu les forges qu'il avoit fait construire dans l'Angoumois, à Monseigneur le Comte d'ARTOIS, qui, depuis, les a cédées au Roi, auquel elles sont d'une très-grande utilité.

Si M. de *Saint-Auban* eût voulu se donner la peine de lire la note qui est à la page 241 du deuxieme volume de l'Ouvrage de M. de Mon-[p. 346]talembert, il ne lui seroit pas resté le plus léger doute à ce sujet ; & il auroit senti que non-seulement, comme il en convient lui-même, « la naissance de M. de *Montalembert*, son génie, son grade, & les autres qualités qui le caractérisent, le mettent très-certainement à l'abri des soupçons que l'on pourroit naturellement former contre des entrepreneurs & fournisseurs, qui ont communément plus en vue leur intérêt & fortune personnelle, que les avantages du service du Roi ». Mais encore qu'il n'est pas même possible à la méchanceté la plus aveugle, d'avoir ces soupçons contre lui.

Je releverai peut-être un jour, Messieurs, une autre inexactitude qui se trouve à la page 6 de la même lettre, sur la distance à laquelle M. de Montalembert fixe le premier effet des boulets de canon. Comme cette discussion est moins intéressante que celle à laquelle je viens de me livrer, je la remets à un autre tems.

Je suis, avec la considération que mérite votre impartialité,

MESSIEURS,

Votre très-humble & très-obéissant serviteur.
D. L. C.

XIIe Congrès international des Lumières

de la SIEDS/ISECS

à Montpellier (France)
du 8 au 15 juillet 2007

Sciences, techniques et cultures au XVIIIe siècle

Consultez le site : www.congreslumieres2007.org

Contact :
• par courriel :
   contact.lumieres2007@univ-montp2.fr
• par courrier :
   Comité d'organisation du Congrès
   Institut de recherche sur la Renaissance,
   l'âge Classique et les Lumières (UMR du CNRS 5186)
   Université Paul-Valéry
   Route de Mende
   F-34199 Montpellier Cedex 5

« DEVENIR DES HÉROS ».
LE MÉMOIRE INÉDIT DE LAVOISIER
AU CONCOURS D'ÉLOQUENCE
DE L'ACADÉMIE DE BESANÇON EN 1761

En France comme à l'étranger [1], Lavoisier est resté dans la postérité, pour sa « loi » sur la conservation de la masse et comme fondateur de la chimie moderne, souvent aussi comme victime de la Terreur. Si sa notoriété est le fruit de ses importants travaux scientifiques, elle l'est aussi d'une construction sociale qu'il a soigneusement organisée de son vivant, au sein de l'Académie royale des sciences et de nombreuses autres académies et sociétés savantes. L'origine en remonte à la fin de ses études au collège Mazarin, avant même qu'il ne se fût tourné vers les sciences.

Étonnamment, la stratégie de Lavoisier en la matière a laissé les historiens indifférents, soit qu'ils aient été surtout intéressés à traquer l'évolution de ses idées scientifiques, soit qu'ils aient considéré ses multiples appartenances académiques comme un phénomène banal ou contingent, presque anecdotique. Seules font exception à ce silence historiographique son action réformatrice à l'Académie royale des sciences et son activité dans des institutions alternatives sous la Révolution [2]. Nous avons proposé ailleurs une grille de lecture pour comprendre ses relations avec

---

1. Il a été le premier chimiste non anglo-saxon honoré dans le *Chemical Landmarks Program* de l'American Chemical Society en 1999 et le premier étranger dont le buste ait été placé dans le *Hall of Fame* du Deutsches Museum de Munich à l'occasion du centenaire de l'institution en 2003.
2. William A. Smeaton, « The early years of the *Lycée* and the *Lycée des Arts*. A chapter in the lives of A.L. Lavoisier and A.F. de Fourcroy », Part I, « The Lycée of the rue de Valois », *Annals of Science*, 11 (1955), p. 257-267 ; Part II, « The Lycée des Arts », *Annals of Science*, 12 (1956), p. 309-319 ; Lucien Scheler, *Lavoisier et la Révolution française. I. Le Lycée des Arts*, 2e éd., Paris, Hermann, 1957 ; [René Taton], « Lavoisier et la réorganisation de l'Académie royale des sciences (23 avril 1785) », *Œuvres de Lavoisier. Correspondance*. T. 4 (1784-1786) (Paris, Belin, 1986), p. 311-316 ; Éric Brian, « Lavoisier et le projet de classe de physique expérimentale à l'Académie royale des sciences (avril 1766) », in Christiane Demeulenaere-Douyère (dir.), *Il y a 200 ans, Lavoisier* (Paris, Tec & Doc, 1995), p. 151-168.

une quarantaine de sociétés savantes, ses liens avec vingt-et-une et son investissement effectif dans dix d'entre elles. Ces sociétés furent d'abord, pour lui comme pour bien d'autres savants et hommes de lettres du temps, un moyen d'acquérir renommée et crédit symbolique ; elles constituèrent ensuite un moyen d'agir sur la science elle-même, voire sur la société [3]. L'une d'elles fut l'Académie des sciences, belles-lettres et arts de Besançon.

Les études sur l'histoire de cette institution ignorent tout contact entre Lavoisier et elle [4]. L'édition de la correspondance de ce dernier comprend pourtant une lettre du 28 octobre 1775 au secrétaire perpétuel de celle-ci, à propos des mémoires du concours sur le salpêtre qu'elle avait organisé neuf ans avant l'Académie royale des sciences. De la main d'un secrétaire, la minute conservée dans ses papiers porte des corrections autographes du savant [5]. Mais si Lavoisier en fut à l'évidence le rédacteur, il convient de rétablir le nom du signataire : ce fut son ami Turgot, contrôleur général des finances, comme l'atteste l'original reçu par l'académie de Besançon, daté de Versailles, le 16 décembre 1775 [6]. L'auteur engageait alors cette dernière à se rendre plus utile en publiant les mémoires les plus intéressants. Tout autre était sa position quatorze ans plus tôt.

La participation du jeune Lavoisier à des concours proposés par les académies d'Amiens et Besançon a été mentionnée une première fois, sans référence, par Édouard Grimaux en 1888, lequel soulignait en même temps les ambitions littéraires qui poussèrent le futur chimiste à écrire aussi les premières scènes d'un drame en prose inspiré de la *Nouvelle Héloïse* [7]. Cette

---

3. Patrice Bret, « Power, Sociability and Dissemination of Science : Lavoisier and the Learned Societies », in Marco Beretta (ed.), *Lavoisier in Perspective* (colloque de Munich, Deutsches Museum, 12-13 septembre 2003), sous presse.

4. Jean Cousin, *L'académie des sciences, belles-lettres et arts de Besançon : deux cents ans de vie comtoise (1752-1952), essai de synthèse* (Besançon, Ledoux, 1952) ; id., « L'Académie des sciences, belles-lettres et arts de Besançon au XVIIIᵉ siècle et son œuvre scientifique », *Revue d'histoire des sciences*, 12 (1959), p. 327-344.

5. [Lavoisier] à Droz, 28 octobre 1775, *Œuvres de Lavoisier. Correspondance*, t. 2 (1770-1775) (Paris, Albin Michel, 1957), p. 508-514.

6. La lettre de Turgot est transcrite dans les registres des délibérations de l'académie de Besançon (Bibl. mun. Besançon, ms. Académie 3, fol. 126-127). Je tiens à remercier pour leur aide efficace Marie-Claire Waille conservateur responsable des fonds anciens, et Françoise Laurent, responsable des reproductions.

7. Édouard Grimaux, *Lavoisier, 1743-1794, d'après sa correspondance, ses manuscrits, ses papiers de famille et d'autres documents inédits* (Paris, Alcan, 1888), p. 4.

information a été reprise par la plupart de ses biographes jusqu'à une époque récente [8]. Aucun d'eux ne semble pourtant avoir jugé utile d'en préciser la chronologie ou de rechercher les mémoires envoyés, comme si ce prologue à des projets ultérieurs n'avait pas d'existence propre. Le seul choix des sujets et la manière dont Lavoisier les a traités sont pourtant déjà révélateurs de sa personnalité future. Celui du concours de Besançon est tout particulièrement cohérent avec la stratégie qu'il commençait alors à déployer : « Si le désir de perpétuer son nom et ses actions dans la mémoire des hommes est conforme à la nature et à la raison » [9].

À l'occasion de l'étude précitée sur les relations de Lavoisier avec les sociétés savantes, nous avons retrouvé, parmi les vingt-huit pièces du concours d'éloquence de l'académie de Besançon en 1761, un mémoire anonyme de vingt-et-une pages d'une écriture appliquée, que nous avons pu identifier sans aucun doute possible comme étant un document autographe de lui [10]. Nous donnons ici la transcription intégrale de ce texte, désormais le plus ancien manuscrit connu de celui qui allait devenir le père de la « révolution chimique ».

Lavoisier n'avait donc pas dix-huit ans quand il s'engagea, au printemps 1761, dans la course aux honneurs littéraires. Entré comme externe au collège Mazarin en 1754, il y terminait alors sa philosophie, classe dans laquelle il étudiait les mathématiques avec l'abbé La Caille. Si l'enseignement de ce maître devait avoir un effet décisif sur sa carrière future et sur son approche des sciences, il était encore marqué par ses études secondaires et par sa récente classe de rhétorique, à l'issue de laquelle, en août 1760, il avait remporté le deuxième prix de discours français au concours général, qu'organisait la Sorbonne depuis treize ans. Dans sa quête de reconnaissance pour se hisser hors du lot de sa génération, il semblait donc parfaitement armé pour s'exercer d'abord aux concours d'éloquence de ces académies de province dont Daniel Roche a montré l'importance sociale et la vitalité au siècle des Lumières [11]. Malgré son âge précoce, un couronnement

---

8. Notamment Jean-Pierre Poirier, *Lavoisier* (Paris, Pygmalion/Gérard Watelet, 1993), p. 5.

9. À Amiens, le sujet était : « Si la droiture du cœur est aussi nécessaire dans la recherche de la vérité que la justesse de l'esprit ».

10. Bibl. mun. Besançon, ms. Académie 21, fol. 378r-388r (mémoire n° 10).

11. Daniel Roche, *Le Siècle des Lumières en province. Académies et académiciens provinciaux (1680-1789)* (Paris, Mouton, 1978), 2 vol.

académique, voire une élection n'était pas inenvisageable : François de Neufchâteau n'avait pas même quatorze ans lorsqu'il fut élu par les académies de Dijon et Lyon en 1765, un an avant de l'être par celles de Marseille et de Nancy [12].

Avec le recul, ce tout premier mémoire de Lavoisier, de structure binaire classique, semble avoir un caractère programmatique. Apostrophant d'entrée de jeu la postérité, dans une envolée oratoire conforme au genre, le jeune Lavoisier déclare écrire pour elle, sans oser se flatter qu'elle retienne son nom, ni même qu'elle lise son ouvrage. Sans surprise, mais non sans emphase, sa réponse à la question proposée est positive : « Qui que nous soyons cherchons à perp2tuer notre nom et nos actions dans la mémoire de nos semblables. La nature nous l'inspire ; la Raison nous l'ordonne. Désirons-le, si nous voulons etre des Hommes ; désirons-le si nous voulons devenir des héros. » Au-delà de la rhétorique, la position du jeune Lavoisier est claire. La raison doit confirmer le penchant naturel de l'homme à perpétuer son nom dans la postérité : essence même de la nature humaine, cette ambition est le germe de la transcendance héroïque.

Lavoisier entreprend d'abord de montrer que vouloir perpétuer son nom est conforme à la Nature. Le principe originel en est l'attachement à la vie (*être*). La conscience de la mort, qui « borne, mais ne finit pas notre vie, de meme que la naissance l'accomplit, mais ne la commence pas » (fol. 381v), le sens de « l'intérêt commun, le grand, l'inestimable édifice de la société » et la capacité affective (fol. 380r) en font un attachement à la société (*aimer*). Il se fait enfin attachement à la réputation (*plaire*), par un désir « qui inventa presque tous les arts et qui chaque jour les perfectionne », anima aussi bien les grands législateurs et hommes d'État (de Lycurgue à Richelieu, Charles XII et Pierre le Grand) que Newton, à qui il « prêta les ailes sur lesquelles il parcourut toutes les routes du Ciel, et le compas avec lequel il le mesura. » (fol. 382v). « Âme universelle des sages, des savants, des artistes, des héros » (*ibid.*), ce désir de réputation atteint sa plénitude avec le désir d'immortalité, « qui distingue l'homme pensant de l'homme animal » et de la brute (fol. 379r, 381v) et se développe donc « particulièrement chez les peuples les plus eclairés » (fol. 383r), qui ont la conscience des dépassements de l'être (transcendance), de l'espace (universalité) et du

---

12. *Ibid.*, vol. I, p. 195.

temps (immortalité) : « le grand homme souhaitera d'être immortel pour aimer en tout temps le genre humain » (fol. 381r).

C'est en surmontant les obstacles formés par ses passions, ses ennemis et son époque que naît « un grand homme là où livrée à elle-même la raison aurait tout au plus fait naître un homme heureux » (fol. 383v). Au bonheur présent et à la tentation d'illustrer rapidement son nom dans le mensonge et le vice, il préfère la gloire future qui l'éternisera par la vérité et la vertu. C'est contre « l'attraction de l'exemple et le poids accablant de la coutume », contre « l'idole de l'opinion » et « l'édifice des préjugés dominants », contre tous les sophismes que s'élève Descartes ou Bacon pour devenir « martyr de la Raison et de l'humanité, pour en devenir le héros ! » (fol. 385r). Pourtant, la frontière entre le crime et la gloire est fragile, tant il est « difficile de séparer l'usage d'avec l'abus de ses forces et de ses talents » (fol. 385v). C'est bien ce choix crucial qu'ont fait les grands modèles anciens, « qui osèrent encenser la liberté et la vertu sous le règne de la servitude et du crime, et qui aimèrent mieux être les victimes honorables que les vils adulateurs des tyrans » (fol. 386). Parmi ceux qui ont opté pour le crime, Lavoisier range Mahomet, qu'il associe à Attila, quand Rousseau et Voltaire en font l'archétype du législateur : c'est ici le personnage cynique et cruel mis en scène par ce dernier dans *Le fanatisme ou Mahomet le prophète* (1741) qu'il dénonce en s'indignant de voir « la Superstition et le Fanatisme soulever au nom de l'être suprême les citoyens contre les citoyens, les nations contre les nations et attiser dans tout l'univers l'incendie de la guerre et de la désolation ? » (fol. 386v). Mais l'exemple des grands criminels doit servir à la formation des souverains qui « craindront de leur ressembler » et d'être traînés devant le « tribunal du genre humain » (fol. 387r).

Ces dernières citations – que ne renieraient pas maints révolutionnaires de la fin du siècle – sont en fait le fruit d'une familiarité avec Tacite et Cicéron, de la lecture des philosophes modernes et d'une pensée réformatrice et anticléricale en construction, celle du grand commis de l'État qui fit d'abord bon accueil à la Révolution en 1789. Si Lavoisier choisit ses modèles héroïques dans l'Antiquité gréco-latine, il le fait aussi dans les Temps modernes, mêlant hommes politiques et hommes de science, d'Archimède à Bacon, Descartes et Newton. Sans doute faut-il voir dans cette héroïsation de savants l'influence de l'abbé La Caille, dont l'enseignement le marqua durablement.

Quelques mois plus tard, une semaine après la mort de ce maître, un ami de la famille appelait déjà le jeune homme « mon cher et aimable mathématicien » [13]. Lavoisier venait pourtant de s'engager dans des études de droit, auprès desquelles ses herborisations avec Bernard de Jussieu ou ses promenades minéralogiques avec Guettard semblaient n'être que d'agréables et instructifs passe-temps [14]. Alors seulement, après deux mémoires scientifiques à l'Académie royale des sciences, sa constance fut couronnée de succès dans un concours sur l'éclairage public : il obtint la médaille d'or. Cette même année 1766, pourtant, ses tentatives pour se faire élire dans cette institution, soit par élection ordinaire, soit à l'occasion d'un projet de réforme qu'il proposa, furent un échec. Finalement élu en 1768, par son entregent plutôt que grâce à ses travaux, il gravit les échelons académiques (adjoint, associé, pensionnaire) et occupa les postes de pouvoir : membre du Comité de librairie en 1783, directeur en 1785 – l'occasion d'opérer une importante réforme de l'Académie – et trésorier en 1791.

Mais surtout, en optant pour la science et la remise en cause de la doctrine du phlogistique qui régnait alors sur la chimie, Lavoisier s'inscrivit dans la lignée des héros qu'il évoquait en 1761. Ainsi réalisa-t-il en quelque sorte ce programme de jeunesse pour atteindre la postérité.

PATRICE BRET
CRHST – Centre Alexandre Koyré

---

13. De Troncq à Lavoisier, 28 mars 1762, *Œuvres de Lavoisier. Correspondance*, t. 1 (1762-1769) (Paris, Albin Michel, 1955), p. 1.
14. Il fut reçu bachelier en droit en septembre 1763, licencié et avocat au parlement de Paris l'année suivante.

Transcription

[fol. 378r] *Numero Dix*
Vu cotté et paraphé
Par nous secretaire p[er]p[ét]uel
De l'academie de
Besançon Le 22
avril 1761
De Clevand [15]

Discours

Le desir de perpetuer son nom et ses actions dans la memoire des hommes, est-il conforme à la Nature et à la Raison ?

Tous les peuples, tous les ages ont vu naitre des hommes jaloux de se survivre à eux memes dans le souvenir de la posterité. Dirons nous que c'est là un de ces prejugés introduits par la politique, adoptés par la vanité, consacrés par l'education ? Dirons nous que l'espoir de l'immortalité est un espoir imaginaire, et le siecle où nous vivons, le seul où nous devions aimer à vivre ? De futiles Declamateurs n'ont rien epargné pour nous le persuader : N'epargnons rien aussi pour les combattre et pour justifier, en presence des sages qui nous y invitent, cette foule de grands hommes qu'on a vus de tout tems enflammés du desir de perpetuer leur nom et leurs actions dans la memoire de leurs semblables. Un pareil sentiment est il donc conforme à la Nature et à la Raison ? Il l'est n'en doutons point, et à l'une et à l'autre. Il l'est à la Nature dans ses principes ; Il l'est à la Raison dans ses effets. Posterité ! je n'oserois me flatter que mon nom parvienne jusqu'à toi : moins encore liras tu mon ouvrage ! N'importe ; c'est pour toi que je vais l'entreprendre. Que ton idée sans cesse presente à mon esprit et à mon cœur, les eleve, les enflamme tous deux ; qu'[fol. 378v]elle annoblisse mes pensées, qu'elle agrandisse mes sentimens ; qu'elle imprime à ce discours ce noble enthousiasme, cette chaleur divine qui est l'ame de l'eloquence, le soutien de la Verité, le mobile de la Vertu.

Premiere partie

Notre attachement à la vie, ce gout invariable pour tout ce qui va à la conserver, cette horreur invincible pour tout ce qui va à la detruire ; tel est le premier principe d'où nous vient ce desir d'eterniser notre nom et nos actions dans la memoire de nos semblables. C'est aussi le premier sentiment que la nature ait jetté dans notre ame. Il est dans tous les hommes ; Il n'exerce cependant pas sur tous le meme empire : Il en est chez qui aidé par la reflexion il acquiert et deploye sa plus

---

15. Conseiller honoraire au Parlement, bibliophile et collectionneur de bronzes, Lebas de Clevans, marquis de Bouclans, était secrétaire perpétuel (J. Cousin, *L'académie des sciences, belles-lettres et arts de Besançon, op. cit.*, p. 6).

grande activité ; Il en est chez qui abandonné au seul instinct il ne se developpe qu'à demi et n'agit qu'imparfaitement.

Considerons ce sauvage livré à la stupidité de ses sens, errant dans les forets, assis sur le bord des fontaines, ou couché dans les profondeurs des cavernes : À quel but dirige t-il ses actions, ses mouvemens, sa vie ? à la conserver, à la defendre ; jamais à l'agrandir, jamais à la perpetuer. Concentré dans le present, il meconnait l'avenir : Il sait gouter, mais non multiplier ses plaisirs ; ecarter les obstacles, mais non les prevenir ; sentir enfin et agir, mais non reflechir et prevoir. Ce seroit donc bien vainement qu'on chercheroit en lui ce desir de l'immortalité qui en suppose [fol. 379r] l'idée, et qui distingue l'homme pensant de l'homme animal. La Nature, il est vrai, en a mis le germe dans son ame ; mais elle n'a pu l'y developper. Comme il ne vit qu'en Bete, il n'est attaché à la vie qu'à la maniere des Betes, pour en jouir dans l'instant meme, et non pour en jouir dans l'instant qui suit.

La jouissance et l'amour de la vie sont tout autres dans l'homme en qui l'education et la Societé ont cultivé, perfectionné le sentiment et la Nature. Il existe par ses sens ; mais il existe encore plus par son ame. Or cette ame ne se contente pas d'une seule façon d'etre : elle en crée sans cesse de nouvelles ; elle varie, elle etend, elle multiplie à l'infini les sources de son existence. Tantot elle suit la pente des objets qui l'environnent, et vit dans le present. Tantot elle remonte vers les objets qui ont disparu à ses yeux et vit dans le passé. Tantot s'arretant dans sa course elle fixe l'Univers dans le lointain, et vit dans l'avenir.

Ce dernier genre de vie est peut-etre celui qui satisfait davantage les imaginations sensibles et les ames actives. C'est du moins le plus interessant, le moins uniforme, le plus etendu. La scene du passé n'offre qu'une suite de spectacles bornés et invariables : Le present n'est qu'un point sur lequel il est presqu'aussi difficile que triste de s'arreter : Le champ de l'avenir est ouvert à toute heure ; Champ agreable : L'esperance et l'imagination concourent à l'egayer ; champ varié, champ immense : L'œil aime à s'y perdre ; il passe avec rapidité d'objet en objet, de spectacle en [fol. 379v] spectacle ; tout l'etonne et rien ne l'arrete, il aperçoit partout des issues et nulle part des bornes.

Il y en a cependant : et c'est la Mort qui les a posées : la Mort ! quelle idée ! quel nom ! il effraye, il desole, il consterne l'homme vulgaire ; l'homme superieur n'en est pas meme ebranlé. Il ose envisager le trepas, il ose le defier. Il abbat d'une main triomphante la borne qui separe le passage etroit de la vie d'avec le chemin interminable de l'immortalité ; il poursuit sa course et dans un noble transport il s'ecrie : « Mort ! C'en est fait, je brave tes fureurs. Frappe, immole, detruis ce corps qui m'emprisonne ; c'est la derniere et la plus faible portion de mon etre. L'ame dont le soufle anime autour de moi la matiere, ne sauroit perir avec elle : presente à soi meme, presente à l'Univers, elle subsistera autant que lui, plus que lui, elle vivra toujours. J'en atteste sa nature ; j'en atteste mes actions. Frappée de leur eclat, deja la posterité m'adresse sa voix : Elle croit me parler, je la crois entendre, je suis present à son souvenir, elle est presente à mon imagination ; Elle s'entretient avec moi malgré la distance du passé, malgré la distance de l'avenir je m'entretiens avec elle ; Mon nom lui tient lieu de ma personne, sa perspective me tient lieu de sa presence. »

Ainsi s'exprime un homme capable de s'accoutumer à tout plutot qu'à l'idée d'aucune espece d'aneantissement. Cesser d'etre ! Cesser de jouir ! Cesser de vivre ! Quelle pensée desesperante ! Il n'oublie rien [fol. 380r] pour l'écarter : Il lui substitue avec passion toutes ses idées si naturelles et si consolantes de siecles futurs, de renom immortel, de reproduction certaine dans la memoire de la posterité. Attaché inseparablement à la vie, il veut la perpetuer si non toute entiere, du moins en partie ; Il veut exister en idée là où il ne sauroit exister en realité ; Il veut que son ombre survive à sa personne, et passe d'age en age, de peuple en peuple, pour en etre connu, s'il ne peut les connoitre ; Il veut ravir au tombeau, si non son corps, du moins ses actions et son nom ; echapper à l'oubli, s'il ne peut echapper au trepas ; Il veut vivre, dans le souvenir des hommes tout le tems qu'il ne peut vivre en leur compagnie. Desir d'autant plus conforme à la Nature qu'il a pour principe non seulement notre attachement à la vie, mais encore notre attachement à la societé.

C'est la Nature qui faisant retentir au milieu des forets où les premiers hommes vivoient isolés et fugitifs, la voix du besoin et de l'humanité, leur persuada de quitter leurs retraites, de se rapprocher les uns des autres, de joindre leurs forces et leurs lumieres, de partager leurs travaux de commencer en un mot sur les fondements de l'interet commun, le grand, l'inestimable edifice de la societe. C'est la Nature qui excite dans le cœur de tous les hommes, ces tendres sentimens, cette emotion delicieuse qu'ils ressentent à la presence et dans le commerce de leurs semblables ; Elle qui prete à l'Amitié et à l'Amour [fol. 380v] ces traits, ces charmes vainqueurs qui domptent les ames les plus feroces. Elle qui nous rend insupportable le mepris, l'oubli, l'indifférence meme des autres hommes ; Elle enfin qui nous inspire pour eux une bienveillance, un amour presque egal à celui qu'elle nous inspire pour nous meme.

Heureuse l'ame qui n'a point etouffé des sentimens si conformes à la Nature ! plus heureuse celle qui en les eprouvant n'hesite jamais à les suivre ! La vertu fait son caractere ; le bonheur est sa recompense. Car quoi de plus constant que cette maniere de regarder les hommes qui nous les montre tous sous un point de vue interessant ; qui nous decouvre en eux autant d'amis dont nous faisons ou dont nous partageons le bonheur ; qui tour à tour excitant et satisfaisant notre sensibilité communique à notre ame cette chaleur intime temperée ; continue – sans laquelle, l'existence devient pour nous un plaisir insipide ou meme un fardeau accablant ;

La premiere source de la vie et de la felicité est dans nous memes ; la seconde dans nos semblables. Que les ames etroites, que les cœurs insensibles se confinent dans la premiere : Un cœur genereux, une grande ame passera toujours de l'une à l'autre, elle vivra pour autrui autant que pour elle meme. Attachée presque egalement à cette double vie, en voulant eterniser celle ci, elle cherchera aussi à eterniser celle là : elle desirera l'immortalité d'abord pour le plaisir d'etre, ensuite pour le plaisir d'aimer.

Cet ami souhaitera d'etre immortel, pour aimer en tout tems son [fol. 381r] ami, pour prendre part à ses interets, à ses plaisirs, à sa gloire, pour le consoler dans ses malheurs, le feliciter dans ses succés, l'eclairer dans ses doutes, pour lui faire à jamais l'hommage de sa fortune, de ses talens, de son cœur.

Cet epoux souhaitera d'etre immortel pour aimer en tout tems son epouse ; pour exciter et partager sa tendresse, pour l'aider de ses conseils et en recevoir, pour jouir de sa confiance et de sa fidelité, de ses charmes et de ses vertus ; pour lui temoigner avec tout l'attachement d'un epoux ; toute la bienveillance d'un ami.

Ce pere souhaitera d'etre immortel pour aimer en tout tems ses enfans ; pour former leur esprit, façonner leur cœur, assurer leur fortune ; pour establir au milieu d'eux le regne de l'abondance, de la concorde et de la vertu ; pour leur rendre chaque jour plus chers, plus precieux la vie et le nom qu'il leur a communiqués.

Ce Monarque souhaitera d'etre immortel pour aimer en tout tems ses sujets ; pour prevenir ou pour soulager leur misere ; pour animer leur industrie ; pour les arracher à l'inaction pendant la paix, à l'oppression pendant la guerre ; pour les delivrer et des fers de la servitude et des orages de la licence ; pour les regir avec le sceptre de l'amour et se les rendre soumis en les rendant heureux.

Plus genereux, plus sensible qu'eux tous le grand homme souhaitera d'etre immortel pour aimer en tout tems le genre humain ; pour sacrifier [fol. 381v] à l'interet general ses interets les plus chers, ses richesses, sa vie, sa gloire meme ; pour s'elever avec courage contre les abus, les préjugés, les passions ; pour faire entendre et à ses contemporains et à la posterité la plus reculée, le cri de la vertu et celui de la verité ; pour eclairer, defendre, ameliorer les hommes de son siecle et ceux des siecles à venir ;

C'est qu'il n'en est pas de l'homme comme de la Brute. La Brute, du siecle present ne sauroit s'interesser pour la Brute du siecle passé, ni pour celle du siecle à venir, et quand elle disparoit de dessus la face de la terre, elle perit toute entiere et pour elle meme et pour son espece. Elle naquit en quelque sorte sans ancetres ; elle meurt en quelque sorte sans posterité, et sa vie n'est que l'intervalle placé entre sa naissance et sa mort. Pour nous la Mort borne, mais ne finit pas notre vie, de meme que la naissance l'accomplit, mais ne la commence pas. Plusieurs siecles avant que nous vinssions prendre place parmi les hommes, les hommes s'occupaient deja de nous et de notre arrivée : ils nous preparoient, ils nous embellissoient notre demeure : nous entrions comme de moitié dans tous leurs projets, dans tous leurs etablissemens et dans tous leurs travaux. Le Legislateur nous destinoit ses Loix, l'Écrivain ses lumieres, Le Magistrat nous conservoit le depot des Mœurs, le pretre celui de la Religion ; Le guerrier defendoit nos biens par son courage, L'Artiste les multiplioit par son industrie. Nous faisons pour nos successeurs ce que nos predecesseurs firent pour nous. Ah ! ne craignons pas de [fol. 382r] travailler pour des ingrats. Nous travaillons à leur bonheur ; Ils travailleront à notre immortalité. Nous leur preparons des richesses, des lumieres, des modeles ; Ils cheriront ces modeles, ils vanteront ces lumieres, ils consacreront à notre gloire une partie de ces richesses. Nous nous interessons à leur existence future ; Ils s'interesseront à notre existence passée. Nous nous sentons penetrés d'amour et de plaisir au souvenir de nos neveux ; Ils se sentiront penetrés de regret et de reconnoissance au souvenir de leurs ancetres. Nous les tirons du sein du neant et les faisons vivre au milieu de nous long-tems avant leur naissance ; Ils nous tireront du sein du tombeau et nous feront vivre au milieu d'eux long-tems après notre mort. Nous desirons d'etre avec eux pour leur faire du bien ; Ils desireront d'avoir eté avec nous pour nous le rendre.

Tels sont les deux principes les plus generaux d'où nous vient le desir de perpetuer notre nom et nos actions dans la memoire des hommes, notre attachement à la vie et notre attachement à la Société. Nous pouvons y ajouter notre attachement à la reputation, tout aussi naturel que les deux premiers.

C'est qu'après l'avantage d'etre et celui d'aimer, nous n'en connoissons point de plus desirable que celui de plaire : C'est que non contens d'exister pour nous memes, d'exister pour nos semblables, nous pretendons encore que nos semblables existent pour nous, qu'ils pensent à nous, qu'ils parlent de nous, qu'ils adoptent nos idées, qu'ils s'echauffent de nos sentimens, qu'ils temoignent du respect pour notre vertu, de l'admiration pour nos talens, de la reconnoissance pour nos bienfaits ; qu'ils nous connoissent, qu'ils nous esti-[fol. 382v] ment, qu'ils nous celebrent, en un mot qu'ils employent leur existence à etendre et à embellir la notre.

C'est en quoi consiste le desir de la reputation ; ce Desir qui est surtout celui des grands hommes ; ce desir si fecond en actions brillantes et en travaux utiles ; ce desir qui inventa presque tous les arts et qui chaque jour les perfectionne ; qui anima les Lycurgues, les Cyrus, les Socrates, les Archimedes, les Cicerons [16] ; qui eleva les pyramides de Memphis, ouvrit à Colomb l'entrée du nouveau monde, apprit au Czar Pierre avec l'art de construire les vaisseaux, l'art bien plus important de reformer les peuples ; ce desir qui mit entre les mains de Richelieu

---

16. Lycurgue, législateur mythique de Sparte (9e s. av. J.C.) ; Cyrus, fondateur de l'empire perse achéménide (550-530 av. J.C.) ; Socrate, philosophe athénien (470-399 av. J.C.) ; Archimède, savant grec (287-212 av. J.C.) ; Cicéron, homme politique et orateur latin (106-43 av. J.C.).

les ressorts dont il mut en souverain son prince, sa patrie, et l'Europe ; donna à Charles XII autant de passion pour les travaux et pour les dangers que les princes ordinaires en ont pour le repos et pour les plaisirs ; preta à Neuton [17] les ailes sur les quelles il parcourut toutes les routes du Ciel, et le compas avec lequel il le mesura ; Ce desir enfin qu'on doit regarder comme l'ame universelle des Sages, des Savans, des Artistes, des Heros.

Il n'y a qu'un pas de ce desir à celui de l'immortalité. En effet la reputation ne nous flatte qu'autant qu'elle est etendue, durable, unanime. Étendue : Ce n'est pas le suffrage d'un seul peuple, d'une seule nation, d'un seul siecle qui forme la Renommée ; Il faut qu'elle nous vante et là où nous ne sommes pas, et lorsque nous ne serons plus, et dans les climats eloignés, et dans les siecles à venir. Durable : une gloire qui passe est un opprobre qui demeure et il n'est personne, à moins qu'il ne fut né scelerat ou insensible, qui put se resoudre [fol. 383r] à voir son nom s'eteindre avec sa vie. Enfin unanime : elle ne peut l'etre qu'après la mort. La passion et le prejugé font taire durant la vie la justice et la verité : La verité et la justice font taire après la mort le prejugé et la passion. Trois avantages que l'amour propre ne manque pas d'exposer, d'exaggerer [sic] ((**vérifier ??**)) meme à l'homme avide de reputation et qui concourent tous trois à lui faire desirer l'immortalité où ils se trouvent reunis.

Ne nous etonnons donc plus si ce desir a regné chez tous les peuples et particulierement chez les peuples les plus eclairés. C'est la Nature qui l'a fait naitre en tous lieux et fleurir particulierement là où elle a eté cultivée avec le plus de soin et perfectionnée avec le plus de succès. C'est elle qui en inspirant aux hommes un amour invincible pour la reputation, pour la Societé, pour la vie, leur a par la meme inspiré ce desir violent d'une vie, d'une Societé, d'une reputation eternelle. Il est donc vrai : ce desir est conforme à la Nature dans ses principes. Poursuivons et montrons qu'il est conforme à la Raison dans ses effets.

Seconde partie

Pour quiconque est vivement enflammé du desir de transmettre son nom à la posterité, le besoin où il est de s'en faire un qui le distingue, devient comme son unique besoin. De là un Courage invincible, une fermeté inebranlable qui lui font entreprendre et executer les plus grandes choses malgré les plus grands obstacles, malgré ses passions, malgré ses ennemis, malgré meme son siecle.

[fol. 383v] Celui qui borne son attachement pour la vie au court espace de la vie elle-meme, sera l'esclave de son interet et de sa paresse. Les yeux fixés sur le present, il ne verra jamais l'avenir, ou il le dedaignera toujours. L'amour du repos, de la liberté, des plaisirs ; l'art

17. Sir Isaac Newton (1642-1727).

de varier ses amusemens, le soin d'embellir sa fortune, la jouissance paisible de ses sens et de son ame rempliront tout le cours de sa vie et composeront toute son histoire : peut-etre qu'il aura rencontré le bonheur, mais jamais il n'aura recherché la gloire ; il aura vecu pour lui meme et non pour la posterité : il mourra sans avoir rien fait de grand.

Celui qui non content d'exister pendant la vie, veut exister encore après sa mort songera à l'avenir plus qu'au present ; il ne jouira de l'un qu'autant qu'il pourra servir à l'autre. Tous ses jours seront marqués par le mepris des richesses, par le sacrifice du repos et des plaisirs, par la culture des talens les plus precieux, par l'exercice des vertus les plus rares, en un mot par le soin de laisser après lui des traces frappantes, des monumens authentiques de son existence. Point de difficultés qu'il ne surmonte, de perils qu'il ne brave, de passions qu'il n'immole à celle de l'immortalité.

Ainsi le desir de l'immortalité fait naitre malgré les passions un grand homme là où livrée à elle meme la Raison auroit tout au plus fait naitre un homme heureux.

N'attendons pas des miracles de bienfaisance et de generosité envers ses semblables de celui qui renferme son attachement pour la Societé dans le cercle [fol. 384r] etroit de la Societé où il vit. Quelque soit son amour pour elle ; les clameurs de l'envie, un peuple d'ennemis sans cesse renaissans, l'ingratitude, l'injustice des hommes, l'en degouteront bientot. Il perdra à se plaindre ou à se venger de leur mechanceté, des talens, une vie destinée à meriter leur reconnoissance. Il eteindra le flambeau de son genie ou ne s'en servira que pour allumer celui de la discorde, et après avoir commencé par faire du bien aux hommes, il finira peut-etre par en devenir le fleau.

Nous avons lieu d'attendre tout ce que le desinteressement et l'amour de l'humanité peuvent produire de plus heroique, de Celui qui travaille au bonheur de la posterité autant qu'à celui de ses contemporains. Ce n'est pas que l'envie etouffe pour lui ses serpens ; Ce n'est pas qu'un tas d'hommes injustes et frivoles ne vomissent contre lui par l'organe de la Satire le fiel du ridicule et le poison de la Calomnie : Mais s'il est forcé de hair ou de mepriser les hommes au milieu desquels il vit, il n'en estime, il n'en cherit pas moins les hommes qui lui succederont. Il les choisit pour objet et pour spectateurs de ses travaux ; Son imagination qui le transporte dans l'avenir et le rend present à ses neveux, lui peint en eux autant de juges equitables, d'amis reconnoissans, de zelés admirateurs. Charmé, attendri à leur vue, il oublie ses peines ; il reprend courage, travaille, ecrit, combat pour la Patrie et malgré ses ennemis continue à etre le bienfaiteur du genre humain.

On peut donc comparer le premier à ces torrens qui ne croissent que pour un tems, n'arrosent qu'une province et sechent presque entierement avant que d' [fol. 384v] arriver à la mer. Le Second est semblable à un Fleuve qui prend sa source au sommet des plus hautes montagnes, traverse une vaste etendue de pays en la fertilisant, entre comme en triomphe dans le sein de la mer où il conserve long-tems encore la pureté de ses eaux et la rapidité de son cours.

Enfin celui qui n'aspire qu'à une reputation passagere et qui fait du terme de sa vie le terme de sa gloire, ne preferera-t-il pas toujours une celebrité brillante et precoce à une celebrité qui quoique mieux fondée, seroit plus tardive et en apparence plus obscure ? Ne sera-t-il pas infiniment plus touché d'un eloge qu'on prononcera devant lui, meme par la bouche du mensonge, que d'un eloge que la verité ne prononcera que devant son ombre ? Impatient de jouir, vingt siecles de gloire réelle à recueillir après sa mort, ne seront-ils pas à ses yeux un prix cent fois moins flatteur qu'un seul jour de gloire meme apparente à recueillir pendant sa vie ? Et s'il naissoit dans un tems, chez une Nation, où l'estime fut la récompense du vice ; du prejugé, ou de la bagatelle, hesiteroit-il pour cela à entrer dans la lice et à chercher son honneur dans son avilissement ? Esclave des egards, des opinions, des pretentions de son siecle, ne lui sacrifiera-t-il pas à chaque instant les droits de tous les siecles, ceux de la vertu et ceux de la verité ?

Au contraire pour soutenir la verité et la vertu, quels efforts de genie ou de constance ne fera pas celui qui ne connoit de reputation solide qu'une reputation immortelle, et qui songe bien moins à illustrer qu'à eterniser son nom ? Avec quel courage, quelle grandeur d'ame il se roidira [fol. 385r] contre l'attraction de l'exemple et le poids accablant de la coutume ! Il foulera à ses pieds l'idole de l'opinion ! Il fera palir le crime jusque sur le trone, et rougir l'erreur jusques sur les autels ! Il renversera tout l'edifice des préjugés dominants, au risque d'en etre ecrasé ! Il deviendra le martyr de la Raison et de l'humanité, pour en devenir le Heros !

Voyez Descartes insulter fierement au peripatetisme, et briser entre les mains d'Aristote le sceptre de la chicane, sans etre effrayé ni des calomnies atroces que l'erreur vomissoit contre lui, ni de l'exil continuel où elle le condamnoit, consolé de tous les maux qu'il souffroit pour la verité, par le plaisir de l'avoir dite, et par l'esperance de la voir adoptée aussi vivement après sa mort qu'elle etoit rejettée pendant sa vie.

Voyez Bacon s'echapper du sein des tenebres où il auroit pu aisement surprendre l'admiration de ses Contemporains, pour s'envoler dans des régions de lumiere d'où loin d'en etre admiré, il ne pouvoit pas meme en etre aperçu ; créer et presenter inutilement à des yeux appesantis par l'ignorance et par la barbarie, les premiers rayons du jour qui nous eclaire ; renoncer ainsi aux applaudissemens de son siecle, pour meriter ceux de tous les siecles à venir.

Parcourez toutes les differentes carrieres ouvertes par la gloire, et vous verrez que les seuls qui ayent avancé avec un vrai succès, sont ceux qui non seulement y etoient conduits par le desir de la reputation, mais qui y etoient conduits encore par le desir de l'immortalité, et vous verrez que [fol. 385v] ce desir peut seul nous affranchir du joug de notre siecle, nous affermir contre les assauts reiterés de nos ennemis, nous elever au dessus des enchantemens de nos passions, nous faire entreprendre et executer les plus grandes choses malgré les plus grands obstacles.

Les grands succès touchent de pres aux grands crimes, parcequ'il est difficile de separer l'usage d'avec l'abus de ses forces et de ses talens. C'est un ecueil où dans leur course rapide mille heros ont echoué. Le desir de l'immortalité gravé profondement dans leur ame, le leur auroit fait eviter immanquablement. Ce n'est pas seulement un aiguillon qui nous excite, c'est de plus un frein qui nous arrete, et l'horreur qu'il nous inspire pour les grands crimes est egale à la passion qu'il nous inspire pour les grands succès.

Comment en effet un homme jaloux d'une gloire immortelle ne reculeroit-il pas à l'aspect d'un grand crime ? Il le voit inseparable d'une immortelle infamie ! Il voit des hommes de son siecle immoler en l'honneur de la Vertu outragée, les Manes coupables de tout ce que les siecles passés ont vu naitre d'illustres scelerats ! briser avec courage, je dirois presque avec fureur tant d'insignes statues que la flatterie et la servitude eleverent autrefois au Vice triomphant ! reproduire dans tous les ecrits, sur tous les monumens la honte des passions humaines avec l'histoire des forfaits qu'elle inspirerent ! Avide de se faire connoitre de la posterité, voudroit-il ne s'en faire connoitre que pour s'en faire detester ? Voudroit-il eterniser son nom uniquement pour eterniser son opprobre ?

[fol. 386r] Non, il n'est point de motifs capables d'engager au Crime un Cœur où regne le desir de l'immortalité : tout paroitroit se reunir pour le seduire et pour l'entrainer dans l'abime, que la crainte de la posterité l'arreteroit toujours. Quoi, diroit-il, pour satisfaire un ami corrupteur, un sordide interet, un appetit brutal, une ambition forcenée, je souleverois contre moi tous les peuples, tous les Âges qui me survivront ? je deviendrois la fable, l'execration de la posterité ? Équitable posterité ! Posterité dont j'adore et reclame sans cesse le jugement ! Quoi ? je te reduirois à outrager mon nom, à fletrir ma memoire ! Le signal de ma mort seroit le signal de mon infamie et de ta vengeance ! Et au lieu de venir repandre sur mon tombeau les larmes de l'amour, tu y viendrois repandre le fiel de la haine et de l'indignation ! Et tu y graverois mon arret eternel, au lieu d'y graver mon eternel eloge ! toute mon ame fremit à cette image et je sens que je peux tout souffrir plutot qu'une pareille ignominie.

Ce sont là les sentimens de tout homme jaloux de perpetuer son nom dans la memoire des hommes, et qui se trouve dans la fatale necessité de choisir entre le crime et la gloire. Ce devoient etre ceux d'un Themistocle lorsque pressé par Xerxes son bienfaiteur de marcher contre Athenes son ennemie, il prefera son honneur à son interet, à sa vengeance, à sa vie meme [18]. Ce devoient etre ceux de l'illustre Romaine qui ne

---

18. Archonte d'Athènes, Thémistocle avait été l'artisan de la victoire de Salamine (480) contre Xerxès et de la politique maritime de la cité. Frappé d'ostra-

pouvant reparer son malheur par ses larmes, voulut au moins reparer sa honte par sa mort [19] ; ceux d'un Regulus quand placé entre les horreurs des supplices et l'opprobre d'un parjure, il se souvient de la posterité et [fol. 386v] marcha aux supplices ; ceux d'un Thraseas, d'un Helvidius, de tant d'autres Romains qui oserent encenser la liberté et la vertu sous le regne de la servitude et du crime, et qui aimerent mieux etre les victimes honorables que les vils adulateurs des Tyrans [20].

Ah ! que de pareils sentimens n'ont-ils été gravés dans l'ame de tous les hommes, et de ces hommes surtout qui porterent dans les plus grands talens et les plus grandes passions, le germe et l'instrument des plus grands crimes. Que ne leur fit-on pressentir et craindre le jugement de la posterité ! L'histoire seroit-elle condamnée à nous parler de tant d'horribles forfaits tout propres à inspirer du degout, de l'horreur meme pour l'humanité ! Le globe infortuné que nous habitons auroit-il été si souvent le theatre de la plus noire injustice, de la cruauté la plus revol-tante, des excès, des fureurs les plus inouies ? Auroit-on vu l'ambition bouleverser la terre et noyer dans le sang les villes, les peuples et les empires ? La jalousie et la vengeance etouffer la voix de la Nature et plonger leur poignard dans le sein d'un ami, d'un frere, d'un epoux ? Des millions de malheureux ecrasés sous le char de l'homme avare et puissant ? La Superstition et le Fanatisme soulever au nom de l'etre supreme les citoyens contre les citoyens, les nations contre les nations et attiser dans tout l'univers l'incendie de la guerre et de la desolation ? Et n'auroit-on pas vu depuis long-tems s'eteindre la race execrable des Mahomets, des Attilas, des Sejans, des Atrées [21] ?

Quel bonheur surtout pour les Nations, si ces sentimens etoient ceux [fol. 387r] de leurs Souverains ! Quelle ressource assurée contre le despo-tisme, les vexations, les cruautés des tyrans ! Tout se tait devant ces Dieux de la terre, les hommes et les loix, la liberté et la vertu ; Mais que le desir de l'immortalité parle au fond de leur cœur ; mais que la

---

cisme, il trouva refuge dans la Perse d'Artaxerxès Ier, qui lui assura d'importants revenus.

19. Allusion probable à Camille : inconsolable après la mort de son fiancé, l'un des Curiaces, par son frère, elle fut également tuée par celui-ci.

20. Prisonnier des Carthaginois, le consul Regulus fut envoyé sur parole à Rome ; après avoir conseillé de refuser les propositions de l'ennemi, il retourna à Carthage où il fut exécuté. Tous deux stoïciens, le sénateur Thraseas et le prêteur Helvidius, son gendre, s'opposèrent à l'empereur : condamné à mort par Néron, le premier se fit ouvrir les veines ; le second fut exécuté par Vespasien.

21. Les trois derniers ont en commun d'avoir accédé (ou tenté d'accéder) au pouvoir en se débarrassant de leurs rivaux : Attila, roi des Huns, monté sur le trône en faisant assassiner son frère, fit ensuite régner la terreur dans les Balkans, la Germanie, la Gaule et la Lombardie ; Séjan (c.20 av. J.C.-31), favori de Tibère, fit tuer Drusus, le fils de l'empereur et emprisonner Agrippine et ses fils ; père d'Agamemnon et de Ménélas, Atrée, roi légendaire de Mycènes, est un personnage particulièrement sanguinaire dans la tragédie grecque (Eschyle, Sophocle), reprise par Crébillon en 1707 (*Atrée et Thyeste*).

posterité s'y fasse entendre avec ses arrets foudroyans et ses horribles imprecations, et tout flechira devant elle. Qu'on montre aux Rois dans le lointain les vengeurs de la vertu et de l'humanité prets à devoiler au monde l'histoire de leurs foiblesses et celle de leurs crimes ; à les citer, à les trainer devant le tribunal du genre humain ; à les y condamner à un mepris eternel ou à une eternelle haine : Qu'on les conduise devant les Statues infames des Nerons, des Caligulas, des Heliogabales [22] ; qu'on leur montre la Renommée attentive à conserver l'image de ces Monstres pour l'instruction des princes et la vengeance des peuples : Qu'on leur fasse lire, mediter, apprendre les invectives atroces que chaque siecle et chaque peuple ont accumulées au pied de leur Simulacre abhorré : Qu'ils les connoissent et ils craindront de leur ressembler, et ils craindront avec le jugement de la posterité les crimes de la tyrannie.

La Crainte d'une infamie eternelle, crainte si necessaire à tous les hommes pour les detourner des grands crimes, et surtout à ces hommes qui se trouvent pour les grands crimes de grands encouragemens ; La passion d'une eternelle gloire, passion si necessaire en toute occasion pour exciter aux grands succès, et dans ces occasions surtout où l'on oppose aux grands succès [fol. 387v] de grands obstacles ; voilà les deux effets que produit ce desir de perpetuer son nom et ses actions dans la memoire des hommes. Quoi de plus favorable aux interets de la Vertu et au bonheur de la Societé ? Et s'il est vrai que le principal emploi de la Raison consiste à fortifier le penchant que nous avons au bien et à detruire celui que nous avons au mal, quoi de plus conforme à la Raison qu'un sentiment qui reussit si bien à faire l'un et l'un et l'autre ? Et l'on chercheroit à l'etouffer dans le cœur des hommes ! Et l'on voudroit fermer leurs yeux sur un avenir qui les empeche de perdre le present et d'en abuser ! Et l'on s'efforceroit de combattre en eux le pressentiment si salutaire, si naturel de la posterité ! Quelle triste occupation ! Quel abus de la philosophie ! Est-ce que nous avons deja trop de motifs pour surmonter les obstacles qui nous arretent à chaque pas dans la Carriere de la vertu ? Est-ce qu'il ne se fait plus de grands maux sur la terre ? Est-ce qu'on y fait assez ou trop de grands biens ? Et quand meme le desir de l'immortalité seroit plutot l'ouvrage de l'opinion que celui de la Nature, ne faudroit-il pas adopter, cultiver, repandre en tout lieu une opinion si necessaire ? Ne sait-on pas quel est l'empire de l'imagination sur le cœur de l'homme, et combien ce que l'on croit prevaut sur ce que l'on sent ? Et un prejugé utile et consolant, s'il en etoit, ne devroit-il pas etre preferé à une verité decourageante et funeste, supposé que la Vérité peut l'etre jamais ? Vains Raisonneurs ! Sophistes dangereux ! voilà donc l'objet et le fruit de vos sublimes recherches ! Au lieu de fournir de [fol. 388r] jour en jour aux

---

22. Les trois empereurs romains restés célèbres pour leurs crimes : Néron (54-68), pour l'assassinat de Britannicus et d'Agrippine, l'incendie de Rome et le massacre des chrétiens ; Caligula (37-41) et Heliogabale ou Elagabal (218-222), pour leurs règnes aussi brefs que sanglants jusqu'à leur assassinat.

hommes accablés sous la tyrannie de leurs passions, de nouvelles armes pour les combattre, vous venez leur enlever encore celles qu'ils ont reçues de la Raison et de la Nature ! Mais tous vos efforts seront inutiles : La Nature sera plus puissante que vos discours, et la raison plus persuasive que vos sophismes, et malgré vous le desir de l'immortalité sera toujours aussi repandu qu'il est utile. Vous memes vous serez soumis à son empire et chercherez le suffrage de la posterité en le decriant. Ah ! cessez de le denier et songez plutot à vous en rendre dignes. Rendons nous en dignes qui que nous soyons : Qui que nous soyons cherchons à perpetuer notre nom et nos actions dans la memoire de nos semblables. La nature nous l'inspire ; la Raison nous l'ordonne. Desirons-le, si nous voulons etre des Hommes ; desirons-le si nous voulons devenir des Heros.

Nescio quomodo inhaeret in mentibus quasi saeculorum quoddam augurium futurorum ; idque in maximis ingeniis, altissimisque animis existit maxime. ...... quo dempto, quis tam esset amens qui semper in laboribus et periculis viveret ? [23]
Cic. Tusc. L. I. C. 15.

---

23. Cicéron, *Tusculanes*, Livre I, ch. 15 : « Nous avons au-dedans de nous je ne sais quel pressentiment des siècles futurs et c'est dans les esprits les plus sublimes, c'est dans les âmes les plus élevées qu'il est le plus vif. [...] Ôtez ce pressentiment, serait-on assez fou pour vouloir passer sa vie dans les travaux et dans les dangers ? » (*Œuvres complètes*, éd. M. Nisard, Paris, Dubochet, 1841).

UN JOURNAL NAUTIQUE MÉTAMORPHOSÉ EN JOURNAL D'EXPLORATION : PREMIÈRE EXPÉDITION DE BENIOWSKI * À MADAGASCAR

La curiosité des chercheurs dits littéraires qui scrutent le seuil de la modernité, autrement le « siècle des lumières », se porte de plus en plus souvent sur les marges peu explorées de sa production écrite, dont ils s'efforcent d'ébaucher les poétiques. La poétique des récits de voyages s'est enrichie il y a peu d'un ouvrage de référence incontournable, signé Pierre Berthiaume, originaire du Canada. Selon lui (1990, p. 17-96) dès la fin du 17ᵉ siècle, durant cent ans, une évolution « dirigée » se laisse observer dans le genre dit « journal de bord » ou « de navigation ». Évolution politiquement inspirée : d'abord en 1681 et en 1689 par les ordonnances de Colbert, qui prescrivent de tenir un journal de leur périple à tous les « maîtres » de la marine marchande et aux officiers de la royale ; ensuite, pour centraliser les informations, en novembre 1720 est créé le Dépôt des cartes et plans ; enfin, le 30 avril 1773, huit jours après le départ de *la Marquise de Marbœuf* du port de Lorient – à son bord, Maurice-Auguste Beniowski, tout juste nommé le gouverneur de Madagascar – le ministre Bourgeois de Boynes, patron de cette entreprise, envoie « les Modèles du Journal nautique » à tous les bureaux de ports. Sur le plan administratif, observe P. Berthiaume, un modèle pratique s'impose, dans lequel l'homme d'épée qu'est le navigateur se soumet à l'homme de plume, fonctionnaire de la marine royale qui doit promouvoir la colonisation ; sur le plan géographique, les instruments toujours plus précis aidant, le discours scientifique, dominé par les mathématiques, supplante les observations plus spontanées et personnelles (même si ces dernières reviennent en force, notamment à la fin du 18ᵉ siècle).

Dans quelle mesure le journal de bord tenu par sinon pour Beniowski pendant son voyage de France à Madagascar en 1773,

---

* Nous adoptons l'orthographe polonaise du nom.

répond-il à la visée complexe, et à l'exécution aléatoire, autorisée par la politique colonisatrice hésitante de Louis XV et de ses ministres ? Pouvons-nous voir en ce manuscrit seulement un modèle de journal de bord « vieux style » ? Riche en renseignements de toute sorte, il est écrit dans un style soigné, orné de dessins coloriés (profils des terres contournées et de poissons austraux) parmi lesquels le plan de la Ville du Cap avec sa citadelle se recommande par son intérêt stratégique plutôt qu'esthétique. Sans oublier la très curieuse apothéose allégorique, décrite ainsi que dessinée, organisée en forme d'illumination à bord du vaisseau par le baron pour la fête de Saint-Louis, le patron royal. Ainsi agrémenté, le manuscrit tranche sur le fond des journaux de navigation gribouillés, à peine lisibles pour les profanes à cause de nombreuses abréviations, remplis de chiffres et de symboles, enfin monochromatiques (noir et blanc) et impersonnels.

Écrit à la première personne, le pluriel alternant avec le singulier, ceci n'est donc pas un journal de bord comme les autres, même si les relevés géographiques obligatoires y figurent. Plusieurs indices témoignent du destinataire extraordinaire de cet in-folio illustré : le ministre, sinon le roi en personne ; le ministre des affaires étrangères, le duc d'Aiguillon, le protecteur de Beniowski, ou plutôt le ministre de la marine, Bourgeois de Boynes ? Les indices sont très variés :

– la mise en page très soignée ; les jours de la semaine représentés par leurs emblèmes astronomiques ;

– les dessins riches et précis (en couleur) ;

– récits relativement longs de différentes occupations à bord, sérieuses ou guère ;

– la mise en avant du mérite du colonel Beniowski, insistant sur son application à enseigner l'exercice et la théorie militaire à sa troupe de volontaires et à se renseigner des postes hollandais du Cap (plans à l'appui), sur les soins apportés à conserver la santé des soldats, sans oublier pour autant celle de sa famille (sa femme et sa belle-sœur [1]) ;

– allusions pleines de respect, flatteuses ou complices à un destinataire singulier, culminant dans le « bouquet » final ;

– autodéfense (?) du baron par la critique des manœuvres commandées par le capitaine, notamment celle du ralentissement

---

1. Leurs noms respectifs figurent en tête de la liste de l'équipage, savoir : *Madame La Baronne de Béniowsky/Mad[elle] Comtesse Hensky*. L'auteur figure une page avant, en tête de « L'État Major/Des Volontaires de Beniowszky » en tant que *M[r] le Baron de Beniowszky Colonel*.

dans la navigation du tropique du Cancer à la Ligne (un mois !) et de là au Cap, ce qui a nécessité une escale dans la colonie hollandaise ; pourtant il n'est pas exclu que le capitaine eût bien su trouver le bon rythme de navigation, n'était le contre-ordre du baron ; de plus, Beniowski s'attribue l'initiative de faire débarquer l'équipage et les soldats malades à False bay, près de la Ville du Cap, pour leur rétablissement plus rapide.

Discours de navigateur, discours de soldat, discours de courtisan, discours de naturaliste et celui d'un homme sensible aux beautés de la nature, il les essaie tous tour à tour, même si cette dernière espèce n'affleure qu'une fois dans son texte et que les trois premières y dominent. Rien d'étonnant, ces discours correspondent aux qualités que Beniowski se voit obligé de déployer devant le destinataire implicite de son journal. Car si l'honneur des beaux dessins revient à M. de Marange, « ingénieur lieutenant en premier », le compte rendu lui-même paraît sorti de sous la plume de Maurice-Auguste, quitte à être recopié et calligraphié, peut-être corrigé ? par une main plus habile.

Durant sa navigation de cinq mois (contre trois à quatre habituels), Beniowski frôla le désastre : la *Marquise de Marbœuf* fut obligée de faire escale au Cap pour y soigner une partie de malades ; selon le « Rapport du chirurgien major du vaisseau » (Filliot, 1974 : 80), personne ne fut épargné :

> *M. le baron BENYOWSKY est très dangereusement malade, souffrant beaucoup du mal escorbutique. Madame la baronne et Mademoiselle sa sœur sont malades, plus de douze matelots sont escorbutiques dont quatre très malades, en outre les vivres frais commençant à être en petit nombre, n'ayant à bord que pour quinze ou vingt jours de volayes [sic], les officiers sont contraints à manger des vivres salés.*

Ce genre de nourriture subalterne était d'ordinaire réservé au commun de l'équipage (d'où la mortalité élevée parmi les matelots). Cependant, à la même date que le chirurgien, savoir du 14 au 15 juillet, le baron note que, « vu le nombre des scorbutiques » et « désireux de concourir au soulagement des malades », il a demandé au Capitaine de « prendre la route de la Baaye [!] False à l'Est du Cap-de B[onne]-Esp[érance] » ; rien ne perce sur ses propres ennuis de santé :

> *Je fis alors annoncer ma décision [2] à ma troupe et à l'Equipage qui touts [?] joyeux s'armerent de courage, bravant le mal qui les rongeait, s'appliquerent vivement au travail journalier.*

---

2. En fait, c'est le capitaine qui l'avait prise, sur la « réquisition » de Beniowski.

Toujours rien sur l'indisposition de Beniowski et de « ses » femmes dans la notice du lendemain :

> *Je suis maintenant assuré, que je ne perdrai pas dans mon voyage à l'Isle de france, des hommes dont la conservation m'est confiée, j'emploierai mes jours pour soutenir les leurs.*

Or, le chirurgien venait de lui apprendre qu'il y avait sur « 14 soldats scorbutiques 3 qui ne survivraient pas à 20 jours de navigation sans relâche ». Les recherches de la False Bay vont se poursuivre jusqu'au 22 juillet. La notice du 25 au 26 juillet, le jour du débarquement (après l'accord obtenu la veille des autorités hollandaises), nous apprend que le mal n'a pas épargné l'auteur et les siens :

> *Je descendis à terre avec Madame La Baronne et ma* [!] *sœur et je me logeai dans un quartier qui avoit été arrêté la veille, près de moi et sous mes yeux je fis dresser trois tentes pour y placer mes soldats malades. Je leur fis administrer les remèdes pour leur soulagement, j'espère qu'une douzaine de jours les rétablira moi-même et ma famille. Ce repos nous donnera une nouvelle vie et principalement des forces prêtes à être employées utilement pour le service de notre Roi.*

La sollicitude du chef des volontaires pour les effectifs qui lui ont été confiés révèle ici sa motivation et sa finalité politiques, devenues une sorte de refrain : Beniowski sait qu'il répond de la troupe devant ses supérieurs. Chaque accident et chaque maladie mortelle sont scrupuleusement relevés compte tenu de toutes les circonstances ; qu'il s'agisse de la chute du soldat Ribnicof, Russe, qui lui valut une « déreinie » [?] ou de la mort de M. de Coigne, « lieutenant en premier », qui, fin mai, aura « l'esprit dérangé » à cause de la recrudescence d'une fièvre qui l'emportera le 26 juin.

Beniowski confirme sa responsabilité en rendant compte de l'emploi de temps qu'il organise pour ses soldats dès les premiers jours de la navigation :

> *J'ai fait retirer du fond de Calle les fusils tant d'officiers que de soldats et j'ai profité de l'instant où les malades avaient cessé de l'être du mal de mer pour les faire exercer et on dressa à l'extrémité de la grande Vergue a* [!] *tribord, un blanc après lequel les officiers commencerent à tirer et la Troupe ensuite : la musique* [3] *célébroit l'adresse de chaque tireur* [notice du 29 au 30 avril].

---

3. D'après la notice du 16-17 juillet il s'agirait d'une musique (troupe de musiciens) emmenée par Beniowski ; à ses frais ?

La mer belle..., le Ciel beau. On a transporté une partie des hamacs de l'Entrepont sur le tillac pour leur faire renouveler l'air.

J'ai ce matin dans notre séance expliqué à mes prosélites [!] plusieurs leçons de tactique relative au choc et à l'action du feu devant l'ennemi, de la position du soldat sous les armes, de l'emploi et de la ressource de la bayonnette [!], et nous avons terminé par le choix des hommes pour la formation de 3 rangs d'un front d'Armée rangée en bataille. Dans les leçons plus avancées, l'Ingénieur tracera les différentes figures de l'évolution, pour parler aux yeux [du 17 au 18 juin].

L'Ingénieur ce matin dans l'assemblée a parlé de la fortification de Campagne et un des autres officiers a lû a [!] haute voix l'article des feux dans les différentes Évolutions [du 23 au 24 juin].

Outre la théorie du métier, les distractions ; il faut soigner le moral du corps :

Les officiers et volontaires de mon corps, ainsi que les matelots, ont reçu l'onction par le Bonhomme tropique. La Cérémonie du Baptême s'est passée avec toute la soumission et la vénération duës à ses Loix. [Suit la relation du Baptême.] *Je fais exercer toujours ma troupe mais je crains que les brulans rayons du soleil ne permettent pas de continuer* [du 5 au 8 mai].

La Troupe a fêté le jour de la Saint-Auguste. Il y a eu jeu, danses et chansons [du 7 au 8 mai].

On fête la S^t*. Jean, l'Équipage étoit en joye, on a tiré le Canon et arboré le Pavillon.* [Et d'enchaîner :]
Nous avons bien des scorbutiques, j'ai 9 de mes volontaires qui en sont attaqués, je crains bien que le nombre ne s'augmente [! – du 24 au 25 juin] [4].

Tandis que, par un calme beau et mortel, on scrute l'horizon sur lequel, hormis quantité d'oiseaux, rien n'annonce la terre, Beniowski note :

J'ai fait retirer auj. du fond de Calle les caisses de Tambours pour en faire instruire deux ou trois. Le fifre les accompagnera et ma musique [?!] aussi [du 16 au 17 juillet].

---

4. À l'embarquement, la troupe de Beniowski comptait 12 officiers et 40 soldats, plus deux « officiers à la suite » et un chirurgien. Outre la disparition de M. de Coigne déjà citée, cette douzaine d'officiers avait connu la défection de M. Boispreaux, aide de camp, malade dès le départ de Lorient, qui avait demandé de le remettre à terre, promettant de rejoindre le corps par un prochain navire.

L'utile se joint à l'agréable. Le style amusant du long récit sur les jeux de sorcellerie aquatiques témoigne que l'utile peut avoir ici plusieurs sens. S'il insiste à montrer qu'il pense beaucoup à ses soldats, Beniowski le fait à l'intention d'un destinataire qu'il intègre dans son énonciation de différentes manières ; d'abord il y a des références explicite et implicite :

> *Nous n'avons pas encore mangé de poissons, ce n'est pas faute de soins de la part de nos matelots. Les Requins sont dans ce parage en grande quantité et tournent autour de leur ammeçon* [!], *sans y mordre.* Comme vous voyez [nous soulignons – IZ], *ce sont des Requins qui n'aiment pas la viande assaisonnée d'un fer crochû et éguisé* [du 16 au 17 mai].

> *Que ce pénible repos est contraire à notre brulante [!] ardeur d'acquérir de la gloire et de donner à nos armes une renommée redoutable* [nous soulignons – IZ ; notice du 18 au 19 mai].

> *Vu un oiseau (Bamido) dès que nous les verrons de plus près nous en donnerons ici une idée* [mais pour qui ?! IZ ; du 25 au 26 juin].

La conclusion du premier passage sur les cours de tactique (daté du 8 au 9 juin) s'adresse à un même destinataire, histoire de prouver qu'on ne reste jamais désœuvré :

> *Comme je me suis aperçu que l'ennui s'introduisoit parmi le Corps de mes officiers* [note Beniowski le lendemain du baptême de la ligne], *je commençai à faire quelques explications de la tactique et je me suis étendû sur les différentes evolutions [!] les plus nécessaires ; mes officiers s'accoutumeront insensiblement à la théorie, qui doit naturellement précéder la pratique. L'Ingénieur a reçu mes ordres pour former le plan du prochain Campement à l'arrivée de mon Corps à l'Isle de France, Il m'en remit le plan et un Mémoire rélatif* [!], *ainsi que différents ouvrages des fortifications de Campagne ; Je les ai trouvé [!] raisonnés, fort bien assis, sur*[!] *et comodes* [!], *choses précieuses, que j'observerai toujours pour le soulagement de ceux qui seront sous mes ordres.*

Tant de protestations réitérées équivaudraient à un serment d'allégeance renouvelé. Mais devant qui ? Quelques éléments de réponse se trouvent dans l'application du baron à faire une synthèse de la parole et de l'image, souci qui témoigne de l'existence d'un destinataire qui connaît peu les réalités de la navigation ; si de plus cette image, et son support dans les descriptions, l'écriture (calligraphiée), se veulent belles, tout porte à croire que le destinataire tient un rang élevé.

Les détails quotidiens de la navigation se trouvent ainsi relevés par des observations hautes en couleur, qu'elles portent sur le temps, sur l'escale (chose rare dans un journal nautique, à en croire Berthiaume) ou sur les mœurs de l'équipage.

Ainsi une remarque banale sur le rafraîchissement de l'air (« Bientôt nous quitterons nos vestes pour prendre des habits », du 13 au 14 juin) est suivie, après une nuit agitée, d'une phrase dont le pittoresque annonce Bernardin de Saint-Pierre [5] : « Les nuages verts et les teintes lilas qui couvraient le Ciel au coucher du soleil ne paraissent plus aussi vivement, Nous approchons [!] du Tropique du Capricorne » (du 16 au 17 juin).

La note en date du 5 au 6 juillet, qui marque un phénomène rare, revient au « style matelot » modernisé, saturé de chiffres et de verbes d'état débouchant sur la recherche d'une causalité : « Il a paru sur les 3 h après midi [*sc.* 3 h du matin, selon l'horloge des marins] un arc-en-ciel situé à l'O. Il en parait dans ce climat, pendant la nuit, par conséquent de Lune ». La plus riche est la notice en date du 7 au 8 juin :

Nous passâmes [!] *la ligne dans la nuit, la mer paroissoit remplie de Phosphores lumineux et il sembloit que notre navire étoit alors dans une enceinte de feu. Son moindre mouvement de l'Avant augmentait encore ce bel éclat* [...]

Outre la modalisation et la métaphore, il faut noter le temps qui ouvre la description, employé ensuite dans le récit du baptême de la ligne : à la place du passé composé, choix ordinaire dans un journal de navigation, le passé simple nous avertit ici du travail de la réécriture déjà entamé sur l'entrée initialique dans un espace fabuleux. Le texte signale ainsi un contexte [6] : son hétérogénéité oblige à une relecture compte tenu des stratégies superposées aux objectifs ordinaires, élémentaires, d'un journal de bord : renseigner et avertir.

Les cartes et plans dressés par l'ingénieur, M. de Marange, sur l'ordre du baron (fait que ce dernier souligne même dans la légende des cartes), montrent les endroits où les Français se sont rendus : la Simons Baye, la False Baye et la Ville du Cap où le gouverneur hollandais a reçu Beniowski et ses quatre officiers le soir du 31 juillet. L'ingénieur en était, qui « devait parcourir tous les postes et principalement les parties fortifiées » pour en donner un rapport au baron. Drôle d'occupation pour un invité.

---

5. Dont le *Voyage à l'Île de France* paraîtra en 1775.
6. Au sens d'« ensemble d'unités signifiantes qui le déterminent » (d'après *Slownik terminów literackich*, première définition).

En effet, deux planches accompagnées de descriptions témoignent de ce travail : le rapport sur la Ville du Cap précise quel chemin il faut prendre – longeant la mer – pour ne pas s'enfoncer dans les sables mouvants, et il donne quelques chiffres sur l'établissement (750 feux, savoir habitations des blancs ; 2 600 Nègres, logés en partie à la « Maison des Esclaves » située au Jardin de la Compagnie Hollandaise des Indes Orientales), fruit présumé de la reconnaissance du terrain. Un résultat plus frappant attend le lecteur au compte rendu de la False Baye : Beniowski (ou son ingénieur ?) va jusqu'à imaginer l'emplacement de batteries inexistantes, des redoutes et des fortifications : un espace virtuel naît, comme un coup d'essai avant le déploiement des forces à Madagascar.

D'autres dessins, ouvrage de M. de Marenge, offrent les profils colorés de rivages (cinq îles Canaries) ou de poissons pêchés (un thon de 100 livres). La parole relaie le crayon à propos d'oiseaux rencontrés aux antipodes (moutons du Cap, goélettes, damiers, tail-vent). On ne parle que de cérémonies, comme le double baptême (au passage du tropique du Cancer, puis au passage de la Ligne) et les obsèques à bord. Il n'y a qu'une fête à laquelle le support d'image paraît nécessaire : celle de la Saint-Louis. Il serait curieux de comparer son récit avec celui du baptême de la ligne, plus de six semaines avant.

Du 24 au 25 [août 1773]
[...] *Toujours occupé à rendre au Roy* [caractères plus espacés] *mon Maître le Culte qui est dû a* [!] *Sa Majesté je ne laisserai point échapper* [!] *ce jour solennel ; il fait pour moi et pour mon Corps une époque qui nous inspire de nouveau le désir de porter son nom tout glorieux au delà de l'Océan, nous Nous disposons à célébrer demain le nom de Louis* [les lettres du nom espacées] *et dès ce soir nous l'annoncerons par le feu de nôtre* [!] *artillerie et par les Cries de joye réitérés.*

Fête de St LOUIS
À 5 heures du soir on a fait une décharge de Canons suivie de 3. Vive Le Roy [caractères larges]. *Pendant la nuit je fis exposer une illumination exprimant les Sentimens gravés pour jamais dans nos Cœurs.*
Voici le Détail de l'allégorie
Un globe tout en feu au milieu [!] *duquel étoient posées les fleurs de lis surmontées de la Couronne Royalle. Ce globe répandoit ses raions* [!] *dirigeant la Lumière sur toutes les entrées, il étoit porté par une Colonne cânelée* [!] *enrichie de guirlandes de Lauriers ayant cette inscription en Lettres d'or.*
hisce-Fulgeo
Cette colonne dont le pied étoit enrichi [!] *de trophées et d'attributs militaires, étoit établie au sommet d'une montagne au bas de laquelle*

[!] *paroissoit le drapeau du Corp* [!] *des Volontaires de Benyowszki gardée par une sentinelle armée : à l'ombre du drapeau reposoient deux soldats ennivrés des plaisirs de la fête* [nous soulignons – IZ], *avec ces Mots.*

amore, timore.

Toute la nuit les soldats et matelots dansèrent aux sons des instruments et de leurs chansons.

Le dessin de la page suivante nous apprend qu'au pied de la colonne il y avait encore une inscription, oubliée dans le commentaire : « la CONSTANCE ».

L'effet humoristique (insoupçonné ?) de l'élément souligné fait croire à une certaine connivence entre l'auteur et le destinataire. La large place accordée aux récits de baptême, qui exploitent l'aspect ludique de la navigation, le confirme :

On annonça la Cérémonie du passage à la Ligne ; hier après la Prière, comme une Loix scrupuleusement observée ; Un matelot déguisé en Vieillard monté sur des animaux dont on ne peut dire le nom [nous soulignons – IZ], *précédé d'un courrier et suivi de quatre archers, d'un grand prêtre ayant à ses costés deux jeunes pilotins représentant les tropiques.* [!] *Ce Veillard* [!] *ayant dit le sujet de son message, nous administra l'onction, Les officiers se racheterent à prix d'argent, mais la troupe et les matelots subirent le sort, on avoit fait tendre un cordeau entre les deux gaillards, on y rangea les profanes, le poulce* [!] *attaché au cordeau, on leur fit faire les serments accoutumés, après quoi le vieillard* [!] *passa du Tribord à Basbord et ordonna que les archers lui amenassent les patients, les uns après les autres ; il les fit mettre sur un cuvier rempli d'eau couvert d'une planche de manière qu'en la poussant avec le pied elle lui faisoit faire la culbute. Ces profanes se purifiaient ainsi* [du 7 au 8 juin].

Tant de détails peuvent surprendre lorsqu'on se souvient de quantité d'autres relations de périples qui reconstruisent, et cela dès le 15e siècle, la cérémonie du baptême de mer : cérémonie initiatique et carnavalesque à la fois, sorte d'exorcisme burlesque dans ses commencements, désacralisé et démystifié avant même le début du 18e siècle (Linon, 1990, p. 193). En tant que fête et en tant que texte, le baptême de la ligne s'oppose presque en tout à l'allégorie royale signée par Beniowski (noter qu'il ortho-graphie son nom comme dans sa correspondance ministérielle de l'époque) : le récit du baptême est plus dynamique que la description de l'allégorie, même si elle guide le regard du lecteur selon un ordre vertical renversé : du haut vers le bas, du ciel du royaume vers une réalité cocasse ; cette description a aussi sa chronologie. Tandis que « la cérémonie du passage » se déroule selon le rythme ternaire décrit par S.-J. Linon (1990 : 186-188) [7], à cela près que le troisième acte (la baignade des officiers) est remis à une autre fois (voir la notice du début juin), l'illumination de la Saint-Louis dure toute la nuit, les réjouissances ayant dû se poursuivre assez tard. Celle-ci se veut une apothéose du souverain protecteur du baron, apothéose relevée par les sentences en latin [8] ; le baptême de mer repose sur un renversement sacrilège, souligné par la présence de deux animaux « immondes » (porcs ou cochons), dont le nom devient tabou, indice du style élevé du récit ou... d'une ironie complice. Quelques traces d'atténuation (euphémismes, termes génériques et allusifs) contribuent à souligner l'aspect inoffensif de la bouffonnerie : le « message » du « Vieillard » (chez d'autres voyageurs, un « prêtre ») et « l'onction » administrée sont la parodie du sacrement et de la bénédiction ; les « serments accoutumés » se faisaient sur la carte substituée à la Bible : ce détail est entièrement occulté ici, effet de la laïcisation du rite ou prudence de l'auteur ? Difficile de trancher.

Par leur style élevé (le passé simple est de rigueur) ces deux fragments se rejoignent, même s'ils s'opposent l'un à l'autre par leur construction et par leur contenu : comme dans d'autres observations plus développées sur les occupations des soldats ou sur les décisions prises par Beniowski, le romanesque et l'héroïque s'imposent, tandis que s'estompent les remarques de routine. Le « je » du baron passe à l'avant-scène quand il est question de persuader le capitaine de dévier de route (puisqu'il l'aurait mal choisie !) ou de faire escale (lorsque la manœuvre imposée a valu au vaisseau une trop longue navigation). Au « je » appartiennent les soins prodigués aux soldats, les soins qui motivent ses décisions : « Je crois que la vue de la terre, rendra la santé et la joie à notre équipage », note-t-il à la date du 8 au 9 juillet. De même que la baignade des officiers pour « faire revenir le bon vent » ; à la différence du baptême, seuls les officiers et le capitaine sont inondés, les soldats et les matelots étant invités à leur fournir de l'eau :

---

7. Après le charivari d'ouverture, premier acte (serment, rachat des officiers et leur bénédiction), deuxième acte (le baptême des matelots, mouillés sans merci), troisième acte (baignade générale ou rachat du vaisseau).

8. Nous savons, par la lettre du chevalier Desroches, qui, pour lors gouverneur de l'Île de France, en mars 1772 accueillit Beniowski venant de Kamtchatka *via* Macao, que le baron avec lui parlait latin plutôt que français (voir BN Ms fr. n.a. 9413, f° 266 : lettre du Chevalier des Roches au Ministre datée de l'Île de France le 20 mars 1772).

Nous ne savions comment faire pour faire revenir le bon vent qui depuis plusieurs jours nous avoit quitté [!], *Lorsque, pour inspirer de la gaieté dans l'Equipage, Je fis tirer au sort les officiers de mon corps et j'y compris le capitaine de bord, pour qu'un d'entre eux soit nomm[é] Sᵗ Antoine, L'officier qui eut le billet noir, on lui administra sur le Champ un bain froid d'eau de mer, Cette victime à Neptune ne suffit pas, chaque officier l'un contre l'autre se livrerent un combat. Les soldats et matelots furent chargés de tirer l'eau nécessaire de la mer. Nos plus adroits combattans, saisissoient les sceaux, baquets et cuviers et se submergeoient : cette fête dura deux jours. Le deuxième jours mes officiers se tournent* [praesens historicum ?] *tous contre le capitaine et ses officiers du Bord pour les baignerent* [!], *notre Vengeance ne fut pas complette. Le Capitaine se sauva dans la hume [hune] d'Artimon, et de hune en hune, il courû au château* [!] *d'avant, en conjurant les matelots de le sauver de nos mains* [du 1ᵉʳ au 2 juin].

Ce défoulement des tensions probables entre les officiers de la marine et ceux du corps de Beniowski, n'entame pas la hiérarchie régnant à bord ; l'illumination conçue pour le 25 août aura pour mission de scinder l'unité ; mais, l'expression du dévouement des Volontaires, elle aurait pu prêter à de nouvelles dissensions.

Reste que le détail de l'apothéose semble représenté exprès comme point culminant de la navigation. Depuis la fin août jusqu'à la découverte de la terre de l'Île de France, le 20 septembre au soir, les notices se font très sobres, sans plus guère que des relèvements, sauf pour signaler la rencontre d'un vaisseau (*le Mars*) en provenance de Lorient (parti presqu'un mois après Beniowski !), ou la présence des oiseaux de terre (les *pail-en-culs* notamment), le tout agrémenté du profil lointain de l'île de Rodrigue, dessiné par l'infatigable ingénieur de l'expédition. L'action se dénoue en silence : rien sur le débarquement ; déjà les relèvements de la dernière semaine semblent ajoutés *ex post* pour compléter les pages du journal qui ne saurait s'arrêter avant la fin de la navigation. Preuve s'il en faut du caractère circonstancié du manuscrit. Certes, le capitaine du vaisseau étant obligé de tenir *le* journal de bord requis par le ministre de la marine, celui de Beniowski ne saurait constituer qu'un témoignage supplémentaire sur le périple, mais essentiel pour suivre son Corps des Volontaires, témoignage rédigé peut-être de sa propre initiative, afin de démontrer son zèle et son aptitude.

Chacun des longs fragments cités se propose pour récit, récit d'une navigation qui se veut aussi une épreuve dans le passage de la France aux antipodes où une mission attend le baron et sa troupe : la conquête de Madagascar selon Beniowski lui-même, la relance du commerce à partir d'une « loge » sur la côte est, selon les autorités de l'Île de France. Dans le différend occasionné par cette divergence des vues, qui va peser lourd sur le sort de l'expédition, une confrontation de deux séries de textes s'impose. Pour un historien, elle va de soi, en tant que croisement de sources. Pour un philologue, il s'agit de mettre en face deux modes d'appréhender la réalité par un même homme : celui du gouverneur Beniowski auteur des lettres et comptes rendus adressés au ministre ; celui de l'ex-gouverneur Beniowski, auteur des *Mémoires et voyages*, en quête d'une nouvelle puissance qui soutienne ses projets coloniaux.

IZABELLA ZATORSKA
Université de Varsovie (Institut d'Études Romanes)

Nota : cet article est extrait de notre habilitation, *Discours colonial, discours utopique. Témoignages français sur la conquête des antipodes – XVIIᵉ-XVIIIᵉ siècles,* Varsovie, 2004, 584 p.

SOURCES

JOURNAL/DE/la Navigation/de Mʳ. le Baron de Béniowsky/d'Europe aux Indes./-.-/ANNÉE 1773.// Archives nationales de Paris. Page de titre nº 1 ; cote : 4JJ85 nº 118 : « Journal de l'expédition de Beniowski à False bay 1773 » – biffé : « manque » pour « présent-1998 ».
Campagne de La Pérouse et marine contemporaine, 1741-1807 : Memoire sur l'expédition du Baron de Benyowski [Beniowski] à Madagascar, 1772 ainsi que d'autres lettres et rapports sur B., Bibliothèque nationale de Paris, Ms. fr. n.a. 9413, fº 256-314.

ÉTUDES

Berthiaume, P. (1990), *L'Aventure américaine au XVIIIᵉ siècle. Du voyage à l'écriture*, Ottawa : Presses de l'Université d'Ottawa.
Filliot, J.-M. (1974), *La traite des esclaves vers les Mascareignes au XVIIIᵉ siècle*, Paris : Orstom [Office de la Recherche Scientifique et Technique Outre-mer].
Kostkiewiczowa, T. (1988), « Kontekst », in : Slawinski, J. (dir.), *Slownik terminów literackich*, Wroclaw : Zaklad Narodowy im. Ossolinskich, 238.
Linon, S.-J. (1990), « Le passage de la ligne ou le carnaval de la mer : Luillier (1705), Leguat (1707) », *Dix-huitième Siècle*, 22, p. 185-194.

LA MONARCHIE DES JÉSUITES :
SOLIPSISME ET POLITIQUE

> *La monarchie se perd, lorsque le prince,*
> *rapportant tout à lui, appelle l'État à sa capitale,*
> *la capitale à sa cour et la cour à sa seule personne.*
> Montesquieu, *De l'Esprit des lois* (Livre VIII, chap. VI)

Lucius Europæus, jeune étudiant en droit à Rome, au début du 17ᵉ siècle, raconte qu'un jour, se promenant avec trois amis dans la campagne environnante, il fut accosté par quelques hommes étranges. « On eût dit qu'ils étaient tout à coup sortis de la terre... Ils avaient des robes retroussées jusqu'aux genoux... Ils étaient noirs depuis les pieds jusqu'à la tête » écrit-il, se demandant s'ils sont « philosophes, magiciens ou diseurs de bonne aventure ». Les inconnus entament une conversation avec les quatre jeunes gens, dans laquelle ils les interrogent habilement sur leur famille, leur situation financière et leurs études. En apprenant qu'ils sont étudiants en droit, de bonne famille, ils tentent de les convaincre que les études et la carrière les conduiront à la damnation éternelle et leur proposent de se consacrer plutôt à suivre « les belles lois des Solipses ». Après quoi, les sentant récalcitrants, ils leur jetèrent dans les yeux une poudre magique qui leur fit perdre connaissance et les emmenèrent avec eux au pays des Solipses. Le narrateur explique qu'il y est resté quarante ans et il nous décrit cette société qu'il a si bien connue.

C'est ainsi que commence *La Monarchie des Solipses* [1], récit de voyage fiction traduit à partir d'un texte latin publié en 1645, à Venise, qui s'intitulait *Monarchia Solipsorum*. D'après la description initiale des *Solipses*, on devine aisément la cible, à savoir, la Société de Jésus. S'insérant dans une tradition d'anti-jésuitisme qui rayonnait en Europe, à travers des œuvres comme

---

1. *La Monarchie des Solipses par Melchior Inchoffer*, traduite du latin éd. Pierre Restaud (Amsterdam, Herman Uytwerf, 1721). Les citations de cette édition seront désignées dans le texte, par le numéro de la page.

Le Catéchisme des jésuites d'Étienne Pasquier (1602), ou *Le franc et véritable discours au roi, sur le rétablissement qui lui est demandé pour les Jésuites*, d'Antoine Arnauld (1602), cette relation est narrée par un certain Lucius Europæus, nom apocryphe qui figure également comme auteur de l'édition originale. D'autres l'attribuent à Kaspar Schoppius, ou à un jésuite du nom de Melchior Inchoffer, thèse qui a prévalu jusqu'au 19e siècle [2]. Dans l'édition française, un autre personnage est également avancé, Giulio Clemente (Jules Clément) Scotti, aujourd'hui généralement considéré comme son véritable auteur. Cette fiction satirique présente l'intérêt d'intégrer la problématique historique complexe des anti-jésuitismes à celle de l'imaginaire absolutiste, ce qui lui a permis de fonctionner non seulement comme une machine critique dirigée contre les jésuites, mais aussi – presque un siècle après sa publication initiale – comme un instrument de désacralisation de la monarchie des Bourbon. L'analyse qui suit de quelques thèmes de *La Monarchie des Solipses*, se propose d'éclairer ce mécanisme, ainsi que les retombées politiques de la notion de solipsisme évoquée par son titre.

Les circonstances et le contexte de la première publication de cet écrit méritent un bref rappel. Melchior Inchoffer (1588-1648), son auteur présumé, était un jésuite réputé, membre du Collège de Rome. Selon l'éditeur français, l'année de la mort du Général jésuite Vitelleschi parut « un petit Livre latin sous le titre *Monarchia solipsorum*, plein d'esprit et d'adresse. Le débit en fut grand » (Préface, p. XXVII). Il note aussi que les jésuites, mécontents de cette publication, enlevèrent Inchoffer avec l'intention de le faire disparaître, et ne le libérèrent qu'à l'intervention personnelle du Pape. Ce fait assez vraisemblable témoigne des relations tendues entre le pouvoir pontifical et la Société pourtant créée pour être son appui. On retrouve également des échos du scandale dans le *Naudæana* : « le Père Inchoffer Jésuite a été découvert être le vrai Auteur du livret contre les Jésuites. Il est intitulé : *Monarchia solipsorum*. Les Jésuites cherchent partout ce livre pour le supprimer, ils achètent les copies au poids de l'or : ils en ont acheté un exemplaire quinze pistoles » [3]. En dépit

---

2. Elle est encore soutenue par Giogio Spini dans *Ricerca dei libertini. La teoria dell'impostura delle religioni nel seicento italiano* (Firenze, La Nuova Italia, 1983 ; 1e éd., Roma, Éditrice Universale, 1950) qui consacre un chapitre à la question de l'attribution de l'œuvre.

3. *Naudæana et Patiniana, ou singularitez remarquables, prises des conversations de Mess. Naudé et Patin*. À Paris, chez Florentin et Pierre Delaulne, Rue S. Jâques à l'Empereur et au Lion d'or, 1701, p. 114.

de ces imputations, cet écrit apocryphe est considéré aujourd'hui comme l'œuvre d'un autre jésuite, défroqué, le comte Jules Clément Scotti (1602-1669). Né à Piacenza, celui-ci fut reçu au noviciat de Rome en 1616, puis enseigna pendant quelque temps les humanités au Collège Romain. Lorsque la chaire de théologie scolastique à laquelle il aspirait fut attribuée à son rival, Sforza Pallavicino, Scotti songea à quitter la Compagnie. Il composa des écrits contre elle et quoique profès des quatre vœux, prit l'habit séculier à Venise, en 1645 [4], lieu et date de la première publication de *Monarchia Solipsorum*. Un autre écrit de Scotti, celui-là signé, *De Potestate Ponteficis in societatem Jesu*, porte sur la même question et représente une contrepartie sérieuse de notre satire. Publié en 1646 et adressé à Innocent X, ce texte déplore le fait que la Compagnie se soit éloignée de son humilité primitive et qu'elle soit gouvernée par un Général tyrannique et omnipotent [5]. Parmi ses œuvres on cite aussi *Monita philosophiae tyranibus opportuna* [6]. Scotti échappa à la vengeance jésuite : en 1647 il fut envoyé par la République de Venise (qui vraisemblablement le protégeait) à Padoue où il enseigna, de 1650 jusqu'à sa mort, la philosophie et le droit canonique à l'Université. Les dictionnaires biographiques notent que ce précurseur parmi les auteurs anti-jésuites jouissait d'une grande estime parmi les lettrés de son temps [7].

Le mécontentement qui donna lieu à cet écrit anti-jésuite se greffe sur une situation politique qu'il convient de rappeler. On sait que parmi les petits États italiens la République de Venise connaissait au 17e siècle les conflits les plus importants avec la Papauté : en 1605, Paul V avait excommunié le Sénat vénitien et jeté l'interdit sur toutes les terres de la République. On parlait de protestantisme et l'affaire ne s'apaisa que grâce à l'intervention d'Henri IV. Une guerre de plumes s'engageait à ce sujet entre Rome et Venise, suivie d'un autre conflit, en 1627, auquel participèrent Bellarmin et Suarez [8]. *Monarchia Solipsorum* est une critique directe des jésuites, mais peut être facilement prise pour

---

4. G. Sommervogel, *Bibliographie de la Compagnie de Jésus*, t. VII (Paris-Bruxelles, Picard, 1891).

5. Sabina Pavone, *Le Astuzie dei Gesuiti* (Roma, Salerno Éditrice, 2000) et G. Spini, *op. cit.*

6. Christian G. Jocher, *Allgemeines Geleltzten-lexikon. Fortsetzung und Ergaenzungen von II. W. Rotermund*. Bd 4. 1813 (156).

7. Luigi Mensi, *Dizionario biographico piacentino*, 1899, p. 181.

8. Leopold Willaert, *L'Histoire de l'Église depuis les origines jusqu'à nos jours, 1563-1648* (Belgique, Bloud et Gay, 1960).

une critique de Rome et du gouvernement pontifical. De plus, provenant d'une république aristocratique, cette satire touche indirectement toute institution absolutiste dont la Société de Jésus est une représentation de marque. Une telle lecture double, permise comme on le verra par l'ambiguïté du texte, pourrait expliquer la popularité étonnante de ce pamphlet aujourd'hui oublié. Elle rendrait compte non seulement de sa popularité immédiate et faite de scandale (trois éditions de Venise, 1645, 1648, 1651), mais aussi de son rayonnement "géographique" plus large et durable, manifesté par de nombreuses éditions et traductions [9]. Leur nombre et lieux témoignent des divers usages que cette satire pouvait avoir dans les milieux catholiques ou protestants, monarchiques ou républicains, indépendants de Rome ou non.

Plus longue et plus élaborée que la masse des pamphlets anonymes qui circulaient à travers l'Europe à cette époque, *La Monarchie des Solipses* est singulière à plusieurs autres égards. À la différence des écrits anti-jésuites de Pasquier cités ci-dessus, ou encore des *Monita Secreta Societatis Jesu*, série d'instructions secrètes qui se présentent comme d'authentiques textes jésuites, elle ne prétend pas être réaliste [10]. Bien au contraire, elle s'inscrit délibérément dans le fantastique. Par sa forme de relation de voyage, elle s'insère dans un genre extrêmement lu et se fait l'écho des véritables relations jésuites, en grande vogue parmi

---

9. En latin, outre les trois éditions de Venise, voir aussi : 1. juxta exemplar venetum (Amstelodami, Elzevier, 1648) ; 2. s.l., 1665 ; 3. Helmstadt (Allemagne), 1665 ; 4. s.l., mais provenant peut-être également de Helmstadt ; 1673 ; 5. Londres, 1682. La deuxième est attribuée à Sciopii, toutes les autres à Melchior Inchoffer (Catalogue RLIN). Spini note encore les éditions dans « Vargas, *Relatio ad reges et principes*, 1665 et 1673, et Liber Candidi *Tuba altera*, Argentinæ 1714 e 1717 » (*Op. cit.*, p. 234). Traduction en italien sous le titre *La monarchia solipsi* (notes traduites du français, Gallipoli, 1760) et *La Republica de Furbi* (Andrianopoli, 1775). Spini cite encore trois éditions en italien (Lugano, 1720, 1721, 1760) et une traduction espagnole (s.l., 1770). En allemand, elle figure comme *Monarchia derer alleigenen oder sogenanter Selbst-Sonnen* (Waremund, 1663). En français, *La Monarchie des Solipses*, traduite et annotée par Pierre Restaud, a de nombreuses éditions recensées dans les catalogues : Amsterdam, 1721 (citée ici) ; Amsterdam, H. Uytwerf, 407 p., 16 cm, et peut-être une réimpression, 1722 ; Amsterdam, H. Uytwerf, 1753 ; Amsterdam, H. Uytwerf, 402 p., 17 cm., et une réimpression, 1754. Les catalogues notent que malgré l'indication de lieu, il s'agit probablement d'éditions clandestines provenant de Paris. G. Spini cite encore les éditions d'Amsterdam (Wytwerf, 1724, 1760, 1770) et Paris, 1824.

10. Sur *Monita Secreta Societatis Jesu* qui a paru en français sous le titre *Instructions secrètes des Jésuites*, voir Sabina Pavone, *op. cit.*, qui le compare très brièvement à la *Monarchia Solipsorum*.

le public lettré depuis le début du siècle. Mais le thème du voyage fantastique l'enracine également dans une longue tradition d'utopies, balisée par Thomas More et Campanella, et continuée par Cyrano de Bergerac, Denis Veiras, ou encore Swift. Comme ces utopies, *La Monarchie des Solipses* désigne sous son lieu fictif une réalité qu'elle ne nomme nulle part et dont elle fait une critique novatrice. Là réside son originalité dans le genre anti-jésuite : bien que ses visées soient évidentes, l'auteur se garde bien de désigner les jésuites comme sa cible. Lorsqu'il les nomme – une seule fois – c'est au contraire en les distinguant des Solipses. Respectant les lois littéraires de la satire, il laisse en effet le lecteur établir lui-même les parallèles qui font écho. Effectivement, en dépit des notes détaillées de l'éditeur français, le rapport entre les Solipses et leur référent réel, les jésuites, reste moins univoque qu'il ne paraît. Sa forme, plus complexe que celle d'autres écrits anti-jésuites, explique sa popularité de longue durée et permet de lui attribuer des résonances politiques plus amples que nous nous proposons d'éclairer ici à partir de l'étude textuelle et historique de ses deux « vies » successives que constituent sa première popularité au 17e siècle et sa réappropriation dans la France des Lumières.

À son réveil dans la capitale du nouveau royaume, Lucius Europæus raconte qu'il fut salué par grand nombre de ses ressortissants « de figure humaine, mais fort changeants, et fort propres à faire toutes sortes de personnages » (p. 19). Ceux-ci l'emmènent vers un palais, égal en magnificence à ceux du Vatican, où résidait leur monarque Avidius Cluvius (d'après l'éditeur français, Aquaviva, le Général jésuite). Après que celui-ci l'eût reçu, le jeune homme est envoyé étudier les lois du pays dans lequel il doit passer quarante ans et exercer pendant un temps la fonction de juge. Son long séjour lui ayant donné une vue privilégiée du pays des Solipses, Lucius le décrit en vingt chapitres portant chacun sur un aspect distinct : les coutumes et comportements, la religion, le système d'éducation, la législation, la justice, l'organisation de la monarchie et les efforts pour l'agrandir, les revenus, les guerres, etc.

Bien évidemment toutes ces occasions – de sa rencontre initiale avec les Solipses jusqu'à la discussion de leurs guerres – lui permettent de propager les accusations communes qui ont porté dès sa naissance le mythe jésuite [11]. C'est dans ce cadre qu'il

---

11. Michel Leroy, *Le Mythe jésuite. De Béranger à Michelet* (Paris, P.U.F., 1992).

faut lire la description initiale des inconnus, « noirs depuis les pieds jusqu'à la tête » avec leurs « robes retroussées jusqu'aux genoux » et qui paraissent « tout à coup sortis de la terre ». Les jésuites étaient en effet représentés par leurs détracteurs comme des hommes en noir qui surgissent des ténèbres et ressemblent à des bêtes sauvages (un loup, un serpent, une chauve-souris) ou même des vampires. Lorsque le narrateur se demande si les Solipses sont des « magiciens ou des diseurs de bonne aventure », il reprend une autre accusation communément formulée contre les jésuites, celle de pratiquer la magie et la divination, et d'établir sur autrui un pouvoir spirituel directement opposé à la moralité et à la religion. L'allégation se précise avec la poudre magique, jetée aux yeux des jeunes gens et elle s'amplifie plus loin par le constat que les Solipses sont réputés dans la fabrication de l'orviétan et du « fard » (p. 51). La poudre magique et cosmétique, de même que le jeu entre le sens littéral et figuré de l'expression « jeter la poudre aux yeux », font allusion aux diverses mystifications imputées à cette Société. Cette première conversation entre les inconnus et le narrateur reflète aussi de nombreuses autres critiques : les multiples questions posées aux jeunes gens concernant leur fortune, leur famille et leurs études font clairement référence aux enquêtes préliminaires que les postulants à la Société de Jésus subissaient et qui étaient motivées, selon leurs ennemis, par le fait que leurs biens matériels étaient légués à la Société à leur entrée.

De nombreux autres éléments du mythe se précisent graduellement. Au début, le narrateur ne cesse d'exprimer son étonnement devant cette « nouvelle forme de gouvernement inconnue dans notre hémisphère » (p. 1). La nouveauté de forme et de statut était en effet un trait particulièrement craint chez les jésuites : cette société, formée du clergé régulier et de laïcs, était libérée des diverses obligations monastiques (l'habit, l'oraison longue ou le chant à la messe) ; son organisation très centralisée, avec un mélange singulier de liberté et de contrainte, était élaborée selon un modèle symbolique militaire, ce dont témoignent son nom (en espagnol, Compagnie), ainsi que celui de son (Préposé) Général. L'efficacité et la modernité de l'enseignement des jésuites ont vite menacé les universités existantes ; leur emprise sur les esprits, y compris ceux des princes, se basait sur de nouvelles méthodes d'analyse et de manipulation psychique ; leur perspective politique, avec son inversion apparente de buts purement religieux et temporels, s'accompagnait de pratiques telles que celles du secret et de l'obéissance aveugle au Général. Ces imputations esquissaient un modèle, non seulement contraire à l'idéal d'un ordre religieux, mais agissant comme un double voire un rival de l'État moderne. Cette similitude est soulignée dans la description de la monarchie des Solipses comme État perverti dans lequel l'amour des biens matériels se substitue à la morale et à la religion et le rapt des jeunes à leur formation. Le narrateur note qu'il lui est impossible de décrire avec plus de précision ce royaume où il est pourtant demeuré quarante-cinq ans à cause de ses changements continuels : « si vous y vissiez tout changé, vous m'accuseriez d'imposture » (p. 3). Cette société qui repose sur une lutte acharnée de tous contre tous ainsi que sur l'espionnage mutuel se fonde aussi, paradoxalement, sur une soumission absolue au monarque, au-delà de toute raison, morale et même de toute loi naturelle. La particularité de la satire repose surtout sur une fiction qui place les jésuites, généralement vus par leurs détracteurs comme ennemis de l'État séculier, en possession de leur propre monarchie temporelle, jouant le rôle de sujets, de juges et de gouvernants. L'auteur peut ainsi développer une perspective moderne, résolument politique et non théologique, perspective qui selon G. Spini distingue *Monarchia solipsorum* des autres écrits anti-jésuites publiés à l'époque en Italie.

Par ailleurs, cette « perpétuelle allégorie » – selon les termes de l'éditeur – infléchit les thèmes de l'anti-jésuitisme dans une direction qui peut expliquer sa popularité à l'époque de sa première publication : celle du discours nationaliste. Lors de ses réponses initiales aux questions des Solipses, le narrateur Europæus avait en effet affirmé hautement que son identité s'enracinait dans une appartenance religieuse et nationale. « Nous sommes au monde pour Dieu, pour notre patrie et pour nous-mêmes » (p. 2). Plus tard, lorsqu'il rencontre leur roi, le seul conseil qu'il reçoit de lui est d'oublier « jusqu'au souvenir de l'Europe » et de devenir « naturalisé » dans sa nouvelle « nation ». Pour cela, on lui défend tout autre contact qu'avec les Solipses et on le force à quitter son « habit européen » (p. 21). Ces allusions transparentes au noviciat jésuite, censé altérer durablement l'identité des postulants et en effacer toute fidélité familiale et sociale, se font l'écho du sentiment national cristallisé autour du mythe jésuite dès ses débuts. En contradiction avec les comportements exigés par la nouvelle sociabilité des Solipses, la fidélité d'Europæus à ses origines et à sa patrie est peinte avec les couleurs positives de la permanence et de la foi. C'est elle qui l'empêche de se fondre dans leur société et qui le pousse enfin à s'en échapper.

Les thèmes de la versatilité et de l'adaptabilité ainsi que celui de la perte d'identité lors de l'entrée dans la Société sont ici savamment mêlés à la question plus large des allégeances géographiques et culturelles. Le modernisme des jésuites est en même temps présenté comme une absence de tradition et d'identité nationales. Fondée sur l'universalisme, la Société transcendait les frontières des États particuliers de maintes manières qui pouvaient être perçues comme des menaces. Ses membres venaient de différents pays, son enseignement connaissait un succès international, son ultramontanisme niait la primauté des Églises nationales, sa correspondance interne figurait parmi les premiers réseaux de communication unifiés et réglés traversant les frontières et reliant les continents. Il n'y a aucun doute par exemple que c'est précisément cette correspondance qui est visée lorsque le narrateur note qu'« il n'y a jamais eu de nation plus curieuse que les Solipses, qui recherchent toutes sortes de nouvelles, et les écrivent directement à leur monarque » (p. 64). Un aspect bien connu du rapport à l'identité nationale auquel le texte fait allusion se jouait précisément dans le champ doctrinal : les efforts pour implanter l'influence des jésuites dans les pays qu'ils voulaient christianiser les menaient à justifier (ou même adopter, au besoin) leurs coutumes et leur philosophie, ce qui conduisait à diluer le dogme catholique dans la pratique des missionnaires. L'affaire de De Nobili en Inde était déjà connue, et l'année de la publication de *Monarchia Solipsorum* vit aussi la condamnation pontificale de Matteo Ricci et de ses accommodements avec le Confucianisme. Il est donc évident que l'affirmation que les Solipses sont « propres à faire toute sorte de personnages » et que leur religion « s'accommode aux coutumes et aux cérémonies de toutes les nations » y fait allusion (p. 35). De même, le constat que leur monde a plusieurs centres qui, eux-mêmes, ne sont pas immobiles, et que leur climat change constamment « tout selon la volonté du monarque » (p. 2) constitue une référence voilée aussi bien à la variété des territoires sous l'influence jésuite qu'à la souplesse de la doctrine professée. Le narrateur affirme explicitement que « s'ils découvrent quelque chose de bon dans les coutumes des étrangers, ils se l'approprient aussitôt [...] se faisant gloire d'en être les auteurs » (p. 186) et il mentionne « plusieurs doctrines qu'ils ont pillées ou copiées des Européens et des Asiatiques » (p. 187). Les *Solipses* apparaissent bientôt comme une monarchie déjà universelle, dont les fondements ne sont ni géographiques ni juridiques. Un tel cosmopolitisme pouvait menacer les États européens dont les conflits avec Rome signifiaient la fin de l'universalisme politique et moral chrétien [12].

Une autre accusation pointe ici sous la description du comportement des Solipses, à savoir leur rôle dans la destruction des institutions nationales. Europæus raconte qu'ils violent les statuts des universités étrangères dans lesquelles ils enseignent parfois et qu'« ils s'opposaient partout aux coutumes et aux lois du pays » (p. 49). Il les présente comme membres d'une société sans tradition héritée, sans principe supérieur qui la transcende. Si l'on y reconnaît une tendance de tout discours nationaliste, il n'y a pas à s'étonner que cette stratégie se précise à travers la critique d'une institution ecclésiastique. Vu la primauté de la religion dans la société d'ancien régime, il est évident que les questions ecclésiastiques ou théologiques constituaient l'arène de choix dans laquelle se jouaient les conflits politiques ou nationaux. Comme l'éditeur de *La Monarchie des Solipses* ne manque pas de le souligner, les jésuites étaient vus en même temps comme indépendants et toujours étrangers, opposé au pouvoir pontifical autant qu'à celui des États particuliers. Ils servent ainsi comme un Autre mythique contre lequel la conscience nationale se cherche et s'exprime.

Ces accusations constituent l'intertexte de cette satire et jettent une nouvelle lumière sur la profession de foi ʿpatriotiqueʾ du jeune Europæus, ainsi que sur la recommandation faite par les Solipses d'oublier son identité nationale. Dans un premier temps, au 17ᵉ siècle, cet écrit a pu avoir une visée précise : en critiquant les jésuites il servait les objectifs de l'État national et sa volonté de s'affranchir du pouvoir religieux, y compris du pontifical, dans le domaine temporel. Le texte fait allusion au conflit français de 1626, lorsque la Sorbonne força les jésuites à rétracter leurs vues ultramontaines et à affirmer la primauté du roi sur le pape. Il y est dit en effet que les Solipses avaient été expulsés du royaume des Romullagiens (la France, selon l'éditeur) puis admis à nouveau, à la condition de prêter serment et d'obéir « aux coutumes et aux maximes du royaume » (p. 254). Sans doute l'histoire vénitienne de la première moitié du siècle nous fournirait-elle d'autres exemples de telles luttes intestines. La forme

---

12. Fanny Cosandey, Robert Descimon, *L'Absolutisme en France. Histoire et historiographie* (Paris, Seuil, 2002), p. 97.

d'anti-utopie politique de *Monarchia solipsorum* – dont toute réflexion théologique est d'ailleurs absente, comme le remarque G. Spini – facilite la critique car elle permet d'élargir son interprétation. La projection d'une institution ecclésiastique dans le domaine temporel expose ainsi les défauts de toute société humaine comme le mépris des valeurs religieuses, l'obsession des biens matériels, la flatterie des supérieurs, etc.

Dans un deuxième temps, cependant, la même forme satirique a donné lieu à une interprétation où le parallèle entre les Solipses/-jésuites et le pouvoir temporel sert non pas à les confronter en ennemis, mais à les conjoindre dans une critique de l'absolutisme. C'est ce phénomène qu'il s'agit d'éclairer à présent puisqu'il explique la seconde popularité de *La Monarchie des Solipses*, dans la France du 18e siècle.

Du terme « solipse » nous ne connaissons aujourd'hui que la forme dérivée, « solipsisme » qui n'apparaît que tardivement dans son acception philosophique courante. L'édition de 1798 du *Dictionnaire de l'Académie* est la première à en attester l'existence, mais sous le terme ÉGOÏSME : « se dit encore de l'opinion de certains Philosophes qui prétendent qu'on ne peut être sûr que de sa propre existence ». Le *Larousse* du 19e siècle lui accorde le même sens théorique : « système philosophique qui n'admet d'autre fait certain que l'existence du moi, c'est-à-dire l'existence propre du sujet ». Il est significatif que ni « égoïsme » ni « égoïste » ne figurent dans les dictionnaires avant le 18e siècle : ces termes étaient peu usités et auraient été inaugurés par les Messieurs de Port-Royal selon l'*Encyclopédie* de Diderot et d'Alembert qui définit ÉGOÏSTE comme « celui qui rapporte tout à soi ». Le *Dictionnaire de l'Académie* (1798), lui accorde également deux autres sens, psychologique et philosophique : « celui ou celle qui a le vice ou qui suit la doctrine de l'égoïsme ». Alors que l'édition de 1789 définit « égoïsme » selon ces deux sens : « amour-propre qui consiste à parler trop de soi, ou qui rapporte tout à soi. Se dit encore de l'opinion de certains Philosophes qui prétendent qu'on ne peut être sûr que de sa propre existence », celle de 1835 ne le considère plus que comme un « vice ». Aujourd'hui, le *Grand Robert* déclare même ce premier sens – « disposition à parler trop de soi, à se citer sans cesse, à rapporter tout à soi » – vieilli, et ne garde que l'acception d'« attachement excessif a soi-même qui fait que l'on subordonne l'intérêt d'autrui à son propre intérêt ». Historiquement, donc, « égoïsme » perd progressivement son acception de doctrine, transférée vers « solipsisme », et se restreint au défaut moral. Mais les transferts historiques montrent une proximité de sens.

Les *Mémoires* de Saint-Simon, parfois cités comme source, mériteront quelques remarques à ce sujet. Le mémorialiste qualifie de « solipse » le cardinal de Fleury, ancien précepteur et premier ministre du Régent Philippe d'Orléans. Ce dernier fut une de ses bêtes noires qu'il accuse de « mépriser publiquement son maître et l'État, le monde sans exception et les affaires, pour les sacrifier à soi tous et toutes, à son crédit, à sa puissance, à son autorité absolue, à sa grandeur, à son avarice, à ses frayeurs, à ses vengeances » (Paris, Gallimard, 1983, VIII, p. 413 et V, p. 242). Cette invective donne une définition adéquate du Solipse que Saint-Simon écrit d'ailleurs avec une majuscule, ce qui peut indiquer une familiarité avec la satire. Les dictionnaires de son époque font dériver ce terme du latin *solus ipse*, et lui accordent le sens d'« égoïste suprême », qui a sans aucun doute contribué à forger le substantif « solipsisme ». Leur consultation réserve toutefois une surprise de taille : dans plusieurs cas, la première sinon la seule signification donnée pour « solipse » est précisément « jésuite ». C'est le cas de Wartburg qui cite explicitement le titre français de *La Monarchie des Solipses* [13], ainsi que du *Trésor de la langue française* qui mentionne que cette satire fut publiée en 1721 et traduite par Melchior Inchoffer. Le *Dictionnaire historique de la langue française* note sous « solipsisme » : « On le relève au 18e siècle, nom masc. formé de la même manière, dans *La Monarchie des Solipses* c'est-à-dire des Jésuites (1723, Huet) » et le Larousse du 19e siècle : « nom injurieux donné aux jésuites, accusés d'égoïsme. Le sens correspond alors à celui d'égoïste ». Quoique je n'aie pu expliciter la référence à Huet, on peut dégager trois conclusions de ces définitions. La première est que l'égoïsme suprême constitue un cas spécial qui mérite une appellation spécifique et dont les jésuites sont une figure de marque. La deuxième consiste à dire que même si un tel trait se présente au premier abord comme défaut individuel de comportement ou de caractère, il est doté de connotations politiques plus larges. Enfin et surtout, la troisième est que la satire qui établit ce parallèle jouissait d'une popularité suffisante pour créer un nouveau rapprochement lexical et contribuer à

---

13. Sous le deuxième sens de solipse, il est mentionné que Huet a écrit un livre, *La Monarchie des Solipses*, critiquant les jésuites, à partir de textes de « M. Inckoffer » (sic).

introduire dans la langue un terme qui aura plus tard son destin philosophique propre. Peut-on aller jusqu'à spéculer que Kant, cité comme auteur de l'acception philosophique de « solipsismus » aurait lui aussi rencontré – directement ou non – *La Monarchie des Solipses* ? De toute façon, le solipsisme aura eu dans le domaine politique le même sens réducteur, critiqué dans la philosophie.

L'auteur de la satire, bien évidemment, n'indique nulle part ce qui l'a poussé à appeler les jésuites des « Solipses ». Il va de soi, cependant, que son choix désigne le défaut imputé à la Société de Jésus selon la préface de l'éditeur français d'être « un corps purement politique qui n'a d'autre but que son agrandissement, qui sacrifie tout jusqu'à la religion, pour s'élever et pour parvenir [...] à la Monarchie universelle ». Les jésuites sont accusés de rapporter tout à soi, de nier tout critère transcendant, de se soucier toujours d'abord de leur propre intérêt. Le narrateur Europæus souligne simultanément leur égoïsme monstrueux et leur soumission illimitée au supérieur. Cette tendance à refermer tout sur soi et à s'attribuer une primauté absolue, mène nécessairement à l'absence de rapport indubitable avec le monde et débouche sur le solipsisme philosophique. Il ne s'agit pas de simple égoïsme mais d'un geste si absolu qu'il nie autrui. Autrement dit, il n'est pas donné à chacun d'être un « égoïste suprême », un solipse. Ce plaisir peut être l'apanage de fous, de poètes, de certains philosophes radicaux, ou du monarque absolu, et encore temporairement. De manière permanente, la position n'est pensable que dans le cas d'un Être suprême qui, seul, peut effectivement refermer tout sur lui-même puisqu'il possède la primauté ou la puissance absolue [14]. Les jésuites en sont bien loin. D'un point de vue logique, il est d'ailleurs contradictoire d'attribuer un égoïsme absolu à un groupe, surtout un groupe dont les membres sont simultanément accusés d'absence de volonté personnelle et de soumission absolue à une cause commune. Autrement dit, on ne peut pas être en même temps Solipse et Oblat [15]. Et pourtant ces deux accusations contraires ont été

---

14. Voir Luc Foisneau, *Hobbes et la toute-puissance de Dieu* (Paris, P.U.F., 2000). Il va de soi que cet acte ne serait pas véritablement solipsiste, le monde étant la simple émanation de sa volonté.

15. Saint-Simon relate dans ses *Mémoires* une entrevue avec le jésuite Le Tellier où ce dernier, qu'il nomme « un oblat », lui fait prendre conscience du caractère monstrueux d'un tel sacrifice absolu de soi à un groupe. La formule jésuite selon laquelle ils devaient renoncer à leur volonté propre au point de devenir un « bâton mort » dans la main de leur général est couramment rappelée par leurs détracteurs et utilisée dans *La Monarchie des Solipses*.

communément répandues contre les jésuites, qui furent peut-être les seuls à les susciter simultanément. Celle de solipsisme semble d'autant plus inappropriée qu'il s'agit d'un ordre missionnaire, ouvert au monde et non fermé sur soi. Mais les ordres contemplatifs se structuraient précisément en fonction d'un critère transcendant que les jésuites étaient accusés de court-circuiter. Si l'on pousse un peu plus loin le raisonnement, il s'avère que le nom de *La Monarchie des Solipses* représente une contradiction parfaite, car qui pourrait organiser en monarchie efficace des égoïstes suprêmes ? Même le *Léviathan* de Hobbes repose sur l'exigence minimale d'une transformation, au moins extérieure, du comportement humain. Cette accusation de « solipsisme » n'en est pas moins efficace ou usitée. Il devient clair qu'un trait en apparence psychologique ou moral, donc individuel, est rapporté à une institution entière afin de la critiquer. Sans élucider son sens, l'auteur joue pourtant sur des connotations plus ambiguës en constatant que dans le langage des Solipses ce terme signifie « la Providence de tous les dieux ».

Le « solipsisme » des jésuites – si l'on me permet cet anachronisme – peut dès lors être placé dans une filiation différente, à laquelle se réfère la citation de Montesquieu placée en exergue. L'égoïsme suprême n'est pas un défaut individuel mais un défaut structurel de l'institution politique, que ce soit la monarchie absolue ou une organisation religieuse qui la mime. En critiquant le geste qui consiste à rabattre le commun sur l'individuel, la chose publique sur les intérêts d'un seul, fût-il prince, Montesquieu touchait du même coup une limite de la subjectivité et de l'ordre politique. Cette menace était déjà inscrite dans la monarchie de droit divin à partir du moment où celle-ci s'indexait sur un absolu humain (la souveraineté politique), plutôt que théologique (vicariat de Dieu). Dès lors, elle dégénérait inévitablement en tyrannie d'un seul, sans attaches affectives à ses sujets, niant le principe conducteur de l'honneur, et les pouvoirs intermédiaires des ordres et états du royaume. Le monarque défini de la sorte et que le philosophe nomme ailleurs despote, pourrait aussi être peint sous le signe du « solipsisme » ainsi que le fait précisément son contemporain, Saint-Simon. Le marquis de Sade, autre esprit critique du siècle, parlait d'« isolisme ». Imputé au monarque, ce défaut qui cherchait encore son nom perdait son aspect psychologique au profit de connotations politiques, quasi-théoriques. Une telle stratégie se manifestait déjà dans les traités qui dotaient le prince de traits psychologiques idéalisés afin de nier les contradictions inhérentes à l'absolutisme. Le sens psychologique recoupant le concept de la Raison d'État, la question centrale devenait celle des motifs individuels de la conduite du prince [16]. Par un geste aussi nécessaire qu'impossible, la théorie politique prétendait compenser la structure de l'absolutisme par la personnalité du monarque, nécessairement déclaré infaillible. Mais il s'avère nécessaire que pour bien régner le prince rejette ses passions et devienne une construction abstraite dont tout trait personnel est évacué au profit de la qualité de roi. « Le Roi est tellement séparé de l'homme, et l'esprit a tellement détruit la matière, que les intérêts de son État lui tiennent aujourd'hui lieu des passions de son âme [...] il ne va qu'à mesure que la Raison le remue » [17].

Dans ce contexte, il faudrait interpréter l'évolution des descriptions des rois, entre Louis XIII et Louis XVI, comme un versant de la critique dirigée contre la monarchie absolue elle-même. L'allégation d'égoïsme se rapportait bien évidemment aux structures du gouvernement absolutiste davantage qu'à la personnalité individuelle du prince régnant. C'est précisément ainsi que l'on peut interpréter le constat de Montesquieu, ainsi que le célèbre portrait de Louis XIV par Saint-Simon qui le représente comme diamétralement opposé à la figure idéalisée d'un Louis XIII qui dépasse ses passions privées au profit de sa fonction et vient à se couler dans le moule abstrait du prince dressé par la théorie absolutiste. Son successeur, à l'inverse, est dépeint comme un individu suprêmement égoïste qui met au premier plan son intérêt personnel et pratique un « retranchement » et une « clôture exacte » à l'égard de la noblesse et des gens de bien. Le mémorialiste souligne que Louis XIV n'avait aucun sentiment pour la volonté ou les souffrances d'autrui. « C'était un homme uniquement personnel et qui ne comptait tous les autres, quels qu'ils fussent, que par rapport à soi » (V, p. 570). Après avoir rapporté un épisode où cet égoisme était d'autant plus scandaleux qu'il touche à la descendance de la couronne, il conclut « que le Roi n'aimait et ne comptait que lui, et était à soi-même sa fin dernière » (III, p. 113-114). Sa peinture comporte deux versants complémentaires avec d'un côté le thème psychologique d'un isolement moral et affectif du roi, de son repli réducteur sur soi-même, et d'un autre côté celui, politique, de la décadence de la

---

16. Albert Hirschman, *The Passions and the Interests. Political Arguments for Capitalism before its Triumph*, (Princeton, N.J., Princeton University Press, 1977).

17. Silhon, *Œuvres*, II, p. 35, cité par Étienne Thuau, *op. cit.*, p. 167.

monarchie. Mais il est clair que sa vision de la personnalité de Louis XIV s'agence sur une théorie implicite : tout comme dans le portrait entièrement idéalisé de Louis XIII, le moral y recouvre et exprime le politique. C'est ce que confirmerait, dans le *Larousse* du 19ᵉ siècle, le constat que l'exercice du pouvoir souverain est la circonstance la plus propice à l'égoïsme, de même que l'illustration inattendue de ce terme précisément par les portraits en pied de Louis XIII, Louis XIV et Louis XV ! Le choix des lexicographes nous en dit plus sur l'idéologie de la France républicaine de la fin du siècle que sur la psychologie des Bourbons. Ainsi, tant que le roi est perçu comme un personnage public, sa volonté personnelle est déclarée se recouper avec le bien de l'État. Son égoïsme reste salutaire ou bien n'en est pas un puisqu'il « aime ses peuples comme on aime ses enfants ». L'accusation de solipsisme coïncide avec un changement de perspective qui consiste à voir le prince comme un particulier dont les intérêts personnels se distinguent de ceux du peuple et de l'État.

Ces remarques permettent d'esquisser un rapport entre le thème de l'égoïsme suprême et la critique de l'absolutisme. Pareille tendance à particulariser et à désacraliser une institution qui s'identifie au bien commun est bien évidemment à l'œuvre dans *La Monarchie des Solipses* et explique un renouveau de sa popularité en France au 18ᵉ siècle. Pour autant que cette satire se distinguait déjà par des visées politiques qui touchaient aux principes du droit naturel et de l'absolutisme (y compris, probablement, celui de la papauté), pour autant qu'elle satirisait, au-delà des jésuites, toute institution suspecte de renfermement sur elle-même, il est clair qu'elle a pu être efficacement réutilisée au siècle des Lumières pour atteindre des cibles plus vastes comme l'Église et la monarchie. Les équivoques de sa forme satirique y contribuent. En effet, les symboles de la monarchie sacrée de droit divin (dont la Société de Jésus s'inspirait à ses débuts pour se légitimer) contribuent non seulement à la désacralisation de leur institution, mais à celle même de la monarchie. En témoignent les quelques instances suivantes, mises en valeur par le jeu de la traduction.

L'*Épître* qui précède cet écrit insinue que ses enjeux dépassent le domaine ecclésiastique et pose la question de savoir si le narrateur « n'a pas plutôt voulu nous tracer des règles de Politique, et nous apprendre ce qu'il faut faire et éviter dans un Gouvernement ». Celui-ci, de même, affirme de son traité sur les Solipses :

« rien n'est plus efficace que ses maximes pour former les mœurs du Peuple et des Princes, pour assurer le bonheur et la tranquillité d'un État » (p. 1). À cet égard il est important de rappeler qu'à la différence de Pasquier qui plaçait les jésuites dans une « république » indéfinie, où *res publica* peut comprendre tout type de gouvernement, les Solipses, eux, possèdent un gouvernement monarchique. La traduction ne fait qu'y contribuer. En effet, malgré son titre, le texte latin hésitait à nommer son gouvernement « regnum, Monarchiam an Rempublicam », alors que le texte français gomme cette ambivalence au profit de « monarchie ». La critique du solipsisme ne concernera dès lors que ce type de gouvernement.

La même visée équivoque se révèle dans la description du gouvernement des Solipses qui fait preuve selon le narrateur d'« un accord merveilleux de la Royauté avec le Sacerdoce, de la prudence avec la dissimulation, de la magnificence avec le mépris de l'éclat, de l'économie avec les plus grandes richesses » (p. 2). Bien sûr, cette formulation reprend une accusation importante portée contre les jésuites qui est celle de mélanger ou, pire, d'intervertir la sphère religieuse et la sphère politique [18]. Mais ce mélange de spirituel et de temporel, cet « accord merveilleux de la Royauté avec le Sacerdoce » concerne également une autre instance : le *rex sacerdos*. Un dictionnaire de droit du 18e siècle déclare encore : « Le Roi acquiert par l'onction de son sacre une espèce de participation au sacerdoce » [19]. Il s'avère que le roi des Solipses qui combine merveilleusement la Royauté avec le Sacerdoce, et la prudence avec la dissimulation ressemble étonnamment à la figure même du monarque de droit divin construite par les théoriciens de l'absolutisme, et mise en lumière par les travaux d'Ernst Kantorowicz.

Il est apparent que *La Monarchie des Solipses* met en avant la participation au gouvernement plutôt qu'une éventuelle distanciation effectuée au nom de principes religieux, absents de la

---

18. L'implication d'un mélange néfaste entre le politique et le spirituel se retrouve dans l'*Extrait du livre intitulé le Jésuite sur l'échafaud* de Jarrige, cité en appendice à *La Monarchie des solipses* (1721), où il est affirmé que « leur gouvernement est trop politique pour être bon », ou encore dans le *Testament Politique* de Richelieu, composé peu avant *Monarchia Solipsorum*, qui définit la Société de Jésus comme « une compagnie qui se gouverne, plus qu'aucune autre a jamais fait, par les lois de la prudence, et qui se donne à Dieu sans se priver de la connaissance des choses du Monde ».

19. Claude-Joseph de Ferrières, *Dictionnaire de droit et de pratique*, (Paris, 1768), cité dans François Bluche, *Louis XIV* (Paris, Fayard, 1986), p. 17.

discussion. D'ailleurs, au fur est à mesure qu'il comprend et expose les fondements de leur gouvernement absolutiste, Lucius Europæus semble développer une étrange fascination, presque une admiration envers eux. Ses louanges hyperboliques révèlent que le symbolisme sacré des Solipses s'apparente à celui de la monarchie française. En guise de flatterie envers ses nouveaux compatriotes il leur dit que « les Européens regardent les Solipses comme autant de Soleils, dont chacun suffisait pour un monde » (p. 35). La similitude de cette formule avec la devise du Roi Soleil n'échappait sans doute pas aux lecteurs de l'époque. Louis XIV explique d'ailleurs lui-même que *nec pluribus impar* signifiait pour lui « que suffisant seul à tant de choses, je suffirais sans doute encore à gouverner d'autres empires, comme le soleil à éclairer d'autres mondes, s'ils étaient également exposés à ses rayons » [20]. Europæus note de même que la monarchie des Solipses « prend pour ses armes les rayons du soleil et l'arc en ciel » (p. 28) et la généalogie qu'il en rapporte, parsemée de références bibliques et fabuleuses, rappelle étrangement la « mythistoire » construite autour des origines dynastiques qu'on faisait remonter jusqu'aux Troyens. De fait, de telles images s'appliquent à la monarchie française davantage même qu'à la Société de Jésus qui, récemment créée, avait rarement recours à des filiations imaginaires. Lorsqu'il rapporte plus loin que le monarque des Solipses « est sorti de son propre sein » (p. 30), un autre rapprochement s'impose avec le mythique oiseau phénix, « sorti de ses propres cendres », servant de symbole aux rois de France. Le parallèle implicite se nourrit aussi de l'affirmation que leur religion dépend de la volonté du monarque, constat qu'on aurait pu appliquer à Louis XIV qui, disait-on, avait abrogé l'Édit de Nantes ayant pris pour réalité son désir de convertir les réformés.

La plus grande similitude entre les Solipses et les autres royautés émane du statut même de leur monarque. Le texte dit que ses sujets le considéraient « comme le premier de tous les mortels » à qui l'on attribuait « toutes les vertus et toutes les plus belles qualités » et qu'il était au-dessus de toutes les lois, y compris les lois naturelles, à l'exception de la mort et des infirmités humaines (p. 78). Tout cela correspond au statut que les jésuites accordaient à leur Général selon leurs détracteurs, mais reproduit aussi des formules de la doctrine monarchique de l'époque. Ces

---

20. Louis XIV, *Mémoires pour l'instruction du Dauphin* (Paris, Imprimerie Nationale, 1992), p. 137.

allusions se trouvent renforcées par d'autres descriptions du Roi Solipse : « On ne croit que ce qu'il décide. La raison ou le sens commun ont beau s'opposer, on ne les écoute pas. Il n'est pas permis de répliquer sans s'exposer à quelque punition. Il faut au contraire tout écouter, trouver de la raison dans tout, applaudir à tout, approuver tout » (p. 3). Ce gouvernement décrit par Europæus comme un « accord parfait des membres avec le chef » (p. 120) où le corps « ne vit que par la volonté du monarque » (p. 67), bien que désignant certainement l'organisation de la Société, évoque aussi des formules comme « la nation ne prend corps que dans la personne du roi ». Le narrateur rapporte que le nouveau royaume se caractérise par une infinité de lois que personne ne peut connaître, un défaut que Platon avait déjà décrit comme caractéristique du désordre politique et que les philosophes des Lumières imputaient aux régimes despotiques. Il raconte qu'il s'attira des problèmes lorsque, nommé juge, il tenta de réformer leur législation et d'attribuer plus d'autorité au « Droit naturel qu'à la volonté du monarque » (p. 22). L'utilisation d'un tel vocabulaire légal et politique, de même que les références aux « mystères du gouvernement » (p. 110), ou à la « société civile » (p. 124) sont des indices assez probants que la problématique soulevée ici touche aux fondements de la politique. Ils ne sont pas les seuls pour autant. Parmi les méthodes utilisées par le monarque des Solipses, Europæus cite la stratégie « d'élever des gens de la lie du peuple et d'abaisser les hommes de naissance et de distinction » (p. 217). Imputée communément aux jésuites, cette stratégie était aussi celle de Louis XIV selon ses critiques. La phrase suivante : « Quel renversement [...] dans une monarchie, où les hommes de néant deviennent peu à peu les maîtres ! » (p. 224) pourrait en effet sortir tout droit des mémoires nobiliaires de l'époque. La traduction, qui désigne les échelons jésuites par des catégories sociales (nobles, bourgeois, artisans et peuples), ne fait que renforcer cet effet. De la même manière, la description du monarque des Solipses se termine par l'affirmation « qu'un prince doit être simple, ouvert, sincère, discret et équitable et que celui qui n'a d'autres qualités que la malice, la fourberie et la dissimulation, ne mérite pas de régner ». Contrairement à l'ironie usuelle, cette morale est à prendre au pied de la lettre, mais elle reste utopique. Elle s'oppose tout particulièrement à une vision absolutiste de l'art de régner qui prône davantage le secret que l'ouverture. Il en est de même avec les autres allégations contre le roi Solipse – sa simulation, sa feinte, son secret et l'espionnage de ses propres sujets. Et si les Solipses considèrent comme une loi fondamentale de ne jamais tenter de « pénétrer les mystères du gouvernement » (p. 110) et veulent établir une monarchie universelle, sont-ils en cela si différents des sujets de certains monarques Européens ? Il n'est pas étonnant que l'auteur oscille sans prévenir entre l'ironie et le sérieux et qu'il s'exclame enfin en moraliste que l'exemple des Solipses « devrait bien confondre nos politiques d'Europe, et leur faire connaître combien ils sont plus coupables que ces barbares lorsque le désir de dominer leur fait mépriser toutes les lois divines et humaines » (p. 105).

Il reste que l'indication ultime que le 18ᵉ siècle a pu donner à *La Monarchie des Solipses* une interprétation nouvelle est l'imputation de despotisme. En effet, lorsque le narrateur s'exclame qu'à la différence des Solipses, parmi les princes européens « il n'y en a pas un dont la puissance soit absolument indépendante et despotique » (p. 222), nous sommes projetés au cœur des débats qui ont inspiré la dénonciation virulente de Montesquieu dans ses *Lettres persanes*, publiées en 1721 – la même année que la version française de *La Monarchie des Solipses*. Le despotisme vers lequel glisserait inévitablement tout gouvernement monarchique, thème qui informera *De l'Esprit des Lois*, était appelé à rapprocher également au long du siècle la critique anti-jésuite et anti-monarchique. Dale Van Kley souligne une telle assimilation structurelle : « Louis XIV a étroitement associé les jésuites et les évêques à la monarchie, et ils ont fini par devenir ses remparts ; par conséquent, ils ne pouvaient, en contrepartie, soutenir d'importantes attaques de la part de l'opinion publique sans que cela entraîne des dommages collatéraux pour la monarchie ». Citant Le Paige qui accusait la Société d'avoir été dès sa naissance une « monarchie absolue » et un « despotisme universel », cet historien récapitule plusieurs instances où, sous prétexte de juger la constitution despotique de la Société, on condamnait en fait l'absolutisme des Bourbons [21]. Il se pourrait qu'une telle perspective sur le despotisme ait été assignée à *La Monarchie des Solipses* dès 1721. Il s'agirait bien en effet d'une perspective voulue car il s'avère que « despotisme » ne figure que dans la traduction. Ce terme fait office d'une amélioration strictement française de la formule originelle *Nemo unus est, qui*

---

21. Dale Van Kley, *Les Origines religieuses de la révolution française* (1560-1791), traduit de l'anglais par A. Spiess (Paris, Seuil, 2002), p. 203 et 311.

omnia solus velit, ausit [22]. Une lecture attentive permet de constater que cette relation de voyage fictionnelle constitue une interprétation plus ambiguë que d'autres écrits anti-jésuites où la critique des jésuites se fonde sur une opposition diamétrale entre leur république et la monarchie française [23].

L'équivoque propre à toute satire, cultivée par le texte latin et favorisée par sa traduction, a permis au public d'inverser le rapport jésuites-royauté. L'antithèse établie entre deux institutions qui empruntaient des symboles et des stratégies semblables se transforme dans le climat de la Régence en une assimilation qui permet à la satire de tuer deux mouches d'un coup. La critique des jésuites peut dès lors recouvrir aussi celle de l'absolutisme Bourbon, et l'égoïsme suprême des Solipses rappeler celui qu'un public éclairé attribuait au roi, surtout au roi défunt. En d'autres termes, en 1645 (année de parution de la *Monarchia Solipsorum*), la Société de Jésus était perçue par l'État national comme un rival qui imitait sa structure et ses méthodes. La satire ne relevait ces confluences que pour mieux exposer le scandale du nouveau. Mais après 1715, dans une atmosphère où les disputes religieuses se mêlent aux conflits entre les parlements et l'absolutisme Bourbon, elle a pu avoir un effet différent. Les cercles parlementaires, pro-gallicans, mais anti-absolutistes et opposés à la bulle Unigenitus, pouvaient voir dans les jésuites non seulement un allié de la monarchie absolue nationale, mais aussi sa réplique monstrueuse et universelle. Ils commençaient à s'opposer à une telle monarchie, personnaliste, absolutiste, renfermée sur elle-même, au nom même d'un État qu'ils envisageaient comme plus juste. La désacralisation par le solipsisme pouvait s'avérer être une arme efficace.

Quelques indices relatifs au destin historique de *La Monarchie des Solipses* appuieraient une telle hypothèse. Ils concernent d'abord sa publication. Les dix éditions ou réimpressions en français au 18e siècle – de même que les traces qui en restent dans les dictionnaires – révèlent un intérêt important pour cette

---

22. Pour les accusations de despotisme soulevées par l'anti-jésuitisme au 18e siècle, voir Monique Cottret, *Jansénismes et Lumières. Pour un autre XVIIIe siècle* (Paris, Albin Michel, 1998), p. 121.
23. Cela pourrait expliquer le fait, assez surprenant, que *Le Catéchisme des Jésuites* de Pasquier, après de très nombreuses éditions au 17e siècle, ne semble en avoir connu que deux au 18e. Son optique qui consiste à opposer plutôt qu'à assimiler les jésuites et la monarchie aurait été moins intéressante pour le public des Lumières.

satire. Les notes de l'éditeur témoignent de l'adresse à un public large et moins spécialisé, et on peut spéculer que la traduction fut entreprise pour répondre à une telle demande. Elle est une indication additionnelle que le débat dépassait le domaine ecclésiastique ou lettré pour viser un public plus vaste. La diffusion sinon la publication clandestine révèle que le pamphlet était perçu comme dangereux par les pouvoirs politiques, autant pour sa critique des jésuites qu'à cause de ses autres échos éventuels. De plus, les traces lexicographiques de sa popularité peuvent indiquer que l'écrit bénéficia d'une indulgence, comme ce fut probablement le cas à Venise en 1645 [24].

Dans ce contexte, l'identité de son éditeur et traducteur français appelle quelques éclaircissements. Pierre Restaud, parfois orthographié Restaut ou Restout (1694-1764), est connu comme auteur d'une grammaire française souvent rééditée et longtemps utilisée comme manuel en droit. Il fut formé en théologie et, bien que lui-même sulpicien, il enseigna quelque temps dans le lycée jésuite Louis-le-Grand. Les raisons qui le poussèrent à traduire *La Monarchie des Solipses* ne sont pas connues. On sait seulement qu'en après 1721 il abandonna l'enseignement, fit des études de droit, et figura après 1740 comme avocat au conseil du Roi où il fut loué par le Chancelier d'Aguesseau. Il collabora au *Dictionnaire de Trévoux* en 1748 et il participa à l'appel de l'Université de Paris contre la Constitution *Unigenitus* en 1758 [25]. Pierre Restaud connaissait donc les jésuites de l'intérieur, comme Scotti ou Inchoffer, auteurs présumés de *Monarchia Solipsorum*. Quoique impliqué dans la controverse religieuse, il maintint pendant quelque temps de bonnes relations avec eux, ce dont témoigne sa collaboration au dictionnaire de Trévoux. Mais il fut surtout affilié aux milieux de légistes et même si sa traduction de la satire anti-jésuite résulte d'un règlement de comptes personnel, elle s'éclaire avec le contexte plus large du gallicanisme et du jansénisme des cercles parlementaires et universitaires, ainsi que de leurs vues mitigées sur la monarchie.

---

24. Françoise Weil dans *Livres interdits, livres persécutés. 1720-1770* (Oxford, Voltaire Foundation, 1999), classe *La Monarchie des Solipses* parmi les livres défendus. Elle note des saisies effectuées par les autorités en 1723, 1739, 1744, et un retrait de vente en 1750. Mais elle note que le livre se vendait entre 1755 et 1769, ce qui témoigne d'une libéralisation de la censure dans le domaine de l'anti-jésuitisme et peut-être également de l'anti-absolutisme. Dans un autre contexte, cette libéralisation est confirmée par Ira Wade, *The Clandestine Organization and Diffusion of Philosophical Ideas, from 1700 to 1750* (Princeton University Press, 1938).

25. J.C.F. Hoefer, *Nouvelle biographie générale* (1852).

À cet égard, le rapport entre Restaud et le chancelier d'Aguesseau est à retenir. Ce dernier, en tant que figure de proue de l'opposition à la politique absolutiste, mena le Parlement alors divisé pour enregistrer la Bulle Papale Unigenitus, imposée lors du lit de justice royal. Il refusa à cette occasion d'exécuter tout ordre qui menacerait l'honneur et la conscience du roi, même venant du monarque lui-même. Après 1715, il contribua à l'abrogation du testament royal en faveur de ses fils illégitimes, affirmant que le monarque se trouve dans « l'impuissance bienheureuse » de toucher aux lois fondamentales du royaume. Nommé Chancelier par le Régent, cet ancien parlementaire fut deux fois exilé et rappelé, pour être finalement révoqué. Dans ses écrits, il se lamente de voir autour de lui « un grand royaume et point de patrie. Un peuple nombreux, et presque plus de citoyens » [26]. Lorsqu'il connut Restaud comme avocat au Grand Conseil, d'Aguesseau était en charge de la gestion des universités et des nominations de professeurs. Or, la *Grammaire* de Restaud avait été adoptée comme manuel à l'Université. Elle avait aussi servi à l'éducation des enfants royaux. Aurait-il fermé les yeux sur la réédition en français de *La Monarchie des Solipses*? Sans pouvoir l'affirmer, on note qu'il prônait ouvertement l'expulsion des jésuites contre qui il possédait des pamphlets [27]. Défendant, comme le rappelle Van Kley, les traditionnelles libertés gallicanes contre l'éloignement croissant que la monarchie montrait envers elles, d'Aguesseau voyait Rome comme une « puissance étrangère toujours attentive à étendre les bornes de son pouvoir et à entreprendre sur nos libertés » [28]. En tant qu'officier, loyal à la monarchie mais partisan d'une royauté contrôlée constitutionnelle et parlementaire, il aurait sans doute apprécié les enjeux plus larges de ce pamphlet apocryphe.

En l'absence d'indications précises, la popularité durable de cette satire s'explique en fin de compte par la richesse de sa forme, qui – en dotant les Solipses d'une monarchie temporelle –

26. *Œuvres*, t. 1, p. 213, cité dans Francis Monnier, *Le Chancelier d'Aguesseau, sa conduite et ses idées politiques. Son influence sur le mouvement des esprits pendant la première moitié du 18ᵉ siècle* (Édition de Paris, 1863, Genève, Slatkine reprints, 1975).

27. Isabelle Storez, *Le Chancelier Henri-François d'Aguesseau (1668-1751) monarchiste et libéral* (Paris, Publisud, 1996), p. 418, note 241, cite des *Chansons nouvelles touchant la morale des Jésuites*, le *Préservatif contre les ruses et cauteles de Sathan et de sa dernière hiérarchie jésuitique* (1573) et *De la secte des Jésuites* (Jean Chaffanion, 1602).

28. Cité dans J. Storez, *op. cit.*, p. 416.

permet de critiquer l'absolutisme religieux aussi bien que politi-que. Et il n'est pas étonnant que cette généralisation débouche sur la conclusion suivante de Scotti au regard des Solipses : « Au reste, que les Européens se moquent, tant qu'ils voudront, de leurs maximes, ils seront toujours contraints d'avouer, que sans elles il est absolument impossible qu'une monarchie se conserve et se soutienne longtemps ». Un siècle et demi après sa composi-tion, cette satire touchait juste. Selon des critiques de plus en plus nombreux, l'égoïsme absolu et le repli des jésuites sur eux-mêmes avaient irrémédiablement contaminé la monarchie qui les protégeait. L'une après l'autre, les deux institutions en paieront le prix.

MALINA STEFANOVSKA
Université de Californie Los-Angeles

L'IMAGINAIRE DILUVIEN
DANS LES SCIENCES
DE LA TERRE AU 18ᴱ SIÈCLE

Il est des croyances qui s'inscrivent si bien dans l'esprit de l'homme qu'il devient particulièrement difficile de se défaire de l'imaginaire qui leur est associé. Le mythe du déluge universel en est un exemple privilégié [1]. Lieu commun de la littérature philosophique, l'histoire de Noé constitue l'un des arguments les plus fréquemment cités pour démontrer l'invraisemblance de l'histoire contenue dans l'Ancien Testament. L'impossibilité d'expliquer l'origine et le retrait des eaux qui auraient recouvert la Terre, la difficulté de faire tenir des animaux de toutes les espèces connues à l'intérieur de l'Arche de Noé, sans compter le problème posé par le repeuplement post-diluvien de la planète, constituent des arguments contre lesquels les défenseurs de l'orthodoxie, depuis Origène et saint Augustin, se sont efforcés de soutenir la véracité du récit biblique.

Parmi tous les arguments invoqués contre le récit de la Genèse, celui de l'universalité de l'inondation est sans doute le plus important, puisqu'il détermine la crédibilité même de l'ensemble du récit. De nombreux textes énumèrent les raisons physiques qui contredisent un tel événement ; mais il ne suffit pas de critiquer, il faut également proposer une hypothèse alternative à cette version officielle de l'histoire du monde. Le 18ᵉ siècle va apporter cette contribution capitale. Le développement de nouvelles théories fondées sur l'observation directe de la nature remet en cause le schéma historique proposé par la Bible. Peu à peu, les arguments en faveur d'une inondation totale de la Terre se retournent contre la croyance au déluge universel et démontrent non seulement l'impossibilité physique de l'inondation, mais la nécessité de durées géologiques bien plus importantes que celles

---

1. Cet article reprend certains des arguments développés dans une thèse de Doctorat, soutenue sous la direction de Jean Dagen, et publiée sous le titre *Science et religion au XVIIIᵉ siècle : le mythe du déluge universel,* Paris, H. Champion, 2001.

qui sont indiquées par les Écritures afin de rendre compte de la formation de la planète. La publication de la *Théorie de la Terre* de Buffon, en 1749, marque dans ce sens une date fondamentale dans l'histoire des sciences de la Terre naissantes.

Et pourtant, alors que la croyance au déluge universel semble condamnée d'un point de vue géologique, on constate un retour en force du mythe cataclysmique dans les évocations des premières sociétés humaines. Certes, l'imaginaire diluvien présent dans les œuvres philosophiques de la deuxième moitié du siècle est le plus souvent épuré du rôle essentiellement punitif que la Bible attribue à l'inondation noachique. Mais force est de constater la présence d'une récurrence mythique qui contredit d'une certaine façon l'évolution des sciences de la Terre. Ceci est d'autant plus remarquable que l'on assiste, dans les premières années du 19e siècle, à un renouveau des théories géologiques d'inspiration diluvianiste, alors que même les théologiens semblent enfin prêts à restreindre l'universalité du déluge de Noé. Les historiens de la géologie expliquent ce recours à l'inondation noachique par l'impossibilité dans laquelle se trouvaient les savants de rendre compte des conséquences des périodes de glaciations, encore inconnues à cette époque [2]. Mais l'analyse des théories ayant recours à l'imaginaire diluvien révèle que cette utilisation répond également à des impératifs d'ordre philosophique tout autant que scientifiques : la nécessité d'affirmer l'identité de la nature humaine, tout en évitant l'épineux problème de l'origine de la vie sur la Terre. C'est ce rôle paradoxal du mythe diluvien dans l'histoire des sciences que nous nous proposons d'analyser dans les pages qui suivent.

Il est presque impossible de parler véritablement de « Science de la Terre » avant le 17e siècle. En effet, avant cette date, l'origine et le devenir de notre planète sont intimement associés à ceux de l'Univers tout entier, dans lequel elle existe et trouve sa justification. Et cette identification est vérifiable tant dans la tradition antique que dans la conception judéo-chrétienne. Ainsi, la théorie des quatre éléments et de leurs lieux naturels, telle qu'elle est présentée par Aristote dans les *Météorologiques*, établit

---

2. Le présent travail ne vise pas à se substituer aux recherches des historiens de la géologie, mais à analyser les implications littéraires et philosophiques des écrits scientifiques des 17e et 18e siècles. Pour ce qui est de l'histoire proprement dite des sciences de la Terre, voir le travail de F. Ellemberger, *Histoire de la Géologie*, Paris, Lavoisier 1988 et Techni 1994 ; Coll. « Histoire des Sciences » 2 tomes.

une différence fondamentale entre le monde sublunaire et l'espace céleste. Si les cieux profonds sont le siège des révolutions éternelles, les profondeurs de la planète, formées exclusivement de l'élément terre, ne connaissent aucune activité physique ni chimique, les phénomènes naturels tels que volcans ou tremblements de terre n'étant que la manifestation d'une activité souterraine limitée aux couches extérieures de la Terre. D'ailleurs, bien qu'inscrits dans une dimension temporelle indispensable, ces événements qui affectent la surface du globe n'en constituent absolument pas une histoire. Il ne s'agit que de changements à caractère cyclique et local tout à fait insuffisants pour altérer le cours stable de l'univers.

Mais le modèle cosmologique par excellence reste, au début du 17ᵉ siècle, celui que propose la tradition judéo-chrétienne et, notamment, le récit de la Création contenu dans la Genèse. Les premiers versets de la Bible rendent compte de la création du Cosmos. Création *ex-nihilo*, sans notion temporelle déterminée, mais divisée par la suite en six étapes ou « journées » d'activité créatrice de la part de Dieu. Quant aux révolutions que subit la Terre, la Bible fait allusion à des tremblements de terre produits sous l'effet des forces naturelles sans rapport avec un dessein particulier du Créateur [3]. Mais elle cite spécialement des phénomènes naturels ou surnaturels, produits par l'action de Dieu pour des raisons judiciaires ou ayant un rapport direct avec ses serviteurs : tremblements de terre, pluies de feu et de soufre, comme celle qui détruisit Sodome et Gomorrhe, ou encore, une très vaste inondation d'étendue mondiale : le déluge universel. Bien évidemment les Écritures ne s'intéressent guère aux conséquences de ces phénomènes sur l'aspect de la planète. Et si elles les inscrivent dans une perspective historique, ce n'est que comme des événements marquants de l'histoire du peuple élu, manifestations de la toute-puissance divine.

Or, au 17ᵉ siècle, cette vision de la Terre change de manière radicale. Elle devient un sujet de réflexion à partir duquel il est possible désormais de théoriser, grâce à cette capitale évolution de l'esprit qu'entraîne la révolution copernicienne. Les faits sont trop connus pour les mentionner ici, mais rappelons brièvement quelques conséquences fondamentales : notre planète acquiert des qualités matérielles qu'elle ne possédait pas chez les Anciens.

---

3. Par exemple, le tremblement de terre survenu durant le règne du roi Ozias, mentionné dans le livre d'Amos I : 1.

D'une part, en perdant sa place privilégiée de centre du Monde, la Terre se trouve « réduite » à n'être qu'un astre parmi les autres. Mais en même temps elle est « promue » dans cette nouvelle position [4]. D'autre part, puisque la Terre acquiert ce nouveau statut d'astre quelconque, elle conquiert également une nouvelle indépendance : libérée dans l'espace, elle est également libérée dans le temps. Il est désormais possible de proposer une Histoire de la Terre en tant que planète, de s'intéresser à son origine, à sa formation, à ses transformations successives, à son avenir. Autrement dit, elle devient objet de science à part entière.

La première grande explication de l'origine de la Terre est celle que propose Descartes en 1644 dans les *Principia Philosophiae* [5]. Après avoir montré dans la troisième partie de cet ouvrage la formation des astres et de leurs tourbillons, il explique dans la quatrième partie comment les trois éléments essentiels ont donné naissance à la planète telle que nous la voyons. Malgré les précautions prises par le philosophe, il est évident qu'à partir du moment où il élimine Dieu de la création directe des mers et des terres, puisque c'est le seul concours des lois naturelles qui réalise la différenciation progressive du monde initialement homogène, Descartes entre en concurrence avec les cosmogonies religieuses qui détenaient seules le privilège d'expliquer le monde et son origine [6]. Certes, il semble se souvenir des événements de l'Histoire Sainte, mais il ne cherche à aucun moment à concilier son système et le récit mosaïque, comme s'il s'était proposé de fournir une explication scientifique, naturelle et historique des faits dont la Bible indique la valeur morale et surnaturelle.

Mais la confrontation du modèle cosmologique cartésien et du récit biblique était inévitable. Presque quarante années après les *Principia* paraît à Londres la première partie de la *Telluris Theoria Sacra* de Thomas Burnet, futur chapelain et secrétaire du Roi Guillaume III qui, suivant de très près le modèle cartésien, assimile la formation des reliefs par effondrement de la croûte terrestre au déluge dont parlent les chapitres six à huit de la

---

4. Rappelons que le centre de la Terre était, selon Dante, le siège de l'Enfer, et de ce fait la planète devenait le domaine du diable. Il y a là un mouvement de valorisation ambivalente qu'il serait intéressant de préciser.

5. Même si le *Traité du Monde* fut composé avant les *Principia*, sa publication tardive (1664) en diminue l'importance sur ce sujet.

6. Seul Lucrèce avait, dix-sept siècles plus tôt, tenté de donner une explication rationnelle de la formation du monde.

Genèse [7]. Il est vrai que l'interprétation burnetienne exige une lecture allégorique des Écritures, soumises au schéma rationnel établi *a priori*, mais sa portée apologétique assure le succès immédiat de la théorie, tant parmi les protestants que parmi les catholiques [8]. Et en ce qui concerne le développement de la science de la Terre, l'œuvre de Burnet constitue une étape déterminante : de cette union de la cosmologie cartésienne et de la Genèse largement interprétée va naître un nouveau système de pensée qui prend, vers la fin du 17e siècle, le nom de « Théorie de la Terre », et qui va dominer les recherches en la matière durant une grande partie du siècle suivant.

L'œuvre de Burnet ouvre la voie à une série d'ouvrages qui font du déluge universel l'événement clé de l'histoire du globe, et qui tentent d'expliquer l'ensemble des phénomènes responsables du relief terrestre en l'espace d'une courte année [9]. Outre Burnet, de nombreux savants voient dans cet épisode majeur de l'histoire de l'Ancien Testament le moyen d'expliquer non seulement l'origine du relief actuel, mais aussi des faits surprenants attestés depuis longtemps par les récits des voyageurs et l'observation de la nature : coquilles et restes d'animaux et de plantes fossilisés dans des endroits éloignés de la mer, voire au sommet des montagnes et, plus surprenant encore, au sein des couches sédimentaires de la Terre, ou à l'intérieur des masses rocheuses. Avec les Anglais William Whiston [10] et John Wood-

---

7. Thomas Burnet, *Telluris Theoria Sacra, originem et mutationes generales orbis nostri, quas aut jam subiit, aut olim subiturus est, complectens.* Londres, 1681. Selon Burnet, la Terre était originairement ronde, sans irrégularités, et renfermait dans son sein un océan intérieur. Lentement, le soleil dessèche la croûte orbiculaire qui, fragilisée, s'effondre dans la couche d'eau souterraine, provoquant l'inondation momentanée du globe et constituant en même temps le relief terrestre actuel. Cette structure de la planète, qui est celle de Descartes, sera plus ou moins conservée dans les théories successives.
8. Malgré les critiques dont elle fut l'objet, la théorie de Burnet sera adoptée en France par de nombreux théologiens, parmi lesquels Malebranche et l'abbé Pluche.
9. En tenant compte des indications fournies par la Genèse, le déluge commence dans la six centième année de la vie du patriarche Noé, le dix-septième jour du deuxième mois (Gen. VII : 11) et se termine une année plus tard, lorsque les occupants de l'Arche quittent l'embarcation, le vingt-septième jour du deuxième mois (Gen. VIII : 14, 15). La période des pluies dure quarante jours (Gen. VII : 11, 12) ; la terre reste complètement submergée durant cent cinquante jours (Gen. VII : 24), et il faudra la même quantité de temps pour l'assèchement de la surface terrestre (Gen. VIII : 3).
10. William Whiston, *A New theory of the earth*, Londres, 1696. Successeur de Newton à l'Université de Cambridge, Whiston explique le déluge universel par le passage tout près de la Terre d'une comète descendant dans le plan de

ward [11], ou les naturalistes suisses Johann-Jakob Scheuchzer et Louis Bourguet [12], sans compter les théologiens de tout bord, la Terre est secouée, brisée, inondée et profondément transformée par le seul déluge universel, qui devient de ce fait le moment fondamental de la formation du relief actuel et de la distribution fossilifère dans les terres découvertes.

Le recours au déluge universel pour la formation du relief terrestre n'est pas une garantie absolue d'orthodoxie. De fait, à bien regarder les plus importantes théories de la Terre, le schéma cosmologique proposé s'éloigne considérablement de la lettre des Écritures, quand bien même on ne les prendrait que dans leur sens allégorique. Le déluge constitue le point de départ de ces systèmes rationnels, plutôt que leur véritable objet, tout en offrant une garantie d'authenticité historique à une théorie purement spéculative. Il arrive même que l'adoption des systèmes diluvianistes s'accompagne d'une contestation directe du caractère moral de l'inondation. Le comte de Boulainvilliers, par exemple, adopte, dans son *Abrégé d'histoire ancienne*, la théorie cosmologique de Thomas Burnet, mais dans un contexte philosophique qui enlève à la catastrophe diluvienne tout caractère

---

l'écliptique vers son périhélie. L'énorme masse de vapeur d'eau contenue dans la queue et dans l'atmosphère de l'astre errant aurait provoqué les pluies abondantes dont parlent les Écritures. La comète aurait en même temps exercé une force d'attraction sur la croûte terrestre, la déformant et provoquant son écroulement dans la masse fluide intérieure, ce qui aurait constitué le relief actuel de la Terre.

11. John Woodward, *An Essay toward a Natural history of the Earth : and Terrestrial Bodies, especially Minerals,... With an account of the Universal Deluge : and of the Effects that it had upon the Earth*, Londres, 1695. Woodward explique l'inondation noachique par l'existence d'une source de chaleur interne qui aurait raréfié les eaux conservées à l'intérieur de la Terre. La vapeur ainsi formée faisant pression sur la croûte terrestre, les eaux des océans furent élevées par dessus la Terre, puis la croûte ne supportant plus la pression se fendit dans les parties les plus fragiles. Mais l'aspect le plus surprenant de la théorie est celui qui explique comment les eaux du déluge parvinrent à dissoudre toutes les masses rocheuses de la planète et formèrent une boue dense et hétérogène qui s'est par la suite solidifiée suivant la gravité spécifique des divers éléments et entraînant dans le même mouvement les restes des êtres vivants qui se sont ainsi trouvés prisonniers des couches sédimentaires.

12. Johann-Jakob Scheuchzer, *Piscium Querelae et vindiciae*, Zurich, Impr. de Gesner, 1708 ; *Herbarium Diluvianum*, Zurich, Impr. de Gesner, 1709 ; et surtout *Physica sacra*, Zurich, 1731-1735. Les éditions française et allemande datent de la même année. L. Bourguet, *Lettres Philosophiques sur la formation des sels et des cristaux et sur la Génération et le Méchanisme organique des plantes et des animaux..., Avec un Mémoire sur la Théorie de la Terre*, Amsterdam, F. L'Honoré, 1729. Les deux auteurs suisses restent essentiellement tributaires de la théorie de Woodward.

punitif. Pour lui, le déluge universel, tel qu'il est décrit dans la Bible, n'est que le souvenir déformé d'une catastrophe naturelle, mais en aucun cas l'acte d'une divinité courroucée contre l'humanité. Mais le plus souvent, les explications « rationnelles » du déluge, répondent à des objectifs purement apologétiques. Il s'agit, pour les défenseurs de l'orthodoxie, de la justification de l'un des miracles bibliques les plus controversés.

Or, si le déluge universel permet de rendre compte de la présence des fossiles dans des territoires éloignés de la mer, (supposant les courants des eaux diluviennes capables de transporter les corps des plantes et des animaux morts lors de l'inondation) [13], il devient beaucoup plus compliqué d'expliquer comment ces mêmes courants ont pu déposer des corps étrangers sur les sommets des montagnes, (par exemple les coquillages, qui auraient dû, de par leur poids, se déposer sur les couches inférieures et non sur les hauteurs), ou quel puissant courant marin aura transporté des plantes tropicales en Europe centrale. Et il devient plus difficile encore de dire comment ces fossiles peuvent être arrivés à l'intérieur des masses rocheuses, à moins de supposer, comme Woodward, Scheuchzer ou Bourguet, la dissolution totale de l'ancien relief terrestre et la réformation des montagnes, ce qui est assez invraisemblable si l'on tient compte de la courte chronologie biblique.

Le savant danois Nicolas Sténon avait déjà remarqué, dès 1669 [14], cette difficulté majeure. Ses observations sur le territoire de Toscane lui avaient révélé que les strates terrestres témoignent de plusieurs étapes de sédimentation, correspondant à des invasions tantôt d'eau douce, tantôt d'eau salée (selon le type de fossile retrouvé), et donc survenues à des époques différentes. Il croit trouver une explication de ces faits en invoquant une double submersion de la Terre, la première durant la Création,

---

13. En admettant, bien sûr, l'origine organique des fossiles, idée qui s'impose largement dès le début du 18e siècle dans le milieu scientifique, malgré la résistance des idées néoplatoniciennes sur les « pierres figurées » et autres « esprits architectoniques ». Sur ce point voir l'article de Daniel Mornet, « L'histoire naturelle fantaisiste au 18e siècle », dans *Revue du Mois*, juin 1910, p. 641-657, et « La Victoire de l'Histoire naturelle scientifique au 18e siècle », dans *Revue du Mois*, octobre 1910, p. 448-464.

14. Nicolas Sténon est l'auteur d'une dissertation intitulée *De solido intra solidum contento dissertationis prodromus*, publiée à Florence en 1669, qui intègre ses observations en matière de sédimentation et de fossiles. Chronologiquement donc, l'œuvre de Sténon se situe entre celle de Descartes de celle de Burnet.

la deuxième au moment du déluge universel, submersions auxquelles se sont ajoutées par la suite d'autres inondations plus au
moins importantes, aux conséquences identiques. Certes, Sténon
est un catholique sincère, et il reste prisonnier de l'étroite chronologie traditionnelle, ce qui ne va pas sans quelques contradictions
avec ses propres observations sur les phénomènes de sédimentation, mais sa contribution à la science de la Terre naissante
est capitale. Il opère une ouverture fondamentale en vue de
l'explication du relief terrestre en réduisant le rôle du déluge
universel et en invoquant l'existence de modifications toujours
en cours dans la nature, c'est-à-dire, en incluant l'idée d'un
devenir ininterrompu de la planète, ce qui revient à introduire
une certaine historicité dans les événements naturels. Les idées de
Sténon seront capitales pour la formation de la nouvelle discipline
scientifique. Plus tard, Leibniz [15], qui a bien retenu les leçons
de Sténon, dépassera les affirmations du Danois et, sans nier la
réalité historique du déluge universel, minimisera encore davantage son rôle dans la distribution des fossiles et dans la formation
du relief terrestre.

L'idée de modifications de la nature toujours observables est
promise à un brillant avenir. Une nouvelle conception de l'origine
et de la formation du globe, nourrie des observations de Sténon
et de Leibniz se développe en France parallèlement à l'essor des
théories cataclysmiques. La prestigieuse Académie Royale des
Sciences de Paris, sous la direction de son non moins célèbre
secrétaire perpétuel, va dans ce sens jouer un rôle capital dans
l'évolution des sciences de la Terre. Il est vrai que Fontenelle
n'a jamais écrit d'ouvrage spécialement consacré à l'histoire
physique du globe, cependant la lecture méthodique de ses résumés et commentaires pour la savante compagnie permet de suivre
l'évolution de sa pensée sur le sujet, tout en éclairant notre
compréhension de l'évolution scientifique durant les premières
années du 18ᵉ siècle.

La démarche intellectuelle de Fontenelle est marquée par une
grande prudence inductive. Rapidement convaincu de l'origine
organique des fossiles [16], le Secrétaire de l'Académie fait sienne

---

15. G. W. Leibniz, *Protogae sive de prima facie telluris et antiquis simae
historiae vestigiis in ipsis naturae monumentis dissertatio ex schedis manuscriptis
viri illustris*, Goettingae, J.-G. Schimidii, 1749.

16. Lorsqu'il commente, en 1702, le mémoire de Tournefort consacré à la
*Description du labyrinthe de Candie, avec quelques observations sur l'accroisse-
ment et sur la génération des pierres* (Voir *Mémoires de l'Académie des Sciences*
pour 1702, p. 217-234), où l'auteur soutient l'origine séminale des fossiles, Fonte-

l'opinion du séjour ancien de la mer sur les continents, mais passe sous silence la solution du déluge universel. Ainsi, lorsqu'il commente en 1706 le mémoire de Leibniz sur les pierres figurées de la région d'Osterode [17], il invoque « [...] plusieurs accidents par lesquels une Plante aura été apportée des Indes en Allemagne », sans pour autant préciser ces accidents possibles. Toutefois son silence au sujet de l'inondation biblique laisse transparaître le refus, si ce n'est du déluge lui-même, du moins de l'explication des fossiles par une cause unique. Le déluge devient ainsi indirectement une simple hypothèse parmi tant d'autres (et non plus une certitude historique) qui auraient marqué le développement physique de la planète [18].

En 1716, Fontenelle revient encore sur les problèmes que pose la reconstruction de l'histoire du globe. Or, cette fois il ne se contente pas de résumer les opinions des correspondants de l'Académie [19], mais élabore aussi une synthèse de ce qu'il considère comme acquis en matière de sciences de la Terre depuis les premières communications sur le sujet. L'ensemble est assez logique et l'influence de Leibniz remarquable. Comme lui, il admet que la mer a autrefois couvert la surface de la Terre, mais affirme qu'elle s'est brusquement retirée, en partie dans ses bassins actuels. D'autres « révolutions particulières & moins considérables » ont par la suite affecté les continents émergés qui étaient déjà peuplés de plantes, d'animaux terrestres et d'êtres humains, dont on peut occasionnellement retrouver des traces. Il ne fait aucune mention du déluge universel, ni par rapport à la mer primitive, ni même « parmi ces révolutions particulières » postérieures. Mais il se garde de donner à cette conclusion le

---

nelle reste réservé et semble se sentir peu compétent en matière de sciences pour pouvoir prendre parti. Mais dès 1706, après avoir lu la communication de Leibniz, il rejette l'hypothèse des « Jeux de la Nature » et soutient l'origine organique des fossiles.

17. Ces pages semblent s'inspirer directement de la *Protogée*, qui pourtant n'avait jamais été publiée. Ceci pourrait indiquer que le manuscrit circulait dans les groupes savants du début du siècle, ou, du moins, que Leibniz avait envoyé une copie à son correspondant français.

18. Cette attitude se confirme dans les commentaires que fait Fontenelle au sujet des travaux des frères Scheuchzer. Voir *Histoire pour l'Académie des Sciences* pour 1708, p. 30-31, « Dissertation latine sur l'Origine des Montagnes et sur la Formation de la Terre », et pour 1710, p. 19-21, compte rendu de l'*Herbarium diluvianum*.

19. Il s'agit en l'occurrence d'une communication de Geoffroy l'aîné sur l'origine des pierres, que Fontenelle confronte aux théories de La Hire. *Histoire de l'Académie* pour 1716, p. 8-16.

caractère définitif des systèmes antérieurs, et plus encore d'anticiper sur l'histoire future de la planète. La science a certainement
permis des progrès, mais elle connaît encore beaucoup de limites :

> [...] quoique toutes ces conséquences paraissent se suivre assez naturel-
> lement, c'est une espèce de témérité, même aux philosophes, que de
> vouloir les suivre si loin, & il suffit au reste des Hommes que la surface
> de la Terre soit depuis longtemps assez tranquille, & promette de l'être
> encore longtemps [...] [20]

Même si Fontenelle reste muet en matière de chronologie, tant
sur l'origine que sur l'avenir du monde, c'est toute la vision
chrétienne de l'histoire de la planète qui est ainsi mise en question : le passé physique du Globe est composé d'une suite logique
de phénomènes naturels qui ressemble fort peu à l'image chaotique de la Création et du déluge, et rien dans sa stabilité présente
ne laisse supposer la prochaine fin du monde. La Terre, et par
conséquent ses habitants, sont projetés dans une temporalité bien
plus large que celle que lui donne le cadre classique.

L'attitude critique de Fontenelle se voit confortée dès 1715
par les communications de deux grands naturalistes français et
correspondants de l'Académie des Sciences, le médecin et botaniste Antoine de Jussieu et le célèbre entomologiste René-Antoine
Ferchault de Réaumur. L'*Examen des causes des impressions de
Plantes marquées sur certaines Pierres des environs de Saint-
Chaumont dans le Lionnois*, mémoire présenté par Jussieu en
1718 à l'Académie des Sciences [21], explique la présence de fossiles dans le territoire français sans faire allusion au déluge universel, ni à aucune autre catastrophe naturelle. Pour Jussieu, il existe
d'autres phénomènes, toujours observables, qui pourraient rendre
compte du transport de plantes ou coquilles sur les continents,
comme par exemple les courants marins ou le lent déplacement
de la mer. L'idée n'est pourtant pas nouvelle. En 1707, Jean
Astruc, membre de l'Académie Royale de Montpellier était déjà
arrivé à une conclusion similaire à partir de ses observations des
pétrifications du Boutonnet [22]. Deux années après les travaux de

20. *Ibid.,* p. 18, éd. de 1777.
21. Travail reproduit dans les *Mémoires de l'Académie Royale des Sciences
pour 1718* (1719), p. 287-297. Résumé par Fontenelle dans l'*Histoire de l'Académie... pour 1718* (1719), p. 3-6.
22. Voir le compte rendu que fait le *Journal de Trévoux*, mars 1708, p. 512-
525 : « *Extrait de l'Assemblée publique de la Société Royale des Sciences, tenue
dans la grande salle de l'Hôtel de Ville de Montpellier (17 décembre 1707)* ».
Astruc considère que, contrairement aux coquilles que l'on retrouve loin de la
mer et sur les montagnes, et qui sont certainement l'œuvre du déluge universel,

Jussieu, Réaumur propose un mémoire d'une importance capitale dans la genèse des idées nouvelles. Les *Remarques sur les coquilles fossiles de quelques cantons de la Touraine et sur l'utilité qu'on en tire* [23] supposent en effet qu'un courant marin passant par la Manche a déposé les coquilles que l'on retrouve dans la Touraine et une partie du bassin parisien, d'où il conclut que la mer, qui a autrefois couvert la Terre aujourd'hui émergée, se déplace lentement, abandonnant ainsi durant une longue suite de siècles les restes des coquilles et des poissons qui vivent dans son sein. Pas une seule fois Réaumur ne fait allusion au déluge universel [24].

Même si la croyance au grand déluge reste la version « officielle » de l'histoire de la Terre, l'argument fourni à l'orthodoxie par les fossiles s'effondre peu à peu. Le développement des théories actualistes [25], inaugurées par Réaumur et Jussieu marque une double progression de l'esprit scientifique : progression intellectuelle d'abord, qui impose, du moins dans le monde géologique, une nouvelle approche des phénomènes naturels fondée sur l'observation de faits concrets et non plus sur de fragiles systèmes hypothétiques [26]. Parallèlement à cette progression des connaissances objectives, le travail des académiciens illustre un change-

---

celles des environs de Montpellier proviennent d'un déplacement de la mer, dont le recul, toujours observable, est attesté depuis l'Antiquité.

23. *Mémoires de l'Académie... pour 1720*, p. 400-416. Résumé et commentaire de Fontenelle dans l'*Histoire de l'Académie... pour 1720*, p. 7-9.

24. L'attitude de Réaumur est pourtant difficile à cerner, puisqu'il collabore activement à la composition des *Lettres à un Américain*, où Lignac défend farouchement le Déluge universel contre la *Théorie de la Terre* de Buffon. On pourrait toutefois supposer que Réaumur soutenait l'existence « théologique » du déluge universel, sans pourtant l'impliquer dans l'histoire de la Terre, opérant de ce fait une séparation fondamentale entre le domaine de la foi et celui de la science.

25. L'*actualisme* définit le courant scientifique qui, à partir des travaux de Réaumur et Jussieu, (avec tout ce qu'ils incorporent d'une tradition qui remonte à Aristote), donnera naissance à l'uniformitarisme de Lyell ou Hutton, au 19e siècle, doctrine fondatrice de la géologie moderne. En simplifiant ces deux notions, elles supposent que les agents responsables de l'élaboration du relief de la terre au cours de son histoire ne diffèrent pas essentiellement de ceux qu'il est possible d'observer dans la nature *actuelle*. L'expression « causes actuelles » est utilisé par le naturaliste français de Luc dans ses *Lettres sur l'histoire physique de la terre*, Paris, 1798, pour définir les fondements des théories de Réaumur, Jussieu, et de tous ceux qui invoquent des causes lentes et toujours en cours dans la sculpture et formation du relief terrestre.

26. De ce point de vue, l'actualisme français peut être considéré, contrairement aux théories diluvianistes purement spéculatives, comme le point de départ de la géologie française.

ment d'ordre épistémologique qui annonce en grande partie la démarche des Lumières : ils établissent les limites entre le domaine de la foi et celui des connaissances positives.

Mais alors, si les fossiles deviennent avec la théorie des causes actuelles l'élément même de la réfutation, sinon de la réalité historique du déluge, du moins de son rôle dans la formation du relief terrestre, il est nécessaire de repenser la formation de la Terre selon un schéma fort différent de celui que proposent les Écritures. Seulement, en vertu de ces mêmes causes, restées inconnues jusqu'à ce moment parce que presque imperceptibles, il est nécessaire de reconsidérer l'étroit cadre chronologique biblique et de proposer une nouvelle dimension temporelle où l'ensemble des phénomènes naturels récemment décrits puisse effectivement trouver sa place. Ce n'est donc pas seulement le déluge qui est mis en cause, mais la réalité du récit de la Création. Sténon semble avoir compris le danger qu'implique l'adoption de telles théories. La dissertation qu'annonçait son *Prodrome* ne vit jamais le jour, peut-être en raison des doutes que ses observations lui inspiraient, et qui heurtaient sa foi profonde et sincère [27]. Peut-être est-ce aussi la raison pour laquelle au siècle suivant Élie Bertrand soutiendra que les différentes formes de fossiles ont été conçues par le Créateur dès le début du monde, dans le but de « mettre de l'analogie entre les divers règnes et de la variété dans les œuvres de sa main puissante »... [28]

Il est vrai que, dès le 17e siècle, la découverte, ou la redécouverte, de différentes civilisations (qu'il s'agisse de l'histoire égyptienne, chaldéenne, chinoise ou américaine), avait suggéré à certains philosophes qu'il était nécessaire de calculer l'antiquité du monde à partir de la seule histoire de l'esprit humain, ce qui impliquait de briser la chronologie biblique et de refuser l'universalité du déluge de Noé. Mais cette idée n'était admise que dans le milieu très fermé du libertinage érudit, et même dans ce contexte favorable, rares sont les philosophes qui avancent une datation pour l'histoire de l'homme. Fontenelle, par exemple,

---

27. La foi de Sténon ne saurait être mise en doute. Le savant danois, qui avait été élevé dans les principes de la religion luthérienne, se convertit au catholicisme en 1667, abandonne quelques années plus tard les sciences naturelles et se consacre entièrement à la conversion des protestants, pour lesquels il écrit quelques ouvrages pieux. En 1677 le Pape Innocent XI le nomme évêque (*in partibus*) de Titopolis et vicaire apostolique dans le nord de l'Europe.

28. Élie Bertrand, *Dictionnaire universel des fossiles propres et des fossiles accidentels*, Avignon, 1763.

dans l'*Origine des Fables*, suppose une longue histoire à la raison humaine, et pourtant il n'a jamais osé en évaluer la durée.

Le développement des théories actualistes offre la possibilité, au 18e siècle, de confirmer cette antiquité par des arguments d'ordre géologique. Il est cependant intéressant de constater que, parmi les savants qui brisent la courte chronologie biblique pour la formation de la planète, ils ne sont pas nombreux à postuler une histoire supérieure à quelques milliers d'années [29]. Le même Fontenelle, qui pourtant se montre favorable aux longues durées suggérées par les causes lentes, n'avance aucun chiffre concret. Plus surprenant encore : alors que le développement des théories actualistes semble avoir détruit la croyance au déluge universel, du moins dans son aspect géologique, on retrouve dans les nouvelles théories sur l'origine de la terre la persistance d'un imaginaire diluvien, non pas dans le sens d'un châtiment divin mondial, mais d'une catastrophe régénératrice plus ou moins étendue, et ceci même parmi les auteurs qui se sont le plus efforcés de démontrer l'impossibilité physique de l'inondation noachique. Ces deux aspects apparemment contradictoires sont pourtant indissociables : c'est par cet imaginaire cataclysmique que s'opère le plus souvent le raccourci télescopique de l'histoire naturelle du globe.

C'est le cas d'un obscur ingénieur des Ponts et Chaussées, Henri Gautier, dont le nom est resté inconnu pendant longtemps, mais dont l'œuvre connut une certaine diffusion parmi les savants [30]. Dans ses *Nouvelles conjectures sur le globe de la*

---

29. À l'exception de Benoît de Maillet, par exemple, qui attribue à la Terre deux millions d'années d'existence. Mais sa théorie de la diminution de la mer, composée vraisemblablement entre 1696 et 1720, est essentiellement cyclique et donc anhistorique. Le système reste également prisonnier d'un certain imaginaire diluvien. Lors de la prochaine grande inondation à laquelle notre planète semble condamnée, l'humanité trouvera refuge dans des bateaux, image qui rappelle étrangement celle de l'Arche de Noé... non seulement parce que la sauvegarde est associée à l'embarcation salvatrice, mais parce que le salut est réservé à un groupe d'humains « destinés » à être les témoins de la catastrophe, ce qui suppose, soit l'intervention du hasard dans la sélection des survivants, soit l'intervention d'une volonté supérieure, et dans les deux cas, la négation de la liberté humaine dans le cours de son histoire. Voir *Telliamed, ou Entretiens d'un philosophe indien avec un missionnaire français sur la diminution de la mer*, Corpus des Œuvres Philosophiques en Langue Française, Paris, Fayard, 1984, p. 147-148, qui reproduit l'édition originale par l'abbé Le Mascrier, à La Haye, chez Pierre Gosse, 1755.

30. Le nom d'Henri Gautier est resté inconnu jusqu'à sa découverte, il y a seulement quelques années, par François Ellemberger, parti à la recherche des sources du célèbre Hutton. Pour plus de détails sur le sujet, nous renvoyons à l'article de François Ellemberger « À l'aube de la géologie moderne : Henri

terre [31], l'auteur conduit une réflexion très proche de celle de l'Académie des Sciences. Gautier soutient l'uniformité des lois naturelles dans la formation et réformation du relief terrestre, mais associe également les grandes disruptions générales des systèmes d'inspiration cartésienne. Il ne nie donc pas directement le déluge, qu'il fait coïncider avec la dernière grande catastrophe naturelle, ce qui prolonge considérablement en amont la chronologie naturelle, mais inscrit l'inondation dans une conception cyclique et permanente qui exclut la portée morale du récit. En fait, sa théorie reprend le schéma aristotélicien de la permutation des terres et des mers qu'il explique par des phénomènes d'érosion et de sédimentation, deux principes fondamentaux de l'actualisme. Et ces principes ouvrent une perspective potentiellement indéfinie. Pourtant, même si sa théorie le libère de toute entrave théologique, il se refuse à établir l'âge du monde au-delà de la dernière grande catastrophe et tente seulement un calcul du temps nécessaire au nivellement de tous les continents actuellement émergés, à partir d'observations sur les envasements provoqués par le Rhône. Il aboutit à une durée de 35 000 ans, ce qui laisse deviner l'âge considérable de la planète. Mais ce chiffre, plus arbitraire que réel, apparaît plus comme une simple dérobade stratégique que comme une certitude scientifique [32].

Libre des influences directes, la théorie de Gautier résume et illustre clairement la problématique des sciences de la Terre dans les premières décennies du 18e siècle ainsi que l'enjeu épistémologique des nouvelles idées où le déluge universel occupe une

---

Gautier (1660-1737) », dans *Histoire et Nature*, N° 7 (1975), p. 3-58 et N° 9-10 (1976-1977), p. 3-145. Son œuvre pourtant a quelquefois été commentée : Maillet argumente contre ses idées en matière de physique mais sans citer son nom ; Louis Bourguet le cite deux fois sans le nommer directement ; Buffon ne semble pas non plus avoir lu ses ouvrages, mais il connaît la théorie à travers Bourguet. Malheureusement, à part ces quelques indices, on ne retrouve aucune autre allusion aux idées de l'ingénieur des Ponts et Chaussées. Cependant, le cas de Gautier est très intéressant, puisque, libre des influences directes, son œuvre illustre clairement la problématique des sciences de la Terre dans les premières décennies du 18e siècle.

31. Henri Gautier, *Nouvelles conjectures sur le globe de la Terre, où l'on fait voir de quelle manière la terre se détruit journellement, pour pouvoir changer à l'avenir de figure...* Paris, 1721.

32. En effet, si l'on refait le calcul selon les indications de Gautier, on obtient une durée de plusieurs millions d'années. D'autre part, ses fréquentes allusions à Tite de Moldavie, le célèbre *Espion Turc*, qui postulait l'éternité de la matière et la nécessité de millions de siècles pour la production de l'infinité des formes de la nature, nous donnent une idée plus claire des durées réellement envisagées par Gautier.

place souvent paradoxale : d'une part, constater des phénomènes encore en cours conduit à refuser l'universalité du déluge biblique, ou du moins à minimiser son rôle géologique, (ce qui n'est dans la plupart des cas qu'un refus déguisé du caractère général de l'inondation, et par conséquent de sa valeur punitive), et par là, à postuler d'immenses durées nécessaires à la formation de l'actuel relief terrestre. Mais d'autre part, et en même temps, le récit biblique du déluge constitue, plus encore que celui de la Création, un point de repère historique privilégié, (et d'une certaine manière le seul à concerner tant l'histoire de la Terre que celle de l'homme), dont on ne saurait se défaire sans retomber dans une immensité difficilement concevable. Comme si les esprits récemment ouverts à l'univers infini reculaient devant ces nouveaux « gouffres », où la place centrale de l'homme dans l'histoire semble encore une fois mise en cause.

Un savant semble pourtant avoir été conscient de la difficulté qu'expérimentaient les esprits de son siècle à concevoir la véritable durée des temps géologiques. Il s'agit d'un autre ingénieur des Ponts et Chaussées, bien plus célèbre que son prédécesseur, et dont la vie et l'œuvre tout entières furent dominées par l'idée du déluge universel. Il s'agit de Nicolas-Antoine Boulanger, l'un des premiers penseurs à avoir compris que la chronologie traditionnelle, qui accorde à la Terre quelques six mille ans d'existence, est à l'origine d'une erreur d'interprétation à laquelle on ne peut adhérer sans tomber soi-même dans l'aberration ou dans l'imposture.

Boulanger est célèbre grâce à ses explications de l'origine des différentes formes politiques et religieuses à partir des grandes catastrophes géologiques, notamment le déluge universel. Mais avant de composer les deux ouvrages qui firent sa notoriété, les *Recherches sur l'origine du Despotisme oriental* et surtout l'*Antiquité dévoilée par ses usages*, Boulanger avait écrit une première partie proprement « physique » d'un projet littéraire plus vaste qui se donnait pour but d'embrasser toute l'évolution de l'humanité. Un résumé de cet écrit est publié en 1753 sous le titre de *Mémoire sur une nouvelle mappemonde*. L'ouvrage proprement dit, les *Anecdotes de la Nature*, n'a quant à lui jamais été imprimé et n'existe de nos jours qu'en un exemplaire manuscrit unique [33].

---

33. Bibliothèque centrale du Muséum National d'Histoire Naturelle, Ms 869, *Anecdotes [physiques] [de l'Histoire] de la Nature Sur l'Origine [des vallées, des Montagnes et des autres irrégularités extérieures et intérieures du Globe de la Terre]* (Les mots entre crochets ont été ajoutés par Boulanger lui-même).

Il est pourtant assez difficile de résumer la pensée géologique de Boulanger. Malgré de brillantes intuitions confirmées plus tard par la science, sa théorie reste souvent confuse, notamment en ce qui concerne le déluge, qu'il explique quelquefois comme l'effet du grossissement des rivières, ailleurs comme le résultat de violents dégorgements d'eau souterraine, tout en associant par moments une « déformation » de l'élastique croûte terrestre [34]. Mais, quelle que soit l'origine du célèbre cataclysme, Boulanger s'intéresse davantage à ses conséquences dans l'évolution de l'histoire politico-religieuse, qu'aux causes purement physiques de l'inondation. Dans tous les cas, le diluvianisme de Boulanger n'implique aucune considération d'ordre métaphysique ou théologique. Il s'agit d'un phénomène purement géologique à partir duquel se sont construits *a posteriori* les mythes et croyances en une divinité courroucée contre l'humanité.

Le déluge, ou plutôt, la catastrophe qui a été immortalisée par les Écritures sous la forme d'une inondation de niveau mondial, n'est qu'une phase dans un cycle universel indéfini, mais une phase capitale. Dans ce système, l'origine de notre planète se perd dans la nuit des temps. Et pourtant, en dépit ou précisément à cause de cette immensité qui dépasse toute imagination, Boulanger se refuse à avancer un chiffre, aussi astronomique soit-il, pour indiquer l'âge de la planète. Certes, il soutient que l'évolution de l'histoire humaine depuis la dernière catastrophe a dû durer « des milliers de siècles » [35], mais il reconnaît que puisque la science ne lui permet pas de chiffrer exactement l'histoire du monde, il est inutile de sonder « la profondeur de l'abyme des temps » [36], car on s'y perdrait sans jamais atteindre le point de commencement. La seule certitude que nous puissions avoir est le retour éternel des révolutions du globe, point de départ et d'aboutissement des connaissances humaines :

Le dernier terme où notre analyse a pu nous mener n'a différé en rien du premier [...]. Nous pouvons [...] croire que nous sommes toujours infiniment éloignés du premier terme et de la première époque de toute chose. [37]

---

34. Ce qui indiquerait que le déluge a été universel parce que la mer a envahi successivement, et non simultanément, toutes les parties de la Terre.
35. *Anecdotes, op. cit.* p. 487. Mais il suppose également l'existence d'une humanité antédiluvienne, ce qui élargit davantage les perspectives chronologiques.
36. *Ibid*, p. 487.
37. *Ibid*, p. 380-382.

Bien qu'il ait senti mieux que ses contemporains la nécessité des longues durées géologiques [38], la vision historique de Boulanger reste alors prisonnière de l'étroit cycle historique qui commence au temps du dernier déluge, et qui ne va pas au-delà de la prochaine grande catastrophe. Ce qui intéresse Boulanger est de fournir le cadre physique, géologique, dont dépend l'évolution politico-religieuse de l'humanité, thème central de son œuvre. Le déluge constitue le point de recommencement de l'histoire de l'homme, mais d'un homme marqué à jamais par le souvenir effroyable des révolutions de la nature.

Le recours aux catastrophes naturelles comme nouveau point de départ de l'histoire humaine n'est pas le privilège du seul Boulanger [39]. L'image du déluge, ou d'un déluge, qu'il soit général ou particulier, apparaissait déjà dans la littérature philosophique de la première moitié du siècle associée à un retour à la barbarie. L'auteur du manuscrit intitulé *Dissertation et preuves de l'éternité du monde*, qui a circulé sous le manteau vers le milieu du siècle [40], explique que des « déluges » de différente

---

38. En effet, Boulanger constate que l'attachement à une chronologie restreinte à une époque où la science en a révélé toute l'invraisemblance relève fondamentalement d'une difficulté d'ordre psychologique : l'idée de l'éternité de l'univers, ainsi que celle de son infinitude, révèlent à l'homme l'insignifiance de son existence : « Par le terme de six mille ans, vous vous formez l'image d'un temps fort long et d'une durée inconcevable ; or c'est par là qu'éclate visiblement la force ou plutôt le faible de nos préjugés ; vous concevez aisément six mille hommes, six mille livres, pour un très petit objet et une fort petite somme, et ce n'est que quand ces mêmes termes sont appliqués aux années qu'ils vous étourdissent tellement qu'il semble qu'en ce genre ce nombre soit infiniment trop vaste pour la capacité de votre esprit et pour la sphère de vos sens. Cette irrégularité dans le jugement de tous les hommes est si singulière que je ne sais si c'est uniquement l'habitude qui intercepte dès l'enfance et brise la force naturelle de nos idées, et si l'amour propre et une vanité secrète n'y entrent point pour quelque chose sans que nous nous en apercevions ; ne pouvant nous cacher combien la vie humaine est courte, nous la croirions anéantie dans le temps, si on ne limitait l'espace qui en contient plusieurs, et si on ne la rendait par là aisément commensurable avec cette vie humaine ; illusion consolante, à la vérité, quand on parvient à s'en faire accroire, et que l'imagination frappée a conçue cette idée comme une chose réelle », *Anecdotes de la Nature, op. cit.* p. 603-604.
39. Il est important d'insister sur le fait que le déluge de Boulanger n'est pas le déluge de Noé. Au contraire, le déluge biblique n'est qu'une des nombreuses versions déformées, embellies de la dernière grande catastrophe naturelle ayant affecté la surface de la Terre. Or, même dépourvue de tout caractère punitif, la catastrophe décrite par Boulanger conserve pourtant tout l'imaginaire scientifique de l'inondation biblique.
40. *Dissertation et preuves de l'éternité du Monde*, Bibliothèque Mazarine, ms 1194. Le texte est sans doute postérieur à 1737, date de parution de la *Philosophie du bon sens* du Marquis d'Argens, dont il s'inspire.

importance ont effacé le souvenir des sciences des premiers temps de l'histoire dans la plus grande partie de la Terre, à l'exception peut-être de la Chine, de l'Égypte et de la Perse, peuples qui, épargnés par les catastrophes naturelles, ont pu préserver le souvenir des actions de leurs ancêtres. Cette affirmation tend à démontrer l'imposture du cadre chronologique biblique ainsi que, paradoxalement, l'impossibilité d'un déluge universel. Même conclusion pour l'auteur anonyme d'un autre traité de circulation manuscrite, les *Opinions des Anciens sur le Monde* [41]. Se prévalant de l'autorité de Macrobe, qu'il cite, l'auteur montre que la Terre, n'a certainement pas six mille ans d'existence, mais que les hommes, ayant échappé à la fureur des éléments lors des différentes inondations qui ont affecté la surface de la planète, sont retombés dans l'ignorance des temps primitifs, ce qui a suscité cette croyance inexacte de la jeunesse du Monde. Pareille attitude se confirme dans des textes à visée beaucoup moins polémique que celle des manuscrits philosophiques clandestins, où la catastrophe responsable du retour à la barbarie est explicitement identifiée au déluge de Noé. Si quelquefois recourir à l'hypothèse de l'inondation n'est que concession de pure forme à l'orthodoxie, cela répond plus souvent à une nécessité d'ordre philosophique, mais qui revêt toute l'autorité que lui confèrent les sciences de la Terre.

C'est à partir de l'histoire de deux enfants égarés peu de temps après le déluge que Condillac développe en 1746 l'explication sensualiste de l'origine du langage contenue dans l'*Essai sur l'origine des connaissances*. Certes, l'auteur ne nous dit pas comment il entend justifier l'inondation de la Terre, ni s'il s'agit d'une catastrophe d'étendue générale. En fait, le déluge de Condillac ressemble peu au déluge de Noé ; il apparaît plus comme la condition d'isolement nécessaire au développement naturel des connaissances humaines que comme le résultat de la colère de Dieu. Mais en partant d'un événement marqué par l'autorité de la tradition Condillac inscrit sa théorie dans l'histoire officielle de l'homme, tout en déterminant le point d'un commencement absolu et se dispensant ainsi de l'intervention divine.

L'idée est reprise quelque temps après par l'abbé de Prades dans la célèbre thèse qu'il présente en Sorbonne en 1751 : il suppose qu'immédiatement après le déluge l'homme est retombé

---

41. Texte édité en 1751 sous le titre *Le Monde. Son origine, son Antiquité*, et attribué généralement à Jean-Baptiste Mirabaud. Voir en particulier p. 104.

dans une ignorance et un mutisme absolus dont il a dû sortir non par l'intervention directe de la révélation divine mais par le seul développement de ses capacités intellectuelles grâce à son expérience sensitive. Sa théorie se fonde sur l'une des explications les plus communément admises du déluge universel [42], inspirée directement de la cosmogonie burnetienne, mais malgré cet apparent respect de l'orthodoxie, le déluge apparaît bien moins comme un acte divin que comme la condition d'un second commencement après un oubli total de la première origine [43].

La démarche intellectuelle de l'abbé de Prades est ensuite reprise par Jean-Jacques Rousseau dans les années 1755-1760 pour sa propre réflexion sur l'origine des connaissances de l'homme, et notamment pour l'origine du langage. Dans le chapitre IX de son *Essai sur l'origine des langues* [44], conçu comme un prolongement de la réflexion sur le même sujet développée dans la première partie du *Discours sur l'origine de l'inégalité*, Rousseau invoque indirectement le déluge comme explication des phénomènes qui déclenchent le processus de perfectibilité humaine :

Celui qui voulut que l'homme fût sociable toucha du doigt l'axe du globe et l'inclina sur l'axe de l'univers [45]. À ce léger mouvement je vois changer la face de la terre et décider la vocation du genre humain : [...] je vois édifier les palais et les villes ; je vois naître les arts, les lois, le commerce, [...] [46]

Le recours au déluge universel, expliqué par l'inclinaison de l'axe du globe, permet à Rousseau d'affirmer, non pas comme une hypothèse, mais comme un « fait », le rôle déterminant qu'il avait attribué dans le premier *Discours* aux modifications du milieu naturel dans le développement des capacités humaines.

---

42. Il s'agit de l'explication du déluge par l'abbé Pluche, qui s'inspire directement de celle de Thomas Burnet. Dieu inclina violemment l'axe de la Terre, autrefois perpendiculaire au plan de l'écliptique, ce qui provoqua l'effondrement de la croûte terrestre tel qu'il est décrit par le théologien anglais.

43. N'oublions pas que le scandale de la thèse de l'abbé de Prades éclate précisément parce que le procureur du Collège des Quatre Nations, Ribalier, reproche à l'auteur d'affirmer l'origine antédiluvienne de la nation chinoise, ce qui laisserait entendre soit que Noé et sa famille n'ont pas été les seuls survivants du déluge universel, soit que l'inondation n'a pas été universelle.

44. La date de composition de l'*Essai sur l'origine des langues* reste incertaine, mais on sait qu'en 1761 Rousseau remit une copie du manuscrit à Malesherbes.

45. Rousseau reprend également l'explication du déluge de l'abbé Pluche.

46. Jean-Jacques Rousseau, *Essai sur l'origine des langues*, Paris, Gallimard, *Folio Essais*, 1990, p. 99-100.

Sans directement associer la catastrophe à une fonction punitive, ce qui serait contraire à sa propre conception de l'histoire, Rousseau peut respecter la tradition biblique tout en conservant sa conception « laïque » des origines de la société humaine.

Au moment où les sciences de la Terre ont détruit le vieux mythe noachique, le scénario diluvien constitue donc une fiction philosophique privilégiée du recommencement de l'histoire de l'homme. Et il s'agit d'un choix philosophique délibéré. Dans ses *Réflexions philosophiques sur l'origine du langage*, Maupertuis, qui était pourtant disciple de Condillac, ne reprend pas l'image du déluge universel. Il préfère supposer un long sommeil qui aurait tout fait oublier à l'homme et l'aurait obligé à recommencer à zéro son développement intellectuel.

L'utilisation du déluge, ou plutôt d'un déluge particulier, se retrouve également dans la plupart des auteurs qui s'intéressent aux peuples sauvages de l'Amérique, et qui réservent au Nouveau Monde l'ensemble de mythes catastrophiques qui étaient auparavant appliqués à l'univers tout entier. Pour Cornelius de Pauw, par exemple, l'idée d'un déluge propre à l'Amérique et ayant réduit les populations indigènes à un état sauvage vient renforcer sa théorie de la dégénérescence des Américains. Son argumentation ressemble étrangement à celle des théologiens qui expliquaient les conditions de la Terre après le déluge universel, celle de la dégradation progressive du genre humain et de la faune terrestre, signes avant-coureurs de la future fin du Monde.

En partant du même principe, l'abbé Raynal arrive à une conclusion toute contraire. L'Amérique a récemment subi de nombreuses catastrophes, dont un ou plusieurs déluges, ce qui peut expliquer la pauvreté intellectuelle de ses habitants. Mais il inscrit sa conception dans un optimisme encyclopédique qui lui permet d'ouvrir les perpectives historiques des Américains. La catastrophe est donc ici synonyme de renaissance, d'un renouveau à partir duquel l'esprit de l'homme sauvage ne pourra que se développer, comme si l'histoire de l'esprit humain exigeait une inondation primitive au même titre que l'histoire de la Terre.

Même Buffon, qui pourtant avait combattu la croyance au déluge universel depuis la *Théorie de la Terre*, n'échappe pas totalement au scénario cataclysmique. L'histoire de l'homme, telle qu'elle est présentée dans la septième de ses *Époques de la Nature*, ne commence qu'à partir du moment où les premiers hommes, victimes effrayées des « mouvements convulsifs de la Terre », forment les premières sociétés afin de se porter mutuel secours. Chez lui, l'influence de Boulanger est directe et indiscutable. Mais il est vrai également que commencer la description de l'histoire de l'homme par l'évocation de ces catastrophes naturelles lui permettait d'éviter l'épineux sujet de l'origine de la vie (les idées transformistes n'étant pour l'instant que de simples intuitions), tout en insistant sur l'unité du genre humain, en vertu sinon d'une source commune, comme le veut la tradition, du moins de l'expérience commune d'une même évolution intellectuelle, évolution déterminée non par l'intervention divine, mais par la perception des mêmes phénomènes naturels. Buffon avait pu se passer des « révolutions naturelles » pour expliquer l'histoire de la Terre, il lui faudra quelques déluges et autres tremblements de terre pour célébrer les mérites de l'esprit humain dans sa conquête progressive de la Nature.

La conséquence directe de l'inclusion des catastrophes dans l'histoire de l'homme sera le raccourcissement de la chronologie naturelle. Les manuscrits des *Époques de la nature* révèlent que les calculs de Buffon attribuaient à la seule Terre quelques trois millions d'années d'existence, alors que le texte imprimé propose une durée « réduite » à 75 000 ans. La raison de ce raccourcissement de la chronologie ne saurait être la prudence devant une possible censure : qu'il s'agisse de 75 000, ou de trois millions d'années, la chronologie biblique est pareillement ridiculisée. Peut-être est-ce la crainte de contrarier des habitudes intellectuelles ancrées depuis trop longtemps dans les esprits qui lui fait préférer une chronologie réduite. Mais il est également possible de dire que la place considérable que l'homme s'attribue dans la nature oblige Buffon à renoncer à une chronologie si étendue que l'humanité n'apparaîtrait que comme un court accident dans le devenir de l'univers. L'homme reste toujours le héros de la Création.

Tout au long du 18e siècle, l'évolution des sciences de la Terre se heurte donc à l'anthropocentrisme régissant depuis des siècles les croyances cosmologiques. Pendant longtemps, l'histoire de la nature n'est apparue que comme le résultat de la profonde relation existant entre le monde moral et le monde physique, relation dans laquelle l'homme joue le rôle d'arbitre. Dans ce sens, le récit du déluge universel cristallise peut-être mieux que toute autre croyance la complexité des rapports entre le Créateur, ses créatures et l'univers. Ceci pourrait expliquer pourquoi, abstraction faite de toute transcendance, l'imaginaire diluvien reste présent dans la littérature philosophique des Lumières. À défaut d'une explication purement scientifique de l'origine de la vie, les cataclysmes primitifs constituent un point de départ philosophique de la réflexion sur l'homme. L'image de renouveau sous-jacente à l'idée de la catastrophe diluvienne sera même associée, dans les cosmosophies de la fin du siècle, aux changements politiques qui secouent la société française, comme une transposition sémantique des « révolutions naturelles » aux « révolutions sociales », lesquelles mettent une fois encore l'homme au centre du discours philosophique [47].

Malgré la persistance de cet imaginaire diluvien, de Burnet à Buffon, la relation de la nature et de l'homme a sensiblement changé de signe. Si dans la *Telluris Theoria Sacra* l'histoire de la Terre n'était qu'un épiphénomène de l'histoire de l'homme dans ses rapports avec la divinité, dans les *Époques de la Nature* c'est l'histoire humaine qui apparaît comme un phénomène dépendant de l'histoire physique de la planète. La vision d'un monde détruit dont naîtrait une nouvelle Terre, confère à l'image des « ruines » une signification que ne leur attribuait pas l'histoire biblique, comme si la Nature avait pris désormais la place attribuée auparavant au Créateur.

MARIA SUSANA SEGUIN
Université Paul-Valéry, Montpellier III

---

47. Par exemple l'ouvrage de Jean Delormel, *La Grande Période, ou le retour de l'âge d'or, ouvrage dans lequel on trouve les causes des désordres passés, des espérances pour l'avenir, et le germe du meilleur plan de gouvernement ecclésiastique, civil et politique*, Paris, chez Blanchon et Belin, 1790, que l'auteur dédie « aux Français régénérés » d'après 1789, et dans lequel Delormel identifie le déluge, révolution naturelle, aux transformations politico-sociales entraînées par la Révolution de 1789.

NATURE, DÉSIR, PLAISIR :
UNE LECTURE SPINOZISTE DE SADE [1]

Spinoza, ou plus exactement, le « spinozisme », si l'on veut bien entendre par là ce qui a été compris de sa doctrine à l'époque, a eu une influence majeure sur les milieux athées du 18ᵉ siècle. Dans *Spinoza et la pensée française avant la Révolution* [2], Paul Vernière met bien en évidence l'apparition de la figure de Spinoza dès le dernier tiers du 17ᵉ siècle comme symbole d'une résistance aux préjugés religieux et d'une forme athée de morale. « L'athée vertueux », telle est la nouvelle réputation de Spinoza, qui pour sa part se disait certes vertueux, mais non point athée, et qu'on voit très fâché dans sa correspondance de devenir l'image même de ce qu'il semble rejeter puisque pour lui les athées sont nécessairement immoraux. Cette figure d'athée est née principalement, d'une part, de sa publication en 1670 du *Traité théologico-politique* dans lequel il proposait une méthode d'exégèse critique des écritures, et, d'autre part, de la publication posthume (1677) de son *Éthique* où l'identité de Dieu et de la nature est le plus fortement affirmée – sans parler de l'excommunication terrible dont Spinoza a fait l'objet de la part de la synagogue d'Amsterdam à l'âge de 24 ans, en 1656. Pour l'avoir déjà entrepris il y a quelques années [3], nous n'entendons pas montrer ici dans quelle

1. La réalisation de ce texte a été rendue possible par une bourse de postdoctorat du FQRSC (2001-2003) alors que nous étions à l'Université de Montréal, et sa présentation au premier colloque international Sade à Charleston (en mars 2003) par une subvention de voyage du Fonds de développement académique de l'Université d'Ottawa. Nous tenons à exprimer ici tous nos remerciements au FQRSC pour nous avoir permis de poursuivre nos recherches sur le sensible et le sentiment à l'époque moderne, et au Fonds de développement académique de l'Université d'Ottawa pour avoir toujours soutenu nos recherches sur Spinoza durant notre doctorat (dans la même université) et par la suite encore. Notons enfin que ce texte a également bénéficié de l'intéressant échange épistolaire que nous avons eu avec Yves Citton à son sujet.
2. P. Vernière, *Spinoza et la pensée française avant la Révolution*, Paris, PUF, 1982, deux tomes en un (1ᵉ édition 1954).
3. S. Charles, « Le cas Spinoza : une métaphysique athée ? », *Actes du XXVIIᵉ congrès de l'ASPLF : La métaphysique* (Paris/Québec, Vrin/PUL, 2000), p. 173-181.

mesure on peut parler d'athéisme concernant Spinoza, mais il importe de garder à l'esprit dès le début de cette étude que Spinoza n'était aucunement en accord avec l'interprétation qui a été donnée de lui comme athée, et qui s'est amplifiée au 18ᵉ siècle.

Ce qui nous semble plus intéressant à faire ici est de comparer quelques concepts centraux de la philosophie libertine, qui dit s'être inspirée de sa pensée, avec le traitement que réserve pour sa part Spinoza à ces concepts. Sade lui-même, dans la première leçon de philosophie de Mme Delbène à Juliette, fait référence comme auteurs de « sage principes » à Spinoza ainsi qu'à Vanini [4], autre inspirateur malgré lui des libertins – un philosophe italien de la fin de la Renaissance (1585-1619) brûlé suite à une accusation de magie et d'astrologie, dont l'ouvrage principal (*Amphitheatrum aeternae providentiae*) remettait en question l'immortalité de l'âme. Loin de faire une étude historique sur la manière dont Sade a pu lire ou non Spinoza directement, ce qu'il a pu lire de lui ou par qui il a pu entendre parler de lui, nous entendons mener ici une étude *thématique* qui part du présupposé qu'il n'est pas important, au fond, de savoir si Sade a réellement lu Spinoza ou non (ce qui nous paraît d'ailleurs improbable) : la réputation de Spinoza dans les milieux libertins suffisait amplement à justifier qu'on le cite ou qu'on reformule sa philosophie selon ses propres aspirations, que cette philosophie n'ait été que passablement comprise ne fait également aucun doute. Mais précisément, le questionnement philosophique le plus intéressant consiste à se demander quel degré de torsion a dû être imposé à la pensée de Spinoza pour lui faire dire *avec les libertins* que le véritable Dieu est la nature même, que l'essence de toute chose est le désir et que la fin de toute existence est le plaisir. Car cela, il semble bien le dire, mais en mettant autre chose sous ces mots. L'athée vertueux peut-il être vu comme le père du libertin à l'imagination la plus débridée ? Le partisan d'une éthique de la modération peut-il être vu comme le père d'un Sade semblant ne connaître aucune limite ? Nous nous

---

4. « Nourris-toi sans cesse des grands principes de Spinoza, de Vanini, de l'auteur du *Système de la nature*, nous les étudierons, nous les analyserons ensemble, je t'ai promis de profondes discussions sur ce sujet, je te tiendrai parole, nous nous remplirons toutes deux l'esprit de ces sages principes ». Sade, *Œuvres*, (Paris, Gallimard [désormais « Pléiade »] III, 1998), p. 195. La note de Delon rappelle que l'auteur du *Système de la nature*, publié en 1770, est J.-B. Mirabaud.

demanderons dans les trois parties suivantes, chacune consacrée à une des notions essentielles mentionnées – nature, désir, et plaisir –, comment sur des fondements théoriques aussi proches, deux pensées ont pu autant diverger sur le plan pratique. nous verrons que tout réside dans l'interprétation apportée à la notion de plaisir.

Pour commencer, ce sont les ressemblances qui frappent. Une étonnante similitude est à observer entre les passages sadiens sur la nature et ce qu'on peut en lire chez Spinoza. Tous deux s'accordent pour voir dans la nature l'instance ultime pour expliquer le réel. À ce titre, Spinoza ne craint pas de l'appeler « Dieu », d'où la fameuse formule « Dieu ou la nature », « *Deus sive natura* » utilisée par l'éditeur de ses œuvres posthumes pour résumer sa pensée. Sade de même fait bien comprendre que l'on doit remplacer notre idée de Dieu (l'invention d'un Dieu créateur et juge tel que nous le présente la religion), idée en fait impie, par une idée de la véritable divinité, celle de la nature. ainsi le « moribond » libertin dit-il au prêtre qui tente de le forcer au repentir que s'il a bien un regret, c'est de ne pas avoir suivi mieux les décrets vraiment divins :

créé par la nature avec des goûts très vifs, avec des passions très fortes (...), je ne me repens que de n'avoir pas assez reconnu sa toute-puissance, et mes uniques remords ne portent que sur le médiocre usage que j'ai fait des facultés (criminelles selon toi, toutes simples selon moi) qu'elle m'avait données pour la servir, je lui ai quelquefois résisté, je m'en repens ; aveuglé par l'absurdité de tes systèmes [les systèmes religieux], j'ai combattu par eux toute la violence des désirs que j'avais reçus *par une aspiration bien plus divine*, et je m'en repends ; je n'ai moissonné que des fleurs, quand je pouvais faire une ample récolte de fruits... [5].

La nature est la cause première et absolue de tout ; rien n'échappe à ses lois et rien ni personne de supérieur à elle n'oriente celles-ci selon un dessein préétabli. D'emblée, on comprend que le concept de nature matrice de tout implique que toutes choses sont des manifestations de cet être immense et unique qui englobe la multiplicité du réel. Il en dérive donc immédiatement une forme de panthéisme, selon lequel, pour utiliser le vocabulaire de Spinoza, Dieu ou la nature est l'unique substance, dont les êtres particuliers que nous sommes et dont nous sommes entourés sont les manifestations multiples, les

---

5. *Dialogue entre un prêtre et un moribond* (Pléiade I, 1990), p. 3-4. C'est nous qui soulignons.

« affections » ou « modes » singuliers. Rappelons les définitions 5 et 6 qui ouvrent l'*Éthique* de Spinoza :

v. J'entends par mode les affections d'une substance, autrement dit ce qui est dans une autre chose, par le moyen de laquelle il est aussi conçu.

vi. J'entends par Dieu un être absolument infini, c'est-à-dire une substance composée d'une infinité d'attributs dont chacun exprime une essence éternelle et infinie [6].

La diversité de ces attributs et modes ne compromet en rien l'unité substantielle du tout : tous soumis à la même loi, nous sommes tous en réalité des êtres entièrement naturels, où la culture et la morale sont des « natures » artificielles et toujours secondaires, toujours acquises par-dessus notre fond, unique et commun.

On remarquera d'ailleurs avec intérêt à ce propos le rôle que Sade, entièrement d'accord avec ce point, attribue à l'habitude pour masquer aux hommes leur véritable tempérament dès la jeunesse, par une éducation morale qui fait s'éveiller en eux une conscience morale destructrice de leurs plus authentiques mouvements du cœur [7] – c'est d'ailleurs pour en contrer le mauvais effet que Mme Delbène, par exemple, choisit ses futures protégées dès l'âge où les plaisirs sensuels peuvent avoir quelque effet sur elles pour les détourner de la voie de leur éducation traditionnelle, en espérant qu'il n'est pas déjà trop tard pour leur faire connaître les commandements de la nature. C'est pourquoi elle « initie » Juliette dès l'âge de 13 ans et la petite Laurette, choisie par cette dernière pour ses caprices, dès l'âge de 10 ans. La nature authentique que nous partageons avec les animaux, les plantes et tout le vivant, peut chez l'homme être oubliée au profit d'une deuxième nature forgée par l'éducation, mais elle n'en reste pas moins toujours agissante et toujours prête à resurgir pour peu qu'on la laisse se déployer quelque peu. L'habitude joue d'ailleurs un rôle inverse et sert, par la répétition d'actes

---

6. Spinoza, *Éthique* (E) 1Def.5 et 6, in *Œuvres de Spinoza*, T. III, trad. Appuhn, (Paris, GF, 1965), p. 21.

7. Voir *L'Histoire de Juliette [Juliette]*, Pléiade III, p. 193-194 ; et p. 210 pour expliquer par là l'institutionnalisation de la religion. La conscience morale porteuse de « remords » (*id.*, p. 191) s'oppose à la véritable conscience qui, elle, est l'écoute même de l'être et, loin de connaître l'interdit arbitraire, oriente l'être libéré vers son véritable plaisir et sa véritable nature. Nous y reviendrons dans la partie consacrée à la notion de plaisir.

violents et pervers, à se « déshabituer » des mauvais tours pris par l'éducation [8].

Le deuxième élément à souligner après celui de l'unité de toutes choses par leur enracinement dans la nature commune, considérée comme le seul Dieu, est celui de la nécessité qui y est très étroitement reliée. En effet, cette nature commune commande et dirige, mais elle n'obéit elle-même à aucun ordre car elle est incréée : Spinoza, qui l'a nommée *cause de soi* et l'a identifiée précisément ainsi à Dieu, a proclamé avec beaucoup d'insistance que la liberté dont la nature est suprêmement douée est la nécessité même de ses lois. D'emblée, le libre arbitre est nié au profit d'une liberté définie selon la nécessité naturelle, pour le tout de la nature comme pour tout être singulier [9]. Ainsi Spinoza parlait-il « de l'action nécessaire de Dieu » dans le *Court traité*, première ébauche de l'*Éthique* :

> Cela découle encore suivant nous de la définition de la cause libre que nous avons posée ; libre non en ce sens qu'elle peut faire ou ne pas faire quelque chose, mais en ce sens qu'elle ne dépend de rien d'autre, de sorte que tout ce que fait Dieu, il le fait et l'exécute en sa qualité de cause souverainement libre [10].

De même, Sade répète à de multiples reprises combien la nature est un tissu de lois nécessaires auxquelles nul être n'échappe, et combien la liberté est un concept vain si l'on croit par là mentionner une liberté de choix :

> Si l'on voulait bien se persuader que ce système de la liberté est une chimère, et que nous sommes poussés à tout ce que nous faisons, par une force plus puissante que nous ; si l'on voulait être convaincu que tout est utile dans le monde, et que le crime dont on se repent est devenu aussi nécessaire à la nature, que la guerre, la peste ou la famine, dont elle désole périodiquement les empires, infiniment plus tranquilles sur toutes les actions de notre vie, nous ne concevrions même pas le

---

8. *Ibid.*, p. 193. Voir aussi dans la troisième partie, la leçon de Clairwil à Juliette : « Ces moyens [de ne pas connaître le remords] sont de faire à l'instant, de sang-froid, la même chose qui, faite dans l'ivresse, a pu nous donner des remords. De cette manière, on heurte fortement la vertu quand elle se remontre, et cette habitude de la molester positivement à l'instant où le calme des sens lui donne envie de reparaître, est une des façons la plus sûre [*sic*] de l'anéantir pour jamais ; emploie ce secret, il est infaillible », p. 581.
9. E 1,Déf. 7 : « Cette chose est dite libre qui existe par la seule nécessité de sa nature et est déterminée par soi seule à agir ; cette chose est dite nécessaire ou plutôt contrainte qui est déterminée par une autre à exister et à produire quelque effet dans une condition certaine et déterminée ».
10. *Court traité* I, 4, § 8, Appuhn I p. 69.

remords, et ma chère Juliette ne me dirait pas que j'ai tort de mettre sur le compte de la nature, ce qui ne doit être que sur celui de ma dépravation [11].

C'est ici qu'entre évidemment en jeu le matérialisme de Sade, et puisque la morale même n'est qu'un effet physique de circonstances physiques, le même passage poursuit avec l'idée que toute pensée est nécessaire au même titre que les actions sont nécessaires, et que les pensées résultent du corps comme le son du coup frappé sur le tambour [12]. Deux réseaux sont à considérer : la nature propre, c'est-à-dire le tempérament individuel, faible ou fort (d'où une séparation du monde en deux catégories selon la nécessité des naturels), et la nécessité extérieure des rencontres, lesquelles amènent telle ou telle personne à entrer en contact l'une avec l'autre, et à s'influencer en puissance ou à être détruite (pour la plus faible des deux). Remarquons en passant que la nécessité se déploie aussi chez Spinoza selon le double réseau de la nature individuelle (l'essence) et de l'ordre des rencontres entre modes finis (l'existence) [13].

Nous avons vu ci-dessus en quel sens parler d'une sorte de panthéisme naturel chez les deux auteurs, en ce que tous les êtres sont les manifestations diverses – et aveugles – d'une même nature nécessitante. Précisément, si tous sont soumis inconditionnellement aux mêmes lois, c'est parce que ces lois sont celles de l'essence commune à tous. Chez Sade comme chez Spinoza, l'ontologie est une ontologie du désir ; tout être se définit en premier (et en dernier) lieu par le désir qui le constitue et qui le pousse à déployer son existence dans les limites de son naturel propre – limites plus réduites chez les plus faibles en puissance ; limites plus étendues, au point de chevaucher celles des autres selon Sade, chez les plus forts, c'est-à-dire ceux chez qui le désir est le plus puissant.

Dans les termes de Spinoza, ce désir, appelé *conatus*, constitue un effort, une tension, un élan pour persévérer dans son être propre, et il est absolument universel :

---

11. *Juliette*, p. 190.

12. *Ibid.* : « Tous les effets moraux, poursuivit Mme Delbène, tiennent à des causes physiques, auxquelles ils sont irrésistiblement enchaînés, c'est le son qui résulte du choc de la baguette sur la peau du tambour ; point de cause physique, c'est-à-dire point de choc, et nécessairement point d'effet moral, c'est-à-dire, point de son ».

13. Pour la conciliation des deux, voir notre étude « La libre nécessité de la causalité divine chez Spinoza », *De Philosophia*, XV, 1, 1999, p. 13-32.

E 3, Prop. 6 : chaque chose, autant qu'il est en elle, s'efforce de persévérer dans son être.

E 3, Prop. 7 : l'effort par lequel chaque chose s'efforce de persévérer dans son être n'est rien en dehors de l'essence actuelle de cette chose.

Il en découle une identité de nature de l'homme avec les autres êtres, « lesquels sont tous animés, bien qu'à des degrés divers » (E 2, Prop. 13 Scolie, Appuhn p. 84) au sens de tous tenir leur essence de cette nature qui est puissance et qui se manifeste en eux par le désir de persévérer dans l'être. À cela fait écho chez Sade l'affirmation de l'identité foncière de l'homme et des animaux en tant que tous ne sont mus que par l'instinct :

Quoi, cette qualité divine [l'immortalité], disons mieux, cette qualité impossible à la matière, pourrait appartenir à cet animal, que l'on appelle un homme. Celui qui boit, mange, se perpétue comme les bêtes, qui n'a pour tout bienfait qu'un instinct un peu plus raffiné, pourrait prétendre à un sort si différent, que celui de ces mêmes bêtes ; cela peut-il s'admettre une minute [14] ?

À la commune condamnation de l'idée d'immortalité de l'âme par Spinoza et Sade s'ajoute chez les deux auteurs une critique farouche de la supposée supériorité de nature des hommes. Chez Spinoza, cette critique est développée dans l'appendice de la première partie de l'*Éthique*, où est expliquée étape par étape la constitution du préjugé selon lequel la nature a des fins, qui seraient justement faites pour les hommes (illusion, par exemple, que le fruit pousse pour qu'on puisse s'en nourrir). Malgré cela, chez Spinoza l'homme bénéficie d'une supériorité sur tous les animaux du fait de sa complexion *corporelle* plus grande et plus diversifiée qu'eux, laquelle lui permet, à lui et à lui seul, de parvenir à la raison (voir la suite du scolie d'E 2, Prop. 13). Sade de même, comme la suite de ce passage le montre encore, reconnaît dans la capacité humaine de connaître une sorte de supériorité, mais qui, à la différence de Spinoza, ne pèse pas lourd selon lui et ne justifie en aucun cas l'illusion de supériorité absolue qu'en tirent les hommes [15].

---

14. *Juliette*, p. 524 (c'est Clairwil qui parle).
15. *Ibid.*, p. 524-525 : « Ah ! Si le malheureux a quelque avantage sur les animaux, combien ceux-ci n'en ont-ils pas à leur tour sur lui ? À quel plus grand nombre d'infirmités et de maladies n'est-il pas sujet ? De quelle plus grande quantité de passions n'est-il pas victime ? Tout combiné, a-t-il donc bien réellement quelque avantage de plus ? Et ce peu d'avantage peut-il lui donner assez d'orgueil, pour croire qu'il doive éternellement survivre à ses frères ? Ô malheureuse humanité ! à quel degré d'extravagance ton amour-propre t'a-t-il fait parvenir ? ».

On peut néanmoins se demander déjà s'il est bien question du même « désir » placé à la source de tout être. Chez Spinoza, ce désir n'implique aucune violence. La violence est certes naturelle : si deux êtres incompatibles se rencontrent (par exemple, un homme et un lion, ou deux hommes animés d'une même ambition pour une chose unique), il est naturel que le désir de l'un fasse violence au désir de l'autre, que le moins puissant des deux soit écrasé par le plus puissant. toutefois, selon Spinoza le conflit destructeur n'est pas inéluctable, et l'on peut travailler à fortifier ce que les êtres ont en commun pour les faire se renforcer mutuellement dans la concorde [16]. Nul doute en revanche que le concept de désir chez Sade ne se laisserait pas transformer en éthique de l'amour et en philosophie politique de la paix comme il le fait chez Spinoza, quoique la société des truands obéisse elle-même à des règles de civilité [17]. Une différence importante semble donc apparaître ici dans la définition même du désir. Néanmoins, elle n'est rien en comparaison de la différence qui achève de faire diverger Spinoza et Sade concernant la notion de plaisir.

Qu'est-ce que le plaisir chez Spinoza ? D'abord, reconnaissons qu'il n'emploie pas, ou peu, ce terme. Celui qui est amené à jouer un rôle équivalent à ce que représente le plaisir chez Sade, c'est-à-dire l'épanouissement ontologique du désir, est le concept de joie, *laetitia*, opposé au concept de tristesse, *tristitia*, qu'est-ce donc que la joie chez Spinoza ? Joie, tristesse et désir (*cupiditas*, nom donné à la forme consciente du *conatus* ou appétit, cf. E 3, Prop. 9 Scolie), sont les trois affects fondamentaux. Ce sont les manières d'être affecté de manière consciente, autrement dit les trois modes fondamentaux selon lesquels on peut se rapporter à soi : une augmentation de notre puissance nous procurera le sentiment (l'affect) de joie ; une diminution de notre puissance nous fera nous sentir triste. Spinoza l'exprime de manière laconique en utilisant l'image d'un parallélisme entre affect ressenti

---

16. Voir par exemple, E 4, Prop. 70, Démonstration : « L'homme libre (...) s'applique à établir entre les autres hommes et lui un lien d'amitié et non à leur rendre les bienfaits qui, dans leur propre opinion, seraient jugés égaux, mais à se conduire et à conduire les autres suivant le libre jugement de la raison ». C'est avec la même finalité de concorde orientée par la raison que se comprend la rédaction par Spinoza de son *Traité politique* et de son *Traité théologico-politique*.

17. Les conséquences philosophiques de ce point ont été remarquablement développées par Jean Deprun dans une conférence donnée en 1994 à l'Université de Nancy II, « Sade et la Règle d'or ».

par l'âme et affection du corps : « j'entends par affects les affections du corps par lesquelles la puissance d'agir de ce corps est
accrue ou diminuée, secondée ou réduite, *et en même temps*
les idées de ces affections » (E 3, Déf. 3, nous soulignons). les
« affects » (passions, sentiments ou émotions, pour résumer de
manière sommaire) sont à la fois dans le corps (ce sont des
affections, donc des modifications, de notre puissance d'agir) et
dans l'âme, dans laquelle ils sont perçus sous la forme d'une
idée confuse, d'une conscience ontologique.

À défaut de fournir un traitement exhaustif de cette question [18],
nous nous contenterons de retenir ici trois points essentiels :

1) la conscience de soi passe par le sentiment de notre *puissance* en tant qu'elle est modifiée positivement ou négativement.
toutes les passions, émotions, ne sont que des formes dérivées
de joie et de tristesse nous fournissant une conscience de nous-
mêmes (par exemple, la jalousie, la crainte ou l'esprit de vengeance sont des formes de tristesse ; l'amour ou l'espoir des
formes de joie).

2) cette conscience joyeuse ou triste répond immédiatement à
l'état de puissance *du corps* (et même, l'exprime simultanément
en vertu du parallélisme du corps et de l'âme). En somme, joie
et tristesse sont les deux manières fondamentales de ressentir
notre être de manière instinctive et immédiate, mais l'élément
de base de cet être est présenté par Spinoza au niveau du corps.

3) à ces affects correspondent immédiatement des jugements
de bien et de mal dans l'esprit : est bon ce qui me fait du bien,
est mauvais ce qui diminue ma puissance, me rend triste. en
toute bonne logique nécessitariste, ces affects déterminent à leur
tour l'action de l'individu (tant que n'intervient pas la raison).

La notion de conscience chez Sade répond étrangement à ces
trois critères. D'abord, il convient de préciser qu'il y a deux
conceptions antagonistes de la conscience chez lui, la naturelle
et l'artificielle ; c'est-à-dire encore la vraie – celle qui motive
l'action selon le plaisir ressenti par le corps – et la fausse –
celle forgée de manière secondaire par l'éducation et la morale [19].

---

18. La question des affects et de leur rapport avec la conscience de soi est
au cœur de notre livre *Affects et conscience chez Spinoza : l'éthique comme
projet humain* (Hildesheim, Georg Olms, coll. « Europaea Memoria », 2004).
19. Il serait intéressant de développer le parallélisme entre ces deux conceptions
de la conscience et les deux conceptions de la raison chez Sade, la raison alliée
au désir et la « droite raison » alliée à la morale, d'autant plus qu'on verrait là
encore des points communs dignes d'intérêt avec Spinoza.

La notion « vraie » de conscience est expliquée en particulier dans *Juliette*, dans la même grande leçon de philosophie que celle où sont mentionnés Spinoza et Vanini par Mme Delbène :

Comme nous ne connaissons les inspirations de la nature (...) que par ce sens intime que nous appelons conscience ; c'est en analysant ce qu'est la conscience, que nous pourrons approfondir avec sagesse ce que sont les mouvements de la nature, qui fatiguent, tourmentent ou font jouir cette conscience [20].

Cette conscience selon Sade est fatiguée et tourmentée, ou au contraire elle peut jouir des mouvements de la nature, et il n'est pas inutile de se rappeler ici que la nature est physique, et qu'elle est essentiellement désir (« puissance » dirait encore Spinoza).

Malgré cette grande ressemblance dans les fondements théoriques, Sade prend la voie opposée à celle de Spinoza dans la recherche des plaisirs. Ceux de Spinoza, disons-le tout net, excluent catégoriquement la sexualité, quoiqu'ils admettent la sensualité en général ; et surtout ils excluent les excès. Selon lui,

seule assurément une farouche et triste superstition interdit de prendre des plaisirs (...). Il est donc d'un homme sage d'user des choses et d'y prendre plaisir autant qu'on le peut (*sans aller jusqu'au dégoût, ce qui n'est plus prendre plaisir*). Il est d'un homme sage, dis-je, de faire servir à sa réfection et à la réparation de ses forces des aliments et des boissons agréables *pris en quantité modérée*, comme aussi les parfums, l'agrément des plantes verdoyantes, la parure, la musique, les jeux exerçant le corps, les spectacles et autres choses de même sorte dont chacun peut user *sans dommage aucun pour autrui*. Le corps humain en effet est composé d'un très grand nombre de parties de nature différente qui ont continuellement besoin d'une alimentation nouvelle et variée, pour que le corps *entier* soit également apte à tout ce qui peut suivre de sa nature et que l'âme soit également apte à comprendre à la fois plusieurs choses [21].

Le plaisir du corps se comprend comme sa santé, de manière fort simple, et non comme un débordement d'orgasmes à répétition. Subitement, alors même que l'ontologie postulait un parallélisme parfait de l'âme et du corps, Spinoza semble n'avoir plus à l'esprit que les biens de l'âme et voir dans l'excès de plaisir du corps la ruine de tout plaisir, alors qu'à l'inverse « un désir

---

20. *Juliette*, p. 188. Voir à la page suivante l'explication de la conscience morale secondaire.
21. E 4, Prop. 45 Scolie, Appuhn III p. 263. C'est nous qui soulignons.

[et donc un plaisir] tirant son origine de la raison ne peut avoir d'excès » (E 4, Prop. 41). À cela peut être trouvée une excellente raison : le rejet de la passion, au sens du *pathos*, de ce par quoi on dépend d'autre chose que de soi. Seule la raison, chez Spinoza, est source véritable d'action pour l'homme. La raison est une connaissance adéquate qui comprend la nécessité du monde et à ce titre, libère de la servitude de l'illusion et de l'imagination. La liberté a à voir avec la raison, c'est l'autonomie. Ce ne sont plus les choses extérieures qui nous poussent à agir mais, grâce à la compréhension de la nécessité qui imprègne le réel dans son ensemble, on désire librement les gestes que l'on pose effectivement. La libération est donc d'ordre entièrement mental.

Pour Spinoza, le corps est en revanche du côté de la servitude, en ce qu'il est incessamment soumis au monde matériel dont il fait partie. À cet état du corps correspond certes – en vertu du parallélisme – un état identique en l'âme, à savoir, les fonctions perceptives et imaginatives, qui persistent même dans les degrés supérieurs de connaissance. Mais même si Spinoza est assurément l'un des auteurs modernes ayant le plus contribué à la réhabilitation théorique du corps, on voit mal ce qui au niveau corporel pourrait équivaloir au gain de puissance incroyable dont l'esprit est capable lorsqu'il réinterprète le donné imaginatif en connaissance adéquate. Le corps peut, au mieux, être en pleine santé, et par là même être apte à un très grand nombre d'activités, mais cela paraît faible par rapport au progrès possible dans l'ordre mental.

À l'inverse de cette santé générale du corps dans sa totalité, qui est ce que la puissance du corps peut espérer de mieux pour s'épanouir, les plaisirs sexuels sont l'image même de ce qui nous enchaîne au lieu de nous libérer, en particulier parce qu'ils ne concernent à chaque fois qu'une partie du corps et non son ensemble :

E 4, Prop. 60 : Un désir, tirant son origine d'une joie ou d'une tristesse qui se rapporte à une seule des parties du corps, ou à quelques unes, mais non à toutes, n'a point égard à l'utilité de l'homme entier.

E 4, Prop. 60 Scolie : Puis donc que le plus souvent (...) la joie se rapport à une seule partie du corps, nous désirons le plus souvent conserver notre être sans avoir le moindre égard à la santé du corps entier [22].

---

22. Appuhn III p. 278 ; voir aussi E 4, Appendice ch. 30.

De plus, une autre raison pour laquelle Spinoza rejette le plaisir sexuel est l'inconstance de sa jouissance et sa transformation en tristesse :

L'amour sensuel, c'est-à-dire l'appétit d'engendrer qui naît de la beauté, et en général tout amour ayant une autre cause que la liberté de l'âme, se change facilement en haine ; à moins, chose pire, qu'il ne soit une espèce de délire, auquel cas la discorde, plus que la concorde, est alimentée [23].

Et à ce titre, Sade, dans le circuit infernal de l'approfondissement toujours plus grand de la cruauté pour combler le désir insatiable qui caractérise ses personnages, fournit l'illustration même de ce que Spinoza décrit théoriquement : un processus d'asservissement volontaire au lieu d'une libération conduisant à aimer le monde dans un détachement de ses contingences, par la paix intérieure. Une fuite en avant de plus en plus destructrice et, Spinoza dirait, destructrice de soi-même en premier lieu.

Mais Sade n'y voit qu'un renforcement de tout l'être, corps *et* esprit, amenant au façonnement d'un naturel plus puissant. leurs deux chemins divergent radicalement et leurs points d'aboutissement s'opposent de front. Pour Spinoza, les récits de Sade seraient l'exemple même d'une ruine de soi ; pour Sade, s'il avait bien connu et compris Spinoza, ce dernier serait un enfant de chœur. D'ailleurs, la mise en scène simili-autobiographique que fait Spinoza dans les paragraphes ouvrant le *Traité de la réforme de l'entendement*, où il décrit la tentation par les plaisirs du sens et les vanités du monde pour montrer leur inanité et la nécessité de rechercher un *vrai* bien, qui ne dépende que de soi [24], illustre parfaitement le dégoût que lui inspirait la vie de plaisir corporel ; une vie de leurre, où à la jouissance succède toujours l'insatisfaction – comme, là encore, l'illustre bien Sade quoiqu'il veuille en faire l'éloge.

En ce qui concerne la volupté, l'âme s'y attache tellement qu'elle s'y repose comme dans un bien [véritable], par quoi elle est au plus

---

23. E 4, App. ch. 19 ; Appuhn III p. 297.
24. Spinoza, *Traité de la réforme de l'entendement*, trad. A. Koyré, Paris, Vrin, 1994, p. 4 : « Après que l'expérience m'eut appris que tout ce qui arrive communément dans la vie ordinaire est vain et futile (...), je me décidai finalement à rechercher s'il [n]'y avait [pas] quelque chose qui fût un bien véritable, capable de se communiquer, [et tel] que l'âme, rejetant tout le reste, pût être affectée par lui seul ; bien plus, s'il [n]'y avait [pas] quelque chose dont la découverte et l'acquisition me donneraient pour l'éternité la jouissance d'une joie suprême et continue ».

haut point empêchée de songer à autre chose. Mais la jouissance de la volupté est suivie d'une tristesse profonde qui, si elle ne suspend pas [l'activité de] l'esprit, néanmoins le trouble et l'engourdit [25].

C'est précisément au nom du plaisir et de la jouissance, mais d'un plaisir ou d'une jouissance perpétuelles (et même éternelles), que Spinoza rejette les plaisirs des sens. Ils nous guident mal ; ils nous enchaînent dans un cycle d'insatisfaction et de dépravation de notre puissance, tandis que le vrai plaisir, le plaisir de la connaissance et de l'esprit, s'accompagne d'un corps fort et en santé, parfaitement équilibré, et procure à l'âme la satiété véritable à laquelle elle aspire dans une augmentation indéfinie de sa puissance.

Si l'on en croit cette lecture de Spinoza, nature, désir et plaisirs sont donc bien des concepts s'impliquant mutuellement, mais les libertins qui lui ont succédé se seraient trompés dans l'interprétation de cette liaison : tous les êtres, certes, partagent la même nature qui est une nature désirante et qui pousse chacun à tenter d'augmenter sa puissance, et le plaisir est l'indice conscient de l'augmentation de puissance qui est la fin naturelle de l'existence. Mais le vrai plaisir, celui qui mène véritablement à cette fin, est un plaisir prioritairement intellectuel qui a certes sa contrepartie dans le corps, mais qui exclut totalement le plaisir sexuel, passion insatisfaisante qui ne rassasie qu'un court instant, et qu'une partie du corps selon Spinoza. Il est remarquable de voir les conséquences pratiques diverger autant entre un Sade et un Spinoza sur la base de cette interprétation différente du plaisir : ce n'est pas que Spinoza rejette le plaisir, au contraire, à ses yeux il en aurait une idée plus haute que Sade. Ainsi, de même que la véritable divinité n'est peut-être pas pour lui celle qui porte ce nom, peut-être faut-il croire, comme nous y invite Spinoza, que le véritable libertinage est plus authentiquement synonyme de chasteté...

SYLIANE MALINOWSKI-CHARLES
Princeton University

---

25. *Ibid.*, p. 4-6 (§ 4).

Colloque international de Cerisy, 1er au 8 septembre 2006

La lettre et l'historien :
décrypter l'archive du quotidien et de l'intime

Appel à communication

Depuis quelques années, les historiens retrouvent le chantier des écritures du for privé, inventorient les écrits personnels et éditent les ego-documents pour restituer les trajectoires individuelles dans leur espace relationnel. Pourtant, ils hésitent encore à intégrer à leur corpus et à leur entreprise les gisements épistolaires, dissuadés qu'ils sont par une approche jugée trop littéraire de « l'épistolarité » et/ou par l'ampleur des fonds d'archives à mobiliser, véritable océan épistolaire composé de lettres de toutes natures, aux fonctions multiples qui échappent, en général, à une typologie simple.

Malgré ces difficultés, la lettre est pour l'historien des pratiques sociales et culturelles, mais aussi administratives, religieuses, familiales et politiques, une ressource exceptionnelle. Elle résulte d'un geste de communication autant que d'écriture, elle se présente comme un espace de négociation, « à la croisée de l'individuel et du social ».

La lettre ouvre la porte d'un territoire à explorer, d'un espace de circulation où s'inscrivent trajectoires personnelles et relations intersubjectives. Les pratiques sociales et culturelles, les représentations, les négociations des normes s'y disent ou s'y taisent, mais toujours s'y révèlent, dès lors que l'historien procède avec méthode et mobilise les outils adaptés à l'étude de ce « commerce de société ». La lettre a ceci de remarquable qu'elle permet aussi bien la pratique de la micro-histoire, l'attention aux « jeux d'échelles », à la production et à l'appropriation de territoires –souvent invisibles– qu'une approche quantitative voire sérielle, en raison de l'ampleur des corpus accessibles. Aujourd'hui, alors que l'instrumentation électronique et les bases de données relationnelles apportent de nouveaux outils à l'historien et lui ouvrent des horizons inattendus, il devient urgent de réfléchir aux méthodes de traitement des sources épistolaires et d'entreprendre l'exploitation raisonnée et systématique de ces gisements dont la connaissance reste souvent très imparfaite, en raison des pratiques habituelles de sondages de surface et de citations de morceaux choisis.

C'est cet objectif ambitieux que nous voudrions donner à cette rencontre, en privilégiant les approches méthodologiques et les études de cas.

Pierre-Yves Beaurepaire   Mireille Bossis

Les propositions de communication sont à adresser à :

Pierre-Yves Beaurepaire
Professeur d'histoire moderne à l'Université de Nice Sophia-Antipolis
Faculté des Lettres, Arts et Sciences Humaines,
98, Boulevard Edouard-Herriot B.P. 3209
06204 Nice Cedex 3
tél. : (00) (0)4 93 37 54 50   fax : (00) (0)4 93 37 53 48
e-mail : pierre-yves.beaurepaire@wanadoo.fr

LES HOMMES DE CHARRIÈRE :
DES AUTOMATES AUX AMPHIBIES

Depuis la publication des œuvres complètes de Charrière [1], de nombreux articles et plusieurs ouvrages ont été consacrés à son œuvre. D'excellentes analyses ont étudié en détail la construction, dans ses romans, de personnages féminins originaux qui élaborent une mise en question du rôle et de la place de la femme et du discours féminin au 18e siècle, dans le bouleversement de la période révolutionnaire, et jusqu'à aujourd'hui.

Cependant, très peu d'attention a été accordée aux personnages masculins de Charrière, à l'exception de ceux de ses romans les plus connus, tels Mr Henley dans les *Lettres de Mistriss Henley* (1784), ou William, le narrateur de *Caliste* (1788), la suite des *Lettres Écrites de Lausanne* (1785). À quelques exceptions près, les hommes de Charrière ont été très vite relégués par ses lecteurs aux rôles de tyran (le père ou le mari) ou d'homme faible et/ou hypocrite [2]. Il ne s'agit pas ici de nier la fréquence de tels modèles masculins dans l'œuvre de Charrière, mais de nuancer un jugement qui ne prend en compte que quelques personnages de son univers romanesque, souvent imaginés avant la Révolution, et en néglige un grand nombre qui sont dignes de notre attention par leur complexité toute moderne. En effet, dans plusieurs de ses romans moins connus de la période révolutionnaire et post-révolutionnaire, Charrière a rêvé des personnages masculins fascinants qui allient sensibilité et raison et qui constituent des sortes d'hybrides dans lesquels l'auteur a incorporé des qualités humaines – (plutôt que « masculines » ou « féminines ») qui lui sont chères. Cette lecture s'attachera à montrer que ces « hommes nouveaux » représentent, autant que bien des personnages féminins de Charrière, un véritable défi lancé aux clichés traditionnel-

---

1. Isabelle de Charrière, *Œuvres Complètes* (Amsterdam/Genève, Slatkine, éd. G. Van Oorschot, 1979-81).
2. Une exception remarquable est l'excellente analyse de Kathleen Jaeger, *Male and Female roles in the Eighteenth-Century* (New York, Peter Lang, 1994), en particulier le chapitre 3 sur *Sir Walter Finch et son fils William*.

lement associés aux pôles masculin/féminin, pouvoir/sujétion, raison/sensibilité.

Il est vrai que, au fil de ses romans, Charrière continue à consteller son écriture de ces personnages masculins odieux ou faibles que je nommerai les *automates*, comme le fait la jeune Germaine dans les *Lettres trouvées dans des portefeuilles d'émigrés* (1793) en parlant du fils de la duchesse à laquelle elle a été confiée [3] ou Émilie au début de la *Suite* des *Trois Femmes* (1798) lorsqu'elle parle en ces termes des auteurs et des personnages des « contes et romans nouveaux » qu'elle lit : « Je ne vois, dit Émilie, dans ces auteurs-là et dans leurs personnages que des automates qui déclament et gesticulent l'amour et l'amitié. Au-dedans d'eux il n'y a rien qui sente ; le ressort qui les meut n'est pas une âme, je ne sais ce que c'est », et : « Un automate écrivain fait ici des automates qui pleurent, se pâment, s'empoisonnent, se percent le sein, se font enterrer. Le mot d'amour se prononce, mais l'amour n'y est pas » [4]. Ce qui frappe Émilie ici, c'est le manque de sensibilité de ces personnages-automates. Or ceux-ci, dans les romans de Charrière, fussent-ils pères, maris ou amants, sont tous des variations sur le modèle du tyran raisonnable Mr Henley par leur adhésion, plus ou moins volontaire, à une raison sociale, morale et/ou philosophique.

Ainsi, Henri Giroud, riche négociant et père d'Henriette dans *Henriette et Richard* (1792) est un père tyrannique et cherche à justifier par une raison sociale alors dominante son refus de voir sa fille et Richard se marier. En effet, il camoufle sa haine et son envie envers la noblesse sous la « raison » des idées révolutionnaires d'égalité. Ce sont ces idées qui justifient à ses yeux l'ignoble marché qu'il propose à la mère noble de Richard : un mariage avec lui en échange de celui de leurs enfants. Dans *Honorine d'Userche* (1798), inclus dans les *Contes de l'abbé de la Tour*, le personnage de Florentin, lorsqu'il découvre qu'Honorine, la jeune fille qu'il aime, est sa sœur, ne peut se résoudre à la suivre, même dans la position de frère qu'elle lui propose. De plus, subjugué par la raison paternelle, il se sent responsable de soutenir le père qui l'avait abandonné, le marquis de la Touche, et dont le système athée a marqué à jamais les deux jeunes gens en leur ôtant tout espoir en un monde meilleur [5]. Le marquis est

3. « Son fils est un automate », dit-elle : *Lettres trouvées dans des portefeuilles d'émigrés, Œuvres Complètes*, vol. 9, p. 418. Désormais *OC*.

4. *Trois femmes, OC*, vol. 9, p. 132-33.

5. « Je ne serai si tu veux que ta sœur, je puis tout faire pour toi, je puis même respecter d'absurdes scrupules, mais je ne m'exposerai pas à être séparée

par ailleurs qualifié par Honorine d'« athée zélé, comme d'autres sont dévots zélés » (p. 203). Or, l'on sait combien Mme de Charrière détestait les systèmes ; et tous leurs admirateurs « zélés », dans ses romans, appartiennent au monde des automates.

C'est pourquoi un personnage comme Théobald, dans *Trois femmes*, malgré ses bonnes intentions, est, lui aussi, un systématique... rousseauiste, et l'on connaît, depuis l'excellente étude de Raymond Trousson [6], l'influence de Rousseau sur Charrière mais aussi la distance qu'elle a su prendre d'avec ses idées. Théobald en effet, avec toutes ses qualités, sa probité, et sa volonté de créer une petite société à l'image de son modèle, est présenté ainsi à l'issue de son premier différend d'opinion avec Julie qui va devenir sa femme : « Il prit avec précipitation un volume de l'*Émile* qu'il trouva sous sa main, et sortit du salon et du château » (*OC*, 9, p. 57). On ne peut ici manquer le clin d'œil de l'auteur. Constance parle également de son « extrême rectitude » (p. 124). Et, s'il possède de nombreuses qualités, comme l'a très bien montré Alix Deguise [7], il conserve tout au long du roman un caractère inflexible. Ainsi, la passion qu'il éprouve pour Émilie n'altère en rien sa notion toute abstraite du devoir, et lorsque Émilie utilise le chantage pour persuader le valet de Théobald, Henri, d'épouser sa servante Joséphine enceinte, il ne peut s'empêcher de douter d'elle et de sa probité : « Peut-être que ton cœur, que je croyais sincère et pur, comme le mien, est faux et perfide » (p. 75). Devant les doutes de Constance lorsqu'il lui fait part de son projet social dans son village d'Altendorf, il exprime sa volonté de cesser de vivre au moment où il serait désabusé par l'expérience, la pire ennemie de ses théories [8]. Il

---

de toi pour jamais. Il faut partir et cela aujourd'hui même, à cette heure », déclare Honorine à Florentin. Et celui-ci de répondre : « Mais Honorine, cet homme que tu hais est pourtant mon père ; le ferai-je mourir de douleur? [...] Je suis moins conséquent que toi, chère Honorine, soit faiblesse soit vertu, je me sens moins de résolution, je plains cet homme... mon père. » *Honorine D'Userche, OC*, vol. 9, p. 218.

6. Raymond Trousson, « Isabelle de Charrière et Jean-Jacques Rousseau », *Bulletin de l'Académie Royale de langue et de littérature* (1985), vol. 43, n° 1, p. 5-57.

7. Alix Deguise, *Trois femmes. Le monde de Madame de Charrière* (Genève, Slatkine, 1981). Voir en particulier p. 96-100.

8. Il dit ainsi à Constance que « quand l'expérience m'aura prouvé que je ne pouvais rien pour eux [...] j'espère que l'âge aura glacé mes sens, mon activité, ma sensibilité, et que respirer encore, sans but, sans projet, presque sans mouvement, sera toute la jouissance que demandera un homme éteint en même temps que désabusé. » (p. 93).

reste, en ce sens, tout comme un Henri Giroud ou un Florentin, un personnage tout d'une pièce et qui n'évolue pas, un être pétrifié dans un système de pensée qui lui ôte son libre arbitre.

Les hommes qui m'ont intéressée au contraire sont caractérisés par leur capacité à se transformer au fil de l'expérience. Ils constituent le fruit de la profonde répugnance qu'a éprouvée Charrière devant l'esprit d'extrémisme, de système et de dogmatisme de la dernière décennie du siècle. Plusieurs de ses lettres, surtout dans les années 1793-94, expriment en effet sa véritable aversion pour les idéologies qui cultivent l'intolérance et la négation de l'Autre. Dans une lettre du 26 septembre 1794 adressée à Henriette l'Hardy, elle écrit ainsi : « Mon scepticisme va toujours croissant et je pourrais en venir à n'être pas très démocrate même au sein d'une monarchie tyrannique, ni très aristocrate au milieu du républicanisme le plus désordonné. Rien n'est si mauvais que son contraire ne puisse paraître encore pire » [9]. Dans ses récits, elle oppose de plus en plus aux principes théoriques un esprit pragmatique à la recherche des possibilités de l'expérience individuelle vécue. C'est ainsi qu'apparaissent sous sa plume les personnages que j'appellerai les hommes *amphibies* de Charrière. Je voudrais ici expliquer la présence de ce terme dans mon discours. Dans les *Lettres trouvées dans des portefeuilles d'émigrés*, le Marquis de ***, père de Germaine, a ordonné à sa fille de ne plus correspondre avec Alphonse parce que ce dernier a refusé de se joindre, comme lui, à l'armée contre-révolutionnaire de Condé, et s'est réfugié en Suisse. Dans une lettre qu'il écrit à l'abbé des ***, mentor d'Alphonse, il dit : « Il me semble que vous êtes constitutionnel, monarchien, au demeurant un fort bon homme ; mais pas du tout un bon Français, non plus qu'un digne Ministre de l'ancienne église. [...] Les êtres amphibies sont ce que j'aime le moins dans la création : votre cher Alphonse marche sur vos traces » [10]. Dans la lettre suivante, Alphonse écrit ainsi à son ami jacobin Laurent Fonbrune : « Le Marquis déteste, à ce qu'il dit, les êtres amphibies : or je suis à ses yeux un de ces êtres détestables » (p. 438). Le mot « amphibie » dans son sens figuré, depuis le 17e siècle, a souvent été chargé de connotations négatives et suggère « un homme qui professe tour à tour

---

9. *Correspondance, OC*, vol. 4, lettre 1448, p. 579. On pourra lire également, dans le même volume, les lettres 1417 (p. 539), 1488 : « Entre les Jésuites et les Jacobins on pourrait dire *décide si tu peux et choisis si tu l'oses* » (p. 638) et 1505 (p. 664).

10. *Lettres trouvées dans des portefeuilles d'émigrés, OC*, vol. 8, p. 436.

des sentiments contraires » [11] ou, sous sa forme adjective, ce qui est « ambigu », ou « de nature double » [12]. Or, ce caractère ambigu et qui échappe à la règle et au système au profit de l'évolution et de l'expérience va se trouver valorisé dans des personnages tels Laurent et Alphonse dans les *Lettres Trouvées dans des portefeuilles d'émigrés* (1793), plusieurs personnages d'abbé (l'Abbé de la Tour, narrateur et personnage de *Trois Femmes, Honorine d'Userche* (1798), l'Abbé des rois dans *Henriette et Richard* (1792), l'Abbé des *** dans les *Lettres trouvées...*) ainsi que Walter Finch dans *Sir Walter Finch et son fils William* (1806 posthume, mais rédigé en 1799).

Dans les *Lettres trouvées*, dont l'action se déroule en 1793 pendant la Terreur, Germaine, émigrée à Londres, et sa demi-sœur Pauline, restée en Vendée avec sa mère, ne sont pas les seuls personnages qui mettent en question le *statu quo* [13]. En effet, Alphonse le noble, émigré en Suisse et Laurent le jacobin blessé soigné dans la maison de la famille de Pauline, refusent de devenir ennemis, c'est-à-dire, selon les idées du Marquis, père des deux jeunes filles, de faire leur « devoir ». Tout en déplorant la violence jacobine, Alphonse déclare ainsi à son ami : « La diversité d'opinion est-elle considérable quand les cœurs sont également honnêtes et les esprits également droits ? » (p. 438). En fait, ces deux personnages ont en commun leur apprentissage de l'amour (Laurent aime Pauline, Alphonse aime Germaine) et leur refus progressif de la violence. Leur expérience leur permet de se développer en tant qu'individus pensants et sentants pour lesquels les justifications ou *raisons* de tout système vont devenir invalides. C'est pourquoi Laurent rêve sa tête de Méduse qui « gèlerait » ou « pétrifierait » tous les actes et paroles de violence pour ne laisser aux hommes que leur faculté de penser : « Je voudrais [...] que tout Français conservant pour faculté unique

---

11. Voir *Littré*, vol. 1, p. 135.
12. *Petit Robert*, p. 62.
13. Pour une analyse des tactiques subversives des personnages féminins dans les *Lettres trouvées dans des portefeuilles d'émigrés*, on pourra voir par exemple Jacqueline Letzter, *Intellectual tacking* (Amsterdam, Rodopi, 1998), p. 100-107. On pourra voir également Jenene J. Allison, *Revealing Difference. The Fiction of Isabelle de Charrière*, (U of Delaware Press, 1995), p. 27-34. L'on regrettera cependant que l'importance et l'originalité des personnages masculins soit ignorée dans ces deux études, surtout si l'on considère que, des 24 lettres de l'édition originale, 6 seulement sont « écrites » par Germaine (dont les deux dernières ne sont que de courts billets), et aucune par Pauline, que nous ne connaissons que par la correspondance entre Laurent et Alphonse.

celle de penser, fût forcé d'en faire longtemps usage, sans autre objet de ses pensées que ces deux seules questions : *Que puis-je ? et que veux-je ?* » (p. 430-31). Ce qui prévaut, dans le rêve de Laurent, c'est la question du pouvoir et du vouloir de l'individu. Et c'est le personnage de Laurent, roturier jacobin amoureux d'une jeune fille noble, qui nous touche le plus parce qu'il ose exprimer ses hésitations et ses doutes. Il écrit ainsi à son ami :

> La guerre que je fais, m'est désormais insupportable. Souviens-toi, Alphonse, de ce que je te dis, ou conserve ma lettre pour la montrer un jour au père de Pauline. Qu'il sache [...] que je respectais sa femme, que j'adorais sa fille, que j'aurais exposé ma vie pour sa pieuse belle mère, pour sa gentille et naïve petite Minette, plus volontiers que pour l'indivisible République, et l'invisible liberté et l'impossible égalité (p. 462).

Laurent met ici en doute les notions abstraites qui ont déterminé jusque-là ses actes. La progression de « indivisible » à « invisible » puis à « impossible » souligne l'inadéquation des idées et des doctrines à l'expérience. Et il conclut sa lettre par ces paroles : « Voilà, mon cher Alphonse, le chaos de ma tête, non pas éclairci, mais en partie étalé devant toi. N'as-tu pas vu quelquefois dans la moisson étendre, éparpiller des épis mal mûrs qu'on n'oserait mettre encore en gerbe, qui fermenteraient s'ils étaient renfermés ? » (p. 465). Laurent est conscient de ses limites, mais surtout du fait que ses pensées ne peuvent se « renfermer » en une gerbe finie. C'est ainsi qu'il en vient à une des réflexions centrales du roman, et d'autant plus *amphibie* dans la bouche d'un jacobin, concernant la justification de la souffrance individuelle pour le bien public : « Ai-je l'obligation et le droit de soulager les maux d'un certain nombre d'hommes aux dépens d'un moins grand nombre d'hommes ? » (p. 470). Mais dans le processus de formulation de cette question qui arrive à la fin de sa lettre à son ami, Laurent a déjà répondu en alléguant l'importance de la destinée individuelle :

> Considérant d'abord ceux qu'on veut soustraire à leurs souffrances, je ne vois, quel que soit leur nombre, qu'une souffrance individuelle ; et ma pitié se répétant autant de fois qu'il y a de souffrants, n'augmente cependant pas ; car il n'y a nulle part une intensité de mal plus grande que si un seul homme était malheureux. [...] je pourrai bien faire un malheureux pour me débarrasser de cent malheureux : mais il ne me paraît pas que j'en aie l'obligation envers les cent qui souffrent, ni le droit envers celui que je condamne à souffrir. Si cette obligation et ce droit existaient, quand il s'agit d'un et de cent, ils existeraient encore quand il s'agit d'un et de dix, d'un et de deux, de deux et de trois, et

rien ne devrait m'empêcher de sacrifier mon père, mon ami, moi-même à un certain nombre d'étrangers, d'inconnus. Voilà une bien révoltante conséquence de ce principe qui déjà me paraissait faux en lui-même, par la raison que j'ai dite, par la raison que les hommes ne souffrent point en masse, mais individuellement (p. 469-70).

Et voilà bien là l'originalité de ce personnage : il met en question à la fois sa place et son rôle d'homme dans sa société et dans sa classe en amorçant un processus de pensée personnelle enrichie par une expérience vécue.

Un autre personnage masculin remarquable dont Charrière a inventé plusieurs variantes dans ses romans des années 1790 est l'abbé mentor et éducateur. Bien sûr, l'abbé n'est détenteur que d'une autorité déléguée, mais c'est l'usage (ou le non usage) qu'il fait de cette autorité qui constitue son originalité. Il apparaît dans *Henriette et Richard* (1792) sous le nom de l'Abbé des rois, dans les *Lettres trouvées dans des portefeuilles d'immigrés* (1793) sous celui de l'Abbé des *** et bien sûr dans la série des *Contes de l'Abbé de la Tour*, à la fois narrateur et personnage, en particulier dans *Trois femmes* et *Honorine D'Userche* (1798).

Ce qui est frappant chez ces prêtres, c'est leur tolérance morale et religieuse qui rappelle les idées déjà énoncées dans les *Lettres d'un évêque français à la nation* (1789) [14]. C'est cette ouverture d'esprit et cette écoute de l'autre, en particulier des jeunes amants, qui explique pourquoi le père tyrannique de Germaine, dans les *Lettres Trouvées*, ne considère pas l'Abbé des *** comme un « digne Ministre de l'ancienne église » (p. 436). Dans *Henriette et Richard*, l'Abbé des rois, précepteur des deux jeunes personnages, occupe une place de choix. Issu d'une grande famille, il rejette pourtant les préjugés de naissance. Il est caractérisé par sa probité et son sens de l'humour. En effet, lorsqu'on lui promet la fortune ou un évêché s'il favorise tel ou tel mariage avec son élève Henriette Giroud, il répond en se moquant de l'imagerie ridicule utilisée par ses correspondants pour tenter de le gagner à leurs vues [15]. Il se moque des clichés, du clinquant et de l'artifice

---

14. *Lettres d'un évêque français à la nation, OC*, vol. 10, p. 132-160. Le narrateur de ces six lettres est en effet un homme d'Église qui revendique pour les citoyens la liberté de conscience en matière de morale et de religion.

15. *Henriette et Richard, OC*, vol. 8. Au comte de Loisel il répond : « Tout ce que je veux bien vous dire M. le comte c'est que mon élève, ne se soucie pas d'épouser votre fils. Tout ce que je puis faire pour vous, c'est de ne pas montrer votre lettre au père de mon élève. L'hysope du Liban, les portes sourdes et la lumière de l'Église à qui on baise les mains nous ont fait rire. » (p. 331-32). Puis, il répond ainsi à la Duchesse : « Nos réflexions sont faites, Madame.

(p. 370). Tout en comprenant les motifs et la haine du père d'Henriette, il les condamne et sert les amours d'Henriette et Richard. Il se méfie des idées fausses et des chimères qui n'ont rien en commun avec la réalité : « Le roturier invente le noble tel que vous vous le représentez. L'homme invente la femme. Puis on s'agenouille devant une chimère de sa propre invention » (p. 398). La notion d'une essence noble ou féminine est rejetée ici en bloc par ce religieux qui n'a pas peur d'affirmer sa différence d'avec les doctrines qui ont bercé son éducation. De plus, même si Henriette et Richard sont grandement influencés par lui, il se fait un devoir de les laisser libres, en particulier de laisser le personnage féminin, Henriette, prendre ses propres décisions : « De quoi que l'on presse Henriette, je n'influerai en rien sur sa détermination » (p. 349). C'est aussi lui qui a parlé à Henriette de son grand-père Giroud, autre homme original dont la devise, ADF, gravée sur les bijoux offerts à sa femme, et découverte au fil du roman, était « Amour, douceur, fidélité ». Le personnage de l'Abbé des Rois partage ainsi avec le grand-père Giroud disparu au moment des événements de l'histoire des qualités souvent connotées au féminin. Charrière, à travers ce personnage, continue son entreprise de subversion des clichés sexuels, romanesques, moraux et sociaux de son temps.

Dans les *Lettres trouvées*, l'Abbé des *** est un prêtre déporté et le précepteur d'Alphonse. Les livres n'ont pas fixé son esprit mais plutôt l'ont éveillé et lui ont appris à « raisonner », et c'est cette faculté qu'il a transmise à Alphonse et que le père de Germaine lui reproche avec véhémence. Mais sa raison est toute liée à l'expérience, comme le montrent ses opinions politiques, énoncées par Alphonse : « Il veut un roi à la tête de la République. [...] Encore ne veut-il un roi que pour faire mieux cheminer la République ; et si tu lui prouvais qu'elle peut se passer de Roi, il n'en voudrait plus » (p. 438). Touché par l'amour qui unit les deux amants, il agit comme intermédiaire entre Alphonse et le père de Germaine.

L'Abbé de la Tour, le narrateur de la série des *Contes de l'Abbé de la Tour*, apparaît d'emblée comme un expérimentateur des idées morales. En effet, lorsqu'il accepte de raconter des histoires « vraies » à la jeune baronne de Berghen, ce n'est pas dans l'intention d'illustrer l'idée kantienne du devoir comme

---

La petite bourgeoise ne veut pas plus être Duchesse, que moi Évêque ; et Château Moutier ne la tente pas. » (p. 343).

dans le cas de *Trois femmes*, mais plutôt pour expliquer comment sa propre expérience a modifié et influencé ses idées sur la notion de devoir [16]. Nous le voyons, comme Constance, elle-même personnage amphibie s'il en est dans sa maîtrise du louvoiement, attaché presque uniquement à faire le bonheur des jeunes amants. Et d'ailleurs la deuxième partie du roman est composée de lettres de Constance à l'Abbé qui recueille donc toutes les confidences de celle dont il s'est éloigné « pour son repos » (p. 85).

Dans *Honorine d'Userche*, le rôle de l'Abbé de la Tour est encore plus remarquable et inattendu. L'histoire de l'amour incestueux entre Honorine et Florentin, jeune homme sans nom qui se révèle être son frère, est d'abord présentée par l'Abbé comme une illustration des dangers de trop de liberté d'expression en matière religieuse [17]. L'Abbé, dans ce récit, possède toutes les caractéristiques du narrateur véridicteur et moralisateur. C'est pourtant ce narrateur qui nous présente de manière très positive un des personnages féminins les plus forts de l'œuvre de Charrière. Charrière va jusqu'à lui faire non seulement tolérer, mais justifier les jeux d'identité d'Honorine sur le personnage de Florentin : « Après tout, me disais-je, pourquoi priver un jeune homme, né avec tant de désavantages, de ce que le hasard ou l'amitié lui pourraient apporter de bonheur ? Pourquoi empêcher qu'un préjugé ne le serve contre un préjugé qui le desservirait ? – Sans avoir rien résolu ni rien promis, je l'appelai de Vienne le soir en présence du marquis » (p. 191). Et, comble de l'ironie, c'est donc grâce à l'Abbé qu'Honorine peut mener à bien la transformation de Florentin en M. le Chevalier de Vienne ! Charrière a encore une fois créé un de ces hommes amphibies, à la fois personnage et narrateur, garant des lois et de la morale et les pliant au profit de la jeune femme dont il veut le bonheur, autoritaire et complice de la subversion. Dans les quatre romans mentionnés, l'Abbé remplit le rôle original d'un représentant de l'autorité paternelle et morale qui n'est pourtant jamais totalement le même et qui comprend l'Autre en se transformant et en échappant ainsi à son destin d'automate.

Dans le roman posthume *Sir Walter Finch et son fils William* (1806, écrit en 1799), Sir Walter, sa femme étant morte en couches, se voit responsable de l'éducation de son fils. Il consigne au jour le jour son histoire aussi bien que celle de l'éducation

---

16. *Trois femmes*, *OC*, vol. 9, p. 41
17. *Honorine d'Userche*, *OC*, vol. 9, p. 177-78

du jeune William – et des enfants de sa nourrice. Il écrit un journal personnel, commencé quand son fils a quatre jours et qu'il lui laisse à la fin du roman, partant rechercher sa fille illégitime en Amérique, alors que William a 19 ans. La *Suite* est constituée par la correspondance de William adressée à son père, dont il a lu le journal.

Ce qui est remarquable chez ce personnage, c'est qu'il s'est dégagé très tôt du carcan des idées préconçues et des systèmes. Ainsi, le jeune Walter, écoutant son père Sir Thomas terminer ses récriminations contre les femmes par un « Oh ! Les femmes, les femmes ! », lui répond : « Ne seraient-elles pas en droit [...] de crier tout de même, Oh ! Les hommes, les hommes ? » [18]. Et le narrateur devenu père d'ajouter : « Ce n'est pas la seule preuve que j'aie eue, que mon père se fatiguait peu à penser ; j'ai même lieu de croire que, de père en fils, dans notre noble et antique famille, on ne pensait presque point » (p. 524). C'est pourquoi Lady C., la tante de sa femme décédée et qui n'a pas apprécié qu'il lui refuse l'éducation de son fils, l'accuse d'être un « philosophe ». Et devant la question de Sir Walter sur ce qu'est un philosophe, elle répond : « Une espèce d'hommes que je ne puis souffrir [...] une de cette monstrueuse espèce d'hommes qui ne suit que ses propres idées dans les choses où il y a des idées adoptées aveuglément de tout le monde » (p. 521). Cette définition est fascinante car elle correspond exactement à l'idée que se fait Charrière d'une philosophie humaine détachée des systèmes et reposant sur l'expérience personnelle. Et l'on ne peut plus en douter lorsque Lady C. va plus loin en qualifiant Sir Walter de « musty philosopher », ou philosophe suranné, car on se souvient du pessimisme de Charrière, dans les quinze dernières années de sa vie, quant aux grandes idées « nouvelles » des Lumières et de son refus d'adorer de nouveaux dieux, fussent-ils des philosophes à la mode comme Voltaire ou Rousseau [19].

Une grande partie des réflexions de Sir Walter concerne l'éducation. Mais il est, comme l'a bien remarqué Janet Whatley, un expérimentateur [20] et c'est pourquoi il rejette tout système. Ayant décidé que John, le fils de sa nourrice, doit être traité comme

---

18. *Sir Walter Finch et son fils William, OC*, vol. 9, p. 524.
19. Constance, dans *Trois femmes*, exprime son dégoût pour ces nouveaux dieux. On retrouve ces réserves dans la correspondance de Charrière.
20. Dans *French Women Writers* (University of Nebraska Press, 1994), Janet Whatley qualifie le narrateur personnage en ces termes : « Sir Walter is Charrière's educational experimentalist » (p. 42).

l'égal de son propre fils, il réfléchit ainsi : « Ne laissez pas vos enfants avec des valets, disent les endoctrineurs. Sotte et arrogante recommandation ! » (p. 537). Faisant donc fi des doctrines, il observe les goûts et les progrès de son fils ainsi que des deux enfants de sa nourrice, John et Harry Lee à qui il essaie de fournir, non pas *la* meilleure éducation (car elle n'existe pas, même pas dans l'*Émile*), mais une éducation qui convienne à leurs inclinations, à leur caractère, et aux exigences prévisibles de leur futur (p. 541-42). En cela, il développe des idées très proches de celles que Charrière transmettait à son neveu William dans sa longue lettre de novembre 1799, contemporaine à la rédaction des *Finch* [21]. Les questions qu'il se pose et les hésitations qui sont les siennes ne sont pas celles d'un homme faible mais bien plutôt d'un homme qui diffère de la norme et de l'automatisme. Et la vieille Madame Melvil, parente et éducatrice de sa femme et chez qui il séjourne jusqu'à la mort de celle-ci, fait preuve d'un don de discernement remarquable lorsqu'elle lui dit :

> On peut appeler William (...) l'enfant et l'élève de l'occasion. Vous ne démentez pas un instant votre humeur. Vous vous êtes marié parce qu'on avait mis votre femme sur votre chemin : vous faites pour votre fils ce qui se présente. Trop modeste pour former un plan, trop irrésolu pour prendre un seul parti, vous vous contentez de juger de l'occasion et d'en profiter si elle est bonne, sans vous laisser entraîner par elle quand elle vous mènerait mal (p. 542).

Ne se fiant pas aux théories, Sir Walter ne peut avoir de plan ou de parti prédéfini, d'où son irrésolution et sa modestie, encore une fois traditionnellement associées au féminin et à l'Autre. Loin de chercher à imposer une autorité de père à son fils, il se soucie bien plus de transmettre une expérience vécue qu'un modèle à suivre. Dès le début du journal il écrit : « J'écris pour que mon fils, s'il peut vivre, sache un jour dans quelle anxiété je suis pour lui » (p. 519). Et dans la dernière page du journal, dans laquelle il annonce son départ pour l'Amérique, après quelques

---

21. Voir *OC*, vol. 5, lettre 2088, p. 632-40. Dans cette lettre, Charrière insiste sur la nécessité d'adapter l'éducation à chaque individu et à son état dans la société. Ainsi, dans le journal de Sir Walter, il n'y a aucune hypocrisie, contrairement à ce que suggère Letzter (ouvr. cit., p. 171) dans le fait qu'il ne veuille pas que son fils soit élevé avec des menuisiers (on sent ici le clin d'œil à l'*Émile*). Bien au contraire, il pense seulement que son fils aura besoin, dans sa vie d'homme, vu sa tendance intellectuelle et sa position probable dans la société, de savoir bien penser et parler.

conseils il déclare : « Vous pouvez penser autrement sans que je songe à vous blâmer. Je n'oserais même vous blâmer si vous preniez le parti du service de la mer, et mon âme ne doit pas se mettre à la place de la vôtre, ni prétendre lui servir de flambeau » (p. 563). Sir Walter refuse en fait de faire usage de son autorité paternelle, comme l'a fort bien montré Kathleen Jaeger [22] et préfère donner à son fils son expérience comme simple témoignage individuel. Quelle différence entre ce père ouvert à la différence et le père de William dans *Caliste*, ou celui de Germaine au début des *Lettres trouvées*, qui déclare sans ambages à l'Abbé au sujet du prétendant de sa fille : « Il devrait combattre à côté du père de Germaine en voulant ce que je veux, en cherchant l'honneur où je prétends qu'on le trouve » (*OC*, 8, 436).

Sir Walter participe également à la discussion, toujours présente dans l'écriture de Charrière, sur la place et l'éducation des femmes. Malheureux en amour à cause de son caractère indécis et de sa peur de faire l'expérience d'une relation personnelle avec une femme, Sir Walter se pose à plusieurs reprises des questions sur la condition féminine. Lorsqu'il quitte Lone Bank pour rendre visite à Lord et Lady C., il n'hésite pas à laisser le domaine sous l'autorité de la personne la plus capable de le remplacer, qui se trouve être une femme. Écrivant dans son journal, il réfléchit ainsi au destin féminin et à l'avantage donné aux hommes sur les femmes : « Les circonstances faisant enfin connaître les femmes, les mettent enfin à leur place, au lieu que les hommes sont destinés avant d'être connus, puis nommés à des places pour lesquelles bien souvent ils ne valent rien » (p. 533). Sir Walter énonce ici le double standard qui oblige les femmes à prouver leur valeur alors que la voie des hommes, fussent-ils incapables, est souvent toute tracée. Bien sûr, Sir Walter ne peut s'empêcher de rêver une image de femme intelligente et diligente mais effacée, tel le vilain chat maigre de l'histoire qui débarrasse discrètement la maison de toutes les souris (p. 532, 535-36), provoquant l'indignation de la très féministe avant la lettre Lady C. C'est pourtant lui qui donne raison à Lady Mary, femme de ses rêves qui a épousé son meilleur ami Lord Frederic, lorsqu'elle reproche à son mari d'adopter des critères contradictoires dans l'éducation de leur fille. Ce dernier

---

22. Kathleen M. Jaeger, ouvr. cit., p. 111-113. Jaeger insiste sur le passage d'un modèle paternel traditionnel à un « rôle modèle » individuel (p. 126-27).

en effet dit à sa fille en colère : « Fi donc, Honoria ! Fi, que vous êtes laide ! Que votre voix est aigre ! Oh que l'emportement sied mal à une fille ! » (p. 538-39). Et Sir Walter de réfléchir ainsi :

Aviver et éteindre tour à tour la vanité, s'en servir et la repousser, vouloir que l'on compte tantôt pour beaucoup l'impression que l'on fait sur les autres, tantôt qu'on l'oublie, la néglige, la méprise, c'est une contradiction absurde. – Les instructions morales sont malheureusement trop pleines de contradictions et de confusion (p. 539).

Un peu plus loin, il dénonce ainsi l'objectivisation et le manque d'éducation de ses contemporaines : « La généralité des femmes est condamnée à une éternelle médiocrité dans tout ce qui demande de l'application et ne conduit pas uniquement à plaire » (p. 556). L'on reconnaît ici un des leitmotiv de la correspondance de Charrière avec ses « élèves », que ce soit Henriette L'Hardy [23] ou son neveu William [24] : c'est le peu de formation à l'étude et une éducation superficielle et contradictoire des femmes qui seules donnent aux hommes leur supériorité de raisonnement sur celles-ci [25].

Et perdu dans le « labyrinthe » des « raisonnements » des hommes (p. 539), Sir Walter se refuse finalement à en adopter aucun de manière définitive. Ainsi, lorsqu'il imagine quelle serait la femme idéale de William, il avoue : « non seulement je n'aperçois rien, mais je ne puis pas même me créer un fantôme désirable » (p. 556). Le seul conseil qu'il puisse finalement donner à son fils, c'est celui d'épouser une femme par amour.

Sir Walter, qui se déclare au début de son journal l'ami des livres et des théories, devient pourtant, au fil de son écriture et de son expérience de père, un des personnages les plus ouverts du monde romanesque de Charrière, à la fois raisonnable et sensible, philosophe et expérimentateur, rêveur et homme d'action, puisqu'il part pour l'Amérique afin de retrouver sa fille illégitime et la rétablir dans tous ses droits.

Ainsi, Charrière ne s'est pas bornée à inventer, comme l'ont montré bon nombre d'excellentes études, des héroïnes nouvelles. Elle a constellé les textes de sa maturité de personnages masculins

---

23. Voir par exemple lettre 848, du 23 août 92, *OC*, vol. 3, p. 410, et lettre 861 du 22 octobre 1792, p. 428.

24. Voir lettre 2088 de novembre 99, *OC*, vol. 5, p. 636.

25. Une lecture de Sir Walter Finch comme misogyne et sexiste va donc à contresens de ce personnage.

nouveaux qui, sortes d'hybrides, comme les amphibies détestés par le père automate de Germaine, possèdent l'aptitude de se laisser former par l'expérience vécue et la sensibilité. Ils semblent, de manière étrange, suivre déjà les conseils que Charrière, témoin des grands bouleversements politiques et sociaux de la fin du siècle, donnera à son neveu William dans sa lettre de Novembre 1799 : « Il faut changer de pensée quand les circonstances changent, il faut cesser de dire ce qui ne peut plus être dit sans folie » [26]. C'est ce qui explique qu'ils n'adhèrent strictement à aucun système politique, moral ou philosophique, et qu'ils possèdent, davantage que des qualités « masculines », des qualités humaines. Ces personnages, saisis dans leur existence, participent d'une écriture éminemment moderne, puisqu'elle pose la question d'un espace social à inventer, par delà les systèmes et les images toutes faites, non pas seulement pour la femme, mais pour tout individu sentant et pensant.

MARIE-HÉLÈNE CHABUT
Lehigh University

---

26. Lettre citée, p. 633.

RABELLEAU ET LE LUXE EN 1772 : STRATÉGIES DE PUBLICATION

L'intitulé complet de l'ouvrage que lui a consacré John Sekora [1], déploie à lui seul l'espace chronologique très vaste dans lequel s'inscrivent les débats sur le luxe. Au sein de cette histoire longue, la première moitié du 18e siècle fait figure de moment essentiel, amenant une transformation décisive de l'idée de luxe, à la fois sécularisée et progressivement réhabilitée [2]. À l'inverse, les trois dernières décennies du siècle ont été largement disqualifiées : si tout le monde ou presque parle alors du luxe, et ce dans toutes sortes d'ouvrages, ce flot tardif dans le siècle ne vient en effet que fort peu renouveler les trames argumentaires des discussions, empruntées avant tout aux contributions des principaux acteurs des premières querelles du 18e siècle, de Voltaire à Rousseau, en passant par Montesquieu ou Helvétius. Après eux, la littérature pléthorique et protéiforme sur le luxe apparaît comme monotone et sans originalité, et donc peu digne d'intérêt. Ce temps court des débats sur le luxe possède pourtant sa spécificité : les années 1760 à 1789 sont en effet marquées par la publication de plusieurs dizaines d'ouvrages qui affichent le luxe dans leur titre, des *Lettres sur le luxe, Réflexions sur le luxe, Traité du luxe, Considérations sur le luxe, Effets du luxe,* qui modifient les conditions de la discussion publique sur ce sujet [3]. Le luxe devient alors un sujet de publication à part entière [4], dégagé des spécifications réductrices qui l'associaient tradition-

---

1. *Luxury. The Concept in Western Thought, from Eden to Smollett* (Baltimore et Londres, Johns Hopkins University Press, 1977).

2. Voir l'ouvrage fondateur de cette mise en perspective : André Morize, *L'Apologie du luxe au 18e siècle et le Mondain de Voltaire* (Paris, Champion, 1909).

3. Sur l'attention à porter aux stratégies de publication, voir l'ouvrage collectif publié par le GRIHL sous la direction de Christian Jouhaud et Alain Viala, *De la publication. Entre Renaissance et Lumières* (Paris, Fayard, 2002).

4. Rappelons qu'aucune des contributions importantes des auteurs considérés comme grands n'a pris la forme d'un ouvrage consacré au luxe.

nellement aux parures et à la vanité féminine [5], mais aussi un sujet d'ordre général, traité dans des genres éditoriaux qui mettent en avant l'opinion personnelle des auteurs, investis ainsi d'une grande liberté de parole. Cette liberté leur permet de proposer leur réponse aux questions sur la définition et la légitimité du luxe, enjeux majeurs des polémiques auxquelles s'articulent ces publications.

Les dernières décennies du siècle sont ainsi marquées par le déploiement d'un espace de publication spécifiquement consacré au luxe, désignant à l'attention des lecteurs du siècle – ainsi qu'à la nôtre – une question pensée désormais comme spécifique et autonome, constituant un sujet de publication, en même temps qu'une catégorie générale de réflexion et d'interrogation. Pourquoi et comment le luxe devient-il alors ce sujet visible ? Quel sens cela a-t-il de choisir de publier un titre sur le luxe ? Quel intérêt présentent ces ouvrages pour l'historien lecteur d'aujourd'hui ? Un cas comme celui de Rabelleau, auteur en 1772 d'un titre sur le luxe, permet d'explorer certaines des réponses à ces questions. Le paradoxe apparent constitué par son ouvrage invite en effet à s'interroger, dans la mesure où Rabelleau s'est manifestement employé à proposer un titre affichant le luxe, alors même que l'essentiel de son ouvrage n'en souffle qu'à peine mot.

On ne sait rien de Rabelleau, qui publie en 1772 le *Voyage d'un prince autour du monde, ou les effets du luxe*. Il n'est mentionné par aucun dictionnaire biographique ; on ignore même son prénom. On ne connaît de lui que les quelques autres titres de sa carrière d'homme de lettres au tournant des décennies 1760 et 1770 [6]. Obscur parmi les polygraphes de second rang qui publient alors sur le luxe, Rabelleau permet pourtant de démonter quelques-unes des modalités et d'apercevoir quelques-uns des enjeux de la construction d'un ouvrage sur ce sujet.

La pertinence qu'il y a à proposer au public des lecteurs un titre sur le luxe est la motivation première du *Voyage d'un prince*. La publication de cet ouvrage se révèle en effet largement une affaire d'opportunisme éditorial, qui confirme la constitution du

---

5. Dans un registre qui reprenait la tradition chrétienne du discours de la vanité.
6. *Elémens de jurisprudence. Par M. R.**** en 1762, *Les contradictions. Ouvrage traduit de l'Anglais, avec des notes* en 1763 et une *Dissertation sur les spectacles, suivi de Déjanire, opéra en trois actes* en 1769.

luxe en sujet investi d'enjeux visibles dans l'espace de l'imprimé. La préface au *Voyage* renvoie ainsi dès les premiers mots à l'actualité éditoriale de la question du luxe : « Un Écrivain l'année dernière, a composé deux gros volumes in-8 pour nous prouver que le luxe est un ressort non seulement utile, mais encore nécessaire à la prospérité des états » [7].

La publication de la *Théorie du luxe* de Butel-Dumont en 1771 [8] est posée comme le point de départ de celle de Rabelleau sur le même sujet ; il entreprend de résumer sommairement l'ouvrage ; il esquisse même une critique sur l'usage du terme de luxe par Butel-Dumont [9]. La référence à la *Théorie du luxe* est cependant abandonnée dès la quatrième page de la préface, et Rabelleau n'y reviendra pas. Elle joue pourtant un rôle essentiel dans le dispositif du livre car elle légitime l'entreprise de Rabelleau en l'inscrivant dans une actualité éditoriale. Du reste, Rabelleau évoque, à la suite de l'ouvrage de Butel-Dumont, un autre titre, plus récent encore, qui vient de paraître sur cette même question : « Un autre auteur vient de nous dire au contraire tout nouvellement et très positivement dans un ouvrage fort court pour l'étendue, fort long pour le style, qu'il lui paraît clair que si l'on n'y remédie bien vite, la France périra tristement par le luxe » [10].

Rabelleau en propose également un compte-rendu sommaire, en lui déniant toute valeur aussi bien spéculative que stylistique : « Pour juger de la valeur des raisonnements de cet auteur, il faudrait avoir la force de les lire » [11]. En rapprochant les deux titres, Rabelleau identifie l'espace de publication dans lequel il va se situer, ainsi que la logique qui le fait exister, l'absence d'accord sur la question. Une référence à La Bruyère fournit à Rabelleau une leçon générale sur ce point (« ce que dit La Bruyère, que la plupart des disputes littéraires sont des disputes de mots qui n'ont d'autre principe que celui de ne pas s'enten-

7. *Voyage d'un prince autour du monde, ou les effets du luxe* (Rouen, E. V. Machuel, 1772), in-12, p. i.

8. *Théorie du luxe, ou Traité dans lequel on entreprend d'établir que le luxe est un ressort, non seulement utile, mais même indispensablement nécessaire à la prospérité des états* (s.l., 1771), in-8, 2 tomes en 1 vol.

9. L'impossibilité de se mettre d'accord sur un usage communément admis du terme de luxe est un ressort essentiel des publications sur le luxe de cette période.

10. Ouvr. cit., p. iv. Il s'agit du traité *Du Luxe, de sa nature, de sa vraie cause et de ses effets*, Londres, 1772, in-8, 50 pages.

11. Loc. cit.

dre » [12]). Du fait même qu'ils illustrent cette leçon, ce n'est pas pour leur apport de fond que la préface met en avant la *Théorie du luxe* et le traité de 1772 ; Rabelleau ne prolonge pas la discussion sur les thèses présentées dans ces deux ouvrages, mais les écarte dans une même indifférence quant à leur contenu proprement dit (« Quoiqu'il en soit de ces diverses opinions sur le luxe... » [13]). Il lui suffit de les avoir évoqués en ouverture de son ouvrage : Butel-Dumont et le traité valent pour l'espace d'intérêt qu'ils dessinent autour de la question dont ils s'occupent ; c'est la conjonction chronologique de leur publication qui intéresse Rabelleau, comme signe d'une actualité éditoriale de la question du luxe dont il entend profiter. Seule l'identité du sujet avec celui de ses propres écrits fonde la référence [14]. C'est d'ailleurs parce qu'il existe comme sujet de publication que Rabelleau rassemble les réflexions jusque là éparses qu'il a consacrées au luxe.

Rabelleau s'applique en effet à poser l'antériorité de ses propres réflexions sur le luxe ; il évoque un de ses ouvrages, rédigé en 1765 et publié en 1766, intitulé *Idée générale des choses*, dont deux chapitres abordaient la question du luxe. Il inscrit sa réflexion sur le sujet dans un temps long et sa publication de 1772 comme un apport sur une question mise à l'ordre du jour, mais sur laquelle il réfléchit lui-même depuis longtemps. « C'est de ce même sujet que j'ai traité en 1765 dans quelque endroit d'un ouvrage imprimé en 1766, dont il s'agit dans l'histoire que l'on va lire » [15]. Cette antériorité est pareillement mise en avant à propos de la seconde partie et de la pièce en vers, Rabelleau présentant dans la préface à cette seconde partie un récit de composition qui le pose en anticipateur des Académiciens [16] : « L'auteur de cet ouvrage, dès l'année 1768, avait pensé à traiter en prose les *Inconvéniens du Luxe*. Il en avait déjà jeté au hasard quelques pensées sur le papier, lorsqu'il fit réflexion à l'invitation faite en 1769 de traiter ce sujet en vers pour le prix de poésie de l'Académie Française de l'année 1770 » [17]. Ces protestations

---

12. Ouvr. cit., p. iij.
13. Ouvr. cit., p. vj.
14. Loc. cit..
15. Ouvr. cit..
16. En 1769, l'Académie française, rompant avec la tradition de ne plus imposer de sujet pour le concours de poésie, propose aux candidats de se pencher sur les inconvénients du luxe. Le prix n'est finalement pas décerné, mais reporté à l'année suivante sur un sujet laissé à nouveau libre.
17. Ouvr. cit., p. 47.

d'antériorité visent sans doute à poser Rabelleau en auteur à la démarche cohérente, alors qu'on va voir que son volume est largement bricolé. Elles soulignent surtout qu'il est devenu pertinent en 1772 de rassembler une matière préexistante pour produire un volume sur une question qui existe désormais comme sujet spécifique de publication.

L'examen du volume de 1772 montre que Rabelleau a cherché à tirer parti d'une vogue éditoriale et à offrir des considérations sur un sujet à la mode et susceptible de faire vendre. S'il ne propose pas son volume comme une réfutation ni même comme une discussion des ouvrages qui ont précédé le sien, c'est que les textes qu'il publie en 1772 ont sans doute été rédigés avant la publication de la *Théorie du luxe* et de *Du Luxe, de sa nature, de sa vraie cause et de ses effets*. Cela est clair et explicite [18] pour la seconde partie du volume, qui reproduit la pièce en vers qu'il avait composée pour participer au concours de l'Académie française de 1770. La même hypothèse vaut pour la pièce en prose qui forme la première partie du volume ; quelques indices le suggèrent, par exemple cette note sur l'Angleterre : « Voyez les papiers publics de 1767 ou 1768 » [19], dont la formulation indique une rédaction plus précoce que 1772. Rabelleau le confirme indirectement lorsqu'il signale dans sa seconde préface, celle du poème, qu'il avait déjà commencé à jeter quelques idées en prose sur le luxe en 1768, avant de se lancer dans la forme versifiée. Rabelleau a joint deux pièces hétérogènes qu'il donne désormais à lire sous le label unificateur d'un titre sur le luxe.

Le choix des titres est en effet l'outil essentiel utilisé par Rabelleau pour faire du neuf avec du vieux. Son volume comporte trois titres différents, un pour chacune des deux parties et un titre général censé les englober toutes deux. Le poème qui constitue la deuxième partie du volume a gardé son titre original, correspondant à l'intitulé du concours de l'Académie française, *Les Inconvéniens du luxe* ; le titre figure sur une page de titre interne qui marque le passage à la seconde partie. Le titre qui figure sur la première page de l'ouvrage est plus long et concerne les deux parties ; il est libellé comme suit : *Les effets et les inconvéniens du luxe. Ouvrage en deux parties diverses* ; il figure en haut de chacune des pages du volume, constituant le titre courant

---

18. La page de titre de la seconde partie porte la précision qu'il s'agit du *Sujet proposé en 1769 pour le Prix de l'Académie Française de l'année 1770.*
19. Ouvr. cit., p. vj.

qui forme le fil directeur de la lecture. Si les « inconvénients » renvoient à la pièce en vers ayant concouru en 1770, les « effets » renvoient quant à eux à la première partie de l'ouvrage, le titre de cette première partie en étant *Voyage d'un prince autour du monde, ou les effets du luxe*. Le titre général réunit donc descriptivement les deux faces d'un volume portant sur une même question, sous deux formes différentes. Il a pour effet – pour but en tout cas – d'unifier le propos d'un volume dont la toute première page de titre reconnaît elle-même l'hétérogénéité de ces « deux parties diverses », le récit et la pièce en vers n'ayant rien en commun en termes de style et de forme. C'est le sujet du luxe qui fait le lien ; c'est cette prépondérance de l'interrogation et son inscription dans la durée de la carrière de Rabelleau qui sont mises en avant dans la préface. Cette unification sous le sujet et le titre du luxe permet la mobilisation d'un texte qui ne s'y consacre que de manière très périphérique. La lecture du récit qui forme la première partie de l'ouvrage montre en effet les efforts de Rabelleau pour tirer vers un sous-titre sur le luxe un texte qui est fort éloigné d'en faire son propos central ou même principal.

Le titre général et le sous-titre de ce récit d'une quarantaine de pages laissent attendre une description classique des maux divers et variés engendrés par le luxe au sein des sociétés modernes. Le contenu du récit ne vient pourtant jamais combler cette attente ; il débute par un propos beaucoup plus général que le luxe et n'aborde cette question qu'en quelques endroits strictement délimités. Dans les 26 premières pages, le mot « luxe » ne figure ainsi qu'une seule et unique fois, dans une phrase descriptive sur la manière dont le prince est reçu par le Sultan, second souverain auquel il rend visite après l'Empereur de Chine [20]. Le fil directeur du récit se tient dans les limites classiques du périple politique au cours duquel un voyageur exotique porte un œil faussement naïf sur les réalités des principaux gouvernements, Rabelleau faisant voyager un prince africain à travers le monde. Lors de son entretien avec le roi d'Angleterre, le prince se présente et résume sa démarche : « J'ai fait un grand voyage, j'ai vu bien des États, je les ai comparés entre eux » [21]. Le récit s'inscrit dans cette veine dont les *Lettres persanes* ont été l'un des grands

---

20. « Sa Hautesse, qui le reçut en sortant du Divan avec toute la magnificence et le faste du luxe asiatique... » (p. 4).
21. Ouvr. cit., p. 21.

succès, mais qui plonge ses origines dans une tradition qui s'est constituée au tournant des dix-septième et dix-huitième siècles et que Rabelleau lui-même a déjà empruntée [22].

Cette structuration du récit pourrait aller de pair avec une focalisation sur le déploiement des effets du luxe à travers les différents pays visités. Ce n'est cependant pas là le principe qui dirige les réflexions du prince africain, dont le voyage à travers le monde est entrepris avant tout pour en rapporter les meilleures lois ; c'est de ce point de vue qu'il envisage chacun des pays qu'il visite, de la Chine à l'Angleterre, en passant par Constantinople, la Russie, l'Espagne et les Provinces-Unies. Les épisodes marquants qui caractérisent chaque étape concernent les législations nationales : pays après pays, il se heurte à des lois absurdes, celle qui en Chine veut que les étrangers ne puissent pénétrer dans le pays, celle de Turquie qui fait élever les jeunes princes dans une tour d'où ils ne peuvent sortir, celles qui régissent la justice en Russie. Les questions que se pose le prince sont du même ordre : quelles sont les meilleures lois ? Comment est mis en œuvre le droit des gens dans l'administration de la justice ? Qui est dépositaire des lois et à quelle typologie des gouvernements cela correspond-il ? Cette focalisation du propos sur les questions de législation est congruente avec les écrits antérieurs de Rabelleau, par exemple ses *Elémens de jurisprudence*, qui passent en revue tout ce qui concerne les liens juridiques du mariage et des successions.

Le luxe n'est pas absent du *Voyage d'un prince*. La place qu'il y occupe est cependant secondaire, en volume (quelques paragraphes au total) comme en importance argumentative. Du luxe, il est question à deux moments du récit, comme une cause des maux de la société et comme un des éléments sur lesquels faire porter le mode de taxation recommandé par le prince, c'est-à-dire une répartition géométrique et non pas simplement numérique de l'impôt. Les analyses concernant le luxe restent donc périphériques par rapport à la teneur du propos de Rabelleau. Le récit se termine d'ailleurs sur une conclusion qui concerne la législation, et non pas le luxe : « Sinon, si vous le négligez [l'établissement proposé des proportions en matière fiscale], vous

---

22. Il a publié en 1760 un petit volume sur ce même thème dans lequel un Oriental nommé Asem découvre les bizarreries et scandales du royaume de France. Plus généralement, on doit noter un autre effet publicitaire du titre, qui fait série avec le fameux *Voyage du prince Fan-Férédin en Romancie* du Père Bougeant.

éprouverez bientôt que la même nécessité qui fait les lois, sait aussi les défaire [...]. Vous vous verrez forcé pour le salut de vos peuples et pour le vôtre, de prendre dans vos mains, si vous le pouvez, les rênes du gouvernement despotique, et vous serez vous-même le premier soumis aux lois de ce gouvernement contre nature » [23].

Cette conclusion est à l'image des préoccupations qui ont été celles du prince africain pendant son périple et fonde la cohérence du récit. La place, à l'inverse si singulièrement réduite, en volume et en pertinence, du luxe, amène à s'interroger sur le choix d'un sous-titre (et d'un titre) en décalage apparent avec le contenu. L'exemplaire de la BnF porte d'ailleurs une annotation manuscrite précisant que la deuxième partie commence page 40. Sans qu'il soit possible de dater l'annotation en question et d'en pénétrer à coup sûr le sens, on peut y voir une précision apportée aux lecteurs à venir, ou un aide-mémoire pour une relecture, qui renvoie directement au poème comme au morceau de l'ouvrage qui correspond véritablement au titre annoncé, passant par-dessus ce récit composite, sans doute retravaillé, et assez maladroitement, pour permettre de constituer un volume imprimable et écoulable qui se présente comme traitant du luxe.

L'adjonction du syntagme *Voyage d'un prince*, outre son impact publicitaire déjà signalé (voir note 22), permet en effet de publier un ouvrage qui élargit son propos par rapport à une simple pièce en vers telle qu'il en est paru plusieurs à la suite du concours avorté de l'Académie française de 1770. Rabelleau aurait pu envisager une publication du poème seul sous forme de plaquette, mais le public visé eût été beaucoup plus restreint que celui des deux ouvrages évoqués dans sa préface. Pour fabriquer un volume de taille respectable, il a multiplié les péritextes autour du poème, préface (« Envoi à Messieurs de l'Académie Française »), notes au poème, et a joint ce long récit du *Voyage*, ce qui lui permettait, grâce également à une longue première préface, d'atteindre un volume de 62 pages, plus propre à prendre place au sein de l'espace d'intérêt délimité par Rabelleau lui-même dans sa préface. Rabelleau a réutilisé des morceaux de textes déjà rédigés, dont une partie correspondait peut-être, comme il l'affirme, à des préoccupations sur le luxe (une partie du dialogue avec le souverain anglais peut-être) mais qui dans leur majorité tournaient autour de questions sinon sans rapport

---

23. *Voyage d'un prince*, p. 36.

avec le luxe, du moins qui y sont très mal reliées dans le corps même du texte. Rabelleau publie deux textes « dormants », réactualisés dans un contexte de foisonnement polémique et éditorial, l'un correspondant tout à fait au sujet, mais trop court et trop spécifique pour attirer le lectorat visé, et l'autre s'inscrivant dans la veine populaire du voyageur exotique, mais avec un axe d'intérêt déplacé par rapport au luxe proprement dit.

Le sous-titre de la première partie et le titre général ont justement pour fonction d'unifier les deux morceaux, pour tenter de résoudre leur hétérogénéité de forme et de propos. Cette unification se fait dans l'insistance sur le sujet traité, puisque c'est lui qui fonde la pertinence de la publication. Du point de vue de l'inscription dans un espace d'intérêt, le choix des titres est en effet crucial et doit indiquer le plus lisiblement possible le lien avec la question dont l'actualité dicte la publication. Ce qui peut apparaître comme un manque de cohérence à l'intérieur du texte et surtout entre le texte et les titres souligne donc que Rabelleau a publié pour répondre à une attente supposée des lecteurs. Sa démarche montre que s'est créé un espace de publication autour de cette question du luxe dont il a voulu profiter en rassemblant sous un titre accrocheur deux textes anciens, qu'il a entourés de divers péritextes visant à la fois à gonfler le volume et à lui donner une armature justificative.

Ce qu'on a dit plus haut de la délimitation d'un espace d'intérêt éditorial permet donc d'éclairer les motifs des choix de titres de Rabelleau. Entendant profiter d'une pertinence éditoriale dont attestent la *Théorie du luxe* et le traité de 1772, il a fait feu de tout bois afin de constituer un volume susceptible d'être publié et d'apparaître comme portant sur ce même sujet. L'analyse du volume qu'il publie en 1772 montre ainsi comment on peut fabriquer un livre sur une question que l'actualité éditoriale met en première ligne. Les stratégies de Rabelleau sont celles d'un auteur qui cherche à mettre en scène l'intérêt de ses propres travaux, en les rattachant à un filon porteur. Elles identifient l'intérêt pour la question du luxe, la vogue éditoriale qui en découle, mais aussi les attentes possibles des lecteurs. Que le subterfuge du titre unificateur de textes bricolés soit vraisemblable, aux yeux de Rabelleau et de son éditeur tout au moins, souligne que parler des effets du luxe peut recouvrir des propos très différents. Penser le décalage entre titre et contenu uniquement comme un écart ou une absence de cohérence serait pourtant une perspective réductrice, qui poserait une délimitation *a priori* du contenu du sujet du luxe. Le cas de Rabelleau montre à la fois que le luxe est intéressant à poser comme sujet d'un ouvrage publié alors même qu'il ne semble pas en être le sujet et, à l'inverse, qu'il permet d'unifier un ensemble de considérations de nature diverse et générale. La contradiction n'est qu'apparente : c'est parce qu'il s'est dégagé de spécifications réductrices et qu'il est posé à un niveau de généralité permettant d'en faire un discours sur la législation et l'ordre politique que le luxe devient un sujet de publication pertinent. La vraisemblance du procédé de Rabelleau attire l'attention sur la possibilité pour un titre sur le luxe d'assumer, en les fédérant, une série d'interrogations diverses, concernant la nature des gouvernements et la réflexion en matière législative.

Les procédés de Rabelleau ne sont pas que des effets de titres : l'unification de sa publication sous le thème du luxe renvoie à la constitution de ce dernier en sujet de publication ouvert à des investissements d'enjeux variés, mais qui n'ont que peu à voir avec un débat intellectuel sur le luxe. En effet, publier sur le luxe n'est pas forcément avoir quelque chose à dire du luxe, *a fortiori* quelque chose de nouveau. La mise à jour d'enjeux décalés par rapport à une histoire des idées invite ainsi à se méfier d'une analyse des textes en termes de contenu argumentatif, approche qui a largement déconsidéré la littérature sur le luxe peu inventive de la fin du siècle. De ce point de vue, Rabelleau n'apporte rien ou presque ; il est au contraire très représentatif de la foule de ces petits auteurs qui ont cru pouvoir publier un titre à la faveur d'une mode. Le sujet permet en effet de faire du volume à peu de frais intellectuels, en prolongeant les grandes traditions de critique du luxe, en truffant les textes de citations plus ou moins avouées, en plagiant les principales contributions des auteurs célèbres, de ceux auxquels la plume a donné quelque célébrité justement, ces philosophes qui investissent la fonction d'homme de lettres d'un retentissement inédit. Comme Rabelleau, et sous des formes diverses, de nombreux petits auteurs se sont servis d'un sujet balisé, au répertoire bien établi et largement partagé, pour affirmer leur statut d'auteur, mais aussi pour y mettre régulièrement en avant leurs prétentions à tenir un discours concernant les intérêts communs du corps politique. Entreprendre de publier sur le luxe, c'est en effet se poser en héraut du bien public, dans la mesure même où c'est un sujet qui permet de parler de tout, et notamment des principes de l'harmonie du corps politique, comme on l'a vu avec le bricolage du *Voyage d'un prince*. Le luxe est l'un de ces sujets sur lesquels les écrivains entreprennent de légiférer, en lieu et place du monarque, et ce n'est pas un hasard si la législation et le droit forment le cœur du voyage du prince de Rabelleau.

La spécificité de la seconde moitié du siècle est précisément d'avoir installé la discussion dans des conditions nouvelles qui ont ouvert un espace inédit aux hommes de lettres, sur un sujet libéré à la fois de la tutelle du pouvoir royal avec la fin des lois somptuaires, ainsi que de celle de l'Église, depuis la sécularisation de la discussion, principal acquis de la première querelle autour de la *Fable des abeilles* de Mandeville et du *Mondain* de Voltaire. L'intérêt des trois dernières décennies du siècle n'est donc pas dans le renouvellement des trames des débats, mais dans l'exploration par une foule de petits auteurs de ces conditions nouvelles de discussion, qui font du luxe un sujet propice à des investissements nouveaux, d'ordre individuel (publier un titre, devenir un auteur), mais aussi collectif (proposer un discours publié prétendant établir les valeurs communes, participer ainsi à la constitution d'un espace public). En invitant à décaler les axes d'analyse, le cas de Rabelleau indique ainsi l'un des ressorts de la constitution entre les années 1760 et 1789 d'un espace de publication sur le luxe qui permet, sans grands efforts en termes d'innovation argumentative, à des polygraphes de second rang de chercher à prendre place dans la République des lettres, mais aussi de mettre en avant la mission d'intérêt public qu'ils prétendent partager avec les philosophes.

Pour être représentatif des petits sans relief, le *Voyage d'un prince* est loin de manquer d'intérêt. Car, au-delà d'une première lecture qui le tire vers la monotonie et l'absence d'originalité, il nous invite à modifier les grilles d'analyse des textes et à repenser du même coup les enjeux des débats sur le luxe dans la seconde moitié du dix-huitième siècle. Il permet ainsi de repérer ces autres « usages » du luxe que sont les instrumentalisations du sujet à des fins éditoriales ou carriéristes, mais aussi politiques [24].

AUDREY PROVOST
Lycée Georges Brassens, Villeneuve-le-Roi

---

24. Voir Audrey Provost, *Les Usages du luxe : Formes et enjeux des publications sur le luxe en France dans la seconde moitié du 18ᵉ siècle (vers 1760-1789)*, thèse de l'Université de Paris IV, décembre 1992.

Le XVIIIe siècle aux PUPS

LE XVIIIe PASSÉ EN REVUES

La Lettre clandestine
Revue annuelle publiée avec le concours du CNRS, prix unique de **29 €**

n°12, Lecteurs et collectionneurs de textes clandestins à l'âge classique,
2003, 500 p. ISBN 2-84050-348-4

n°13, Protestants, protestantisme et pensée clandestine,
2004, 486 p. ISBN 2-84050-398-0

Revue Voltaire
Revue annuelle publiée par la Société des Études Voltairiennes et l'Équipe « Voltaire en son temps » du CELLF (Paris IV et CNRS) avec le concours du CNL, prix unique de **29 €**

n°3, Le Corpus des notes marginales,
2003, 388 p. ISBN 2-84050-297-6

n°4, Voltaire éditeur,
2004, 376 p. ISBN 2-84050-361-1

n°5, Le dialogue philosophique,
2005, 396 p. ISBN 2-84050-394-8

LE XVIIIe EN TOUTES LETTRES

Vivre libre et écrire - Anthologie romancière de la période révolutionnaire (1789-1800)
Huguette Krief (dir.), coll. VIF en coédition avec la Voltaire Foundation (Oxford), 2005, 402 p. ISBN 2-84050-383-2, **19 €**

Denis Diderot
Raymond Trousson, coll. Mémoire de la critique n°12, 2005, 600 p. ISBN 2-84050-323-9, **30 €**

Séries parodiques au siècle des Lumières
Sylvain Menant et Dominique Quéro (dir.), coll. Lettres françaises n°1, 2004, 380 p. ISBN 2-84050-362-X, **24 €**

Écrire la nature au siècle des Lumières - Autour de l'abbé Pluche
Françoise Gevrey (dir.), coll. Lettres françaises n°3, 2005, 410 p. ISBN 2-84050-426-X, **24 €**

Le Théâtre des voyages - Une scénographie de l'Âge classique,
François Moureau, coll. Imago Mundi n° 11, 2005, 584 p. ISBN 2-84050-367-0, **32 €**

LE XVIIIe EN HISTOIRE

Le Livre maritime au siècle des Lumières
Édition et diffusion des connaissances maritimes
Annie Charon, Thierry Claerr et François Moureau (dir.), coll. Centre Roland Mousnier n°17, 2004, 260 p. ISBN 2-84050-363-8, **25 €**

Commerce et Prospérité
La France au XVIIIe siècle
Guillaume Daudin, coll. Centre Roland Mousnier n°19, 2005, 610 p. ISBN 2-84050-371-9, **28 €**

Au plus près du secret des cœurs ?
Nouvelles lectures historiques du for privé
Jean-Pierre Bardet et François-Joseph Ruggiu (dir.), coll. Centre Roland Mousnier n°22, 2005, 264 p. ISBN 2-84050-406-5, **22 €**

Ruptures de la fin du XVIIIe siècle
Les villes dans un contexte général de révoltes et révolutions
Michel Vergé Franceschi et Jean-Pierre Poussou (dir.), coll. Centre Roland Mousnier n°20, 2005, 232 p. ISBN 2-84050-387-5, **18 €**

Révoltes et révolutions en Amérique et en Europe (1773-1802)
bulletin n°29 de l'AHMUF, 2004, 152 p. ISBN 2-84050-372-7, **12 €**

www.presses-sorbonne.info

LIBRAIRIE PUPS 8, RUE DANTON 75006 PARIS
TEL. : 01 53 10 57 60 FAX : 01 53 10 57 66
E-MAIL : PUPS@PARIS4.SORBONNE.FR
WEB : WWW.PRESSES-SORBONNE.INFO

PAR CORRESPONDANCE :
PUPS
MAISON DE LA RECHERCHE DE L'UNIVERSITÉ PARIS-SORBONNE
28, RUE SERPENTE 75006 PARIS

LA MISE EN SCÈNE DE L'OPINION PUBLIQUE DANS LA LITTÉRATURE DES LUMIÈRES

L'opinion publique est un mot magique : il suffit en effet de prononcer le mot pour que la chose existe. Doté du pouvoir de coïncider avec la chose qu'il dénote, le mot possède une réelle vertu d'évidence qui semble n'avoir jamais été aussi puissante qu'aujourd'hui, à l'âge démocratique qui est le nôtre. En atteste la vigueur du paradoxe formulé par Pierre Bourdieu en 1973 : « L'opinion publique n'existe pas ». Elle serait pourtant née au 18e siècle, comme l'ont affirmé les historiens – ceux de la langue, ceux des mentalités et ceux de la culture politique – qui déclarent que le mot revêt alors un sens nouveau. Certes l'entrée est tardive dans les dictionnaires (1798), mais l'écart est attendu entre sa reconnaissance institutionnelle et son usage contemporain à la réalité sociale : le phénomène de lexicalisation serait donc en harmonie avec le parcours historique d'une opinion prétendument naissante au midi du siècle et victorieuse en sa fin ; le mot serait en accord avec la chose. C'est du moins ainsi que les historiens ont enregistré et segmenté la promotion de l'opinion publique au 18e siècle. À l'ombre d'un Tocqueville et d'un Taine, un historien oublié, Edme Marie Caro, auteur en 1880 d'une *Fin du dix-huitième siècle*, s'attarde sur le pouvoir grandissant de la reine du monde et désigne le « vrai dix-huitième siècle » comme les années du règne de l'opinion publique : « C'est l'explosion d'un mouvement longtemps endormi ou comprimé », écrit-il. « L'Opinion règne en maîtresse et du premier coup devient opposition non plus latente, mais déclarée, contre la royauté et contre l'Église » [1]. Il choisit l'année 1748 – au cours de laquelle fut signé le traité d'Aix-la-Chapelle – pour convertir l'idée en événement historique, tandis que l'apogée contestataire ne sera atteinte, ajoute-t-il, que lors des « vingt années qui vont de 1755 à 1775 » [2].

---

1. Edme Marie Caro, *La Fin du dix-huitième siècle* (Paris, Hachette, 1880), I, 1, p. 2.
2. Ouvr. cit.

Entre le mot et la chose, un homme va servir de lien : le philosophe. Il sera désigné comme le témoin privilégié de son temps et son pouvoir s'exercera, au long du 18ᵉ siècle, tout à la fois *contre*, *sur* et *grâce* à l'opinion publique, adoptant successivement la posture ancestrale du sage, ennemi des opinions vulgaires, celle nouvelle du réformateur courageux de l'opinion commune et celle, tardive, du représentant consciencieux de l'opinion publique. E. M. Caro résume en ces termes l'emprise des philosophes sur l'opinion : « Ils se sont emparés, à un certain jour, de cette force, mais ils ne l'ont pas créée ; c'est une arme qu'ils ont prise à leur service, mais le métal avait été forgé par un certain esprit public qui existait avant eux [...]. On le voit se former, grandir de jour en jour, bien avant 1748, éclater déjà vers 1751 et 1752, par des traits irrécusables, à une époque où la philosophie ne remplissait encore qu'un rôle modeste et secondaire » [3]. Ce premier moment est le prélude d'une prise de pouvoir : « L'esprit philosophique au dix-huitième siècle a eu comme instrument de domination l'Opinion. Par elle il agit, il se propage, il conquiert successivement les intelligences, il triomphe des dernières résistances, il règne » [4].

Toutefois, si l'on en croit Fernando Pessoa, auteur en 1919 d'un article sur l'opinion publique, c'est au 18ᵉ siècle que remonterait l'une des « superstitions verbales dont la pseudo-intelligence de notre époque se nourrit » et qui « réussissent vraiment à s'enraciner mais ne parviennent jamais à être élucidées » [5] : l'opinion publique. Et le poète d'opposer le mot et la chose, invoquant « ce critère instinctif, respectueux de l'opinion publique dans les mots (car on sent qu'il y a une réalité derrière l'expression), mais peu respectueux dans les actes (car on ne sait au fond quelle est cette réalité) » [6]. La rhétorique philosophique serait donc à l'origine d'un imaginaire social et politique rompant avec la réalité de l'Ancien Régime, en dépit des allégations enthousiastes des historiens à venir. L'opinion publique pourrait bien n'être qu'un substitut linguistique qui, par la vertu réaliste du mot, prend la place d'une réalité qu'elle occulte tout en donnant l'illusion de la dénoter. La réalité existe, comme l'affirme F. Pessoa, mais elle est rejetée comme non conforme à l'idée

---

3. Ouvr. cit., I, 2, p. 3.
4. Ouvr. cit., I, 2, p. 4.
5. Fernando Pessoa, « L'opinion publique », *Action* (1919), publié dans *Dialogues sur la tyrannie* (Paris, Éditions Anatolia, 1996) p. 23-24.
6. Ouvr. cit.

philosophique : le mot a pris la place de la chose. L'opinion publique cesse alors d'être une réalité observable – une induction sociale – pour devenir une intuition philosophique – une déduction mentale. Le génie des philosophes aura consisté à rendre assignable socialement ce qui demeure une notion abstraite, à postuler la possibilité d'un regard sur ce qui n'a pas de corps, à décrire ce qui ne s'offre jamais en spectacle à l'observateur. Comme l'écrit E. M. Caro, le 18ᵉ siècle est moins le siècle de l'opinion que celui de l'esprit philosophique conquérant, et ce lien de subordination pourrait être la raison pour laquelle l'opinion publique n'a jamais fait l'objet d'une étude spécifique au 18ᵉ siècle : en 1777, l'abbé Petiot n'aborde cette question que dans le cadre d'une influence de la philosophie sur les mœurs, dans un ouvrage dont le titre second est éminemment révélateur : *De l'opinion et des mœurs ou De l'influence des Lettres sur les mœurs*. Il faudra attendre l'année 1789 pour concevoir une action autonome de l'opinion sur le gouvernement, c'est-à-dire la fin de la suprématie de la pensée des philosophes. La mise en scène philosophique de l'opinion relève donc d'un jeu – concerté ou non – avec l'illusion référentielle, d'une stratégie linguistique en vue de la conquête d'un pouvoir symbolique. La persuasion de soi et des autres n'est cependant pas totale et çà et là on voit percer un doute sur l'existence de la chose derrière la majesté du mot. Le doute est même permanent et taraude ceux-là mêmes qui célèbrent la reine du monde. En 1740, le comte Desalleurs, ambassadeur de France à Constantinople et auteur d'un *Avis au public*, se fait l'écho de cette suspicion :

> Les uns vous regardent comme un nombre infini de têtes couvertes d'un seul bonnet ; les autres, au contraire, disent que vous n'êtes qu'un nombre infini de bonnets sans tête. Il y en a qui vous comparent à ces *bâtons flottants* sur l'onde, dont parle votre ami La Fontaine, et disent en parlant de vous : *de loin c'est quelques chose, et de près ce n'est rien*. J'en connaîs qui vont plus loin ; car ils disent hautement que vous n'êtes qu'un vain fantôme, qui n'avez jamais existé, et qui n'existerez jamais [7].

Il la rejette dans ce même avis [8] et dans une *Réponse du public* où il prend la défense du grand nombre contre les juridictions

---

7. [Desalleurs], *Avis au public* (s.l., 1740), p. 4.

8. Il continue en ces termes : « Je vous avoue que ces discours me percent le cœur », confie-t-il, « je ne m'accoutume point à voir comparer au néant quelqu'un à qui j'ai consacré les belles années de ma vie » (Ouvr. cit.). Le doute l'assaille : le public pourrait-il n'être qu'un mot, en contradiction avec ses convictions d'auteur ? « Depuis vingt ans je travaille à mériter votre estime, vous considérant comme un être très réel, et comme l'arbitre de ma destinée », témoigne-t-il ; « hélas ! serait-il bien possible qui vous fussiez une chimère semblable

particulières [9]. En 1781, Louis Sébastien Mercier est plus sévère et ses remarques sont plus compromettantes encore : « Le public existe-t-il ? Qu'est-ce que le public ? Où est-il ? Par quel organe manifeste-t-il sa volonté ? » [10]. Les allégations philosophiques côtoient chez lui les perplexités de l'observateur et les doutes du dramaturge : « Il manque d'un point de réunion », écrit-il, « et comme il ne peut jamais former à Paris une seule voix, c'est un composé indéfinissable » [11]. Le 18e siècle lui-même nous met par conséquent en garde contre la mystification des philosophes, contre les maîtres du pouvoir des apparences, pour qui il s'agit de convaincre leurs interlocuteurs – le public lui-même et surtout les monarques – qu'il existe un pouvoir nouveau, que ce pouvoir est celui qu'exerce l'opinion publique et que l'opinion est dirigée par les philosophes. Ce pouvoir de l'opinion est paradoxal, puisqu'elle puise son évidence dans son opposition à ce qui est immédiatement observable, à la réalité même de l'Ancien Régime : l'opinion publique prend corps et prend force en s'opposant à la réalité et à la faiblesse de l'opinion populaire.

Le peuple fonctionne comme un double négatif, comme l'ombre du public, et il va servir de passeur entre l'espace des représentations imaginaires et l'incarnation sociale : le peuple est lui-même partagé entre une réalité avilissante et l'imaginaire ambivalent (*plebs/populus*) que cultive le Grand Siècle. En s'opposant

---

à ces universaux, dont parlent les philosophes, et qui ne sont rien dans le fond que de grands mots vides de sens ? » (Ouvr. cit.) C'est dans son activité d'écrivain, dans son statut d'auteur que Desalleurs puise les arguments d'une réfutation en faveur de l'existence du public : il faut que le public existe puisque lui, Desalleurs, est homme de lettres, et que c'est n'être rien à son tour que de dire du public qu'il n'existe pas : « Mais non, je ne m'abuse point, vous n'êtes pas un vain fantôme, vous êtes un être réel, et même très respectable, puisque vous me représentez le consentement unanime des membres de ma nation. Quand cela serait impossible, je dois du moins le supposer pour mon honneur. Car n'aurait-on pas raison de se moquer de moi, si je vous écrivais ici comme à un être réel, et que vous ne fussiez autre chose qu'un être fantasmatique et imaginaire ? » (Ouvr. cit., p. 5-6).

9. [Desalleurs], *Réponse du public* (s.l., 1740), p. 4-5 : « Il ne me reste que mon nom ; ce nom est aujourd'hui tout mon bien, et le seul, par l'usage duquel je puis rentrer dans la possession de tout ce qu'on a usurpé de moi. C'est aussi par là qu'on m'attaque et que mes ennemis élèvent, comme vous dites très bien, à mon préjudice, une quantité de petits avortons de public qui veulent me dépouiller de mon nom, de mes armes, et de mon patrimoine. »

10. Louis Sébastien Mercier, *Tableau de Paris* (Paris, Mercure de France, 1994), vol. 1, p. 1473.

11. Ouvr. cit., p. 1474.

au peuple, le public du 18ᵉ siècle va pouvoir jouir de la même dualité, suspendu entre l'éther et la fange, entre le mot et la chose. L'opinion publique et l'opinion populaire formeront ainsi un couple récurrent de la littérature d'idées au siècle des Lumières, et il faut lire cette opposition comme générique, c'est-à-dire comme résomptive d'une série d'antinomies subalternes.

Première antinomie : peuple *versus* public. L'opinion du public est d'abord distinguée de l'opinion du peuple, c'est-à-dire de la multitude envers laquelle les philosophes ne cessent d'éprouver une invincible répulsion pendant tout le 18ᵉ siècle. La lecture de l'article « Multitude » de l'*Encyclopédie* suffit à se convaincre de l'hostilité philosophique d'un Diderot à son égard : « Méfiez-vous du jugement de la multitude ; dans les matières de raisonnement et de philosophie, sa voix est [...] celle de la méchanceté, de la sottise, de l'inhumanité, de la déraison et du préjugé » [12]. L'injonction répétée six fois décline les nombreuses raisons d'être prudent : « Méfiez-vous-en surtout dans le premier moment ; elle juge mal, lorsqu'un certain nombre de personnes, d'après lesquelles elle réforme ses jugements, ne lui ont pas encore donné le ton » [13].

Deuxième antinomie : erreur *versus* vérité. L'opinion publique n'est célébrée comme vérité que si l'opinion populaire est simultanément dénoncée comme erreur, de sorte que sont continûment mises en présence l'erreur populaire et la vérité publique. Voltaire est peut-être celui qui offre le meilleur exemple de ce contraste lorsqu'il met en regard l'opinion populaire toulousaine et l'opinion publique européenne dans son combat pour la réhabilitation de la famille Calas : la première accuse les innocents, sur la foi d'une rumeur qui donne autorité à des témoignages contradictoires, tandis que la seconde, forte du raisonnement énoncé par le philosophe, divulgue des informations, protège la famille persécutée, corrige et se substitue aux erreurs du peuple superstitieux. L'incompatibilité est totale entre les deux opinions et elle est encore accrue par l'inanité de toute réforme du peuple, c'est-à-dire par l'inaptitude de l'erreur populaire à être convertie en vérité publique – à la différence d'un Diderot qui pense qu'une pareille conversion est possible.

Troisième antinomie : hétéronomie *versus* autonomie. L'opinion populaire est toujours une erreur inspirée à un peuple incapa-

---

12. Denis Diderot, art. « Multitude » de l'*Encyclopédie* (Paris, Briasson, 1751-1780), t. X, p. 860a.
13. Ouvr. cit.

ble de se donner à lui-même une opinion qu'il reçoit donc inexorablement de l'extérieur, au gré des influences, bonnes ou mauvaises, qui s'exercent sur lui. Peuple séditieux de *La Henriade* manipulé par ses chefs factieux ou peuple superstitieux soumis à l'autorité de l'Église, on stigmatise toujours son recours à l'opinion d'autrui : « Ceux à qui il manque assez d'étendue dans l'esprit pour penser par eux-mêmes se contentent des pensées d'autrui et comptent les suffrages » [14], écrit en 1751 François Toussaint dans l'*Encyclopédie*. Helvétius note en 1758 : « Le pauvre, par exemple, ne peut réfléchir, ni examiner ; il ne reçoit la vérité, comme l'erreur, que par préjugé » [15].

Quatrième antinomie : description *versus* prescription. Elle précise la nature des discours dans lesquels les mots sont employés, pour opposer le discours descriptif des erreurs populaires au discours prescriptif de la vérité publique, c'est-à-dire la peinture des faiblesses de cette communauté observable qu'est le peuple au rêve d'une vertu toute philosophique de ce corps évanescent qu'est le public.

Aussi différentes soient-elles, les deux opinions jumelles partagent un élément commun : le mot *opinion*. Ce seul constat justifie un examen approfondi du substantif, dans l'ombre d'un adjectif qui attire traditionnellement toutes les attentions. L'opinion publique, en effet, est d'abord une opinion et cette notion d'opinion doit nous permettre de comprendre comment et pourquoi la notion d'opinion publique est née dans la pensée philosophique avant d'investir la pensée politique. Comme l'écrivait Jürgen Habermas, la réflexion littéraire a été le laboratoire clandestin où se sont formées les idées contestataires de la seconde moitié du siècle et la notion d'opinion publique elle aussi est sujette à cette discrète incubation, car, avant de paraître sur la scène politique, elle a fait ses premiers pas dans l'espace littéraire, au théâtre plus précisément, sous la forme du parterre, public intermédiaire, tumultueux et redouté, dont les lumières impures sont un composé subtil d'erreur populaire et de vérité publique.

Le parterre s'est certes affranchi des erreurs ancestrales qui aveuglaient le peuple mais il ne s'élève pas encore à la pureté

---

14. François Vincent Toussaint, art. « AUTORITÉ, dans les discours et les écrits » de l'*Encyclopédie*, t. I, p. 900b.
15. Claude Adrien Helvétius, *De l'Esprit* (Paris, Fayard, 1988), p. 70.

rationnelle des idées philosophiques ; aussi lui reproche-t-on ses
tares, d'Alembert son inconstance et sa malfaisance, Diderot son
mauvais goût, mais l'unanimité des voix – fussent-elles populaires – demeure un critère d'excellence et les philosophes se félicitent du public ; il se félicitent surtout de l'aptitude des spectateurs
à s'émouvoir, parce que l'émotion constitue la principale caution
d'une action exercée par les philosophes dramaturges sur le
public. Ainsi placé sous l'égide de la philosophie, le public se
voit investi, par les philosophes eux-mêmes, de la difficile tâche
de juger les œuvres d'art. Le débat fait rage alors autour de la
question de savoir si le dramaturge doit se soumettre au goût
du public ou s'il doit, au contraire, s'en affranchir pour s'élever
à la liberté du génie créateur.

Cette question est l'occasion d'invoquer un autre public, un
autre juge que les spectateurs, un public dont on vante le jugement : celui des lecteurs. Entre les uns et les autres, les avis
tantôt s'accordent [16], tantôt divergent. En cas de désaccord, le
lecteur est convoqué pour corriger les erreurs du spectateur et
la chaleur de l'émotion s'efface derrière des vertus opposées de
rationalité et de modération. Beaumarchais l'affirme dans son
Essai sur le genre sérieux en 1767 : « Je conviens qu'une vérité
difficile sera plus tôt rencontrée, mieux saisie, plus sainement
jugée, par un petit nombre de personnes éclairées que par la
multitude en rumeur » [17]. Du spectateur au lecteur, l'opinion
s'élève dans l'échelle des valeurs philosophiques mais elle devient
également moins identifiable, moins réelle en même temps que
plus puissante. Elle cesse toujours plus d'être assimilable à une
communauté, pour se confondre avec l'exercice de sa fonction
de juge [18]. La référence faite à la réalité sociale est une menace,

---

16. Jean Le Rond d'Alembert, *Éloge de M. Destouches*, dans *Éloges lus dans
les séances publiques de l'Académie française* (Paris, Moutard, 1779) p. 384 :
« Aussi ses ouvrages, applaudis d'abord par le parterre, et lus ensuite avec plaisir
dans le silence du cabinet, ont trouvé grâce devant ces deux tribunaux également
redoutables, l'un parce qu'il est tumultueux, l'autre parce qu'il est tranquille ;
succès d'autant plus flatteur pour un écrivain dramatique, que le tribunal tranquille
semble affecté d'être plus sévère à proportion que le tribunal tumultueux a marqué
plus d'enthousiasme ; l'inexorable lecteur se refuse le plus qu'il peut aux éloges
que le spectateur a voulu lui prescrire, et se sent toujours bénignement disposé
à casser en dernier ressort les arrêts favorables trop légèrement rendus en première
instance. »
17. Pierre Augustin Caron de Beaumarchais, *Essai sur le genre sérieux* [1767],
dans *Théâtre* (Paris, Gallimard, Bibliothèque de la Pléiade, 1934), p. 15.
18. Ainsi, lorsqu'il met en doute l'existence d'un quelconque lecteur à sa
lettre, Beaumarchais invoque la fonction de juge comme ultime et parfaite garantie
de l'existence d'un public juge de son œuvre : « Je pousserai la voracité jusqu'à

la menace pour les lecteurs d'une incompétence qui était celle des spectateurs et plus encore celle du peuple. Le danger est écarté lorsque l'on établit une distinction supplémentaire entre les lecteurs et la lecture, entre la matérialité supposée des lecteurs et la virtualité d'une pratique culturelle – conformément à la loi d'évanescence qui régit la promotion de l'opinion publique au 18ᵉ siècle.

Lorsqu'un auteur se penche sur l'identité de ses destinataires, il est souvent amené à relever les différences qui distinguent le commun des lecteurs et le petit nombre de ceux capables de saisir les beautés et les raisonnements les plus subtils. Faudra-t-il alors s'étonner de voir le plus grand nombre entaché des travers qui déshonoraient le parterre et le peuple, comme c'est le cas dans les *Essais de morale et de littérature* de l'abbé Nicolas Trublet : « Toutes les voix qui applaudissent ne doivent point être comptées ; et un auteur en garde contre l'orgueil trouverait de quoi s'humilier dans ses plus grands succès. Les uns ne louent un bon ouvrages que par ce qu'il a de moins estimable, et même par ses défauts. Les autres ne sont que des échos ; ils répètent ce qu'ils ont entendu dire » [19]. L'étude de la lecture, en revanche, offre l'avantage de dépasser la diversité des lecteurs et d'affirmer l'unité du lectorat par l'identité d'une même pratique, une unité où chaque lecteur perd si bien son individualité d'être singulier qu'il se présente comme une entité élémentaire de l'opinion publique.

Une semblable reconstitution du corps public, après la dissipation de la réalité du peuple et la désarticulation de la communauté

---

vous prier humblement, Monsieur, de me juger vous-mêmes, et sans égard aux critiques passés, présents et futurs, j'aurai même la voracité de vous prévenir qu'étant saisi de mon affaire, il faut que vous soyez mon juge absolument, que vous le vouliez ou non, car vous êtes mon lecteur » (*Lettre modérée sur la chute et la critique du Barbier de Séville*, dans *Théâtre*, p. 161). Cette fonction de juge est devenue si intimement liée à l'existence du public qu'il est menacé de disparaître en cessant de l'exercer : « Vous ne pouvez éviter de me juger qu'en devenant nul, négatif, anéanti, qu'en cessant d'exister en qualité de mon lecteur » (p. 162). Le dramaturge opère une pareille réduction – de l'opinion du lecteur à la sentence d'un juge – en destituant les autres tribunaux – les lectures privées préalables – mais aussi en atténuant la dimension concrète de ce lecteur évoquée en tête de la lettre.

19. Abbé Nicolas Charles Joseph Trublet, *Essais de morale et de littérature* (Paris, Briasson, 1778), vol. 2, « Réflexions sur le goût, où l'on examine la maxime, *Qu'il faut écrire pour tout le monde* », p. 35-36.

du parterre, constitue l'ultime étape de la formation d'un public à la mesure des ambitions philosophiques, car, rappelons-le, l'éloge de l'opinion par les philosophes ne se comprend qu'à la lumière de la sujétion qu'ils imposent et le pouvoir dont elle est investie est proportionnel à celui que les philosophes exercent sur elle. « L'opinion gouverne le monde ; mais ce sont les sages qui à la longue dirigent cette opinion » [20], affirme Voltaire. Ces réflexions nous conduisent naturellement à mettre en doute la cohésion sociale de l'opinion publique. La conformité de l'idée avec la réalité, du mot avec la chose, se trouve en effet doublement menacée : d'abord, comme nous l'avons vu, l'idée est élaborée en réaction contre la réalité, dans le cadre polémique et argumentatif de l'énonciation d'une exigence philosophique ; ensuite, comme nous allons le voir, l'idée elle-même appartient à une constellation d'idées qui possède sa cohérence propre. La cohérence interne et idéelle s'aggrave par conséquent d'une incohérence externe et sociale revendiquée comme un mode de transformation de la réalité elle-même : il faut mentir sur la réalité de l'opinion contemporaine afin de dire la vérité de ce qu'elle sera, parce que l'idée est, aux yeux des philosophes, la promesse d'une réalité à venir. L'opinion publique est donc essentiellement une idée s'inscrivant dans la logique d'un système de pensée ou, pour être plus exact, dans la confrontation et la succession de différents systèmes contradictoires ; et l'histoire est le champ disciplinaire où se produit cette rencontre et où se dessinent les différents visages que prendra alternativement l'opinion dans la littérature des Lumières.

Le *Traité de l'opinion*, écrit par Charles Gilbert Legendre, marquis de Saint-Aubin, et paru en 1733, est un des rares ouvrages que le 18ᵉ siècle consacre à la notion. L'auteur y définit l'opinion comme une forme inférieure de connaissance humaine et en relève partout les funestes traces, dans les belles-lettres comme en histoire, en philosophie comme dans les sciences, en médecine, en astronomie comme en morale et en politique [21]. Une multitude

---

20. Voltaire, *Conformez-vous aux temps* [1764], dans *Mélanges de Voltaire* (Paris, Gallimard, Bibliothèque de la Pléiade, 1981), p. 712.

21. Un trait spécifique de la conquête d'un pouvoir symbolique par les philosophes grâce à la promotion de l'idée d'opinion publique est la volonté qu'ils ont de se soustraire à toute inscription, c'est-à-dire à toute limitation corporative. La philosophie des Lumières est foncièrement transdisciplinaire et ce dépassement des frontières représente la garantie d'une supériorité de la philosophie sur toutes les autres formes de savoir dénoncées comme restreintes. Aussi les philosophes, forts de cette altitude, ont-ils choisi une notion qui jouit, elle aussi, de la même

d'opinions vont se succéder et s'opposer : Legendre oppose un jugement et son contraire, un avis et sa réfutation, sous la forme de duels ou de mêlées désordonnées. Toutes les opinions se suivent, se confirment et s'infirment, sans qu'aucune sorte indemne de ce combat, sans qu'aucune soit jamais proclamée victorieuse ; et si tous les jugements se côtoient dans ce même bourbier des opinions, c'est parce qu'ils se valent tous, parce qu'ils sont tous semblablement éloignés de la vérité. On comprendra donc que le *Traité de l'opinion* n'est pas seulement un traité *sur* l'opinion, mais aussi et surtout un traité *contre* l'opinion, un traité qui entend ruiner la confiance indûment accordée à son objet, un traité contre le règne usurpateur de l'opinion dans l'univers des sciences. « C'est en s'accoutumant à réfléchir sur l'empire, ou plutôt sur la tyrannie de l'opinion, qu'on peut le mieux se détromper d'erreurs », écrit Le Gendre dans sa préface.

Le marquis est conscient de l'ampleur du travail qu'il doit accomplir et c'est en qualité d'historien des opinions qu'il entreprend de revenir sur le brutal congé donné aux opinions par le philosophe qui avait dit ce relevé infini et surtout inutile [22]. L'histoire des opinions est une discipline marginale qui plonge ses racines dans l'histoire religieuse de l'Âge classique ; elle est écrite au siècle précédent par l'abbé de Saint-Réal et par Bossuet qui rejettent les opinions comme hétérodoxes, c'est-à-dire comme autant de déviances coupables par rapport à la seule vérité catholique révélée, originelle et absolue. L'opinion est donc, pour l'historien ecclésiastique, tout à la fois changeante et permanente : changeante, parce qu'elle est en incessante métamorphose ; permanente, parce que cette mutation infinie la définit invariablement comme une erreur. Avant Legendre, en 1679, l'abbé Thiers s'était appliqué à recenser les erreurs, non pas profanes mais religieuses, dans un *Traité des superstitions selon l'Écriture sainte* où la

---

transdisciplinarité, même si la situation est très différente, puisque l'indétermination *a priori* de l'objet de l'opinion est à l'origine d'une condamnation avant de devenir la source d'une heureuse complicité.

22. René Descartes, *Méditations métaphysiques* (Paris, Garnier-Flammarion, 1979), p. 67-68 : « Dans une paisible solitude, je m'appliquerai sérieusement et avec liberté à détruire généralement toutes mes anciennes opinions. Or il ne sera pas nécessaire, pour arriver à ce dessein, de prouver qu'elles sont toutes fausses, à quoi peut-être je ne viendrai jamais à bout [...]. Et pour cela il n'est pas besoin que je les examine chacune en particulier, ce qui serait d'un travail infini ; mais parce que la ruine des fondements entraîne nécessairement avec elle tout le reste de l'édifice, je m'attaquerai d'abord aux principes sur lesquels toutes mes anciennes opinions étaient appuyées. »

condamnation des opinions était prononcée corrélativement à un rappel du dogme religieux, selon la même logique cumulative et descriptive que celle choisie par le *Traité de l'opinion.*

La philosophie des Lumières va rompre cette identification de l'opinion et de l'erreur, mais la conversion est très lente. Pierre Bayle va d'abord prendre ses distances avec l'évidence mathématique cartésienne et s'efforcera de penser une autre évidence, une évidence proprement factuelle où l'opinion a sa place, où l'opinion n'est plus l'objet mais l'arme du sacrifice : l'opinion n'est plus immolée à la grandeur du système, mais c'est le système qui est détruit par la force subversive des opinions. Ce travail suppose naturellement une épuration des opinions historiques reçues, une activité critique ennemie des dogmes et des systèmes quels qu'ils soient. Après Bayle et Bossuet, beaucoup vont s'efforcer de concilier les deux exigences contradictoires : la vérité du dogme et la critique historique ; mais l'opinion demeure inexorablement l'ivraie qu'il faut séparer du bon grain. Nous sommes alors en droit de nous demander si une autre histoire des opinions est seulement possible dans le cadre étroit du rationalisme ou du catholicisme, si tout compliment adressé à la variété de l'écart ne constitue pas nécessairement un outrage fait à l'autorité du dogme.

L'histoire profane ou philosophique va inventer un nouvel espace où la vérité cessera d'être radicalement distincte de toute production d'opinions, mais la philosophie va d'abord maintenir l'opinion dans l'ombre, non pas celle projetée par le Verbe mais celle projetée par la raison humaine. Pour Fontenelle, en effet, l'opinion est encore une erreur : « les opinions communes sont la règle des opinions saines pourvu qu'on les prenne à contresens » [23]. L'opinion est une erreur mais l'histoire des opinions n'est plus un catalogue des erreurs. Fontenelle va en restreindre le nombre parce qu'il ne veut pas collecter les opinions ; il veut comprendre les principes naturels qui président à leur émergence. Après la naissance de l'opinion dans le cercle familial, le philosophe expose sa transmission publique qui permettra de comprendre le passage de la vérité première du fait à la vénérable erreur

---

23. Bernard Le Bovier de Fontenelle, *Dialogues sur les morts anciens avec les modernes*, ch. 1, dans *Œuvres complètes* (Paris, Fayard, 1990), vol. 1, p. 84.

du mythe [24]. Le travail du philosophe consistera donc à remonter le cours de l'opinion qui est celui de l'autorité et de l'habitude [25].

L'histoire des opinions est par conséquent moins statique, mais elle ne cesse pas d'être une « histoire des erreurs humaines », comme le confirme la définition énoncée par Voltaire dans son article « Histoire » de l'*Encyclopédie* : « Il y a l'*histoire* des opinions, qui n'est guère que le recueil des erreurs humaines ; l'histoire des arts, peut-être la plus utile de toutes, quand elle joint à la connaissance de l'invention et du progrès des arts la description de leur mécanisme ; l'histoire naturelle, improprement dite histoire, et qui est une partie essentielle de la physique » [26]. L'univers voltairien est double, scindé entre les progrès des connaissances humaines et la répétition des mêmes erreurs, et, dans cet univers binaire, on comprendra que l'opinion ne séjourne que dans l'ornière, dans la lisière infâme où sont recluses les manifestations de la bêtise humaine, et le travail de l'historien philosophe consiste précisément à reconnaître ces opinions pour ce qu'elles sont, à souligner la frontière en rejetant les opinions dans les ténèbres de l'Histoire. À l'instar de Fontenelle, il adopte une méthode génétique et narrative pour comprendre la métamorphose de l'opinion particulière en opinion commune. Il s'agit donc pour lui d'écrire une histoire de la promotion publique de l'opinion, mais privée par le philosophe de son pouvoir d'expansion, c'est-à-dire dépouillée de son éloquence persuasive et présentée au lecteur dans toute son absurdité et dans toute son incohérence : les « choses prodigieuses et improbables doivent être rapportées, mais comme des preuves de la crédulité humaine ; elles entrent dans l'histoire des opinions » [27].

L'histoire des opinions est donc l'histoire de ce qui n'a aucune validité historique, l'histoire de témoignages non attestés et de

24. Fontenelle, *Sur l'Histoire*, dans *Œuvres complètes*, vol. 3, p. 170 : « Si ces récits sont déjà gâtés à leur source, assurément ce sera bien pis quand ils passeront de bouche en bouche. Chacun en ôtera quelque trait de vrai, et y en mettra quelqu'un de faux, et principalement du faux merveilleux, qui est plus agréable ; et peut-être qu'après un siècle ou deux, il n'en restera rien du vrai qui y était d'abord, et même peu du premier faux. »

25. Fontenelle, *L'Histoire des oracles*, dans *Œuvres complètes*, vol. 2, p. 187 : « On nous a si fort accoutumé pendant notre enfance aux fables des Grecs, que quand nous sommes en état de raisonner, nous ne nous avisons plus de les trouver aussi étonnantes qu'elles le sont. Mais si l'on vient à se défaire les yeux de l'habitude, il ne se peut qu'on ne soit épouvanté de voir toute l'histoire d'un peuple, qui n'est qu'un amas de chimères, de rêveries et d'absurdités. »

26. Voltaire, art. « Histoire » de l'*Encyclopédie*, t. VIII, p. 220b-221a.

27. Ouvr. cit., p. 221a.

faits improbables ; c'est l'histoire des temps fantastiques, l'histoire dont l'objet n'est susceptible d'aucune étude rationnelle. L'histoire des opinions est une histoire négative, une discipline paradoxale qui vit de la négation de son objet, une histoire sans mouvement, sans début ni fin, sans devenir ni fondement, une histoire animée par la seule turbulence illusoire de sa variété. « L'opinion née des factions change quand les factions sont apaisées : ainsi quand le lecteur en sera au siècle de Louis XIV, il verra qu'alors on ne pensa dans Paris rien de ce qu'on avait pensé du temps de la Ligue et de la Fronde. Mais il est nécessaire de transmettre le souvenir de ces égarements comme les médecins décrivent la peste de Marseille, quoiqu'elle soit guérie. » [28].

Le divorce entre rationalité et opinion institué par Fontenelle et Voltaire – en réponse à la scission entre vérité catholique et opinion hétérodoxe – sera dépassé par Montesquieu, autre historien, qui ne fait paradoxalement jamais mention de l'opinion publique. C'est la notion d'*esprit général* d'un peuple qui va opérer une rupture déterminante dans l'écriture de l'histoire des opinions. Pour Montesquieu, l'esprit général est un outil conceptuel qui permet d'osciller entre l'abstraction principielle et la réalité matérielle du peuple ; c'est une idée qui permet de rendre compte rationnellement de toutes les réalités historiques sans jamais se confondre avec la matière ; c'est une notion qui concilie à la fois la prescription rationaliste de la loi et la description pragmatique des particularismes. L'esprit d'un peuple n'est donc plus la somme incohérente de ses erreurs ni la succession absurde de ses crimes : les opinions d'un peuple sont devenues le fruit d'un principe rationnel et dynamique, amené dans l'Histoire à composer avec le temps et l'espace ; les opinions sont donc la manifestation d'une tendance spirituelle qui s'enracine dans les réalités physiques, sociales, historiques, religieuses et culturelles. L'opinion est devenue un objet rationnel complexe, un principe agissant au cœur de l'esprit des hommes. C'est devenu une loi.

En 1751, trois années après la publication de *L'Esprit des lois*, c'est un moraliste, Charles Duclos, qui étend à la vie sociale ce que l'historien avait découvert dans l'univers historique. Dans ses *Considérations sur les mœurs de ce siècle*, la notion d'opinion publique prend en effet le relais de l'esprit général. L'opinion

---

28. Voltaire, *Remarques pour servir de supplément à l'Essai sur les mœurs*, septième remarque, éd. R. Pomeau, (Paris, Garnier, 1963), p. 912-913.

a ouvertement cessé d'être ce qu'elle était chez Bossuet, chez Fontenelle et chez Voltaire – l'espace d'une irrationalité dont il fallait exposer toute la misère ou comprendre la logique de l'égarement. L'opinion est pour Duclos une matière confuse dont il est désormais possible d'approcher les principes philosophiques qui la régissent ; surtout l'opinion s'inscrit dans une historicité positive, dans la perspective d'un progrès philosophique. Elle n'est plus la réalité anhistorique du *Traité de l'opinion* ni le fâcheux écart de l'histoire voltairienne ; elle est devenue un objet historique à part entière dont l'étude ne relève plus de la connaissance érudite du passé mais de l'observation philosophique du présent [29]. L'opinion n'est plus une erreur sur laquelle on revient mais une loi agissante qui se manifeste, ici et maintenant, au cœur de l'espace social. Certes on sait depuis longtemps quelle force elle exerce sur tous dans le corps social – dans le débat sur l'honneur ou dans les querelles littéraires notamment – mais jamais personne n'avait postulé la rationalité de cette reine fantasque. Ce qui relevait d'une sévérité morale et sentencieuse relève à présent de l'analyse philosophique mise au service de la connaissance rationnelle de la loi : « Le désir d'occuper une place dans l'opinion des hommes a donc donné naissance à la réputation, la célébrité et la renommée, ressorts puissants de la société qui partent du même principe, mais dont les moyens et les effets ne sont pas totalement les mêmes » [30].

Cette promotion n'est toutefois pas un triomphe, non seulement parce que l'opinion publique n'est pas la seule loi qui régit le corps social, mais aussi parce qu'elle n'est pas non plus la plus puissante ni même la plus éclairée. Dans l'essai de morale comme dans les autres écrits de philosophie, elle occupe un statut intermédiaire, un milieu entre deux autres instances législatives : la loi civile et la conscience morale. Duclos n'invente pas cette combinaison ternaire ; il l'emprunte au philosophe anglais John Locke qui, dans son *Essai sur l'entendement humain*, définissait l'opinion comme « cette approbation ou ce mépris, cette estime ou ce blâme qui s'établit par un secret et tacite consentement en

---

29. Charles Pinot Duclos, *Considérations sur les mœurs de ce siècle* (Paris, Pruault, 1772, 6ᵉ éd.), p. 27-28 : « Je ne sais si j'ai trop bonne opinion de mon siècle ; mais il me semble qu'il y a une certaine fermentation de raison universelle qui tend à se développer qu'on laissera peut-être se dissiper, et dont on pourrait assurer, diriger et hâter les progrès par une éducation bien entendue. »
30. Ouvr. cit., p. 98.

différentes sociétés et assemblées d'hommes » [31]. À la différence
de Locke qui établissait une équivalence entre les consciences
individuelles et l'opinion publique, Duclos maintient entre elles
une distance et affirme leur complémentarité. Chaque instance
juridique est en effet légitimée par les insuffisances de la précédente : les faiblesses des lois justifient le recours à la censure
de l'opinion et la faillibilité de l'opinion exige à son tour le
recours à la conscience définie comme « un juge plus éclairé,
plus sévère et plus juste que les lois et les mœurs » [32]. On comprend donc combien est mesuré le relèvement de l'opinion chez
Duclos : rectificative des lois civiles impuissantes à punir certains
délits, l'opinion publique est elle-même corrigée par une loi
supérieure qui restreint sa juridiction.

D'autres lettrés sont plus favorables à la reine du monde ;
d'autres aussi sont plus sévères. Pour Louis de Sacy, académicien
et ami de la marquise de Lambert, auteur en 1715 d'un *Traité
de la gloire*, Locke a raison : « Le concours de tous ces témoignages que chacun rend en secret aux vertus distinguées, et aux
talents reconnus, forme le suffrage public, qui n'est ni moins
libre, ni moins sincère, et de ce suffrage naît cette gloire pure » [33].
Remarquons toutefois que Locke ne préjugeait pas de la qualité
intrinsèque du jugement public ; Louis de Sacy va donc plus
loin quand il désigne la vérité comme loi *a priori* de l'opinion :
« La vérité est le premier fondement de l'opinion publique » [34].
Contre ce fol optimisme, d'autres comme Denesle, auteur en
1745 des *Préjugés du public sur l'honneur*, stigmatisent le bruit
et les vices de l'opinion, et vante les qualités supérieures de la
conscience morale, silencieuse et vertueuse – seule source de
l'honneur véritable. En marge de ces positions simples déterminées par l'accord ou le désaccord entre conscience et opinion,
de grandes figures comme Diderot et Rousseau proposent d'autres
modes de conciliation ; le premier, conscient de la dépravation
de l'opinion, projette dans l'avenir la possibilité d'une entente
entre la société civile et le philosophe, tandis que le second rejette
dans l'histoire romaine le souvenir d'une censure clairvoyante du
public. La difficulté réside dans la contradiction entre l'affirmation d'une idée et son déni par la réalité, dans l'écart entre le

---

31. John Locke, *Essai philosophique concernant l'entendement humain*,
livre II, ch. XXVIII.
32. Duclos, ouvr. cit., p. 71.
33. Louis de Sacy, *Traité de la gloire* (Paris, Huet, 1715), p. 9.
34. Ouvr. cit., p. 55.

rêve d'une vertu philosophique et la réalité d'une perversité –
celle de la rumeur, de la médisance ou de la calomnie [35]. La
saveur du mot et le dégoût du réel.

On comprend à présent combien est utile la notion d'opinion
pour penser le statut de l'opinion publique au 18e siècle. On
comprend aussi quelle faible valeur peut avoir l'image syncrétique
de l'opinion construite par les historiens pour décrire le phénomène. Qui faudra-t-il croire ? Les hommes d'Église ? Les philosophes ? Ou bien encore des hommes d'État comme Necker ou
Malesherbes qui introduisent l'opinion publique sur la scène
politique ? L'idée intéresse tout le monde : elle intéresse les
parlementaires qui veulent brider l'autorité royale ; elle intéresse
tout autant les partisans de l'absolutisme. Tous vont puiser dans
le fonds des idées philosophiques et mettre l'opinion au service
de leurs combats. C'est dire qu'ils vont négliger les subtilités
philosophiques et préférer la violence des contrastes au service
d'une plus grande efficacité de leurs discours. Des trois instances
invoquées par Duclos, Antoine Servan, avocat général au parlement de Grenoble, ne va en retenir que deux dans son *Discours
sur les mœurs* de 1769 : l'opinion et la loi ou, plus précisément,
les mœurs publiques contre la législation royale : « Oui, les bonnes mœurs forment une conjuration secrète, mais générale, contre
les mauvaises lois. Des hommes vertueux, sans délibération, mais
de concert, renoncent aux facilités que la loi même leur offrirait
pour le vice » [36]. Le schème tripartite de Duclos est repris et
réduit à deux termes, au service d'une action correctrice par les
parlementaires de l'activité législatrice d'un roi qui ignore la loi
naturelle [37]. Mais l'opinion publique peut aussi être vantée par les

---

35. Frédéric II, auteur en 1759 d'un *Discours sur les satiriques* et d'un *Discours
sur les libelles*, s'en prend ouvertement au public auquel il impute la nocuité
de la littérature diffamante, tandis que d'autres s'appliquent à établir de subtiles
distinctions, comme c'est le cas dans l'*Encyclopédie* où la médisance est présentée
comme une « action en soi indifférente », « permise et quelquefois nécessaire,
s'il en résulte un bien pour la personne qu'on accuse ou pour celle devant qui
on la dévoile » (*Encyclopédie*, art. « Médisance », t. X [1765], p. 299a).
36. Antoine Joseph Michel Servan, *Discours sur les mœurs prononcé au
parlement de Grenoble en 1769* (Lyon, s.d.), p. 12.
37. Ouvr. cit., p. 41-42 : « Ainsi, de vices en crimes, de crimes en lois, de
lois en abus, d'abus en remèdes, la machine politique se complique et s'affaiblit
toujours davantage [...]. Les lois ainsi morcelées ont jetées comme de la poussière
aux yeux des citoyens : tout devient confus et pire ; ce qu'elles agitent sur le
nombre des devoirs est retranché sur leur force ; elles s'accumulent sans s'unir,
et s'interprètent sans s'éclairer. »

tenants de l'absolutisme, comme Jacob Nicolas Moreau, simple avocat promu historiographe du roi et auteur des *Principes de morales, de politique et de droit public*. L'opinion publique mariée avec le roi devient ainsi fille naturelle de la monarchie absolue. L'opinion est bien la reine du monde, mais c'est une reine qui n'existe pas sans un roi entre les mains duquel on a concentré tous les pouvoirs, car l'opinion n'est pas une force, affirme Moreau, c'est une contre-force : « Ce contrepoids naturel, ce ressort le plus efficace de tous pour arrêter l'exercice injuste et arbitraire du pouvoir le plus légitime, c'est surtout dans les monarchies qu'il remplit sa fin : il est nul dans ce que vous appelez gouvernement despotique ; il ne produit que trouble et chaos dans le gouvernement républicain » [38]. Le but est ici de démettre les parlementaires du pouvoir de représentation publique qu'ils se sont arrogé.

Les deux ennemis ont en commun de prétendre porter la parole du public. Or telle n'a jamais été l'ambition du philosophe. Les parlementaires se veulent des échos, des vecteurs de la voix publique ; les philosophes eux se donnent comme des directeurs de l'opinion. Diriger l'opinion : il faudra pour y arriver qu'ils développent différentes philosophies de l'opinion. Nous disons *philosophies* au pluriel, parce qu'elles sont multiples, parce que chaque philosophie de l'opinion s'inscrit dans un discours et que chaque discours répond à un désir ou à un besoin d'opinion. On pourra, par exemple, opposer Falconet et Diderot dans la correspondance qu'ils échangent sur le thème de la postérité : l'artiste y défend la recherche du succès immédiat pendant que le philosophe y fait l'éloge de la voix publique à venir. Il est vrai que les postures philosophiques sont nombreuses au 18ᵉ siè-cle, mais il est possible de réduire cette variété des représentations de l'opinion publique à trois paradigmes génériques, tous inspirés de la pensée scientifique.

La première représentation de l'opinion au 18ᵉ siècle est celle d'un peuple inapte au jugement et sujet aux passions les plus violentes. La métaphore la plus fréquemment employée pour illustrer le mouvement irrésistible du préjugé populaire est celle du torrent : « Le voilà, qui comme un torrent furieux se répand de tous côtés avec un fracas épouvantable ; rien ne peut arrêter

---

38. Jacob Nicolas Moreau, *Principes de morales, de politique et de droit public* (Paris, 1777), vol. 1, p. 61.

ce peuple » [39], écrit Louis de Sacy. Les flots sont toujours une invitation à résister aux menées populaires : « Un homme [que le peuple] estime et qu'il respecte paraît, et fait signe qu'il veut parler ; on se tait, on l'écoute, on lui obéit, et l'orage est dissipé » [40]. L'harmonie côtoie le chaos : l'opinion sera ce chaos humain que le héros a le pouvoir et la charge de dissiper, et que le sage a le devoir de fuir : « Plus même le torrent grossira, plus il fera d'effort pour se soutenir ; parce qu'il est beau d'être seul de son parti, quand on suit seul le parti de la vertu ; parce qu'alors la singularité est héroïsme » [41], écrit Jean Soret en 1750. Le héros, qu'il soit guerrier ou sage, est celui qui réduit le désordre d'une sédition à l'ordre d'une soumission, selon une description du monde héritée de Platon (harmonie céleste et chaos terrestre) et repensée dans le cadre religieux et politique de l'autorité royale de droit divin. En 1766, pourtant, sous la plume de l'abbé Jaubert, auteur d'un *Éloge de la roture*, le torrent est devenu une mer calme, « qui d'abord paraît furieuse, mais qui prend bientôt sa sérénité, et dont les vagues s'affaiblissent peu de temps après qu'elles ont été élevées » [42]. La force n'est plus intrinsèque ; le mouvement est induit par une source extérieure. C'est dire que le modèle d'intelligibilité n'est plus platonicien mais galiléen, au service du pouvoir que les philosophes disent exercer sur les esprits.

La deuxième image de l'opinion est en effet celle que promeuvent les philosophes des Lumières, attentifs à l'impulsion prétendument générée par leurs écrits et transmise à l'ensemble du corps social. L'inspiration est ouvertement galiléenne : on s'appuie sur la loi d'inertie – loi selon laquelle un corps est dénué de toute force intrinsèque et dont le mouvement est entièrement déterminé par le choc avec un corps étranger – pour convertir la fougueuse

---

39. Sacy, ouvr. cit., p. 51. L'image confine au lieu commun mais les écrivains n'ont pas peur des poncifs et tous n'ont pas le talent de La Fontaine qui écrivait dans ses *Fables* (VII, 15, « Les Devineresses », v. 1-7) : « C'est souvent du hasard que naît l'opinion./Et c'est l'opinion qui fait toujours la vogue./Je pourrais fonder ce prologue/Sur gens de tous états ; tout est prévention,/Cabale, entêtement, peu ou point de justice :/C'est un torrent ; qu'y faire ? Il faut qu'il ait son cours ;/Cela fut et sera toujours. », *Œuvres complètes* (Paris, Seuil, 1965), p. 124.
40. Sacy, Ouvr. cit., p. 52.
41. Jean Soret, *Jusqu'à quel point le sage doit-il avoir égard aux jugements des hommes, Discours qui a eu l'accessit du prix d'éloquence proposé par l'Académie française en l'année 1750* (Paris, Quillau, 1750), p. 12.
42. Abbé Pierre Jaubert, *Éloge de la roture dédié aux roturiers* (Paris-Londres, Dessain, 1766), p. 54.

opinion en suivante docile des idées philosophiques. Diderot le dit à Necker en 1775 : « L'opinion, ce mobile dont vous connaissez toute la force pour le bien et pour le mal, n'est à son origine que l'effet d'un petit nombre d'hommes qui parlent après avoir pensé, et qui forment sans cesse, en différents points de la société, des centres d'instruction d'où les erreurs et les vérités raisonnées gagnent de proche en proche jusqu'aux confins de la cité, où elles s'établissent comme des articles de foi »[43]. La valeur du philosophe se mesure dès lors à sa capacité de diriger le cours des opinions : « Souvent un philosophe se déclare pour la vérité sans la connaître : tantôt il obéit au torrent, il suit l'opinion du grand nombre : tantôt plus ambitieux que docile, il résiste, il combat, et quelquefois il parvient à entraîner la multitude »[44].

D'autres vont réfuter cette direction philosophique de l'opinion ; Voltaire réfute la possibilité même de modifier l'opinion publique : « Il ne faut pas forcer le public, c'est une rivière qui creuse elle-même son lit ; on ne peut changer son cours »[45]. Bientôt les philosophes vont non seulement être suspectés de transmettre des opinions incertaines, mais aussi accusés de maintenir leur public dans une servile dépendance. Des écrivains choisiront alors de vanter non plus les vertus imitatives mais la puissance créatrice de l'opinion. D'Alembert tente d'abord de concilier la tutelle philosophique et l'effervescence publique, mais cette conception dynamique de l'opinion tend à affranchir toujours plus le public de la seule influence des philosophes. Les propos de Duclos, prononcés à l'Académie française en 1747, procèdent déjà à un renversement hiérarchique entre les deux instances :

Le concert des esprits ne sert pas uniquement à les rendre plus retenus et plus sûrs ; c'est du choc des opinions que sort la lumière de la vérité, qui se communique, se réfléchit, se multiplie, développe et fortifie les talents. Le génie même [...] reçoit ici des secours. On ne l'inspire pas ; mais des préceptes sages peuvent en régler la marche, prévenir ses écarts, augmenter ses forces en les réunissant et les diriger vers leur objet[46].

---

43. Diderot, lettre du 10 juin 1775 à Jacques Necker, dans *Correspondance* (Paris, Éditions de Minuit, 1955-1970), t. XIV, p. 144.

44. Abbé Étienne Bonnot de Condillac, *Traité des sensations* (Paris, 1754).

45. Voltaire, *Œuvres complètes* (Institut et Musée Voltaire, Genève, Presses de l'université de Toronto, 1968), t. 82, Notebooks II, x, Piccini Notebooks, p. 500.

46. Duclos, *Discours de M. Duclos, prononcé à l'Académie française, lorsqu'il y fut reçu à la place de M. l'abbé Mongault, le jeudi 26 janvier 1747*, à la suite des *Considérations sur les mœurs de ce siècle* (Paris, Pruault-Durand, 1772), p. 345.

L'immersion du philosophe a rendu possible la célébration de l'énergie nationale. Ainsi Thomas écrit dans son *Éloge de Descartes* (1765) : « Chacun s'interroge et juge ses pensées. Chacun discute ses opinions. La raison de l'univers n'est plus celle d'un homme qui existait il y a quinze siècles ; elle est dans l'âme de chacun » [47]. Le génie national est cependant incompatible avec l'inertie galiléenne et c'est au cœur des modèles scientifiques développés par deux ennemis irréductibles, Fontenelle et Newton, que l'opinion publique puise de nouveaux principes explicatifs.

La théorie des tourbillons de Fontenelle vient illustrer l'influence des salons littéraires qui diffusent les idées dans la société du 18ᵉ siècle, mais elle ne permet cependant pas de rendre compte d'un mouvement public unitaire ni de la vitalité nationale. C'est donc la théorie newtonienne de l'attraction qui validera l'émergence collective de la vérité, et dans cette émergence le philosophe cessera d'être un centre et une source, pour devenir une simple force élémentaire parmi d'autres. La métaphore astrale se présente tout naturellement sous la plume d'un tardif zélateur de l'opinion, le marquis de Caraccioli : « Rien de plus fort et de plus universel que son influence. Elle agit sur le moral avec la même activité que les astres sur le physique. Elle nous investit, elle nous berce, elle nous captive. L'histoire des nations est celle de son pouvoir et de ses progrès » [48]. En 1785, en réponse à la question posée par l'Académie berlinoise – *Quelle est la meilleure manière de rappeler à la raison les nations tant sauvages que policées, qui sont livrées à l'erreur et aux superstitions de tout ordre ?* –, le lauréat résume l'alternative : pédagogie philosophique ou génie national, en alléguant la polysémie du terme *raison* – « principe de nos idées développé et mis en valeur », ou bien « collection des idées saines et des jugements fondés sur la vérité des choses, que ce principe a produits » [49]. L'alternative est à l'origine d'une « double culture » : d'une part « celle qui tend à exercer et à perfectionner dans une nation l'instrument même de nos idées, c'est-à-dire la faculté de penser juste, et d'éviter

---

47. Antoine Léonard Thomas, *Éloge de Descartes* [1765], dans *Œuvres de M. Thomas* (Paris, Moutard, 1773), t. IV, p. 17.

48. Louis Antoine de Caraccioli, *Paris, le modèle des nations étrangères, ou l'Europe française* (Venise-Paris, Duchesne, 1777), p. 341-342.

49. Jean Pierre Frédéric Ancillon, *Discours sur la question proposée par la classe de philosophie spéculative de l'Académie royale des sciences et belles-lettres qui a remporté le prix adjugé dans l'assemblée publique du 2 juin 1785* (Berlin, Decker, 1785), p. 10.

l'erreur » et, d'autre part « celle qui tend à lui faire adopter les idées qu'il lui importe d'avoir, et les résultats des recherches et des méditations des autres » [50]. L'enjeu est de taille : il s'agit d'affranchir l'opinion publique du tutorat philosophique, de la libérer d'un pouvoir qu'Antoine de Lasalle dit n'être jamais aussi grand que lorsqu'il se fonde sur les faiblesses du public [51].

On comprend donc pourquoi la mise en scène de l'opinion publique est en crise avant l'insurrection révolutionnaire qui marquera le crépuscule momentané de l'opinion publique – c'est le crépuscule d'un mot auquel la Révolution en substituera un autre, l'*esprit public*. Nous avons parlé du mot, mais de la chose nous n'avons rien dit. Nous avons parlé du masque, du déguisement philosophique donné à cette réalité énigmatique qu'ait le public ; nous avons parlé de l'opinion publique travestie en *regina del mondo*, nous avons parlé de l'héroïne de ce livre fictif inventé par Pascal, comme une pièce maîtresse d'une savante supercherie. La réalité existe pourtant, derrière le mot, derrière la toile où se joue la comédie philosophique de l'opinion, dans les coulisses de la grande représentation des Lumières, sans qu'on puisse dire ce qu'elle est. La puissance de la reine du monde pourrait bien être aussi chimérique que les orgies de la reine Marie-Antoinette décrites dans les pamphlets pornographiques à la veille de la Révolution : une débauche de mots. La mystification philosophique se dissipe avant que ne commence l'imposture journalistique, au moment où le peuple est érigé au statut de mythe moderne, au moment où voit le jour la formalisation mathématique des opinions avec les progrès récents de la statistique. Terminons sur ce mot d'Aragon : « Le 18ᵉ siècle, on y expliquait le Panama, les jours de ce siècle-ci, ses mensonges... »

NICOLAS VEYSMAN

---

50. Ouvr. cit., p. 9.

51. Antoine de Lasalle, *Le Désordre régulier, ou Avis au public sur les prestiges de ses précepteurs et sur ses illusions* (Berne, 1786), p. 274-275 : « On fera donc d'un homme tout ce qu'on voudra, en emplissant sa mémoire d'images bien choisies, et le réveillant à propos à l'aide de mots accolés à de nouvelles images de même ordre ; [...] par où l'on voit qu'avec tous nos raisonnements, nous ne sommes au fond que des esclaves de la peinture. »

SVEC

Politiques et cultures des Lumières

La Réception de Racine à l'âge classique: de la scène au monument
Ed. NICHOLAS CRONK *et* ALAIN VIALA
SVEC 2005:08, ISBN 0 7294 0860 4, 240 × 156mm, €90

Montesquieu en 2005
Ed. CATHERINE VOLPILHAC-AUGER
Les dernières recherches sur les *Lettres persanes* et *L'Esprit des lois*, suscitées par la nouvelle édition des *Œuvres complètes*
SVEC 2005:05, ISBN 0 7294 0859 0, 240 × 156mm, €95

L'Epopée de Voltaire à Chateaubriand: poésie, histoire et politique
JEAN-MARIE ROULIN
SVEC 2005:03, ISBN 0 7294 0856 6, 240 × 156mm, €90

Pour commander nos livres, merci de contacter
email@voltaire.ox.ac.uk, ou aal@auxam.fr
Prix hors taxe, http://www.voltaire.ox.ac.uk

UN EXEMPLE D'IMAGINAIRE SCIENTIFIQUE ET PHILOSOPHIQUE : LE COMPLEXE DE JONAS ET LE MYTHE DE LA DIGESTION DANS L'*ENTRETIEN ENTRE D'ALEMBERT ET DIDEROT*

Le 18ᵉ siècle ne concevait pas comment la matière pouvait produire du vivant. Cet aveu d'impuissance, ou d'impossibilité théorique, représentait une objection majeure à la fondation d'une théorie matérialiste des êtres. Le recours à l'âme et au créateur restait légitime : l'apparition de la vie, la formation et la reproduction des êtres vivants, leur mouvement spontané, y trouvaient une explication. Certes, celle-ci n'offrait pas une science du vivant claire et distincte, où la matière s'expliquait, avec toute la précision requise par la matière. Habilement, Buffon avait imaginé de distinguer matière morte et matière vivante. Dès *les Pensées sur l'interprétation de la nature* [1], Diderot émet des doutes sur cette solution à demi-hylozoïste. Dans un univers où tout se rencontre, comment concevoir la coexistence de deux matières qui ne se mêleraient pas et n'échangeraient pas leurs propriétés ? Cette séparation est arbitraire. Ou la matière est morte, ou elle est vivante. En 1759, dans une lettre à Sophie Volland, Diderot s'interroge encore : « concevez-vous bien qu'un être puisse jamais passer de l'état de non-vivant à l'état de vivant ? [2] ».

L'*Entretien entre d'Alembert et Diderot* s'ouvre avec lucidité sur cette difficulté cruciale. Une science du vivant et une philosophie matérialistes sont possibles si et seulement si la sensibilité est une « qualité générale et essentielle de la matière [3] ». Or

---

1. Diderot, *Pensées sur l'interprétation de la nature*, dans *Œuvres philosophiques*, Paris, éd. Paul Vernière, Garnier, 1990, p. 242-244.
2. Diderot, *Correspondance*, lettre à Sophie Volland du 15 oct. 1759, Paris, éd. Versini, tome V, Robert Laffont, 1997, p. 170-171.
3. Diderot, *Le Rêve de d'Alembert*, dans *Œuvres philosophiques*, Paris, éd. Paul Vernière, Garnier, 1990 (1ᵉ éd. 1980), p. 258. Nous nous référerons désormais à cette œuvre par le sigle *RA*. Dans la suite de l'entretien, Diderot évoquera en passant une autre possibilité : la vie serait « le produit de l'organisation » (doréna-

d'Alembert rappelle que cette hypothèse est contredite par l'évidence première. Elle implique en effet que « la pierre sente » (*RA*, p. 258). En s'appuyant sur une analogie avec le couple de la force morte et de la force vive, Diderot réplique que la sensibilité pourrait être tantôt en acte, tantôt en puissance. La pierre possèderait ainsi une « sensibilité inerte » (*RA*, p. 260), ou potentielle. La sensibilité du minéral resterait à l'état latent faute de rencontrer les conditions de son activation. Notre philosophe semble alors en mesure de proposer une alternative au modèle cartésien du vivant, mais passe aussi de Charybde en Scylla. Il reste en effet à prouver qu'il existe bien une sensibilité potentielle du minéral. Or, pour le savant du 18e siècle comme pour l'écrivain des *Pensées sur l'interprétation de la nature*, seule une observation peut apporter un commencement de validité à une hypothèse. La nature est invitée à fournir un exemple d'activation de la sensibilité inerte ; une pierre doit par exemple s'éveiller à la vie. L'hypothèse diderotienne, pour être valide, exige rien moins qu'un équivalent du mythe de Pygmalion.

À titre d'observation concluante, Diderot soumet alors à son interlocuteur un phénomène « commun » (*RA*, p. 261) : la pierre s'anime chaque fois que l'on mange. Il reste à prouver que la pierre est comestible. La solution proposée respire un parfum de provocations. De manière burlesque, la légende de Pygmalion est expliquée comme une digestion. Et le concret rappelle à l'ordre les spéculations du mathématicien : à trop penser, d'Alembert en oublierait son estomac, et manquerait une vérité trop évidente.

Profitant de l'effet de surprise, Diderot prend la direction du dialogue qui change de style et de méthode. L'abstraction des concepts et la sécheresse de la démonstration sont soudain écartées. Le géomètre reçoit une leçon de choses. Place aux vieilles recettes, à la longue expérience du potager, de la cuisine, aux joies des manipulations patientes. Le texte joue alors d'une sorte d'effet de réel, où sont convoqués avec complaisance l'expérience triviale, les tours de mains, les instruments et les matières. Cette ostentation des savoir-faire, cette débauche de concret, étaient-

---

vant, *RA*. p. 276). Mais Diderot, faute de s'appuyer sur une chimie moderne ou un modèle d'organisation non mécaniste, n'a pas les moyens d'étayer cette hypothèse alternative : « la particule *a* placée à côté de la particule *b* n'avait point la conscience de son existence, ne sentait point, était inerte et morte ; et voilà que celle qui était à gauche mise à droite et celle qui était à droite mise à gauche, le tout vit, se connaît, se sent ? Cela ne se peut. » (Lettre à Sophie Volland du 15 oct. 1759.)

elles vraiment nécessaires pour prouver que la pierre est comestible ? Assurément, ils servent à tourner d'Alembert en dérision. Diderot présente chaque façon du cuisinier et du jardinier comme les étapes d'une préparation minutieuse qui rappelle et parodie les maillons du raisonnement mathématique.

Mais c'est aussi qu'une « image conteuse [4] », de celles qui invitent au récit et à la plaisanterie, vient d'entrer en lice : il s'agit de l'image de Jonas dans le ventre de la baleine. Dans *La Terre et les rêveries du repos*, Bachelard met au jour le complexe de Jonas (p. 129-182). L'histoire de Jonas, qui stimule les récits enfantins, est toujours l'occasion de contes plaisants auxquels on ne croit qu'à moitié. Sous le couvert de la plaisanterie joueraient des images profondes. Le complexe de Jonas assurerait notre triomphe symbolique sur l'angoisse de la mort car il permet de concevoir une mort maternelle et une résurrection. Dans l'épisode biblique, Jonas est avalé mais il reste vivant et ressort transformé. Pour Bachelard, ce récit et la fascination qu'il exerce trouve son origine dans une profonde rêverie sur le ventre : parce qu'il confond ventre sexuel et ventre digestif, parce qu'il fait rêver à une intimité, à une chaleur douce et à une profondeur cachée, symboles inconscients de vie, le ventre aurait moins la propriété de dissoudre que celle d'animaliser : « Dès que s'impose l'image du ventre, il semble que les êtres qui la reçoivent s'animalisent. » (p. 163), nous dit Bachelard, qui nous renvoie alors à un autre de ses concepts, développé dans *La Formation de l'esprit scientifique* [5], (p. 169-181), le mythe de la digestion : séduit par un rêve d'assimilation digestive, inséparable d'une valorisation inconsciente de l'estomac, l'esprit pré-scientifique serait conduit à une explication animiste des phénomènes physiques. Nous souhaitons montrer que pour concevoir le passage de l'inerte au vivant, Diderot va jouer du complexe de Jonas et du mythe de la digestion. Une preuve onirique, qui séduit l'auteur sans peut-être qu'il en soit dupe, va ainsi fonder une philosophie matérialiste mi-ludique, mi-sérieuse.

Avant d'évoquer le potager, Diderot accompagne sa boutade sur « le phénomène commun » d'un raisonnement explicatif : « car en mangeant que faites-vous ? vous levez les obstacles qui

---

4. L'expression est de Bachelard, *La Terre et les rêveries du repos*, Paris, José Corti, 1948, p. 130.

5. Gaston Bachelard, *La Formation de l'esprit scientifique*, Paris, Vrin, 1993, (1ᵉ édition, 1938).

s'opposaient à la sensibilité active de l'aliment. Vous l'assimilez avec vous-même ; vous en faites de la chair ; vous l'animalisez. » (*RA*, p. 261). Si le marbre peut être assimilé, alors il est semblable au vivant. Il doit en partager les propriétés. Il est du vivant à l'état latent. Tout repose sur l'idée que la digestion se contente d'assimiler des semblables. Le travail de l'estomac consiste simplement à neutraliser dans l'aliment ce qui en étouffe le caractère vivant et charnel. Or, selon Bachelard, ce présupposé de l'assimilation du semblable par le semblable est caractéristique du mythe de la digestion : « On veut toujours que le semblable attire le semblable, que le semblable ait besoin du semblable pour s'accroître. » (p. 171)

L'explication de Diderot s'inscrit peut-être dans une théorie scientifique admise au 18ᵉ siècle. Dans ce cas, une rêverie intime, personnelle et stimulante, ne la ferait pas naître. Le philosophe serait seulement la victime d'une croyance collective, d'un obstacle épistémologique que l'âge classique n'aurait pas su franchir. Il est vrai que la conception de Diderot n'a rien d'original. On la rencontre dans l'*Encyclopédie*, à l'article MINERAL (t. X, 1765, p. 534), sous la plume de d'Holbach :

« Il est très-difficile de fixer les bornes précises que la nature a mises entre ses différens regnes ; tout nous démontre qu'il y a la plus grande analogie entre les minéraux, les végétaux & les animaux. En effet, le regne *minéral* fournit aux végétaux la terre & les sucs nécessaires pour leur accroissement ; les végétaux fournissent aux animaux leur nourriture, & passent ainsi avec les parties qu'ils ont tiré « *sic* » de la terre dans la substance de ces animaux, qui eux-mêmes rendent à la fin à la terre ce qu'ils en ont reçus « *sic* », & retournent dans la substance d'où ils ont été originairement tirés. Le célebre M. Henckel a fait voir cette circulation perpétuelle des êtres qui passent d'un regne de la nature dans un autre, par l'ouvrage qu'il a publié sous le nom de *flora saturnizans*, ou de l'analogie qui se trouve entre le regne végétal & le regne *minéral*. »

Si Diderot épouse les conjectures de son ami d'Holbach sur la continuité de la nature, il s'éloigne néanmoins des théories scientifiques de son temps. L'*Encyclopédie* définit en effet la digestion comme « une infusion longtemps poursuivie », c'est-à-dire « une espèce d'extraction [6] » : la digestion est une opération

---

6. DIGESTION, Venel, t. IV, 1754, p. 1001. L'article DIGESTION plaide pour une explication chimique de la digestion : celle-ci est pensée par analogie avec les opérations du chimiste : « Nous avons déjà observé que la partie vraiment alimenteuse des alimens préexistoit dans ces alimens ; elle y est contenue comme un extrait, ou une résine l'est dans un bois, un métal dans certaines mines, &c. Tous les phénomenes de la *digestion* nous présentent des opérations exactement analogues à celles par lesquelles un chimiste sépare cet extrait, cette résine, ce

chimique qui sépare un composé, un mixte, pour en extraire ce qui est nourrissant et semblable à l'animal. La partie nourrissante de l'aliment est certes considérée comme de la matière vivante à l'état latent, étouffée par le composé auquel elle appartient provisoirement. C'est en effet le même fluide, le « fluide mucide », ou « corps muqueux », qui sert à la génération des animaux et à leur nutrition : « c'est par conséquent un fluide mucide qui fournit les élémens des fibres & les matériaux de tous les organes. [...] la matiere dont les animaux sont engendrés, sont formés originairement, doit aussi être conséquemment celle de leur *nutrition.* » (*Encyclopédie*, article NUTRITION, t. XI, 1765, p. 288.) Comme extraction, la digestion n'assimile cependant qu'une partie du composé qu'elle a séparé. Elle rejette l'autre partie, considérée comme définitivement insensible. L'explication chimique de la digestion repose ainsi sur la césure instaurée par Buffon entre matière morte et matière vivante. Or c'est cette distinction que Diderot met en doute depuis les *Pensées sur l'interprétation de la nature* et dont il doit se débarrasser s'il veut faire de la sensibilité « une propriété générale et essentielle de la matière ». En s'appuyant sur cette théorie de la digestion, les physiologistes établissent du reste une hiérarchie des aliments, du plus nourrissant au moins nourrissant :

« [...] puisque la véritable matiere de la *nutrition* est un suc gélatineux, les alimens qui contiennent le plus de matiere mucide, de cette matiere qui est regardée par un des plus ardens scrutateurs de la nature, le célebre Néedham, & par le savant auteur de l'histoire naturelle moderne, M. de Buffon, comme un composé de molécules organiques, sont les plus propres à réparer les pertes du corps animal, & à servir à sa conservation individuelle ; au lieu que les matieres que l'on prend pour se nourrir, qui contiennent peu de suc gélatineux, ne fournissent que très peu de suc nourricier, & sont par conséquent très-peu propres pour la nourriture : ainsi les chairs des jeunes animaux, comme les poulets, les agneaux, les veaux, celles des boeufs, des moutons, de la volaille ; les oeufs, le lait, les extraits de ces différentes matieres alimentaires faits par décoction ou de toute autre maniere qui peut séparer en plus grande abondance les sucs gélatineux mucides des parties fibreuses terreuses qui les contiennent, comme une éponge chargée d'eau, &

---

métal : nous allons suivre cette analogie en deux mots. Un chimiste qui veut séparer une résine d'un bois, le divise ordinairement par une des opérations qu'il appelle *préparatoires* : il le pile, il le rape, &c. la mastication répond à cette opération préparatoire : il le place ensuite dans un vaisseau convenable ; l'estomac & les intestins sont ce vaisseau : il employe un menstrue approprié ; les sucs digestifs sont ce menstrue : il applique une chaleur convenable ; la chaleur animale est suffisante pour la *digestion.* »

forment la partie inutile, *inerte,* non alimentaire. [...] c'est par le défaut de matiere mucide, gélatineuse, c'est-à-dire, par le peu qu'en contiennent les substances végétales, qu'elles sont très-peu propres en général, excepté leurs semences, à fournir une bonne nourriture. Ce sont les plantes succulentes, à fleurs cruciformes, dont la partie mucide est la plus analogue à celle des animaux & abonde le plus, qui, de tous les végétaux sont employés avec le plus d'avantage pour fournir la matiere de la *nutrition.* » (*Encyclopédie,* article NUTRITION, p. 289.)

Cette hiérarchie ne tient pas compte des minéraux. « Les parties fibreuses terreuses » ne sont pas des matières nourrissantes. Elles leur servent seulement de contenant, comme des éponges. L'article NOURRISSANT (de Jaucourt, t. XI, 1765, p. 261) précise et conforte cette exclusion du minéral : « Tous les corps naturels que les animaux peuvent avaler ne sont point propres à les nourrir. Cela est prouvé par une observation suivie, & par le choix constant de certaines substances particulieres qu'un instinct sûr & fidele suggere aux animaux. Les minéraux sont généralement & principalement exclus de la classe des corps *nourrissans.* » Ces conceptions pré-scientifiques naissent d'un mythe digestif puisqu'elles reposent sur l'assimilation du semblable par le semblable. Il semble bien que la digestion « lève les obstacles à la sensibilité active » de l'aliment. Diderot rejette pourtant ce cadre théorique. D'une part, il ne conçoit pas la digestion comme une extraction : le marbre doit être entièrement assimilé. Sinon, la sensibilité ne serait pas une qualité générale et essentielle de la matière. Les obstacles à la sensibilité active dont parle Diderot ne sont donc certainement pas des parties de matière morte. Il ne précisera jamais en quoi ils consistent. D'autre part, notre philosophe ne s'interroge pas sur la valeur nutritive du marbre. Il importe seulement qu'on puisse l'avaler, qu'il soit comestible. Ce déplacement de perspective est une manière d'éluder la séparation entre matière morte et matière vivante, liée au problème du nourrissant ; l'ardent matérialiste lui substitue des préoccupations plus intimes, gustatives et digestives. Prouver la sensibilité universelle, c'est éveiller le désir de manger du marbre. Certes, selon d'Holbach, c'est « la terre calcaire qui fait la base des os des animaux, où elle se trouve liée par une espèce de gluten qui leur donne la consistance nécessaire. » (art. CALCAIRE (pierre ou terre), t. II, 1751, p. 541). Mais ce propos ne s'inscrit pas dans une théorie scientifique constituée et reçue par les contemporains. D'Holbach n'est pas considéré comme un scientifique. Le rôle qu'il prête à la terre calcaire repose sur une simple analogie, qui s'appuie sur le principe de la continuité entre les règnes. Il revient donc à Diderot de prouver cette spéculation sujette à caution plutôt que l'inverse. D'ailleurs, Diderot n'utilise pas cet argument. Bien au contraire, pour mieux démontrer la sensibilité universelle, il semble qu'il choisisse le marbre pour sa valeur imaginaire de masse inerte, impénétrable, pétrifiée, extrêmement éloignée de la vie, à l'opposé de la terre, mère des vivants. En revanche, le philosophe va développer l'onirisme latent de l'hypothèse d'holbachienne sur la circulation de la matière d'un règne à l'autre. C'est alors qu'intervient le complexe de Jonas associé au mythe de la digestion.

Entrons dans la cuisine et le potager du philosophe. Le syllogisme suivant résume le raisonnement de Diderot : tout ce qui se mange est sensible, or l'homme peut manger de la pierre, donc la pierre est sensible. C'est la majeure du syllogisme, selon laquelle la digestion active la sensibilité latente de tout ce qui est ingéré, qu'il serait crucial de prouver. On doit se contenter à son sujet d'un propos sommaire qui a seulement une valeur explicative (cité ci-dessus). Diderot préfère démontrer à grand frais que le marbre est comestible. Il néglige donc ce qui fait véritablement problème et déplace la charge de la preuve : c'est à l'estomac et non à l'esprit de prouver la sensibilité universelle. Ce déplacement est habile car nul n'y trouve à redire, ni d'Alembert, ni les plus fins critiques de Diderot ; il élude les vraies difficultés et procure en même temps l'illusion de toucher à l'essentiel du problème. On oublie soudain les exigences de la philosophie, le mécanisme de la digestion et la sensibilité inerte, pour se laisser captiver par un problème de compatibilité, par une dialectique du goût et du dégoût, de l'assimilation et du rejet qui va trouver sa solution dans une nouvelle cuisine, un art d'accommoder des plats inhabituels. Cette supercherie, qui repose sur une substitution des preuves, met en défaut notre sens critique parce que Diderot, en mettant l'accent sur une agape, nous rend victime d'un mythe de la digestion. Nous présupposons inconsciemment que tout ce qui se mange s'animalise ; la majeure du syllogisme ne prête plus à discussion.

Diderot insiste à plaisir sur cette difficulté factice, comme s'il validait d'autant mieux son hypothèse en apportant la preuve que nous pouvons réussir à ingérer, en quantité gargantuesque, une matière que nous n'aurions jamais eu le désir d'avaler. Repousser les limites de l'estomac revient à accorder les propriétés du vivant à la nature entière. En effet, nous ne sommes pas seulement mis au défi de manger du marbre : c'est la statue de

Pygmalion [7] qu'il nous faut avaler. S'insinue ici un complexe de Jonas : l'homme ingère sa propre représentation, qui en sortira *plus vivante*. De surcroît, conformément à la dynamique du complexe de Jonas, qui se moque de la logique, survient une « gullivérisation [8] » : le ventre contient plus grand que lui. Mais l'image de cet impossible repas est immédiatement recouverte par toutes les médiations culinaires et horticoles qui y conduisent. Ces efforts scrupuleux pour accommoder le marbre et faire de ce plat austère un délice sentent la plaisanterie, mais tout en suggérant que Diderot n'est peut-être pas dupe de sa démonstration, ils servent aussi de voile. Grâce à eux, avaler la statue reste ainsi une image implicite, une image profonde. Heureusement : comme le souligne Bachelard, le complexe de Jonas, lorsqu'il devient trop évident, sombre dans la farce et laisse incrédule.

Reprenons chacune des étapes de la préparation qui conduit de la statue insensible à sa digestion et à son animation. La mise en scène de *l'homo faber* et de ses tours de main apparaît d'emblée comme une facétie, car aucun mortier ne pourrait contenir le chef d'œuvre de Falconet ! Quant à détruire une statue de marbre à grands coups de pilons [9]... Diderot choisit une technique peu appropriée au moment même où il fait étalage de sens pratique. Mais l'*Encyclopédie* nous apprend qu'un mortier sert en pâtisserie. Il promet donc de rendre délicieux ce que l'estomac aurait rejeté. En étudiant le mythe de la digestion au 18ᵉ siècle, Bachelard avait découvert « la continuité de la cuisine à la digestion » (*La Formation*, p. 174) : cuisiner, c'est déjà entreprendre une digestion de la matière par la matière. Instrument privilégié de l'alchimie, le mortier est un objet onirique. Citant l'article BUCCELATION (Malouin, t. II, 1751), le philosophe de la rêverie révèle que pour l'imaginaire, travailler une matière dans un mortier revient à la digérer. « Dès le mortier, l'histoire animiste d'une opération chimique est déjà commencée. » (*ibid.*) Cet outil serait survalorisé par l'inconscient parce qu'il rappelle un ventre. Ainsi,

---

7. La critique s'accorde pour dire que « le chef d'œuvre de Falconet » dont parle d'Alembert est « Pygmalion au pied de la statue qui s'anime ».

8. Notion issue de *La poétique de l'espace* de G. Bachelard et reprise par Gilbert Durand. Pour une relecture du complexe de Jonas par Gilbert Durand, voir *Les Structures anthropologiques de l'imaginaire*, 11ᵉ édition, 1992, Dunod, p. 233 *sq*.

9. Pour détruire une statue de marbre, on utilise le feu, ou l'acide. *Encyclopédie*, article MARBRE (d'Holbach, t. X, 1765, p. 70) : « l'action du feu la [la statue] réduit en chaux, & elle se dissout dans tous les acides, d'où l'on voit que c'est une pierre calcaire. »

la première opération qui conduit à la sensibilité active fait déjà intervenir le mythe de la digestion. Reposant dans le mortier, la statue est déjà soumise à une digestion imaginaire, elle commence à devenir une matière vivante. La première manipulation de Diderot présente aussi la gullivérisation du complexe de Jonas : la statue s'insère dans un contenu bien plus petit qu'elle, mais l'imagination ne s'en formalise pas. Pour l'heure, l'avalé ne reste pas intact. Le voilà devenu une « poudre impalpable » (*RA*, p. 263).

Lorsque les formes pétrifiées se sont désagrégées pour produire leur contraire, une poussière informe et sans densité, le préparateur la mêle à « l'humus, ou terre végétale » (*Ibid*). La poudre impalpable, image de la cendre, comme la statue est l'image de l'homme, devient fertile, participe au vivant par la vertu de l'eau et par le retour à la terre maternelle. Mais cette renaissance n'exige pas seulement la main verte et la pratique de l'arrosage ; le cuisinier doit aussi faire son office. Il faut « pétrir » (*Ibid*) et travailler cette *pâte* destinée à la terre, comme on pétrit le pain. La continuité de la cuisine à la digestion se poursuit. Le travail du cuisiner Diderot est remarquable : la « poudre impalpable » se pétrit, elle devient pâte. Or, Bachelard souligne que la pâte est un aliment survalorisé comme aliment « solide, durable, intégrable, assimilable » (*La Formation*, p. 170). Diderot a transformé la statue en une pâte, aliment par essence de l'estomac. Il reste, comme dans toute bonne digestion, à faire preuve de patience : « J'arrose le mélange, je le laisse putréfier un an, deux ans, un siècle ; le temps ne me fait rien » (*RA*. p. 263) Le mythe de la digestion s'accompagne toujours d'une valorisation de la lenteur. Une digestion réussie est toujours lente, elle est une forme de maturation, le temps en est un acteur à part entière. Aidée par les soins du jardinier cuisinier, sous les auspices du temps, la terre finit par assimiler, c'est-à-dire digérer le marbre. Certes, l'image n'est pas explicite. On peut supposer que Diderot laisse cette image endormie pour ne pas la ridiculiser, et pour lui laisser sa force d'image profonde. Bachelard souligne qu'au 18e siècle, « Dans certaines cosmogonies pré-scientifiques, la terre est prise comme un vaste appareil digestif [10] ». On nous répondra que

---

10. *La Formation de l'esprit scientifique*, p. 176. Dans cette page, Bachelard cite un passage d'un certain Hunault qui éclaire particulièrement le texte de Diderot. Par ailleurs, soulignons que S. Pucci, en rapprochant le début de cet entretien avec les *Pensées sur l'interprétation de la Nature*, en particulier la sixième conjecture sur les grottes d'Arcy, arrive aux mêmes conclusions : l'assimilation du marbre par l'humus renvoie à une digestion du marbre par la terre.

Diderot n'a pas recours à la digestion, mais à la putréfaction, un processus chimique attesté. Mais le 18ᵉ siècle ne conçoit pas ce phénomène comme nos contemporains. La digestion est alors pensée sur le modèle de la putréfaction [11] comme action de ferments. En sens inverse, la botanique du 18ᵉ siècle conçoit alors la putréfaction à l'image de la digestion, dans une relation dialectique avec l'animalisation. Jean Starobinski a souligné que la putréfaction, dernier degré de la fermentation, implique pour Diderot à la fois désagrégation et assimilation [12]. Or celui-ci ne pense-t-il pas la digestion de la même manière ? Le marbre doit être désagrégé pour devenir semblable. Le texte confirme d'ailleurs l'analogie entre putréfaction et digestion en employant un vocable qui appartient à la fois à la cuisine et à l'agriculture : Starobinski le rappelle, « Pétrir et laisser putréfier, c'est préparer un fumier. » [13]

Ensuite, le complexe de Jonas revient sous le couvert d'une métaphore lexicalisée et anodine : « Les plantes *se nourrissent* de la terre et je me nourris des plantes » (*RA*. p. 263 ; c'est nous qui soulignons.) La terre, pas plus que la cendre, ne sont ici des symboles de fertilité. Elles ne produisent pas les plantes, mais sont digérées par elles, ce sont les plantes qui les ramènent à la vie. En fin de compte, l'avaleur du marbre, la terre, est avalé à son tour ; Bachelard dirait que le Jonas est au carré. Notre cuisinier et mangeur a de curieux mets de prédilection : selon l'*Encyclopédie*, les plantes légumineuses qu'il décide de semer servent plutôt à nourrir les animaux herbivores, et sont loin d'être, comme le navet ou la rave, les plantes les plus nourrissantes (art. NOURRISSANT. de Jaucourt, t. XI, 1765, p. 261-262). Pourquoi les avoir choisies ? L'article LEGUMINEUX (de Jaucourt, t. IX, 1765, p. 369) définit ainsi cette classe de plante : « Les plantes *légumineuses* sont celles dont le fruit, qui s'appelle *gousse* ou *silique*, est occupé par des semences. » Ces plantes sont une figure de

---

Voir *Diderot and a poetics of science, op. cit.*, p. 132. Nous apportons ici d'autres arguments à l'appui de cette affirmation. Soulignons que nous retrouvons un mythe de la digestion dans la septième conjecture, à propos de la trempe en paquet. Dans ces deux conjectures, le temps est rêvé comme maturation lente.

11. Gaston Bachelard, *La Terre et les rêveries de la volonté*, Paris, José Corti, 1978, p. 127

12. Jean Starobinski, *Action et réaction*, Paris, Seuil, 1999, p. 74.

13. *Ibid.* On peut aussi ajouter, mais c'est plus contestable et peut-être inutile, que la valeur prêtée dans ce passage à la putréfaction et au fumier rappelle cette valorisation de l'excrément qui accompagne souvent le mythe de la digestion (*La Formation de l'esprit scientifique*, p. 178-181).

la fécondité, mais elles représentent aussi une figure végétale du Jonas : elles portent en elles un être ; et de même que Diderot oblige l'homme à avaler sa représentation, elles contiennent en elles leur double. Conformément à la dynamique du complexe de Jonas, sur laquelle Bachelard insiste particulièrement, la démonstration de Diderot se fonde sur une chaîne continuée d'avaleurs avalés. Chacune des étapes culinaires réalise progressivement le complexe de Jonas. Le mortier avale le marbre, le marbre ayant changé de forme est avalé par la terre, la terre est avalée par les plantes, les plantes, qui contiennent une semence, sont avalées par l'homme. À la fin de la démonstration, puis à la fin de l'*Entretien*, c'est au tour de l'homme d'être avalé par la terre. Comme la statue, il devient poudre impalpable ; « *et memento quia pulvis est, et in pulverem reverteris* » (*RA*. p. 283). Il est aussi assimilé par l'humus : d'Alembert est « rendu à la *terre végétale* » (*RA*. p. 266. Souligné par nous). Le cercle est bouclé, l'emboîtement est indéfini, le contenu et le contenant ne cessent d'échanger leurs fonctions, l'avaleur est avalé par ce qu'il a avalé. La caractéristique fondamentale du Jonas semble cependant trahie : l'avaleur ne conserve pas l'avalé. Chaque stade correspond à une métamorphose. La statue est pulvérisée, la terre et les plantes sont assimilées et transformées. Mais le Jonas peut correspondre à une renaissance, saluée par un progrès. Comme le montre Bachelard, l'avalé peut sortir sous une forme plus achevée. Le ventre est comme un four qui conduit son habitant à la perfection.(*La Terre et les rêveries du repos*, p. 144) Dans l'*Entretien*, au terme des digestions et des métamorphoses, la statue retrouve forme humaine et quitte l'état pétrifié. On peut ainsi subodorer que c'est en fonction de la logique du Jonas que Diderot choisit une statue plutôt qu'un minéral informe comme exemple de matière à sensibilité inerte.

Le complexe de Jonas, dont le propre est de conserver vivant ce qui s'établit dans un ventre, apporte la démonstration onirique de la sensibilité, propriété universelle et générale de la matière. Diderot comprend le complexe de Jonas de cette manière : si ce qui est avalé est conduit vers une vie plus grande, s'il n'est pas détruit, alors il est nécessairement déjà vivant. L'emboîtement ou la digestion réciproque des avalés permet aussi de résoudre « le problème de l'œuf et de la poule. » (*RA*, p. 267), ou de l'origine du vivant : il est inutile de savoir qui avale le premier, qui donne vie dans un tel cycle ; la vie s'impose comme un fait. Mais le complexe de Jonas n'opérerait pas sans le mythe de la digestion : à lui la lourde charge de conférer à la matière inerte une vie latente et obscure, en fonction de ces deux postulats fondamentaux : dans une digestion, le semblable est assimilé par le semblable, et les phénomènes physiques ressortissent à une digestion. Dans l'*Entretien entre d'Alembert et Diderot*, la terre et le mortier digèrent le marbre, avant que les plantes ne digèrent l'humus. La répétition du motif de l'avalage et de la digestion montre que Diderot, sous l'apparence ostensiblement triviale et plaisante de ses propos, s'inscrit dans le discours mythique, qui se définit moins par la démonstration ou la description que par la redondance.

En s'appuyant sur ces deux complexes, Diderot en vient à réécrire le mythe de Pygmalion [14]. Non seulement la pierre s'anime mais le sculpteur et sa statue finissent par n'être plus qu'un et réalisent l'hermaphrodite dont Aristophane rêvait lors

....

d'un banquet célèbre. Et l'homme devient son propre créateur [15]. La légende d'Ovide trouve une explication qui se love dans les profondeurs de la matière et qui se passe du *Venus ex machina*. Dans le même temps, le complexe de Jonas est conforté par la légende de Pygmalion. Il y a ainsi *assimilation* des deux mythes. La statue nous fait entrer dans une dialectique imaginaire entre intérieur et extérieur : parce qu'elle correspond à des formes humaines inertes et purement extérieures [16], elle fait de l'intériorité un objet de désir. On en vient à rêver d'un intérieur, d'une intériorité. On rêve à une profondeur, on désire l'intimité du vivant.

L'hypothèse de la sensibilité universelle, fondement du matérialisme de Diderot, est donc étayée par une preuve onirique. Le philosophe n'en est peut-être pas dupe. Le ton plaisant qu'il adopte le

---

14. Diderot a commenté le Pygmalion de Falconet dans le *Salon* de 1763 ; il associe alors le mythe de Pygmalion et celui de Prométhée.

15. Ce n'est pas le lieu d'expliquer Pygmalion. Il nous semble néanmoins que cette fable exprime à sa manière l'irréductible séparation des amants et des corps à laquelle Vénus et l'érotisme peuvent mettre fin. Car comment exprimer autrement que Vénus accède à la requête d'un Pygmalion présenté d'emblée comme misogyne ? Un autre sens du complexe de Pygmalion est le rêve d'un homme qui soit son propre créateur. La misogynie de Pygmalion traduit le désir de ne pas se reproduire par des méthodes traditionnelles. Galatée est autant la fille que la femme de Pygmalion. Voilà qui nous renvoie au problème de l'origine du vivant.

16. *RA*. p. 261 : « le ciseau du plus habile statuaire ne fait même pas un épiderme. » Au ciseau, instrument tranchant, instrument de la séparation, s'opposent le mortier, et les techniques de la pâtisserie et du potager, tous fondés sur l'assimilation.

suggère. Les doutes qui l'assaillent dans la lettre à Sophie Volland du 15 octobre 1759 le confirment : « Pourriez-vous me dire comment elle [ma chienne] est devenue si rondelette ?... Pardi en se crevant de mangeaille comme vous et moi... Fort bien, et ce qu'elle mangeait vivait-il ou non ?...Quelle question, pardi non, il ne vivait pas...Quoi !une chose qui ne vivait pas appliqué à une chose qui vivait est devenue vivante et vous entendez cela ? » (p. 171). Le philosophe s'abandonne et se surprend à rêver, et il nous entraîne dans sa rêverie. Car son génie littéraire consiste, contre Robinet qui détaille les analogies entre l'intérieur de la terre et un intestin [17], à se garder d'expliciter le mythe de la digestion et le complexe de Jonas, à préserver leur vertu d'image profonde. De surcroît, il parvient à inscrire cet imaginaire dans un paradigme scientifique et une conception métaphysique incontestés au 18e siècle, celui de la chaîne des êtres et de la continuité des trois règnes de la nature. Les étapes de l'activation de la sensibilité pétrifiée sont celles d'une ascension dans la chaîne des êtres, d'un règne vers un autre. Diderot comprend celle-ci et la continuité qu'elle suppose de façon originale : elle est un emboîtement des ventres, une succession de digestions qui préparent une sensibilité de plus en plus complexe. Cette idée était déjà contenue à l'article MINERAL de d'Holbach. Mais celui-ci en reste au stade des analogies abstraites. Il envisage d'une manière trop générale la nutrition réciproque de chaque règne. Il en déduit le principe d'une circulation d'un règne à l'autre, et pose le principe d'une analogie entre chacun d'eux. Diderot redonne à la nutrition réciproque des règnes toute sa charge onirique pour prouver l'hypothèse d'une matière universellement sensible. La matière habite et constitue des ventres successifs, les processus physiques sont des digestions, la matière est donc vivante.

Il ne faudrait pas croire que l'imaginaire diderotien a un rôle uniquement rhétorique, qu'il viendrait compenser les insuffisances des sciences de la vie du 18e siècle, incapables d'expliquer les processus qui produisent la vie. Le complexe de Jonas imagine une mort qui préserve et maintient vivant. Selon la formulation de G. Durand, le Jonas est un processus d'antiphrase qui permet de conjurer l'angoisse de la mort [18]. Cette fonction du Jonas

---

17. Cité par Bachelard dans *La Formation de l'esprit scientifique*, p. 178.

18. Bachelard écrit : « la mort *avalée* est un simple incident facile à effacer. », *La Terre et les rêveries du repos, op cit.* p. 140. Pour Gilbert Durand, qui donne toute son ampleur à cette fonction propitiatoire, le Jonas « euphémise » l'image terrifiante de la chute et du gouffre et surtout, par antiphrase, « il invoque la mort contre la mort. » *Op. cit*, p. 232.

est amplifiée considérablement dans le *Rêve*. Diderot associe constamment le complexe de Jonas et les images de la fécondité [19]. Le mortier est pour les alchimistes un creuset de renaissance. La pâte qui lève et qui fermente au terme d'un pétrissage est « un organisme en croissance ». La fermentation de la pâte possède « une valeur séminale [20] ». Faut-il rappeler la Genèse ou le mythe de Prométhée dans le *Protagoras* ? les hommes sont modelés dans la glaise, ils sont le fruit d'une pâte travaillée. La dialectique entre putréfaction et génération qui donne vie aux plantes prolonge le même thème, tout comme la préférence accordée aux plantes légumineuses, les choux, les pois, les fèves, qui évoquent irrésistiblement le germe. Nous tombons d'accord avec la très belle analyse de H. Nakagawa [21]. La peur de la mort est un souci ardent et implicite du *Rêve*. Diderot n'est pas de ces matérialistes pour qui la mort n'est rien. Elle reste une destruction, de soi, des siens. La célèbre lettre adressée à Sophie Volland, déjà citée, est là pour en témoigner : « ...si les molécules de votre amant dissous venait à s'agiter, à se mouvoir et à rechercher les vôtres éparses dans la nature ! Laissez-moi cette chimère ; elle m'est douce ; elle m'assurerait l'éternité en vous et avec vous. » (p. 172.) Le matérialisme didero-tien n'a pas seulement besoin d'être prouvé, il faut, comme le discours religieux, qu'il forme des mythes capables de répondre aux questions existentielles.

L'approche rhétorique que nous avons adoptée jusqu'à maintenant prend peut-être les choses à l'envers ; le matérialisme profond et convaincu pourrait naître aussi bien d'un imaginaire. C'est le travail des pâtes, les rêveries sur le ventre et les matières en fermentation qui *engendreraient* le matérialisme. Pour Bachelard, « la pâte parfaite est l'élément matériel premier du matérialisme comme le solide parfait est l'élément formel premier du géométrisme. Toute philosophie qui refuse cette primitivité n'entre pas vraiment dans la philosophie matérialiste. » (*La Terre et les rêveries de la volonté*, p. 79) Il ajoute : « on peut parler d'un cogito pétrisseur ». Que Diderot prenne plaisir à quitter une démonstration bien abstraite pour décrire des opérations bien

---

19. Conformément à la confusion chère aux psychanalystes entre ventre sexuel et ventre digestif.

20. Ces citations sont extraites des pages éclairantes de Jean Starobinski sur le grain de levain chez Diderot, dans *Action et réaction*, op. cit, p. 70-75.

21. « Le thème du non-dit dans la trilogie du *Rêve de d'Alembert* », C. Mervaud, S. Menant (ed.), *Le Siècle de Voltaire*, II, Oxford, 1987, p. 693-700

triviales se comprend alors mieux. Il retrouve une évidence intime, il nous invite à devenir matérialiste pour goûter les plaisirs des matières manipulées, les joies du pétrissage, de l'arrosage, du potager, de la cuisine. À la lecture croisée de Diderot et Bachelard, on découvre que le cogito pétrisseur est aussi un cogito digestif. Tous deux participent de ce matérialisme de l'effort heureux et assimilateur : « Et voici dans sa plus étroite connexion le cogito pétrisseur : il y a une manière de serrer le poing pour que notre propre chair se révèle comme cette pâte première, cette pâte parfaite qui à la fois résiste et cède » (*Ibid.*). Pétrir produit le sentiment d'une assimilation du pétrisseur et du pétri, où l'un se confond avec l'autre, dans l'autre. Digérer est vécu par Diderot comme une assimilation où celui qui digère se confond dans son effort avec ce qui est digéré. Le ventre est un poing serré. Le matérialisme se prouve, se vit et se complaît dans ces efforts heureux et fertiles. Avant d'être idée, il est action. Il naît autant qu'il se conforte de cette évidence première. Ainsi, la matière de Diderot est fécondité et intimité substantielle avant d'être molécule et mouvement. Et cette conviction se développera dans la suite du *Rêve*, à travers d'autres images qui reprennent les mêmes thèmes, en particulier celle de l'araignée [22]. Mais ceci est un autre chapitre de l'imaginaire scientifique et philosophique du *Rêve*. Lequel n'est pas encore épuisé : les rapports entre Pygmalion et Jonas, et entre Pygmalion et Prométhée, mériteraient d'être approfondis. En quelques lignes, Diderot nous offre un écheveau de mythes et d'images particulièrement suggestif, fascinant et difficile à débrouiller. Nous en avons seulement tiré un fil.

FABRICE CHASSOT
Doctorant Université Paris IV-Sorbonne.

---

22. *RA*. p. 317 *sq*. P. Vernière rappelle que l'image de l'araignée, « âme du monde », est empruntée à l'article SPINOZA du *Dictionnaire historique et critique de Bayle*. (5ᵉ édition, 1734, t. V, p. 203, note A). La production de l'univers y est conçue « à la façon d'une araignée qui produit une toile *qu'elle tire de son nombril et qu'elle reprend quand elle veut*. La création n'est autre chose qu'une extraction et extension que Dieu fait de sa propre substance, de *ces rets qu'il tire de ses entrailles* » (Souligné par nous). Les éléments du monde sont contenus dans un ventre, ils y entrent ou en sortent toujours intacts. Le monde est lui-même un ventre. L'image du monde araignée participe elle aussi du mythe de la digestion.

SÉMÉIOTIQUE ET « ANATOMIE »[1]
CHEZ LEIBNIZ ET DIDEROT

Y. Belaval parle à l'endroit de Leibniz de « philosophie de l'invention ». Il se réfère pour cela à la *Dissertatio de Arte Combinatoria*[2] rédigée en 1666. L'invention serait pour Leibniz « combinatoire » ou « opératoire » et se distinguerait d'une « théorie, qui se nommerait assez bien vitaliste, de l'invention ». Y. Belaval pense ici à Diderot et émet l'idée selon laquelle « l'invention de l'intellect combinatoire et l'invention de l'enthousiasme ont une racine commune »[3]. Or la perception n'est-elle pas déjà par elle-même combinatoire ou opératoire, ce qui permet justement à Y. Belaval de formuler l'hypothèse d'une « racine commune » ? Si l'hypothèse est juste, il y aurait quelque similitude entre l'invention qui procède par une combinatoire intellectuelle et l'invention qui procède par une sorte de combinatoire sensible et résulte moins de l'exercice de la raison que de celui de la mémoire ou de l'imagination.

Cette « racine commune » relève de la perception. Leibniz conçoit, dès ses écrits de jeunesse et son *de Arte Combinatoria* auquel se réfère Y. Belaval, un « fil d'Ariane »[4]. Il entend par cette métaphore un « procédé sensible et mécanique »[5] pour conduire la pensée et plus exactement un « fil palpable », selon

---

1. Le terme d'« anatomie » est employé par Leibniz et par Diderot. Si « anatomie » est un terme médical, il a également le sens figuré d'« analyse », et c'est ainsi que Leibniz l'emploie. Quant à Diderot, il est probable qu'il joue sur la polysémie du terme lorsqu'il fait l'esquisse d'une « anatomie métaphysique ». Leibniz, *Réponse aux réflexions contenues dans la seconde Édition du Dictionnaire Critique de M. Bayle, article Rorarius, sur le Système de l'Harmonie préétablie*, GP IV, 562, et Diderot, *Lettre sur les sourds et muets*, DPV IV, 140.
2. Leibniz, *Dissertatio de Arte Combinatoria*, GP IV, 27-104. Voir H. Ishiguro, *Leibniz's philosophy of logic and language*, (London, 1972, rééd. Cambridge University Press, 1990).
3. Y. Belaval, *Études leibniziennes de Leibniz à Hegel*, (Paris, Gallimard, 1976), pp. 387-389.
4. La métaphore du « fil dans le labyrinthe » apparaît en outre dans les écrits français. Leibniz, *Préceptes pour avancer les sciences*, GP VII, 157.
5. L. Couturat, *La logique de Leibniz*, 1901, rééd. Olms, (1969), p. 90.

une terminologie qui accorde un rôle non négligeable au toucher. Leibniz emploie par ailleurs les métaphores de « criterium palpable de la vérité » ainsi que de « démonstrations palpables » [6] lorsqu'il formule le projet d'une science générale, comme le relève L. Couturat. Rappelons que Diderot définit pour sa part l'analogie, dont procède le jugement, comme une « espèce de fil qui n'est pas entre les mains de tout le monde » [7]. La proximité avec certains développements de la *Lettre sur les aveugles* concernant le rapport entre toucher et abstraction nous amène à envisager le rôle du sensible pour la séméiotique conçue par les deux auteurs.

Leibniz considère qu'il nous est impossible d'affirmer « que ce qui nous paraît est une réalité ». Il explique que l'« on ne peut rien conclure sur la réalité des choses. Toutes nos expériences montrent simplement qu'il y a une liaison dans nos apparences » [8]. Leibniz reproche par ailleurs aux sceptiques d'avoir cherché « une plus grande réalité dans les choses sensibles hors de nous que celle de phénomènes réglés » [9]. Autrement dit, le sensible n'est qu'un certain ordre de phénomènes. Car, si l'ordre est préétabli, il n'est pas immédiatement perceptible. Leibniz explique que vouloir lire dès à présent l'« ouvrage de l'univers », qu'il compare à un « grand et vrai poème », c'est comme « vouloir prendre le roman par la queue et prétendre d'en déchiffrer l'intrigue dès le premier livre, au lieu que la beauté d'un roman est d'autant plus grande qu'il sort plus d'ordre enfin d'une plus grande confusion apparente ». Pour rétablir l'ordre du poème du monde, ou encore pour que l'ordre de nos phénomènes suive celui des êtres hors de nous, il faut vérifier expérimentalement leur liaison par l'exercice patient des sens. Ce qui signifie que le phénomène ne peut être produit par la sensation isolée. Les liaisons des phénomènes

6. Leibniz, *Initia et Specimina Scientiae generalis*, GP VII, pp. 57, 59 et 125, cité dans L. Couturat, ouvr. cité, p. 91.

7. Diderot, *Encyclopédie*, article ENCYCLOPÉDIE, DPV VII, 222.

8. Leibniz, *Correspondance Leibniz-Foucher*, GP I, 372. Voir sur ce point, Frédéric de Buzon, « L'harmonie : métaphysique et phénoménalité », *Revue de Métaphysique et de morale*, numéro 1, 1995, pp. 95-120. L'auteur souligne la portée phénoménale de l'hypothèse de l'harmonie préétablie et cite Leibniz : « je n'ai tâché de rendre raison que des Phénomènes, c'est-à-dire du rapport dont on s'aperçoit entre l'Ame et le corps ». *Remarques de l'auteur du système de l'harmonie préétablie, Journal de Trévoux*, janvier 1708, GP VI, 595.

9. Leibniz, *Éclaircissement des difficultés que M. Bayle a trouvées dans le système nouveau de l'union de l'âme et du corps*, GP IV, 523. Le rapport entre le scepticisme et le phénomène a été étudié par Jean-Paul Dumont, *Le Scepticisme et le phénomène*, (Paris, Vrin, 1985).

résultent de sensations dont il faut recomposer la suite par une multitude d'opérations pour la plupart inconscientes. Ainsi, l'expérience permet non pas d'affirmer mais d'évaluer la conformité entre la perception et la réalité phénoménale. Cette conformité se vérifie, selon Leibniz, par la capacité de « reconnaître et d'inventer de l'ordre et de l'artifice » [10]. Elle se vérifie encore par l'aptitude que nous avons à « prédire avec succès des apparences futures » [11]. Dès lors, « la théorie peut prévenir la pratique » [12], l'invention précéder la découverte [13] et le jugement prévenir l'expérience [14]. L'ensemble de ces remarques confirme l'hypothèse selon laquelle le réel, tout en étant préétabli, ne se laisse saisir que par un ordre qu'il faut inventer ; une invention et un artifice qui obéissent à certaines lois.

Diderot, de son côté, explique que la sensation présente, immédiate et isolée, n'aurait aucune réalité pour nous si elle n'était liée à la suite des perceptions conservées par la mémoire : « qu'est-ce que la voix du présent ? Rien », répond Diderot, pour lequel le « présent n'est qu'un point et la voix que nous entendons est toujours celle de l'avenir ou du passé » [15]. La perception rétablit ainsi une continuité qui redouble celle de la réalité mais n'obéit pas aux mêmes lois : les lois qui régissent la composition de suites de sensations ne sont pas celles qui régissent l'enchaînement des êtres et des phénomènes. L'ordre que nous percevons est notre propre ouvrage. Diderot, conscient du problème insoluble légué par le scepticisme, comme des apories de l'immatérialisme de Berkeley, s'exclame : « Que dirais-je à celui qui prétendant que quoi qu'il voit, quoi qu'il touche, quoi qu'il entende, qu'il aperçoive, ce n'est pourtant jamais que sa sensation qu'il aperçoit : qu'il pourrait avoir été organisé de manière que tout se passât en lui, comme il s'y passe, sans qu'il n'y ait rien au dehors (...) ? » [16].

---

10. Leibniz, *Méditation sur la notion commune de justice*, dans *Leibniz, Le droit de la raison*, (Paris, Vrin, 1994), p. 118. et pp. 116-117.
11. Leibniz, *Correspondance Leibniz-Foucher*, GP I, 372.
12. Leibniz, *Préceptes*, GP VII, 172.
13. Leibniz, *À Des Maizeaux*, GP VII, 536. « Démocrite a prévu les étoiles insensibles dans la voie lactée avant la découverte des télescopes ».
14. Leibniz, *Préceptes*, GP VII, 171.
15. Diderot, *Lettres sur la postérité*, DPV XV, 30.
16. Diderot, *Encyclopédie*, article PYRPHONIENNE ou SCEPTIQUE (*PHILOSOPHIE*), DPV VIII, 160. Voir le commentaire de l'article par J. P. Dumont, ouvr. cité., pp. 64-66.

Si l'on se réfère aux analyses développées dans la *Lettre sur les aveugles*, ce n'est pas la sensation en elle-même mais l'ordre que nous lui imprimons qui peut effectivement être considéré comme notre propre ouvrage : il résulte d'une combinatoire inconsciente. Diderot revient sur cette idée dans les *Lettres sur la postérité*, où il compare le pressentiment de la postérité à la sensation présente et prend l'exemple d'un concert lointain. Les sons de ce concert lointain sont épars et imperceptibles, mais la sensation est capable d'en faire un chant suivi. À celui qui demande si ce concert est bien réel, Diderot répond : « Quel concert plus réel que celui que j'entends, et dont je suis en état de chanter toute la mélodie et tous les accompagnements ? ». Il en est de même du phénomène. Il résulte d'une sorte d'analogie entre la sensation et la réalité, analogie qui apparaît dès que la sensation est liée. Mais une fois liée, celle-ci ne coïncide jamais parfaitement avec l'instant présent. Diderot estime en effet que l'« idée du présent et celle de l'avenir sont inséparables ». L'analogie sensible entre les sensations présentes et futures nous destine à exister par anticipation : « Demain n'est pas plus pour vous que l'année 99999 », mais « le ton est donné et il ne changera pas » [17]. L'anticipation du réel et de son ordre résulte d'une combinatoire sensible.

Les concepts d'ordre et de réel [18] mettent en jeu la question des signes. La séméiotique est tout d'abord conçue dans le cadre du projet encyclopédique dont Leibniz est l'un des initiateurs. Car elle est liée au problème de la division des sciences. Le concept de *sêmeiotikê* est connu pour avoir été introduit par Locke qui conçoit une division « encyclopédique » des sciences et distingue la Physique, la Morale et la Logique ou science des signes. Celle-ci, encore dénommée « séméiotique » [19], a pour objet les idées et les mots. Or Leibniz, interlocuteur de Locke dans les *Nouveaux Essais sur l'entendement humain*, voit là une difficulté. Il distingue pour sa part « la connaissance des étymologies des mots et des usages des langues » et la « science de raisonner, de juger, d'inventer » [20]. Si l'on parle de séméiotique

17. Diderot, *Lettres sur la postérité*, DPX XV, pp. 30 et 44.
18. « Le mot *encyclopédie* signifie enchaînement des sciences ». Diderot, *Encyclopédie, Prospectus*, DPV V, 85.
19. J. Locke, *Essai sur l'entendement humain*, livre IV, chapitre XXI, paragraphe 4. La séméiotique constitue d'abord une extension de la logique.
20. Leibniz, *Nouveaux essais sur l'entendement humain*, GP V, 504.

dans les deux cas, il s'agit en fait de deux sciences distinctes : l'une concerne les mots, l'autre les idées, et il y a tout lieu de croire qu'elles n'obéissent pas à la même logique. Car l'ordre des connaissances n'est pas celui des choses : « la plupart des choses [peuvent] être regardées de plusieurs faces », explique Leibniz. Il en est de même de « l'ordre des systèmes », si l'on considère qu'« il y a ordinairement autant de sentiments que de têtes » [21]. La séméiotique, indissociable de l'ordre encyclopédique qu'elle fonde, n'en est pas une division à proprement parler. L'enchaînement des connaissances [22] ainsi que la division des sciences devraient suivre les principes de la séméiotique, entendue comme « art d'inventer » [23]. L'*Encyclopédie* est conçue par Leibniz comme une combinatoire [24].

Ainsi les diverses sciences distinguées par Locke sont tout au plus pour Leibniz des « arrangements divers des mêmes vérités » [25]. L'ordre alphabétique ou systématique n'a qu'une valeur provisoire et son défaut d'ordre logique doit être compensé par l'introduction d'un système de « renvois » [26]. La distinction d'une conception linguistique et d'une conception « pré-linguistique » de la séméiotique rejoint celle de la « langue universelle » et de la « Caractéristique universelle ». Celle-ci, définie plus particulièrement par Leibniz dans sa *Méthode de l'Universalité*, peut être considérée comme une science générale des signes : elle met « des caractères à la place des choses » et dépasse largement l'étude linguistique proprement dite, car « c'est la Caractéristique

---

21. Leibniz, *Discours touchant la méthode de la certitude et l'art d'inventer*, GP VII, 180.

22. Leibniz, *Correspondance Leibniz-Foucher*, GP I, 370. Leibniz remarque qu'il arrive que « l'ordre de notre connaissance » diffère de l'« ordre de la nature ».

23. Leibniz, *Discours*, GP VII, 174-183. Leibniz déclare qu'il est « obligé quelques fois de comparer nos connaissances à une grande boutique ou magasin ou comptoir sans ordre et sans inventaire ». Le projet encyclopédique leibnizien intéresse autant la pratique que la théorie et s'étend aux sciences et aux arts. Il se présente comme l'« Inventaire Général de toutes les connaissances qui se trouvent déjà parmi les hommes ». GP VII, 182.

24. Y. Belaval, *Études leibniziennes de Leibniz à Hegel*, ouvr. cité, pp. 43 et 45.

25. Leibniz, *Nouveaux essais*, GP V, 505-506. Une « même vérité peut-être placée en différents endroits » de l'ordre des connaissances. Leibniz compare l'« Inventaire Général » des connaissances à l'inventaire d'une bibliothèque et remarque que « ceux qui rangent une bibliothèque ne savent bien souvent où placer quelques livres, étant suspendus entre deux ou trois endroits également convenables ».

26. Leibniz, *Discours*, GP VII, 178.

qui donne les paroles aux langues, les lettres aux paroles, les chiffres à l'Arithmétique, les notes à la Musique » [27]. Elle définit un ordre véritablement « scientifique » [28], l'ordre des vérités et non celui des mots ; d'où le projet leibnizien d'« une Encyclopédie démonstrative », qui obéisse à une « vraie Logique » [29] et où l'on pourrait « tout trouver par le secours de la science générale ou de l'Art d'inventer » [30]. Or l'ordre des vérités se distingue autant de l'ordre « naturel » que de l'ordre dit « accidentel » des idées. Lorsqu'il passe de la séméiotique à l'« anatomie de la pensée » [31], Leibniz distingue en effet l'« ordre naturel des idées » et l'ordre « que les occasions ou les accidents où notre espèce est sujette nous a fourni », dans lequel entre « du hasard et de l'accidentel ». Cet ordre accidentel n'est ni naturel ni artificiel, dans la mesure où les règles n'en sont pas fixées. Il forme tout au plus une histoire, mais ne constitue pas une science. L'« histoire de nos découvertes » [32] nous en fournit un bon exemple. Quant à l'ordre des vérités qui intéresse le projet encyclopédique leibnizien, il relève de la séméiotique et non de l'histoire. Selon les termes de la séméiotique ainsi redéfinie, la production de l'ordre suit le processus suivant : « plus on découvre de vérités et plus on est en état d'en remarquer une suite réglée et de se faire des propositions toujours plus universelles ». Il en résulte une abréviation des connaissances et des sciences similaire à celle que l'on rencontre dans les mathématiques ; d'où le « paradoxe » selon lequel « les sciences s'abrègent en s'augmentant » [33], paradoxe qui rend compte de l'encyclopédisme de Leibniz et de Diderot.

------

27. Leibniz, *De la Méthode de l'Universalité*, (1674), paragraphe 4, cité et commenté par L. Couturat, ouvr. cité, p. 90.

28. Leibniz, *Discours*, GP VII, 180.

29. Leibniz, *Préceptes*, GP VII, pp. 168 et 172.

30. Leibniz, *Discours*, GP VII, 180. Leibniz considère qu'« il y a des secrets dans l'art de penser, comme dans les autres Arts, et que c'est là l'objet de la Science générale ». GP VII, 183.

31. Leibniz, *Réponse aux réflexions contenues dans la seconde Édition du Dictionnaire Critique de M. Bayle, article Rorarius, sur le Système de l'Harmonie préétablie*, GP IV, 562.

32. Leibniz, *Nouveaux essais*, GP V, 255-256. Condillac reprendra la distinction envisagée par Leibniz, lorsqu'il propose une division des signes en « signes accidentels », « signes naturels » et « signes d'institution ». Condillac, *Essai sur l'origine des connaissances humaines*, I^e partie, II, IV, paragraphe 35.

33. Leibniz, *Discours*, GP VII, 180. Leibniz déclare que « plus une science est perfectionnée, et moins a-t-elle besoin de volumes ». Diderot énonce une idée similaire dans l'*Encyclopédie* et oppose l'encyclopédisme à l'académisme. Diderot, *Encyclopédie*, article ENCYCLOPÉDIE, DPV VII, 227.

Nous envisagerons dans ce qui suit la « séméiotique des encyclopédistes »[34] et plus précisément celle de Diderot. Celui-ci remarque dans l'article ENCYCLOPÉDIE dont il est l'auteur qu'« après avoir traité la science des signes et des sons avec assez de légèreté, il y a eu un temps où de bons esprits reconnurent qu'elle avait avec la science des choses plus de liaison qu'ils n'en avaient d'abord soupçonné, et qu'on pouvait regarder cette spéculation comme n'étant point du tout indigne de la philosophie »[35]. Diderot écrit encore dans l'article LOCKE : « Malgré tout ce que Locke et d'autres ont écrit sur les idées et sur les signes de nos idées, je crois la matière toute nouvelle »[36]. Diderot aborde la question de la « science des signes »[37] dans le *Prospectus* de l'*Encyclopédie*. Il distingue d'une part les « signes de la parole »[38], ce sont les « sons articulés », et d'autre part les caractères de l'écriture et les gestes. Il envisage aussi les « signes de la pensée »[39] et distingue la « science des signes » et la « science des choses ». Enfin, il conçoit une « science générale » ou une « métaphysique des choses »[40], dont dépend l'explication des phénomènes et dont procèdent les différents arts et sciences[41].

Toujours dans le *Prospectus* de l'*Encyclopédie*, le terme de « séméiotique »[42] désigne une des divisions de la médecine, une pratique médicale qui donne lieu à un article non signé intitulé SÉMÉIOTIQUE, ou SÉMÉIOLOGIE[43]. La science médicale des

---

34. Le sujet a été étudié par Sylvain Auroux, *La séméiotique des encyclopédistes*, (Paris, Payot, 1979). L'auteur étudie l'article ENCYCLOPÉDIE de Diderot en le confrontant à la linguistique des *Cours* de Saussure, pp. 74-76.

35. Diderot, *Encyclopédie*, article ENCYCLOPÉDIE, DPV VII, 191.

36. Diderot, *Encyclopédie*, article LOCKE PHILOSOPHIE DE, DPV VII, 713.

37. Diderot, *Encyclopédie, Prospectus*, DPV V, 110. Les caractères de l'écriture peuvent être « idéaux », « hiéroglyphiques », « héraldiques » ou « alphabétiques ».

38. Diderot, *Encyclopédie*, article ART, DPV V, 495.

39. Diderot, *Encyclopédie, Prospectus*, DPV V, 110.

40. Diderot, *Encyclopédie*, article ENCYCLOPÉDIE, DPV VII, pp. 210 et 220. R.L. Amstrong qualifie la séméiotique lockienne de « nouvelle métaphysique », une remarque qui pourrait s'appliquer à Diderot. R.L. Amstrong, « John Locke's doctrine of signs : a new metaphysics », *Journal of the history of ideas*, XXVI, (1965), pp. 369-382.

41. Leibniz écrit de même qu'« en examinant chaque science, il faut tâcher d'en découvrir les principes d'invention ». *Préceptes*, GP VII, 168.

42. Diderot, *Encyclopédie, Prospectus*, DPV V, 115. Diderot se réfère à Boerhaave qui divise la science médicale en physiologie, pathologie, séméiotique et thérapeutique.

43. *Encyclopédie*, article SÉMÉIOTIQUE ou SÉMÉIOLOGIE, (*Médecine séméiotique*), non signé, *Enc.* XIV, 937 a.

signes y est abordée à partir des symptômes et des phénomènes en général. Diderot n'en est pas l'auteur, mais développe à notre avis une conception « existentielle » des signes qui semble largement inspirée de la séméiotique médicale exposée dans cet article. Car il aborde la séméiotique dans la *Lettre sur les aveugles* à partir d'une anatomie générale de la perception, présentée par ailleurs comme une « anatomie métaphysique ». Dans une perspective relativement proche de celle relevée chez Leibniz, Diderot distingue un ordre naturel, un « ordre d'institution » et un « ordre scientifique » des idées ou « vues de l'esprit » [44]. Or l'ordre des vues de l'esprit n'est pas scientifique en lui-même, il le devient s'il suit la méthode d'invention conçue par Diderot. Rappelons que celui-ci critique l'*Encyclopédie* de Chambers pour son absence d'invention : Chambers, « n'inventant rien, s'en tenant rigoureusement aux choses connues », adopte un ordre d'une régularité exemplaire, mais les différents articles qui le composent « sont vides ». Tout se passe comme si l'ordre encyclopédique traduisait un certain art d'inventer et reflétait les « opérations de l'esprit » les plus inconscientes. De même que pour Leibniz, l'ordre scientifique obéit à la « méthode d'invention » [45]. Il représente une sorte d'idéal encyclopédique selon lequel l'ordre des connaissances reviendrait à un enchaînement de conjectures. Il faudrait pour cela, imagine Diderot, qu'il y ait « en quelque endroit du monde un livre magique qu'on pût toujours consulter, et où toutes les pensées des hommes allassent se graver au moment où elles existent dans l'entendement » [46]. L'*Encyclopédie* idéale serait ce « livre magique ». Diderot estime que depuis « la collection générale de toutes les causes jusqu'à l'être solitaire, tout a son signe ». Autrement dit, les phénomènes représentent « autant de vérités partielles ». Tandis que l'invention, conçue comme combinatoire, traduit leur enchaînement, de telle sorte que l'on passe de la sensation simple à l'idée abstraite et d'une collection de signes à un ordre général. Il en résulte une abréviation similaire à celle envisagée par Leibniz. Car loin de multiplier les points de vue [47], l'encyclopédisme rejoint, par

44. Diderot, *Lettre sur les sourds et muets*, DPV IV, pp. 140 et 137.
45. Diderot, *Encyclopédie*, article ENCYCLOPÉDIE, DPV VII, pp. 215-216, pp. 193 et 197 et p. 219. Dans une perspective proche de Condillac, Diderot affirme que la langue rend compte des « opérations de l'esprit ».
46. Diderot, *Encyclopédie*, article ÉCLECTISME, DPV VII, 47.
47. Diderot, *Encyclopédie*, article ENCYCLOPÉDIE, DPV VII, pp. 190 et 192 et pp. 208-209. « Faut-il qu'un dictionnaire contienne autant de fois un mot qu'il y a de différences dans les vues de l'esprit ? l'ouvrage serait infini, et ce sera nécessairement un chaos de répétitions ».

sa méthode, les mathématiques : « Le géomètre renvoie d'un théorème ou d'un problème à un autre et l'encyclopédiste d'un article à un autre ». Cette intelligence des renvois constitue d'ailleurs la « partie de l'ordre encyclopédique la plus importante », car elle obéit au principe d'analogie qui guide l'invention. Celleci, définie comme un « esprit de combinaison », multiplie le nombre de renvois, renvois qui, « en rapprochant dans les sciences certains rapports, dans les substances naturelles des qualités analogues, dans les arts des manœuvres semblables, conduiraient ou à de nouvelles vérités spéculatives, (...) ou à l'invention de nouveaux arts » [48]. L'*Encyclopédie* s'oppose ainsi à l'académisme, où les connaissances sont dispersées dans les différents auteurs et comparées à des phénomènes isolés qui faute de liaison ne produisent ni sensation ni idée nouvelle [49].

La conception de l'ordre encyclopédique des connaissances s'avère quasiment analogue chez Leibniz et Diderot ; ce qui nous amène à repenser la distinction mise en relief par Y. Belaval entre combinatoire intellectuelle et combinatoire sensible, ou encore à redéfinir le rapport entre la séméiotique et l'« anatomie ». Car Diderot compare le cerveau, organe de la mémoire, à un véritable « livre vivant » résistant à la lecture. Une telle métaphore illustre l'idée d'une anatomie confrontée à la complexité indéchiffrable de l'organisation. « Point de signes si disparates qui ne confinent. Point d'idées si bizarres qui ne se touchent » [50] dans l'organe qu'est le cerveau. « Les caractères de ce livre vivant ne vous sont pas encore connus ; peut-être ne vous le seront-ils jamais ; mais les dépositions des cinq témoins n'y sont pas moins consignées, combinées, comparées, confrontées » [51], écrit Diderot qui trace ici un rapport explicite entre séméiotique et anatomie.

Ce rapport s'explique chez Diderot par un ensemble d'analogies, sensibles certes mais aussi arbitraires et conventionnelles. Il s'explique dans le système de Leibniz par l'hypothèse de l'harmonie préétablie. Car s'il existe un ordre naturel, celui-ci résulte de l'harmonie préétablie entre le corps et l'âme ; c'est

---

48. IBID., DPV VII, pp. 227, 221 et 223. La « fréquence des renvois » reflète « l'universalité des connaissances ».

49. IBID., DPV VII, 179. Les mémoires académiques renferment « une infinité de matériaux excellents dispersés dans un grand nombre d'ouvrages, où ils restent sans produire aucune sensation utile, comme des charbons épars qui ne formeront jamais de brasier ».

50. Diderot, *Salon de 1767*, DPV XVI, 219.

51. Diderot, *Réfutation d'Helvétius*, VER. T. I, 825.

l'ordre des petites perceptions. Celles-ci sont à l'origine des notions confuses acquises par la perception sensible. Mais ces notions sont tellement composées que nous nous figurons « quelque réalité nouvelle » [52] plutôt que d'en faire l'analyse : « nous substituons alors aux choses des signes » [53]. Dès lors, la connaissance peut être dite « symbolique », dans la mesure où la part « occulte » [54] du sensible est remplacée par des signes. La connaissance symbolique est donc la seule connaissance que nous ayons du sensible. Elle est opératoire et procède à une composition naturelle de notions dont la réalité est continuellement mise à l'épreuve de façon expérimentale. Nous nous contentons le plus souvent d'« apprendre de l'expérience la réalité de certaines notions et de nous servir ensuite de ces notions pour en composer d'autres à l'exemple de la nature » [55]. La combinatoire serait néanmoins impossible si certaines notions abstraites, qui sont à la fois « sujettes à l'imagination » et « objets des sciences mathématiques », comme notamment la notion de nombre, ne se mêlaient à notre insu aux différentes qualités sensibles. C'est pourquoi Leibniz parle d'une « Arithmétique occulte », selon laquelle l'âme fait « une infinité (...) [de] petites opérations très justes, quoiqu'elles ne soient point volontaires ni connues » [56]. Cette « Arithmétique naturelle » ou ce calcul est pour Leibniz « plus important que ceux de l'Arithmétique et de la Géométrie, et (...) dépend de l'Analyse des idées », ou encore de leur « anatomie ».

Car l'anatomie rejoint ici la séméiotique, qui relève d'une imagination corporelle et machinale. Les pensées les plus abstraites trouvent leur jeu dans le corps, ceci au moyen de signes ou de « caractères qui les représentent à l'imagination » [57]. Le corps et les organes, y compris le cerveau, perçoivent la réalité selon

52. Leibniz, *Méditations sur la connaissance, la vérité et les idées, Œuvres de G. W. Leibniz*, éd. Prenant, Aubier Montaigne, (1972), T. I, p. 156.
53. Leibniz, *Méditations sur la connaissance, la vérité et les idées*, Leibniz, *Opuscules philosophiques choisis*, éd., Schrecker, Vrin, (2ᵉ éd.), 2001), p. 17.
54. Leibniz, *Lettre touchant ce qui est indépendant des sens et de la matière*, GP VII, 499. Les « qualités occultes » sont les qualités que nous percevons mais « ne voyons pas ».
55. Leibniz, *Méditations sur la connaissance, la vérité et les idées*, éd. Schrecker, p. 25.
56. Leibniz, *Extrait du Dictionnaire de Bayle, article Rorarius, p. 2599 sqq. de l'Édition de l'an 1702 avec mes remarques*, GP IV, 551.
57. Leibniz, *Réponse aux réflexions contenues dans la seconde Édition du Dictionnaire Critique de M. Bayle, article Rorarius, sur le Système de l'Harmonie préétablie*, GP IV, pp. 556, 571, 562 et 559.

une « tablature » de signes, tandis que l'âme en a la mémoire, ou, précise Leibniz, quelque chose d'équivalent. L'anatomie s'inspire, semble-t-il, de la séméiotique, ce qui donne plus de force à l'hypothèse de l'harmonie préétablie. Le corps, véritable automate naturel, est comparable aux automates artificiels que sont les « montres sonnantes » et les « réveil-matin » : « bien loin d'attendre des signes, ils nous en donnent » [58], s'exclame Leibniz. Il est dès lors possible de concevoir le rapport entre les deux substances selon un modèle qui s'oppose à la thèse de l'influence et s'inspire de la séméiotique. Car le rapport entre les substances est analogue à celui que l'on observe entre une suite quelconque de signes et la suite des pensées qui y correspond. La connaissance symbolique procède par signes et l'on comprend pourquoi Leibniz peut affirmer que la substance est à « elle-même la source de ses phénomènes » [59].

Selon Diderot, dont il reste à étudier la théorie de la sensation dans son rapport à la séméiotique, l'analogie entre le réel et l'ordre des sensations n'est ni préétablie ni véritablement naturelle, comme dans la théorie leibnizienne des petites perceptions. La sensation repose sur un certain nombre d'analogies, qui sont en grande partie d'institution et que l'expérience ne cesse de mettre à l'épreuve : « les sensations n'ayant rien qui ressemble essentiellement aux objets, c'est à l'expérience à nous instruire sur des analogies qui semblent être de pure institution » [60]. C'est dans cette perspective que Diderot développe ce qu'il appelle un « anatomie métaphysique » [61], anatomie selon laquelle la connaissance acquise par les sens résulte de l'imagination spécifique de chacun d'eux ; ceci différemment de Leibniz pour qui seules les qualités communes aux divers sens sont sujettes à imagination. Enfin, la connaissance passe par des signes. « Les

---

58. Leibniz, *Extrait*, GP IV, 541. Leibniz écrit que l'âme « trouve par elle-même et même sans peine et sans application, et sans le chercher ce que le cerveau et ses organes trouvent par l'aide du livre », IBID., GP IV, 549.

59. Leibniz, *Réponse*, GP IV, 559.

60. Diderot, *Lettre sur les aveugles*, DPV IV, 62. Sur la théorie de la connaissance de la *Lettre sur les aveugles*, voir G. Stenger, « La théorie de la connaissance dans la *Lettre sur les aveugles* », *Recherches sur Diderot et sur l'Encyclopédie*, numéro 26, avril 1999, pp. 99-111.

61. Diderot, *Lettre sur les sourds et muets*, DPV IV, 140. L'expression désigne les analyses menées dans la *Lettre sur les aveugles* et complétées dans la *Lettre à Mademoiselle de Chaux*. Diderot évoque déjà l'idée d'une anatomie de l'âme, capable de « sonder ses blessures et parcourir ses replis », dans une note de sa traduction de l'*Essai sur le mérite et la vertu*, DPV I, 365.

connaissances ont trois portes pour entrer dans notre âme ; et nous en tenons une barricadée, par le défaut de signes ». Diderot s'intéresse par conséquent à l'imagination tactile [62] développée par les aveugles, ainsi qu'à l'« arithmétique palpable » [63] qui combine les signes acquis par le toucher. Il retrouve la « table (...) des qualités sensibles, et des notions abstraites ; communes et particulières à chacun des sens » [64], évoquée par Leibniz. Ces notions abstraites, la plus abstraite étant celle des nombres, sont d'abord conservées par une mémoire organique qui se limite à un simple dénombrement de sensations [65]. La connaissance la plus abstraite que nous ayons du sensible est aussi la plus élémentaire mais « l'unité pure est simple est un symbole trop vague et trop général pour nous » : « Nos sens nous ramènent à des signes plus analogues à l'étendue de notre esprit et à la conformation de nos organes ». Diderot évoque, selon une terminologie proche de celle de Leibniz, l'image d'une « tablature » [66] propre à chacun des sens. Les signes mettent en jeu l'imagination spécifique de chaque sens. Selon cette séméiotique pré-linguistique, c'est-à-dire antérieure à la fixation des signes dans la langue, il y aurait autant de variété de signes que de sens : ce sont les caractères pour les yeux, les sons articulés pour l'oreille et Diderot souligne l'absence d'une langue tactile pour le toucher.

---

62. Diderot, *Lettre sur les aveugles*, DPV IV, p. 34 et pp. 30-31. « Nous ne distinguons la présence des êtres hors de nous, de leur représentation dans notre imagination, que par la force et la faiblesse de l'impression : pareillement, l'aveugle-né ne discerne la sensation d'avec la présence réelle d'un objet à l'extrémité de son doigt, que par la force ou la faiblesse de la sensation même ». Diderot fait ici un parallèle entre l'imagination visuelle et l'imagination tactile, en faisant appel aux notions d'« intensité » et de « rémission », notions mathématiques communes aux différents sens. Ces notions ont déjà été relevées par Leibniz dans le cadre de la théorie de la perception, *Lettre touchant ce qui est indépendant des sens et de la matière*, GP VI, 501.

63. Diderot, *Lettre sur les aveugles*, DPV IV, 34. L'expression est empruntée au titre de l'ouvrage rédigé par J. Colson, successeur de Saunderson, inventeur de la méthode, à la chaire de mathématiques de Cambridge. John Colson, *Dr Saunderson's Palpable Aritmetic*, in *The Elements of Algebra*, Cambridge University Press, 1740, pp. XX-XXVI.

64. Diderot, *Lettre à Mademoiselle de Chaux*, DPV IV, 196.

65. Diderot, *Encyclopédie*, article ENCYCLOPÉDIE, DPV VII, 194. Diderot parle de la « mémoire ou conscience d'une, de deux, trois, quatre, etc. perceptions différentes ; ou celle de la même perception une, deux, trois, quatre fois réitérée ; et par conséquent la notion des nombres, un, deux, trois, quatre, etc. ». Cette mémoire est dite « passive » dans le *Prospectus* de l'*Encyclopédie*, DPV V, 105.

66. Diderot, IBID., DPV VII, 200. L'image de la « tablature » s'explique par la comparaison des organes des sens avec des instruments de musique.

Selon cette « anatomie métaphysique », la connaissance résulte d'une combinatoire de signes dont la sensation sert à multiplier le nombre. Plus précisément encore, l'analogie entre les notions abstraites et la sensation se vérifie par une « suite de combinaisons fines et profondes » [67]. Ici encore, il s'avère difficile d'affirmer qu'il s'agit d'une combinatoire strictement sensible ou strictement intellectuelle. C'est en fait une « géométrie expérimentale » dont les éléments sont plus composés que ceux de la « géométrie intellectuelle » [68], selon une définition qui rejoint la distinction leibnizienne de la théorie et de la pratique. Diderot pense ici aux différents arts et métiers. Les notions abstraites sont acquises par l'exercice des sens et une mémoire organique selon laquelle l'« on combine les idées et les signes en une infinité de manières différentes » [69]. C'est ainsi que nous nous donnons des signes et développons des « prénotions » que nous multiplions par « un usage assidu des sens » [70] ; « prénotions » sans lesquelles, estime Diderot, « rien de particulier n'est présent à l'esprit ». Celles-ci, de même que les autres signes pré-linguistiques, sont conservées par une mémoire dite « artificielle » [71]. Ainsi, toute sensation ou jugement se fait sur un « fond » composé de signes acquis par l'usage des sens. La thèse est illustrée par la *Lettre sur les aveugles*, où Diderot envisage le cas d'un métaphysicien qui recouvrerait la vue. Celui-ci, contrairement aux autres personnes ayant subi la même opération, apercevrait « distinctement les objets, comme s'il les avaient vus toute sa vie » [72]. Car il aurait plus que quiconque l'habitude de combiner des idées et des signes. Cette hypothèse constitue une réponse originale au problème de Molyneux. Elle est à rapprocher de l'article LOCKE de l'*Encyclo-*

67. Diderot, *Lettre sur les aveugles*, DPV IV, 25.
68. Diderot, *Encyclopédie*, article ART, DPV V, 502-503.
69. Diderot, *Encyclopédie*, article ENCYCLOPÉDIE, DPV VII, 206.
70. Diderot, *Encyclopédie*, article ÉPICURISME, DPV VI, 269. « Loin de pouvoir travailler à la recherche de la vérité, on n'est pas même en état de se faire des signes. Multipliez donc les prénotions par un usage assidu de vos sens ».
71. Diderot, *Encyclopédie, Prospectus*, DPV V, 110. Diderot distingue une « mémoire naturelle », qui est « une affection des organes », et une mémoire « artificielle » qui « consiste dans la prénotion et dans l'emblème ». L'intelligence de « l'emblème poétique » et les problèmes liés à l'actualisation des sensations et des prénotions par la mémoire naturelle sont évoqués dans la *Lettre sur les Sourds et Muets*, DPV IV, p. 163, et pp. 169-176, ainsi que dans le *Salon de 1767*, DPV XVI, 217. Voir James Doolittle, « Hieroglyph and emblem in Diderot's *Lettre sur les sourds et muets* », *Diderot's Studies II*, Syracuse University Press, pp. 148-167.
72. Diderot, *Lettre sur les aveugles*, DPV IV, p. 67 et pp. 68-70.

pédie, dans lequel Diderot explique que l'on combine d'autant mieux les signes, les idées et les sensations, que l'on en multiplie le nombre par l'observation et l'expérience. Il note en effet que Locke est passé « de l'étude du cartésianisme à celle de la médecine », ce qui l'a amené à considérer « l'homme sous une infinité de points de vue intéressants ». Diderot conclut qu'il « n'appartient qu'à celui qui a pratiqué la médecine pendant longtemps d'écrire de la métaphysique ; c'est le seul qui a vu les phénomènes » [73]. Autrement dit, le métaphysicien se doit d'être séméioticien, au sens médical du terme, tout se passant comme si pour le matérialisme diderotien la séméiotique pouvait tenir lieu de métaphysique.

La séméiotique de Diderot rejoint ainsi les termes de l'article anonyme SIGNE de médecine séméiotique de l'*Encyclopédie*, termes selon lesquels « le phénomène ou symptôme peut devenir un signe lorsqu'on cesse de le considérer abstractivement » [74], c'est-à-dire isolément. Si le signe a valeur de prénotion et anticipe sur l'enchaînement des idées, il a aussi, selon la séméiotique médicale, valeur de « prognostic » [75] et anticipe sur l'ordre des symptômes et des phénomènes. Tant et si bien que la perception, parce qu'elle est aussi une combinatoire de notions abstraites et de signes, anticipe sur le réel. On retrouve au travers de la séméiotique et de l'« anatomie métaphysique » de Diderot l'idée d'inquiétude comme sensibilité à l'avenir, un paradoxe que Leibniz soulignait déjà dans les *Nouveaux essais* [76]. Or la sensibilité à l'avenir ne saurait se réduire à une combinatoire intellectuelle ou à un calcul des possibles.

CLAIRE FAUVERGUE
Université de Nagoya

73. Diderot, *Encyclopédie*, article LOCKE PHILOSOPHIE DE, DPV VII, 710.
74. *Encyclopédie*, article SIGNE, (*Médecine séméiotique*), non signé, *Enc.* XV, 188 b.
75. Ménuret de Chambaud, *Encyclopédie*, article PROGNOSTIC, *Enc.*, XIII, 429 a-b.
76. Leibniz, *Nouveaux essais*, GP V, 190. L'avenir nous touche, bien que nous n'en ayons aucun « signe naturel ».

MONSIEUR NICOLAS
ET LES CARACTÈRES
ISSUS DE L'IMPRIMERIE

On cite souvent Rétif de la Bretonne lorsqu'on évoque la figure de « l'écrivain éditeur » [1], mais cette mention peut suggérer l'idée d'une production pléthorique et d'une activité littéraire mal maîtrisée. Or, la prise en compte de cette double activité, au cœur de laquelle on trouve l'écrivain-imprimeur, devrait au contraire valoriser un écrivain qui s'est entièrement investi dans la réalisation de ses ouvrages, au point de pouvoir annoncer avec fierté dans *Monsieur Nicolas* être « devenu un livre ». Il faut effectivement donner tout son sens au geste de l'inscription de son expérience dans ses ouvrages pour rendre compte de son travail littéraire. Le livre représentait pour lui plus qu'un simple support pour communiquer ou pour penser : à partir de sa pratique d'imprimeur et de son ambition littéraire il a conçu une œuvre qui fait des volumes imprimés le lieu même de l'inscription de son désir. Ses ouvrages témoignent des nombreux procédés envisagés pour la réalisation de ce projet.

Il faut tenir pleinement compte de tous ses excès, de sa grapho-manie comme de son fétichisme, si l'on veut saisir le sens particulier de sa démarche. Nous devons absolument nous interroger, dans son cas, sur le rapport matériel et passionnel qui l'unissait à ses productions, si nous voulons en comprendre toutes les particularités. Maurice Blanchot a déjà signalé que Rétif pouvait être considéré comme le principal précurseur de la définition

---

1. Les articles réunis sous ce titre et présentés par François Bessire ont révélé la richesse de cette approche qui tient compte de la « mise en livre » du texte par l'écrivain. Notre perspective tend à montrer que Rétif a assumé de façon créative les deux fonctions de la dyade qui se sont enrichies réciproquement, puisque son expérience de prote a nourri sa création littéraire, en la portant simultanément à intervenir dans la présentation de ses textes. Pour évaluer le contexte historique de l'interférence entre l'instance littéraire et le processus éditorial, on trouvera de nombreux exemples dans les deux volumes de *L'Écrivain éditeur*, dans *Travaux de littérature*, publiés par l'ADIREL, vol. XIV et XV (Droz, Genève, 2001 et 2002).

moderne de l'écrivain qui s'identifie à son œuvre : « il est cependant, plus que Rousseau, à l'origine de cette conception de la littérature, destinée plus tard à une si grande fortune, suivant laquelle il ne peut y avoir de ligne de démarcation entre le Livre vivant qu'est un auteur et l'expérience vécue que sont ses livres. » [2]

Rétif pense « livre », on ne connaît guère que quelques opuscules ou pamphlets qui aient circulé sans être brochés. Nous voulons d'abord montrer que son ambition littéraire est inséparable de son expérience d'imprimeur, qu'elle prend appui sur la mise en volumes de ses ouvrages pour se déployer et que son autobiographie permet de comprendre les nombreuses significations dont est investi l'acte d'inscription, depuis les caractères jusqu'à la page imprimée. Nous considérerons ensuite comment l'image représente un prolongement de cette activité multiplicatrice, pour devenir un « supplément absolument nécessaire » à ses ouvrages en leur conférant dès cette époque un statut particulier [3], tandis que sa production théâtrale exploite les ressources de l'esthétique du tableau.

Ce qui peut surprendre dans la présentation de sa vie dans *Monsieur Nicolas*, c'est la part relativement modeste qu'il réserve à sa situation de compagnon imprimeur et de prote, alors que cet état le situait, socialement, parmi l'aristocratie ouvrière de son époque [4]. Il a vécu les premiers temps de son apprentissage à Auxerre comme une humiliation et la suite de son métier comme un « dur esclavage ». Il évoque certes la qualité de son travail, mais comme une chose allant de soi et comme la confirmation de sa supériorité intellectuelle sur ses compagnons, à cause de sa maîtrise du latin et de ses capacités de lecteur ; c'est bien sûr aussi pour valoriser sa vocation d'écrivain qu'il évoque si peu les douze années passées comme compagnon imprimeur et

---

2. Maurice Blanchot, *Sade et Rétif de la Bretonne* (Bruxelles, Éditions complexe, coll. « Le regard littéraire », 1986), p. 150.

3. Dans son article programmatique, « Pour une histoire littéraire du livre » (*DHS* n° 30, 1998, p. 67-86), Yannick Séité invite le critique à porter « un regard littéraire » sur l'histoire du livre, un regard qui tiendrait justement compte de la « mise en livre » des textes du 18e siècle, afin de mettre au jour une « forme-sens » spécifique pour cette période. Rétif doit être considéré, de ce point de vue, comme un connaisseur des usages typographiques, mais aussi comme le défenseur d'une pratique qui préfigure le livre d'artiste.

4. On trouve une description de ce contexte social dans l'ouvrage de Philippe Minard : *Typographes des Lumières* (Seyssel, Champ Vallon, 1989).

comme prote. Il s'agit pour notre auteur d'une rupture radicale qui l'amène à quitter une place très avantageuse de prote chez le libraire Quillau, dès les premiers espoirs d'une carrière littéraire, lors de l'acceptation de son premier ouvrage par la veuve Duchesne.

Le prestige du livre a déterminé son ambition littéraire, mais le chemin qui l'a conduit de ses premières lectures de Térence à sa propre expérience d'écrivain n'était absolument pas tracé, son expérience de l'imprimerie marquera sa pratique, mais aussi ses goûts littéraires. Au cours de son apprentissage à Auxerre il a consacré une grande partie de son temps à s'instruire grâce à la bibliothèque de l'imprimeur Fournier, comme il le fera encore, durant trois ans, après son arrivée à Paris, en travaillant à l'Imprimerie Royale, située dans les Galeries du Louvre. On peut souligner la part restreinte des ouvrages de littérature dans la bibliothèque du libraire Fournier, le contexte de sa formation n'était donc pas exclusivement littéraire ; il accordera toujours une place importante aux ouvrages d'histoire, de physique et de morale dans les descriptions de ses bibliothèques idéales. Ses *Graphes* représentent une forme d'ouvrages particulièrement atypique : le suffixe *-graphe* lui permet en effet de désigner l'écrivain spécialiste, reconnaissable dans cet autoportrait, grâce à un jeu de dédoublement assez malicieux à l'égard du lecteur :

Puisque j'écris pour te désennuyer, je ne ferai pas une Dissertation ; mais je tâcherai de mettre de l'ordre dans ma PORNOGNOMONIE (1), autant qu'il faut pour être entendu....

Je te vois sourire : le nom demi-barbare de PORNOGRAPHE (2) erre sur tes lèvres. Va mon cher il ne m'effraie pas. Pourquoi serait-il honteux de parler des abus qu'on entreprend de réformer ?

[Notes de bas de page] :

(1) Ce mot signifie *La règle des Lieux de débauche*.

(2) C'est-à-dire, *Écrivain qui traite de la Prostitution.* [5]

En se ralliant à une conception alors commune de « l'homme de lettres », il retourne le paradigme à son profit, puisqu'il mêle

---

5. *Le Pornographe ou Idées d'un Honnête-Homme sur Un Projet de règlement Pour les Prostituées, Propre à prévenir les Malheurs qu'occasionne le* Publicisme *des Femmes, Avec Des Notes historiques et justificatives*, Troisième lettre : « De D'Alzan à Des Tianges », t. I, p. 32, dans *Œuvres complètes* (Genève-Paris, Slatkitne-Reprints, 1988, fac-similé de l'édition de 1769). Pour la pertinence de notre analyse nous nous référons généralement à cette réédition, sauf pour *Monsieur Nicolas*, où le renvoi simultané à l'édition établie par Pierre Testud est très précieux : *Monsieur Nicolas* (Paris, Bibliothèque de la Pléiade, 2 tomes, 1989).

d'une façon très éclectique son expérience à l'érudition et aux belles lettres ; l'écriture est pour lui le vecteur privilégié de toute forme de connaissance. Ceci explique la forme hybride des *Graphes* qui tiennent à la fois de l'utopie, du roman par lettres et du traité savant.

Rétif se sert des notes et des marges de ses ouvrages pour des motifs très divers ; son expérience d'imprimeur lui permet des montages complexes, avec des entrecroisements de notes, qui le conduisent à des « mises en scène » très originales de la figure de « l'éditeur ». *La Malédiction paternelle* présente plusieurs caractéristiques remarquables de tels usages en relation avec l'éditeur, représenté dans ce cas par Timothée Joly, un pseudonyme habituel de Rétif dans ce rôle de commentateur du texte par le biais des notes ; or, dans ce roman épistolaire, Dulis écrit non seulement à Timothée Joly – son alter ego – mais il annote aussi sa propre correspondance avec Élises, qu'il a transmise à Thimothée Joly, lequel souligne, à son tour, que la fréquence de ces notes est en relation avec l'intensité de l'émotion [6]. Ces interventions, par le biais des pseudonymes, des notes et des renvois aux autres ouvrages, produisent un phénomène de lecture interne qui renvoie à une conception particulière de l'instance littéraire incarnée par l'éditeur, comme si Rétif avait besoin de rester présent dans les marges pour ne pas se perdre dans le flux de l'écriture romanesque et pour devenir le voyeur de ses propres fantasmes. Cette peur de quitter la rive joue probablement un rôle important dans le surinvestissement de la forme livresque et typographique de ses ouvrages, mais aussi dans la permanence de sa posture littéraire, comme en témoigne le personnage du *Hibou*.

Nous assistons en effet dès *La Malédiction paternelle* à l'émergence d'une nouvelle identité de l'auteur sous les traits du *Hibou*, qui deviendra la figure emblématique des *Nuits* à partir de 1788. Il s'agit d'un autoportrait de l'auteur qu'on retrouvera souvent en marge de ses récits. Présenté comme l'auteur des *Juvénales*, déjà annoncées dans la note Q du *Pornographe* [7], il apparaît comme une figure de Rétif dans un accoutrement stylisé mais reconnaissable pour ses contemporains. Notons l'aboutissement

---

6. « On voit aussi par ses notes fréquentes qu'elle [l'aventure qui commence] l'affecte davantage », *La Malédiction paternelle*, t. II, p. 493.

7. David Coward a reconstitué les métamorphoses de ce projet ; « Du *Hibou* aux *Nuits* : Les *Juvénales* de Rétif », *Études rétiviennes*, n° 6 (1987), p. 88-100.

réussi de cette stylisation dans le frontispice du premier volume des *Nuits* présentant le *Spectateur nocturne*, avec son grand chapeau surmonté de l'oiseau emblématique qui lui fait une sorte de double tête [8]. Nul doute qu'il s'agit ici de l'incarnation la plus originale de Rétif, magnifiquement reprise en son temps par Jean-Louis Barrault dans sa mise en scène de *Nuits* [9]. La figure du *Hibou* est également inhérente à l'autoportrait de Dulis lorsqu'il se présente, au début de *La Découverte australe*, comme l'« historiographe » du « *Je-ne-sais-quoi* » désigné comme le donateur du récit. À la suite de la préface rédigée par Timothée Joly, ce narrateur parle brièvement de lui-même. « *Moi* est un original trop singulier pour n'en pas dire un mot » : « Je me nomme le *Compère Nicolas*. J'ai été berger, vigneron, jardinier, laboureur, écolier, apprenti-moine, artisan dans une ville, marié, cocu, libertin, sage, sot, spirituel, ignorant et philosophe ; enfin je suis auteur » (t. I, p. 29). La valorisation de la condition d'auteur le conduit à éclipser sa formation d'imprimeur, alors que toute sa pratique en est imprégnée, comme il l'avoue en évoquant ses rapports avec les censeurs :

J'étais presque le seul qui pût les braver, en raison de ma manutention typographique, qui me mettait hors de la tutelle de trente-six infâmes imprimeurs, et leurs scélérats d'ouvriers. Si les censeurs me changeaient, j'avais la patience de tirer cinquante à soixante exemplaires d'après leur attentat adultérin ; je rétablissais ensuite ma pensée, soit pendant le dîner des *pressiers*, soit la nuit. Il me fallait ensuite la plus grande attention à la brochure, pour donner les exemplaires au censeur lui-même [...]. [« Mes Ouvrages », Pléiade, t. II, p. 1005].

Il pouvait ainsi limiter, dans certains cas, les cartons exigés au petit nombre d'exemplaires qu'il devait déposer, ou rétablir le texte en reprenant certaines pages à la casse, après l'impression des premiers exemplaires. Tout indique que sa stratégie d'écrivain s'est appuyée sur son expérience de prote et surtout que le livre a représenté un support essentiel pour l'expansion de son imagination.

Le lecteur averti devait évidemment soupçonner la présence de l'auteur derrière la figure de « l'éditeur », mais il ne pouvait imaginer l'omniprésence de Rétif dans ses livres avant que son

---

8. Sur la symbolique du *Hibou*, voir l'article de Jean Sgard : « L'œil du Hibou », *Études rétiviennes*, n° 15, (déc. 1991), p. 5-13.

9. Voir le spectacle créé le 11 décembre 1975 au théâtre d'Orsay, les études correspondantes figurent dans les *Cahiers Renaud Barrault 90* (Paris, Gallimard, 1976).

autobiographie n'en livre les clés. La présence de l'auteur restait en effet masquée derrière des pseudonymes avant la publication de *Monsieur Nicolas* [10]. Or, ce projet est placé dès l'origine sous le signe de l'unité ; on peut en effet lire dans *Mes Inscriptions*, à la date du 14 novembre 1783 : « Je commence le *Compère Nicolas*. C'est ici une époque précieuse ; c'est le jour où j'écrivis les premières pages du plus important de mes ouvrages, du plus intéressant, de la production la plus vaste quoique beaucoup moins volumineuse que *Les Contemporaines* ; mais celui-ci est un seul corps, un vaste ensemble » [11]. Les livres sont alors véritablement devenus la dimension dans laquelle se déploie son existence : « Lisez-moi ; me voilà devenu un livre à mon tour, moi qui ai tant fait, où vous avez lu les autres [livres]. Quand je vous les ai présentés je les ai couverts d'un voile » (Pléiade, t. II, p. 1010) [12]. Ce dévoilement, tel qu'il est présenté dans la « Dédicace à MOI », manifeste à la fois la revendication d'une identité et la supériorité d'un acte d'inscription directement issu de la vie. L'accent mis sur l'identification avec les livres entérine un rapport nouveau entre le récit et le livre. Rétif souligne la valeur de sa démarche – dont la mise en livre représente une métaphore possible – face au simple fait d'écrire.

Les confidences de *Monsieur Nicolas* nous invitent à comprendre les liens qu'il a tissés entre sa vie et ses livres ; les pages intitulées « Mes Ouvrages » apparaissent comme l'apothéose de ce passage du vécu aux livres qui en portent la trace. La transposition de certains épisodes est particulièrement éloquente, l'histoire de la genèse du *Pied de Fanchette* insiste sur la transposition immédiate de sa vision d'un joli pied en un acte qui consiste à confier cette expérience à l'écriture afin d'en faire un livre :

Il y avait longtemps que l'idée de cet ouvrage s'offrait à mon imagination, embrasée par la vue d'une foule de jolis pieds, dont alors quelques uns étaient chaussés d'un goût exquis. J'étais dans cette situation, lorsqu'un dimanche, dans le temps que je demeurais dans la rue Quincampoix, j'aperçus [...] une jeune personne chaussée en souliers roses à talons

---

10. Pierre Testud en a dénombré 31, certains sont des anagrammes de Rétif, mais le plus courant est Dulis, alors que la signature la plus intéressante semble celle du Hibou. Voir Pierre Testud, *Rétif de la Bretonne et la création littéraire* (Genève-Paris, Droz, 1977), p. 459-462.

11. *Mes Inscriptions*, manuscrit publié par Paul Cottin (Paris, Plon, 1889), p. 80.

12. Cette curieuse « Dédicace » publiée à la suite du texte par P. Testud, figure à sa place habituelle, avant l'introduction, dans l'édition Slatkine. Censée être de 1777, elle a visiblement été retravaillée après la publication des *Confessions* de Rousseau, auxquelles Rétif fait allusion.

élevés et minces ; elle avait une jupe courte parce qu'elle s'habillait, et jamais je n'ai rien vu d'aussi voluptueux. [...] J'allais voir mon ami Renaud aux Galeries du Louvre ; je composais en route, et j'écrivis chez lui le premier et le second chapitre. [13]

La transition entre l'expérience vécue et le texte définitif paraît immédiate ; cette transmutation d'un affect suppose toutefois une prédisposition que le texte souligne. Or, les confidences de « Monsieur Nicolas » révèlent non seulement qu'il était sensible à « ce charme d'un joli pied [...] dès l'enfance » (Pléiade, t. I, p. 217), mais aussi que ce goût contribue à l'idéalisation de l'épouse de l'imprimeur Fournier, qui revient si souvent dans ses ouvrages sous les traits de Mme Parangon :

Emporté par la passion la plus fougueuse, idolâtre de Colette, je croyais la voir, la toucher, en palpant ce qui venait de la porter. Mes lèvres pressèrent un de ces bijoux, tandis que l'autre, égarant la nature, et trompant son but sacré, remplaçait le sexe par excès d'exaltation... Les expressions plus claires se refusent... Calmé, j'écrivis dans un des instruments de mon bouillant écart : « Je vous adore ! » en petits caractè-res, et je remis l'élégante chaussure à la place où je l'avais prise. [t. I. p. 426-427 et note 1, p. 426].

L'inscription consacre un objet qui contribue à l'idéalisation d'une femme dont le patronyme renvoie à l'identité sociale de celle qui l'a inspirée, puisqu'on définissait à cette époque la force des caractères, correspondant aujourd'hui aux corps 20 et 22, par les noms de *petit* ou de *gros Parangon* [14]. Notons aussi l'intérêt des jeux de mots inhérents à cette onomastique, puisque les personnages sont effectivement des caractères ; maîtrisant le grec, Rétif ne pouvait ignorer le sens étymologique du terme *caractère* qui définissait l'action d'entailler avant de désigner dès l'antiquité la marque et l'inscription, mais aussi la manière d'être. L'allusion était en tous cas transparente, même si Madame Parangon était présentée dans *Le Paysan perverti* comme l'épouse d'un peintre. La scène décrite dans *Monsieur Nicolas* vise à renforcer auprès du lecteur l'idée d'une surdétermination du choix de la personne idéalisée à travers une série de déplacements. Nous trouvons ainsi, parmi *Les Contemporaines graduées*, en tête de la XIVᵉ partie, consacrée aux « Fammes-de-lettres », l'his-

---

13. *Monsieur Nicolas*, Pléiade, t. II, p. 899 et 187 suiv. : « *Le Pied de Fanchette* fut l'effet d'une vive effervescence [...] ».

14. Le fait que nous puissions lire, dans le même contexte, les noms de Mᵐᵉ Pales-tine, de Mᵐᵉ Canon et de M. Trismégiste, dont les patronymes désignent respective-ment les corps 24, 28 et 36 souligne bien cette intention de l'auteur.

toire de « La Belle-imprimeuse ou la Famme longtemps désirée » (37ᵉ vol., 53ᵉ nouvelle, p. 193). Toutes ces mentions contribuent à soutenir l'idée d'un pouvoir magique de l'inscription dont *Le Drame de la vie* nous fournit un exemple ; en reprenant l'épisode de la chaussure Rétif fait dire à Edmond : « à chaque pas qu'elle fera, elle exprimera ma pensée, "je vous adore" »[15]. Notons encore qu'il qualifie cette inscription de « talisman » et qu'il ajoute : « La paix... renaît dans mon cœur. Fixons la situation où je me trouve, en l'écrivant dans ce cahier secret ! », la mise en abyme de l'écriture et la répétition de l'acte paraissent indissociables de la jouissance de cet instant. Depuis les « cahiers » journaliers, jusqu'aux graffitis sur les quais de l'île Saint-Louis, l'écriture lui permet ainsi une mise en abyme du vécu qu'il transpose dans la forme durable des livres, grâce à la présence quasi-permanente d'un « éditeur » qui en assure la réduplication à une échelle industrielle. L'écrivain a fait de l'imprimerie un auxiliaire de sa quête.

Lorsque nous retrouvons Madame Parangon dans *Le Drame de la vie*, nous voyons sa servante, Toinette, lisant à voix haute dans les cahiers d'Edmond en s'écriant : « O mon cher maître ! Si jamais j'étais imprimée en lettres moulées, par votre bonté ! » (p. 90). La marque imposée aux lettres rejoint le mouvement de l'inscription dans un sens fondamental puisque la possibilité de multiplier cette marque – comme celle qu'il a inscrite dans la chaussure – amplifie les chances de la pérenniser. Il faut comprendre dans ce sens sa proposition d'une réforme de l'orthographe dès la publication de *La Famille vertueuse*, son premier roman. Malgré l'échec de cette tentative, il n'abandonnera jamais le projet d'imposer à l'écriture des transformations par le biais de l'instrument typographique, puisqu'il annonce régulièrement la publication de son *Glossographe* dont il livre enfin des extraits dans « Mes ouvrages ». Les modifications de l'orthographe qu'il propose se combinent avec une réflexion sur les caractère employés[16] ; la tentative de maîtrise du signifiant est transférée vers l'aspect physique des caractères, qui devraient refléter, selon Rétif, les variations de la langue, afin de libérer celle-ci de la « superstition des étymologies » :

---

15. *Le Drame de la vie* (Paris, Imprimerie Nationale, 1991), p. 70.
16. Gisèle Berkman propose une interprétation du fétichisme de Rétif qui donne un rôle important à sa défense du S long. Voir : « Défense et illustration du S long », dans *Filiation, origine, fantasme : les voies de l'individuation dans Monsieur Nicolas de Rétif de la Bretonne*, thèse dactylographiée (Paris 7, 2000), p. 578-593.

Si l'on adoptait ma réforme, j'inventerais des formes agréables, ayant des rapports bien marqués avec les voyelles diphtonguées. [...] Je propose de ficƒer notre lãge pur la pronõƒiaƒiõ, é j'ã done lés mõyës par çe que je viës de dire, par la nuvèle acƒpƒiõ de qèlqes caractères, é par la ƒuprèƒƒiõ de lùr acƒsepƒiõ ordinère, devenue inutile. [Pléiade, t. II, p. 969 et p. 972 [17]]

La formation de Rétif ne lui permettait évidemment pas d'investir réellement le champ d'action des théoriciens de la langue tels que Court de Gébelin ; on remarquera toutefois que cette question l'a préoccupé et qu'à défaut de pouvoir mener ces réflexions à leur terme, il a tenu à marquer sa différence à travers des séries d'écarts typographiques dont on trouve de belles illustrations dans son autobiographie. Il faut citer ici son « Kalendrier », puisqu'on y découvre une extraordinaire variété de corps différents tandis que la force des caractères est proportionnelle à l'importance de la personne évoquée : « Il m'est revenu que certains Lecteurs n'ont pu deviner la raison de la différence des caractères employés dans LE-CŒUR-HUMAIN-DÉVOILÉ : La grosseur du caractère typografiq marque toujours l'importance donée à l'héroïne de l'aventure : Come dans mon Kalendrier, le caractère italiq est toujours indicatif de l'immoralité d'état » (Reprints, t. VI, p. 4108).

Rétif transforme l'aspect des mots comme il déborde dans les marges, puisqu'il veut rendre compte, le plus exactement possible, de toutes les variations qui trahissent la présence de ses fantasmes. Les inscriptions gravées sur les quais de l'île Saint-Louis sont un autre exemple de cette tentative de fixer la succession des scènes mémorables, mais dans le livre c'est la composition même des pages, depuis le corps de la lettre jusqu'au paratexte et aux gravures, qui doit témoigner du mouvement de l'imagination fascinée par le désir.

Les gravures ont ouvert à Rétif un nouveau champ d'expression, grâce à la connivence de Binet. C'est en effet autour de silhouettes féminines très particulières, présentant une taille très fine et de très petits pieds, qu'a lieu en 1779 la rencontre entre Rétif et son illustrateur, à l'occasion de l'élaboration des images pour *La Malédiction paternelle*. Les illustrations de Binet contribuèrent ensuite au succès des *Contemporaines*. David Coward

---

17. Selon le principe de modernisation adopté par la « Bibliothèque de la Pléiade », les passages considérés par Rétif comme exemplaires sont conservés avec leur orthographe.

souligne à ce propos « la forte mesure de contrôle qu'exerçait Rétif sur la représentation visuelle de son monde imaginé » [18]. Sur les 283 planches des *Contemporaines*, 46 sont signées par Binet, mais beaucoup d'autres estampes peuvent lui être attribuées ; on les distingue aisément à la qualité d'exécution des drapés auxquels l'illustrateur attachait un intérêt particulier [19]. Il semble bien que ce soit autour de cet intérêt pour la parure féminine que ce soit nouée l'alliance entre les deux hommes. Nous pouvons en effet lire dans *Monsieur Nicolas* :

> Ce fut le 25 octobre 1782 que j'éprouvai la dernière impression faite par une chaussure élevée. [...] La belle allait de la rue de la Parcheminerie dans celle Boutebrie. Ella avait des mules à talons si hauts, si bien faits, que je sentis combien ce type de chaussure est favorable au sexe des Grâces. C'était la jambe de Mme Parangon... Je lui demandai la permission de faire voir sa chaussure à mon dessinateur Binet. [Pléiade, t. II, p. 357].

Les gravures des *Contemporaines* traduisent parfaitement le regard du narrateur. La série des *Contemporaines* comprend quarante-deux volumes d'« histoires récentes » [20] qui lui fournissent l'occasion d'expérimenter une nouvelle forme d'écriture, puisqu'il prend l'habitude d'écrire en fonction des gravures qu'il a imaginées ; or, nous y retrouvons souvent le fuseau d'une jambe très fine et un pied petit, mais chaussé d'un soulier très haut, pour suggérer la présence d'une femme désirable. Grâce à Binet, la vogue des illustrations permet à Rétif de renouveler son approche de la littérature, en lui permettant de concevoir des gravures en synchronie avec ses textes.

L'initiative des illustrations était venue en 1777 de son libraire, la Veuve Duchesne, qui avait fait ajouter quinze gravures au texte du *Quadragénaire*, mais Rétif n'était pas satisfait de cette première réalisation, il en a toutefois retenu l'idée d'illustrer ses ouvrages, en y consacrant même une part appréciable de ses bénéfices, de sorte qu'on compte environ 650 gravures dans l'ensemble de son œuvre. Il allègue souvent qu'il voulait éviter par là les contrefaçons, mais il est évident que son engouement pour ce complément extrê-

---

18. Voir à ce propos l'article de David Coward dans *Études rétiviennes*, n° 31, Actes du colloque *Rétif et l'image* (Poitiers, 1999), p. 65-80.

19. Voir P. Testud : « Rétif et Binet ou la plume et le crayon dans les *Contemporaines du commun* », *Études rétiviennes*, n° 31, p. 51.

20. Selon Rétif *Les Contemporaines* comprendraient « 444 historiettes » et « 272 » nouvelles ; voir P. Testud, « La nouvelle rétivienne », *Rétif de la Bretonne et la création littéraire* (Genève-Paris, Droz, 1977), p. 253.

mement onéreux dépasse de loin la simple nécessité. En s'attribuant, dès 1780, un rôle majeur dans la conception des *Figures du paysan et de la paysanne pervertis*, il annonçait déjà fièrement : « Rétif de la Bretonne *invenit*, Binet, *delineavit*, Berthet et le Roi *incuderunt* ». Ce sont surtout *Les Contemporaines* qui nous permettent d'observer le lien entre le texte et l'image, puisque chaque unité bénéficie d'une illustration : « Ce que l'on peut attribuer à la volonté de Rétif, c'est sans doute la miniaturisation du pied, le resserrement extrême de la taille et la petitesse des visages. Son idée de la féminité doit beaucoup, somme toute, à l'image de la poupée » [21], écrit Pierre Testud qui souligne, comme David Coward, la complémentarité, sur le plan de l'invention, entre l'auteur et ses graveurs. En contribuant à présenter les femmes comme des poupées en porcelaine, Binet s'est révélé un complice très actif pour les fantasmes de Rétif, de sorte que ses silhouettes ont fini par s'imposer et ont contribué au succès de la série. Mais la description des gravures qu'il avait prévues pour son autobiographie permet de cerner encore d'autres enjeux de l'ambition littéraire de Rétif.

En inventant avec *Les Contemporaines* des histoires en tableaux, il s'est particulièrement intéressé aux aspects pathétiques de l'image. L'estampe était ainsi devenue un modèle de narration inédit, lui permettant d'extérioriser et de compléter ses récits [22]. Ayant ainsi pris la mesure des possibilités ouvertes par l'intégration des gravures dans ses livres, il conçoit pour *Monsieur Nicolas* un programme d'illustrations particulièrement ambitieux. Il considère alors les estampes comme un supplément « absolument nécessaire » à sa narration. Nous pouvons lire au dos de la page de titre de la douzième partie : « Les Estampes sont absolument nécessaires à cet Ouvrage, puisque souvent elles expriment ce qui n'était qu'indiqué dans le texte » (Reprints, t. XII, p. 3304 ; Pléiade, t. II, n. 2, p. 1469). Nous avons vu qu'il était resté fidèle à Binet pour les *Contemporaines*, il était aussi en discussion avec lui à propos de l'illustration de son autobio-

21. *Études rétiviennes*, n° 31, p. 56.

22. David Coward considère que Rétif « conçoit la gravure comme une extension du conte et y met de propos délibérés des détails qu'il juge superflus dans le texte, mais qui établissent les personnages et leurs aventures dans un cadre rigoureusement exact. Il présente aux yeux de ses contemporains, qui ne mettaient jamais les pieds chez un boulanger ou un menuisier, l'intérieur des gens du commun, tout comme il fait voir aux petites gens celui des riches. En cela, Rétif anticipe le magazine illustré qui montre toujours le "style de vie" des personnes en vue comme des marginalisés », *Études rétiviennes*, n° 31, p. 73.

graphie, pour laquelle il annonçait 150 gravures, mais les 139 estampes signalées dans les marges et dont les sujets sont décrits à la fin des volumes ne seront jamais réalisées [23]. À la fin des *Provinciales*, il expliquait encore qu'« On aurait pu en mettre plus de mille, tant l'ouvrage est fécond en traits saillants ! » (Pléiade, t. I, n. 1, p. 1179-1180) : on voit bien par là ce que ce programme avait de fictif, leur conception relève d'inventions bien plus irréelles que les images des hommes volants conçues pour *La Découverte australe*. Nous le voyons dans le sujet prévu pour la 12e estampe :

Le Soleil-levant : Monsieur-Nicolas sur la colline de Fonfraide, près le grand-chemin, voyant avec transport lever le soleil : Derrière lui sont come sur un nuage, Jeannette, Marianne-Taboué, Marguerite : « Œil du monde ! que tu es beau ! » [Reprints, t. II, p. 601]

Le projet semble marqué du sceau du rêve et du fantastique. Cette tendance n'est pas nouvelle dans les gravures de Rétif, puisque les *Figures du Paysan* faisaient déjà intervenir des songes et des visions prémonitoires. Mais les « légendes » des 139 gravures prévues pour l'autobiographie se démarquent de celles consacrées à l'expiation d'Edmond. On assiste cette fois à une forte idéalisation du protagoniste [24] et, comme le remarque Gisèle Berkman, c'est probablement le narcissisme exacerbé par ce mouvement qui rend le projet irréalisable, en marquant les légendes d'une part d'ombre, qui donne à ces commentaires l'allure d'« images-fantômes ». Ne devait-on pas rapprocher cette expansion du moi par l'image de la prolifération du texte par l'imprimerie ? – Nul doute que Rétif a pu entrevoir dans la gravure l'Autre scène de la page imprimée.

Pour comprendre l'importance littéraire de la démarche de Rétif, il est toutefois nécessaire de l'inscrire dans le contexte de

---

23. Pierre Testud indique très justement que ce n'est pas leur coût prohibitif qui est en cause, car « cette réalisation eût-elle été possible, le résultat serait demeuré insuffisant aux yeux de Rétif, animé en fait par le désir d'une illustration illimitée aboutissant à une "bande dessinée" parallèle au texte », dans « *Le Drame de la vie* ou le théâtre en révolution », *Europe*, n° 732, avril 1990.

24. Gisèle Berkman explique en effet que : « Dans l'autobiographie, le sacrifice est [...] proclamé d'entrée de jeu par la voix narrante », de sorte que « la dimension sacrificielle qui obsède le texte se trouve expulsée – à de rares exceptions près – du programme d'estampes ». G. Berkman fait remonter cette expérience sacrificielle au *Paysan* : « La trajectoire d'Edmond est cette traversée des images au terme de laquelle le corps se fait ombre, *figura*. Dans ce texte traversé par le motif de l'idolâtrie, la grande faute est peut-être la représentation, et s'acquitter de la dette exorbitante consiste à produire ce tableau plus que peint qu'est la représentation votive, à se faire livre vivant » (*Étude rétiviennes*, n° 31, p. 146 suiv.).

l'*Esthétique du tableau dans le théâtre du 18ᵉ siècle*, telle que Pierre Frantz l'a analysée en montrant notamment pourquoi, à cette époque, « la peinture devient l'utopie du théâtre »[25]. Il souligne la place de Rétif dans l'évolution de cette esthétique jusqu'à « La mise en cause du modèle ». On peut dire que les gravures prévues pour *Monsieur Nicolas* en présentent de façon exacerbée tous les caractères, elles suggèrent surtout d'autres jeux d'ombres, tels que les gazés et les images en arrière plan qui évoquent bien le théâtre d'ombre dont Rétif envisage alors la création avec *Le Drame de la vie*[26]. Le projet autobiographique trouve ainsi son accomplissement dans une forme théâtrale dont l'esthétique consacre l'éclatement de l'identité et de ce que l'on a coutume d'appeler le caractère. *Monsieur Nicolas* représente bien comme l'a vu Jean Goldzink une sorte de « phase intermédiaire ». Rétif s'était-il rendu compte que le projet – infini – d'une autobiographie en image était irréalisable ? – Ne devrait-on pas plutôt penser qu'il avait compris que l'enjeu de l'écriture autobiographique avait changé et qu'il était en mesure de dépasser à sa façon la manière de Rousseau ? – En 1790 il interrompt en tous cas l'impression de *Monsieur Nicolas*, pour écrire *Le Drame de la vie* dont il considère, comme pour la gravure, qu'il s'agit d'« une sorte de supplément au *Cœur humain dévoilé* »[27]. Le projet s'inscrit dans la continuité des images prévues pour l'autobiographie, puisqu'il s'agit de fixer les moments mémorables de sa vie. La forme théâtrale allait lui permettre d'envisager la diffusion des tableaux envisagés pour *Monsieur Nicolas*, en les intégrant dans des images animées.

Dans cette perspective, l'initiative la plus novatrice de la part de Rétif a certainement été d'adjoindre aux dix pièces dites régulières du *Drame de la vie* des pièces d'ombres chinoises.

---

25. Pierre Frantz, *L'Esthétique du tableau dans le théâtre du 18ᵉ siècle*, (P.U.F, « Perspectives littéraires », 1998, p. 39). Dans son ouvrage, Pierre Frantz évoque amplement la contribution de Rétif à ce débat ; voir en particulier : « Le tableau, un concept de poétique dramatique » (p. 190-195).

26. Pour Gisèle Berkman, ce redoublement est mortifère, « surimposé au narré à la façon d'une doublure, ce curieux méta-texte est devenu le tombeau de l'image de soi », *Étude rétiviennes*, n° 31, p. 147. Nous avons nous-même souligné l'ambivalence de l'image narcissique dans le *Paysan*, dans *Restif de la Bretonne et ses doubles* (Strasbourg, P. U. S., 1995).

27. Notons que les huit premières parties de *Monsieur Nicolas* ont été rédigées entre 1783 et 1785, que Rétif en entreprend lui-même l'impression à partir de 1790 et qu'il achève l'œuvre en 1797. Il écrit et imprime *Le Drame de la vie* de 1790 à 1793, mais en raison de diverses craintes il ne le met pas en vente avant 1797.

La multiplication des scènes fragmentaires ainsi obtenues entraîne une modification des dialogues, adaptés à la multiplication des images qui permet au narrateur de concevoir une projection de son histoire sur ce support. Martine de Rougemont a indiqué que les expériences sur l'éclairage et sur les ombres chinoises s'inscrivent dans un ensemble de pratiques théâtrales éparses à partir de 1780, qui ne permettent pas de définir exactement le spectacle auquel l'auteur avait assisté lors du dîner chez Grimod de la Reynière du 9 mars 1786. Nous apprenons toutefois qu'après les expériences de physique du « sieur Castanio », il y eut « une imitation des ombres chinoises » [28]. Nous retiendrons que Castanio est le présentateur des « Actes des Ombres » inclus dans *Le Drame de la vie*, et que Rétif pense certainement aux expériences auxquelles il a assisté, lorsqu'il imagine ses scènes :

XVIII SCÈNE [Changement : La grande-route de Paris, vis-à-vis la Chênaie ; des vignes, à droite ; un bois au fonds, étc. Anneaugustin (apercevant Colombe) Hâ la voila ! (il court) [...]

M. Castagno : Vous venez de voir passer en revue les principales actions d'Anneaugustin, dans ces Ombres-chinoises, que nous avons réalisées et fait parler. Nous alons à-présent Monsieur Aquilin, vous donner une pièce régulière, intitulée : MADAME PARANGON. [29]

La forme du découpage du temps et du mouvement dans ces pièces, la notation des dialogues, ainsi que les retours en arrière ou les gros plans sur le héros relèvent de la technique des images en mouvement. Les confidences de l'écrivain dans son *Journal* ont permis à Martine de Rougemont d'écrire que « c'est en 1790 que Rétif inventa le cinéma ». Cette curieuse théâtralisation de l'autobiographie tend donc vers une dissolution de ce qu'il convient d'appeler « théâtre ». Comme le relève Jean Goldzink [30], Rétif valorise le découpage épique construit autour des grands moments de sa vie, mais « viole délibérément et spectaculaire-ment les grands principes aristotéliciens », en substituant « l'unité d'une vie à l'organicité de l'unité d'action dramatique ». Cette

28. Martine de Rougemont, « Rétif de la Bretonne *invenit* : Rétif inventeur du cinéma », *Études rétiviennes*, n° 24, juin 1996, p. 13-27. Voir également son intéressante mise au point : « Écriture romanesque et réécriture théâtrale », dans *Rétif et le théâtre*, colloques et séminaires n° 66 (Rabat, 1997).

29. *Le Drame de la vie*, Slatkine-Reprints, seconde partie, t. I, p. 79 et 90.

30. Dans son introduction au *Drame de la vie* (éd. citée), Jean Goldzink rend un hommage motivé à Jean Villégier pour sa « mise en voix, en une voix », au théâtre de l'Athénée en 1988, parce qu'elle se moule « sur une des structures de l'œuvre : le système Castanio » (p. 12).

position conduit aussi à des incohérences puisque "ce qui pourrait avoir lieu", sur la scène, devient l'objet d'une chronique de ce qui a déjà eu lieu ; mais cette parade fétichiste lui permet de légitimer sa posture narrative :

> Ma conduite n'est pas ordinaire, ni mes Ouvrages non-plûs : Pauvre avec satisfaction, assis au dernier degré de la société, je n'y existe jamais personnellement : L'auteur du *Paysan* n'existe que là, et dans le reste de son Œuvre ; individuellement et personnage vivant, il n'est rien. On ne le voit nulle-part ; il s'arrache la subsistance corporelle, pour la donner à son existence littéraire. [31]

Cette esquisse d'une image de l'auteur tributaire du sacrifice de sa position sociale renvoie à son existence magnifiée au sein de ses ouvrages. L'écrivain-éditeur prend ici le pas sur l'auteur. Si nous assistons bien à « un cortège de fantasmes en quête de personnages », selon l'expression de Jean Goldzink, on comprendra aisément pourquoi cette composition laisse entrevoir à Rétif les affres d'une identité devenue à jamais insaisissable. La projection de son être nouveau sur les silhouettes, tirées de ses songes, livrées à son regard par le biais d'une lanterne magique, évoque autant les caricatures que l'intrusion terrifiante du réel, si la barrière du temps venait à s'effondrer.

Le Drame de la vie contenant Un Homme tout entier peut être vu comme une tentative de réappropriation de toutes ces existences dispersées – on serait tenté de dire semées, pour reprendre une métaphore de l'engendrement chère à Rétif – à travers une multitude d'ouvrages qui déclinent, chacun à sa façon, la reproductibilité de la jouissance de l'acte d'inscription. Les procédés de l'imprimerie, puis de la gravure, ont fourni à Rétif des supports pour la duplication de cette action dont chaque réplique laisse entrevoir la promesse d'une régénération. Si le lecteur peut s'y perdre, ils perçoit toutefois la silhouette du narrateur dans les bords du texte, comme dans le frontispice des *Nuits*, grâce aux effets de la *camera obscura*. Rétif a exploré tous les éléments qui pouvaient faire figure hors du texte proprement dit, qu'il s'agisse du système des annotations, de l'adjonction de divers morceaux, des gravures, ou des pièces d'ombre. Lorsque l'écrivain se met dans la position de l'éditeur, c'est toujours pour garder un œil sur les livres auxquels il s'identifie ; pour garder la maîtrise de cette inscription et probablement pour le plaisir d'imaginer la réactualisation de sa promesse auprès

---

31. Voir la « Lettre à La Reynière », dans *Le Drame de la vie*, Slatkine-Reprints, p. 1334-1335.

de ses lectrices. Ce narrateur devient certes de plus en plus insaisissable, il se réduit à une esquisse, il acquiert une existence « féique », mais en se délestant de son poids de chair rien ne l'empêche plus de se démultiplier à l'infini, tel *Multipliandre* qui transgresse la durée de vie qui lui était impartie en se logeant dans d'autres hommes afin de posséder les femmes qu'il convoite. Rétif avait aperçu la possibilité de s'introduire dans les gravures, comme il s'était précédemment glissé dans ses textes sous les masques de l'éditeur ; les « Actes d'Ombre » représentent une des formes les plus intéressantes de la dimension visuelle qu'il a investie. Ils illustrent de façon exemplaire la mise en abyme de la jouissance dont témoigne toute son activité littéraire. Les ombres chinoises lui ont proposé un raccourci pour cette position en lui permettant de voir la scène, tout en se projetant dans la silhouette entr'aperçue qui mime sa présence. L'image semble encore plus apte que l'écriture à ruser avec le temps et avec la mort, en permettant d'invraisemblables déplacements ; l'imagination de Rétif s'est sentie exaltée par ces nouveaux horizons, il lègue au lecteur sa jubilation devant ce mouvement sans limites.

Si le livre a été le principal support de l'activité scripturale et littéraire de Rétif, les gravures apparaissent comme l'expression la plus achevée du registre supplémentaire que Rétif n'a cessé d'explorer. Lorsque l'occasion d'illustrer ses ouvrages s'est présentée, il a vu se déployer devant lui de nouvelles possibilités d'interventions sur ses ouvrages. L'image s'est dès lors imposée comme le mode d'expression le plus gratifiant d'une présence à laquelle il n'avait jamais renoncé. Les estampes signifiaient pour lui plus qu'un simple prolongement de son activité éditoriale. En tenant compte des changements induits par l'illustration, l'écrivain a transféré une part de la représentation envisagée sur les images pour écrire ses textes en s'appuyant sur ce complément. La plupart de ses nouvelles doivent être lues dans la perspective d'une correspondance entre le texte et l'image. « L'esthétique du tableau », ses réflexions et ses productions théâtrales éclairent cette démarche : lorsqu'il se met à concevoir, après son programme fictif d'estampes, des didascalies pour ses « Actes des Ombres », le pathétique change définitivement de forme, il n'est plus seulement dans le geste ou dans l'attitude, il joue avec la succession des images dont il démultiplie les potentialités pour porter ses rêves vers de nouveaux publics.

CLAUDE KLEIN
Université Marc Bloch, Strasbourg

JACQUES DE SÈVE ILLUSTRATEUR DU THÉÂTRE DE JEAN RACINE

Le dessinateur Jacques de Sève a illustré entre 1742 et 1788 de nombreux ouvrages. Malgré une présence remarquable dans le livre illustré de cette période, nous ne connaissons que peu de choses de cet artiste dont les compositions furent gravées par les plus grands noms que compte le 18ᵉ siècle (Eisen, Flippart, Le Mire...). Les dictionnaires anciens ou plus récents ne mentionnent aucune date biographique, nous savons seulement qu'il eut un fils, Jacques-Eustache, lui aussi dessinateur. J. de Sève, dessinateur prolixe, sut orner des ouvrages littéraires, scientifiques ou encore juridiques. À ce jour nous avons recensé une quarantaine de contributions dont nous donnons la liste à la suite de cet article [1]. Des premières compositions quelque peu maladroites aux œuvres beaucoup plus abouties, l'évolution de son trait est tout à fait perceptible. Les dessins de J. de Sève sont très variés, avec des figures agréables, vivantes et un recours au langage allégorique assez fréquent. Son sens de l'ornement ne manque parfois pas de légèreté ou d'ironie. Les putti remplacent ici et là hommes ou femmes dans des compositions qui en deviennent attachantes. Nous pensons aux bandeaux de l'*Histoire naturelle* de Buffon : les putti, en compagnie d'animaux ou dans un cabinet de sciences naturelles semblent éloignés du langage allégorique, ils s'approchent davantage du monde de l'enfance [2]. Cet ouvrage mêle l'ornement et le scientifique puisque J. de Sève a exécuté d'une part des bandeaux décoratifs et d'autre part, avec Buvée l'Américain, les planches scientifiques. L'illustration de ces volumes résume à elle seule ce que fut le livre à figures au 18ᵉ siècle.

---

1. Comme point de départ nous avons tout d'abord utilisé les deux ouvrages de référence sur l'illustration au 18ᵉ siècle. H. Cohen, *Guide de l'amateur de livres à vignettes*. Paris, 1880. R. Portalis, *Les dessinateurs d'illustrations au dix-huitième siècle*. Paris, 1877. Les titres mentionnés ont été vérifiés et la liste des contributions de J. de Sève s'est étoffée au gré des consultations de catalogues de bibliothèques.
2. Buffon, *Histoire Naturelle générale et particulière*. Paris, Imprimerie Royale, 1749-1767. 15 vol. in-4.

Le livre illustré reçoit au 18ᵉ siècle une iconographie abondante ; frontispices et vignettes ne suffisent plus au plaisir des yeux, on orne les pages de bandeaux, de culs-de-lampe qui peuvent être purement décoratifs ou en lien avec le texte [3]. Les œuvres des auteurs du 17ᵉ siècle bénéficient de somptueuses éditions illustrées par les plus grands artistes : Molière illustré par Boucher, La Fontaine par Cochin et Oudry ou Corneille par Gravelot [4]. Le goût et la fantaisie rocailles s'expriment aussi dans les livres qui sont de véritables objets de collection. Jacques de Sève a illustré Racine à deux reprises. Ces éditions – surtout celle de 1760 – sont uniques dans l'ensemble des éditions illustrées du poète ; elles se démarquent de toutes celles publiées depuis le 17ᵉ siècle. Au cours du 18ᵉ siècle, on compte en tout sept éditions illustrées de Racine, parues avec une certaine régularité de 1713 à 1796 [5]. Les premiers dessins de Jacques de Sève sont d'abord destinés à une édition en trois volumes in-octavo publiée chez

---

3. Sur ces questions, voir C. Michel, *C.N. Cochin et le livre illustré au 18ᵉ siècle*. Genève, 1987. 1751-1770 est la période la plus favorable au décor du livre : « Jamais les livres illustrés n'ont été aussi nombreux et aussi copieusement ornés que pendant cette période. », p. 80. Voir aussi J. et E. Goncourt, *L'art du 18ᵉ siècle*. Paris, 1928 : « Aussi le règne de Louis XV est-il le triomphe de ce qu'on appellera plus tard l'illustration. L'image remplit le livre, déborde dans la page, l'encadre, fait sa tête et sa fin, dévore partout le blanc : ce ne sont que frontispices, fleurons, lettres grises, culs-de-lampe, cartouches, attributs, bordures symboliques », vol. II, p. 235.

4. Molière, *Œuvres*, Paris, Prault, 1734-1735, 6 vol. in-4. Illustrations gravées d'après François Boucher. Cette édition comporte des bandeaux allégoriques.

J. de La Fontaine, *Contes et nouvelles en vers*, Paris, David Jeune, 1743, 2 vol., in-8. Vignettes de C.N. Cochin. J de La Fontaine, *Fables*, Paris, Desaint et Saillant, 1755-1759, 4 vol. in fol. Vignettes d'après J.B. Oudry. Pour les éditions illustrées du poète, voir Claire Lesage (dir.), *Jean de La Fontaine*. Paris, 1995. Exposition Paris, BnF, 1995.

P. Corneille, *Œuvres*, S.l., 1764. 12 vol. in-8. Vignettes d'après Hubert-François Gravelot.

5. J. Racine, *Œuvres*, Amsterdam, H. Schelte, 1713, 2 vol. in-18. Vignettes de Jacobus Harrewyn.

J. Racine, *Œuvres*, Londres, J. Tonson J. Watt, 1723, 2 vol. in-4. Vignettes d'après Louis Chéron.

J. Racine, *Œuvres*, Amsterdam, J.F. Bernard, 1743, 3 vol. in-12. Vignettes d'après Louis-Fabricius Du Bourg.

J. Racine, *Œuvres*, Paris, vve Gandouin, 1750, 3 vol. in-8. Bandeaux et fleurons d'après Jacques de Sève.

J. Racine, *Œuvres*, Paris, Le Breton, 1760, 3 vol. in-4. Illustrations d'après Jacques de Sève.

J. Racine, *Œuvres*, Paris, Louis Cellot, 1768, 7 vol. in-8. Vignettes d'après Hubert-François Gravelot.

la veuve Gandouin en 1750. J. de Sève exécute pour chaque volume un fleuron et un bandeau gravés par D. Sornique mais l'édition ne comporte pas de vignettes. Chacun des fleurons et des bandeaux met en scène des personnages qui sont souvent aux frontières de l'enfance dans des compositions de faible qualité [6]. Certains sujets ont été repris dans l'édition de 1760, mais les dessins n'ont pas été réutilisés.

La « grande » édition de Racine est publiée en 1760 chez Le Breton, en trois in-quarto. Elle rassemble les pièces de théâtre et des *Œuvres diverses*. L'ornement est partout : fleurons, vignettes, bandeaux et culs-de-lampe font référence aux textes de Racine. Pour chaque pièce, une vignette sur la page de gauche, un bandeau et des culs-de-lampe. Le format des volumes autorise de belles vignettes dont l'iconographie est en quelque sorte complétée par les autres illustrations. Les putti y prennent la place des personnages dans des compositions où symbolique et allégorique se mêlent souvent. La représentation des personnages de Racine sous les traits d'enfants ou de putti (on peut hésiter sur la terminologie à utiliser) fait référence au langage allégorique auquel d'autres artistes ont eu recours à la même période. Cependant il est difficile de savoir qui de l'éditeur ou du dessinateur présidait à ces choix et d'en connaître les raisons profondes. Les dictionnaires iconologiques du 18e siècle s'inscrivent dans la tradition de Ripa : définir les allégories tout en en donnant une représentation visuelle [7]. J. de Sève a d'ailleurs dessiné en 1756 le frontispice du *Dictionnaire iconologique* de Lacombe de Prézel [8] ; ses compositions témoignent d'une bonne connaissance des figures allégoriques.

J. Racine, *Œuvres*, Paris, Déterville, 1796, 4 vol. in-8. Vignettes d'après Jean-Jacques-François Le Barbier.

Voir notre thèse d'histoire de l'art consacrée à l'iconographie racinienne : *Passions raciniennes et arts visuels. Pictura loquens, 1668-1815*, Université de Bourgogne, 2000.

Nous devons rappeler l'article de N. Guibert qui a commenté les éditions illustrées de Racine : N. Guibert, « L'iconographie de Racine à la bibliothèque de l'Arsenal », *Cahiers Raciniens*, 1970, 1er semestre, p. 9-151.

6. C'est une édition assez rare. Tome I : fleuron avec trois putti tenant les attributs de la tragédie, bandeau en tête de *La Thébaïde* représentant le combat des frères ennemis. Tome II : fleuron avec trois putti symbolisant la mort de Britannicus, bandeau en tête de *Britannicus* représentant le meurtre de ce dernier. Tome III : fleuron avec trois putti symbolisant le suicide d'Ériphile, bandeau en tête d'*Iphigénie* représentant le suicide d'Ériphile.

7. J.B. Boudard, *Iconologie tirée de divers auteurs*, Paris, Tilliard, 1759. C.N. Cochin, *Almanach iconologique*, Paris, Lattré, 1774-1781.

8. H. Lacombe De Prézel, *Dictionnaire iconologique*, Paris, Th. de Hansy, 1756.

La diversité de l'ornement permet d'illustrer plusieurs scènes ou de représenter sous différentes formes un même sujet. Il en est ainsi par exemple de la mort de Britannicus qui est le sujet de la vignette et du bandeau. Sur la vignette [fig. 1], le dessinateur a mis en scène le récit de Burrhus : Britannicus s'effondre sous le regard de Néron et des convives, tandis que Narcisse tente de dissimuler l'aiguière contenant le poison. La disposition, les attitudes, les regards, tout concourt à la compréhension du sujet [9]. Pour le bandeau [fig. 2], des figures allégoriques accompagnent les putti. Britannicus bascule en arrière, laissant choir la coupe de la réconciliation. Néron, la coupe à la main, contemple son forfait tandis qu'à ses côtés un putto appuyé sur un renard tient un masque ; c'est la Fourberie. Enfin, au-dessus de la scène un putto sur une nue, les yeux bandés, le flambeau de l'amour et un poignard dans les mains, figure l'Aveugle Espérance. Pour cette allégorie, J. de Sève a pris des libertés avec les dictionnaires iconologiques qui ne font pas mention du poignard et du flambeau. La composition est parfaitement compréhensible, mais les allégories proposent un résumé de la pièce, rappelant l'espoir que le banquet avait fait naître. Ce recours au langage allégorique est particulièrement intéressant puisque au-delà du verbe, J. de Sève entend livrer le caractère des personnages. Pour illustrer des pièces dans lesquelles les passions mènent l'action, il est tout à fait juste de s'intéresser aux caractères [10]. Les peintres, qui depuis toujours souhaitaient concurrencer les poètes, ont cherché l'éloquence. Cependant les figures allégoriques sont uniques dans l'ensemble des éditions illustrées de Racine [11]. Aussi, au début de chaque volume, l'éditeur a-t-il jugé nécessaire de décrire et de justifier l'ensemble de l'iconographie. Le sujet de la vignette (avec la mention de l'acte et de la scène) ainsi que sa composition sont commentés. Les autres ornements sont décrits plus rapidement tandis que le langage allégorique est en partie déchiffré.

Les premières études sur les éditions des œuvres de Racine paraissent à la fin du 19e siècle ; les dessins de J. de Sève sont remarqués :

---

9. La composition reprend des éléments du bandeau de 1750 dans un traitement tout à fait abouti.

10. Nous n'oublions pas *Les Plaideurs* dont les putti en robe de justice et les petits chiens sont assez savoureux.

11. Il faut tout de même citer l'édition pirate des *Œuvres* de Racine 1678 dont la vignette de *Phèdre* est une allégorie.

Le vrai révolutionnaire et novateur fut avec succès Jacques de Sève. Avec lui nous sortons de la noblesse de convention pour entrer à pleines voiles dans le mouvement dramatique, la vie et le fracas. [...] Certes la fleur délicate des créations de Racine est froissée parfois sous ce crayon énergique, mais la vie du moins circule dans le livre, la pensée du poète s'anime et prend corps à chaque page. Peut-être y a-t-il quelque excès dans la profusion des sujets mythologiques et des allégories. C'est un tort sans doute, en commentant Racine, d'abonder si fort en des fictions dont lui-même n'a usé que sobrement, mais c'est un tort que l'on pardonne volontiers à l'artiste en faveur de tant de vignettes charmantes qui flattent à la fois l'imagination et le regard. [12]

Il semble cependant que dès le début du siècle, d'aucuns aient reconnu l'importance de cet ensemble. En effet, le libraire et collectionneur Antoine-Augustin Renouard possédait non seulement l'édition de 1760 (parmi d'autres éditions de Racine), mais aussi les dessins que J. de Sève avait exécutés et les gravures. Ils sont mentionnés dans son catalogue de 1819 et dans celui de la vente de sa collection en 1854 [13]. Ce sont les deux seules mentions des dessins originaux et depuis la vente du 13 décembre, nous ignorons quel fut le sort de ces œuvres.

Les vignettes, par leurs compositions, les attitudes des personnages et les décors sont parmi les plus séduisantes illustrations de Racine. Sève évite le « gracieux », il parvient à l'éloquence par le mouvement et les gestes énergiques [14]. Les personnages ont des visages expressifs, des attitudes nobles qui conviennent à leurs caractères. On remarque cependant ici ou là des mouvements de lèvres, des sourires qui traduisent quelque ironie. Certaines attitudes éloignent du tragique : lorsque Porus se présente devant Alexandre (V, 3), le roi des Indes tient à peine debout.

---

12. A.J. Pons, *Les éditions illustrées de Racine*, Paris, 1878, p. 18.
13. L'édition qu'il possédait était l'un des deux tirages sur papier de Hollande. A.A. Renouard, *Catalogue de la bibliothèque d'un amateur*, Paris, A.A. Renouard, 1819, tome III, p. 65. *Catalogue d'une précieuse collection de livres, manuscrits, autographes, dessins et gravures composant la bibliothèque de feu M. Antoine-Augustin Renouard*, Paris, J. Renouard, 1854. « n° 1538. Dessins de de Sève pour cette édition in-4 de Racine, avec les gravures et tous les fleurons ainsi que leurs dessins. [...] Quatre-vingt-sept pièces, tant en grands dessins qu'en fleurons et vignettes et toutes leurs gravures correspondantes. Un seul dessin, celui de l'*Iphigénie*, n'a pu être retrouvé » (p. 155).
14. Hubert-François Gravelot, dans l'édition de 1768 cède davantage à une mise en scène gracieuse et ses compositions ont souvent moins de force, les attitudes paraissent plus affectées.

C'est soutenu par un soldat aux efforts visibles qu'il peut se montrer droit sur ses jambes avec un air fier. Seules les larmes des femmes derrière Alexandre rappellent le drame. La « vérité historique » n'est pas négligée, le décor des vignettes est antiquisant ou orientalisant, tout comme les costumes des personnages. Les palais ont une décoration soignée : le dressoir de la salle de banquet de *Britannicus*, les statues des appartements de Titus et Bérénice, les braseros et les lourdes tentures de *Bajazet* ou d'*Esther*. Le traitement des sujets est donc abouti, et l'iconographie présente quelques nouveautés. J. de Sève a retenu des épisodes déjà illustrés dans les éditions précédentes et comme ses prédécesseurs, il a aussi représenté des faits connus par le seul récit. Mais les règles des arts visuels ne sont pas celles du théâtre et la mort peut être exposée au spectateur. Malgré tout il propose des scènes qui n'avaient pas encore été illustrées. Pour *Bajazet*, il représente non pas l'évanouissement d'Atalide, mais Roxane montrant à Bajazet la lettre écrite à Atalide (V, 4). Pour *Mithridate*, le sujet ne se retrouve dans aucune édition : Arbate arrache la coupe de poison des mains de Monime (V, 3) ; c'est une des planches les plus réussies avec un mouvement particulièrement vif. Enfin, pour *Esther* la célèbre scène de l'évanouissement est le sujet du bandeau, tandis que sur la vignette Aman se jette aux pieds d'Esther (III, 5).

Bien sûr, chaque illustration mériterait une longue analyse à la lumière des vers de Racine, mais pour analyser la richesse et la force de l'iconographie déployée par J. de Sève, il nous a paru plus cohérent et plus aisé de nous limiter à une seule pièce. Puisqu'il fallait faire un choix, c'est *Phèdre* qui a retenu notre attention. Cette tragédie est ornée d'une vignette, d'un bandeau et de cinq culs-de-lampe. Malgré l'annonce de l'éditeur, J. de Sève n'a pas dessiné un cul-de-lampe pour chaque acte de chacune des pièces. Avant de regarder les illustrations, lisons l'avertissement de l'éditeur [15] pour *Phèdre* :

À la préface de *Phèdre*, un monstre marin et le char d'Hippolyte groupés ensemble. Neptune pour seconder les vœux de Thésée, fait sortir du fond des mers un monstre énorme, dont les chevaux d'Hippolyte

---

15. « On a cru devoir donner, pour la satisfaction du public, une explication simple de toutes les planches contenues dans chaque volume. Les vignettes représentent allégoriquement le caractère de la pièce où elles sont destinées, et les culs-de-lampe qui sont à la fin de tous les actes sont analogues à l'acte où ils sont placés. » Le terme de vignette désigne ici toujours le bandeau. Les illustrations de cette pièce ont toutes été gravées par Jean-Jacques Flipart.

furent effrayés. Ce jeune prince pousse droit à ce monstre, lui lance un dard et le terrasse. Acte V, scène 6. La vignette représente allégoriquement Hippolyte, par le symbole de l'innocence, victime des fureurs de l'amour. Une harpie tenant le flambeau de l'amour allégorie de Phèdre dans la I. Scène de l'acte I. Phèdre animée des fureurs de l'amour, tire l'épée d'Hippolyte pour s'en percer. Acte II, scène 5. Pour l'acte III. Thésée irrité contre son fils, invoque le dieux des mers pour le faire périr. Pour l'acte V. Le monstre marin blessé et expirant.

Phèdre et Esther sont les seules pièces dont la préface est ornée. L'intention décorative de ce cul-de-lampe est très affirmée [fig. 3]. Le cadre rocaille courbe est disposé sur un socle au décor de grecques soutenu par des putti tenant le rôle d'atlantes et entourant un cartouche. Une tête au sommet qui évoque celle du monstre et des guirlandes complètent l'ensemble. Basculant hors de la bordure, le monstre envoyé par Neptune nous présente son dos, il paraît poussé par le char renversé d'Hippolyte. Sa queue recouverte d'écaille décrit une volute semblable à celles de l'encadrement et de la fumée s'échappe de ses naseaux. Dans la vignette [fig. 4], J. de Sève fait référence au récit de Théramène (V, 6), mais il n'a pas choisi d'exposer le cadavre aux regards, comme plusieurs de ses prédécesseurs [16] ; il a préféré représenter la vivacité et la combativité d'Hippolyte. Le jeune homme conduit son char d'une main, de l'autre il est prêt à lutter contre le monstre surgi des flots :

Parmi des flots d'écume, un monstre furieux.

Son front large est armé de cornes menaçantes ;

Tout son corps est couvert d'écailles jaunissantes ;

Indomptable taureau, dragon impétueux,

Sa croupe se recourbe en replis tortueux [17]

La fougue et l'ardeur d'Hippolyte s'opposent à la frayeur des chevaux et de ses compagnons. Sa vaillance lui permet de se redresser sur ses jambes et, le visage serein, de s'apprêter à frapper « d'une main sûre [18] ». Le dessinateur a représenté le début du récit, la première lutte, il laisse ainsi au spectateur qui ne connaît pas la pièce la possibilité d'espérer en la victoire du

---

16. Charles Lebrun, pour l'édition de *Phèdre* parue en 1677 avait le premier représenté Hippolyte mort, Chéron et Dubourg dans les éditions de 1723 et 1743 l'avaient suivi.

17. V, 6, vers 1515-1521. J. de Sève s'est conformé à la description de Théramène, à l'exception des écailles qu'il réserve à la partie inférieure du corps.

18. V, 6, vers 1529.

jeune homme. Les vaguelettes de l'angle inférieur droit et les écailles du monstre à la queue serpentine permettent d'évoquer le milieu marin. Au second plan les compagnons prennent la fuite tandis qu'à l'arrière-plan se dresse le temple mentionné par le texte de Racine.

Le fils de Thésée est encore le sujet du bandeau [fig. 5]. L'encadrement rocaille, riche de volutes et de conques apparaît comme un décor qui ne limite pas complètement l'espace de la composition puisque les enfants et le monstre viennent en avant du cadre. Au centre, trône le char en partie brisé tandis qu'à droite Hippolyte (sous la forme d'un putto) renversé tend la main vers un agneau tourné vers lui. C'est le symbole de l'Innocence que les dictionnaires ont définie ainsi. Sur une nue, au-dessus du groupe l'Amour furieux tenant un flambeau et un poignard. Enfin, à gauche de la composition le monstre expirant dont la longue queue décrit une volute. Assis sur son dos, un enfant qui tient un trident symbolise Neptune.

Le cul-de-lampe du premier acte [fig. 6], représente une harpie grimaçante aux ailes déployées, aux seins pendants et dont le corps est comme enroulé autour du flambeau de l'amour [19]. Elle se tient devant le carquois et les flèches de Cupidon et le motif est agrémenté d'éléments purement décoratifs.

Pour la fin du deuxième acte, le cul-de-lampe représente un instant de la pièce qu'aucun illustrateur n'a encore retenu : Phèdre tente de se frapper avec l'arme d'Hippolyte [fig. 7]. J. de Sève l'a illustré de manière symbolique puisque les enfants tiennent le rôle des personnages. Sa composition, par sa vivacité est traitée avec efficacité, même si les putti ne peuvent avoir la même force dramatique. Le geste de la fille de Minos est arrêté par le bras d'Œnone tandis qu'au second plan Hippolyte apparaît dans une attitude de résignation tout à fait surprenante. La tête baissée, la main droite ouverte, il ne peut que contempler son fourreau vide. J. de Sève a porté son attention sur les derniers vers de la scène (II, 5) et mis en image le geste que Racine a seulement esquissé. Dans l'édition de 1768, Hubert-François Gravelot a retenu cette scène pour sa vignette, représentant l'instant où Phèdre s'empare de l'épée. Bien qu'il n'ait pas eu recours aux putti, sa composition n'est pas particulièrement dramatique ; les costumes et le mobilier mais surtout le geste d'Hippolyte ne

---

19. La représentation qu'en a faite le dessinateur correspond en tout point à la description de Lacombe de Prézel.

suscitent guère d'émotion. Les vignettes de cette édition répondent plutôt au goût du gracieux que le 18e siècle appréciait [20].

Dans un gracieux motif rocaille le cul-de-lampe de l'acte III représente le monstre et Thésée [fig. 8]. Le monstre est allongé au premier plan sur une conque, tenant entre ses pattes le trident de Neptune ; il attend son heure. Au-dessus, la houle légère et Thésée qui clame sa colère. Cependant, le roi de Trézène n'est pas très convaincant, les sentiments qui l'animent ne se lisent pas sur son visage. J. de Sève a proposé une composition très décorative, c'est un ornement du livre en lien avec une scène de la pièce.

Nous avons remarqué de quelle manière la vignette montre le courage d'Hippolyte et sa vaillance au combat. Le jeune homme affronte le monstre, « il lui fait dans le flanc une large blessure [21] » avant de mourir. Le monstre blessé et fumant est ainsi le sujet du dernier cul-de-lampe [fig. 9]. L'animal allongé est ainsi exposé aux regards ; bien que mort Hippolyte a su triompher et la bête qui sert de conclusion à J. de Sève n'a plus rien d'impressionnant. L'iconographie de *Phèdre* se concentre sur l'histoire d'Hippolyte puisque toutes les figures l'évoquent. Il eut été sans doute difficile de mettre en scène les tourments de Phèdre, non que J. de Sève manquât d'habileté, mais en raison des putti qui limitent la représentation des sentiments [22].

Les illustrations de cette édition expriment les liens ténus entre le texte et l'image, mais aussi l'invention des arts visuels pour transposer les vers de Racine. La richesse des pièces du poète a permis à J. de Sève d'offrir des compositions d'une grande qualité. A-t-il lu les pièces ou a-t-il suivi les recommandations de l'éditeur ? Il nous plaît de penser qu'il lisait Racine parce que la finesse des représentations nous y autorise. Malgré la profusion, l'abondance décorative, cette édition se montre assez fidèle à Racine. J. de Sève séduit le lecteur, le charme en atténuant

---

20. Vignette gravée par Jean-Baptiste Simonet. La composition d'Anne-Louis Girodet gravée par Raphaël-Urbain Massard dans l'édition de 1801 a quant à elle une grande force expressive.

21. V, 6, vers 1530.

22. En revanche, dans la magistrale édition des frères Didot parue en 1801, Phèdre est le sujet principal des vignettes. Cette édition qui fut illustrée par les élèves de l'école de David compte une planche par acte, dans des compositions qui furent exécutées comme des tableaux. Le néoclassicisme a alors banni l'excès d'ornement du livre.

J. Racine, *Œuvres*, Paris, Pierre Didot l'aîné, 1801, 3 vol. in-fol.

le sens du drame qu'il réserve essentiellement aux vignettes. Il a représenté des scènes que les autres dessinateurs n'avaient jamais retenues, contribuant ainsi à donner un nouvel élan à l'illustration des pièces de Racine. En effet, les précédentes éditions reprenaient le plus souvent les motifs de l'édition de 1676 illustrée par François Chauveau. Très présent pendant la deuxième moitié du 18e siècle, J. de Sève est un dessinateur dont les compositions méritent un examen attentif. Ses figures sont reconnaissables entre toutes, il manque cependant les dessins originaux qui permettraient de mieux apprécier ses qualités de dessinateur [23]. Ses illustrations montrent qu'il a su répondre aux goûts de ses contemporains, tout en conservant une liberté d'invention remarquable. Comme Portalis, nous pensons que « son illustration de beaucoup la plus importante est celle qu'il a dessinée pour la belle édition des *Œuvres* de Racine. Les grandes figures y sont traitées dans le goût un peu théâtral des de Troy et des Boucher, mais avec beaucoup d'aisance et tout à fait en peintre. [...] Les vignettes et fleurons sont pleins d'invention et de mouvement [24] ». Mais cette édition de 1760 ne doit pas masquer l'ensemble du travail de J. de Sève qui reste encore à étudier.

MARIE-CLAIRE PLANCHE-TOURON
Université de Bourgogne

---

23. Le cabinet des Estampes de la BnF conserve des dessins de planches scientifiques de l'*Histoire naturelle* de Buffon.
24. Voir *supra*, p. 620.

BRITANNICUS.

Britannicus, vignette, gravure de Dominique Sornique
d'après Jacques de Sève. Vol. I, p. 328.
*(Clichés de l'auteur avec l'aimable autorisation
de la Bibliothèque municipale de Nancy).*

Britannicus, bandeau, gravure de Charles Baquoy
d'après Jacques de Sève. Vol. I, p. 329.

Phèdre, cul-de-lampe préface, gravure de Jean-Jacques Flipart
d'après Jacques de Sève. Vol. II, p. 367.

Phèdre, vignette, gravure de Jean-Jacques Flipart
d'après Jacques de Sève. Vol. II, p. 368.

Phèdre, bandeau, gravure de Jean-Jacques Flipart
d'après Jacques de Sève. Vol. II, p. 369.

Phèdre, cul-de-lampe acte I, gravure de Jean-Jacques Flipart
d'après Jacques de Sève. Vol. II, p. 386.

Phèdre, cul-de-lampe acte II, gravure de Jean-Jacques Flipart
d'après Jacques de Sève. Vol. II, p. 404.

Phèdre, cul-de-lampe acte III, gravure de Jean-Jacques Flipart
d'après Jacques de Sève. Vol. II, p. 417.

Phèdre, cul-de-lampe acte V, gravure de Jean-Jacques Flipart
d'après Jacques de Sève. Vol. II, p. 447.

Liste des ouvrages illustrés par Jacques de Sève

1. *Allégorie sur le Mariage de Mgr le Dauphin* [Louis avec Marie-Antoinette d'Autriche, 16 mai 1770]. Vignette J. de Sève gravée par Baquoy.
2. **AGUESSEAU, Henri-François d'**, *Œuvres... publiées par l'abbé André, son bibliothécaire*, Paris, Libraires Associés, 1759-1789, 13 vol. in-4. Tome V : vignette sur page de titre, bandeaux, culs-de-lampe J. de Sève gravés par P. Pate.
3. **ARGENVILLE, Antoine-Joseph Dézallier d'**, *Abrégé de la vie des plus fameux Peintres avec leurs portraits gravés en taille-douce, les indications de leurs principaux ouvrages, Quelques Réflexions sur leurs caractères et la manière de connaître les desseins des grands Maîtres*. Par M.*** de l'Académie Royale des Sciences de Montpellier, Paris, De Bure l'Aîné, 1745. Tome II : bandeau avis du libraire J. de Sève gravé par E. Fessard.
4. **BATTEUX, Abbé Charles**, *Cours de Belles-Lettres ou Principes de la littérature*, Paris, Desaint et Saillant, 1753, 4 vol. in-12. Frontispice, cinq vignettes, quatre fleurons J. de Sève gravés par Ch. Eisen, Delafosse et Baquoy.
5. **BUFFON, Georges-Louis Leclerc comte de**, *Histoire Naturelle générale et particulière*, Paris, Imprimerie Royale, 1749-1767. 15 vol. in-4. Bandeaux et planches J. de Sève gravés par F.A. Aveline, P.E Babel, P.F. Basan, Baquoy, A.J. de Fehrt, E. Fessard, L. Legrand, P. Martinasi, J.G. Moitte, D. Sornique, P.F. Tardieu.
6. **CARRIÈRES, Louis de**, *Sainte Bible cont. l'ancien et le nouveau testament avec un commentaire littérale inséré dans la trad. Française par le R.P. de Carrières...* Paris, Huart et Moreau, Desaint, 1750, 6 vol. in-4. Frontispice, six vignettes J. de Sève gravés par J.J. Pasquier.
7. **CLÉMENT, François – BRIAL, Michel-Jean-Joseph**, *Recueil des historiens des Gaules et de la France*, Paris, veuve Desaint, 1770-1781, 24 vol. in-fol. Tomes X à XIII : vignettes J. de Sève gravées par C. Baquoy, F. Godefroy, J.M. Moreau et C.N. Malapeau.
8. **DESHOULIÈRES, Mᵐᵉ**, *Œuvres de Mme et Mlle Deshoulières*, nouvelle édition, Paris, Durand, 1753, 2 vol. in-12. Deux bandeaux J. de Sève gravés par J. Ouvrier et P.F. Tardieu.
9. **DUHAMEL DU MONCEAU, Henri-Louis**, *Traité des arbres fruitiers, contenant leur figure, leur description, leur culture...* Paris, Saillant Desaint, 1768, 2 vol. in-4. Frontispice J. de Sève gravé par N. Delaunay.
10. **FOURNIER**, *Épreuves de deux petits caractères nouvellement gravés et exécutés dans toutes les parties typographiques*, par Fournier le jeune, graveur et fondeur de caractères, Paris, 1767, in-32. Frontispice J. de Sève gravé par E. Fessard.
11. **FOURNIER**, *Manuel typographique, utile aux gens de lettres, & à ceux qui exercent les différentes parties de l'Art de l'imprimerie,*

par Fournier le Jeune, Paris, Barbou, 1763, 2 vol., in-8. Tome II : frontispice J. de Sève gravé par E. Fessard.

12. **FRASCATOR, Jérôme**, *Syphilis ou le mal vénérien*, Paris, Jacques-François Quillau, 1753, in-4. Vignette au titre J. de Sève gravée par Baquoy.

13. **GAUTIER DE SIBERT**. *Histoire des Ordres royaux, hospitaliers et militaires de Notre-Dame de Mont-Carmel et de Saint-Lazare de Jérusalem*, Paris, Imprimerie Royale, 1772, in-4. Vignettes, culs-de-lampe J. de Sève.

14. **HAMILTON, Antoine**, *Œuvres mêlées en prose et en vers*, Delespine, Charles-Jean-Baptiste, 1749, in-12. Tomes III à VI : vignette au titre, bandeau J. de Sève, gravés par D. Sornique.

15. **HÉNAULT, le président**, *Pièces de Théâtre, en vers et en prose (par le président Hénault)*, 1770, in-8. *Réveil d'Epiménide*, bandeau J. de Sève gravé par Cl. Duflos le jeune.

16. **LA BRUYÈRE**, *Les Caractères de Théophraste, avec les Caractères ou les mœurs de ce siècle, par M. de La Bruyère*. Nouvelle édition augmentée de quelques notes par M. Coste, Paris, M. E. David père, 1750, 2 vol. in-12. Tomes I et II : frontispices et titres J. de Sève gravés par E. Fessard.

17. **LA FONTAINE, Jean de**, *Fables choisies, mises en vers par M. de la Fontaine*, s.l, 1746, 2 vol. in-12. Tome I : bandeau et fleuron de titre J. de Sève gravés par E. Fessard.

18. **LA FONTAINE, Jean de**, *Fables choisies, mises en vers par M. de la Fontaine*, avec un nouveau commentaire par M. Coste, nouvelle édition ornée de figures en taille-douce, Paris, M.E. David, 1746, 2 vol. in-12. Frontispice, vignettes J. de Sève gravés par E. Fessard.

19. **LA PORTE, Joseph de – LA CROIX, Jean-François de**, *Histoire littéraire des Femmes françoises, ou Lettres historiques et critiques, contenant un précis de la vie et une analyse raisonnée des ouvrages des femmes qui se sont distinguées dans la littérature françoise, par une société de gens de lettres*, Paris, chez Lacombe, 1769, 5 vol., in-8. Frontispice J. de Sève gravé par B.L. Prévost.

20. **LA VALLIÈRE, Duc de**, *Bibliothèque du Théâtre-François depuis son origine, contenant un extrait de tous les ouvrages composés pour ce théâtre depuis les mystères jusqu'aux pièces de Corneille...* Dresde, Michel Grœll (Paris, Bauche), 1768, 3 vol. in-8. Tome I et III : culs-de-lampe J. de Sève gravés par E. Fessard.

21. **LA VALLIÈRE, Duc de**, *Les infortunés amours de Cominge, romance*, Paris, N. Delormel, 1752, in-8. Fleuron J. de Sève gravé par E. Fessard.

22. **LACOMBE, Jacques**, *Dictionnaire portatif des beaux-arts ou abrégé de ce qui concerne l'architecture, la sculpture, la peinture, la gravure, la poésie et la musique*, Paris, veuve Estienne, J.T. Herissant, 1752. in-8. Bandeau J. de Sève gravé par J.P. Le Bas.

23. **LACOMBE DE PRÉZEL, Honoré**, *Dictionnaire iconologique*, Paris, Théodore de Hansy, 1756, in-4. Frontispice J. de Sève gravé par P. Baquoy.

24. LENGLET DU FRESNOY, Nicolas (ed.), *Recueil de romans histori-ques*, Londres, sn, 1747. 8 vol. in-8. Fleurons J. de Sève gravés par E. Fessard.

25. LÉVESQUE DE POUILLY, Louis-Jean, *Théorie des Sentiments agréables*, Paris, David le jeune, 1749, in-8. Frontispice, fleuron et trois vignettes J. de Sève gravés par E. Fessard.

26. MACLAURIN, Colin, *Exposition des Doctrines philosophiques de M. le chevalier Newton.* Traduit de l'anglais par M. Laviotte, Paris, 1749, in-4. Portrait, six vignettes J. de Sève gravés par Moitte.

27. MACQUER, Philippe, *Abrégé chronologique de l'histoire ecclésias-tique*, Paris, J.T. Hérissant, 1751, 2 vol., in-8. Dix-sept bandeaux, un fleuron de titre J. de Sève gravés par F.A Aveline, Baquoy et D. Sornique.

28. MAGNIÈRES, Pierre-André O'Heguerty, comte de, *Remarques sur plusieurs branches de commerce et de navigation*, s.l., n.n., 1757, in-8. Frontispice J. de Sève gravé par L. Legrand.

29. MARET, Hugues, *Encyclopédie méthodique...* Paris, Panckoucke – Agasse, Liège, Plomteux, 1786-1815, 6 vol. de texte, 1 vol. de plan-ches in-4. Planches J. de Sève ?

30. MONCRIF, F.A. Paradis de, *Œuvres de M. de Moncrif, lecteur de la reine, l'un des quarante de l'Académie françoise...* Paris, Brunet, 1761, 3 vol. in-16. Titre frontispice, quatre vignettes J. de Sève gravés par Baquoy, P. Chenu, D. Sornique et J. Tardieu.

31. MONTESQUIEU, Ch. Secondat de, *Le Temple de Gnide*, revu, cor-rigé et augmenté, Paris, J.M. Huart, 1742, in-8. Titre gravé avec fleuron, frontispice et sept vignettes attribués à J. de Sève, mais non signés.

32. MONTESQUIEU, Ch. Secondat de, *Œuvres*, Londres, Nourses, 1767, 3 vol. in-4. Frontispice J. de Sève gravé par Littré.

33. MUSIER, J.B. Guillaume, *Étrennes aux dames, avec le calendrier de l'année 1763... contenant une notice des femmes illustres dans les belles-lettres, et une notice des livres composés par des femmes*, Paris, Musier, in-12. Vignette J. de Sève gravée par D. Sornique.

34. PERRAULT, Charles, *Histoires ou Contes du Temps passé, avec des moralités, par Charles Perrault.* Nouvelle édition, augmentée d'une nouvelle à la fin, La Haye – Paris, Coustelier, 1742, in-12. Un frontispice et huit vignettes en-tête par J. de Sève gravés par S. Fokke.

35. PICCOLOMINI PETRA, Augusta Caterina, *Conseils d'une mère à son fils, poème traduit de l'italien par le Sieur Pingeron*, Paris, Vente, 1769, in-12. Frontispice J. de Sève gravé par F. Aveline.

36. RACINE, Jean, *Œuvres*, Paris, veuve Gandouin, 1750, 3 vol. in-12. Bandeaux et fleurons J. de Sève gravés par D. Sornique.

37. RACINE, Jean, *Œuvres*, Paris, Le Breton, 1760, 3 vol. in-4. Vignet-tes, bandeaux et culs-de-lampe J. de Sève gravés par J. Aliamet, C. Baquoy, Chevillet, J.J. Flipart, Legrand N. Le Mire, L.S. Lempe-reur, D. Sornique, J. Tardieu.

38. SAINT-AUBIN, *Le Désaveu de la Nature, nouvelles lettres en vers*, À Londres et Paris, Fetil, 1770, gr. in-8. Frontispice et deux J. de Sève gravés par J. Massard et F.D. Née.

39. SAVERIEN, **Alexandre**, *Histoire des Progrès de l'Esprit humain, dans les sciences naturelles et dans les arts qui en dépendent*, ... Paris, Lacombe, 1766-1778, 4 vol. in-8. Frontispice J. de Sève gravée par J. Massard.

40. SCARRON, **Paul**, *Roman comique*, Paris, David, Durand, Pinot, 1752, 3 vol. in-12. Vignette J. de Sève gravée par Baquoy.

41. VALMONT DE BOMARE, **Jacques Christophe**, *Dictionnaire raisonné d'histoire naturelle...* Paris, Brunet, 1775, 8 vol. in-8. Tome I : frontispice J. de Sève gravé par N. Delaunay.

42. VELLEIUS PATERCULUS ET FLORUS, *Caii Velleii Paterculi Histriæ romanæ libri duo* (contenant aussi Florus), Paris, Barbou, 1754, in-12. Frontispice, bandeau J. de Sève gravés par E. Fessard.

LIRE LE DÉSIR.
LE MÉDECIN ET LE LIBERTIN
À L'ÉPOQUE DES LUMIÈRES

Dans la seconde moitié du 18e siècle, deux types de discours normatifs sur le corps et la sexualité émergent dans deux espaces textuels qu'a priori tout oppose : les traités médicaux et les romans libertins. Les médecins des Lumières ont douloureusement pris conscience que le progrès sécrète ses propres pathologies [1]. La sédentarité, le luxe et l'oisiveté, l'hydre tricéphale qui gangrène les fondations d'une société saine, doit être combattu. À partir des années 1750 en France, avec la parution d'ouvrages tels que *La Médecine de l'esprit* (1753) d'Antoine Le Camus ou l'*Essai sur la manière de perfectionner l'espèce humaine* (1756) de Charles-Augustin Vandermonde, les médecins vont progressivement s'attaquer aux affections sociales. Leur discours, majoritairement de condamnation, aborde des questions telles que les suites néfastes des lectures excessives, les causes et les conséquences de l'onanisme, celles de la nymphomanie et des vapeurs, ou encore les dangers de la chasteté imposée par la vie conventuelle et les effets du mariage sur la santé. Ces thèmes sont liés entre eux ; ils touchent tous de près ou de loin à la sexualité et ressortissent aux valeurs qui entrent dans la construction de l'identité moderne [2]. La littérature libertine, quant à elle, se présente comme un type de cure à la finalité très différente. Si les mêmes objets sont abordés, ils sont mobilisés sous la bannière d'une libération des affects, sinon d'une énergique injonction à jouir.

---

1. Voir à ce sujet les nombreux travaux de Roy Porter et de George S. Rousseau, et notamment : Roy Porter, « Civilization and Disease : Medical Ideology in the Enlightenment », in J. Black & J. Gregory (éd.), *Culture, Politics and Society in Britain 1660-1800* (Manchester, Manchester University Press, 1991), p. 154-183 ; du même, « Modernité et médecine : le dilemme de la fin des Lumières », in V. Barras & M. Louis-Courvoisier (éd.), *La médecine des Lumières : tout autour de Tissot* (Genève, Georg, 2001), p. 5-24.
2. Thomas Laqueur, *Solitary Sex. A Cultural History of Masturbation* (New York, Zone Books, 2003), p. 302 suiv.

Mais à y regarder de plus près, la similitude entre la médecine et le libertinage recouvre bien plus que des thèmes communs. Les lignes qui suivent proposent donc un regard croisé sur quelques traités médicaux du 18ᵉ siècle – essentiellement de Samuel Auguste Tissot (1728-1797), de J. D. T. de Bienville (†1785) et de Nicolas Chambon de Montaux (1748-1826) – et sur deux ouvrages licencieux, respectivement situés au début et à la fin de la période qui nous intéresse, *Thérèse philosophe* (1748) de Boyer d'Argens et *L'Éducation de Laure* (1788) de Mirabeau. Une telle perspective permet de montrer que, par-delà l'opposition de leurs structures d'intentions respectives, les textes médicaux et libertins éclairent un rapport plus général à l'imprimé au 18ᵉ siècle.

Dans *Des maladies des Filles* (1785), Chambon de Montaux [3] aborde tous les maux liés à la sexualité des jeunes filles nubiles. Or, précise-t-il lorsqu'il en vient à traiter de la masturbation, même si ces dernières tentent de masquer leur vice sous l'apparence de l'honnêteté, leur démarche est vouée à l'échec, car le médecin possède la compétence de décrypter les plus infimes signes corporels. « J'ai vu ces filles sages quitter un cercle pour mettre en pratique les maximes qu'elles y avaient entendues. Si l'usage exige qu'elles ne s'absentent pas longtemps, qu'on les regarde à leur retour, on distinguera sans peine la rougeur qui naît de la timidité, d'avec celle qui a sa source dans l'égarement auquel elles se sont livrées. » [4] Chambon poursuit en interpellant directement ses lectrices : « Ne croyez pas, pour avoir sauvé toutes les apparences, que les marques de votre libertinage échappent à tous les regards : tout sert à dévoiler votre passion, elle se peint à chaque instant dans vos yeux, on y voit vivre le désir qui vous porte sans cesse à l'excès des jouissances. [...] Souvenez-vous qu'ici la dissimulation est inutile, elle ne peut avoir lieu qu'en maîtrisant ses pensées, mais vos sens maîtrisent votre imagination » (t. 2, p. 101-103) Le médecin est donc un expert pour lire à fleur de peau la réalité profonde des passions les plus secrètes. Ainsi, explique encore Chambon, « [l]'invasion prochaine de la fureur utérine, se reconnaît aux signes suivants :

---

3. Chambon de Montaux a été membre de la Société royale de médecine et chef de la Salpêtrière. Ses écrits portent sur des sujets aussi divers que l'anthrax, les fièvres, la propreté de l'eau, la manière d'administrer un hôpital ou la gynécologie-obstétrique.

4. Nicolas Chambon de Montaux, *Des Maladies des Filles*, (Paris, Rue et Hôtel Serpente, 1785), t. 2, p. 90.

les filles parlent souvent des hommes qui leur plaisent ; cette conversation les anime, les yeux deviennent étincelants, le visage se couvre d'une rougeur vive, leur pouls devient plus fort & plus fréquent » etc. (t. 2, p. 226) L'affirmation de cette *lisibilité* de la maladie honteuse a autant pour fonction d'effrayer les jeunes filles que d'affirmer la haute sagacité du médecin.

Or, les textes libertins de l'époque font écho à cette revendication. Dans un livre récent, Nathalie Ferrand a montré que le cliché de la lecture métaphorique du corps à l'œuvre dans la littérature sentimentale – lire dans les yeux, dans le cœur, dans l'âme – se transforme en savoir instrumentalisé dans le roman libertin [5]. Par exemple, dans *Les Heureux Orphelins* (1754) de Crébillon, le libertin Chester est passé maître pour déceler (et exploiter) le désir féminin dissimulé sous la contrainte d'un comportement mondain policé. Interpréter les mouvements les plus ténus qui parcourent la surface des corps est une exigence de fond pour le libertin accompli. La lecture du corps représente pour lui l'outil analytique qui permet d'accumuler les conquêtes.

Si, pour le coup, les finalités recherchées sont différentes, les compétences revendiquées par le médecin et le libertin sont de même nature. Tous deux se présentent comme les interprètes d'une nature qu'ils décèlent sous le vernis des conventions sociales. Des gestes qui restent insignifiants pour le profane font sens à leurs yeux. Les signes avant-coureurs de la chlorose ne leur échappent pas plus qu'un soupir de langueur ou qu'un regard exalté ; en experts de la nature humaine, ils décryptent le vrai langage du désir, celui des corps, que celui des mots tente vainement de masquer.

Le roman libertin du 18e siècle fonctionne fondamentalement comme une mise en abyme. Sa vocation est de tendre au lecteur réel le miroir de son propre désir et de solliciter de sa part, à travers les mille et une postures du récit, une réaction mimétique. Les outils employés à cet effet sont connus : le lecteur réel est pris en charge et guidé par des lecteurs fictifs. La scène de lecture, poncif du genre, prélude à la fête des corps. Ainsi, dans la scène finale de *Thérèse philosophe*, le pari du pucelage de l'héroïne contre la bibliothèque galante du comte offre l'éclatante démonstration de la force du livre érotique. Qu'il s'agisse d'un ouvrage de galanterie mondaine, façon Crébillon ou La Morlière,

---

5. Nathalie Ferrand, *Livre et lecture dans les romans français du 18e siècle* (Paris, PUF, 2002), p. 220-234. Les réflexions qui suivent renvoient à ce passage.

dans lequel l'évocation évanescente et détournée des situations sollicite l'imagination du lecteur pour en reconstituer la réalité charnelle, ou qu'il s'agisse du langage obscène et outrancier d'un *dom B****, qui recherche l'énergie brute de la réalité sans voile, le texte libertin problématise sa propre réception et donne à voir ses effets.

Or, sur ce point, les traités médicaux des Lumières ne sont pas en reste ; eux aussi proposent une réflexion sur leur propre réception. Schématiquement, il y a d'une part les médecins pour lesquels les connaissances relatives à leur art doivent rester l'apanage exclusif d'un cénacle de spécialistes, leur intention n'étant point « d'être lu par le peuple. La Médecine n'est point faite pour lui ; elle exige des connaissances trop multipliées & trop abstraites pour être à sa portée. » [6] Un tel choix implique un registre de langage : un ouvrage appelé à circuler au sein d'une communauté de médecins agréés pourra être rédigé dans un style épuré, qui dit directement et sans précautions particulières la réalité du corps. Paul-Victor de Sèze, docteur à Montpellier, après avoir prévenu qu'il écrit uniquement pour les « jeunes élèves qui commencent l'étude de la Physiologie », stipule : « Si j'avais pu espérer des lecteurs d'un autre ordre, je me serais efforcé, vainement peut-être, d'embellir par les grâces du style des détails arides, quelquefois abstraits, qui, pour être lus avec fruit, ont besoin d'être longtemps médités. Accoutumé à envisager la vérité nue, je l'offre sans ornement ; mais elle est belle encore dans cet état, & faite pour plaire aux hommes du moins qui, obligés de s'instruire par devoir, savent changer leurs devoirs en plaisirs. » [7] La « vérité nue » des corps et des mots, que pointe aussi bien le libertin que le médecin, ne va pas de soi.

D'autre part il y a ceux qui, comme Chambon, s'adressent au profane, ou pour le moins savent qu'ils seront lus de lui, principalement du fait des sujets qu'ils abordent. Dans ce cas, la réception est problématique. Le texte doit être muni de filtres. L'auteur peut par exemple insérer dans son ouvrage un chapitre sur les *Dangers des livres de Médecine* [8] ou alors décider de

---

6. Daniel de La Roche, *Analyse des Fonctions du Système Nerveux, Pour servir d'Introduction à un Examen Pratique des Maux de Nerfs*, (Genève, Du Villard Fils & Nouffer, 1778), p. 16-17.

7. Paul-Victor de Sèze, *Recherches Physiologiques et Philosophiques sur la Sensibilité ou la Vie Animale* (Paris, Prault, 1786), p. 23.

8. Achille-Guillaume Le Bègue de Presle (1735-1807), *Le Conservateur de la Santé* (1763), p. 419-425.

laisser certaines matières de côté, comme le fait Bienville dans son *Traité des erreurs populaires* (1775) : « Je ne ferais point la sottise de donner ici la liste des maux chroniques qui sont au-dessus de l'art. Dans des livres, qui comme celui-ci, doivent tomber entre les mains de tout le monde, il faut épargner à certains lecteurs des sujets d'exercer leur imagination. » [9] Autant que le style, c'est en effet une lecture *imaginative* – soit, précisément, le type de lecture que tente de susciter la fiction libertine et, plus généralement, le roman – qui est en cause. Hufeland (1762-1836) explique que « l'imagination exaltée [provient], dans ceux qui ne sont pas médecins, de la lecture habituelle des ouvrages de médecine, parce qu'ils ne les appliquent pas à l'art, comme font les médecins, mais à leur propre personne, et que, faute de connaissances suffisantes, ils les interprètent souvent à contre-sens. » [10]

Or, comme l'a relevé Jean-Marie Goulemot il y a quelques années déjà, le paradoxe d'un certain nombre de traités médicaux des Lumières qui traitent de sexualité, tels *L'Onanisme* (1760) de Tissot ou *La Nymphomanie* (1771) de Bienville, réside alors dans le fait qu'ils « utilisent pour la peinture des cas, c'est-à-dire des effets néfastes de l'incitation et de la pratique érotiques, les ressources mêmes de la mise en tableaux et de la dramatisation du récit licencieux. [...] Car il s'agit de produire un effet de rejet, symétrique à l'effet d'incitation de l'écriture licencieuse. » [11] Ces *tableaux*, conçus comme une « nouvelle unité dramatique » dans l'esthétique théâtrale de l'époque et dont le principal théoricien sera Diderot [12], constituent en effet un des ressorts principaux de la composition libertine. Les scènes de lecture suspendue, dans lesquelles un lecteur, ou plus souvent une lectrice, restent profondément absorbés dans les pensées que leur a inspirées un ouvrage érotique encore entr'ouvert dans leur main [13] font partie de ces tableaux. Organisés comme une sollicitation de tous les

---

9. J.-D.-T. de Bienville, *Traité des Erreurs Populaires sur la Santé* (La Haye, Pierre-Frederic Gosse), p. 134-135.

10. Hufeland, Christoph Wilhelm, *La Macrobiotique ou l'Art de Prolonger la Vie de l'Homme*, 1796 (Bruxelles, Librairie de Deprez-Parent, 1841), p. 224.

11. Jean-Marie Goulemot, *Ces livres qu'on ne lit que d'une main* (Aix-en-Provence, Alinéa, 1991), p. 65-66. Voir aussi, du même, « "Prêtons la main à la nature..." II. Fureurs utérines », *Dix-Huitième siècle*, n° 12 (1980), p. 97-111.

12. Voir Pierre Frantz, *L'Esthétique du tableau dans le théâtre du 18ᵉ siècle* (Paris, PUF, 1998), p. 153 suiv.

13. Voir à ce sujet Michael Fried, *La Place du spectateur. Esthétique et origines de la peinture moderne I* (Paris, Gallimard, 1990).

sens du lecteur, ils doivent l'entraîner dans une fête participative et susciter de sa part une adhésion émotionnelle totale à la situation présentée par le récit.

Repris par la littérature médicale, leur fonction est évidemment tout autre. Si Chambon présente aux jeunes filles « le tableau révoltant » – suivant ses propres termes – des suites de la masturbation, c'est dans le but de marquer leur imagination ; la fonction qu'il assigne à son texte n'est pas d'exposer rationnellement l'étiologie et la pathologie de la masturbation, mais de choquer ses lectrices pour les détourner à jamais de cette pratique. Similairement, Tissot explique que son but est moins « de convaincre par des raisons que d'effrayer par des exemples » [14], lui qui livre avec *L'Onanisme* le tableau le plus célèbre de la littérature anti-masturbatoire, celui de « L. D****, horloger » [15].

La double affirmation de Chambon – envisagée plus haut – de la lisibilité des pratiques honteuses et de la sagacité du médecin entre dans un système d'intention commun avec le recours à des tableaux effrayants ; ensemble, ils réalisent une pédagogie fondée sur l'effroi. La finalité morale des traités médicaux est donc bien éloignée des romans licencieux. Il n'en reste pas moins qu'ils sont composés selon des principes analogues, tout entier conçus pour créer un *effet* aussi bien psychique que somatique sur leurs lecteurs. Mais à reprendre des éléments de composition romanesque, décriés par ailleurs, les textes médicaux risquent de sombrer dans l'équivocité et les tableaux qu'ils présentent de susciter ce qu'ils devraient condamner. Conscient que *La Nymphomanie* peut être lue comme un texte d'incitation à l'érotisme, Bienville écrit : « Je m'attends que ce livre excitera bien plus la curiosité des jeunes gens que celle du sexe ; je croirais donc manquer au zèle

---

14. *L'Onanisme. Dissertation sur les maladies produites par la masturbation*, 1760 (Paris, La Différence, 1991), p. 19.

15. *Ibid.*, p. 44-46. Ce tableau présente de façon saisissante le rabougrissement et la crétinisation jusqu'à la mort d'un jeune masturbateur par ailleurs promis à un avenir brillant. Il a été repris d'innombrables fois, tant par les contemporains de Tissot que par sa postérité. Par exemple, Le Bègue de Presle dans *Le Conservateur de la Santé*, l'intègre mot à mot dans ses propres observations, sans citer sa source ni signaler l'emprunt par des guillemets (chapitre « Dangers de la Manstupration », p. 325-328). L'histoire acquiert ainsi une force *présentative* réactualisée. « Il est impossible que la description précédente ne fasse horreur », conclut Le Bègue de Presle. « Profitons de ce moment d'émotion ; et pour rendre utile l'impression qu'elle fera sur l'esprit de ceux pour qui ceci est écrit, faisons-les frémir par les aveux de leurs compagnons en infamie, et prendre une ferme résolution et les moyens de se corriger. »

que je leur ai particulièrement voué, si je terminais ce chapitre sans leur offrir un puissant correctif pour l'idée qu'ils ont de leur force & de leur excellence au-dessus de la femme : cet antidote est l'*Onanisme* de M. Tissot » [16] L'ambiguïté de la réception ne peut être exprimée plus clairement !

Chambon, Tissot, Bienville et les autres médecins des Lumières qui abordent des questions de sexualité ne cessent de proclamer la moralité de leurs intentions. D'ailleurs, à leurs yeux, le plaisir, et en particulier le plaisir vénérien, porte de manière latente sa propre condamnation puisque tout excès dans ce domaine entraîne implacablement son cortège de pathologies. Contrairement à la morale qui brandit un châtiment transcendant, la sanction promise par la médecine est concrète et immédiate. En conséquence de quoi Bienville affirme qu'un « Médecin n'est pas moins fondé qu'un Orateur Chrétien à inviter les hommes à la vertu » [17]. À y regarder de plus près, les rapports entre la médecine et la morale ne sont toutefois pas aussi évidents. Si, à l'occasion, la médecine peut seconder la théologie morale, il ne s'agit en aucun cas de sa vocation première. La médecine n'est l'auxiliaire que de la Nature ; par rapport à la morale, elle occupe une position d'autonomie, voire de supériorité [18].

Par exemple, loin d'être unanimement et massivement répressifs, les médecins des Lumières ne sont pas rares qui autorisent, moyennant les précautions rhétoriques qui s'imposent, le recours à la masturbation thérapeutique. Chambon explique que l'excédent de semence, particulièrement pathogène chez les jeunes filles, doit être évacué. Il concède que l'emploi des moyens qu'une morale austère proscrit risque de les jeter dans le libertinage. Cependant, poursuit-il,

si on rejette opiniâtrement ces moyens, on expose les malades à des accidents nombreux [...] Quel parti prendre dans une situation aussi

16. J. D. T. de Bienville, *La Nymphomanie, du traité de la fureur utérine* (Amsterdam, 1777), p. 25.

17. *Erreurs populaires*, éd. cit., p. 64.

18. Au terme de son analyse des articles « Manustupration », « Mariage », « Satyriasis » et « Impuissance » de l'*Encyclopédie*, tous de Ménuret de Chambaud (1733 ?-1815), Roselyne Rey conclut que le « domaine de la sexualité [...] paraît confirmer la soumission de la morale à la médecine. [...] Cette médicalisation de la morale est un aspect d'une médicalisation plus générale de tous les aspects de la vie sociale et contribue efficacement à la laïcisation des valeurs de la société », Roselyne Rey, *Naissance et développement du vitalisme en France de la deuxième moitié du 18ᵉ siècle à la fin du Premier Empire* (Oxford, Voltaire Foundation, 2000), p. 269.

urgente ? Les mères pourraient-elles employer des ressources qui deviendraient indécentes, si elles étaient présentées par des mains étrangères ? Et l'innocence des filles qui n'auraient pas désiré d'en faire usage, rendrait-elle cette action pardonnable ? C'est une question sur laquelle il ne m'appartient pas de donner un jugement dans l'ordre moral, et dont la décision est fixée par une loi rigoureuse dans l'hypothèse même que j'admets. Si d'une autre part on rend le Physicien garant des suites d'une maladie qui peut se terminer par la mort qu'il aurait pu prévenir, pourquoi ne lui permet-on pas de donner un conseil dont l'exécution ne peut avoir rien d'offensant pour la vertu, quand celle qui en éprouverait les bons effets n'a pu les désirer sans les connaître ? [t. 2, p. 241-242]

La différence entre le médecin et le libertin n'est que de degré, le premier autorisant sous de strictes conditions ce que le second érige en principe de comportement. En affirmant qu'il ne lui « appartient pas de donner un jugement dans l'ordre moral » sur le recours à la masturbation thérapeutique, mais que, d'un point de vue strictement médical, ce recours ne présente « rien d'offensant pour la vertu » dès lors qu'il s'agit de lutter « contre une maladie qui peut se terminer par la mort », Chambon accrédite *de facto* la subordination de la morale à la nature d'une part, et à son auxiliaire, la médecine, de l'autre. Or, l'idée selon laquelle la morale entrave les exigences de la nature est un poncif de la littérature libertine. Qu'il le veuille ou non, en prescrivant la masturbation thérapeutique, Chambon réalise donc une « solidarité de fait » entre la médecine et le libertinage [19]. Il en va encore de même lorsqu'il condamne une « éducation longue et pénible » qui risque de faire sombrer dans la fureur utérine une « jeune fille, qui a résisté longtemps au penchant de la nature qu'elle a combattu avec un grand courage » (t. 2, p. 225)

Les auteurs libertins ne s'y sont d'ailleurs pas trompés : l'argumentaire médical est très présent dans leurs textes. *Thérèse philosophe* peut être lu comme un manuel raisonné et éclairé de la masturbation bien comprise. Au début du récit, la jeune Thérèse, portée par son tempérament, se livre à des pollutions nocturnes. Après que sa mère s'en est rendu compte, elle est envoyée dans un couvent, où la continence forcée la jette dans une langueur chlorotique qui la réduit à l'état de « squelette vivant ». L'explication que le narrateur donne de cet état est parfaitement conforme à la physiologie fluidiste, avérée à son époque et présente encore,

---

19. Patrick Wald Lasowski, « Introduction », in *Romanciers libertins du 18ᵉ siècle* (Paris, Gallimard, Pléiade, 2000), p. xxxviii.

telle quelle, chez Chambon, au chapitre *De la Chasteté & de ses suites* de son traité : les pathologies dont souffre Thérèse sont dues à l'empâtement et à la corruption d'excrétions excédentaires dans le corps [20]. Tout le reste du récit, avec l'intervention de Mme C. et de l'abbé T. – la dame charitable et l'ecclésiastique éclairé –, se déploie alors comme une démonstration hygiéniste. La masturbation pratiquée dans de justes mesures est la réponse appropriée à l'exigence naturelle du tempérament. Le lecteur réel suit l'héroïne dans son parcours pédagogique et doit comprendre que la masturbation pratiquée sans excès représente non seulement un bienfait pour sa santé, mais encore, qu'il est d'un grand secours social puisqu'il permet de préserver la réputation jusqu'au mariage.

Quarante ans après le roman de Boyer d'Argens, *Le Rideau levé ou l'éducation de Laure* de Mirabeau s'inscrit dans une perspective pédagogique et hygiéniste tout à fait similaire. On retrouve le même plaidoyer pour une masturbation bien comprise. À nouveau, les dangers d'une pratique excessive ou débutée trop jeune sont soulignés ; l'explication qui en est donnée est parfaitement médicale, et elle serait même « orthodoxe » si elle n'avait pour but la connaissance de soi et une sexualité libérée. Le tableau clinique des suites de la masturbation insiste particulièrement sur la fureur utérine (Bienville est passé par là) [21]. En outre, le récit est construit sur une structure en contrepoint : d'une part, il y a Laure, dont le lecteur suit toute l'éducation et aux principes de laquelle il est invité à se rallier ; d'autre part intervient Rose, le double maudit de l'héroïne, l'exemple à ne pas suivre. Contrairement à Laure qui bénéficie des conseils éclairés de son père d'adoption, Rose est livrée à elle-même ; esclave de ses passions, elle s'abîme dans l'outrance et finit par y succomber. Le décalage entre les modes de vie des deux jeunes filles est souligné par les tableaux récurrents des excès de la seconde.

Chez Mirabeau, la solidarité entre la médecine et le libertinage s'étend d'ailleurs à l'ensemble du projet pédagogique de Laure. « Mon père, raconte l'héroïne, se plaisait à me faire lire des livres de morale dont nous examinions les principes, non sous

20. Jean-Baptiste de Boyer d'Argens, *Thérèse philosophe, ou Mémoires pour servir à l'histoire du P. Dirrag et de Mlle Éradice*, 1748 (Arles, Actes Sud, 1992), p. 23 ; voir également *Des maladies des filles*, t. 1, p. 34-52.

21. Mirabeau, *Le Rideau levé ou l'éducation de Laure*, 1788 (Arles, Actes Sud, 1994), p. 41-44.

la perspective vulgaire, mais sous celle de la nature » (p. 53).
Elle poursuit en expliquant : les « romans étaient presque bannis
de mes yeux, [peu d'entre eux] peignent les hommes et les
femmes de leurs véritables couleurs : ils y sont présentés sous
le plus bel aspect. Ah ! ma chère, combien cette apparence est
loin de la réalité » (p. 54). Or, cette méfiance envers l'idéalité
des romans est la reprise presque conforme d'un passage du
célèbre *Système physique et moral de la femme* de Pierre Roussel
(1742-1802) :

> Un des effets les plus nuisibles de la lecture des romans, c'est de
> nous faire perdre de vue la véritable mesure avec laquelle nous devons
> les juger. En ne nous offrant que des modèles de constance et de fermeté,
> cette sorte de livres nous familiarise trop avec l'idée d'une perfection
> peu compatible avec la faiblesse humaine. [...] La lecture des romans
> est encore plus dangereuse pour les femmes, parce qu'en leur présentant
> l'homme sous une forme et des traits exagérés, elle les prépare à des
> dégoûts inévitables, et à un vide qu'elles ne doivent pas raisonnablement
> espérer de remplir. [22]

Cette comparaison n'est pas aussi anecdotique qu'il pourrait
y paraître, car la solidarité de fait manifestée dans leurs textes
par les médecins et les libertins aboutit à la création d'ouvrages
à la morphologie mixte, qui à leur manière constituent une forme
spécifique.

D'aucuns opposeront à l'assimilation du médecin et du libertin
le fait que le premier s'exprime à travers des traités théoriques
et dogmatiques, tandis que le second le fait à travers des fictions
romanesques. Or, la recherche d'un *effet* par le texte tend précisément à effacer cette frontière. La fiction surgit au sein même
du traité médical et les conseils pratiques d'hygiène au sein de
la littérature libertine.

Bienville clôt *La Nymphomanie* par une petite fiction édifiante :
une fille nubile, que ses parents tardent à marier faute de trouver
un parti à leur goût, éprouve des émotions qu'elle ne parvient
pas à s'expliquer. Berton, une servante, commence alors à lui
fournir secrètement des romans d'amour ; les yeux de la jeune
fille se dessillent, elle trouve les moyens de satisfaire par elle-
même son désir et sombre dans la nymphomanie. Par cette petite
histoire, la voix du médecin s'efface pour la conclusion du traité
au profit de celle du romancier. Mais le tableau de la jeune fille
qui lit, cliché de la littérature (érotique) de l'époque, est ici

---

22. Pierre Roussel, *Système physique et moral de la femme*, 1775 (Paris, 1820).

récupéré à des fins médicales. Le but de cette stratégie est de marquer les esprits à la manière des romans ; en personnalisant un problème médical et en le rendant plus vivant, le texte facilite l'identification de ses lectrices au message qu'il véhicule.

Toutefois, tout le monde ne se sent pas les mêmes aptitudes à peindre des tableaux exemplaires. Dans *De l'homme et de la femme considérés physiquement dans l'état du mariage* (1772), le chirurgien Louis de Lignac (1740-1809) aborde la question de l'influence du mariage sur la santé. Il se place sous la double autorité tutélaire de Tissot et de Bienville. Du premier, il écrit que

l'impression terrible que firent des tableaux aussi lugubres, peints par un grand maître, agit efficacement sur les Lecteurs. Un autre Médecin, ami de l'humanité, marchant sur les traces du célèbre Médecin de Lausanne, fit paraître un Ouvrage dans le même genre, & qui a pour objet les égaremens solitaires dans lesquels tombent les jeunes filles que la violence du tempérament porte au désordre. Puisse la *Nymphomanie* produire autant de bien que l'*Onanisme* ! Animé du même zèle qui produisit ces deux Ouvrages, mais privé des lumières et des talents qui en distinguent les Auteurs, j'offre le mien au Public comme le fruit des réflexions que j'ai fait [*sic*] sur le physique de l'Amour considéré dans le Mariage. [23]

Contrairement à Tissot et à Bienville, Lignac se sent donc dépourvu de la faculté d'impressionner par la qualité de ses tableaux. Le recours à cet artifice lui semble néanmoins nécessaire à sa démonstration et il insère dans son ouvrage des extraits de Plutarque [24]. Il s'en remet donc à un auteur célèbre, au demeurant connu pour ses œuvres morales, pour pallier à son manque propre et soutenir son traité théorique par des exemples de qualité. Le recours à un texte de nature littéraire a ici exactement la même fonction que l'histoire de Berton : marquer les lecteurs par une illustration vivante et expressive des thèse alléguées [25].

---

23. Louis de Lignac, *De l'Homme et de la Femme considérés physiquement dans l'État du Mariage*, 1772 (Lille, 1773), t. 3, p. 7.

24. Voir « Des devoirs du mariage, extraits de Plutarque. Plutarque à Pollien et à Eurydice ; Sur leur Hyménée », *ibid.*, t. 3, p. 133 suiv. (Le tome 3 se présente sous forme d'additions aux deux premiers tomes, avec la localisation respective de chaque ajout.)

25. L'emprunt d'extraits littéraires par les médecins est une pratique ancienne. Ce sont leurs modalités de présence qui changent au 18e siècle : ils ne sont plus réquisitionnés à titre de preuves, à l'instar des cas issus de l'observation personnelle de tel ou tel praticien, mais pour leur force de conviction sur le profane.

Parallèlement à cette ouverture du texte médical sur la fiction, le roman libertin de la seconde moitié du 18ᵉ siècle intègre progressivement des éléments qui le rapprochent de la forme du traité d'hygiène. Dans *Le Rideau levé*, il est un passage dans lequel le père de Laure décrit consciencieusement les éponges vaginales et en présente les avantages comme contraceptif et comme préservatif contre les maladies vénériennes. Cet exposé est prétexte à une longue note de Mirabeau – elle est signée « *N. d. A.* » – qui donne la composition exacte d'une telle éponge et livre par ailleurs quelques conseils d'hygiène intime (p. 149-150). L'économie générale du texte réunit donc le récit libertin et la recette pratique dans une dynamique commune, contribuant à brouiller un peu plus encore la dichotomie théorique entre le traité relevant de la science et le roman relevant de la littérature.

Par leur thématique, par leur structure d'intention et par leur forme, la littérature médicale et la littérature libertine des Lumières éclairent donc une attitude plus générale du rapport à l'imprimé au 18ᵉ siècle : la confiance dans sa dimension *performative*, la foi en la possibilité d'une action concrète sur le lecteur. Les médecins et les libertins agissent selon une même logique : ils cherchent à emporter la conviction des lecteurs. De même que les romans libertins doivent agir comme un levain libérateur dans une société qui ploie sous le joug de la morale, les textes médicaux qui ont été envisagés au cours de notre réflexion sont conçus par leurs auteurs comme autant de contre-poisons destinés à circuler au sein d'une société malade. Leur forme hybride vise à s'immiscer dans l'intimité du lecteur, à obtenir de sa part une participation repentante, et à déployer un espace de contrôle au sein même de ce qui cherche à échapper au contrôle, le désir.

ALEXANDRE WENGER
*Université de Genève
et Institut d'histoire
de la médecine et de la santé*

MARIVAUX OU LES SURPRISES
DE LA PARESSE

On pourrait imaginer la paresse l'une des dispositions les plus antagonistes chez un auteur comme Marivaux : dramaturge prolixe et romancier assidu. Pourtant la paresse demeure, dans certains fragments autobiographiques et dans un nombre d'écrits de l'auteur, comme l'une des préoccupations de Marivaux. Il ne cesse de l'évoquer comme rêve personnel. En fait, le lien de la paresse est à l'écriture, à son « à-venir » toujours à renégocier. Aussi, si le fameux écrivain nous laisse un répertoire théâtral prodigieux, s'il triomphe dans les nombreux genres comiques qui fleurissent à l'époque, j'examinerai ici d'autres écrits dans lesquels Marivaux laisse une touche spéciale, livre une qualité d'écriture toute moderne. C'est le Marivaux journaliste que je vais évoquer et des écrits qu'on qualifiera volontiers de jeunesse, rédigés dans l'intermède de la publication théâtrale et de la licence de droit. En 1721, Marivaux s'essaye dans un genre qui vient d'Angleterre. Il conçoit pour ses compatriotes l'idée du périodique lancé, dans la première décennie du siècle, par Addisson et Steele : le *Spectator*. Cette œuvre s'inscrit chez Marivaux dans un projet d'esthétique résolument moderne, de rupture idéologique avec les Anciens : celui de mettre en prose le présent. On verra que la modernité qu'ouvre Marivaux n'est pas uniquement esthétique. Elle est précisément épistémologique. Dans *Le Spectateur français*, Marivaux est en tout cas le peintre de la vie moderne, du « monde comme il va ». On verra qu'il anticipe à sa façon Baudelaire qui définit la modernité comme « le transitoire, le fugitif, le contingent » [1].

Marivaux délaisse vite cependant ses devanciers anglais, en donnant à sa publication une dimension personnelle, mais surtout en francisant le modèle anglais. *Le Spectateur français* rejoint tout de suite la tradition essayiste de Montaigne, [2] de Pascal et

---

1. Baudelaire, *Œuvres complètes*, t. II, Paris, Gallimard, Pléiade, 1976, p. 695.
2. Évoquant la fortune particulière des *Journaux* de Marivaux, Jack Undank écrit très justement : « [ils] ne font pas partie des œuvres canoniques du siècle,

de La Bruyère (ces auteurs restent pour Marivaux les modèles du style et de l'originalité). Qui est ce Spectateur, ce polygraphe du quotidien ? Dès le départ, je l'ai dit, Marivaux cherche à inventer une écriture. Le moraliste du quotidien veut éviter toute pesanteur autoriale, tout travail de la pensée. Le Spectateur se met au contraire en attente de l'événement ; il est le scribe de la circonstance. Marivaux insiste que cette ouverture à l'événement pur est absence de travail, le contraire de l'exercice artificiel de l'esprit :

> Un auteur est un homme, à qui dans son loisir, il prend une envie vague de penser sur une ou plusieurs matières ; et l'on pourrait appeler cela réfléchir à propos de rien. Ce genre de travail nous a souvent produit d'excellentes choses, j'en conviens ; mais pour l'ordinaire, on y sent plus de souplesse d'esprit que de naïveté et de vérité, du moins est-il vrai de dire qu'il y a je ne sais quel goût artificiel dans la liaison des pensées auxquelles on s'excite. Car enfin, le choix de ces pensées est alors purement arbitraire, et c'est là réfléchir en auteur. [3]

Le Spectateur s'adonne lui au « hasard des objets » (p. 114). C'est l'occasion qui vient à lui. Si la réflexion d'auteur est « torture » de la pensée, enchaînement de l'esprit, liaison arbitraire des idées, la pensée spectatrice est au contraire fruit de l'événement qu'elle accueille ; elle est au service de l'occasion : « Je sais seulement surprendre en moi les pensées que le hasard me fait, et je serai fâché d'y mettre rien du mien. [...] mon dessein n'est de penser ni bien ni mal, mais simplement de recueillir fidèlement ce qui me vient d'après le tour d'imagination que me donnent les choses que je vois ou que j'entends » (p. 114). Il ne s'agit pas de concepts nés de la fatigue de l'esprit, mais, pour reprendre l'expression de Michel Gilot, d'« objets de sentiment » [4]. Le *cogito* marivaudien est décidément sensible. Le spectateur est homme du dehors. C'est même l'objet qui l'engendre en tant que tel, l'événement qui le positionne. Le Spectateur est l'hôte de la circonstance, son fidèle adhérent. Il cherche un autre esprit, une imagination dont il nous dit qu'elle « vaudrait bien celle qui naît du travail et de l'attention » (p. 115). Marivaux donne un nom à ces objets, à ces occasions de la pensée délicate.

---

bien qu'il s'agisse des plus remarquables essais écrits depuis Montaigne », *De la Littérature française*, éd. Denis Hollier, Paris, Bordas, 1993, p. 405.

3. Marivaux, *Le Spectateur français* in *Journaux et Œuvres diverses*, Paris, Garnier frères, 1969, p. 114. Les références postérieures sont données directement dans le texte.

4. Michel Gilot, *L'Esthétique de Marivaux*, Paris, SEDES, 1998, p. 137.

Il les appelle des « bagatelles » (p. 138). L'imagination, souple, glisse volontiers du grave au frivole, du sérieux au rire. L'essentiel est la rencontre de la pensée et du hasard, la préséance de l'objet. Marivaux dans ses journaux suit à la lettre l'expression : matière à réflexion ou, comme il le dit dans sa langue, « matière de réflexion » (p. 117). C'est l'objet qui met en branle l'imagination, la « met en exercice » (p. 117), propulse et génère l'écriture.

On peut voir que Marivaux joue sur la distinction entre *ratio* et *intellectus*, telle que la rappelle Josef Pieper. La *ratio* relève du domaine de la pensée discursive et de l'abstraction. Au contraire, l'*intellectus* appartient au regard : la vision organise le monde comme un paysage à connaître. Le domaine de l'*intellectus* est absence de travail, loisir [5]. Cette distinction permet de lire l'oisiveté du Spectateur comme un reconditionnement de la contemplation philosophique antique [6]. C'est le statut moderne de l'observateur dans la cité, dans le tourbillon urbain. Le Spectateur est « contemplateur des choses humaines » (p. 142). En effet, il ne vit « que pour voir et pour entendre » (p. 117) [7]. Il s'agit donc d'une perspective *théorique* (dans le sens étymologique de voir, de l'attachement à l'observation, à la contemplation) sur le monde qui exige un nouveau contact à la réalité, va au contraire devant l'activité, le grouillement confus de la *polis*. L'esprit de l'observateur est toujours en *situation* (p. 127). Marivaux encadre ainsi le nouveau prestige de la vie journalistique, la quête de la vérité. Il l'inscrit dans une nouvelle hiérarchie de la pensée.

La feuille volante est l'outil idéal du Spectateur. Dans une version du *Spectateur*, on trouve le mot *volatile*, joli mot qui exprime l'idée de la feuille jetée au caprice du vent [8]. Elle oblige

---

5. Voir Josef Pieper, *Leisure, The Basis of Culture*, South Bend, Indiana, St. Augustine's Press, 1998. Pieper explique que Kant consacre la séparation avec la pensée médiévale quand il fait de la cognition un travail, une activité difficile, herculéenne (p. 15).

6. Pour une histoire philosophique de la *vita contemplativa*, voir les remarques éclairantes de Hannah Harendt dans *La Condition de l'homme moderne*, Paris, Calmann-Lévy, 1961, p. 46-53.

7. S'il est paradoxalement un misanthrope, c'est comme l'a expliqué Peter France, ce privilège du loisir et de la contemplation qui explique ce statut social contradictoire, son excentricité philosophique et qui lui donne la distance nécessaire à la spéculation morale. Voir *Politeness and Its Discontents*, Cambridge, Cambridge University Press, 1992, p. 77-78.

8. Les éditeurs rapportent ceci en effet : « L'édition de 1722 portait : *une feuille volatille (sic)*. Or ce mot de *volatil*, d'après les dictionnaires du temps ne se dit qu'en termes de chimie » (p. 588). On verra dans mon analyse qu'il ne s'agit peut-être pas d'une coquille, contrairement à ce que pensent Gilot et Deloffre.

à la rédaction brève, légère, au récit furtif, à l'instantané. Au fil du regard ou de l'écoute, Marivaux donne un rêve, le portrait d'une coquette, l'aventure d'un Inconnu. Il glisse une pensée morale, le fragment du Journal d'un Espagnol, des lettres de correspondants. Le Spectateur fait son régal de ces morceaux courts : petits contes moraux, ébauches d'un roman.

De nouveau, l'écrivain s'écarte de la recherche forcée, du travail d'abstraction : « Oui, je préférerais toutes les idées fortuites que le hasard nous donne à celles que la recherche la plus ingénieuse pourrait nous fournir dans le travail » (p. 117). Il faut distinguer ici, de façon intéressante, l'*oisiveté d'auteur* que Marivaux juge absorbante et inutile. L'auteur ne connaîtrait que la pensée pénible, artificielle, laborieuse. Le Spectateur, au contraire, épouse le délassement. La « paresse insurmontable » du journaliste (p. 117) prédispose à une sorte d'abandon, de morale légère, inconséquente. Le loisir auquel se consacre le journaliste est sans contrainte ; il est fluide. Il est ouvert aux possibles, en quête de multiplicités, de "nouveautés" (p. 134). L'idée fortuite hait la profondeur. À tout moment, Marivaux peut brusquement s'arrêter ; il quitte « la plume » comme il le dit : « je sens que je m'appesantis » (p. 137). Surtout, l'écrivain n'est attaché à aucune prescription. Il choisit ce qui lui vient sous la main. Le luxe de l'observation est ce « libertinage d'idées » (p. 132) qui répugne au « sujet fixe » et qui permet au journaliste de toujours différer, de remettre à une autre fois ce qu'il ne lui convient pas de développer. Il quitte et reprend ses observations selon le caprice de sa paresse (p. 252) ou, au contraire, parce qu'il s'ennuie de « ne rien faire » (p. 253). Déjà dans les *Lettres sur les habitants de Paris*, le narrateur adoptait cette même stratégie capricieuse, le même libertinage : « Je continue au hasard, et je finis quand il me plaît. Cet ouvrage, en un mot, est la production d'un esprit libertin, qui ne se refuse rien de ce qui peut l'amuser en chemin faisant »[9]. Le journal est un texte qui bifurque ; les récits multiples s'enchaînent à la faveur d'une interruption, d'une rencontre imprévue, « dans le détour d'une rue » (p. 127), « descendant l'escalier de la Comédie » (p. 123) « dans une promenade publique » (p. 166). La communication est constamment parasitée ; le texte buissonne, se ramifie. En différant, en remettant à une autre fois, le narrateur s'inscrit ainsi dans la mouvance du temps. Il simule le temps comme séquence découpable de moments dis-

---

9. *Journaux, op. cit.*, p. 8.

tincts plutôt que successifs, conséquentiels et rationnels. La vie
elle-même est proposée comme concours d'épisodes. Il faut d'ailleurs imaginer la parution saccagée du périodique, scandée par
les interruptions souvent longues, soumis au bon plaisir du journaliste, à son humeur, à sa paresse. Il multiplie pour justifier son
retard accidents et circonstances diverses [10].

Le Spectateur réserve ses mots les plus sévères pour les critiques qui finissent par écrire sous la dictée de leurs censeurs.
Vils imitateurs, misérables copistes, « ils courent après l'esprit »
(retournement de l'accusation portée à l'égard de Marivaux lui-
même). Quelle est l'alternative ? Une pensée déliée, libre, qui
va son « train » (p. 147), « obéit à son feu » (p. 145). La servilité,
l'assujettissement philosophique est l'anticorps du projet de l'observateur marivaudien : sa pensée est simple. Le Spectateur « va
son grand chemin » (p. 147). La liberté, le naturel, ou pour reprendre le terme de Marivaux, la « naïveté », c'est aussi la recherche
de la singularité absolue, la souveraineté d'un style propre. Il
s'agit en fait de « ne point se départir ni du tour ni du caractère
d'idées pour qui la nature nous a donné vocation ; qu'en un mot,
penser naturellement, c'est rester dans la singularité d'esprit qui
nous est échue... » (p. 149). Le sentiment dont parle Marivaux,
dont il nous dit qu'il est le nerf de l'écriture spectatrice, est cette
singularité de l'affect, la déclaration morale hasardée *pour le
plaisir*, proférée sans conséquence, pour ce qu'elle vaut, dans le
moment fugitif. La morale du Spectateur est toujours à la limite
de la « plaisanterie » (p. 126). En tout cas, il s'agit de ne jamais
être « dogmatique » (p. 236). L'observateur insiste qu'il écrit
avant tout pour son propre amusement : « il me vient des idées
dans l'esprit ; elles me font plaisir » (p. 245).

L'observateur cultive la promenade instructive, la flânerie toujours pleine de surprises. Il aime l'occasion qui se multiplie, le
pullulement des événements. C'est pour ces raisons que son
théâtre est la rue, le grand bruit de fond de cette œuvre sur
laquelle viennent se détacher des instantanés. La rue représente
le dehors, l'extra-territorialité, l'espace incertain qui rassemble
les individus ; lieu de rencontres inattendues, elle est le lieu où
naît le sens, par l'interaction aléatoire, le choc des individualités

---

10. Sur le calendrier des dates d'approbation des feuilles du Spectateur, voir
M. Gilot qui conclut que la conception de l'entreprise comme un jeu, une entreprise dans laquelle s'instituent des vacances, devait se conclure par l'arrêt du
périodique. Voir *Les Journaux de Marivaux*, p. 248-249.

et des images égoïques : « J'ai voulu parcourir les rues pleines de monde, c'est une fête délicieuse pour un misanthrope que le spectacle d'un si grand nombre d'hommes assemblés ; c'est le temps de sa récolte d'idées. Cette innombrable quantité d'espèces de mouvements forme à ses yeux un caractère générique. À la fin, tant de sujets se réduisent en un ; ce n'est plus des hommes différents qu'il contemple, c'est l'homme représenté dans plusieurs mille » (p. 133). Cela explique l'expression particulière que le Spectateur utilise pour illustrer son mode de réflexion, son refus de l'abstraction, sa pensée occasionnelle. Il dit vouloir « penser en *hommes* » (p. 114, je souligne). Le journaliste de nouveau fait le choix de la multiplicité, de la diversité, de la bigarrure morale de l'espèce. Il épouse une subjectivité plurielle, il est devant des situations existentielles éphémères, qui ne produisent du sens que sur le moment.

Le Spectateur guette la foule, l'abondance diverse. Il est lui-même comme l'abeille, cherchant l'agitation, l'attroupement toujours intéressant : « ma curiosité satisfaite, je me suis retiré... pour aller butiner ailleurs » (p. 134). L'observation multiple est ce après quoi il court : « j'aime à varier les sujets » (p. 206). C'est le même parti pris du multiple, la préséance du grand nombre, de l'hétérogène qui guide Marivaux dans ses observations morales. L'intérêt épistémologique pour la foule, « cette foule de monde » (p. 126), pour la tourbe compliquée est un autre trait de la modernité de Marivaux. Autre anticipation de l'autre Peintre de la vie moderne, pour qui le flâneur veut « épouser la foule » : « c'est une immense jouissance que d'élire domicile dans le nombre, dans l'ondoyant, dans le mouvement, dans le fugitif et l'infini » [11].

Dans la « Sixième feuille », Marivaux met en représentation son propre livre. Dans la boutique d'un libraire, un homme à la recherche de lectures sérieuses et à qui est proposé le *Spectateur*, exprime ses préjugés à l'égard de ces « feuilles ». Pour lui, ce genre d'écrits, ces « petits ouvrages » ne peuvent être que produits de la légèreté d'esprit, d'un manque d'approfondissement : « La raison, le bon sens et la finesse peuvent-ils se trouver dans si peu de papier ? [...] Un bon esprit ne s'avisa-t-il jamais de penser et d'écrire autrement qu'en gros volumes ? » (p. 138). Le gros livre jouirait de son pesant de raison. Mais Marivaux défend la feuille volante, leste, prête à être soulevée « d'un souffle »

---

11. Baudelaire, *op. cit.*, p. 691.

(p. 138). Ce qui est présenté par le Spectateur comme l'anti-modèle, c'est le *Traité de Morale* (p. 138, Marivaux souligne), le gros livre lourd, prêt à faire la leçon rien que sous la guise de son poids : « c'est de la morale, et de la morale déterminée, toute crue » (p. 139). Le lecteur programmé, l'amateur de « pesanteur » et de sérieux est jugé sévèrement : « ce n'est pas tant l'utile qu'il lui faut, que l'honneur d'agir en homme capable de se fatiguer pour chercher cet utile, et la vaste sécheresse d'un gros livre fait justement son affaire » (p. 139). Marivaux mentionne la « gravité » du collectionneur de volumes. Si le terme renvoie au caractère, le sens physique n'est pas loin : il vise la pesanteur de l'objet. Le gros livre qui soutient la méthode et le système est du côté des corps solides, de la force. La matière marivaudienne au contraire est aérienne, légère : souffle, feu, chaleur. Je propose qu'elle participe d'une physique des fluides.

Dans *Le Cabinet du philosophe*, Marivaux reprendra l'opposition de la feuille et du volume et rappellera les préjugés associés au deux types d'ouvrages : « La feuille ne semble promettre qu'une bagatelle [...] Mais un volume est respectable [...]. Car enfin c'est le prendre sur un ton très sérieux avec le public que de lui présenter un volume ; c'est lui dire : prenez garde à ce que vous allez lire : et voilà ce qu'on ne lui dit point, quand on ne lui présente qu'une feuille ; il semble même qu'on lui dise le contraire, et qu'on le prie de ne la lire que par distraction, qu'en passant et ne sachant que faire » [12]. Mais la lecture de l'ouvrage est recommandée sans exigence réelle d'attention. Ces feuilles du philosophe sont des réflexions fugitives, écrites dans la quasi clandestinité. Il faut en effet une invisibilité du travail, de toutes évidences de la tâche. En tout cas, l'œuvre se révèle une trouvaille, une surprise. Comme notre Spectateur, le philosophe s'est mis « à l'école des hommes » [13]. D'où la pensée brève, conversationnelle : « Il ne s'agit point ici d'ouvrage suivi : ce sont, la plupart, des morceaux détachés, des fragments de pensée sur une infinité de sujets, et dans toutes sortes de tournures [...] » [14]. Le philosophe s'est lui aussi façonné à la réflexion multiple, hétérogène, à la variété.

Marivaux offre dans la « Quinzième feuille » du *Spectateur* une autre représentation de son livre, une autre mise en abîme

---

12. *Le Cabinet du philosophe* in *Journaux et Œuvres diverses*, *op. cit.*, p. 336.
13. *Id.*, p. 335.
14. *Ibid.*

de son *Spectateur*. Il incorpore à son volume un « petit cahier » écrit en langue espagnole, *Continuation de mon Journal*, et dont il nous livre tout de suite la traduction. Voici une page du cahier, acheté au hasard de la vente d'un inventaire et dissimulé dans un « gros volume » (p. 193). Le petit cahier écrit en espagnol est lui-même pur hasard, événement inattendu, agréable circonstance, véritable trouvaille. Il représente le petit accident libéré de la structure pesante, l'échappée du léger. Le narrateur le commence ainsi : « Ce matin j'ai ouvert ma fenêtre entre onze heures et midi ; à l'instant où je l'ouvrais, il est venu un grand coup de vent ; j'allais me retirer, car la place ne me paraissait pas tenable : et voyez ce que c'est, j'aurais perdu une leçon de morale » (p. 193). Voici de nouveau l'œuvre volatile, soufflée par le vent. Mais Marivaux incorpore la turbulence morale, l'instabilité des êtres. C'est la morale elle-même qui est éventée : la leçon est saisie dans le moment plutôt que dans l'abstraction factice, celle du Traité (de morale). Voici, comme seul Marivaux sait l'écrire, la bourrasque de la vanité :

> Ce vent m'a fait faire une découverte, il m'a appris qu'il mettait beaucoup d'hommes dans une situation que j'avais cru indifférente, et qui cependant les rend à plaindre. Que de peines dans la vie! Hélas! je n'ignorais pas que le vent causait bien des malheurs, qu'il abattait des maisons, déracinait des arbres, qu'il couchait les blés à terre, sans parler des ravages qu'il fait sur mer. Je ne mets point en ligne de compte la poussière dont il aveugle..., et voilà tous les tristes effets que je lui connaissais. Point du tout ; avec cela, il peut encore affliger les hommes personnellement, il chagrine leur amour-propre. Voici comment. Comme j'allais fermer ma fenêtre, j'ai vu passer trois ou quatre jeunes gens dont les cheveux étaient frisés, poudrés, accommodés avec un art dont il n'y a que le Français qui soit capable : vous auriez dit que c'était l'Amour même qui avait mis la main à ces cheveux là... crac, une persécution survient, les voilà dans l'embarras ; le vent souffle et les prend à l'oreille gauche. Eh, vite, ils se baissent, ils se tournent, ils appellent cent différentes postures au secours ce malheureux côté que le vent insulte. [p. 193-194]

Le Spectateur se place lui-même au milieu de l'intempérie. L'observation consiste à enregistrer l'altération des cœurs, le dérèglement des humains. Marivaux va plus loin : il fait tournoyer ses sujets. Ils virevoltent en une infinité de « postures ». Le tableau marivaudien n'est donc jamais fixe, il suit l'aléa du temps, il est le baromètre des occasions : « Quel état douloureux! il me touchait, j'étais fâché de m'être mis à la fenêtre, je combattais contre le vent avec eux, mais il triomphait [...] Oh! pour lors, ces jeunes gens se sont mis à disputer si péniblement le peu de poudre et d'arrangement qu'il leur restait que je n'ai pu tenir davantage » (p. 194). Plus tard, c'est la propre vanité de l'observateur qui est considérée : « j'ai songé que le vent continuait, qu'il ne fallait qu'un malheur pour me voir abandonné de ma poudre... » (p. 194). Marivaux met en scène agréablement les éléments aléatoires : vent, poussière, poudre, toute une matière destinée à l'évanouissement [15]. Il montre l'univers fragile, le désordre subit. Poudre et poussière : le nuage narcissique rejoint l'agitation de la matière, même tourment. La morale de Marivaux est météorologique. Comme avant, à propos de la foule, ici l'auteur fait sienne la turbulence, le désordre chaotique, la circonstance [16].

Marivaux écrit dans un champ métaphorique et épistémologique qui privilégie la multiplicité et le corpusculaire. Dans ses *Lettres sur les habitants de Paris*, il découvre le génie du peuple, tableau vivant de « contrariétés » [17]. La population de Paris est un monstre agité, un mixte moral, un « composé de toutes les bonnes et mauvaises qualités ensemble » [18]. Quand il doit décrire l'union fragile du peuple, l'équilibre miraculeux des vices et des vertus, Marivaux pense à la turbulence marine : « les vents et les éclairs y règnent sans interruption ; la barque va son train, sans s'en apercevoir : la tempête lui est familière, la foudre tombe quelquefois ; mais elle est une suite si naturelle de l'orage que la barque tâche de se réparer sans en avoir frémi. Manie de politesse à part, la mer agitée me paraît préférable à la mer calme » [19]. Pour décrire le peuple, Marivaux choisit les images

---

15. L'*Encyclopédie* de Diderot et d'Alembert définit ainsi la pulvérisation comme opération : « qui opère la disgrégation des sujets chimiques solides, en les réduisant en une multitude de molécules plus ou moins subtiles, si superficiellement adhérentes, qu'elles cèdent au moindre effort, presque à la manière des fluides, ou dont l'assemblage constitue cette espèce de fluide imparfait, que tout le monde connaît sous le nom de *poudre* » (art. PULVERISATION, t. XIII, 1765, p. 568b, de Venel).

16. Sur la manière dont la feuille volante est construite comme l'allégorie du projet journalistique de Marivaux, Suzanne Rodin Pucci montre, dans une belle analyse, comment le narrateur de Marivaux institue un principe de variation des sites, de diversification de la signification, de mobilité du sens. L'analyse de Pucci conjugue admirablement la feuille volante, la poudre et le volatil. Cf. « The Spectator Surfaces : Tableau and Tabloid in Marivaux's *Spectateur français* » in *Exploring the Conversible World*, ed. Elena Russo, *Yale French Studies* 92, 1997, p. 149-170.

17. *Lettres sur les habitants de Paris* in *Journaux et œuvres diverses, op. cit.*, p. 10.

18. *Ibid.*

19. *Ibid.*, p. 12.

de la houle et de l'orage. Il propose des objets du monde soumis au bougé, à l'oscillation. Sous sa plume, le peuple devient fluide, hydraulique. C'est, dit-il aussi, un « caméléon » [20], une machine subtile, susceptible aux hasards, aux accidents de la vertu comme à ceux du vice. L'image reptilienne n'est pas négative chez Marivaux : les changements du peuple constituent au contraire son essence fertile. On retrouve le Marivaux du vent et des eaux, le métaphysicien de la turbulence et des états transitoires.

On pourrait dire qu'il y a chez Marivaux une attitude profondément anti-cartésienne. Michel Serres nous rappelait comment le texte cartésien exclut le fluide et le composite : « L'idéalisme cartésien est un réalisme, les choses du monde ne s'évanouissent pas dans le sujet qui pense ; au contraire, le sujet recule indéfiniment au profit des objets. La physique est fondée. Il ne s'agit que de solides... » [21]. Plus que dans l'affinité esthétique, mais précisément dans l'intuition physique, Marivaux est plutôt pascalien. Il suit le modèle de la variété, reconnaît la préséance de l'espace, la topologie discontinue. Le Spectateur n'aime donc pas la raison déductive ; il préfère la contingence mobile. Il n'aime pas la méthode, mais prend le chemin détourné. Son art est un art de la distraction, du recommencement et de l'abandon. Par rapport à ses devanciers anglais, on a remarqué à juste titre comment Marivaux ne reprenait pas l'esprit « minutieux et méthodique » ni « l'esprit de suite » [22]. Il y a des détours que Marivaux conseille d'éviter. Ce sont ceux qui appesantissent l'esprit, le forcent à un ordre artificiel. Le Spectateur considère ainsi cette « contorsion » dans laquelle l'esprit « ne trouve de quoi se fournir qu'avec un travail pénible » (p. 145). Il recommande de suivre le pas de la nature, son « droit chemin » et d'éviter le contraire de la liberté de l'esprit : « une marche d'emprunt qui le détourne de ses voies, et qui le jette dans des routes stériles, à tout moment coupées... » (p. 145). Le *Spectateur* ne peut être qu'une œuvre ouverte, plurielle, bariolée, variant les narrateurs, intégrant ses propres destinataires réels ou fictifs. La redondance est à éviter dans tous les sens et à tout prix. « Changeons donc » (p. 245) est la devise de l'écriture spectatrice. L'attente de lecture doit être variée par les changements de récits : « Comme j'ai pris l'habitude de changer de matière presque à chaque feuille,

---

20. *Ibid.*
21. Michel Serres, *Le Passage du Nord-Ouest*, Paris, Minuit, 1980, p. 43.
22. « Notice » in *Journaux, op. cit.*, p. 109, p. 110.

quelque jour je pourrai bien demeurer longtemps sur le même sujet, par raison de variété encore... » (p. 206).

La chronique au jour le jour du Spectateur est fragmentaire et souple. Elle va dans le sens du temps, parfois du temps qu'il fait. Dans *L'Indigent philosophe*, Marivaux donnait cette définition peu favorable d'un « auteur méthodique » : « Il a un sujet fixe sur lequel il va travailler ; fort bien : il s'engage à le traiter, l'y voilà cloué [...] il a une demi-douzaine de pensées dans la tête sur lesquelles il fonde tout l'ouvrage ; elles naissent les unes des autres... » [23]. Le réalisme que Marivaux inaugure dans *Le Spectateur* est en revanche un parti pris du sensible, mais comme information éclatée. Le Spectateur se disperse volontiers. L'observation recherche la surprise. Chasseur, le journaliste court après l'information spontanée. Son activité est fortuite, produit du hasard. Il ne s'agit pas en effet d'un champ d'observation qui cherche à stabiliser les éléments observés. Au contraire, ceux-ci sont abandonnés à l'aléa, engagés dans un processus d'émergence et de création. Ce sont des organisations éphémères sur lesquelles aucun effort d'unification de maîtrise n'est intenté. Elles demeurent dans l'extériorité dans laquelle elles se développent.

Les nombreux narrateurs des feuilles de Marivaux écrivent dans le temps présent ; ils transcrivent la prose de l'instant ; ils composent la fête du quotidien. Comme il est souvent sa coutume, Marivaux ouvre le *Spectateur* à une autre voix, celle d'une dame qui, dans un moment de distraction, se laisse enlever par le narrateur la moitié d'un cahier de sa plume. Voici la parole volée dans la légèreté d'un moment propice. Si le vol est l'action du Spectateur, il fait néanmoins passer l'objet dans l'ordre du fugace, des messages qui passent : l'œuvre volée se fragmente et se dissipe volontiers, proprement subtilisée. Le Spectateur s'empresse de reproduire les mots de son ancienne amie et nous donne à lire son *Mémoire de ce que j'ai dit et fait pendant ma vie*. Les paroles arrachées à la narratrice, qui ouvrent cette moitié de son journal, pourraient appartenir au Spectateur lui-même : « je vis seulement dans cet instant-ci qui passe ; il en revient un autre qui n'est déjà plus, où j'ai vécu, il est vrai, mais où je ne suis plus, et c'est comme si je n'avais pas été. Ainsi ne pourrais-je pas dire que ma vie ne dure pas, qu'elle commence toujours ? »

---

23. *L'Indigent philosophe* in *Journaux et Œuvres diverses*, *op. cit.*, p. 311. Les renvois à ce texte sont faits dans le texte.

(p. 207-208). Marivaux, dont on a vu qu'il aimait le temps statistique, fluctuant, célèbre le temps éphémère, au jour le jour, le défilé précieux des instants, le présent gros de possibles.

Marivaux inaugure une esthétique de la paresse harmonisée à son projet moderne. Il la fait correspondre à la distraction du journalisme nouveau, au délassement de l'observation, à la récréation morale. Paresse de l'écriture devant le re-commencement, et qui garde intacte la contradiction du foisonnement du réel, de la quête mobile de la variété. Paresse joyeusement productive, à la rencontre de l'inconséquence, qu'on retrouvera, plus tard dans le siècle, chez Rousseau.

PIERRE SAINT-AMAND
Brown University (Providence, États-Unis)

UNE « BELLE INFIDÈLE » :
LA TRADUCTION DE L'*ESSAI SUR L'HOMME* PAR L'ABBÉ DU RESNEL

La traduction de l'*Essay on Man* par l'abbé Du Resnel (écrite en 1735, mais publiée en 1737), dont il est question ici, constitue un sujet de débat qui devrait être approfondi ; cela pour deux raisons. La première, c'est que cette traduction a connu un très grand succès en son temps à cause de sa forme poétique qui lui donne bien sûr un charme littéraire ; mais la deuxième raison, qui investit le côté philosophique, est la plus importante. Cette traduction a été en effet le point de repère de tous ceux qui, à partir de Jean-Pierre de Crousaz, ont mis en cause la philosophie de Pope et l'ont accusé de fatalisme et d'impiété. Une grande partie du débat qui s'est déroulé dès la publication de l'*Examen de l'Essai de Monsieur Pope sur l'Homme* (1737) et du *Commentaire* (1738) de Crousaz met en question la fidélité à l'original de cette traduction par rapport à celle de Silhouette, composée en prose en 1736. On sait aussi que le problème de sa fidélité au poème de Pope a été le sujet de discussion de tous les principaux périodiques de l'époque, à partir des premiers comptes rendus par le *Journal des Savants* et les *Mémoires de Trévoux* de 1737 ; mais surtout, l'on sait bien que la traduction de Du Resnel a été choisie comme point de repère soit par les défenseurs soit par les adversaires de Pope. Les premiers ont pris prétexte de sa prétendue infidélité afin de répliquer aux accusations de fatalisme et d'impiété : à leur avis, la plupart de ces accusations était due au fait que les détracteurs du poète anglais avaient choisi une version française, celle de l'abbé Du Resnel justement, qui n'était pas à la hauteur de la profondeur philosophique et de la précision expressive de l'original. Quant aux accusateurs de Pope, il suffit de citer le cas de Gaultier, qui arrive même à accuser personnellement Du Resnel d'avoir sous-estimé le danger qu'une traduction de Pope pouvait représenter pour la religion en France [1].

---

1. Voir J. B. Gaultier, *Le Poème de Pope intitulé Essay sur l'homme convaincu d'impiété. Lettres pour prémunir les Fidèles contre l'irréligion* (La Haye 1746), p. 5.

À notre avis, il serait important d'approfondir la question de l'influence de la traduction de Du Resnel sur le débat philosophique du fatalisme de Pope. Plusieurs questions fondamentales s'imposent : tout d'abord, est-ce que la traduction de l'abbé Du Resnel peut se définir « infidèle » ? Ensuite, peut-on soutenir que cette traduction a contribué à l'image d'un *Essay on Man* différent de l'original ? Si oui, dans quel sens ? Cette traduction montre-t-elle un Pope impie, fataliste, propagateur du déisme et du spinozisme, selon l'avis de ses adversaires, ou bien au contraire, en lisant cet ouvrage, ne peut-on pas songer à un Pope « orthodoxe », voire même plus « orthodoxe » que l'original ?

On peut répondre aisément à la première question : ce qui a été assez suffisamment confirmé par les études critiques sur Pope en France, c'est que la traduction de l'abbé ne peut pas être jugée « fidèle ». J. Von Stackelberg nous suggère l'idée, confirmée par Knapp, que la doctrine originale du poème de Pope aurait été « faussée » par l'œuvre de Du Resnel et que cette infidélité aurait contribué à engendrer des équivoques sur son message dans toute l'Europe cultivée, en raison de la grande diffusion de cette traduction [2]. Une autre question qui se pose est la suivante : est-ce que cette interprétation faussée est due simplement à une traduction gravement imprécise de l'original, voire à une mauvaise connaissance de l'anglais par notre abbé, ou plutôt s'agit-il d'une véritable volonté de modifier le sens de la doctrine de Pope ? Et si cette dernière réponse est la bonne, dans quel but Du Resnel aurait-il fait cela ?

Sur ce dernier point les avis sont opposés. Un jugement intéressant nous parvient de Charles de Beaurepaire, auteur en 1895 d'une *Notice sur l'Abbé Jean-François Du Resnel*, dans laquelle il cite une lettre de Voltaire à Formont (Cirey, 22 septembre 1735), affirmant ce qui suit : « Savez-vous que l'abbé Du Resnel a traduit les *Essais* de Pope sur la nature humaine ? Cela est bien pis que mes réponses à Pascal. *Le péché originel ne trouve pas son compte dans cet ouvrage.* Je ne sais comment le Du Resnel, qui cherche à faire sa fortune, se tirera de cette traduction. Hélas ! très bien. Il n'y a qu'heur et malheur dans ce monde.

---

2. J. Von Stackelberg, « Pope cartésien ? L'*Essay on Man* traduit, faussé, et propagé à travers l'Europe par l'Abbé Du Resnel », *Studies on Voltaire and the eighteenth Century* (1983), vol. 216, p. 467-468. Voir aussi R. G. Knapp, *The Fortunes of Pope's Essay on Man in 18th Century France*, Institut et Musée Voltaire, Les Délices, Genève 1971, p. 23-67.

Il aura un bénéfice, et je serai brûlé » [3]. D'après ce témoignage, on apprend l'avis d'un philosophe qui au cours de son histoire a dû plusieurs fois se confronter avec l'œuvre de Pope et plus en particulier avec son *Essay on Man*. Ses soucis à propos du destin de la traduction de Du Resnel aussi bien que de l'avenir de son auteur nous paraissent significatifs du fait que la réception de cette œuvre ne fut pas neutre à l'époque : elle n'était pas du tout considérée comme une simple transposition de l'original en langue française, mais au contraire, dès sa parution en 1736, les milieux littéraires du temps se posaient déjà la question non seulement de sa précision grammaticale et stylistique, ou de sa *fidélité à la doctrine* de Pope, mais aussi et surtout de sa conformité aux dogmes de la religion chrétienne ; s'il est vrai, comme la lettre de Voltaire nous le révèle, qu'à son avis, dans cet ouvrage, il n'y avait pas de références au péché originel. À notre avis, au sujet de cette question, il ne s'agit pas seulement de vérifier si Pope a respecté la doctrine du christianisme, mais surtout si ses traducteurs (*in primis* Du Resnel, et aussi Silhouette, bien qu'il n'ait pas été accusé de la même façon à l'époque) ont interprété correctement sa pensée ou bien si, au contraire, ils l'ont manipulée.

Pour ce qui concerne Du Resnel, l'on possède un autre jugement, contenu dans la *Notice sur Du Resnel* de Lepeintre (1825), qui affirme que Voltaire aurait corrigé quelques vers de sa traduction et qu'il en aurait même substitué quelques-uns [4]. Ensuite il ajoute : « On a prétendu que Pope fut mécontent de son traducteur ; il pouvait avoir raison sous un rapport seulement (...) il est sûr qu'il n'a pas rendu exactement ses idées philosophiques : il en a adouci la plupart, et l'on voit qu'il glisse tant qu'il peut sur le *tout est bien* du poète anglais. En sa qualité d'ecclésiastique, il n'osait apparemment énoncer si clairement le système de l'optimisme, qui n'est pas absolument en harmonie avec les dogmes du catholicisme. Le poète s'est trop enveloppé dans la soutane du prêtre » (*ibidem*, p. IV). Ce dernier jugement confirme la

---

3. C. de Beaurepaire, *Notice sur l'abbé Jean-François Du Resnel* (Rouen, 1895), p. 10 (les caractères en italique sont de nous). Pour le jugement de Voltaire, voir sa *Lettre à Formont du 22 septembre 1735* (Voltaire, *Correspondence and related documents*, édition T. Besterman, dans *Œuvres complètes*, Institut et Musée Voltaire, University of Toronto Press, Toronto 1969, vol. 87, III, mai 1734-juin 1736, p. 210).

4. P. M. M. Lepeintre, *Notice sur Du Resnel*, dans A. Pope, *Essai sur l'homme et sur la poésie*, traduit par Du Resnel (Paris 1825), p. III.

renommée d'infidélité dont jouit la traduction de Du Resnel ; mais d'autres questions surgissent. Premièrement : quel a été le véritable rôle de Voltaire dans la composition de cette traduction ? Dans sa lettre citée ci-dessus, il semblait étonné de l'audace de Du Resnel et du danger qu'un ouvrage comme le sien pouvait représenter pour sa carrière ; mais en réalité il en serait lui aussi responsable, si l'on fait confiance au jugement de Lepeintre nous apprenant qu'il s'occupa personnellement de cette traduction, et surtout à sa lettre du 20 février 1769 au marquis de Thibouville, auquel il confie qu'il en a composé la moitié des vers [5]. Selon Lepeintre, Voltaire ne serait pas un simple témoin dans cette question. Deuxièmement : dans quel sens peut-on soutenir que Du Resnel a *mal interprété*, ou pire, qu'il a *manipulé* l'original ? Selon Beaurepaire (*ouvr. cité*, p. 12), le destin de sa traduction étant lié aux accusations de fatalisme et d'hérésie adressées à Pope, l'ouvrage de Du Resnel ne pouvait qu'être mal accepté ; par contre, Lepeintre soutien l'inverse, voire que l'abbé a *adouci* la doctrine de Pope en ce qu'elle pouvait avoir de dangereux pour la religion. Du Resnel a-t-il voulu donner une image plus rassurante et orthodoxe du système de Pope, ou bien s'est-il proposé de mieux répandre, par la forme poétique de sa traduction, les nouvelles doctrines issues d'Angleterre ? Dans ce dernier cas, quel pourrait être le rôle de Voltaire et de son intervention sur le texte de la traduction ?

En affrontant une question aussi complexe et articulée que celle de la « fidélité » de la traduction de Du Resnel, notre démarche sera d'analyser le texte et d'en comparer quelques passages parmi les plus importants à l'original anglais, afin de vérifier s'il y a eu des changements significatifs dans le sens des expressions et dans les images poétiques utilisées. Il ne s'agit pas, bien sûr, d'une véritable analyse philologique, mais plutôt d'une mise en relief des changements que la variation d'une expression linguistique pourrait apporter au sens d'un passage ou, plus généralement, au sens de l'ensemble du texte.

Dans l'*épître I* (vers 1-16), Du Resnel a davantage développé le sujet de la *grandeur* et de la *faiblesse* humaine par rapport à l'original. Là où Pope parle du *grand labyrinthe* qu'est l'homme, des bois où les fleurs et les mauvaises herbes croissent ensemble

---

5. Voir Voltaire, *Correspondence and related documents*, cit., vol. 118, XXXIV (août 1768-mai 1769), lettre à Thibouville du 20 février 1769, p. 297-98.

et du jardin séduisant plein de « fruits défendus » [6], Du Resnel oublie de traduire l'expression « forbidden fruit », par contre il rajoute les vers suivants : « Voyons à quel dessein le Ciel nous a fait naître, / Que l'Homme dans mes vers apprenne à se connaître, / De son cœur ténébreux sondons la profondeur, / Jusque dans sa bassesse admirons sa grandeur ; / L'un fier de ses talents, enflé de sa science, / Ne croit rien d'impossible à son intelligence ; / Pour des dons précieux l'autre plein de mépris / De sa propre raison semble ignorer le prix, / Rappelons-les tous deux à la lumière pure / Et cherchons les sentiers où marche la nature. / Que par nous éclairé sur ses vrais intérêts, / L'Homme rougisse enfin de ses vœux indiscrets ; / Qu'il reconnaisse ici ses vertus et ses vices ; / Et bravant de l'erreur les dangereux caprices, / Contre les vains discours de l'aveugle mortel / Essayons de venger les Lois de l'Éternel » [7]. Dans l'original il n'y a que l'allusion au « connu » et à l'« inconnu » (*ouvr. cité*, vers 11) qui font partie du mystère de l'homme et de l'ambiguïté de sa condition, suspendue entre misère et grandeur (sujet pascalien) ; dans Du Resnel par contre, l'on retrouve une exhortation morale à se connaître *afin de se purifier des vices*, ce qui donne au passage un *trait édifiant* qui est moins évident dans Pope.

Un autre passage présente des différences importantes : là où Pope (*ouvr. cité*, vers 80) dit que, si Dieu n'occultait pas aux créatures le Livre du Destin, personne ne pourrait supporter d'exister, Du Resnel traduit : « Quel Être pourrait ici sans cette obscurité / Couler ses tristes jours avec tranquillité ? » (*ouvr. cité*, p. 71). L'expression est bien plus forte chez Pope, elle possède un trait presque existentiel ; il s'agit d'une souffrance d'exister et non pas seulement d'une absence de tranquillité et de chagrins, comme semble suggérer Du Resnel. Peut-on supposer que le traducteur ait voulu atténuer une expression qu'il jugeait trop forte pour ses lecteurs ?

Dans la description de l'Indien qui se contente des bornes naturelles de son esprit et ne se pose pas de questions sur sa destinée, Du Resnel a supprimé une expression pouvant suggérer aux accusateurs de Pope de nouvelles raisons de l'attaquer : il s'agit des vers 111-112 (« Il pense [le sujet est l'Indien] qu'admis

---

6. A. Pope, *An Essay on Man*, éd. de Twickenham (Londres-New Haven, 1950 ; réimpression Londres-New York, 1993), vers 6-8 (la trad. française est toujours la nôtre).

7. J. F. Du Resnel, *Essai sur l'Homme de Pope*, dans *Les Principes de la Morale et du Goût* (Paris, 1737), p. 67-68.

au même ciel / Son chien fidèle lui fera compagnie »). Or, parmi les détracteurs de Pope, Gaultier avait accusé Pope d'exhorter l'homme à aimer les animaux par le même esprit de charité dû aux hommes (*ouvr. cité*, p. 92, 120-122), ce qui signifie, à son avis, que Pope, tout comme les défenseurs de la religion naturelle, veut égaler les animaux à l'homme. En fait, Gaultier fait allusion ici au sujet philosophique de *l'âme des bêtes*. La même accusation portée par Gaultier à Pope est exprimée par l'abbé Gabriel Gauchat, auteur des *Lettres critiques ou analyse et réfutation de différents écrits modernes contre la religion*, dans lesquelles il accuse Pope de vouloir « humilier l'homme par l'idée d'une bassesse imaginaire. Il voudroit l'égaler aux animaux » [8]. Le passage de Pope que l'on vient de citer pouvait donc donner l'occasion à des attaques violentes de la part des apologistes chrétiens ; ce n'est donc pas un hasard si Du Resnel supprime ce passage, d'autant plus que, dans cet extrait, Pope fait aussi allusion à un *destin commun à l'homme et aux bêtes* après la mort, autre sujet brûlant : la description de l'Indien paraît à Gaultier et à Gauchat une véritable défense d'un *état de pure nature* dans lequel *la crainte de l'au-delà est absente*.

À la fin de l'*épître I*, Pope affirme que le Tout « n'est que ses parties dans un merveilleux ensemble, / Dont le corps est la Nature, et Dieu l'âme » (*ouvr. cité*, vers 267-268) ; d'après Du Resnel, « De ce vaste Univers les diverses parties / Sont pour former un tout sagement assorties : / De ce tout étonnant la nature est le corps, l'Éternel en est l'âme, en conduit les ressorts » (*ouvr. cité*, p. 83). Cette traduction n'est qu'apparemment fidèle : juste après, Du Resnel ajoute ceci : « Et il se cache aux yeux, les traits de sa puissance / Annoncent à l'esprit son auguste présence : / En fabriquant la Terre, en construisant les Cieux, / Il est également puissant et glorieux ; / En tous lieux il s'étend, sans avoir d'étendue ; / Sans être divisé, par tout il s'insinue ; / Des esprits et des corps c'est l'invisible appui, / Et tout être vivant respire, agit en lui. / Il donne et ne perd rien ; il produit, il opère, / Sans que jamais sa force se lasse, ou s'altère ; / Il se montre à nos yeux aussi sage, aussi grand / Dans le moindre Ciron, que dans un Éléphant ; / Dans un Homme ignoré sous une humble chaumière, / Que dans le Séraphin rayonnant de lumière. / Le faible et le puissant, le grand et le petit, / Tout,

---

8. G. Gauchat, *Lettres critiques ou analyse et réfutation de différents écrits modernes contre la religion* (Paris, 1758), p. 337.

devant ses regards tombe, s'anéantit. / Sa substance pénètre et le Ciel et la Terre, / Les remplit, les soutient, Les joint et les resserre » (*ibidem*). Chez Pope, il n'y a pas d'allusion au fait que Dieu se cache aux yeux des hommes, ni l'on parle d'une « auguste présence » dont la « puissance » créatrice se révèle. Dans ce passage, Dieu y est représenté comme une *présence impersonnelle* qui se manifeste *à l'intérieur de la nature* ; il y a une allusion à la doctrine du *panthéisme* dans les vers 276-278 (« Aussi plein, aussi parfait, dans un cheveu comme dans le cœur ; / Aussi plein, aussi parfait, dans l'homme lâche qui se plaint / Que dans l'absorbé séraphin adorant et ardant d'amour »), allusion bien moins évidente chez Du Resnel. En effet, ce dernier préfère utiliser « sage » et « grand » pour la Divinité au lieu de « plein » et « parfait », deux termes suggérant un trait de *substance impersonnelle* et *intérieure à la nature*, tandis que « sage » fait plutôt penser à un Être *personnel*. De plus, Du Resnel élimine l'expression de Pope « homme lâche qui se plaint » et la remplace par « homme ignoré sous une humble chaumière » : une expression bien neutre par rapport à celle de Pope, qui rappelle un sujet très important dans son poème, la *critique des plaintes humaines contre la Providence*. Probablement Du Resnel a changé cette expression, car affirmer que Dieu se révèle soit dans la méchanceté (l'homme lâche) soit dans la sainteté (le Séraphin) aurait pu rappeler l'amoralisme de la divinité de Spinoza et des *fatalistes*.

Dans les vers 285-288, où Pope ne parle que du « Pouvoir qui tout dispose » et de la nécessité pour l'homme de s'y soumettre avec confiance au moment de sa mort, Du Resnel ajoute une allusion à la *bonté paternelle* de Dieu envers l'homme : « Sois sûr que dans ce monde, ou dans quelque autre Sphère, / *Dans les bras de ton Dieu tu trouveras un père* ; (...) / S'il préside à ta vie, il préside à ta mort » (*ouvr. cité*, p. 86). Le Dieu dont parle Pope est une *puissance* plutôt qu'un Père amoureux ; Du Resnel « christianise » Pope, vraisemblablement afin de cacher les traits de sa doctrine pouvant donner l'occasion à des imputations de déisme ou de spinozisme.

Dans la deuxième épître (vers 275-82), le poète anglais affronte le sujet de la *bonté des passions humaines*. Selon Pope, Dieu a pourvu à l'apparente absence de sens de l'existence humaine, en proie à la mort, en lui donnant le pouvoir de suivre ce que lui dictent ses penchants les plus forts, à savoir l'orgueil et l'espérance, qui le détournent de la conscience de sa condition mortelle : l'image de l'enfant qui s'amuse avec ses jouets et, plus généralement, celle des hommes divertis par leurs occupations, en sont une illustration bien efficace. Si l'on compare ce passage au correspondant dans la traduction de l'abbé, on s'aperçoit qu'il a beaucoup changé. Premièrement, l'image de l'enfant qui joue ne s'y retrouve pas. Deuxièmement, trois vers importants (280-282) sont absents dans la traduction de Du Resnel : « Le rosaire et le livre des prières sont les loisirs de sa vieillesse ; / Satisfait de ces bagatelles comme il l'était avant, / Fatigué, enfin il s'assoupit, et le vain jeu de la vie se termine ». Le but de Pope est de décrire le pouvoir de « divertissement », au sens pascalien du mot, que les passions mettent en œuvre pour l'avantage de l'homme, mais il inclut également dans ce « divertissement » le *zèle dévot*. Par contre, Du Resnel ôte l'allusion au rosaire et au livre de prières : évidemment, il l'a jugée trop irréligieuse. Le sujet de la bonté des passions a été modifié par l'abbé dans cette conclusion de l'*épître II* ; le rôle positif de l'orgueil demeure dans la traduction de Du Resnel aussi bien que chez Pope, mais le thème de l'espérance n'y est pas affronté de la même façon. Si Pope se borne à affirmer que l'espérance ne quitte jamais l'homme, même au moment de sa mort, Du Resnel ajoute ces deux vers : « N'offre-t-elle [l'espérance] à nos yeux qu'une confuse image / Du *bonheur que le Ciel nous destine* en partage ? (...) / Notre âme en ses désirs inquiète, égarée, / *Par les liens du corps tristement resserrée*, / Dans un doux avenir se repose, s'étend, / Et jouit en effet du bonheur qu'elle attend. / Dans les biens et les maux que le Ciel nous dispense, / Reconnais sa bonté, sa juste Providence » (*ouvr. cité*, p. 103-104, les italiques sont de nous). Ni l'allusion au *destin supraterrestre* de l'homme, ni celle aux *liens du corps* resserrant l'âme ne se retrouvent dans Pope.

Pope achève son discours sur les passions en parlant de la *folie* qui est engendrée par l'*opinion* ; celle-ci orne d'un teint doré les jours de l'homme et leurs nuages, le besoin de bonheur est satisfait par l'espérance, « toute vacuité de sens [each vacuity of sense] l'est par l'orgueil », si bien que l'on peut en conclure : « Dans la coupe de la folie sourit le rêve, la joie » (*ouvr. cité*, vers 286, 288). Tout ce passage sur la folie est omis dans l'ouvrage de Du Resnel ; certes, la folie est, elle aussi, un don de Dieu selon Pope, mais son exaltation ne pouvait pas s'accorder avec le sujet de l'espérance chrétienne. Dans le passage de Pope, qui conclut l'*épître II*, l'accent est posé sur les thèmes de l'*illusion* et de la *vanité*, mais ces deux thèmes ne sont pas tout à fait développés sous un horizon religieux. La vanité dont parle Pope est une véritable « vacuité de sens » qui dépasse davantage le pessimisme chrétien, car elle n'est pas accompagnée par une allusion au dogme de l'immortalité de l'âme qui aurait pu en atténuer la dureté ; cela aurait pu être jugé par les accusateurs de Pope comme une preuve ultérieure de son *scepticisme au sujet de l'au-delà*. L'on comprend donc pourquoi ce vers a été ôté par notre traducteur.

Le début de l'*épître III* de la traduction de Du Resnel apparaît assez distant de l'original ; les vers 5-6 de Pope énonçant la vérité, selon laquelle Dieu agit pour un seul but, mais par plusieurs lois (« Cette grande vérité soit présente jour et nuit ; / Encore plus présente lorsque nous prêchons ou nous prions ») sont traduits ainsi : « Dans le sein du bonheur, ou de l'adversité, / Sois frappé nuit et jour de cette vérité » (*ouvr. cité*, p. 107). Dans la traduction française, il manque complètement l'allusion à des actes religieux qui, selon Pope, doivent être accomplis avec l'humble reconnaissance des différentes lois qui guident la volonté divine. Le sujet abordé dans ce début d'épître est la *critique de l'anthropocentrisme*, bien fréquente chez Shaftesbury et Bolingbroke et, en général, dans la littérature déiste [9] ; mais on sait que cette critique revenait aussi de Spinoza [10] et que Pope était accusé, avec Leibniz, de spinozisme. Dans l'*Essai sur l'homme* l'attaque de l'orgueil humain découle de la doctrine de la chaîne des êtres. La traduction de Du Resnel garde cette doctrine sans en changer apparemment les caractéristiques : nécessité de l'enchaînement, priorité du bien-être du tout face aux souffrances des individus, mutuelle collaboration des êtres et leur contribution à l'harmonie générale. Néanmoins, au début de l'*épître III*, les changements dans les vers de l'abbé se font remarquer. Là où Pope (*ouvr. cité*, vers 13-20) parle d'une *activité de la matière* dans la production des êtres qui pourrait être interprétée comme *autonome* (« Regarde ensuite la matière, expression de formes vivantes variées, / Pousser vers un centre, le bien général. (...) Chaque forme qui meurt par d'autres est remplacée, / (...) Comme écume, sur la mer de l'existant engendrée, / Surgit, se brise, à la mer revient »), Du Resnel traduit :

---

9. Ce sujet sera repris ensuite par Voltaire, dans son *Zadig* (1748), puis dans *Candide* (1759) et dans son *Dictionnaire philosophique* (1764).

10. Voir B. Spinoza, *Éthique*, éd. Gebhardt, première partie, Appendice.

« Au premier mouvement que reçoit la matière, / Vois du sein
du chaos éclater la lumière, / (...) L'Univers est formé ; la puissance infinie / Répand dans la Nature un principe de vie ; / Les
êtres animés par ce souffle divin / Se portent de concert vers
une même fin. (...) / Il n'est rien de durable, et tout être à son
tour, / Sort du néant, y rentre, et reparaît un jour » (*ouvr. cité*,
p. 108). La nature de Du Resnel ressemble plutôt à la création
biblique qu'à l'univers dont il est question dans le texte anglais ;
dans sa traduction, le « premier mouvement » est *reçu* par la
matière, ce qui fait penser à une *passivité* de celle-ci à l'origine.
De même, le « chaos » primordial et la « lumière », rappelant la
Genèse, ne se retrouvent pas chez Pope. L'Univers « est formé »
chez Du Resnel, là où Pope parle de « nature créative qui travaille » (« plastic Nature working », vers 9) ; en outre, le « néant »
d'où sortent les êtres créés selon Du Resnel n'a pas de correspondant chez Pope, qui parle plutôt d'un renouvellement continuel
des formes vivantes surgissant l'une de l'autre comme l'écume
de la mer. Cette dernière image suggère un engendrement des
êtres vivants dans le cadre d'un tout dont ceux-ci représentent
des modalités de manifestation *consubstantielles* à la nature. Du
Resnel ôte complètement cette métaphore de l'eau et de l'écume ;
craignait-il peut-être qu'on puisse interpréter ce passage dans le
sens du spinozisme (la Nature-Substance comme un océan dont
les gouttes seraient les modes) ?

En correspondance des vers 83-84, où Pope dit que les animaux
n'ont besoin ni d'un pape ni d'un concile pour conduire leur
existence, étant donné que le seul instinct leur sert de guide, Du
Resnel traduit, d'une manière bien plus neutre, « La Brute dans
l'instinct trouve un guide infaillible / (...) Voudrois-tu qu'un
Docteur / Lui dictât des leçons, devînt son conducteur ? » (*ouvr.
cité*, p. 111). Il y a aussi, vraisemblablement, un côté politique
dans les soucis d'orthodoxie que se fait Du Resnel ; le passage
(vers 236-238) où Pope affirme que dans l'état de nature « aucun
droit divin n'était dans les hommes / On ne craignait de Dieu
aucun mal ; / Un souverain n'était que bon », se présente bien
différent chez l'abbé : « Le droit Divin était le droit de la nature ;
/ Il présentait à tous une lumière pure. / De l'Être souverain ils
n'appréhendaient rien ; Ils ne voyaient en lui que le souverain
bien » (*ouvr. cité*, p. 122). Pope nie l'existence d'un *droit divin
originaire*, tandis que Du Resnel l'affirme comme étant inclus
dans la condition primitive de l'homme. En outre, là où Pope
parle du *souverain*, à savoir du *monarque*, l'abbé traduit ce mot

comme s'il s'agissait d'un adjectif et le relie au sujet du souverain bien, un sujet plutôt moral, tandis que le poète anglais fait allusion à la *théorie politique de la monarchie*. Toute l'*épître III* de Pope se ressent des influences de la philosophie politique de Locke ; ce jugement peut être confirmé par la suite de l'épître (vers 241-282), où Pope combat la tyrannie de la subjection aux désirs d'un seul homme ; évidemment, Du Resnel, craignant les conséquences dangereuses de cette doctrine pour le sort du poème, a décidé de renverser complètement le sens de ce passage. À n'en lire que la traduction de Du Resnel, on songerait à un Pope fidèle à la théorie de la monarchie divine soutenue par Filmer dans son *Patriarche* ; en fait, il n'en est rien.

Dans les vers 246-268, Pope met en relief avec beaucoup de force l'alliance de la superstition avec le pouvoir politique pour la persistance de l'esclavage des sujets. Du Resnel, par contre, n'en parle que moins amplement ; en outre, il souligne davantage le fait qu'il s'agit de la superstition du polythéisme païen, tandis que dans le texte anglais on fait allusion aussi à un Dieu unique faisant l'objet des craintes superstitieuses du peuple (*ouvr. cité*, p. 123-124). Les nombreuses allusions de Pope au sang versé par les sacrificateurs ne sont pas mises en valeur par l'abbé : Pope parle du sang qui coule des autels (vers 264-266), Du Resnel ôte ce particulier.

À la fin de l'*épître III*, Pope attaque les faux dévots qui se disputent à cause de la diversité de leurs cultes. À ce propos, il s'exclame (vers 306-310) : « Ceux qui vivent justement ne peuvent se tromper ; / Pour ce qui en est de la foi et de l'espoir, le monde restera en désaccord, / Mais ce qui concerne l'homme, c'est la charité : / Faux est ce qui s'oppose à cette unique grande fin ; / Découle de Dieu ce qui rend heureuse et améliore l'humanité ». Ce passage est absent chez notre traducteur ; en effet, son sens pouvait être interprété comme l'affirmation d'une *morale naturelle*, délivrée de tout soutien théologique et de l'autorité de la Révélation ; les articles anonymes qui paraissent dans les *Mémoires de Trévoux* en mars et avril 1737 attaquent Pope justement sur le sujet des fondements naturels de sa morale [11]. Il suffit de remonter à la source principale de Pope, à savoir Shaftesbury et son *Essai sur le mérite et la vertu*, où le philosophe anglais essaie de bâtir une morale indépendante de la révélation et bâtie

---

11. Voir *Mémoires de Trévoux*, art. XXVI, mars 1737, p. 401 ss. ; art. XLV, avril 1737, p. 708 ss.

sur la pratique de la vertu, pour saisir le rapport entre le passage de l'épître de Pope et les doctrines morales du *déisme* [12].

Dans l'*épître IV*, Pope complète son ouvrage par un long discours sur le bonheur. L'abbé s'écarte de Pope en correspondance des vers 39-44, où le poète anglais affirme qu'il n'y a pas de bonheur individuel qui ne pourvoie en quelque manière au bonheur de la société. Dans ce passage, Pope ajoute que même les solitaires, tels que les anachorètes, qui semblent ne poursuivre que leur bonheur personnel, ont besoin de rechercher l'amitié de leurs semblables. Ces vers révèlent un trait anti-ascétique dans la peinture de l'anachorète misanthrope, « retiré dans sa caverne » (vers 42), qui se vante de fuir ses semblables mais qui, en fait, en recherche l'estime ; Pope n'apprécie pas l'ascétisme, tout comme son maître Shaftesbury et comme Diderot, traducteur de son *Essay on virtue and merit* [13]. Du Resnel omet de traduire ce *trait antireligieux*, assez évident dans les vers cités de Pope.

Dans le § *VII*, Pope fait l'éloge de la vertu et soutient qu'elle coïncide avec le véritable bonheur. Voici ses vers : « *N'étant l'esclave d'aucune secte*, celui qui ne s'achemine pas sur un chemin privé, / Mais qui, *à travers la nature*, observe *de la nature le Dieu*, / Qu'il suive *cette chaîne qui lie ensemble l'immense dessin*, / Unit ciel et terre, mortel et divin ; / Il voit qu'aucun être ne peut connaître aucun bonheur, / Il n'en goûte qu'un peu ici-bas, un peu là-haut ; / Il apprend *de cette union dont surgit le tout* / La première et la dernière fin de l'âme humaine ; / Il apprend où foi, loi, morale ont leur commencement / Et leur fin, dans l'AMOUR DE DIEU et DE L'HOMME. / Pour lui seulement l'espérance mène de but à but / Et encore dans son cœur s'épanouit, / Jusqu'à ce que, à la foi jointe, illimitée / Elle répand le bonheur qui comble l'esprit. / L'homme discerne pourquoi la nature ne place qu'en lui seul l'espoir / D'un bonheur présent, la foi dans une vie inconnue : / (Nature, dont les décrets à aucune autre espèce / En vain ne sont donnés, mais afin que chacune trouve ce qu'elle cherche) : / Sage est son cadeau ; elle y associe / La plus grande vertu et le plus grand bonheur ; / En

---

12. Il faut remarquer aussi que l'*Essai* de Shaftesbury sera traduit en 1745 par Diderot, et que ce texte sera condamné par le *Journal des Savants* d'avril 1746 en tant qu'ouvrage impie et athée ; voir à ce propos la *Préface* de Jean-Pierre Jackson (p. 5-12) à Diderot-Shaftesbury, *Essai sur le mérite et la vertu, Principes de philosophie morale* (éd. Alive, Paris, 1998).

13. Voir aussi Diderot, *Pensées philosophiques*, éd. critique par R. Niklaus (Genève, 1965), pensées V, VI, VII.

même temps, elle en montre la splendide attente de béatitude / Et le plus fort motif d'assister les autres » (*ouvr. cité*, vers 331-352). Voici maintenant Du Resnel : « À l'Homme vertueux l'Espérance fidèle, / Fait briller pour lui seul sa lumière immortelle, / Jusqu'à cet heureux jour, où l'ardeur de la foi / La remplisse, l'absorbe et la confonde en soi. / Jour heureux où de Dieu notre âme pénétrée / Sera du vrai plaisir pour toujours enivrée. / La Nature nous porte en ces terrestres lieux / À rechercher les biens qui s'offrent à nos yeux, / Tandis que de la Foi les arrêts infaillibles / Nous montrent le bonheur dans des biens invisibles. / Les Animaux guidés par l'attrait de leurs sens / Bornent tous leurs plaisirs aux seuls besoins présents ; / Mais l'Homme que le Ciel doua d'intelligence / S'étend dans l'avenir aidé par l'espérance. / La Nature et la Foi par l'appas du bonheur / Tournent à la vertu les désirs de son cœur, / Redressent doucement sa pente tortueuse, / Brisent des passions la fougue impétueuse, / Et le portant sans cesse à tendre vers le bien, / Dans le bonheur d'autrui lui font trouver le sien » (*ouvr. cité*, p. 155-156). Dans Du Resnel, l'allusion de Pope au fait que le vertueux n'est esclave d'aucune secte (une allusion jugée suspecte de déisme par Gaultier : *ouvr. cité*, p. 91) a été omise.

Pour conclure, il nous faut répondre aux questions qu'on a laissées en suspens au début ; tout d'abord, quel est le sens de l'« infidélité » de Du Resnel ? Est-ce qu'il s'agit d'une infidélité due à la forme poétique choisie par Du Resnel, forme qui bien sûr l'obligeait en quelque sorte à s'éloigner de l'original pour l'adapter à la versification en vogue à l'époque ? Dans ce cas, il ne s'agirait donc pas d'une *infidélité intentionnelle*, mais d'une *nécessité formelle*, étant donné la difficulté de traduire de l'anglais en français un ouvrage en vers. Or, il faut avouer que cette observation n'est pas tout à fait hors de propos, étant donné que même le *Journal des savants* de l'époque souligne, dans un compte rendu de la traduction précédente de Silhouette, la difficulté de rendre la poésie anglaise en français [14].

Néanmoins, il ne faut pas en rester là ; si l'on considère le nombre et l'ampleur des passages de Pope modifiés par Du Resnel, il faut avouer qu'il ne s'agit pas que d'une infidélité formelle, due à la différence de la structure grammaticale et synchascique des langues. À notre avis, l'on peut soutenir que les changements apportés par Du Resnel ont été *intentionnels* ;

---

14. Voir *Journal des Savants*, Paris 1736, tome I, avril 1736, p. 236 ss.

mais, cela dit, une autre question attend sa réponse : dans quel but l'abbé aurait-il fait cela ?

À ce propos, les passages de sa traduction que l'on vient d'analyser démontrent, croyons-nous, une volonté assez claire de « christianiser » Pope. Notre conviction pourrait bien se soutenir par le fait que Du Resnel se révèle sincèrement préoccupé du sort de l'essai de Pope, lorsque, dans le *Discours préliminaire* de sa traduction (*ouvr. cité*, p. IX-X), il essaie de repousser les accusations qui venaient d'être exposées par Crousaz et par les journaux de l'époque. Cela démontre que son souci principal dans sa version de l'*Essay* était celui d'éviter à Pope une réputation d'impiété. Du Resnel a essayé plusieurs fois de « christianiser » la *conception de la nature et de ses rapports avec la Divinité*, qui était un sujet important du discours de Pope, et cela afin de lui éviter l'accusation de *panthéisme* ou de *spinozisme*. Le rapport entre la créature et son Créateur, qui chez Pope n'est possible que sous l'empire des lois générales de la nature et de la chaîne des êtres, paraît plus direct et plus personnel chez Du Resnel, et d'ailleurs son Dieu assume parfois les traits d'un Père bienveillant. Pour conclure sur ce point, nous croyons donc pouvoir affirmer que l'opinion de Lepeintre citée au début doit être jugée plausible.

Enfin, en ce qui concerne la question de la paternité de la traduction de 1737 au sujet de l'affirmation de Voltaire exprimée dans sa lettre à Thibouville, nous croyons que si Voltaire a vraiment contribué à cet ouvrage, il ne l'a fait qu'en apportant des modifications tout simplement esthétiques, ce que pense d'ailleurs Knapp dans son essai (*ouvr. cité*, p. 24, 29). Knapp ne croit pas au jugement d'Ira O. Wade soutenant que Voltaire aurait donné un *caractère hétérodoxe* à la traduction de Du Resnel en y modifiant quelques passages [15] ; il observe qu'il n'y a ni dans la correspondance de Voltaire, ni dans celle de Du Resnel, des témoignages de ces prétendues corrections ou adjonctions. Nous pouvons ajouter, d'après notre analyse du texte de l'abbé, que l'esprit de Du Resnel dans sa traduction paraît se diriger, au contraire, *dans le sens de l'orthodoxie* ; et si l'on réplique que certains passages de cette traduction pourraient quand même être soupçonnés d'impiété, il est assez facile de démontrer qu'ils se trouvent déjà dans le texte original de Pope. Pour conclure, Du

---

15. Voir I. O. Wade, *Voltaire and Candide : a study in the fusion of history, art and philosophy* (Princeton, 1959), p. 63.

Resnel voulait *justifier* Pope par son infidélité, et non pas en faire un champion de l'hérésie. Ainsi, le jugement de Voltaire sur sa traduction, cité au début, n'a pas de fondement, nous semble-t-il, dans une lecture et dans une analyse détaillées des *Principes de la morale et du goût* de l'abbé Du Resnel.

ALESSANDRO ZANCONATO
Universités Paris X-Nanterre / Roma 2 « Tor Vergata »

ÉROS POLITIQUE
IDÉOLOGIES DU CORPS
À LA FIN DE L'ANCIEN RÉGIME

Lorsqu'il entreprend de définir le mot « corps » dans l'*Encyclopédie*, le chevalier de Jaucourt souligne d'emblée l'insaisissable polysémie du terme : « C'est une substance étendue et impénétrable, qui est purement passive d'elle-même, et indifférente au mouvement et au repos, mais capable de toute sorte de mouvement, de figure et de forme » [1]. Il désigne à la fois l'organisme et ses mouvements, les objets susceptibles d'entrer en contact avec nos sensations, et le rassemblement d'individus ou d'activités autorisés par le « Prince ». Cet effort de taxinomie utilise en outre plusieurs comparaisons et métaphores, qui toutes essaient de cerner un domaine d'application de plus en plus vaste : « L'anatomie étant une espèce de géographie dans laquelle la précision est nécessaire, on a divisé le *corps*, comme la terre, en plusieurs régions » [2]. Objet paradoxal, le corps finit même par se dérober au sens, comme le confessent les dernières lignes de l'article, renvoyé à son impuissance : « Quoique nous ayons rapporté un grand nombre d'acceptions différentes du mot *corps*, nous ne nous flattons pas de n'en avoir omis aucune ; mais celles qui précèdent suffisent pour donner une idée de l'étendue dans la langue, de ce mot qui désigne une chose qui en a tant dans la nature » [3].

Le 18e siècle trouve donc dans le corps un domaine tout à la fois de savoir et d'ignorance, de lumière et d'obscurité. Cette ambiguïté s'explique par un double mouvement contradictoire : les progrès scientifiques permettent un afflux de connaissances nouvelles, en matière de médecine et d'anatomie notamment. Mais ils n'empêchent pas l'extension métaphorique de plus en

---

1. *Encyclopédie ou Dictionnaire raisonné des sciences, des arts et des métiers*, nouvelle impression en fac-similé de la première édition de 1751-1780, Stuttgart-Bad Cannstat, Frommann Verlag, 1988, vol. 4, p. 261.
2. *Ibid.*, p. 264.
3. *Ibid.*, p. 269.

plus importante qui s'empare du mot : le corps désigne aussi
bien la physiologie humaine que l'organisation sociale et politique, selon le principe déjà très ancien de l'homologie entre
microcosme et macrocosme.

Ce réseau d'images, s'il ne date pas du 18e siècle, connaît
cependant une extension nouvelle à la veille de la Révolution.
Les travaux d'Antoine de Baecque [4] ont permis de mettre en
lumière la récurrence des images corporelles dans la vie politique
au tournant des Lumières. La montée des valeurs bourgeoises,
à partir de 1780, attise en effet la violence contre les élites
dirigeantes, coupables aussi bien dans leurs privilèges que dans
leurs mœurs. Cette pression idéologique, accrue dans les dernières
années de l'Ancien Régime, accélère le transfert métaphorique
entre deux *corps* : celui du libertin, confiné dans les plaisirs de
boudoirs, et celui de l'aristocratie, hostile à toute refonte du
système. Cette lecture apparaît bien avant la Révolution, au sein
de textes « mondains » encore largement inspirés du modèle de
Crébillon. Plusieurs récits de séduction, qui reprennent la trame
et les personnages du libertinage des années 1730, rompent effectivement avec la tradition « autarcique » d'une écriture coupée
du monde extérieur. L'argent, les conditions matérielles des personnages, les événements politiques et les aléas du pouvoir, forcent les portes du boudoir : le libertinage, à la fin du siècle,
s'ouvre au temps qui passe et au mouvement plus général de
l'histoire. Dans cette optique, la représentation du corps se charge
elle aussi de nouvelles valeurs. L'heure n'est plus aux conquêtes
exclusivement cérébrales. Il faut dévoiler la séduction sous son
jour le plus cru, moins pour exciter le lecteur que pour dénoncer,
à travers les jeux physiques, la crise d'un système tout entier.
La représentation du corps, dans un tel contexte, devient un enjeu
inédit. Elle transmet en filigrane, derrière le plaisir érotique, un
message de plus en plus marqué : il faut, à tous les niveaux,
renouveler des corps aussi indécents qu'obsolètes.

Avant d'être explicitement politique, c'est-à-dire engagé dans
les mécanismes du gouvernement, le corps représente, au tournant
des Lumières, un signe idéologique. L'excitation du lecteur
importe moins désormais que sa mise en garde : le libertinage
est une menace pour la société française. Cette condamnation
morale, récurrente à partir de 1780, s'appuie sur la représentation

---

4. Voir notamment *Le Corps de l'histoire, Métaphores et politiques, 1770-
1800* (Paris, Calmann-Lévy, 1993).

du corps : rien ne vaut, pour convaincre le public, une mise en scène de la débauche. Le transfert métaphorique fonctionne alors pleinement : le libertin paie dans sa chair le prix de ses frasques d'aristocrate. À corps social coupable, biologie corrompue. Ainsi Joseph Maimieux, lorsqu'il publie en 1788 *Le Comte de Saint Méran ou les nouveaux égarements du cœur et de l'esprit*, oriente-t-il sa suite du roman de Crébillon dans un sens beaucoup plus sombre. Si l'initiation de Meilcour restait inachevée, et limitée aux dévoilements érotiques du novice, celle de son neveu Germeuil va plus loin. Le personnage ne découvre plus seulement les boudoirs, mais leurs coulisses sordides et effrayantes :

> Les lambris étaient chargés de petits sujets en camaïeu, et les encoignures de groupes de biscuits sous glace, qui réunissaient tout ce que peut se figurer l'imagination la plus lascive ; et le goût exquis et la rareté des mets ajoutaient encore leur amorce à celle des autres voluptés. Mais l'appétit manquait à presque tous les convives, et ces amateurs excédés avaient presque tous la vue basse ou très affaiblie. Des impatiences de nerfs, des fibres relâchées ou desséchées, des esprits appauvris, des maux palliés, des papilles brûlées, des tympans racornis, des sens blasés par un abus continuel, émoussaient la pointe trop déliée pour eux de ces délices outrés [...]. Bientôt l'obscène équivoque, le calembour, la calomnie, des assaisonnements stimulants, des liqueurs spiritueuses et incendiaires donnent une élasticité artificielle à des facultés en stupeur et les agaceries de la lubricité portent jusqu'au délire l'exaltation de la débauche. [5]

Le texte utilise tous les ressorts du libertinage mondain : le type de personnages, le schéma de l'initiation sensuelle, le milieu de la noblesse française. Pourtant, l'éducation de Germeuil, si elle commence comme celle de Meilcour, place vite la représentation de la séduction sous le signe de la surenchère. À l'image de cette scène, les soirées galantes souffrent de leurs excès : que reste-t-il, dans ce tableau, des égarements du cœur et de l'esprit ? Le décor est saturé d'objets du plus mauvais goût, les plats tentent, à force d'épices, de réveiller les sens blasés des convives, et les corps semblent des mécaniques enrayées : les organes ont perdu leur acuité, les humeurs ont séché, et l'esprit lui-même, jadis si prompt à saisir l'occasion d'un bon mot, s'est empêtré. La représentation se transforme en réquisitoire, et l'érotisme cède sous la pression des valeurs de plus en plus négatives qui pèsent sur le corps. De séduisant, il devient, à la fin du siècle, repoussant.

---

5. Joseph Maimieux, *Le Comte de Saint-Méran ou les nouveaux égarements du cœur et de l'esprit* (Londres, Paris, Leroy, 1788), t. 3, p. 142.

Ce qui se dessine même, à la veille de la Révolution, c'est une pathologie du corps libertin. Malade, usé, déréglé, il traduit en signes cliniques la menace qui pèse sur la séduction. Lorsqu'il publie en 1789 *Le Danger des circonstances*, Nougaret s'inspire de la trame des *Liaisons dangereuses* : comme Laclos, il retrace l'histoire d'un complot, organisé non contre une femme mais contre deux frères par un libertin du nom de Fauxfilter. Les chevaliers de Joinville suivent à Paris leur éducation mondaine et militaire, mais leur mère redoute pour eux le danger des mauvaises fréquentations. Le titre de Laclos informe donc la structure de ce texte, qui donne cependant un visage concret aux « liaisons dangereuses ». La métaphore, suggestive en 1782, s'incarne chez Nougaret. La « liaison dangereuse » se repère aux stigmates qui la marquent :

> Les jeunes gens s'accoutument facilement au désordre ; les plaisirs criminels qu'ils peuvent se procurer dès qu'ils les désirent, leur paraissent préférables à ceux que la raison approuve, et qu'il faut acheter par une longue attente. Il en résulte qu'habitués à ne vivre qu'avec des personnes vicieuses, ils sont très déplacés dans une société choisie, et contractent une timidité, des manières et un langage qui ne font l'éloge ni de leur esprit ni de leur éducation. J'en ai vu quelques-uns de ces malheureux libertins dans le monde ; il est aisé de les connaître au peu de fraîcheur de leur teint, au délabrement de leur santé. On marie ces êtres déjà presque nuls pour le bien général, auquel chacun doit contribuer par ses talents et son industrie ; ils corrompent souvent la santé de leur infortunée compagne, et donnent le jour à des enfants infirmes, qui traînent dans les douleurs une longue et pénible existence. [6]

Le corps véhicule ici une véritable pathologie : individuelle, puisque le séducteur n'offre plus qu'un visage rongé par la maladie, et collective puisqu'il perd sa fertilité. Usé, *énervé* au sens étymologique, le libertin représente ainsi un double fléau pour la collectivité. Il en dévore les richesses en parasite social, et compromet son avenir en menaçant le renouvellement de la nation. Avant même la Révolution qui s'empare avec force de cette idée, les récits de séduction entretiennent donc le mythe d'une noblesse épuisée à force de débauches. Les mémoires de courtisanes, qui fleurissent à la fin du siècle, s'étaient déjà fait le relais de cette image : les prostituées, spectatrices privilégiées de l'évolution des pratiques, témoignent de la corruption montante

---

6. Nougaret, *Le Danger des circonstances, ou lettres du chevalier de Joinville et de mademoiselle d'Arans* (Bruxelles, veuve Dujardin ; Paris, Defer Demaisonneuve, 1789), t. 2, p. 223.

et de la généralisation des goûts « baroques ». En 1784, *La Correspondance d'Eulalie* mentionne dans plusieurs de ses lettres les exigences de plus en plus perverses des clients :

Que les hommes, ma chère amie, ont des goûts bizarres ! Hier, chez la Présidente, il m'a fallu fouetter pendant plus de deux heures un vieux président, tandis qu'à genoux devant moi il me gamahuchait.

On a bien raison de dire, Minette, que les goûts des hommes dans leurs jouissances sont encore plus fantasques que les caprices de leurs caractères. L'amour en gémit, mais il excuse tout. Une fois adonné au culte du libertinage, il faut savoir s'y prêter. Je me vois journellement obligée d'apprendre de nouvelles fantaisies.

Avoue, mon cœur, qu'il y a des hommes qui ont des goûts bien *baroques*, et auxquels il est impossible de rien concevoir. Il serait à souhaiter que M. le comte de Buffon, si célèbre naturaliste, voulût nous en donner l'explication. [7]

Ces jeux de l'amour, derrière l'anecdote piquante, fonctionnent surtout comme des signes. Signes d'une virilité en crise, et d'une déperdition des énergies. Un autre « témoignage » publié la même année, *Les Confessions d'une courtisane devenue philosophe*, renforce cette idée de contamination entre le domaine public et la sphère privée. La narratrice retrace l'histoire de sa déchéance, tout en liant cette chute au parcours du pays dans son ensemble :

Chaque désordre particulier forme nécessairement la masse du désordre général, et la masse du désordre général contribue ensuite au désordre particulier ; de sorte qu'ils agissent l'un par l'autre, et se propagent à l'infini. Les caractères s'énervent, les constitutions s'affaiblissent, les empires deviennent chancelants ; et lorsque la corruption est parvenue au dernier période, que l'édifice moral est, pour ainsi dire, renversé, il survient une crise, une révolution qui détruit ou rétablit entièrement le corps politique. [8]

La métaphore centrale, qui permet la contagion ou, pour reprendre le terme du texte, la *fermentation*, reste donc celle du corps : corps politique, conformément à l'étymologie complexe du terme, et corps-organisme, menacé de corruption, de maladie ou de dégénérescence. Dans cette optique clairement idéologique, la

---

7. *Correspondance d'Eulalie, ou tableau du libertinage de Paris, avec la vie de plusieurs filles célèbres de ce siècle*, 1784, réed. in *Œuvres anonymes du XVIIIᵉ siècle*, « L'Enfer de la B.N. » (Paris, Fayard, 1986), t. 4, p. 70, 249 et 106.

8. *Les Confessions d'une courtisane devenue philosophe* (Londres, Paris, Couturier, 1784), Avant-propos, p. I.

vie des courtisanes se coupe du plaisir et de toute forme de gaieté :

> Elles ne connaissent ni l'amour, ni l'amitié : leurs organes sont usés, et l'expression même du plaisir est presque toujours grimacée : elles paraissent liées entre elles, et se détestent : jalouses de celles qui ont de plus beaux ajustements, qui paraissent avec plus d'éclat, elles se liguent pour les déchirer, et nuire à leur bien-être : elles n'ont pas de plus grande satisfaction que de les voir retomber dans l'humiliation et dans la poussière, dont elles étaient sorties. C'est pourtant à de pareils objets qu'une partie des hommes sacrifie la santé, la fortune et la réputation. C'est dans ces lieux de débauche, où résident les vices les plus infâmes, qu'ils vont passer leur vie, renonçant aux sociétés honnêtes, où ils trouveraient également à satisfaire le cœur et l'esprit, et abandonnant quelquefois des épouses et des enfants auxquels ils refusent des choses indispensables, tandis que, d'un autre côté, ils donnent avec profusion des choses superflues. [9]

La décadence du *corps* s'observe donc à tous les stades de l'existence, du plus intime – la manifestation du plaisir sexuel – au plus affiché – les institutions politiques qui régissent la cité.

La Révolution marque une étape décisive dans le durcissement de cette métaphore : à partir de 1789, le corps devient une arme politique au service du régime. Tout était prêt, dans les textes, pour l'émergence d'une telle propagande : le sentiment d'une crise imminente, d'un essoufflement, et la désignation d'une liste de suspects dénoncés par la mise en scène de leur *corps*. La radicalisation révolutionnaire, accompagnée de la liberté d'expression proclamée depuis peu, s'empare de cette structure avec force : l'aristocrate devient l'ennemi officiel du régime, et le libertinage la marque d'une appartenance coupable à l'Ancien Régime. Seules la virulence des attaques et la puissance unilatérale du message changent après 1789. Le mythe qui s'impose alors, comme l'ont montré les analyses d'Antoine de Baecque, est celui de la « régénération » : renouveau des organismes mais aussi des structures politiques, elle désigne d'un seul mouvement la refonte de tous les *corps* dont rêvent les révolutionnaires [10].

---

9. *Ibid.*, p. 62.

10. « La langue de la régénération pose ainsi la métaphore corporelle, le "corps-récit", au centre des croyances et des écrits politiques : la France révolutionnée ne serait-elle pas l'image d'un corps prêt à retrouver sa vitalité originelle, prêt à se relever de cette maladie de langueur qu'ont décrite les écrivains politiques de la fin de l'Ancien Régime ? Cette politisation du concept de régénération, évidente dans les mots de 1789, est cependant récente. En effet, avant 1730, la régénération appartient encore aux seuls vocabulaires religieux et médical » (*Le Corps de l'histoire, op. cit.*, p. 165).

La récupération politique de ce concept, jusqu'ici réservé aux domaines de la religion et de la médecine, est indissociable des événements. C'est la convocation des États généraux qui semble accélérer la vision du pays comme un organisme malade qu'il faut soigner au plus vite [11]. De quoi souffre alors la France ? De la « maladie d'Ancien Régime » : les élites qui accaparaient les forces de la nation sont corrompues, usées, malades. La noblesse est accusée de maintenir l'illusion passéiste du libertinage, et de gaspiller son énergie dans les seuls combats des sofas. À l'heure des affrontements politiques décisifs, le plaisir, aussi gratuit qu'égoïste, est un crime de lèse-révolution. Parmi le nombre impressionnant de pamphlets qui fleurissent alors sur le sujet, *Les Délices de Coblentz* offre un exemple significatif. Les émigrés réfugiés en Allemagne autour du prince de Condé s'illustrent d'abord par une faute collective, une faute de *corps* social : nier le passage du temps et l'abolition de l'Ancien Régime :

> On ne voit que des fêtes, des orgies et des rendez-vous de galanterie. Il semble que les Français soient le peuple de la terre le plus enclin aux libres jouissances, et les Bourbons, qui, maintenant, enrichissent cette contrée de l'Allemagne, peuvent dire, après avoir quitté les délices de Paris, comme dit Sertorius, dans une des plus belles tragédies du grand Corneille : Rome n'est plus dans Rome, elle est toute où je suis. [12]

Cette reconstitution factice, facilitée par les fortunes emportées outre-Rhin, est une première amnésie du fait révolutionnaire : le passé n'est pas mort pour qui se donne les moyens de sa résurrection. Elle se prolonge dans le culte de la jouissance célébrée tous les jours à Coblentz. Comme le titre l'indique, tout n'y est que *délices*, et le plaisir finit par détrôner le projet de la contre-révolution. L'émigration s'accompagne donc d'une disparition de la réalité politique : la Révolution n'existe plus, ni avec elle la mise hors-la-loi du corps aristocratique. Le groupe peut alors s'abandonner au luxe des conquêtes sexuelles, selon le principe de la contagion du public et du privé :

> Vous observez sans doute, que nous autres femmes, nous ne nous mêlons point de projets politiques. Si nous faisons la guerre, ce n'est que sur des canapés et la verdure. C'est à coups de cul que nous militons et je puis vous assurer que nous avons souvent l'avantage sur nos

---

11. *Ibid.*, p. 169.
12. *Les Délices de Coblentz ou Anecdotes libertines des émigrés français* (Coblentz, 1792), p. 8.

agresseurs qui nous demandent quartier. Nous sommes bien obligées de le leur accorder, mais nous avons soin de stipuler avec eux, que nous ne consentons qu'à une trêve de peu de durée ; qui suffit néanmoins pour leur laisser la faculté de reprendre leurs forces et de revenir à l'assaut. [p. 71]

Or, c'est précisément dans cette mise en avant du corps, social et érotique, que réside la faute de l'aristocratie. Le message politique impose alors au fil des pages un durcissement du ton, et un portrait du noble en organisme dégénéré :

Je n'avais point encore l'idée de la magnificence de ces Sardanapales français, des Satrapes royaux, qui, émoussés, usés, énervés jusqu'à l'impuissance, n'ont conservé que le goût du plaisir et de violents désirs. Tout épuisés qu'ils sont, et incapables de jouir naturellement, l'habitude ancienne et perpétuellement renouvelée de se vautrer dans les sentines de l'impureté, leur fait un besoin de s'y replonger sans cesse. C'est alors que, pour ressentir de nouveaux attraits dans les excès vénériens, il est indispensable d'avoir recours à des artifices, à des enchantements surnaturels, qui achèvent de brûler, de consumer le corps humain, d'en dessécher les muscles, d'en appauvrir le sang, d'en affaiblir les ressorts, au point que la machine, une fois démontée, calcinée et détruite, n'offre plus, sur sa figure, que le triste spectacle d'un squelette hideux. [*ibid.*]

On retrouve dans ce tableau les tares mentionnées dans les romans de la fin du siècle : perte des énergies, dessèchement des organes, disparition de toute forme de muscle. Le corps aristocratique est une biologie rouillée au service d'une classe qui se délite :

Notre comité féminin était composé de femmes de tout étage. Les madames avaient trop oublié leur dignité pour en conserver, en ce moment, le plus léger souvenir, et leurs propos les plus doux imitaient ceux des harengères bricolées dans un taudis par des portefaix ou des Auvergnats. Leurs compagnons, flattés d'être préférés à leurs maîtres, quoiqu'un tel avantage arrive souvent à ceux de leur espèce, travaillaient chaudement, pour ne pas se rendre indignes des faveurs de leurs amoureuses maîtresses. [13]

Cette dénonciation du *corps* noble s'inscrit dans un vaste mouvement de prophylaxie qui se renforce au moment de la Révolution. Les réflexions hygiénistes s'étaient multipliées à partir des années 1760-1770 : dans la lignée des recherches médicales de Tissot [14], Rétif propose de légiférer sur le système de la prostitu-

---

13. *Suite des Délices de Coblentz, op. cit.*, p. 49.
14. Tissot, *L'Onanisme, dissertation sur les maladies produites par la masturbation* (Lausanne, 1760).

tion dans son *Pornographe* [15] en 1769 : la fréquentation des courtisanes, comme la pratique de l'onanisme, dilapide la semence et ralentit l'essor démographique. Cette angoisse, récurrente dans la seconde moitié du siècle, s'accélère avec la Révolution : le changement de régime a besoin de s'appuyer sur des bataillons toujours plus nombreux de jeunes patriotes. Il faut à la France régénérée une population dynamique, à la hauteur du bouleversement accompli. Un glissement s'opère alors entre ce qui relevait du strict domaine de la morale et ce qui bascule, après 1789, dans la sphère politique. Là où Diderot, dans les *Salons* de 1767, reprochait à Baudouin son incitation à la débauche [16], les pamphlétaires accusent l'aristocrate de compromettre la refonte du système. La faute n'est plus seulement éthique, elle devient politique. Plusieurs textes s'emparent alors de ce support hygiéniste pour dénoncer ce qui apparaît comme une trahison de la noblesse. *Dom Bougre aux États-Généraux* reprend en 1789 les propositions avancées par le même Rétif vingt ans plus tôt :

> Le remède à tous ces abus serait, je crois, d'adopter le système de feu sieur de la Bretonne, grand écrivain moraliste. Il a proposé, dans son ouvrage intitulé *Le Pornographe*, de chasser toutes les filles de joie, de les diviser en différentes maisons. Les prix différents seraient gravés sur la porte d'entrée... Il est certain que ce plan, outre qu'il éviterait tous les inconvénients dont nous avons fait mention, faciliterait la visite et la guérison des corps malades, qui seraient mis dans la chambre des branleuses. [17]

Il faut, au plus vite, réduire le gaspillage de la fertilité, ce qui passe par une rationalisation de la prostitution et par un classement des pratiques sexuelles. Ne devront avoir cours que celles qui permettent la procréation, au détriment de la seule recherche du plaisir :

---

15. Rétif de la Bretonne, *Le Pornographe, ou Idées d'un honnête homme sur un projet de règlement pour les prostituées, propre à prévenir les malheurs qu'occasionne le publicisme des femmes* (Londres, 1769).

16. « Artistes, si vous êtes jaloux de la durée de vos ouvrages, je vous conseille de vous en tenir aux sujets honnêtes. Tout ce qui prêche aux hommes la dépravation est fait pour être détruit. [...] Je ne puis me dissimuler qu'un mauvais livre, une estampe malhonnête que le hasard offrirait à ma fille, suffirait pour la faire rêver et la perdre », Diderot, *Œuvres esthétiques* (Paris, Garnier, 1976), p. 472-473.

17. Rétif de la Bretonne, *Dom B... aux États-Généraux, ou Doléances du portier des Chartreux, par l'auteur de la Foutromanie*, à Foutropolis, chez Braquemart, libraire, rue du Tire-vit à la couille d'or, avec permission des supérieurs, in *Œuvres érotiques de Rétif de la Bretonne*, « L'Enfer de la B. N. » (Paris, Fayard, 1985), t. 2, p. 551.

Je viens ensuite, Messieurs, vous apprendre les moyens d'obvier à ces profanations, d'épurer les mœurs, de prévenir l'abâtardissement de la race humaine, de détruire l'adultère, la sodomie, la bestialité et autres vices qui dégradent les Français depuis cinq à six générations. [p. 548]

De ce catalogue des postures « utiles » à la condamnation de leurs adeptes, il n'y a qu'un pas, que les pamphlétaires franchissent assez vite. L'aristocrate n'est plus seulement dénoncé comme corps dégénéré, comme classe coupable, il l'est aussi comme partisan d'une érotique à la fois décadente et narcissique :

Vous verrez, Messieurs, qu'il ne faudra pas plus de vingt séances pour faire une loi qui ramène les hommes et les femmes à foutre tout bonnement, pour faire des enfants et se dégorger les reins. Ô garces [...] qui m'avez gâté le tempérament ; garces à sentiment, qui m'avez corrompu le cœur ; garces à argent, qui avez ruiné ma bourse ; garces de toute espèce, tant mâles que femelles, votre règne va finir : ce n'est pas du foutre, c'est du sang que la nation verse dans cette grande époque. [*ibid.*]

Parmi les pratiques sexuelles dénoncées comme « improductives », la sodomie occupe une place privilégiée. Apanage des *bougres* et des moines pendant tout le dix-huitième siècle, elle devient une cible politique après 1789 : elle ne sert pas le renouveau démographique, et entretient la spécificité de ce clergé dont les révolutionnaires ont fait leur ennemi après la déchristianisation du pays. Le topos du prêtre sodomite, fer de lance de la littérature « philosophique », passe ainsi du registre érotique à celui de la propagande politique : la matière n'est pas nouvelle, qui recycle les thèmes usés de *Dom Bougre portier des Chartreux* et de *Thérèse philosophe*, pour ne citer que les plus connus des chefs-d'œuvre du genre. Ce qui change en revanche, c'est la posture énonciative. L'heure n'est plus à la connivence érotique avec le lecteur, mais à la délation sous les feux de la tribune. Suivant en cela le mouvement de la Révolution, qui produit à satiété des décrets et des textes de loi, les pamphlets confondent érotique et politique : plus que jamais, le corps est au croisement des métaphores. Les prêtres sont ainsi présentés, eux aussi, comme des organismes épuisés :

Vous les voyez paraître, le front ceint d'une vieille peau de zibeline, de chat ou de mouton ; les uns avec des visages rubiconds et enluminés d'un rouge incarnat, surchargés de dartres, de boutons et d'échauffures ; les autres, sous les traits livides d'une indolente momie, les yeux mornes et caverneux, les paupières allongées, les joues creuses, la langue surchargée de vapeurs méphitiques, les dents décharnées, le virus prêt à expirer sur les lèvres, la démarche incertaine et chancelante, le buste courbé, les épaules hautes et la tête baissée ; enfin, avec tous les symptômes de la débauche et de l'incontinence, de la lubricité et des maladies qui en résultent. C'est sous ses masques hideux que, chaque jour, appelés par leur état, ils vont dans le sanctuaire de la divinité porter indolemment les restes dégoûtants d'un corps cacochyme, et plein de défectuosités. [18]

Un changement de ton spectaculaire s'est opéré en 1790. Si le *bougre* attirait auparavant la sympathie inspirée par les figures d'un patrimoine commun, il devient sous la Révolution un ennemi du régime. Faut-il lire ces réquisitoires comme des dénonciations sincères, ou des parodies des décrets qui s'emparent de tous les domaines après 1789 ? Les deux dimensions se recoupent probablement : la Révolution nourrit les angoisses démographiques, légifère pour cela sur les pratiques sexuelles, mais les pamphlétaires relaient autant qu'ils en jouent sa soif de contrôle. La *Requête et décret en faveur des putains, des fouteuses, des maquerelles et des branleuses contre les bougres, les bardaches et les brûleurs de paillasse*, offre un exemple assez troublant de cet entrelacs d'intentions. Ce texte illustre au premier regard, comme l'indique son titre, une politisation de la sexualité : une pratique érotique, la sodomie, fait l'objet d'un décret qui ordonne de lui préférer la fréquentation des courtisanes. Le destinataire, le « bougre », est désormais un mauvais patriote : il dilapide sa semence et ralentit la régénération nationale. Il fait donc l'objet d'une remontrance officielle, qui se moule dans la rhétorique du texte de loi :

Sur cette requête, dont le Comité de Fouterie a reconnu la justice, les fouteurs nationaux ont rendu un arrêt qui fait droit aux fins requises, revêtu de toutes les formalités nécessaires et scellé, pour la plus grande authenticité, du plus grand Sceau de la Nation portant l'empreinte d'un vit majestueux barbouillant de foutre les lèvres vermeilles d'un con couronné d'une guirlande de couilles.

Décret : Nous, restaurateurs de la France, / Au Manège tenant séance, / Faisant droit aux Conclusions, / Comme il est requis, ordonnons / Que tout marchand de cristalline, / Ayant pour plumet une pine, / Porte écrit au milieu du front, / En caractères gros-canon / Pour que de loin on le devine, / JE SUIS RAMASSEUR DE MARRONS. [19]

---

18. *Les Travaux d'Hercule, ou La Rocambole de la fouterie*, par un émule de Piron, Grécourt et Gervais (Paris, l'an deuxième de la liberté), in Patrick Wald Lasowski, *La Science pratique de l'amour, Manuels révolutionnaires érotiques* (Paris, Philippe Picquier, 1998), p. 212.

19. *Requête et décret en faveur des putains, des fouteuses, des maquerelles et des branleuses contre les bougres, les bardaches et les brûleurs de paillasse*, à Gamahuchon, et se trouve chez toutes les fouteuses nationales, l'an second de la régénération foutative, in *Œuvres anonymes du XVIIIe siècle*, « L'Enfer de la B.N. » (Paris, Fayard, 1987), t. 6, p. 387.

Mais le mélange des registres, de l'officiel grandiloquent à l'ordurier, laisse évidemment à penser que cette *Requête* relève autant de la parodie que du réquisitoire. La parole de l'Assemblée, écrite en langage érotique, comme le contraste entre la crudité du vocabulaire et la sécheresse de l'injonction, vont dans le même sens : la confusion des genres rend le texte insaisissable, et invalide en partie la portée de son message.

Cette politisation de la sexualité se retrouve dans la plupart des pamphlets, et dépasse la figure du « bougre ». La Révolution condamne plus généralement tous les signes de raffinement, de lenteur et d'érotisme. Les révolutionnaires ne valorisent pas seulement la « régénération », ils soulignent aussi les vertus de la rapidité, de la force et de la virilité. La nation en marche a besoin de patriotes nombreux et solides. Dans un tel contexte, les « gradations » sont forcément contre-révolutionnaires. L'arsenal des textes libertins, leurs personnages, leurs femmes à l'ottomane, leurs courtisanes, leurs postures faussement pudiques, se voit donc chargé d'une mission nouvelle : dénoncer cet art de vivre comme une éthique décadente. Ce qui change, à la lecture de ce déjà-vu, c'est la nature du regard : le réquisitoire a remplacé la connivence. *L'Écho Foutromane*, publié en 1792, offre un exemple frappant de cette nouvelle optique. L'auteur ressuscite la plupart des topoï libertins : un jeune homme est initié aux plaisirs de l'amour par plusieurs courtisanes, et passe en revue, au fil des pages, les différents types de séductrices capables de former un novice. La première étape de son parcours l'amène donc chez une femme qui dissimule son « appétit » sous un jeu de postures :

Elle est sensible par tempérament et même par sentiment ; un sourire, un coup d'œil, sont les mots du guet qui portent en substance que l'on peut aspirer à elle, pourvu qu'on observe de très grands ménagements ; et ces ménagements demandent que vous osiez, pour ainsi dire, à son insu. Il faut, à cet effet, que le hasard ou quelque prétexte adroitement amené, vous ait conduit chez elle ; il faut, s'il se peut, que vous la trouviez mollement étendue sur un sofa, vêtue à la légère, la gorge recouverte d'une simple gaze ; il serait mieux que dans cet état ou à peu près, elle vous eût donné rendez-vous dans son boudoir, et qu'elle eût l'air de l'avoir oublié. Vous y pénétrerez en quelque sorte furtivement ; et pour sauver à sa pudeur la honte d'une défaite, elle sommeillera précisément à l'instant où vous arriverez. [20]

---

20. *L'Écho foutromane, ou recueil de plusieurs scènes lubriques ou libertines, contenant les épreuves de l'abbé Dru, le secret de madame Conléché, l'entrevue de mademoiselle Pinelli avec Arlequin et Pierrot, la solitude de madame Convergeais, etc. Sur l'imprimé à Démocratis, aux dépens des fouteurs démagogues*, 1792, p. 7.

Cette description garde, en 1792, quelque chose d'artificiel : on se croirait, à la lire, dans un tableau de Boucher. Mais ce cliché a désormais un nouvel objectif : servir de faire-valoir à la femme patriote. *L'Écho foutromane* oppose en effet, quelques pages plus loin, cette coquette hypocrite à la jouisseuse moderne :

> On fera paraître sur la scène, tantôt une ribaude qui s'énoncera et agira selon le caractère qu'on aura eu la précaution de lui dessiner, tantôt ce sera une ci-devant... qui fera sa petite bouche, et la prude dans sa manière de rendre sa pensée *concupiscive*, et n'en croquera pas moins une grosse andouille dans sa partie passablement ouverte. [p. 9]

La « ribaude », version patriote de la femme libertine, n'a pas peur ni honte de son désir : franc, rapide, vigoureux, il n'a plus besoin de se voiler sous une quelconque gaze. Ce texte confronte ainsi, derrière ces figures féminines, deux érotiques différentes : les gradations coupables et la fougue du désir. La célèbre « lettre à l'écritoire » des *Liaisons dangereuses* [21] où Valmont utilise le corps d'Émilie pour écrire à Madame de Tourvel, fait l'objet du même travail d'explicitation :

> Madame Connillac se trousse aussitôt et relève sa chemise jusqu'au-dessus des reins ; l'abbé Dru prend une feuille de papier, l'applique sur la fesse droite et y écrit son refus. – Tu me chatouilles, vilain abbé, s'écriait de temps en temps madame Connillac. Et il continue de se rendre réfractaire par le refus qu'il y trace. Dès qu'il a fini, il baise l'un et l'autre côté de son adorable pupitre, et remet son bulletin à madame Connillac. [p. 28]

La situation d'énonciation, source de l'ambiguïté chez Laclos, se transforme ici en scène sexuelle : tout est fait pour que le corps des personnages, dont les patronymes soulignent le goût pour la jouissance directe, transparaisse sous la lettre. À sexualité libertine, littérature contre-révolutionnaire, pourrait-on dire pour résumer la propagande de l'époque. À l'inverse, une corrélation directe semble s'établir entre l'énergie du désir et la force politique : si la libertine trahit la nation par ses lenteurs, le révolutionnaire saura satisfaire d'un même élan et sa femme et le nouveau régime. *L'Écho foutromane* établit un parallèle explicite entre ces deux énergies ; un jeune soldat blessé lors de la prise de la Bastille peut, malgré sa mutilation, offrir la meilleure nuit de noces à l'épouse qui l'attend :

---

21. Laclos, *Les Liaisons dangereuses*, lettre XLVIII (Paris, Gallimard, 1979), p. 99-100.

Cet époux jeune et ardent s'était transporté dans les huit tours de la Bastille, et content d'abattre le despotisme avant de combattre un pucelage, il voulait, en franc patriote, mêler quelques branches de laurier à la couronne de myrte que l'amour lui préparait dans les bras de sa femme ; son patriotisme ne fut pas récompensé : un plomb meurtrier, vomi par une bouche infernale, vint frapper ce malheureux, précisément au-dessous du bas-ventre ; et lui enlevant ses deux testicules, ne lui laisse que la moitié d'un vit qui, cette nuit même, devait tout seul opérer une révolution d'une autre espèce en changeant une fille en femme. Il ne respire un instant dans cet état déplorable que pour gémir sur son épouse et pour pester contre l'aristocratie qui, plutôt que de le dégrader de la sorte, n'avait pas préféré de lui percer le cœur. [p. 36]

Celui qui a vaincu le despotisme dispose d'une puissance telle qu'il saura se montrer, dans toutes les circonstances, un amant fougueux ; capable en tous cas de réussir, après la « Révolution » majuscule, la « révolution » intime de la défloration. Le texte suggère même un jeu de mots autour de la notion de « sansculottes » : prise au sens propre, la métaphore désigne ici, en plus de l'appartenance populaire et de la simplicité vestimentaire, la force érotique. Claude Mazauric définit ce terme, dans le *Dictionnaire historique de la Révolution française*, comme le croisement d'un sens social et politique [22]. En 1792, en pleine période de revalorisation du mot, *L'Écho foutromane* ajoute apparemment un sens sexuel à l'image : frappé « au-dessous du bas-ventre », le héros de la Bastille perd sa culotte mais pas pour autant sa virilité ni son énergie. La gloire politique du « sansculotte » transcende ainsi les limites de son physique et l'emmène dans un corps idéal, sublime : le corps du héros de la Révolution.

Ce dernier s'incarne même dans une figure phare à la fin du siècle : Hercule. Le régime révolutionnaire ne se contente pas

---

22. « Employé dans les premières années de la Révolution par les publicistes anti-révolutionnaires, le désignant "sans-culottes" se veut injurieux. Vers mars 1791, dans la presse royaliste à destination populaire comme *Le Journal de la Cour et de la Ville*, le syntagme "sans-culottes" sert à désigner la horde des déguenillés et des désargentés qui errent autour du Palais-Royal, et fréquentent les députés de gauche ; ces gens "montrent leur cul à travers leurs guenilles". "Sans-culottes" remplace "canaille" qui fait désuet. Par l'absence remarquée de la culotte, on veut à l'évidence distinguer en même temps que la pauvreté, la bestialité, l'inculture et la nudité grossière. Mais le vocabulaire de la lutte des classes, tendanciellement bipolaire, en opposant "sans-culottes" à "aristocrates" favorisera peu à peu son identification à "peuple". Dès lors, le retournement de l'injure en titre de gloire [...] s'effectuera de manière symétriquement inverse à la dévalorisation du mot "aristocrate" puis "modérés" », dans Albert Soboul (dir.), *Dictionnaire historique de la Révolution française* (Paris, P.U.F., 1989), p. 957.

de dénoncer la sexualité de l'Ancien Régime et ses protagonistes, il prétend former le citoyen et lui enseigner les meilleures manières d'utiliser son corps. Une pédagogie érotique se développe ainsi à partir de 1790. Ce projet de refonte suppose une littérature spécifique, qui place l'éducation avant le plaisir de l'intrigue ou la construction des personnages. La période voit alors se multiplier les « bréviaires du parfait patriote », à l'Assemblée mais aussi dans son lit : il n'est pas jusqu'aux positions choisies par les amants qui ne reflètent leur adhésion au nouveau régime. Mais ce discours politique passe désormais par le catalogue. Au lecteur avisé de repérer les postures conformes à la nouvelle situation du pays. Pour rendre leur message encore plus convaincant, ces manuels recourent très souvent à la figure d'Hercule. Héros invincible, il incarne avec l'efficacité d'un slogan les valeurs de l'érotique révolutionnaire : force, fougue, prouesse. Les manuels encensent ainsi la position dite « de l'Hercule », qui exige des amants de la puissance et des muscles solides. Dans *Les Quarante manières de foutre*, il s'agit de la trente-quatrième « manière » :

La femme se met à califourchon sur son fouteur assis sur une chaise. Elle prend son vit à pleine main, le branle jusqu'à ce que, gonflé par les esprits vitaux, il lève une tête altière. Ensuite elle le place dans son con et passe ses bras autour du col de son amant, qui lui passe les siens sous les cuisses et prend le haut de ses fesses, puis se lève tout debout et la fout ainsi en se promenant. Pour essayer de cette manière, il faut être fort de reins : c'est la plus fatigante. Petits-maîtres, Hercule ainsi foutait. C'est assez vous dire que c'est au-dessus de vos forces. [23]

L'objectif pédagogique est ici double : saluer l'énergie des acteurs de la Révolution, et dénoncer l'impuissance des « petits-maîtres ». Le message s'appuie sur une confrontation d'images : au torse musculeux d'Hercule s'oppose l'organisme affaibli des courtisans « mondains », ces survivants des boudoirs de l'Ancien Régime. Les gravures dont ces ouvrages sont le plus souvent illustrés accentuent encore ce contraste, tirant le corps révolutionnaire vers un athlétisme idéalisé [24].

23. *Les Quarante manières de foutre, dédiées au clergé de France,* in *Œuvres anonymes du XVIIIe siècle,* « L'Enfer de la B. N. » (Paris, Fayard, 1986), t. 3, p. 390.
24. « Le but est de produire des champions, et pas seulement des techniciens. Au-delà de la simple maîtrise, c'est l'exploit qu'il faut viser. Dans tous les manuels de postures, le lecteur est frappé par la surenchère athlétique des leçons, que traduisent également les gravures : muscles tendus par l'effort, corps tordus, membres engagés dans une gymnastique qui paraît épuisante, tout y dit la force, la vigueur. La précision anatomique dans les descriptions et les illustrations

Ce combat symbolique entre Hercule et l'homme galant se retrouve dans un autre manuel publié lui aussi en 1790, *La Rocambole de la fouterie*. Le titre complet ressuscite l'arsenal mythologique de la prouesse : ces nouveaux *travaux d'Hercule* chargent le héros de redonner force et vigueur à la sexualité des patriotes. Sa dernière hydre, c'est l'Ancien Régime et ses acteurs privilégiés :

> Les petits-maîtres, ces pygmées en galanterie, et toutes ces femmes qui affectent la délicatesse du genre nerveux, vont sans doute se récrier sur des obligations pénibles ; j'avais prévu d'avance leurs objections ; et, pour toute réponse, je me contenterai de leur exposer que les plaisirs que je vais décrire ne sont pas faits pour eux ; qu'il faut pour les goûter une constitution mâle et vigoureuse ; que ce n'est point à des débiles et des efféminés que j'offre mes opuscules en galanterie, que c'est à des hommes sains et dispos, à des tempéraments de la bonne trempe, enfin à des hommes qui puissent remplir la tâche que le titre de mon ouvrage leur impose. Je veux moins démontrer les jouissances que l'on peut éprouver relativement à ces facultés, que celles que la nature, dans toute son énergie, est susceptible de procurer à ceux chez qui elle n'est point altérée. Je veux enfin saisir le plaisir dans sa source et non le saisir par ses ramifications. [éd. cit., p. 193]

Le narrateur exclut donc de son texte les corps faibles ou diminués : ni personnages ni lecteurs, ces organismes fatigués n'auront aucune place dans ce bréviaire, pas plus qu'ils n'en trouveront dans la France révolutionnée. L'exclusion s'accompagne pourtant d'un projet constructif, former des Hercules au lit et des patriotes pour le régime :

> Venez entendre les leçons du plaisir, je professe aujourd'hui le grand art de la fouterie ; j'enseigne les moyens de se procurer des jouissances factices au défaut des naturelles ; je donne des préceptes galants sur toutes les manières d'alambiquer le plaisir par les attouchements, les frottements, les titillations réitérées, et en général par tous les stimulants quelconques qui ont la vertu d'exciter, de provoquer les sens et de les réveiller de l'engourdissement où les tiennent la mollesse et l'inaction. Je forme des Hercules, des hommes extraordinaires enfin, en développant dans l'être organisé les facultés viriles de l'humaine nature. [p. 191]

---

excède le réalisme morphologique et finit par produire des corps trop humains, monstrueux à force de puissance et de flexibilité. L'art qui se pratique dans ces arts de foutre outrepasse les données "naturelles" sur lesquelles il se fonde pourtant : on y apprend la démesure, on y pratique l'excès, on y recherche l'exploit. La force génitale est exaltée : au lieu d'attirer l'homme vers le bas et de le rappeler à son animalité, elle le hisse vers le haut, le fait accéder au sublime », Stéphanie Loubère, « Hercule foutromane : l'héroïsme amoureux au tournant du XVIII⁰ siècle », *Orages* n° 2, mars 2003, p. 75.

Un parallèle s'établit alors entre la formation du corps et la conscience politique : maîtriser les « leçons du plaisir » permet l'émergence d'« hommes extraordinaires », amants hors pair mais aussi, et surtout, citoyens modèles au service de la nation. Et le plaisir se mesure à l'aune de nouvelles valeurs, comme l'élan du naturel :

L'auteur de la nature, en travaillant à nous faire éprouver des sensations voluptueuses, a voulu, pour la félicité de ses créatures, que le plaisir se trouvât le plus simplement possible, et qu'il ne consistât point dans ces recherches minutieuses qui prouvent plutôt l'ouvrage de l'art perfectionné que l'émanation directe de ses volontés. C'est pourquoi l'homme privé de toute instruction, qui n'a pour toute théorie que le seul instinct dont il est doué, sait, malgré son ignorance, trouver la voie du plaisir avec une femme aussi peu faite que lui aux exercices de ce genre : tout le monde est d'accord que la nature suffit pour donner des leçons à l'être le plus insensible, c'est un axiome si généralement reconnu qu'il n'est pas nécessaire, pour démontrer son authenticité, de l'appuyer d'aucune preuve. [p. 193]

Cette sexualité tonique s'incarne aussi dans l'omniprésence du mot « foutre » et de ses dérivés pendant la Révolution ; le verbe désigne dans le même geste l'ardeur érotique et la vigueur du corps : « Le mot attire la foudre, il est foudre lui-même » [25]. Les titres des pamphlets l'utilisent presque tous pour sa force suggestive : *Les quarante manières de foutre, La Rocambole de la fouterie, L'Art de foutre en quarante manières, Requête et décret en faveur des putains, des fouteuses, Hercule fouteur, L'Écho foutromane*, autant d'exemples qui montrent l'extension du mot et sa puissance dérivative. La sexualité révolutionnaire trouve en lui un parfait miroir lexical : rapide, fertile, énergique, il renouvelle lui aussi le corps de la langue au tournant du siècle.

Cette lecture politique se durcit après 1792 : suivant en cela la législation révolutionnaire qui se radicalise, en particulier à l'égard des nobles et des émigrés, elle se teinte d'une violence nouvelle. Leur corps n'est plus seulement malade ou coupable, il devient monstrueux. Les pamphlets adoptent alors un ton plus virulent : l'heure n'est plus à la représentation critique, mais à l'appel au meurtre. *Les Travaux d'Hercule* offraient déjà, en 1790, les premiers signes de ce changement d'optique. Le catalogue s'achevait sur la description de la posture la plus citoyenne, « la

---

25. Patrick Wald Lasowski, *La Science pratique de l'amour*, p. 12.

bonne manière ou celle du bougrement patriotique père Duchesne » :

Il faut, sacré nom d'un million de cons vérolés ! pour foutre à la manière bougrement patriotique de l'énergique père Duchesne, empoigner par la cotte une garce à cul, et lui ouvrir, sacré triple nom d'une vieille tétasse ! sa vilaine foutue fressure de vache, en écartant avec le pouce et les autres doigts les sacrées babines de sa poche à poulains, sans oublier, surtout, de lui faire bailler le cardinal. [...] Quand il commence à lever sa sacrée vénérable tête cicatrisée par la pierre infernale, le bistouri et le scalpel, on dit à la sacrée garce : "Ah ça, fais belle motte, putain, c'est le père Duchesne qui va te foutre une culotte à la bonne manière, entendu ? Si je ne te fous pas un vit fabriqué comme le tuyau du poêle des Invalides, je te permets de m'appeler le plus grand bande-à-l'aise de tous les aristocrates." [éd. cit., p. 206]

L'écriture se charge ici d'une violence qui n'est pas sans rappeler celle du journal extrémiste d'Hébert. Les appels à la délation et les exigences toujours plus fortes de ce périodique informent la description : tout y est radicalisé, le ton comme le vocabulaire, si bien que l'érotisme lui-même disparaît sous le flot des injures. Le texte prend alors ses distances avec cette parole du Père Duchesne, en utilisant des guillemets, absents des pages précédentes. Mais il n'escamote pas le durcissement qui s'amorce, et qui trouve dans les années de Terreur un contexte particulièrement propice. La volonté d'éradiquer l'Ancien Régime passe alors par la suppression, au sens propre, de tous ses corps : sociaux, puisque l'aristocratie est bel et bien hors-la-loi, et biologiques puisque la guillotine semble le prolongement concret de ce projet. Avant les exécutions en nombre, et qui symboliquement mutilent le corps des victimes, plusieurs figures du pouvoir font l'objet d'attaques d'une rare sauvagerie. La princesse de Lamballe, pour ne citer qu'un des exemples les plus célèbres, meurt dans les massacres de septembre dans les pires conditions : sa tête promenée au bout d'une pique jusque sous les fenêtres de Marie-Antoinette, à qui elle a juré fidélité jusqu'au bout, n'est que l'ultime étape d'un programme de destruction du corps : violée, éviscérée, on lui arrache le cœur avant d'abandonner sur place sa dépouille décapitée. Cet acharnement témoigne, au-delà de la « haine du noble », d'une volonté de faire disparaître jusqu'au corps de l'ennemi : cette enveloppe charnelle qui constitue la première identité devient insupportable. La cruauté des sansculottes s'explique alors par une curiosité effroyable, qui pousse à percer le mystère de ce corps nimbé de privilèges et d'inconnu : maintenu pendant si longtemps dans le secret des cabinets, il doit désormais s'ouvrir au nom de la transparence qui s'installe. Mais ce corps mis à nu est aussi une incarnation de l'autre, de cette différence inadmissible pour l'égalitarisme révolutionnaire : la pulsion scopique dégénère alors en massacre, en exécution sauvage. Guillotiner, démembrer, éviscérer, retire définitivement au corps des élites son caractère sacré. L'exécution du roi marque dans ce sens une étape décisive, et un traumatisme sans précédent pour les spectateurs de la scène. En coupant la tête du monarque, la Révolution ajoute à la métaphore une acception sanglante : pour éradiquer un *corps* collectif, il faut amputer le *corps* individuel. *La Ligue aristocratique* présente l'aristocrate comme un vampire qui fomente en secret la ruine de la Révolution :

> Oui, monstres, votre confédération sordide et assassine, fait plus : elle accapare nos grains ; et les broie avec le poison pour nous faire acheter la mort en nous survendant la vie. Vous étiez les moteurs, les complices de l'exécrable Foulon et de l'odieux Savigny ; comme eux vous mériteriez qu'on arrachât vos cœurs corrompus, et qu'on traînât dans la fange les corps vénéneux que vous avez déjà plongés dans les vices. [26]

Il faut non seulement le supprimer, mais lui arracher le cœur, ouvrir son corps, et violer jusqu'à sa dernière intimité. Cette violence s'en prend plus particulièrement aux femmes, et aux femmes de pouvoir. Les travaux de Chantal Thomas ont souligné la puissance des fantasmes qui auréolent le personnage de la reine : accusée d'être *autre* géographiquement – *l'Autrichienne* – politiquement – *l'ennemie* du régime – et sexuellement – *la tribade*, Marie-Antoinette meurt surtout à cause des tares qu'on lui prête. La frontière entre la propagande et la réalité s'estompe alors dangereusement : les révolutionnaires croient à ce qu'ils lisent, et confèrent au *corpus* des pamphlets une force sans précédent. Décapitant la reine, ils ont la ferme illusion de mettre à mort l'érotique décadente de l'Ancien Régime, avec son narcissisme, son tribadisme, et sa « fureur utérine ». Le *corpus*, miroir du *corps*, achève de boucler les extensions, si radicales fussent-elles, de la métaphore.

La Révolution associe donc définitivement la sexualité et la politique. Le corps établit entre les deux domaines une passerelle sans précédent, même si elle s'appuie également sur le fonctionne-

---

26. *La Ligue aristocratique, ou les Catilinaires françaises*, par un membre du Comité patriotique du Caveau du Palais-Royal, in Chantal Thomas, *La Reine scélérate, Marie-Antoinette dans les pamphlets* (Paris, Seuil, 1989), p. 211.

ment du système dans son ensemble. L'Ancien Régime appelait une érotique narcissique là où la liberté restaure, en plus de la démocratie, la force et l'énergie. Au-delà des corps, ce sont deux organisations qui s'opposent, et qui déterminent chacune un mode de séduction spécifique. C'est du moins le sens qui se dégage en 1791 d'un texte décisif sur ce plan, *Julie philosophe ou le bon patriote*. La narratrice voyage à travers toute l'Europe, compare les différents systèmes politiques mais aussi les visages de la séduction qu'elle rencontre : révolutionnaire, Julie est aussi courtisane, et apparaît à ce titre comme un personnage emblématique de la littérature de cette époque. Comme elle, elle croise les domaines et les différents *corps* qui s'affrontent. En Angleterre, elle loue donc sans surprise le récent avènement de la liberté. Ce pays a vaincu le despotisme, même si cette révolution eut un prix érotique, la perte des galanteries et de toute forme de raffinement :

> C'est une chose remarquable que plus les peuples sont libres, moins ils sont galants, moins ils connaissent cette fleur de politesse et d'urbanité, cette manière fine et spirituelle de courtiser les femmes, si bien pratiquée chez nous. [...] Mais comme l'esprit de liberté n'exclut point la sensibilité qu'au contraire, il fortifie, il exalte ce principe de toute vertu et lui donne ce caractère mâle et élevé qui nous porte à des actions sublimes et héroïques, si un homme est sensible aux charmes d'une femme, cet intérêt se manifeste d'une manière décidée, rapide, brusque et violente ; l'expression de son amour est hardie comme sa pensée ; il ignore ces lieux communs amoureux, ces préliminaires galants qu'on connaît si bien en France, et comme il ne sent rien faiblement, qu'il n'est point accoutumé à former des désirs qu'il ne puisse satisfaire, il marche sans détour à son but, et voir, désirer, jouir n'est presque pour lui qu'une seule et même chose. Français, qui venez de secouer les fers du despotisme, prenez garde de perdre cette agréable galanterie, cet heureux talent de courtiser le sexe qui vous distingue. En devenant libres, vous en deviendriez moins aimables. [27]

Le texte élargit donc au « macrocosme » politique les représentations associées au corps privé : si l'aristocrate est biologiquement corrompu, la faute en incombe davantage à l'absence de liberté qu'à une défaillance de son « groupe ». À l'inverse, le patriote doit sa fougue à la proclamation de la liberté plus qu'aux vertus de son seul organisme. La France entre ainsi, en 1791,

---

27. *Julie philosophe ou le bon patriote, histoire à peu près véritable d'une citoyenne active qui a été tour-à-tour agent et victime dans les dernières révolutions de la Hollande, de Brabant et de France*, 1791 (Paris, Tchou, 1968), p. 205.

dans une ère nouvelle : démocratique, mais moins érotique. Elle montre en tous cas, par ce sursaut sublime, que la fatalité de l'essoufflement peut être enrayée :

> Oh ! nation libre et heureuse, nation pleine d'énergie, vous êtes, quoi qu'on en dise, la première nation de l'Europe ; vous l'étiez du moins avant la journée du 14 juillet 1789, mais les Français, par le noble courage qu'ils ont déployé, par cet amour de la liberté qui a fructifié en eux d'une manière aussi rapide qu'étonnante, et les a portés à des entreprises hardies et presqu'inconcevables, les Français ont franchi en une journée l'intervalle qui les séparait encore de vous. Vos égaux par le génie et les lumières, ils le sont devenus tout d'un coup par l'énergie ; ce pas a été un pas de géant ; ç'a été un effort sublime, un passage rapide du néant à l'existence, puisqu'on peut dire que l'esclavage est le néant moral de l'homme, et la liberté son existence active. [p. 221]

Le message à transmettre, ce qui fait au tournant du siècle la réputation de la France, se charge alors de valeurs nouvelles : à la maîtrise du corps – le stéréotype de l'art de jouir français – s'ajoute désormais le triomphe de la liberté.

STÉPHANIE GENAND

SUR LES PAS DE L'ARPENTEUR : NIEBUHR, UNE SOURCE INCONNUE DE *VATHEK*

En amont de la création de *Vathek*, mince ouvrage de moins de cent pages, le massif montueux, hérissé, des lectures de jeunesse, que dominent la monumentale *Bibliothèque orientale* d'Herbelot de Molainville et *Les Mille et une nuits*, forcément. À côté de ces sommets – quelques coudées plus bas – d'autres lectures, facilement retrouvées dans la correspondance, comme *Le Roman d'Alexandre, Les Amours de Meignoun et Leila*, publiés dans la *Bibliothèque des Romans*[1]. D'autres encore, tant d'autres! L'érudition orientaliste de Beckford est prodigieuse, il furète dans tout ce qui a été publié sur le domaine, en français ou en anglais, et jusqu'aux manuscrits arabes qu'il s'efforce de déchiffrer avec l'aide de « Zemir », un lettré « natif de La Mecque » et de son amie, la folle, la docte, l'incomparable Lady Craven.

André Parreaux, dans sa thèse[2], a fait le point sur ces sources, essayant de les classer par ordre d'importance. Ainsi rejette-t-il le maladroit *Abdallah fils de Hanif* de l'abbé Bignon, considéré jusqu'alors, à la suite de Cyrus Redding, comme une source canonique, pour retenir les contes de Voltaire, ceux de Hamilton, *La Vision de Mirza* d'Addison et surtout *Les Sultanes de Guzarate ou les songes des hommes éveillés, contes Mogols* de Gueulette, qui préfigurent le motif du cœur en flammes dans la poitrine de verre : terrifiant final de *Vathek*. Kenneth Graham[3], examinant

---

1. Beckford mentionne ces lectures dans une lettre à son amie la première Lady Hamilton : « Je resterai avec plaisir à Paris un mois ou six semaines de plus. C'est ici le pays de la littérature orientale et je parcours une fois de plus mes récits favoris : l'expédition d'Alexandre en quête de l'Immortalité et le conte émouvant de Megnoun et Leila », Lettre du 20 février 1781, citée par L. Melville, *The Life and letters of W. Beckford of Fonthill, Londres*, Heinemann, 1910, p. 103 (notre traduction).

2. André Parreaux, *William Beckford auteur de Vathek (1760-1844)*, Paris, Nizet, 1960.

3. Kenneth Graham, « Beckford's adaptation of the oriental tale in *Vathek* », *Enlightenment Essays*, Chicago, Spring 1974, p. 24-33.

les sources de *Vathek*, n'ajoutera aux textes déjà cités, que l'influence du *Paradis perdu* de Milton pour la représentation d'Eblis et du palais souterrain.

En définitive, n'ont été considérées jusqu'à présent que deux sources principales : *La Bibliothèque Orientale*, pour le savoir « érudit », et les fictions, traduites ou inspirées du conte oriental. Il semblerait qu'on ait négligé la littérature de voyage [4]. Pourtant un lecteur voire un curieux, doublé d'un pérégrin, tel que Beckford, n'ignorait pas les récits des voyageurs en Orient, ainsi qu'en témoigne sa correspondance. Peut-être *Vathek* est-il plus ancré dans le réel qu'on pourrait le croire. On n'y respire pas seulement l'air subtil du conte et des légendes historiées d'Herbelot, mais on y traverse des régions riches en surprises et en périls, contrées fabuleuses que défrichèrent ceux que Baudelaire nommait les « étonnants voyageurs ».

Une piste nous semble avoir été ignorée jusqu'à présent, celle de Carsten Niebuhr qui publie en 1776, en français, le premier tome du récit de son expédition en Orient : *Voyage en Arabie et en d'autres pays circonvoisins* [5]. Le tome II ne paraîtra qu'en 1780. La même année, devant le succès de cette traduction, une nouvelle édition paraît en Suisse, sous le titre de *Voyage de M. Niebuhr en Arabie et en d'autres pays de l'Orient*. Il s'agit en fait d'une version « abrégée », moins érudite, sans les planches, cartes et reproductions, justifiée par le succès de la première édition, mais visant désormais un public plus large, ainsi que le souligne la préface :

La description de l'Arabie par M. Niebuhr, et le voyage de cet auteur dans le même pays, ont été trop bien accueillis du public éclairé, pour qu'il soit nécessaire d'en exposer ici le mérite. Ces deux ouvrages d'un prix considérable et remplis d'une vaste érudition, ne sont pas cependant assez répandus, et paraissent, dans leur état actuel, intéresser plus les savants que les lecteurs ordinaires. Par ces considérations, on a cru rendre service aux personnes qui aiment une lecture également instructive et amusante, en séparant dans un abrégé ce que ces deux ouvrages contiennent de connaissances généralement utiles et agréables.

L'ouvrage de Niebuhr rapporte l'expédition danoise de 1761 à 1767, commanditée par le roi du Danemark. Des cinq savants

---

4. André Parreaux ne cite, assez rapidement, que Chardin et Tavernier.

5. Carsten Niebuhr, *Voyage en Arabie et en d'autres pays circonvoisins*, Amsterdam, chez S. J. Boalde, 1776. Le tome II paraît en 1780. Cette traduction en français fut précédée de l'édition allemande en 1774.

et artistes, – Forsskal, le botaniste, Von Haven, le linguiste, Baurenfeind, le peintre, Von Kramer, le médecin et Niebuhr, le mathématicien et astronome –, seul ce dernier revint de cette tragique quête de « l'Arabia Felix ». Niebuhr l'arpenteur, muni de son astrolabe, qui dresse patiemment les cartes très réelles de ces villes de légende, Moka, Sanaa, Persépolis, qui mesure au nombre de ses pas les constructions des hommes, enterre les compagnons morts de malaria. Le livre de Niebuhr, surtout le tome II de l'édition d'Amsterdam concernant Persépolis-Istakhar, présente avec le final de *Vathek* des similitudes pour le moins troublantes qui nous semblent mériter un examen détaillé. Du reste, la preuve que Beckford avait connaissance de cet ouvrage nous est donnée par Henley lui-même, le traducteur (et usurpateur) de *Vathek* dans une lettre adressée à Beckford : « But of this you can give more certain information from Niebuhr in answer to Michaelis Question XLI » [6].

On le voit, l'ouvrage de Niebuhr est mentionné comme une référence familière entre les deux correspondants. On ne peut douter que Beckford, toujours à l'affût des publications sur l'Orient, n'ait lu le premier tome dont la parution remonte à 1776, et le deuxième tome publié en 1780, juste un an avant le premier jet de *Vathek*. Il nous reste à examiner ces convergences, trop nombreuses et trop précises, pour qu'on les réduise à de simples coïncidences.

Carsten Niebuhr est le véritable découvreur des ruines de Persépolis, il y passa un mois, accompagné d'un seul domestique qui mourut d'épuisement, à mesurer chaque muraille, à recopier les inscriptions cunéiformes en plein soleil jusqu'à s'en brûler la rétine. L'exactitude de ses relevés permettra quelques années plus tard de déchiffrer l'écriture des anciens Perses. Avant lui d'autres voyageurs, comme le Chevalier Chardin ou Cornelius Le Bruyn s'étaient intéressés aux ruines de l'ancienne capitale de Perse ; plus attentifs, sans doute, que Tavernier qui en parle avec un ignorant mépris : « [...] ces ruines dont on fait tant de bruit ne valent pas qu'on s'éloigne d'une demi-lieue de son chemin pour les voir » [7]. Leurs relevés et commentaires recoupent

---

6. Lettre du révérend Samuel Henley à Beckford, Rendlesham, 26 avril 1785. Citée par Lewis Melville, *op. cit.* p. 130. (« Mais vous pouvez donner des informations plus sûres à ce sujet en consultant Niebuhr, dans sa réponse à la question XLI de Michaelis ».)

7. Propos cités par Le Bruyn dans *Voyages de Corneille Le Bruyn par la Moscovie, en Perse, et aux Indes Orientales*, Paris, 1711, volume 4, p. 358.

ceux de Carsten Niebuhr, mais sans la rigueur et l'exhaustivité de ce dernier.

Beckford connaissait les descriptions de Persépolis par Chardin [8] et Le Bruyn, mais c'est de Niebuhr dont il semble s'être inspiré, et pas seulement pour les descriptions d'Istakhar.

Comme Niebuhr l'astronome, (« On savait déjà dans le camp, que j'avais un instrument avec lequel j'observais de jour le soleil et de nuit les étoiles » [9]), du haut de sa tour le calife Vathek fait de l'observation des astres son occupation majeure. Astrologie plus qu'astronomie? Au Xe siècle, la science des astres ne faisait pas la distinction.

Pour cet effet, il passait la plupart des nuits sur le sommet de sa tour, et, se croyant initié dans les mystères astrologiques, il s'imagina que les planètes lui annonçaient de merveilleuses aventures [10].

L'expérience même de Carsten Niebuhr, son voyage à Persépolis jusque dans son rythme et ses péripéties, sera démarquée par Beckford dans *Vathek*. Ainsi la précipitation du final où le Calife, dévoré d'impatience d'arriver enfin à Istakhar, ne prend plus la peine de s'arrêter pour dormir, semble faire écho à la hâte du voyageur allemand.

Le bouillonnement de son sang l'empêchant de dormir, il ne campa plus comme à l'ordinaire. Nouronhiar, dont l'impatience surpassait, s'il se peut, la sienne, le pressait de hâter sa marche [...] [11]

Le voyage de Niebuhr, parti de Chiraz deux jours plus tôt, s'accélère follement aux approches des ruines de Persépolis. Il reste sourd aux demandes de son domestique de trouver d'abord un logement pour la nuit dans un village des environs.

Depuis Schiraz jusqu'à ce pont, nous étions toujours restés sur le chemin d'Ispahan, que nous quittâmes ici, où je pouvais proprement prendre mon quartier, je m'étais formé de telles idées de ces ruines célèbres, d'après ce que j'en avais lu et entendu, que je ne pouvais pas laisser de les aller voir d'abord, et de m'informer ensuite seulement d'un quartier [12].

---

8. Beckford s'est également inspiré des *Voyages du chevalier Chardin en Perse*, 1711, chez qui il a pu trouver : « la riante vallée de Rocnabad » *Vathek*, p. 130, mentionnée par Chardin : « [...] un gros ruisseau d'eau courante [...] Rukenabat, c'est-à-dire veine, ou filet de sucre », édition de 1811, Paris, Le Normant, t. 8, p. 241.

9. Niebuhr, *ouvr. cité*, p. 84.

10. *Vathek*, Paris, Flammarion, 1981, p. 59-60.

11. *Ibid.*, p. 136.

12. Niebuhr, *ouvr. cité*, p. 98.

C'est cette pareille course fébrile, toutes haltes brûlées à mesure que le but se rapproche, qui confère à *Vathek* une telle intensité tragique. De même, l'aspect désolé des contrées que traverse Vathek, villages ruinés et dépeuplés, cimetière nocturne où s'arrête Carathis, reproduisent les villages détruits par les guerres et les brigandages que mentionne Niebuhr.

> Le 22 nous eûmes un très mauvais chemin. Nous passâmes un village Kunar Bender, dont il n'y avait rien de reste, que quelques dattiers. De côté et d'autre, nous ne vîmes ici et là que de grands cimetières, des conduits d'eau tout ruinés, et de vastes campagnes, qui, à ce qui paraissait, avaient encore été cultivées depuis peu d'années [13].

Sur ce chemin d'Istakhar, Beckford poste le bon génie en berger joueur de flûte, dernière chance de salut avant la damnation éternelle.

> Soudain un bon Génie prit la figure d'un berger, plus renommé pour sa piété que tous les derviches et tous les santons du pays ; il se plaça sur la pente d'une petite colline auprès d'un troupeau de brebis blanches, et commença à jouer sur un instrument inconnu des airs dont la touchante mélodie pénétrait l'âme, réveillait les remords et chassait toute pensée frivole [14].

Ce passage a été considéré, à juste titre, comme directement inspiré de la *Vision de Mirza* d'Addison qui fournit tous les éléments de la scène : génie déguisé en berger, instrument de musique dont les sons ravissent l'âme et suscitent le repentir. Néanmoins le motif se retrouve également chez Niebuhr qui rencontre un berger joueur de flûte peu avant d'arriver à Persépolis.

> Nous rencontrâmes ce jour un berger turcoman qui jouait de la flûte turquoise, qui est représentée près de L. à la table 26 du premier tome. Elle était de corne, longue au-delà de deux pieds et avait cinq trous [15].

On peut penser que la lecture de Niebuhr a eu l'effet de « réactiver » le souvenir d'Addison, suggérant à Beckford d'amplifier la scène pour lui conférer une dimension tragique. Du rapport toujours objectif de l'arpenteur – même lorsqu'il est confronté à l'étrange, au danger et à la mort –, Beckford puise les éléments de son final fantastique. Durant son séjour à Persépolis, Niebuhr voit mourir son domestique depuis longtemps malade

13. *Ibid.* p. 86.
14. *Vathek*, p. 134.
15. Niebuhr, *ouvr. cité*, p. 80.

des fatigues et des mauvaises conditions du voyage. Ce décès ne l'affecte que dans la mesure où il lui fait écourter son séjour : il y voit un avertissement du destin qui lui intime de partir. On retrouve le même motif dans *Vathek*, lorsque les domestiques de Carathis meurent d'épuisement en arrivant dans un cimetière.

Les misérables guides qui touchaient à l'extrémité de leurs jours, prièrent alors humblement Carathis de les faire enterrer, puisqu'elle en avait la commodité, et rendirent l'âme [16].

Ainsi Beckford fait-il suivre à son calife le trajet de Niebuhr : même rythme, même décor, mêmes rencontres. Quant aux ruines d'Istakhar et au palais souterrain, c'est également chez Niebuhr qu'il a pu en trouver la description.

Niebuhr ne s'est pas contenté de décrire dans le détail les ruines de Persépolis (qu'il distingue de celles d'Istakhar, peu éloignées) il en a également rapporté des dessins très précis. De toutes les planches qui illustrent son ouvrage, Beckford retiendra en premier lieu la lugubre colonnade, dressée sur la plate-forme de marbre noir.

La lune réfléchissait sur la grande plate-forme l'ombre des hautes colonnes qui s'élevaient de la terrasse presque jusqu'aux nues. Ces tristes phares, dont le nombre pouvait à peine se compter n'étaient couverts d'aucun toit ; et leurs chapiteaux, d'une architecture inconnue dans les annales de la terre, servaient de retraite aux oiseaux nocturnes [...] [17].

Niebuhr semble avoir été impressionné par l'escalier monumental qui mène à la plate-forme ; contrairement à sa réserve habituelle, il en donne une description hyperbolique :

Proprement, il y a un double escalier qui conduit à ses ruines, et c'est bien, sans contredit et le plus beau et le plus durable qui soit jamais fait [...]. Le tout est du marbre le plus dur, qui à la vérité se trouve ici en abondance, mais qui n'en est pas moins beau pour cela ; les pierres de ce marbre sont si grandes, qu'une seule fait souvent plus que la moitié de l'escalier ; la hauteur forme plusieurs marches et le tout est si bien construit, qu'aujourd'hui encore, deux mille ans après la destruction du palais, on peut encore monter l'escalier à cheval [18].

Beckford se souviendra de cet escalier lorsqu'il demandera à l'architecte Wyatt de ménager dans la tour de Fonthill Abbey,

---

16. *Vathek*, p. 125.
17. *Ibid.*, p. 137-138.
18. Niebuhr, *ouvr. cité*, p. 101.

haute de cent mètres, un escalier si large qu'un attelage puisse monter jusqu'au sommet. C'est le même escalier que l'on retrouve dans *Vathek*. D'abord escalier ascendant qui permet d'accéder au palais :

> [...] et montant les degrés d'une vaste rampe, [il] parvint sur la terrasse qui était pavée de carreaux de marbre et semblable à un lac uni où nulle herbe ne pouvait croître [19].

Puis escalier descendant pour atteindre au palais souterrain :

> Le rocher s'entrouvrit, et laissa voir dans son sein un escalier de marbre poli, qui paraissait devoir toucher à l'abîme [20].

Les fresques et les statues de Persépolis, guerriers, griffons, lions ailés, que Beckford découvrit dans les planches et les descriptions de Niebuhr, sont bien celles qui apparaissent aux yeux de Vathek et de Nouronhiar.

> [...] devant les ruines d'un palais immense, dont les murs étaient couverts de diverses figures ; en face, on voyait les figures gigantesques de quatre animaux qui tenaient du griffon et du léopard, et qui inspiraient l'effroi [21].

Aucun voyageur avant Niebuhr n'avait entrepris un travail aussi exhaustif, ni Chardin, ni Tavernier, que cite André Parreaux s'émerveillant, devant les antiquités perses du musée du Louvre, de la géniale intuition de Beckford : « Comment un tel miracle est-il possible? Comment Beckford a-t-il pu d'instinct adapter son style et la tonalité générale de son œuvre à ce qu'il ne pouvait pas encore connaître directement, mais seulement pressentir et deviner à travers les textes persans et arabes et les descriptions des voyageurs européens qu'il a dévorés? » [22].

C'était ignorer les dizaines de dessins de Niebuhr et ses descriptions minutieuses que Beckford avait eus sous les yeux. Il y trouva également la transcription des inscriptions en cunéiformes, d'une telle fidélité qu'elles permirent un demi-siècle plus tard de comprendre l'écriture des anciens Perses [23].

---

19. *Ibid.*
20. *Ibid.*
21. *Vathek*, p. 137.
22. André Parreaux, *ouvr. cité*, p. 324.
23. D'abord par les travaux de l'évêque danois Münter, puis ceux, décisifs de Rasmus Kristian Rask qui publie en 1826 *De la Langue zend et de l'Antiquité et de l'authenticité du zendavesta.*

En recopiant soigneusement ces milliers de signes, Niebuhr déplore son ignorance, mais ne renonce pas à l'espoir qu'un jour ils puissent être traduits : « mais aussi ces anciens alphabets des Perses, nous sont malheureusement aujourd'hui inconnus » [24].

Le mystère de cette écriture tout en angles devient dans l'œuvre de Beckford de nature essentiellement magique. Ce sont les caractères changeants gravés sur les sabres, ceux également qui s'inscrivent au fronton du palais d'Istakhar : « [...] des caractères semblables à ceux qui étaient sur les sabres du Giaour ; ils avaient la même vertu de changer à chaque instant ; enfin ils se fixèrent en lettres arabes [...] » [25].

Que ce qui est écrit, et même ce qui est gravé dans la pierre, puisse changer de sens, devenir, non parole figée, mais mouvante, fluctuante, c'est la leçon de *Vathek* et de ses multiples versions et avatars. On a tort de s'étonner de l'apparente négligence d'auteur de Beckford, guère soucieux des divergences entre les éditions de Lausanne et de Paris, non plus que des erreurs de la traduction anglaise. Contrairement à Mallarmé, il n'y a pas chez lui de fétichisme de la parole écrite, ce qui explique le caractère ambigu, hybride de l'œuvre, jouant sur plusieurs registres, s'auto-parodiant dans un mouvement en spirale. Les inscriptions des sabres se transforment magiquement pour signifier leur contraire. De même la morale finale de *Vathek*, qui condamne de manière canonique l'hubris du héros et justifie son châtiment, ne laisse pas d'avoir une tonalité ironique. Dernière mystification de l'auteur facétieux des *Vies authentiques de peintres imaginaires* [26] qu'on ne saurait prendre au pied de la lettre. Final par conséquent à lire au premier et au second degré, l'un n'exclut pas l'autre.

Curieusement, cette morale de *Vathek*, qui commande à l'homme l'humilité, se retrouve dans les inscriptions en arabe des ruines de Persépolis que transcrivit Niebuhr et dont il donne la traduction.

Ô créature! sache qu'il n'y a que Dieu qui subsiste toujours. Sans penser, nous souhaitons les biens de ce monde. Mais sachons qu'il n'est rien resté à personne, pour qu'il nous en reste. Supposé que le royaume de Soliman soit accordé au demandeur, le royaume il est vrai sera le même, mais où est Soliman? Cette élévation, cette splendeur et ce trésor

---

24. Niebuhr, *ouvr. cité*, p. 113.
25. *Vathek*, p. 137.
26. William Beckford, *Vies authentiques de peintres imaginaires*, traduction de Roger Kann, Paris, Corti, 1990.

sans nombre dites-nous lequel d'eux le renommé Soliman a emporté. Devient poussière ce qui s'étend sur la poussière, quel profit donc que la poussière nous découvre ses trésors? [...] donc heureux celui qui a répandu des bienfaits avant que de partir. Qui que vous soyez, il faut que vous cultiviez l'ombre de la clémence pour goûter la situation des bienheureux et de l'abondance [27].

On serait tenté de ne voir ici qu'une banale exhortation à l'humilité, à la manière des « vanités » picturales, mais le sort réservé aux bienheureux évoque celui de « l'humble, le méprisé Gulchenrouz [qui] passa des siècles dans la douce tranquillité et le bonheur de l'enfance ». De plus, la référence à Soliman et à ses trésors confère un écho proprement « vathékien » à l'ancienne inscription coufique gravée sur la paroi.

C'est sans conteste dans la *Bibliothèque Orientale* d'Herbelot de Molainville que Beckford a puisé l'essentiel des légendes arabes concernant l'empereur Salomon, appelé Soliman ou Suleïman auquel étaient attribués des pouvoirs magiques qui lui permirent la domination des génies et la possession de trésors fabuleux. De même les informations sur les rois préadamites, le roi Gian Ben Gian de la race des génies qui fit construire non seulement Istakhar mais les pyramides d'Égypte, et Giamshid, monarque mythique des Perses. Mais c'est également chez Chardin que Beckford a pu trouver l'idée de la quête de Vathek jusqu'au palais souterrain, à la recherche des trésors de Salomon et de l'escarboucle de Giamshid [28].

Le livre de Niebuhr vient confirmer les récits des voyageurs antérieurs. Les légendes des trésors de Salomon, cachés dans le palais souterrain, sont toujours vivaces au moment de son séjour à Persépolis.

Les paysans de cette contrée racontent qu'il y a eu des gens qui ont été si fort avant dans ce souterrain que la lumière ne pouvait plus rester allumée, sans pourtant en avoir trouvé la fin ; et cela est assez vraisemblable. Mais ils ajoutent qu'il y a des grands trésors cachés, auxquels personne ne peut parvenir, puisque en chemin on rencontre

---

27. Niebuhr, *ouvr. cité*, p. 114.
28. Chardin donne plusieurs versions de la construction de Persépolis, d'une part l'opinion la plus répandue : construite par Giamshid et détruite par Alexandre ; d'autre part, la légende qui l'attribue à Salomon. Ainsi cite-t-il le livre *Miracle des prophètes* : « [...] ce lieu était un temple d'idoles qui fut bâti par des démons et par l'ordre du roi Salomon ; que ce roi avait été induit à l'idolâtrie par les charmes et par les persuasions de la reine, sa femme qui était fille de pharaon de la religion des guèbres ou ignicoles », *Voyage en Perse*, p. 390.

une grande roue couverte de diamants qui se tourne continuellement avec une grande rapidité, et entraîne quiconque en approche [29].

L'image de cette grande roue couverte de diamants qui entraîne les audacieux à leur perte, est digne de *Vathek*, elle préfigure le globe de feu sur lequel trônera Eblis.

Ainsi, la relation du voyage de Niebuhr pourrait bien avoir été décisive dans la genèse de *Vathek*. Non seulement dans le sens où le récit de l'« arpenteur » allemand vient fixer et compléter toutes les informations antérieures sur Persépolis mais aussi parce que le final de *Vathek* lui est redevable d'éléments trop nombreux pour être fortuits, et surtout de son rythme : le tempo accéléré qui précède l'arrivée à Istakhar. Nul doute que la lecture de Niebuhr, encore toute fraîche, probablement les mois précédents – le tome II du *Voyage en Arabie* publié en 1780 et le premier jet de *Vathek* entrepris en janvier 1782 – n'ait profondément impressionné l'œuvre de Beckford.

Carine Fernandez-Alamoudi
Lyon, UMR LIRE

---

29. Niebuhr, *ouvr. cité*, p. 119.

HOMMAGE À GUNNAR VON PROSCHWITZ

Ami de la France, Gunnar von Proschwitz l'a été toute sa vie, depuis le temps où, nanti d'une bourse du Rotary, il parcourait la Provence, jusqu'au dernier jour, où il revoyait les pages des *Lettres de combat* de Beaumarchais. Il a été l'ami inconditionnel de la France, de ses paysages, de son style de vie, de ses monuments, de sa littérature : c'était une vraie passion, qu'il a partagée avec sa femme, Mavis, une passion qu'il a imposée en quelque sorte à l'Université suédoise. Quand il entreprenait ses recherches, il y a un demi-siècle, l'Université suédoise ignorait les recherches purement littéraires, du moins dans les études romanes ; seuls les historiens avaient accès au XVIIIᵉ siècle. Si le professeur Michaelsson, qui dirigeait alors l'Institut d'Études romanes de Göteborg, ne l'avait pas couvert de sa magnanime protection, Gunnar von Proschwitz n'aurait pu choisir comme auteur de prédilection Beaumarchais, ni consacrer sa carrière à la littérature des Lumières. C'est au séminaire roman de Göteborg, auquel j'étais alors attaché comme lecteur, que je l'ai connu, jeune chercheur ivre de livres, de textes et de mots, assez intraitable dans ses goûts et ses admirations, et certainement fier de sa solitude. Il achevait sa thèse, je commençais la mienne, et nous partagions le même intérêt pour la presse du XVIIIᵉ siècle. Il était assez rare à cette époque somme toute lointaine, qu'on lise les journaux anciens ; tout au plus, on les dépouillait. Or P. les lisait, et c'est de cette lecture attentive qu'il a tiré ses premières découvertes. Il ne s'est pas contenté à ses débuts de pratiquer la lexicologie et la sémantique traditionnelles, il a observé à travers la presse, et en particulier dans le *Courier de l'Europe*, la vie des mots, l'apparition des formulations nouvelles, en contact avec les réalités de la vie politique, sociale, intellectuelle. Son *Introduction à l'étude du vocabulaire de Beaumarchais*, tout en se présentant comme un lexique de néologismes, avait donc valeur de méthodologie : elle disait que l'histoire des mots est inséparable de l'histoire des idées et des réalités sociales. Sans lui, nous n'aurions pas compris à quel point le lexique anglais de la vie parlementaire avait imprégné le vocabulaire politique français des années 1770 à 1800 et modifié le débat idéologique. Il ne limitait pas l'histoire des mots à leur date d'apparition, mais s'intéressait à leur époque d'expansion, au moment où ils devenaient des termes à la mode et donc les révélateurs de mutations profondes. C'est pourquoi il a pu éclairer d'emblée l'histoire de tant de mots nouveaux : *drame, anglomanie, majorité* et *minorité, responsabilité, popularité, constitutionnel, opposition* ; ces mots, et bien d'autres qu'on peut retrouver dans les index lexicologiques dont il aimait couronner ses études, n'ont pas cessé de le faire rêver. On les retrouve tout au long de cet itinéraire de sa vie intellectuelle qu'il devait donner dans ses « Souvenirs d'un dix-huitiémiste » et dans une anthologie de ses principaux articles, sous le titre significatif : *Idées et mots au Siècle des Lumière*. Sans doute était-il persuadé, comme Ferdinand Brunot, dont il se réclamait, que les mots donnaient accès à la « sainte réalité ». En le relisant, on comprend que la seule réalité sainte pour lui était faite de textes, qu'il a découverts, authentifiés, édités avec un soin véritablement religieux.

L'autre part, non moins importante, de son œuvre de chercheur est la découverte d'inédits. C'est là véritablement son terrain. Dès 1959, il retrouvait dans un château de Scanie des lettres de Mme Du Deffand, du président Hénault et du comte de Bulkeley au baron de Scheffer ; dans le même fonds d'archives Scheffer, il a trouvé également des lettres de Piron, qui l'ont engagé à écrire plus tard son *Alexis Piron épistolier,* un ample choix de lettres remarquablement éditées et annotées. Dans les bibliothèques et dépôts d'archives de Suède, il a ensuite exploré la correspondance du comte de Tessin au temps de son ambassade en France : cinquante-trois lettres adressées à sa femme et vingt-sept à l'architecte Harleman. Habilement réunies et commentées, elles donnaient du Paris mondain et culturel entre 1739 et 1742 un tableau particulièrement vivant. Son édition de l'*Histoire de Charles XII* montre son souci d'aller aux sources les moins connues de la pensée de Voltaire, qu'il s'agisse des sources orales de Suède, ou des dossiers rassemblés par l'écrivain et conservés à la Bibliothèque nationale. C'est cependant avec Beaumarchais et avec Gustave III que sa quête d'inédits a été le plus fructueuse, et cela peut étonner, s'agissant de personnages aussi connus. De l'œuvre de Beaumarchais, Proschwitz a connu très tôt la totalité imprimée ou manuscrite : non seulement le théâtre, les pamphlets, la correspondance, les articles anonymes publiés dans le *Courrier de l'Europe*, mais aussi le fonds d'archives familiales des Beaumarchais et tout ce que les grandes bibliothèques européennes pouvaient conserver de documents sur l'écrivain. On s'en rendra compte aisément en feuilletant l'admirable somme d'érudition que constituent les deux volumes de *Beaumarchais et le Courier de l'Europe»*, non seulement les 654 documents inédits ou peu connus scrupuleusement édités et commentés par Gunnar et Mavis von Proschwitz, mais les 29 chapitres de présentation qui abordent tous les aspects de l'œuvre et de la vie mouvementée de Beaumarchais. On s'attend à trouver un recueil de documents, et l'on trouve un Beaumarchais parfaitement cohérent, présent, pris sur le vif. On reconnaîtra ici la manière familière de procéder de Proschwitz : il ne travaille que sur des textes, établis avec un soin minutieux, patiemment éclairés de toutes les lumières de l'histoire et de la philologie, mais cette intime familiarité avec les textes lui rend le personnage vivant. De même en allait-il de sa longue fréquentation de Gustave III. Il avait publié dès 1962 un *Gustave III et la langue française*. Il parut tout à fait normal à l'Académie suédoise de lui confier le soin d'une large anthologie de la correspondance du plus francophile des rois de Suède. Or de ce recueil distribué selon les grandes époques du règne résulte là encore un portrait attachant et complexe. Quand enfin il fut projeté de présenter au Musée national de Suède une exposition sur Gustave III et Catherine II, c'est à von Proschwitz qu'on trouva naturel de confier le soin d'éditer la correspondance entre les deux souverains, correspondance en français dont une partie se trouvait en Suède et l'autre en Russie ; ce dialogue au sommet, poursuivi sur plusieurs décennies par deux personnages aussi illustres, aussi différents l'un de l'autre, ne serait-ce que par l'âge, mais réunis par une même culture et une même humanité, reste l'une des belles découvertes de ces dernières années. Quand enfin l'an dernier, un collectionneur de lettres de Beaumarchais voulut en donner une édition, c'est tout naturellement vers Proschwitz qu'il se tourna, et cela nous a valu cette ultime anthologie, à laquelle, fidèle à sa manière, il a donné la forme d'un survol biographique. La plupart de ces lettres avaient été publiées et abondamment commentées dans les deux volumes de *Beaumarchais et le Courier de l'Europe›* ; habilement sélectionnées pour illustrer les grands combats menés par Beaumarchais, elles ont permis à Gunnar von Proschwitz de conclure sur l'écrivain qu'il aimait tant, dans un beau livre comme il les aimait. Le dernier. Il venait à peine de signer le bon à tirer de ce livre que la mort l'emportait : mourir la plume à la main, au terme d'une vie entièrement consacrée à la littérature, reste pour nous tous la plus belle des fins.

JEAN SGARD

BIBLIOGRAPHIE

Introduction à l'étude du vocabulaire de Beaumarchais, Stockholm, Almkvist & Wiksell, et Paris, Nizet, 1956.

« Lettres inédites de madame Du Deffand, du président Hénault et du comte de Bulkeley au baron Carl Fredrick Scheffer, 1751-1756 », Oxford, The Voltaire Foundation, *S.V.E.C.* 10, 1959.

Gustave III et la langue française, Göteborg, Akademiförlaget, et Paris, Nizet, 1962.

Bien écrire, bien parler, « Initiation aux études universitaires de français », (en collaboration avec J.-B. Brunet Jailly), Lund, Gleerups, 1969.

Index du Contrat social›, « Collection des index et concordances de J.-J. Rousseau », (en collaboration avec Michel Launay), Genève, Slatkine et Paris, Champion, 1977.

Alexis Piron épistolier, « Choix de ses lettres », Göteborg, 1982.

Tableaux de Paris et de la Cour de France. 1739-1742, « Lettres inédites de Carl Gustav, comte de Tessin », Göteborg et Paris, Jean Touzot, 1983.

Gustave III par ses lettres, Stockholm, Norsteds & Paris, Jean Touzot, 1986.

Idées et mots au Siècle des Lumières, « Mélanges en l'honneur de Gunnar von Proschwitz » (recueil d'articles de G. v. P.), Göteborg, Wettergrens Bokhandel et Paris, Jean Touzot, 1988.

Influences. Relations culturelles entre la France et la Suède, « Actes publiés par Gunnar von Proschwitz » (colloque du Centre culturel suédois de Paris, 25, 26, 27 mars 1987), Société royale des sciences et des belles-lettres, Göteborg, et Jean Touzot, Paris, 1988.

Beaumarchais et le Courier de l'Europe›, Documents inédits ou peu connus, par Gunnar & Mavis von Proschwitz, Oxford, The Voltaire Foundation, S.V.E.C. 273 et 274, 1990.

Histoire de Charles XII, Édition critique, *Œuvres complètes de Voltaire*, vol. 4, Oxford, The Voltaire Foundation, 1996.

Catherine II et Gustave III. Une correspondance retrouvée ; *Katarina II och Gustaf III. En aterfunnen brevväxling*, Stockholm, National Museum, 1998.

« Souvenirs d'un dix-huitiémiste » (avec une bibliographie des articles publiés par G. v. P.) dans *Être dix-huitiémiste*, Témoignages recueillis par Sergueï Karp, Centre international d'Études du dix-huitième siècle, Ferney-Voltaire, 2003.

Pierre Augustin Caron de Beaumarchais. Lettres de combat, texte établi et commenté par Gunnar von Proschwitz, Paris, Éditions Michel Le Maule, 2005.

NOTES DE LECTURE

Agnès ANTOINE, *L'Impensé de la démocratie. Tocqueville, la citoyenneté et la religion.* Paris, Fayard, 2003, 410 p.

En dépit de l'appartenance au 19ᵉ siècle de *La Démocratie en Amérique* (1835/40) et de *L'Ancien Régime et la Révolution* (1856) d'Alexis de Tocqueville, les dix-huitièmistes ne peuvent rester indifférents à l'objet et aux thèmes fondamentaux de cette œuvre majeure, qui s'inscrit dans l'aspiration générale à terminer la Révolution ; s'adressant aux ennemis de la démocratie (notamment aux nostalgiques de la monarchie), elle présente le régime démocratique comme la conséquence nécessaire de l'égalisation des conditions sociales promue par la Révolution ; et, à la suite du voyage de l'auteur aux USA en 1831-32, dit observer qu'en Amérique le principe de souveraineté populaire tend à régir la société entière et constitue un état social stable. Sous le titre « l'impensé de la démocratie », A. Antoine nous donne une présentation et interprétation d'ensemble de l'œuvre tocquevillienne, appuyée sur l'ensemble des textes et copies de manuscrits (et non sur la seule *Démocratie*), décalée par rapport à la polémique des années 1960 (Tocqueville contre Marx, où le premier était sensé fournir les concepts de toute société libérale). Son Tocqueville n'est plus tout à fait celui des politologues et des sociologues (et donc plus celui de Raymond Aron). Bien qu'elle montre l'auteur de *La démocratie* à la recherche d'une « science politique » inédite, elle assume présenter « une lecture métaphysique » de la thématique de Tocqueville (p. 14), dans une « crise de l'humanité européenne » où toute forme d'autorité transcendante fait défaut. Elle prend au sérieux le « Tocqueville moraliste et métaphysicien », (que nous révèlent ses lectures, singulièrement plus proches de Pascal et Rousseau que de Montesquieu), qui apprécie en Amérique l'intrication de la morale et de la religion, de la liberté et de la religion, alors que les révolutionnaires français ont institué la liberté contre l'autorité de la religion. Aussi Tocqueville est-il favorable, dans les conditions démocratiques de la modernité, à l'établissement d'un pouvoir spirituel (pas seulement d'une religion positiviste de l'Humanité). Ainsi il ne serait pas entièrement satisfaisant de qualifier tout uniment l'inspiration éthique et religieuse de l'auteur comme philosophie de la société libérale en escamotant la critique explicite par Tocqueville, non seulement de la rationalité des Lumières (et de certains aspects de l'Amérique en tant qu'incarnation de ces Lumières), mais surtout des périls que la radicalisation non-critique de la liberté fait courir à la société moderne : « Abandonnée à ses penchants naturels, la démocratie peut conduire à des formes inédites d'esclavage, qui rendraient caduc le progrès humain » (p. 10), produiraient une « déliaison complète des individus », si le principe de la liberté n'était tempéré par une forme d'autorité supérieure.

HENRY DENEYS

Francis ASSAF, *1715. Le soleil s'éteint.* Fasano, Schena editore et Paris, PUPS, 2002, 189 p. (Coll. « Biblioteca della ricerca »).

On connaît les travaux des historiens de la presse sur les années 1734, 1768, 1778, ceux des historiens de la littérature sur l'année 1700. F. Assaf a choisi comme champ d'investigation l'année qui voit la fin du plus long règne de l'histoire de France. Deux possibilités s'offraient à lui : soit tenter une étude synthétique des genres littéraires contemporains, de leurs rapports à l'histoire et à l'idéologie, des modes de représentation qu'ils mettent en œuvre et des choix esthétiques qu'ils opèrent ; soit proposer un état complet des publications et des représentations théâtrales contemporaines, établissant ainsi un utile instrument de recherche. L'ambition de l'auteur a été plus modeste. Une première partie de son livre relate les derniers jours du monarque, propose des notices biographiques des principaux personnages de la cour et brosse un panorama de l'Europe politique en 1715. Une seconde partie choisit arbitrairement trois romans sur la quinzaine parue en 1715 et en donne de longs résumés, puis présente l'intrigue d'une dizaine de pièces sans distinguer les créations des reprises et en ignorant le répertoire forain. Les cent dernières pages consistent en un catalogue méthodique qui résume les comptes rendus parus dans le *Journal des savants* en 1715. Sont ainsi présentés des livres parus en 1714, et ignorées de nombreuses publications de 1715 non encore recensées. Sont par ailleurs laissés de côté les autres périodiques contemporains et tout le champ de la poésie. F. Assaf expose ces choix, mais ne les justifie pas, ni ne définit clairement les fondements méthodologiques de son travail, sa visée, son sens et son utilité.

Éric Négrel

Pierre-Yves Beaurepaire et Dominique Taurisson (éds.), *Les Ego-documents à l'heure de l'électronique. Nouvelles approches des espaces et réseaux relationnels.* Préface de Lucien Bély. Postface de Jean Boutier. Montpellier, Université Paul Valéry-Montpellier III, 2003, 553 p.

Voici les actes du colloque de Montpellier (23-25 octobre 2002) dont l'objet était de répertorier les usages les plus pertinents des ego-documents, sortir du repliement de la source sur son auteur pour déboucher sur les liens interpersonnels et les réseaux de toute sorte, famille, alliance, parenté, fidélité, réseaux diplomatique, commercial, religieux, maçonnique, intellectuel..., enfin mesurer les apports de l'informatique dans le domaine du traitement de masse, l'édition savante, le traitement intensif des échantillons. De très nombreuses applications relèvent du 18e siècle, qu'il s'agisse de la confrontation de la collection de cartes géographiques de Coquebert de Montbret annotées et coloriées par lui avec ses notes de lecture, lettres et carnets de voyage, des lettres d'un curé béarnais, ancien secrétaire de Dubois, objet (probant ?) d'une analyse lexicométrique et factorielle, de la correspondance de Rousseau par Leigh avec mise en valeur des réseaux pour l'année cruciale 1762 (admirateurs, libraires, stratégies politiques), des 20 000 lettres de la Mission catholique d'Écosse adressées aux collèges continentaux de formation des prêtres, traitées par ARCANE, de la mise en évidence de l'identité huguenote étendue du Refuge européen aux colonies (Afrique du sud), doublée d'une appartenance à la République des lettres, bien présente jusqu'à ce qu'elle se dissolve dans celle du pays d'accueil. Les carnets de voyage à Paris du créole réunionnais Henry Paulin Panon Desbassayns, beau-père de Villèle illustrent une communauté de l'Océan indien, tout comme l'analyse du lignage Justamond-Hubert montre la force, dans l'île, du sentiment identitaire autour de la terre et de l'esclavage. Les livres de raison du Sud-Ouest nous mettent au centre du premier réseau, le cercle de famille, l'*ostal*. La correspondance entre une mère et sa fille, Mesdames Duplessy à Bordeaux et de Cursol dans sa campagne de l'Entre-Deux-Mers nous plonge dans la quotidienneté des échanges de partitions, de livres, de fleurs, de sucreries et autres gâteries. ARCANE est appliqué à l'édition de la correspondance de Bayle (fig. 3 bien peu lisible). Mme de Graffigny lisait ses semblables du sexe, Mmes de Sévigné, Deshoulières, Dunoyer... Le programme PAPE (Personnel Administratif et Politique de l'Espagne du 18ᵉ siècle) permet de passer de la prosopographie classique à la dimension relationnelle. La correspondance du commerçant génois Belgrano exilé à Buenos-Aires permet de vérifier la pertinence des configurations des réseaux ego-centrés. Enfin les correspondances féminines anglaises (Mary Delany, Mary Worthley Montagu, Elizabeth Carter, Catherine Talbot) sont soumises à HYPERBASE. Une ample moisson, un chantier ouvert, des pistes à développer.

CLAUDE MICHAUD

Maria Luisa BETRI, Elena BRAMBILLA (éds.), *Salotti e ruolo femminile in Italia tra fine Seicento e primo Novecento*. Venise, Marsilio, 2004, XII + 610 p.

Voici les actes d'un important colloque qui s'est tenu à l'Université de Milan en janvier 2003, sur le thème des salons italiens (uniquement aristocratiques au 18ᵉ siècle, plus tard bourgeois) et du rôle des femmes comme médiatrices et organisatrices culturelles. Le sujet a imposé le choix de la période : la fin du 17ᵉ siècle et surtout le début du 18ᵉ, avec quelques années d'occupation française directe de certains États italiens à l'époque de la guerre de succession espagnole, représentent, comme le souligne E. Brambilla, un tournant dans l'histoire des femmes de l'aristocratie, c'est-à-dire la fin subite de la ségrégation et de la clôture selon le double modèle de la contre-réforme et de la culture espagnole de l'honneur et la diffusion rapide d'une nouvelle socialité des deux sexes. Une des questions traitées dans la première partie du volume, sur les sources et les problèmes méthodologiques, est ainsi l'influence de ces nouvelles pratiques sur l'identité de genre, et féminine et masculine (M. T. Mori) ; signalons aussi l'article de A. Contini sur la présence de noyaux d'écrits de femmes et en particulier de correspondances dans les archives toscans, recensés par une équipe d'historiennes, où nous voyons soulignée aussi l'importance du rôle, à partir de l'arrivée de la dynastie Lorraine, de certaines grandes dames étrangères, plus cultivées et libres que les toscanes. Dans la riche section consacrée au 18ᵉ siècle (pour cette période, on avait jusqu'à ce moment peu étudié les salons italiens), rassemblant des *case studies* relatifs à plusieurs villes et États différents – y comprise l'enclave impériale de Rovereto (G. P. Romagnani) – on remarque en particulier l'intéressante situation de Rome (E. Graziosi, sur l'académie de l'Arcadia et les salons, R. Ago, M.P. Donato, sur la dernière partie du siècle) : sur ses deux sphères coexistantes de socialité et d'élaboration culturelle, écclesiastique-masculine et laïque-mixte (véhicule, celle-ci, de sécularisation), on revient aussi dans les contributions à la discussion finale (M. Caffiero).

ÉRICA J. MANNUCCI

Bertrand BINOCHE (dir.), *L'Homme perfectible*. Seyssel, Champ Vallon, coll. « Milieux », 2004, 304 p.

On connaît les livres importants de B. Binoche sur Montesquieu et sur la philosophie de l'histoire au 18ᵉ siècle. Ce collectif, issu d'un séminaire tenu à l'Université de Montpellier, fait suite à un premier travail conduit dans des conditions similaires et publié en 2000 (*Sens du devenir et pensée de l'histoire au temps des Lumières*), où se trouvait déjà une contribution sur la perfectibilité. Il s'attache à cerner les conditions épistémologiques de tenue d'un discours sur la perfectibilité, notion capitale du temps. Dans cette perspective, l'approche choisie, clairement explicitée dans l'introduction, ne consiste pas à suivre le parcours chronologique de déploiement d'une « idée », mais à saisir, à partir d'études centrées sur des corpus spécifiques (un auteur, ou un courant théorique, comme le matérialisme par exemple, exploré dans la deuxième partie), la façon dont l'émergence d'un « signifiant » (le néologisme reste ici daté de Rousseau, en 1755) permet d'organiser un cadre de pensée. Si Rousseau est logiquement très présent dans cet ensemble de contributions, c'est *d'un même mouvement* comme promoteur du mot et comme celui qui lui confère une acception paradoxale ensuite refoulée : la perfectibilité est chez lui cette « métafaculté » qui autorisant le développement de toutes les autres, signe également la corruption de l'homme. L'originalité de l'enquête consiste ici à s'interroger sur le *sens* de cette occultation de la signification rousseauiste du terme, question évidemment inséparable de celle de *l'efficacité* sémantique et théorique d'une invention lexicale. C'est pourquoi la première partie de l'ouvrage s'attache à confronter la notion de « perfectibilité » à celle, nettement plus ancienne, de « perfection », renvoyant ainsi le lecteur au problème de l'articulation discours religieux/discours « laïcisé » sur l'homme et son histoire. De même, la troisième partie, ouvrant, avec Condorcet, Constant et le jeune Auguste Comte, sur l'après-Révolution, s'organise autour de la caractérisation de la perfectibilité comme « indéfinie ». Cette cohérence du propos fait toute la réussite d'un collectif qui ne se réduit ainsi pas à un éparpillement de monographies, mais bénéficie d'un vrai « effet-livre ». On regrettera sans doute l'absence d'auteurs importants (au premier rang desquels Madame de Staël), mais tel qu'il se présente, l'ouvrage se signale à coup sûr par son exigence intellectuelle et doit être considéré comme une contribution majeure à la question de « l'homme perfectible ».

Florence Lotterie

Dominique Bourel, *Moses Mendelssohn. La naissance du judaïsme moderne.* Paris, Gallimard, 2004, 641 p.

Ce livre magistral qui nous vient d'un spécialiste incontesté de la pensée juive – et d'un traducteur de M. Mendelssohn – est la version remaniée d'une thèse « ancien régime ». Comme le signale son sous-titre, thèse il y a car ce livre nous mène bien au-delà d'une biographie intellectuelle. Pour D. Bourel, qui étaye son texte d'une érudition remarquable, le « Dernier Moïse » est un philosophe hors série dans la mesure où il arrive, par sa pensée et ses actes, à opérer la symbiose de l'*Aufklärung* et de la *Haskala* (Lumières juives), à montrer que l'appartenance à deux communautés, l'allemande et la juive, est non seulement possible mais recommandable, et à vivre dans le siècle tout en restant fidèle à l'observance de sa judaïté. D'où, grâce à cet agent provocateur obligé d'affronter ses coreligionnaires, l'émergence d'un judaïsme moderne, à savoir laïc. Chemin faisant, D. Bourel situe son propos dans l'Europe intellectuelle d'époque en privilégiant le cas de la Prusse. Sur les onze chapitres, où socio-histoire et philosophie se relayent, citons ceux qui sont consacrés au *Phädon* (dont Bourel a établi une édition) et à la querelle sur Spinoza. Une large place est réservée aux questions qui sont posées par l'auteur autour de son protagoniste et du phénomène de modernisation du judaïsme. La thèse tourne ainsi en débat et finit ainsi : « Mendelssohn fut un juif heureux ; est-ce pour cela qu'il nous est devenu si lointain ? » Ajoutons qu'il y a près de 200 p. d'appendices.

Béatrice Fink

Christophe Boutin, *Le Procès de l'histoire, fondements et postérité de l'idéalisme historique de Hegel.* Paris, Vrin, 2004, 320 p., 22 × 14 cm.

Écrit dans un style limpide, cet essai envisage la pensée de l'Histoire à partir de l'antinomie fondamentale opposant la thèse d'un sens de l'Histoire à la vision d'un cours chaotique d'événements absurdes. Cette antinomie ouvrirait la possibilité de quatre types de discours sur l'Histoire : providentialiste, rationaliste, fataliste ou pessimiste. Seule l'introduction et le premier chapitre de cet ouvrage portent sur le dix-huitième siècle, les chapitres suivants étant consacrés à Hegel et à sa postérité.

Pierre Hartmann

Marek BRATUN, *Zagraniczne studia i podróze edukacyjne Michala Jerzego Wandalina Mniszcha w latach 1762-1768.* Opole, Wydawnictwa Uniwersytetu Opolskiego (Presses Universitaires), 2002, 316 p.

Michal Jerzy Mniszech, dit l'Émile polonais, avait bénéficié d'une éducation particulièrement soignée, sous la tutelle d'Élie Bertrand, un naturaliste suisse. Lui et son frère aîné Joseph furent envoyés par leur mère, Katarzyna née Zamoyska avec l'intention de les instruire dans les matières qui les rendissent utiles à leur patrie. Cette éducation « ultramoderne », au dire de Jean Fabre, comprenait non seulement des lectures (Montesquieu, Voltaire – chez qui les garçons furent en visite à Ferney, Rousseau, La Chatolais et Gessner) mais aussi des exercices didactiques dans une ambiance de confiance suscitée par le gouverneur. Ses disciples doivent à cette pédagogie, entre autres, des « Réflexions sur la meilleure méthode de voyager », placées dans l'Annexe, qui sont l'ouvrage du cadet. L'auteur nous présente les plus grands jalons de ce voyage, la Suisse surtout. Pour le reconstruire, il a dû mener tout une enquête dans les archives en France et à l'étranger. Ses recherches ont trouvé la reconnaissance convenable auprès du Professeur François Moureau dont Marek Bratun a été l'invité dans son séminaire à la Sorbonne.

IZA ZATORSKA

David W. CARRITHERS, Patrick COLEMAN (éds.), *Montesquieu and the Spirit of Modernity*, Oxford, Voltaire Foundation, 2002, 258 p. (Coll. « *SVEC* » : 09).

Montesquieu fut-il en son temps un « moderne » ? Voilà qui n'est pas du domaine des évidences même si on est tenté de répondre par l'affirmative aujourd'hui après Constant, Tocqueville, Durkheim et Althusser. Pour ses contemporains les choses étaient moins claires et de Maupertuis à Voltaire les avis sont partagés ; davantage, au moment des grands choix, dans son opuscule *De l'Autorité de Montesquieu dans la révolution présente* (1789) Philippe-Antoine Grouvelle le reléguait dans la case des *pertes et profits...* Il n'était donc pas inutile qu'à l'occasion du *Montesquieu revival* auquel on assiste depuis quelque temps les meilleurs spécialistes fassent le point sur cette question controversée. Tel était l'objet du colloque de Los Angeles organisé à l'invitation du *Centre d'Étude sur les 17ᵉ et 18ᵉ siècles* de l'UCLA et du *Mémorial Andrews Clarke*. Après une présentation d'ensemble (David W. Carrithers, « Montesquieu and the Spirit of Modernity ») et une *Ouverture* : (Stephen Werner, « Comedy and modernity : the *Lettres persanes* »), trois parties structurent cet ensemble : *Ancients and Moderns* (Catherine Volpilhac-Auger, « Montesquieu et l'impérialisme grec : Alexandre ou l'art de la conquête » ; James W. Muller, « The political economy of republicanism » ; Diana J. Schaub, « The old regime and Montesquieu's principles of education » ; Elena Russo, « The youth of moral life : the virtue of the ancients from Montesquieu to Nietzsche ») ; *Monarchy, population, taxation and justice* (Céline Spector, « Vices privés, vertus publiques de la *Fable des abeilles* à l'*Esprit des lois* ») ; David W. Carrithers, « Montesquieu and the spirit of French finance : an analysis of his *Mémoire sur les dettes de l'état* (1715) » ; Carol Blum, « Montesquieu, the sex and natural polygamy› » ; Louis Desgraves, « Montesquieu et la justice de son temps ») ; *Horizons of interpretations* : Daniel Brewer, « Thinking history through Montesquieu » ; Catherine Larrère, « Montesquieu and the modern republic ». On retiendra de ce riche ensemble que Montesquieu est *moderne* en ce qu'il fonde le *politique*, la vertu dans sa formule sécularisée frayant la voie d'un espace public où les passions se pliant à l'intérêt général fondent la *respublica*. Reste la *main invisible* qui paraît consubstantielle au libéralisme : elle prévient du despotisme mais devant ses effets incertains la résignation s'impose : en témoignent certaines pages de Montesquieu dont il n'est pas nécessaire de dire l'actualité. L'ouvrage se conclut par un index.

CHARLES PORSET

Sara E. CHAPMAN, *Private Ambition and Political Alliances. The Phélypeaux de Pontchartrain Family and Louis XIV's Government, 1650-1715*. Rochester, University of Rochester Press, 2004, 292 p.

Bien conçu et documenté, cet ouvrage s'inscrit dans la tradition bien consolidée des études sur le patronage politique à l'époque moderne. L'auteur reconstruit la montée en puissance d'une famille robine à l'époque de Louis XIV, celle des Phélypeaux de Pontchartrain, question autrefois labourée par C. Frostin dans des nombreux articles. Deux hommes illustrent tout particulièrement cette ascension : Louis III (de simple conseiller au Parlement de Paris en 1670 à Contrôleur général des finances puis à Chancelier) et son fils Jérôme (secrétaire d'État à la Marine et à la Maison du roi en 1699). Une dynastie ministérielle qui concurrence les Colbert et éclipse les Le Tellier, surtout après la mort de Louvois en 1691. Jeux d'échange de faveurs avec les clientèles locales, activation de réseaux d'influence dans les milieux parlementaires d'origine, mariages opportunément organisés avec les grandes familles de race, fidélité indéfectible au souverain, indéniables compétences administratives : tous les leviers utilisés pour la réussite sociale de la dynastie sont évoqués. Après 1714, qui voit la remise des sceaux par le Chancelier Louis, hostile à la politique anti-janséniste de Louis XIV, la famille reste dans les allées du pouvoir, sans jamais plus, cependant, atteindre les fastes de la période précédente. Par le biais de l'analyse de la longévité politique des Pontchartrain, l'auteur montre la parfaite cohabitation, voire solidarité, entre les clientèles de certaines grandes familles de la noblesse et l'émergente stabilisation bureaucratique des dernières décennies du règne de Louis XIV. L'idée d'une continuité entre les institutions royales de l'époque du roi soleil, de la régence et du règne de Louis XV, déjà avancée par Collins et Bluche, trouve dans cette belle recherche une confirmation supplémentaire.

DIEGO VENTURINO

Sébastien CHARLES, *Berkeley au siècle des Lumières. Immatérialisme et scepticisme au 18ᵉ siècle*, Préface de Geneviève BRYKMAN. Paris, Vrin, 2003, 370 p. (Coll. « Bibliothèque d'Histoire de la Philosophie »).

Quand on cherche à retracer la réception d'une doctrine philosophique, l'étude historique se trouve confrontée à un certain nombre de paradoxes, dont l'un d'entre eux concerne l'utilisation faite de cette doctrine en fonction des intérêts propres de ses lecteurs. À cet égard, le cas de Spinoza est bien connu ; un cas analogue de travestissement, plus stupéfiant encore, concerne la philosophie de George Berkeley et l'utilisation qui en fut faite par les penseurs des Lumières. À la suite de l'étude de Harry M. Bracken, l'ouvrage de Sébastien Charles propose une analyse historique plus vaste et plus approfondie, qui reconstruit pour la première fois d'une manière exhaustive les parcours compliqués qui expliquent comment une philosophie comme celle de Berkeley a fini par assumer, aux yeux de ses successeurs, le contraire même de ce qui était son objectif spécifique. Alors que Berkeley souhaitait réfuter de manière définitive l'athéisme et le scepticisme, il fut appréhendé par les penseurs du 18ᵉ siècle comme « le maître d'une forme extrême de pyrrhonisme, à savoir d'égoïsme, cette position métaphysique issue des dérives d'un certain cartésianisme, et qui consiste à ne poser dans l'être que le seul *ego* de celui qui se déclare sectateur d'une telle doctrine » (p. 7). Il ne s'agit pas du seul paradoxe. Comme le montre l'analyse de Charles, la tentative berkeleyenne de réconcilier la métaphysique et le sens commun par la médiation de l'*esse est percipi* fut interprétée comme une forme d'idéalisme solipsiste où les objets extérieurs dépendent de l'esprit humain qui les pense, avec pour résultat de manquer le sens même de ce que Philonous affirmait clairement dans les *Dialogues*, à savoir que l'existence absolue des choses était préservée dans le système immatérialiste puisqu'elle ne dépendait pas des esprits finis mais de cet être omnipercevant qu'est Dieu. La provocation de Berkeley qui prétendait « transformer les choses en idées » fut prise au pied de la lettre par ses lecteurs français qui comprirent alors l'immatérialisme à l'inverse de ce qu'il était vraiment, et en firent un idéalisme empiriste de type subjectiviste identifiable à une position égoïste. Si toute « réception signifie à la fois redécouverte et réinterprétation, mais malheureusement aussi trahison » (p. 17), ce livre nous en donne une superbe démonstration à travers l'analyse de figures capitales (Turgot, Voltaire, Rousseau, Condillac, Diderot, d'Alembert, Maupertuis, Condorcet, etc.), marquantes (Bouiller, Changeux, Mérian, etc.), mais aussi mineures : apologistes, auteurs de revues, membres des académies, écrivains clandestins, encyclopédistes, vulgarisateurs et traducteurs, toute une pléiade d'auteurs qui concourt à expliciter les contextes complexes dans lesquels s'est formée l'image, ou plutôt le « mythe », d'un Berkeley idéaliste certes, mais surtout subjectiviste. Il ne s'agit pas seulement ici de proposer une histoire des idées mais également de faire ressortir des thèmes clefs spécifiques et internes à la philosophie berkeleyenne. Je m'en tiendrai à un seul, la relation entretenue par l'immatérialisme avec le courant plus vaste du scepticisme. Le problème de l'existence du monde extérieur constitue le trait d'union entre scepticisme et immatérialisme et montre l'obsession des Lumières quant au souhait de démontrer avec certitude l'existence d'objets extérieurs à l'esprit et indépendants des perceptions qui en rendent compte. À cet égard, bien que telle n'ait pas été l'intention de Berkeley, le défi posé par l'immatérialisme est essentiel comme le comprendront à juste titre Diderot et Condillac, et il explique à lui seul les nombreuses tentatives philosophiques cherchant à s'affranchir du solipsisme. C'est dire l'importance de cet ouvrage qui permet d'en déchiffrer les arcanes.

GIANNI PAGANINI

Michèle COHEN-HALIMI, *Entendre raison. Essai sur la philosophie pratique de Kant*. Paris, Vrin, 2004, 382 p.

Sophie GRAPOTTE, *La Conception kantienne de la réalité*. Hildesheim – Zürich – New York, Georg Olms Verlag, 2004, 394 p. (Coll. « Europaea Memoria »).

Il ne suffit pas de dire que le livre de M. Cohen-Halimi est issu d'une thèse mais il faut spécifier qu'il est la maturation d'une thèse soutenue en 1996, et cela pour souligner que M. Cohen-Halimi signe ici un ouvrage important. Il a donc fallu du temps pour qu'un nouveau regard sur la philosophie pratique de Kant (1724-1804) existe. L'intelligence du fruit mur que nous apporte l'auteur consiste à mettre un terme aux lectures pré-encadrées de Kant en posant l'hypothèse scientifique ou énigme suivante : et si en inventant des concepts pratiques Kant avait su qu'il prenait des risques. L'objectif de ce livre est de « faire comprendre comment un philosophe règle les conflits que ses inventions doivent engendrer par une stratégie du malentendu, qui n'est pas une simple stratégie d'écriture puisqu'elle est sous-tendue par une visée morale ». Kant est un dix-huitiémiste, c'est-à-dire qu'il est inscrit dans l'histoire des Lumières et cette stratégie en fait partie. On sait que le philosophe de Königsberg a porté un regard attentif sur Maupertuis, sur d'Alembert et sur l'*Encyclopédie* et qu'il a parfaitement saisi leur manière de procéder pour tenter de parvenir à changer la façon commune de penser. Si, selon nous, Kant a pu en tirer des leçons pour savoir comment faire entendre raison, pour M. Cohen-Halimi Kant a su anticiper les conflits par une stratégie sémantique. L'auteur propose de nous faire entendre la prose de Kant, c'est-à-dire comment il a été le propagateur des Lumières. Parce que pour être écouté on ne peut faire l'économie du malentendu, Kant s'est emparé des concepts de la tradition, des mots simples de l'évidence qu'on ne sait pas définir pour leur faire signifier autre chose et au final il a sorti un vocabulaire où ces concepts sont éclairés mais étrangers à la philosophie populaire. Cet effet d'étrangeté est « un étonnement philosophique ». Ce livre apporte la preuve de cette méthode d'invention et comment par cette preuve du malentendu la raison a été entendue. L'abstraction sémantique est l'effet externe qui jette la surprise sur l'effet interne en faisant de la fondation de la moralité une simple formulation. Il fallait faire passer l'exposition de la loi morale pour l'homme. Le génie de Kant n'est pas dans la stratégie, mais bien dans l'effet – ce qui constitue un comportement parfaitement scientifique. L'auteur travaille Kant sur l'agir d'une productivité qu'est la philosophie critique qui utilise le populaire, ruse avec les concepts traditionnels mais qui, pour être écoutée, au lieu de trahir comme les philosophies des « grands seigneurs » travaille l'étonnement afin de les réinstaller avec une rigueur philosophique plus forte. On n'a rien vu de Kant dit M. Cohen-Halimi dans une formulation simple car « on récite la morale kantienne au lieu de dire ce qu'elle reformule de la moralité partagée ». La forme et le ton sont essentiels dans cette étude en trois parties qui traitent tout d'abord l'invention kantienne de la faculté de désirer supérieure, puis l'imagination de la volonté et enfin la rhétorique à l'œuvre dans la *Fondation de la métaphysique des mœurs*. Un beau chapitre en forme de commentaire de la 1re section de la *Fondation* expose, à travers ce « dynamisme intégrateur », le sens pour Kant du « passage » du commun au philosophique. Les Lumières, sol de cette philosophie critique qui se joue des concepts pour inventer et agir avec eux-mêmes, trouvent ici une approche neuve par le vivant de l'invention kantienne dans l'usage du malentendu. Cet ouvrage solide se termine par une bibliographie et un index.

Autre livre important issu d'une thèse érudite sur Kant, la présente étude de Sophie Grapotte qui explicite en enchaînant de façon systématique les différents concepts de réalité [*Realität*] qui traversent l'*opus* kantien. L'originalité de ce travail consiste, d'une part dans la mise à jour de la conception kantienne de la réalité et, d'autre part, à apprécier la révolution ontologique accomplie par le philosophe critique. L'analyse de l'ensemble des occurrences du terme « *Realität* » et l'exégèse des textes dans lesquels elles s'inscrivent conduisent Sophie Grapotte à distinguer trois types d'usage principaux du concept de réalité : le concept de *réalité empirique*, le concept de *réalité objective* et le concept de la réalité comme première *catégorie de la qualité*. On assiste ici à un premier travail de ce genre puisque jusqu'à présent ces concepts étaient traités séparément et jamais reliés les uns aux autres. Le traitement systématique de ces trois concepts est effectué en deux parties. La première partie montre comment ils convergent tous vers une même notion, celle de phénomène (*Erscheinung*), et qu'ils ne sont donc pas artificiellement juxtaposés les uns aux autres, mais s'enchaînent naturellement. Le phénomène constitue le trait d'union des trois types d'usage du concept de réalité. Mieux, il est en tant que facteur de cohésion de la conception kantienne de la réalité, le seul réel dont l'ontologie critique détermine les conditions d'accès. Dans une seconde partie, l'auteur s'attache à relever un nouveau défi : démontrer que l'on peut concilier l'usage critique (*Dialectique Transcendantale*) du concept de l'ontologie traditionnelle d'*ens realissimum* et l'affirmation (*Critique de la raison pratique*) de la réalité objective *pratique* des idées de liberté, de Dieu et de l'immortalité de l'âme avec la conclusion fondamentale de l'*Analytique Transcendantale* : le phénomène est ce que nous pouvons déterminer, connaître, et en dernier ressort, désigner comme réel. Pour finir, relativement à la thèse qui considère la chose en soi comme la réalité véritable, la présente étude établit que la réalité phénoménale est la seule réalité dont la philosophie transcendantale détermine les conditions de connaître. Après avoir pris appui sur les Lumières, Kant par sa conception de la réalité a quitté le sol des Lumières pour ouvrir un accès privilégié à l'ontologie comme science qui prend la connaissance du réel pour objet. L'intérêt de ce livre est aussi d'aborder le criticisme par la réalité phénoménale, seule réalité dont il traite. Une bibliographie et un index terminent l'ouvrage. Ces deux livres qui mettent en évidence chez l'un le discours caché de Kant pour dégager les intentions de structure et chez l'autre les articulations inaperçues pour dégager les démarches kantiennes de cohésion, offrent une autre façon de lire Kant et ouvrent ainsi de nouvelles voies aux Lumières. Aucun dix-huitiémiste ne peut rester indifférent à ces thèses magistralement défendues parce que nous sommes devant deux grands livres. Espérons que leur message saura se faire entendre...

MARTINE GROULT

F.M. CRASTA, A. LOCHE, M. LUSSU, M.T. MARCIALIS. *Ragione, Natura, Storia. Quatro Studi sul Settecento*, a cura di Maria Teresa MARCIALIS. Milano, FrancoAngeli, 1999, 138 p. (Coll. « Collana di filosofia »).

Sabine VERHULST (éd.), *Immaginazione e conoscenza nel Settecento italano e francese*. Milano, FrancoAngeli, 2002, 228 p. (Coll. « Collana di filosofia »).

Deux volumes supplémentaires enrichissent cette excellente collection fondée par Mario Dal Pra et aujourd'hui dirigée par Davide Bigalli, Guido Canziani, Maria Teresa Fumagalli, Gregorio Piaia et Enrico Isacco Rambaldi. Le premier porte sur la question récurrente au 18e siècle du rapport qu'entretiennent Raison, Nature et Histoire. Comme l'explique M. T. Marcialis dans sa préface l'objet du recueil n'est pas de revenir de manière présomptueuse sur un terrain cent fois labouré, mais à la manière des artisans, de revenir aux textes pour saisir au plus prés la genèse des concepts. Swedenborg est confronté à Wolff sur le grave sujet de la nature de l'âme (F.M. Crasta) ; Rousseau revisité sous le signe de Glaucus (Annamaria Loche) ; sont ensuite étudiés Morelly et Mably (Marialuisa Lussu). Enfin, Genovesi dont l'éditeur scientifique du recueil étudie le cheminement qui le conduit d'une science formelle de la société à une économie instrumentale donc plus attentive aux évolutions, et, finalement, à l'histoire.

Le second recueil publie les communications présentées à l'Université de Gent (Belgique) les 9 et 10 mars 2001 sur le thème *Imagination et connaissance au 18e siècle en France et en Italie*. L'idée qui paraît commander ce colloque est que l'imagination n'est plus considérée au 18e siècle comme la « folle du logis », mais devient un instrument de découverte et a sa place dans une théorie générale de la connaissance. Quatre parties : I. *Stratégies épistémologiques*, avec une étude sur Vico (Gustavo Costa), une lecture du frontispice de l'*Encyclopédie* (Fernand Hallyn) et des réflexions sur le style rococo appliqué à la philosophie – Diderot étant au centre du dispositif (Marian Hobson). II. *Questions de méthode :* avec une communication sur Lamy (Benoît Timmermans), l'infini selon Fontenelle (Michel Blay), Buffon (Benoît de Baere), et des réflexions sur la mélancolie hypocondriaque (Rosalba Curro). III. *Caractère rhétorique et fonction de la métaphore*, où sont étudiés Muratori (Giovanni Baffetti), Métastase (Silvia Contarini) et *le Rêve de d'Alembert* (Michel Delon). Enfin, trois études sur l'imagination et l'origine du langage : Ginguené et son approche de la littérature italienne (Claudio Marazzini), Vico, Turgot et de Brosses (Nadine Vanwelkenhuyzen) puis, pour conclure, de Brosses et l'abbé Copineau. Ces deux ouvrages sont suivis d'un index.

CHARLES PORSET

Peter CRYLE, *La Crise du plaisir, 1740-1830*. Villeneuve d'Ascq, Presses universitaires du Septentrion, 2003, 225 p. (Coll. « Objet »).

S'il n'a pas pour l'heure acquis la notoriété de l'essai que Jean M. Goulemot avait consacré en 1991 aux *Livres qu'on ne lit que d'une main*, le livre de Peter Cryle est sans conteste le plus stimulant et le plus riche qui ait depuis longtemps été consacré au genre pornographique. Centré sur la seconde moitié et le tournant des Lumières, il s'attache à décrire le lent délitement que connaît alors l'*ars erotica* classique, entendu comme codification des postures sexuelles, dont l'Arétin était devenu le paradigme. L'ancien modèle invitait à l'imitation d'un petit nombre de positions ; la moderne *scientia sexualis* rejette tout code, représente le désir sexuel comme spontané et contraignant, irrépressible urgence dont la phrase porte les traces (« c'est l'érotisme de la parataxe », p. 118). Le goût des symétries, l'ordonnancement des lieux et des moments cède la place à la variation infinie ; plus de rite initiatique, mais une disposition naturelle, spontanée et obligée à la jouissance : avec le tournant des Lumières, l'écriture s'épuise à dire ce moment ultime, « fin [qui] se répète à tout bout de champ » jusqu'à n'être plus qu'une « crise de convenance », une « petite mort stylistique... » (p. 139). La démonstration de Peter Cryle est claire et convaincante. À la fois thématique et esthétique, le double modèle proposé ouvre la voie à une histoire fine d'un genre littéraire trop souvent appréhendé au travers de concepts aussi anachroniques que flous, comme la subversion ou l'obscénité. Cependant, peut-être sous l'influence trop prégnante du concept foucaldien d'*épistémè*, le souci des « médiations » cède parfois la place à une inutile dramatisation du changement esthétique : ainsi Nerciat se trouve-t-il presque systématiquement déprécié comme symbole d'une *grossièreté* fin de siècle, quand au contraire ses romans détournent avec humour les codes de la pornographie de son temps. Quant à la thématique obsédante du *dépérissement*, à cette curieuse nostalgie pour un modèle littéraire disparu dans les années 1740, elles sont peut-être à lire comme l'expression indirecte d'un malaise contemporain touchant le rapport au désir.

JEAN-CHRISTOPHE ABRAMOVICI

Jocelyne DAKHLIA (éd.), *Trames de langue : usages et métissages linguistiques dans l'histoire du Maghreb*. Paris, Maisonneuve et Larose, 2004, 561 p. (Coll. « Connaissance du Maghreb »).

Les langues, leurs pratiques comme sujets d'histoire du Maghreb afin de sortir d'un « schéma dualiste » omniprésent, opposant aujourd'hui l'arabe au berbère ou au français, afin de mettre en évidence une « autonomie du fait linguistique avec ses rythmes », « ses résistances propres », ses « usages fugaces » (p. 12-13) : voilà ce que propose cette réflexion collective et programmatique menée par des chercheurs des deux rives de la Méditerranée. Dans cinq contributions, le 18ᵉ siècle apparaît comme le dernier moment de brassage de la langue arabo-berbère, romane et turque au Maghreb. Ainsi, dans la partie orientale, autour de Tunis, les morisques en majorité hispanophones perdent, au fil de ce siècle, leur héritage d'exil en s'intégrant à la société autochtone par des mariages exogamiques. À Alger, au début du 19ᵉ siècle, l'usage du turco-ottoman est déjà en large déclin. Au Maroc, les emprunts à cette langue impériale se maintiennent à l'oral dans un dialecte toujours inventif mais se raréfient drastiquement à l'écrit, indice d'un éloignement progressif avec les élites d'Orient. Par la suite, la domination coloniale (à partir de la prise d'Alger en 1830) marque un net moment de polarisation. La *lingua franca*, langue de médiation durant la période moderne perd ses composantes espagnoles et italiennes pour laisser face à face l'arabe et le français. Les trames d'une autre histoire sont ici tissées, elles demandent désormais à être éprouvées, affinées.

M'HAMED OUALDI

Robert DARNTON, *Pour les Lumières. Défense, illustration, méthode*, trad. Jean-François BAILLON. Bordeaux, Presses Universitaires de Bordeaux, 2002, 136 p.

L'ouvrage est le premier d'une collection que lance le CIBEL (Centre Interdisciplinaire Bordelais d'Étude des Lumières) ; pour un coup d'essai, c'est un coup de maître car si les textes ici traduits étaient connus des spécialistes, les voici maintenant en français à la portée de l'honnête homme. Comme l'écrit Jean Mondot dans son Avant-propos, il n'est pas utile de présenter Darnton dont l'œuvre, pour l'essentiel, a été traduite – quand elle n'a pas été directement écrite dans notre langue ; mais il était nécessaire qu'après *The Darnton Debate. Books and Revolution in the Eighteenth century*, organisé par Haydn T. Mason à Oxford et publié en 1988, les pièces du procès fussent rassemblées ; au vrai, de quoi s'agit-il ? D'une défense et illustration des Lumières que stigmatisent, pour ne citer que les critiques les plus récents, Adorno et Horkheimer, et j'ajouterai Mgr Lustiger – comme quoi les « post-modernes » sont en bonne compagnie... En effet, les Lumières n'ont pas bonne presse et, dans certains milieux, pas nécessairement de droite, il est de bon ton d'en dénoncer les insuffisances, les carences et, bon gré mal gré, de leur reprocher d'avoir fait le lit d'une Révolution dont les avatars libéraux ont au 19e siècle marqué la limite : paupérisation des masses, industrialisation sauvage, prisons pour recycler les malfaiteurs, république de coquins, colonisation et francs maçons partout. En faisant vite, et sans s'attarder sur 70, 18 et 40, on arrive au mur de Berlin, qui s'effondre. Dont acte. Mais le chercheur ne vit pas isolé dans une tour d'ivoire ; il est qu'il le veuille ou non de son temps. Je dois reconnaître que c'est un des mérites de cette *Retractatio* de Darnton qui persiste et signe dans la voie où il s'est engagé depuis déjà longtemps. À lire les grands textes, il n'y a pas de doute, tous, les Montesquieu, les Diderot, les Rousseau, les Helvétius, les Condorcet, et Voltaire bien sûr, étaient engagés dans la voie du progrès, la voie des droits de l'homme, de la justice autant politique que sociale ; mais aucun n'a vécu assez longtemps et tous ont eu la bonne idée de mourir avant la Révolution : Diderot Jacobin ? J'en doute ; Rousseau Montagnard ? Seul Robespierre l'a cru ; Montesquieu, n'en parlons pas, mais Pastoret ou Cambacérès auraient été de son goût ; Voltaire ? Balladurien ! Quant à Condorcet, il est mort trop tôt pour qu'on sache, mais sans doute l'aurait-on retrouvé dans le marigot de d'Alembert, autrement dit, partout et nulle part. Il faut laisser les grands auteurs à eux-mêmes – c'est ce que Darnton a tôt compris : son intérêt l'a conduit, dès ses premiers travaux, vers les Lumières « d'en bas » : la bohême, les plumitifs à la petite semaine et tous ces écrivains-journalistes du ruisseau, talentueux parfois, mais écartés par l'establishment ou la machine despotique. Il s'intéresse aussi aux libraires qui impriment, distribuent et, péniblement, récupèrent leurs traites ; bref, à tout ce monde souterrain du livre et de la police qui s'en occupe. Ce sont eux qui mieux que les grands auteurs permettent de comprendre la Révolution, car ils sont dans le coup, les mains dans le cambouis. Robert Darnton explique (p. 88) qu'à la différence de la plupart des historiens qui commencent leurs travaux par un bilan historiographique de la question abordée, il se contente de faire parler l'archive, le document ; sans doute, mais c'est oublier que toute lecture est surdéterminée et que les archives de la STN, comme les *Mémoires* de Lenoir ne se livrent jamais en première lecture. Parce qu'on lui a reproché de ne pas citer tous ceux, intermédiaires culturels, qui ont facilité ses travaux (p. 130-131), Darnton nous donne une liste en vrac de collègues qu'il entend remercier ; mais comme toute liste elle risque d'être incomplète, et finalement elle n'est qu'une *tabula gratulatoria* destinée au seul usage des intéressés dont le lecteur n'a cure. Reste que l'ouvrage est une passionnante contribution méthodologique sur le métier de chercheur ; l'auteur est à la fois modeste et engagé – ce qui nous repose de tous ceux qui dogmatisent sur l'histoire, mais n'en font pas.

CHARLES PORSET

Lucienne DOMERGUE, Antonio RISCO, *L'Alcade et le malandrin. Justice et société en Espagne au 18ᵉ siècle.* Toulouse/Paris, CRIC – OPHRYS, 2001, 304 p.

Les études sur le 18ᵉ siècle espagnol poursuivent leur approfondissement en interrogeant la déviance civile. Cet ouvrage réordonne les travaux d'un centre de recherche toulousain. Au delà des faits, il propose une analyse attentive et critique des discours : discours académique de juristes soucieux de réformer la pratique judiciaire et à l'écoute des débats européens ; discours de journaux ; discours (simplement évoqué) des complaintes (*romances*) qui racontent les crimes et les châtiments de brigands dont ils font aussi des héros ; discours administratif, porteur des courants idéologiques et politiques des Lumières comme d'une perception juste de la réalité sociale ; discours graphique, dessins, peintures et gravures illustrant forfaits et expiations : l'œuvre de Goya atteste l'inquiétude des esprits éclairés devant les pratiques judiciaires et pénales et leur souhait d'une humanisation des prisons. L'écho de Beccaria est perçu dès avant sa traduction en 1774 et il persiste discrètement après sa mise à l'index en 1777 ; le débat est caractéristique de la résistance au réformisme éclairé. Madrid est un lieu exemplaire de la tendance du pouvoir centralisateur, frappé par les émeutes de 1766, à accroître son emprise sur les individus et leurs espaces de vie, à étendre la définition et la répression de la marginalité. L'esprit de réforme qui s'exprime dans les académies juridiques en fait-il des relais du pouvoir ou des groupes de pression que l'on dissout en 1804 ? C'est une des questions que cet ouvrage intelligent pose sur l'Espagne éclairée.

MICHEL DUBUIS

Antonio DOMINGUEZ-LEIVA, *El Laberinto imaginario de Jan Potocki*, Manuscrito encontrado en Zaragoza, Estudio crítico, *Le labyrinthe de Jan Potocki, analyse critique du Manuscrit trouvé à Saragosse.* Madrid, UNED, 2001, 468 p.

L'analyse culturelle du chef-d'œuvre romanesque de Jan Potocki par Dominguez-Leiva ouvre des perspectives novatrices dans l'étude de ce moment encore méconnu de la culture européenne que constitue le crépuscule des Lumières. Ayant voulu réaliser une Somme critique à la mesure de la Somme romanesque étudiée (roman philosophique, initiatique, érotique, picaresque, gothique, ethnographique, historique, etc.), Dominguez-Leiva analyse le *Manuscrit* dans le contexte culturel, scientifique, politique, philosophique et artistique d'une époque de transition riche en métamorphoses. Il nous mène alors du microcosme foisonnant de l'univers potockien au tableau d'ensemble du *Zeitgeist* où s'esquissent les contradictions de la modernité et même plusieurs aspects de notre condition postmoderne. Dans un premier temps, le recours à la narratologie permet à l'auteur de suivre les mouvements complexes de ce labyrinthe romanesque qui forment un commentaire sur la crise épistémologique de l'époque. Il étudie les mouvements d'enchâssement et de digression du roman construits autour de boîtes chinoises à la limite de l'hypertextualité. Parallèlement, il explique la construction dérangeante d'un espace-temps romanesque qui alterne le paradigme newtonien et la hantise d'une récursivité baroque. L'auteur analyse ensuite le style potockien, très intimement lié à ces mouvements narratifs d'ensemble et fruit d'une hybridation surprenante entre limpidité voltairienne et récursivité talmudique. Dominguez-Leiva montre comment ces formes escheriennes de la composition et du style contaminent tous les autres aspects de ce texte « impur », où se mélangent des références intertextuelles constantes, autant diachroniques (de la Bible jusqu'à Voltaire) que synchroniques (des romans gothiques anglais et allemands jusqu'aux travaux des Idéologues), et constituent ainsi une Encyclopédie romanesque de tous les discours et savoirs de l'époque (de l'ésotérisme jusqu'aux mathématiques ou la géologie). Pour cerner cet immense jeu textuel, l'auteur fait appel à un comparatisme alerte face à une œuvre multiculturelle et métisse qui déterritorialise tous les discours connus de son temps (voire certains « grands récits » à venir). Cette Encyclopédie labyrinthique, envers de celle des Lumières triomphantes du premier 18ᵉ siècle, est hantée par des figures paradoxales telles que la duplication foisonnante ou le jeu baroque des apparences. Le critique espagnol fait un relevé systématique du « personnel du roman » potockien en vue de cerner les dynamiques complexes qui unissent des marionnettes voltairiennes à des destins qui se croisent et se reflètent à l'infini. Le foisonnement de figures étranges nous mène ensuite vers une étude thématologique et mythocritique, toujours au sein d'une vision proche des « *cultural studies* » anglo-saxons, pour situer ces thèmes obsédants dans leur contexte historique, et les mettre en rapport avec les mentalités de l'époque. Nous découvrons alors dans la Somme potockienne un ballet dérangeant entre la sexualité, la violence et le surnaturel, étudiées en tant que catégories conceptuelles de la crise des Lumières et de son dépassement romantique. Le critique devine derrière la triade potockienne une apologie de l'hétérodoxie qui problématise sur tous les plans (sexuels, sociaux, religieux, culturels...) la dialectique de la transgression et de la norme. L'œuvre des passages devient ainsi une œuvre des transgressions et des limites et ce, dans un sens tout autre que celle contemporaine de Sade ou des romantiques allemands. Enfin, Dominguez-Leiva nous montre comment, à travers le jeu de ses figures et de ses formes, la Somme potockienne constitue un carnaval philosophique où se dit la dissémination du Sens et la crise épistémologique de tous les discours de l'époque, en même temps que s'affirme le dialogue souterrain entre les contradictions de la Raison instrumentalisée de la modernité et la pensée talmudique. On voit là comment le *Manuscrit* n'est pas seulement un miroir magique où s'abîme toute la culture de son temps, mais un dialogue où s'annonce notre moment postmoderne tiraillé entre d'une part la dénonciation de la dialectique de l'*Aufklärung* à l'ombre d'Auschwitz et d'autre part l'ouverture d'un talmudisme sécularisé, de Borges à Derrida. Tous ces aspects constituent un apport fondamental non seulement aux études potockiennes (je soulignerai à titre d'exemple l'analyse des liens entre la forme rococo, le talmudisme et la recursivité) mais à une *Geistgeschichte* comparée encore à construire, s'attaquant à une œuvre qui résume et contient en elle une époque décisive dans l'histoire de la culture occidentale.

Mercè Boixareu

James E. Force, Richard H. Popkin (éds.), *Millenarianism and Messianism in Early Modern European Culture*. Volume III, *The Millenarian turn : Millenarian contexts of Science, Politics and everyday Anglo-American life in the Seventeenth and Eighteenth Centuries*. Dordrecht, Boston, London, Kluwer Academic Publishers, 2001, 190 p. (Coll. « Archives Internationales d'Histoire des Idées »).

Ce volume fait partie d'une série qui en compte quatre : le premier portait sur le messianisme Juif (2001) ; le deuxième sur le millénarisme catholique de Savonarola à l'abbé Grégoire (2001) – auquel J. D. et R. H. Popkin avaient consacré un recueil en 2000 ; le troisième est le présent volume ; le suivant traite du millénarisme continental, chez les catholiques, les protestants et les hérétiques. Cet important ensemble consacré à l'un des aspects les moins étudiés de la culture occidentale montre la prégnance du modèle apocalyptique et prophétique quand les Lumières s'imposent. Les auteurs utilisent une périodisation assez longue qui associe étroitement 17e et 18e siècles. Le siècle des Lumières est directement abordé chapitre 8 et suivants : « La Bible occulte en Angleterre (Robert Lowth, John Hutchinson, Emmanuel Swedenborg) » ; « La conversion des Juifs et le philosémitisme (David Lévi contre Joseph Priestley) » ; « Pré et post millénarisme dans la Réforme tardive (Daniel Whitby et Jonathan Edwards) » ; enfin, le dernier article porte sur l'eschatologie en Angleterre de 1600 à 1800. Un index conclut l'ouvrage.

CHARLES PORSET

Gideon FREUDENTHAL (éd.), *Salomon Maimon : rational dogmatist, empirical sceptic*. Dordrecht, Boston, London, Cluwer Academic publishers, 2003, 304 p. (Coll. « Studies in German Idealism »).

Salomon Maimon (1753-1800) est un penseur difficile qui retrouve une certaine audience même en France où il est régulièrement traduit. Il faut dire que ce juif autodidacte venu de Pologne pour arriver à Berlin est resté toute sa vie fidèle à deux cultures, le judaïsme et l'idéalisme allemand. Kant et Fichte, qui n'aimaient pas les juifs, ne ménagèrent pas leur admiration. L'*Histoire de ma vie* (trad. Fr. M. Hayoun, Berg, 1984) est devenu un classique de l'autobiographie. Onze contributions remarquables – issues d'un colloque tenu à Jérusalem et à Tel Aviv – replacent Maimon dans son contexte philosophique, ses rapports avec Leibniz, Kant et Fichte. On retiendra particulièrement les articles de Elchanan Yakira sur sa théorie de la prédication ainsi que celui du valeureux éditeur sur la subversion de la première Critique de Kant. Les érudits trouveront aussi une nouvelle attribution à ce philosophe kabaliste d'une recension dans les *Annalen der Philosophie* (1795). Ce volume assez ardu fait le point d'une partie de nos connaissances sur Maimon.

DOMINIQUE BOUREL

Daniela GALLINGANI, Claude LEROY, André MAGNAN, Baldine SAINT-GIRONS (dirs.), *Révolutions du moderne*. Paris, Éditions Paris-Méditerranée, 2004, 300 p.

Ces actes d'un colloque des universités de Paris X et de Bologne, qui eut lieu à Nanterre en décembre 2000, couvrent une longue modernité, de la Renaissance à nos jours, et ses révolutions en tous sens. Sur les six sections, la seconde, « Traditions de la rupture », apporte avec Gio Francesco Pivati et Court de Gébelin, étudiés par Daniela Gallingani, des vues italiennes et françaises sur « l'électricité médicale », cette nouvelle science qui maîtrise l'immatériel, et Pierre Frantz, à propos de « l'invention du classicisme aux sources de la Modernité », montre le chassé-croisé entre répertoire et représentation théâtrale, quand c'est par exemple être moderne de retourner à l'antique comme Talma... La troisième section, « Spectres de la modernité », pose avec Henri Céard des « jalons pour la préhistoire du mot révolution » où le 18e siècle a sa place, ainsi que dans la réflexion de Baldine Saint-Girons, « Du sublime à la sublimation » ; André Magnan propose un sondage très riche dans les essais d'histoire de la littérature ou de l'esprit dans la seconde moitié du siècle : la conscience d'une « révolution littéraire », en cours depuis l'Antiquité !, s'affirme. Enfin la sixième et dernière section, « Fins de rêve, rêves de fin », examine en trois articles ces dates-clé que sont 1789, 1899, 2000 ; c'est Nicole Jacques-Lefèvre qui montre les « interprétations eschatologiques » de 89.

MARTINE DE ROUGEMONT

Martine GROULT (dir.) : *L'Encyclopédie ou la création des disciplines*. Paris, CNRS Éditions, 2003, 346 p.

Ce volume rassemble les actes du colloque qui s'était tenu à l'ENS-LSH de Lyon du 28 au 30 juin 2001 pour célébrer le 250e anniversaire de la parution de l'*Encyclopédie* de Diderot et d'Alembert le 28 juin 1751. On connaît les travaux philosophiques de M. Groult sur l'*Encyclopédie* et en particulier sur d'Alembert et le *Discours préliminaire*. C'est dans ce cadre qu'elle a proposé une réflexion sur le rôle fondateur de l'*Encyclopédie* dans l'organisation disciplinaire, toujours actuelle, de la connaissance. Très vite apparaît la place déterminante de la structure de l'*Encyclopédie* (à la fin du *Discours préliminaire*, le *Système figuré des connaissances humaines* présente une nouvelle organisation du savoir) et les contributions interrogent ce rassemblement ordonné des sciences. La première partie est consacrée au projet même de l'*Encyclopédie* avec des études sur les deux pères fondateurs que sont Bacon et Chambers par H. Durel et E. Ruth Moerman, sur les notions de système et de tableau où l'on retrouve les positions philosophiques de Michel Malherbe avec une association entre histoire, système et tableau, et de M. Groult avec l'analyse de l'enjeu du *Discours préliminaire*, sur l'histoire de la philosophie au sein de l'entreprise encyclopédiste par Mariafranca Spallanzani et sur des répercussions du *Discours préliminaire* en Espagne (E. Medina Arjona) et sa postérité à Weimar par F. Bléchet. L'homme, directeur de la nature, s'accorde désormais le droit de valoriser des méthodes pour la comprendre et pour l'expliquer. La transmission du savoir prend alors une certaine forme que la deuxième partie traite par les arts mécaniques, les planches, la danse, la chimie, l'hygiène. Jacques Proust, dans un très bel article sur le goût dans les arts mécaniques, et M. Pinault ouvrent les réflexions de cette partie où P. Quintili offre un rassemblement riche d'enseignement philosophique entre le travail humain et les sciences de la nature, pendant que l'orchestique, la chimie et l'hygiène sont abordées par les spécialistes que sont respectivement M.-J. Louison-Lassablière, E. Martin-Haag et Daniel Teysseire. La troisième partie se situe à la croisée des sciences, des arts et de la nature avec l'histoire pour cerner l'émergence des nouvelles disciplines des sciences de la langue (M. Leca-Tsiomis), de la grammaire générale (S. Auroux), de la logique (S. Léoni) et de la politique (D. Diop). Une étude sur la place de l'opinion dans l'histoire par N. Veysman et une ouverture sur le mythe et l'utopie de l'*Encyclopédie* par Jean-Claude Beaune terminent les articles. La grande qualité de cet ensemble cohérent met en évidence que l'unité dans la diversité des disciplines résulte de la liaison des sciences entre elles et des hommes entre eux. Chaque contribution explique ce résultat, c'est-à-dire de quelle manière une discipline est née et comment l'homme construit son rattachement à d'autres disciplines du savoir, mécanismes qui désignent l'interdisciplinarité et la communicabilité dans lesquels notre époque déploie ses réflexions. Ce fil conducteur de départ donné par M. Groult n'a pas été sans poser des questions et sans susciter des débats critiques de la part du public. Ils ont été rassemblés dans des « Notes de l'éditeur ». Ces notes qui offrent le vivant pour partie du supplément de 74 pages comprenant également une vaste bibliographie qui fait le point sur les recherches de la seconde moitié du 20ᵉ siècle sur l'*Encyclopédie*. Enfin un index constitue un précieux repère dans ce livre qui est aussi à recommander aux agrégatifs de philosophie puisque le *Discours préliminaire* est au programme pour les deux années à venir.

Marcel Dorigny

Martine Groult (éd.), *Systématique et Iconographie du temps. Essais sur la notion de période.* Saint-Étienne, Publications de l'Université de Saint-Étienne, 2004, 258 p.

Les études sur l'idée de progrès ou de révolution sont légion, de même que sur les modèles cycliques ou linéaires de l'histoire. Ce recueil de quatorze essais est original, qui se focalise sur l'idée de période, tendue entre cycle et époque, périodicité et périodisation, transitant de l'astronomie à la mécanique, de la théologie à la rhétorique. Il juxtapose des moments historiques, des disciplines et des modes d'expression différents. L'idée de période se complique de celles de siècle, de nouveauté ou de classicisme. Elle permet de se demander s'il existe une histoire de la foi ou de la raison, si la nature se répète, se renouvelle ou s'invente, si le principe de variation aide à dépasser l'antagonisme entre cycle répétitif et devenir sagittal. La dernière partie autour de documents iconographiques mène le lecteur de l'interprétation de l'Apocalypse à la physionomie, de l'histoire de la danse et de la musique à celle des jardins. Pensé au seuil du 21e siècle, en pleine « décadence de l'idée de progrès » selon la formule de G. Canguilhem, ce cycle d'interventions nous concerne tous, en tant que chercheurs parfois perdus et en tant qu'individus souvent éperdus.

MICHEL DELON

Florent GUÉNARD, *Rousseau et le travail de la convenance*. Paris, Honoré Champion, 2004, 581 p. (Coll. « Travaux de philosophie »).

À la fin du récit que Bernardin de Saint-Pierre consacre à Rousseau, figurent ces lignes qui semblent à elles seules justifier le thème de cet ouvrage : « Il y a des convenances si parfaites que quand elles se rencontrent, le bonheur est parfait ». L'auteur affirme avec conviction que la convenance est « le point névralgique à partir duquel le système de Rousseau se déploie dans toute sa richesse et dans toute sa complexité ». Et il ajoute que la convenance *travaille* dans l'œuvre de Rousseau qui construit, contre la philosophie de son temps, un modèle critique d'ordre naturel. Cet ordre naturel est en fait un ordre des convenances. C'est aussi un concept souple dont la compréhension varie en fonction des domaines où il fait sens. Notion équivoque, elle touche à la fois à la morale, la théologie, l'esthétique et la métaphysique et il n'est pas étonnant de la voir apparaître dans l'ensemble de l'œuvre du Citoyen de Genève. L'auteur choisit, comme l'avait fait R. D. Masters pour la philosophie politique, de suivre l'ordre inverse de publication des œuvres de Rousseau à compter d'*Emile* et de montrer comment Rousseau révèle la genèse du désordre qui trouble l'ordre et la bonté naturels du monde. Le livre V d'*Emile* et *La Nouvelle Héloïse* exposent les conditions de possibilité d'une communauté et des convenances qui la constituent. C'est bien sûr au niveau politique que les tensions entre ordre naturel et ordre artificiel, convenance et convention, se manifestent le plus. La *Lettre à d'Alembert*, le *Projet de constitution pour la Corse* et les *Considérations sur le gouvernement de Pologne*, en ancrant la politique dans le réel, permettent à l'auteur de préciser les modalités de convenance des lois et des mœurs. C'est donc à une approche d'ensemble de la pensée de Rousseau que nous initie ce livre. On peut certes être réticent parfois devant ce recours constant au thème de la convenance et être irrité de sa « souplesse » quand, par exemple l'éducation négative devient l'éducation qui *convient* le mieux à l'enfant, mais la richesse des analyses et l'originalité du point de vue font que ce livre comptera dans la recherche rousseauiste.

TANGUY L'AMINOT

Jacques GUILHAUMOU et Raymonde MONNIER (éds.), *Des Notions-concepts en révolution, autour de la liberté politique à la fin du 18e siècle*. Paris, Société des études robespierristes, 2003, 193 p. (Coll. « Études révolutionnaires »).

Ce collectif original propose un exemple d'analyse des concepts sociopolitiques inspirée par les cadres théoriques du *linguistic turn* des années 70, dont on sait qu'ils ont été d'abord largement explorés par de grands travaux anglo-saxons et allemands. Il s'agit d'étudier des « manières de dire » qui construisent des axiologies du politique, en prenant soin de les référer à une contextualisation historique des sujets du discours (par exemple, A. Steuckardt montre le rôle du journaliste dans la construction de la notion de « liberté de la presse », tandis que J. Guilhaumou rattache la réflexion de Humboldt sur la « nation » française à ses préoccupations d'anthropologue). Les « notions » ne sont donc pas saisies *in abstracto*, mais en tant qu'elles manifestent une présence spécifique, à mesurer aussi par l'analyse des co-occurrences, dans le champ dynamique du *débat*. Les objets ici étudiés incluent notions simples et couples notionnels (R. Reichardt, M. Pertué), mais se proposent aussi (R. Reichardt) d'intégrer le discours iconographique. On s'étonnera peut-être de cette diversité. L'intérêt majeur d'un telle approche, concernant la période révolutionnaire, consiste, nous semble-t-il, à mettre en évidence l'articulation problématique d'un travail de « conceptualisation » à la logique nécessairement opportuniste d'adaptation à un contexte politique changeant, dont les acteurs ont du mal à « suivre » le rythme inédit. Une « bibliographie en histoire des concepts » complète utilement un recueil qui se présente ainsi comme un instrument de travail donnant des repères relativement clairs sur ce champ théorique.

Florence Lotterie

Pierre Hartmann, *Diderot la figuration du philosophe*. Paris, José Corti, 2003, 366 p.

Tout autant qu'une présentation de l'œuvre de Diderot, ce beau livre de Pierre Hartmann est une réflexion philosophique sur la fiction littéraire et une variation littéraire sur l'argumentation philosophique. Tel est en effet le pari de l'auteur : remettre sur le métier l'enjeu du problème platonicien soulevé en *République* 607 b et rappelé ici en exergue : « Il est ancien, le différend entre la philosophie et l'art des poètes ». Nul doute que l'écriture de Diderot s'inscrive dans la complexité de ce « différend » ; à soi seul cela légitimerait le parti pris de lecture. En entrecroisant les textes que la tradition a convenu de nommer « philosophiques » avec ceux qu'elle qualifie de « romanesques », notre auteur déconstruit cette pratique stérile de la juxtaposition du littéraire et du philosophique et voit au contraire en Diderot l'initiateur exceptionnel d'un « genre mixte », « drame » ou « enquête », d'une pensée non systématique dont *toutes* ses œuvres sont l'expression. Pour soutenir la perspective herméneutique de la « confluence de la littérature et de la philosophie » et de « l'efficacité interprétative de leur fusion dans un même geste critique » (p. 111), Hartmann construit une double hypothèse : Diderot assure l'efficacité de cette compénétration de la littérature et de la philosophie grâce à la présence/absence d'une figure de philosophe aux visages multiples et bigarrés ; d'autre part, tout en dirigeant la gigantesque entreprise de l'*Encyclopédie*, il invente une « pratique éclairée » de la littérature (p. 27). Pour tenter de tracer la stratégie insolite de cette œuvre du temps des Lumières, quelle clef herméneutique plus féconde que la clef musicale dont le moindre mérite est de faire droit à la tension des extravagances énergiques que Diderot choisit de convoquer dans tous les champs d'application de sa pensée ? Suivons donc les entrées, intermèdes et contrepoint de ce maître de ballet puis mesurons, avec l'ouverture et la coda, à quel point la complicité du lecteur et de l'auteur permet à Pierre Hartmann de témoigner sa fidélité à Denis le Philosophe en avouant les limites et les contradictions de sa propre méthode interprétative. Qu'attendre d'autre, en effet, de ces « noces » diderotiennes de la littérature et de la philosophie, que burlesque et folie où éclatent pourtant tout à la fois le coup de génie du concept et celui de la fiction ? Les deux premières entrées, scandées par la canne du sceptique, celle du mondain s'entretenant avec la Maréchale et celle de l'aveugle croisent la métaphysique de Mirzoza dans *Les Bijoux indiscrets* et la palette du peintre-philosophe des *Salons*. La fiction littéraire s'y montre à la fois factice et nécessaire, exercice intellectuel qui recèle sa propre dénonciation. L'incrédulité philosophique apporte ses ressources à la fiction ; la littérature apporte sa force entraînante à la philosophie. La troisième entrée pose le problème autrement difficile et inédit de la possibilité du lien entre science et littérature. La mise en scène du *Rêve de d'Alembert* le « résout » en pulvérisant le marbre pour en extraire la matière vivante, pulvérisant du même coup l'obstacle épistémologique que la tradition oppose au matérialisme philosophique de la nouvelle biologie. La topographie de la circulation des êtres est celle de la circulation des textes, l'économie des monstres littéraires est celle des monstres physiques. Les deux dernières entrées, essentiellement ponctuées par le *Supplément au Voyage de Bougainville* et le *Neveu de Rameau* font place à l'importance de la lecture hégélienne pour souligner la radicalité avec laquelle Diderot affronte les contradictions de la pensée éclairée. En témoigne en quelque sorte négativement « l'affaissement » de cette force dans ses dernières œuvres où il troque, selon notre interprète, ses « authentiques poèmes heuristiques » (p. 354) contre un style édifiant et convenu. D'où les problèmes que posent en effet à maint lecteur les hésitations de sa pensée économique et politique à cette période, en contraste avec d'autres textes abordant ces mêmes questions et avec la puissance testamentaire des *Éléments de physiologie*. On le voit, Pierre Hartmann n'entend pas dissimuler les limites, voire les faiblesses d'une vision littéraire-philosohique dont la « vis comica » promeut la posture philosophique en dénonçant l'imposture foncière de sa pose. Le lecteur ne sombrera cependant pas dans le désarroi pour peu qu'il tente de se hausser à la pointe de cette audace spéculative : le tableau, la philosophie, l'éthique et la science ne se peuvent comprendre que déployés par une narration, « figurés » par la fiction, ce « leurre captieux dont la structure est strictement isomorphe à la vérité » (p. 366). « Pratique éclairée de la littérature » annoncée ici par l'ouverture de l'ouvrage de Hartmann et incarnée dans sa coda par *Jacques le fataliste*, animée par une tension antagonique vers la vérité et l'émancipation. Au lecteur, stimulé par la liberté d'esprit de cette enquête herméneutique, d'affronter les nombreuses difficultés en suspens, par exemple celle de la fonction précise du matérialisme biologique ou celle du statut du texte de l'*Encyclopédie* saisi lui aussi comme « figuration » du philosophe...

ANNIE IBRAHIM

Karl-Heinz KAUSCH, *Das Kulturproblem bei Wieland*, avant-propos de Horst THOMÉ. Würzburg, Königshausen & Neumann, 2001, 356 p.

Il s'agit de l'édition d'une thèse soutenue à Göttingen en 1954. Discrédité à la fin de la Deuxième Guerre mondiale, le « Voltaire allemand » témoigne de sa confiance dans l'équilibre et la perspicacité de l'esprit, dans les connaissances et les leçons de la nature. Son œuvre a toutefois pu être considérée comme platement raisonnable, superficielle, bavarde ou même frivole. L'étude (dont l'édition fut retardée de près de cinquante ans) réhabilitait de façon précoce, avec grande rigueur, l'œuvre de Wieland, à partir du concept de « culture ». Quoique la connaissance de Rousseau transparaisse en maint endroit, la dette de Wieland à l'égard de ce dernier (ou à l'égard des Zurichois de la première *Aufklärung*) n'est pas au centre de l'étude. Celle-ci identifie et noue en priorité les problèmes attenant aux binômes art et culture, nature et culture, société et culture. Très clair dans sa réflexion, l'auteur reste dans une très grande proximité du texte de Wieland. Cette honnêteté et ce parti pris d'immanence (qui va jusqu'à l'examen microscopique du style) a offert à ce travail une sorte de garantie de longévité en le préservant de méthodologies certes plus modernes mais souvent tributaires de la mode.

JACQUES BERCHTOLD

Erich KLEINSCHMIDT, *Die Entdeckung der Intensität. Geschichte einer Denkfigur im 18. Jahrhundert*, Göttingen, Wallstein, 2004, 160 p.

Alors que l'histoire des idées peut paraître moins productive et que les études sur les aventures d'un mot susceptible de cristalliser des problèmes intellectuels divers se font rares, malgré le beau livre de J. Starobinski sur le couple *action et réaction*, cette enquête sur la catégorie d'intensité est particulièrement bienvenue. Son domaine premier est germanique, mais dans un contexte européen, et la perspective est, comme il se doit, interdisciplinaire. L'idée d'une nature qui récuse les sauts et les discontinuités appelle le principe de degré ou de gradation qui va concerner d'abord la lumière, la chaleur ou les forces motrices, puis s'étend à l'ensemble de la philosophie, à la psychologie et à la linguistique. Le latin *intensitas* donne naissance à toute une famille de néologismes dans les différentes langues européennes. De Johann Heinrich Lambert à Kant, E. Kleinschmidt fournit une impressionnante brassée de références qui devraient nourrir de prochaines recherches.

MICHEL DELON

Gerhard KOCH (éd.), *Imhoff Indienfahrer. Ein Reisebericht aus dem 18. Jahrhundert in Briefen und Bildern.* Göttingen, Wallstein Verlag, 2001, 431 p. + 46 ill.

Issu d'une famille patricienne de Nuremberg qui remonte au 13ᵉ siècle, Christoph Adam Carl von Imhoff (1734-1788) mena une vie aussi picaresque que pittoresque, faite de péripéties sentimentales comme d'aventures exotiques, ces dernières vécues durant quatre ans en Inde (1769-73) en tant qu'officier au service de la Compagnie Anglaise des Indes Orientales. Les années passées à Madras et à Calcutta nous parviennent sous forme de lettres à un vaste réseau de correspondants, de journal intime, et plus particulièrement d'une ample iconographie (dessins, aquarelles, gravures, miniatures sur ivoire), Imhoff ayant une formation d'artiste. C'est grâce à l'érudition et aux recherches poussées de l'auteur que ces écrits sont publiés pour la première fois. Ils sont d'ailleurs encadrés d'une correspondance des années londoniennes qui précèdent le voyage (1767-69) et de celles du retour en Allemagne (1774-88). La fraîcheur des réflexions et impressions de cet Européen face à un pays qui l'enchante rendent ce récit de voyage aussi agréable que révélateur de mentalités et de mœurs. Imhoff de s'exclamer, par exemple, que les Noirs (« die Schwarzen ») sont aussi intelligents que les Blancs ; ils ont, déclare-t-il, autant de vices et aussi peu de vertus. Fasciné par les fruits qu'il découvre il a recours à des comparaisons surprenantes. Ainsi le goût d'une mangue lui rappelle celui d'une carotte râpée mélangée à de la térébenthine ! L'apparat critique est de taille : introduction, glossaire, appendices, bibliographie, index.

BÉATRICE FINK

Georges LAMOINE, *Petite histoire des idées en Grande-Bretagne au 18ᵉ siècle.* Nantes, Éditions du Temps, 2003, 160 p. (Coll. « Civilisation britannique »).

Excellent connaisseur de l'*Enlightenment*, infatigable traducteur, G. Lamoine met à la portée des étudiants et de l'honnête homme, ce que tout un chacun doit savoir lorsqu'il aborde le monde britannique ; malgré la modestie du titre, on sent à parcourir l'ouvrage qu'il repose sur une connaissance approfondie de la Grande-Bretagne, de ses institutions, de ses philosophes, de ses écrivains, de ses artistes. Bref, il offre un panorama complet, documenté et suggestif d'un siècle qui dura cent trente ans. Les citations sont en français, mais l'original est donné en annexe.

CHARLES PORSET

Hélène LANDEMORE, *Hume : probabilité et choix raisonnable.* Paris, Presses Universitaires de France, 2004, 127 p.

Ce petit ouvrage d'une remarquable clarté analyse avec finesse la notion de probabilité dans la philosophie de Hume et montre que celle-ci est au cœur d'une nouvelle rationalité de la décision. Influencé par la théorie des associations d'idées lockienne, Hume estime que « tout raisonnement probable n'est rien qu'une espèce de sensation ». Il rompt ainsi avec l'idéal classique d'une rationalité intégralement démonstrative. Selon lui, toute la connaissance se trouve « probabilisée ». La notion de probabilité accède dès lors à une dignité épistémologique sans précédent. Dans les *Dialogues sur la Religion Naturelle*, Hume pose la question de savoir si l'idée de Dieu est une croyance naturelle propre à tout esprit raisonnable ou bien si c'est un préjugé résultant d'une pathologie de la pensée – c'est-à-dire une probabilité non philosophique. Il fait de la sorte un usage sceptique des probabilités. L'auteur montre que le 18ᵉ siècle avait substitué à la rationalité de l'âge classique une rationalité plus souple, non intégralement démonstrative. Suivant l'exemple de la physique de Newton, les Lumières donnent la préférence à l'analyse sur la déduction et aux phénomènes sur les principes. L'empirisme complète ainsi le rationalisme. Mais selon l'auteur Hume fait figure d'exception, car il détrône la raison au profit des passions. Ce n'est pas dire pour autant qu'il soit ennemi de la raison, mais seulement du rationalisme classique avec lequel il rompt. Désir et raison se complètent. S'il n'y a pas de rationalisme humien, il y a bien une rationalité humienne, probabiliste et mixte. De façon polémique, Hume montre que si toute connaissance dégénère en probabilité, alors la suspension du jugement s'impose. Mais sa stratégie de rejet du rationalisme se double de la recherche d'un modèle plus paisible, pour adoucir les passions et faire jouer les « passions calmes » plutôt que les passions violentes. Le rôle de la raison est ainsi redéfini. Si celle-ci n'est qu'une faculté cognitive, elle peut cependant avoir un rôle de conseiller. Hume fait donc une distinction claire entre le rationnel et le raisonnable. La théorie humienne de la probabilité est donc « abstruse » – comme Hume lui-même le concédait – mais opératoire dans une conception selon laquelle la connaissance est partielle et nécessairement lacunaire et relative. Il faut louer l'auteur d'avoir su jeter la lumière sur cet aspect de la philosophie de Hume qui permet de saisir l'originalité de sa pensée dans son siècle.

PIERRE DUBOIS

Dmitri Georges LAVROFF, *Histoire des idées politiques de l'Antiquité à la fin du 18ᵉ siècle*. Paris, Dalloz, 2001, 4ᵉ éd., 192 p. (Coll. « Mémentos »).

La première édition de ce mémento, destiné avant tout à un public étudiant, est parue en 1988. Outre une présentation claire et d'accès rapide des différentes étapes de la pensée politique, ce synthétique panorama offre une mise en perspective diachronique des théories du 18ᵉ siècle et souligne les continuités, les ruptures, les lignes de force qui ont marqué l'histoire de la philosophie politique. Le développement sur les monarchomaques du 16ᵉ siècle et sur Althusius en particulier montre ainsi comment Rousseau a pu s'inspirer de la théorie du contrat développée par le penseur allemand. Les chapitres consacrés à Bodin, Hobbes ou aux absolutistes français du 17ᵉ siècle permettent de penser par rapport aux théories qui les ont précédées les réflexions d'un Locke ou d'un Montesquieu sur la liberté politique et la séparation des pouvoirs au sein d'un gouvernement modéré. Les pages consacrées aux constitutionnalistes de la Renaissance soulignent quelles ont pu être les origines des théories libérales qui se sont développées au 18ᵉ siècle, qu'il s'agisse du mercantilisme de Montesquieu, de la pensée physiocratique de Turgot, ou du libéralisme classique de Smith. L'auteur termine son manuel par des développements consacrés au système rousseauiste, à Condorcet, à Sieyès et aux penseurs contre-révolutionnaires. L'ouvrage possède un index nominum et rerum, mais pas de bibliographie, et les références des citations ne sont pas données. Des coquilles et des erreurs ponctuelles subsistent (p. 108 : dates de More ; p. 119 : *Junius Brutus* et non *Julius*, etc.), qu'une 4ᵉ éd. aurait pu corriger.

ÉRIC NÉGREL

Nigel LEASK, *Curiosity and the Aesthetics of Travel Writing, 1770-1840*, « *From an Antique Land* ». Oxford, Oxford University Press, 2002 (édition brochée 2004). X + 338 p. + 19 ill.

Cette étude des évocations textuelles de quatre zones géographiques d'une haute antiquité, loin de l'Europe (Éthiopie, Égypte, Inde et Mexique), se porte sur l'expression d'une « curiosité » pour la signification des monuments et des pratiques culturelles sensiblement différents de ceux connus au départ par les auteurs européens des récits de voyage analysés. N. Leask note deux approches dans ces textes : l'enquête scientifique avec une collecte d'informations chiffrées et objectives d'une part, et la dimension pittoresque avec une interprétation esthétique, associative et idéalisante d'autre part. Les limites chronologiques de cette réflexion érudite vont de 1770 (où le Capitaine Cook rentra de son premier voyage) à 1840 (où les bateaux à vapeur transformèrent l'expérience du voyage intercontinental). Incluant à la fois des voyageurs scientifiques comme James Bruce, Lord Valentia et Alexandre von Humboldt, des voyageurs moins cultivés comme Giovanni Belzoni et William Bullock, aussi bien que des voyageuses comme Maria Graham, Emma Roberts et Fanny Parks, N. Leask définit la « curiosité » comme la marque d'une hybridité dans le regard des voyageurs. Ce genre de récit de voyage « curieux » a succédé aux récits de voyage purement imaginaires du 17ᵉ et du début du 18ᵉ siècle, et a précédé des récits géographiques détaillés et systématiques d'après 1850, ainsi que des récits purement distrayants pour le lecteur tout-venant de la fin du 19ᵉ siècle. Cette présentation, d'une érudition remarquable, accompagnée d'une bibliographie (sources primaires et lectures complémentaires), et d'un index des noms propres et des thèmes traités, illustre avec finesse les liens entre les récits de voyage et les préoccupations intellectuelles (des cercles cultivés aussi bien que des couches populaires) de leur époque.

FLORENCE D'SOUZA

Elena DE LORENZO ÁLVAREZ, *Nuevos mundos poéticos : la poesia filosófica de la Ilustración*. Oviedo, Universidad de Oviedo – Instituto Feijoo de Estudios del Siglo XVIII, 2002, 574 p. (Coll. « Textos y estudios », 23).

La récupération du 18ᵉ siècle a pu être un aspect des renouvellements qu'a préparés et connus l'Espagne depuis un demi-siècle. La *poésie philosophique* se voit à présent réévaluée après de longues méfiances idéologiques contemporaines de préférences formelles qui, de la poésie espagnole des Lumières, ne sauvaient du dédain que de jolis essais de renouvellement de l'idylle ou de l'ode anacréontique. Fondé sur d'amples lectures théoriques et critiques et sur une relecture large et approfondie des auteurs, cet ouvrage explore les liens entre la création littéraire et le mouvement éclairé. L'idée de départ est que les Lumières ne sont pas une idéologie mais une mentalité qui se traduit par des attitudes nouvelles : d'où la quête d'innovations lexicales et expressives, ainsi que d'une réorientation ou d'un renouvellement des topiques. L'auteur justifie l'appellation *poésie philosophique*, porteuse de la réflexion étendue des philosophes sur les faits naturels et humains (et donc économiques aussi). Dans les discours qu'elle analyse, elle souligne les entrecroisements de topiques nouveaux comme le progrès et ses héros (inventeurs, découvreurs), les progrès de la Nation et les furies successives et variables qui la déchirent, les contrastes sociaux, les débats sur l'Amérique, l'ordre de la Nature et la chaîne des Êtres, où s'inscrivent l'amour et l'amitié. L'analyse attentive et pertinente de nombreux textes enrichit cet ouvrage et en fait un appel à des relectures aujourd'hui facilitées par plusieurs rééditions (à quand celle de Cadalso ?).

MICHEL DUBUIS

Pierre LURBE (dir.), *Le joug normand. L'interprétation de la conquête normande dans la pensée politique anglaise des 17ᵉ et 18ᵉ siècles.* Caen, Presses universitaires de Caen, 2004, 140 pages.

Cet ouvrage collectif ne porte pas sur la conquête normande de l'Angleterre au 11ᵉ siècle, mais sur l'interprétation de cet événement qui a été donnée par les historiens, les philosophes et les politiques des 17ᵉ et 18ᵉ siècles. Il s'agit d'une étude d'historiographie, mais aussi de mythologie politique. À l'occasion de la première révolution d'Angleterre, des acteurs et auteurs tels que John Milton, Gerrard Winstanley, James Harrington, vont chercher dans la conquête un paradigme, certes, mais de quoi exactement ? Pour Winstanley (qu'étudie ici J. C. Davis), il s'agit de l'oppression : la conquête institue le « joug normand », c'est-à-dire un régime d'oppression qui reste présent tant que la révolution des Niveleurs n'est pas menée à son terme. Milton (objet de la contribution de L. Roux) voit au contraire dans Guillaume l'instrument du châtiment que méritent les Anglo-Saxons. Quant à Harrington, il interprète l'événement à partir de sa propre théorie de la « balance » ; en l'espèce, de la « balance aristocratique » qui aurait été introduite en Angleterre par la Conquête – comme le montre L. Borot. C'est dire que des hommes qui partagent l'idée républicaine (à des degrés divers et selon des formes certes différentes) n'ont pas interprété de la même manière la conquête normande, comme le souligne ici G. Burgess. Le second grand épisode suit la Glorieuse Révolution de 1688 – comme celle-ci est largement une crise dynastique, les historiens et idéologues du 18ᵉ siècle vont porter leur attention sur la prétendue homologie des contextes juridiques dans lesquels les homonymes (Guillaume Iᵉʳ et Guillaume III) ont accédé au trône, qu'il s'agisse d'une apologie (le juriste *whig* James Tyrrell, contemporain de Locke, que présente P. Lurbe) ou d'une critique (la républicaine radicale Catharine Macaulay, dans le dernier tiers du 18ᵉ siècle, à laquelle A. Thomson consacre son article). Au total, c'est l'histoire de la Constitution d'Angleterre qui est toujours en vue à travers la réception et la discussion de la conquête normande. Il n'est pas certain que l'historiographie du 20ᵉ siècle, par exemple avec Christopher Hill (que discute F. Lessay), échappe à cette fascination devant ce qui est peut-être, rétrospectivement, la première des révolutions d'Angleterre. L'ensemble de ce volume qui réunit les meilleurs spécialistes est d'excellente facture.

LAURENT JAFFRO

Laurenz LÜTTEKEN, Ute POTT, Carsten ZELLE (éds.), *Urbanität als Aufklärung. Karl Wilhelm Ramler und die Kultur des 18. Jahrhunderts.* Göttingen, Wallstein, 2003, 516 p. (Coll. « Schriften des Gleimhauses Halberstadt »).

Ce recueil d'articles – au titre fort bien trouvé – consacrés à Karl Wilhelm Ramler (1725-1798) répare une injustice. En effet il reste largement méconnu – l'article de Carsten Zelle s'interroge sur le peu d'appétence des germanistes sur un auteur qui était universellement respecté de son temps et qui savait faire beaucoup de choses, peut-être trop d'ailleurs ! Cet « Horace allemand » joua un rôle de premier plan dans l'*Aufklärung* ainsi que le montrent les dix-huit contributions remarquables de ce volume articulées en quatre parties : l'*Aufklärung* littéraire, K.W.R. et la culture musicale et théâtrale, K.W.R. comme médiateur et enfin un morceau de choix, des documents inédits concernant son rôle comme intendant du théâtre national, sa correspondance (1765-1794) avec Friedrich Nicolai (Alexander Kosenina) et une bibliographie détaillée de ses ouvrages, articles et traductions. Après des études de médecine, de théologie et de droit à Halle il arrive à Berlin en 1725 – il consacre une ode à la ville – et enseigne à l'École des cadets entre 1748 et 1790. La description de la vie intellectuelle de la métropole est impossible sans lui. Membre du club du Lundi, de la célèbre Société du Mercredi, de l'Académie des sciences (classe de philologie) en 1786 puis de l'Académie des arts en 1788, il sera l'intendant du théâtre national et royal de Berlin entre 1787 et 1796. Traducteur de Batteux (*Cours de Belles lettres* 1756-58, quatre rééditions !) corédacteur en chef éphémère (avec Sulzer) des *kritische Nachrichten aus dem Reiche der Gelehrsamkeit* avant de céder la place à Mylius et à Lessing, il préface, introduit, édite, contrôle et traduit aussi Horace (Brecht a lu et annoté sa traduction), Catulle, Martial et les anacréontiques. Il collectera des chansons allemandes publiées entre 1766 et 1768. Homme de la scène, il se trouve aussi au centre du débat berlinois sur la musique, l'époque est à Carl Philipp Emmanuel Bach. Ses *Poésies lyriques* paraissent à Berlin et à Paris en 1777 (tr. François Cacault). Un superbe florilège à l'érudition impeccable qui met en appétit : à quand une édition savante de la correspondance de Ramler ?

DOMINIQUE BOUREL

Bernard MABILLE, *Hegel, Heidegger et la métaphysique. Recherches pour une constitution.* Paris, Vrin, 2004, 400 p.

Considérant, avec Heidegger, qu'« on ne peut se défaire de la métaphysique comme on se défait d'une opinion ; on ne peut aucunement la faire passer derrière, telle une doctrine à laquelle on ne croit plus et qu'on ne défend plus » (cité et traduit p. 9), Bernard Mabille s'efforce de préciser ce qu'il en est de l'actualité du geste métaphysique, de son rythme historique propre, tout particulièrement à partir d'un dialogue fécond entre Hegel et Heidegger sur « l'affaire du penser ». Si Heidegger s'interroge sur la pensée (métaphysique) en tant que telle, c'est-à-dire sur l'être, le Dasein, c'est pour opérer le même geste que Hegel, mais dans la non-répétition de l'identique. Le geste hégélien de la métaphysique, plus précisément de la constitution onto-théo-logique de la métaphysique, procède ainsi d'une logique qui part de l'étant, donc de ce qui est, pour le reconduire à son état fondateur, l'être en question. « La métaphysique authentique » est bien « logique ontologique », c'est-à-dire « système des concepts purs de l'étant ». Cependant une telle recherche de la déterminité est frappée de contingence si l'on n'introduit pas le fait de la totalisation, donnée essentielle dans la requalification de la métaphysique de crise en crise. Il s'agit donc de s'interroger aussi sur *le principe unique du tout*, dans la mesure où la métaphysique est redéfinie par Heidegger à travers Hegel comme la question visant l'étant comme tel et dans son tout, la totalité de ce tout étant l'unité de l'étant. Ici la totalité caractérise certes le *méta* de métaphysique, par la quête d'un fondement, mais dans le sens de *trans*, ce qui transvalue l'expérience sans pour autant lui tourner le dos, et non de *post*, ce qui vient après la donnée sensible dans la mesure où il ne s'agit pas de substituer au litige bien réel des jeux de mots sur l'âme et l'esprit en rabattant l'existence sur l'essence. De façon plus générale, le discours métaphysique considère l'étant en fonction d'un *principe*, dans le fait même d'en déterminer un ou plusieurs constituants et les relations qui les lient. La démarche métaphysique est alors toujours révisable dans le fait de qualifier tel ou tel *principe constituant*, sans pour autant entrer, à un moment donné, dans son dépassement définitif. De crise en révolution, la métaphysique procède par extension dans le paradigme propre d'une époque. Chaque époque de la modernité renoue donc avec le geste métaphysique : il convient alors d'en apprécier l'apport sur le long terme. Ainsi la requalification de la métaphysique est constamment à l'ordre du jour dans un lien renouvelé à la métaphysique classique. Au même titre, la dimension anti-dogmatique et inventive de l'activité métaphysique est souvent sous-estimée. En effet, l'activité métaphysique est aussi, dans la perspective hégélienne repensée par Heidegger, l'exercice d'une liberté, voire d'un *principe-liberté*, par l'invention perpétuelle de relations entre constituants à définir. Son rapport premier à la logique et à la théologie, en tant qu'onto-théo-logie, n'est en rien stable, il est constamment pris dans sa propre transgression, par le fait même d'être une ontologie de l'essence et de la possibilité.

JACQUES GUILHAUMOU

James E. MCCLELLAN III, *Specialist Control. The Publications Committee of the Académie Royale des Sciences (Paris), 1700-1793*. Philadelphia, American Philosophical Society, 2003, 134 p. + 8 ill. (Coll. « Transactions of the American Philosophical Society »).

En reprenant les *Registres du Comité de Librairie*, l'auteur à qui l'on doit un ouvrage qui fait autorité sur *Colonialism and Science : Saint-Domingue in the Old Regime* (1988), se penche sur ce passage qui va amener les savants de toute origine à contrôler la production scientifique pour la conduire à sa majorité. L'examen des *Mémoires* lus, mais écartés, de ceux retenus, l'étude du personnel du *Comité de Librairie* qui délivre l'imprimatur, permettent de saisir cette transition qui servira de socle à la science moderne. Deux appendices concluent ce travail très documenté (1. Membership Statistics for the Comité de Librairie ; 2. Members of the Comité de Librairie). Suivent la bibliographie et l'index.

CHARLES PORSET

Hanspeter MARTI, Detlef DÖRING (éds.), *Die Universität Leipzig und ihr gelehrtes Umfeld 1680-1780*. Basel, Schwabe, 2004, 508 p. (Coll. « *Texte und Studien* »).

Voici onze contributions véritablement remarquables issues d'un colloque tenu entre le 9 et le 13 Juin 2001 à Engi en Suisse. Elles portent sur l'Université de Leipzig et son environnement savant. Il est impossible de s'attarder sur tous ces articles. Signalons celui de G. Mühlpfordt, qu'on ne présente plus tant il a publié sur l'*Aufklärung*, sur les recteurs de l'Université et surtout celui d'U. J. Schneider sur le célèbre *Universal Lexicon* de Johann Heinrich Zedler. On sait que ce dernier est une mine pour les érudits qui offre la synthèse quasi anonyme du savoir dans ce milieu de siècle (68 000 pages, près de 300 000 articles, 64 volumes, Halle Leipzig, 1732-1750, 4 vols. suppl. 1751-1754). Deux articles sont consacrés au piétisme car c'est dans cette ville qu'avait été créé le *Collegium Philobiblicum*. C'est aussi ici qu'éclatèrent les polémiques les plus virulentes le concernant. La réception d'Horace à Leipzig, un portrait du médecin Christian Gottlieb Ludwig par sa correspondance avec Albrecht von Haller, une évocation de Johann Gottlieb Krause, professeur à Leipzig et à Wittenberg et sa revue *Neue Zeitungen von gelehrten Sachen* ainsi que du « Beccaria allemand » Karl Ferdinand Hommel, on voit la riche moisson du lecteur intéressé par l'*Aufklärung* à Leipzig qui devient depuis quelques années, un domaine de recherche très fécond. La culture de la Saxe est de nouveau un sujet de l'historiographie et il faut s'en réjouir car elle a été trop longtemps négligée. De plus se profile le 600e anniversaire de la fondation de l'Université en 2009.

DOMINIQUE BOUREL

François MARTY, *L'Homme, habitant du monde. À l'horizon de la pensée critique de Kant*. Paris, Honoré Champion, 2004, 359 p. (Coll. « Travaux de philosophie »).

François Marty, traducteur et commentateur de Kant, auteur d'un livre de référence des études kantiennes (*La Naissance de la métaphysique chez Kant*, 1980), n'encombre pas inutilement les rayonnages des bibliothèques, puisque son dernier livre (*La Bénédiction de Babel. Vérité et communication*, 1990), remonte à près de quinze ans. On ne peut que se réjouir de voir enfin réunis en un volume une douzaine d'articles publiés ces vingt dernières années. L'ensemble ne constitue d'ailleurs pas une simple compilation, mais possède une unité thématique et une organisation qui en fait un véritable livre. Comme son titre l'indique, c'est autour de questions relatives à l'anthropologie kantienne que ce recueil se construit et parcourt différents textes de Kant : c'est la destination de l'homme, citoyen et habitant du monde, qui intéresse F. Marty. Les notions de liberté, de moralité, de droit, de jugement esthétique, de monde, de sens commun, d'âme, de religion, de paix... sont successivement évoquées, dans une perspective qui a le mérite paradoxal d'être à la fois assez classique et assez originale, ce qui s'explique par le fait que l'auteur est un bon historien animé de soucis philosophiques propres qui orientent, non ses analyses, mais ses interrogations. Ce qui l'intéresse dans la pensée transcendantale c'est, pour citer ses derniers mots, qu'en elle « l'intelligible est tellement pétri de sensible que le monde est cette habitation commune (...) où l'immensité offerte à son regard rappelle à l'homme qu'il ne peut être chez lui que dans l'illimité » (p. 332).

COLAS DUFLO

Michel MARTY, *Voyageurs français en Pologne durant la seconde moitié du 18e siècle. Écriture, Lumières et altérité.* Paris, Honoré Champion, 2004, 375 p.

C'est un ouvrage solide et bien informé qui nous est ici livré et qui s'avère doublement important. D'abord, les nombreux spécialistes de la littérature de voyage actuellement au travail y trouveront une riche documentation qui illustre des circonstances particulières de réalisation du voyage comme pratique culturelle et démarche heuristique. Ensuite, le cas de la Pologne au 18e siècle est intéressant non seulement dans la perspective de l'étude du voyage, mais aussi et surtout parce qu'elle est un espace limite des Lumières européennes où beaucoup des certitudes et des idées du temps sont mises à l'épreuve d'une façon toute particulière : l'organisation du pouvoir, la question de la tolérance religieuse, la gestion du territoire et la lecture du paysage, les progrès du savoir, etc. Dans ce sens, la Pologne est, pour les philosophes, un espace réfléchissant qui renvoie au voyageur et aux lecteurs de celui-ci les questions qu'ils sont conduits à se poser sur leurs propres connaissances et leurs convictions. Ce sont les Lumières qui s'interrogent elles-mêmes aux confins de leur espace de rayonnement. Dans une première partie, l'auteur présente les voyageurs avec les motivations qui les animent, le pays qu'ils parcourent et les formes d'écriture qu'ils pratiquent ; outre des textes déjà bien connus, on a le plaisir d'y découvrir quelques relations inédites et fort intéressantes. La deuxième partie apporte une description de l'expérience même du voyageur, de sa rencontre avec cette Pologne à la fois familière et exotique ; là aussi, le propos est précis et pertinent, même si on l'aurait souhaité çà et là plus audacieux dans l'analyse culturelle et anthropologique. Prolongement de la précédente, la troisième partie traite des spécificités les plus remarquables que la Pologne de ce temps offrait aux voyageurs. L'ouvrage comporte une riche bibliographie, ainsi qu'un bien utile recueil de notices biographiques relatives aux principaux personnages évoqués.

FRANÇOIS ROSSET

Cécile MARY TROJANI, *L'Écriture de l'amitié dans l'Espagne des Lumières. La Real Sociedad Bascongada de los Amigos del Pais, d'après la source épistolaire (1748-1775)*, préface de Jacques SOUBEYROUX. Toulouse, Presses Universitaires du Mirail, 2004, 350 p. (coll. « Hespérides »).

La Société Basque des Amis du Pays, ses fondateurs, son activité, les résonances de son action ont fait l'objet de maintes publications. L'originalité du présent ouvrage est d'explorer les liens familiaux, locaux, amicaux et les relations d'intérêts sur lesquels se sont construits le projet, la fondation et le fonctionnement de cette sorte d'académie d'agriculture et des sciences, bientôt accompagnée d'une institution pédagogique novatrice, le collège de nobles, ou

« Séminaire », de Vergara, qui aurait d'abord été aussi une « affaire de famille ». Le marquis de Peñaflorida et ses amis les plus dévoués ont utilisé tous les modes et toutes les occasions de sociabilité (fêtes locales, mariages, repas, bals, théâtre et musique) pour mener leurs proches du plaisir d'être ensemble à celui d'échanger, de réfléchir et d'agir ensemble. Ainsi voit-on confluer nouvelle sensibilité et nouveaux besoins de savoir. Le rappel de l'amitié d'Altuna et de Rousseau précède l'analyse de l'ambiance de fondation de la Société Basque ; son activité et ses difficultés se reflètent dans les lettres échangées entre Peñaflorida et Álava. La correspondance – au double sens de *correspondencia* : accord des tempéraments et des idées, ou bien communication épistolaire – est un des fondements de l'activité des Amis du Pays. Cette étude intelligente, et qui se lit bien, montre que les Lumières n'éclosent pas seulement dans les grandes villes : elles vont jusqu'à ces vallées enclavées du Pays Basque où l'éthique ancienne de l'amitié se transforme en éthique du sentiment et du savoir (d'un savoir qui conduit à un agir).

MICHEL DUBUIS

Didier MASSEAU (dir.), *Les Marges des Lumières françaises, (1750-1789)*, Actes du colloque organisé par le groupe de recherches Histoire de représentation, 6-7 décembre 2001, U. de Tours. Genève, Droz, 2004, 286 p. (Coll. « Bibliothèque des Lumières »).

Il s'agit là d'une riche réflexion sur la notion même de « marge » – seize contributions, en quatre parties : les limites du discours des Lumières, les zones d'incertitude et d'interférence, les pratiques culturelles et les marges problématiques et incertaines – à partir d'auteurs et de points de vue différents (études de discours, sociologie de la lecture, institutions) et sur la signification même des « Lumières » (G. Benrekassa, J.-M. Goulemot, à propos de la parodie dramatique, voire Y. Citton, dont la lecture des Physiocrates comme « le centre le plus brillant et le plus prometteur des Lumières », et de leur « sectarisme dogmatique » comme un « effort pour se donner les moyens [...] de réaliser pratiquement le mot d'ordre vague » (!) de Diderot : « changer la façon commune de penser », est quelque peu problématique, et dont l'analyse pâtit d'une excessive projection de modèles d'aujourd'hui). On est parfois dans la mouvance directe de l'ouvrage de l'organisateur (*Les Ennemis des philosophes*) qui, à partir de l'analyse des interprétations de Rousseau, approfondit ici son étude des altérations « des principes habituels de la communication littéraire », des « stratégies et des alliances nouvelles » produites en particulier par l'apparition de « lecteurs dont l'appartenance sociale et idéologique reste indécise » à la veille de la Révolution, et des « tensions qui affectent l'histoire politique de la fin de l'Ancien Régime ». Deux études (M.-H. Frœschlé-Chopard et M. Cottret) portent sur les jansénistes, dont M. Cottret analyse en particulier le rapport à l'économie marchande. Dans presque toutes les contributions sont donc centrales les remises en cause de catégories, les études de champs d'interaction plus que d'affrontement, les alliances tactiques, voire les reprises ambiguës de certains termes ou idéaux des Lumières. C. Poulouin montre comment, dans le cas de l'Académie des Inscriptions et Belles-Lettres, les débats sur l'érudition et le rapport au public « se jouent sur des limites ». L'accent est mis sur des destinées étranges : l'abbé Maury, étudié pour la marginalité de ses œuvres « intrigantes », « hybrides rhétoriques », où se déploie un « double registre idéologique » (P. Brasart) ; Bernardin de Saint-Pierre, en qui J.-M. Racault étudie un « cas » qui s'inscrit à la fois dans l'histoire et la sociologie de la vie littéraire, des attitudes sociales et « le champ de l'idéologie philosophico-religieuse et même de l'épistémologie scientifique », mais aussi une image de « passeur », « la figuration collectivement représentative d'une situation historique de transition », tandis que J.-J. Tatin-Gourier évoque « l'assumation d'une marginalité qui seule peut être féconde », et qui conditionne même (c'est aussi le cas de Maury) la compréhension du public, jusqu'à devenir un « poncif » ; Pierre Rousseau, en qui J. Wagner étudie des marginalités biographique, géographique, juridique, intellectuelle, culturelle, rhétorique, mais dont le *Journal encyclopédique* finit par « trouver une légitimité » ; Caraccioli enfin, chez qui M. Jacques décèle une marge « perçue comme une inclusion permettant la reprise en main ». Particulièrement intéressantes sont les réflexions sur le langage, dans l'énonciation particulière de la vérité, étudiée chez Restif et Dom Deschamps par E. Berkman comme « rapport singulier à la totalité », « somme d'écarts », dans les calembours du marquis de Bièvre (B. Mélançon) ou encore (M. Bokobza-Kahan) dans « l'hétéroclite et la dissonance », voire le « principe de non-sens généralisé » du *Compère Mathieu* de Dulaurens. Si l'approche du *Neveu de Rameau* par G. Cammagre n'apporte guère d'éléments nouveaux, G. Benrekassa repose autrement une partie du débat Diderot/Rousseau et se situe, à partir du problème du rapport de Rousseau à la sophistique, du point de vue des écrivains des Lumières (« ceux qui ont œuvré à l'affranchissement éclairé par le combat critique au sens noble du terme »), d'une « pratique des marges » qui les fait « entrer en rapport critique avec ce qui n'est pas elles », mais avec quoi « elles ne peuvent exclure qu'elles ont un rapport » : cette « limite extrême de validité de leur démarche » qui leur fait côtoyer « un péril fondateur », dans la « tentation de la désorientation et d'un jeu un peu effrayant sur les positions de discours ». Ce colloque, qui nous présente un jeu d'anamorphoses (M. Jacques), et secoue « nos conformismes idéologiques » (D. Masseau) est riche aussi par ce qui s'y suggère, par les voies ouvertes : ainsi l'allusion non exploitée, dans deux études, aux blanches marges du texte, comme espaces de liberté.

NICOLE JACQUES-LEFÈVRE

Jean MONDOT (éd.), *Les Lumières et leur combat, La critique de la religion et des Églises à l'époque des Lumières / Der Kampf des Aufklärung, Kirchenkritik und Religionskritik zur Aufklärungszeit.* Berlin, Berliner Wissenschaft-Verlag, 2004, xvii-258 p. (Coll. « Concepts et Symboles du Dix-Huitième Siècle Européen »).

Ce volume rassemble les communications des séminaires de Greifswald et de Séville. Il s'inscrit dans le programme piloté par R. Mortier sur les *Concepts et Symboles du Dix-Huitième Siècle Européen*. C'est le second *opus* de cette série, le premier ayant été publié dans la même collection en 2003 (*Les Lumières en Europe. Unité et diversité*, voir *DHS* N° 36, p. 592). Ils rassemblent tous les deux des contributions couvrant l'ensemble de l'espace européen : c'est là l'intérêt et l'originalité de cette entreprise. Ce livre parcourt en trois langues (français, anglais et allemand) les critiques dont la religion a été l'objet : il s'agit en fait de suivre cette piste privilégiée par laquelle les Lumières ont pris conscience d'elles-mêmes. Les grands spécialistes se succèdent donc pour dresser des tableaux divers, confinant parfois au survol historique national ou s'arrêtant sur quelques exemples plus circonscrits. Si l'Allemagne, la France et la Grande-Bretagne se taillent la part du lion, on explore aussi les cas, certains moins connus, de l'Italie, l'Espagne, la Hongrie et la Grèce. L'anticléricalisme n'est pas la seule force déterminante, à côté de la critique de la Révélation et de l'interrogation philosophique : on ne néglige cependant pas l'étude de l'athéisme, dans ses premières manifestations (W. Schröder), chez Meslier notamment (M. Benitez). Un aspect essentiel, à la lecture de l'ensemble, paraît être aussi l'évolution de l'ecclésiologie et de la sensibilité religieuse. Un même rejet de l'autorité péremptoire et de l'esprit hiérarchique des Églises, quelles qu'elles soient, semble conduire ce mouvement séculaire, qui instaure, à l'aube du 19e siècle, autant la coupure laïque dans la gestion des affaires politiques et sociales que le renouveau de la religiosité. Finalement la critique de la religion apparaît comme un phénomène complexe où les attaques externes comptent peut-être moins, finalement, que les forces de contestation à l'intérieur même des religions constituées. L'exemple janséniste (P. Loupès), dans le domaine français, en est l'illustration exemplaire.

ALAIN SANDRIER

Alain MONTANDON (dir.), *Le Livre de l'hospitalité. Accueil de l'étranger dans l'histoire et les cultures.* Paris, Éditions Bayard, 2004, 2039 p.

Dans son *Dictionnaire philosophique*, Voltaire définissait l'hospitalité comme « cette vertu si sociale, ce lien sacré des hommes » et l'on sait la place que le 18ᵉ siècle tint pour promouvoir les lieux et les institutions de la sociabilité où l'hôte était accueilli et honoré, qu'il s'agisse des salons, des sociétés de lecture, des académies ou des loges maçonniques. L'hospitalité eut ses historiens et au siècle des Lumières, Christian Hirschfeld (1742-92), théoricien de l'art des jardins, rédigea en 1777 son *Von der Gastfreundschaft*. Mais l'ouvrage dépasse, on s'en doute, l'horizon d'un siècle et d'un espace européen pour croiser, de l'Antiquité à nos jours et sur tous les continents les approches de l'historien, de l'ethnologue, du sociologue, du philosophe, de l'anthropologue, du psychologue... (environ 80 collaborateurs). Les contributions sont classées dans cinq rubriques, « Définitions » (hospitalité, hôte, don, Marcel Mauss, ethnographie...), « Civilisations » (Bible, judaïsme, Maghreb, Norvège, Albanie, Roumanie, Russie, Chine, Viêt-Nam, Japon, Inde, Polynésie, – évocation de Cook, ce « cauchemar de l'ethnographe » –, Madagascar, Grèce archaïque et moderne, Moyen Âge, Grand Siècle), « Lieux, institutions et espaces symboliques » (architecture, chaumière, château, jardin, montagne, ville-refuge, métro, hôtellerie, hospice, psychiatrie, asile des pauvres, hôpital, centre d'hébergement et de réinsertion sociale, église, ordre du Saint-esprit, enfants abandonnés, salons, journal intime, intertextualité, traduction, mort), « Mythes, figures et représentations » (Amphitryon, saints, Marthe, Don Juan, l'étranger, le fantôme, le parasite, Dickens, Balzac, Proust, Thomas Mann, Jabès...), « Philosophie, politique et société » (Derrida, Lévinas, droit de cité, exil, immigration, exclusion, utopie, rites politiques, banquets publics, commensalité, commerce, amitié, charité, rire, visites...). Cent vingt pages de bibliographie établie par article et un index thématique orientent et facilitent l'accueil du lecteur, hôte de ce beau volume, afin qu'il s'y sente comme chez lui, ce qui est un des buts de l'hospitalité.

CLAUDE MICHAUD

Sarga MOUSSA (éd.), *L'Idée de « race » dans les sciences humaines et la littérature (18ᵉ et 19ᵉ siècles).* Paris, L'Harmattan, 2003, 439 p. (Coll. « Histoire des Sciences Humaines »).

Issu d'un colloque international organisé au sein de l'UMR LIRE (Lyon II/CNRS), cet ensemble de textes réunis et présentés avec beaucoup de soin par Sarga Moussa est tout à fait passionnant et d'un intérêt soutenu, ce qui témoigne d'un travail rigoureux en amont comme en aval. Pour comprendre comment se constitue un « discours raciologique » (du milieu du 18ᵉ siècle à la fin du 19ᵉ), l'interrogation se situe à la croisée de plusieurs domaines (anthropologie, philosophie, histoire, linguistique, littérature) avec quelques aperçus sur l'Angleterre et l'Allemagne. Dans un beau chapitre liminaire, Diego Venturino prévient que le fameux « racisme nobiliaire » ne renvoie pas tant à la notion de race dans le sens biologique moderne qu'au lignage : le thème du « sang épuré » ne doit pas nous faire oublier, en effet, que l'on devient noble par anoblissement. Si les savants des Lumières montrent une merveilleuse curiosité pour la diversité humaine, leurs présupposés théoriques dépendent des aléas de l'observation. Dans le contexte foisonnant de l'étiologie des races, le thème ethnocentrique de la supériorité des blancs apparaît bien ici et là, mais il n'est jamais systématiquement orchestré au point d'engendrer une idéologie véritablement raciste. Dans le cas assez ambivalent de Voltaire, José-Michel Moureaux démêle avec beaucoup de dextérité les inconséquences d'un « philosophe » aveuglé par un fixisme rigide. Son credo polygéniste qui est surtout « un rempart de métaphysicien sur la défensive » (52) ne l'empêche pas de proclamer que tous les hommes sont frères. Anne-Marie Mercier-Faivre refuse également les jugements hâtifs : à partir d'un topos (« la danse du Hottentot »), elle définit très clairement le statut encore tellement incertain du savoir anthropologique. Dans sa belle contribution, Muriel Brot fait apparaître de notables évolutions dans les éditions de l'*Histoire des deux Indes* : aux classifications hiérarchisées propres à justifier la conquête et l'esclavage succède une idée du mélange mettant en question la notion même de race. Dans cette thématique anti-coloniale faite de compassion chrétienne et d'humanisme universaliste, la seule race reconnue désormais est celle des colons désignés comme des loups. Selon Yaël Ehrenfreund, le théâtre offre un semblable éventail de positions antinomiques où l'héroïsation du noir peut s'accompagner à propos du juif de vieux stéréotypes hérités de Shakespeare. Avec Volney, comme le montre Simone Carpentari Messina, s'affirme une nouvelle exigence de rigueur dans l'observation anthropologique. Claude Rétat analyse un très intéressant thème « humaniste » de Dupuis à Michelet. Retenons pour ce qui concerne le 19ᵉ siècle les belles études de Pierre-Louis Rey sur Gobineau et de Laudyce Rétat sur l'œuvre de Renan marquée par une perpétuelle « tension » entre l'appel à l'universalisme et l'affirmation identitaire. À noter également le surprenant chapitre de Marie-Claude Schapira sur quelques impressions d'Afrique du nord de Maupassant et la superbe étude de Philippe Régnier sur George Sand. Toutes les contributions mériteraient d'être évoquées dans ce remarquable ensemble qui s'emploie à dévoiler la complexité d'un dossier délicat en évitant toujours les approximations niaises du politiquement correct.

JEAN-CLAUDE BONNET

Éric NEGREL, Jean-Paul SERMAIN (éds.), *Une Expérience rhétorique. L'éloquence de la Révolution*. Oxford, Voltaire Foundation, 2002, 334 p. (Coll. « *SVEC* » : 02).

Ce recueil reprend les interventions d'un colloque organisé à Sarrebruck à une date qui n'est pas précisée ; partant du constat que la rhétorique a mauvaise presse au 18ᵉ siècle parce qu'on l'associe au Trône et à l'Autel, qu'en conséquence on la bannit de l'enseignement dans les années qui précèdent la Révolution, les contributeurs de cet ouvrage se demandent pourquoi les orateurs de l'époque révolutionnaire, rhéteurs s'il en fut, se détournent de l'art oratoire qui est pourtant le sel de tous leurs discours. Trois parties : 1. Modes oratoires (Procédés : la tradition ; Dynamiques interactives) ; 2. Diffractions de l'éloquence (Médiations ; Traductions-citations) ; 3. Réflexions rhétoriques (Les intentions révolutionnaires ; Constructions rétrospectives). Une longue et très suggestive présentation des éditeurs introduit l'ouvrage ; une très complète bibliographie due à Éric Négrel le conclut ; elle est suivie d'un index des noms cités.

CHARLES PORSET

Christine NOILLE-CLAUZADE, *L'Eloquence du Sage. Platonisme et rhétorique dans la seconde moitié du 17ᵉ siècle*. Paris, Champion, 2004, 336 p.

En débutant son ouvrage par un recensement des marques de désaffection à l'égard de Platon dans les débats doctrinaux du 17ᵉ s., C. Noille-Clauzade met d'autant mieux en valeur le maintien d'une mémoire culturelle de la Renaissance néoplatonicienne, et surtout l'importance des lieux communs de l'accréditation rhétorique du platonisme dans l'effort, à la fin du 17ᵉ siècle, de reconfiguration des Belles-Lettres. L'auteur parle même, en cette fin de siècle, de refondation de la littérature par le fait d'un agrandissement du champ de compétence de la rhétorique à la pensée littéraire. Dans cette voie originale, elle définit d'emblée le nécessaire positionnement de la rhétorique au plus près des idées nouvelles dans sa caractérisation comme « une spéculation en mouvement travaillée par la recherche et l'adoption de principes philosophiques qui lui permettent de reformuler des modèles opératoires pour décrire les opérations d'invention, de disposition, d'éloquence à l'œuvre dans la production du texte » (p. 12). Encore faut-il préciser ici de quel type de rhétorique il s'agit : en aucun cas, une rhétorique dogmatique de la contrainte, mais plutôt la version poétique et sceptique de la rhétorique qui, dans la tradition des grands rhéteurs de l'Antiquité, met l'accent sur la distance entre l'énonciateur et l'énoncé, donc dégage un espace propice à la liberté de la lecture. Ainsi la promotion, à la fin du siècle et jusque dans les milieux académiques, d'un modèle platonicien d'écriture au sein des Belles-Lettres tend à favoriser la quête du sens littéral et la reconnaissance du style par la promotion d'une morale de l'éloquence. Sur la base de nouvelles initiatives figurales et littéraires, Fénelon comme Fleury, La Bruyère et d'autres s'autorisent d'une réflexion et d'une écriture morales, voire d'une indexation de cette écriture sur la rhétorique socratique à l'horizon d'une configuration idéale du corpus littéraire profane. Recul sceptique et autorisation morale constituent ainsi les sources de l'anti-rhétorique du 18ᵉ siècle. Ils favorisent également l'émergence au début du siècle d'un mouvement propice à la revendication par les littéraires d'un maximum de créativité, d'expressivité au détriment des conventions héritées, à l'exemple de Marivaux. Cependant une fois la norme de la langue commune mise en place par le *Dictionnaire de l'Académie*, l'ouverture des Belles-Lettres s'amplifie plutôt en direction des linguistes. Du moins, ce retour rhétorique à Platon a permis un temps de sortir le philosophique de son discrédit mondain, de sa présence au sein d'un *public* perçu négativement, par sa réintégration dans les Belles-Lettres, en attente du retour triomphal de la philosophie des Lumières dans une *opinion publique* nouvellement constituée.

JACQUES GUILHAUMOU

Brian NORMAN, *The Influence of Switzerland on the life and writings of Edward Gibbon*. Oxford, Voltaire Foundation, 2002, 176 p.

Gibbon résida plus du tiers de sa vie dans le Pays de Vaud, alors dépendance bernoise, et l'éducation qu'il y reçut ainsi que la société de culture cosmopolite qu'il fréquenta, influencèrent sa philosophie et ses écrits. Durant son premier séjour, de l'été 1753 à avril 1758, le futur historien retint de sa visite des cantons du nord de la Suisse à l'automne 1755 l'image d'une population qui sut s'unir pour préserver son indépendance et sa liberté contre les envies expansionnistes de ses voisins. L'auteur démontre que c'est de la fin de ce séjour qu'il faut dater la composition de *The Letter on the Government of Berne* et pour cela il s'appuie sur une étude minutieuse de l'accentuation des mots de cet écrit. En mai 1763, Gibbon s'installe à Lausanne. Il lit alors de nombreux ouvrages savants dont il tirera profit lors de la rédaction de *The Decline and fall of the Roman Empire* et qui servent de préparation à son prochain voyage en Italie. Il part à la mi-avril 1764, retourne en Angleterre fin juin 1765 et retrouve à Londres son ami le plus cher, le suisse Georges Deyverdun. Leurs conversations et leurs recherches communes ravivent son désir d'écrire une histoire de la Suisse qui montrerait que l'amour de la liberté et le désir de chacun d'être utile à la société ont été les moteurs de ce pays (p. 99, *Introduction à l'histoire générale de la République des Suisses*). En 1779 Deyverdun s'installe à Lausanne et l'invite à le rejoindre pour y achever son grand ouvrage sur l'empire romain, ce qu'il fait en septembre 1783. Les assertions politiques, militaires et religieuses de ce livre sont directement inspirées de sa connaissance de l'histoire suisse (chapitre 8) comme l'attestent ses références à cette histoire et au caractère national suisse. Le seul bémol à ce séjour, d'après Gibbon, aurait été des maladresses de langue dues au fait qu'il vivait dans un pays francophone tout en écrivant en anglais. La Suisse influença durablement Gibbon dans sa vie même puisqu'il fit de William de Sévery, le fils d'un ami suisse, son protégé et héritier.

GUILLEMETTE SAMSON

John C. O'NEAL, *Changing Minds. The Shifting Perception of Culture in Eighteenth-Century France*. Newark, University of Delaware Press, 2002, 273 p.

Ce livre de John C. O'Neal, professeur de littérature française à Hamilton College, N. Y. prolonge en quelque sorte une réflexion sur la notion de « perception » en France au 18e siècle amorcée et poursuivie dans les deux livres précédents de l'auteur, *Seeing and Observing. Rousseau's Rhetoric of Perception* (1986) et *The Authority of Experience. Sensationist Theory in the French Enlightenment* (1996). En effet, après avoir étudié la « perception » chez Rousseau et le sensualisme français, O'Neal propose ici un examen des facteurs qui ont amené un changement dans la perception culturelle en France au 18e siècle. Utilisant une méthode transdisciplinaire qui tient de l'histoire des idées, de l'histoire littéraire et de l'histoire de la philosophie, l'auteur défend la thèse selon laquelle il y aurait eu en France un changement culturel grâce à une nouvelle conception de l'esprit (« changing Mind ») liée à l'adoption du principe sensualiste. Autrement dit, une nouvelle épistémologie qui privilégie la « sensibilité » comme origine des sensations et des sentiments, introduit une nouvelle conception de l'esprit et un nouvel état d'esprit (les deux sens semblent nichés dans la formule « changing Mind ») mais aussi un nouveau concept de « nature », le sujet percevant se trouvant, d'une certaine manière, soudé par sa sensibilité à une nature externe et interne. Focalisant les concepts de « culture » et de « nature », O'Neal entend mettre la dialectique de ses deux notions dans une nouvelle lumière grâce à la *sensibilité* qui reste pour l'époque le point de départ de toute réflexion « culturelle » : en effet, quel que soit le domaine de la pensée, l'auteur explicite l'omniprésence du principe sensualiste derrière des activités intellectuelles à première vue sans liaison : cette démonstration lui fournit la charpente de son livre car dans sept chapitres il montre – avec plus ou moins de pertinence – la « dimension perceptuelle » à l'œuvre dans des domaines aussi différents que l'esthétique (ch. 1 : Nature's Culture in Du Bos's *Réflexions critiques sur la poésie et sur la peinture*), l'histoire (ch. 2 : Perceptual Dimensions of French Culture in Voltaire's Historical Writings), la métaphysique (ch. 3 : The Evolution of the Notion of Experience in the Writings of Boullier and Condillac on the Question of Animal Souls), la jurisprudence (ch. 4 : The Effects of Climate on a Nation's Culture in Montesquieu's *L'Esprit des lois*), la théorie de la langue (ch. 5 : Myth, Language, and Perception in Rousseau's *Narcisse*), l'économie politique (ch. 6 : Rousseau's Theory of Wealth and Revolutionary Zeal) et la médecine (ch. 7 : Auenbrugger, Corvisart, and the Perception of Disease). Une entreprise aussi disparate, qui privilégie l'approche pluridisciplinaire, suppose évidemment cette grande érudition dont témoigne le livre : aussi O'Neal reconnaît-il ses dettes envers des noms aussi prestigieux que Norbert Elias (la dynamique de la civilisation), Merleau-Ponty (la perception comme fondement de la culture), Cassirer (l'esprit des Lumières), John Yolton (Locke et l'épistémologie sensualiste), Lester Crocker (la dialectique culture-nature) et pour l'histoire culturelle : Roger Chartier et Jürgen Habermas. De plus, l'auteur cite abondamment un grand nombre d'études dix-huitiémistes anglo-saxonnes de ces dernières années. Les chapitres qui composent l'ouvrage ont été, pour la plupart d'entre eux, publiés antérieurement dans des revues scientifiques. C'est pourquoi – malgré une certaine cohérence due à quelques concepts fondamentaux (« culture », « nature », « mind ») et notamment à ceux de « perception » et de « sensibility » – ce livre n'est pas sans ressembler à une anthologie autour d'un thème commun. De plus, les termes-clefs montrent un certain flou dans leur signification, par exemple celui de « perception » qui signifie à la fois « conception » et « expérience » (on trouve « Perception of Culture » dans le titre, « Perception of Disease » au ch. 7) et celui de « nature » dont le sens embrasse le monde environnant, la nature humaine et la sensibilité. La « sensibilité », elle, est à la fois la capacité de recevoir des sensations et la source des sentiments.... On peut regretter aussi le choix de placer les notes à la fin de l'ouvrage (p. 192-236 !) ce qui rend leur consultation plus difficile. Ces quelques remarques n'enlèvent cependant rien à la valeur d'un ouvrage d'une grande originalité qui impressionne par son érudition et son effort de synthèse et qui a le mérite d'attirer l'attention des chercheurs sur les implications culturelles du principe sensualiste. Une bonne bibliographie et un index fort utile terminent le livre.

Jørn Schøsler

Dirk A. Passmann, Heinz J. Vienken, *The Library and Reading of Jonathan Swift. A Bio-Bibliographical Handbook*. Part I : *Swift Library in Four Volumes*. Frankfurt am Main, Peter Lang, 2003, 4 vol. de 1995 (t. I-III) et 521 p. (t. IV) + ill. (facsimilé).

Ce monument est, sous la forme d'un dictionnaire d'auteurs rangés dans l'ordre alphabétique, l'exploitation des catalogues de la bibliothèque dispersée de Swift, dont la vente fut faite en 1745 après un premier inventaire en 1715. Chaque notice, qui est un monument en elle-même, concerne un auteur représenté dans la bibliothèque du doyen de Saint-Patrick à Dublin : œuvres signalées et description bibliologique, localisation d'exemplaires, biographie, autres éditions ou traductions, littérature secondaire et références. Quand l'exemplaire de Swift est connu, les auteurs reproduisent toutes les marques de provenance, dont les notes manuscrites de l'écrivain sur ses volumes. Ils font aussi mention des références ou allusions à ces œuvres dans les propres productions de Swift. Le quatrième volume propose les inventaires de deux amis de Swift, sir William Temple et Thomas Sheridan, chez qui il put consulter tel ou tel ouvrage : collection reconstituée pour le premier par les références que Temple fait à ses lectures, reproduction du catalogue de vente (1739) pour le second. À titre d'exemples, on note parmi les livres en langue française de Swift : Rabelais, Montaigne, *La Satire Ménippée*, *Le Cabinet satirique* (1666), Molière, Pascal, La Bruyère, le théâtre italien de Gherardi, mais un seul Voltaire – *La Henriade* –, et, en traduction, les voyages de Jean de Léry au Brésil, de Jean Ribaut en Floride et de Marc Lescarbot au Canada qui purent inspirer quelque chose au père de Gulliver.

François Moureau

Jacques-Guy Petit (dir.), *Une Justice de proximité : la justice de paix 1790-1958, Droit et justice*. Paris, PUF, 2003, 332 p.

Justice, ou juges, de proximité ! L'expression, qui émaille volontiers les discours de celles et ceux qui nous gouvernent, est récente, mais la volonté de rapprocher les justiciables des juridictions de première instance, comme les citoyens des administrations locales, n'est pas nouvelle. Elle évoque inévitablement l'œuvre institutionnelle de la Révolution française, plus précisément l'installation dans chaque canton d'un juge de paix en application de la loi des 16-24 août 1790. Aussi la première partie de l'ouvrage, intitulée *Les origines*, est-elle consacrée à la période de création et de mise en place des justices de paix. Celles-ci prenaient-elles la suite des justices « de village » des seigneurs ? L'article d'Antoine Follain montre les ambiguïtés et les difficultés d'un tel rapprochement. De fait, à notre sens, la comparaison est fallacieuse, tant le système voulu par les Constituants se situe en opposition fondamentale avec les structures institutionnelles de l'Ancien Régime. L'article de Serge Bianchi, « La justice de paix pendant la Révolution. Acquis et perspectives » constitue, comme l'indique son sous-titre, une approche historiographique et, en conséquence, une utile mise au point. Enfin, le dernier article de la première partie, « Témoin, reflet, acteur ? Le rôle social du juge de paix en Révolution » permet à Claude Coquard et à Claudine Durand-Coquard, excellents connaisseurs des archives des justices de paix, de mettre en scène de manière très vivante la conciliation et la juridiction gracieuse, tâches de grande importance confiées aux juges de canton par les Constituants. Le reste de l'ouvrage invite à suivre l'évolution de l'institution jusqu'à sa suppression, ou, si l'on préfère, sa transformation, en 1958.

JEAN BART

Jean-Christian PETITFILS, *Le Masque de fer. Entre histoire et légende.* Paris, Perrin, 2004, 311 p.

Quelle déception ! le célèbre Masque de fer (ou de velours ou d'acier, c'est selon) n'était donc pas le frère jumeau de Louis XIV ? son fils non plus ? le page maure de sa mère encore moins ? pas même Fouquet ou Molière ? Maître de la bibliographie, l'auteur se livre à une destruction systématique des 52 hypothèses élaborées depuis le début du 18ᵉ siècle sur l'identité de ce prisonnier d'État, enfermé à Pignerol en 1669, puis en Provence et enfin à la Bastille où il meurt en 1703. Érudit et patient comme un bénédictin, mais maniant une plume de détective *philosophe*, l'auteur ne laisse aucune chance à ses devanciers. La chronologie, l'étude des mœurs judiciaires et des pratiques carcérales, la connaissance du langage administratif et des réseaux politiques, tout converge à donner force à sa solution de l'énigme : le prisonnier s'appelait Eustache Danger, valet de Henriette d'Angleterre, Madame, active au moment des négociations secrètes entre Louis XIV et Charles II roi d'Angleterre, en vue d'une conversion au catholicisme de ce dernier et d'une alliance contre la Hollande. Très probablement Eustache avait vu des pièces qu'il ne fallait pas voir et, craignant son indiscrétion, Louis XIV avait décidé de le faire disparaître. Arrêté, il est confié au fidèle Saint-Mars, gardien de Fouquet à Pignerol. En somme, l'identité du Masque de fer est dévoilée, mais les raisons de l'emprisonnement demeurent inconnues. Mais là n'est pas l'essentiel : ce qui compte c'est bien la place que cette affaire prendra dans l'imaginaire historique. Dans les deux derniers chapitres, l'auteur étudie avec force détails la naissance de la légende. Deux hommes en sont à l'origine : d'une part Saint-Mars, qui entoure son prisonnier d'une aura de mystère pour faire croire qu'il était de haut rang et rehausser son propre prestige. Le port du masque était un aspect essentiel de cette démarche : on cachait le prisonnier non parce qu'il était connu, mais parce qu'il était inconnu et, au fond, sans importance depuis les années 1680 ; d'autre part, le puissant marquis de Barbezieux qui, évincé du pouvoir par Louis XIV, confie à sa maîtresse que le prisonnier était le frère du roi : un vrai canular, que le rang du personnage et le témoignage ultérieur de la femme autoriseront. Mais tout ceci aurait pu rester une affaire de courtisans, si Voltaire n'avait pas pris le relais : dans le *Siècle de Louis XIV*, il évoque ce prisonnier d'État ne se doutant nullement de la supercherie. Sans se prononcer sur son identité, il le décrit toutefois de manière telle que le lecteur reconnaît sans hésiter un sosie de Louis XIV : la démonstration de l'auteur est convaincante. Quant à comprendre pourquoi Voltaire ait insisté sur cet épisode, pas très reluisant pour la monarchie et pour un siècle qu'il aimait tant, on reste sur sa faim. Après le *Siècle de Louis XIV*, l'intérêt pour le Masque de fer ne se démentira jamais : ses avatars serviront la haine des révolutionnaires contre la barbarie gothique, la fantaisie des écrivains (Dumas en tête), et le goût pour le mystère et pour l'aventure du cinéma du 20ᵉ siècle. Par sa rigueur et son intelligence, cet ouvrage marque une étape décisive dans la petite histoire du Masque de fer et, par cela même, participe à la grande histoire de l'étude des mythes historiques au temps des Lumières.

DIEGO VENTURINO

Machteld DE POORTERE, *Les Idées philosophiques et littéraires de Mᵐᵉ de Staël et de Mᵐᵉ de Genlis*. New York, Peter Lang, 2004, 133 p.

Les rapports contrastés de ces deux auteurs, assez peu étudiés, pouvaient donner lieu à une réflexion d'ensemble sur le statut de la femme-écrivain et sa situation dans un champ littéraire en évolution. M. de Poortere évacue pourtant d'emblée cette problématique, au motif qu'elle aurait été traitée dans des études féministes ou de « genre » (p. 6). L'ouvrage se réduit de fait à une confrontation mécanique, sous des aspects divers et en général mal hiérarchisés, de deux œuvres et deux personnalités (sans échapper au psychologisme). Le plan choisi révèle l'éclatement du propos : après un parallèle des biographies (à la truelle), on passe à la comparaison des visions de l'histoire (l'âge classique, la Révolution et l'Empire vus par les deux écrivains), des univers romanesques (où il ne s'agit le plus souvent que de mettre les intrigues en séries) et des conceptions de la philosophie et de la religion. L'objectif affiché dès l'introduction étant de « réhabiliter » une Madame de Genlis qui aurait été injustement évincée de l'histoire littéraire par l'ombre trop pesante de Madame de Staël, il en résulte une analyse faiblement argumentée, où l'auteur se bat régulièrement les flancs pour trouver à sa championne une fibre réformiste, puis révolutionnaire, puis de hardie opposante à l'Empire. Il est ainsi assez incongru de prétendre que les deux écrivains ont eu à subir de la même manière la censure impériale, sous prétexte que Napoléon jugea l'éloge de Louis XIV trop appuyé dans un des ouvrages de Genlis (p. 29). Les approximations sont au demeurant légion, y compris dans le domaine de la langue, le texte n'ayant manifestement pas été relu : les citations, par exemple, sont très souvent fautives. La bibliographie est assez hétéroclite et ignore les éditions de référence de certains textes capitaux de Madame de Staël (*De la littérature, Dix années d'exil...*). Sans objet *scientifique* clairement défini, peu sérieux dans sa conception, caractérisé par un manque de distance critique à l'égard des sources utilisées (peut-on raisonnablement invoquer Guillemin comme un jugement sûr ?), souvent incapable de synthèse problématique (en particulier dans le chapitre le plus attendu, sur la religion et la philosophie – où l'auteur ignore visiblement des détails importants concernant Genlis, comme la source anglaise de *La Femme philosophe*, texte sur lequel elle s'étend longuement), n'apportant aucune information nouvelle, ce livre, issu d'un doctorat américain, n'était sans doute pas indispensable.

FLORENCE LOTTERIE

Jean-Pierre POUSSOU, Anne MEZIN et Yves PERRET-GENTIL (éds.), *L'Influence française en Russie au 18ᵉ siècle*. Paris, Presses de l'Université de Paris Sorbonne et Institut d'Études slaves, 2004, 735 p.

Ce gros volume réunit les actes d'un colloque international qui s'est tenu en mars 2003. Quarante-trois communications s'efforcent de cerner différents aspects de l'influence française en Russie. La notion, héritée d'une histoire littéraire assez traditionnelle, est élargie à des domaines plus vastes, comme la circulation des innovations techniques, et replacée dans le contexte diplomatique, commercial et politique des relations franco-russes au siècle des Lumières. Quelques articles reviennent sur certains passages obligés : ainsi les relations de Diderot et de Catherine II, la réception de Voltaire ou encore le séjour de Falconet à Saint-Pétersbourg. D'autres communications éclairent des aspects moins connus : le rôle de médiateur culturel du libraire Briasson, spécialisé dans la publication de livres russes ; le destin inattendu d'un émigré, Frédéric Villiers, qui devient pour quelques semaines le chef de la police napoléonienne à Moscou ; ou encore les formes et les enjeux de l'espionnage français en Russie. De cette masse de communications, souvent érudites, on retiendra notamment celles qui concernent les Français en Russie. On peut y suivre des parcours collectifs, et parfois anonymes, comme ceux des colons de la Nieva ou des émigrés des années 1790, mais aussi découvrir des itinéraires singuliers, celui de l'astronome Joseph-Nicolas Delisle, véritable précurseur des échanges franco-russes, celui du sculpteur Nicolas-François Gillet, qui vécut vingt ans en Russie et forma deux générations de sculpteurs à l'Académie des arts de Saint-Pétersbourg, ou celui de l'amiral Jean-Baptiste de Traversay, qui devient ministre de la marine sous Alexandre Ier. La dernière partie de l'ouvrage permet de prendre une mesure plus globale de l'émigration française en Russie tout au long du siècle, et de la comparer aux communautés anglaises et allemandes, installées elles aussi sur les bords de la Neiva.

Antoine Lilti

Gilbert Py, *L'Idée d'Europe au siècle des Lumières*. Paris, Vuibert, 2004, 256 p.

Le titre annonçait un projet ambitieux et, il faut le reconnaître, guère aisé à mener. La compréhension du cosmopolitisme des élites, au siècle des Lumières, ne peut à l'évidence se passer d'une analyse approfondie de l'idée d'Europe. Pour autant, cette dernière ne se laisse pas saisir aisément. L'auteur s'est efforcé de caractériser les spécificités de l'Europe des Lumières en explorant différents thèmes : la construction politique et économique des États européens, les traits nouveaux de la littérature des Lumières, l'ouverture accélérée sur le monde, le progrès des savoirs, la remise en cause des certitudes morales et religieuses ou encore le questionnement sur la nature humaine. La réflexion sur chacun de ces thèmes s'appuie sur une documentation puisée dans plusieurs pays européens mais, si la démarche comparative est évidemment légitime, le lecteur est souvent dérouté par l'accumulation des exemples. Force est de constater que leur abondance, même lorsqu'ils sont judicieusement choisis pour balayer la diversité des contextes européens, ne suffit pas à cerner l'idée d'Europe. En fin de compte, après avoir lu cet essai, on ne sait toujours pas exactement ce que l'Europe représentait pour les hommes des Lumières. Malgré ces défauts, l'ouvrage présente de manière utile, les moyens de diffusion des idées savantes et offre aussi une bonne synthèse des progrès accomplis dans les principales disciplines scientifiques tout au long du siècle. Le meilleur de l'ouvrage réside cependant dans la présentation approfondie du débat des Lumières sur la laïcisation de l'enseignement moral et civique. Spécialiste reconnu de Rousseau, l'auteur consacre une partie importante de son essai à la confrontation des analyses philosophiques de Rousseau et de Kant quant aux finalités (discipliner l'enfant, lui apporter les moyens de penser par lui-même, le préparer à la vie sociale) et aux méthodes de l'éducation. Mais, on est alors assez loin de l'idée d'Europe.... En somme, le livre est décevant si l'on se réfère à son projet et à ses ambitions de départ mais on y trouvera beaucoup à glaner, particulièrement sur les conceptions éducatives du siècle des Lumières.

Stéphane Pannekoucke

Laurent REVERSO, *Les Lumières chez les juristes et publicistes lombards au 18ᵉ siècle : influence française et spécificité*. Marseille, Presses Universitaires d'Aix-Marseille, 2004, 637 p.

Édition à l'identique d'une thèse de droit soutenue en 2003 à l'Université d'Aix-Marseille III, ce livre a pour ambition d'examiner la diffusion des idées des Lumières de la France vers les juristes mais aussi tous les hommes de plume et d'information, en Lombardie au 18ᵉ siècle. Après avoir rapidement brossé le tableau des différents vecteurs de l'influence française, l'auteur reprend le dossier de l'éventuel bouleversement idéologique qu'elles auraient pu y produire. Le mythe du roi-philosophe se maintient et se nourrit même de la lecture de Montesquieu et de Rousseau. Les partisans de l'absolutisme éclairé autrichien, dominant jusqu'alors, apprennent des Lumières françaises les notions qui leur importent, et dont elles vont faire leur miel, comme on peut le constater en observant les écrits sur la réforme de l'éducation. Pendant la Révolution française, l'adhésion ou le refus des idées des Lumières a servi de critère politique et juridique. Ce livre permet de relativiser l'influence de Montesquieu qui a été à proprement parler instrumentalisé par les juristes lombards dans le but d'impressionner favorablement leurs lecteurs. Ils en ont apprécié la défense des droits de l'individu comme finalité d'un système politique et constitutionnel. Voltaire effraie par son irréligion, Diderot est peu cité, tandis que les écrits d'un sensualiste comme Condillac ou d'un mathématicien comme Maupertuis éclairent les législateurs dont le but est d'établir le bonheur commun. On regrettera la présence de nombreuses coquilles dans un ouvrage scientifique de ce niveau.

ANNIE DUPRAT

Christoph RYMATZKI, *Hallischer Pietismus und Judenmission. Johann Heinrich Callenbergs Institutum Judaicum und dessen Freundeskreis (1728-1736)*. Tübingen, Max Niemeyer, 2004, XIV + 554 p. (Coll. « Hallesche Forschungen »).

Voici un livre capital et très attendu. En effet nous sommes quelques uns à avoir fréquenté, bien avant la chute du mur, les très riches archives des *Franckesche Stiftungen*, souvent grâce à notre excellent collègue le professeur Ulrich Ricken. Cette monographie issue quasiment directement des magnifiques fonds halliens, traite de l'Institut du judaïsme créé en 1728 par Johann Heinrich Callenberg (1694-1760) à Halle afin de convertir mais au moins autant de rencontrer les juifs et – dans la mouvance du piétisme – de modifier l'enseignement du mépris qui les concernait. Cette institution avait un formidable réseau en Allemagne et en Europe avec qui Callenberg était en correspondance. On publiait en judéo-allemand, en hébreu, en allemand des textes, mais aussi des traductions de la bible afin de les distribuer aux juifs et aux « sponsors ». L'Institut s'occupait aussi des musulmans mais ce livre se concentre sur les juifs. Il examine les débuts de l'Institut, son développement sous la direction de Callenberg (publications et voyages) et enfin son tissu d'amitiés, sponsors ou multiplicateurs. Certains croient à la conversion prochaine des juifs ; d'autres aident l'Institut car ils pensent qu'il s'agit de l'œuvre de Dieu qui à ce titre doit être aidé et protégé. Apparaissent des centaines de figures de pasteurs, de nobles, de savants, de juifs, convertis ou non, dont on ne pouvait que soupçonner l'existence en lisant la littérature antérieure. Avec une précision diabolique l'auteur nous mène dans un voyage au cœur de la Prusse, de la foi protestante, du piétisme, parfois chiliaste et du monde juif qui ne réagit pas toujours très bien à cette mission ! De Venise à la Russie, de Londres aux Indes, les lettres, les livres, les hommes circulent devant nous. La généreuse érudition de l'auteur, la maîtrise de ce sujet et le doigté dont il fait preuve allègent une lecture qui pourrait être fastidieuse. Une somme qui fera date.

DOMINIQUE BOUREL

Alain SANDRIER, *Le Style philosophique du baron d'Holbach. Conditions et contraintes du prosélytisme athée dans la seconde moitié du 18ᵉ siècle*. Paris, Honoré Champion, 2004, 590 p. (Coll. « Les Dix-huitièmes siècles »).

Ce livre, issu d'une thèse, se présente de prime abord comme une monographie sur d'Holbach, ce proche de Diderot, athée militant de l'ombre : soit l'un de ces auteurs mal-aimés, ni assez philosophes ni assez littéraires pour avoir suscité d'amples monographies, qui fourmillent dans l'histoire des idées. Mais c'est aussi une synthèse sur ce monde de la pensée irréligieuse des Lumières explorant ses formes de discours et ses moyens de diffusion. Une volonté de réévaluation, qui ne vise pas la réhabilitation, paraît à l'origine de ce travail : l'introduction entend proposer les lignes directrices d'une lecture de l'œuvre du baron qui rende compte de sa réputation d'écrivain ennuyeux et en conteste le bien-fondé. Pour ce faire, la trajectoire de l'ouvrage explore tout le corpus des œuvres militantes et clandestines, mettant l'accent sur des ouvrages de longueur et de registres variés : des premiers écrits de circonstance liés à la « querelle des Bouffons » jusqu'au *Système de la nature* et au *Bon Sens*, le baron se révèle sous un jour moins dogmatique. Il semble pouvoir manier l'humour, tirer parti des modèles originaux de la tradition libertine et des ouvrages irréligieux d'outre-Manche, qu'il traduit en abondance. L'étude des œuvres invite alors à s'interroger sur la stratégie sous-jacente à la plus grande offensive contre la religion menée en cette seconde moitié du 18ᵉ siècle : en prenant appui sur le discours orthodoxe et celui du déisme de Voltaire, l'auteur montre l'originalité tactique du baron, qui fait de l'athéisme le point d'aboutissement de toute démarche critique de la religion. L'étude rhétorique vient alors illustrer la manière dont d'Holbach met en œuvre cette représentation : elle distingue la « rhétorique des idées » de l'« intensification éloquente des idées », soit la philosophie du langage sur laquelle s'étaye l'athéisme d'un côté, et de l'autre les outils persuasifs que le baron met en œuvre dans son discours. Le dernier chapitre revient sur la question débattue de la collaboration de Diderot : il n'apporte certes aucun document inédit au dossier mais en expose brillamment les difficultés et nous apprend à nous méfier d'une approche strictement stylistique – le baron sachant être à ses heures, comme Diderot, imaginatif, pétillant et humoristique. C'est un livre majeur qui nous est donné à lire, un livre de lecture quelquefois exigeante (le style non exempt de coquetteries d'A. Sandrier ne saurait être confondu avec celui de d'Holbach) mais dont la subtilité n'a vraiment rien de surfait.

ALAIN MOTHU

Gerhard SCHWINGE, *Johann Heinrich Jung-Stilling. Briefe. Ausgewählt und herausgegeben von Gerhard Schwinge*. Giessen und Basel, TVG Brunnen, 2002, 637 p.

Peu connu dans les pays francophones, sauf des germanistes et des historiens des religions, J. H. Jung-Stilling (1740-1817) est cependant l'une des figures les plus marquantes du mouvement du Réveil religieux et de la pensée ésotérique chrétienne en Allemagne à la fin du 18ᵉ s. Riche personnalité aux multiples facettes, il se fait d'abord un nom en littérature en publiant, avec l'aide de son ami Goethe, son *Autobiographie*. Se tournant ensuite vers la médecine, il devient spécialiste des maladies oculaires et reste, à son époque, l'un des meilleurs praticiens de l'opération de la cataracte. Parallèlement, il s'intéresse aux sciences économiques et publie des ouvrages qui lui ouvrent les portes de l'université. Pourtant, c'est surtout dans ses nombreux écrits à la gloire de la religion chrétienne qu'il donne la plénitude de son talent. Dépassant le cadre un peu étriqué du piétisme de son enfance, il puisera sans relâche, parallèlement aux sources bibliques qui lui servent de référence constante, à celles d'une gnose hermétisante teintée de quiétisme, d'ésotérisme et de théosophie. Adversaire déclaré de la théologie rationalisante de l'Aufklärung, il ne cesse de prôner un retour aux sources authentiques du christianisme biblique. Son prophétisme apocalyptique, véritable leitmotiv de toute son œuvre, a pour but « d'éveiller » ses contemporains afin qu'ils se convertissent pour échapper aux désastres effrayants, imminents selon lui, prédits dans l'Apocalypse de saint Jean. Pour les y aider, il leur offre, notamment dans son *Heimweh*, un parcours initiatique où le mystère sacré du symbole, dans un sens profondément chrétien, est présenté comme le support indispensable d'une authentique renaissance spirituelle. En Allemagne, les ouvrages qui lui ont été consacrés dépassent la centaine. En 1994, G. Schwinge s'est penché plus particulièrement sur les œuvres religieuses des dernières années de l'auteur qui n'avaient guère fait l'objet d'études approfondies (*Jung-Stilling als Erbauungsschriftsteller der Erweckung*, Göttingen, Vandenhoeck & Ruprecht). Il manquait un ouvrage consacré à l'énorme correspondance de celui qu'on appelait le Patriarche du Réveil. Des publications partielles existent, çà et là. Celle que nous présente aujourd'hui Schwinge reste, elle aussi partielle, dans la mesure où il n'était pas possible, dans un ouvrage de dimensions acceptables, de rendre compte des quelque vingt mille lettres écrites par l'auteur. Un grand nombre d'entre elles ont disparu. Il en reste environ mille deux cents, disséminées dans des bibliothèques et des fonds privés, qui seraient théoriquement exploitables. L'intérêt qu'elles présentent est cependant très inégal et, de toutes façons, il fallait faire un choix. Celui-ci a été méticuleusement et judicieusement élaboré par G. Schwinge. Éliminant les écrits ne présentant qu'un intérêt secondaire, il s'est efforcé, le plus souvent avec bonheur, de retenir surtout les lettres qui mettent le mieux en relief la vie et l'œuvre de l'auteur ainsi que les échos nombreux qu'elles ont suscités dans les milieux les plus divers. Pour ce faire, G. Schwinge a divisé les 372 lettres retenues en huit sections correspondant aux « tranches de vie » du théosophe. Pour la cohérence de l'ensemble, un nombre assez important de réponses de correspondants les plus éminents figure également dans le recueil. Citons pêle-mêle, parmi ceux-ci, Johann Kasper Lavater, l'ami de toujours, Sophie von Laroche, Karl Friedrich von Baden, mécène admirateur de Jung-Stilling, l'antistès Johann Jakob Hess, le philologue Friedrich Creuzer, les théosophes Johann Friedrich von Meyer de Francfort et Frédéric Rodolphe Saltzmann de Strasbourg, les célèbres écrivains romantiques Friedrich Schlegel et Friedrich de la Motte Fouqué, l'auteur d'*Ondine*, le théosophe de Munich Franz von Baader, etc., sans oublier, bien sûr, Goethe, l'ami et le critique narquois. Ce n'est pas le moindre mérite de Schwinge d'avoir su classer et ordonner ces précieux documents en respectant à la fois leur chronologie et leur thématique axée essentiellement sur des considérations théologiques, théosophiques et apocalyptiques. Ce faisant, il ne comble pas seulement une lacune ; il signe là un ouvrage qui nous fait pénétrer dans l'univers de la pensée la plus intime du théosophe de Siegen. Nombreux dans sa province natale grâce aux riches publications de la Société Jung-Stilling, mais aussi dans toute l'Allemagne et à l'étranger, tous les amis de Jung-Stilling ne pourront que se réjouir de cette belle publication étayée par une documentation irréprochable.

JACQUES FABRY

Maria Susana SEGUIN, *Science et religion dans la pensée française du 18ᵉ siècle : le mythe du Déluge universel*. Paris, Honoré Champion, 2001, 535 p. (Coll. « Les dix-huitièmes siècles »).

Après le beau travail de Claudine Poulouin sur *Le temps des origines*, voici publiée, chez le même éditeur, une thèse qui ne nous laisse rien ignorer de l'effervescence des idées, au 18ᵉ siècle, autour du mythe du déluge universel.

Si des recherches avaient déjà été consacrées à des penseurs qui, comme Boulanger, avaient accordé à ce mythe une place primordiale, c'est ici tout le contexte religieux, scientifique, philosophique des thèses diluvianistes et des polémiques afférentes qui donne lieu à un exposé savant et rigoureux. Qu'il s'agisse du récit biblique ou, plus largement, des cosmogonies anciennes, de la tradition patristique, des explications parfois étonnantes des apologistes, des spéculations scientifiques apparues avec Descartes, Burnet, Whiston, Woodward, Sténon, Leibniz, M.-S. Seguin nous apporte toutes les informations nécessaires, en les complétant même par des illustrations judicieusement choisies. Une bibliographie de 568 titres, incluant une quinzaine de manuscrits, confirme cette érudition. En outre, l'auteur maîtrise assez ses vastes connaissances pour bien mettre en lumière le sens des débats qui, dès la fin du 17e siècle, vont faire du Déluge « l'événement-clé » de l'histoire de la Terre, ainsi que de l'histoire de l'homme. D'une part, face à une apologétique qui s'obstine à vouloir démontrer la réalité de la catastrophe, la pensée scientifique, avec Fontenelle, Jussieu, Réaumur, renonce de plus en plus au mythe diluvien pour expliquer la formation de la terre et passe, avec Maillet, d'une "histoire mythique" à une "histoire physique" ou, avec Buffon, à une histoire « laïque » de la planète. D'autre part, les interrogations sur la diversité des espèces animales et sur l'origine des races humaines, avec l'hypothèse des préadamites ou les théories polygénistes, mènent aussi à une nouvelle conception de l'histoire humaine. L'évolution de la pensée scientifique, qui finit par substituer une nécessité cosmologique à une causalité morale, et l'hypothèse d'inondations ou de cataclysmes multiples à la croyance au Déluge universel, ne va pas sans une mise en question de l'universalité du message biblique, de la présence de Dieu dans l'histoire humaine, de la chronologie traditionnelle. Processus de désacralisation et développement des connaissances sont liés par des relations de causalité réciproques. Mais l'opposition entre fable et science ne masque pas, pour M.-S. Seguin, la complexité des rapports entre discours rationnel et mythe, évidente aussi bien dans les tentatives de quelques apologistes pour concilier foi et raison que dans la persistance d'un certain imaginaire mythique chez ceux qui ont combattu la croyance au Déluge universel.

MARIE-HÉLÈNE COTONI

Vanessa DE SENARCLENS, *Montesquieu historien de Rome*. Genève, Librairie Droz, 2003, 294 p. (« Bibliothèque des Lumières »).

Le faux titre de cette thèse précise : *Un tournant pour la réflexion sur le statut de l'histoire au 18e siècle*. Le point de départ est son livre sur les *Romains* que l'auteur contextualise. Montesquieu rompt avec ses prédécesseurs qui pliaient l'esprit de conquête à l'appât du gain et au souci d'annexion (I. *La place de Rome dans l'historiographie traditionnelle et sa remise en cause par Montesquieu*). Une seconde partie insiste sur l'insertion de l'historien dans son temps ; si le Siècle des Lumières peut se définir par une critique radicale des « préjugés » qu'il faut congédier d'un revers de main, Montesquieu, à la différence de Voltaire, s'en accommode et en propose l'herméneutique ; point d'essentialisme, mais la volonté de comprendre l'« homme » qui, tout bien pesé, est l'acteur de l'histoire (II. *Une nouvelle approche interprétative au déclin de Rome*). Finalement, il propose une approche contrastée de l'histoire qui, à cheval entre érudition et narration, raison et sensibilité, est de l'ordre du vraisemblable plus que du vrai et, par conséquent, de la fiction. Sa fonction est essentiellement heuristique (III. *Le problématique statut de l'histoire*). La thèse est étayée et s'appuie sur l'ensemble de l'œuvre de Montesquieu. Bibliographie et index concluent l'ouvrage.

CHARLES PORSET

Marie-Christine SKUNCKE (éd.) avec la collaboration de Birgitta BERGLUND-NILSSON et Byron R. WELLS, *Centre(s) et périphérie(s)*. *Les Lumières de Belfast à Beijing. Centre(s) and margins. Enlightenment from Belfast to Beijing.* Paris, Honoré Champion, 2003, 240 p. (Coll. « Études Internationales sur le Dix-huitième Siècle. International Eighteenth-Century Studies »).

La problématique centre-périphérie pour l'étude des Lumières est-elle encore pertinente ? Et si les Lumières françaises demeurent un prototype, quoi qu'on dise, est-il acceptable de reléguer l'Angleterre de Newton et de Locke, l'Allemagne de Leibniz, de Frédéric II et du *Sturm und Drang*, l'Italie de Muratori, de Beccaria, du *Settecento Riformatore* de Venturi au rang des périphéries ? Certes on traduit en russe sous Catherine II 500 articles de l'*Encyclopédie*. Mauvillon et Abele traduisent et annotent l'*Histoire des Deux Indes*. Le journal *Belfast Newsletter* rend fidèlement compte de la vie et des œuvres de Voltaire, Rousseau, Montesquieu, Beaumarchais, d'Alembert... venant ensuite. L'ambassadeur turc en France Said Mehmet efendi introduit à Constantinople les nouveautés françaises. Mais Catherine II réagit violemment au récit de voyage de l'abbé Chappe d'Auteroche et à la prétention de la France à être le centre du monde. En Suisse, Béat Louis de Muralt, à la différence de Thomasius qui prône l'inspiration de la France pour accéder au bon goût, au bel esprit et à la civilité, fait l'éloge de la simplicité et de la « grossièreté » suisses, des vertus du cœur et des anciennes mœurs à l'abri des montagnes. La future Belgique, plus connue par ses éditeurs de Liège et de Bouillon que par ses écrivains, mêle les influences de la France et de l'Angleterre. Gdansk est en relation avec les universités allemandes. Les Provinces-Unies sont à l'origine des Lumières radicales (Spinoza, Lodewijk, Meijer, Adriaen Koerbagh) et voient s'épanouir au 18ᵉ siècle les Lumières (*Verlichting*) en langue vernaculaire. Luigi Riccoboni, « Lélio », en écrivant sur les théâtres nationaux, fait prévaloir une culture européenne où la circulation des idées est essentielle. Le panorama nous emmène aussi en Suède où la coupure entre les Lumières et le swedenborgisme n'est pas aussi nette qu'on le croit, en Moldavie dont Dimitri Cantemir se fait l'historien, ainsi que de l'Empire ottoman, et même en Chine où la fin de la période Ming semble plus éclairée que le 18ᵉ siècle, illustré il est vrai par *Le Rêve dans le Pavillon rouge* et la période actuelle plus que le temps de la « bande des quatre ». La recherche dix-huitiémiste devient planétaire, il ne faudrait pas qu'elle perde sa spécificité.

CLAUDE MICHAUD

Stephen SMALL, *Political Thought in Ireland 1776-1798. Republicanism, Patriotism, and Radicalism.* Oxford, Clarendon Press, 2002, 307 p. (Coll. « Oxford Historical Monographs »).

L'auteur choisit d'éclairer la pensée politique irlandaise (1776-1798) à partir de ses contradictions pour montrer minutieusement comment la « cacophonie » des mécontentements internes va se conjuguer avec la double influence, à l'extérieur, des révolutions américaine et française pour produire la rébellion de 1798. Ainsi l'argumentation du courant patriotique (Molyneux) s'appuie sur l'affirmation d'une similitude entre les positions américaine et irlandaise : il s'agit de se définir contre le contrôle anglais en soulignant que l'Irlande n'est pas une colonie. Le républicanisme (Molesworth), quant à lui, se construit par rapport à deux revendications : d'une part, il montre la nécessité de développer la liberté commerciale en s'opposant aux restrictions imposées par les Anglais et, d'autre part, il défend l'indépendance du Parlement. Cet entrecroisement de courants et de tendances aboutit à une fragmentation du patriotisme sous l'influence du radicalisme : de nouvelles tensions surgissent entre whigs et radicaux, sur des questions politiques mais aussi religieuses, entre ceux qui défendent l'ascendance des protestants et ceux qui sont favorables aux droits des catholiques. L'analyse de l'auteur s'appuie sur une méthodologie particulière qu'il précise dans l'introduction : il vise en effet à procéder à l'analyse du « discours politique », à interroger sa cohérence interne, à partir du contexte historique dans lequel il voit le jour pour le mettre en relation avec l'histoire des mentalités et ses éventuelles discordances. En ce sens, le kaléidoscope irlandais est passionnant qui émerge dans un foisonnement de tendances originales et souvent contradictoires que le lecteur est implicitement amené à mettre en perspective avec la situation actuelle.

FRANÇOISE BADELON

Raymond TROUSSON, *Antoine-Vincent Arnault (1766-1834). Un homme de lettres entre classicisme et romantisme*. Paris, Honoré Champion, 2004. 352 p. + 15 pages d'ill. h. t. (Coll. « Les dix-huitièmes siècles »).

Parallèlement à la réédition des *Souvenirs d'un sexagénaire* (2003), R. Trousson retrace la carrière d'un auteur tragique qui se situe chronologiquement entre classicisme et romantisme, mais a vite renoncé à toute velléité d'innovation pour défendre la tradition, de *Marius à Minturnes* (1791) jusqu'à *Germanicus* (1817). Appartenant à la maison de Monsieur, il est antirévolutionnaire, mais échappe à toute répression. Il profite de l'ascension du général Bonaparte, se voit chargé de l'administration des îles ioniennes, prises à Venise. Apparenté à Regnaud de Saint-Jean d'Angély, il est reçu dans la haute société parisienne. La Restauration ne lui pardonne pas son ralliement à Napoléon durant les Cent-Jours. Il est exilé jusqu'en 1819 et la représentation de *Germanicus* se transforme en une bataille rangée entre royalistes et bonapartistes. De retour à Paris, il s'essaie au journalisme, compose ses mémoires, rassemble ses *Œuvres complètes*. L'Académie lui offre sa revanche : exclu de l'Institut en 1816, il est accueilli parmi les quarante en 1829, devient secrétaire perpétuel en 1833. Pour parfaire le sens de la tradition, son fils fera jouer des tragédies.

MICHEL DELON

Pietro et Alessandro VERRI, *Voyage à Paris et à Londres*, trad. et éd. Monique BACCELLI, préface Michel DELON. Paris, Éditions Laurence Teper, 2004, 443 p.

En 1766, Alessandro Verri, cadet de Pietro, le rédacteur d'*Il Caffé*, quitte Milan pour accompagner à Paris Beccaria, que son *Traité des délits et des peines* a rendu célèbre. La correspondance suivie qu'échangent les deux frères au long des deux années de ce petit « grand Tour » constitue un "reportage" d'une rare authenticité sur le Paris des Lumières et la genèse de la conscience européenne (« tu en reviendras européen et non milanais », assure Pietro à son frère pour l'encourager à prolonger les derniers moments d'insouciante liberté de son existence). Présenté aux principaux philosophes, Alessandro est frappé par leur chaleureuse simplicité, leur absence d'arrogance. À Londres, il note le peu de passion animant la vie politique. Analyste remarquable, Pietro tire des descriptions de son cadet des réflexions sur l'esprit de corps du clan philosophiques ou l'individualisme britannique. Quand il ne participe pas en rêve et par procuration aux conquêtes libertines des « cons gaulois » (p. 19)... et Alessandro de lui brosser en retour un tableau de l'omniprésente prostitution parisienne comme des *Bains* ou bordels londoniens. Certes l'intérêt de la correspondance s'étiole quelque peu au fil du temps : déçu de ne pas être sorti de l'anonymat et jaloux de l'aura de Beccaria qui, mélancolique et irascible, le quitte au bout de trois mois, Alessandro songe de plus en plus à sa future situation. Mais à aucun moment ne se distend la complicité entre les deux frères, faite de retenue, d'épanchement sensible et d'humour (« Tu es ma femme et je suis comme ceux qui ne savent fout... que leur femme. Avec toi, je suis tellement *à mon aise*, que je me sens toujours décidé », p. 172). Accompagné de 350 notes, le texte de la correspondance des frères Verri est parfaitement traduit. Souhaitons longue vie aux nouvelles éditions Laurence Teper, dont une partie du catalogue est dévolue au 18ᵉ siècle.

JEAN-CHRISTOPHE ABRAMOVICI

Nicolas VEYSMAN, *Mise en scène de l'opinion publique dans la littérature des Lumières*. Paris, Champion, 2004, 801 p.

Léonard BURNAND, *Necker et l'opinion publique*. Paris, Champion, 2004, 127 p.

Les travaux sur la notion d'opinion publique sont, on le sait, de plus en plus nombreux ; ces dernières années ont permis de proposer de nouvelles et fructueuses problématiques, en particulier dans le champ des sciences politiques. On saluera donc l'à-propos de ces deux livres, émanant de jeunes chercheurs qui n'ont pas hésité à se confronter à cet objet fluctuant et volatil qu'est « la reine du monde ». Signalons d'emblée que si le premier est issu d'une thèse de doctorat, le second procède d'un mémoire, ce qui explique leur disparité de volume. On regrettera, à cet égard, le caractère massif de l'ouvrage de N. Veysman, qui aurait sans doute gagné à des allégements. Un exemple : les notes de bas de page, souvent très longues, arrivent même parfois à constituer une page entière du texte (p. 608) ! Il en résulte une certaine dilution du propos, parfois dommageable à la clarté problématique de ce riche ensemble. Le livre, qui se situe dans le champ de l'histoire des idées telle qu'elle a eu à se reconstruire après la critique foucaldienne, se propose d'aborder, dans le sillage des travaux de K. Baker, la notion d'opinion publique comme constitutive d'un imaginaire textuel. S'intéressant à ce qu'il appelle sa mise en scène « philosophique », l'auteur entend montrer comment se sont progressivement construites, entre la fin du 17ᵉ siècle et 1788, les conditions d'émergence d'une pensée et d'un usage politisés de l'opinion publique (qui se dégage ainsi des connotations péjoratives de la simple « opinion » trompeuse) à la faveur d'un dispositif rhétorique où elle se trouve convoquée comme instance de légitimation du magistère de l'écrivain-philosophe. Il peut ainsi mettre en évidence une instabilité fondamentale du discours des Lumières, pris dans la tension contradictoire entre la défiance à l'égard d'une opinion tendant toujours à la déraison et qu'il convient de former et, d'autre part, le souci d'affirmer l'autonomie du sujet critique : dans un cas, l'opinion est une cire à laquelle il convient d'appliquer une pédagogie directive, dans l'autre, elle peut devenir cette formation consensuelle résultant de la mise en discussion des idées qu'Habermas avait associée au phénomène sociologique de constitution de la « sphère publique bourgeoise ». N. Veysman ne se situe cependant pas sur ce versant « social » : il étudie le travail des mots et des représentations, et sait le relier à des positions d'écriture caractéristiques du temps, comme cette fameuse tension entre tentation ésotérique et désir exotérique dont Diderot est l'incarnation : on appréciera le lien ici fait avec l'émergence de la figure contrastée du « philosophe » à partir du texte de Du Marsais, pris entre retraite et sociabilité, même s'il est curieux que ne soit pas évoqué l'héritage du libertinage philosophique du 17ᵉ siècle. Notons que la « littérature des Lumiè-res » ne couvre que les textes d'idées : mémoires, éloges et discours académiques, ouvrages philosophiques, et surtout le corpus de l'histoire, qui sert d'armature à toute la seconde partie, centrée sur la façon dont l'image du « tribunal » de l'opinion émerge à la faveur d'une philosophie historique orientée par les progrès de l'esprit humain et de la civilisation des mœurs. L'apparition ici ou là de la fiction (parfois étrangement traitée : voir p. 44) aurait pu faire l'objet d'une mise au point de méthode, même si, au 18ᵉ siècle, la « littérature » ne relève pas de nos distinctions modernes. Il y avait certainement plus et mieux à tirer de la

« mise en scène » fictive de l'opinion. Au chapitre des réserves, ajoutons le choix d'une démarche un peu éclatée qui menace parfois le livre de se réduire à une série d'explorations monographiques. Mais il s'agit dans l'ensemble d'un livre stimulant, dont il faut saluer les qualités d'érudition et d'écriture, et ne pas mésestimer l'exigence et le courage théorique, face à un sujet remarquablement complexe.

Le livre de L. Burnand est sans doute moins ambitieux, mais il s'est attaqué à un sujet finalement moins exploré qu'on ne le croit et apporte des éléments neufs. D'une écriture claire, rapide et concise, il se lit fort agréablement. Les deux premières parties s'intéressent à la façon dont Necker a d'une part construit sa carrière en usant des réseaux d'opinion (s'appuyant sur le salon de sa femme et la presse amie, mais aussi ses grands textes d'intervention publique) et d'autre part, a théorisé la formation de l'opinion publique (syntagme dont il use régulièrement). La troisième partie est particulièrement intéressante, car elle explore, à travers un corpus de chansons politiques, de libelles, de mémoires, mais aussi d'images (un dossier iconographique complète le texte), la construction d'un « mythe Necker » : le ministre adulé puis disgracié est ici objet de l'opinion. Cette « étude de cas » peut se lire comme une illustration du livre précédent, car l'auteur y montre bien, à partir d'un phénomène exemplaire, comment le texte (et l'image) mettent en scène la présence d'une « opinion publique »... qui reste, dans les faits, bien difficile à cerner.

FLORENCE LOTTERIE

Marie-Sybille DE VIENNE, *La Chine au déclin des Lumières. L'expérience de Charles de Constant, négociant des loges de Canton.* Paris, Honoré Champion 2004, 565 p., ill. (Coll. « L'Atelier des voyages »).

Cette Chine n'est pas celle des « chinoiseries » et de « magots » des demeures aristocratiques du 18ᵉ siècle, c'est la Chine du commerce et des premiers pas de l'impérialisme occidental. Depuis le 16ᵉ siècle, Canton était la porte d'entrée de l'Empire du milieu, loin de Pékin : une réserve pour commerçants européens. Pendant dix ans et trois séjours (1779-1786, 1789-1793), Charles de Constant, issu d'une influente famille genevoise, vécut à Canton comme représentant des compagnies commerciales européennes : trop longtemps pour en être totalement ignorant et trop peu pour mesurer la complexité du grand port méridional dans un ensemble encore plus complexe qu'étaient la Chine et ses provinces. Mais Constant se livra à des enquêtes sur la société chinoise, en apparence sans rapport avec ses activités commerciales. Il annote les « recherches philosophiques » de Cornelius De Pauw sur la Chine (1774) et se met en quête de les compléter. De la Chine continentale fermée et du gouvernement mandchou despotique, il s'informa auprès d'ex-jésuites parvenus à Canton. M.-S. de Vienne édite une partie des nombreux manuscrits inédits de Constant conservés à la bibliothèque de Genève. Il s'agit de mémoires ou de correspondances privées adressés à sa famille. L'intérêt de ces textes par rapport à la littérature de voyage habituelle ou aux « lettres édifiantes » vient de ce que de Constant est un observateur très attentif de la simple réalité chinoise – les habitations, les vêtements, les mœurs et les superstitions, etc. –, même s'il est insensible à la cuisine et à l'art de la Chine – « peintures grotesques ». Mais, à la différence des voyageurs pressés, qui peuvent communiquer à Canton en portugais ou en pidgin, de Constant apprend la langue de la Chine méridionale. L'image qu'il donne de la Chine et des « friponneries » chinoises contraste avec celle que véhiculaient les philosophes occidentaux qui ne connaissaient l'Empire du Milieu que par les relations jésuites.

FRANÇOIS MOUREAU

Ilana Y. ZINGUER et Sam W. BLOOM (éds.), *L'Antisémitisme éclairé. Inclusion et exclusion depuis l'Époque des Lumières jusqu'à l'affaire Dreyfus. Inclusion and Exclusion : Perspectives on Jews from the Enlightenment to the Dreyfus Affair.* Leiden/Boston, Brill, 2003, 470 p. (Coll. « Brill's series in Jewish studies »).

Le volume reprend les communications présentées au colloque organisé en mars 2001 à l'Université de Haïfa. Son titre surprend, et les éditeurs en sont bien conscients qui s'en expliquent dans un *Avant-propos* : d'une part, parce qu'il s'ouvre sur deux communications qui portent sur Montaigne et les Arminiens hollandais ; et, de l'autre, parce que le mot d'antisémitisme n'apparaît qu'à la fin du 19ᵉ siècle. Parler d'antisémitisme *en général* revient à brouiller les cartes et à faire *comme si* l'attraction/répulsion du Juif avait été partout et de tout temps la même – exercice auquel s'est livré Poliakov avec beaucoup de constance... Deux chapitres sur six concernent le 18ᵉ siècle : *L'époque des Lumières, pré-Révolution* (six articles) ; *Révolution* (deux articles). Parlons, pour le siècle qui nous occupe, plutôt d'*anti-judaïsme*. La place manque pour résumer les communications : disons qu'elles portent sur Montesquieu (Allan Arkush), les antiphilosophes (Paul Benhamou), Rousseau et Voltaire (Harvey Chisick), Le Pelletier (Isabelle Martin), Voltaire encore (Adam Sutcliffe), Michaelis (Dominique Bourel) d'une part, sur la rhétorique de la contre-Révolution (Ouzi Elyada) et l'abbé Grégoire (Rita Hermon-Belot), de l'autre. On s'instruira beaucoup en les lisant car leurs auteurs sont tous des spécialistes confirmés. Une remarque d'ordre général cependant qui porte sur la très intéressante communication de Paul Benhamou : son objet est de réhabiliter deux anti-philosophes, Guénée et Fréron, qui à la différence de Voltaire furent philosémites. Ce ne sont en aucune manière des seconds couteaux et l'un et l'autre donnèrent du fil à retordre au Patriarche de Ferney. Vite dit, leur objet est de montrer qu'il n'y a pas solution de continuité entre l'*Ancien* et le *Nouveau Testament*, et qu'en critiquant arbitrairement le premier, Voltaire dont le but cent fois déclaré est d'éradiquer le christianisme, *oublie* le lien organique qui les unit et se livre à des fins polémiques d'étranges facilités. Si l'on veut, encore que cela puisse se discuter. Mais en suivant le point de vue anti-philosophique de nos deux Auteurs, on fait *comme si* ce moment fondateur que furent les Lumières se construisait sur une imposture. Mais alors, qu'on m'explique pourquoi quand la lutte pour l'émancipation des Juifs se fait vive, Isaac Pinto et Zalkind Hourwitz font appel à Voltaire pour soutenir leur combat, et non à Fréron ou à Guénée ? Il ne faut pas remonter le cours de l'histoire, mais le suivre... L'ouvrage est introduit par Pierre Birnbaum. Un index détaillé le conclut. Une dernière chose : au-delà de nos spécialités respectives, tout est à lire par les temps qui courent.

CHARLES PORSET

REVUES ET FASCICULES

Cahiers d'histoire culturelle, Nº 14 (2004), par Jean GARAPON et Marie-Paule DE WEERDT-PILORGE (dirs.), « L'Idée de vérité dans les mémoires d'Ancien Régime ». Tours, Université François Rabelais, UFR de Lettres, 87 p.

Cet ouvrage collectif, outre qu'il invoque des œuvres majeures aussi bien que des écrits moins célèbres, présente l'intérêt d'envisager par le prisme d'une idée le genre des mémoires. On sait combien la notion de vérité est importante puisqu'elle met aux prises le genre des mémoires et la discipline historique, et s'inscrit dans le rapport étroit que les mémorialistes entretiennent avec le genre autobiographique. Les présentes études ont le mérite de relever la complexité de cette idée appliquée à l'univers des mémoires : ni objective ni mesurable, la vérité relève d'un autre mode de véracité fondé sur la sensibilité et la sincérité du témoin. Non pas vérité simple et élémentaire, mais vérité hétérogène chez le cardinal de Retz où à la « vérité d'une conscience aristocratique en représentation » se mêlent l'attrait du romanesque et le goût de la réflexion morale et politique ; vérité providentielle et contestataire dans les mémoires de la guerre des Cévennes. L'allégation de véracité est simple mais les modes de véridicité sont complexes et parfois contradictoires, comme l'illustrent chacune de ces études.

NICOLAS VEYSMAN

Cuadernos Dieciochistas. Sociedad española de estudios del siglo XVIII. Salamanca, ed. Universidad de Salamanca, N° 2 (2001) et N° 3 (2002), 307 p. et 239 p.

Consacrée comme l'une des références fondamentales des études dix-huitiémistes hispaniques, cette revue présente dans son second numéro une section monographique traitant des « institutions bourboniennes ». On y analyse les critères de nomination et de promotion au sein du Conseil de Castille, le profil sociologique et professionnel des *alcaldes mayores del corregimiento* de Lérida, le système de bénéfices dans l'Espagne du 18ᵉ s., les titres de noblesse issus du commerce avec l'Amérique, la position de l'écrivain (Nicolás F. de Moratín) face aux institutions et enfin, on trouve une édition du rapport d'une réunion académique à Valence en 1763. La section « Varia » contient une réflexion sur la rhétorique des discours politico-philosophiques au 18ᵉ s., une étude de l'évolution de la notion de « droit naturel » en Espagne, et l'examen de la manière dont le réformisme et la raison critique fissurent au Portugal la cohérence théorique de la théologie.

Le N° 3, qui élimine la section monographique des numéros précédents, contient des articles fort stimulants à propos de la France ; on y étudie les raisons de l'échec de la « démocratie sociale » proposée par la Constitution de 1793, la fonction et la notion de « machine » dans le roman français du 18ᵉ s., la traduction de *Zaïre* de Voltaire par Garcia de la Huerta, et ceci dans un article à contrecourant qui revendique l'œuvre du traducteur et du théoricien de la littérature. En outre, ce volume présente une analyse du contrôle idéologique et de la censure par l'Inquisition de Valladolid, la manipulation des événements par la *Gazeta de Madrid* pendant la guerre de Succession, l'adhésion de Floridablanca aux principes du *jus Gentium Europaeum* et aux fondements de l'ordre international propre au 18ᵉ s., la culture du conte pendant ce siècle, ainsi qu'une ébauche du catalogue des sources littéraires générées par les *Cortes* de Cadix. La plupart des travaux sont d'une remarquable qualité, introduisant des éléments nouveaux de discussion à l'historiographie déjà connue, et relèvent de domaines disciplinaires les plus variés : politique, philosophique, littéraire, religieux ou scientifique. Les deux numéros de la revue sont clôturés par une intéressante section de comptes-rendus.

JOSÉ CHECA BELTRAN

Dictionnaire des usages socio-politiques (1770-1815), Fascicule N° 7, Notions Théoriques. Paris, Éditions Champion, 2003, 208 p. (Coll. « Linguistique française »).

Commencé en 1985 dans le contexte du bicentenaire de la Révolution française, le Dictionnaire des usages socio-politiques (DUSP) avait pour objectif de faire connaître l'usage de la langue française à l'époque révolutionnaire. En vingt ans le projet fondateur s'est élargi aux mots et notions autre que politiques tout en acceptant une époque moins restrictive. Dans sa présentation Marie-France Piguet précise que ce fascicule s'étend aux discours des sciences sociales en formation et qu'il consiste dans « une enquête sur la manière dont certaines notions de ce discours se sont fait jour ». Que faut-il entendre par notions théoriques ? Jacques Guilhaumou répond dans un court avant-propos qui explique la position interdisciplinaire des notions théoriques entre philosophie (le mot n'est pas prononcé mais on parle beaucoup de concept), linguistique et sociologie. La notion est contextualisée et toute découverte d'une théorie est accompagnée d'un apparat lexico-sémantique. Notions théoriques et notions pratiques se côtoient et s'opposent, rappelle M. F. Piguet qui signale que le Fasc. 6 (1999) était consacré aux notions pratiques et que le Fasc. 8 le sera également (les tables des matières de tous les fascicules sont reportées à la fin du volume). Le Fasc. 7 étudie sept notions inscrites sur la couverture, à savoir : « charlatanisme », « division du travail », « grande nation », « langue de l'économie politique », « production », « socialisme » et « travail ». Les horizons disciplinaires convoqués sont l'économie, l'histoire, la linguistique et la sociologie. La linguistique reste le fil directeur des études pour lesquelles l'articulation entre signifiants et supports des notions est concrètement identifiée par les corpus discursifs, que ce soit celui des inventions ou des émergences de mots (socialisme, production), des traductions de mots (division du travail) ou des évolutions d'usage (langue de l'économie politique, grande nation). Sieyès, Say, Quesnay, Smith sont sollicités de même que l'*Encyclopédie* par Daniel Teysseire pour « charlatanisme » et Sonia Branca-Rosoff avec J. Guillaumou pour « socialisme ». Dans ce dernier article, déjà publié dans *Langage & Société* (1998), l'*Encyclopédie* apparaît comme la première à considérer l'importance linguistique du politique. La corrélation effectuée par l'*Encyclopédie* des conceptions politiques avec le champ grammatical et l'exercice de la néologie (p. 162) constitue une spécificité qui la distingue des autres dictionnaires. Elle ouvre la voie à Sieyès et aux analystes. Je profite de ces belles pages accordées à l'*Encyclopédie*, pour faire passer le fait que la question des attributions d'articles a été un travail formidable réalisé dans la seconde moitié du 20ᵉ siècle par la recherche française. Aussi lorsque la note 30, p. 158, cite les anglo-saxons plutôt que les listes de J. Proust pour Diderot, je me permets cette remarque car ce qui a été écrit outre-Manche n'est pas toujours meilleur. Passons ces habitudes françaises et revenons au texte riche sur l'activité néologique au 18ᵉ siècle. Les amateurs de Sieyès seront comblés par une retranscription de ses archives par J. Guilhaumou. On retiendra également la judicieuse analyse de M. F. Piguet sur les physiocrates et sur les modulations des définitions quesnaysiennes par Jean-Baptiste Say, le minutieux dépouillement du *Moniteur* par Jean-Yves Guiomar révélant comment l'expression publique de « grande nation » prépare le passage de la Révolution à l'Empire ou encore l'interrogation de la base Frantext par Annie Jacob pour le parcours de la notion de « travail » de Ronsard à J.-B. Say en passant par Bossuet, l'abbé Meslier, Montesquieu et Rousseau. Ces articles expriment à nouveau combien les mots restent une des sources les plus passionnante et révélatrice du passage de nos pensées vers l'univers théorique des idées.

MARTINE GROULT

Lessing Yearbook/Jahrbuch, Vol. XXXII (2000), éd. par J.A. MCCARTHY, H. ROWLAND et R.E. SCHADE, 432 p. ; Vol. XXXIII (2001), éd. par H. ROWLAND et R.E. SCHADE, 400 p. Göttingen, Wallstein Verlag-Wayne State University Press.

Le volume 32 (bilingue allemand et anglais) cosmopolite est constitué de vingt-sept communications prononcées dans le cadre d'un colloque international d'oct. 1999 (Université Vanderbilt) consacré à *Lessing international. Témoignages de la réception de Lessing*. Le volume est divisé en cinq sections. La première pose de façon théorique le problème de l'étude de la réception de Lessing dans le monde entier. La seconde section est la plus importante. Elle rassemble neuf communications substantielles traitant de différents aspects de la réception du « classique allemand » Lessing en Europe (Italie, avec la riche querelle esthétique ouverte par le *Laokoon* ; Autriche, Allemagne, Ukraine, Hollande, Norvège, Angleterre), souvent chez tel ou tel penseur-lecteur particulier. La France est concernée par les études de W. Albrecht qui s'intéresse de façon globale à la réception de la seconde moitié du 19ᵉ siècle, et d'A. Lagny qui affronte celle du 20ᵉ siècle. La troisième section couvre un champ international plus inattendu : certes le Canada et les États-Unis mais aussi le Japon, la Chine, l'Arménie et l'Afrique (la question de la lecture islamique de la pièce *Nathan le sage*). La quatrième section est entièrement consacrée aux lectures d'auteurs juifs (notamment Mendelssohn ou Hannah Arendt). Ce riche et substantiel volume se clôt sur trois études restituant la place occupée par Lessing dans les débats de la critique contemporaine portant sur des enjeux théoriques.

Le deuxième volume (33) est composé de treize articles variés, rédigés soit en allemand soit en anglais. G. Stern retrace l'expérience d'une décennie d'enseignement sur Lessing à Cincinnati. H.M. Schlipphacke consacre une étude à *Emilia Galotti* ; W.F. Bender à la constitution d'une image publique de Lessing à la faveur du théâtre ; K. Bohnen à un cas de réception danoise de Lessing ; R. Bledsoe s'intéresse au rôle de la lecture d'empathie dans la formation de l'identité chez Lessing. Le volume s'ouvre généreusement aux études intéressant d'autres auteurs intellectuellement proches de Lessing et de la première Aufklärung : S. Busch s'intéresse au rire blasphématoire dans les fiction de Klopstock et de L., J. Pizer à la relation entre musique et poésie chez L. et Wieland, C. Niekerk aux errements annoncés des Lumières selon Wieland, S. Hilger à la sensibilité féministe de Gottsched, M. Nenon à la collaboration littéraire entre Jacobi et Lessing, J.P. Heins à la caractérisation du peuple et de la nation chez Hirschfeld. L'article de U. Hentschel sur la correspondance porte sur un corpus beaucoup plus large que le seul Lessing et apporte des réflexions éclairantes sur le statut ambivalent (entre pratique privée et publicité) du commerce épistolaire des intellectuels de l'Aufklärung. Enfin K.A. Wurst étudie le concept d'« attitude » et de l'intérêt nouveau porté à la valeur artistique du corps au siècle des Lumières.

JACQUES BERCHTOLD

L'Intermédiaire des Casanovistes. Genève, Nᵒ XX (2003), 96 p. ; Nᵒ XXI (2004), 80 p.

Pour l'anniversaire des vingt ans de cette revue dédiée à l'étude de la vie, de l'œuvre et du monde de Giacomo Casanova, le nᵒ 20 publie plusieurs découvertes. Federico Montecuccoli degli Erri interprète les cadastres vénitiens des années 1740-1748 afin de situer définitivement la maison natale de Giacomo Casanova : il s'agit de la *casa Savorgnan*, sur trois étages, dans « Calla della Commedia » tangente à celle du Théâtre di Grimani où ont joué Zanetta et Gaetano Casanova. Giulian Rees présente l'amitié entre le marquis de Chauvelin et Giacomo Casanova ; ce dernier traduira en dialecte vénitien le poème nommé les « Sept péchés » (1758/1760). Helmut Watzlawick déchiffre d'abord la lettre parisienne de 1759 de Giustiniana Wynne à Casanova, puis présente les documents sur la naissance et baptême de Zanetta Casanova, ainsi que les deux passeports de Giacomo délivrés par le duc de Gesvres (1759) et par Roullin (juin 1762). Le Nᵒ 21 de la revue continue sur la vogue de ces fouilles archéologiques littéraires. Marina Pino exhume les livrets de l'Opéra, les gazettas de Barcelone, et le journal manuscrit *Lumen Domus* du couvent Santa Catalina pour apporter des données inconnues sur l'exil de l'actrice Nina Bergonzi et l'emprisonnement de son amant Casanova par le rival, le comte Ricla (1768). Wolfgang Thiele commente la polémique de Casanova contre l'« Ouvrage additionnel au Dictionnaire de l'Aca-

démie Française et à tout autre Vocabulaire » par Leonard Snetlage (1797). Tom
Vitelli revient aux généalogies casanoviennes de Parme et H. Watzlawick à
Giustianiana Wynne – cette fois-ci en relation avec Goethe et avec Andrea di
Memmo. Comment donc expliquer la marginalité de la revue que constatent les
éditeurs dans leur « Message » à l'occasion du vingtième anniversaire : *L'Intermédiaire des Casanovistes* contribue « de manière marginale à l'enrichissement des
connaissances du 18ᵉ siècle » ? Peut-être par le manque d'un examen critique
des études casanoviennes actuelles, et par un retard dans leur maîtrise ? Deux
exemples seulement dans ces deux numéros : *IC* nᵒ 20 mentionne la traduction
italienne du poème de Chauvelin par Casanova, restée dans le manuscrit, en
ignorant qu'il a été publié entre-temps dans un journal vénitien ; nᵒ 21 évoque
l'écrit en français de Casanova « Raisonnement d'un spectateur sur le bouleversement de la monarchie française par la Révolution de 1789 » comme étant « inédit », tandis qu'il a été publié entre-temps dans la *Revue des Deux Mondes* Nᵒ 8-
9 (1998), *DHS* Nᵒ 32 (2000), p. 709.

BRANCO ALEKSIČ

Littératures classiques, « Campistron et consorts : tragédie et opéra en France
(1680-1733) », Sous la direction de Jean-Philippe GROSPERRIN, nᵒ 52,
automne 2004, 424 p.

Issu d'un colloque tenu à Toulouse en décembre 2002, cet ensemble de
trente articles vient confirmer la notion d'un très long siècle littéraire, sans hiatus
entre 17ᵉ et 18ᵉ. Les dates choisies vont de l'ouverture de la Comédie Française,
avec une reprise de *Phèdre*, à l'*Hippolyte et Aricie*, tragédie en musique de
Pellegrin et Rameau : un demi-siècle d'intense activité théâtrale et de nombreuses
créations. Il y a beaucoup de grands succès de public dans cette période, mais
dont la plupart ne dépasseront pas un demi-siècle au répertoire (voir les tableaux
présentés par Jean-Noël Pascal) ; Voltaire seul tiendra cent ans et plus. Une
première section étudie d'une part le sens de la continuité dans l'écriture tragique
(par exemple à travers une « théorie et pratique des citations de Corneille et de
Racine »), et d'autre part des tonalités nouvelles, un développement de la théâtralité en même temps que des émotions (terribles ou tendres). Une deuxième
section est consacrée à Campistron lui-même, dont il ne faut pas oublier que le
Tiridate est contemporain d'*Athalie*, et qui poussera bien plus loin que Racine
l'expérimentation sur le double registre de la tragédie déclamée et de la tragédie
chantée. (D'ailleurs ses tragédies exercent une influence dans l'évolution du
« *dramma per musica* » italien.) On avance ainsi vers une dernière section intitulée
« La tragédie déclamée et/ou la tragédie en musique : deux scènes en interaction » – peut-être la plus nouvelle en ce qu'elle montre, en somme, une démarche
inattendue, celle qui repart de l'opéra vers le théâtre tragique. Après Racine et
Quinault, Campistron n'est pas le seul à travailler dans les deux genres : des
articles ici étudient la pratique de Danchet, de Longepierre et La Motte, de
Voltaire même, ou des parcours thématiques. La hiérarchie des genres telle que
la figera Diderot, où l'opéra est au-delà, voire en dehors de la littérature théâtrale,
ne fonctionne pas en cette période, et les sujets « tragiques » glissent d'un registre
à l'autre avec aisance. Une belle bibliographie par J.-Ph. Grosperrin, qui met en
valeur le nombre considérable de thèses soutenues dans les quinze dernières
années sur le double domaine étudié, couronne cet ouvrage important et innova-
teur. (Pas d'index, ce qui est normal pour une revue ; mais le « tableau » des
tableaux, trop incomplet, est inutile.)

MARTINE DE ROUGEMONT

Lumen. Travaux choisis de la Société canadienne d'étude du dix-huitième siècle,
Vol. XVIII (1999), éd. Thierry BELLEGUIC, 214 p. ; Vol. XIX (2000), éd.
Robert James MERRETT, Richard CONNORS et Tiffany POTTER, 242 p. ;
Vol. XX (2001), éd. William KINSLEY, Benoît MELANÇON et Anne RICHAR-
DOT, 162 p., Société canadienne d'étude du dix-huitième siècle, Edmonton
(Alberta), Academic Printing & Publishing.

Le volume 18 bilingue est concentré sur le riche thème du temps et rassemble
quatorze contributions variées (23ᵉ Congrès de la Société canadienne d'étude du
18ᵉ siècle, oct. 1997) : les auteurs sont neuf chercheurs d'Amérique du Nord
(M.-A. Bernier, S. Dalton, R. Davison, V. Kortes-Papp, C. Lavoie, N. Senior,
A. Sheps, W. Stewart, L.M. Zeitz) et cinq chercheurs français (S. Bouabane,
J. Coutin, J.M. Goulemot, J.-J. Tatin-Gourier, J. Wagner). Les sujets sont en premier lieu les Lumières françaises : Crébillon fils (*Les Égarements*), Diderot (*Lettre
sur les sourds et les muets*), les digressions romanesques, l'utopie sexuelle, la
temporalité littéraire et historique, le temps de la pédagogie révolutionnaire, les
représentations catastrophiques de l'histoire. Sont de surcroît concernées l'Angleterre (Frances Burney ; Ann Finch ; Joseph Priestley ; Swift ; Mary Barber, l'esthétique du jardin de Stowe) et l'Italie (Vérone).

Le volume 19 bilingue rassemble seize contributions sur les savoirs des
Lumières (24ᵉ Congrès de la Société canadienne d'étude du 18ᵉ siècle, oct. 1998) :
les auteurs sont des chercheurs d'Amérique du Nord ou anglo-saxons (B. Fink ;
J.H. Marsh ; P.F. Rice ; C. Fell ; D.G. John ; E. Kennedy ; L.J. Clark ; I. Germani ;
E. Hollis-Berry ; T. Kozakewich ; C. Pollock ; J. Reid-Walsh ; A. Richardson) et
français (G. Artigas-Menant ; M. Baridon ; H. Cussac). Les sujets concernent pour
la plupart, au moins en partie, les Lumières françaises : importance du manuscrit ;
histoire culturelle du jardin ; les liens entre savoir et cuisine ; cheminement de
l'*Encyclopédie* à l'Encyclopédie canadienne ; influence de Rousseau sur *Werther* ;
attention à la vie matérielle chez L.-S. Mercier ; mythe de la nation de soldats
en 1792. Sont de surcroît concernées l'Angleterre (le lien entre les jardins Vauxhall
et la chanson ; Sarah Harriet Burney ; politique et pouvoir chez Manley ; deux
contributions sur Jane Austen ; Frances Burney), l'Allemagne (deux contributions
sur Lessing) et le Quebec (Thomas Walker ; théorie urbaniste).

Le volume 20 bilingue est concentré sur le thème « Images des Lumières
aujourd'hui » et rassemble onze contributions (25ᵉ Congrès de la Société canadienne d'étude du 18ᵉ siècle, oct. 1999) : les auteurs sont A. Budd, U. Dionne,
J. Chammas, S. Charles, L.J. Clark, C. Donato, N. Hudson, R. Joly, Ph. Knee,
E. Sauvage. On regrette que leurs rattachements institutionnels ne soient pas
mentionnés. Les Lumières françaises sont en premier lieu concernées : l'écrivain
et essayiste Philippe Sollers ; l'inceste chez Casanova ; présence et réception de
Voltaire chez l'essayiste et sociologue John Ralson Saul ; ponctuation de Marivaux ; refigurations de Rousseau ; tentation de théâtralité chez Richardson et
Sade. Sont de surcroît concernées l'Angleterre (*Amelia* de Fielding ; Berkeley
et le matérialisme ; les romans de Sarah Harriet Burney ; Samuel Richardson),
les États-Unis (Edith Sitwell) et Zurich (actualité de la physiognomonie de Lavater
au 20ᵉ siècle).

JACQUES BERCHTOLD

Lumières, Nᵒ 1 (1ᵉʳ semestre 2003), 156 p., Nᵒ 2 (2ᵉ semestre 2003), 168 p. Nᵒ 3
(1ᵉʳ semestre 2004), 160 p., Pessac, Presses Universitaires de Bordeaux.

Une nouvelle revue au titre simple est née en 2003 des travaux du Centre
interdisciplinaire bordelais d'étude des Lumières (CIBEL) sous la direction de
Jean Mondot et Catherine Larrère. Cette revue bi-annuelle se veut vivante, ouverte
c'est-à-dire sans barrières disciplinaires et internationales. L'originalité de cette
revue qui entend poser des questions de méthode et s'interroger sur les enjeux

de la recherche, consiste dans une priorité donnée aux débats (contradictoires mais courtois) sur des sujets divers avec une deuxième partie forum réservée aux discussions et présentée sur deux colonnes par page en petits caractères, puis une troisième partie consacrée à des comptes rendus d'ouvrages sur trois colonnes en caractères réduits et séparés de notes de lecture succinctes. L'édition est très soignée.

Le Nº 1 sur le *Stoïcisme antique* reprend les interventions de deux journées d'étude à Bordeaux en avril 2002 sur le rôle de l'héritage stoïcien dans la constitution du droit naturel moderne. Quatre thèmes sont traités à chaque fois par deux intervenants pendant que C. Larrère livre un article sur « Montesquieu et le stoïcisme » et que Jürgen Deininger réfléchit sur les droits de l'homme et l'antiquité. Chaque thème présente une démarche originale combinant deux compétences différentes. On a d'une part la prise en compte des historiens de la pensée antique (Grotius, Hume, Shaftesbury) en tant qu'experts pour « mesurer jusqu'à quel point l'héritage stoïcien est utilisé à des fins nouvelles » (voir la présentation de Valéry Laurand et J. Mondot) et, d'autre part, la lecture des modernes qui mettent en lumière la pensée politique du stoïcisme. La partie forum revient à Michel Delon qui fait un « bilan des Lumières » à l'occasion du livre de Jean-Marie Goulemot, *Adieu les philosophes. Que reste-t-il des Lumières* ?. Quatre recensions terminent ce premier numéro.

Le Nº 2, placé sous la direction d'Alain Ruiz, trace le parcours de Franz Beck, musicien oublié d'origine allemande et qui fut bordelais de 1761 à sa mort en 1809. Les musiciens le connaissent pour son *Stabat mater* (1782) et les auteurs des sept articles reconstruisent son parcours, représentatif de l'époque des Lumières. On doit à Marguerite Stahl une bibliographie du musicien. Le forum de cinq pages sur deux colonnes est un texte de Jochen Schlobach extrait de *Esprit et action*, ouvrage paru en 2003 à Stuttgart. Il s'agit d'un hommage à l'ami disparu qui a aussi pour but de présenter au public français une polémique des Lumières françaises vues par Heinrich Mann. L'origine de la RDA dans la Révolution française et la mise en évidence de la critique d'un discours antisémite de Voltaire à Zola constituent des points forts de l'engagement de H. Mann dans un communautarisme qui aboutit à une critique de la gauche française. Cinq recensions terminent le numéro.

Le Nº 3 analyse les grands textes sur *L'esclavage et la traite sous le regard des Lumières*. Dans un avant-propos, J. Mondot inscrit ce numéro dans l'axe de recherche défini par CIBEL avec les trois termes suivants : esclavage, servage, servitude. Il ne s'agit donc pas d'apporter des réponses à ce problème mais d'étudier « quelques aspects d'un point de vue historique et philosophique ». Pour ce faire, « quatre spécialistes reconnus » concentrent leurs travaux sur, d'une part, les réponses de Montesquieu (« Il est impossible que nous supposions que ces gens-là soient des hommes ») et de Raynal avec le passage de la dénonciation à une histoire raisonnée des causes (approfondissement des analyses d'Yves Bénot dans *Diderot, de l'athéisme au colonialisme*, 1970, et de M. Duchet à l'occasion de la mise au point de la 3ᵉ éd. de Raynal), notamment dans les Lumières écossaises, avec l'ouvrage de J. Millar, *Observations concerning the distinctions of Ranks in Society* (1771) et, d'autre part, sur l'espace géographique et social avec le port et la société marchande de Bordeaux. Signalons que J. Mondot revient justement sur les dangers de l'amalgame pratiqué à notre époque entre le côtoiement des Lumières et de l'esclavage avec le génocide du 20ᵉ siècle qui conclut à la liaison indéniable de la raison et du mal. Il ne faut pas perdre de vue que la raison consiste d'abord à apprendre à distinguer au lieu de pratiquer une « généralisation rhétorique, accusatrice et terrorisante » et J. Mondot se livre à cette distinction judicieusement établie par Kant entre un siècle éclairé et une démarche vers les Lumières où la mise en évidence des problèmes est à repositionner dans le contexte d'une dynamique historique. L'action allait redéfinir la politique et il n'est peut-être pas très honnête de suspendre toute analyse des complexités de l'esclavage pour la confondre avec la folie d'un individu qui, au milieu du 20ᵉ siècle, s'est nourri du fanatisme antisémite. La passion dirigeait plus que la raison et l'on n'a peut-être pas suffisamment commenté le refus péremptoire de Heidegger à toute théorie de la connaissance que Kant entendait intégrer plutôt que rejeter. Mais ici je vais au-delà de ce numéro, ce qui revient à montrer l'intérêt des textes présentés dont le but est d'ouvrir la discussion. Le forum poursuit le bilan des Lumières du Nº 1 avec des remarques de Gérard Raulet sur la notion d'*Öffentlichkeit* à partir de la thèse de Laurence Kaufmann (EHESS, 2001). Neuf recensions terminent le numéro. Saluons avec bonheur cette nouvelle revue à la couverture vert fluo et à l'écriture rouge. Il ne faut pas la manquer.

Martine Groult

Orages, Littérature et culture 1760-1830, Nº 2 (mars 2003) : « L'imaginaire du héros », préparé par Catriona Seth, avec la collaboration de Jean-Noël Pascal, 212 p., Nº 3 (mars 2004) : « L'histoire peut-elle s'écrire au présent ? » préparé par Henri Rossi, 207 p., Besançon, Apocope.

Tous les articles réunis dans le très riche Nº 2 mettent en évidence, tout au long de la période considérée dans des textes relevant de genres différents (Éloges, peinture, roman, littérature clandestine, théâtre, complainte), chez des auteurs différents, une redéfinition de la vertu et du mérite social qui fait date : le « héros » – caractérisé surtout par ses exploits guerriers – tend à être supplanté, suivant les idéaux des Philosophes, par le « grand homme », qui joint à ses talents, « l'humanité, la douceur, le patriotisme » (voir l'article Heros de de Jaucourt reproduit). A.L. Thomas, dans un singulier éloge de Descartes, montre le philosophe, au sommet des Alpes et du « voir », personnifiant l'attitude conquérante du savoir (M. Delon). Dans deux tableaux exposés au *Salon* de 1787, le monarque juste n'est plus au centre de la représentation. Dans l'*Alexandre* de L. Lagrenée, c'est l'héroïsme du satrape torturé qui émeut ; dans *La mort de Socrate* de J.L. David, la mise en scène du récit du *Phédon* énonce que l'acceptation de la mort destine à l'immortalité (Catherine Guegan). Le *Faublas* du roman de Louvet, personnification de la légèreté française, ne parvient guère à trouver son identité par la carrière libertine, contrariée par l'histoire ; quant à *Émilie*, dans le roman épistolaire *Émilie de Varmont*, héroïne de « la parole confisquée », elle exprime une revendication féminine (Florence Lotterie). Aux romans héroïques et sentimentaux du 17ᵉ siècle s'oppose violemment, avant et pendant la Révolution, dans des ouvrages clandestins, un héroïsme érotique subversif qui va trouver son expression dans la figure énorme d'un « Hercule foutromane » (Stéphanie Loubère). Les adaptations à la scène française de l'*Othello* de Shakespeare, dont l'une va jusqu'à supprimer la négritude du personnage principal, permettent de mesurer les vicissitudes de la tolérance du héros noir au théâtre en France (D. Lanni). *Ourika*, nouvelle de Claire de Duras, conte la douloureuse accession d'une noire à la dignité d'héroïne de roman, sa fuite dans l'identification aux conventions de son milieu aristocratique – la censure des mots « noire », « négresse » – jusqu'à son suicide final (V. Magdalena Andrianjafitrimo).

Le contenu littéraire et historique du nº 3 correspond pleinement à l'objet annoncé dans le titre de la jeune revue « Orages ». Il réunit des études portant sur des récits d'histoire des années 1789-1848 d'auteurs fortement commotionnés et influencés dans leurs œuvres par les changements politiques violents de l'époque. Nous accompagnons Henri Meister, éditeur de la *Correspondance littéraire* fondée par Grimm, visitant Paris en 1795 : homme d'ancien régime, il s'efforce de comprendre la société thermidorienne (Bronislaw Baczko). À l'opposé de ces observations, des récits présentés comme historiques peuvent être distordus par les intérêts, le sentiment de culpabilité et la haine : un exemple en est le « traitement historico-mythologique que les contemporains survivant à la Terreur réservent aux Conventionnels déchus », vulgate où puise une génération d'écrivains, de Madame Roland, à Vigny, Thiers ou Joseph de Maistre (Isabelle Costa). Les « mazarinades » constituent une tradition pamphlétaire, réactivée à l'époque de la Révolution, associant une figure détestée (l'Abbé Maury ou Robespierre) aux Enfers (Henri Rossi). La violence des affrontements du présent n'empêche nullement toute littérature : les tragédies patriotiques de Marie-Joseph Chénier tentent d'impliquer, par la fiction et des montages, les spectateurs dans l'activité politique (François Jacob). Dans l'*Itinéraire de Paris à Jérusalem* et les positions philhellènes de Chateaubriand, « la poésie a primauté sur le témoignage » (Philippe Antoine). Toute « écriture innocente » de la Révolution au présent est-elle impossible ? Comment peut s'opérer, sans expurger les passions de l'actualité, un passage au *savoir* historique, qui suppose « le recours à la documentation, l'analyse des faits, la relation objective » (Henri Rossi) ?

ANNE DENEYS-TUNNEY et HENRY DENEYS

Quatuor Coronati Jahrbuch für Freimaurerforschung, N° 41 (2004), Bayreuth, 328 p.

Cette revue reprend la formule de la loge de recherche anglaise *Quatuor Coronati* dont les *AQC* sont bien connus des spécialistes. Il s'agit donc de travaux présentés en loge (*Quatuor Coronati Nr. 808*) ; les travaux sont éclectiques, et, en général, étayés. On parle beaucoup de Lessing dans cette livraison : Rolf Appel, « Lessing – praktizierender Freimaurer ? » ; Annette Simonis, « Freundschaft – und Verwandtschaftsbeziehungen in Lessings Drama *Nathan der Weise* » ; Yvonne Wübben, « Freimaurer, Staatstheoriker und Humanist. Lessings *Ernst und Falk* in philosophiehistorischer und neugermanistischer Perspektive (1850-1920) » ; Wolfgang Dittrich, « Aspekte der Lessing-Rezeption in der deutschen Freimaurerei » ; Georg Hübner, « Lessings Flucht von Hamburg nach Wölfenbüttel. Die Rolle Prof. Johann Arnold Eberts dokumentiert anhand des Briefwechsels zwischen G. E. Lessing und Prof. J. A. Ebert » ; Roman Dziergwa, « Lessings Freimaurergespräche *Ernst und Falk* » ; Klaus Hammacher, « Lessing als Denker der Spätaufklärung » ; Helmut Reinalter, « Lessing und die Aufklärung heute ».

CHARLES PORSET

Recherches sur Diderot et sur l'Encyclopédie. N° 31-32 (avr. 2002), 376 p., N° 34 (avr. 2003), 246 p., N° 36 (avr. 2004), 192 p., N° 37 (oct. 2004), 160 p.

Connue sous l'abréviation RDE, cette revue publie avec régularité tout ce qui favorise la connaissance de Diderot et de l'*Encyclopédie*. Les numéros toujours riches suivent l'actualité et sur l'*Encyclopédie*, dans l'actualité, il y en a pour le meilleur et malheureusement pour le pire. Dans l'actualité de l'*Encyclopédie*, il y a le problème grave de sa numérisation. Le n° 31-32 lui est consacré. Si le problème est grave, c'est parce qu'il s'agit de la perte de ce texte. Il n'est pas question, comme cela a pu être pensé en 2000, de remplacer le livre par un autre outil mais de remplacer un texte par un autre texte. La numérisation comporte d'abord la retranscription manuelle du texte ce qui entraîne des erreurs et des retraits. C'est le cas de la numérisation par le commerçant Redon qui ne concerne qu'une partie de l'*Encyclopédie* mais qui est vendue avec la mention « texte intégral ». Comme il y a eu des versions de l'*Encyclopédie*, l'*Encyclopédie* de Genève ou d'Yverdon, le 20ᵉ siècle a fabriqué sa contrefaçon. Avant de présenter ces numéros qui ont posé cet important problème sous tous ses aspects, je me débarrasserai de la question de l'orthographe des noms propres à particule en précisant que le choix fait par RDE de l'orthographe de d'Alembert avec une majuscule à la particule, a eu pour conséquence de changer la place de l'encyclopédiste dans l'indexation alphabétique. Le désordre pour les noms à particule est lancé et les effets ne font que commencer, le plus à craindre étant la perte des auteurs et des textes. Revenons aux textes des numéros de RDE, toujours extrêmement soignés. Le N° 31-32 reprend les actes du colloque des 17-18 novembre 2000. Il commence par la question simple : pourquoi l'*Encyclopédie* numérisée ? et se termine par une deuxième question : De quelle *Encyclopédie* numérisée avons-nous besoin ? Entre les deux, vingt articles étudient les rapports entre le web (version 2000) et Diderot, entre le logiciel et les renvois avant que Marie Leca-Tsiomis pose (enfin) la question de l'exactitude du texte. On s'arrêtera essentiellement sur l'article de Paolo Quintili qui pose la différence entre la version numérisée sur Internet et la contrefaçon sur CRDom. La version Internet est réalisée par des chercheurs ou des professeurs qui connaissent le texte et offrent à l'*Encyclopédie* une potentialité réelle qui dépasse de loin l'efficacité du CDRom. Cette version établie par l'Université de Chicago en accord avec le CNRS est sur le site de l'ARTFL : http://www.lib.uchicago.edu/efts/ARTFL/projects/encyc. Elle a connu depuis la parution de ce n° des corrections notables. Alors que le texte du CDRom ne sera jamais corrigé, celui-ci évolue sans cesse car, outre les corrections orthographiques, il y a aussi les apports de la recherche qui sont pris en compte par les responsables que sont Robert Morrissey et Mark Olsen. Ce dernier expose avec Gilles Blanchard les problèmes posés par les rapports entre la technique de numérisation et ce texte. Puisque l'informatique procède à partir des structures, ils ont judicieusement convenu de partir de la structure de l'*Encyclopédie*, à savoir le *Système figuré des connaissances humaines* (inconnu du CDRom) et le *Discours préliminaire* avec l'ordre encyclopédique. Ici, la version électronique tente une analyse systématique des renvois et une visualisation de leur structure générale. Les auteurs disent la différence entre la compréhension immédiate par un lecteur et la procédure automatique de classement. Bien sûr il y a à redire mais on trouve ici un respect du texte. On retient déjà en 2000 que les auteurs des contributions faisaient une différence entre cette version fiable et celle du CDRom. Nicole Arnold et Annie Geoffroy le constatent dans l'examen des éléments autour de la femme, en soulignant la richesse du logiciel Philologic comme instrument de recherche pour étudier autrement l'*Encyclopédie*. Il en va de même pour l'intéressant article d'Alain Cernuschi sur le corpus musicographique, ou encore ceux de P. Laurendeau, P. Stewart, Y. Seité, G. Benrekassa qui situe parfaitement les limites des moyens informatiques ou M. F. Piguet sur l'économie (politique). Piguet conclut justement à l'importance du contexte linguistique dans la compréhension de l'évolution d'une discipline et montre l'apport par la numérisation dans toute recherche contextuelle. D'autres articles uniquement basés à partir du CDRom, comme celui sur la population, comportent des erreurs importantes qu'il n'est pas possible ici de rapporter en détails. Elles sont dues au support utilisé. Avant l'*Encyclopédie* de Redon, il y a eu l'*Encyclopédie* d'Yverdon à propos de laquelle C. Donato propose une étude comparative passionnante sur les traces de Charles Bonnet. On est dans le texte et, comme nous tous, en accord avec G. Benrekassa, Donato attend que la technique relève enfin le défi, ce dont M. Olsen est bien conscient. À l'heure actuelle où les ouvrages n'ayant utilisé que l'*Encyclopédie* de Redon commencent à publier des erreurs grossières, il faut saluer ces numéros qui présentaient à l'époque les dangers du CDRom et soulignaient la meilleure approche de la version Internet d'ARTFL pour les découvertes futures. Cinq ans après les choses se confirment.

Le N° 34 (2003) consiste dans la publication des travaux issus d'un groupe de recherche initié par Annie Ibrahim et mené avec Jean-Claude Bourdin et Colas Duflo sur le *Rêve de d'Alembert*. On trouvera les débuts de ce travail collectif avec leur côté vivant sur le site du Cerphi de l'ENS-LSH (www.cerphi.-net) puis de l'Université Paris 7 (www.diderotp7.jussieu.fr). Ce numéro en propose les articles de synthèse. Ces textes sont avant tout ouvert sur l'étude du *Rêve* vers d'autres horizons que ceux déjà travaillés par les anciens, de Dieckmann à Vartanian, et selon C. Duflo, reflètent bien la diversité des approches à l'œuvre dans ce groupe de travail qui est maintenant lancé sur une *Encyclopédie du Rêve de d'Alembert*. En attendant, nous sommes conviés à réfléchir sur Théophile de Bordeu comme source et personnage du *Rêve*, sur Ménuret de Chambaud, sur les *Éléments de physiologie*, sur le rôle singulier de Maupertuis ou encore des confrontations avec le mécanisme cartésien, la philosophie de l'*Encyclopédie* et enfin la question de l'analogie.

Les deux numéros 36 et 37 de 2004 ont pour objet des thèmes sur lesquels la recherche ne s'est pas suffisamment penchée et sur lesquels le travail commence. Le premier numéro est consacré aux rapports entre Sénèque et Diderot et le second à Chambers. Le N° 36 publie des communications de la Table Ronde qui s'est tenue le 16 novembre 2002 à l'Université Paris 7 pour étudier la seconde version de l'*Essai sur les Règnes de Claude et de Néron et sur les mœurs et les écrits de Sénèque pour servir d'introduction à la lecture de ce philosophe*, édité par Diderot en 1782 malgré l'interdiction de la première édition de 1778. Dans un beau texte littéraire, P. Chartier évoque les recherches sur l'*Essai* sous la couleur de l'étrangeté qui, dans la relation ambiguë entre la philosophie antique et Diderot, consiste à se définir par une différence d'avec l'autre. L'auteur n'est pas auteur puisque c'est un autre qui en le bousculant le fera être. La démarche conduit à « affirmer une position dédoublée, redoublée, déplacée » où le lecteur est le seul repère – autre que l'écrivain. Juge de l'œuvre, il se nomme Postérité. Suivent 4 études qui apportent des informations précieuses sur les variations entre l'*Essai sur Sénèque* et l'*Essai sur les règnes de Claude et de Néron*. F. Cabane et L. Mall étudient la métamorphose du texte, le sens de la défense de Sénèque par Diderot, P. Quintili appuie l'aspect philosophico-politique avec la *Contribution à l'Histoire des deux Indes*. Y. Citton propose une interprétation au regard de la querelle Diderot-Rousseau. Le numéro se termine comme il a commencé, à savoir par un vrai texte de littérature que l'on doit à M. Leca-Tsiomis sur l'amitié. En dehors de cette problématique spécifique, il faut signaler 2 articles : une confrontation minutieuse par Claire Fauvergne de la traduction par Diderot à l'article LEIBNITZIANISME de l'*Encyclopédie* des *Méditations* et de la *Monadologie* ; J. d'Hondt évoque le cynisme de Rameau à la lumière de l'évolution économique de notre société passée par les formulations de Hegel et de Marx. Le N° 37 est un événement. Il consiste dans l'édition de la préface de la *Cyclopaedia* de Chambers dans une traduction de Michel Malherbe. C'est une première puisque ce texte, comme le rappelle P. Chartier dans un avant-propos, avait connu une publication en 1983 par A. Becq, mais pas une traduction. On sait que l'*Encyclopédie* devait être la traduction de la *Cyclopaedia* et que les emprunts de Chambers aux dictionnaires et auteurs français ont empêché de faire de l'*Encyclopédie* une simple traduction (qui pouvait croire que le couple de génies Diderot/d'Alembert était réuni pour traduire ?), mais on n'a pas toujours suffisamment insisté sur les différences entre le système de Chambers et la structure de l'*Encyclopédie*. Dans sa présentation, M. Malherbe place Bacon et Hume en inspirateurs de Chambers et tout en avouant ne pas médir sur les travaux du 20ᵉ siècle sur l'*Encyclopédie*, établit une sévère sélection d'ouvrages sur le sujet mais énonce des erreurs. Nous rectifierons rapidement ces erreurs afin que le vœu formulé par Malherbe non pas de présenter une étude de la *Cyclopaedia* mais d'ouvrir ses pages, puisse être exaucé avec des bases justes. Il faut savoir que les éditions de la *Cyclopaedia* ne sont pas faciles à repérer. Il y a deux villes d'édition : Londres et Dublin et il y a des versions en 2 vol. du vivant de Chambers et des versions posthumes en 4 vol. Il me semble que le repérage établi par G. Tonelli (pourtant cité par Malherbe) est juste alors que la simplification d'une liste opérée par L.E. Bradshaw est fausse. Pour aller vite dans cette note, nous nous contentons de préciser que la version de la BnF est la 5ᵉ édition faite à Dublin en 1742 et pas la 7ᵉ édition. Il aurait été intéressant de comparer la 1ʳᵉ page de l'éd. 1742 avec celle de la 1ʳᵉ éd. de 1728. La dédicace de 2 pages « To the King » datée du 15 octobre 1727 n'a pas été reportée, ni l'avertissement de la seconde édition (alors que c'est cette seconde éd. qui est choisie pour texte de traduction) et les planches ne sont pas évoquées. Bref, le texte de la préface n'est pas contextualisé dans sa présentation originale. Ainsi les notions qui sont les entrées du dictionnaire ne sont pas en petites majuscules et deviennent des noms communs. On perd le rapport entre le tableau et la nomenclature, essentiel chez Chambers. La pagination originale n'est pas reportée ce qui aurait évité l'erreur de pagination pour la note (p. x dans l'original) p. 60 marquée p. 58 à la p. 99. Enfin il y a les intraduisibles comme « our view was » (« notre intention était »), « in this view » (dans cet esprit), « the view of knowledge » (tableau des connaissances). Cette répétition de « view » sur les deux premières pages de la préface n'est pas anodine chez Chambers, mais voilà, ces « view » sont intraduisibles autrement que par des termes différents. Le lecteur devra donc se reporter à l'original mais c'est bien parce que cette traduction est un travail à saluer haut et fort que nous commençons la discussion. Souhaitons qu'il remplisse son but de générer des études sur Chambers. Dans les reproductions on s'étonnera de voir un passage du Frontispice d'une édition en 4 vol. de 1788 (celui de 1742 est totalement différent) et on se réjouira de trouver face au tableau des connaissances de Chambers, la traduction par Diderot dans le *Prospectus* de 1745. Tous les dix-huitiémistes et tous les spécialistes de dictionnaires et des rapports entre philosophie et classification des sciences doivent posséder ce N° 37 de RDE qui remplit là totalement sa mission d'apporter tous les éléments de travail sur l'*Encyclopédie* et sur Diderot et d'Alembert. Voilà ici le meilleur de l'actualité sur l'*Encyclopédie*.

On terminera en rappelant que tous les numéros comportent une partie finale importante avec des Chroniques, Comptes rendus, Documentation et Bibliographie qui précède les autographes et documents, le carnet bibliographique. Nous n'avons pas pu les détailler ici, mais nous soulignons qu'ils sont de réelles mines pour la recherche.

MARTINE GROULT

Revue Fontenelle, N° 1 (2003), Publications de l'Université de Rouen, avec le concours du Conseil général de Seine-maritime, 144 p.

On prend connaissance avec intérêt des perspectives ouvertes par la création, à l'Université de Rouen, en 2000, de la *Société Fontenelle* et par la parution du premier numéro de la toute jeune revue qui se présente – sous un dessin de couverture évoquant la longévité de l'auteur ou ses masques – comme « une publication spécifique chargée d'accueillir et de faire converger des contributions (...) consacrées à Fontenelle comme à Catherine Bernard ». L'objectif, annonce l'éditorial de Claudine Poulouin, est de réaliser une édition critique annotée des *Œuvres complètes* et de la *Correspondance* de Fontenelle, chez Honoré Champion et une édition des *Œuvres Complètes* de Catherine Bernard, romancière proche du philosophe, connue surtout grâce aux travaux de Franco Piva. En prélude, Jean Dagen trace le portrait, dérangeant pour l'historien des sciences et les philosophes férus de classification, d'un Fontenelle qui écrit bien et qui, « avec une courtoisie constante, paraît ménager les idées qu'il entreprend de désintégrer ». Sur huit articles de ce N° 1, six commentent et interprètent, à des points de vue très différents, les *Entretiens sur la pluralité des mondes : Genre « galant » et libertinage*. On se souvient de l'édition des *Entretiens* par Christophe Martin (Flammarion, G/F, 1998). C. Martin montre ici, dans le texte des *Entretiens* comme chez Crébillon et Marivaux, que « le discours de la galanterie a précisément pour effet de dissimuler le plaisir libertin » sous-jacent à l'œuvre pédagogique. Pour Claire Cazenave, la « vulgarisation » des *Entretiens* est conforme à l'idéal de l'homme de lettres à la fois savant, « galant » et « sociable », qui proportionne la recherche aux capacités du public. Mais, réserve d'importance, selon elle, « ce lien entre vulgarisation et galanterie ne vaut que pour les *Entretiens* » (p. 106). S. Hochedez (« Méthode scientifique et vulgarisation ») découvre, dans le 6ᵉ Soir ajouté à la 2ᵉ édition, un discours de la méthode qui met en garde la marquise contre les effets pervers du désir de vérité et rappelle les « limites de la vulgarisation scientifique ». G. Milhe-Poutingon aperçoit, dans l'écriture des *Entretiens*, des procédés rhétoriques qui attirent l'attention sur la modalité hypothétique des énoncés. Frédérique Aït-Touati montre que l'auteur des *Entretiens* « propose une mise en scène narrativisée de la révolution astronomique », « un imaginaire qui ne renonce pas au merveilleux, mais en gomme le caractère irrationnel » religieux ou superstitieux. Madame de Lambert (« Subversion masquée de la morale religieuse ? ») expose un « hédonisme moral », d'après lequel le polissage des sentiments et la chasteté sont pour les femmes conditions de dignité et de jouissance pure (Myriam Maitre), alors que *Les Lettres galantes* de Fontenelle, à l'opposé, laissent apercevoir, au delà des masques rassurants de la sociabilité mondaine et de l'art épistolaire, une éthique de l'inconstance et un scepticisme athée (François Bessire).

ANNE DENEYS-TUNNEY

Studi Setteconteschi, N° 22 (2002), Napoli, Bibliopolis, 284 p.

Cette livraison des *Studi Setteconteschi* reprend les communications présentées du 1ᵉʳ au 3 juin 2000 au colloque de Viterbe ; il portait sur *Paix et guerre dans la culture italienne et européenne du dix-huitième siècle*. Il était organisé à l'initiative de la Société Italienne d'Étude du 18ᵉ siècle. L'état des lieux est présenté par Giuseppe Ricuperati dans une longue et riche présentation ; Eugenio Di Rienzo tente de préciser ce que l'on entend par guerre civile et « guerre juste » au 18ᵉ siècle. La question de l'armée dans son rapport à l'État et à la société fait l'objet de la communication de Claudio Donati. Les deux interventions suivantes portent sur le Piémont (Paola Bianchi) et la Lombardie autrichienne (Alessandra Dattero). Ensuite, passée une étude intéressante sur la musique militaire (Cecilia Campa), on trouve des articles monographiques qui portent sur l'opinion des « grands » auteurs sur la guerre et son corollaire la paix : Swift (Alba Graziano), Mandeville (Letizia Gay), Montesquieu (Marco Platania), Goldoni (Bianca Danna), Alfieri (Guido Santato), Kant et la paix perpétuelle (Giuseppe Landolfi Petrone). La dernière intervention, de Marzia Ponso, porte sur les projets iréniques et la naissance du bellicisme en Allemagne à la fin du siècle.

CHARLES PORSET

Wiek Oświecenia, « Ignacy Krasicki » N° 18 (2002), 337 p. et « Ośewiecenie pólnocne » N° 19 (2003), 248 p., Varsovie, Wydawnictwa UW (Presses Universitaires).

Les deux premiers numéros de la revue des lumières polonaises ont des ambitions bien vastes : présenter quelques réinterprétations du plus grand poète de ce temps, Ignacy Krasicki, le prince évêque de Varmie ; donner une synthèse socioculturelle qui porte sur les lumières du nord, plus précisément, en Poméranie (orientale et occidentale) ainsi qu'à Gdańsk et à Toruń (Thorn), en appliquant des méthodes de recherches traditionnelles ou adaptées aux phénomènes du 20ᵉ siècle, comme dans l'article sur le « paysage médiatique » de Gdańk.

IZA ZATORSKA

Zeitschrift für Internationale Freimaurer-Forschung. Herausgegeben von Helmut REINALTER in Zusammenarbeit der Wissenschaftlichen Kommission zur Erforschung der Freimaurerei und dem Institut für Ideengeschichte, 4. Jahrgang – 7. Heft (2002), 102 p. ; 8 (2002), 148 p. ; 9 (2003), 124 p. ; 10 (2003), 180 p. ; 11 (2004), 170 p., Frankfurt am Main, Peter Lang.

Cette revue internationale s'intéresse à tous les aspects de la franc-maçonnerie, mais à l'exception de quelques rares articles la plupart d'entre eux sont écrits en allemand ce qui en limite la diffusion ; aussi serait-il souhaitable que des résumés en anglais ou en français en facilitent l'accès. Revue généraliste, elle porte sur la maçonnerie des origines à nos jours, mais on trouvera dans la plupart des livraisons un ou plusieurs articles intéressant le dix-huitiémiste. Rien dans le nᵒ 7, sauf deux compte rendus ; en revanche deux articles dans le numéro suivant : l'un d'Alfred Schmidt « Das Erbe des englischen Deismus », et l'autre de Ernest-Otto Fehn, « Der Konvent der Philalethen in Paris », qui discute, complète parfois, le livre que j'avais publié sur le sujet (Éditions Champion, 1996), tout en soulignant son intérêt. Le nᵒ 9 donne un article de Jörg Schweigart, « *Sansculotten auf deutschem Grund und Boden*. Politische Symbolik deutscher Studenten zur Zeit der Französischen Revolution (1789-1800) ». Marian Füssel donne dans la livraison suivante (nᵒ 10) « Societas Jesu und Illuminatenorden. Structurelle Homologien und historische Aneignungen », et Ernest-Otto Fehn, « Pfälzer Illuminationen und Jenaer Reminiszenzen. Ammerkungen zu Hans-Jürgen Schings' Buch über Schiller und die Illuminaten » ; enfin le dernier numéro paru (nᵒ 11) donne à l'occasion des soixante ans du fondateur de la revue, un article de Roland Benedikter, « Ein moderner Freigeist in der Postmoderne. Helmut Reinalter zum 60 ? Geburtstag » ; un second d'Alfred Schmidt, « Geschichtsschreibung im Dienst Reflexiver Aufklärung. Festrede vom 7. November 2003 an der Universität Innsbruck anlässlich des 60. Geburtstages von Helmut Reinalter », et, à la suite le « Curriculum Vitae und Schiftenverzeichnis von Helmut Reinalter ».

CHARLES PORSET

ÉDITIONS DE TEXTES

Joseph ADDISON, *Essais de critique et d'esthétique*, édité par Alain BONY. Pau, Publications de l'université de Pau, 2004, 272 pages.

Alain Bony a sélectionné les articles de critique publiés par Addison dans le *Spectator* (1711-1712, 1714) qui lui ont paru « les plus importants à rappeler aux dix-huitiémistes francophones et aux historiens des idées », dans la traduction française constamment enrichie de 1714 à 1755, *Le Spectateur ou le Socrate moderne*. Le texte est celui de l'édition originale, collationnée avec celle de 1755 ; l'orthographe à la typographie et la ponctuation sont modernisées. Une « Introduction à l'esthétique addisonienne » situe Addison par rapport au « contexte culturel néo-classique ». Cette introduction est suivie d'une bibliographie sommaire. Les vingt-huit essais retenus sont classés de manière thématique, selon les grandes orientations de la critique addisonienne : l'humour et le rire ; le *wit* ; la fable et la ballade : le goût et les plaisirs de l'imagination ; autres sujets. La série d'essais sur Milton a été écartée (à l'exception du n° 291), au prétexte qu'ils sont descriptifs. L'annotation, partiellement reprise de l'édition anglaise de D. Bond, est économe et utile. On ne reprochera pas à cette édition de n'avoir retenu qu'un petit nombre d'essais, puisque c'est précisément ce qui lui permet de mettre Addison mieux à la portée des étudiants et du public, ce qui était nécessaire. Bref, une réussite dans ce genre. On regrette seulement l'absence d'index.

LAURENT JAFFRO

Gottlieb BAYER, *Les Origines de la Russie (1741)*, introduit, traduit et annoté par Isabelle JOUTEUR et Michel MERVAUD. Toulouse, 2004, Département de Slavistique de l'Université de Toulouse-Le Mirail/Centre de Recherches Interculturalité et Monde Slave CRIMS-LLA, 156 p. (« Specimina Slavica Tolosona-IX. Slavica Occitania »).

Gottlieb Siegfried Bayer (1694-1738), luthérien de Königsberg, après des études dans sa ville, à Leipzig, Berlin, Francfort/Oder, Halle, au cours desquelles il se familiarisa avec une multitude de langues, chinois, mongol, arabe, éthiopien, syrique, copte, persan, tibétain..., fut invité par l'Académie des Sciences de Pétersbourg où il arriva en 1726 ; il y demeura jusqu'à sa mort, enseignant les langues orientales. Il rédigea un manuel d'histoire pour le jeune Pierre II et surtout se montra un pionnier dans le domaine de la sinologie : *Museum Sinicum* publié en 1730, *Lexicon Sinicum* inédit, *De horis Sinicis* en 1735... Il fournit de nombreuses contributions aux *Commentarii* de l'Académie péterbourgeoise : études sur les Scythes, les Varègues... et surtout dans le t. 8 de 1741, les *Origines Russicae*, composées en 1736, où il voulut dissiper l'obscurité sur les débuts de l'histoire du peuple russe. Bayer passe à tort pour le père de la théorie « normaniste » qui considère l'élément scandinave comme fondamental dans la formation de l'État russe ; cette réputation lui vient de la mauvaise lecture qu'en a faite Trediakovskij, dont les rapprochements linguistiques hasardeux contrastent avec la relative prudence de Bayer qui, curieusement, n'apprit pas le russe pendant son séjour. Introduit par Michel Mervaud, le texte latin truffé de grec est traduit en regard par Isabelle Jouteur et annoté de façon érudite (400 notes) par Michel Mervaud.

CLAUDE MICHAUD

Pierre BAYLE, *Correspondance, tome troisième, janvier 1678-fin 1683. Lettres 147-241*, publiées et annotées par Élisabeth LABROUSSE et Antony MCKENNA, Laurence BERGON, Hubert BOST, Wiep VAN BUNGE, Edward JAMES, avec la collaboration d'Éric-Olivier LOCHARD, Dominique TAURIS-SON, Annie LEROUX, Caroline VERDIER. Oxford, Voltaire Foundation, 2004, XXI-513 p.

La correspondance de Pierre Bayle des années 1678-1683 est peu fournie (15 lettres en moyenne par année), alors même qu'y figurent non seulement ses propres lettres, mais celles qu'il reçoit (une douzaine) et d'autres, échangées par des proches (une dizaine) ; les lettres qui la composent sont pour la plupart déjà connues (environ 15 % d'inédits tout de même). Et pourtant l'édition de la Voltaire Foundation est à la fois tout à fait neuve et d'une très grande richesse. Cela tient à un apparat critique abondant et particulièrement érudit, qui ne se contente pas des faits (dont l'établissement constitue pourtant bien souvent à lui seul une prouesse), mais, de façon à la fois précise et synthétique, les situe dans le contexte intellectuel du temps. Ce travail d'annotation est d'autant plus nécessaire que les lettres, familiales en grande partie, sont souvent très allusives et en même temps chargées de références. Ces années sont très difficiles pour les réformés : Bayle, envoyé à Paris plaider la cause de sa chère académie de Sedan, n'empêche pas qu'elle soit supprimée et il doit retrouver à Rotterdam, à la fin de l'année 1681, un « commencement d'établissement » ; ses lettres, qui prennent volontiers des allures de gazettes, le montrent très attentif à tout ce qui se passe, très soucieux surtout de sa communauté familiale et religieuse. Mais c'est sans doute l'homme du savoir et du livre qui prend le plus de place : questions et informations sur les parutions récentes, impressions de lecture, jugements sur les controverses érudites et philosophiques, sa correspondance abonde en nouvelles de la République des lettres. Il devient lui-même pendant cette période un auteur (celui de la *Lettre [...] où il est prouvé que les comètes ne sont point le présage d'aucun malheur*) qui, dissimulé derrière l'anonymat, guette l'approbation de ses correspondants. Véritable mine d'informations pour l'historien de la religion, de la philosophie, de la littérature, cette correspondance essentiellement « familière » en dit aussi long sur les mentalités et la vie maté-rielle : au hasard des lettres se mêlent considérations géographiques, météorologi-ques (la description d'une tempête qui submerge les digues), vestimentaires, financières ou linguistiques (une diatribe contre les « gasconismes »). Une person-nalité s'y dessine enfin : curiosité, fidélité, rigueur morale...

FRANÇOIS BESSIRE

Alain BLONDY (éd.), *Des Nouvelles de Malte. Correspondance de M. l'abbé Boyer (1738-1777)*. Bruxelles, etc., PIE-Peter Lang, 2004, 281 p. (Coll. « Diplomatie et Histoire »).

Ce volume est composé de deux ensembles très inégaux de lettres adressés par Claude-François Boyer à Jacques-Laure de Breteuil, bailli de l'Ordre de Malte, alors ambassadeur de l'Ordre à Rome : le premier, très bref, est constitué de quelques extraits du journal (des mois de mai à août 1738) tenu par le commandeur Paul de Viguier, envoyés par Boyer à titre d'échantillon de son savoir-faire ; le second, qui occupe l'essentiel du volume, se compose de « nouvel-les à la main » s'échelonnant de novembre 1774 à avril 1777. L'abbé y écrit au jour le jour pour son correspondant une chronique de la vie à Malte dont on comprend qu'elle constitue un document exceptionnel sur l'histoire de ce « microcosme finissant », selon l'expression d'Alain Blondy. Seul le spécialiste de l'histoire de Malte qu'il est pouvait donner aux nouvelles éparses et parfois obscures envoyées par l'abbé tout leur intérêt : il montre dans l'introduction l'importance cruciale pour la vie de l'Ordre de ces années où ses relations avec les prêtres et la population de l'île s'enveniment ; il y rapporte, et ce n'est pas le moindre des intérêts de ce volume, la vie rocambolesque de l'auteur des lettres, abbé libertin, véritable escroc aux identités multiples qui a notamment exercé ses talents en Amérique. Malte a beaucoup fait rêver le 18ᵉ siècle, comme en témoigne son abondante présence dans la fiction : c'est la réalité qui est présente ici, dans toute son épaisseur et sa complexité. Inutile de dire qu'il ne manque rien à cette édition très érudite : abondante annotation, bibliographie, index, sans oublier le cahier iconographique central.

FRANÇOIS BESSIRE

Pierre-Jean-Georges CABANIS, *Note sur le supplice de la guillotine*, suivi de Yannick BEAUBATIE, *Les paradoxes de l'échafaud*, Lithographies par CUECO. Périgueux, Éditions Fanlac, 2002, 152 p.

Le texte de la *Note* est repris de l'édition de 1803 avec les variantes des éditions de 1795 et 1798. Il s'agit d'une réponse de Cabanis aux arguments avancés par Charles-Ernest Oelsner, l'anatomiste allemand Soemmering et le professeur de médecine Jean Joseph Sue (le père du romancier) qui affirmaient qu'après la décapitation, la tête et le corps vivent encore quelques instants comme le prouveraient les mouvements convulsifs de ces deux parties. S'appuyant en partie sur la doctrine de Haller sur la sensibilité et l'irritabilité, le médecin s'oppose à cette interprétation. L'étude qui suit traite des rapports entre la médecine, la morale et la politique au siècle des Lumières et retrace l'historique des événements et des expériences qui aboutirent au choix de la guillotine ainsi que les débats (dans lesquels s'inscrit la *Note* de l'ancien médecin de Mirabeau) qui suivirent son utilisation. Elle souligne que la polémique scientifique recouvre des philosophies politiques divergentes (p. 92 et suivantes). L'une d'elles doute déjà de la légitimité de l'exécution capitale et propose sa suppression. Ce n'est pourtant que le 10 septembre 1977 que la guillotine fonctionne pour la dernière fois et la peine de mort n'est abolie que le 30 septembre 1981.

GUILLEMETTE SAMSON

Louis DE CAHUSAC, *La Danse ancienne et moderne, ou Traité historique de la danse*. Édition présentée, établie et annotée par Nathalie LECOMTE, Laura NAUDEIX, Jean-Noël LAURENTI. Paris, Desjonquères, CND, 2004, 320 p.

Cette publication est la bienvenue, l'ouvrage de Cahusac n'étant jusqu'ici disponible que dans l'édition originale de 1754. Il s'agit d'un traité fondamental pour comprendre les mutations du ballet à l'époque moderne. Après avoir retracé l'histoire de la danse et de ses rapports avec la représentation théâtrale (1re partie), l'auteur, qui est aussi poète et rédacteur de canevas dramatiques, élabore une réflexion théorique et critique sur les principes du théâtre lyrique français (2e partie). Encyclopédiste érudit, il propose une didactique du ballet d'action : la danse ne doit plus être un intermède ou un divertissement inséré dans une trame lyrique, mais placée au rang des arts imitatifs, elle est désormais capable de représenter la totalité de l'expérience humaine, sans se limiter à sa seule forme d'habileté ou de grâce. Cahusac affirme que danse et pantomime sont une seule et même chose. Partageant le postulat sentimentaliste, il conçoit la danse comme une émanation directe des passions, les mouvements de l'âme constituant le ressort de la création chorégraphique. Il s'ensuit que la dramatisation de la danse, ou si l'on veut sa mise en action, en fait un genre autonome qui, avec son langage propre, aboutit à ce que l'auteur appelle des « tragédies et comédies en danse ». Sous forme de tableaux vivants, s'y enchaînent exposition, nœud et dénouement pour développer une action signifiante. Ainsi le ballet dramatisé, qu'il oppose au ballet de cour, se démarque définitivement du bal et des danses de société, et participe, au même titre que l'opéra et le théâtre, au mouvement général de la civilisation. Judicieusement annoté, ce texte apporte sa contribution à notre connaissance du ballet autant qu'à celle de la pensée des Lumières. On peut regretter cependant que l'orthographe du 18e siècle n'ait pas été respectée et que l'illustration qui figure sur la couverture ne soit guère représentative de l'esthétique de cette époque.

MARIE-JOËLLE LOUISON-LASSABLIÈRE

Augustin-Pyramus DE CANDOLLE, *Mémoires et souvenirs (1778-1841)*. Édités par Jean-Daniel CANDAUX et Jean-Marc DROUIN avec le concours de Patrick BUNGENER et René SIGRIST. Chêne-Bourg/Genève/Paris, Georg éditeur, 2004. 592 p. (Coll. « Bibliothèque d'Histoire des Sciences »).

C'est une nouvelle édition des mémoires du célèbre botaniste genevois, intégrale et soigneusement annotée, suivie d'une bibliographie de ses publications et d'un très utile index des noms propres qui est proposée. L'historien des sciences suivra la genèse des découvertes botaniques du savant et infatigable voyageur ramassant plantes, fleurs, mousses, lichens sur les pentes des Alpes, du Jura ou des Pyrénées comme sur les rivages de la Manche ou de la mer du Nord. Il sera retenu aussi par l'évocation de la sociabilité scientifique parisienne du temps de la Révolution et de l'Empire : Candolle côtoie Cuvier, Lamarck qui lui confie la réédition de sa *Flore française*, Geoffroy Saint-Hilaire, Chaptal, Thénard, Gay-Lussac, Alexandre de Humboldt, le comte Rumford et son épouse, la veuve Lavoisier, Jean-Baptiste Say, également quelques vestiges de l'Ancien Régime comme l'octogénaire abbé Morellet ou Dupont de Nemours, qu'il rencontre dans le salon de Madame Bidermann, mêlés aux Lacretelle : « C'était l'ancienne urbanité française, ornée de quelques portions de la solidité du 19ᵉ siècle » (p. 146). Candolle est aussi un philanthrope, membre de la Société philomathique, présidée par Brongniart, le fils de l'architecte, fondateur avec Benjamin Delessert du Comité des soupes économiques, à l'origine de la renaissance de la Société philanthropique, propagateur avec Pastoret ou Mathieu de Montmorency des sociétés de secours mutuel, initiateur avec Chaptal et Joseph-Marie de Gérando de la Société d'encouragement à l'industrie nationale. Candolle est aussi un citoyen, à Genève, à Paris, à Montpellier où il occupe la chaire de botanique de la faculté de médecine de 1808 à 1816. Il n'aime pas Bonaparte et son régime militaire qui ont privé Genève de son indépendance, mais il n'aime guère plus les Bourbons restaurés avec leur clique de nobles et de prêtres, hostiles aux protestants (il est un calviniste tiède) et aux sciences. Nommé recteur de Montpellier pendant les Cent Jours, alors que Fontanes lui avait été hostile, il sait manœuvrer habilement pour ne pas compromettre ses collègues : il leur fait prêter le serment à l'Empereur mais n'expédie rien à Paris et brûle le tout à l'annonce de Waterloo. Il dut bien évidemment regagner Genève à la seconde Restauration où il poursuivit sa carrière scientifique et ses activités humanitaires.

CLAUDE MICHAUD

Jean CHAPPE D'AUTEROCHE, *Voyage en Sibérie*, édité par Michel MERVAUD et Madeleine PINAULT SØRENSEN. Oxford, Voltaire Foundation, 2004. 2 volumes, 624 p. + 28 ill. (Coll. « *SVEC* 2004:03-04 »).

Voici rendu au public le *Voyage en Sibérie* de Jean Chappe d'Auteroche, ouvrage publié en 1768, à la suite de l'expédition scientifique entreprise par l'académicien en vue d'observer à Tobolsk le passage de Vénus sous le soleil. En parfait homme des Lumières, l'abbé d'Auteroche ne se contente pas de recueillir une ample moisson de données scientifiques de toute nature, mais fait œuvre d'anthropologue avant la lettre en s'intéressant aux us et coutumes des populations qu'il rencontre, y compris les populations non slaves qui occupent la profondeur de l'immense espace conquis par la Russie tsariste. Des six parties que comprenait l'édition originale, seule la première est ici republiée, les cinq autres comprenant des informations proprement scientifiques peu susceptibles d'intéresser le lecteur contemporain. Il convient de souligner la très grande qualité de la présente édition. Le premier volume contient une vaste introduction due aux soins de Michel Mervaud, suivie d'une monographie consacrée par Madeleine Pinault Sørensen au peintre Jean-Baptiste Le Prince, principal illustrateur de la luxueuse édition originale. Le texte de Chappe d'Auteroche est accompagné d'un appareil critique impeccable, et agrémenté de la reproduction d'une petite trentaine de gravures, dont les moins surprenantes ne sont pas celles destinées à illustrer les « idoles » des Calmouks-Zongores, peuplade à laquelle l'auteur consacre tout un chapitre. Rien ne manque de ce que l'on est en droit d'attendre d'une édition scientifique : bibliographie exhaustive, étude des sources et de la réception, index. Une présentation agréable et soignée concourt au plaisir de la lecture, et contribue à faire de la présente édition un modèle du genre.

PIERRE HARTMANN

CONDORCET, *Tableau historique des progrès de l'esprit humain. Projets, Esquisses, Fragments et Notes (1772-1794).* Édité sous la direction de Jean-Pierre SCHANDELER et Pierre CREPEL par le groupe Condorcet : Éric BRIAN, Annie CHASSAGNE, Anne-Marie CHOUILLET, Pierre CREPEL, Charles COUTEL, Michèle CRAMPE-CASNABET, Yvon GARLAN, Christian GILAIN, Nicolas RIEUCAU, Jean-Pierre SCHANDELER. Paris, Institut National d'Études Démographiques, 2004, XVI + 1320 p. (Coll. « Classiques de l'économie et de la population »).

C'est un projet d'une ambition extrême qui voit ici le jour, puisqu'il ne s'agit rien moins que de fournir l'édition la plus complète possible (c'est d'ailleurs en ce sens la première) du *Tableau historique des progrès de l'esprit humain,* la grande œuvre inachevée de Condorcet, dont les premiers projets remontent à 1772, alors qu'il n'est pas encore secrétaire de l'Académie des Sciences, et à laquelle il travaille jusqu'à sa mort. On ne retient en général de ce vaste massif que le *Prospectus,* généralement publié sous le titre d'*Esquisse d'un tableau historique...* L'édition présente donne à lire quantité d'autres textes, dont certains étaient restés inédits jusqu'à ce jour. Elle enrichit considérablement notre connaissance des travaux de Condorcet sur l'Histoire dans la période qui précède la Révolution. Elle permet enfin d'avoir une connaissance complète des fragments et notes appelés à compléter le *Prospectus.* Les éditeurs ont poussé l'exigence scientifique à un degré rare, et l'on comprend qu'il ait fallu plus de dix ans et de nombreux collaborateurs pour mener à bien l'entreprise. Pour tous les textes, ils sont retournés aux manuscrits, dont ils présentent les transcriptions exactes, en respectant la ponctuation et l'orthographe, mais aussi les corrections, ratures et autres variantes. Nous saurons tout maintenant des états successifs du manuscrit, des additions et notes de Condorcet, des variantes publiées, etc. Les annexes présentent ainsi un descriptif matériel de tous les manuscrits ici publiés (mentionnant le type de papier utilisé, son format, les traces de pliure, la disposition du texte, etc.) et même une « analyse codicologique » qui instruira beaucoup ceux qui ne sont pas des spécialistes de cette science méconnue. Il est presque inutile de dire que l'introduction générale, les présentations, les notes et la bibliographie sont à la hauteur de l'ambition de complétude manifestée en chaque point de cette édition. L'ensemble est bien servi par la qualité matérielle et la belle présentation des volumes de l'INED.

COLAS DUFLO

Jean-Pierre DE CROUSAZ, *Examen du pyrrhonisme ancien et moderne,* tome 1. Texte revu par Barbara DE NEGRONI. Paris, Fayard, 2003, 1350 p. (Coll. « Corpus »).

Dans la trentaine d'ouvrages de J.P. de Crousaz (1663-1750), qui vont de la théologie aux mathématiques, à la logique et à l'esthétique – dont on connaissait le *Traité du beau* (1715), réédité antérieurement dans la collection « Corpus » – on peut mettre à part cet *Examen du pyrrhonisme* (La Haye, 1733). Pas seulement à cause de son poids. Pas non plus pour l'originalité de son écriture et de son projet d'Apologie de la religion chrétienne contre « l'hydre toujours renaissante du scepticisme ». Le titre d'un autre de ses ouvrages peut donner une idée de son inspiration philosophique : *De l'Esprit humain, substance différente du corps, active, libre, immortelle* (1741). Dans l'*Examen,* l'auteur dit se borner à relever dans la matière des raisonnements du *Dictionnaire historique et critique* ce qui lui paraît « directement ou indirectement contraire à la Religion naturelle et révélée, aux bonnes mœurs et au vrai bien de la société » ; « sans haine », dit-il, pour la personne de Bayle (bien qu'il lui reproche un « penchant pour les obscénités »), il débusque, au delà de l'érudition historique et du brio stylistique des articles (dont il reconnaît la séduction), les conséquences athées qu'entraînent nécessairement, selon lui, les doutes de l'auteur du *Dictionnaire*. Mais durant sa longue réfutation, il s'échauffe jusqu'à écrire « que le caractère d'esprit de l'auteur du *Dictionnaire* est celui d'un charlatan (...), paré d'une fastueuse érudition » et que « la fertilité de son esprit rend propre à jouer toutes sortes de personnages et en état d'amuser agréablement la foule » (p. 1097). Cette réédition, instructive sur la psychologie d'une orthodoxie chrétienne sur la défensive, offre surtout une intéressante traduction abrégée des écrits de Sextus Empiricus, avec une réfutation des points traités par Bayle. B. de Négroni annonce que la IIe partie comportera une table complète des chapitres et la table alphabétique de l'auteur.

Henry Deneys

Sophie Descat (éd.), *Le Voyage d'Italie de Pierre-Louis Moreau. Journal intime d'un architecte des Lumières (1754-1757)*. Pessac, Presses Universitaires de Bordeaux, 2004, 192 p. + 25 ill. noir et blanc. 16 × 24 cm (Coll. « Mémoires Vives »).

Préfacée par Daniel Rabreau, cette édition des *Notes sur mon voyage* de P.-L. Moreau comporte une longue introduction de 38 pages par S. Descat qui a établi et annoté le texte. L'édition n'était pas facile à réaliser puisque le manuscrit présente des difficultés de lecture que l'éditrice a épargné au lecteur en modernisant l'orthographe, en révisant la ponctuation et en ajoutant quelques mots (signalés entre crochets). Il faut aussi souligner un autre choix : celui d'écrire Charles De Wailly mais Robert de Cotte ou Jérôme de Lalande. Le premier est par suite indexé à la lettre « D » de sa particule et les autres à la lettre de leur nom propre « C » ou « L ». Pourquoi changer de place de de Wailly, toujours indexé à la lettre de son nom « W » dans tous les catalogues des bibliothèques internationales ? On retrouve ici encore – maintenant le désordre est établi dans les indexations en fin d'ouvrages et sur les sites web –, une absence de règles pour l'indexation lexicographique qui aura des conséquences graves. Revenons au voyage de Pierre-Louis Moreau. S'il est important parmi tous les voyages du 18e s. en Italie, c'est, nous explique S. Descat, parce que Moreau a acquis en Italie une *conception* de l'aménagement urbain dont il va utiliser les principes esthétiques et pratiques dans sa charge de maître des bâtiments pour la ville de Paris. Notons que la table des matières donne le détail des chapitres de l'introduction, alors que ceux du *Journal* de Moreau ne le sont pas. L'objet de ce livre est la réédition d'un texte et la table des matières ne le reflète pas. L'effet est d'autant plus dommageable que les titres des chapitres de Moreau correspondent aux noms des villes ou de régions visitées et sont éclairants pour le lecteur. L'index topographique bien que très précis ne la remplace pas car il mélange toutes les pages et ne fournit pas la vue claire d'une table. Et si je suis exigeante c'est parce que le texte est fabuleux et qu'il faut remercier S. Descat de l'avoir trouvé et édité. Moreau décrit en même temps et aussi bien les paysages, les routes, les villes, les monuments que les gens et la vie du lieu. Dans les auberges, il dépeint les nuits passées aux côtés de malfaiteurs et dans les ports dont il rapporte le commerce, il nous fait assister aux vols des « barbares » ou encore à la présence des prostituées à Naples dans le quartier de Ponte Oscuro. C'est un journal extrêmement vivant où les descriptions des constructions antiques et des peintures des maîtres côtoient celles du climat avec le brouillard au couvent des Camaldules, les moustiques à Naples, la neige du Vésuve, la chaleur des sables et celle des coutumes (enterrement à Naples). Moreau est un homme de son siècle pour qui l'architecture n'a pas pour unique but la beauté mais a pour rôle d'être utile, de remédier aux inconvénients de la nature et d'améliorer la vie des habitants. Il collecte tous les détails, vérifie le plan des villas et va jusqu'à décrire la traduction de Vitruve qu'il voit en préparation chez le marquis de Galiani. Son objet est d'acquérir ainsi la vraie connaissance des choses ou, selon sa propre formulation, « la connaissance qu'on peut attendre d'un homme d'art » (fin de la description de Bagnaia). Une bibliographie et des index terminent ce livre très agréable à lire grâce à une édition du texte lui-même particulièrement soignée avec cartes et encarts sans oublier des notes riches et précises.

MARTINE GROULT

Denis DIDEROT, *Œuvres complètes*, t. XXIV, *Réfutations*, Idées VI, *Voyage de Hollande, Observations sur la* Lettre sur l'homme et ses rapports *de Hemsterhuis, Réfutation suivie de l'ouvrage d'Helvétius intitulé* L'Homme. Édition critique et annotée présentée par Jean Th. DE BOOY, Roland DESNÉ, Georges DULAC, Didier KAHN, Annette LORENCEAU, Gerhardt STENGER, Madeleine VAN STRIEN-CHARDONNEAU, avec les soins de Didier KAHN et le concours de Georges DULAC. Paris, Hermann, 2004, 772 p.

Les dix-huitièmistes se réjouiront de voir paraître enfin le vingt-quatrième tome des *Œuvres complètes* de Diderot dans l'édition traditionnellement désignée sous l'abréviation DPV, d'après les noms des membres fondateurs du comité de publication, Herbert DIECKMANN, Jacques PROUST et Jean VARLOOT. Le précédent volume (t. XX, *Paradoxe sur le comédien*, Critique III) ayant paru en 1995, on avait pu craindre en effet l'interruption définitive de l'entreprise, dont les premiers tomes remontent à 1975. On se félicite de constater qu'il n'en est rien, puisque les dix tomes restant à paraître nous sont promis pour les prochaines années, les derniers étant prévus pour 2009. On se réjouit aussi, de façon plus anecdotique, d'un léger changement de la politique commerciale de l'éditeur, puisqu'il est désormais possible d'acheter chaque volume à l'unité (150 euros) et non plus simplement de souscrire à la collection complète (4500 euros). Le présent volume était d'autant plus attendu qu'il contient des œuvres de Diderot moins souvent éditées que les plus fameuses. Le *Voyage de Hollande*, tout d'abord, qui n'avait pas été édité depuis 1982 (Yves Benot chez Maspero). Jusqu'ici, les éditeurs prenaient pour base le texte de la *Correspondance littéraire*. DPV, en choisissant la copie de Saint-Petersbourg, nous donne à lire un texte plus complet qui témoigne des deux séjours de Diderot en Hollande, en 1773 et 1774. La préface et les notes, remarquablement informées, rendent compte du contexte, des contacts de Diderot, et de ses sources multiples pour la rédaction de ce texte où les emprunts ne manquent pas. Avec les *Observations sur Hemsterhuis* et la *Réfutation d'Helvétius*, on a affaire à deux ouvrages essentiels à la connaissance de la philosophie de la dernière partie de la vie de Diderot. Georges May avait donné en 1964 une édition en fac-simile de l'exemplaire du livre d'Hemsterhuis avec les observations manuscrites de Diderot, qui constitue le texte de référence. DPV fait le meilleur choix éditorial possible en reproduisant la totalité du texte de Hemsterhuis et en insérant les observations de Diderot où elles doivent se placer. Pour la *Réfutation d'Helvétius*, il était évidemment impossible de reprendre l'intégralité du texte d'Helvétius. Mais la simple reprise du manuscrit de Diderot avec ses citations tronquées d'Helvétius et ses renvois allusifs à un texte que nous n'avons plus sous les yeux est peu satisfaisante. Aussi DPV choisit-il de rétablir aussi largement que possible le contexte, en ajoutant de très nombreuses citations de *L'Homme*, ce qui donne une nouvelle intelligibilité au texte de Diderot (et permet souvent aussi de remarquer à quel point, pour les besoins de l'argumentation, il force le texte d'Helvétius).C'est par ailleurs la première édition de la *Réfutation* à se fonder sur un examen critique de tous les manuscrits connus. Les notes et les introductions, pour ces deux textes, sont substantielles et utiles. Elles permettent d'éclairer les références historiques et les points difficiles, de circuler dans les œuvres de Diderot de la même période et, bien souvent, de rendre justice à Hemsterhuis et à Helvétius, quand Diderot les lit trop rapidement. Ce volume de DPV, comme tous les autres de la collection, donne scrupuleusement toutes les variantes de tous les manuscrits connus, ce qui en fait incontestablement une édition de référence pour les œuvres de Diderot. On attend avec impatience les prochains volumes.

COLAS DUFLO

Henry FIELDING, *Plays*, Volume I, 1728-1731. Edited by Thomas LOCKWOOD, Oxford, Oxford University Press, 2004, XXVIII + 780 p. (Coll. « The Wesleyan Edition of the Works of Henry Fielding »).

Le premier volume du Théâtre de Fielding (qui en comptera trois) comprend huit pièces de genres très variés, des comédies qui hésitent entre le sentiment et la critique des mœurs, une farce énorme (*The Letter-Writers*), et une première série de pièces « burlesques », *The Author's Farce* (dans ses deux versions), *Tom Thumb* et la *Tragedy of Tragedies* – une belle production en quatre ans ! L'éditeur a choisi dans tous les cas de revenir à l'une des premières éditions ; il donne pour chaque pièce, plus ou moins longuement selon les besoins, la genèse et les sources, l'histoire des représentations jusqu'à nos jours, l'histoire de la réception, l'histoire des éditions. On peut regretter que l'attention qu'il porte au moindre commentaire professoral du 18e, du 19e ou du 20e siècle l'empêche de présenter ses propres analyses. Cependant il réussit à rétablir beaucoup de faits (voir les 16 p. d'index), et donne une bonne idée de l'importance de ce dramaturge créatif et fantasque qu'on oublie souvent en faveur du romancier. Ce volume est tout à fait digne des ambitions de la Wesleyan Edition, dont nous avons signalé en leur temps d'autres parutions.

MARTINE DE ROUGEMONT

FRANÇOIS II RÁKÓCZI, *Correspondance de François II Rákóczi et de la palatine Elżbieta Sieniawska*. Publiée avec la collaboration de Gábor TÜSKES par Ilona KOVACS et Béla KÖPECZI. Budapest, Balassi Kiadó, 2004, 188 p.

La publication de la correspondance de François II Rákóczi se fait progressivement car elle exige que soient menées des recherches étendues dans les archives européennes. Après la *Correspondance diplomatique* (*DHS*, N° 32, p. 578-579), une partie de sa correspondance intime voit maintenant le jour. Les lettres proviennent de la période allant du 25 janvier 1704 au 4 novembre 1712, avec une seule lettre datée de 1727, époque du refuge du prince en Turquie. C'est la première édition fidèle et scientifique de 64 lettres du prince, conservées en Pologne, et la copie de 18 lettres de la palatine, gardées à Budapest. La partie que l'on retrouve de nos jours sur cet échange de lettres reste encore fragmentaire. L'introduction de B. Köpeczi donne les informations indispensables pour suivre les étapes de la relation des deux épistoliers qui permettent au lecteur de découvrir dans les lettres les hésitations ou les certitudes du prince ainsi que les fils peu connus de l'arrière-fond diplomatique de la guerre d'indépendance. En dehors des informations historiques précieuses, les lettres nous renseignent sur la situation existentielle et financière des deux personnages historiques, sur leurs pensées et leurs sentiments. Elles parlent en même temps d'amitié, d'amour, de confidence. La voix masculine essaie de rassurer la femme (« rendez-moi plus de justice »), la voix féminine traduit de la fermeté, mais aussi des angoisses (« tout est triste comme dans le désert »). Le caractère confidentiel et hâtif de l'écriture des lettres dont le style suit souvent la conversation nous donnent des renseignements intéressants sur le prince Rákóczi et la palatine Sieniawska que les historiens caractérisent par une « âme virile ». Le français des deux aristocrates étrangers, qui est reproduit fidèlement dans la publication des lettres jusqu'aux fautes de grammaire et d'orthographe, présente selon I. Kovács le comportement et les sentiments des deux épistoliers.

OLGA PENKE

Histoire de Moulay Abelmeula, présentation de Roger LITTLE. Paris, L'Harmattan, 2003, XVIII – 95 p. (Coll. « Autrement Mêmes »).

Il s'agit de la réédition d'un roman introuvable de 1740 dont le titre exact et parlant est : *Le triomphe de l'amour et de la vertu, dans l'esclavage et sur le trône ; ou histoire de Moulay Abelmeula, écrite sur ses propres mémoires.* Son principal intérêt réside dans le fait qu'il présente un mariage entre une Française chrétienne et un Nord-Africain musulman (qui se convertit à la foi de son épouse) et que le personnage principal n'est pas le narrateur mais cette épouse. Ensemble ou séparés, ces deux personnages vivent les mille péripéties bien connues du roman d'aventures.

GUILLEMETTE SAMSON

Duc DE LAUZUN, *Mémoires du duc de Lauzun (1747-1783)*, publiés entièrement conformes au manuscrit avec une étude sur la vie de l'auteur, seconde édition sans suppressions et augmentée d'une préface et de notes nouvelles par Louis LACOUR. Nîmes, Christian Lacour, 2004, LXVII-411 p. [fac-similé de l'édition de Paris, Poulet-Malassis et de Broise, 1858].

La parution de ce fac-similé de qualité médiocre est l'occasion de retrouver la figure singulière d'Armand Louis de Gontaut-Biron, duc de Lauzun (1747-1793), homme à bonnes fortunes et héros de la reconquête du Sénégal et de la guerre d'indépendance américaine, que sa destinée capricieuse mène du commandement des armées de l'Ouest contre les Vendéens à la guillotine. L'intérêt de ces mémoires, écrits à la diable sur un ton avantageux qui fait penser au prince de Ligne, n'est pas à démontrer. Il faut toutefois savoir que le texte n'a pas été oublié depuis 1858, mais qu'il a été souvent réédité depuis, la dernière fois en 1986.

FRANÇOIS BESSIRE

LETTRES à SOPHIE, « *Lettres sur la Religion, sur l'âme humaine et sur l'existence de Dieu* ». Édition critique par Olivier BLOCH. Paris, Honoré Champion, 2004, 320 p. (Coll. « Libre pensée et littérature clandestine »).

Cette édition montre exemplairement le travail philologique spécifique que requièrent les écrits clandestins de la libre pensée classique. Le texte proposé réserve quelques problèmes épineux dont cette littérature est coutumière. Œuvre méconnue à sa parution en 1770, elle a pâti sans doute de la concurrence la même année du *Système de la Nature* du baron d'Holbach. Personne ne semble avoir prêté attention à la sortie de cet ouvrage : on ne recense qu'une mention dans une correspondance privée, dans l'entourage de Dom Deschamps. Imprimé boudé, la version manuscrite n'a pas rencontré plus de succès : il n'existe qu'un seul exemplaire conservé. Et c'est là que les questions de méthode commencent : peut-on établir une filiation entre ces deux supports ? L'éditeur penche pour la dépendance relative du manuscrit à l'imprimé. Sa réponse n'omet aucun détail et scrute le moindre indice. C'est d'ailleurs une des grandes qualités de ce travail que d'offrir une enquête méticuleuse soucieuse d'explorer tous les horizons qui se cachent derrière la facture austère mais négligée de ce *pensum* athée. L'éditeur parvient ainsi à reconstituer les sources de cet écrit fait de pièces détachées et souvent mal soudées, dont la trajectoire, annoncée par le sous-titre, avorte prématurément. C'est, en fait, toute la littérature irréligieuse de la première moitié du siècle qui est orchestrée : l'éditeur repère notamment la présence importante de l'*Examen critique des apologistes de la religion chrétienne* de Lévesque de Burigny (mais aussi peut-être de son *Histoire de la philosophie payenne*), ainsi que de l'*Histoire critique de Jésus-Christ*, des *Opinions des Anciens sur les Juifs* ou encore, pour une référence plus ancienne, du *Système de l'âme* de Marin Cureau de la Chambre (1664). À l'autre borne chronologique, on notera la présence diffuse de Boulanger quasi contemporain. Mais l'intertexte majeur est constitué par *De la religion chrétienne* d'Addison dans la version qu'en propose Correvon, son traducteur, en 1757. Le bilan de ce « faire » clandestin tardif est inattendu : l'éditeur y voit comme le glas de la tradition de la libre pensée érudite. Glas parce que l'œuvre n'intéresse pas, mais aussi parce qu'elle semble reconnaître, par son inachèvement, ses propres difficultés à inscrire le vieil attirail de la contestation religieuse dans le moule plus récent, et en voie de constitution seulement, des nouvelles sciences de l'homme. Armé de cette perspective stimulante, développé dans une ample introduction (p. 9-79), le lecteur est invité à suivre, grâce à une annotation solide, le cheminement de ces vingt et une lettres pour la première fois réimprimées.

ALAIN SANDRIER

LESAGE, *Turcaret*, Édition de Pierre FRANTZ. Paris, Gallimard, 2003, 222 p. (Coll. « Folio Théâtre »).

Cette nouvelle édition en poche de *Turcaret* donne le texte de 1735 (2ᵉ éd.) qui corrige ponctuellement l'original (1709) mais ne l'ampute pas des passages qui pouvaient choquer les bienséances (ce que font l'édition de 1739, dernière publiée du vivant de Lesage, et les suivantes). C'est donc un texte où résonne, avec la porcelaine fracassée de la baronne, ce « bon comique » (d'Argenson) qui fait toute l'alacrité des œuvres de Lesage. La pièce est suivie d'un dossier (chronologie, mises en scène, bibliographie, résumé, notes). Dans une préface dense et stimulante P. Frantz rappelle la critique adressée dès le 18ᵉ s. à la pièce concernant l'irrégularité de sa composition : c'est que les « défauts » dans l'intrigue et dans l'enchaînement des scènes, qui rapprochent *Turcaret* des pièces épisodiques, déterminent, selon P. Frantz, les modalités d'expression d'un « réalisme satirique » que l'on retrouve dans les genres les plus divers. P. Frantz souligne par ailleurs le cynisme de la pièce et l'absence de toute conclusion morale. Or ces deux aspects, envisagés ici séparément, ne seraient-ils pas liés ? Ce refus du modèle classique et de son moralisme latent caractérise la production de l'ancien Théâtre-Italien et la satire du milieu financier que proposent les pièces d'un Fatouville par exemple. Le choix d'un comique « bas », le rejet des modes de représentation dominants et de leurs postulats idéologiques sont en outre exemplaires des choix esthétiques opérés par les théâtres forains pour lesquels Lesage écrira dès 1713. Machine infernale déposée chez les « Romains », *Turcaret* ne participe-t-il pas d'un certain théâtre comique qui se développe au tournant du 17ᵉ s., innervé par la pensée sceptique et l'esthétique rococo ?

ÉRIC NÉGREL

Prince Charles-Joseph DE LIGNE, *Coup d'œil sur Belœil. Écrits sur les jardins et l'urbanisme*. Établissement du texte, introduction et notes par Jeroom VERCRUYSSE et Basil GUY. Avec le concours de Marianne DELVAUX et Pierre MOURIAU DE MEULENACKER. Paris, Honoré Champion, 2004, 624 p. (Coll. « L'Âge des Lumières »).

Maître de Belœil en 1766 à la mort de son père, le prince de Ligne ajouta au jardin à la française un parc à l'anglaise, à l'ouest du château, auquel il fit travailler de 1774 à 1791. Expert en matière de jardin, le prince qui avait parcouru toute l'Europe, de l'Angleterre à la Russie, possédait une riche expérience de jardiniste qu'il consigna dès 1770 dans un manuscrit qui devint en 1781 la première version imprimée du *Coup d'œil sur Belœil* ; deux autres versions suivirent en 1786 et 1795, consignant l'enrichissement de l'expérience voyageuse tout autant qu'elles se ressentent des bouleversements politiques de l'Europe révolutionnée. Ce sont les quatre versions qui sont publiées, car il n'était pas possible d'agencer un texte de base orné de variantes. Le prince se montre un ardent défenseur du jardin anglais qui respecte les sites. « Versailles est triste à mourir », tout paraît beau dans les maisons de France, mais on s'y ennuie, « elles se ressemblent toutes ». Le prince commence par décrire Belœil, puis il fait le tour des « jardins des autres », des plus modestes aux ensembles royaux ou impériaux : D. L. Constant de Rebecque d'Hermenches près de Genève, Chantilly, Meudon, Trianon, Windsor, Blenheim, Kew, Rheinsberg, Sans-Souci, les châteaux des Liechtenstein en Moravie, Eszterhaza en Hongrie, Tsarkoiéselo... distribuant compliments ou critiques : le jardin de la princesse de Montmorency à Boulogne est « une horreur, et surtout sa montagne ... d'un ridicule affreux ». Le jardin doit procurer le bien-être et le bonheur, être porteur de perspectives morales et d'humanité : « Pères de famille, inspirez la jardomanie à vos enfants ; ils en deviendront meilleurs ». Quelques textes en prose (deux mémoires sur Paris et sur Vienne) ou en vers (les délices de Vienne selon les saisons...) sur des thèmes proches, parfois inédits, complètent ce volume qui ravira les amateurs de jardin.

CLAUDE MICHAUD

John LOCKE, *Essai philosophique concernant l'entendement humain*, Traduit par Pierre COSTE, Édité par Georges J. D. MOYAL. Paris, Champion, 2004, 1088 p. (Coll. « Libre pensée et littérature clandestine »).

Cette nouvelle édition de *Essay concerning human understanding* de Locke est la traduction de 1742, soit la 4ᵉ édition réalisée par Coste mort en 1747. L'auteur de cette réédition juge encombrant ce long titre et attribue le nom d'*Essay* à Locke et celui d'*Essai* à Coste. Le ton est donné. En effet, son objectif est moins la philosophie de Locke que de restituer l'*Essai* de Coste dans son contexte philosophique et historique ou, plus exactement, il s'agit de présenter Locke dans « la chaleur et la vivacité des débats ». Privilégiant l'histoire des idées, Moyal entend faire renaître l'esprit qui animait les prises de position du philosophe et remettre en scène les débats de l'époque dans leur contexte. Il justifie sa position par rapport à Coste, auteur d'un *Discours sur la philosophie* insiste-t-il, en rappelant que ses notes participent aux débats des idées (notamment avec Stillingfleet). Dans un avant-propos, Moyal défend ainsi une non retraduction, au regard de l'excellente parution philosophique en collection de poche chez Vrin par Jean-Michel Vienne (2001-2003 en 3 vol. pour un total de 32,50 €), reléguant les erreurs de traduction de Coste au rang de moindre importance. Seule compte la retranscription de l'emploi des termes de l'époque pour comprendre l'histoire des idées, pendant que Vienne justifie sa nouvelle traduction par une nécessité de mieux rapporter les idées de Locke à l'aide d'un langage contemporain plus abordable que celui du 17ᵉ siècle français. Mais Vienne et Moyal ne sont pas en concurrence dans la mesure où l'un parle de Locke et l'autre de Coste c'est-à-dire de la traduction dans laquelle s'inscrit le débat des idées. Pour connaître les éditions originales (aucun des deux ne signale que le chapitre sur l'enthousiasme ne figure pas dans les deux premières éd. de Locke) on se référera à Vienne (5 éd. de Locke en 1690, 1694, 1695, 1700 et une posthume en 1706) et on se référera à Moyal – il faut bien mettre un « et » au lieu d'un « mais » car les deux éditions sont complémentaires – pour les éd. de traduction (5 éd. de Coste en 1700, 1729, 1735, 1742 et posthume en 1755). Dans cette édition de Moyal soignée et respectueuse du travail de Coste sur le texte de Locke, l'orthographe et la grammaire (mais pas l'expression) ont été modernisées (majuscules et italiques supprimées). Toutes les variantes font l'objet de notes précises de l'auteur. On l'aura compris, il ne s'agit pas d'un reprint de l'éd. de 1742, comme dans l'éd. Vrin pour la traduction Coste de 1755 (toujours disponible à 49 €), mais d'une retranscription du texte. L'auteur remercie

Véronique Protoy qui a entièrement retapé et remis à jour le texte. Cet aspect n'est pas négligeable car il constitue la raison pour laquelle les textes ne sont bien souvent pas réédités. À la question : qui retape tout le texte ? il n'y a pas toujours de réponse. Cette réédition intègre les titres de chapitre, placés en note marginale à l'origine, en titre de paragraphe, ce qui rallonge la table des matières et la transforme en parfait résumé de l'ouvrage sur 30 pages (p. 1053-1086). Bibliographie et index nominum et rerum participent à la rigueur exemplaire de ce travail. Pour la philosophie, on se reportera à la présentation de Moyal, extrêmement claire et destinée aux étudiants. Là, il reste difficile de voir à quel étudiant il s'adresse puisque le livre est vendu 145 €.

MARTINE GROULT

Mathieu MARAIS, *Journal de Paris. I : 1715-1721 ; II : 1722-1727*, Édition établie, présentée et annotée par Henri DURANTON et Robert GRANDEROUTE, Saint-Étienne, Publications de l'Université Jean Monnet, 2004, 455+968 p. (Coll. « Lire le Dix-huitième Siècle »).

Des extraits de ce *Journal*, conservé à la BNF, avaient d'abord paru dans la *Revue rétrospective* mais il fut connu essentiellement par l'édition qu'en fit Lescure en 1863-1868. Le livre étant devenu rare, une réédition s'imposait, d'autant plus que la conception qu'avait Lescure d'une édition scientifique n'est plus la notre. On ne fera pas l'éloge d'un tel document, malgré ses lacunes (1716, une partie de 1717, 1718-1719, une partie de 1720, les deux derniers mois de 1727). Cette publication vient en quelque sorte compléter les sept volumes des *Lettres de Mathieu Marais* au Président Bouhier publiés par H. Duranton de 1980 à 1988, lettres qui commencent en septembre 1724 et se terminent en 1737, et dont Lescure avait publié auparavant des extraits. Rappelons que l'écriture de l'avocat parisien n'est pas d'une lecture aisée. Les éditeurs ont fait le choix de moderniser l'orthographe. Les notes de Marais sont clairement distinguées des notes des éditeurs. Ces dernières sont très abondantes et détaillées. Les index sont particulièrement soignés et précieux : index des noms et index des titres. Les références et allusions diverses (« le cardinal », etc.) ont été décryptées. Un beau travail.

FRANÇOISE WEIL

Jean-Henri MARCHAND, *Voltairomania. L'avocat Jean-Henri Marchand face à Voltaire*, textes réunis et présentés par Anne-Sophie BARROVECCHIO. Publications de l'Université de Saint-Étienne, 2004, 191 p. (Coll. « Lire le Dix-huitième Siècle »).

Sous ce titre énigmatique et moderne se cachent cinq textes et quelques vers publiés anonymement entre 1745 et 1784 par un obscur homme de lettres, avocat de son métier, Henri-Jean Marchand, qui ont tous en commun d'être des textes parodiques inspirés par l'œuvre et la personne de Voltaire. La *Requête du curé de Fontenoy au roi* a été la plus remarquée des innombrables productions satiriques qui ont doublé la poésie officielle célébrant la victoire des armées du roi, au tout premier rang desquelles figurait le poème de Voltaire. Le *Tremblement de terre de Lisbonne*, tragédie parodique en cinq actes attribuée à maître André, perruquier, et précédée d'une « épître à Monsieur l'illustre et célèbre M. de Voltaire », est encore jouée en 1804, comme en témoigne une lettre de Maurice Dupin citée par George Sand dans *Histoire de ma vie* (deuxième partie, ch. IX, lettre IV). Le *Testament politique de M. de V**** et le *Repentir ou Confession publique de M. de Voltaire* viennent s'ajouter à la longue liste des faux documents dont l'imposture a été mille fois dénoncée par Voltaire. On le comprend, notre obscur folliculaire vit en parasite de la notoriété de son grand homme, se nourrit de son œuvre, tout en contribuant à alimenter sa légende. Le plus étrange est certainement que Voltaire, sous le nom de « M. Asinoff, ancien pasteur d'Oldenburg », finisse par publier lui-même une « Réponse de Mlle Ninon l'Enclos à M. de V*** » dont l'auteur est Marchand : dans la confusion des pseudonymes et des noms d'emprunt, se révèle une proximité inattendue. Un tel recueil, établi avec rigueur et très soigneusement documenté, présente de multiples intérêts : il contribue à l'histoire de la réception de Voltaire et de son œuvre ; il permet, en reconstituant de façon très précise le parcours d'un citoyen oublié de la République des lettres, de se faire une idée plus exacte de celle-ci ; il rend lisible un ensemble de parodies de textes célèbres, très prisées des contemporains, mais oubliées depuis ; il donne un aperçu précieux sur le palimpseste toujours recommencé qu'est la création littéraire.

François Bessire

Montesquieu, *Œuvres complètes, tome I : Lettres persanes*, texte établi par Edgar Mass avec la collaboration de Cecil Courtney, Philip Stewart, Catherine Volpilhac-Auger, introduction et commentaires sous la direction de Philip Stewart et Catherine Volpilhac-Auger, annotation de Pauline Kra, Didier Masseau, Philip Stewart, Catherine Volpilhac-Auger, coordination éditoriale Caroline Verdier. Oxford-Napoli, Voltaire Foundation-Istituto Italiano per gli Studi Filosofici, 2004, LXXXVII-662 p.

Ce premier tome des *Œuvres complètes* de Montesquieu (qui paraît après quatre autres) frappe d'abord par sa qualité technique et son élégance : proportions harmonieuses, couverture de toile prune, pages à la typographie aérée (notamment à cause des grandes marges et du saut de page à chaque lettre). À la lecture, il s'avère exemplaire à bien d'autres titres encore. Le volume commence par 80 pages consacrées à un état des éditions et des manuscrits de Montesquieu et aux principes qui régissent l'édition des œuvres complètes : ce véritable essai sur l'édition critique et ses exigences (être plus complet, plus fidèle, appliquer des principes raisonnés texte par texte, etc.), qui dépasse largement le cas de Montesquieu, n'est pas le moindre des intérêts de ce premier tome. L'édition des *Lettres persanes* elle-même est entièrement nouvelle et supérieure en tous points à celles qui l'ont précédée. Le texte de base choisi n'est pas celui de 1758 communément retenu, mais celui de la première édition de 1721 : son autorité, fondée sur des critères historiques, est longuement démontrée. La présentation et l'annotation sont d'une grande richesse : non seulement elles intègrent toute l'histoire du texte et de sa réception, mais elles proposent de nombreux rapprochements avec des œuvres contemporaines et de brefs développements sur les connaissances et les conceptions du temps, l'ambition étant de fournir au lecteur « les moyens de lire Montesquieu comme pouvaient le lire ses contemporains ». Conformément au principe de « l'érudition ascétique » formulé par les éditeurs, l'édition conserve, malgré leur immense apport, des proportions raisonnables : dans ces pages très lisibles où les différents textes sont clairement hiérarchisés, c'est bien Montesquieu qu'on lit, et mieux qu'on ne l'a jamais lu.

François Bessire

Karl Philipp Moritz, *Andreas Hartknopf. Allegorie*, Traduit et postfacé par Michel Tremousa. Paris, José Corti, 2004, 180 p. (Coll. « Romantique »).

Ce texte étrange, publié en 1786 et dont on croit comprendre que c'est la première traduction en français, n'est en fait ni une allégorie ni un roman. Plus de la moitié en développe vingt-quatre heures de la vie du personnage – où il ne lui arrive pratiquement rien. Suivent des morceaux épars sur le même Hartknopf, sur ses amis, sur le narrateur. Une thématique importante (appuyée sur le maçonnisme et sur Pestalozzi) porte sur l'éducation : une joyeuse attente de la mort en est un fondement – l'auteur, éducateur, succombera à la maladie à 36 ans. Plusieurs traversées du texte sont possibles ; des détails très matériels et des aspirations mystiques se complètent ; on notera de virtuoses variations sur « être » et « avoir » (p. 142). La postface de dix-huit pages est un peu frustrante, mais la traduction se lit très bien et peut se suffire. Jean-Paul, nous dit-on, savait le texte par cœur : il mérite une place réelle parmi les « petits romantiques ».

MARTINE DE ROUGEMONT

Alain MOTHU et Alain SANDRIER (dir.), *Minora clandestina* I. Le Philosophe antichrétien *et autres écrits iconoclastes de l'âge classique*. Paris, Honoré Champion, 2003, 431 p. (Coll. « Libre pensée et littérature clandestine »).

Tous les textes ici rassemblés avaient paru, soit dans la *Lettre Clandestine*, soit dans divers recueils difficiles d'accès. Les voici à portée de main, chose qui aurait été inimaginable il y a trente ans. Mais depuis les travaux de Wade, puis de Spinck ou de Pintard, les choses ont bien changé et les *clandestina* qui dormaient au plus profond de nos bibliothèques, traqués aux quatre coins du monde par l'infatigable Benitez, connaissent une nouvelle jeunesse. D'ailleurs, il faudra se demander un jour pourquoi c'est aujourd'hui, et aujourd'hui seulement, que ces textes écrits souvent (mais pas toujours, on pense à Fontenelle) dans un style de cheval de carrosse, pourquoi dis-je, ces textes réapparaissent, et sont l'objet d'une attention savante et érudite ? Sans doute parce que leur trait commun est d'être antichrétiens et que par les temps qui courent la question des origines de la modernité est à l'ordre du jour ; davantage, je crois qu'en dehors de la simple *curiositas* qui est l'apanage des érudits, le « clandestinologue » n'est pas innocent : il rassemble les *membra disjecta* du grand procès qui est à l'origine de notre monde qui, depuis trois siècles au moins, s'est construit sur les décombres de la *Romania* chrétienne (ou plus exactement *catholique*) : réaction post-tridentine qui pose à de nouveaux frais les questions de Dieu, de l'Homme, de leurs rapports, et du rapport des hommes entre eux. Tous les textes offerts dans ce recueil ne se valent pas, mais rassemblés, ils prouvent que le travail de sape mené souvent par des auteurs anonymes contre l'autorité de Rome dès le 17e siècle, puis amplifié et parfois mené au grand jour le siècle suivant, travail que l'apologétique chrétienne essaie de contrôler de Pascal à Chateaubriand, n'est pas le fait de quelques esprits chagrins ou contrariés, mais l'accusé de réception d'une nouvelle donne qui prenant acte de l'effondrement du Cosmos antique et médiéval, de la découverte des « Amériques » orientales et occidentales, tente de penser le « monde » en dehors des conformismes et des orthodoxies patte de velours. Dix textes donc : *Discours sur ce qu'on appelle philosophe chrétien* (éd. J.-P. Cavaillé) ; *De la diversité des religions*, de Fontenelle (éd. Alain Mothu) ; *La Moysade* ou *l'Incrédule* (J.-B. Rousseau ?, éd. A. Mothu) ; *Lettre sur la résurrection des corps* (Fontenelle, éd. A. Mothu) ; *Sentiments des philosophes sur la nature de l'âme* (Benoît de Maillet, éd. G.-L. Mori) ; *Lettre à Madame* (éd. A. Mothu et M. Benitez) ; *Infaillibilité du jugement humain, sa dignité, son excellence* (William Lyons, éd. A. McKenna) ; *Lettre sur les difficultés et découragement qui se trouvent dans le chemin de ceux qui s'appliquent à l'étude de l'Écriture* (Francis Hare, éd. A. McKenna) ; *Essais de quelques idées sur Dieu et sur la Trinité* (éd. Alain Mothu) ; *La Censure du Symbole des Apôtres par M. ****, *Encyclopédiste* (éd. A. McKenna). Les éditions sont critiques, chaque texte est daté (quand cela paraît possible), attribué parfois, longuement présenté et richement annoté. Un index conclut cet excellent recueil. On annonce une suite. Le dossier reste ouvert. Mais, au fait, qui lisait ces textes ?

CHARLES PORSET

Christian Georg Andreas OLDENDORP, *Historie der caribischen Inseln Sanct Thomas, Sanct Crux und Sanct Jan, insbesondere der dasigen Neger und der Mission der evangelischen Brüder unter denselben. Kommentierte Ausgabe.* Éd. Gudrun MEIER, Stephan PALMIÉ, Peter STEIN, Horst ULBRICHT, et pour le tome 2 Hartmunt BECK, Aart H. VAN SOEST. Berlin, VWB Verlag für Wissenschaft und Bildung, 2000-2002. 4 vol. 764 p. + 28 ill + 2171 p. (Coll. « Abhandlungen und Berichte des Staatlichen Museums für Völkerkunde Dresden »).

Une génération après le mouvement piétiste de Halle appelé à évangéliser à Tranquebar, l'Unité des Frères (l'Église Morave) prend le flambeau, en créant un réseau de stations dans quelques colonies danoises, hollandaises et britanniques mais aussi en Russie. C'est par le biais de *Missionsberichte* que Halle sait captiver un grand public. Pourtant, le projet morave est beaucoup plus ambitieux et rappelons-le, il s'agit d'une initiative privée indépendante de toute attache étatique. C'est en raison de la réticence de Zinzendorf que l'Unité des Frères manque de visibilité. Peu avant la mort du fondateur, la direction change d'orientation en lançant un programme de publications qui nous vaut quelques fleurons de l'historiographie. Pour se limiter aux missions, il faut en relever trois : le bestseller *Historie von Groenland* (1765-1770), rédigé par David Cranz, l'ouvrage d'Oldendorp (1775) et *Geschichte der Mission der evangelischen Brüder unter den Indianern in Nordamerika* de G. H. Loskiel (1789). Quant à leur confection, ces ouvrages se ressemblent : exploitation patiente d'archives, séjour prolongé sur place, et surtout curiosité insatiable du monde physique et des mœurs, si chers à Voltaire. Le travail d'Oldendorp, en gestation durant dix ans, se solde par un monument. Le manuscrit à lui seul comporte quelques 6000 pages. La première partie, consacrée aux généralités, est descriptive (cadre physique, Histoire, habitants « Blanke » ou noirs). Quant à l'objet d'étude, l'analogie avec les histoires provinciales de l'époque est frappante. En revanche, la deuxième partie, trois fois plus longue, est chronologique, étalant les activités moraves de 1732 à 1768. Une direction frileuse confrontée à un contexte difficile et échaudée par un déisme militant, décida de faire comprimer le manuscrit à un sixième et de flanquer un collaborateur à l'auteur. Oldendorp eut du mal à se reconnaître dans l'édition de 1775 ! Le mérite de cette présente édition commentée revient au Völkerkundemuseum de Dresde qui en a pris l'initiative avant la chute du mur de Berlin, et à la Deutsche Forschungsgemeinschaft qui a donné les subventions pour les spécialistes qui couvrent des domaines aussi variés que la botanique, la géographie, la géologie, la météorologie, l'ethnologie, la médecine tropicale, la zoologie, la linguistique (créole et langues africaines) ou la missiologie. Il faut également saluer le courage de la maison d'édition VWB de se charger d'un pareil ouvrage d'érudition. Quant aux éditeurs, leur choix est judicieux car ils suivent la première version du manuscrit, le texte et la ponctuation étant modernisés avec ménagement et le texte lui-même restant sobrement annoté. Voilà enfin après deux siècles le texte intégral qui représente une mine de renseignements comme par exemple le début du créole avec Saint Thomas, le débat sur l'esclavage, Oldendorp étant un partisan de Montesquieu... L'auteur de l'*Historie* essaie de dresser un inventaire exhaustif et on pourra se reporter avec bénéfice à l'article de Peter Stein (« CGA Oldendorps Historie als Enzyklopädie einer Sklavengesellschaft der Karibik im 18. Jahrhundert » dans *Das Europa der Aufklärung und die ausseuropäische Welt*, éd. H.J. Lüsebrink, (Saarbrücken 2001). Si les deux Textbände complétés de bibliographies, d'iconographies et d'index sont intégralement accessibles (764+2171 p.), il n'en est pas de même du « Kommentarband », en raison de restrictions budgétaires. Cette lacune sera bientôt comblée grâce à un numéro spécial de la revue *Unitas Fratrum*. À sa parution, le lecteur pourra mesurer l'apport spécifique du théologien-historien, voire, mieux comprendre les rouages complexes de l'historiographie dans une petite communauté où l'identité individuelle est perçue au prisme du groupe social. En fait, c'est bien malgré lui que le cas Oldendorp reflète les ambiguïtés des Lumières chrétiennes.

DIETER GEMBICKI

P.-G. PARISAU, *Parodies*. Édition et présentation Martine DE ROUGEMONT. Montpellier, Éditions espaces 34, 2004, 144 p. (Coll. « Espace théâtre »).

Ce petit volume joliment présenté contient trois textes d'un auteur mineur qui prenait pour cibles les succès dramatiques de son temps : *La Veuve du Malabar, Richard III* et *Le roi Lear*. Les procédés consistent à transposer les tragédies dans la vie quotidienne (*La Veuve de Cancale*), à y introduire des accessoires familiers comme le parapluie du roi Lu (Lear), à reprendre les mauvais vers ou les formules baroques, à faire dénoncer par les personnages eux-mêmes les ficelles et les poncifs du genre. L'éditrice estime que le travail de Parisau, qui militait pour le réalisme et disloquait déjà l'alexandrin, ouvrait en somme la voie au théâtre romantique.

JEAN-LOUIS VISSIÈRE

Joseph RABY, *Bréviaire philosophique (1760-1770). Journal pour son voyage de Provence et d'Italie (1764). Journal d'un voyage à Bordeaux, à Londres et en Hollande (1775)*. Textes édités et présentés par Françoise WEIL. Paris, Honoré Champion, 2004, 480 p. (Coll. « Libre pensée et littérature clandestine »).

Né en 1719 dans un milieu marchand dauphinois, Joseph Raby, après une expérience négociante et coloniale à Saint-Domingue, rentra en métropole en 1754 et partagea son temps entre Grenoble et Paris. Dans les années 1759-1770, il constitua une collection de manuscrits, conservés actuellement à la bibliothèque municipale de Grenoble, transcrivant, recopiant, remaniant des textes antérieurs, signant parfois du pseudonyme J. F. Prière. Il recopie par exemple le Traité des trois imposteurs ; pour le *Bréviaire philosophique*, il utilise le *Discours sur les miracles de Jésus-Christ* de Woolston et bien d'autres pages de Spinoza, d'Holbach, Buffon... Ce spécialiste du collage est un adversaire résolu des religions révélées, Jésus est « un homme ordinaire ... n'en ayant jamais imposé qu'à la plus vile populace » et dont le supplice fut juste et bien mérité. De mars à mai 1764, il voyage en Italie, ce qui nous vaut la description de Gênes, Florence, Bologne, Parme, Milan, Turin et quelques notations pittoresques lorsqu'il traverse le Lautaret : « Je ne vois pas que dans la nature il y ait de plus belles horreurs ». En 1775, il s'embarque à Bordeaux pour l'Angleterre puis les Pays-Bas où il découvre les offices protestants, la simplicité du costume, les hôpitaux de Londres, la propreté hollandaise. Raby est un esprit curieux qui ne manque aucune visite de cabinets de curiosité (celui de Séguier à Montpellier) et note soigneusement ses dépenses. Les notes de l'éditrice s'ajoutent à celles de l'auteur et aux variantes. Relevons p. 355, note 143 l'expression fautive de « Marie-Thérèse, impératrice d'Autriche ».

CLAUDE MICHAUD

Alberto RADICATI, *Dissertazione filosofica sulla morte*. Édité par Tomaso CAVALLO. Pisa, Edizioni ETS, 2003, 217 p. (Coll. « Filosofia, 64 »).

La reprise de l'intérêt pour le comte de Passerano – sujet étudié en particulier par Franco Venturi, qui publia il y a cinquante ans sa monographie sur Radicati, très récemment rééditée à Turin avec une présentation de Silvia Berti – et surtout la réédition de son ouvrage le plus audacieux, sur la légitimité et la conformité avec la nature du choix de mourir, si la vie n'est qu'une « prison vitale », est liée à l'actualité d'un débat contemporain qui, dans le cas spécifique de l'euthanasie n'est pas uniquement italien, mais qui est plus urgent et général en Italie, où la laïcité même de l'État est – encore une fois – mise en question. Cet ouvrage du *free-thinker* piemontais – considéré comme la personnalité la plus originale de la première partie du 18ᵉ siècle italien – exilé à Londres et puis à La Haye où il mourut seul et dans la misère en 1737, à l'âge de 39 ans, paraissait dans la capitale anglaise, traduit par Joseph Morgan, vers la fin de 1732, y suscitant un grand scandale (comme Woolston avant lui, Radicati n'évita la prison que grâce à l'aide financière de ses amis). Cette édition soignée et préfacée d'une manière intentionnellement très linéaire – pour qu'elle puisse se prêter à des usages didactiques – est une traduction avec texte en regard du manuscrit français de la *Dissertation philosophique sur la mort* conservé à la bibliothèque de l'Université de Helsinki et signalé par Timo Kaitaro. L'éditeur n'exclut pas que ce texte en français fût de Radicati lui-même, qui écrivit souvent en français (on n'est pas sûr, d'ailleurs, de l'existence d'un manuscrit original italien). Dans le volume sont aussi reproduits le texte anglais, publié précédemment en Italie par Alberto Alberti (1934) et par Venturi (1978), et des documents relatifs à l'accueil réservé à l'ouvrage.

Erica J. Mannucci

Jean-Jacques ROUSSEAU, *Les Rêveries du promeneur solitaire*, suivies des *Lettres à Malesherbes* et d'un choix de textes sur la rêverie. Texte établi, avec préface, notes, chronologie et choix de variantes par Robert MORRISSEY. Fasano, Schena Editore, Paris, Presses de l'Université de Paris-Sorbonne, 2003, 302 p.

Cette nouvelle édition des *Rêveries* situe l'œuvre dans le développement du genre à partir du 17ᵉ siècle. L'introduction relève et analyse les thèmes principaux et évoque les circonstances de la composition. Un choix des principales variantes et des notes, accompagné d'un plan de Paris au temps de Rousseau, une chronologie et une bibliographie (qui s'arrête à 1998), les lettres à Malesherbes et des extraits des *Confessions* et des *Dialogues* complètent l'ensemble et situent les *Rêveries* dans leur contexte. On aurait souhaité une bibliographie plus étendue et mise à jour. Pourquoi travailler d'après la chronologie vieillie de J. L. Courtois en ignorant celle parue chez Champion en 1998 ?

Raymond Trousson

Jean-Jacques ROUSSEAU, *Discours sur les sciences et les arts*. Édition présentée et annotée par Jacques BERCHTOLD. Paris, Librairie Générale Française, 2004, 96 p. + 2 ill. noir et blanc (Coll. « Le livre de poche »).

Ce court ouvrage réussit le pari de présenter et d'annoter en un minimum de place (et donc pour un prix minimum, 1,50 €) un grand texte. Chronologie et bibliographie ne sont pas oubliées, mais surtout il reste juste dans le titre et le texte est intégral. L'introduction intitulée « Rousseau, flambeau dans les ténèbres des Lumières » expose le concours de l'Académie de Dijon et la position ambiguë de Rousseau, ambiguë à plusieurs titres, d'une part du fait d'avoir changé le sens de la question, c'est-à-dire d'avoir introduit du négatif dans la question qui sous-entendait le positif du progrès et, d'autre part, du fait pour Rousseau d'avoir connu la gloire par ce texte qu'il va juger plus tard très mauvais ... tout en continuant à le publier. Après avoir expliqué que Rousseau ne fait pas l'éloge de l'esprit humain à l'image de son siècle, J. Berchtold insiste justement sur les rapports entre Rousseau et Montaigne. L'introduction de 19 pages se termine par la polémique avec Voltaire qui a crié au plagiat de Montaigne et souligne la modernité de Rousseau annonçant ici « rationnellement le possible vacillement des manières raffinées, de l'idéal scientiste et de l'optimisme mercantile ». Après cette introduction vient la réponse célèbre de Rousseau au concours proposé par l'Académie de Dijon en 1750 sur la question de savoir si le rétablissement des sciences et des arts a contribué à épurer les mœurs.

MARTINE GROULT

SAINT-JUST, *Œuvres complètes*. Édition établie et présentée par Anne KUPIEC et Miguel ABENSOUR, précédée de « Lire Saint-Just » par Miguel ABENSOUR. Paris, Gallimard, 2004, 1248 p. (Coll. « Folio/Histoire »).

« Lit-on Saint-Just ? Avez-vous lu Saint-Just ? Pour qui s'en enquiert, la réponse est en majorité négative », s'inquiète M. Abensour dans les premières lignes du remarquable essai qu'il consacre à la personnalité, à l'action et à la pensée de celui qu'une historiographie hâtive a trop souvent présenté comme l'ombre portée de Robespierre, l'archange de la Révolution et de la Terreur. Constatant que les éditions successives des œuvres de Saint-Just pêchaient toutes par l'approximation, voire les lacunes, les deux auteurs ont entièrement repris le dossier. A. Kupiec s'est consacrée à d'importantes recherches en archives pour retrouver et expliquer les discours et les rapports, les papiers privés et les correspondances ; surtout, elle a réussi à établir scientifiquement les conditions de la rédaction des *Institutions républicaines*, tandis que M. Abensour développe une longue réflexion sur la portée philosophique, politique et culturelle des grandes œuvres de Saint-Just, d'*Organt* à *Arlequin Diogène*, cette petite pièce qui a été écrite à peu près en même temps que le long poème *Organt*, en passant par les écrits plus strictement politiques, *De la Nature* et *L'Esprit de la Révolution et de la Constitution de France*. La philosophie de Saint-Just explique pourquoi il est devenu l'un des grands théoriciens de la souveraineté du peuple dans la mesure où il est convaincu que l'état de nature dans lequel se trouvent les hommes avant l'institution du gouvernement civil est immédiatement social ; c'est pourquoi les dirigeants doivent établir un gouvernement fondé sur la raison et mettre en place des institutions politiques et sociales justes permettant à la société de s'émanciper de l'asservissante domination du pouvoir. Pourtant, comment expliquer qu'il passe pour un champion de la contrainte et de l'accusation politique ? Outre l'implacable logique des arguments développés dans son discours sur le jugement de Louis XVI prononcé à la barre de la Convention en novembre 1792, cette image d'Épinal a pu être alimentée par le récit du déroulement de la fameuse journée du 9 thermidor an II : le silence glacé de Saint-Just face à ses contradicteurs. Pour que les Français puissent se conduire en citoyens libres, Saint-Just leur fait violence, même s'il aspirait à leur donner les moyens de s'arracher à l'altération des mœurs et des pensées provoquée par des siècles de gouvernement monarchique. Ce projet politique recèle une contradiction interne profonde entre Terreur et institutions que les premières phrases de son discours inachevé du 9 thermidor révèlent bien : « Rendez la politique impuissante en réduisant tout à la règle froide de la justice [...]. Je demande quelques jours encore à la Providence pour appeler sur les institutions les méditations du peuple français et de tous les législateurs. Ce qui arrive aujourd'hui dans le gouvernement n'aurait pas eu lieu sous leur empire ». Passer par la médiation de la contrainte pour donner une liberté politique et philosophique construite sur les bases nouvelles de la Raison et de l'Égalité, toute l'aporie de la Révolution tient dans ce grand dessein. On remerciera les auteurs qui ont réuni ici un corpus de textes imposant, malgré la brièveté de la carrière de Saint-Just en tant que représentant du peuple à la Convention (moins de deux ans, de septembre 1792 à juillet 1794).

ANNIE DUPRAT

Henri-Clément SANSON, *Sept Générations d'exécuteurs*, présentation par François PRADO. Toulouse, Futur Luxe Nocturne Éditions, 2003, 359 p.

En 1862 a lieu la publication des six volumes in 8° des *Mémoires des Bourreaux Sanson 1688-1847*, œuvre à deux mains écrite par le dernier bourreau de cette famille et un publiciste chargé par l'éditeur de romancer les chapitres dans le goût du jour. Cette réédition supprime les ajouts du publiciste et opère un choix (dont les critères ne sont pas explicités) parmi les autres pages. En première partie, l'ouvrage dresse un catalogue historique des supplices. Commencent ensuite les mémoires proprement dits qui concernent principalement le 18e siècle, sous forme de chapitres consacrés aux grandes figures suppliciées de l'époque, de Cartouche à Babœuf. À cette trame factuelle, se superpose la souffrance d'un homme profondément convaincu que la peine de mort est une insulte à Dieu et à l'humanité. Des pages émouvantes, bien écrites et documentées, retracent pudiquement les combats moraux d'un homme torturé par les cris de son cœur et les murmures de sa conscience. Qu'il s'agisse de lui ou de ses aïeux, l'auteur clame le souci d'authenticité et de sincérité qui a guidé l'écriture de la « confession » de « cette effroyable parodie du destin que l'on nomme l'exécuteur » (p. 111). De rares aperçus sur la vie quotidienne et les centres d'intérêt (lectures d'ouvrages juridiques, d'anatomie, d'histoire) complètent l'image que le lecteur peut se faire de cet homme timide qui, dans l'espoir d'une « absolution », ne se permit de parler qu'une fois sa révocation reçue.

GUILLEMETTE SAMSON

Friedrich SCHILLER, *Autoportrait*. Texte établi par Hugo von HOFMANNSTAHL, traduit de l'allemand par Élisabeth KESSLER, présenté par Charles BRION. Paris, Klincksieck, 2004, XXXIII + 134 p. (coll. « L'esprit et les formes »).

Le titre original du volume (*Schiller. Selbstcharakteristik aus seinen Schriften*, Munich, 1926) était plus explicite que le titre retenu par l'éditeur français, car il s'agit en effet d'un choix de textes, la plupart extraits de la correspondance de Schiller, qui dessinent un portrait moral de l'auteur des *Brigands*. L'éditeur français en prend d'ailleurs bien à son aise avec ce volume, en indiquant « Texte établi par Hugo von Hofmannsthal », puisque ce dernier, dans la préface, indique lui-même qu'il n'est pour rien dans le choix de ces lettres et qu'il ne fait que présenter un recueil publié en 1853, constitué par un certain Döring, « un historien de la littérature tombé dans l'oubli » (p. 3). L'éditeur français espère-t-il vraiment, par cette petite ruse, vendre quelques exemplaires de plus, ou manifeste-t-il simplement par là son mépris pour ces universitaires qui forment l'essentiel de ses auteurs et de son lectorat mais dont il n'est pas nécessaire, de toute évidence, de créditer le travail ? Quoiqu'il en soit, on trouve plaisir à suivre dans ces lettres la figure attachante de Schiller, dans son activité créatrice (on suit les progrès du *Wallenstein* ou de *La Fiancée de Messine*), dans ses admirations (qui vont d'Homère au *Wilhelm Meister* de Goethe), dans ses choix esthétiques (certaines lettres font écho aux thèmes développés dans les *Lettres sur l'éducation esthétique de l'homme*) ou, plus prosaïquement, dans les soucis liés à la nécessité de gagner sa vie en écrivant.

COLAS DUFLO

Arthur SCHOPENHAUER, *Critique de la philosophie kantienne*, traduction, présentation et notes de Jean LEFRANC. Paris, L'Harmattan, 2004, 196 p. (Coll. « Ouverture philosophique »).

Schopenhauer né en 1788 est l'auteur d'un seul livre, *Le Monde comme volonté et comme représentation* publié en 1818. Comme il l'a écrit en plusieurs fois, qu'il y a eu plusieurs éditions, il a été découpé en morceaux. J. Lefranc propose un des morceaux du *Monde* qui constitue un livre à part entière. Il explique que sa traduction est partie d'un travail de révision et de correction de celle de J. A. Cantacuzène de 1882 complétée quelques années plus tard. Maintenant ce livre était introuvable, aussi ce texte de Schopenhauer trouve-t-il sa place dans cette nouvelle collection destinée à offrir des textes de références en histoire de la philosophie aux étudiants en philosophie comme à l'« honnête homme » de notre temps, selon l'annonce de l'éditeur. J. Lefranc joint à sa traduction une présentation, des notes et un index nominum qui facilitent l'accès à cette *Critique* qui constituait l'appendice du *Monde* et qui, revue par Schopenhauer à chaque réédition de son *Monde*, n'était en rien une réfutation de Kant. Le problème envers Schopenhauer sera de savoir s'il a étendu la philosophie du maître de Königsberg des phénomènes de l'humain au phénomène du général ou si une telle extension n'a pas été une distorsion du philosophe de l'Aufklärung. On sait qu'il a eu pour principal disciple Nietzsche et que Nietzsche partageait la critique radicale des encyclopédistes fondée sur la disparition de toute servilité. Tout est rappelé dans ce texte important de Schopenhauer qui pénètre et sonde les rapports entre la philosophie critique et l'idéalisme allemand. Cette excellente réédition s'imposait.

MARTINE GROULT

Madame DE STAËL, *Œuvres complètes*, série II. *Œuvres littéraires*, tome 2. *Delphine*. Texte établi par Lucia OMACINI et annoté par Simone BALAYÉ. Paris, Honoré Champion, 2004, XLVI + 788 p. (Coll. « Textes de littérature moderne et contemporaine »).

Voici, après *Corinne* (voir *DHS* N° 34, p. 593), le deuxième tome à paraître dans la série des *OC* de l'auteur. La présente édition de *Delphine* (1802), roman épistolaire célébré par une journée d'étude en novembre 2003 qui en souligna toute l'ampleur (actes à paraître prochainement), est dotée d'un apparat critique d'une grande richesse. Elle se situe dans le sillage de la première édition savante de ce roman (Genève, Droz, 1987-90) également présentée par L. Omacini et S. Balayé. La présente en diffère toutefois dans la mesure où elle a été sensiblement remaniée et mise à jour, et par le fait que S. Balayé, disparue en 2002, laissait inachevée sa part des travaux. L'état définitif de l'édition de 2004 est donc dû à L. Omacini. Ajoutons que celle-ci a récemment publié un essai sur le roman épistolaire français au tournant des Lumières (voir *DHS* N° 36, p. 654) dont on trouve des échos dans l'introduction : la forme épistolaire de *Delphine*, située en contexte et en fait moins traditionnelle qu'il ne paraît, aurait servi de masque à l'auteur pour camoufler des énoncés peu orthodoxes. Également dans l'introduction, un passage en revue détaillé de l'histoire éditoriale pleine d'embûches de ce roman dont l'édition princeps paraît chez deux éditeurs qui se la disputent, Maradan et Paschoud. Outre les chronologies, tables, bibliographie et variantes du texte de base (Maradan 1802) qui étayent ce tome, l'édition comporte trois ajouts au corps du texte restitués dans leur originalité par L. Omacini : l'*Avertissement* pour la 4e édition, le deuxième dénouement du roman et *Quelques réflexions sur le but moral de Delphine*. Les *OC* continuent donc sur leur belle lancée.

BÉATRICE FINK

STAHL-LEIBNIZ, *Controverse sur la vie, l'organisme et le mixte. Doutes concernant la Vraie Théorie médicale du célèbre Stahl, avec les répliques de Leibniz aux observations stahliennes*. Texte introduit, traduit et annoté par Sarah CARVALLO, préface de Michel SERRES. Paris, Vrin, 2004, 215 p. (coll. « Bibliothèque des textes philosophiques »).

Après l'échec de la biologie cartésienne, les penseurs de la fin du 17e et du début du 18e siècle se voient dans l'obligation de repenser les concepts fondamentaux d'une science du vivant encore toute entière à constituer. Le débat entre Stahl et Leibniz, présenté dans l'introduction en tous points remarquable de S. Carvallo, est à cet égard exemplaire. Tous deux s'accordent pour reconnaître le caractère irréductible de la vie, qui revient à une instance autre que la matière, et l'insuffisance d'un mécanisme qui plaquerait les lois de la matière et du mouvement sur le vivant. Mais, ce point acquis, tout les oppose. Stahl développe un vitalisme animiste qui refuse le projet explicatif de la médecine rationnelle : la matière et la vie ne sont pas du même ordre, l'origine de la vie est l'âme, qui ne peut faire l'objet que d'une connaissance intuitive. Leibniz, pour sa part, dans le cadre de la théorie de l'harmonie préétablie, refuse l'idée incompréhensible d'une action directe de l'âme sur le corps : c'est à un mécanisme refondé que reviendra l'explication du vivant, un mécanisme finaliste qui comprend que la vie est origine, qu'elle est toujours déjà là et se développe selon l'ordre du temps. Les pages de Leibniz présentées ici, en traduction et dans l'original latin, datent de 1709-1711 (contrairement à ce que laisserait penser l'indication de couverture, il n'y a pas de texte de Stahl dans ce volume). Le préambule, qui voit Leibniz rappeler en une dizaine de pages l'essentiel de son système, est merveilleusement leibnizien.

COLAS DUFLO

John TOLAND, *La Constitution primitive de l'Église chrétienne. The Primitive Constitution of the Christian Church.* Texte anglais et traduction manuscrite précédés de *L'Ecclésiologie de John Toland* par Laurent JAFFRO. Paris, Honoré Champion, 2003, 272 p. (Coll. « Libre pensée et littérature clandestine »).

Cette édition critique nous permet d'accéder au texte anglais (1726) et à sa traduction française découverte sous forme manuscrite dans le fonds Montbret de la Bibliothèque Municipale de Rouen. L'édition du texte de Toland en français est un événement déterminant qui met à notre disposition un aspect très important de l'anticléricalisme protestant et qui atteste ses incidences sur la pensée du politique. Toland propose en effet, au delà d'une réflexion sur la tolérance et sur le droit des minorités, une conception très originale du religieux : l'*ecclesia*, confisquée par les chrétiens, est pour l'auteur essentiellement une assemblée civile et publique (éventuellement une « Église sans chrétiens ») qui se construit autour d'une dimension rationnelle. La nature sociale de l'assemblée des fidèles modifie le rôle du prêtre : son ordination est un rite civil qui inverse le processus de sacralisation. L'Église, comme espace public, commue le lien social en lien sacré, dans le mouvement même où elle désacralise le rite divin. En outre, cette édition est précédée d'une large introduction de L. Jaffro : *l'Ecclésiologie de J. Toland* qui nous permet de comprendre en quoi l'édition de ce texte est un moment d'élaboration important sur l'art d'écrire, en continuité avec ses travaux antérieurs sur Shaftesbury. Il suggère en effet la mise en place dans l'écriture de Toland de plusieurs niveaux de lecture, un véritable dispositif de communication oblique, axé sur la connivence et l'insinuation, dans le but de rendre public ce qui ne peut pas l'être directement et publiquement. Les conditions de la liberté de parole résident donc paradoxalement dans la maîtrise de la dissimulation : en bref, Toland ne pouvant proposer publiquement la défense du droit des minorités, « véritable cheval de Troie à l'intérieur du protestantisme britannique », le fait passer pour une défense plus classique du non-conformisme. L. Jaffro, en mettant à notre disposition ce texte fondamental de Toland, poursuit sa réflexion sur la dimension textuelle de la philosophie.

FRANÇOISE BADELON

François DE TOTT, *Mémoires du baron de Tott sur les Turcs et les Tartares*. Maestricht, 1785. Texte édité par Ferenc TOTH. Paris, Honoré Champion, 2004, 382 p. (Coll. « Bibliothèques des correspondances. Mémoires et journaux »).

La publication de documents historiques est toujours très précieuse pour combler les lacunes de nos connaissances sur le 18ᵉ siècle surtout lorsqu'il s'agit de l'écriture d'auteurs marginaux qui n'appartiennent intégralement à aucune culture nationale. L'auteur de ces *Mémoires* est le baron François de Tott né en France d'une mère française et d'un père hongrois qui s'était réfugié dans ce pays après la guerre d'indépendance de Rákóczi. Son éducation le prépare non seulement à la vie diplomatique et militaire, mais lui assure également une connaissance parfaite de la langue turque. Arrivé au terme de sa carrière diplomatique, il écrit ses *Mémoires* pour partager avec le public ses expériences sur l'Orient, mais aussi pour présenter sa vie en Turquie (en particulier à Constantinople), auprès du khan des Tartares de Crimée et en Égypte. L'objectif visé par l'auteur est de dévoiler le despotisme oriental. Il est en même temps clair que cet héritier des mémorialistes historiques, retiré de la vie politique contre son gré, veut montrer ses compétences militaires rares devant ses contemporains et par cela se justifier et offrir ses services aux autorités françaises. L'auteur promet aux lecteurs un « essai philosophique et historique sur les différentes civilisations humaines » et son journal abonde en qualités qui caractérisent les histoires, les essais et les récits de voyage : descriptions géographiques, économiques, anthropologiques, analyses de l'état politique et militaire des pays où il a vécu. Ses ambitions littéraires sont également évidentes : il mélange narration, description, réflexion et amalgame les genres de récit de voyage, d'histoire, de dialogue, d'anecdote dans son écriture à la première personne. Ce livre qui a connu un grand succès à son époque, dont témoignent les éditions nombreuses et les traductions en quatre langues, a été redécouvert par le chercheur hongrois Ferenc Tóth qui a soigné cette édition scientifique, a fourni des renseignements importants sur l'auteur, sur les circonstances de son voyage et de l'écriture des *Mémoires*, a donné des commentaires historiques et des explications concernant la signification des mots étrangers utilisés par l'auteur. Le manuscrit original disparu, la publication suit l'édition la plus complète de l'époque. Il est cependant dommage qu'une erreur chronologique empêche l'identification exacte de cette édition : 1785 figure sur la page de titre tandis que l'introduction se réfère à l'édition de 1786.

OLGA PENKE

Raymond TROUSSON et Jeroom VERCRUYSSE (dir.), *Dictionnaire général de Voltaire*. Paris, Champion, 2003, XIV + 1261 p. (Coll. « Dictionnaires & Références »).

Ce nouveau dictionnaire de Voltaire est destiné à remplacer une première version, parue en 1994, qui comportait 252 entrées (voir *DHS*, Nº 27, 1995, p. 543). Les éditeurs estiment avec raison qu'en l'espace de huit ans, les études voltairiennes se sont notablement enrichies et que de nombreux aspects importants concernant la biographie et la pensée de Voltaire avaient été négligés dans l'ouvrage de 1994. Mais pourquoi passent-ils sous silence le précieux *Inventaire Voltaire*, paru un an plus tard (voir *DHS*, Nº 28, 1996, p. 666), dont les 1483 pages ont déjà largement comblé ce « vide évident » que les éditeurs déplorent dans leur introduction ? Les dictionnaires de Voltaire se suivent et ne se ressemblent pas ; celui-ci est bâti selon un schéma qui a déjà fait ses preuves pour Diderot et Rousseau. Moins complet mais plus riche que l'*Inventaire Voltaire*, il s'en distingue non seulement par la présence, après chaque article, d'une bibliographie essentielle et récente, mais surtout par le choix des sujets abordés :

au lieu de vouloir faire exhaustif, on a préféré développer, parfois sur plusieurs pages, des entrées comme *Amériques, Argent, Beaux-arts, (Mme) Denis* (26 colonnes !), *(Les) Guèbres, Needham,* etc., là où l'entreprise concurrente se contentait parfois de quelques lignes. Il serait trop facile de reprocher à un dictionnaire, même s'il se veut général, les inévitables omissions, même si certaines sont incompréhensibles : rien, par exemple, sur l'activité journalistique de Voltaire ou sur les quakers (ni dans le très long article *Angleterre,* ni dans celui consacré aux *Lettres philosophiques*), aucun article sur l'inoculation ou les *Notebooks.* La *philosophie* de Voltaire doit se contenter de quelques colonnes ; on lit d'ailleurs qu'il était « peu versé en la philosophie » (p. 175) ! On ne s'étonnera pas de chercher en vain des entrées sur Locke, Leibniz, Fontenelle ou l'empirisme ; en revanche, des articles comme *Âme, Cartésianisme* ou *Matérialisme* nous dédommagent de ces lacunes. En dépit de ces imperfections inhérentes à ce genre d'ouvrage, on ne peut que se réjouir de disposer désormais de ce nouvel outil de travail qui mérite aussi de séduire un plus large public.

Gerhardt Stenger

Simon Tyssot de Patot, *Lettres choisies* et *Discours sur la chronologie.* Édition critique par Aubrey Rosenberg. Paris, Honoré Champion, 2002, 615 p. (Coll. « Libre pensée et littérature clandestine »).

Adressées à des notables, à des savants, à des proches, les *Lettres choisies* de Tyssot de Patot parurent en 2 tomes à La Haye en 1726. Leur ordre de présentation – elles sont au nombre de 202 – ne reflète pas toujours celui de leur composition, lequel ne peut être établi que par conjecture, car l'auteur ne les a pas datées. Dans l'« Avertissement » qui précède le tome second, et que la présente édition place en tête du premier, l'auteur identifie en effet son ouvrage comme un « Traité » (p. 43), mot par lequel il justifie l'absence de chronologie, mais peu adéquat à son contenu. Comme le note A. Rosenberg, Tyssot « joue le rôle d'un Voiture » ou parfois « d'un Fontenelle » dans nombre de ces lettres liées à la vie de salon et où le badinage mondain, la galanterie et le burlesque voisinent avec l'exposé didactique. D'autres missives sont dictées par diverses circonstances de la vie professionnelle et familiale ; d'autres enfin sont des lettres « idéologiques », dont les thèmes annoncent la philosophie des lumières, et sur lesquelles A. Rosenberg fait porter l'essentiel de son commentaire. Cette dernière catégorie comprend des lettres composées en partie avant 1714, preuve que l'évolution de Tyssot de Patot vers le déisme et l'athéisme est antérieure à *Jacques Massé.* L'auteur y jette l'ébauche d'une cosmologie basée sur une interprétation figurée des textes bibliques ; selon lui, Dieu se confond avec les lois éternelles de la nature et la formation de l'univers est un processus où se reconnaissent sept grandes « époques » correspondant aux sept « jours » de la création. D'intéressantes considérations sur l'âge du monde, sur l'état de l'homme avant le péché, sur le déluge, sur l'emploi des nombres dans la Bible, etc., complètent cette théorie que Tyssot de Patot reformule en termes parfois identiques dans le *Discours sur la chronologie.* D'où le parti pris de republier ce texte de 1722 à la suite des *Lettres.* Le travail de l'éditeur moderne est multiple. L'« Introduction » aux *Lettres choisies,* concise mais substantielle, permet de situer l'œuvre dans la vie et la carrière de Tyssot de Patot. Celui-ci, souligne A. Rosenberg, a dû faire la constatation amère « que le clergé protestant ne le cède en rien en hypocrisie ni en duplicité aux catholiques ». Il montre aussi comment l'influence de Spinoza s'est exercée sur de Tyssot Patot, mêlée à l'héritage d'autres philosophes, mais aussi celle de savants comme Leeuwenhoek, de romanciers comme Foigny et Veiras : de multiples connexions intellectuelles, littéraires, esthétiques tissent autour des *Lettres* un réseau impressionnant et complexe à l'image de ce qu'on a appelé la « crise de la conscience européenne ».

De nombreuses notes historiques et bio-bibliographiques facilitent la lecture du recueil ; des appendices proposent un essai de chronologie ainsi que des documents sur la réception de l'œuvre. La même approche préside à l'édition du *Discours*, curieusement écrit en prévision d'une nomination au rectorat de l'École Illustre de Deventer, à laquelle Tyssot de Patot croyait avoir droit, mais dont l'honneur échut à un rival. Distinguant les sources primaires (œuvres de Tyssot de Patot) et les sources secondaires (savants, philosophes, écrivains du 17ᵉ et du 18ᵉ siècles, études modernes), une importante « Bibliographie » enrichit cet ouvrage à l'érudition impeccable qui comporte également un « Index » des noms de personnes.

JEAN TERRASSE

Camille VILLARS (éd.), *Nous avons vécu la Révolution française*. Paris, ViaMedias Éditions, 2004, 381 p., + ill. en blanc et noir (Coll. « Manuscrits »).

Cette anthologie vise à donner de la Révolution une image vivante. L'idée est louable, la réalisation discutable. On trouve certes des témoignages intéressants sur la prise de la Bastille ou les massacres de Septembre, et des anecdotes piquantes (le vol des manuscrits précieux de la Sorbonne par des professeurs). Mais on constate que la mort de Marat et les manifestations d'idolâtrie qu'elle a suscitées n'intéressent pas les éditeurs, non plus que la guerre de Vendée ou le 9 Thermidor. Pourquoi ? Il subsiste une impression de travail hâtif, d'émiettement. On nous assure que les textes retenus ont été adaptés, modernisés pour en faciliter la lecture, mais les coquilles abondent (Français pour francs, p. 129 ; carnage pour courage, p. 211), et, faute de notices et de notes, le lecteur ignore tout des mémorialistes cités. Cet ouvrage hybride paraîtra sommaire aux érudits, mais pas assez pédagogique au grand public. Il vaudrait mieux, à mon avis, composer une série de volumes consacrés chacun à un grand événement révolutionnaire, en regroupant les témoignages les plus significatifs.

JEAN-LOUIS VISSIÈRE

VOLTAIRE, *Œuvres complètes*, 3A. *Œuvres de 1723-1728 (I)*. Édition par J.V. COTTE, Nicholas CRONK, Jean DAGEN, Paul GIBBARD, Russell GOULBOURNE. Oxford, Voltaire Foundation, 2004, xxiv + 331 p.

VOLTAIRE, *Œuvres complètes*, 30C. *Œuvres de 1746-1748 (III)*. Édition par Nicholas CRONK, Janet GODDEN, Adrienne MASON, Jean MAYER, Paul H. MEYER, Ralph A. NABLOW, Karlis RACEVSKIS, Marc Serge RIVIÈRE. Oxford, Voltaire Foundation, 2004, xx + 377 p.

Le fameux portrait du jeune Voltaire par Largillière, ici superbement reproduit, accueille le lecteur au seuil de ce volume. On ne saurait trouver meilleure illustration de son contenu. Élégant, spirituel et furieusement mondain. Le *Divertissement pour le mariage du roi Louis XV*, ou la *Fête de Bélesbat* n'offrent rien de plus que ce qu'ils promettent : des divertissements de société, vite écrits, vite oubliés. Quant à l'*Indiscret*, comédie en un acte, sans aller jusqu'à dire selon le mot cruel de La Harpe qu'elle est " dénuée d'action, d'intérêt et de comique", on comprend qu'elle ait rapidement disparu du répertoire. Mais quoi ! quand on veut faire son chemin à la cour et à la ville, il faut savoir faire des concessions au goût du temps. Certes, et on en resterait là, s'il n'y avait aussi *Sottise des deux parts*, petit texte cinglant où jésuites et jansénistes en prennent équitablement pour leur grade. Déjà du vrai Voltaire, celui que l'on aime, tel qu'il sera pendant le demi-siècle à venir.

Vingt ans après, le tout fraîchement intronisé *historiographe du roi* prend son office au sérieux et entend rendre témoignage de l'histoire immédiate. Il rédige l'*Éloge funèbre des officiers qui sont morts dans la guerre de 1741*, un *Panégyrique de Louis XV* et des *Anecdotes sur Louis XIV* non moins hagiographiques. Littérature de circonstance où l'esprit critique n'a guère sa place, mais qui annonce d'autres écrits sur les mêmes personnages, qui seront d'une toute autre envergure. Une courte présentation de *Cromwell*, sarcastiquement engagée, le laisse déjà pressentir. Dans ce même moment, Voltaire rédige encore une *Dissertation sur les changements arrivés dans notre globe et sur les pétrifications qu'on prétend en être encore les témoignages*, curieusement d'abord écrite en italien, où il défend avec talent l'indéfendable théorie fixiste de l'origine du monde. Il n'est guère besoin de souligner, tant cela paraît aller de soi dans cette collection, que tous les textes présentés, ici comme dans le volume précédent, le sont avec une impeccable érudition.

Henri Duranton

Claude-Henry Watelet, *Essai sur les jardins*. Paris, Gérard Montfort Éditeur, 2004, 70 p.

L'éditeur G. Montfort édite les textes, rien que les textes. On l'aura compris, il n'y a pas d'apparat critique. Pas d'introduction, de présentation ou de notes. Rien que le texte qui subit toutefois une modernisation non explicitée. La modernisation concerne l'orthographe, la ponctuation (un point d'interrogation dans la 1re phrase du texte après l'avant-propos au lieu du point virgule qui est dans le texte original nous paraît constituer une erreur) et la typographie des majuscules. L'original n'est donc pas intégralement respecté. Quelques rares mises à la ligne ne sont pas reportées, mais ce sont les majuscules qui paraissent poser le plus de problème. Les majuscules à certains mots comme « art », « architecture », « peintre », « sculpteur » et tous les adjectifs substantivés ne sont pas reportées ; pour le mot « nature » il y a eu hésitation au début du texte pour la conserver ensuite quoique irrégulièrement. Il ne faut pas prendre les majuscules du 18e siècle à la légère, elles fournissent le sens. Il reste que ce court texte de Watelet publié en 1774 chez Prault constitue un modèle de la philosophie des Lumières. Le jardin apparaît comme un des exemples sur lequel la pensée du siècle a été appliquée. Il est vrai que le jardin est un très beau sujet puisqu'il associe la diversité de la nature et l'ordre nécessaire à la disposition. Watelet se justifie : « si l'on employait un art bien dirigé à disposer sous l'aspect le plus satisfaisant les objets d'utilité que fournit la campagne, ces détails paraîtront peut-être passer les bornes d'un essai élémentaire ; mais je m'y suis entraîné par l'intérêt qu'on prend à cette matière ». Entre la jouissance de la campagne et le suivi de principes, Watelet expose l'art de composer un tableau pour offrir du plaisir. Ce texte est très court mais c'est un monument ! Sa réédition est à féliciter.

Martine Groult

HISTOIRE

Roland Andreani, André Michel et Élie Pélaquier (éds.), *Des Moulins à papier aux bibliothèques. Le Livre dans la France méridionale et l'Europe méditerranéenne (16e-20e siècles)*. Montpellier, Publications de l'Université de Montpellier III, 2003, 2 vol. de 704 p. + ill.

Les actes de ce colloque tenu à Montpellier en 1999 couvrent plusieurs siècles. Ils concernent le circuit d'élaboration du livre depuis le papier jusqu'aux rayons des bibliothèques. De cet ensemble très disparate sur le livre dans le Sud de l'Europe, on retiendra ce qui concerne le 18e siècle : les moulins à papier des Pyrénées centrales, l'imprimerie et le commerce des livres en Périgord (quatre ateliers en 1789 et une production en fort accroissement à partir de 1770), la librairie napolitaine (entre 40 et 45 imprimeurs en 1780 et une production assez ouverte sur les nouveautés), la censure dans les États de Savoie (assez proche de la pratique française). Le second volume est consacré au livre lui-même et aux bibliothèques : les manuels d'artillerie confrontés aux progrès techniques, la presse révolutionnaire à Avignon et à Orange, les collections des bibliothèques ecclésiastiques et monastiques, les bibliothèques privées de Carcassonne ou du Cayla. Un avant-propos d'Henri-Jean Martin et des conclusions de Frédéric Barbier permettent de resituer l'Europe méditerranéenne dans l'évolution générale de l'imprimé, de sa fabrication et de sa conservation. Ce que Frédéric Barbier nomme « l'impérialisme communicationnnel ».

FRANÇOIS MOUREAU

Gabriel AUDISIO, R. BERTRAND, M. FERRIÈRES et Y. GRAVA(éds.), *Identités juives et chrétiennes, France méridionale 14ᵉ-19ᵉ siècles. Études offertes à René MOULINAS*. Aix-en-Provence, Publications de l'Université de Provence, 2003, 307 p. (Coll. « Le Temps de l'histoire »).

Les 23 contributions sont brèves et pour la plupart concernent des sujets très limités, ce qui n'enlève rien à leur intérêt ; elles concernent aussi bien les États pontificaux que la Provence et l'on se souviendra que les États pontificaux n'ont été réunis à la France que le 14 septembre 1791. Nous avons remarqué la contribution de Bernard Thomas, qui a étudié les fonds des Archives départementales du Vaucluse et décrit les réactions très diverses du clergé paroissial du Comtat Venaissin devant la Constitution civile du clergé. Jean-Marc Chouraqui est revenu sur l'émancipation des Juifs et insiste sur l'anachronisme du terme : à l'époque on parlait de l'octroi des droits de citoyen actif.

FRANÇOISE WEIL

Marie-France AUZEPY et Joël CORNETTE (dir.), *Palais et Pouvoir. De Constantinople à Versailles*. Saint-Denis, Presses Universitaires de Vincennes, 2003, 376 p. + ill. en noir (Coll. « Temps & Espaces »).

Le palais comme inscription spatiale du pouvoir et lieu de la mise en scène du souverain, le pouvoir comme produit de la représentation palatiale, ce sont ces rapports réciproques qui font l'objet de ce recueil d'articles. Versailles, temple du Roi Soleil, « marque de grandeur sensible » (Jean Domat) est un point de référence constant dans un 18ᵉ siècle qui voit la multiplication en Europe des palais d'État, urbains, vitruviens, avec la hiérarchie des salles (appartement, lit, salle de parade, escalier, salle des fêtes...), avec les collections illustrant les ancêtres et la légitimité dynastique, héroïsant le monarque ; le palais des Hohenzollern à Berlin est un modèle, faisant corps avec la capitale et la nation ; le château de Versailles, lui, isole la fonction gouvernementale dans une sphère propre (G. Sabatier). Le jardin est un palais végétal. Là encore le jardin à la française demeure un modèle, même après 1715 et la montée du goût anglochinois ; en témoignent les aménagements à Caserte et Lunéville ou l'initiative de Louis XVI de replanter Versailles (D. Garrigues). Le palais est aussi un espace-temps cérémonialisé et le champ de bataille des honneurs ; et il n'est de meilleur guide à Versailles que Nicolas de Sainctot, l'introducteur des ambassadeurs, qui veille avec un soin minutieux à l'observation de l'étiquette, traque les contrevenants, prépare avec méticulosité les audiences publiques des ambassadeurs (exemples de ceux de Gênes et de Florence en 1711-1712), pour lesquelles le temps cérémoniel s'exporte bien au-delà de l'enceinte du palais (S. Brouillet). Le lien entre la justice et le palais n'est pas aussi évident sous l'Ancien Régime qu'il l'est aujourd'hui. La justice, celle des présidiaux en particulier, devait souvent se satisfaire de locaux récupérés ; au 18ᵉ siècle, on commença à construire des bâtiments propres (Vesoul, Limoges, Caen) ; dans la seconde moitié du siècle, le style « classique » s'imposa, qui caractérisa les palais de justice durant tout le siècle suivant (C. Blanquie).

CLAUDE MICHAUD

Christine BENAVIDES, *Les Femmes délinquantes à Madrid (1700-1808). Justice et société en Espagne au 18ᵉ siècle (II)*. Prologue d'Antonio RISCO. Toulouse-/Paris, CRIC-Université de Toulouse-Le Mirail – Ophrys, 2000, 264 p.

L'essentiel d'un état actuel de la recherche sur l'histoire judiciaire de l'Espagne au 18ᵉ siècle et sur la place de la femme dans la société espagnole d'alors doit être dans la bibliographie (un accident à l'édition – p. 237-238 – ?). C'est une étude riche en faits ; des maladresses de forme n'amoindrissent pas l'estime que mérite cette exploration attentive de près de treize mille fiches, synthétisées en bilans et en tableaux décennaux des délits. Faute de documentation antérieure à 1751 sur les arrêts, les peines prononcées sont analysées par sondages de douze en douze ans, puis en 1808. À partir des historiens français de la délinquance s'amorcent des rapprochements pour replacer Madrid sous un éclairage européen. L'auteur observe que l'arbitraire des peines, qui caractérise l'Ancien Régime et découle de la complexité des lois, aide à mesurer une évolution de la prise en considération sociale des délits et qu'il permet aux juges de se faire plus cléments envers certaines irrégularités dans les mœurs. Législation et dossiers montrent l'accentuation du contrôle des pouvoirs publics sur les individus. Réflexion éclairée et charité chrétienne s'épaulent et tentent d'améliorer la détention ; l'application des détenues à la production introduit une conception moderne de la pratique pénale. L'auteur découvre que des hommes de Madrid épousent des recluses repenties : la réalité humaine est plus nuancée que les images littéraires qui s'y superposent. Un historique des prisons de Madrid est un des apports positifs de cette étude, qui ouvre des pistes de recherche et de réflexion.

MICHEL DUBUIS

Jean BÉRENGER, *Léopold Iᵉʳ (1640-1705). Fondateur de la puissance autrichienne*. Paris, PUF, 2004, 510 p.

Contemporain de Louis XIV à qui il fut parfois comparé (son premier biographe l'appela « Léopold le Grand »), considéré par Saint-Simon comme un des grands souverains de son temps, Léopold ne correspond que par certains côtés au « modèle » du « souverain baroque ». Ni vraiment en mesure ni sans doute désireux d'être un monarque absolu, cet homme de contradiction se montre toutefois également jaloux de son pouvoir au point de préférer une polysynodie très moyennement efficace à un vrai premier ministre, mais il est « baroque » en ce qu'il règne mais ne gouverne pas. Si ce souverain cultivé, polyglotte, mélomane et même compositeur de talent intéresse le dix-huitiémiste, alors que son règne ne mord que de cinq ans sur le 18ᵉ siècle, ce n'est pas parce qu'il illustrerait la « continuité » d'un siècle de « deux cents ans », mais parce que c'est sous son règne que se fonde la puissance habsbourgeoise dont hériteront Marie-Thérèse et Joseph II et que s'ouvre une période allant approximativement des années 1680 au milieu du 18ᵉ siècle. Le reflux ottoman après le siège de Vienne de 1683 lui permet de reprendre possession de la Hongrie (mais il ne cherche pas vraiment à imposer la politique contre-réformiste menée dans les territoires héréditaires, ce qui revient à entériner le triconfessionnalisme ainsi qu'une certaine autonomie politique de la Hongrie : deux sources de conflits qui perdureront jusqu'en 1918). La monarchie autrichienne prit place alors parmi les grandes puissances européennes. C'est sous son règne aussi que le règlement de la succession d'Espagne, qui constitue sans doute pour lui un échec, en mettant fin au rêve chimérique de monarchie universelle des Habsbourgs, « recentre » la dynastie sur l'Europe danubienne et ouvre une parenthèse de plus d'un siècle par les compensations italiennes et « belges » accordées à Vienne. Les Habsbourgs sont ainsi au cœur du mouvement qui au début du 18ᵉ siècle met en place un nouvel ordre politique en Europe en remplaçant la notion d'État patrimonial par celle d'équilibre européen. C'est aussi un changement interne dans la gestion de l'État qui s'amorce dans les premières années du 18e siècle avec l'arrivée du prince Eugène sur le devant de la scène politique, puis de la « Jeune Cour » autour de Joseph Ier. Cette excellente étude sur un souverain étrangement délaissé par la recherche (la dernière étude qui lui fut consacrée date déjà de 1981) aborde beaucoup d'aspects illustrant la spécificité de la monarchie habsbourgeoise. Pour ne citer ici qu'un exemple, J. Bérenger touche un point essentiel quand il souligne que le fondement idéologique de son règne et plus largement de la monarchie autrichienne est Juste Lipse et non Bodin. On peut espérer que voie bientôt le jour une étude sur un autre grand laissé-pour-compte de l'historiographie, son fils Joseph Ier, au règne fort bref.

GÉRARD LAUDIN

Bruno BERNARD (dir.), *Bruxellois à Vienne, Viennois à Bruxelles*. Bruxelles, Éditions de l'Université de Bruxelles, 2004, 220 p. (Coll. « Études sur le 18e siècle »).

Cet ouvrage, qui prend place dans une collection dont plusieurs volumes furent consacrés aux rapports entre les territoires héréditaires habsbourgeois et les Pays-Bas autrichiens, réunit neuf contributions sur les migrations d'hommes – messagers, hauts fonctionnaires, artistes – entre Bruxelles et Vienne au 18e siècle. Après un article fort intéressant sur les coursiers (une profession bien peu étudiée), et un autre fort riche consacré aux fonctionnaires des Pays-Bas autrichiens (qui exploite des fonds du Haus-, Hof-und Staatsarchiv de Vienne), l'exemple de Corneille de Neny, janséniste et Secrétaire de Cabinet bien mal connu de Marie-Thérèse, montre que les « transferts » entre les deux « capitales » s'effectuent dans les deux sens. Un autre article est consacré aux voyages à Vienne de Patrice-François de Neny, chef de la diplomatie des Pays-Bas autrichiens, qui sut infléchir la politique centralisatrice de Vienne vers une meilleure prise en compte des intérêts des provinces « belgiques ». Après une étude sur la pompe funèbre de l'empereur François Ier à Bruxelles en 1765, les deux derniers articles abordent la circulation des musiciens entre les deux capitales et la présence à Vienne de comédiens et danseurs du Théâtre de la Monnaie à l'époque de Charles de Lorraine. Outre ces études intéressantes qui font découvrir des personnages souvent injustement oubliés, un long article est consacré à un sujet bien mieux connu : la réforme de la justice en 1786-87 engagée sous l'impulsion de Karl Anton von Martini (qui partage largement les idées de Joseph II), une bonne réforme compromise par la précipitation du souverain.

GÉRARD LAUDIN

Régis BERTRAND (dir.), *La Nativité et le temps de Noël 17e-20e siècles*. Aix-en-Provence, PUP, 2003, 254 p. (Coll. « Le temps de l'histoire »).

Les seize articles relèvent de l'histoire, de l'histoire des religions, de l'histoire des représentations ; ils traitent de la longue période – de la Renaissance à nos jours –, avec des gros plans portés sur les dévotions particulières du 17e siècle ou sur les pratiques contemporaines ; le terrain couvert est toute notre Europe, du Portugal à la Pologne. Sont examinées des représentations plastiques, de l'Enfant Jésus chargé des instruments de la Passion aux santons les plus modernes ; des coutumes diverses, des jeûnes aux bombances ; des chansons, des pièces de théâtre. De « la » Nuit aux douze, ou bien davantage encore, les traditions, souvent assez récentes et urbaines, s'offrent à la comparaison. Le 18e siècle cependant a la portion congrue, époque de transition semble-t-il pour cet aspect des fêtes et rituels. On exceptera le travail de Michèle Janin-Thivos sur les crèches et saynètes du Portugal, et quelques passages sur les noëls provençaux, à l'honneur puis qu'il s'agit ici de communications pour un colloque d'Aix-en-Provence (décembre 2000).

MARTINE DE ROUGEMONT

Michel BIARD et Pascal DUPUY, *La Révolution française. Dynamiques, influences, débats, 1787-1804*. Paris, Armand Colin, 2004, 349 p. (Coll. « U »).

Cet ouvrage s'inscrit dans une célèbre collection de manuels universitaires. Les auteurs, tous deux spécialistes d'une Révolution française perçue dans les profondeurs de son histoire intérieure mais aussi de sa réception internationale, ont souhaité présenter un état de la question en faisant une large place aux travaux les plus récents, disons depuis le Bicentenaire. Rappelons que Michel Biard, après avoir fait une biographie politique et intellectuelle de Collot d'Herbois, a repris le dossier des représentants en mission, et que les recherches de Pascal Dupuy sont consacrées au monde anglo-saxon. L'ouvrage s'ouvre par une réflexion sur le 18ᵉ siècle considéré comme « le siècle des Révolutions », depuis l'Amérique jusqu'aux Provinces-Unies, tout en nuançant considérablement le concept de « Révolution Atlantique » développé au cours des années 1950. On regrettera ici que le cadre éditorial imparti (celui d'un manuel assez généraliste) ne permette pas aux auteurs de développer leur pensée comme il aurait convenu ; on regrettera aussi la disparité de style, sans doute inévitable mais assez forte, entre les deux auteurs. Divisé en 14 chapitres, ce livre allie le nécessaire respect de la chronologie avec des perspectives thématiques attendues (« l'apprentissage de la politique », au chapitre 7, « Religion et Révolution », au chapitre 9 ou encore « Révolution et culture », chapitre 10) ; il replace l'événement révolutionnaire dans une dimension trop souvent minorée, celle d'une rupture politique majeure, fondamentale pour la construction de la démocratie en France. La Révolution française est considérée également, comme le titre de l'ouvrage l'indique, dans son environnement international. En annexe figurent des cartes et des schémas bienvenus (en particulier sur les différentes constitutions françaises dont la succession rapide témoigne de la difficulté à inventer le politique et la démocratie) ainsi qu'une longue chronologie comparée mettant en regard de l'histoire politique celle des faits économiques, sociaux et culturels, ainsi que celle des relations entre la France et le monde. L'intérêt majeur de l'ouvrage réside dans la clarification de certains des débats qui ont agité (et agitent encore) les historiens, plus de deux siècles après 1789. On trouvera en effet une mise en perspective de la politique de la Grande nation, pratiquée par le gouvernement du Directoire avec la constitution d'un glacis de « républiques-sœurs » autour de la France ; les débats commencent au cours de l'année 1791 lorsque la Constituante, éprise de rupture avec l'esprit belliciste qui caractérisait l'Europe des rois, choisit de déclarer la paix au monde. De même, le concept « d'anti-révolution », mis au jour par Claude Mazauric grâce au colloque de 1985, *Les résistances à la Révolution* est-il évoqué, à côté de la « contre-révolution », connue et théorisée depuis les lustres. Mais, si l'on peut savoir gré aux auteurs d'attirer notre attention sur ce nouvel objet historiographique, les dimensions de l'ouvrage ne leur ont pas permis de donner des exemples précis (on peut songer aux émeutes de la faim, qui ne sont pas toujours dirigées contre le principe politique de la Révolution, mais sont une réponse à une situation de crise). En conclusion, ce manuel peut rendre des services à tous les étudiants auxquels il est destiné.

ANNIE DUPRAT

Jean-Paul BLED, *Frédéric le Grand*. Paris, Fayard, 2004, 641 p.

Une biographie classique qui prend le relais des vieux ouvrages de Lavisse et de Gaxotte, celui de Lavisse, *La Jeunesse du Grand Frédéric* (1891) demeurant fort utile et ayant été souvent démarqué par Gaxotte. L'ouvrage fait de nombreuses références aux œuvres du roi, toutes écrites en français et publiées au milieu du 19ᵉ siècle dans l'édition Preuss, à la veille du temps où l'historiographie petite allemande allait faire de Frédéric un héros national allemand, lui qui n'avait que mépris pour une langue allemande à demi-barbare et qui passa totalement à côté de l'espérance nationale culturelle portée par Goethe, Wieland, Lessing ou Klopstock. Le philosophe, l'homme de guerre, le mécène, le gouvernant, l'acteur du développement économique, le réformateur de la justice, le défenseur des libertés germaniques, l'homme privé qui portait du poison sur lui et mettait de la moutarde dans son café, l'auteur, le compositeur de 121 sonates et de 6 concertos pour flûte, tous ces aspects sont évoqués à la lumière des études récentes, allemandes ou autres. Un inventaire sérieux, précis et complet qui se clôt par la construction du mythe du Vieux Fritz, dès son vivant et par les opérations mémorielles au temps de Bismarck ou de Hitler. Quelques remarques vénielles : ne fallait-il pas mentionner dès la p. 189, que la succession de Charles VI était double, la monarchie des Habsbourg et la succession à l'Empire, dire aussi la résistance des Saxons à Pirna, qui bouleverse les plans de Frédéric ? Deux absences dans la bibliographie : la *Correspondance de Frédéric II avec Louise-Dorothée de Saxe-Gotha (1740-1767)* éditée par Marie-Hélène Cotoni, et le *Dossier Voltaire en Prusse (1750-1753)*, publié par André Magnan, ces deux ouvrages dans les *Studies on Voltaire and the Eighteenth Century*, respectivement n° 376 (1999) et 244 (1986).

CLAUDE MICHAUD

Philippe BOURDIN et Gérard LOUBINOUX (dir.), *Les Arts de la scène et la Révolution française*. Clermont-Ferrand, Presses Universitaires Blaise Pascal et Musée de la Révolution française de Vizille, 2004, 608 p. (Coll. « Histoires croisées »).

Ce gros volume de typographie très aérée reproduit les actes d'un colloque du CRRR et du CHC de Clermont-Ferrand, tenu à Vizille en juin 2002. Une substantielle introduction de Ph. Bourdin en décrit la cohérence : on a voulu faire le point sur un champ de recherche auquel les célébrations du Bicentenaire de la Révolution ont donné une impulsion spectaculaire, en faisant notamment une place majeure aux théâtres de province, désormais mieux étudiés, en envisageant aussi bien les évolutions institutionnelles des grandes scènes parisiennes que l'activité dramatique en dehors de Paris, en France et à l'étranger, en considérant aussi le répertoire, sa réception et son imaginaire. L'ouvrage est complété par un catalogue des collections du musée de Vizille en ce qui concerne les arts de la scène et illustré de manière très judicieuse. Il n'y manque qu'un index, qui eût été fort utile. Dans l'impossibilité de décrire en quelques lignes les riches contenus de l'ensemble, on se contentera d'indiquer ce qui a paru le plus essentiel dans chacune des cinq sections. Dans la première, consacrée aux « institutions parisiennes » (5 articles de G. Brown, M. Sajous d'Oria, D. Trott, A. di Propio et D. Chaillou), c'est la contribution du très regretté D. Trott qui retiendra l'attention : il y dresse un plan d'étude du théâtre de la foire à l'époque révolutionnaire. Dans la seconde, dévolue aux « troupes et salles de province et de l'étranger » (6 articles de Ph. Bourdin, C. Tréhorel, C. Le Bozec, K. Large, C. Triolaire et K. Rance), l'exposé passionnant de Ph. Bourdin montre, documents d'archives à l'appui, comment le département de Rhône-et-Loire fut un temps une sorte de laboratoire de la propagande culturelle et patriotique, les spectacles étant utilisés par les « déchristianisateurs » militants. L'étude, très précise, de C. Triolaire sur « le théâtre dans le Puy-de-Dôme sous le Consulat et l'Empire », est richement documentée, au sein d'une section où le spécialiste, historien ou littéraire, engrangera un nombre important d'informations mal connues. Dans la 3ᵉ partie, qui concerne le répertoire (6 articles de M. Biard, J. Razgonnikoff, A. et J. Ehrard, M. Nadeau, F. Le Borgne et P. Taïeb), il y a probablement moins de nouveautés essentielles, mais l'article consacré à Brutus par A. et J. Ehrard n'est pas un article de plus sur un sujet rebattu : il offre notamment de riches aperçus sur les avatars de cette figure symbolique qui, même absente en personne, « n'a jamais vraiment quitté la scène », selon la formule des auteurs. De même l'étude de l'opéra-comique, due à P. Taïeb, appuyée sur d'utiles tableaux du répertoire et de ses succès, pourrait servir d'exemple à bien des recherches dans le secteur de l'histoire des théâtres. La 4ᵉ partie, intitulée « la part de l'imaginaire » (mais il s'agit parfois d'études thématiques : 5 articles de M.-L. Netter, E. Mannucci, O. Bara, G. Loubinoux et F. Dartois) permet de mieux connaître Joseph Aude, grâce à G. Loubinoux et, surtout, de réfléchir sur la présence du lieu commun (aux divers sens de la formule) de la prison dans le théâtre révolutionnaire, grâce à la synthèse élégante et suggestive d'O. Bara : les œuvres mises à contribution sont connues, mais le regard est neuf. Dans la 5ᵉ et dernière partie, consacrée aux « postérités du théâtre révolutionnaire » (4 articles de J.-L. Chappey, P. Berthier, M. Bourguignon et I. Tieder), l'étude de J.-L. Chappey sur « le Portique républicain » du chevalier de Piis ouvre des perspectives sur le rêve d'un théâtre populaire caressé par certains intellectuels réunis en sociétés savantes et l'on est heureux de voir évoqué, par I. Tieder, ce chef-d'œuvre absolu du théâtre des années 1960 qu'est le *Marat/Sade* (1964) de Peter Weiss. Un ensemble sans temps mort et sans point faible (malgré quelques articles dont la rédaction aurait pu être revue), qu'aucun chercheur, débutant ou confirmé, ne pourra se dispenser de lire *in extenso* s'il veut prendre une idée des recherches sur le théâtre de la Révolution, à propos duquel, chemin faisant, il trouvera – cerise *sous* le gâteau – au bas des pages, une bibliographie presque exhaustive.

Jᴇᴀɴ-Nᴏëʟ Pᴀsᴄᴀʟ

Guy Bʀᴜɴᴇᴛ, Michel Oʀɪs, Alain Bɪᴅᴇᴀᴜ (dir.), *Les Minorités – Minorities. Une démographie culturelle et politique, 18ᵉ-20ᵉ siècles. A cultural and political demography, 18th-20th centuries*. Bern, Peter Lang, 2004, 428 p.

Seulement deux études de cet ouvrage sont consacrées au 18ᵉ siècle. La première porte sur la démographie des Juifs de Metz. (p. 23-32). L'auteur y montre que si cette communauté se caractérise par de nombreux « particularismes » (langue, tenue, activités professionnelles...), elle n'en présente guère sur le plan du comportement démographique, contrairement à ce qu'on affirme dès 18ᵉ siècle : tant le taux de nuptialité que l'âge du mariage et le taux de fécondité avoisinent les moyennes régionales ou nationales, et, après 1770, les flux migratoires présentent même un solde fortement négatif. Les observations de l'abbé Grégoire (*Essai sur la Régénération physique, morale et politique des Juifs*) et de tous ceux qui redoutent la « multiplication prodigieuse » des Juifs messins apparaissent bien comme un « mythe ». La seconde contribution relative au 18ᵉ siècle porte sur Trieste (p. 347-370), un exemple intéressant de ville frontière dont la population croît alors rapidement car elle attire les migrants de tout son hinterland, si bien que s'y constitue une société complexe, une ville multiethnique où l'on pratique plusieurs religions et où l'on parle plusieurs langues, et qui deviendra au siècle suivant un creuset tout à fait original.

Géʀᴀʀᴅ Lᴀᴜᴅɪɴ

Nathalie Cᴀʀᴏɴ et Naomi Wᴜʟғ (dirs.), *Nouveaux regards sur l'Amérique. Peuples, Nation, Société. Perspectives comparatistes (17ᵉ-21ᵉ siècles)*. Paris, Éditions Syllepse, 2004, 302 pages.

À travers dix-sept articles réunis sous un titre ambitieux, cet ouvrage est conçu comme un hommage à Élise Marienstras, historienne engagée qui sut animer autour d'elle une recherche dynamique, ouverte et exigeante, contribuant brillamment au développement des études nord-américaines en France. Son parcours historiographique, brièvement rappelé dans l'avant-propos et complété par une utile bibliographie, en est le principal fil conducteur. Organisées autour de cinq parties thématiques qui abordent aussi bien des questions politiques et identitaires (I, IV et V), que la question de l'esclavage (II) et des Amérindiens (III), ces contributions de chercheurs venus des deux côtés de l'Atlantique ne concernent que pour partie le 18ᵉ siècle. Signalons notamment l'article d'E. Marienstras, qui renverse la problématique traditionnelle d'une Amérique vue et rêvée par l'Europe pour réfléchir à contre-pied sur « le rêve d'Europe des Américains des Lumières » ; l'étude de Marie-Danielle Demélas sur les modèles républicains des indépendantistes hispano-américains ; les contributions d'Ann Thomson (sur Tom Paine), de Florence Gauthier (sur le métis Julien Raimond), de Marie-Jeanne Rossignol (Révolutions et esclavage) et d'Ira Berlin (Les Noirs du Nord dans une république esclavagiste) qui explorent sous divers angles les paradoxes d'un espace éclairé par les grands idéaux des Lumières, mais rétif à rejeter l'esclavage ; ou encore la stimulante contribution de Gilles Havard, sur le thème des relations entre les sexes chez les Illinois. Au-delà du 18ᵉ siècle, les prolongements vers notre temps (le préjugé racial de Tocqueville à Gobineau, les immigrants et les constructions nationales, l'identité indienne face au *new age*, etc.) permettent de prolonger la réflexion.

FRANÇOIS REGOURD

Michel CASSAN (dir.), *Offices et officiers « moyens » en France à l'époque moderne. Profession, culture.* Limoges, PULIM, 2004, 358 p.

Depuis quelques années le regard des historiens modernistes s'est déplacé de l'observation des ministres et des autres acteurs de la société dont le champ d'action se situe parmi les élites, vers les corps intermédiaires, ces « officiers moyens » qui, au plus près des sujets du roi, l'aident à mettre en œuvre les principales dispositions de ce qu'il est convenu de nommer la « monarchie administrative ». Le présent ouvrage, placé sous la direction de M. Cassan, s'inscrit dans une recherche entreprise il y a une dizaine d'années en liaison avec l'analyse de la genèse de l'État moderne. M. Cassan dans une introduction programmatique très fine trace les contours d'une enquête qui se situe entre les normes et l'observation des pratiques. Mais comment observer ? Peut-on établir une grille d'analyse et à partir de quelles sources ? Les historiens nomment « officiers moyens » les magistrats des élections, des sénéchaussées et des présidiaux. Un des axes choisis pour évaluer leurs pratiques professionnelles est celui du contrôle, puisque les relations entre le centre parisien et les périphéries provinciales s'accentuent au 18ᵉ siècle. Ce recueil s'ouvre également aux administrateurs les plus proches des officiers moyens, depuis le personnel chargé du recouvrement des impôts jusqu'aux notaires dont Robert Descimon décrit le parcours, du 16ᵉ au 18ᵉ, « de la petite basoche » à « une position éminente », passage qui se fait grâce à la valorisation de l'activité notariale elle même. La contribution de Vincent Meyzie, fondée sur l'utilisation de la correspondance active du chancelier Pontchartrain avec les magistrats de quatre présidiaux, Limoges, Tulle, Périgueux, Sarlat, entre 1700 et 1714 (146 lettres) montre une forte dispersion des destinataires et donc la disponibilité du chancelier à l'égard du moindre des juges ainsi que la grande polarisation des thèmes traités (les deux tiers de la correspondance concernent des conflits relevant de la vénalité). Le ton de la correspondance de Pontchartrain est celui de l'admonestation morale davantage que du contrôle effectif des magistrats. Cette correspondance permet de nourrir le dossier du respect du modèle du parfait magistrat. D'autres correspondances (entre le contrôleur général des finances, les intendants chargés du recouvrement des nouveaux impôts du dixième et du vingtième, et les intendants des provinces) sont étudiées par Alain Blanchard qui montre que l'autorité hiérarchique a tout pouvoir sur ses exécutants et que le contrôle administratif s'alourdit dans les années 1770 avec la mise en place d'un véritable système de fiches individuelles du personnel. L'article d'Élie Haddad se propose d'approcher la culture d'une douzaine d'officiers moyens auteurs d'histoires provinciales qui mettent nécessairement en scène les rapports entre attachement provincial et centralisation monarchique. Les officiers moyens se sont ralliés à la monarchie des Bourbon au 17e siècle (et l'histoire provinciale devient un moyen pour exalter l'ordre monarchique y compris en gommant les conflits entre villes et monarchie), tandis qu'au 18e une partie d'entre eux (Léon Ménard, Daniel Jousse) exaltent l'histoire érudite, qui rejoint le raisonnement juridique auquel ils sont habitués face aux tenants de l'histoire philosophique (Louis-Alexandre Devérité). À partir du recueil de sentences tenu entre 1712 et 1764 par René Pichot de la Graverie, avocat puis premier juge au siège ordinaire de Laval, Frédérique Pitou analyse les conditions matérielles de l'exercice de la profession de magistrat, les procédures utilisées et la jurisprudence en train de se constituer. La procédure est examinée selon différents aspects, qui ne sont pas révélés par les archives judiciaires : causes jugées en audience ou à la chambre, manière dont les sentences sont rendues, différents niveaux de discours de Pichot de la Graverie. Les principes qui le guident obéissent à un petit nombre de valeurs fortes qui font des magistrats les véritables régulateurs de la vie sociale. C'est pourquoi il invite à la plus grande fermeté contre toute rébellion à l'égard de la justice. La pratique des magistrats a joué un rôle dans le processus de civilisation des mœurs et la diminution de la violence car ils modèrent les justiciables en les incitant à la conciliation plutôt qu'au procès. Bien que les possibilités d'interprétation de la loi soient limitées, l'article de F. Pitou explique comment les juges utilisent leur espace personnel d'appréciation dans le sens de l'apaisement entre justiciables. Ce livre, qui permet de mesurer l'activité et la culture des administrateurs de second rang de la France d'Ancien Régime, augure de la richesse des travaux à venir dans ce domaine.

ANNIE DUPRAT

David CHANTERANNE et Hervé RONNE (éds.), *Sur les Pas de Napoléon 1er en terre de France.* Rennes, Éditions Ouest-France, 2004, 128 p., ill., 19,5 × 26 cm (Coll. « Itinéraires de l'histoire »).

D'une île à l'autre, d'Ajaccio à l'île d'Aix, l'ouvrage déroule en 12 séquences chronologiques les lieux que Bonaparte-Napoléon a marqué de son passage ou de son séjour et offre une illustration de qualité des résidences, écoles, palais, intérieurs, obélisques, statues, plaques, enseignes, routes qui conservent le souvenir de l'Empereur.

CLAUDE MICHAUD

Andrée CORVOL-DESSERT (éd.), *Les Forêts d'Occident du Moyen Âge à nos jours. Actes des XXIVes Journées Internationales d'Histoire de l'Abbaye de Flaran, 6-8 septembre 2002.* Toulouse, Presses Universitaires du Mirail, 2004, 302 p.

Les forêts ont constitué pendant longtemps un patrimoine qui manifestait la puissance du roi et des princes. Ceux-ci instaurèrent des règlements spécifiques et l'étendirent aux bois des nobles, du clergé et des communautés ecclésiastiques et séculières. On surveillait du même coup le commerce des bois en assurant la primeur aux arbres extraits des forêts royales. En période de difficultés financières, ces forêts aidaient aussi à rassurer les créanciers et garantissaient les emprunts. Le présent livre offre une quinzaine d'études sur cette gestion et valorisation des forêts du 8e s. à nos jours, tant en France qu'en Belgique, Allemagne, Espagne et Suisse. Trois articles concernent plus précisément le 18e s. : celui d'E. Garnier sur la forêt rhénane sous l'Ancien Régime, celui de J. Buridani sur la gestion des peuplements caducifoliés du 16e au 18e s., celui de M. Geny-Mothe sur les forêts ecclésiastiques de la gruerie de Fleurance. L'article d'A. Corval intitulé

« Connaître la forêt occidentale » donne une vision synthétique du sujet et aborde également le thème à l'époque des Lumières. L'ensemble n'oublie pas la littérature puisque le rapprochement entre Port-Royal et Versailles y est examiné, et constitue donc un volume essentiel sur le sujet.

TANGUY L'AMINOT

Vincenzo CUOCO, *Histoire de la Révolution de Naples.* Ristampa anastatica della traduzione di Bertrand Barère (1807). Introduction par Anna Maria RAO et Maïté BOUYSSY. Naples, Istituto Italiano per gli Studi Filosofici/Vivarium, 2001, 115 + XXVII + 416 p. (coll. « Dalla Rivoluzione Francese al Risorgimento Italiano »).

C'est une écriture à quatre mains que la volumineuse introduction veut révéler en disséquant le jeu de regards croisés dans cette traduction de Cuoco lu par Barère. Anna Maria Rao, spécialiste de l'émigration politique italienne en France au moment de la Révolution et Maïté Bouyssy, auteur d'une thèse sur Barère au temps de la Restauration croisent elles aussi leurs approches pour à la fois caractériser le moment de la traduction de 1807, « un moment napoléonien lié *volens nolens* à l'impossible volonté d'oubli thermidorien » (p. 61), où le traduit et son traducteur vivent une sorte d'exil, où le temps de l'activisme pragmatique semble bien révolu, et d'autre part ouvrir la réflexion à partir de Cuoco et de Barère vers les conceptions pré-risorgimentales et le grand débat du libéralisme au 19e siècle. Barère, l'Anacréon de la guillotine, le caméléon politique..., n'était plus depuis 1804 le stipendié de Bonaparte et renoue, en traduisant Cuoco – car il traduit aussi l'uchronie du *Voyage de Platon en Italie* – avec une activité qu'il avait déjà pratiquée du côté de l'anglais et espère ainsi se réintégrer dans le monde des lettrés. Cuoco rendait un hommage appuyé à Napoléon, mais aussi aux Napoléonides sur des trônes italiens, Eugène de Beauharmais et Joseph Bonaparte ; Barère était lui aussi animé « d'un incoercible besoin de se rallier à tout et au plus improbable », tout comme Cuoco en venait toujours « à privilégier le champ des nouveaux possibles » (p. 73-74). Le texte de Cuoco dresse les portraits des protagonistes napolitains, le roi, la reine (qui n'est pas la nièce, mais la sœur de Marie-Antoinette, p. 76), Acton..., dit la spécificité du royaume de Naples où la monarchie bénéficie du refuge des îles protégées par l'Angleterre. Plus encore Cuoco témoigne de son historicisme lorsqu'il affirme qu'on a voulu faire de la Révolution française un ouvrage de la philosophie alors qu'elle résultait d'un concours de circonstances. Cuoco analyse aussi la réception du peuple à la révolution : « On voulut faire plus que le peuple ne voulait ». Or aucune révolution ne peut se faire sans le peuple, qui n'est sensible qu'au besoin et non au raisonnement. Pour convaincre, il faut construire une technique de la parole vive, Cuoco croit au génie démiurgique du médiateur. On notera aussi jusqu'où le mènent ses partis pris : la destruction de la République de Venise par Bonaparte, comparable à celle de la Pologne par les monarchies voisines, est un bonheur pour ses habitants puisqu'elle brise le pouvoir de la plus odieuse des oligarchies ; mais l'annexion à l'Autriche était-elle synonyme de liberté ?

CLAUDE MICHAUD

Pierre DANE, *Les Dissidents du Bocage. De la Révolution à la « Petite Église ». La genèse d'une dissidence de la religion catholique dans le Bocage bressuirais.* Saint-Jean des Mauvrets, Éditions du Petit Pavé, 2004, 148 p.

Ce livre qui s'attache à l'histoire locale et à Bressuire plus précisément, révèle qu'il existe aujourd'hui encore près de 3000 dissidents anti-concordataires dans le Poitou. Les « Dissidents » qu'en Normandie on appelle les *Clémentins*, dans la Manche les *Fasniéristes*, en Bretagne les *Louisets* ou à Montpellier, les

Purs, sont les héritiers des catholiques qui ont refusé la soumission du pape Pie VII à Napoléon. Ce catholicisme que l'auteur lui-même qualifie de « fossilisé dans l'état où il était à la fin du 18e s. », ne reconnaît comme catéchisme que celui du Concile de Trente, mais ne constitue pas pour autant une hérésie. La « Petite Église » comme on la nomme, n'existerait sans doute pas, pense l'auteur, sans les événements révolutionnaires et le refus par les prêtres de la Constitution civile du clergé et de l'obligation du serment civique. L'ouvrage propose une approche originale des guerres vendéennes et de leurs conséquences jusqu'à nos jours.

TANGUY L'AMINOT

Maurice DAUMAS, *Le Mariage amoureux, Histoire du lien conjugal sous l'Ancien Régime*. Paris, Armand Colin, 2004, 336 p.

L'auteur s'attaque ici à l'idée trop souvent reçue par les historiens selon laquelle le mariage traditionnel, basé sur la soumission des femmes, l'encadrement strict de l'union conjugale et de la pratique sexuelle, ne laisse guère de place à l'amour entre les époux. Démonstration convaincante. En retraçant soigneusement les étapes d'une lente évolution qui, selon lui, va de la Renaissance aux Lumières, il montre l'émergence progressive, quoique timide, du mariage d'amour, dont il note les prémices dans certains comportements caractéristiques : choix libre du conjoint même dans les mariages arrangés par les familles, valorisation de l'acte sexuel et dépassement des seules fins du mariage admises par l'Église (procréation ou remède à la concupiscence), tendres complicités dans les correspondances entre époux, place grandissante de l'enfant dans le système familial, équilibre plus harmonieux entre amour humain et amour divin. Autant de faits qui supposent la prise en compte de la volonté et du sentiment féminins, et donc un pas vers l'égalité des sexes dans le mariage (sans pour autant porter atteinte à la domination masculine !). La thèse s'appuie sur une documentation très variée : archives privées (lettres, journaux intimes, mémoires) mais aussi traités laïques ou religieux sur le mariage et parmi ces derniers l'*Introduction à la vie dévote* qui infléchit très nettement l'évolution dans un sens plus humain. L'ouvrage regorge d'anecdotes et de situations individuelles, ce qui en rend la lecture très agréable, mais affaiblit parfois l'argumentation. L'auteur reconnaît lui-même que « cette courte histoire de l'amour et du mariage ressemble un peu à une galerie de portraits ». Cela tient, bien évidemment, aux difficultés d'une « histoire des sentiments » : nous ne pouvons en connaître aujourd'hui que ce dont la trace écrite est parvenue jusqu'à nous. Comment, à partir de là, généraliser ou établir des statistiques ? On regrettera cependant la minceur des conclusions. On attendait une étude du siècle des Lumières qui devait nous présenter le plein épanouissement de l'amour conjugal propice au bonheur de l'individu. (Ce que suggérait, sur la couverture, le célèbre tableau de David : « Lavoisier et son épouse »). Or ce siècle occupe une place plus que réduite dans l'ouvrage, où Rousseau brille par son absence. Il est vrai que *La Nouvelle Héloïse*, fiction romanesque, n'a rien à voir avec le document qui plait aux historiens : pourtant les représentations littéraires nous en apprennent parfois autant sur les mentalités d'une époque que le fait brut.

ISABELLE VISSIÈRE

Jean DELINIÈRE, *Weimar à l'époque de Goethe*. Paris, L'Harmattan, 2004, 310 p., 24 × 16 cm.

Le titre exhausse la personnalité de Goethe, mais l'image de couverture avec la statue des Dioscures weimariens Schiller et Goethe confirme bien qu'il s'agit d'un portrait de groupe dont la longue vie de l'auteur du *Faust* marque l'extension temporelle. Mais il ne constitue pas le seul sujet d'intérêt du livre même si il y occupe, on le comprendra aisément, une place considérable. Il est vrai aussi que Weimar, cette bourgade perdue au fond de la Thuringe s'est grâce à lui hissée au rang de capitale culturelle inattendue et imprévue mais indiscutable et durable. Jean Delinière a eu la bonne idée de présenter de manière synthétique et précise, partant de la géographie et de l'histoire du duché et de la ville, le cadre de cette histoire improbable. Et l'ensemble qui pourrait s'intituler « si Weimar m'était conté » et qui bénéficie d'une distribution de rêve (Goethe, Schiller, Wieland, Herder, Madame de Stein et bien d'autres) se lit avec un vif plaisir et un intérêt qui ne se dément pas. L'ouvrage, on ne s'en étonnera pas, est fondé sur une érudition sans faille et une connaissance approfondie des œuvres et des auteurs qui défilent devant nous. Surtout, ces auteurs et leur entourage depuis longtemps au panthéon de la littérature universelle, perdent leur masque de cire et retrouvent une vie, une passion qui changent l'image que l'on pouvait se faire d'eux. On y trouve la réponse à un mot d'enfant cité par Egon Friedell dans son *Histoire culturelle* : les classiques ont-ils vraiment vécu ? Et elle est positive. Leur vie passionnée, passionnante, morale, immorale, qu'importe, en tout cas mémorable vaut la peine d'être rappelée, racontée, pas forcément aux enfants d'ailleurs, mais à coup sûr à tous ceux qui les ont lus et aimés. C'est ce que fait parfaitement l'auteur de cet ouvrage qui devrait intéresser au-delà des germanistes, tout un public cultivé. Weimar est un lieu de mémoire allemand mais aussi européen et d'une certaine façon universel. On ne peut qu'encourager à lire ce livre ceux qui ne seraient pas tentés de le faire spontanément.

Jean Mondot

Albert Denis, *Toul pendant la Révolution*. Nîmes, LACOUR-Éditeur, 2002, 238 p.

Cette étude locale de 1892 a pour objectif de faire connaître les acteurs toulois de la Révolution et la manière dont ils appliquaient les mesures révolutionnaires aux rouages des institutions du pays toulois, de la convocation des États-généraux à l'abolition de la royauté, A. Denis s'est appuyé sur les archives départementales, municipales et parlementaires et sur les journaux de l'époque. Divisée en quatre chapitres correspondant aux années 1788-1791, cette monographie rappelle tout d'abord le cas particulier que représente Toul. Réunie à la couronne de France en 1648, cette cité libre bénéficiait depuis 1664 d'une « Assemblée des Quarante » chargée de se prononcer dans les affaires majeures dont la nomination de représentants aux États-généraux. Or, la division en trois ordres proclamée par l'arrêt royal soulève des tempêtes au sein de cette assemblée qui n'entend pas admettre dans ses délibérations des nobles et des ecclésiastiques en tant que représentants de leurs ordres. Un mémoire adressé en ce sens à l'Assemblée des Notables et demandant que Toul soit représentée comme ville par un député sans distinction d'ordre est rejeté. À partir de ce moment, des dissensions émergent entre les Toulois. Les trois cahiers de doléances en font foi (p. 34-79) ; s'y ajoutent aussi des querelles de personnes entre Maillot (député du Tiers-État, dont quelques lettres sur les événements parisiens ont été retrouvées, p. 81-96) et le poète François de Neufchâteau (son suppléant) (p. 105 et suivantes). Les atteintes portées au clergé affaiblirent encore plus la ville de Toul en provoquant le départ de ces ecclésiastiques qui auparavant, rentiers, consommaient au sein de la ville et fournissaient du travail à la moitié de la population. Le livre finit si abruptement que l'on peut se demander si ce reprint n'a pas omis la fin du texte originel. De plus, les appendices annoncés au cours du texte n'apparaissent pas en fin de volume comme le lecteur s'y attend.

Guillemette Samson

Dominique Dinet, Pierre Morrachini et sœur Marie-Emmanuel Portebos (dir.), *Jeanne de France et l'Annonciade*. Paris, Les éditions du Cerf, 2004, 511 p.

Dans la vingtaine de communications issues du colloque international de l'Institut Catholique de Paris (13-14 mars 2002) qui ont rappelé la fondation et l'histoire de l'Ordre de la fille de Louis XI, le 18ᵉ s. tient bien peu de place, alors que ce fut celui d'une béatification, le 18 juin 1742 (Christian Renoux) qui provoqua cependant un regain iconographique (M.-F. Jacops, avec un intéressant tableau en fin de volume). Il faut glaner çà et là quelques événements et dates. Louis XIV s'inquiète de la tendance janséniste des communautés de Boulogne et de Melun : pour la première, plus de novices en 1732, pour les secondes, interdiction des pensionnaires en 1740 et suppression de l'établissement en 1772 (avec celui des Ursulines) (F. Bliaux). Les modifications, réparations nécessaires au long de l'Ancien Régime sont évoquées par F. Picou-Lacour à La Réole, Bordeaux, Agen. La maison de Fécamp s'installa en une nouvelle demeure en 1704 et entama une reconstruction en 1782, c'est une exception. En Pologne, les Pères Mariens furent autorisés en 1699 à suivre la règle écrite par le bienheureux Gabriel-Maria pour les Annonciades, après les débuts difficiles l'ordre s'épanouit dans la seconde partie du siècle, et perdure (A. Pakula). Le devenir des Annonciades de France pendant la Révolution a occupé M.-P. Biron : il est connu par les documents de justice et, tout autre genre, par les nécrologes laudatifs rédigés lors de la réinstallation. Les vocations étaient en baisse dans les années 80, peu ou pas de novices (2 à Villeneuve d'Âge, une à Rouen et à Marmande), les religieuses étaient âgées et les communautés médiocrement riches même si elles accueillaient des pensionnaires. La propagande dénonce les pauvres contemplatives enchaînées en 1790 à laquelle répondent de vertueuses protestations. Les annonciades n'ont pas échappé aux recensements et inventaires ni à l'intrusion des autorités civiles lors des élections : les réactions sont variées, à Marmande les sœurs se déchirent, à Fécamp elles opposent une fin de non-recevoir. Les Annonciades réfractaires furent expulsées entre juin et octobre 1792 : 30 maisons et 700 religieuses ; celles qui ensuite refusèrent le serment à la République furent emprisonnées au printemps de 1794 (à Fécamp, Roye, Pont-à-Mousson, Bergues) ; un certain nombre de femmes entrèrent en « clandestinité », se consacrant à des écoles informelles ou à l'accueil de pensionnaires. La plupart des bâtiments furent détruits.

Françoise Michaud-Frejaville

Roger Dupuy, *La Bretagne sous la Révolution et l'Empire (1789-1815)*. Rennes, éditions Ouest-France Université, 2004, 346 p.

Le constat d'un « paradoxe breton » forme à la fois le point de départ et le fil directeur de l'ouvrage. En effet, au cours de la période révolutionnaire, la Bretagne connaît une évolution presque à rebours. En 1789, comme l'atteste le « club breton », précurseur du club des jacobins, la province est l'une des plus engagées dans le processus révolutionnaire. Elle voit se nouer une alliance déterminée entre la paysannerie et la bourgeoisie patriote contre le système seigneurial et contre une noblesse attachée à ses privilèges. Or, en 1815, après un quart de siècle de révolution, l'emprise culturelle et politique du clergé et de la noblesse sur les campagnes apparaît renforcée. Par la suite, tout au long du 19ᵉ siècle, l'image de la Bretagne est celle d'une province conservatrice, idéalisée par les réactionnaires car ses campagnes choisirent le roi et l'Église contre la « barbarie » révolutionnaire. Afin de mettre en lumière les mécanismes de ce renversement, l'auteur a choisi, à juste titre, une démarche chronologique mieux à même de restituer finement l'enchaînement des événements et leur causalité. Tout en passant au crible les vives polémiques historiographiques et leurs interprétations, l'ouvrage montre finalement à quel point les décisions du pouvoir central ont fait basculer successivement les principaux groupes socio-politiques dans l'opposition à la Révolution : la noblesse dès l'automne 1788, le clergé à partir de l'été 1791 lorsque débute la chasse aux réfractaires, la paysannerie en 1792 pour défendre ses curés ou par hostilité aux autorités urbaines, puis en mars 1793 contre la levée en masse. La distinction entre « contre-révolution », menée par les anciens privilégiés aspirant à un retour de l'Ancien Régime, et « anti-révolution », portée par les paysans avec des motivations et des objectifs propres, est tout aussi essentielle pour comprendre le positionnement politique des uns et des autres mais aussi la convergence momentanée des deux dans la chouannerie puis la lassitude des campagnes au fil des années, laquelle facilitait une réconciliation, apparente, autour de Bonaparte. Dans le droit fil d'une collection de grande qualité, mêlant les apports récents de la recherche à l'érudition locale, l'ouvrage de Roger Dupuy se lit avec grand plaisir sans renoncer à examiner les questions historiographiques qui fâchent. Une excellente synthèse sur la Bretagne mais aussi remarquablement éclairante quant au phénomène révolutionnaire dans son ensemble, à l'échelle nationale voire européenne.

STÉPHANE PANNEKOUCKE

Emmanuel GARNIER, *Terre de conquêtes. La forêt vosgienne sous l'ancien Régime.* Paris, Fayard, 2004, 623 p.

Voilà un bel ouvrage qui met à la disposition du grand public une des recherches les plus originales qui aient été conduites ces dernières années. Il substitue à nos clichés paresseux sur la fameuse ligne bleue des Vosges le tableau animé d'un massif forestier complexe, bourdonnant de vie et d'activités humaines, fortement lié aux plaines et plateaux de bordure avec lesquels les échanges sont constants. Ces hautes Vosges qui ne dépassent pas, au Nord, l'axe Sélestat-Saint-Dié sont les Vosges montagnardes, accueillantes à la transhumance des troupeaux, exploitant mines et verreries, débitant d'énormes sapins dans des scieries rudimentaires, flottant le bois, au delà du marché régulateur de Remiremont, jusque dans les pays mosellan et rhénan, ou même en direction du royaume de France pour les arsenaux royaux ou la construction parisienne. La mise en valeur de ce dynamisme montagnard fondé sur l'exploitation forestière n'est que la partie la plus attendue d'une étude dont les ambitions vont bien au delà : dans les conditions qui sont celles de l'époque moderne le massif vosgien n'a aucune unité politique, le sud dépendant de la Franche-Comté, l'Ouest du duché de Lorraine, le versant alsacien de l'Empire. Une telle situation impose l'analyse fine des diverses législations forestières et de leur impact sur le paysage. Plus que jamais apparaît, à travers ces pages, combien les espaces forestiers peuvent être marqués par l'histoire. Quand s'installe peu à peu l'influence française l'imposition plus ou moins réussie du taillis sous futaie de feuillus à la place des résineux est également un test de cette diversification entraînant, à la fin de l'Ancien Régime, les premières protestations d'une foresterie vosgienne. L'ouvrage est une mine d'informations, de cartes, de graphiques qui nous aident à pénétrer le détail vivant de cette histoire et ses grandes articulations. Son grand mérite est d'avoir su faire de ces espaces forestiers mal connus, dispersés et fluctuants l'objet direct et central de son propos. Cette dimension écologique n'est pas le moindre de ses intérêts.

JEAN BOISSIÈRE

Philippe GOUJARD, *L'Europe catholique au 18e siècle. Entre intégrisme et laïcisation.* Rennes, Presses universitaires de Rennes, 2004, 284 p. (Coll. « Histoire »).

Dense ouvrage qui oppose le cas particulier de la France, où les Lumières sont antireligieuses, aux monarchies catholiques européennes, Espagne, États italiens (Toscane et Naples), États catholiques allemands, monarchie des Habsbourg, qui ne connaissent pas un tel divorce. Il sera surtout utile pour les synthèses efficaces qu'il offre sur le catholicisme dans ces derniers États à partir des ouvrages en français (Herrmann pour l'Espagne) ou en langue étrangère

(Schlögl pour l'Allemagne). Non pas que les chapitres concernant la France retiennent moins ; l'auteur, spécialiste du catholicisme normand, explique comment s'est creusé le fossé entre le clergé du royaume et une opinion publique façonnée par d'autres intermédiaires culturels comme les avocats. On notera l'insistance sur la genèse d'une opinion publique populaire à travers la crise janséniste et le combat parlementaire, et le développement sur le lien entre jansénisme et déchristianisation. L'absolutisme éclairé de Charles de Bourbon, à Naples puis en Espagne, celui de Pierre-Léopold en Toscane, celui de Joseph II à Vienne (qui n'est pas co-empereur avec sa mère, p. 174, mais bien seul empereur depuis la mort de son père), tous souverains qui veulent réformer l'Église dans la fidélité à Trente mais aussi en fonction de l'utilité sociale de l'institution, se heurte à l'attachement existentiel des populations à un monde non encore désenchanté, à une religion baroque, protectrice et miraculaire. Les mesures sociales de l'État éclairé, entravées par le poids d'une noblesse à la fois antagoniste et indispensable, ne peuvent compenser le poids des impôts et de la nouvelle administration des fonctionnaires. Le clergé demeure le défenseur d'un capital symbolique qui coïncide avec l'identité catholique du passé. Les jansénistes comme les tenants des Lumières voulaient développer la piété intérieure qui exigeait un niveau culturel que les fidèles, malgré les progrès, inégaux, de l'alphabétisation, ne possédaient pas. Partout la politique ecclésiastique et religieuse de l'absolutisme éclairé aboutit au fiasco (Pays-Bas autrichiens, Ricci en Toscane...). Subsiste la patente de tolérance de Joseph II. Relevons quelques inexactitudes : Franz Joseph Rautenbrausch pour Franz Stephan Rautenstrauch (p. 144), Mingazzi et Garempi pour Migazzi et Garampi (p. 180), la confusion entre les deux Van Swieten, Gerhard le père et Gottfried son fils (p. 220), le voyage de Pie VI à Vienne en 1786 au lieu de 1782 (p. 244).

CLAUDE MICHAUD

Antoine-Marie GRAZIANI, *Pascal Paoli, père de la patrie corse*. Nouvelle édition revue et augmentée. Paris, Tallandier, 2004, 416 p. (Coll. « Biographie »).

Pascal Paoli est connu comme le père de la patrie corse et cette biographie, fort complète et d'un style aisé et agréable, le révèle au grand public. L'ouvrage est aussi une histoire de la Corse et du combat qu'elle mena pour se libérer de la tutelle génoise. Paoli a quatre ans au moment de la première grande insurrection de 1729 et son père Hyacinthe est l'un des principaux chefs du mouvement nationaliste. C'est à ce moment que se met en place l'image des Corses comme héritiers des vertus classiques et défenseurs d'une cause juste. Elle sera reprise par Rousseau dans son *Projet de constitution pour la Corse* et par tous les esprits libéraux et éclairés de l'Europe. L'auteur examine aussi le rapport de Paoli et de ses amis avec les révolutionnaires de 89 et le pouvoir jacobin, puis avec Napoléon. L'espoir et la méfiance à l'égard de la France rythment cette histoire et éclairent singulièrement le problème corse actuel. Le témoignage de James Boswell et son enthousiasme pour la cause des Corses sont rappelés à de nombreuses reprises. Un index des noms propres et une série de pièces annexes (lettres, constitution et circulaire) ajoutent au sérieux et à l'excellence de cette belle étude.

TANGUY L'AMINOT

Jaime HERRERO, Dolores MATEOS DORADO, *Campomanes 1723-1802*. Oviedo, Gobierno del Principado de Asturias – Consejería de Educación y Cultura, 2002, 16 p. (s. p.).

Les Lumières en bande dessinée : voilà une idée pour célébrer Campomanes, haut fonctionnaire et ministre éclairé de trois rois Bourbons. Contrastes de teintes et de sujets, mises en scène suggestives et détails parlants, allusions à des tableaux connus visent à donner de l'attrait au programme iconographique. La brièveté du texte entraîne la simplification et un souci d'enseignement a dû faire préférer l'énumération des réformes à leur chronologie ; on n'a pas oublié le passage décisif du héros par la cellule et la « tertulia » de l'érudit bénédictin Sarmiento mais on a gommé la rupture amère avec l'autre grand asturien, Jovellanos. Un glossaire de quelques termes et la bibliographie essentielle (p. 16) confirment l'intention pédagogique de cette initiative curieuse et non sans agrément ; elle accompagnait la tenue d'un Congrès Campomanes à Oviedo en décembre 2002.

MICHEL DUBUIS

Margaret C. JACOB, *Les Lumières au quotidien. Franc-maçonnerie et politique au siècle des Lumières.* Préface de Roger DACHEZ. Paris, À l'Orient, 2004, 456 p. (Coll. « Histoire »).

La version anglaise de l'ouvrage date de 1991. Depuis les études maçonniques ont beaucoup progressé (ne citons en France que Pierre-Yves Beaurepaire) et l'horizon de la recherche s'est élargi à toute l'Europe. On ne trouvera ici qu'une évocation de la franc-maçonnerie en Angleterre, en Écosse (la loge de Dundee), en France (les loges de Strasbourg) et aux Pays-Bas (La *Bien Aimée* d'Amsterdam). D'autre part la quatrième de couverture dans un laconisme qui pourrait ranimer le fantôme du complot franc-maçon de l'abbé Barruel, nous dit que le mouvement part des enjeux de la philosophie politique de la Grande-Bretagne du 17ᵉ siècle pour conduire à la Révolution française. L'auteur insiste tout au long sur l'importance de l'expérience révolutionnaire et constitutionnelle anglaise qui a donné aux loges le système des élections et de la représentativité par une majorité. Les loges furent des lieux d'expérience civique et politique, où les notions de liberté, d'égalité, de fraternité, de civilité, de raison, de vertu furent débattues par des hommes et aussi des femmes (la première loge mixte s'ouvrit en 1751 à La Haye) de tous les pays d'Europe et d'Amérique. On relèvera quelques incohérences ; par exemple aux pages 108-109, on affirme que les loges britanniques ont été un soutien remarquable aux institutions établies, Église et État ; la phrase suivante : « Elles ont pu effectivement ouvrir des perspectives oppositionnelles ou scissionnistes ». Comment, p. 66, l'encyclique de condamnation de la maçonnerie (1737) aurait-elle pu obtenir le « bon plaisir » de Marie-Thérèse d'Autriche, alors qu'elle n'était pas encore au pouvoir ? On ne peut dire, p. 314, que la Belgique du 18ᵉ siècle, était une « colonie de l'Autriche », pas plus, p. 320, que les françs-maçons autrichiens, avant 1789, étaient identifiés au pouvoir, après le traumatisme du *Maurerpatent* de 1786. Enfin, p. 411, « jacobinisme » est employé pour « jacobitisme ».

CLAUDE MICHAUD

André KERVELLA, *La Passion écossaise.* Paris, Dervy, coll. « Pierre Vivante », 2002, 542 p.

On doit plusieurs livres à l'auteur sur le sujet ; le dernier portait sur *La Maçonnerie Écossaise dans la France d'Ancien Régime* (Paris, 1999) et avait été mal reçu par les critiques – je pense à Alain Bernheim – qui lui reprochaient de construire l'écossisme sur du sable, de beaucoup emprunter aux spécialistes tout en laissant croire au lecteur qu'il était allé aux sources, qui lui reprochaient donc une certaine malhonnêteté scientifique. L'ouvrage qu'il nous donne aujourd'hui est de la même eau, et s'il s'emploie à réfuter ses contradicteurs, il faut reconnaître que la démonstration n'est guère convaincante. Venons-en à l'essentiel : quelle est la thèse ? Contrairement aux idées reçues, ce ne sont pas les Anglais (hanovriens) qui ont joué le premier rôle dans l'implantation et le développement de la maçonnerie continentale, mais les Écossais (jacobites) exilés à Saint-Germain ; leur action fut essentiellement politique puisqu'elle visait à réinstaller les Stuart sur le trône d'Angleterre ; quant à l'influence des protestants latitudinaires anglais, elle est totalement rapportée et, quand elle s'impose – disons après le ministère Fleury –, c'est pour faire le lit de la politique anglaise sous couvert d'œcuménisme. Si tout n'est pas faux dans ce qu'écrit André Kervalla, il n'en demeure pas moins vrai que sa démonstration claudique. S'il ne croit pas en une filiation qui conduirait des Bâtisseurs de Cathédrales à la maçonnerie moderne, il considère que l'initiation d'Ashmole est « indubitable » sans apporter l'ombre d'une preuve ; il ne se demande jamais quand ses fameux *Mémoires* ont été écrits, puis publiés – ce qui nous reconduit après la fondation de la Grande Loge de Londres –, et pas davantage à quoi renvoie l'appellation *free masons*. Or, dans l'ancienne Angleterre, et c'est plus vrai encore en Écosse, l'expression désigne les employés ou cadres du bâtiment, ce qui m'a fait écrire que les associations qui les rassemblaient ressortissaient du paléo-syndicalisme – on dirait aujourd'hui du *Medef*... – et jamais à ce qui deviendra après 1717 la maçonnerie spéculative. En revenant sur ces légendes auxquelles personne ne croit plus, même pour les critiquer, l'auteur nous enfume dans le but affiché d'asseoir le jacobinisme. Dans le cadre d'une note de lecture, il est difficile d'en dire plus, mais eu égard à la façon dont André Kervalla travaille, je constate qu'il cite p. 165 l'imposante et remarquable thèse de Luthy sur *La Banque protestante* ; mais le texte est caviardé, ce qui fait dire à Luthy autre chose que ce qu'il a écrit, et me conduit à penser que l'auteur travaille de seconde ou de troisième main – comme l'avait déjà souligné Bernheim. Il y aurait encore beaucoup à dire, mais la place manque ; je dois signaler cependant que le préfacier, Edward Corp, universitaire qui enseigne à Toulouse, paraît tout ignorer de la maçonnerie et on en est à se demander s'il a lu le livre, puisque partant sans doute de la référence écossaise, il est amené à parler du *Rite Écossais Ancien et* (!) *Accepté*, régime qui a fêté son bicentenaire en 2004, et qui, bien entendu n'existait pas au dix-huitième siècle. On peut dire que André Kervalla est à l'histoire maçonnique ce que Christian Jacq est à l'Égyptologie, tout en reconnaissant qu'ils ne manquent ni l'un, ni l'autre, de talent.

CHARLES PORSET

Martine LAPIED et Christine PEYRARD (dir.), *La Révolution française au carrefour des recherches*. Aix-en-Provence, Publications de l'université de Provence, 2003, 356 p.

L'ouvrage effectue le bilan des travaux sur la Révolution française un peu plus de dix ans après la célébration du Bicentenaire. Issu d'un colloque tenu en octobre 2001 à la Maison Méditerranéenne des Sciences de l'Homme d'Aix-en-Provence, il est préfacé par Michel Vovelle et se place sur un terrain mouvant qui veut repenser l'histoire de la Révolution héritée des historiens marxistes, à la lumière d'Habermas. Michel Vovelle souligne dans sa préface que l'un des apports du Bicentenaire a été l'ouverture d'un grand chantier qui reste toujours fécond aujourd'hui, celui de l'histoire culturelle qui englobe à la fois l'iconographie, l'étude des médias, la production littéraire, les cérémonies et, de façon plus générale, la symbolique révolutionnaire. Le livre consacre d'ailleurs deux parties à ce thème, l'une sur « Histoire de la culture et des opinions », avec notamment un article de Jacques Guithaumou et Raymonde Monnier sur la notion d'art social, l'autre sur « Images et Histoire ». Il est question également de manière plus classique d'histoire économique, d'histoire sociale et d'histoire politique, mais aussi de l'histoire des femmes avec une bonne étude de Dominique Godineau et une autre plus polémique de Lynn Hunt. Un regret : l'annonce au début du livre que l'espace de la Révolution s'ouvre à l'ensemble de l'aire européenne, alors que deux contributions seulement s'en inspirent, l'une sur l'Espagne et l'autre sur l'Italie.

LISE ANDRIES

Joseph LARROUX, *Le Bourg de Pessan [Gers] pendant la Révolution*. Nîmes, LACOUR-Éditeur, 2001, 107 p.

Cette petite maison d'édition se voue à réimprimer des ouvrages introuvables rédigés souvent par des savants locaux. On a ainsi accès à des documents historiques très pointus dont l'ensemble intéresse l'histoire générale. L'ouvrage se compose essentiellement des procès-verbaux des délibérations de cette petite municipalité rurale et permet de savoir comment s'effectuait la mise en œuvre des décisions prises à Paris. Comment s'y prenaient de modestes administrateurs de villages pour que soient respectés les décrets de la nation ? Sont consignés avec détails, les élections de 1790, la fête du 14 juillet 1790 (et le déroulement de la cérémonie : les fusiliers lancent une décharge lors du *Sanctus*, le tambour bat pour que s'agenouillent les participants et les officiers lèvent leurs sabres quand le curé élève l'hostie), la nouvelle tenue des registres d'état civil, la vente des biens nationaux, la nomination des membres de la garde nationale, la mise en place d'un atelier de charité, le mode de répartition des contributions foncières et patriotiques, les rapports du clergé avec la municipalité et ses multiples conflits (coexistence de prêtres constitutionnels et réfractaires, installation d'une « religion nouvelle » et d'un temple de la Raison, inventaire des biens du clergé, la fonte des cloches,...), l'observation des jours de décadi, la fabrication de salpêtre, la chasse aux suspects, les certificats de civisme, etc... Tout un microcosme parfois tragique, parfois cocasse (p. 68), se déroule aux yeux du lecteur et lui permet de saisir sur le terrain les implications des grandes orientations nationales de l'époque.

GUILLEMETTE SAMSON

Henry LAURENS, *Orientales I. Autour de l'expédition d'Égypte*. Paris, CNRS Éditions, 2004, 306 p. (Coll. « Moyen-Orient »).

Recueil d'articles réunis et publiés alors que l'A. s'installait au Collège de France à la chaire d'Histoire contemporaine du monde arabe, l'ouvrage est construit en quatre parties autour de l'expédition française d'Égypte, de ses origines intellectuelles à sa postérité au 19e siècle. Ce sont les deux premières parties (« les Lumières et l'Orient », « Napoléon et l'Islam ») qui traitent du 18e siècle. En un premier temps, l'A. entend démontrer qu'au moins jusqu'à la fin de ce siècle, au moment même où apparaissait le terme d'orientalisme, ce domaine des savoirs sur l'Orient accumulés en Occident suscitait peu d'intérêt politique et était marginal parmi les autres champs de la connaissance. C'est après un « creux scientifique » de 1720 à 1750, que les travaux sur l'Orient commencent à dépasser l'érudition, à prendre de la vigueur. Les vestiges antiques et surtout pharaoniques du Levant nourrissent l'imaginaire symbolique tandis que ses visages contemporains suscitent des pensées de plus en plus critiques. À une théorie des climats qui permettait à Montesquieu de présenter un Orient des excès face à une Europe tempérée succède un moindre déterminisme et du coup une moindre clémence : Turgot et surtout Volney jugent que le domaine ottoman n'a pas su appliquer les lois de la nature humaine et que, de ce fait, la libération de cette aire ne peut se réaliser de l'intérieur. Volney, comme le rappelle l'A., fut d'ailleurs un « mentor politique » pour Bonaparte dont l'expédition égyptienne est éclairée en seconde partie à la fois comme un moment d'intensification des courants apocalyptiques (juifs ou protestants) et comme un terrain d'expérimentation : c'est au Caire qu'un renouveau républicain serait conçu, qu'une nouvelle éthique militaire fondée sur le mérite personnel serait éprouvée et que la religion, à travers l'exemple de l'Islam, a pu être conçue par Bonaparte, avant tout, dans son utilité sociale.

M'HAMED OUALDI

Christine LEBEAU (dir.), *L'Espace du Saint-Empire du Moyen Âge à l'époque moderne.* Bar-le-Duc, Presses Universitaires de Strasbourg, 2004, 280 p., 24 × 16 cm.

Sur la quinzaine de contributions issues d'un colloque strasbourgeois qui composent ce recueil, environ la moitié se situe dans la temporalité du 18ᵉ siècle. Mais il est clair que la « spatialité » du Saint-Empire déborde ce siècle et que la profondeur de champ indispensable à la compréhension de cette structure politique singulière exige qu'on dépasse de trop étroites limites temporelles. Structure politique singulière, mais pas « monstrueuse » contrairement à l'opinion de Pufendorf. En fait la perspective spatiale permet tout au contraire de mieux percevoir la logique différente d'autres espaces géopolitiques européens. Les contributions se sont d'abord intéressées aux spatialisations concurrentes ou parallèles qui fondent l'empire, à la « géographie volontaire » de cet espace comme dit l'excellente introduction de C. Lebeau citant R. Brunet. On a donc pour la première période étudiée des réflexions sur la représentation du Saint-Empire (un paradis nommé Allemagne par W. Schmale) sur la perception et représentation des frontières (C. Gantet) mais aussi sur les pratiques aux marges du Saint-Empire : fonctionnement juridictionnel de l'empire en Italie (M. Schnettger) ou spécificités de l'espace hanséatique (M.-L. Pelus-Kaplan). Dans une deuxième partie, on s'est intéressé à l'histoire des « territoires » hors du dualisme austro-prussien longtemps privilégié par l'historiographie en s'interrogeant sur les possibilités d'homogénéité de l'espace impérial (F. Pfeiffer, les princes électeurs et les péages rhénans, P. Monnet, Francfort-sur-le-Main, un pôle central de l'Empire à la fin du Moyen Âge ?). Le territoire impérial devient plus homogène aussi à partir d'une espace juridico-policier (L. Schilling), de lieux de pouvoirs : réseau des abbayes (E. Hassler), et cours princières dont les almanachs mettant en œuvre un processus d'imitation contribuent à l'homogénéisation (V. Bauer). Au-delà de ces facteurs spécifiques sont étudiés les rapports interconfessionnels. C'est à quoi s'emploie la communication de C. Duhamelle sur l'enclave de l'Eichsfeld, la plus orientale de l'archevêché électorat de Mayence. Les liens épistolaires entre les princesses allemandes au 16ᵉ siècle illustrent les solidarités multiples (K. Keller). La création de la charge d'un jurisconsulte du roi pour le droit germanique occupée par J.K. Pfeffel permet d'envisager un regard extérieur sur la réalité juridique du Saint-Empire et ses fameuses « libertés ». P.Y. Beaurepaire étudie à partir de la franc-maçonnerie saxonne de nouvelles polarisations. Elle constituait assurément un « observatoire privilégié pour l'observation de cette stratégie réticulaire de construction de l'espace » (C. Lebeau). Une dernière contribution (A. Radeff) est consacrée aux mobilités transfrontalières des voyageurs (négociants, marchands spécialisés, compagnons ou artisans) de la fin de l'Ancien Régime. Comme le dit encore fort bien C. Lebeau, ces contributions permettent « d'appréhender la diversité impériale de manière fonctionnelle non pas comme le reflet d'un disfonctionnement mais comme une caractéristique positive ». Assurément, on aurait pu souhaiter une communication sur le rôle de Vienne, ville capitale et résidentielle. Mais l'ensemble de l'ouvrage avec sa diversité et sa variété d'approches montre que le Saint-Empire a encore beaucoup à dire, que son modèle de spatialisation distinct du « modèle français » peut livrer encore nombre d'informations sur la construction des ensembles nationaux et pré-nationaux européens.

JEAN MONDOT

Claude MAZAURIC, *Un Historien en son temps. Albert Soboul (1914-1982). Essai de biographie intellectuelle et morale* suivi des *Entretiens d'Albert Soboul des 4 mars et 5 août 1981 avec Raymond Huard et Marie-Josèphe Naudin.* Préface de Hubert DELPONT. Nérac, Éditions d'Albret, 2004, 254 p.

Albert Soboul, par sa personnalité comme par son œuvre scientifique, a marqué durablement l'étude de la Révolution française. Souvent au centre de débats et de polémiques, ses recherches ont fait et font encore l'objet de discussions voire de déformations. Dans cet ouvrage, Cl. M., proche de lui aussi bien sur le plan personnel qu'intellectuel, revient sur son itinéraire dans ce qu'il intitule un essai de biographie intellectuelle et morale. C'est tout d'abord une esquisse biographique et cela nous vaut un récit bien conduit, nourri de faits précis et d'anecdotes significatives qui rendent compte de la chaleur du personnage, de ses qualités, de l'originalité de son parcours personnel et universitaire. Tous ceux qui ont suivi l'enseignement de Soboul, revivront à cette lecture bien des moments dont ils ont pu faire eux-mêmes l'expérience. Cl. M. dresse un portrait fin et nuancé donnant à voir la complexité du personnage, les différents cercles de sociabilité personnelle et intellectuelle dans lequel il s'insère. Un personnage fidèle à ses idées et à ses grands engagements sans que ce soit jamais synonyme d'aveuglement ou de renoncement à sa propre autonomie. Ce portrait sans complaisance sait bien rendre aussi le caractère parfois difficile d'A. Soboul et n'élude aucun problème notamment sur le plan politique. Au delà du portrait d'un homme c'est aussi la présentation d'une œuvre et la reconstitution du parcours scientifique et universitaire d'A. Soboul qui conduisent à une approche particulièrement intéressante du contexte historiographique et idéologique dans lequel s'est inscrite la "carrière" de ce dernier. On peut mentionner l'évocation de ses rapports avec BRAUDEL, les apports de sa thèse, une appréciation très fine de la place du marxisme dans sa pensée, sa conception de la sociologie historique, son rayonnement national et international, les enjeux scientifiques mais aussi idéologiques et politiques des nombreux débats au centre desquels il s'est souvent trouvé. L'évocation de l'œuvre historienne de Soboul est l'occasion de dresser un panorama de la recherche historique française dans les années 1950-1960 et montre bien sa participation et son apport. Cette approche de sa pensée et de sa démarche historienne est pleine de remarques méthodologiques et historiographiques suggestives et enrichissantes ce qui renforce l'intérêt de ce livre chaleureux. Les entretiens, en partie inédits, que Soboul a eus avec R. Huard et M.-J. Naudin en 1981 complètent le tout.

JEAN DUMA

John A. MURPHY (éd.), *Les Français sont dans la baie. L'expédition en baie de Bantry, 1796.* Ouvrage traduit sous la direction de Bernard ESCARBELT et Claude FIEROBE. Caen, Presses universitaires de Caen, 2004, 195 p. + 1 carte, 7 fig.

Ce recueil originellement publié en anglais (Mercier Press, 1997) par un collectif d'universitaires irlandais relate l'une des aventures militaires les plus calamiteuses de la Révolution : la tentative d'invasion de l'Irlande par une flotte commandée par Hoche qui espérait un soulèvement irlandais contre la puissance coloniale britannique et l'instauration d'une République alliée de sa grande sœur continentale. Près de Cork, la baie de Bantry fut désignée comme le lieu de ce débarquement hivernal et hasardé. L'échec fut total, aucun soldat français ne put fouler le sol irlandais. En piteux état et désorganisée, la flotte française se dispersa lamentablement et revint à Brest. Bilan : dix vaisseaux perdus. Theobald Wolfe Stone, « prophète de l'indépendance irlandaise » (Yale, 1989), avait sollicité la France lors de son séjour à Paris ; il accompagna l'expédition et rédigea un « Discours aux paysans d'Irlande » destiné à enflammer les Irlandais pour les idées venues du Continent et que partageaient les Irlandais unis (nationalistes). Les ballades irlandaises se souviennent de cette nouvelle invincible armada qui n'eut pas même l'occasion de combattre, mais qui attira l'attention de l'Amirauté anglaise sur de futures tentatives de débarquement.

FRANÇOIS MOUREAU

Jean NICOLAS, *La Rébellion française. Mouvements populaires et conscience sociale, 1661-1789.* Paris, Éditions du Seuil, 2002, 623 p. (Coll. « L'Univers historique »).

Cet ouvrage dense et foisonnant est le résultat d'une enquête menée, sous la direction de Jean Nicolas, par une cinquantaine de chercheurs et d'étudiants, dans les archives administratives, judiciaires, policières et militaires de Paris et des départements, ainsi que dans un certain nombre de fonds privés. Plus de 8500 rébellions de divers types ont pu être ainsi répertoriées et classées en fonction de critères dominants : mouvements antifiscaux et antiseigneuriaux, troubles liés aux situations marginales de la contrebande et de l'errance, émotions générées par les crises de subsistances, les conflits du travail, les peurs, résistances au recrutement de la milice. L'être social des émeutiers, la géographie des incidents, les formes de violence sont étudiés au travers d'une multitude d'exemples qui offrent de la monarchie administrative des 17ᵉ et 18ᵉ siècles une image étonnante : ce n'est pas celle de l'ordre, ni d'une consolidation du pacte royal, même si l'autorité finit toujours par l'emporter. Au risque, comme le reconnaît l'auteur, de paraître adhérer à un « positivisme jugé révolu », la méthode historique ici utilisée a voulu renouer avec le dénombrement, délaissé dans les années 1970-1980 au profit de l'étude des cas exemplaires, et c'est avec bonheur. Ces fureurs furent-elles conservatrices, résistances à l'État centralisateur ? Ont-elles porté des rêves anticipateurs, une ébauche de conscience politique ? En tout cas, le 18ᵉ siècle qu'elles révèlent n'est pas celui des salons feutrés des Lumières, mais une époque dure et subversive où les droits de l'individu s'affirment par la résistance. Dans les conflits de toutes sortes qui se multiplient après 1750 s'amorce peut-être la pré-révolution.

JOSIANE BOURGUET-ROUVEYRE

Marie-Adélaïde NIELEN, *Maison de Conti. Répertoire numérique détaillé des papiers séquestrés à la Révolution française (sous-série R³).* Paris, Centre historique des Archives nationales, 2004, 180 p.

Les 1 100 articles de cette série ont été saisis sur Louis-François de Conti, dernier de cette branche cadette des Condés, mort en exil à Barcelone en 1814, et son épouse Marie-Fortunée d'Este. On peut déplorer que les restitutions de la Restauration au profit du légataire universel du prince demeurent introuvables. Tel qu'il se présente, le fonds R³ est fort riche et doit retenir le dix-huitièmiste qui y trouvera des titres de famille qui complètent la série K, les comptes et registres du conseil du prince et surtout les papiers concernant la gestion des nombreux domaines des Contis dispersés dans toute la France (dans 59 actuels départements), en particulier le château de L'Isle-Adam, les vignes de Bourgogne (dont Romanée) et du Sancerrois, les commanderies dans l'Yonne, le sel de Brouage et même quelques domaines en Corse. Voilà offert au chercheur aimant l'archive le matériau d'une splendide thèse d'histoire économique et sociale dans un domaine cruellement délaissé depuis quelques années.

CLAUDE MICHAUD

Érick NOËL, *Les Beauharnais. Une fortune antillaise 1756-1796.* Préface de Jean CHAGNIOT. Genève, Droz, 2003, 422 p. + 11 ill. en noir (Coll. « École Pratique des Hautes Études. Sciences historiques et philologiques. Hautes Études Médiévales et Modernes »).

À l'origine de la fortune des Beauharnais, les liens avec la famille ministérielle des Phélypeaux, d'où les carrières dans la marine, les plantations aux Antilles et les hautes fonctions administratives au Canada. François VII, père du premier époux de Joséphine, servit 25 ans sur les vaisseaux du roi avant de devenir pendant la guerre de Sept ans gouverneur des Antilles qu'il ne réussit pas à défendre contre les Anglais. Rappelé en 1761, il fut un assez mauvais gestionnaire d'un patrimoine réparti entre les régions ligérienne et rochelaise, au moment où les revenus des îles devenaient aléatoires à la suite des guerres. Son frère Claude II, possessionné en Poitou, fut l'époux de la fameuse Fanny dont le salon de la rue de Tournon, très politisé au temps de la Révolution, fit plus pour sa célébrité que les œuvres littéraires qu'elle produisit en collaboration avec Dorat ou Cubières. À la génération suivante apparaissent Claude III, père de Stéphanie, future grande-duchesse de Bade et les deux frères fils de François VII, François VIII, contre-révolutionnaire qui servit dans l'armée de Condé et dont l'épouse goûta aux geôles de Sainte-Pélagie et Alexandre, époux volage de Marie Josèphe Rose de Tascher de Pagerie, dont il se sépara rapidement. Sa carrière révolutionnaire – député du bailliage de Blois aux états-généraux, jacobin, président de l'assemblée au moment de Varennes, chef d'état-major de l'armée du Rhin, où il ne fit pas merveille, ne fit pas oublier sa particule et il fut guillotiné le 28 juillet 1794. Son épouse, qui était retournée à la Martinique entre 1788 et 1790 avec sa fille Hortense, fut emprisonnée en avril 1794 et libérée en août grâce à la future Madame Tallien, maîtresse alors de Barras. Grâce à ce dernier, qui affirmait que Madame de Beauharnais « aurait bu de l'or dans le crâne de son amant », elle put récupérer quelques biens et s'installer dans un hôtel construit par Ledoux pour le marquis de Condorcet et laissé par Julie Talma. On sait la suite : Rose se mua en Joséphine, abandonnant un prénom qui avait trop servi. Cette histoire d'un lignage est remarquablement documentée : signalons l'usage massif des minutes notariales à Paris et en province qui viennent compléter, entre autres, les papiers privés du fonds 251 AP des Archives nationales.

CLAUDE MICHAUD

Olivier PÉTRÉ-GRENOUILLEAU, *Les Traites négrières. Essai d'histoire globale.* Paris, Gallimard, 2004, 468 p. + 22 ill. h. t. (Coll. « Bibliothèque des Histoires »).

Sur la traite et l'esclavage, sujets brûlants, les études ne manquaient pas ; un recensement bibliographique de 1999 que signale l'auteur en indique pour le seul 20ᵉ siècle plus de 14.000, principalement anglo-saxonnes, mais dont plusieurs, et non des moindres, sont dues à O. Pétré lui-même : par exemple, à propos des négriers nantais, son essai de 1996, aussi neuf que fouillé, *L'Argent de la traite. Milieu négrier, capitalisme et développement : un modèle*, Paris, Aubier, VII – 424 p. (Coll. « Histoires »). Ce foisonnement de données documentaires et d'interprétations parfois hasardeuses appelait une synthèse critique. L'auteur nous la présente ici avec l'ambition d'embrasser le sujet dans son ensemble et toute sa complexité, à partir d'une documentation parfaitement maîtrisée dont la richesse fait seulement regretter l'absence en fin de volume d'une bibliographie cumulative et d'un index ... Le pari d'une « histoire globale » est doublement tenu. D'abord parce que, comme l'annonce le pluriel du titre, il n'est pas seulement question de la « traite atlantique » – au sujet de laquelle l'auteur récuse nombre d'idées reçues, signalant au passage ce qu'a de réducteur et de largement impropre la notion classique de « commerce triangulaire » (p. 127-128) – mais aussi des traites orientales, beaucoup plus anciennes et qui, du 7ᵉ siècle aux années 1920, auraient porté sur moitié plus de captifs que leurs homologues occidentales ; enfin de la traite intra-africaine qui, pour avoir longtemps servi d'alibi aux exactions européennes, n'en a pas moins été une durable, ample et cruelle réalité. L'intention de Pétré n'est nullement de banaliser par ce pluriel la traite atlantique, ni d'en atténuer l'horreur, mais de comprendre par comparaison : « Comme toute bonne histoire – précise-t-il p. 11 – l'histoire globale est forcément comparative ». Un second caractère du livre justifie l'ambition de globalité : la volonté patiente, méticuleuse, de saisir chacun des phénomènes étudiés dans tous ses tenants et aboutissants. Un chapitre préliminaire étudie « l'engrenage négrier » et les cinq composantes de son mécanisme. En deux chapitres la Première partie situe les trois traites dans le temps en distinguant d'une part ce qui ne change guère, les « structures du quotidien », de l'autre les rythmes d'évolution : voir par exemple, p. 165-166, deux tableaux chronologiques du nombre d'esclaves embarqués en Afrique et des régions de destination. Les deux chapitres de la Seconde partie analysent « le processus abolitionniste », dans ses sources et ses motivations, et distinguent trois modèles, danois, britannique et français : l'auteur ne croit pas au primat des causes économiques, mais souligne l'interférence de facteurs multiples, religieux, moraux, culturels et politiques, ainsi que les obstacles mentaux que l'abolitionnisme occidental a dû surmonter. La Troisième partie situe « la traite dans l'histoire mondiale », en examine la rentabilité et la place dans le développement économique occidental, puis en discute le rôle, controversé, dans le retard de l'Afrique noire. À chaque fois Olivier Pétré propose un ferme état de la question, nourri d'analyses toutes en nuances, tout en ouvrant de nouvelles pistes de recherche.

JEAN EHRARD

Frédérique PITOU (dir.), *Élites et notables de l'Ouest, 16ᵉ-20ᵉ siècle. Entre conservatisme et modernité.* Rennes, Presses Universitaires de Rennes, 2003, 323 p., + 8 ill. en couleurs (Coll. « Histoire »).

Cet ouvrage, consacré à l'étude des sociétés de l'Ouest du 16ᵉ siècle au 20ᵉ siècle, rassemble des communications présentées lors des quatre journées d'étude réunissant les chercheurs du CRHISCO Rennes et du LHAMANS du Mans. Le 18ᵉ siècle est présent à travers six communications. Pour l'Ancien Régime se pose la question des critères de définition des notabilités, entre perspective institutionnelle (celle des ordres) et perspectives fonctionnalistes. Les aristocrates et le clergé, tout d'abord, politiquement conservateurs, exercent une influence inégale selon les « pays », mais qui est globalement supérieure dans l'Ouest à ce qu'elle est dans l'espace national, au point que certains intervenants ont été amenés à qualifier leur action économique ou sociale comme une « modernité conservatrice ». Ainsi, l'article de Georges Provost, « Qu'est-ce qu'un recteur moderne dans la Bretagne de la fin du 18ᵉ siècle ? L'exemple de Robert Causer, recteur de Spézet » (p. 123-138) utilisant les trois registres de notes relatives à sa paroisse qui anticipent sur les consignes épiscopales du siècle suivant, montre comment se forge une conception nouvelle du rôle de recteur. La volonté de conduire la paroisse suppose de bien la connaître (d'où l'inventaire des monuments religieux et des pratiques culturelles ainsi que la copie d'un document sur l'implication de la paroisse dans la révolte de 1675). On y trouve le sentiment qu'il faut savoir pour agir : l'histoire fonde la pastorale. Ce registre est aussi l'occasion de transmettre des informations à ses successeurs, qui révèle incontestablement la modernité de la gestion de la paroisse. Par ailleurs, l'enquête sur la question de la mendicité lancée par l'évêque du Léon auprès des recteurs en 1774 montre la sensibilité du clergé aux questions économiques et sociales et leur adhésion aux solutions modernes suggérées par Turgot. Les nouvelles formes de l'action publique leur paraissent relever de la bonne gestion des paroisses, la séparation des deux sphères du religieux et du civil leur est aussi étrangère que la critique des Lumières, ce qui expliquerait le refus massif du serment constitutionnel de 1791. Gauthier Aubert, en examinant le livre de comptes d'un membre de la haute robe bretonne, « Un grand seigneur agronome et charitable au 18ᵉ siècle : le président de La Bourdonnaye-Montluc » (p. 139-152), dresse le portrait d'un homme qui, cumulant ancienneté dans la noblesse et la richesse, peut acquérir les nouveautés de l'époque et participer à ses plaisirs. La modernité, pour le président de Montluc, c'est surtout son attrait pour l'agronomie et son souci de bonne gestion agricole qui l'amènent à participer à la Société d'agriculture de Rennes. Il inscrit son action dans la tradition chrétienne, pratique la charité et le soulagement des pauvres, réalise nombre de fondations dont les dispositions témoignent de ses préoccupations de grand seigneur éclairé. Ce parlementaire rennais montre qu'il était possible d'être attaché aux valeurs traditionnelles tout en souhaitant l'amélioration de la société. La Révolution n'a pas été à l'origine de toutes les ruptures, mais il a existé des fractures antérieures comme le montre l'article de Jean-Marie Constant, « Progrès et conservatisme dans les cahiers de doléances villageois du Centre-Ouest de la France en 1789 » (p. 215-226). Grâce à une méthode quantitative d'analyse des contenus, il lit en effet, à travers une masse considérable de cahiers de doléances paysans, les sensibilités politiques des paroisses de l'Ouest à la fin du 18e siècle et distingue, dans un paysage très parcellisé, l'existence d'espaces contestataires, d'espaces modérés et d'espaces conservateurs. Annie Antoine donne un éclairage sur cette notion de « modernité conservatrice » dans un article qui franchit les bornes chronologiques du siècle, « Les propriétaires fonciers : conservatisme ou modernité ? L'exemple des contrats de métayage, 18e-20e siècle » (p. 165-192). Dans cette étude, on peut voir que les propriétaires du 19e siècle qui se vantent d'avoir fait la révolution agricole par l'intermédiaire du métayage font l'apologie de cette pratique telle qu'elle fonctionnait au dix-huitième dans les plus belles exploitations de l'Ouest, aux mains de propriétaires « éclairés ». En réalité, ils ne mettent pas tant en avant une forme d'amodiation des terres qu'un modèle de rapports sociaux entre propriétaires et exploitants. Ces propriétaires sont évidemment des conservateurs, et ce conservatisme social est d'autant plus efficace (et accepté) qu'il s'est accompagné, pendant les quelques décennies de la modernisation agricole, d'un réel progressisme en matière économique. Parmi les élites bourgeoises (parfois en voie d'accession à la noblesse), on notera les magistrats et avocats auxquels Frédérique Pitou consacre un article détaillé, « Des notables d'influence : magistrats et avocats dans l'Ouest au 18e siècle » (p. 33-44). À partir des écrits, souvent inédits, de ces hommes de loi, elle montre comment se pensent la notion de « bien public » et celle de « bien commun » dans ce monde de praticiens de la justice (juges seigneuriaux comme Hardy de Lévaré ou Pichot de la Graverie ou encore avocat fiscal comme Leclerc du Flécheray). Dépositaires de l'autorité, ces gens de justice exercent presque toujours des fonctions municipales, même lorsque cet engagement les place en opposition contre leur seigneur, comme le montre l'exemple de Hardy de Lévaré, révoqué en 1727. Notables d'influence, ils se montrent de bons administrateurs, une élite au service du public. Le dernier axe des recherches collectives présentées dans le présent ouvrage concerne la question de l'ouverture de l'Ouest, examinée par Philippe Jarnoux dans un article qui dépasse les limites chronologiques du 18e siècle, « Horizons maritimes : les bourgeoisies urbaines en Bretagne sous l'Ancien Régime. Enclavement et ouvertures » (p. 247-263). Les élites des petites villes littorales de l'époque moderne se constituent en s'appuyant sur la prospérité économique bretonne. On découvre, grâce à des exemples précis, que leurs horizons sont beaucoup plus vastes qu'on ne l'imaginait. À Quimper, les Jaureguy et les Dhariette, deux familles de Basques, s'intègrent rapidement à la notabilité locale (grand négoce, offices et même noblesse) en même temps qu'ils restent liés à leurs cousins des différents ports atlantiques. La réussite rapide de la famille de La Pierre s'appuie sur le commerce, les fermes, la finance et s'étend à toute la Bretagne. L'ascension sociale vers la notabilité urbaine s'accompagne donc bien d'une ouverture sur l'extérieur et son couronnement par l'accès à la noblesse explique que l'espace demeure libre pour de nouveaux venus.

ANNIE DUPRAT

Jean QUENIARD, *La Bretagne au 18ᵉ siècle (1675-1789)*. Rennes, Éditions Ouest-France, 2004, 698 p. (Coll. « Ouest-France-Université »).

L'âge d'or est passé et la Bretagne après la révolte de 1675 traverse une ère de difficultés clairement exposées dans ce dense ouvrage au plan classique avec le politique, l'économique, le social et le culturel enfin. L'État se fait plus pesant dans la province par l'installation de l'intendant permanent et par la militarisation terrestre et maritime (Brest et Lorient), les nécessités de la défense côtière obligent. La fiscalité s'alourdit, tout en demeurant inférieure à la moyenne nationale. La résistance vient moins du parlement de Rennes que des États provinciaux dominés par une noblesse nombreuse et difficile à manier, dont le pouvoir devient pérenne grâce à la Commission intermédiaire, vrai instrument de lutte contre l'intendant et « agent d'exécution indépendant du pouvoir royal ». Un récit événementiel bien mené et indispensable à la compréhension de l'affaire de Bretagne et de la crise La Chalotais-d'Aiguillon révèle les vacillements du gouvernement royal qui se manifestent à nouveau quand Calonne lâche l'intendant de Molleville. La population – 2 millions – stagne et il faut mettre en cause une mortalité générée par la mobilité accrue due au fait militaire. La fiscalité, l'endettement, le poids de la seigneurie, l'attrait de l'office, de la rente et du bénéfice ecclésiastique freinent l'investissement productif. Le sel, le poisson et la toile, richesses traditionnelles, subissent la concurrence sur les marchés anglais et ibérique. Les activités industrielles et commerciales basculent vers la Basse-Loire et Nantes, grand carrefour et port colonial. Saint-Malo a raté l'aventure antillaise, tout en demeurant très présent à Cadix et dans l'océan Indien. Au religieux, la Bretagne a su concilier les hautes eaux tridentines et des supports locaux de piété, pardons, confréries, puissants éléments d'inculturation. Chacun dispose de dévotions à sa taille. L'acculturation en français et l'écrit progressent lentement, l'alphabétisation demeure modeste, le livre est rare dans la petite noblesse rurale. Les inflexions du siècle sont sensibles dans le recul des ordinations et des réguliers ou le développement des loges maçonniques et des sociétés de lecture ; à l'autre extrémité sociale, on relève la persistance des superstitions, le mélange tenace du sacré et du profane, la résistance aux interdictions d'inhumer dans les églises. Même chez les élites se note l'éclatement des comportements. La crise de 1789 a ses caractéristiques propres, aboutissement des tensions sociales et politiques du siècle : la province n'envoie pas de délégation de la noblesse et du haut clergé à Versailles, alors que le bas clergé et le tiers manifestent immédiatement leur radicalisme. Une bibliographie, deux index, des cartes, des tableaux et des graphiques complètent cet excellent ouvrage.

CLAUDE MICHAUD

Paul RAABE et Barbara STRUTZ, *Lessings Bucherwerbungen. Verzeichnis der in der herzoglicher Bibliothek Wolfenbüttel angeschafften Bücher und Zeitschriften 1770-1781*. Göttingen, Wallstein, 2004, 376 p.

Les noms et les titres des deux éditeurs laissent présager un ouvrage d'excellente qualité. L'utilisateur ne sera pas déçu. On sait que Lessing fut bibliothécaire à Wolfenbüttel entre 1770 et 1781. Ce volume permet de suivre les acquisitions – près de mille titres – d'un employé qui doit jongler entre ses intérêts, celui de ses lecteurs et son...budget. Il y a en gros 500 personnes qui empruntent plus de 4700 ouvrages entre 1770 et 1779, officiers, commerçants, élèves et même des ouvriers. Les ouvrages – près de 1000 titres – qui entrent dans la bibliothèque sont soigneusement décrits de manière à aider l'exploitation bibliographique mais aussi la comparaison avec les bibliothèques de l'époque. On appréciera le très haut niveau des achats, ne négligeant pas l'orientalisme, l'érudition et les traductions. Un travail particulièrement soigné.

DOMINIQUE BOUREL

Giuseppe RICUPERATI, *Lo Stato sabaudo nel Settecento. Dal trionfo delle burocrazie alla crisi d'Antico regime*. Milan, UTET Libreria, 2001, 464 p.

L'auteur reprend dans ce livre la contribution qu'il avait donnée en 1994 dans le recueil dirigé par Giuseppe Galasso, *Storia d'Italia, VIII, I, Il Settecento, Il Piemonte sabaudo. Stato e territori in età moderna*. L'ensemble a été revu, corrigé et largement augmenté. Giuseppe Ricuperati développe dans le détail la mise en place d'une bureaucratie efficiente et éclairée en Piémont sous les règnes d'Amédée Ier (Édit de 1717) et surtout Charles Emmanuel III qui s'appuie sur les propositions de Giambattista Lorenzo Bogino ; on assiste alors à une forte expansion culturelle dont témoignent l'activité des Sociétés littéraires et le développement de l'Académie des sciences. Mais la Révolution changera la donne et ce qui avait été une expérience réussie ne parviendra pas à s'adapter au nouveau Régime. Deux forts chapitres lui sont consacrés : ch. V : « Un État d'Ancien régime confronté à la Révolution » (p. 245-314) ; ch. VI : « Agonie et fin d'un État d'Ancien Régime » (p. 315-408). Une bibliographie critique conclut l'ouvrage qui est indexé. Cette somme fera date par la foule de matériaux, d'analyses, de mises en perspective et de renseignements biographiques qu'elle offre au lecteur.

CHARLES PORSET

Antonio RISCO, José Maria URKIA (éds.), *Amistades y sociedades en el siglo XVIII. Real Sociedad Bascongada de los Amigos del País*. Bilbao, RSBAP, 2001, 286 p.

La Société Royale Basque des Amis du Pays (RSBAP) fut en 1766 l'initiatrice d'un mouvement d'information, de réflexion et d'action pour relancer l'activité productive. Campomanes et le gouvernement éclairé de Charles III en encouragèrent l'extension à toute l'Espagne et à ses Indes par la fondation contrôlée de sociétés économiques. La bibliographie de la Société Basque est vaste, mais elle ne donnerait de son histoire qu'un « panorama bourré de lacunes et de déséquilibres » (p. 23). Les actes du Ier Séminaire Peñaflorida (Toulouse, décembre 2000), réunissant les hispanistes dix-huitièmistes de Toulouse-Le Mirail (CRIC 18 – ÉA 800), la RSBAP et l'Académie des Sciences, Inscriptions et Belles – Lettres de Toulouse, contribuent à une reconstruction de cette histoire sur des fondements objectifs. Ainsi en est-il du séjour du fondateur, Peñaflorida, au collège des jésuites de Toulouse : ils ont pu ouvrir sa curiosité scientifique et lui apporter de l'Académie des Sciences les échos du progrès du savoir par l'échange mutuel des connaissances. Les Amis du Pays sont-ils un « club élitiste » d'aristocrates cherchant à améliorer la production agricole sans toucher aux structures de la propriété ? Issue de la « saccharocratie », la Société Économique de Cuba est liée à la Société Basque par des réseaux familiaux et d'éducation (le « Séminaire » de Vergara). Mais l'amitié entre les fondateurs qui s'appuie sur des liens de parenté et de proximité de biens seigneuriaux, se nourrit aussi d'une réflexion sur l'amitié qui a ses sources chez les Anciens. Altuna, ami de Rousseau, n'a rien d'un libertin : sa spiritualité est profonde, tolérante et humaniste. Quelque méfiance du pouvoir envers la Société Basque est suggérée par la comparaison avec celle de Madrid (la *Matritense*), surveillée par Campomanes. Une analyse critique de la correspondance entre Peñaflorida et le P. Isla, le rappel des liens entre les profits commerciaux de la province du Guipuzcoa dans la Compagnie de Caracas et l'amélioration des routes, favorable aux échanges, sont d'autres apports, tout comme la publication de deux documents parmi ceux dont les archives publiques et privées devraient permettre la révision ou la découverte. La musique n'est pas absente de ce premier panorama : le comte et ses amis chantent Pergolèse et Philidor, mais auraient ouvert le chemin à la reconnaissance des traditions musicales basques.

MICHEL DUBUIS

Laurent ROBELIN, *Cinq Siècles de transport fluvial en France du 16ᵉ au 21ᵉ siècle*. Rennes, Éditions Ouest-France, 2003, 128 p., ill., 19,5 × 26 cm.

Les collections du musée de la Batellerie de Conflans-sainte-Honorine ont servi à illustrer de façon séduisante cet ouvrage de vulgarisation. Les divers types de bateaux utilisés au 18ᵉ siècle, petits et grands chalands de l'Adour, « halo » monoxyde et « chalibardon » de ce même fleuve, flûtes marnoises, sapines, « salembardes » d'Auvergne, « besognes » de la Basse-Seine, gabares de Gironde, « courpets » et « coureaux » de Dordogne, aquamoteurs du Pont-Neuf, canots d'apparat pour promener l'amiral sur la Seine... alternent avec les scènes de halage et les croquis d'écluse. On trouvera même une toile de Ronmy, de 1821 certes, représentant Vert-Vert sur son coche.

CLAUDE MICHAUD

Anne ROLLAND-BOULESTREAU, *Les Notables des Mauges. Communautés rurales et Révolution (1750-1830)*. Rennes, Presses Universitaires de Rennes, 2004, 405 p.

S'inscrivant délibérément, comme elle l'indique dans son introduction, dans le sillage des problématiques de micro-histoire, Anne Rolland-Boulestreau veut, dans ce livre issu d'une thèse de doctorat soutenue à Nantes, examiner la composition, la culture et les itinéraires des notables des communautés rurales des Mauges, au sud de l'Anjou. La période et la région considérées justifient l'entreprise, qui n'en est pas moins difficile car nous traversons un long moment de troubles révolutionnaires, aux confins de la Vendée. Métayers, marchands ou artisans caractérisés par une certaine aisance, ces notables font preuve d'audace économique tout en exerçant une action politique limitée au village. Leurs réseaux relationnels sont étendus, en particulier sous l'effet de la parentèle, mais les élections de 1792 modifient cette image par l'intrusion dans la politique de nouveaux venus appartenant à des catégories socioprofessionnelles inférieures. Pendant les guerres de Vendée pourtant, les populations se retrouvent derrière les notables maugeois traditionnels qui s'érigent en pouvoir contre-révolutionnaire que l'État central ne reconnaît pas. Mais il n'y a pas d'affrontement entre les nouveaux administrateurs des communautés rurales qui conservent des liens étroits (ressortissant d'une communauté professionnelle ou de liens de parenté) avec les notabilités d'Ancien régime car, bien souvent, ce sont les mêmes. Le village maugeois sort de ces années de troubles avec les mêmes notables locaux, renforcés par un État qui, sous la Restauration, va leur demander de jouer le rôle de gardiens de la mémoire royaliste. Riche en observations de type sociologique, cet ouvrage fourmille également d'anecdotes et de récits de vie, dont le protagoniste le plus célèbre est assurément Jacques Cathelineau, du Pin-des-Mauges, dont l'auteur nous retrace la destinée, mais aussi l'origine, la composition et le devenir de ses compagnons.

ANNIE DUPRAT

Marina SASSENBERG, *Selma Stern (1890-1981). Das Eigene in der Geschichte. Selbstentwürfe und Geschichtsentwürfe einer Historikerin*. Schriftenreihe wissenschaftlicher Abhandlungen des Leo Baeck Instituts, Bd. 69. Tübingen, Mohr Siebeck, 2004, 293 p.

C'est une excellente idée d'avoir consacré une monographie à Selma Stern, dont le nom est attaché à une grosse édition de sources doublée d'une remarquable synthèse sur les rapports de la Prusse avec le judaïsme au 18ᵉ siècle en sept volumes, commençées en 1925 et achevées... cinquante ans plus tard (rééd. Tübingen, Mohr Siebeck 1962-1975). Selma Stern fut une des premières universitaires femmes en Allemagne. Née à Kippenheim dans le pays de Bade en 1890 au sein d'une famille juive assimilée, elle étudie à Heidelberg et à Munich et devient la première femme collaboratrice à l'Académie pour la science du judaïsme à Berlin, en 1920 jusqu'à sa fermeture en 1934. Cette femme, dix-huitiémiste, historienne, mariée à l'antiquisant Eugen Täubler (il avait travaillé avec Mommsen et dirigeait l'Académie et fut professeur à Heidelberg), est juive et devra donc partir en exil (Cincinnati où elle sera archiviste) avant de revenir en Suisse en 1960 où elle continue son travail sur la Prusse complètement en dehors de la mode. Cette doyenne des études juives allemandes s'éteint en 1981. Elle consacra la plus grande partie de son œuvre au 18ᵉ siècle puisqu'elle fit sa thèse de doctorat à Munich en 1913 sur Anacharsis Cloots (Berlin 1914, rééd. 1965) dont Roland Mortier qui a magistralement réouvert le dossier en 1999 apprécie les qualités. Ensuite c'est une monographie sur Karl Wilhelm Ferdinand Herzog zu Braunschweig und Lüneburg (1921) puis le juif Süss supplicié à Stuttgart en 1738 (1929, rééd. 1973) dans lequel elle se plonge en pionnière dans la fascinante histoire des juifs de cour. Elle publiera après la guerre une étude novatrice sur le sujet *The Court Jew* (1950 rééd. 1985) que l'auteur de ce livre a traduit en allemand (Tübingen, Mohr Siebeck 2001). Cette élégante étude qui utilise des archives privées montre aussi l'intime, les réflexions sur la condition de la femme, le mariage, les enfants (qu'elle n'aura pas) la science et le destin des juifs. Sa bibliographie indique d'autres travaux sur notre siècle qui n'ont pas pris une ride. Cette évocation est très réussie car elle articule l'historiographie judéo-allemande, avec une réflexion sur la féminité à l'époque et dans un pays où peu de femmes pouvaient entrer dans ces univers d'hommes.

DOMINIQUE BOUREL

Marc SCHEIDECKER et Gérard GAYOT, *Les Protestants de Sedan au 18ᵉ siècle Le peuple et les manufacturiers.* Paris, Honoré Champion, 2003, 304 p.

On risque, au premier abord, d'être surtout sensible à l'aspect « dossier » d'une publication qui rassemble plusieurs documents, des illustrations et deux contributions conçues à des dates et dans des perspectives plutôt différentes. Les protestants de Sedan ont laissé, malgré les vicissitudes de leur période héroïque et les coupes sombres qu'ont subies leurs archives, d'impressionnants témoignages de leur vitalité : les auteurs en proposent un bilan et y puisent abondamment pour illustrer leur propos. Mais l'approche est, chez Marc Scheidecker, plus communautaire, plus soucieuse de mettre en évidence ce que purent être les modalités de vie d'un protestantisme situé aux marges du royaume, dont les forces lentement déclinent sans que la vitalité en soit totalement éradiquée. Miracle de la fidélité spirituelle d'un peuple qui sait maintenir sa foi en dépit des brimades et d'une absence chronique de conducteurs spirituels. On retiendra notamment l'importance que prit alors ce que les contemporains appellent le « mariage à la huguenote », lequel consistait, après avoir signé un solide contrat de mariage chez le notaire, à aller faire bénir l'union par un des pasteurs en résidence à l'extérieur du royaume. Gérard Gayot, quant à lui, puise dans l'intime connaissance qu'il a du milieu des manufacturiers de Sedan pour mettre en évidence quelle put être leur part dans le maintien de cette communauté religieuse. Conduits à s'imposer, face à leurs concurrents catholiques, par une réussite professionnelle que les évolutions du marché ne prennent jamais en défaut, liés entr'eux par un lacis de relations familiales, professionnelles et financières, ils structurent et maintiennent tout un secteur de l'économie drappante à l'abri duquel le peuple protestant trouve comme un refuge. Belle approche qui ouvre sur les relations du protestantisme et des affaires d'intéressantes pistes de réflexion.

JEAN BOISSIÈRE

Patricia SOREL, *La Révolution du livre et de la presse en Bretagne (1780-1830).* Rennes, Presses universitaires de Rennes, 2004, 323 p. (Coll. « Histoire »).

La Bretagne, malgré ses imprimeries de port et les centres de Rennes et de Nantes, a été le parent pauvre par excellence de la librairie d'Ancien Régime ;

une population essentiellement rurale communiquant par l'oralité, des centres urbains disséminés et des communications malaisées : le portrait de la Bretagne de la fin du 18ᵉ siècle ne favorisait pas la diffusion du livre. L'ouvrage de Patricia Sorel permet de revenir sur quelques idées reçues et d'analyser sur la longue durée relative, du règne de Louis XVI à celui de Charles X, l'émergence d'une librairie bretonne liée à l'alphabétisation et à des institutions comme les cabinets de lecture. De mesurer aussi l'impact de la Révolution. La grande librairie de Nantes et de Rennes (les Vatar) publiait de la littérature générale digne de ces métropoles de province ; les ports (Brest, Lorient, Saint-Malo), des ouvrages techniques ; les petites imprimeries, des brochures et de la littérature religieuse en vernaculaire ou en français : au total, quinze imprimeries et trente cinq librairies, nombre fixé par l'arrêt de 1759, sous le contrôle de quelques familles, qui employaient les colporteurs arpentant la campagne pour proposer des livres plus ou moins autorisés. La géographie du livre breton est de ce fait assez facile à établir : elle ressemble beaucoup à celle de la province française en général, mais une province encore très refermée sur elle-même. En témoigne, avant la Révolution, une presse périodique rachitique composée, pour l'essentiel, des *Affiches* officielles, de productions de sociétés savantes et d'almanachs. Au début de la Révolution, les débats des assemblées parisiennes vont faire se multiplier les journaux d'information politique. Mais la lutte entre patriotes et royalistes fut ensuite particulièrement vive dans une province réputée pour son attachement à la religion et aux traditions. La production imprimée fut totalement renouvelée : multiplication des commandes administratives, ouvrages scolaires adaptés à l'idéologie régnante, création d'almanachs révolutionnaires destinés à l'édification des campagnes. Si, en 1806, le nombre des imprimeries avait doublé (36) par rapport à 1788, une bonne partie ne survécut pas et les anciennes entreprises, à Nantes et Brest en particulier, se réapproprièrent le marché, avec quelques nouveaux venus de moindre importance. L'Empire et la Restauration remirent de l'ordre dans cette apparente liberté. En annexe, de très précieuses listes d'imprimeurs et de périodiques.

FRANÇOIS MOUREAU

Maréchal-général SOULT, *Mémoires*, Introduction et notes de Nicole GOTTERI. Paris, La Vouivre, 2004, 2 vol., XXII + 539 + 14 cartes. 22 × 22 cm. (Coll. « Du Directoire à l'Empire. *Mémoires & Documents* »).

Après une belle biographie consacrée au maréchal d'Empire (Nicole Gotteri, *Le Maréchal Soult*, Paris, Bernard Giovanangeli, 2000, 812 p.), l'auteur nous donne ici une nouvelle édition critique de ses *Mémoires*, commencés pendant son exil forcé sous la Restauration et corrigés par son fils pour une première édition en 1854. D'un projet initial assez ambitieux, conçu par le maréchal comme une histoire raisonnée des guerres de la révolution et de l'Empire dédiée à l'éducation de son fils, seules furent achevées une partie retraçant les guerres de la révolution jusqu'en 1800, qui fait l'objet de la présente publication, et les mémoires relatifs à la guerre d'Espagne de 1806 à 1808. Ces *Mémoires* sur les opérations dans la péninsule ibérique, où le maréchal avait servi presque cinq ans, ont été publiés par Louis et Antoinette de Saint-Pierre (Paris, 1955, 368 p.). L'introduction, qui donne un bref aperçu de l'ascension rapide et de la carrière militaire et politique de ce militaire valeureux, à qui la révolution donne l'occasion d'accéder très jeune à l'honneur des plus hauts grades, souligne l'intérêt d'un texte qui est moins une autobiographie, qu'un récit raisonné des campagnes de la révolution au Consulat, y compris celles auxquelles le général n'a pas participé. La publication de mémoires dont le manuscrit n'a pas été retrouvé, fait assurément perdre certains développements laissés de côté par son fils, mais elle respecte la sobriété voulue du style et la qualité du texte. Le maréchal y développe une pédagogie expérimentale sur la responsabilité des chefs militaires et l'art de la guerre. On appréciera les notations critiques sur les généraux français et étrangers, l'exposé des hautes qualités des plus grands, Hoche, Masséna, Brune... et bien sûr Bonaparte, dont il admire la tactique dans la première campagne d'Italie (chap. X). Dans le récit des opérations en Suisse, où Soult exerce son premier grand commandement avec Masséna (chap. XIV et XV), la bataille de Zurich prend valeur de paradigme : il s'agit de dégager du commentaire des opérations, des principes et un enseignement. La clarté convaincante du récit, enrichi de cartes et de pièces justificatives, intègre l'expérience individuelle dans l'histoire globale des guerres de la révolution. Ces mémoires, qui offrent un témoignage et une réflexion approfondie sur l'action militaire, intéressent non seulement l'histoire des conflits mais aussi celle de la société militaire à l'époque de la révolution et de l'Empire. Un index général complète cette publication qui sera un livre apprécié des chercheurs travaillant sur la période, mais intéressera aussi sans nul doute un public beaucoup plus large.

RAYMONDE MONNIER

Philippe TANCHOUX, *Les Procédures électorales en France de la fin de l'Ancien Régime à la première Guerre Mondiale*. Paris, CTHS, 2004, 624 p.

Les études consacrées à la question du droit de vote depuis la fin du 18ᵉ siècle se multiplient ; après le guide de recherche *Voter, élire pendant la Révolution française* publié par le CTHS en 1999, le livre de P. T. apparaît comme une somme permettant d'observer, à partir d'exemples pris dans toutes les régions de France, les différentes évolutions du processus du scrutin. Déjà, durant les dernières années de l'Ancien Régime, les conditions d'exercice du vote avaient été progressivement réglementées, par les édits Laverdy dans les années 1760, puis à l'occasion des assemblées provinciales qui ont précédé l'Assemblée des Notables de 1787. Dans ce dernier cas, les textes sont simples et brefs, mais présentent toutes les garanties pour une évolution possible en fonction des circonstances. Les élections aux États généraux sont l'occasion d'un règlement détaillé des modalités qui doivent régir la désignation des députés, qui déconcertent les contemporains. La question de la représentation des sujets auprès du roi était donc une question d'actualité, avant même que la Révolution n'introduise une culture politique nouvelle en instituant le mandat représentatif ce qui fait du vote le fondement de la légitimation du pouvoir au sein de la démocratie. On assiste à une séparation entre les fonctions d'élection et de délibération entre citoyens et représentants. Mais les différentes constitutions de la période révolutionnaire ont multiplié les occasions de suffrage, et les assemblée électorales sont souvent le théâtre de troubles, voire de coups de force conduisant parfois à l'invalidation des scrutins. En effet, comme l'avait bien démontré Bernard GAINOT dans son étude *1799, un nouveau jacobinisme ? La démocratie représentative, une alternative à Brumaire* (Paris, CTHS, 2001), le jeu est déréglé dès lors que les assemblées électorales sont livrées à elles-mêmes. Le livre de P. T. nous montre donc le long et difficile accouchement de la démocratie représentative. Après avoir examiné la question des assemblées générales d'élection entre 1764 et 1789, il s'attache à observer le devenir des assemblées de citoyens-électeurs entre 1789 et l'An VIII, puis, dans une troisième partie qui va jusqu'en 1848, décrit les collèges d'électeurs, avant d'étudier les nouvelles modalités du vote jusqu'en 1914, qui sont approximativement celles que nous connaissons aujourd'hui. Plus du tiers de ce gros volume s'attache donc au 18ᵉ siècle.

ANNIE DUPRAT

Jean-Pierre THOMAS, *Le Régent et le cardinal Dubois. L'art de l'ambiguïté*. Paris, Payot, 2004, 256 p. (Coll. « Portraits intimes »).

Est-il encore possible d'apporter du nouveau sur le couple politique le plus controversé du siècle ? l'auteur en avoue honnêtement la difficulté. Il prétend du moins défendre une double thèse, qui ne saurait d'ailleurs avoir non plus prétention à une complète originalité. D'abord, contrairement à la légende noire qui s'y attache, réhabiliter la mémoire de deux personnalités qui furent surtout des acteurs politiques de premier plan, ce qui importe bien davantage que les frasques, au reste exagérées, de la vie privée. Ensuite inscrire la Régence dans la tradition absolutiste. Loin d'être une rupture comme le voudrait une analyse superficielle, la période continue et renforce l'œuvre du règne précédent. Le livre ne prétend pas à l'érudition, même si la documentation est solide. Un style bien enlevé assure un réel plaisir de lecture, malgré quelques scories [l'*Unigenitus* est promulguée en 1713, non en 1715 (p. 150) ; lire Daubenton pour Dauberton (p. 55) ; Languet de Gergy et non Cerny (p. 198), etc.].

HENRI DURANTON

Daniel TOLLET (éd.), *Guerres et paix en Europe centrale aux époques moderne et contemporaine*. Mélanges d'histoire des relations internationales offerts à Jean BÉRANGER. Paris, Presses de l'Université de Paris-Sorbonne, 2003, 662 p.

Ces mélanges offerts à Jean Béranger parcourent une « aire culturelle », cette large Europe centrale et orientale qui fut et demeure le terrain de recherche privilégié de ce spécialiste éminent des relations internationales. En reprenant plusieurs articles et contributions de Jean Béranger à des projets collectifs, ce bel ouvrage a d'abord le mérite de réunir matériellement des travaux jusque-là dispersés mais aussi de les associer avec bonheur à des études conduites par quelques-uns des meilleurs spécialistes français et étrangers de l'Europe centrale sur des axes de recherche proches de Jean Béranger. Les thèmes de prédilection de ce dernier structurent l'ensemble de l'ouvrage : la maison des Habsbourg et la solidarité maintenue entre les branches de Madrid et de Vienne, les relations entre la France et la cour de Vienne ou encore la question épineuse des alliances de revers négociées par la France avec la Pologne, la Hongrie ou l'Empire ottoman. L'ouvrage éclaire de manière toujours très convaincante les principaux enjeux des rapports entre les puissances en soulignant le travail des différents acteurs (souverains, princes, diplomates ou militaires), mais aussi l'incontournable question des moyens matériels, administratifs et financiers, nécessaires à toute politique. Une place importante est faite aux vicissitudes de l'alliance franco-turque, stratégiquement logique mais vilipendée par les princes chrétiens et par la Papauté. L'histoire des événements et le nouveau regard porté sur quelques batailles mythiques (Lépante par exemple) se marient aisément à la réflexion sur les concepts de « prépondérance » ou encore de « balance of power ». Finale-ment, le meilleur de l'ouvrage se trouve sans doute dans la volonté commune à Jean Béranger et aux autres auteurs de s'écarter du seul point de vue français, trop univoque. Cet effort prend ainsi sa pleine mesure lorsque est restituée la perception viennoise de la politique louis-quatorzienne des réunions avec le véritable traumatisme que représente la reddition de Strasbourg en 1681, ou encore le « cruel dilemme » de Léopold Ier, pris en tenaille par les alliances à revers et contraint d'abandonner l'un des deux fronts. Un ouvrage de grande qualité qui est aussi une passionnante exploration de cette « autre Europe », avant justement qu'elle devienne « autre » dans la seconde moitié du 20e siècle.

STÉPHANE PANNEKOUCKE

Jean TRICARD (dir.), *Le Village du Limousin. Études sur l'habitat et la société rurale du Moyen Âge à nos jours*. Préface d'Alain CORBIN. Limoges, Presses Universitaires de Limoges, 2003, 532 p. + ill. en noir, 18 × 24 cm.

Six contributions retiendront le dix-huitièmiste. Précisons ce qu'on appelle ici village : le hameau qui regroupe une population paysanne, alors que le bourg, parfois guère plus peuplé, possède au minimum l'église et le curé. Bourgs et villages englobent 90 % de la population, rares sont les fermes isolées. La cartographie (Jaillot, Vaugondy, Cornuau, Cassini), l'Atlas Trudaine, les plans terriers, les états des fonds de Tourny différencient soigneusement les trois types d'habitat. Les villages sont du type rue ou carrefour ; les parcellaires permettent de caractériser les maisons et les bâtiments d'exploitation, dans leur originalité locale (les granges ovales entre Limoges et Brive), de repérer la présence constante de l'airage, espace ouvert communautaire. Certains villages ont disparu à la suite d'incendies ou par la volonté de propriétaires transforment le lieu en un domaine qui absorbe tout. Les voies de communication sont connues par un mémoire de 1764 et un état de 1787 des chemins vicinaux construits et à construire ; elles ne sont pas utilisables toute l'année, d'où le recours massif aux animaux de selle. Les villages des hautes terres (au-dessus de 500 mètres, 38 % du Limousin) regroupent 80 % de la population de celles-ci, le bourg n'étant qu'un simple espace de service. L'altitude renforce l'agglomération paysanne ; certains villages sont des villages-clans (frérèches, comparsonneries), des « petites républiques » soudées par des pratiques communautaires rurales et des formes de sociabilité religieuses typiques (les prêtres-filleuls). L'élevage a entraîné le partage des communaux ; le mouvement reprend après 1740, à l'initiative des grands propriétaires. Villages et habitants sont souvent bien décrits dans les archives judiciaires seigneuriales, celles de la Creuse montrent que le village correspond à une seigneurie dans les 2/3 des cas, les autres étant éponymes de la paroisse. Les documents fiscaux sont aussi très utiles ; démonstration en est faite avec la paroisse de Rancon, 2000 habitants au 18e siècle répartis entre le bourg (27,5 % des habitants) et 24 villages. Le rôle de 1786, les modalités de choix des collecteurs de taille (les plus aisés, mais aussi des migrants qui devaient donc se faire remplacer), les réformes des intendants Tourny (taille tarifée) et Saint-Contest (l'arpentage) et les contestations qui en découlent permettent de dresser le profil social des villages. Au total, une riche moisson qui montre combien une société savante locale bien dirigée peut contribuer au progrès de la science historique.

CLAUDE MICHAUD

Le Voyage à l'époque moderne. Paris, Presses de l'Université de Paris-Sorbonne, 2004, 83 p.

Ce recueil de cinq articles, préfacé par Lucien Bély, émane de l'Association des Historiens modernistes des Universités. Comme l'indique L. Bély, "le voyage sert [...] d'épreuve aux réalités que l'historien étudie" ; le thème du voyage, qui intéresse aussi bien l'histoire de l'économie que celles de la mer, de la guerre, de la diplomatie ou de la culture permet ainsi de rassembler les historiens. Le volume s'ouvre sur un article magistral de Jean Boutier consacré au Grand Tour comme pratique d'éducation des noblesses européennes entre le 16e et le 18e siècle. Cette institution européenne à vocation initialement éducative subit au 18e siècle de profonds changements, qui déplacent les buts du voyage vers l'apprentissage des arts mondains. Parallèlement, la réalité des Grands Tours fait apparaître un double paradoxe, celui de la littérarisation du voyage par le biais d'une abondante littérature pratique réduisant le rôle de l'observation et celui du repli nationaliste face au risque de cosmopolitisme relativiste engendré par la confrontation des cultures. Cette question du rapport à l'Autre est ensuite examinée par François Moureau à partir du cas des missionnaires jésuites en Chine à l'âge classique. En quelques pages enlevées, il brosse un tableau frappant des jésuites sur le terrain, prêts à s'adapter à l'Autre, en même temps qu'il trace un historique de leur implantation dans un Empire du Milieu a priori hostile à l'étranger. Il ne se limite cependant pas à cet aspect descriptif et narratif du voyage en Chine dans cette étude, qui amorce une réflexion sur les différents types de voyageurs (missionnaires, marchands, diplomates...) et sur la distinction entre voyageur et simple témoin. On retrouve ces distinctions au début de l'article suivant, que Gilles Bertrand consacre au voyage en Italie au 18ᵉ siècle. Cette pratique se trouve d'emblée dissociée par l'auteur de celle du Grand Tour,˒modèle exclusif auquel on réduit trop souvent les échanges culturels entre l'Italie et les autres pays européens. Cette prise de distance l'amène à dégager quelques interrogations majeures pour l'historien moderniste intéressé par le voyage d'Italie, en commençant par un état des recherches, avant d'explorer trois chantiers féconds ouverts ces dernières années : l'histoire des composantes matérielles de la déambulation, le jeu des échelles temporelles dans l'histoire du voyage en Italie et la pluralité des discours sur le voyage, de leur fabrication à leurs diverses utilisations. Pierre-Yves Beaurepaire nous entraîne ensuite sur les traces des voyageurs francs-maçons en replaçant la sociabilité maçonnique dans l'espace européen des Lumières en formation, suivant les trois logiques concurrentes – sociale, territoriale et nationale – du phénomène. Cette enquête très documentée donne lieu à une passionnante reconstitution de la circulation maçonnique en Europe et du dispositif d'accueil des voyageurs, dans lequel certificats maçonniques et lettres de recommandation jouent un rôle majeur. La récente ouverture des fonds "russes" de la réserve de la bibliothèque du Grand Orient de France, donnant accès à d'importants registres d'accueil des étrangers, a permis en outre à P.-Y. Beaurepaire une importante avancée dans l'histoire interculturelle de l'Europe au 18ᵉ siècle. Enfin Isabelle Laboulais-Lesage étudie, à travers les voyages en France de Guettard et Lavoisier, la construction des savoirs minéralogiques à la fin du 18ᵉ siècle. Les archives permettent désormais, là aussi, d'aller plus loin en restituant l'expérience de terrain qui manquait à l'approche théorique des chercheurs. La lecture des observations et des lettres de Lavoisier nous renseigne non seulement sur l'attention qu'il porte dans ses recherches à des aspects tels que la nature des terrains ou des eaux minérales, mais aussi aux réflexions qui en découlent sur les procédures de généralisation et sur le statut complexe dévolu au terrain à la fin du 18ᵉ siècle. Cette brochure à la fois spécialisée (et sur ce plan, à plusieurs égards, heuristique) et accessible à tous les esprits curieux vient ainsi avec bonheur s'ajouter aux nombreux travaux sur le voyage publiés aux PUPS sous l'égide de F. Moureau.

SYLVIANE ALBERTAN-COPPOLA

HISTOIRE DES SCIENCES

Benoît de BAERE, *La Pensée cosmogonique de Buffon. Percer la nuit des temps*. Paris, Honoré Champion, 2004, 288 p. (Coll. « Les dix-huitièmes siècles »).

On commencera par remercier l'auteur de présenter avec ce livre les grandes études réalisées sur Buffon. Parmi les principaux commentateurs, citons Jacques Roger, Philippe R. Sloan (c'est par ce nom que débute l'ouvrage : voilà un très bel hommage justement rendu), Gabriel Gohau, François Duchesneau, Charles Lenay etc... On l'aura compris, B. de Baere connaît bien son sujet et veut avec son travail faire partie de ceux qui contribuent à l'histoire de la lecture du 18ᵉ siècle. Sur ce point, ce livre est réussi mais il est aussi tributaire des illustres commentateurs. Buffon a été excellemment étudié et c'est bien le problème de ce livre. Comment se défaire de l'excellence ? B. de Baere tente de le faire en présentant la pensée des anciens sur Buffon pour aboutir à une grille de lecture qui permette d'appréhender le discours cosmogonique en général. En réduisant l'étude de Buffon à la cosmogonie, l'auteur propose de voir trois aspects : épistémologique, rhétorique et sémiotique. La 1ʳᵉ partie traite des récits cosmogoniques par Buffon comme hypothèses vraisemblables. La 2ᵉ partie traite de l'invention du discours cosmogonique à la lumière de l'*ars inveniendi* (l'invention en tant qu'*ars* ou technique) et la 3ᵉ se concentre sur les *Époques de la Nature*. Au résultat, comme ses prédécesseurs, B. de Baere constate que la cosmogonie constitue chez Buffon une expérience de pensée destinée à introduire sa grande œuvre : l'*Histoire Naturelle*. Et, avec eux, il conclut que Buffon a eu le génie d'imposer l'histoire comme modèle pour les sciences naturelles. L'honnêteté de cette présentation nous incite à une mise en garde (au lieu d'une critique sévère) sur l'usage unique du CDRom de l'*Encyclopédie* version Redon. En effet, l'article Système en métaphysique n'est pas de Jaucourt (auteur de l'article Système en finance p. 781a-781b : voir chez Champion dans la même collection le Nᵒ 34, p. 397) mais, anonyme, il consiste dans une citation du *Traité des Systèmes* de Condillac. Il faudrait donc rectifier l'erreur et mettre en accord la note 2 et la note 8, mais il faudrait surtout ne jamais citer l'*Encyclopédie Redon* qui n'est pas l'*Encyclopédie* de Diderot et d'Alembert. C'est peut-être cette honnêteté de l'auteur (qui cite ses sources) qui l'a empêché de se libérer du poids des anciens sur Buffon mais c'est aussi elle qui fait que B. de Baere achève son livre sur des perspectives de recherches intéressantes. Elles visent à étudier dans le discours cosmogonique « les exigences philosophiques et les choix pratiques qui président à son élaboration, les paradoxes qui lui sont propres, les enjeux philosophiques et religieux qui traversent ce discours » (p. 14 et 251, même phrase). Pour pouvoir écrire sur Buffon et pour réussir cette ambitieuse recherche, il fallait commencer sa construction sur des bases solides et donc claires. De Baere a fourni cette base et nous attendons maintenant le prochain livre avec une réelle impatience. En attendant, ce livre-ci doit être lu par toute personne qui veut commencer à connaître Buffon. Une bibliographie et un index des auteurs terminent ce livre sérieux.

Martine Groult

Benoît Dayrat, *Les Botanistes et la flore de France. Trois siècles de découvertes.* Paris, Muséum national d'histoire naturelle, 2003, 690 p. + 92 ill.

Ces trois siècles concernent, d'une certaine manière, l'histoire des savants du Jardin du roi devenu Muséum national d'histoire naturelle à la Révolution. Il s'agit là d'une de ces institutions savantes de la monarchie qui ont survécu aux divers régimes que la France s'est donnée. L'ouvrage de B. Dayrat propose aussi une histoire de l'histoire naturelle, de la flore française en particulier, depuis un 17ᵉ siècle qui classe les plantes en fonction de leurs vertus et selon l'ordre alphabétique des genres, la botanique n'étant qu'une branche de la médecine. C'est pourquoi le volume se divise en cinq grandes parties : « La transition linnéenne (1753-1790) », « L'Âge d'or (1790-1850) », « Vers les grandes flores (1850-1920) », « La systématique fine (1920 à nos jours) ». Même si c'est trahir ce mouvement d'ascension, limitons-nous aux deux premières. Chacune d'elles, composée sur un modèle identique, offre une synthèse générale de l'évolution de la science botanique en Europe et en France, suivie de la biographie scientifique des botanistes français qui y ont contribué. L'effet « catalogue » n'est pas toujours heureux. La révolution linnénne marque évidemment le siècle des Lumières, bien que la France ait parfois été réticente à son égard. Les *Éléments de botanique* (1694) de Tournefort fournissent une définition claire des « genres » et préfigurent le système de Linné (1753) fondé sur le classement sexuel des plantes et sur la subordination des « espèces » dans les « genres ». Bien reçue en province (Montpellier), la méthode de classement linnéenne est en concurrence à Paris avec la « méthode naturelle » de Bernard de Jussieu, à laquelle se rallie Buffon. Il faudra attendre plus de vingt ans, et Lamarck (*Flore française*, 1778), pour la voir enfin triompher. Huit biographies concernent cette période. La suivante voit la naissance et la transformation du Muséum. Elle est marquée en France par la découverte de nombreuses espèces inconnues et endémiques. Les flores régionales se multiplient avec l'aide d'amateurs et de collectionneurs, ces récolteurs de plantes qui confortent par là leur patriotisme local en même temps qu'ils font progresser cette science de nomenclature. L'ouvrage fournit quarante-huit notices développées sur ces contemporains, professionnels ou amateurs, de l'Âge d'or. Une « liste des espèces valides par auteur » donne par ordre alphabétique de botaniste les plantes qu'ils ont baptisé : de l'*Angelica razouli* d'Antoine Gouan (1733-1821) à l'*Orobanche pubescens* de Jules Dumont d'Urville (1790-1842) herborisée dans l'île de Milo (1820), où le jeune enseigne de vaisseau allait participer au rapt d'une célèbre Vénus.

François Moureau

Camille FREMONTIER-MURPHY, *Les Instruments de mathématiques, 17e-18e siècles. Cadrans solaires, astrolabes, globes, nécessaires de mathématiques, instruments d'arpentage, microscopes*, Avant-propos de DANIEL ALCOUFFE. Paris, Réunion des Musées Nationaux, 2002, 21 × 27 cm, 368 p. + 16 ill. coul. et 228 ill. n. et b.

Conçus pour nous permettre d'appréhender les phénomènes de la nature, les instruments de mathématiques inventés et légués au cours des siècles sont toujours perçus comme de véritables objets d'art. S'ils nous offrent la possibilité de réduire l'écart de notre ignorance face au futur, pour saisir le message de leur contenu, il est cependant indispensable de pouvoir les déchiffrer. L'ouvrage présente l'ensemble des collections d'instruments de mathématiques et de physique, rattachés au département des objets d'art du Musée du Louvre à Paris. C'est le fruit d'un long et méticuleux travail de recherche : l'auteur s'attache à décrire avec précision chaque objet de cette riche collection, et parvient même à nous révéler un certain nombre de signatures, marques et poinçons de fabricants jusque là inconnus. Souvent gravés des noms prestigieux de leurs constructeurs, ces instruments, pour la plupart somptueux, engagent le dialogue entre le passé et le présent. Ils posent les fondements de notre pensée moderne et celle de l'homme face à sa destinée. Le fonds scientifique du département du Musée du Louvre s'est constitué principalement grâce à la générosité de deux donateurs : l'industriel lyonnais Claudius Côte, dont les collections occupent une quarantaine de numéros d'inventaire, et surtout l'exceptionnel ensemble du grand amateur d'art parisien, Nicolas Landau. Il réunit à lui seul cent soixante-quinze objets scientifiques rares et précieux. Parmi ceux-ci, citons le remarquable cercle entier de Jacques Langlois à Paris, de 1627, provenant à l'origine du prestigieux cabinet de physique de Joseph Bonnier de la Mosson, au siècle des Lumières. L'ensemble des deux cent vingt-huit instruments décrits dans ce Catalogue rend pleinement compte de leur rôle et de leurs enjeux cognitifs et sociaux, ainsi que de leur place dans l'élaboration de la science classique. Suivi d'une série de notices biographiques sur les savants et constructeurs se rapportant à l'ouvrage, ainsi que d'une bibliographie générale et chronologique, l'auteur divise son catalogue en cinq parties : les cadrans solaires et les calendriers, les astrolabes et les globes, les nécessaires de mathématiques, les instruments d'arpentage et enfin les instruments divers. À chaque objet présenté correspond une fiche descriptive, avec des annotations parfois inédites permettant au lecteur de comprendre à leur juste valeur ces objets si précieux. Ce dernier peut ainsi les déchiffrer, connaître leurs fonctions, leurs particularités et leur histoire et par conséquent retrouver les repères nécessaires à leur compréhension. Aux émotions de la recherche et du savoir, s'ajoute aussi le sentiment de pouvoir peut-être percer en leur présence une partie des secrets de notre univers. Ainsi, l'instrument peut-il devenir le fil d'Ariane, permettant d'entrer dans le labyrinthe de la découverte et des connaissances. Ce Catalogue, l'un des seuls réalisés en France, constitue un indispensable outil de travail pour les chercheurs, les conservateurs ou les historiens. Il s'adresse également au grand public ou aux collectionneurs qui seront séduits par la richesse et la qualité de son contenu.

JACQUES LE BRETON

Anna GRZESKOWIAK-KRWAWICZ, *Zabaweczka*. *Jozef Boruwlaski – fenomen natury, szlachcic, pamietnikarz*, Wydawnictow Slowo/obraz terytoria. Gdansk, 2004. 171 + 4 p. (Coll. « Przygody ciala »).

Si Bébé, ou Nicolas Ferry, le nain de la Cour de Lunéville, reste connu du public français initié, le nom de Joseph Boruwlaski (1739-1837 !), son rival heureux auprès des grands et des savants éclairés, ne dit rien à la plupart des dix-huitiémistes d'aujourd'hui, bien que l'un et l'autre soient cités dans l'article NAIN de l'*Encyclopédie* de d'Alembert et Diderot. A.G.K. s'empresse de combler pour nous cette lacune, par son double travail d'historienne aux archives et de traductrice. Sa préface amplement documentée tient autant de place que les *Mémoires du célèbre nain...* eux-mêmes. Écrits en français (la 1re éd. bilingue franco-anglaise est de 1788), ils se transforment, pour la dernière édition anglaise (1820) en *Memoirs of Count Boruwlaski*. L'évolution du titre renvoie au problème personnel de l'auteur et à l'interrogation universaliste de son ouvrage, paru (pour la première fois en Pologne et en polonais) dans la collection « Les aventures du corps ». Pour faire subsister sa famille, Boruwlaski, appelé Joujou (la « zabaweczka » éponyme) par le beau monde qui apprécie sa beauté et ses talents (il joue du violon, chante et danse), entreprend les confessions de sa vie, qui ont pour but de persuader ses lecteurs qu'il est bien un homme, capable d'obtenir en mariage sa bien-aimée et de la rendre mère, un homme noble et spirituel de surcroît. D'où la conséquence qui consiste à étoffer le récit initial par tout un roman d'aventures qui consacre leur auteur en un véritable héros. C'est donc la version initiale, la plus proche de la vérité, qui a servi de base à la traduction. À travers des épisodes cocasses ou grotesques, parfois touchants, la narration y reflète les complexes d'un être qui s'était vu honoré surtout en tant que curiosité de la nature. À l'articulation de l'humanisme et du scientisme, tourné vers l'amicale des aristocrates, le récit est dédicacé à la Duchesse de Devonshire, l'une de ses principales bienfaitrices. Le sort de Boruwlaski, artiste et noble, marginalisé et distingué à la fois, devint emblématique pour le goût aimablement décadent de l'Ancien Régime, pour lequel « le célèbre nain », mort en Angleterre, sa terre d'exil volontaire, restera peut-être l'un des derniers survivants.

IZA ZATORSKA

Yves LAISSUS, *Jomard, Le dernier égyptien*. Paris, Fayard, 2004, 654 p.

Six ans après *L'Égypte, une aventure savante*, l'archiviste-paléographe Y. Laissus consacre une biographie interdisciplinaire à Jomard (1777-1862), l'un des membres du Comité des Sciences et des Arts de l'Expédition de Bonaparte en Égypte (1798-1801), principal rédacteur de la célèbre *Description de l'Égypte* et fondateur de la première Société géographique dans le monde. L'auteur procède de façon chronologique en faisant preuve d'une documentation très érudite en matière de sources imprimées ou manuscrites. Cet essai comble une lacune dans l'histoire des sciences, en égyptologie et en histoire de la géographie. Une réserve cependant : l'auteur se fonde sur une information exclusivement française alors que son sujet touche une culture étrangère. Il ne se réfère pas à des sources égyptiennes, en particulier à celles du temps de Méhémet-Ali. Le titre témoigne d'une part de polémique menée à propos de la comparaison entre Jomard et Champollion à l'époque du premier déchiffrement de hiéroglyphes de 1822.

SADEK NEAIMI

Jean-Pierre POIRIER, *Histoire des femmes de science en France. Du Moyen Âge à la Révolution.* Préface de Claudie Haigneré. Paris, Pygmalion/Gérard Watelet, 2002, 414 p.

L'auteur n'est pas un spécialiste au sens académique du terme : il est médecin biologiste et a dirigé la recherche dans plusieurs laboratoires pharmaceutiques ; mais c'est un amateur éclairé comme en témoignent d'autres publications sur *Marat* (1993), *Lavoisier* (1993 et 1996), *Turgot* (1999), et, sujet plus grave, *De la situation du Trésor public au 1er juin 1791, par les Commissaires de la Trésorerie nationale* (1997). J. P. Poirier nous propose ici une série de portraits de femmes « savantes » qui loin d'être ridicules ont contribué, avec talent souvent, à l'avancement de la science. Les plus connues d'entre elles, pour la période considérée, sont, comme chacun sait, la marquise du Châtelet, dont on s'apprête à fêter le tricentenaire de la naissance, et Madame Lavoisier. Mais il en est d'autres que le lecteur découvrira : Madame de Warens, minéralogiste, Nicole Reine Lepaute, Louise Élisabeth Du Pierry, Marie-Jeanne Lefrançais de Lalande – astronomes. On trouvera aussi de nombreuses sages-femmes qui ne se sont pas contentées de délivrer des parturientes, mais ont écrit et réfléchi sur l'art d'accoucher. Il en est qui sont anatomistes ou qui, telle Madame Necker, proposent une réforme des hôpitaux. La chimie ne leur est pas étrangère, ni l'histoire naturelle, ni les mathématiques. Bref, pour qui en aurait douté, si la femme n'est pas l'avenir de l'homme, comme dit le poète, elle est assurément son égale. Chaque portrait est suivi d'une importante bibliographie. Le style de l'ouvrage est alerte, ce qui ne gâte rien.

CHARLES PORSET

Alain QUERUEL, *Nicolas-Jacques Conté (1755-1805) Un inventeur de Génie, Des crayons à l'Expédition d'Égypte en passant par l'aérostation militaire...* Paris, L'Harmattan, 2004, 213 p.

Cette bibliographie consacrée à Conté, physicien, chimiste, mécanicien et peintre de l'époque révolutionnaire, permet aux historiens des sciences de redécouvrir la vie de l'inventeur des crayons. L'auteur suit son existence à partir de sa Normandie natale, puis à Paris, et fait un long détour par l'Égypte où Conté fut membre du Comité des Sciences et des Arts de l'Expédition de Bonaparte (1798-1801). L'ouvrage présente bien l'aspect scientifique de Conté. Concernant l'histoire, on trouve en revanche de vraies lacunes et de nombreuses digressions à propos des préparatifs de cette Expédition et de la vie de Bonaparte, ainsi qu'en témoignent les chapitres VI, VII, VIII. Le lecteur tire cependant profit d'informations sur les conditions de vie rude dans la région de Sées (partie consacrée aux années de jeunesse).

SADEK NEAIMI

Günter STAUDT, *Les Dessins d'Antoine Nicolas Duchesne pour son « Histoire naturelle des fraisiers »*, Préface par Michel CHAUVET. Paris, Publications scientifiques du Muséum, MNHN/CIREF, 2003, 372 p., ill., 23,5 × 34,5 cm.

Entre histoire des sciences et ouvrage d'art ce livre présente l'œuvre d'un jardinier historien des sciences qui fut élève de Bernard de Jussieu, entretint une correspondance non sans controverse avec Linné et qui dessinait à merveille. Dans un texte bilingue français/anglais (td. anglaise par Claude Dabbak), G. Staudt nous apprend tout sur A. N. Duchesne (1747-1827) avec une biographie suivie des dessins de Duchesne de 1765 à 1775 sur près de 300 p. puis le tableau par Duchesne de la généalogie des fraisiers que G. Staudt commente en chercheur sur la génétique des plantes cultivées et enfin une bibliographie et un index des noms scientifiques. Fils de l'architecte favori de Louis XV, Duchesne eut accès au jardin de Versailles et écrivit à 17 ans un manuel de botanique selon la classification de Jussieu. Deux ans plus tard en 1766, il présente à l'Académie royale des Sciences son *Histoire naturelle des fraisiers.* Il soulevait sur le genre *fragaria* (nom des fraisiers au 18ᵉ s.) la question des limites biologiques posées par la taxinomie avec le cas des hybrides stériles en botanique. Bousculant la croyance en l'immutabilité des espèces, il pratique des expériences sur la sexualité des fraisiers et effectue la pollinisation de fraisiers mâles et femelles. Mais ses recherches sont contrariées par son père qui le destine au droit et s'il poursuit ses travaux ils ne sont plus son activité principale. On le retrouve auteur d'articles de l'*Encyclopédie méthodique* de la botanique dirigée par Lamarck puis, après la Révolution, professeur d'histoire naturelle à l'école de Saint-Cyr. Ce qu'il faut aussi retenir de ce livre c'est l'extrême soin non seulement des dessins mais aussi de la présentation de G. Staudt. Si le commentaire scientifique est placé en regard de chaque dessin, il y a aussi entre chacun d'eux des pages vierges qui reposent le lecteur et rendent l'ouvrage très agréable. Après le fraisier des Alpes, le fraisier des bois occupe une large place ainsi que le fraisier de Versailles à feuilles simples avec un dessin en double page du 4 mai 1765. Tous les dessins sont au crayon noir sauf une sanguine pour dessiner une jeune pousse (p. 203) qui se développe à partir d'un vieux pied. Au-delà des botanistes, ce sont tous les amateurs des dessins qui apprécieront ce livre (peu cher pour sa grande qualité 59 €, comparés aux prix pratiqués par certains éditeurs) bilingue qui situe aussi la botanique de Duchesne dans les recherches actuelles.

MARTINE GROULT

Roger L. WILLIAMS, *French Botany in the Enlightenment. The ill-fated voyages of La Pérouse and His Rescuers.* Dordrecht/Boston/London, Kluwer Academic Publishers, 2003, 240 p. + 7 ill. (Coll. « Archives internationales d'histoire des idées/International Archives of the History of Ideas »).

Voici le dernier volet d'une trilogie consacrée à la « botanophilie » dont fut saisi le public lettré au dix-huitième siècle en France. Pour l'auteur cette passion de la botanique, qui atteint parfois la « botanomanie », tourne en modèle de l'esprit des Lumières par sa soif de connaissances nouvelles et de leur systématisation. Les volets précédents présentent des lettres inédites du curé-botaniste Dominique Chaix et décrivent la métamorphose de la botanique en science autonome émancipée de la médecine et de l'herboristerie, véritable « révolution » au dire de R. L. Williams. Le présent volume se concentre sur le désir de savants intrépides d'explorer outre-mer des horizons végétaux nouveaux et de s'emparer d'un maximum de spécimens inconnus jusqu'alors à des fins scientifiques ou en vue de meubler les collections du Jardin du roi, devenu Jardin des plantes en cours de route. Pour ce, R. L. Williams se penche sur les voyages de La Pérouse (1785-88) et de ceux qui, suite à la disparition en mer de celui-ci, vont à sa recherche, tel d'Entrecasteaux (1791-93), auquel il consacre un bon tiers du livre. Si les expéditions de La Pérouse et d'Entrecasteaux, sans oublier celle des frères Dupetit-Thouars dont il est également question ont déjà été explorées à plus d'une reprise, cet ouvrage-ci est le premier à privilégier l'apport des botanistes et de leurs indispensables jardiniers et artistes, dont l'importance selon l'auteur n'a pas été suffisamment reconnue. À l'enfilade des botanistes, Lamartinière, Labillardière, Deschamps... se joint celle des listes de plantes et de graines. Entre les journaux de bord, les directives des ministères et les conseils des responsables restés dans leurs laboratoires ressort un réseau de communication qui met en relief l'engagement des voyageurs lointains tout comme celui des instances en place à l'égard de la jeune science qui vient se joindre aux autres sciences de la nature.

BÉATRICE FINK

LITTÉRATURES

Bernard ALIS, *Mademoiselle Desmares de la Comédie-Française*. Paris, Éditions Société des Écrivains, 2004, 254 p., + ill. en blanc et noir et couleur.

Le titre de la couverture promet une biographie d'actrice à la manière des Goncourt. L'auteur raconte certes la vie de Mlle Desmares, nièce de la Champmeslé et professeur de Mlle Dangeville, qui, après avoir triomphé dans l'*Œdipe* de Voltaire en 1718, termina sa carrière de tragédienne et de comédienne en 1721. Mais ce qui l'intéresse, c'est surtout le banquier Hogguer qui entretenait richement l'artiste, et le lecteur croule sous la documentation relative aux affaires de ce financier qui subit une faillite retentissante au terme d'un procès long et complexe.

JEAN-LOUIS VISSIÈRE

Lise ANDRIES et Geneviève BOLLÈME, *La Bibliothèque bleue. Littérature de colportage*. Paris, Robert Laffont, 2003, 1015 p. (coll. « Bouquins »).

La disparition de Geneviève Bollème fait lire ce volume avec nostalgie. On y trouve son anthologie qui a fait date en 1971, *La Bible bleue*, et ouvert un vaste champ de recherches, à la suite de l'étude de Robert Mandrou, *De la Culture populaire aux 17e et 18e siècles* (1964). Elle est construite autour de grandes séries (les arts de mourir, les récits exemplaires, les alphabets et les almanachs). Elle est heureusement complétée par une nouvelle anthologie, composée de textes complets, due à Lise Andries, qui s'intéresse aux instructions et aux recettes, aux adaptations de la Bible et des récits médiévaux, aux chansonniers et aux textes révolutionnaires. Les auteurs font le point sur l'aventure éditoriale des petits livres de Troyes et d'ailleurs, sur ses enjeux et sur les modes intellectuelles qui ont présidé à son étude, du marxisme à l'histoire des mentalités, de la passion pour la paralittérature à l'intérêt pour le petit, le quotidien, et le banal. Alors que les modestes livrets originaux s'arrachent désormais à prix d'or chez les libraires et que la belle collection de rééditions chez Montalba est devenue difficile à trouver, cette double anthologie, représentant deux générations de chercheurs, rendra les plus grands services. Les spécialistes apprécieront le répertoire de près de douze cents titres (p. 891-984) et une bibliographie des études critiques (p. 985-1003).

MICHEL DELON

Philippe BOURDIN et Gérard LOUBINOUX (dirs.), *La Scène bâtarde entre Lumières et romantisme*. Clermont-Ferrand, Presses Universitaires Blaise Pascal, 2004, 336 p., 20,5 × 25,5 cm (Coll. « Parcours pluriel »).

Ce collectif joliment illustré – malgré des rapports parfois difficiles à éclaircir entre les images, celles notamment issues des *Almanachs des Muses*, et le sujet des articles – et clairement présenté – malgré une mise en forme des notes désagréable – présente une série de contributions sur les « dramaturgies composites », le « syncrétisme théâtral » et les « genres mixtes », pour reprendre les équivalences proposées à la formule « scène bâtarde » par G. Loubinoux dans son avant-propos, suivi d'une introduction claire de Ph. Bourdin, qui s'efforce de marquer la cohérence et la complémentarité des différentes approches réunies. Le recueil est organisé en trois sections qui comportent une majorité d'articles sur le 18e siècle et la période révolutionnaire ou impériale, complétés par des études sur le 19e siècle (notamment celle d'O. Bara, d'une belle démonstrativité, sur « Balzac en vaudeville ») et même le 20e (notamment celle de J.-M. Thomasseau sur « la féconde lignée du mélodrame d'Antoine à Vilar »). Dans la 1re partie, consacrée à quelques exemples ponctuels, H. Rossi mobilise un vaste corpus pour montrer quelle utilisation symbolique et politique – fondamentalement manichéenne – le théâtre fait de « l'enfer burlesque » pendant la Révolution, tandis que F. Le Borgne centre son propos sur *Le Drame de la vie* (1793), texte inclassable dans lequel Rétif transpose en partie son *Monsieur Nicolas*, encore inédit à cette date, où elle voit un témoignage de la « libération du théâtre révolutionnaire », mais aussi un signe que l'entreprise autobiographique a été « dépassée par la crise politique » et doit donc se dire dans un genre, si informe qu'il soit, de la représentation scénique, plutôt que dans le cadre conventionnel d'un récit. L. Giraud, quant à lui, analyse deux pièces méconnues de Fenouillot, demi-frère de l'autre dramaturge moins oublié : ce sont deux saynètes carnavalesques, directement efficaces par le recours au langage populaire et à la distorsion stylistique. Dans la 2nde partie, dévolue aux questions de genre et de dénomination, H. Schneider analyse la terminologie dramatique des Frères Parfaict : les listes fournies par ses annexes seront utiles, de même que les longues citations de Framery figurant dans l'étude d'A. Fabiano sur ce théoricien de la parodie italienne, les aperçus tirés de *De l'Art du théâtre en général*, de Nougaret (1769), fournis par M. Sajous d'Oria, qui s'y intéresse au discours sur l'opéra-comique, ou les recensements de formules critiques opérés par C. Cas-Ghidina dans la *Correspondance littéraire* de La Harpe, qui exerça souvent sa verve aux dépens des genres bâtards... Mais c'est dans la 3e partie, consacrée aux aspects sociaux de la question, incontestablement la plus dense et la plus novatrice, que le spécialiste trouvera plutôt à apprendre. L'étude sur « le théâtre mis en images » sur le support inattendu des éventails, due à G. Letourmy, appuyée sur des illustrations très parlantes, est incontestablement originale, tandis que la synthèse esquissée par Ph. Bourdin à propos du théâtre amateur autour de la Révolution, solidement documentée, montre les tensions que connaît ce genre, désormais définitivement (on ne croit pas, contrairement à l'auteur, que la Révolution soit l'époque de ce changement, engagé beaucoup plus tôt au 18e siècle) passé « de l'espace privé à la sphère publique », porteur d'échos politiques envahissants. On passera plus vite sur les considérations générales placées en prélude à son analyse de la féerie au temps du Consulat et de l'Empire par R. Martin, en regrettant qu'elle n'ait pas plutôt développé son sujet, en lui-même passionnant, et sur les rappels de M. Sajous d'Oria autour de la multiplication des scènes secondaires entre la Révolution et la reprise en main par Napoléon en 1807, pour s'arrêter aux riches informations historiques rassemblées par Cyril Triolaire sur les conditions matérielles des spectacles provinciaux dans ce qui était, au temps de l'Empire, le onzième arrondissement théâtral, une circonscription englobant l'Ardèche, l'Aveyron, la Lozère, et les départements auvergnats. Au total, donc, parmi des rappels ou des synthèses utiles (aux étudiants notamment) et quelques réjouissants moments en compagnie de dramaturges oubliés, deux ou trois articles documentaires importants, le tout formant un bon recueil.

JEAN-NOËL PASCAL

Françoise CHANDERNAGOR, *La Chambre*. Paris, Gallimard, 2004, 458 p.

Sorti en 2002, ce roman en est à sa quatrième édition, dont celle-ci est la première en format poche. La romancière bien connue entre ici dans l'univers d'enfermement du dauphin emprisonné et capte de façon saisissante la vie intérieure de cet enfant et de son lent acheminement vers l'anéantissement. Roman historique, oui, mais étayé d'une solide documentation dont le descriptif occupe dix pages, et muni d'une postface de l'auteur qui souligne le caractère allégorique qu'elle attribue à ce roman.

BÉATRICE FINK

Jacques CORMIER, Jan HERMAN et Paul PELCKMANS (éds.), *Robert Challe. Sources et héritages*. Louvain, Paris, Dudley, Éditions Peeters, 2003, 318 p.

Ce colloque tenu à Louvain et Anvers s'inscrivait dans la continuité du colloque de la Sorbonne *Lectures de Robert Challe* (Champion, 1999). Les vingt communications du volume des actes explorent les sources et les héritages possibles dans les trois domaines de la production challienne : la fiction narrative, majoritairement exploitée (13 articles portent sur *Les Illustres Françaises* et la *Continuation de Don Quichotte*), les deux éditions du *Journal du voyage des Indes* et les *Mémoires* (3 articles), et le grand texte philosophique *Difficultés sur la religion* (3 articles). Plutôt que de sources proprement dites, peut-être faudrait-il parler d'imitation dans le cas des proverbes de Sancho (L. Versini), ou encore de réminiscences de citations de Molière (E. Francalanza) et de romans antérieurs comme *La Fausse Clélie* (J. Popin). Dans les *Difficultés* se retrouve l'influence de la pensée libertine de Tyssot de Patot et de Du Marsais (M. S. Seguin). Les *Illustres Françaises* prouvent l'extraordinaire capacité de Challe à rassembler les interrogations sur la relation amoureuse et l'héroïsme féminin que posent les romans mondains, les nouvelles historiques et les pseudo-mémoires (notamment ceux de Courtilz de Sandras) à son époque (R. Démoris), comme à renouveler la thématique libertine en l'approchant de la sphère mondaine, à travers l'exemple du jeune Dupuis (J.-P. Sermain). La richesse de ce roman semble vraiment inépuisable. En témoignent également les contributions portant sur le motif de la cruauté amoureuse (J. Wagner), la thématique de la retraite (H. Cussac), ou repérant son influence chez le Prévost de *Cleveland* (A. Duquaire), chez Duclos (F. Gevrey) ou Marivaux (M. C. Veneau). Collé modifie beaucoup le texte de la première histoire dans la comédie qu'il en tire en 1763 : le vieux Dupuis devient un personnage pathétique dépourvu d'ambiguïté (P. Pelckmans). La traduction hollandaise des *Illustres Françaises* par Pieter Le Clercq en 1730 est relativement fidèle (J. Cormier), par rapport aux changements qu'introduit Mrs Aubin dans la traduction anglaise et Riederer dans la traduction allemande, parues toutes deux en 1727 (F. Deloffre). Dans ses attaques contre les Jésuites, omniprésentes dans le *Journal*, Challe se réapproprie les récits de Chaumont et Tavernier (C. Payet-Meure), et puise dans l'abondante littérature du temps consacrée à l'échec des Français au Siam (D. Van der Cruysse). Ce ton virulent et polémique est soutenu par un puissant patriotisme qu'il voudrait voir partagé par des négociants et des chefs d'escadre intègres (G. Fourès). Par son caractère dialogique et par une habile utilisation polémique du syllogisme, le traité des *Difficultés* projette une sorte de « double inversé », d'inspiration libertine, de *La Recherche de la vérité* de Malebranche (M. Kozul). Le texte des *Difficultés*, remanié après la mort de Challe par des propagandistes anonymes, se retrouve réduit, quarante ans plus tard, à un manuscrit déiste et à un traité imprimé, matérialiste et athée (G. Artigas-Menant). Ces actes s'ouvrent sur un parcours de la critique challienne au 20ᵉ siècle par F. Deloffre, et sur un stimulant article de J. Herman sur le champ épistémologique du hasard, qui réordonne le concept de vraisemblance dans l'œuvre de Challe. Ce volume compte parmi les meilleurs recueils consacrés à cet écrivain, désormais reconnu comme un des plus importants du siècle des Lumières.

Erik Leborgne

François-Xavier Cuche et Jacques Le Brun(éds.), *Fénelon. Mystique et politique (1699-1999)*. Actes du Colloque international de Strasbourg pour le troisième centenaire de la publication du *Télémaque* et de la condamnation des *Maximes des Saints*. Paris, Honoré Champion, 2004, 587 p. (Coll. « Colloques, Congrès et Conférences sur le classicisme »).

L'œuvre de Fénelon, menacée d'anachronisme par les querelles théologiques autour du quiétisme, a bénéficié récemment d'un regain d'intérêt, grâce à une normalisation des rapports entre critique universitaire et exégèses théologiques, soutenue par un travail critique libéré : édition critique annotée des *Œuvres* par J. Le Brun à la Bibliothèque de la Pléiade (1997), volume collectif sur *Madame*

Guyon (1997), recueil collectif *État présent des travaux sur Fénelon* (1999, Henk Hillenaar, dir.), monumentale *Correspondance* de Fénelon par Jean Orcibal. Ici se trouvent réunis les actes du Colloque de Strasbourg(1999), à une date symbolique, conjointement en mars-avril 1699, de la publication des *Aventures de Télémaque* et de la condamnation, par la Papauté romaine et les autorités catholiques françaises, des *Maximes des Saints* de l'archevêque de Cambrai. Par cette condamnation, la question de l'amour, malgré ses origines indubitablement scripturaires, risque d'être exclue des préoccupations religieuses et passe à la culture profane, pour le plus grand bien du roman moderne. Trente-six communications de participants français et étrangers (qu'il est impossible de citer ici) et un Avant-propos de F.X. Cuche et J. Le Brun avec des conclusions par B. Neveu – se répartissant sous les rubriques suivantes : 1/ « Le procès des *Maximes des Saints* et la spiritualité de Fénelon » ; 2/ « Poétique, thématique et significations du *Télémaque* » ; 3/ « Contexte et postérité » – mettent en œuvre les points de vue méthodiques les plus variés d'interprétation des textes : théologique, scripturaire, philosophique, politique, pédagogique et « littéraire », voire psychanalytique. Si l'archevêque de Cambrai, auteur des *Maximes des Saints*, fut réduit au silence et accepta d'y être réduit, par obéissance à son Église, sur la question du pur amour, c'est la fortune littéraire de *Télémaque* qui, «avec ou sans son concours assurera sa gloire » (J. Le Brun). L'intérêt critique s'est déplacé, du théologique et du pédagogique, de plus en plus, vers les significations littéraires complexes du *Télémaque*, œuvre inclassable, archaïque par certains aspects, relevant d'«une sorte de modèle platonicien christianisé », que son auteur tente d'inscrire dans le genre du roman héroïque : mais les aventures amoureuses y occupent plus de place que les exploits guerriers et que les conseils de gouvernement et de conduite sages. L'ouvrage comporte un Index thématique.

HENRY DENEYS

Jean DAGEN et Philippe ROGER (dirs.), *Un Siècle de Deux Cents Ans ? Les 17e et 18e Siècles : Continuités et Discontinuités*. Paris, Éditions Desjonquères, 2004, 344 p. (Coll. « L'Esprit des Lettres »).

Il s'agit d'un très important colloque tenu en juin 2001 en Sorbonne et à la Fondation Singer-Polignac. Outre une préface de Jean Dagen, on y trouvera dix-huit communications : trop pour qu'on les détaille ici. Alors que certaines ont un caractère monographique, plusieurs affrontent le sujet du colloque plus complètement ; l'ensemble est réparti en cinq sections : « Siècles littéraires, siècles philosophes ? », « Perception du temps et légendes des siècles », « Poétiques, pratiques », « Évolution des genres », « Un même monde littéraire ? ». Pour saluer les trente ans du CELLF 17e-18e s., les membres de ses équipes tendent évidemment à souligner davantage les continuités – de la fin du 16e au premier 19e siècle en fait – que les ruptures, mais la diversité des approches, toutes pluridisciplinaires et comparatives, reflète la diversité de ces mêmes équipes. Les discontinuités ne peuvent pas être effacées : on ne peut pas davantage nier la crise diagnostiquée par Paul Hazard, même si ses contours bougent, que la révolution de 1789. Pourtant les lettres et les arts du « Grand Siècle » et du « Siècle des Lumières », c'est bien « un même monde ». Que certaines communications cèdent au balayage catalogique et d'autres aux sujets trop microscopiques, ce n'était pas évitable. Tout est pourtant intéressant, et il faut vraiment lire tout ce volume pour en apprécier la pertinence et la vertu roborative. (Une question à la fin de cette note : l'Index des noms, de 18 p., présente les uns en romains et les autres en italiques selon un critère indiscernable : ainsi tel individu, Luigi Riccoboni, a deux entrées : *quid* ? On voudrait rétablir au moins la graphie des noms de Lucien Goldmann, Tobias Smollett, Tite-Live et Gérard Philipe !)

MARTINE DE ROUGEMONT

Charles DEDEYAN, *Lesage et* Gil Blas, tome I et II réunis. Saint-Genouph, Nizet, 2002, 512 p.

Réédition d'une étude parue en 1965, l'ouvrage décline les différentes catégories traditionnelles de l'analyse littéraire : après l'examen de la composition, de la publication et de la réception de *Gil Blas*, le critique énumère les multiples sources où s'abreuve Lesage pour l'écriture de son maître-roman, avant de comprendre quelle est la nature et la fonction du cadre espagnol dans cette fiction si française. Traditionnelle encore l'étude des personnages et des mœurs où, après l'examen du protagoniste éponyme et des personnages secondaires, sont passées en revue les diverses classes sociales et les nombreuses corporations qui rythment l'itinéraire picaresque de ce héros médiocre et si attachant qu'est Gil Blas. Sylvain Menant précise dans un supplément bibliographique quelles éditions ont paru et quelles études, de différentes ampleurs, sont venues enrichir l'état des connaissances sur ce roman qui fut et demeure l'un des ouvrages du 18ᵉ siècle les plus populaires.

NICOLAS VEYSMAN

Michel DELON et Catriona SETH (éds.), *Sade en toutes lettres*. Paris, Desjonquères, 2004, 247 p.

Dans son récent livre sur le roman épistolaire au tournant des Lumières, Lucia Omacini parlait d'*Aline et Valcour* comme d'un « cas-limite », caractérisé par une « pléthore formelle » qui provoque un déconcertant brouillage du sens. Le présent recueil, fruit d'une journée d'étude tenue à Rouen en 2002, explore, au gré de contributions souvent riches – et parfois inégales – cet investissement paradoxal du roman par lettres chez le Sade d'*Aline et Valcour*, que l'introduction des éditeurs met clairement en perspective. Mélange générique, hybridation stylistique (A. Brousteau, J.-C. Abramovici), participent de la décomposition de la formule épistolaire héritée de Rousseau et de Laclos, en brisant la distribution axiologique des voix sensibles et libertines, ruinée par le brouillage identitaire (M. Kozul, M. Delon) et celle des systèmes de pensée : l'écriture sadienne mine en particulier la stabilité des couples nature/culture, barbarie/civilisation, utopie/histoire (M.-F. Bosquet, C. Cave), au risque de décevoir toute stabilité du sens, notamment dans l'ordre politique (R. Robert). Le recueil confronte ainsi de manière dynamique la stratégie « exotérique » de l'écrivain en quête de place dans le monde des lettres (J. Goulemot) à tous les marqueurs textuels de la subversion philosophique. Cette lecture dépoussière ainsi une œuvre qu'une certaine critique sadienne avait tendance à négliger au nom du « bloc d'abîme » face auquel elle pouvait passer pour trop timide : on comprend ainsi la dédicace à Jean Deprun. Des lectures plus « poétiques », centrées sur des motifs et thèmes, au sens musical (C. Seth offre ainsi le tableau de l'étrange bestiaire du roman comme « basse continue ») nourrissent une dernière partie plus surprenante, quoique brève, où on trouvera entre autres curiosités la partition de la *Romance de Nina* adaptée et insérée par Sade dans son texte. Au total, ce collectif, qui comble un vrai manque, invite à relire *Aline et Valcour*, voire à l'imposer dans la relative frilosité des programmes universitaires.

FLORENCE LOTTERIE

Béatrice DIDIER, *Histoire de la littérature française du 18ᵉ siècle*, 2ᵉ éd. actualisée. Rennes, Presses universitaires de Rennes, 2003, 417 p.

Béatrice Didier a choisi une voie médiane entre innovation et tradition. Traditionnel, son découpage chronologique qui fait coïncider l'époque considérée avec les bornes du siècle (1699-1799), articulée autour d'une rupture centrale (1750) qui marque le passage de l'aube des Lumières à la philosophie militante. Rien de simpliste cependant, car l'auteur parvient à concilier cette harmonie formelle (la symétrie entre la crise initiale provoquée par la mort de Louis XIV et la crise révolutionnaire finale) avec une grande précision et un sens de la nuance ; la dérive simplificatrice est souvent évoquée pour être rejetée comme non pertinente. Cette synthèse se caractérise surtout par son aspiration à l'exhaustivité : l'auteur aborde les différents domaines artistiques (musique, arts plastiques) et intellectuels (philosophie, sciences) aussi bien que les questions sociales, économiques et politiques, avec la volonté de penser ensemble les différents champs de l'activité humaine. De la même façon, les études consacrées aux grandes figures du siècle sont assorties d'un examen des *minores* et de la production moyenne, qui permet de mesurer tout à la fois l'appartenance d'un grand écrivain à son époque et son irréductible spécificité. On relèvera aussi l'attention accordée aux genres longtemps négligés par l'histoire littéraire du 18e siècle (poésie, tragédie) mais dont la recherche a montré toute l'importance.

NICOLAS VEYSMAN

Jean-Christophe DUCHON-DORIS, *Les Galères de l'Orfèvre*. Paris, Julliard, 2004, 268 p.

L'écrivain Jean-Christophe Duchon-Doris, qui vit à Marseille, nous propose, dans ce roman, une histoire qui se déroule au sein du monde marseillais des galères. L'intendant général des galères précise l'ampleur de ce monde de la façon suivante : « douze mille forçats, quatre mille matelots et soldats, mille bas officiers, plus de deux cents officiers d'épée, cinq cents officiers de plume, commis, ouvriers, gardiens et hommes de peine, des commissaires de marine, des écrivains, des copistes, des surnuméraires, des maîtres ouvriers, des compagnons sans compter la prévôté, le personnel des hôpitaux et les maîtres des écoles » (p. 149). L'intrigue, partie d'une affaire de trafic de sel au détriment de la Ferme générale du côté d'Auxerre en 1702, prend toute son ampleur avec l'arrivée de nouveaux galériens à Marseille. Elle se déroule au milieu d'hommes de toutes origines et de toutes confessions, avec en toile de fond une mystérieuse Organisation, destinée à soulager le sort des galériens et dirigée par un dénommé L'Orfèvre, personnage mystérieux dévoilé seulement, intrigue oblige, en fin de roman. Cependant la relative simplicité de l'intrigue permet à l'écrivain de s'attarder longuement sur l'atmosphère du quartier des galères, du port et des rues de Marseille, et d'y déployer un grand nombre de scènes tout aussi révélatrices d'un climat historique que pittoresques. Ainsi les descriptions s'insèrent avec bonheur dans le rythme des dialogues pour donner une teneur fortement historique à la fiction des personnages principaux de Delphine et Guillaume de Lautaret déjà présents dans les précédents romans de l'écrivain.

JACQUES GUILHAUMOU

Elizabeth DUROT-BOUCÉ, *Le Lierre et la chauve-souris. Réveils gothiques. Émergence du roman noir anglais 1764-1824*. Paris, Presses Sorbonne nouvelle, 2004, 288 p.

Maurice Lévy, l'auteur du maître livre sur le genre, *Le Roman gothique anglais*, publié en 1968 et heureusement réédité en 1995, préface la présente étude qui le prolonge dans deux directions. Une première partie restitue le climat intellectuel qui, à la fin du 17e et au 18e siècle, explique l'émergence du pittoresque et de l'asymétrie. Deux ensembles s'attachent ensuite à la fonction de l'architecture et du jardin, du paysage et de l'obscurité dans le roman gothique, puis aux thèmes de la prison, du labyrinthe et de l'aspiration vers le bas. Le mérite du travail est de combiner analyses historique et thématique, ancrage anglais et ouverture européenne du genre. Les références littéraires à Shakespeare et à la poésie des tombeaux situent également le roman gothique dans une tradition anglaise, dominée à l'époque par le nouveau sens donné à la catégorie du sublime par Burke. Comme dans toute transgression carnavalesque, les audaces et les complaisances pour les gouffres n'ont qu'un temps. On finit par remonter de la cave et par retrouver la lumière, la raison et l'ordre. E. Durot-Boucé le montre avec brio.

MICHEL DELON

Catherine FROMILHAGUE et Anne-Marie GARAGNON (éds.), *Styles, genres, auteurs. 3. La Chanson de Roland, Aubigné, Racine, Rousseau, Balzac, Jaccottet.* Paris, Presses de l'université de Paris-Sorbonne, 2003, 230 p.

Destinés aux étudiants préparant le concours de l'Agrégation de lettres, ces textes proposent des études stylistiques précises sur les œuvres au programme. Pour le 18ᵉ siècle, *Rousseau juge de Jean-Jacques* a été retenu pour agiter les nuits des prétendants aux palmes agrégatives et il y serait parvenu sans les efforts de Frédéric Calas et de Geneviève Salvan pour ménager des entrées dans les *Dialogues*. Dans « Dire hyperbolique et formes de la *correctio* dans *Rousseau juge de Jean-Jacques* », F. Calas met en évidence les procédés grâce auxquels Rousseau s'efforce de rétablir la vérité contre le mensonge et la calomnie : *correctio*, négation, concession, rectification, répétition, hyperbole. Dans « Désignation et référence de J.-J. dans les *Dialogues* de Jean-Jacques Rousseau », G. Salvan étudie la stratégie énonciative élaborée par un auteur qui entreprend une fois encore de se dire en mêlant l'autodésignation directe et indirecte (nom propre et pronoms) afin de dépasser la division de soi inhérente à toute parole autobiographique et parvenir à « la permanence et la cohérence de l'être véritable ». Ces deux études sur les *Dialogues* sont de précieuses sources d'information pour l'agrégatif ; elles n'en constituent pas moins une réflexion pertinente dans le cadre de la connaissance érudite de l'œuvre.

NICOLAS VEYSMAN

Helmut FUHRMANN, *Zur poetischen und philosophischen Anthropologie Schillers. Vier Versuche.* Würzburg, Königshausen & Neumann, 2001, 196 p.

Cet ouvrage est constitué de quatre essais de poétologie schillérienne qui d'abord furent indépendants. Le premier traite de l'opposition entre « l'image » de la femme et la « forme » de sa personne dans l'œuvre de Schiller. Le deuxième essai explore la même dichotomie à propos de l'homme (mâle) ; l'anthropologie morale est ici la plus directement concernée. L'image n'est pas identique à la forme de la personne masculine. L'animosité anime souvent ses aspirations. Le constat d'un écart aussi irréparable conduit à théoriser les conditions où de telles contradictions sont admissibles. Les rôles joués par le régime patriarcal et par l'inégalité sociale sont successivement considérés. Le troisième essai présente la trilogie dramatique *Wallenstein*. Le quatrième est entièrement consacré à la conception de l'homme-joueur dont on connaît la place dans la *Lettre sur l'éducation esthétique de l'homme*. L'anthropologie du philosophe Schiller le conduit en effet à reconnaître l'importance capitale du désir de jouer et du concept de jeu. Paradoxalement, l'homme n'est réellement lui-même que lorsque la composante ludique est totalement engagée dans son occupation. H. Fuhrmann achève son ouvrage en mettant à l'épreuve le concept schillérien de « littérature comme jeu » pour interpréter successivement trois fictions de datation nettement postérieure : *Silberstern* de Conan Doyle, *La jeune femme de Scudéri* de Hoffmann et *Crime et châtiment* de Dostoïevski.

JACQUES BERCHTOLD

Claire GARRY-BOUSSEL, *Statut et fonction du personnage masculin chez Madame de Staël.* Paris, Honoré Champion, 2002, 448 p.

S'appuyant sur les écrits théoriques de Germaine de Staël, Cl. Garry-Boussel étudie l'ensemble des ouvrages d'imagination de l'écrivaine et tente de repérer les passerelles de lecture qui associent ces deux ensembles de textes. Son angle d'approche (le personnage masculin) s'avère particulièrement pertinent car l'homme de roman ou de théâtre occupe le centre de la mythologie staëlienne, ce qui lui confère une saisissante fixité. La figure de M. Necker plane sur toute cette étude, ombrageant même les deux grands modèles masculins staëliens, l'amant passionné et le protecteur, dont les rôles, qui n'arrivent jamais à se superposer l'un à l'autre, laissent inévitablement inassouvies les aspirations des personnages féminins. Or, justement, parmi les critères d'héroïsation analysés (la sensibilité, la noblesse morale, la sublimité, ...), figure la capacité à apporter le bonheur au personnage féminin. Force est de constater que le héros n'existe alors que dans le rêve de l'héroïne. Après avoir lu la typologie des personnages masculins, le lecteur appréciera particulièrement la définition très claire de la nature morale du personnage (chapitre 6, « L'être moral »), due à l'analyse fine du croisement des textes théoriques et fictionnels. L'inscription du héros virtuel dans le temps et l'espace est une étude éclairante et complète sur les relations que nouent les personnages masculins et féminins. Lieux sauvages et civilisés, urbains et campagnards, européens et intimes, statisme ou déplacement des personnages, emprise du passé, du futur et de l'instant, ou refus et multiplication du temps sont autant de paramètres mis en évidence pour souligner le rapport différent que les personnages masculins et féminins entretiennent, par nature ou par choix, avec l'espace ou le temps. Chaque fois, ce rapport est mis en relation avec l'orientation esthétique, politique, religieuse, nationale, sociale et familiale du personnage. L'auteur souligne la difficulté qu'il y a à déchiffrer la pensée d'un écrivain quand sa voix se mêle à celles de ses narrateurs et de ses personnages et quand inlassablement cet écrivain, dont la réflexion ne cesse de progresser, remodèle et retouche, à chaque œuvre, la vision d'ensemble qu'il avait offerte dans ses œuvres précédentes.

GUILLEMETTE SAMSON

Suzanne KORD, *Little Detours. The Letters and Plays of Luise Gottsched (1713-1762)*. Columbia (S.C.), Camden House, 2000, XIV – 222 p. (Coll. « Studies in German literature, linguistics, and culture »).

Reprenant pour titre une expression employée par Luise Gottsched pour qualifier l'activité littéraire des femmes, l'auteur s'efforce de démontrer que seule une lecture de ces œuvres selon des critères esthétiques traditionnels autorise cette dépréciation. Son objectif est de proposer une autre image de Luise Gottsched en analysant la biographie rédigée par son époux dès le début de son veuvage et la correspondance éditée par Runckel, l'amie des dernières années de sa vie (p. 36). Elle s'appuie aussi sur l'œuvre dramatique. Étant donné que la correspondance publiée par Runckel est sévèrement caviardée, Suzanne Kord demande qu'elle soit considérée comme un nouveau texte produit d'un premier auteur (Luise Gottsched) et d'un second auteur (Runckel) (p. 35), texte qui est à lire comme le témoignage du regard que Runckel veut que l'on porte sur Luise Gottsched. Les manuscrits n'ayant pas été retrouvés (sauf une poignée, grâce à Magdeleine Heuser), on ne comprend pas comment une telle analyse est possible puisqu'on ne peut savoir la part de chacun des deux auteurs. L'analyse finit par être trop subjective. Le travail sur l'œuvre théâtrale est d'une méthodologie plus convaincante. La distance prise par Luise Gottsched par rapport à l'esthétique prônée par son mari et la subversion qu'elle apporte à l'écriture du genre dramatique (au sujet du suicide dans la tragédie et du mariage comme fin d'une comédie), bien démontrées, font d'elle une auteur à part entière. On remarque les pages lumineuses sur l'anonymat, les pseudonymes, « Der Eine Name », etc. La bibliographie a été pertinemment exploitée. On regrette que le début de l'ouvrage soit consacré sur un ton polémique à des règlements de comptes avec les présentations de Luise Gottsched faites par d'autres critiques.

GUILLEMETTE SAMSON

Mark LEDBURY, *Sedaine, Greuze and the boundaries of genre*. Oxford, Voltaire Foundation, 2000, XII-355 p.

Cet essai dense, rigoureux, ambitieux, peut faire peur au lecteur de langue française. Il est pourtant très vivant, à l'instar de son auteur, et très didactique : l'effort de lecture sera récompensé. M. Ledbury mène ici de front, et sans aucune confusion, un faisceau de projets. Historien de l'art mais aussi du théâtre, il brasse tout l'itinéraire de Greuze d'une part, de Sedaine de l'autre, dans des chapitres alternés. Double point de vue sur chacun : une enquête biographique insistant sur leur difficile intégration, voire leur exclusion des milieux dominants (souvent académiques, mais pas seulement), et une interrogation des œuvres dans le contexte d'une idéologie des genres. L'exploration biographique comprend pour sa part aussi bien un remarquable travail sur les sources contemporaines, correspondances, presse, archives, qu'une lecture psychocritique très excitante des œuvres. L'analyse de celles-ci convoque tout leur environnement générique contemporain, et introduit aussi des croisements inattendus, pour la peinture avec les formes théâtrales, pour le théâtre avec les formes picturales. On pourrait croire que la question des genres n'est qu'un alibi pour une double monographie et un parallèle à la mode d'antan : tout au contraire, l'originalité de la démarche de M. Ledbury tient à la façon dont lui-même, en permanence, transgresse les frontières des genres « classiques », et de nos disciplines « académiques ». On appréciera, chemin faisant, des pages un peu ironiques qui démontent les récits où Diderot veut établir que ni Sedaine ni Greuze n'auraient existé sans qu'il les instruise ni les lance. Et, pistes pour d'autres relectures à venir, de belles réhabilitations d'artistes qui ne font pas partie du « canon », comme Baculard d'Arnaud ou Mercier, ou des perspectives très neuves, par exemple, sur David. À lire, à contester peut-être, et à relire encore.

MARTINE DE ROUGEMONT

Sylvaine LEONI (éd.), *Charles de Brosses et le voyage lettré au 18ᵉ siècle*. Dijon, Éditions Universitaires de Dijon, 2004, 165 p. (Coll. « Écritures »).

Ce collectif rassemble les actes du colloque de Dijon des 3-4 octobre 2002. « Entre le sujet qui regarde et l'objet regardé, le texte se glisse sans cesse et fait parfois écran » (p. 10). Et tout texte de la littérature odéporique est fortement influencé par la lecture, avant, pendant et après le voyage, des guides et récits de voyageurs antérieurs, qui permet de vérifier ce que l'on sait déjà plutôt que de découvrir du neuf. Sur les images captées par le regard se surimposent celles de la mémoire et de l'imagination. Le président de Brosses a lu les récits italiens de Misson, Labat, Deseine, Addison pour pallier ses lacunes de mémoire ou dresser un catalogue de tableaux, il avait une bonne connaissance de la langue et de la poésie italiennes (le dithyrambe inspiré de Métastase de la lettre XLVII), il possédait une belle bibliothèque qui révèle aussi un bon angliciste. Ses *Lettres familières* se prêtent donc admirablement à l'exercice de l'intertextualité. Elles se réfèrent par exemple 26 fois à Misson, dont le président ignore le parti pris huguenot et anti-papiste, pour utiliser surtout les passages descriptifs. Mais de Brosses a sa personnalité, il n'a pas « vu que des murs » dans les villes visitées. Certes, sa démarche ambulatoire va de monument en monument, il apprécie le spectaculaire, la régularité et la clarté des espaces romains, mais il s'intéresse aussi aux fonctions de la ville, à ses habitants et nous livre là-dessus ses appréciations positives ou négatives ; hormis son site, Naples ne remporte pas ses suffrages. Le président fréquentait aussi Genève, ce qui permet d'intégrer la Suisse dans ce recueil avec la relation de Madame de La Briche, belle-sœur de Madame d'Épinay et belle-mère de Molé, évoquant le sublime de la nature, dans ses beautés et ses horreurs, des régions du Léman, de la Gruyère et de Fribourg ou celles des membres du groupe de Coppet qui sont souvent prétexte à démonstration politique, esthétique ou philosophique. La Suisse ou la France toute proche, c'est aussi Voltaire et c'est pour lui qu'on fait le détour sur la route d'une Italie de mieux en mieux connue des philosophes des Lumières (*Il Caffè* des frères Verri, Beccaria) et qui s'apprécie dans un perpétuel balancement avec la France.

CLAUDE MICHAUD

Maurice LEVER, *Pierre-Augustin Caron de Beaumarchais*. Tome II. Le Citoyen d'Amérique, 1775-1784. Paris, Fayard, 2003, 521 p.

Ce deuxième volume d'une monumentale biographie de Beaumarchais qui en comptera trois est centré sur l'aventure américaine de celui qui prendra fait et cause pour les Insurgents, mais encadré par le *Barbier de Séville* (1775) et la monumentale édition des *Œuvres complètes* de Voltaire (Kehl, 1784-1789) ; un peu avant Beaumarchais voyage en Hollande, Prusse, Autriche où il est emprisonné. N'importe, sa vie sera une aventure, et bientôt on le retrouve à Londres où l'envoie Louis XVI pour qu'il négocie avec l'énigmatique chevalier d'Éon ; après avoir armé les Américains, il se préoccupe de la question alors pendante de la propriété littéraire, et, finalement (1784) c'est le triomphe du *Mariage de Figaro*. La vie de Beaumarchais est un roman que Maurice Lever, nous restitue avec beaucoup de bonheur ; mais pour autant cette biographie dégagée des pesanteurs de l'érudition se construit sur une parfaite connaissance de l'époque – on en jugera par l'ampleur des notes, p. 419-497. Ce livre fera date, et c'est sans surprise qu'on attend sa conclusion.

CHARLES PORSET

André MAGNAN, *L'Affaire Paméla, Lettres de Monsieur de Voltaire à Madame Denis, de Berlin*. Paris, Éditions Paris-Méditerranée, 2004, 248 p.

Sous un titre énigmatique, l'auteur nous propose un objet original. Il faut dire que le texte lui-même a quelque chose de curieux : à travers ces *Lettres*, l'auteur, surplombant presqu'un siècle de recherche, propose l'approximation la plus satisfaisante d'un inédit de Voltaire. Inédit à la fois connu et méconnu, en partie archivé mais défiguré et démembré : on fait référence au règlement de compte, à visée posthume, que Voltaire réservait à Frédéric II pour lui faire payer ses duretés et l'humiliation finale de Francfort. Monument de la rancœur donc, sous forme épistolaire : à la manière de la *Paméla* de Richardson – d'où le titre du recueil – suivant une suggestion de Voltaire à sa nièce dans sa correspondance. C'est depuis 1937 qu'on connaît précisément l'écart qui existe entre la correspondance véritable du séjour berlinois et sa reconstruction rétrospective : la centaine de lettres échangées effectivement entre les deux correspondants révélait une relation inavouable et un moindre accomplissement littéraire. Les « écorces » d'orange trop fameuses trouvaient enfin leur vraie place : non la fulgurance spontanée du plus grand épistolier du temps, mais une formule préméditée d'un homme meurtri qui s'adosse à la littérature pour mieux se venger. Moment crucial de la biographie intellectuelle de Voltaire, l'épisode berlinois est aussi un dossier passionnant de genèse littéraire. L'auteur a choisi une manière qui s'évade des usages proprement universitaires : moyen de se situer pour Nivat contre Besterman, soit l'enquête intuitive plutôt que l'érudition aveugle, et l'audace familière plutôt que l'autorité cassante. Au texte des 50 lettres supposées, parfaitement mais plaisamment annotées, s'ajoutent quelques documents et de copieuses « notes annexes » (p. 165-238) qui constituent comme l'abécédaire du projet : on y interroge l'œuvre, son statut douteux, ses acteurs, son ambition littéraire, l'érudition qu'elle implique et les érudits qu'elle condamne. Dispositif atypique qui fait de ce volume ni le dossier complet de l'affaire berlinoise, ni l'édition abrégée d'un scoop à retardement, mais le parcours singulier d'une œuvre singulière.

ALAIN SANDRIER

Jonathan MALLINSON (éd.), *Françoise de Graffigny, femme de lettres. Écriture et réception*. Oxford, Voltaire Foundation, 2004, XXIV-420 p., ill. (Coll. « *SVEC* 2004 : 12 »).

Ces actes, revus et augmentés, d'un colloque « Françoise de Graffigny : nouvelles approches » tenu à Oxford en septembre 2002 suivent, dans les *Studies on Voltaire and the Eighteenth Century*, la biographie du même auteur par English Showalter (*SVEC* 2004 : 11) et montrent combien se développe son importance dans les études littéraires. (Une bibliographie de 15 p. établie par Christina Ionescu, avant l'Index, illustre cette montée en force.) Après une copieuse et claire présentation par J. Mallinson, on trouvera trente-trois communications, réparties entre vingt-deux femmes et onze hommes, qui appliquent à cette femme et à ses œuvres à peu près toutes les techniques possibles d'analyse aujourd'hui pratiquées, de la bibliographie matérielle la plus austère (D. Smith) à une fascinante étude du moment de la mort (J. H. Stewart). Même si les auteurs semblent s'accorder sur le fait que l'œuvre majeure de Mme de Graffigny est sa correspondance, et que ses héroïnes sont des auto-fictions, la part belle est faite aux *Lettres d'une Péruvienne* (quatorze articles contre quatre sur *Cénie*). Cependant des études intéressantes donnent à connaître d'autres récits et pièces, pour la plupart inédits, dont on peut espérer une publication. Mme de Graffigny est resituée, dans plusieurs articles, par rapport à ses modèles (Sévigné, La Fayette) et ses contemporains (La Chaussée en particulier, mais aussi Rousseau et Montesquieu) ; on examine aussi l'impact de ses œuvres en France, où on la réécrit souvent, et à l'étranger, et là aussi, les traductions sont plutôt des adaptations : fascination mais besoin de compléter ou recomposer ?... Pourquoi tant de lectures au moins divergentes et souvent contradictoires furent-elles possibles dès le 18e siècle, et le sont-elles dix fois plus aujourd'hui ? Même si les dernières n'évitent pas, de temps en temps, un brin de surinterprétation, il faut bien admettre qu'il reste du mystère chez cette « femme de lettres exceptionnelle, insaisissable et, de ce fait même, irrésistible », comme conclut J. Mallinson.

MARTINE DE ROUGEMONT

Dominique MARIE, *Les Tentations de la baronne d'Oberkirch. Des mémoires entre autobiographie et roman*. Besançon, Presses universitaires franc-comtoises, 2001, 99 p. (Coll. « Littéraire »).

L'ouvrage propose une étude littéraire approfondie des mémoires sus-cités. Il montre qu'avec une désinvolture tout aristocratique, la baronne d'Oberkirch se dote d'une écriture qui ne néglige ni les ouvertures du roman ni les ressources de l'autobiographie et qui reflète la richesse de sa personnalité. Ces deux tendances, chacune à leur manière, permettent à la baronne de mieux se comprendre et de se retrouver alors que la société bascule dans la Révolution. Écrits en 1789, ces mémoires passent rapidement sur les années de jeunesse et la vie maritale de la baronne pour relater surtout la petite histoire de la cour de Montbéliard et trois voyages à Paris durant lesquels elle tint une sorte de journal de voyage. La « tentation du roman » est particulièrement lisible quand la narratrice emprunte des éléments romanesques très goûtés au 18e siècle (les lieux idylliques de *La Nouvelle Héloïse*, les déguisements, la part du merveilleux et du fantastique...) ainsi que des techniques narratives éprouvées. Une bibliographie suffisante (précieuse quand elle concerne la baronne ou Montbéliard et les ducs de Wurtemberg) ainsi que le portrait (et son analyse) de la baronne par Barbey d'Aurevilly complètent cette étude. On peut regretter la qualité matérielle de l'ouvrage dont une seule lecture suffit pour faire se détacher quelques pages.

GUILLEMETTE SAMSON

Tim MEHIGAN (éd.), *Heinrich von Kleist und die Aufklärung.* Rochester (New York), Camden House, 2000, 246 p. (Coll. « *Studies in German Literature, Linguistics, and Culture* »).

Cet ouvrage collectif regroupe des contributions consacrées à l'importance des idées de l'Aufklärung dans l'œuvre de Kleist. Quoique les auteurs soient parfois actifs en Angleterre, aux États-Unis et en Australie, l'ensemble des textes est homogénéisé en langue allemande. L'ouvrage prolonge une journée d'étude organisée en avril 1998 à l'Université de Melbourne. Les contributions sont réparties en deux ensembles : dans le premier, sept études concernent la relation de Kleist à l'Aufklärung. On relève en particulier une étude sur le *Tremblement de terre au Chili* comme critique du jugement kantien (D. Roberts) et une analyse comparative opposant Kleist à Rousseau sur la vérification de l'innocence (C. Moser). La seconde série est constituée de six études sur les subversions esthétiques. Si les positionnements poétologiques inédits expérimentés par Kleist sont scrutés avec une belle précision, l'arrière-plan contrastif de la poétique narratologique ou dramatique des Lumières est souvent moins présent que l'on aurait pu le souhaiter. L'ouvrage s'ouvre sur une belle introduction générale de T. Mehigan et comporte un index nominatif et thématique très utile.

JACQUES BERCHTOLD

François MOUREAU (dir.), *Le Théâtre des voyages. Une scénographie de l'Âge classique.* Paris, Presses de l'Université Paris-Sorbonne, 2004, 586 p.

Les familiers de l'incontournable site Internet du CRLV (Centre de Recherche sur la Littérature des Voyages) se sentiront ici en terre connue. Ils y retrouveront l'érudition et le panache stylistique qui caractérisent le mot hebdomadaire de son initiateur et constant animateur. F. Moureau a eu l'heureuse idée de rassembler les très nombreux travaux qu'il a depuis une dizaine d'années consacrés à cette littérature "viatique", avant lui bien mal connue, si l'on excepte quelques grands noms. À le lire, on comprend que le premier voyage à entreprendre, pas forcément le moins périlleux, se devait d'avoir pour destination les bibliothèques et fonds d'archives où tant de relations, souvent manuscrites, attendaient le chercheur curieux. Le résultat est saisissant : 34 contributions d'une extrême variété, heureusement regroupées en cinq sections, dessinent les contours d'un continent qui resterait à découvrir s'il n'y avait maintenant un si bon guide pour nous le faire parcourir.

HENRI DURANTON

Jean François PAROT, *Le Crime de l'hôtel Saint-Florentin.* Paris, JC Lattès, 2004, 449 p. (« Les enquêtes de Nicolas Le Floch, commissaire au Châtelet »).

Paris, octobre 1774, le duc de la Vrillière, ancien ministre de Louis XV et de l'actuel jeune roi Louis XVI est-il impliqué dans le meurtre d'une chambrière de son hôtel ? Le héros récurrent Nicolas Le Floch – marquis de Ranreuil et commissaire au Châtelet – vous débrouille l'affaire en dix jours. Comme on l'a chargé de trois enquêtes s'éclairant l'une l'autre, nous pouvons sauter des cuisines des demeures ministérielles aux escaliers de Versailles, des jardins parisiens au petit Trianon, du cabinet de Maurepas à celui du lieutenant de police Lenoir. Vies privées et vies publiques se croisent en d'assez naturels entrelacs : Nicolas rencontre la reine (ravissante et touchante Marie-Antoinette...) entre deux autopsies, voit s'éloigner une ancienne maîtresse et se pencher sur lui une fille d'amiral. Fils naturel, il veille sur son propre fils légitimé et chasse avec le jeune souverain.

Les méchants seront punis, mais il faudra pour le commissaire tour à tour fermer les yeux sur quelques faiblesses ancillaires, juger de l'état déplorable de l'hospice de Bicêtre, subir le récit de nos rares exploits maritimes, essuyer un coup de feu et aller à la messe. Le style de J. F. Parot est, simplifié, celui de l'abbé Prévost, les termes d'époque totalement désuets sont judicieusement rares et expliqués en note. On passe quelques moments de dépaysement pas trop didactiques au temps de la fin de la douceur de vivre. Un regret, rappeler treize fois en huit chapitres les quatre précédentes enquêtes du fringant Nicolas est d'une insistance mercantile peu dans le caractère du personnage, le lecteur pourrait en ressentir un agacement contraire au but poursuivi.

FRANÇOISE MICHAUD-FREJAVILLE

Jean-Pierre PERCHELLET, *L'Héritage classique, la tragédie entre 1680 et 1814*. Paris, Champion, 2004, 408 p.

Malgré son échec relatif, le drame exerce en général plus d'attrait que la tragédie (qui continua pourtant d'avoir les faveurs du public au 18e siècle) parce qu'il apparaît, en effet, plus prometteur en raison des grands textes théoriques qui l'accompagnent. Avec une belle audace, Jean-Pierre Perchellet quitte d'emblée ce débat sur la tragédie comme mauvais objet théorique pour se consacrer à la tragédie comme bon objet public. Son excellente connaissance des archives et particulièrement de celles de la Comédie-française lui permet de conjuguer de façon stimulante une histoire littéraire du théâtre et une histoire plus historienne de la vie théâtrale. Après une ouverture synthétique sur les fondements du classicisme, il passe en revue chaque élément de l'héritage classique pour mesurer les déplacements qui s'y opèrent. Il apporte ainsi de nouvelles pièces à plusieurs dossiers : sur la question de la réhabilitation de l'image aux dépens du discours, par exemple, comme à propos du débat sur l'alexandrin. Quant à la fortune des « unités classiques » dans le théâtre des Lumières, il l'envisage principalement « à l'épreuve de la représentation », mettant l'accent à juste titre sur l'apport de Lemierre pour toutes sortes d'innovations dans la mise en scène. L'étude de la généralisation des décors multiples au cours du siècle est, par exemple, fort convaincante. Dans un chapitre sur « la structure de la pièce », J.-P. Perchellet se livre à un étonnant traitement statistique des tragédies en mesurant la longueur des œuvres, des scènes, des répliques, des monologues. Voltaire innove sur ce point dès *Œdipe* en 1718 au moment où Crébillon fait encore des tirades pompeuses. Au cours du siècle, le rythme des pièces s'accélère à la faveur d'une fragmentation générale tandis que « la mise en scène devient un élément important de la représentation ». L'étude du « personnage tragique » fondée sur la même méthode se conclut sur le constat d'une meilleure utilisation des personnages secondaires et la disparition des « utilités » alors que les premiers rôles se font dans le même temps moins discoureurs. Les analyses sur les rôles féminins et masculins, sur l'amour et la politique, font apparaître un incontestable embourgeoisement de la muse tragique qui délaisse alors le bel esprit pour une toute nouvelle gravité. Les derniers chapitres sur « le frisson tragique », sur « l'histoire nationale », sur la tragédie comme tribune et « théâtre d'idées », témoignent d'une impeccable érudition et ouvrent des perspectives intéressantes du point de vue de la poétique et de l'esthétique. L'intérêt majeur de ce bel ouvrage pour les études théâtrales, est de prendre vraiment en considération tout un répertoire tragique fort oublié et d'enrichir de ce fait notre réflexion sur le théâtre du 18e siècle en général comme sur le drame lui-même.

JEAN-CLAUDE BONNET

Jean-François PERRIN et Philippe STEWART (dirs.). *Du Genre libertin au 18e siècle*. Paris, Desjonquères, 2004, 341 p., (Coll. « L'esprit des lettres »).

Ce volume recueille les actes du colloque de Grenoble consacré en 2002 au genre libertin. Si plusieurs communications insistent sur les difficultés, voire la vanité, à tracer une frontière entre pornographie, grivoiserie et libertinage mondain et littéraire (J.-C. Abramovici, P. Cryle, P. Stewart, V. Crugten-André), les distinctions ne cessent pourtant de s'imposer, tant du point de vue de l'intention de l'auteur, de la fonctionnalité de l'ouvrage, de sa structure, de la topique à l'œuvre, que des effets de réception et de la place des différentes productions dans le champ littéraire et dans l'espace social. Les lecteurs et les autorités du temps ont entretenu, surtout après 1750 et jusqu'au 19ᵉ siècle, la confusion, en étendant toujours davantage l'espace des publications déshonnêtes et des mauvais livres, tandis que plus tôt, Bayle (*Éclaircissement sur les obscénités*) et La Mettrie (*L'École de la volupté*) distinguaient les ouvrages entre la franche obscénité et la représentation plus ou moins subtile et délicate des aventures érotiques, distinction qui recoupe les pratiques policières (on saisit des ouvrages parus anonymement, clandestinement), les usages linguistiques (« vilains termes » *vs* scènes gazées), la présence ou l'absence de gravures excitantes (J.-C. Abramovici). Si la fonction d'excitation sexuelle, le plaisir esthétique, l'ironie et l'humour, la référence à une philosophie hédoniste et naturaliste, ne suffisent pas à fixer des limites nettes (P. Stewart, C. Fischer), la question de la périodisation sous-tend, contre l'idée d'un « invariant » libertin universel et atemporel, une modernité du libertinage, comme le souligne, après C. Reichler (*L'Âge libertin*, Paris, Minuit, 1987), J.-P. Dubost. Roman libertin et roman moral seraient peut-être les deux faces d'un même ordre social et moral historiquement daté, marqué par la censure. Aux détails scabreux et à la formulation explicite ou métaphorique des ébats libertins s'opposent les détails des conduites vertueuses de la fiction moralisante (H. Coulet). Que la littérature libertine puisse être en outre la mise en texte de l'actualité libertine, c'est ce que montre la presse, en particulier les *Mémoires secrets*, qui maintiennent néanmoins la distinction entre deux modèles de libertinage, celui qu'illustre le *Portier des Chartreux* et celui des *Liaisons dangereuses* (C. Cave). Le libertinage du 18ᵉ siècle serait narratif et romanesque, dessinerait les contours d'une systématique des comportements, s'inscrirait de façon critique dans le sillage du roman classique, ce qui ferait de Crébillon l'inventeur du genre (J. Goldzink). Texte irrévérencieux, plus subversif dans les espaces de liberté et d'inventivité du conte que dans le roman (J. Mainil), il relève souvent de la satire et de la parodie, comme le constatait dès 1734 le classement de la *Bibliothèque des romans* de Lenglet-Dufresnoy (J. Sgard). Le dialogue y joue un rôle central, subvertissant le modèle antique de l'entretien philosophique, dans une exaltation paradoxale de la relation pédagogique et de la naturalité du désir (P. Hartmann) dans celle de la figure du maître, au double sens du mot, à la fois instructeur mais aussi dominateur, dont le projet, contre l'idée d'une égalité postulée du désir et de la jouissance, serait bien d'assujettir les femmes (H. Coulet, J.-F. Perrin). Ce rapport à la tradition et à un intertexte qui ne cesse de se rappeler dans l'écriture libertine, fait de la citation (J.-P. Dubost), de l'ironie, des codes et de la répétition une des caractéristiques du genre, rapprochant le libertin du collectionneur, soulignant le lien entre les progrès d'une consommation esthétique et celle de la réification et de la circulation des corps et des textes (R. Démoris, C. Seth). Répétitions et mentions, constitutives d'un genre perçu comme modèle et comme effet de réception, renvoient à un « savoir blasé » partagé par l'auteur et son lecteur (F. Lotterie). Dans ce dispositif où le lecteur-voyeur est placé en position de tiers complice, l'épistolarité, largement représentée dans le « genre libertin » vient exacerber la caractéristique d'une perception par effraction de la scène représentée (B. Mélançon). La topique libertine révèle une temporalité spécifique, faite du « moment » qui fait échec à la tactique du roué (D. Hölzle), de la fulgurance du « coup » qui spécifie l'illumination/conversion libertine (P. Wald-Lasowski). La répétition du désir et de la jouissance fait du temps libertin un temps suspendu, que vient contredire l'histoire de l'individu voué au vieillissement et à la mort, celle du mémorialiste libertin, Rétif, Casanova, Ligne, Tilly, qui prend la place de la figure romanesque (M.-F. Luna), mais aussi l'histoire d'une société qui se délite, efface ses frontières sociales et ses distinctions discursives et stylistiques. Si le genre libertin a un début, il connaît aussi une fin lorsque s'imposent la crudité du lexique, le réalisme de la description anatomique, la brutalité des relations représentées, le mélange social et l'ouverture des espaces. Cette liquidation du genre à l'œuvre chez Louvet, Nerciat et Sade en soulignerait par opposition les caractéristiques : élitisme social, subtilité de l'analyse morale et psychologique, raffinement du style (M. Delon). C'est contre cette distinction entre raffinement libertin et obscénité que s'insurge Rousseau qui refuse de penser la corruption d'un genre par essence corrompu. C'est le langage décent et équivoque qui est porteur d'obscénité et d'aliénation sociale, manifestation des pratiques sémiotiques des élites (J.-F. Perrin). Si l'un des enjeux d'une définition du genre libertin est donc social et politique, on regrettera peut-être que le lien entre la topique libertine du 18ᵉ siècle et une vision critique de la *politique*, conçue comme art de la manipulation, du secret et de l'espionnage, issue d'une interprétation réductrice et utilitariste de Machiavel, d'une part, le rapport du libertinage à l'héritage galant (au sens d'esthétique galante des travaux d'A. Viala et de Delphine Denis) d'autre part, n'aient pas été évoqués. Néanmoins, en dépit de quelques vétilles, – Alcibiade désigné comme « prince grec » (p. 135 et suiv.) ; *Margot la ravaudeuse* attribuée ici à Fougeret de Monbron (p. 221), là à Chevrier (p. 179) –, on soulignera tout l'intérêt de cet ensemble très riche mais cohérent par la façon dont il éclaire ce qui rend difficiles et néanmoins nécessaires les tentatives pour définir et délimiter le genre.

CAROLE DORNIER

David PUGH, *Schiller's Early Dramas. A Critical History.* Rochester (New York), Camden House House, 2000, 232 p. (Coll. « *Studies in German Literature, Linguistics, and Culture : Literary Criticism in Perspective* »).

Cet ouvrage consacré à Schiller est composé de deux parties équilibrées. Les quatre premiers chapitres retracent l'évolution de la réception du théâtre de Schiller respectivement par ses contemporains, au 19ᵉ siècle, durant la première moitié du 20ᵉ siècle et finalement dans la postérité de la Seconde Guerre Mondiale. Les quatre chapitres suivants sont des présentations distinctes des quatre pièces du jeune Schiller : *Les Brigands*, *Fiesco*, *Cabale et amour*, *Don Carlos*, considérées successivement. L'ouvrage s'ouvre sur une importante introduction théorique passant en revue la critique schillérienne et comporte un riche appendice bibliographique ainsi qu'un index très utile.

JACQUES BERCHTOLD

Jean-Michel RACAULT, *Nulle part et ses environs. Voyage aux confins de l'utopie littéraire classique (1657-1802).* Paris, Presses de l'Université de Paris-Sorbonne, 2003, 474 p.

Jean-Michel Racault a réuni une soixantaine d'articles sur un sujet dont il est spécialiste : le voyage en utopie aux 17ᵉ et 18ᵉ siècles. L'ensemble forme un tout qui frappe par sa cohérence et qui prolonge, selon de nouvelles perspectives, la thèse magistrale sur *L'Utopie narrative en France et en Angleterre 1675-1761* que J.M. Racault avait publiée à la Voltaire Foundation (Oxford) en 1991. Ici, comme l'auteur s'en explique dans son introduction, le lecteur se conduit aux confins du genre utopique, journaux et relations de voyage, robinsonnades, théâtre et contes philosophiques. Le livre montre en effet que leurs thématiques se rapprochent souvent de celles de récits utopiques tels *L'Histoire des Sévarambes* de Veiras ou *La Terre Australe connue* de Foigny : on retrouve le même primitivisme esthétique et descriptif et une forme d'anthropologie comparative fondée sur la prise en compte de la relation de soi et de l'autre, de l'ici et de l'ailleurs. Ceci nous vaut des analyses éclairantes sur des œuvres comme *Paul et Virginie* et *La Nouvelle Héloïse* qui mettent en scène une « petite société » utopique, ou sur les pièces « expérimentales » de Marivaux que sont *La Dispute* et ses trois comédies insulaires. J.M. Racault distingue nettement les utopies de la période classique des utopies modernes ou contemporaines, dans la mesure où les premières ne correspondent pas, selon lui, à une volonté de changer le monde. Imprégnées de culture chrétienne, écrites, pour une part d'entre elles, par des protestants, les utopies des 17ᵉ et 18ᵉ siècles ne tentent pas de jeter les bases d'une société idéale. Elles sont plutôt tournées vers le passé et elles expriment la nostalgie d'un âge d'or édénique où l'homme vivait en accord avec Dieu et la nature. L'ouvrage se lit avec plaisir et propose des interprétations neuves, intelligentes et convaincantes des œuvres du 17ᵉ et du 18ᵉ siècles.

LISE ANDRIES

Georges SAPÈDE, *Les Poètes de l'An II. Du Languedoc au Paris de la Révolution*. Montpellier, Les Presses du Languedoc, 2004, 224 p. + ill. en couleur.

Cet ouvrage contient cinq monographies de poètes emportés par la tourmente révolutionnaire : Chénier, Roucher, Fabre d'Églantine, Florian et Venance Dougados. L'auteur s'adresse visiblement au grand public, qui appréciera la clarté des exposés et l'élégance du style. Les érudits qui estiment peut-être n'avoir rien à apprendre sur Chénier, Roucher ou Fabre liront sûrement avec intérêt la biographie de Florian, aristocrate révolutionnaire bien oublié aujourd'hui, et celle de Venance Dougados, personnage pittoresque dont la renommée n'avait pas dépassé les remparts de Carcassonne. À la question qui clôt le livre : ont-ils eu raison de s'engager ? Georges Sapède répond malheureusement d'une manière normande.

JEAN-LOUIS VISSIÈRE

ART ET MUSICOLOGIE

François BOUCHER, *Esquisses, pastels et dessins de François Boucher dans les collections privées*, Introduction d'Étienne PINTE, Avant-propos de Catherine GENDRE, Préface de Pierre ROSENBERG. Paris-Versailles, Somogy éditions d'art et Musée Lambinet, 2004, 144 p. + nb. Ill. couleur, 22,5 × 28,5 cm.

Ce livre est le catalogue de l'exposition consacrée aux dessins de François Boucher au Musée Lambinet. L'exposition se situait dans le vaste projet de la commémoration du tricentenaire de la naissance de Boucher en 2003 dont l'objectif a été de réaliser une grande rétrospective de l'œuvre dessinée du peintre. Ce rassemblement international fut éclaté en plusieurs endroits et en plusieurs moments dont le dernier fut celui du Musée Lambinet à Versailles avec une exposition de feuilles appartenant à des collections privées. C. Gendre, conservateur du Musée, explique dans l'avant-propos la valeur des 54 œuvres par leur côté inédit mais surtout par leur variété qui rend compte de la maîtrise de Boucher dans toutes les techniques de l'art : pastel, pierre noire, plume ou lavis de sanguine. Les dessins offrent aussi la possibilité de suivre le parcours stylistique du peintre qui passe du geste aux effets de clair-obscur et présente un large éventail de thèmes tous traités avec une maturité qui affiche son génie. On s'aperçoit très vite que le monde de Boucher, comme le rappelle P. Rosenberg est celui de la joie de vivre, et que dans cette représentation de la vie Diderot n'avait peut-être pas raison de ne pas lui porter la considération qu'il donnait à d'autres. Ce beau catalogue, pas très volumineux, n'en est pas moins très réussi par la qualité des reproductions et des courts textes qui accompagnent la présentation du parcours inconnu du peintre. Quatre chapitres ponctuent les dessins : une biographie de Boucher (1703-1770) par Françoise Joulie, un chapitre sur les « miniatures d'après Boucher du musée du Louvre et du musée Lambinet », le catalogue des œuvres par F. Joulie et enfin une bibliographie. Parmi ce catalogue qui nous fait découvrir 54 dessins on retiendra surtout l'importance du mouvement des corps qui se tournent et retournent sans cesse comme dans des rondes ou comme des enfants pas sages, qu'ils soient en groupe ou isolés (on n'évoquera pas Matisse bien que ... il nous fasse ressentir une même joie de vivre). Mme Boucher, jeune femme en coiffe de dentelle qui fait la couverture du catalogue a la tête complètement tournée, coiffée d'une guimpe de dentelle, elle est de profil, et c'est le mouvement du cou qui est dessiné et non le visage. Tous les dessins sont des scènes vivantes où la liberté de la technique employée par Boucher flirte avec la gestuelle des personnages. Ce catalogue est très réussi et pour tout dix-huitiémiste il est un moment de bonheur.

MARTINE GROULT

Cécile DAVY-RIGAUX, *Guillaume-Gabriel Nivers : un art du chant grégorien sous le règne de Louis XIV*. Paris, CNRS Éditions, 2004, 516 p. (Coll. « Sciences de la Musique »).

Organiste de Saint-Sulpice et compositeur, Nivers (1632-1714) se définissait comme un « musicien purement ecclésiastique ». Son œuvre incarne les idéaux de la contre-réforme promus par Jean-Jacques Olier à Saint-Sulpice : beauté du culte, recueillement, édification. D'une grande piété, Nivers ressentait la nécessité de défendre le chant grégorien qu'il estimait menacé dans sa pureté. Pour lui, le plain-chant est une science infaillible dont les fondements ressortissent aux mathématiques. Il élabore en conséquence une véritable « théologie du chant sacré » dans sa *Dissertation sur le chant grégorien* où il prône le respect du sens du texte, de la phrase et de la prononciation et préconise la « décence du chant ». Dans cette remarquable étude, C. Davy-Rigaux montre que Nivers est moins théoricien que certains de ses contemporains sur la question des modes. La *Dissertation* est davantage un ouvrage rhétorique que théorique, conformément au genre qu'elle illustre. Compositeur prudent et pragmatique, Nivers entend tout simplement remodeler le chant grégorien selon les critères de la décence en condamnant notamment « cette absurdité pesante et nombreuse de notes superflues sur certaines syllabes ». Il s'inscrit ainsi dans le cadre de l'humanisme classique où règnent « l'instinct de raison » et le bon goût. Il justifie l'inégalité des notes par une interprétation symbolique, l'inégalité exprimant la partie terrestre et humaine du chant, tandis que l'égalité représente la partie divine et parfaite. Le chant grégorien fait ainsi pleinement partie selon lui de l'acte de dévotion. L'originalité de Nivers réside en sa définition de « règles certaines, évidentes et infaillibles ». Après sa passionnante étude de la *Dissertation*, l'auteur examine comment Nivers applique lui-même lesdites règles dans son propre travail de compositeur et de réviseur du plain-chant. Lié aux Bénédictines du Saint-Sacrement et à la Maison royale Saint-Louis de Saint-Cyr, Nivers est en effet amené à éditer antiphonaires et graduels en prenant en compte la nécessité d'une expression féminine de la piété, incluant à la fois le respect de la bienséance, la conformité à l'idée grégorienne et la nécessité de soulager les voix de l'austérité du chant. Nivers propose ainsi un chant « adouci » qui évite le syllabisme et s'affranchit du principe d'égalité. Dans son travail de correcteur du chant grégorien, Nivers incarne le nouvel esprit réformateur catholique en France au tournant du siècle. Paradoxalement, Nivers se montre à la fois très respectueux du répertoire ancien et en faveur d'une réforme liturgique – celle de Cluny – inscrite dans le courant gallican. L'ouvrage de C. Davy-Rigaux, d'une rigueur scientifique exemplaire et rédigé avec une très grande clarté, constitue une somme désormais incontournable sur le chant grégorien à la veille du 18ᵉ siècle et sur l'œuvre de Nivers.

PIERRE DUBOIS

Jérôme DELAPLANCHE, *Noël-Nicolas Coypel, 1690-1734*. Paris, Arthena, 2004, 167 p. + nb. ill. en noir et en couleur, 33 × 25 cm.

Ce Coypel n'est pas le plus illustre des peintres de sa famille. Fils de Noël, demi-frère du Premier peintre du roi Antoine (Arthena, 1989) et oncle de Charles (Arthena, 1994) qui brilla ensuite, Noël-Nicolas ne bénéficia guère des commandes d'État (Versailles, 1728, appartement de la reine) et fut surtout apprécié par ces nouveaux collectionneurs, les financiers qui favorisèrent aussi la carrière de Watteau, son contemporain (Samuel Bernard à Passy, Pierre Crozat, Étienne Bourgeois de Boynes). Si Noël-Nicolas peut être maladroit dans la grande peinture religieuse, dont il peine à organiser le format, il brille dans la peinture mythologique et le dessin fini. Sa carrière académique (reçu en 1720) ne fut pas favorisée par une parenté jalouse d'un concurrent issu d'un second lit (échec au Concours académique de 1727 avec le chef-d'œuvre rocaille de *L'Enlèvement d'Europe*). Il travaille pour la Ville, souvent à des dessus-de-porte, mais aussi, à défaut de la Cour, pour l'Église, où se remarque, au premier rang, le *Saint François de Paule* des Minimes de Paris (1723) magnifiquement structuré. Dans sa maturité, il compose mieux, en effet ; il exploite l'espace et lui donne du rythme ; le style devient plus souple et plus lumineux ; le coloris vif et nacré gère le rendu du sujet, et l'humanité dominante – femmes et enfants – renvoie à un monde idéal. Dans son modeste atelier, il accueille, un temps, le jeune Chardin qui le laisse très vite pour d'autres sujets. La peinture de N.-N. Coypel méritait la réévaluation que lui procure J. Delaplanche, qui distingue aussi parmi les œuvres celles qui lui reviennent et celles de son neveu Charles : tous deux étaient qualifiés de « Coypel le Jeune » par les contemporains... Peintre rococo ? L'auteur nuance cette appréciation en montrant combien, dans sa peinture, le mouvement et le coloris sont contrôlés par le dessin et qu'il s'inspire tout autant de Jean Jouvenet que des Vénitiens. Les dessins forment la seconde partie du catalogue de l'artiste. Professeur à l'Académie, N.-N. Coypel travaille évidemment beaucoup sur le modèle humain. Ce n'est pas l'homme de l'esquisse, ses dessins sont toujours achevés, parfois destinés à la gravure comme la série pour l'illustration du *Télémaque* (1730) ou *Les Plaisirs de la chasse*, dont les acteurs enfants se souviennent de la célèbre série des *Jeux et plaisirs de l'enfance* de Jacques Stella gravée, au siècle précédent, par Claudine Bouzonnet-Stella.

FRANÇOIS MOUREAU

Bernard DOMPNIER (dir.), *Maîtrises et chapelles aux 17ᵉ et 18ᵉ siècles. Des institutions musicales au service de Dieu*. Clermont-Ferrand, Presses Universitaires Blaise-Pascal, 2003, 568 p.

On trouvera dans ce volume les Actes d'un colloque international qui, en 2001, réunissait au Puy-en-Velay musicologues et historiens pour étudier le fonctionnement à la fois musical, religieux et institutionnel des « maîtrises capitulaires » en France ou des « chapelles musicales » dans l'espace étranger (Italie, Espagne, Portugal, Amérique latine). L'intérêt du colloque était en effet de permettre la comparaison, au plan international, de ces ensembles, composés d'un maître de musique, de musiciens, de chanteurs et d'enfants de chœur. L'ensemble des communications portant sur des cas très précis montre, avec une belle unanimité, leurs multiples rôles au cœur de la société des 17ᵉ et 18ᵉ siècles. Attachés au service du chapitre d'une cathédrale, ils avaient pour fonction première d'augmenter l'éclat de la liturgie dans l'Église catholique post-tridentine. Mais on les voit également, de manière inattendue, jouer le même rôle dans les chapelles de l'Allemagne luthérienne. Ils ont été, en province comme dans les capitales, des lieux de création permanente où s'affirmaient les talents de nombreux compositeurs dont certains, comme Delalande ou Marin Marais, ont acquis la célébrité. Mieux encore, ils ont constitué partout une voie de promotion sociale pour les enfants de chœur, souvent d'origine modeste, qui, admis dans les maîtrises à l'âge de six ou sept ans, y recevaient pendant une dizaine d'années un enseignement musical et un enseignement général de qualité.

ISABELLE VISSIÈRE

Steffen W. GROß, *Felix aestheticus. Die Ästhetik als Lehre vom Menschen. Zum 250. Jahrestag des Erscheinens von Alexander Gottlieb Baumgartens « Aesthetica ».* Würzburg, Königshausen & Neumann, 2001, 282 p.

Cette monographie est consacrée à Alexander Gottlieb Baumgarten, l'un des principaux philosophes de l'esthétique du siècle des Lumières. Le climat intellectuel ambivalent de la ville de Halle (piétisme et rationalisme de l'Aufklärung) est d'abord utilement rappelé. Baumgarten a élaboré en latin une réflexion qui engage une conception de l'homme (à la fois sujet rationnel et sensible) à travers la reconnaissance qu'il peut avoir de lui-même et de sa réalité. Une telle anthropologie esthétique est présentée à partir de prémisses sensualistes ou sensibilistes clarifiées. Le « felix aestheticus » n'est pas tel ou tel artiste ou poète idéal mais un homme qui, enrichi de la totalité de ses capacités de sensibilité (« ars pulchre cogitandi »), préserve ses contradictions au niveau le plus élevé de la reconnaissance de la « veritas aestheticologica ». La réflexion ambitieuse de Baumgarten englobe dès lors dans une compréhension esthétique toutes les productions humaines possibles. Après avoir présenté les contours de cette pensée dans son identité, l'auteur passe en revue sa réception au 20e siècle et pose le problème de son actualité dans la réflexion philosophique du 21e siècle.

JACQUES BERCHTOLD

Kangxi Empereur de Chine 1622-1722. La Cité interdite à Versailles. Paris, Réunion des Musées nationaux, 2004, 287 p. + nombreuses ill. en noir et en couleur, 30 × 24 cm.

Il ne fallait pas moins que le château de Versailles pour accueillir une exposition sur le « Louis XIV chinois », l'empereur Kangxi, connu en Occident pour son édit de tolérance à l'égard du catholicisme et pour sa rétractation *in articulo mortis*. Deuxième empereur de la dynastie Qing mandchoue, ce lettré sinisé était passionné de sciences et de techniques : les pères jésuites en profitèrent pour lui fournir tout ce qu'il pouvait souhaiter en terme de nouveautés. Le catalogue de l'exposition (p. 96-97 inversées !) tire prétexte des prêts du musée de la Cité interdite – dont des objets jamais vus, même en Chine – pour offrir des essais confiés aux meilleurs spécialistes et à des institutionnels, ce qui produit parfois quelques redites. On révise ses connaissances sur les relations entre la Compagnie de Jésus, la France et la Chine ; un chapitre est consacré aux tapisseries de Beauvais à sujet chinois. Mais d'autres sont plus originaux : sur les « livres chinois de Louis XIV » – la collection de la bibliothèque du Roi –, les calligraphies impériales, les instruments scientifiques occidentaux ou inspirés de l'Europe, les armes et les costumes du Fils du Ciel. Le catalogue reproduit une partie des peintures sur rouleaux de soie réalisées à l'occasion des « inspections dans les provinces méridionales » de cet empereur voyageur ou celles des « fêtes de longévité » célébrant son anniversaire : une vraie découverte d'œuvres dont l'esthétique novatrice voulue par l'empereur et l'Académie de peinture du bureau des Travaux du Palais exacerbait la tradition chinoise.

FRANÇOIS MOUREAU

Éva KNAPP et Gábor TÜSKES, *Populáris grafika a 17-18. században [Gravure populaire aux 17ᵉ-18ᵉ siècles]*. Budapest, Balassi, 2004, 270 p. + 134 ill.

Ce livre de qualité présente l'histoire des gravures sur bois et sur métal en Hongrie. La méthode utilisée par les auteurs est complexe et rend compte des circonstances historiques, de la typologie des sources, de la reproduction des gravures ainsi que des techniques de fabrication et de leur utilisation. Les auteurs précisent le double sens du mot « populaire » : leurs recherches visent non seulement à découvrir les objets culturels destinés au peuple, mais aussi à mettre en évidence le caractère particulier des rapports que les différents groupes sociaux entretiennent avec ces derniers. Dès le 17ᵉ siècle, l'enseignement moral, le sujet religieux et les textes en langue nationale dominent les gravures. Le 18ᵉ s., quant à lui, verra une large diffusion de cet art dans les milieux très divers ce qui entraînera une diminution de leur qualité artistique. Le 18ᵉ siècle occupe dans ce livre une place de choix. Par ailleurs, les phénomènes hongrois sont profondément reliés au contexte européen. Les objets de cet art sont de caractère très varié : illustrations sur les pages de titre ou à l'intérieur du livre des miracles, des prières ou de la bibliothèque bleue, ainsi que dans les calendriers ou sur les feuilles estampées d'une seule page. Les images accompagnées de textes ont contribué à la modification de la culture visuelle d'une large partie de la société. Grâce aux gravures populaires, un programme narratif et iconographique s'est en effet transmis à travers divers pays européens, avec des adaptations quant aux langues, aux religions ou aux niveaux techniques de chacun d'eux. Rarement originales, elles sont adaptées par des artistes ou par des artisans aux besoins du public hongrois. Le texte des gravures est multilingue : hongrois pour la moitié, mais on trouve aussi le latin, l'allemand, l'hébreux et le croate. Les sujets dépendent de la destination des gravures et du contenu et peuvent traduire un enseignement religieux, moral ou social : crime, mort, piété, conversion, histoire, vie des saints ou vie quotidienne. On y retrouve aussi la symbolique des animaux et les emblèmes traditionnels. Les auteurs mentionnent en outre deux curiosités hongroises : l'une est thématique et montre que l'esclavage turc hante encore les idées, l'autre est technique et prouve que la gravure sur bois devient au 18ᵉ siècle un art populaire à part entière.

OLGA PENKE

Gaëtane MAËS, *Les Salons de Lille de l'Ancien Régime à la Restauration 1773-1820*. Dijon L'Échelle de Jacob, 2004, 506 p. + 9 tableaux, 13 ill.

Si des travaux récents ont fait progresser notre connaissance des Salons de Paris et de leurs livrets, les rares Salons de peinture provinciaux n'avaient pas bénéficié de ce renouveau. L'ouvrage savant de Gaëtane Maës comble ce déficit pour Lille. Si, en 1882, L. Lefebvre avait publié les livrets du Salon lillois pour l'Ancien Régime, l'étude de l'auteur sur cette entreprise de la Municipalité de Lille et de l'échevin-collectionneur Charles Lenglart va jusqu'à la Restauration. Certes, le Salon de Paris domine, mais la position de Lille aux lisières de l'ancienne Flandre, l'existence d'une sensibilité artistique nourrie de la tradition de cette dernière plus que de la tradition française donnent à ces expositions régionales autre chose qu'un caractère régionaliste. Cela explique qu'on puisse en exclure les artistes parisiens. L'École gratuite de dessin (1755) et l'Académie des Arts (1775) favorisent avec la Municipalité et les amateurs locaux le maintien, malgré les vicissitudes du temps, de ces expositions annuelles ou bisannuelles. L'essentiel des livrets a été conservé sous forme imprimée ou de copies manuscrites. Près de 4000 œuvres exposées, 178 artistes, 72 « amateurs », 46 « artisans » : la moisson est considérable, même si la plus grande partie de ces références n'existe que sur le papier ; les ouvrages peints, gravés ou sculptés doivent sommeiller dans l'anonymat des collections publiques et privées de la région ou d'ailleurs. Seuls les Watteau de Lille (qui ont été l'occasion d'un catalogue récent) et des gloires de moindre importance (Jean-Baptiste Wicar, Piat-Joseph Sauvage etc.) surnagent, dans un océan de création, parfois imitatrice des modèles parisiens (dont les thèmes révolutionnaires après 1790) ou adaptée à la clientèle bourgeoise de la Foire d'automne, mais qui n'est pas négligeable dans les genres moyens. Gaëtane Maës reproduit en les annotant les livrets dont elle a pu recouvrer l'existence. De précieux index biographiques complètent l'information.

FRANÇOIS MOUREAU

Aline MAGNIEN, *La Nature et l'Antique, la chair et le contour. Essai sur la sculpture française du 18ᵉ siècle*, Oxford, Voltaire Foundation, 2004, I-XXXIX + 468 p. + nb. ill. en noir (Coll. « *SVEC 2004 :02* »).

Ce livre d'A. Magnien constitue un ouvrage majeur sur la sculpture française du 18ᵉ siècle. L'édition extrêmement soignée dans la présentation et l'illustration n'est que le reflet de la culture de l'auteur : riche, précise et juste. Son champ d'investigation s'étend de la fin du 17ᵉ siècle au début du 19ᵉ siècle, autant dire que les dix-huitiémistes sont comblés et que ce livre comble un manque puisque si la théorie de la peinture a été l'objet de nombreuses études, il n'en est pas de même pour la sculpture. L'auteur en explique les raisons et propose de regarder le domaine de la sculpture, dont le centre est la représentation du corps, comme la liaison entre cet art central et les savoirs qui autorisent la représentation du corps c'est-à-dire l'anatomie et les proportions. Si le sujet de la sculpture est le corps humain, quel homme doit-on représenter ? À partir de là toutes les pensées peuvent être véhiculées et se développer. Pour cerner les conséquences de l'émergence de l'anatomie et des proportions au 18ᵉ siècle, l'auteur choisit de considérer cet intérêt en relation étroite avec l'Antiquité. Mesure, médecine, technique, esthétique jalonnent l'identification minutieuse de tous les auteurs, artistes ou théoriciens : Raphaël, Dürer, Dolce, Pino, Vinci, Winckelmann, Parmesan, Pline et tous les sculpteurs du 18ᵉ siècle que sont Falconet, Lequeu, Dumont, Bouchardon, Poncet, Houdon, Adam, Pigalle, Fragonard etc ... sans oublier pour les discours Blondel, Diderot, Watelet jusqu'à Quatremère de Quincy. On l'aura compris, ce livre est une somme et il comporte en annexe deux textes de d'Huez sur « comment faire une statue de marbre » et sur « les proportions du corps humain », ainsi qu'une bibliographie exemplaire voire exhaustive, un index nominum et un index operum. Cet ouvrage est à lire par tous ceux qui s'intéressent à l'art français du 18ᵉ siècle et c'est, à n'en pas douter, un grand livre qui fera date.

MARTINE GROULT

Laura NAUDEIX, *Dramaturgie de la tragédie en musique (1673-1764)*. Paris, Honoré Champion, 2004, 583 p.

Aujourd'hui, lorsque l'on parle d'un opéra, on connaît le musicien et on ignore généralement le nom du librettiste : *Aida* de Verdi, *Carmen* de Bizet ou encore *Madame Butterfly* de Puccini. On oublie Antonio Ghislanzoni, Henri Meilhac et Ludovic Halévy, Luigi Illica et Giuseppe Giocosa. On ne va pas aujourd'hui à l'Opéra, sans connaître le directeur musical et le metteur en scène. Il n'en a pas toujours été ainsi. Au 17ᵉ et au 18ᵉ siècles, l'auteur du livret se voulait le garant de l'unité dramatique du spectacle lyrique. À partir d'un cadre chronologique précis qui va de la création de *Cadmus et Hermione* en 1673 à celle des *Boréades* en 1764, L. Naudeix analyse le texte des livrets dans ses rapports avec l'ensemble du spectacle. En mettant l'accent sur l'importance de l'auteur du livret, elle montre ce qui constitue la spécificité de l'opéra français, ou mieux de ce que l'on appelle plus volontiers à l'époque la tragédie en musique. Le livret est la « matrice » du spectacle et l'auteur du livret en est

« l'organisateur » : il adapte l'écriture des scènes à la musique, il règle le mouvement des machines et le faste des décorations, il laisse place à la danse dans la conduite de l'action. Le grand maître d'œuvre est Philippe Quinault qui a su régler l'ensemble des questions techniques de la représentation (musique, danse et machines) sans perdre le sens du texte tragique. Pour la réflexion critique de l'époque, son œuvre peut être envisagée comme « un art poétique en action », la difficulté étant de faire tenir ensemble les différents éléments scéniques, sans perdre « l'unité d'action » ni « la conduite du sujet ». Dans le difficile équilibre entre poésie, musique, interprètes et spectacle se construit ce « monstre », apparemment sans « règles ni lois », qu'est la tragédie en musique. Car, la « tragédie en musique » n'est pas une « tragédie », au sens où on l'entend à l'époque, qui est mise en musique. Malgré l'ambiguïté que crée l'expression, on évite le mot « opéra » trop italien pour désigner la production lyrique française. Le mot tragédie est porteur de contraintes formelles auxquelles les Français ne sauraient renoncer. À partir d'un riche corpus d'environ cent vingt œuvres, L. Naudeix reconstitue les lois poétiques du genre et dégage, exemples à l'appui, une dramaturgie de la tragédie lyrique qui est aussi une réflexion sur le théâtre en général au tournant des deux siècles. Une bibliographie et des annexes concernant les décors et les « divertissements » des œuvres considérées permettent d'apprécier ultérieurement le travail de l'auteur. Un seul regret : une partie du lourd apparat de notes qui complètent le texte aurait pu être intégré à celui-ci. La lecture de cette étude originale dans sa conception en aurait été facilitée.

MICHÈLE SAJOUS D'ORIA

Monique NORDMANN (dir.), *Éros invaincu. La bibliothèque de Gérard Nordmann* [Fondation Martin Bodmer], commenté par Laurent ADERT, Saba BAHAR, Françoise BLÉCHET, Arto CLERC, Laurent DARBELLAY, Michel DECAUDIN, Daniela DI MARE, Stefano DUBBIO, Jacques DUPRILOT, Jean-Paul GOUJON, Myrtille HUGNET, Tamio IKEDA, Michel JEANNERET, Dominique KUNZ WESTERHOFF, Annie LE BRUN, Jean-Jacques PAUVERT, Guy POITRY, Christophe REULAND, Stefan SCHOETTKE, Nathalie STRASSER & édité par RAINER MICHAEL MASON. Genève-Paris, Éditions Cercle d'Art, 2004, 342 p. rel.

Sont présentés dans ce catalogue quelques-uns des ouvrages les plus rares que la passion d'un collectionneur, ou mieux, d'un amateur éclairé (Gérard Nordmann, 1930-1992), a rassemblé pendant sa courte vie. Des deux mille imprimés que compte sa bibliothèque, un peu plus d'une centaine ont été retenus et ont fait l'objet d'une exposition qui a fermé ses portes à Genève en juin 2005 ; les *erotica* de Nordmann ne sont pas seulement ces ouvrages classiques dérobés à l'enfer – ouvrages que l'on cite d'un air entendu, qu'on feuillette parfois mais qu'on lit rarement –, ce sont les ouvrages les plus réussis dans le genre et au-delà, où se mêlent harmonieusement texte, illustrations, reliures. Rarement on aura parlé plus justement de *beaux livres*. Le dix-huitiémiste *éclairé* sera comblé ! Mais attention, il faut choisir un parcours adapté et mesurer ses forces pour ne pas s'épuiser avant l'heure. En voici un que je conseille au dix-huitiémiste moyen et passablement déniaisé, même s'il ne sait pas encore lire d'une seule main : la *Pucelle* s'impose (p. 88-95) ; le texte est tiré de l'édition de Kehl *in quarto* et complété d'une suite rarissime réalisée par Devéria remplaçant avantageusement [p. 95] les gravures honnêtes de Moreau le Jeune. Bibliophilie oblige, l'une des *Pucelle* in-12 est ornée d'une reliure à décor érotique par Chambolle-Duru qui représente des satyres en érection sur le dos et les plats [p. 91, description p. suiv.]. Enfin, un autre exemplaire, relié en maroquin ancien, illustré de lavis faits au 18e siècle, est présenté – exemplaire unique, faut-il le préciser. Andrea de Nerciat ensuite (p. 106-[115]), avec l'un des deux exemplaires en mains privées des *Aphrodites* (*ou fragmens thali-priapiques, pour servir à l'histoire du plaisir*) enrichi des lavis non signés de Freudenberger ; puis le *Diable au corps* en trois volumes dans le format *octavo* si rare et, dans l'ordre de la rareté, une édition peu connue des *Écarts du tempérament*, illustrée de quatre gravures, texte qui loin d'être une plate reprise du *Diable au corps* est une véritable comédie érotique qui renseigne utilement sur la mode du temps. Il peut alors attaquer *Thérèse philosophe* (*c.* 1750), brûlot matérialiste toujours en quête d'auteur, même si d'Argens figure en bonne place sur la liste des prétendants. L'édition ici présentée (1749) est rarissime puisqu'il s'agit d'un des deux exemplaires connus ; elle est bien complète des onze gravures anonymes, dont celle reproduite p. [67] est à coup sûr d'un grand graveur du 18e siècle. On la rapprochera, pour la beauté et la rareté de l'illustration de la reprise en 1749 du *Mursius* de Nicolas Chorier (p. 46-51), et de l'édition de 1775 sous le titre *L'Académie des Dames*, illustrée par François-Roland Helluin sur les dessins d'Antoine Borel – exemplaire imprimé sur vélin dont les contre-plats de la reliure [p. 49] mêlent phallus et vulves. Le *Tableau des mœurs du temps* [1750] de La Popelinière, fameux fermier général, tiré à deux exemplaires (p. 84), donne l'occasion d'une pause. Il s'agit d'un des livres les plus célèbres au monde, saisi à la mort de l'auteur, mais que Louis XV offrira au duc de La Vallière et qui, par de secrets cheminements, se retrouvera entre les mains de Charles Cousin, vice-président du Grand Orient de France avant qu'il ne s'en défasse, pressé par des dettes, en 1891 : quant au contenu l'ouvrage procède par paliers, on y badine à l'envi au fil des dialogues souvent prolixes avant d'être convié à l'initiation érotique de la mystérieuse Zaïrette ; elle ira crescendo et les scènes crues se multiplieront ; mais on reste sur sa faim car on ne saura jamais si la Clairon a servi de modèle – à moins que ce ne soit Violante Vestri... Les illustrations (gouaches) ne sont pas signées, mais on les impute à Alexandre-Antoine Marolles. Outre la notice du bibliophile raffiné Jacques Duprilot, on consultera du même : « Les fantasmes orientaux d'un fermier général. La *Zaïrette* de La Poupelinière », *DHS* N° 28 (1996), 175-194. Enfin, les œuvres érotiques de Sade que possédait Nordmann, méritent le détour. Il s'agit bien sûr des originaux, mais ce bibliophile hors pair, possédait aussi le manuscrit mythique des *120 journées de Sodome ou l'École du libertinage* [1785] – texte qui vaut les meilleurs classiques de la littérature française. L'ouvrage, écrit à la Bastille, se présente sous la forme de petites feuilles collées bout à bout en une bande de 12,10 m de long sur 12 cm de large, le tout enroulé dans un étui de bois. Recueilli dans les ruines de la Bastille, sa destinée reste mal connue malgré les patientes recherches des spécialistes (Maurice Heine en particulier et Jean-Jacques Pauvert). Son acquisition par la famille Villeneuve Trans, puis sa circulation dans la seconde moitié du 19e siècle, n'a toujours pas été établie avec précision. Restent cet étonnant rouleau (p. 116-[119]), et ce monument d'écriture libertine. Je n'ai rien dit de l'estampe japonaise de Katagawa Utamaro (1788), ni des éditions illustrées de l'*Arétin français*. L'impression des *erotica* commence très tôt, se prolonge brillamment aux 19e et 20e siècles. On dit que les *mauvais* livres s'impriment encore de nos jours. Gageons qu'ils attirent tout autant les collectionneurs que par le passé ! On trouvera en annexe : les règles adoptées pour la rédaction du catalogue (p. 326) ; des repères bibliographiques (p. 327-330) ; une table des titres (p. 331-332) ; une table des auteurs (p. 333) ; une table des illustrateurs (p. 334) ; une table des relieurs (p. 335) une table des ex-libris (p. 335) ; une table des bibliothèques (p. 336) ; une notice sur les rédacteurs (p. 337) et, après les remerciements d'usage, une liste alphabétique des signatures. L'ouvrage est au format grand in-4°.

Charles Porset

Sigmar Polke et la Révolution française/Sigmar Polke and the French Revolution, catalogue de l'exposition de Vizille (juin-sept. 2001). Vizille, Musée de la Révolution française et Paris, Réunion des musées nationaux, 2001, 127 p., 22 pl. coul. + nb. ill. n. et b., 24 × 32.

Cette exposition regroupait pour la première fois les 22 tableaux de S. Polke peints en 1988-89 à l'occasion du bicentenaire de la Révolution française. Ces tableaux ne sont pas une œuvre de commande ni ne constituent une série pensée comme telle. Ils témoignent de l'attrait que le peintre allemand, transfuge de la RDA, éprouve pour l'histoire en général et la Révolution française en particulier. Les 22 tableaux, somptueusement reproduits, sont précédés d'une introduction et de deux essais fort inégaux. On retiendra celui de Guy Tosatto, commissaire de l'exposition, ainsi que le catalogue minutieux et passionnant établi par Alain Chevalier, second commissaire, qui identifie et reproduit généreusement les sources iconographiques des différents tableaux ainsi que de nombreux dessins préparatoires. Pour ses tableaux, généralement de grand format, S. Polke a utilisé une technique mixte sur tissu. Le peintre reproduit des gravures célèbres de la période révolutionnaire, mais en les tronquant et en les détournant de leur sens, jouant du décalage qu'introduisent les motifs des calicots. Puisant à la fois dans l'iconographie révolutionnaire et contre-révolutionnaire, il n'entend pas donner une lecture engagée et univoque de l'événement ; il se défie de toute idéologie et nous engage à réfléchir sur les mécanismes de la représentation et les ressorts de la manipulation par l'image. C'est une vision de l'Histoire comme construction mentale à la fois objective et fantasmatique que nous propose le peintre.

ÉRIC NÉGREL

Claude RIBBE, *Le Chevalier de Saint-George*. Paris, Perrin, 2004, 222 p.

On assiste depuis quelques années à un mouvement de redécouverte du compositeur Joseph de Bologne, chevalier de Saint-George, ce dont on ne peut que se réjouir. Il s'agit en effet d'un personnage hors du commun de la seconde moitié du 18ᵉ siècle : né à la Guadeloupe en 1745, fils d'une esclave et du maître de celle-ci – ancien mousquetaire – mais élevé comme il sied à un gentilhomme, le jeune « mulâtre » se révèle aussi doué pour l'équitation que pour l'escrime et la musique. Considéré comme la meilleure lame de son temps en Europe, il est avant tout violoniste et compositeur, auteur de quatuors à cordes, de symphonies concertantes, de concertos pour violons et de quelques œuvres lyriques. En 1773, il se voit confier par Gossec la direction du Concert des Amateurs dont il était premier violon et devient un chef d'orchestre réputé. Élégant et séduisant, il fréquente la meilleure société et jouit même de la protection de Marie-Antoinette. Après 1789, il s'engage toutefois aux côtés de la Révolution et prend le commandement du 13ᵉ régiment de chasseurs, une troupe de 3000 hommes de couleur. Emprisonné en 1793, il est ensuite lavé des soupçons de trahison et meurt en 1799. Le parcours étonnant de Saint-George, admiré et adulé mais également victime des préjugés de l'époque à l'égard des gens de couleur, est fascinant. Tout autant, sa musique est souvent de qualité. L'ouvrage de l'auteur (« historien, philosophe, romancier et scénariste » !), très riche en informations biographiques, est hélas bien décevant pour traiter un sujet aussi riche. D'abord, il mélange sans scrupules la narration historique, bien étayée, à des tentatives de reconstruction psychologique de nature romanesque, avec des dialogues imaginaires qui n'ont rien à faire dans un ouvrage scientifique. Ensuite, le livre apparaît par moments comme un fourre-tout où l'auteur semble avoir pris plaisir à placer, sans grand respect pour la chronologie, des informations sur l'époque dont il ne montre pas toujours en quoi elles se rapportent à la question traitée. On ne sera pas plus indulgent à l'égard de la naïveté désarmante avec laquelle l'auteur qualifie Saint-George de « héros » (p. 98), ni des formules fracassantes du genre : « L'esclave est un infâme, le négrier est honnête homme. C'est sur cette éthique-là que repose la société des Lumières » (p. 50). Qu'il y ait eu des contradictions dans le siècle des Lumières n'est certes pas discutable mais une telle généralisation ne clarifie rien. Enfin, on s'étonnera de la légèreté avec laquelle les références aux sources utilisées – parfois très intéressantes, au demeurant – sont, selon les cas, mentionnées avec précision ou totalement occultées. La bibliographie mélange allègrement sources primaires et sources secondaires et ne mentionne même pas la biographie pourtant antérieure d'Alain Guédé, *Monsieur de Saint-George, le nègre des Lumières* (Arles, Actes-Sud, collection Babel, 1999) qui, malgré certaines erreurs et lacunes, nous semble bien préférable et ne pouvait pas être ignorée. En dépit d'une recherche méticuleuse, l'ouvrage reste donc frustrant à cause de ses négligences formelles, tandis qu'on attend toujours une étude esthétique de l'art même de Saint-George.

PIERRE DUBOIS

Michel SCHLUP, *Le Mangeur neuchâtelois au temps des Lumières (1730 – 1800)*. Neuchâtel, Bibliothèque publique et universitaire de Neuchâtel, 2003, 181 p. + 98 ill., 24 × 22 cm.

Ce beau livre, conçu non comme catalogue mais comme support de l'exposition « À bouche que veux-tu ? » (BPUN, 15.12.03 – 30.11.04) et dont le texte a d'abord paru dans la *Nouvelle revue neuchâteloise*, vise un champ bien plus large que celui du simple manger. Modestement qualifié de « petit » par son auteur, l'ouvrage participe de l'histoire culturelle. Il invite le lecteur à partager le repas des mangeurs et à découvrir un art de la table peu exploré. Là où la plupart des études consacrées aux écrits culinaires et aux mœurs de table des Lumières se poursuivent au niveau de la nation ce livre-ci explore hardiment un terrain régional ardu, son espace privé ayant laissé peu de traces aptes à révéler un environnement alimentaire spécifique. Le parcours que se propose M. Schlup est donc semé d'obstacles, le plus grand étant la carence de sources. Il y remédie en ayant recours à des archives de lieux près de la Principauté (Neuchâtel n'acquiert le statut de canton qu'au 19e siècle) pouvant recréer un cadre de vie neuchâtelois par analogie. De plus, l'iconographie existante – ici l'apport des collections de la BPUN est impressionnant – est sensiblement augmentée au moyen de photographies d'intérieurs d'époque. Autre ressource dont se sert l'auteur : des citations tirées de lettres décrivant repas et réceptions qui font revivre la vie mondaine neuchâteloise. On y décèle des noms familiers, entre autres ceux de Rousseau (tout un chapitre est consacré à ce mangeur), de Du Peyrou et d'Isabelle de Charrière. Une lettre adressée à cette dernière la prie de transmettre au scripteur « le prix de l'Extrait d'absinthe ». L'absinthe, sous forme d'extrait ou d'essence, est en effet l'une des spécialités de la table régionale et devient même un article d'exportation. Si le modèle français est partout présent au sein des classes aisées il n'en va pas de même pour les classes laborieuses dont « la grisaille alimentaire » est camouflée par le pittoresque de la couleur locale. Mais parmi les salaisons et le pain, la table y a aussi sa modeste spécificité : la pomme de terre y est bien mieux intégrée au régime quotidien qu'en France. Il est vrai qu'à l'époque Neuchâtel était rattaché au royaume de Prusse.

BÉATRICE FINK

Claire STOULLIG et Françoise SOULIER-FRANÇOIS, *Les Dessins du musée des Beaux-Arts et d'Archéologie de Besançon*. Paris-Besançon, Somogy, Musée des Beaux-Arts et d'Archéologie, 2003, 143 p. + ill., 28,5 × 23 cm.

Parmi les 5500 feuilles conservées au musée de Besançon, les cinquante-quatre dessins de Fragonard sont les plus célèbres. Mais on compte plusieurs centaines d'autres dessins du 18e siècle, français et italiens pour la plupart. Ils proviennent de la collection de plusieurs milliers léguée en 1819 par Pierre-Adrien Pâris, architecte des Menus Plaisirs, dessinateur à ses heures et ami de Fragonard, dont le catalogue fut publié en 1957 par Marie-Lucie Cornillot ; les collections Gigoux et Besson y ont été jointes depuis. Le musée expose une sélection de cent cinquante dessins du 15ᵉ au 20ᵉ siècle, dont le catalogue recensé présente les notices. Le choix de dessins du 18ᵉ siècle présente quelques éclatants chefs-d'œuvre : la série de sujets bibliques de Giandomenico Tiepolo, tirée du Recueil Luzarche (lavis sur pierre noire), l'extraordinaire et rarissime pastel de Fragonard représentant « Sophie, sa ménagère » qui vaut les Chardin de la vieillesse pour l'expression psychologique, et de Chardin lui-même, la copie au pastel du portrait de vieille femme de Rembrandt. Classées au 17ᵉ siècle dans le catalogue, la vue de la Villa Madama à Rome par Jan Frans van Bloemen (1662-1749) de la collection Mariette annonce Fragonard et Hubert Robert, et l'étude d'homme au grand chapeau, sanguine de Jan Joseph Herman (1692-1759), saisit l'instant avec la précision d'un Chardin.

FRANÇOIS MOUREAU

Bernard VOUILLOUX, *Tableaux d'auteurs. Après l'*Ut pictura poesis. Saint-Denis, Presses Universitaires de Vincennes, 2004, 185 p. (Coll. « Essais et savoirs »).

Des trois études qui composent ce recueil, seule la première « regarde » (vers) le 18ᵉ siècle, au travers d'un *arrêt sur image*, analyse patiente et rigoureuse de la mésaventure du fiacre arrivée au père Hudson mise en tableau par le loquace héros de *Jacques le fataliste* : « que diable Fragonard est-il venu faire dans cette histoire de fiacre ? » (p. 16). La confrontation du passage avec ses versions antérieures soutient une réflexion sur la relation du spectateur à la toile, sur le jugement de l'*amateur* – développement assez démarqué des théories bourdieusiennes de la distinction – sur le *collectionneur*, remembrant compulsivement son propre corps par la réunion de *morceaux* de choix. Qu'il traite de Diderot et Fragonnard, de Balzac et Césanne ou des *Manifestes* de Breton, Bernard Vouilloux mobilise une connaissance presque exhaustive du corpus critique, entraînant parfois le lecteur dans un vertige de citations et de références, art du « florilège » signifiant par où l'analyse devient dans maints passages vraie poésie. Ces *Tableaux d'auteurs* sont d'un bout à l'autre passionnants.

JEAN-CHRISTOPHE ABRAMOVICI

INDEX DES NOTES DE LECTURE

LIVRES REÇUS

Gabriel AUDISIO, Isabelle RAMBAUD : *Lire le français d'hier. Manuel de paléographie moderne. 15ᵉ-18ᵉ siècles*. Troisième édition revue et augmentée. Paris, Armand Colin, 2001 (Coll. « U »).

Paul BAQUIAST (dir), *Deux siècles de débats républicains* (1792-2004), Paris, L'Harmattan, 2004.

Daniel BARUCH : *Au Commencement était l'inceste. Petit essai d'ethnologie littéraire*. Zulma, 2002.

Eduardo BELLO REGUERA, *La Aventura de la razón : el pensamiento ilustrado*, Akal, 1997.

J. M. BRICEÑO GUERRRERO, *Discours des lumières suivi de Discours des seigneurs*, traduit de l'espagnol par Nelly LHERMILLIER, Paris, éditions de l'aube, 1997.

Bollettino di Storia della Filosofia, Vol. XII (1996/2002), Universita degli studi di Lecce, Lecce, Congedo Editore.

Bulletin de la société d'études anglo-américaines, 17-18ᵉ siècles, n° 56 et n° 57, Publications de l'Université Charles de Gaulle – Lille III, 2003.

Cahiers Paul-Louis Courier, N° 7, Tome III (mai 2000), Bulletin édité par la Société des amis de Paul-Louis Courier.

Mireille COULON (éd.), *Le Théâtre en Espagne : perméabilité du genre et traduction*, Université de Pau et des Pays de l'Adour, éditions Codevi, 1998.

Éric FEREY : *Revue d'histoire littéraire de la France*, hors série, 2003, Bibliographie de la littérature française, 16-20ᵉ siècles, année 2002, Paris, PUF, 2003.

Ignacio GARCIA MALO, *Doña María Pacheco, mujer de Padilla*. Tragedia, Edicion de Guillermo CARBERO, Catedra, 1996 (Coll. « Letras Hispanicas »).

Muriel GENY-MOTHE, *La Chasse aux oiseaux migrateurs dans le sud-ouest. Le droit face aux traditions*, Universatim, PyréGraph, 2000.

D. HILLENIUS, *De Hand van de slordige tuinman*, Amsterdam, Uitgeverij G. A. van Oorschot, 1996.

Helmut C. JACOBS, *Organisation und Institutionalisierung der Künste und Wissenschaften*, Frankfurt am Main, Vervuert Verlag, 1996.

Péczeli JOZSEF, *Henriás (1792)*, Budapest, Balassi Kiadó, 1996.

Katsutoshi KAWAMURA, *Spontaneität und Willkür. Der Freiheitsbegriff in Kants Antinomienlehre und seine historischen Wurzeln*, Frommann-Holzboog, 1996.

Ulrich KINZEL, *Etische projekte. Literatur und Selbstgestaltung im Kontext des Regierungsdenkens. Humboldt, Goethe, Stifter, Raabe*, Frankfurt am Main, Vittorio Klostermann, 2000.

Heinrich Christoph KOCH, *Musikalisches Lexikon, Faksimile-Reprint der Ausgabe Frankfurt/Main, 1802*, Basel-London-New York-Prag, Bärenreiter Kassel, 1999.

Jacques LE BRUN, *La Jouissance et le trouble. Recherches sur la littérature chrétienne de l'âge classique*. Droz, Genève, 2004.

Alan C. LEIDNER and Karin A. WURST, *Unpopular virtues. The critical reception of J. M. R. Lenz*, Camden House, 1998.

Jean LHOTE, *Les Loyers de Metz sous le premier Empire*, Préface de Marie-Josèphe Lhote-Crée, Sarreguemines, éditions Pierron, 2000.

Pierre-Henri MALAFOSSE, *La Pie*, Paris, Le Sémaphore, 1998.

David MAVOUANGUI : *Emmanuel Kant, introduction à sa philosophie critique*, Paris, 2003.

Milton MEIRA DO NASCIMENTO, *Opinião pública & Revolução*, Sao Paulo, Nova Stella Editorial, 1989.

Eugenio DI RIENZO (éd.), *Nazione e Controrivoluzione nell'Europa contemporanea, 1799-1848*. Milan, Guerini e Associati, 2004.

Jean-Marc ROHRBASSEUR, Jacques VERON : *Leibniz et les raisonnements sur la vie humaine*. Préface de MARC BARBUT, Paris, Institut National d'Études Démographiques, 2001, XII + 136 p. 12 ill., h. t. (Coll. « Classiques de l'économie et de la civilisation. Études & Enquêtes Historiques »).

Nanon SAINT-LEBE, *Les Femmes à la découverte des Pyrénées*, Paris, éditions Privat, 2002.

Hryhorij SAVYČ SKOVORODA, *An Anthology of critical articles*, edited by Richard H. MARSHALL, Jr. and Thomas E. BIRD, Canadian Institute of Ukrainian Studies Press, Toronto, Edmonton, 1994.

Emilio SOLER PASCUAL, *La Conspiracion malaspina (1795-1796)*, Alicante, 1990.

Teaching the Eighteenth Century : Three Courses, N° 6 (1998), N° 7 (1999), N° 8 (2001), American Society for Eighteenth-Century Studies.

Christine VEILLEUX, *Aux Origines du barreau québécois 1779-1849*, Québec, Septentrion, 1997.

Kenneth R. WESTPHAL, *Hegel, Hume und die Identität wahrnehmbarer Dinge*, Frankfurt-am-Main, Vittorio Klostermann, 1998.

Würzburger Beitrage zur deutschen Philologie, « Lassen und Lâzen ». Eine diachrone Typologie des kausativen Satzbaus, Band XVII, Königshausen & Neumann, 1996.

SUMMARIES [1]

Pierre-Yves Beaurepaire, *Freemasonry, an Observatory of Trajectories and social Trends in the 18th Century.*

Lodges and the area of freemasonry constituted a real laboratory in which *brothers* tested the plasticity and resistance of Ancien Régime societies, explored their interstices to grant themselves spaces in which to meet freely outside the field of standard sociability, academies and pious fraternities, but without cutting ties with such groups. For the historian of Masonic sociability this offers a privileged observatory for social codes, qualification or disqualification processes, individual and collective trajectories, such as personal texts or ego-documents allow one to recreate them.

Marc Belissa, *Diplomacy and international Relations in the 18th Century. A Renewal in Historiography?*

Since the beginning of the 90s, studies in diplomatic history and international relations in the modern period seem to have multiplied and helped to rekindle interest in a field which had been neglected, in France at least, for the past half-century. Is one justified in referring to a renewal in diplomatic history or to a « new history in international relations for the Enlightenment »? Has there been a methodological renewal? This article attempts to give a brief description of the questions dealt with by historians of international relations over the past ten years.

Fabrice Brandli, *The Résident de France in Geneva (1679-1798). The Institution and Practices of Democracy.*

A subaltern in the Foreign Affairs staff of the kingdom of France posted overseas, the *Résident de France* in Geneva played a permanent part in the Republic's political life. The legal standards which structured the *Résident*'s field of competence, the material conditions to which his activity was subordinated, the ceremonial agreements and traditions around which his official relations with the magistrates of Geneva were organised, as well as the religious question peculiar to a French diplomatic representation to a protestant state, such are some of the problems which open new fields for research into diplomatic personnel in the 18th century.

---

1. Traductions assurées par Susan et Catriona Seth.

Seuls figurent ici les résumés de la première partie. Pour des raisons techniques il ne nous a pas été possible d'insérer ceux de la partie *Varia* du présent volume, la priorité ayant été donnée à la parution du numéro dans les délais compatibles avec sa bonne diffusion en librairie et auprès de nos abonnés, notamment institu-

---

Françoise Briegel, Michel Porret, *Criminal Justice in the Republic : Geneva during the Enlightenment.*

At the heart of absolutist Europe, spared by wars, the town of Geneva became a sovereign Republic as of the Calvinist Reform (1536). Reduced body of citizens, direct voting, « virtue » of the magistrates, omnipresence of the law : if, during the Enlightenment, Geneva's democracy, hailed by Rousseau, resembled that of the Ancients, the Republic's legal system is closer to that of the moderns. Power of the public prosecutor which limited the magistrates' arbitrariness, abolition of torture, moderate use of instruments of torture and capital punishment, legal defence of the accused, concerns about prisons : as of 1738, the original characteristics of Geneva's criminal justice were recognised in particular by the reformist label which D'Alembert awarded it in 1757 in the *Encyclopédie*. Legal practice, viewed here through the criminal archives, echoes the « moderation » of the institutions which Montesquieu associated with non despotic regimes.

Benoît Garnot, *Justice and Society in 18th-century France.*

Relations between justice and society in 18th-century France can no longer be presented simply by legal standards ; they must also take social practice into account. All means of dealing with criminality, whether within (penal and civil) justice or outside state institutions must be analysed. The settlement of conflicts is concretised as a process in pluralism which associates or juxtaposes judicial, sub-judicial and para-judicial modalities, according to the case. Arbitrariness allowed them a great flexibility in their organisation.

Marco Cicchini, *Desertion : Mobility, Territory, Controls. Social and political Stakes during the Enlightenment.*

Starting with the example of Geneva, a sovereign republic from the time of the Reform, this article deals with the social and political stakes of desertion during the Enlightenment. Along with the military and legal problems posed by deserters, their mobility was the object of increasing attention from states desirous of ensuring their prerogatives in the field of territorial sovereignty. Control registers, descriptions, postponed vacations, « international » agreements : the dispositions developed to limit deserters' wanderings are all, in spite of their slight operational efficiency, elements which contributed to the territorialisation state control.

Vincent Milliot : *What is an enlightened Police Force? The "improving" Police according to Jean-Charles Pierre Lenoir, Lieutenant general in Paris (1775-1785).*

Lenoir's papers illustrate the debate over regulatory and improving power which is allowed or denied to the police above and beyond its repressive functions. This is obviously particularly vital with regard to economic and social questions. To consider the police of the Enlightenment is to consider the real or idealised aptitude of this body to impose changes while, at the same time, preserving social cohesion. In a context of difficulties and State crisis, some of the higher echelons of the police, as well as some officers, including Lenoir, attempted as a matter of urgency to produce a new synthesis, soon overcome by the radicalising of political and social points of view.

---

tionnels. La totalité des traductions des résumés sera mise en ligne sur le site de la Société française d'étude du Dix-huitième siècle.

Éric Gojosso : *The Relationship between the Law and the Constitution in Enlightenment Thought.*

The thematic importance of the law and the constitution in the 18th century is well known. However, the relationship between these two notions in Enlightenment thought is unknown. Although ignored by many contemporaries, this question interested authors who were close to the *Parlement* and were seeking to control the power of the monarchy based on the naturalist teachings of Swiss partisans.

Daniel Roche : *The Philosophers' Horses : Books, equestrian Culture and Society in the 18th Century.*

Daniel Roche seeks to understand how the *Philosophes* of the 18th century were unable to escape the presence of the horse in all their social, economic and politico-military dealings. Thanks to retrospective English, French, American and German bibliographies of the 19th and 20th centuries, along with contemporary letters, this work allows one to gauge the importance of equine culture in the 18th century. From Buffon, author of the unforgettable portrait of the horse in his *Histoire Naturelle*, to Diderot's article in the *Encyclopédie* ; it is a means of analysing how a section of printed culture, based around equestrian art, military art, history and the whole of natural science and technical knowledge succeeds in placing itself at the centre of activities and representations of the needs, the pleasure and the affirmation of power.

Wladimir Berelowitch, *Enlightenment educational Models in the Russian Nobility.*

From the 1760s onwards, Russian royal institutions (commissions, the Academy of Science, various counsellors of Catherine II) started to think out a means to educate Russia. At the same time, instruction or study programmes were much in demand by the aristocrats for their children. The article deals with educational models which dominated in such a programme at the beginning of the 1780s, as applied to three young boys of the Golitsyne family who were sent overseas.

Élisabeth Salvi : *Switzerland and the Milanese Enlightenment : political Usages and cultural Exchanges.*

In the 18th century, both confessional and linguistic fissures, as well as differences in cantonal governments dominated the political life of Switzerland. This geographical fractioning developed into a melting pot fed by the cosmopolitan exchanges in which Milan played a significant role through the public and individual actions of its citizens. On the basis of the Lombard Enlightenment, writers, politicians or economists give a contrasted vision of Switzerland mixing the descriptions of the *Encyclopédie* with the politico-social realities of the end of the *Ancien Régime*.

Vincent Barras, Philip Rieder, *Bodies and Subjectivity during the Enlightenment.*

Is there such a thing as an enlightenment body? Over the past few decades, the multiplication of objectifying perspectives on the body in history tends to the extreme fragmentation of such a topic. This article defends an exploration of the body as a singular and experienced reality which remains situated in a given historical context. The case of Horace-Bénédict de Saussure, studied thanks to a particularly rich set of archives (diaries, letters, various notes) bears witness to the fact that Saussure, as an individual, elaborates and affirms the meaning of his private body according to experiences and to intimate knowledge and conviction which are forever being revised during his life. The historian can thus analyse the relationship between the scale of the singular body and that of the Enlightenment body.

Christine Fauré, *Sieyès, a problematic Reader of the Enlightenment.*

Sieyès' manuscripts make it possible to appreciate what the reception of the Enlightenment could have meant to the author. The bibliography he drew up at the age of 22 outlines his intellectual life where his political writings continued his rejection of Rousseau and of Montesquieu. Condillac's sensualism inspired his classification and designation of government. His economic ideas, drawn from a critical reflection on physiocracy found, in Adam Smith's works, answers to his social preoccupations.

Keith Baker, *After « political Culture »? New Trends in linguistic Approaches.*

The « political culture » approach to the study of political culture suggested by François Furet and scholars associated with him continues to be a target of considerable critical engagement. This article discusses several recent studies of aspects of the Old Regime and the French Revolution that may be seen as developing this approach in a direction that emphasizes the performative aspects of discourse. (traduction par l'auteur)

Bronislaw Baczko, *Rights of Man, Women's Words.*

On October 5th 1789, having invaded Versailles, did revolting Parisian women compel Louis XVIth to accept the Declaration of the Rights of Man? By reconstructing this rumour, the author analyses the political and cultural conditions of its emergence, examines the networks which diffused it, questions the imagination which gave rise to it and asks how a false rumour came to be part of true history.

Robert Martucci : *The Stakes of the penal System under the Constituent Assembly : a promising Field of Research (1789-1791).*

Debates over the penal system of the revolutionary Constituent Assembly between 1789 and 1791 have not given rise to great historical works, except for those which concern the "intermediate legislation" contained in well-known university manuals of historical synthesis (Esmein, Laingui, Lebigre, Royer, Carbasse). The stakes of this penal debate shape the modernity of the right to punish. The important thing is to re-discover the specifics of the subject, which lie less in the "intermediate legislation" than in the constitutional nature of the penal question during the period of the Constituant Assembly.

Cécile Révauger, *British freemasons and anti-masons under the French Revolution.*

It is contended here that paradoxically British freemasons concurred with notorious anti-masons such as Abbé Augustin Barruel, the Jesuit who wrote *Mémoires pour servir à l'histoire du jacobisnime* (1790), and John Robison, the Scottish author of *Proofs of a Conspiracy* (1797) in condemning the French revolution. As British Grand Lodges identified themselves more and more with the Establishment, they supported Edmund Burke's views and like Barruel and Robison blamed French Jacobins for their lack of respect for property, monarchy and religion. Burke befriended Barruel and even more significantly, while launching such an attack upon freemasonry, both Barruel and Robison made an exception for English lodges. Edmund Burke was never proved to be a mason, although it has been suggested that he was. However British freemasons fully endorsed his views on the French revolution.(traduction par l'auteur)

TABLE DES MATIÈRES

Sous la responsabilité de Martine GROULT et par : Jean-Christophe ABRAMOVICI, Sylviane ALBERTAN-COPPOLA, Branco ALEKSIČ, Lise ANDRIES, Françoise BADELON, Jean BART, Jacques BERCHTOLD, François BESSIRE, Jean BOISSIÈRE, Mercè BOIXAREU, Dominique BOUREL, Josiane BOURGUET-ROUVEYRE, José CHECA BELTRÁN, Marie-Hélène COTONI, Michel DELON, Anne DENEYS-TUNNEY, Henry DENEYS, Marcel DORIGNY, Pierre DUBOIS, Michel DUBUIS, Colas DUFLO, Jean DUMA, Annie DUPRAT, Henri DURANTON, Jean ÉHRARD, Jacques FABRY, Béatrice FINK, Dieter GEMBICKI, Martine GROULT, Jacques GUILHAUMOU, Pierre HARTMANN, Laurent JAFFRO, Nicole JACQUES-LEFÈVRE, Tanguy L'AMINOT, Érik LEBORGNE, Jacques LE BRETON, Antoine LILTI, Florence LOTTERIE, Marie-Joëlle LOUISON-LASSABLIÈRE, Erica J. MANNUCCI, Claude MICHAUD, Françoise MICHAUD-FRÉJAVILLE, Jean MONDOT, Raymonde MONNIER, Alain MOTHU, François MOUREAU, Sadek NEAIMI, Éric NÉGREL, M'Hamed OUALDI, Gianni PAGANINI, Stéphane PANNEKOUCKE, Jean-Noël PASCAL, Olga PENKE, Charles PORSET, François REGOURD, François ROSSET, Martine DE ROUGEMONT, Guillemette SAMSON, Alain SANDRIER, Jørn SCHØSLER, Catriona SETH, Michèle SAJOUS d'ORIA, Florence D'SOUZA, Gerhardt STENGER, Jean TERRASSE, Raymond TROUSSON, Diego VENTURINO, Nicolas VEYSMAN, Isabelle VISSIÈRE, Jean-Louis VISSIÈRE, Françoise WEIL, Iza ZATORSKA.

RÈGLES À SUIVRE
POUR PRÉSENTER UN ARTICLE

Fichier attaché à envoyer à : mdorigny@aol.com
La version papier est à adresser en double exemplaire (accompagnée d'une disquette PC de préférence si vous ne possédez pas de courriel) à l'adresse de la revue :

Dix-huitième Siècle
BP 90046
75221 Paris cedex 05

Logiciel : Word
Caractère : Times New Roman, **Taille :** 12
Interligne : 1,5
Nombre de caractères : de 30 000 à 40 000 maximum
Titre : centré, en caractères majuscules Times New Roman

Généralités

1. Un espace blanc correspondant à plusieurs lignes doit être réservé au-dessus du titre.
2. Le texte de l'article ne doit pas comporter d'intertitres. S'il le souhaite, l'auteur peut marquer par un espace blanc (d'une ligne) la séparation entre les parties de son texte. La rédaction se réserve le droit de supprimer les intertitres et de les remplacer par une ligne de blanc.
3. Le prénom et le nom de l'auteur figurent à la fin de l'article, ainsi que son institution d'appartenance. Les coordonnées personnelles, postales et électroniques — auxquelles seront envoyées les messages de courrier et les épreuves — doivent figurées très lisiblement au bas de la dernière page.

4. Les noms propres et les titres d'ouvrages sont en style caractère normal : pas en majuscules.

5. Les siècles sont en chiffres arabes (+ 'e' exposant) : 17ᵉ siècle, 18ᵉ siècle.

6. Pour introduire certaines références, on utilisera des mots français : « dans », « voir » ou « p. sv. » pour « pages suivantes »

7. Pour les noms d'auteurs à particule suivre la règle lexicographique (cf. Larousse, exemple Vasco de Gama classé à la lettre « G » ou Jean Le Rond d'Alembert à la lettre « A » etc.)

Notes de bas de page (et non en fin d'article)

8. Les notes doivent être aussi peu nombreuses et aussi brèves que possible. Les simples références (indications de tome et de page) ne font pas l'objet d'une note. Elles doivent être intégrées dans le cours du texte entre parenthèses. La rédaction se réserve le droit d'abréger ou de supprimer des notes.

9. Les références sont présentées de la façon suivante :

— pour les livres : Prénom et Nom de l'auteur + titre du livre en italiques + ville + nom de l'éditeur + collection + date d'édition+ nombre de pages.

— pour les articles : Prénom et Nom de l'auteur + Titre de l'article entre guillemets + Nom du livre ou de la revue en italiques + si revue, Nᵒ de la revue + ville + date de parution + pages de l'article.

— Ne jamais souligner les titres des articles. A noter que, pour les titres des livres, seules la lettre du 1ᵉʳ mot ainsi que la lettre du 1ᵉʳ article défini ou indéfini le précédant prennent une majuscule.

10. Dans le cas de références nombreuses à une même revue, à un même livre ou article, utiliser de préférence des abréviations. Signaler en notes leur intitulé exact.

11. Les références à des textes déjà cités sont indiquées par : ouvr. cité, art. cité. ou éd. cit. On conserve *ibid.* et toutes abréviations latines sans traduction possible (en italiques).